JN094681

Lbooks
elfin books series

決定版 西洋占星術実修

Master the Modern Astrology

秋月瞳 著

ONE PUBLISHING

決定版

西洋占星術 実修

Master the Modern Astrology

秋月瞳 著

本書は、2009年8月に学習研究社から発売されたものです。

Master the Modern Astrology
by
HITOMI AKIZUKI

Copyright ©2009 HITOMI AKIZUKI

ephemeris by
HITOMI AKIZUKI

book design by
HITOSHI NAGASAWA
[papier collé]

chart & illustration by
AYAKA NAKAMURA

edited by
YUHKO HOSOE

published by
ONE PUBLISHING Co.,Ltd.

決定版 西洋占星術 実修 目次

Contents

第3章 ホロスコープのつくり方

第4章 出生図が示すあなたの資質と運命

第5章 トランシットで読む運勢の盛衰

第6章 ダイレクションで知るあなたの未来

第7章 恋愛の相性と人間関係の解読

第8章 ホロスコープ解読の実践例

第1章

西洋占星術とは何か

西洋占星術は天体の運行と地上の事象を読む学問

はるか昔から人間は、広い宇宙に思いを馳《は》せながら、原初の存在から始まるひと筋のいのちの流れと、天空を運行する星たちの営みとのかかわりを読みといてきました。自然界に生きる動物としての本能と、人間ならではの知恵をともに駆使して、偉大なる宇宙の力を学んできたのです。私たちがいる太陽系は、全宇宙からすれば小さな世界であり、さらに地球は、そのなかの一惑星にすぎません。人間の生は、何億年ものあいだ輝きを放つ星のいのちとくらべれば、瞬《まばた》きひとつにも満たないはかなさです。しかし、そのようにはかない人生のなかにも大きなドラマがあります。人ひとりの人生は、宇宙にふたつと存在しないドラマなのです。

人生という一大イベントは、この世に生を享《う》けた瞬間に始まります。そして、春夏秋冬の移ろいに合わせて芽ぶき、実り、土に還《かえ》るというサイクルをくり返す自然界のいのちと同じように、私たち人間もまた、数多の障碍《しょうがい》に遭遇《そうぐう》しながら人生の春夏秋冬を過ごし、いのちを次世代へとつないでいきます。

始まりから終わりまで、いのちの様相はつねに千変万化《せんぺんばんか》でありながら、大きな目で見れば、その営みのなかには規則性も見いだせます。おそらく人間はまず、天空にまたたく星の運行と季節の推移、そして動植物のいのちの営みとの関連性に気づいたことでしょう。さらには、地上のいのちに影響を与える天体の運行が、人間の運命にもまた影響をおよぼしていることに気づきはじめたにちがいありません。

天体の運行と地上の事象とのあいだに相関関係を見いだした人間は、天体の動きを観測することによって、未来の出来事を予測しようと試みるようになりました。そして、長年にわたって天体を観測するなかで、天体（Astro-）の運行から地上の事象を読みとく学問（-logy）である「アストロロジー（Astrology）」、つまり占星術に到達したのです。

占星術では、天体の位置を2次元の平面に写して、そこに現れた予兆を解読していきます。そのために考案された模式図を「ホロスコープ（Horoscope）」といい、そこには太陽系の各天体が、どの宮の何度に位置するかが詳細に示されています。なお、ホロスコープという言葉は、ギリシア語の「時（Hora）」と「見はる者（Skopos）」という語句がルーツとなっています。つまり占星術とは、天体が表す時を見つめ、そこに記された物語を解読するための技術ともいえます。

天体の位置が人間の運命を示すという考え方は、占星術における大前提です。占星術の世界では、人間を宇宙の雛形《ひながた》としてとらえます。つまり、マクロコスモスである宇宙が、ミクロコスモスである人間に投影されると考えるのです。したがって、マクロコスモスを図象化したホロスコープには、その人そのものが現れることになります。その人のもつ可能性や、いかに生きるべきかといった疑問への回答も、すべてそこに示されています。ホロスコープとはその人自身であり、その人の運命の見取り図といえるでしょう。

西洋占星術の黎明とイスラム世界への拡大

ここで、西洋占星術の歴史を概観してみることにしましょう。占星術には長い歴史がありますが、太陽系の天体の運行をもとに、人間には不可知のさまざまな事象を読みとく技法であることは、数千年前も現代も変わりません。

西洋占星術は、その名のとおり西洋で発達した占星術です。その体系の基礎は、古代の大都市アレキサンドリアにおいて、ヘレニズム時代（紀元前323～30年）に成立したと考えられていますが、古代ギリシア・ローマの著作物には、占星術はカルデア人とエジプト人によってもたらされたという記述が散見されます。

まずは、カルデア人と占星術との関係について述べてみましょう。

古代オリエント時代に、カルデア人たちはバビロニア王国（カルデア王国）を建設しました。彼らは、太陽や月が一定の軌道を描くことに着目し、1年間に夜空をめぐる特徴的な星座を拾いあげ、黄道《こうどう》12星座の前身を設定しました。この黄道12星座は、カルデア人にとって天体の動きをとらえるための目印となりました。

カルデア王国で紀元前1000年ごろに書かれた『エヌーマ・アヌ・エンリル（Enuma anu enlil）』には、天に起こることは地でも起こるという天地照応《しょうおう》の考えにもとづき、天体の運行から君主や国家にかかわる出来事を予測した記述が見られます。

このように古代の占星術は、おもに国家の運命を読みとくことが命題でした。やがて西洋占星術は、暦《こよみ》の発達とともに各地へ広がっていきますが、それは農耕民族にとって、暦を読んで種まきや収穫の時期を知ることがたいへん重要だったからです。適切な時期に農作業を行い、豊かな実りを得ることは、当然ながら国家の命運にも直結していました。

いっぽう、ナイル川流域で農耕生活を送っていた古代エジプト人は、国家の運営上、ナイル川の氾濫《はんらん》を予測することに心を砕いていました。彼らは、ナイル川の増水を告げるヘリアカル・ライジング、すなわち太陽とともにシリウスが地平線を昇るという天文現象が起こる日時を算出し、そこから夏至《げし》をわりだして1年の長さを決めていたようです。こうした天体観測の技術と観測記録は、長年にわたってエジプトに蓄積されることになりました。現存する古代エジプトの星図のなかには、紀元前4200年につくられたものもあります。ただ、少なくともこの時点では、彼らがもつ天体観測技術といわゆる西洋占星術とのあいだには、とくに接点がなかったと考えられています。

エジプト文化とカルデア文化とが接点をもつきっかけとなったのは、マケドニアのアレキサンダー大王（紀元前356～323年）によるエジプト征服でした。これを機に、高度な天体観測技術をもつエジプトに、カルデア人がつくった占星術をふくめたオリエントの文化が流入し、大都市アレキサンドリアを中心に発展をとげ、今日《こんにち》の西洋占星術の基礎が形づくられたとされています。個人のホロスコープが占星術に用いられるようになったのも、このころだといわれています。この技法は「ホロスコープ占星術」と呼ばれるようになりました。

ヘレニズム時代に基礎が形成された西洋占星術は、その後ギリシア哲学と融合して、神話や文化のなかに浸透していきました。そのため、今日使われている占星術用語の多くは、ギリシア語を起源とします。

やがてヘレニズム時代が過ぎ、ギリシアがローマ帝国の領土となった後も、ギリシア人たちはアレキサンドリアを中心に、占星術を発展させていきました。その代表的な人物のひとりである天文学者・占星術師のクラウディオス・プトレマイオス（Claudius Ptolemaeus／83～168年）は『テトラビブロス』を著し、占星術史上では初めて、古典的なホロスコープ占星術を体系的にまとめあげました。

このホロスコープ占星術をローマから直接受けついだのは、ヨーロッパ世界ではなくイスラム世界でした。というのも、占星術を受けつぐためには天文学の知識が求められますが、中世ヨーロッパにはまだそれが育っていなかったからです。天文学がヨーロッパに根づかなかったのは、中世におけるキリスト教の世界観が、天文学に対して抑圧的に働いたためです。また、中世キリスト教と占星術とが相いれなかったという理由もありました。それを示すかのように、中世キリスト教の世界観に強い影響を受けているダンテ（Dante Alighieri／1265～1321年）の『神曲』では、占星術師が地獄に落とされています。

しかし、そのヨーロッパでも、ルネッサンス期以降はキリスト教の束縛から解放され、天文学が発達していきました。その動きのなかで、アラビア語で書かれた占星術書が翻訳され、イスラム占星術の知識がヨーロッパに普及していったのです。

天文学者ケプラーと西洋占星術

万有引力を発見した天才科学者アイザック・ニュートン（Sir Isaac Newton／1642～1727年）が登場すると、天文学に物理学や力学が導入されるようになりました。ここで占星術は、大きな転換期を迎えました。それまでは渾然一体《こんぜんいったい》となっていた天文学と占星術が、はっきりと分化したのです。

ニュートンの登場と前後して、西洋の占星術師たちは、ヨーロッパにおける天文学の知識をホロスコープ解読に組みこむことで、独自の技法を発展させていきました。

17世紀の天文学者ヨハネス・ケプラー（Johannes Kepler／1571～1630年）は、「惑星の運動の三法則（ケプラーの法則）」を発見したことで有名な人物で、今日では天文学者として認知されていますが、じつは占星術師として日々の糧《かて》を得ていました。彼は天文学を「賢いけれども貧しい母」とするいっぽうで、占星術に対しては「日々の生活費を稼《かせ》ぐ愚かな娘」と辛辣《しんらつ》な言葉を残しています。もっとも、占星術師としてはかなりの腕前であったようで、人々がケプラーに求めたのは天文学的な知識ではなく、むしろ人生のゆくえを占う占星術のほうでした。彼の遺《のこ》した言葉には、生きるうえでの現実と理想との葛藤《かっとう》が表れています。

ケプラーは、数学的に整合性のとれた占星術の構築など、さまざまなアプローチから占星術を改革することに力をそそぎました。そのなかでも彼によるアスペクトの再定義、すなわち天体同士が形成する角度の再定義は、現代の占星術につながる大きな貢献でした。

ケプラー以前には、アスペクトは第一にサイン（宮）同士が形成する角度と定義されていました。そのため、アスペクトを調べるとき、サインからはみ出した部分は切り捨てられていたのです。これに対してケプラーは、アスペクトを天体同士が形成する角度と再定義し、サインとアスペクトとを分離したのです。このアスペクトの概念は多くの占星術師に受けいれられ、現代にいたっています。

ケプラーがアスペクトの再定義をおこなった動機は、今となっては不明ですが、宇宙の構造を音階で表そうと試みた著書『世界の和声学（Harmonices mund）』を見ると、その背景には音楽的理論があったのではないかと、筆者は想像しています。彼は天体にも音階があり、その音階は黄道上に一様に分布している連続的なもので、天体がどのサインにあるかとは無関係に、特定の作用を生みだすと考えていました。音のコンビネーションがさまざまな和音をつくるのと同じように、天体同士もまた、天空でそれぞれに音楽を奏でていると考えたのでしょう。

17世紀のヨーロッパは、コペルニクス、ガリレオなどの偉大な科学者たちによって近代科学が成立しようとする胎動期でもありました。そのひとりであるケプラーもまた、科学的な知見をもとに、占星術に真剣に取りくんでいたと考えられます。

またこの時代は、産業革命が起こった時代でもあります。それまでの世界観が破綻《はたん》し、中世的な思想が終わりを告げ、近代的・科学的な思想への移行が始まりました。西洋占星術の世界もこうした流れを受け、それまでの古典的な占星術から現代占星術（Modern Astrology）へと大きく踏みだしたのです。

1666年のペスト流行と、ロンドンの大火を予言したことでも知られる英国の著名な占星術師ウィリアム・リリー（William Lilly／1602〜1681年）も、この時代に活躍しました。リリーの著書『キリスト教占星術（Christian Astrology）』は、それまでの占星術の技法を集大成したもので、体系的な占星術のテキストとして長く影響力をもちつづけることになります。

「近代占星術の父」アラン・レオの登場

1781年には、天文学と占星術に大きな影響を与える大事件が起こりました。ウィリアム・ハーシェル（Sir Frederick William Herschel／1738〜1822年）による天王星発見です。これによって、7つの惑星、12のサインという西洋占星術の枠組みそのものが大きく揺らいだのです。しかし占星術師たちは、この出来事を新たな時代の象徴ととらえ、新たに発見された天王星を占星術に組みこむことに成功しました。

やがて、イギリス人占星術師アラン・レオ（Alan Leo／1860〜1917年）の登場によって、西洋占星術は一気に大衆化の道を歩むことになりました。

貧しい母子家庭に生まれたアラン・レオは、独学で占星術を学び、のちにブラバツキー夫人が創設した神智学協会に入会しました。神智学協会の目的は、ヨーガをはじめとする東洋的な神秘思想や、古代ギリシアのヘルメス主義など、古今東西のオカルティックな思想を融合し、その根底に流れる普遍的真理を探究することでした。

レオはこの神智学協会を足場にして、知人の占星術師とともに『アストロロジー・マガジン』（のちに『モダン・アストロロジー』と改名）という雑誌を創刊しました。そして、定期購読者のホロスコープを無料で作成し、鑑定するというサービスを行い、好評を博しました。

さらにレオは、ホロスコープ上の太陽がどの宮にあるかによって運勢を占うという、きわめて簡潔な技法による記事を執筆し、これを雑誌などに連載して人気を得ました。これが現在でも多くの女性誌などに見られる「星占い」です。この「太陽12星座占い」を広めたレオの真意はわかりませんが、占星術をビジネスとしての面からも、革新的な方向に導こうとしていたのは事実でしょう。

アラン・レオ以前の西洋占星術では、人に与えられた運命は変えがたいものとして位置づけられ、その人の身に起こる幸不幸を断定的に「予言」するというスタイルが主流でした。しかしレオは、そのような宿命論的・予言的な占星術を否定し、個人のキャラクターを解読することに重きを置くスタイルを編みだしました。

「個性は運命である（Character is Fate)」

レオが遺した有名な言葉です。そして彼は、各人が個性を建設的な方向に伸ばしていけば、たとえ悪条件でも克服することができると主張したのです。

また彼は、過去・現在・未来という人生の流れを読みとく技法として、「1日1年法によるプログレス」を公開しました。これは、出生のホロスコープに進行図と呼ばれるホロスコープを重ね、両者の関係を読むことによって運勢を解釈する技法です。進行図とは、その人が出生した日時を起点として、どのように天体が運行したかを示したもので、レオが創出した1日1年法においては、天体の1日分の動きが人生の1年に相当するとの前提があります。非常に大まかに説明しますと、たとえば、1980年1月5日に生まれた人が、35歳になったときの運勢を知りたいと思ったら、生年月日の35日後、つまり1980年2月9日の天体の配置を見ればそこに運勢が示されていることになります。この技法は、現代でも多くの占星術師によって活用されています。

なお、アラン・レオ以降は、個人のパーソナリティーに着目したホロスコープの解読が、占星術の主たる目的となっていきました。

19世紀以降に考案されたさまざまな技法

19世紀末のドイツでは、ハンブルク学派と呼ばれる一派が活躍していました。これを創始したのがアルフレート・ヴィッテ（Alfred Witte／1878～1941年）とフリードリヒ・

ジーグリューン（Friedrich Sieggruen／1877〜1951年）です。ハンブルク学派は「ウラニアン占星術」と称される独特な理論体系を築きあげたことで知られています。その大きな特徴は、天王星以遠《いえん》に8個の架空の天体を加えることでした。さらに、天体と天体との中間点とハードアスペクト（天体同士の角距離が90度や180度などの座相を形成するもの。古典的な占星術では凶座相《きょうざそう》と見なされる）を重要視するといった独自性が見られます。この中間点は「ミッドポイント」と呼ばれるもので、古典的な占星術では活用されていましたが、この時代には、ほとんど顧《かえり》みられなくなっていました。これがヴィッテによってふたたび見なおされることになったのです。

そして、アルフレート・ヴィッテに師事するもハンブルク学派から飛びだし、ミッドポイントを重視する新たな技法「ハーフサム」を体系化したのがラインホルト・エバーティン（Reinhold Ebertin／1901〜1988年）です。彼は、ウラニアン占星術の研究結果をふまえながらも架空の天体を排除し、さらには、伝統的な技法であるハウスシステム、すなわち天体がどの室にあるかを重視する技法をも否定して、ホロスコープ上の感受点（天体、アセンダント、南中など、ホロスコープ解読のポイントとなる点の総称）のみを用いる技法を展開していきました。この技法はアメリカの占星術界にも受けいれられ、日本でも植田訓央《うえだのりお》（1933〜2002年）がいち早く実践の場に取り入れました。

そして、フランスの心理学者ミシェル・ゴークラン（Michel Gauquelin／1928〜1991年）も、現代の占星術を語るには避けて通れないひとりです。彼は、占星術の理論が統計学的に誤っていることを証明するために調査・研究をおこなった結果、反対に占星術を肯定することになったという数奇な運命の持ち主です。たとえば、ゴークランが優秀なスポーツマン1533人のホロスコープを調べたところ、火星がことごとく天頂かアセンダントにありました。また、フランスの著名な医師576人のホロスコープを調べたところ、大多数の天頂やアセンダントに、火星または土星が輝いていたといいます。ゴークランが発見したホロスコープの特徴は、かならずしも従来の占星術的解釈と一致するものではありませんが、ホロスコープが個人の運命を映しだすという点については、占星術の見解と一致を見たといえます。

そのゴークランが収集した10万人に近い出生データと、その他の学者の研究結果や、統計学的な資料などにもとづき、占星学の理論的な解明に取りくんだのが、英国の哲学者で占星術家のジョン・アディ（John M. Addey／1920〜1982年）です。アディは、ホロスコープ上の天体の位置に数学的な操作を加えて新たなホロスコープを作成し、そこから運命を読みとくという「ハーモニクス理論」を確立しました。ハーモニクスの日本語訳は「調波《ちょうは》」で、アディのおこなったものは「アディ調波」と呼ばれます。

こうした流れとともに、占星術に心理学を導入する試みもおこなわれるようになりました。

占星術の主たる目的が個人鑑定になったことを考えるなら、このような流派の出現は、自然なことといえるでしょう。なかでもユング心理学よりの立場をとり、ホロスコープの解読と心理学とを融合させた「心理占星学」を提唱する人たちが多く現れています。

このように、占星術に心理学がもちこまれたり、架空のポイントを重視した新たな技法が次々と生まれたりするいっぽうで、近年、とくに1990年ごろから、ウィリアム・リリー以前の伝統的な占星術を復興させようとする動きが静かなブームを呼んでいます。現代を代表する占星術師のひとりであるイギリスのオリビア・バークレイ女史（Olivia Berkeley／1919〜2001年）は、1996年にアメリカで開催されたアストロロジカル・アソシエーションにおいて、「カーター・メモリアル・レクチャー」と題する講演のなかで、伝統的な占星術への回帰を宣言しました。バークレイ女史が伝統的な占星術を再評価したことによって、中世の占星術文献の英語への翻訳などが活発になされるようになっていきました。

これが古代から現代までの占星術の歴史と、占星術をとりまく現在の状況です。

西洋占星術と宿命論

西洋占星術は、この世に生を享け、自発的に呼吸をした瞬間における天体の配置図にもとづいて個人の資質を解読し、人生を予測します。

西洋占星術の研究家たちが一致して述べているように、出生のホロスコープには、個人の性格を決定する重要な要素が示されています。たとえば、個人の感性のあり方や才能の方向性、価値観などが、先天的な要素としてホロスコープのなかに刻まれています。このことは、占星術的な視点からは、たしかな事実といえます。そのため本書でも、出生のホロスコープの解読法にはウェイトを置いています。

しかし、あらかじめお断りしておきたいのですが、出生のホロスコープに示されたことが、あなたのすべてではありません。いいかえれば、ホロスコープはあなたという存在を規定し、拘束《こうそく》するものではないということです。この点をくれぐれも念頭に置いていただきたいと思います。

「幸せな星のもとに生まれた」「不幸な星のもとに生まれた」、人はよくそんな言葉を口にします。たしかに、生まれながらにして与えられた境遇を「○○の星のもとに生まれた」と表現し、それを宿命と呼ぶのであれば、個人には抗《あらが》えない宿命というものは、厳然と存在します。たとえば、男性か女性か、親がだれか、どの国を母国とするか、家庭が貧しいか裕福かなどの条件は、生まれてくる本人には選ぶことができません。

しかし、それらを宿命と呼び、その前に膝《ひざ》を屈《くっ》することは、筆者がこれから展開しようとしている西洋占星術の理論からは、大きく逸脱《いつだつ》することになります。

たとえ個人の自由が大幅に制限されるような国に生を享けたとしても、みずからが自由というものを意識し、それを強く求めるなら、必ず不自由な境遇から抜けだすチャンスが訪れます。ましてや自由意志が尊重される環境に生まれたのなら、個人の人生にはさまざまな選択肢があり、みずからがつくりだす環境によって、宿命は変えられるといっていいでしょう。その後のなりゆきもふくめて、その人が意識して行動するかしないかによって、人生は大きく変わっていくはずです。そのときに、より的確な行動を起こすための指針のひとつとして、占星術を使っていただきたいのです。

ホロスコープに表れているのは、その人に秘められた可能性です。この可能性には、ちょうど1枚のコインのように表と裏、すなわちプラスの面とマイナスの面とがあります。プラスの部分が生かされるか、マイナスの部分が浮き彫りになるかによって、周囲に与える印象もさることながら、人生の方向性も変わってきます。

たとえば、ホロスコープに「攻撃性」が示されていたとしましょう。その攻撃性をどう使うかは、その人の決断と行動に委《ゆだ》ねられます。巨悪を糾弾《きゅうだん》するオピニオン・リーダーになるか、攻めが必要なスポーツの世界でチャンピオンを目指すか、いたずらに他人を攻撃する凶暴な人間になるかは、その人しだいなのです。

この場合、すでに当人が、攻撃性を悪《あ》しき方向に使う習慣を身につけつつあるのなら、それを方向転換するためには相当の自覚と努力が必要になるかもしれません。しかし、その尊い努力を重ねることで、人生は確実に豊かなものへと変化していきます。

"All our dreams can come true, if we have the courage to pursue them."
すべての夢はかなう。もし、追いかける勇気があるのなら。

筆者の大好きなウォルト・ディズニーの言葉です。その人がかなえたい夢を建設的な方向に導き、実り豊かな人生にするためにこそ西洋占星術があると、筆者は信じています。天空の星が、あなたにすべてを与えてくれるわけではありません。あなた自身が腕を伸ばして、天空にきらめく星をつかむのです。どのような人生を創造するかは、あなた自身の手にかかっているのです。

ただ「当てる」だけの占星術に魅力はない

占星術にかぎらず、占いといえば「当たる」「当たらない」ということのみが強調されがちですが、占星術をたんなる当てもの的な遊びとするのは、あまりにもナンセンスです。

たしかに占ってもらう人にとっては、自分にはどんな未来が待っているのかを知りたいし、「当たった！」という実感をもつことはスリリングな体験となるでしょう。もちろん筆者自身も、当たらない占星術を提唱するつもりはありません。しかし、ただ「当てる」ことを目的とする占いに魅力はありません。人生の不運をいい当てることよりも、より高い識見《しきけん》をもって歩むべき道を照らし、行く手の不運を回避することこそが重要であると、筆者は考えています。

とりわけ現代は、さまざまな不確定要素が渦まく時代です。バブルの崩壊を経て、21世紀に入って一時期もち直したかに見えた日本経済は、アメリカ経済破綻のあおりを受けて、またも弾《はじ》けとんでしまいました。これまで盛りあがりを見せてきた日本のベンチャー産業も、金融界の貸し渋りや株式市場の低迷によって終焉の危機に瀕《ひん》し、次なるエコ型産業への方向転換が求められる時代を迎えています。激動する時代のなかで、だれもが「私たちはどこへ流されていくのだろうか」という不安をかかえています。

このような時代のなかで占星術のノウハウを有効に活用するには、占星術的な知識に加えて、常識的な見識と判断力が必要です。現代は、サブプライム問題から株価の動き、さらにはアフリカの干ばつにいたるまで、個々人が世界の情報を即座にキャッチできる時代です。その強みを駆使して、世の中の動向やトレンドに耳を傾け、自分なりの対処法を考え、一社会人としての確固たる見解をもち、その視点から個人のホロスコープを吟味して、時流に合った判断を下すのが賢明といえるでしょう。

かつて、「西洋占星術にイデオロギーはない」といい放った占星術師がいました。しかしながら占星術は、哲学・思想なくして成立するものではありません。各時代において占星術を涵養《かんよう》した哲学・思想もさることながら、占星術を実践する占星術師それぞれがもつ哲学・思想についても同様にいえることです。ことにアラン・レオ以降に発達した、個人の運勢を解読する占星術では、人間という存在への深い理解と、世界を見つめる広いまなざしをもって占断の場に臨《のぞ》むことが、いっそう重要なファクターとなっています。

本書がかかげる5つのスタンスとその理由

現代社会において、西洋占星術のもっとも重要な役目は、その人が自分のアイデンティティーを見いだし、人生と真摯《しんし》に向きあい、よりよい方向性をさぐるサポートをすることだと、筆者は考えます。そのために実り多い指針を与えることが、新たな時代の価値ある西洋占星術であるという視点から、筆者は持論を展開していきます。

人は、何か大きな壁にぶつかったときに改めて「私」という存在に気づかされ、人間として成長します。混沌《こんとん》とした時代にあっても、「今を生きることの意味」と「明日への希望」を示《し》唆《さ》できる西洋占星術は、すばらしい学問だと確信しています。

さて、本書には以下にかかげる5つの特色があります。

①実占を重視し、実用的な解釈をおこなう

筆者は、占星術師はリアリストであるべきだと考えています。なぜなら、占星術でリーディングした結果を人生にいかすには、現実の生活に沿った実用的なアドバイスが必要だからです。ですから本書では、筆者の実践と研究をベースにして、可能なかぎり具体的なアドバイスをおこなっていきます。

②アスペクトを重視して、天体の作用を的確にとらえる

ホロスコープの解読にあたって筆者がたいへん重要視するのは、天体同士が形成するアスペクトです。なぜなら、天体は他の天体とかかわりをもってこそ、個々の特性を外界に向かって表現できるからです。たとえば私たち人間も、たったひとりでは人生というドラマを演じることができません。他者との関係性のなかでこそ、個性を発揮し、ものごとを動かすことができるのです。それと同じように天体も、自身の特性を発揮するには、他の天体とのかかわりが不可欠です。したがって本書では、どの天体同士がどのようなアスペクトを形成するかに着目して、個人の性格・未来・相性を読みとっていきます。

③アスペクトの可能性を引きだす

従来の占星術では、天体同士が形成するアスペクトについて、吉凶の区分を明確にもうけています。たとえば、90度（スクエア）、１８０度（オポジション）などは凶角とされ、凶事につながると解釈されました。いっぽう、60度（セクスタイル）、１２０度（トライン）などは吉角とされ、幸運を招くと考えます。しかし本書では、こうした吉凶の区分をおこないません。筆者の実占経験から見ても、アスペクトの種類は吉凶ではなく、作用の強弱であるとの見方をとったほうが的確な判断ができると実感していますので、あらゆる座相について、その作用を最大限にいかしていくための指針を提示します。

④あらゆる天体の可能性を引きだす

従来の占星術、とくに古典的・伝統的な技法では、天体をベネフィック（吉星）とマレフィック（凶星）とに分類し、吉星が作用すれば幸運、凶星が作用すれば不運と解釈するのが主流でした。たとえば凶星とされる火星や土星の影響がおよぶと、多くのことが悪いほうへ向かっていくという解釈がなされたものです。

しかしながら筆者は、実占を重ねた結果、伝統的な占星術で問題にされる天体の吉凶は、やはりコインの裏表にすぎないとの結論にいたりました。したがって本書では、天体を単純に吉星と凶星とに分類することはしません。天体個々の特徴をしっかりとつかみ、その力を建設的にいかして人生をプラスの方向に導いていくことを目指します。

⑤進行図のアスペクトによって未来を詳細に解読する

一般読者向けの西洋占星術では、出生図のホロスコープを解読して、先天的な資質や性格などを知ることに労力をそそぎがちですが、本書では、出生のホロスコープと進行したホロスコープとを重ねあわせることで、現在から未来までの流れのなかで、運勢がどのように変化していくかを読みとります。

人生は、さまざまな出会いによって大きく変わってきます。とくに人との出会いは、その後の人生を決定づけるような大きなイベントにつながっていきます。そのタイミングを見のがさないようにする意味では、この技法は非常に有益です。

なお、先にも少し触れましたが、以上にかかげた技術的理論のバックボーンとなるのは、ラインホルト・エバーティン（23ページ参照）が展開したアスペクトを重視する技法と、それを日本に紹介した占星術師で、筆者のかつての師でもある植田訓央の実占経験です。「カリカリ博士」のニックネームで知られる植田訓央は、占星術の伝統的な技法をはじめとして、新旧のさまざまな技法を実占した結果、エバーティンの理論に行きついたと述べています。

じつは、筆者はかつて東洋占星術師として活動していました。しかし、エバーティンや植田訓央が展開した、アスペクトを重視する西洋占星術に出会い、自分が求めていた本物の占術は「これだ」と魅せられたのでした。そして、実占と研究を重ねるうちに、自然と西洋占星術師へと転身していたのです。

筆者にとっての大きな課題は、エバーティンや植田訓央が構築した理論のうえに、実占的な経験をふまえた理論をさらに加え、真に実用的な占星術を追求していくことでした。それを目標として日々の精進を重ねながら、自分自身の理論と技法を加えていきました。

そしていま、これまでの研究結果を集大成して、ぜひ多くの方に実践していただきたい西洋占星術として発表できる機会が訪れたことに感謝しています。

ではさっそく次章から、人生を豊かにする西洋占星術を実践していきましょう。

その前に、ひとつだけお断りしておきたいことがあります。日本におけるほとんどの西洋占星術では、牡羊座、牡牛座というように「○○座」という表現が用いられていますが、本書ではそれを用いません。というのも、「○○座」という実際の星座と、占星術でいうサイン（黄道12宮）とは、本来異なるものだからです。詳しくは41〜42ページで述べますが、本書では12宮を以下のように表現します。カッコ内は、一般的な占星術で用いられている名称です。

白羊宮《はくようきゅう》（牡羊座）　金牛宮《きんぎゅう》（牡牛座）　双児宮《そうじ》（双子座）　巨蟹宮《きょかい》（蟹座）
獅子宮《しし》（獅子座）　処女宮《しょじょ》（乙女座）　天秤宮《てんびん》（天秤座）　天蝎宮《てんかつ》（蠍座）
人馬宮《じんば》（射手座）　磨羯宮《まかつ》（山羊座）　宝瓶宮《ほうへい》（水瓶座）　双魚宮《そうぎょ》（魚座）

第2章

感受点とアスペクト

天球のとらえ方

この章では、ホロスコープの解読に際して、着目すべき感受点《かんじゅてん》とアスペクトについて解説していきますが、まずはその前に、天球およびそれを2次元に図式化した天宮図《てんきゅうず》（ホロスコープ）について、概説しましょう。

天球とは、地球を不動の点として宇宙の中心にすえ、その視点から宇宙を見た場合のモデルです。宇宙がひとつの巨大な球体で、その球面上を、太陽などの天体が移動しているとイメージすればわかりやすいでしょう。球体の中心にある地球は動きませんが、地球以外の天体は時間の経過とともに移動するので、球面の様子は時々刻々と変化していきます。その様子を平面的に表したのが、ホロスコープです。

天体の位置関係を把握するために、天球にはいくつかの指標《しひょう》がもうけられています。代表的なものを順に解説していきましょう。

【黄道と黄道帯（獣帯）】

黄道《こうどう》とは、天球上の太陽の通り道です。つまり、地球を不動の点として太陽を観測したときの「見かけの軌道」をいいます。

天球の概念図と黄道12宮

（天球の中心にあるのは地球）

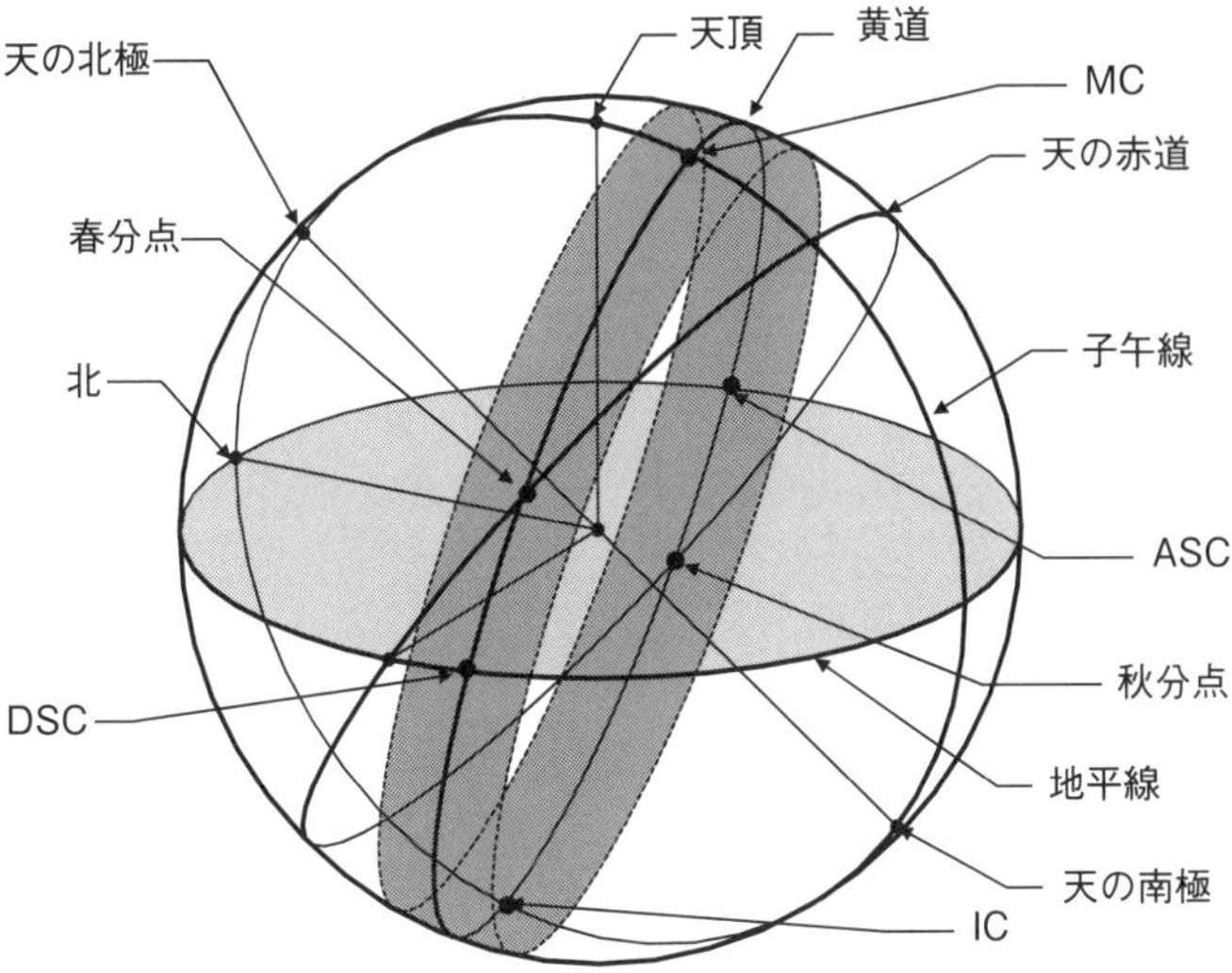

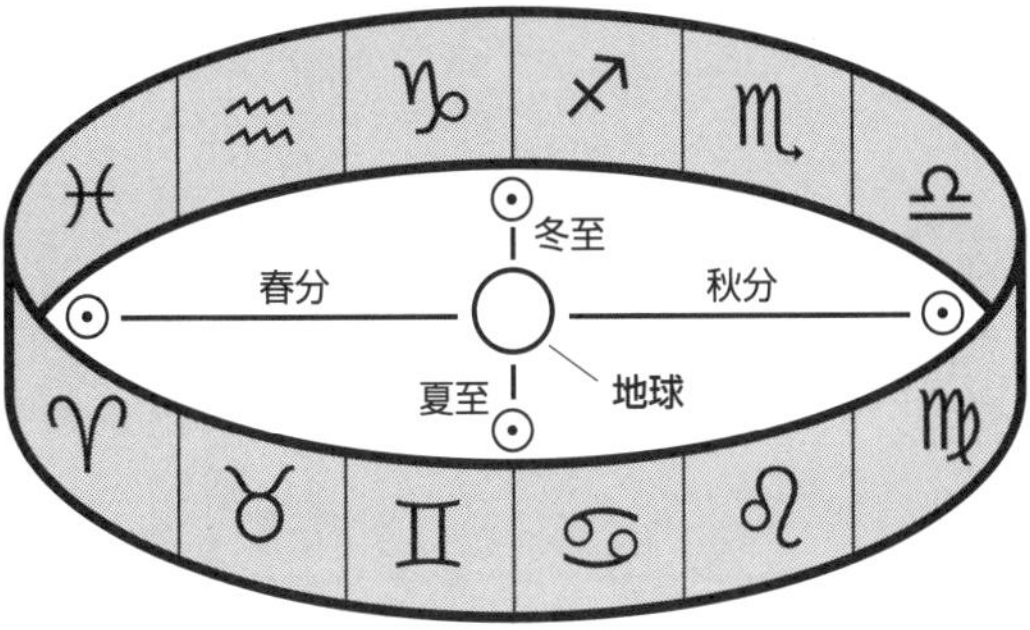

黄道を夜空に投影すると、そのライン上に12の星座が分布していることがわかります。これら12星座が分布するゾーンを黄道帯《たい》（獣帯《じゅうたい》）といいます。黄道は1本のラインですが、黄道帯は、黄道を中心に前後約12・5度の幅をもっています。

【天の赤道と春分点・秋分点】

地球の赤道を天球に投影したものを「天の赤道」といいます。先に説明した黄道は、天の赤道に対して23度24分の傾きがあります。これは実際の地球の自転軸が、公転軌道面に対して23度24分傾いているからです。

天の赤道と黄道は、春分点と秋分点の2点で交差します。春分の日と秋分の日には、太陽がそれぞれ春分点と秋分点に重なります。

なお、春分点は、地球が歳差《さいさ》運動をしているために、年を追って東から西へと少しずつずれていきます。黄道12宮が成立した時点では、春分点は牡羊座にありましたが、その後、魚座に移行し、現在は魚座から水瓶座への移行期に当たるといわれています。

【子午線とMC（南中）・IC（北中）】

一般常識的な子午《しご》線、すなわち地球の北極点と南極点を結ぶ大円を天球に投影したものが、占星術でいう子午線です。この子午線は天球上に固定されているので、地球上からの視点では、時間経過にしたがってさまざまな星座が子午線を通過していくように見えます。

この子午線と黄道が交わる点が、ホロスコープ上のMC（南中）とIC（北中）です。MCはラテン語の「Medium Coeli（メディウム・コエリ）」の略、ICは「Imum Coeli（イムーム・コエリ）」の略で、それぞれ天頂・天底を意味します。

【黄道12宮】

春分点を起点として、全円360度の黄道を30度ずつに分割したものが黄道12宮です。この「宮」は「サイン」ともいいます。

黄道12宮は、春分点から始まって東まわりに以下の順序となります。なお、この順序は、実際の星座が黄道帯（獣帯）に並んでいる順序と同じです。各宮の下に、対応する星座名を入れました。

①白羊宮《はくようきゅう》（Sign of Aries）＝牡羊座
②金牛宮《きんぎゅう》（Sign of Taurus）＝牡牛座
③双児宮《そうじ》（Sign of Gemini）＝双子座
④巨蟹宮《きょかい》（Sign of Cancer）＝蟹座
⑤獅子宮《しし》（Sign of Leo）＝獅子座
⑥処女宮《しょじょ》（Sign of Virgo）＝乙女座
⑦天秤宮《てんびん》（Sign of Libra）＝天秤座
⑧天蝎宮《てんかつ》（Sign of Scorpio）＝蠍座
⑨人馬宮《じんば》（Sign of Sagittarius）＝射手座
⑩磨羯宮《まかつ》（Sign of Capricorn）＝山羊座
⑪宝瓶宮《ほうへい》（Sign of Aquarius）＝水瓶座
⑫双魚宮《そうぎょ》（Sign of Pisces）＝魚座

一般には「牡羊座」「牡牛座」などの名称が受けいれられていますが、これについて筆者は疑問をいだいています。というのも、西洋占星術で用いられるのは、「12星座」ではなく「12宮」だからです。12星座とは、黄道上にある実際の恒星群をいいます。いっぽう12宮とは、黄道を12等分することによって得られる架空の指標です。12星座は、恒星群の分布範囲によって黄道帯に占める角度が異なりますが、12宮は一様に30度ずつです。

牡羊座から始まる12星座の名称は、ラテン語の学術名を日本語に訳したものですが、白羊宮から始まる黄道12宮の名称は、星座と区別するために中国語訳が採用されました。このことからも両者は本来区別されるべきではないかと、筆者は考えています。

感受点の意味と解釈

感受点《かんじゅてん》とは、太陽・月・水星・金星・火星・木星・土星・天王星・海王星・冥王星の各天体と、ホロスコープ上の架空のポイントであるASC（アセンダント）、MC（南中）、ノード（月の昇交点）などの総称です。感受点という言葉は、ある天体がアスペクトを投げかけたとき、その力をキャッチする点であることを意味します。本書でもしばしばこの言葉を使っていきますので、覚えていただくといいでしょう。

感受点のうち実在の天体については、その象徴的な意味やホロスコープ上の作用のほか、神話などについても触れていきます。ホロスコープの解読とは関係がないように思える内容もあるかもしれませんが、こうした内容を念頭に置いておくとイメージに幅や厚みが生まれ、解読の助けとなることがあります。

なお、本書でとりあげる感受点以外にも、たとえば小惑星のジュノーやベスタ、あるいは天体同士の中間点であるミッドポイントなど、さまざまな感受点があります。しかし、それらの影響力は、ここにあげた感受点にくらべれば、はるかに小さいものだと筆者は考えています。ですから、まずは本書に示す感受点によるホロスコープ解読を十分におこない、手ごたえを確かめてください。

◎太陽☉（Solar）

【象徴的な意味】

生存本能、命、活力、生命力、自信、威厳、男性原理、高揚、尊厳、父親、夫

【太陽系での位置づけ】

いうまでもなく、太陽系の中心であり、求心力です。

太陽の周囲を公転する天体として現在確認されているのは、水星・金星・地球・火星・木星・土星・天王星・海王星という8つの惑星と、セレス・冥王星・ハウメア・マケマケ・エリ

スという5つの準惑星と、名もない無数の小惑星です。これらの天体は、太陽の巨大な質量がつくりだす重力場にとらわれながらも個々の重力場を形成し、互いに作用をおよぼしあいながら、太陽の周囲を一定の周期で運行しています。

占星術的にいえば、地球の周囲を約365日かけて1周するのですが、じつはこの周期は、地球の公転周期にほかなりません。

【ホロスコープにおける作用】

太陽系の全惑星を輝かせ、地球上の生命をはぐくむ太陽は、まさにいのちの源を意味します。

個人のホロスコープ上では、太陽の力がプラスに作用すると、生命力、力強さ、くじけない精神などとして表れます。いっぽう、マイナスに作用すると、生命力に欠けた怠惰、根拠のない自信、高慢、他人を見下す態度などとして表れます。

【神話】

ギリシア神話には、太陽神ヘリオスが登場します。4頭の神馬《しんめ》が引く日輪《にちりん》の戦車に乗ったヘリオスは、曙《あけぼの》の女神に先導されて天空の道を東から駆け昇り、天頂を経て西の果てにある大河オケアノスに沈み、黄金の宮殿に入ります。そこで沐浴《もくよく》をすませ、休息をとったあと、黄金の巨大な盃《さかずき》に乗って、河の流れを利用して西から東へと帰っていきます。そして翌朝になると、ふたたび夜明けとともに東から駆け昇ります。

自然界の動植物は今も昔も変わらず、太陽神ヘリオスが東の空に姿を現すのと同時に目覚め、その恵みを受けていのちをはぐくんでいます。私たち人間もかつては、太陽神の動きに呼応して労働を開始し、休息をとっていました。

ところが昨今では、文明の発達によってライフスタイルが変化し、太陽神の恩恵にあずかれない人々が増えています。そのために生活のリズムが乱れ、睡眠障害をはじめとするさまざまな病気の要因をつくっていることが、医学的な見地からも解明されています。

そのいっぽうで、やはり人間は太陽を求めずにはいられません。たとえば住居を選ぶ際も、日当たりのよさは必須条件のひとつです。気分がうつうつとしたときも、思いきって外で出て日光を浴びると、気が晴れることが多いものです。このような時代だからこそ、人間には太陽神の恩恵が必要なのかもしれません。

エジプト、キリスト教以前のヨーロッパ、そして日本でも、太陽は神格化されて崇拝の対象となっています。

◎月☽（Lunar）

【象徴的な意味】

感情、感覚、女性原理、受動性、不安定さ、変化しやすいテーマ、一般大衆、液体、人体の

腺、自身に従属する人、母親、妻

【太陽系での位置づけ】

太陽系のなかでは地球にもっとも近い天体であり、地球の唯一の衛星で、公転周期は約27・3日です。月の引力は、地球にさまざまな作用をおよぼします。たとえば潮の満ち干《みひ》は、月の引力によって起こります。また、女性の月経周期は月のサイクルと一致しやすいといわれています。その力が生命活動にまで影響をおよぼすことから、月の運行は占星術以外の分野でも注目されてきました。

歴史的には、太陽の運行を基準とする太陽暦よりも、月の満ち欠けを基準とする太陰暦のほうがはるかに古く、最初の太陰暦は古代シュメール人によってつくられたともいわれています。彼らがつくった太陰暦はたいへん正確でした。一説によれば、日蝕・月蝕をはじめ、惑星の動きや地球の歳差運動までも理解していたといわれています。

【ホロスコープにおける作用】

日中に輝く太陽に対して、夜空を明るく照らす月は、太陽と対《つい》をなす存在です。太陽が男性原理を象徴するのに対して、月は女性原理を象徴します。太陽が夫なら、月は妻です。また、満ちていく月が、受胎から臨月に向かう様子を連想させることから、母親を象徴します。

また月は、感覚や情緒をつかさどるものでもあります。太陽が昼間の現実世界の支配者ならば、月は闇夜の世界の女王であり、形のない心の世界の支配者なのです。

月のリズムが感情の起伏に作用することは、古来より語られてきました。聖書にも「ルナティック（lunatic）」という言葉が見え、月の影響を受けて精神が混乱をきたすと記されています。とくに、太陽とのアスペクトが180度になる満月、0度になる新月、90度になるハーフムーンのときには、月のパワーが増大します。

個人のホロスコープ上では、月がプラスに作用すれば、穏やかな性格や健全な精神がはぐくまれますが、マイナスに作用すると、情緒的な面や恋愛、結婚生活などが不安定になります。また、個人の家庭環境あるいは社会環境への適応状況や、癖になっている行動パターンを示すこともあります。

なお、古今東西を問わず、月が関係する天文現象である日蝕・月蝕は、国家をゆるがすような凶事の前兆として語りつがれてきました。

【神話】

ギリシア神話に登場する月の女神アルテミスは、オリュンポス12神に名をつらねるアポロンの妹です。美しく勝ち気なアルテミスは狩猟の神でもあり、白馬が引く銀の馬車で夜空の闇を飛びまわっていました。あるときアルテミスは、森に迷いこんだ狩人オリオンと恋に落ちるのですが、兄アポロンの策略によって、みずからの手でオリオンを殺してしまいます。嘆《なげ》き悲しむアルテミスを哀れに思った父神ゼウスは、アルテミスが銀の馬車に乗って夜空を走るときに愛《いと》しい恋人に会えるよう、オリオンを天に上げました。

◎水星☿（Mercury）

【象徴的な意味】

流動性、通信、交通、商売、旅行、兄弟、知恵、思考、メッセージ、言語、通信と連絡、知識の伝達、文筆活動

【太陽系での位置づけ】

太陽系の第1惑星で、太陽にもっとも近い軌道を周回します。地球上から見ると、太陽の光に埋もれてしまうので観測がむずかしく、日の出直前か日の入り直後にしか見ることができません。そのためか1964年までは、自転しない惑星だと考えられていました。

公転周期は約88日で、太陽系のなかでは最短期間で太陽を1周します。また、地球から見た場合、太陽と水星の位置関係は、もっとも離れたときでも28・3度です。

【ホロスコープにおける作用】

つねに太陽の近くにいることから、占星術では太陽のメッセンジャーとしての役割を担《にな》っています。この位置づけから、通信や交通などの象意《しょうい》が派生していきました。

水星はあくまで媒介《ばいかい》であって、個人の人生を劇的に動かすような力はありません。しかし、人間がこの世で生きていくうえで必要な知識は、水星によってもたらされます。

個人のホロスコープ上では、その人の知性や職業の適性などに影響をおよぼします。水星がプラスに作用すれば、健康的な知性にあふれた魅力的な人となります。しかし、マイナスに作用すれば、周囲に対して批判的になったり、物事をいいつくろったり、誤った道を選択するなどの可能性が出てきます。ただしこれらの作用は、水星単体で発現するのではなく、他の感受点とのかかわりによって生まれます。

なお、水星が象徴するもののひとつとして水銀がありますが、これは水銀が、他の金属の触媒となってアマルガム（合金）をつくることによります。また、古代の叡智《えいち》のひとつである錬《れん》金術《きんじゅつ》において、卑《ひ》金属を貴金属に変換するための触媒「賢者の石」は、水銀が何段階かの化学反応を起こすことによって得られるといわれていました。このように古代の叡智につながる水星は「智慧《ちえ》（wisdom）」の象徴です。成熟して慈愛に満ちた、賢者の智慧といえます。

【神話】

ギリシア神話ではヘルメスの名で、主神ゼウスと女神マイアの子として登場します。太陽のすぐそばで、宵《よい》と明け方の空を俊敏に行き来することから、太陽の伝令であり、情報伝達と知恵の神とされています。翼の生えた靴と帽子、ケリュケイオンという魔法の杖《つえ》がトレードマークで、風よりも速く走り、神々のメッセンジャーを務めます。ケリュケイオンの杖には2匹の蛇が絡みついており、水星の記号☿は、その様子を図案化したものです。

ヘルメスは、ローマ神話ではメルクリウス（Mercurius）と同一視されました。「Mercury」という名称は、この神の名に由来します。

なおヘルメスは、知恵の暗黒面である策略や裏切り、盗み、詐欺《さぎ》などのシンボルでもあり、盗賊の守り神といわれることもあります。

◎♀金星（Venus）

【象徴的な意味】

愛、調和、社交、レジャー、和合、親和力、同調性、洗練されたしぐさ、楽しみ、美、芸術、音楽、美術、魅力、趣味、快適さ、女性的な人、女性的な力

【太陽系での位置づけ】

太陽系の第2惑星で、「宵の明星」「明けの明星」と呼ばれる金星は、太陽、月に次いで明るく輝く天体です。公転周期は約225日です。

平安時代には、宵の明星が「夕星《ゆうづつ》」と呼ばれていました。清少納言の『枕草子』には、「ゆふづつ」の美しさを愛《め》でる短い文章が記されています。

【ホロスコープにおける作用】

西洋占星術の記号♀は、女性を意味する記号として広く用いられています。このことが示すように、金星は女性的な魅力すべての象徴です。ロマンス、エロス、愛情、美や芸術、社交、快楽、平和、小さな財の所有や保存などもつかさどります。人を魅了する女性らしい言葉やしぐさは、金星のエネルギーそのものです。

個人のホロスコープ上では、金星の力がプラスに作用すると、チャーミングで社交的で、芸術的なセンスに優れた人物になります。しかし、金星の力がマイナスに作用すると、浅薄《せんぱく》な恋愛をくり返したり、遊び人として怠惰な生活を送ることになるでしょう。

なお、金星の象意は時代の流れや地域によって変化します。たとえば、ギリシア神話ができたばかりの時代には戦いの女神イシュタルと同一視され、戦況の吉凶を占う際の判断材料とされました。また、中国では太白星《たいはくせい》と呼ばれ、五行《ごぎょう》の「金」に分類されたことから、武器そして戦乱の象徴とされています。

じつは筆者は、金星の放つエネルギーは、戦いの女神イシュタルから受けつがれたものだと思っています。なぜなら、恋愛はときに戦いであり、それがたとえ無償の愛であっても、愛するものを守るために戦う強さが必要だからです。

快適さや楽しさを与えてくれる金星ですが、それに溺れると、社会全体が秩序を失いかねません。いたずらに刺激ばかりを追求する低俗な娯楽がはびこる現代社会は、金星の悪しきエネルギーが蔓延《まんえん》する時代ともいえるのではないでしょうか。

【神話】

ギリシア神話では、愛と美と豊饒《ほうじょう》の女神アフロディテとして登場します。アフロディテの名は、泡（アフロス）に由来します。これは、天空の神ウラノスの末子クロノスが、横暴な父神の男根を切り落としてエーゲ海に投げ入れたとき、海にしたたり落ちた精液から白い泡がたち、その泡から誕生したというエピソードによるものです。

アフロディテは、その子エロスとつねに行動をともにしています。金色に輝く髪と碧《あお》い瞳、純白の翼をもつ美しいエロスは、金の弓矢と鉛の弓矢を手にしています。金の弓矢で射抜かれると、最初に見た者に恋をしてしまいます。鉛の弓矢を受けると、最初に見た者に嫌悪感をいだきます。この矢の力には、オリュンポスの主神ゼウスでさえ抗《あらが》うことはできません。

アフロディテは、ローマ神話ではヴィーナスと同一視され、これが惑星の名の由来です。

なお、金星にも蝕がありますが、これを忌《い》む風習は世界中で見られます。エジプト、ローマ、そして古代日本でも、月が金星を隠すと天子に凶事が起こると恐れられていました。

◎火星♂（Mars）

【象徴的な意味】

意志、衝動、実行力、積極性、活動、力、労働、性急、一時的な感情、炎症、男らしい人物、闘争、向こう見ず、闘志、肉体的エネルギー

【太陽系での位置づけ】

太陽系の第3惑星で、公転周期は約687日です。地球上から見るとしばしば逆行することから、人を惑《まど》わす星とされていました。日本語の「惑星」という言葉は、火星に由来するものです。

夜空にひときわ赤く輝く火星は、燃えさかる炎や血の色を連想させます。この色に加えて、惑うような動きが不穏《ふおん》な印象を与えるのか、戦いや流血などの凶事を招く星として、古来より人々に恐れられてきました。

なお日本では、赤い輝きが夏の太陽を連想させることから「夏日星《なつひぼし》」と呼ばれます。

【ホロスコープにおける作用】

ひとつの宮に半年近くもとどまったかと思うと、突然すばやく移動する火星は、「衝動的」という言葉がぴったりの星です。火星はパワフルなエネルギーを放ちますが、そのマイナスの影響を受けると、性急で衝動的になり、いきなり感情を爆発させたりすることがあります。火星のパワーは、自分を対外的にアピールする原動力となり、情熱を刺激して恋を燃えあがらせ、

欲望に火をつけることもあれば、カリカリした精神状態や闘争的な態度をあおり、事故やトラブルの引き金となることもあります。社会的に見ても、火星のエネルギーが過剰に働くと、国と国との対立や戦争を招きます。

しかし、現代のような時代においては、断固として有害なものを排除する強い姿勢が求められることもあります。そんな毅然《きぜん》とした態度を後押ししてくれるのもまた火星なのです。ただ、火星の力をプラスにいかすためには、高度な精神性が必要です。理性を失えば、たちまち火星が暴走し、悲惨な状況がくり返されるでしょう。

【神話】

ギリシア神話においては、主神ゼウスと正妃《せいひ》ヘラの息子アレスとして登場します。アレスは争いを好む残忍な神で、行く先々で災いの種をまき散らすので、オリュンポスの神々からは忌み嫌われていました。不和の女神エリスと、恐怖の神で双子のフォボスとディモスとともに戦車に乗りこみ、戦場を駆けめぐるのが日常であり、労働でした。

ホメロスの叙事詩『オデュッセイア』によると、アレスはアフロディテの愛人で、エロスとハルモニアなどの子をもうけました。アフロディテの夫で鍛冶《かじ》の神へファイストスが妻の不倫に気づいても、ふたりはいっそう情熱的に愛を交わします。この物語が示すように、火星と金星の結びつきは非常に深く、恋愛のイベントや相性を予測するうえで重要な要素となります。

アレスは、ローマ神話においては軍神マルスと同一視され、これが惑星の名の由来です。マルスは、凶暴なアレスとは異なり、農業神にして勇敢な戦士で、男性の理想像と見なされています。なお、ギリシア・ローマ以外の地域でも、火星は戦いと関連づけられています。たとえば古代メソポタミア人は、火星に戦いの神ネルガルの名を冠しています。

◎木星♃（Jupiter）

【象徴的な意味】

膨張、拡大、発展、繁栄、楽観的、道徳的、慈悲、保護、公明正大、正義、保存、利益、成功、富、向上心、寛容、快適

【太陽系での位置づけ】

太陽系の第5惑星であり、太陽系最大の惑星です。ゆっくりとした動きで、約12年かけて太陽のまわりを1周します。

公転周期が約12年ということは、占星術的にいえば、ひとつの宮に約1年とどまることになります。そのため中国では「歳星《さいせい》」と呼ばれ、その年における農作物の収穫を占うことに用いられました。

木星のもつ12年というサイクルは、人間の成長とも関連づけられます。つまり、誕生時の木

星が1周する12歳のときに思春期を迎えて子供時代に別れを告げ、次に1周する24歳のときには成人として社会的な活動を開始するなど、人生の節目にリンクしています。

【ホロスコープにおける作用】

一般の占星術では、最大の吉星とされます。精神を豊かに潤し、物質的な豊かさをも与えてくれる木星は、願望成就への導き手であり、人生のステージや人生観を広げてくれる天体です。その力がプラスに作用すれば、慈愛に満ちあふれた人格者となり、繁栄が約束されるでしょう。しかし、木星の力がマイナスに作用すると、緊張感のないイージーな面が現れ、楽観による失敗、うぬぼれ、放埒《ほうらつ》、不摂生《ふせっせい》などを招きます。

木星は、社会経済の発展にも大きなエネルギーを注入します。バブルの最盛期は、まさに木星のパワーに圧倒された時代でした。何の歯どめもないまま美食に酔い、欲望に流され、モノを大量に消費した結果、今やそのツケを支払わなくてはならない時代が訪れたのです。

しかし、社会全体の流れをプラスに導いて再建するためには、ふたたび木星の力が必要とされます。私たち一人ひとりが木星の象意である「保護」を相互に与えあい、「正義」や「道徳」を重んじれば、真の意味での豊かな社会への移行が可能となるでしょう。

個人のホロスコープにおいても、木星の力をプラスに働かせることで、過去の苦しみや挫折から立ちあがる力が得られます。

【神話】

ギリシア神話においては、オリュンポスの主神にして全能の神ゼウスとして登場します。ふだんはいたって慈悲深く懐《ふところ》の深い神ですが、怒ると雷光を放って敵を討《う》つ激しい一面もあります。ゼウスは非常に奔放で、嫉妬《しっと》深い正妃ヘラの目を盗んでは、美しい女性に次々と強引なアプローチをして、数えきれないほどの子供をもうけました。この節操のなさは、木星のマイナス面に通じるものがあります。なお「ジュピター（Jupiter）」の名は、ローマ神話の最高神ユピテル（Jupiter）に由来するものです。

◎土星♄（Saturn）

【象徴的な意味】

制限、抑圧、束縛、忍耐、冷たさ、自制心、持久力、堅実、勤勉、倹約、小心、野心、孤独、猜疑心《さいぎしん》

【太陽系での位置づけ】

太陽系の第6惑星で、木星についで大きな天体です。天王星が発見されるまでは、太陽系の最外殻惑星《さいがいかくわくせい》と考えられていました。公転周期は約28年で、占星術的な視点でいえば、時代が移り変わる周期を表しています。ひとつの宮を2年半ほどかかって運行し、そのゆっくりとした

歩みは、思慮深い老人を思わせます。

なお、古代中国においては鎮星《ちんせい》と称され、徳と結婚をつかさどる吉星とされました。

【ホロスコープにおける作用】

一般的な占星術の考え方では、土星は凶星の代表とされることが多いようですが、けっしてそうとはかぎりません。暗く重苦しい状況や、時の停滞をもたらすのは事実ですが、それは芽ぶきの準備期間である冬にも似て、次なる活動期に向けてエネルギーを充電するために与えられた、必要不可欠な時間なのです。

土星がもたらす試練に怯《おび》える必要はありません。それはむしろ人間を成長させるというプラスの影響力のほうが大きく、学びや悟《さと》りの機会を与えてくれるものです。労を惜しまず忍耐をもって事に臨めば、土星はその人の味方となり、自己を磨きあげる吉星の働きをします。

最大の吉星とされる木星が膨張と発展を意味するのに対して、土星は秩序を重んじ、適度な抑制をきかせて堅実な歩みを助けます。スポーツ選手、研究者、実業家をはじめ、いかなる分野の職業についても、土星の力を有効に活用すれば、自分自身を成功へと導くことができます。

ただし、土星がマイナスに作用すると、抑圧によって悩み苦しみ、不満と失望の日々を送ります。

【神話】

サターンの名は、ローマ神話の農耕神サトゥルヌスに由来します。占星術の記号♄は、麦の刈り入れに使う大鎌《おおがま》を表します。ローマ神話によれば、かつて人類は豊かな理想郷である土星に住んでいましたが、その土星が突如として氷に包まれたために、地球に逃れてきたといいます。このことに象徴されるように、実際の土星は氷点下150度という氷の世界です。

サトゥルヌスは、ギリシア神話では時間の神クロノスと同一視されています。父神ウラノスを暗殺したクロノスは、「お前も息子によって私と同じ目にあわされるだろう」という父の予言と亡霊に脅《おび》え、生まれたわが子を次々と飲みこんでしまいます。そんなクロノスの目を逃れ、妻レアはひそかにゼウスを出産します。のちにゼウスは、父神クロノスを底なし沼に封じこめて王座につき、ウラノスの予言どおりクロノスを追放します。

◎天王星♅（Uranus）

【象徴的な意味】

突然の出来事、突然の緊張、刺激、啓発、自発的、改革、モダン、エキセントリック、独立、独創的、革新、オリジナリティ、インテリジェンス、ＩＴ産業

【太陽系での位置づけ】

天王星は、１７８１年3月13日、イギリスのウイリアム・ハーシェルによって発見されまし

た。じつはそれ以前の時代にも何度か観測されていますが、惑星であるとの認識がなされていませんでした。たとえば１６９０年、イギリスの天文学者ジョン・フラムスティードが、天王星を牡牛座の星として観測記録に残しています。

太陽系の第７惑星で、公転軌道は約84年。公転面に対して自転軸が98度傾いているため、天王星の形成期に激しい衝突があったのではないかといわれています。地球から遠く離れた土星外惑星のひとつで、大量のガスをたくわえた巨大惑星でありながらも、肉眼では見ることができません。そのため、望遠鏡の発明後に発見される運びとなりました。

天王星の発見によって、占星学は伝統的な7星時代（太陽、月、水星、金星、火星、木星、土星の7星）に別れを告げることとなりました。

【ホロスコープにおける作用】

型破りで独立的な天王星は、ひとことでいえば革新の星です。発見後まもなくフランス革命やアメリカ独立運動が起こったのは、占星学的にいえば偶然ではありません。天王星のエネルギーは、突発的で予期せぬ出来事を引き起こし、個人や社会を新たな局面へと導きます。

また天王星は、望遠鏡の発明によって初めて発見された惑星であることから、「知性(Intelligence)」という意味をもちます。天王星の発見は、それまでの宇宙観をくつがえし、土星以遠への宇宙空間へと人類を駆りたてていきました。このことから推測できるように、天王星が意味する知性は、悪くすれば破壊と暴走をもたらしかねない側面を秘めていることを、念頭に置いたほうがいいでしょう。

天王星がプラスに作用すると、文明の進歩・発明・発見という分野において、革新的な出来事が起こります。たとえばIT産業やインターネットは、天王星の申し子といえます。いっぽう、天王星がマイナスに作用すると、テロやクーデターなどが勃発《ぼっぱつ》します。

よくも悪くも穏やかにはいかないのが天王星の特徴であり、波瀾《はらん》が生じることは必至です。しかし、天王星が運んでくる新たなものごとを前向きに受けとめれば、混沌とした日常を脱し、次なる世界への扉が開かれるはずです。

試練の星である土星が、個人や社会に作用した場合も、天王星の力を利用すれば、その試練をバネにして大きく飛躍することができます。

【神話】

ギリシア神話においては、天空の神ウラノスとして登場します。大地の女神ガイアとウラノスの聖婚によって、オケアノス（海洋）をはじめとする巨人神族が次々と生みだされました。ところがウラノスは、ガイアが生んだわが子を愛そうとはせず、王位を奪われることを恐れて、子供たちをガイアの腸のなかであるタルタロス（奈落《ならく》）に閉じこめました。

この仕打ちに怒ったガイアは、末子のクロノスに斧《おの》を渡し、父神に復讐するようすすめます。

そしてクロノスは、ガイアとウラノスの寝所に忍びこんで父神の男根を切り落とし、支配権を奪います。しかし、その後クロノスも、自身の息子であるゼウスに討たれることになります。

◎海王星♆（Neptune）

【象徴的な意味】

不明瞭、不透明、手にとれないもの、未知、欺瞞《ぎまん》、偽計《ぎけい》、神秘、抽象的、インスピレーション、さえた感覚、虚構

【太陽系での位置づけ】

太陽系の第8惑星で、太陽からもっとも遠い軌道を公転しています。海王星は、まさに海のように青い惑星ですが、天王星と同じく、地球から肉眼で見ることはできません。公転周期は約165年で、占星術的にいえば、ひとつのサインを約14年かかって運行します。

海王星は1846年、イギリスのアダムズと、フランスのル・ベリエというふたりの天文学者によって発見されました。それ以前に天文学者たちは、天王星の摂動《せつどう》から、その外側に惑星があることを予測していました。

占星術が疑似科学と見なされ、天文学などから明確に切り離されることになった背景には、天王星をはじめとする土星以遠の惑星の発見があります。

【ホロスコープにおける作用】

海王星の発見前後、ヨーロッパではアールヌーボーに代表される華麗な芸術が生まれ、映画も誕生しました。また、オカルティズムや神智学などの神秘的な思想が人気を博した時代でもありました。これらはいずれも、海王星の作用と関連づけてとらえることができます。

海王星の領域である深海は、神秘的な美と静寂と闇に満たされるいっぽうで、マグマに温められた熱湯が噴出する荒々しい一面もあります。海王星はこの深海のように、強力な二面性をもちます。不確かで抽象的で、美しいけれども肉眼では見えない世界の帝王であるこの星は、精神的・霊的な世界をもつかさどる存在です。

母なる海にして原初の混沌にも通じる海王星は、世界を創出する心的パワーの源です。その力がプラスに作用すれば、豊かなイマジネーションとインスピレーションが得られ、高い次元の才能が開花するでしょう。アーティストにとっては、非常に重要な天体といえます。また、自分をとりまく世界への奉仕の精神も、この星がもたらす美徳のひとつです。

しかし、海王星がマイナスに作用すれば、現実逃避、気まぐれ、混乱、欺瞞、耽溺《たんでき》などの傾向が現れます。また、詐欺《さぎ》の被害者・加害者とも、海王星の影響を受けているとされます。ほか、宗教、薬物、アルコール、恋愛などへの依存も、海王星の影響と見なします。

【神話】

ギリシア神話に登場する海神ポセイドンは、クロノスとレアの子で、オリュンポスの主神ゼウスは兄弟にあたります。ポセイドンは、兄弟神のゼウス、ハデス（冥界の神）と手を組んで巨神族を征服し、くじ引きによって海洋を領土とすることになりました。海の守護神ですが、怒ると海上に大嵐を呼ぶので、船乗りや他の神々にも恐れられていました。東地中海周辺では地震の神、また、馬の飼育法と馬術を人間に教えた神でもあります。

ローマ神話ではネプチューンと同一視され、惑星の名はこの神に由来します。

◎冥王星♇（Pluto）

【象徴的な意味】

強制的改革、新たな領域、大変動、拡大、助長、始まりと終わり、絶対的権力、極限状態

【太陽系での位置づけ】

1915年、アメリカの天文学者パーシバル・ローウェルが冥王星の存在を発表し、その理論を継承して観測を続けたウィリアム・トンボーによって1930年に発見されました。以後2006年までは太陽系の第9惑星とされていましたが、太陽系外縁部の観測が詳細におこなわれた結果、冥王星と同等の大きさをもつ天体が多数存在することがわかり、準惑星に改められました。公転軌道が特徴的で、ほかの太陽系惑星の公転軌道面に対して約17・5度の傾きが

あり、楕円《だえん》軌道を描きます。そのため、時期によっては第8惑星の海王星よりも内側を公転します。公転周期は約248年です。

冥王星最大の衛星カロンは、直径が冥王星の半分以上もあり、二重惑星と考えられたこともあります。

【ホロスコープにおける作用】

冥王星は、比較的最近になって発見されたことに加え、運行速度が緩慢《かんまん》で本質がつかみにくく、ホロスコープ解読においてミスリーディングが発生しやすい天体です。加えて、一般的な占星術では、火星と同じように破壊をもたらす凶星とされています。

しかし、すべての事象は再生―維持―破壊というサイクルの内にあります。破壊なくして再生はなく、その意味で冥王星がもたらす破壊は、現状を一掃して新たな局面に進むための起爆剤なのです。冥王星の力は、社会全体を破壊から再生につなぐ働きもありますが、個人のホロスコープにおいても重要なテーマや根本的に人生と向きあう姿勢を与えます。

さらに冥王星には「助長」という象意があり、他の天体とアスペクトを形成したときに、相手の性質を強調する働きがあります。

冥王星が発見された時代は、核実験の成功、世界大恐慌時代などの不穏な動きがあり、人々の心はすさんでいました。これはのちに第二次世界大戦、そして広島・長崎への原爆投下という悲劇を招きます。核燃料として重要な元素であるプルトニウムの名前が示すように、原子力発電や核兵器の開発なども冥王星の管轄《かんかつ》です。20世紀をふり返ると、人類は冥王星の力をプラスにいかせたとはいえません。そのことが非常に残念です。

【神話】

ギリシア神話に登場する冥界の支配者ハデスは、みずからの花嫁として花と実りの女神ペルセポネを選び、強引に地中へと連れ去ります。この略奪は、じつはペルセポネの父ゼウスの助言によってなされたのですが、それを知ったペルセポネの母で大地の女神デメテルは嘆き悲しんでオリュンポスを去り、娘を探し求めます。ハデスは、ふたりの仲をとりもったゼウスの口添えにより、ペルセポネをいったん地上に返しますが、すでにペルセポネは冥界のザクロを食べたあとで、地上へ戻ることができない体となっていました。そこでゼウスは、1年のうち3分の2をオリュンポスと地上で、3分の1を冥界で暮らすよう定めました。ペルセポネ不在の4か月間、地上には花と実りがなくなり、これが冥の始まりとなりました。

◎ASC（アセンダント）

地平線と黄道とのふたつの交点のうち、東側の点をASC（アセンダント）といい、ASCが入っているサインを上昇宮《じょうしょうきゅう》といいます。出生のホロスコープの場合、その人が生まれた瞬間に東の地平線に姿を現し、黄道上を天頂に向かって上昇していくサインを意味します。

アセンダントは、昼の世界と夜の世界、個人の内面と外面との分岐点です。アセンダントに投げかけられるアスペクトは、これから光のあたる場所に出ていくもの、外へ向かって表現されるもの、自分自身のあり方などを示し、その人に大きな影響をおよぼします。

アセンダントの前後5度付近にある天体を「ライジング・プラネット」といい、ホロスコープ解読に際してはとくに重要視します。

なお、地平線と黄道のふたつの交点のうち、西側の点をDSC（ディセンダント）といいます。ホロスコープ上では、ちょうどASCの真向かい（180度）の位置にあります。この付近にある天体も、影響力が大きくなります。

◎MC（南中）

MCは、天頂を意味するラテン語の「Medium Coeli（メディウム・コエリ）」の略です。出生のホロスコープの場合、その人が生まれた瞬間に、黄道上においてもっとも高度の高いポイントで、南中といいます。

MCは、外界に向かって自分を最大限に発揮したときの到達点を表します。仕事におけるポジションをはじめとする社会的なステイタスや、他者の目に映る自分像を解読するうえでも非常に重要なウェイトを占めます。

ＭＣの前後５度付近にある天体を「カルミネート」といい、影響力が大きいものとして重視します。

なお、その人が生まれた瞬間に、黄道上においてもっとも高度の低いポイントをＩＣといいます。これは、天底を意味するラテン語の「Imum Coeli（イムーム・コエリ）」の略です。この付近にある天体も、影響力が大きくなります。

◎ノード

黄道と白道（月の軌道）とが交差する点を「ノード」といいます。ノードにどんな天体がからんでくるかによって、周囲との関係性や転機などに変化が訪れます。ノードには☊昇交点と☋降交点、つまり月が昇るときに黄道と交わる点と、沈むときに交わる点がありますが、本書ではとくに☊昇交点を解読の重要なポイントと見なし、第5章で取りあげます。

なお、新月時に月または太陽がノードと正確に0度の角度を形成すると、日蝕が発生します。また、満月時に月または太陽がノードと正確に１８０度の角度を形成すると、月蝕が発生します。これらの蝕は地球上のどの地域でも、古来より不吉な兆しとして恐れられてきました。

◎順行と逆行と留

天体の見かけ上の運動は、複雑な様相を帯びています。惑星が東から西へ運行している状態を順行（prograde motion）、反対に惑星が西から東へ逆の方向に運行しているように見える状態を逆行（retrograde motion）といいます。また、惑星が順行から逆行に移行するとき、逆行から順行に戻るときに、一時的に動きが停止するように見える現象を留《りゅう》といいます。記号としては、順行D、逆行R、留Sを用います。

アスペクトの種類と作用

◎アスペクトの種類

ホロスコープ上の感受点同士が形成する角度（正しくは角距離）を「アスペクト（aspect）」といいます。この言葉は、「見る」という意味のラテン語に由来します。日本語では「座相」と表現することもあります。

ホロスコープ上のある感受点に、他の感受点がアスペクトを投げかけると、イベントが発生したり、感受点の特徴が強調されたりします。いいかえれば感受点は、互いにアスペクトをもつことによって、はじめて外界に向かって個性を表現できるのです。

アスペクトにはさまざまな種類がありますが、本書で使用するのは以下の7種類で、作用の強弱によってふたつのグループにわかれます。カッコ内に示したのは、占星術で用いられる記号です。

【作用の強いアスペクト】

0度（☌）コンジャンクション（日本語で「合《ごう》」ともいう）
90度（□）スクエア
180度（☍）オポジション（日本語で「衝《しょう》」ともいう）

【作用の弱いアスペクト】

45度（∠）セミスクエア
60度（⚹）セクスタイル
120度（△）トライン
135度（⚼）セスキコードレート

本書で使用する7つのアスペクト

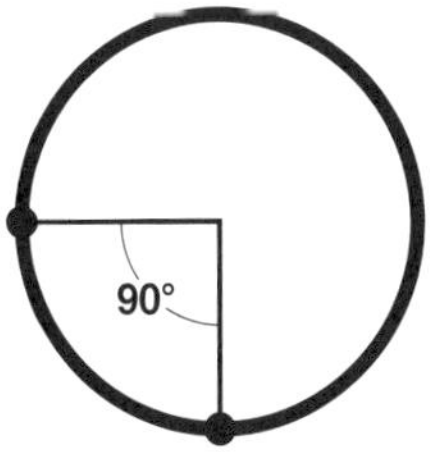

スクエア(強)

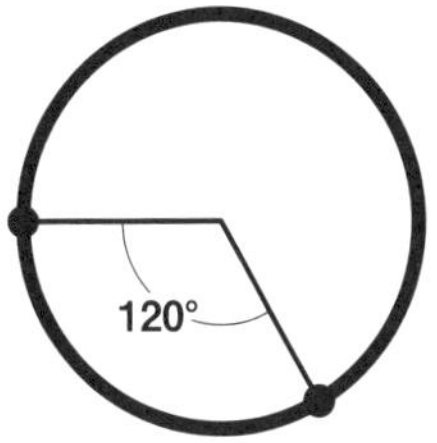

トライン(弱)

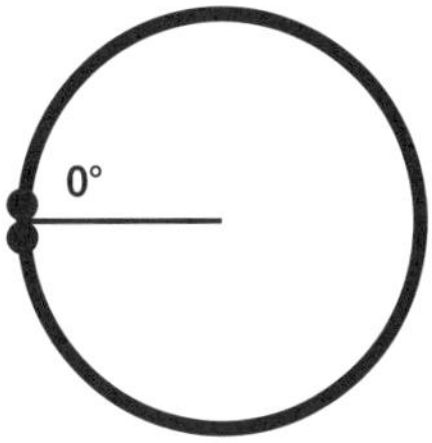

コンジャンクション(強)

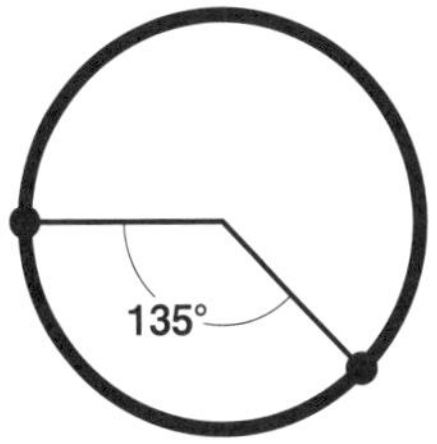

セスキコードレート(弱)

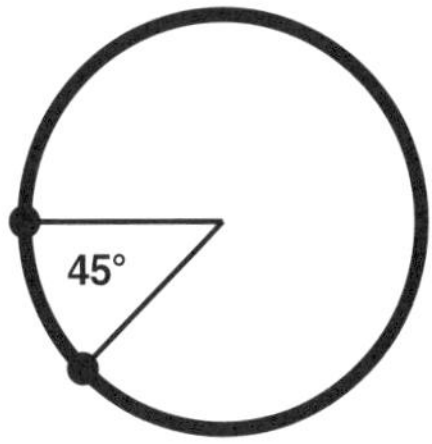

セミスクエア(弱)

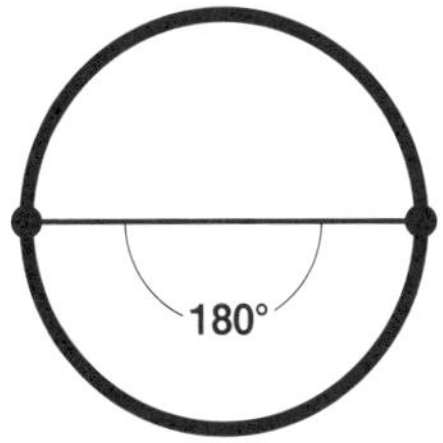

オポジション(強)

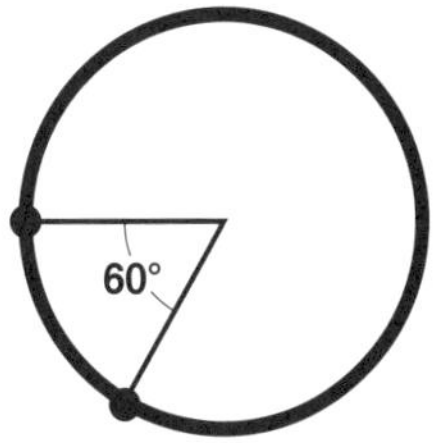

セクスタイル(弱)

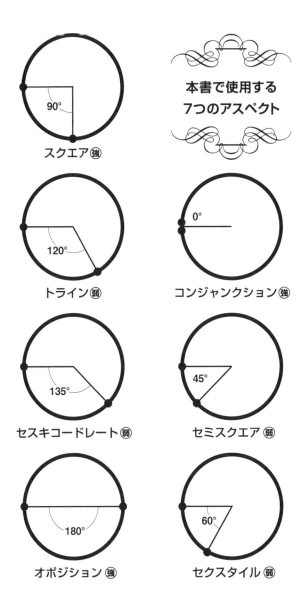

このほか、ある感受点が他の感受点とまったくアスペクトをもたないことを「ノーアスペクト」といいます。出生のホロスコープにこうした感受点がある場合は、トランシット（第5章）や進行図（第6章）に注目して、他の感受点とアスペクトを形成する時期を調べていけば、その感受点が意味する才能や可能性を開花させるタイミングを知ることができます。

なお、アスペクトをハード（凶）とソフト（吉）に分類する方法もありますが（補章参照）、筆者はそうした分類をおこないません。アスペクト自体に吉凶があるのではなく、かかわりあった感受点相互のコンビネーションによって意味が決定すると考えているからです。また、そのコンビネーションをよりよい方向へいかしていくことが占星術の使命であることは、いうまでもありません。

◎オーブ（orb）

アスペクトが形成されていると見なす許容範囲をオーブといいます。詳しくは左に示しますが、たとえば180度のアスペクトに5度のオーブを認める場合、175度～185度のあいだであれば、180度のアスペクトを形成していると見なします。

何度までのオーブを認めるかは、アスペクトの種類と感受点によって異なります。また、出生のホロスコープでは許容範囲が大きくなりますが、トランシットや進行図では小さくなります。個々については各章でも説明しますが、以下にひととおりのオーブをあげておきます。

なお、アスペクトの影響力はオーブが小さいほど強く、大きいほど弱くなります。たとえば、180度のアスペクトと見なされる角度、たとえば175度〜185度のなかでも、179度と184度をくらべた場合、179度のほうが影響力が強くなります。

【出生図におけるオーブ】→第4章参照

①0度・60度・90度・120度・180度のアスペクト

ASCとMCに対しては、前後10度以内。

太陽と月に対しては、前後6度以内。

水星・金星・火星・木星・土星に対しては、前後5度以内。

天王星・海王星・冥王星のあいだに形成されるアスペクトについては、前後4度以内。

②45度・135度のアスペクト

すべての感受点について前後1度以内。

【トランシット法におけるオーブ】→第5章参照

①0度・60度・90度・120度・180度のアスペクト

出生図の感受点	トランジットする天体	オーブ
MC・ASC・太陽・月	太陽・水星・金星・火星・木星・土星	前後5度以内
	天王星・海王星・冥王星	前後3度以内
水星・金星・火星	太陽・水星・金星・火星・木星・土星	前後3度以内
	天王星・海王星・冥王星	前後2度以内
木星・土星・天王星・海王星・冥王星	太陽・水星・金星・火星・木星・土星	前後2度以内
	天王星・海王星・冥王星	前後1度以内

②45度・135度のアスペクト

すべての感受点について前後1度以内。

【ダイレクション法におけるオーブ】↓第6章参照

すべてのアスペクト、すべての感受点について前後1度以内。

【相性判断におけるオーブ】↓第7章参照

すべてのアスペクト、すべての感受点について前後2度以内。

出生図のアスペクトとオーブの取り方

※0度・60度・90度・120度・180度の場合

※Ⓐは ASC を、Ⓜは MC を表す

前後10度以内

Ⓐ－☉
Ⓐ－☽
Ⓐ－☿
Ⓐ－♀
Ⓐ－♂
Ⓐ－♃
Ⓐ－♄
Ⓐ－♅
Ⓐ－♆
Ⓐ－♇
Ⓜ－☉
Ⓜ－☽
Ⓜ－☿
Ⓜ－♀
Ⓜ－♂
Ⓜ－♃
Ⓜ－♄
Ⓜ－♅
Ⓜ－♆
Ⓜ－♇

前後6度以内

☉－☽
☉－☿
☉－♀
☉－♂
☉－♃
☉－♄
☉－♅
☉－♆
☉－♇
☽－☿
☽－♀
☽－♂
☽－♃
☽－♄
☽－♅
☽－♆
☽－♇

前後5度以内

☿－♀
☿－♂
☿－♃
☿－♄
☿－♅
☿－♆
☿－♇
♀－♂
♀－♃
♀－♄
♀－♅
♀－♆
♀－♇
♂－♃
♂－♄
♂－♅
♂－♆
♂－♇
♃－♄
♃－♅
♃－♆
♃－♇
♄－♅
♄－♆
♄－♇

前後4度以内

♅－♆
♅－♇
♆－♇

第3章

ホロスコープのつくり方

天球の天体配置を平面的に表現したホロスコープは、個人的な事柄から国家の運命まで、地上のさまざまな事象を解読するための基礎データです。この章では、個人の性格や運勢を解読するための出生図の作成法を解説していきます。

なお、パソコンをおもちの方は、筆者のウェブサイト「秋月瞳公式サイト」にアクセスしていただければ、この章で解説する手順をふまなくても、精度の高いホロスコープ作成に必要な感受点などのデータを無料で入手することができます。URLは以下のとおりです。

http://www.hitomiakizuki.jp

ホロスコープを自分自身の手でじっくり描いてみたい方や、パソコンをおもちでない方は、この章を読み進めながら作成していきましょう。510〜511ページにホロスコープを記入するシートがありますので、それを140％拡大コピーして使ってください。

作成法を解説するにあたり、次にあげるWさんの例を作業見本として提示していきます。

［例］Wさん：昭和55年8月7日午後4時53分、東京都新宿区生まれ

1 必要なデータを準備する

ホロスコープを作成するために必要なデータは、以下の3つです。

①生年月日（西暦）
②出生時間（24時間表記）
③出生場所

できれば母子手帳などで、正確な出生時間と出生場所を確認してください。

実際の出生日時と戸籍上の生年月日とが異なる場合は、ホロスコープの作成には実際の出生日時を用います。また、出生地と本籍地が異なる場合も、かならず出生地を使います。

もし出生時間がわからなければ、仮に12時（正午）としてホロスコープを作成します。また、「午前7時ごろ」というように、分の単位まではわからなくても1時間単位くらいで見当がついているなら、それを使用してください。ただし、このように出生時間があいまいな場合は、ASC（アセンダント）とMC（南中）が正しく導きだせないので、この2点についてはあくまで仮のものとなります。したがって、それ以外の感受点によってホロスコープを解読していきますが、それでも十分な解読が可能ですから、安心してください。

例として掲げたWさんの場合、生年月日を西暦に、出生時間を24時間表記に直して、「1980年8月7日16時53分、東京都新宿区生まれ」となります。

生年月日、出生時間、出生場所は、ホロスコープ・シートに記入しましょう。

2 地方恒星時を求める

①巻末の「恒星時表」（370〜375ページ）を見て、生年月日よりも前で、もっとも近い日付とその恒星時を調べてください。

Wさんの場合、1980年8月7日よりも前で、もっとも近い日付は「8月1日」、記載されている恒星時は「08h40m」です。「08h40m」とは、8時40分のことです。

なお、各月の1日・11日・21日に生まれた人は、ここで調べた時間がそのまま使えますので、以下の②と③を省略して、④に進んでください。それ以外の人は、②へ進みます。

②①の日付から生年月日までの経過日数を計算します。

経過日数を計算するには、生年月日から①の日付を引けばよいことになります。

Wさんの場合「7日−1日＝6日」で、6日が経過しています。

③②で調べた経過日数に「3・94分」（恒星時の1日あたりの時間的差異）をかけて、①の恒星時に加えます。小数点以下は四捨五入してください。

Wさんの場合「3・94分×6（日）＝23・64分」で、小数点以下を四捨五入して24分。これを①の恒星時「8時40分」に加えると「8時40分＋24分＝9時4分」となります。

④出生時間を考慮して恒星時を調整します。出生時間が午前中か午後かで方法が異なります。

午前中に生まれた人は、出生時間から正午までの時間を求め、③で求めた時刻からマイナス

【地方恒星時の求め方】

		1980年8月7日 16時53分生まれの Wさんの例
①	巻末の恒星時表から、出生日より前でもっとも近い日の恒星時を調べる。	1980年8月7日より前でもっとも近いのは同年8月1日。恒星時は8時40分(08h40m)。
②	①の日付と出生日までの経過日数を計算する。	8月1日から8月7日までの経過日数は6日。
③	②で調べた経過日数に 3.94分をかけて、①の恒星時に加える。	3.94分×6(日)=23.64分≒24分(四捨五入)、 8時40分+24分=9時4分
④	出生時間から正午までの時間差を求め、午前生まれなら③の恒星時から引き、午後生まれなら③の恒星時に加える。	16時53分(出生時)－12時(正午)=4時間53分、 これを③の9時4分に加えて13時57分。
⑤	巻末の「明石から主要都市までの時間差表」で出生地にもっとも近い場所を調べ、④の恒星時に加える(数字にマイナスがついていれば引く)。	東京は+19なので、 これを④の13時57分に加えて14時16分。

してください。

午後に生まれた人は、正午から出生時間までの時間を求め、③で求めた時刻にプラスしてください。

正午ちょうどに生まれた人は、③で求めた時刻をそのまま使います。

Wさんの場合は16時53分生まれですから、正午からの経過時間は4時間53分。これを③で求めた「9時4分」に加えて、「13時57分」となります。
⑤出生地を考慮して恒星時をさらに調整します。
369ページの「明石から主要都市までの時間差表」を見て、出生地にいちばん近い都市を探してください。そこに書かれている数字を、④で求めた恒星時に加えます（数字にマイナスがついている場合は引きます）。

Wさんの場合、東京は「＋19」ですから、Hで求めた13時57分に19分を加えます。すると、「13時57分＋19分＝14時16分」。これがWさんの出生時間における地方恒星時です。

なお、計算した結果、「分」を示す数字が60以上になったら、そこから60をマイナスして、「時」を1時間くりあげてください。また、「時」を示す数字が24時以上になったら、そこから24を引いてください。たとえば「14時67分」は「15時7分」となり、「25時12分」は「1時12分」となります。

3 ASC（アセンダント）とMC（南中）を求める

巻末の「室項表」（376～387ページ）を見て、2で求めた地方恒星時を探してください。

このとき、2で求めた地方恒星時の「分」を示す数字が偶数の人は、該当する恒星時がありますから、欄を横に見ていけば、ASCとMCの位置がわかります。

Wさんの場合、地方恒星時が「14時16分」のときのASCとMCの位置を見ます。すると、ASCは「磨羯宮15度20分」、MCは「天蝎宮6度19分」となります。室項表に記載されている「。」は度数を、「〃」は分数を示します。

2で求めた地方恒星時の「分」を示す数字が奇数の人は、前後の恒星時に記載されているASCとMCの位置を見て、それぞれの中間となる位置を求めてください。たとえば、地方恒星時が「0度1分」であれば、「0度0分」と「0度2分」の中間となる位置を算出して、ASCとMCの位置を求めます。この手順を以下に示してみましょう。

0度0分のMC　白羊宮0度0分……A
0度2分のMC　白羊宮0度33分……B

AとBの中間点を求めるには、BとAの差を算出して2で割り、Aの位置に加えます。したがって、「白羊宮0度33分－白羊宮0度0分＝33分」、33分を2で割ると16・5分（四捨五入し

【12宮とその対向宮】

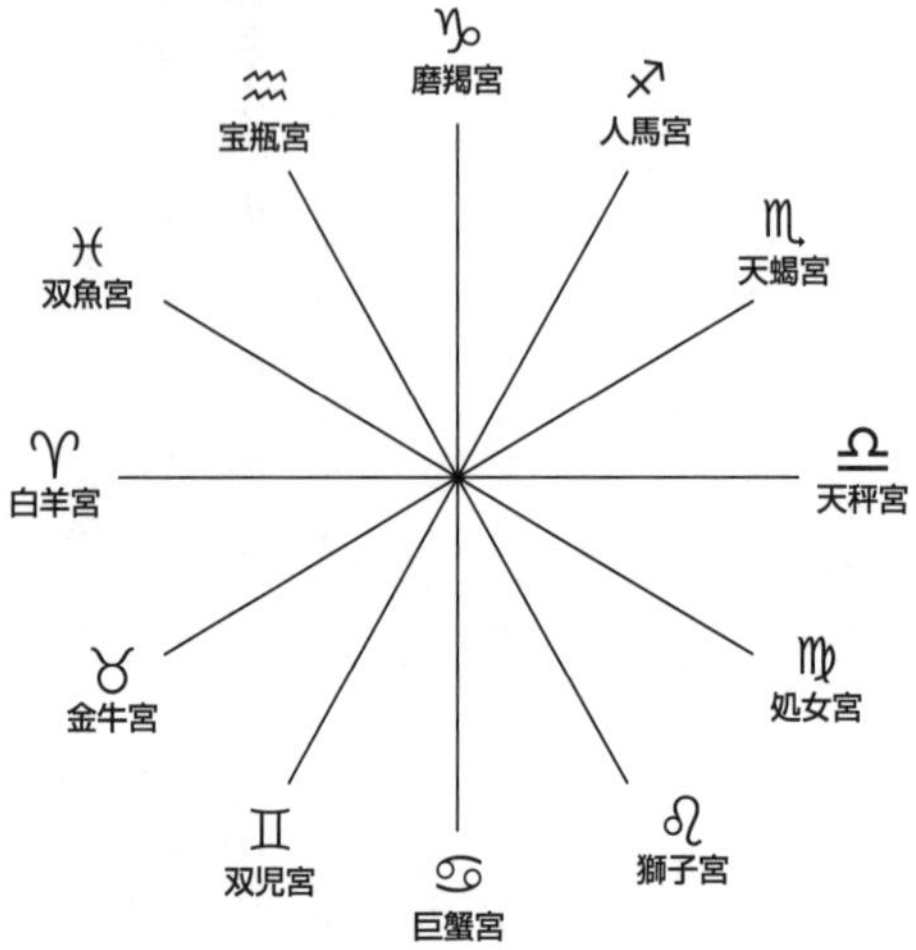

【ASCとMCの位置関係】

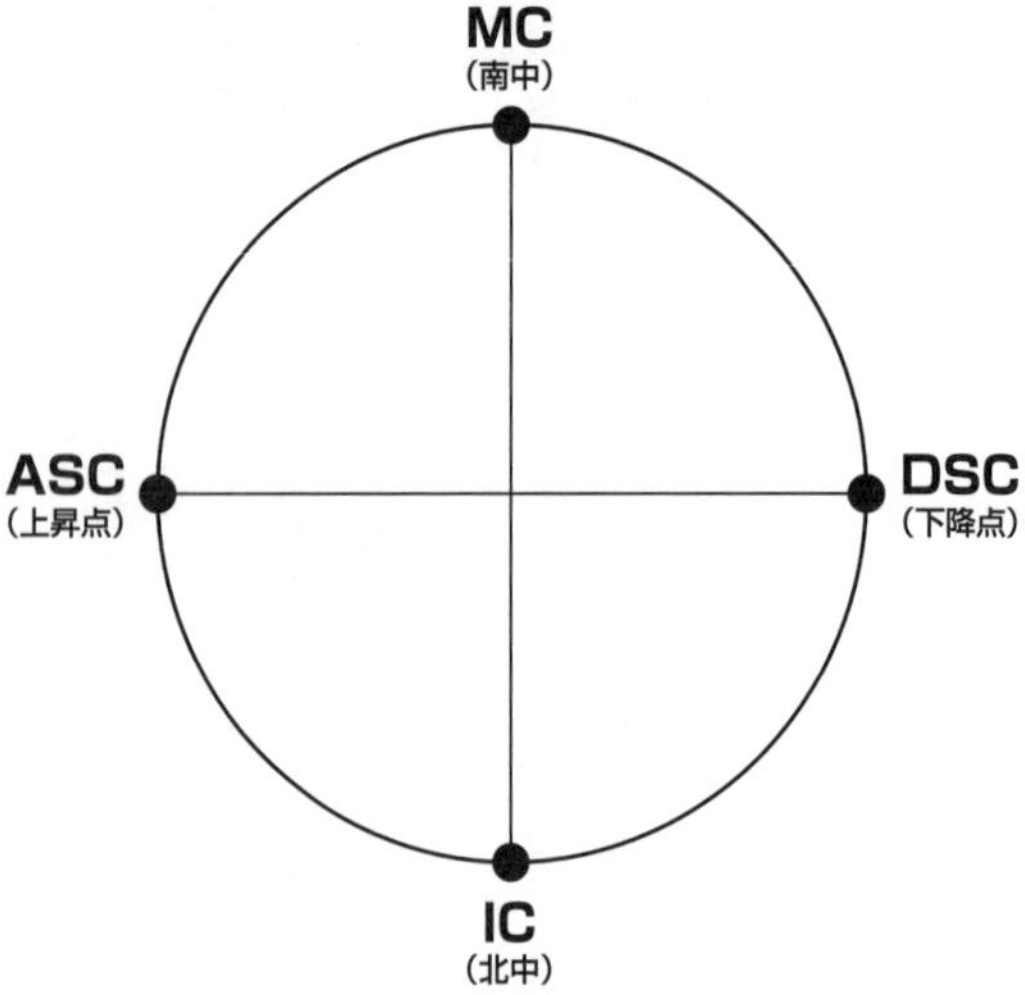

て17分）、これをAに加えて、「白羊宮０度０分＋17分＝白羊宮０度17分」。白羊宮０度17分が、求めるMCの位置です。

同様にして、ASCの位置を求めます。

０度０分のASC　巨蟹宮15度56分……A

０度２分のASC　巨蟹宮16度22分……B

CとDの中間点は、「（B－A）÷２＋A」、したがって、「（巨蟹宮16度22分－巨蟹宮15度56分）÷２＋巨蟹宮15度56分＝巨蟹宮16度９分」。ASCは巨蟹宮16度９分です。

ここで得られたASCとMCの位置を、ホロスコープに記入しましょう。

なお、ASCの真向かい（１８０度）の位置はDSC（ディセンダント）となり、MCの真向かいの位置はIC（北中）となります。

Wさんの場合、ASCが「磨羯宮15度20分」なので、DSCは「巨蟹宮15度20分」です。また、MCが「天蝎宮６度19分」なので、ICは「金牛宮６度19分」です。

ASC、MC、DSC、ICの前後５度付近にある天体は、その人におよぼす影響力が大きくなります。このことを覚えておいてください。

なお、室項表に記載されている11室・12室・２室・３室については、本書では基本的に扱いませんが、ハウス（室）を考慮する技法においては必須のものです。これについてもう少し詳しく知りたい人は、補章を参照してください。

【12宮上の位置を計算するときの注意】

感受点がどの宮の何度何分にあるかを算出する際は、次の2点に注意してください。

ひとつは、「1度＝60分」であることです。したがって、「分」を示す数字が60以上になったら、そこから60を引き、「度」を示す数字に1を加えてください。たとえば、ＡＳＣが「金牛宮12度65分」という計算結果が出たら、それは「金牛宮13度5分」となります。

もうひとつは、ひとつの宮の度数が30度ずつであることです。したがって、「度」を示す数字が30以上になったら、次の宮へ移動します。たとえば、ＡＳＣが「獅子宮30度10分」という計算結果が得られた場合、ＡＳＣはお隣の「処女宮」にあることになり、その度数は「0度10分」となります。

4 ☉太陽の位置を求める

①巻末の「天文暦／太陽」（３８８～４０７ページ）を見て、生年月日よりも前で、もっとも近い日付の太陽の位置を調べてください。天文暦に記載されている「°」は度数を、「′」は分数を示します。

Wさんの場合、1980年8月7日よりも前で、もっとも近い日付は「8月6日」、その日の太陽の位置は「獅子宮13度48分」です。

なお、各月の1日・6日・11日・16日・21日・26日に生まれた人は、ここで調べた位置がそのまま使えますので、②と③を省略して④に進んでください。それ以外の人は、②へ進みます。

②①の日付から生年月日までの経過日数を計算します。

生年月日から①の日付を引けば、経過日数がわりだせます。

Wさんの場合「7日－6日＝1日」、1日が経過しています。

③②で調べた経過日数に「59分」（太陽の1日あたりの進行距離）をかけて、①で調べた太陽の位置に加えます。

Wさんの場合「59分×1（日）＝59分」で、これを①で調べた太陽の位置「獅子宮13度48分」に加えると「獅子宮13度48分＋59分＝獅子宮14度47分」となります。

④出生時間を考慮して太陽の位置を調整します。次の操作をおこなってください。

出生時間が0時～1時59分……③の度数から25分をマイナスします。

出生時間が2時～3時59分……③の度数から20分をマイナスします。

出生時間が4時～5時59分……③の度数から15分をマイナスします。

出生時間が6時～7時59分……③の度数から10分をマイナスします。

出生時間が8時~9時59分……③の度数から5分をマイナスします。
出生時間が10時~11時59分……③の度数をそのまま使います。
出生時間が12時~13時59分……③の度数をそのまま使います。
出生時間が14時~15時59分……③の度数に5分をプラスします。
出生時間が16時~17時59分……③の度数に10分をプラスします。
出生時間が18時~19時59分……③の度数に15分をプラスします。
出生時間が20時~21時59分……③の度数に20分をプラスします。
出生時間が22時~23時59分……③の度数に25分をプラスします。

Wさんの場合は16時53分生まれですから、③に10分をプラスします。すると、「獅子宮14度47分+10分=獅子宮14時57分」となります。

この計算をするときも、**3**で説明したように、「1度=60分」「ひとつの宮の最大度数=30度」という2点を念頭に置きましょう。

ここで得られた太陽の位置をホロスコープに記入してください。

5 ☽月の位置を求める

①巻末の「天文暦/月その他」(408~507ページ)を見て、生年月日の月の位置を調べ

てください。

Wさんの場合、1980年8月7日の月の位置は「巨蟹宮1度」です。

②出生時間に合わせて月の位置を算出します。次の計算をおこなってください。

出生時間が0時〜0時59分……①の度数から5度30分をマイナスします。
出生時間が1時〜1時59分……①の度数から5度をマイナスします。
出生時間が2時〜2時59分……①の度数から4度30分をマイナスします。
出生時間が3時〜3時59分……①の度数から4度をマイナスします。
出生時間が4時〜4時59分……①の度数から3度30分をマイナスします。
出生時間が5時〜5時59分……①の度数から3度をマイナスします。
出生時間が6時〜6時59分……①の度数から2度30分をマイナスします。
出生時間が7時〜7時59分……①の度数から2度をマイナスします。
出生時間が8時〜8時59分……①の度数から1度30分をマイナスします。
出生時間が9時〜9時59分……①の度数から1度をマイナスします。
出生時間が10時〜10時59分……①の度数から30分をマイナスします。
出生時間が11時〜11時59分……①の度数をそのまま使います。
出生時間が12時〜12時59分……①の度数をそのまま使います。

出生時間が13時〜13時59分……①の度数に30分をプラスします。
出生時間が14時〜14時59分……①の度数に1度をプラスします。
出生時間が15時〜15時59分……①の度数に1度30分をプラスします。
出生時間が16時〜16時59分……①の度数に2度をプラスします。
出生時間が17時〜17時59分……①の度数に2度30分をプラスします。
出生時間が18時〜18時59分……①の度数に3度をプラスします。
出生時間が19時〜19時59分……①の度数に3度30分をプラスします。
出生時間が20時〜20時59分……①の度数に4度をプラスします。
出生時間が21時〜21時59分……①の度数に4度30分をプラスします。
出生時間が22時〜22時59分……①の度数に5度をプラスします。
出生時間が23時〜23時59分……①の度数に5度30分をプラスします。

Wさんの場合は16時53分生まれですから、①に2度をプラスします。すると、「巨蟹宮1度＋2度＝巨蟹宮3度」となります。

ここで得られた月の位置をホロスコープに記入してください。

6 ☿水星・♀金星・♂火星の位置を求める

水星・金星・火星については、生年月日の天体の位置が天文暦にのっている人は、それをホ

【時間を計算するときの注意】

［例］

4時45分
＋13時35分
＝17時80分
＝18時20分

「分」が60を超えたら60を引き、「時」に1を加える。

［例］

23時15分
＋　2時23分
＝25時38分
＝　1時38分

「時」が24を超えたら24を引く。

【感受点の位置を計算するときの注意】

［例］

金牛宮17度46分
＋　　　6度25分
＝金牛宮23度71分
＝金牛宮24度　11分

「分」が60を超えたら60を引き、「時」に1を加える。

［例］

獅子宮27度20分
＋　　　8度35分
＝獅子宮35度55分
＝処女宮　5度55分

「度」が30を超えたら30を引き、「宮」を隣に移す。

【水星・金星・火星の位置を算出する手順】

1. 位置を調べたい天体について、巻末の天文暦で生年月日の前（A）と後（B）の位置を調べる。
2. AB間の進行度数を求め、AB間の経過日数で割り、1日あたりの進行度数を算出する。
3. Aから生年月日までの経過日数を算出する。
4. ②(1日あたりの進行度数）×③(生年月日までの経過日数）で算出した進行度数を、Aに加える。

ロスコープに記入します。のっていない場合は、生年月日の前後の日付をもとに、生年月日当日の位置を計算します。水星を例にとって説明しましょう。

①生年月日の前後にある日付と、そのときの水星の位置を調べます。

Wさんの場合、生年月日の前後の日付と、そのときの水星の位置は以下のとおりです。

1980年8月6日　巨蟹宮25度……A

1980年8月11日　獅子宮3度……B

②水星の1日あたりの進度を計算します。

①で調べたBの度数とAの度数の差を求め、それを経過日数でわればよいことになります。

Wさんの場合、ふたつの宮をまたいで進行していますから、それを念頭に置いて計算を進めます。まず、巨蟹宮の25度から30度までで、5度進行したことになります。さらに獅子宮に入って3度進行していますから、これを先ほどの5度に加えて、8度となります。

AからBまでの経過日数は「11日－6日＝5日」ですから、「8度÷5（日）」で、1日あたり1・6度進んだことがわかります。

③Aから生年月日までの経過日数を計算します。

Wさんの場合、「7日－6日＝1日」で、1日経過しています。

④②で求めた1日あたりの進度に③の経過日数をかけて、Aの度数に加えます。

Wさんの場合、「1・6度×1（日）＝1・6度」で、これをAの水星の位置「巨蟹宮25度」に加えると「巨蟹宮26・6度」。小数点以下を四捨五入して、水星の位置は「巨蟹宮27度」となります。

ここで求めた位置をホロスコープに記入します。

金星と火星についても、同様の手順で位置を算出してください。

【天体が逆行している場合の計算】

天文暦に「R」という記号がついている場合は、天体が逆行しています。逆行とは見かけ上、天体が東まわりではなく西まわりに運行している状態をいいます。

たとえば、1980年11月3日生まれのZさんの場合を例にとって、水星の位置を計算してみましょう。

①生年月日の前後にある日付と、そのときの水星の位置は以下のとおりです。

1980年11月1日　天蝎宮14度（R）……A

1980年11月6日　天蝎宮8度（R）……B

②水星の1日あたりの進度を計算します。

BとAの度数の差は「8度－14度」でマイナス6度です。経過日数は「6日－1日＝5日」

ですから、「6度÷5（日）＝1・2度」で、1日あたり1・2度逆行しています。
③Aから生年月日までの経過日数は、「3日－1日＝2日」で、2日経過しています。
④②で求めた1日あたりの進度「1・2度」に、③の経過日数「2日」をかけると「2・4度」逆行したことがわかります。Aの度数からこれを引いて、「天蝎宮14度－2・4度＝天蝎宮11・6度」。小数点以下を四捨五入して、水星の位置は「天蝎宮12度」となります。

7 ♃木星・♄土星の位置を求める

この2天体については、生年月日にいちばん近い日付を探して、そこに記載された位置をホロスコープに記入してください。

8 ♅天王星・♆海王星・♇冥王星・☊月のノードの位置を求める

これらの天体については、1か月にひとつしか位置が記載されていません。誕生月における位置をそのままホロスコープに記入してください。これで感受点の記入は終了です。

9 感受点同士のアスペクトを調べる

ホロスコープに記入したすべての感受点について、他の感受点とアスペクトを形成しているかどうかをひとつずつ調べていきます。たとえば太陽について調べるなら、太陽とその他の感受点の位置関係をひとつひとつチェックしながら、アスペクトを調べていきます。どの感受点から調べはじめてもかまいません。

出生のホロスコープについては、以下に示す7種類のアスペクトを用います。なお、アスペクトに関する説明は69ページにもありますので、参考にしてください。また、アスペクトに伏した★または☆は、オーブの取り方を示します。これについては75ページに一覧表があります。

【作用の強いアスペクト】

★0度（☌）　コンジャンクション
★90度（□）　スクエア
★180度（☍）　オポジション

【作用の弱いアスペクト】

☆45度（∠）　セミスクエア
★60度（⚹）　セクスタイル
★120度（△）　トライン

☆135度（⚻）　セスキコードレート

【オーブについて】

オーブとは、アスペクトが形成されていると見なす許容範囲のことです（71ページ参照）。

★で示したアスペクト（0度・60度・90度・120度・180度）

ASCとMCについては前後10度、☉太陽と☽月に関しては前後6度、☿水星・♀金星・♂火星・♃木星・♄土星については前後5度です。また、♅天王星・♆海王星・♇冥王星間のアスペクトについては前後4度とします。

☆で示したアスペクト（45度・135度）

全感受点について、前後1度とします。

ここで調べたアスペクトを、「アスペクト一覧表」に記入してください。アスペクトの記号のそばに、オーブの度数を小さく書いておくと、解読の助けとなります。また、ホロスコープ内でアスペクトをもつ感受点同士を線で結びましょう。

【例にあげたWさんの出生図】
（1980年8月7日16時53分 東京生まれ）

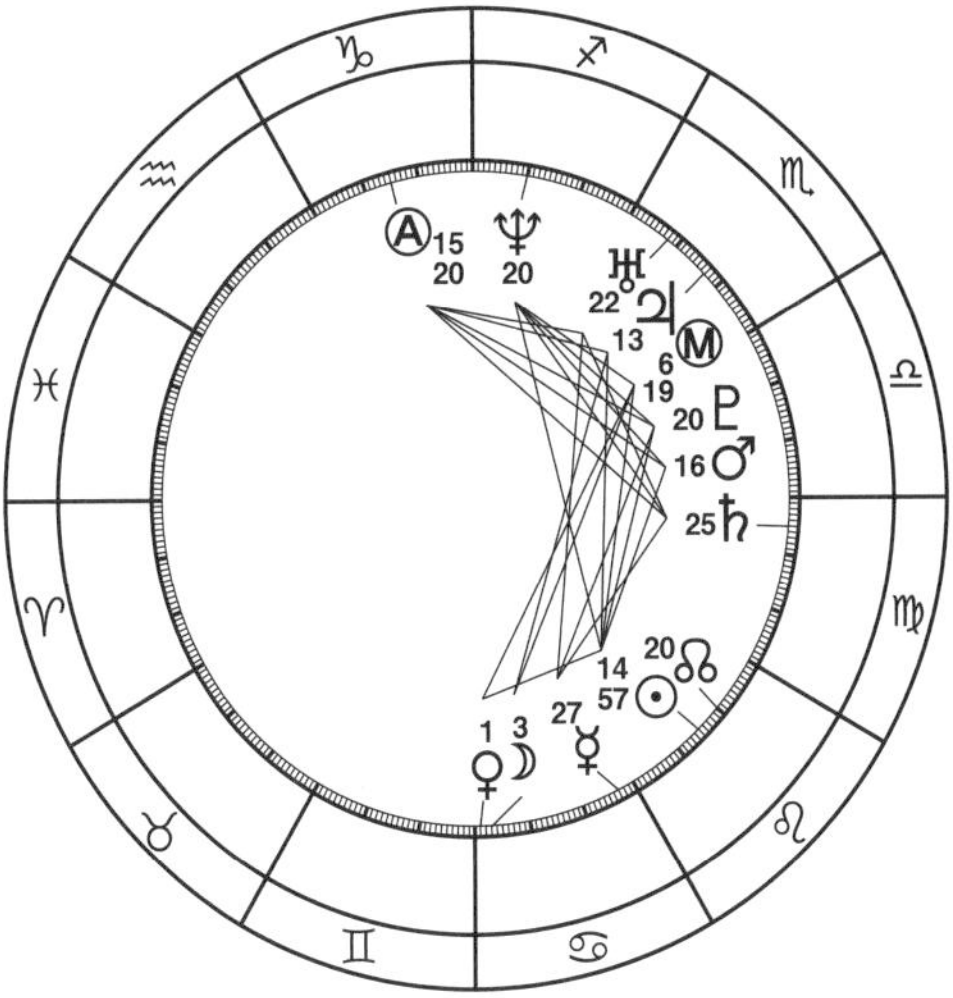

	☉	☽	☿	♀	♂	♃	♄	♅	♆	♇	☊	Ⓐ	Ⓜ
☉													
☽													
☿													
♀	∠1	☌2											
♂	⚹1												
♃	□2												
♄			⚹2										
♅			△5				⚹3						
♆	△5		⚹4				□5						
♇	⚹4				☌4				⚹0				
☊													
Ⓐ					□1	⚹2	△10	⚹7		□5			
Ⓜ	□9	△3		△5					∠1				

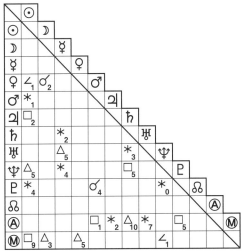

【アスペクト早見盤の使い方】

感受点同士のアスペクトは、慣れればあっという間に調べられますが、慣れないうちは付録の「アスペクト早見盤」を使ってください。使い方は以下のとおりです。

①早見盤をホロスコープの中心に重ねます。

②↓（矢印マーク）を調べたい天体に合わせてください。たとえば☉太陽を調べたいときは、↓を☉太陽に合わせます。

③アスペクトを示す角度の付近に、他の天体があるかどうかを見てください。もしあれば、その天体と太陽はアスペクトを形成している可能性があります。ただし、天体によってオーブ（アスペクトを形成すると見なす許容範囲）が異なりますから、注意してください。

これで出生のホロスコープができあがりました。次章で、さっそく解読してみましょう。

第4章

出生図が示すあなたの資質と運命

◎出生図はあなたの可能性を示す

この章では、出生のホロスコープの解読をおこないます。出生のホロスコープは、出生図、ネータルチャートともいいます。

出生図から導きだされるのは、先天的な要素です。たとえば資質、才能、その人がおちいりやすい行動や思考のパターンなどがこれに該当します。

ただし、こうした先天的な要素が、その人の人生すべてを決定するわけではありません。むしろ、先天的な要素をどう使うかが、人生を大きく左右します。また、先天的な要素をどう使うかという決定権は、個人の判断にゆだねられています。つまり、ひとりひとりの判断と行動こそが、人生をつくりだす直接的な要素といえます。出生図の解読に際しては、つねにこのことを念頭に置いてください。

したがって、解説のなかに厳しい指摘があったとしても、それはあなたの運命を既定または抑制するものではありません。むしろ、そうならないように努めることで運気を向上させるものであり、人生の途上で克服すべき試練として、あえて天から与えられたものであると考えてください。

反対に、非常に喜ばしいことが書かれていたとしても、ただひたすら待っているだけでは幸運が訪れないどころか、せっかくのチャンスをみすみす逃すことにつながるでしょう。行動がともなって、はじめて結果を得ることができるのです。

また、日々の生活のなかで的確な判断を下し、しかるべき時期に行動を起こすためには、出生図が非常に有益な情報源となります。出生図の解読によって自分の資質や傾向を確認し、弱点の補強に努め、眠れる才能に意識を向けながらものごとに取り組めば、かならず大きな成果が得られることでしょう。

◎ふたつの感受点間に生じたアスペクトに着目する

本書では、感受点（ASC・MC・月・太陽・水星・金星・火星・木星・土星・天王星・海王星・冥王星・ノードの総称）相互のアスペクトを見て出生図を解読していきます。

感受点は、相互に複合的なアスペクトを形成することがありますが、初心者の場合、まずは、ふたつの感受点が形成するアスペクトに注目してください。

たとえば、太陽と月のあいだにアスペクトが形成されているならば、まずは太陽―月（108ページ）を読んで、全体の傾向をつかみます。さらに、月と太陽の両方に対して、他の感受点がアスペクトを形成していれば、その感受点をふくめた3つの感受点についての解説も読んでください。たとえば、太陽―月が90度で、月―天王星が180度、太陽―天王星が90度のアスペクトを形成しているなら、太陽―月―天王星（１０９ページ）を読むことになります。

なお、３つの感受点の解説については、「ＡＢＣが相互にアスペクトを形成する」という点に留意してください。つまり、ＡまたはＢのどちらか一方のみについてＣがアスペクトを形成している場合は、３つの感受点にコンビネーションが成立しているとは見なしません。

また、３つの感受点のコンビネーンについては、組みあわせによって意味が発生しますので、本文中の見出し（感受点の組みあわせを罫線で囲んだもの）を見て探すときは、３つの感受点が記されている順序にはこだわらないで、組みあわせから解説を探してください。

たとえば、出生図で金星―火星のアスペクトがあり、金星と火星に対して月がアスペクトを形成している人がいたとします。この人が、まず金星―火星の解説を読み、続いて金星―火星―月の解説を読もうとしたら、後ろのページに該当する組みあわせがない、と思われるかもしれませんが、この場合は、月―金星―火星（１２４ページ）の解説を読んでください。

◎アスペクトの強弱と優先順位

出生図には、さまざまなアスペクトが形成されます。それらはひとつひとつ意味が違いますから、いったいどんな優先順位で読めばいいのか迷う方も多いことでしょう。

アスペクトには、作用の強弱があります。筆者の実占経験をもとに、作用の強いものから順にあげると、以下の4ランクに分類できます。カッコ内は、個々のアスペクトを示す記号です。

①0度（☌）
②180度（☍）・90度（□）
③120度（△）
④135度（⚼）・60度（⚹）・45度（∠）
同一ランク内では、オーブ（72ページ参照）の少ないほうが影響力が大きくなります。


以上がアスペクトを解読するうえでの優先順位となります。

ただし、ここがむずかしいところですが、すべての出生図についてこの優先順位が適用できるわけではありません。個々の特徴に応じた解釈が必要となってきます。

たとえば、60度や120度が頻出する出生図においては、60度や120度の働きが強くなります。また、ASC付近に天体が集中している場合は、それらの天体が形成するアスペクトの働きが強くなるといった傾向が見られます。

そのようなことを頭の片すみに置いたうえで、まずは基本に忠実に解読を進めてみてください。実際にいろいろな出生図に触れ、経験を積んでいけば、だんだんとさじ加減がわかってくることでしょう。

いずれにせよ、人を見る場合も第一印象が重要であるように、ホロスコープを解読する場合も第一印象が非常に重要です。特定のアスペクトが多い、特定の感受点にアスペクトが集中している、一か所に感受点が集中しているなど、大づかみな印象をとらえて、その点を丁寧に見ていくと、よりよい解読につながることが多いものです。

◎イージーアスペクトとハードアスペクト

アスペクトは、ハードとソフトのふたつに分類されることがあります。これにしたがって本書で用いるアスペクトを二分すると、以下のとおりになります。

【ハードアスペクト】0度・45度・90度・135度・180度
【ソフトアスペクト】60度・120度

出生図でハードアスペクトが目立つ人は、リスクに挑んでいくタイプです。一般には困難が多いと解釈されますが、困難をバネにして成長していくという表現のほうが妥当です。

また、この人の場合、ハードアスペクトの作用が強くなります。たとえば、ハードを形成している感受点に対して、トランシット（第5章）やダイレクション（第6章）の天体がハードを形成すると、大きなイベントが発生する可能性があります。

いっぽう、ソフトアスペクトはイージーアスペクトともいいますが、これが目立つ人は、まさにイージーな選択をしがちで、楽なほうへと流される傾向にあります。よくいえば楽天的で明るい人で、和やかなムードを醸《かも》しだします。

この人の場合、ソフトアスペクトの作用が強くなります。たとえば、ソフトを形成している感受点に対して、トランシットやダイレクションの天体がソフトを形成すると、大きなイベントが発生する可能性があります。

◎ノーアスペクトの感受点について

出生図を調べていたら、ある感受点にはまったくアスペクトが見つからなかった、ということがあるかもしれません。これをノーアスペクトといいます。

一般的には、ノーアスペクトの感受点は有効に働かないという見方もあるにはありますが、それはかならずしも正しいとはいえません。たとえば、出生図のみを見た場合はノーアスペクトでも、トランシットやダイレクションの天体がアスペクトを形成すれば、その刺激に応じて、本来の資質が表面化していきます。

ですから、太陽がノーアスペクトだから人生の目的が定まらないとか、金星がノーアスペクトだから女性らしい魅力に欠けるといったことはありませんので、安心してください。

◎ＡＳＣとＭＣが形成するアスペクトについて

１０８ページ以降では、感受点の組みあわせごとに解説を施しましたが、そのなかにＡＳＣまたはＭＣと、天体単体の組みあわせに関する解説はありません。つまり、「ＡＳＣ―天体」あるいは「ＭＣ―天体」という項目については、解説していません。

これは、ＡＳＣやＭＣが、他の天体と複合的にかかわることによって、はじめて明確な意味を帯びてくるからです。

そもそもＡＳＣやＭＣは、他の天体とは異なり、人間という存在の一側面を象徴するような、複雑な意味あいをもってはいません。ＡＳＣは本人の資質を、ＭＣは人生の目標を示す重要な感受点ではありますが、それ以上でも以下でもないために、天体単体とのかかわりでは、きわめて大ざっぱな意味のみが導きだされます。

したがって本書では、２天体のコンビネーションに対して、ＡＳＣまたはＭＣがアスペクトを形成するケースのみを取りあげ、解説しました。

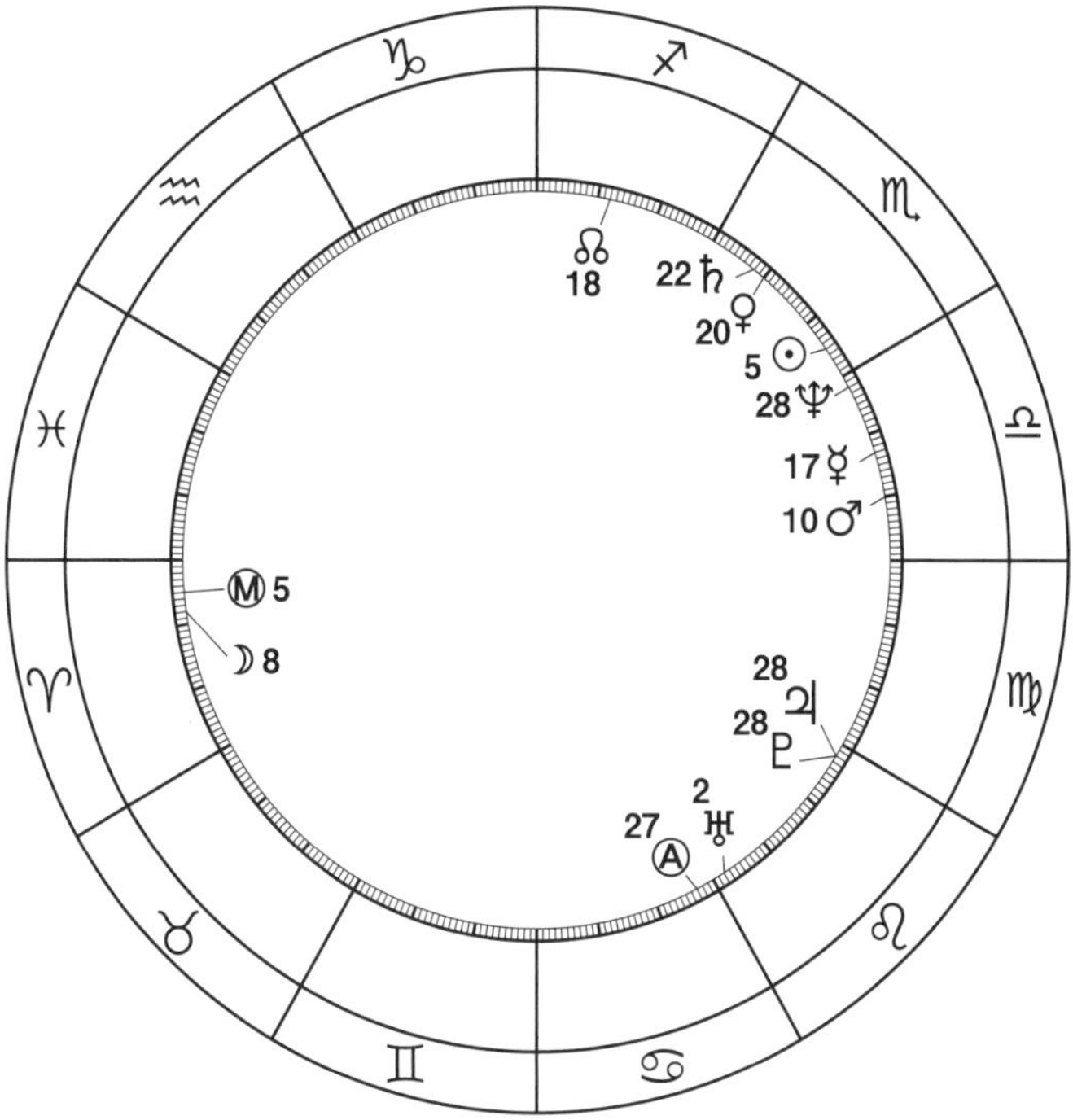

出生時の感受点を記したホロスコープ。これはビル・ゲイツの例。詳しい解説は332～333ページを参照してください。

☉—☽［太陽—月］

太陽と月のアスペクトは、異性のパートナーとの関係を表します。

性格的な傾向は、ここに加わる天体によって変わってきますが、心の奥底では和合を好み、根は穏やかな気質の持ち主でしょう。

人生においてはライフスタイルや環境、状況を変化させることを嫌います。視野が狭く、表面には表れなくても、適応力に欠けるところがあります。

とくに、60度・120度は、安定を求める傾向が強く出るでしょう。心の奥底にある人生への怯《おび》えから、仕事でもプライベートでも大胆なチャレンジができない傾向にあります。

また、男性にとっては、母親や妻の影響力が強いことを暗示しています。したがって結婚生活では、女性のパートナーに操縦されやすいでしょう。逆に女性は、男性のパートナーに愛情を注いでもらえるというよい面があります。

基本的には争いを好まない傾向にあり、それゆえ何かと損をしてしまうこともありそうです。

☉—☽—☿［太陽—月—水星］

知的分野への欲求が強いことを表しています。自己表現を得意とし、文学的な才能を発揮したり、知的レベルの高い職業で活躍したりと、社会にアピールできる人でしょう。他人を理解し、深くものごとを追求しようとしますが、人気には比例しません。多忙と不摂生《ふせっせい》に注意が必要です。

☉—☽—♀［太陽—月—金星］

高次のスピリットの持ち主です。しとやかで気品があり、それでいて愛想がよく、年齢を超えて多くの人に慕われます。女性はランクの高い男性との縁が強く、恵まれた結婚生活が望めます。身近な人から仕事での援助があるなど人生ではしばしば周囲が羨《うらや》むような状況に遭遇《そうぐう》するでしょう。

☉—☽—♂［太陽—月—火星］

願望と理想の実現を念じ、目的追求のために周囲が驚くような大胆な行動に出やすく、オーバーアクションに注意が必要です。短気で損をしやすく、自覚しているよりも脆《もろ》い一面がありますが、精神面を高めることで人生の浮き沈みが防げます。なお、家庭生活の不和の暗示でもあります。

☉―☽―♃【太陽―月―木星】

陽気で楽天的で、他人の苦悩や悲しみに共鳴しやすい一面があります。諸事に上質なものを好み、豊かな生活を送れる人が多く、寛容で、人間関係にも恵まれます。目上の引き立てがあり、人生では数多くのラッキーチャンスに恵まれます。実業家としての成功も暗示します。

☉―☽―♄【太陽―月―土星】

生真面目で用心深く、自分から胸襟《きょうきん》を開けません。太陽と土星が0度・90度・１８０度ならば、さらに頑固さが増して一匹狼となります。しかし、年齢を重ねるごとに人間的な深みが出てきます。他の感受点との関係にもよりますが、職人気質で、何ごとも時間をかけて熟達します。

☉―☽―♅【太陽―月―天王星】

抑圧や束縛を嫌いながらも周囲とのバランスをとろうとして、葛藤《かっとう》をかかえます。非常に個性的で、性格的な偏《かたよ》りや好き嫌いが強いでしょう。火星の影響下では人生の暗転に結びつく行動に出やすいので冷静沈着な行動を要します。目指す分野で創造力を発揮し、時代を先取りできます。

☉―☽―♆【太陽―月―海王星】

夢の世界に生きる人でしょう。インスピレーションに満ちあふれ、クリエイティブな世界で才能を発揮します。神秘・宗教・スピリチュアルに傾倒しやすく、ときに精神的なバランスを崩し、とらえどころがない人という印象を与えます。土星の影響を人一倍受けやすいので要注意です。

☉―☽―♇【太陽―月―冥王星】

根は野心家で権力欲がありますが、シャイなために願望を表現しにくいでしょう。そのため、ときに自分本位な見解に走りやすいので注意が必要です。女性は、結婚によってそれまでの価値観や環境が大きく変わる可能性が高いでしょう。政治的な方面や法律関係の職業と縁が強い人です。

☉―☽―Ⓐ【太陽―月―ASC】

温厚で、良識や体面を重んじます。両親やパートナーから愛されたいとつねに思っています。男性は、自分の両親と妻との板ばさみが予想されます。ＡＳＣと月が0度なら家庭中心の人生となり、ＡＳＣと太陽が0度なら父親の影響が強く反映して、仕事中心の人生になります。

☉—☽—Ⓜ［太陽—月—MC］

穏やかな人ですが、内面的な感情のブレが生じやすく、男女とも精神的には脆《もろ》いところがあります。家庭環境や身近な人に感化されやすいでしょう。結婚は、仮面夫婦となる傾向にあります。MCと太陽が0度なら、理想とする職業につけたり、才能が早くに認められたりします。

☉—☿［太陽—水星］

太陽と水星は、互いに27度以上離れることはありません。したがって、本書で言及するアスペクトは0度のみとなります。

このコンビネーションは、発想・思考・理解力・知識などの方向性を示します。一般的な西洋占星術では、水星が太陽に接近することで焼きつくされ、その輝きを失うとされています。これを占星術用語でコンバスト（Combust）といい、その影響下では、水星の象徴するコミュニケーション能力や思考能力が低下すると考えられているのです。

しかし、筆者の実占経験と研究によれば、太陽と水星が接近した場合も、水星が力を失うとは限りません。それよりもむしろ、ホロスコープ上で他の天体がどのようにかかわるかによって、太陽と水星のアスペクトが特徴づけられ、明確な意味をもちはじめるとの結論に達しています。

このコンビネーションをもつ人は、精神活動が活発であることは確かです。しかし、その性格については、このアスペクトのみで語ることはできません。

☉—☿—♀［太陽—水星—金星］

優雅かつ穏やかな人柄で、知的な会話で人を魅了します。周囲に有益な人々が集まってきますが、八方美人になって信用を失わないよう注意が必要です。交渉に長《た》けているので、橋渡し的な職業や接客業に適しています。男女とも愛情面では恵まれ、多くの人から祝福されて結婚できます。

☉—☿—♂［太陽—水星—火星］

明確な意志をもった人です。言葉がぶっきらぼうでストレートなので相手に誤解を与えやすいでしょう。何ごとにも積極的ですが、興奮しやすくもあります。自分の考えに固執する傾向がありますが、周囲に理解を示し、論争に走らないようにすれば、人生は変わってきます。

☉―☿―♃【太陽―水星―木星】

上昇志向の持ち主です。地位や名声を熱望し、自分を最大限にアピールできる場を求めますが、がむしゃらにがんばることはありません。また、利害関係には無頓着《むとんちゃく》です。慈悲深い面もありますが、面倒なことは嫌いです。目上からの援助があり、しばしばラッキーチャンスに恵まれます。

☉―☿―♄【太陽―水星―土星】

ひとつのテーマを深く掘りさげて考える深い思考力の持ち主ですが、その半面、ものごとに執着したり、ネガティブに考えたりする傾向があります。一歩間違うと、ひねくれ者になるでしょう。遠まわりしたと感じることが多いかもしれませんが、努力によって成功への道が開かれます。

☉―☿―♅【太陽―水星―天王星】

ユニーク、変わり者といった印象を与えます。既成概念にとらわれず、興味のある領域に踏みこんでいけます。ひらめきや独創性があり、流行に敏感で、時代を先取りしたアイデアを提供できます。マイナス面では、周囲を扇動《せんどう》しする傾向のほか、ルールを無視する一面を意味します。

☉―☿―♆【太陽―水星―海王星】

豊かな空想力の持ち主ですが、幻想を抱きやすい人です。繊細で人一倍感じやすく、他人の心の動きに敏感に反応して、よくも悪くも影響を受けます。慈悲深い面もありますが、偽善者になる要素もはらんでいます。心理学や宗教との縁があり、クリエイティブな方面でも才能を発揮します。

☉―☿―♇【太陽―水星―冥王星】

人一倍感覚が優れていて精神的にタフです。それゆえ、がんばりすぎて自滅することもあります。自分にも他人にも厳しく、身近な人に大きな期待をかけて疲れさせます。結婚生活ではパートナーとのタイミングのズレに要注意。特異な才能や技術を要する分野での活躍が期待できます。

☉―☿―Ⓐ【太陽―水星―ASC】

適度に社交的で、自分をうまく売りこむことを得意とします。精神的なバランスのとれた常識派です。人からどう見られているかと体面を気にする臆病さもありますが、気配り上手で友人や知人に恵まれるでしょう。サービス業に適性があり、チームプレイも得意です。

☉—☿—Ⓜ［太陽—水星—MC］

考察力にすぐれ、組織や家庭環境のなかで自分を強く主張するタイプです。やや自己中心的ですが、周囲をリードする能力にも長《た》けています。男女とも、他人を束縛しても自分は自由でいたい人です。水星または太陽がMCと0度なら、秀でた商才をもつか政治関係の仕事に縁があります。

☉—♀［太陽—金星］

太陽と金星の最大離角《りかく》は約48度です。したがって本書で言及するアスペクトは、0度・45度の2種類です。

太陽―水星でも述べましたが、水星や金星のように太陽の近くを周回する天体が、ホロスコープ上でも接近することをコンバスト（Combust）と呼びます。

一般の占星術では、このとき金星が太陽に燃やされ、金星に象徴される美徳が失われるとされます。つまり、美的感覚をなくす、実りのない恋愛をくり返す、財に恵まれないなど、負の面が現れるといわれています。

しかし、筆者の実占経験によれば、金星と太陽が接近しても、金星の輝きは失われません。

とくに0度は、いくつになっても楽しく有意義に生きることを望み、上流気分を味わうことを好み、趣味を愛し、旅行やレジャーなどの楽しみを多くの人と共有するでしょう。争いを嫌い、和合を好む人です。人間関係では押しが弱く、公私ともに周囲と適当に折りあいをつけたり、いい加減にすませる傾向にあります。

45度の解釈については、ここにかかわる天体を重視しなければなりません。

☉—♀—♂［太陽—金星—火星］

情熱的で、肉体的な欲求が強い人です。ここぞというときに官能的な魅力を発揮する、恋多き配置です。しかし、繊細さにはやや欠けるでしょう。男女とも快活でさっぱりとした気質です。熱しやすく冷めやすく、軽薄な一面があります。また、束縛を嫌い、自由を好みます。

☉—♀—♃［太陽—金星—木星］

陽気で何ごとにもくよくよしない性格です。争いを嫌い、人としての誇りを大切にする傾向があります。家族や仲間への深い理解を示し、温かいまなざしを注ぐタイプです。仕事でも有益な人脈やよき仲間が得られます。金銭的に恵まれ、豊かな生活を送れることを暗示しています。

☉—♀—♄【太陽—金星—土星】

自分をアピールすることや愛情表現がへたです。傷つきやすく、他人と一線を画す傾向がありますが、慈悲心はあります。深い孤独を味わいますが、それによって大きく成長し、成功を収められます。恋愛では何らかの障害や価値観の相違が起こりがちで、年齢差のある人と縁があります。

☉—♀—♅【太陽—金星—天王星】

見かけは平凡でも、奇抜で突飛な感性を秘め、型破りな人生を歩む人も多いでしょう。常識外れな一面もありますが、基本的には温かい心の持ち主で、異なる価値観や考えを尊重できます。恋愛でも常識にとらわれません。趣味や仕事に打ちこむか、さもなければ浮気性になります。

☉—♀—♆【太陽—金星—海王星】

美しい愛、美しい生き方への憧憬《しょうけい》が人一倍強いロマンチストです。それゆえ、人生ではしばしば厳しい現実に直面して傷つきます。恋愛や結婚では、現実離れしたところが相手に理解されにくく、溝《みぞ》が生じやすいでしょう。音楽や芸術など感性をいかせる分野での成功を暗示しています。

☉—♀—♇【太陽—金星—冥王星】

身近な人と触れあい、愛情を注がれることで輝きます。情が深く、ものごとに執着します。仲間意識が強く、自分に好意的な人には親切ですが、そうでない相手には冷ややかな面を見せます。失恋による痛手が、人一倍心に深い傷を残します。特殊な表現力や芸術的才能があります。

☉—♀—Ⓐ【太陽—金星—ASC】

男女とも愛想がよく、精神的なバランスがとれていますが、八方美人で格好をつけたがる傾向があります。社交性が仕事上の収入につながります。女性は容姿に関係なくチャーミングで、異性をひきつける魅力があります。社会的なステイタスのある男性と結婚する可能性が高いでしょう。

☉—♀—Ⓜ【太陽—金星—MC】

温厚で情愛が深く、思いやりがあります。その人柄が慕われ、良好な人間関係によって仕事が広がります。社会的な地位や名声を得たとしても、驕《おご》ったりしません。男女ともパートナーに愛され、穏やかな家庭生活を送るでしょう。とくに男性は、友人や知人から慕われます。

☉—♂［太陽—火星］

太陽と火星のアスペクトは、たくましい精神力の持ち主であることを表します。肉体的にもタフではありますが、太陽と火星が０度・90度・１８０度の場合は、体力の続くかぎりがんばろうとするため、ハードワーカーとなる傾向にあります。

いずれのアスペクトの場合も勇気にあふれ、女性なら姐《あね》御《ご》肌《はだ》になります。また男女とも、目下や自分を慕ってくれる人間に対して好意的にふるまいます。

その半面、自分の価値観を押しつけたり、主導権を握りたがる傾向があり、短気でせっかちです。しかし、教育や年齢を重ねれば、性格に丸みが出てきます。

繊細さには欠けるものの行動力や自立心があり、チャレンジを好むので、組織のなかでは頭角を現す存在となります。また起業家としても成功するでしょう。

ただし、０度・90度・１８０度ならばワンマン経営者となる傾向があり、時代の流れを見失いやすいので要注意です。目標のためには困難や障害と闘う強さがありますが、感情の起伏が激しいので、トラブルメーカーとならないように気をつけましょう。

☉—♂—♃［太陽—火星—木星］

穏やかに見えてもじつは野心家で、行動力もあります。物質的には恵まれた人生ですが、時間の束縛を受けるでしょう。組織のなかではリーダーとなります。女性は、家庭で主導権を握るか、生きがいのある仕事を続けるか、もしくは子供の教育の場や社交の場に君臨します。

☉—♂—♄［太陽—火星—土星］

大胆さと臆病さが共存します。不安や挫折をバネにしますが、失敗も多いでしょう。思いこみが激しく、性格的な偏《かたよ》りがあります。愛情表現は苦手なタイプでしょう。自分や周囲の人を信じられれば、人生に潤いが生まれます。ここに冥王星がからむと、冷酷な面が現れます。

☉—♂—♅［太陽—火星—天王星］

趣味や仕事など、あらゆる場面で刺激を求めます。個性的で自我が強く、忍耐力や協調性は乏しく、絶えず心に緊張があります。時間、価値観、組織などに縛られることを嫌い、反骨《はんこつ》精神が旺盛です。愛情面では情熱的で、束縛願望が強いでしょう。無謀な行動を控えることが課題です。

☉－♂－♆【太陽―火星―海王星】

理想主義者というよりは夢追い人です。迷いが生じやすく、自分を見失って混乱する傾向にあります。直観力にすぐれますが、正しくものごとをとらえても素直に表現できず、つい興奮しがちです。心身ともにやや軟弱なので無理は禁物です。ギャンブルや投資による失敗には要注意。

☉－♂－♇【太陽―火星―冥王星】

負けず嫌いで、認められたい欲求が人一倍強い人です。バイタリティーにあふれ、人生で大きな賭けをしたいという思いがあるわりにはシャイで、なかなか実行には移せません。過去の失敗や挫折をいつまでも悔やむタイプですが、気持ちを切りかえることで人生の実りが得られます。

☉－♂－Ⓐ【太陽―火星―ASC】

強い闘争本能や口論を表しています。行動派で、自分の意思を押し通すタイプです。けんかっ早いところもあり、自分が正しいと思ったら他人を受けつけません。冥王星・天王星の影響下にあるときには予期せぬ事故やケガに注意が必要です。女性は、家庭不和を招きやすいでしょう。

☉－♂－Ⓜ【太陽―火星―MC】

決断力があり、何ごとも敏速に行動をする人ですが、やや威圧的な行動が目立ち、孤立することもありそうです。個性的で、仕事では人一倍がんばるタイプですが、ライバルに足をすくわれます。家庭を顧《かえり》みない人が多く、女性はパートナーとの不和を招かないよう注意が必要です。

☉－♃【太陽―木星】

大変リッチなコンビネーションのひとつです。男女ともに明るく快活です。基本的には心が広く、細かいことにこだわらず、人に好意的で、周囲の価値観や考え方にも耳を傾けられる善人です。自分自身に甘いところがありますが、他人を厳しく責めたりすることもありません。人生を楽しむことで輝きを増します。ただし、楽観的すぎるというマイナス面があります。

太陽と木星が90度・１８０度を形成した場合、破財や高慢さといったマイナス面が現れるとする解釈もありますが、筆者はそうは思いません。ただ、いずれのアスペクトも気前よくお金を使い、けっして倹約家とはいえません。

道徳心や慈悲心があり、ボランティア活動など人のためになることに生きがいを見つけ、それを実行していくこともできます。

太陽―木星のアスペクトは、その道のトップといわれる人に多く、トップの後継者としても有望です。男性は、同僚よりも早く出世コースに乗れます。女性は、裕福な結婚が望めるでしょう。

☉―♃―♄【太陽―木星―土星】

愛想がいいとはいえません。気に入らないことがあると不機嫌になるなど、自己中心的な面があります。仕事では、それなりのポジションを得られるのですが、頼るべき人脈が築きにくいでしょう。人生に不安定なところがあり、父親の問題や遺産相続での悩みが暗示されています。

☉―♃―♅【太陽―木星―天王星】

グローバルな視点と成功を表します。人生の勝負に強いチャレンジャーであり、生まれ育った環境に関係なく財を得ます。七転び八起きの精神で、挫折こそが成功への大きなバネとなるでしょう。3天体すべてが0度・90度・180度であれば、人生のステージが大きくなります。

☉―♃―♆【太陽―木星―海王星】

感覚優先の人で、自分の好きな道をマイペースで歩いていきます。理想主義者ですが、利己的な面があります。また、つねに何かに没頭して体力を消耗しやすいことが、かなり顕著に暗示されています。自分勝手で無責任なところがあり、いざというときには逃げる傾向にあります。

☉―♃―♇【太陽―木星―冥王星】

人生の大発展・大飛躍を意味します。多くの幸運とツキを味方にできるでしょう。気前がよく寛大で、人望も厚く、いい人脈に恵まれます。突然の成功も暗示しています。3天体すべてが0度・90度・180度であれば、人生のステージはさらに大きくなります。

☉―♃―Ⓐ【太陽―木星―ASC】

陽気で楽しいことを好みます。初対面の人にも好意的で、人間関係の機微を察して行動できるので人気があります。ただ、深くものごとを考えるのは苦手で、快適でお気楽なものを求める傾向があります。趣味への散財など、分《ぶん》不《ふ》相《そう》応《おう》なことに金銭を注ぎこまないよう注意しましょう。

☉―♃―Ⓜ［太陽―木星―MC］

争いを好まない調和的な人です。また、くよくよ考えない楽観主義者です。早期に人生の目標を定めます。MCと木星が0度なら、早い出世を意味しますが、まわりを蹴落《けお》とすようなことはしません。本物志向の裕福な生活を送るか、仕事で一流の場に出ていく機会が多い人です。

☉―♄［太陽―土星］

頑固で保守的で、時代と逆行した生き方をしようとする傾向がありますが、その半面、勤勉で手堅い人生を望んでもいます。年寄りくさく融通のきかないところがあり、周囲には、視野の狭い人という印象を与えがちでしょう。

一般的な西洋占星術では、苦労が多く、成功までに時間がかかるといわれていますが、筆者の実占経験では、失敗や苦い体験によって、悲観的に考える癖がつきやすいアスペクトであるとの感触を得ています。ですから、過去の失敗や古い因習にとらわれなければ、むしろ才能を早期に開花させられます。

人間関係については、心を打ち明けられる友人ができにくいなど、一匹狼を暗示しています。職業は、官僚や法律関係など安定性と威厳のある分野が適していますが、冒険を求めることで人生が華やかになります。愛情面では、すれ違いが生じやすい傾向にあります。

人生において乗り越えるべきハードルがなかなか多く、シリアスな運命を予感するアスペクトのひとつですが、試練の後の願望成就も暗示されています。

☉―♄―♅［太陽―土星―天王星］

ひと癖ある性格です。哲学的なテーマにこだわって人間関係をせばめたり、チャンスを遠ざけたりしますが、強靭《きょうじん》な精神力と忍耐力を発揮して勝ち組となるでしょう。ただし、3天体すべてが60度・120度なら、以上の傾向はかなりソフトに現れます。

☉―♄―♆［太陽―土星―海王星］

地位や名声を得ることができますが、それでも自信がもてず、つねに不安をかかえています。また、地位や名声を得れば得るほど、社会的に抑圧される暗示があります。明《めい》哲保身《てつほしん》を肝《きも》に銘《めい》じ、内面のダーティーな部分を払拭《ふっしょく》して、誠実な人生を歩むことが大切です。

☉－♄－♇【太陽－土星－冥王星】

自分にも周囲にも厳しい人です。他人を受容する力にやや乏しく、ものごとを割りきって考えるのも苦手です。人生においては、宿命と感じるような苦悩に遭遇《そうぐう》するかもしれません。バイタリティーはありますが、意外にクールなので、周囲からの応援が得られにくい傾向があります。

☉－♄－Ⓐ【太陽－土星－ＡＳＣ】

古い価値観をもち、悲観的な考え方をします。自己を規定し、その枠に縛ろうとする傾向にあります。勤勉で根気はありますが、柔軟性のなさが視野をせばめがちです。また、家族が足かせとなる暗示があります。人生には挫折もありますが、それはさらなる飛躍につながります。

☉－♄－Ⓜ【太陽－土星－ＭＣ】

人生の使命と責任を示しています。見た目よりも臆病ですが、試練に耐えて成功を収められます。ＭＣと土星が０度なら、トップをきわめても落ちる可能性がありますが、驕《おご》らなければ回避できます。男女ともパートナーへの主張が強いのですが、相手の愛を受容すれば安定します。

☉－♅【太陽－天王星】

突出した独自性を追求する傾向にあり、強い個性や人生観をもちます。奇抜なアイデアが豊富で、抽象的なテーマを好み、時代を先取りするセンスがあります。

アスペクトが０度・90度・１８０度なら、個性が色濃く現れます。学歴や職業にかかわらず知的な面で活動力が旺盛で、ひとことでいえば「変わり者」「個性的」ということになります。しかし、アスペクトが60度・１２０度なら、この傾向は現れません。

人間関係では、意表をつくような言動で周囲をひきつけます。しかし、他を無視して自己主張し、まわりを自分の色に染めようとする強引さから、溝《みぞ》が生まれることが多いので気をつけましょう。

また、批判精神が強く、好き嫌いがはっきりしていて、自分の役に立たないと思えば排除しようとします。情熱に突き動かされるままに行動半径を広げようとして、リスクの高い生き方を選びがちです。

このコンビネーションにどの天体がかかわるかにもよりますが、男女とも離婚が多いのが特徴です。しかし、短所を自覚することで克服が可能です。

☉―♅―♆【太陽―天王星―海王星】

高度なスピリットの持ち主です。天才的な資質があり、人の意表をつきます。男女とも自分の世界をもち、身近な人であっても一線を画す傾向にあるので、結婚生活では理解されにくいかもしれません。浮き世離れした面がありますが、性格的にはとてもデリケートです。

☉―♅―♇【太陽―天王星―冥王星】

中途半端を嫌い、こだわりが強く、自分なりの哲学をもっています。人生には激動が多く、穏やかな生活とは対極にあります。人間関係では好き嫌いが激しく、協調性に欠けるところがあります。土星の影響下に入る時期には、人生の激動や衰退が訪れるので、事前の対策が必要です。

☉―♅―Ⓐ【太陽―天王星―ASC】

知的好奇心を刺激されることや変化を好みます。最先端のトレンドにも敏感でしょう。それゆえ、その方面や科学技術の分野での成功を暗示しています。カリスマ的な魅力があり、周囲に対して強い影響力を発揮します。女性は、結婚と離婚をくり返しやすい傾向があります。

☉―♅―Ⓜ【太陽―天王星―MC】

社会的な抑圧を無視して自己の世界を創造できる人です。他人の支配や束縛を拒絶する強さが、仕事での成功につながります。興奮しやすい性格で、つねに緊張しています。男性は、家庭をかえりみない傾向にあります。有利な状況をすばやく把握する能力があります。

☉―♆【太陽―海王星】

夢あふれる人生観をもっています。精神修養や経験を重ねることで、眠っていた才能を開花させられる人です。90度・１８０度であれば、移り気でセンチメンタルな性質が色濃く現れます。猜疑心が強く、他人に見せる顔と自分しか知らないもうひとつの顔があり、周囲の目にはきわめて神秘的で、とらえどころがないように映ります。何かの拍子にストレスをかかえ、情緒不安定になりやすいでしょう。

太陽―海王星のアスペクトは、ともすれば人生の「迷子」になることを暗示します。約束や規律を守り、自分の言動に責任をもち、当たり前のことをきちんとこなすことが大切です。そうすることで自然と感情の振幅がなくなり、人生の波風も凪《な》いでくるでしょう。

宗教・オカルト・精神世界とのかかわりが強いのですが、カルト宗教や過剰なスピリチュアリズムにのめりこまないよう注意が必要です。土星の影響下にあるときは、気分が沈む、本物と偽物《にせもの》の見わけがつかなくなる、短所が強調されるなどの傾向があるので、明るく正しい生活を心がけましょう。

☉—♆—♇【太陽—海王星—冥王星】

超感覚的で、神秘的なテーマや、ふと心ひかれたものにのめりこみやすい資質をもちます。スピリチュアル、オカルト、心理学などが日常生活の中心で、好みを同じくする人たちのリーダーまたはスポークスマンとなります。結婚生活や恋愛では、相手に理解されにくい傾向にあります。

☉—♆—Ⓐ【太陽—海王星—ASC】

身近な人間関係のなかで人一倍、気を使って生きる傾向を示しています。周囲の言葉に鋭敏に反応する、感じやすい心の持ち主です。ASCと海王星が0度・90度・180度なら、世俗から逃れて暮らすことがあります。自然や目に見えないものに価値を見いだし、愛する人です。

☉—♆—Ⓜ【太陽—海王星—MC】

何ごとにも優柔不断なところがあります。意思が明確でないため、周囲に流されやすいでしょう。仕事では転職をくり返したり、定職につきにくいこともあります。海王星とMCが0度・90度・180度なら、その傾向が強くなります。また、女性よりも男性に顕著に現れます。

☉—♇【太陽—冥王星】

太陽と冥王星のコンビネーションは、他の天体が加わることによってさまざまな意味をもってきますが、基本的には穏やかな人生よりも、リスクの高い生き方を選ぶ人です。とくに0度・90度・180度ならば、その傾向が強くなります。

自意識が強く、周囲からはそう見えなくても野心や強い信念が根底にあり、人生の荒波を力強く生きぬくエネルギーが備わっています。冥王星は、いつもは穏やかでも、ふとしたきっかけで爆発的な力を現す天体です。この人は冥王星に似ていて、ふだんの表面的な言動からは、内在するパワーを推《お》し量《はか》ることはできないでしょう。ある日突然変貌して、こんな底力があったのかと周囲を驚かせることもあります。

　打たれ強いのですが、プライベートでは傷つきやすく、シャイな一面もあります。しかし、けっしてひ弱ではありません。いったん深くかかわれば、厚い友情や愛情をとことん注ぎます。進行の木星がアスペクトしたとき、火星や土星などがからんでいなければ、仕事で大きな勝負に出て好結果が残せるでしょう。

☉―♇―Ⓐ［太陽―冥王星―ASC］

　大きな志をもつ人です。努力家であるいっぽう、権力に執着する傾向もありますが、他人の評価を気にする小心さもあり、周囲への配慮を怠りません。ＡＳＣと冥王星が0度・90度・１８０度なら、土星の影響下で環境が激変する場合が多いので、事前の対策と慎重さが求められます。

☉―♇―Ⓜ［太陽―冥王星―MC］

　有名になることが人生の目標です。また、それに向かって努力するのですが、ムラがあります。冥王星がＭＣと0度・90度・１８０度なら、その傾向が強いでしょう。ＭＣ・太陽・冥王星が0度で重なれば、社会的な認証を得やすく、名声か権力を一度は手に入れます。

☽―☿［月―水星］

　知的精神活動が活発です。言葉によるコミュニケーションや、文章で自分の世界を表現することを好みます。ただし、華やかなシーンを積極的に求める社交家かどうかは、このコンビネーションだけでは断定できず、ここにかかわる天体によって特徴づけられます。

　他人の言葉や心の動きを敏感にとらえ、適切な対応ができるので、他者との関係は円満です。やや利己主義的なところもありますが、年齢を経るごとに改まるでしょう。

　生活の面では、公私ともに多忙となるアスペクトのひとつです。ビジネスでの旅行など、移動する機会が多く、食事やライフスタイルが不規則になりやすいことも暗示しています。加えて、読書も会話も大好きなので、つい本に没頭したり、友人と長電話して睡眠時間を削ってしまうようなこともありそうです。

　0度・90度・１８０度であれば多忙の傾向が強くなりますが、文才や音楽的な才能が授けられます。60度・１２０度ならば、周囲を心地よくする会話を得意とします。

☽—☿—♀【月—水星—金星】

自分を魅力的に演出します。多少気取り屋ですが、愛想がよく話し上手です。音楽や絵画などがセンスよく配された、心地よい環境を求めます。内面はデリケートで、こまやかな愛情表現が得意です。月と金星が90度・１８０度なら、恋愛で感情が不安定になる傾向が強いでしょう。

☽—☿—♂【月—水星—火星】

感情の起伏が激しいでしょう。明るく快活ですが気位が高く、やや過敏でヒステリックになりやすい一面があります。男女とも身近な人との口論には注意が必要です。社交的ですが協調性に欠け、自己主張が強い人です。早合点や思い込みによる失敗に気をつけましょう。

☽—☿—♃【月—水星—木星】

あらゆる点で人生は安泰でしょう。面倒見がよく、周囲から大切にされます。明るく楽天的ですが、そのために他人からやや軽く見られることもあります。豪放磊落《ごうほうらいらく》で奔放《ほんぽう》なところが魅力ではありますが、仕事などが人任せになったり、勤勉さに欠けたりするという短所ともなります。

☽—☿—♄【月—水星—土星】

気まぐれで移り気なところがあり、安定しません。エゴイスティックな側面もあります。3天体が形成するアスペクトがすべて0度・90度・１８０度なら、その傾向が強くなるでしょう。女性は結婚後、嫁姑問題をかかえがち。また、冷え性・神経痛・リュウマチなどの病気に要注意。

☽—☿—♅【月—水星—天王星】

研ぎ澄まされた感覚の持ち主で、他人の言葉やトレンドにも敏感です。自分の価値観やスタイルを非常に大切にするため、他人に対してはつねに批判的な反応を示します。年齢とともに丸くなりますが、若いうちは、人生への不満や、自分を理解しない人たちへの不満が多いでしょう。

☽—☿—♆【月—水星—海王星】

豊かな空想力の持ち主です。それを実生活で建設的にいかすのはむずかしいかもしれませんが、芸術方面では有利でしょう。土星の影響下では、悲観的な傾向が現れます。女性の場合、月と海王星が0度・90度・１８０度なら、現実性の欠如が恋愛や結婚の破綻《はたん》につながるので要注意。

☽－☿－♇［月－水星－冥王星］

状況を敏速につかむことができます。知的・精神的な活動が活発で、生涯を通じて仕事が多忙となるでしょう。臆病で用心深い一面をもち、本音を見せないところがあります。月と冥王星が0度・90度・180度であれば、突然激情を爆発させたり、興奮したりする傾向にあります。

☽－☿－Ⓐ［月－水星－ASC］

人とのかかわりや親しい人とのつながりを大切にしたいと考え、生き抜くための社交術を自然に身につけます。この3感受点に火星がアスペクトを形成していれば、身近な人間に干渉しすぎるなど、口やかましくなるでしょう。その傾向は結婚後、パートナーや子供に対して強く現れます。

☽－☿－Ⓜ［月－水星－MC］

育った環境や母親の存在が職業選択を左右し、それが成功への鍵を握っていることを示しています。3天体の間に0度・90度・180度のアスペクトがあれば、その傾向が強いでしょう。出張・転勤・旅行が多くなります。女性は結婚後、スポーツ以外の趣味に没頭し、夫を管理します。

☽－♀［月－金星］

自分なりの美意識をもち、優雅な生活やおしゃれを好みます。性格的には温厚で愛想がよく、周囲の気持ちを察しようと配慮します。また、洗練されたマナーやセンスを身につけられる人です。女性の場合、外見的にもチャーミングでしょう。公私ともに華々しいシーンに恵まれ、多彩な分野の人たちとかかわる機会が多くなります。

愛情面では、愛されたいという願望がとても強く、いつも心の安らぎを求めます。激しく感情をむき出しにするタイプではありませんが、たびたび感情が揺れ、その振幅が激しくなると、自己制御に苦しむことになります。

月―金星が0度・90度・180度ならば、感情の振幅は激しくなります。また、恋愛で失敗すると、悲恋の癖がつきやすくなります。しかし、自分の魅力や可能性を前向きに考え、過去の恋愛にとらわれなければ克服可能です。

とはいえ、アスペクトの種類にかかわらず、結婚運はよいほうです。

☽－♀－♂［月－金星－火星］

魅力的な人柄で、セックスアピールの強い人でもあります。男女とも愛想がよく、気さくでしょう。恋多き人生で、結婚にたどり着くまでにドラマチックな恋愛をいくつか体験します。ただ、家庭生活は平穏ではありません。男女とも人気運があり、仕事面でも人脈をいかせます。

☽－♀－♃［月－金星－木星］

大変好ましい組みあわせのひとつ。精神的なゆとり・思いやり・優しさを備えています。男性の場合、軟弱な印象を与えますが、懐《ふところ》の深い人です。男女とも友人に恵まれ、仕事上でも有益な人脈を得て、精神的に満たされた人生を歩みます。女性は、結婚によって大きな幸せを得ます。

☽－♀－♄［月－金星－土星］

傷つきやすくナイーブです。疑《うたぐ》り深いところもあります。アートの才能に恵まれ、自分の世界を根気よく創造していけるので、芸術の世界では超一流となる可能性が高いでしょう。両親と早く別れる傾向があります。女性は婚期が遅れるか、年齢差のある年上男性との結婚が多くなります。

☽－♀－♅［月－金星－天王星］

セクシャルな魅力と、エキセントリックなことを好む傾向があります。流行にも敏感で、独自の美的感覚を発揮します。恋愛についても、形にとらわれない洗練された感覚をもっています。恋多き組みあわせのひとつで、男女とも結婚後、パートナー以外の異性との恋愛が暗示されます。

☽－♀－♆［月－金星－海王星］

精神的な絆を大切にします。空想にふけることが多く、発言や行動がいくぶん非現実的です。いくつになっても夢を追いかけますが、行動がともないません。プラトニック・ラブも多いでしょう。女性は愛らしい魅力がありますが意外と奥手で、恋愛経験は少ないほうです。

☽－♀－♇［月－金星－冥王星］

情の深い魅力的な人で、人を深く愛することを望みます。人生では、まさに運命を感じるような、ドラマチックな大恋愛をするでしょう。そして、愛する人の影響を強く受けるか、もしくは自分が相手に強く影響を与えます。また、特殊な芸術的才能に恵まれることを暗示しています。

☽—♀—Ⓐ【月—金星—ASC】

上品で洗練された人が多く、人生の早期に自己の価値を見いだすでしょう。自分がかかわる人を大切にします。華やかな世界との縁が強く、海外など広いステージで学ぶことがプラスに作用します。土星または海王星の影響下では、精神的なバランスを崩しやすいので注意が必要です。

☽—♀—Ⓜ【月—金星—MC】

気配り上手で、自尊心も他人への思いやりもしっかりともっています。精神的には弱いところがあります。恋愛では相手を気遣いすぎたり、相手に依存したりと、情緒不安定になりやすいでしょう。月とMCが0度・90度・180度を形成していれば、その傾向が強くなります。

☽—♂【月—火星】

女性の場合、きわだった華やかさはなくても、陽気な雰囲気を放ちます。男性の場合は活動的で、闘争的な印象を周囲に与える傾向にあります。男女とも勝ち気なパーソナリティーの持ち主で、負けず嫌いな面もありますが、意地悪ではありません。いかなる環境にあっても周囲に頼ることを嫌い、自力で人生を生き抜こうとする本能と、たくましさがあります。たとえ裕福な家庭で両親の愛情を受けたとしても、早い時期から精神的な自立を目指すでしょう。

自分のペースを守りたいタイプなので、身近な人たちとは衝突しがちです。また、感情的に激しい一面があり、何ごとも徹底的にやりたがる傾向にありますが、これは危険と隣りあわせですから、困難なときほど冷静さが必要です。とくに0度・90度・180度ならば無謀な行動に走りやすいので要注意です。また、これらのアスペクトの場合、家庭やパートナーに縛られることを嫌い、結婚生活に不和を招きがちです。

60度・120度ならば、感情の激しさはさほどではありません。

☽—♂—♃【月—火星—木星】

感情的に激しい一面がありますが、根は優しく、懐《ふところ》の深い人です。人気運も人脈もあり、仕事面ではそれがいきるでしょう。ただ、せっかくのチャンスや人間関係を自分で壊してしまう傾向にあります。土星の影響下にあるときに自己を磨くことが、人生に実りをもたらします。

☽－♂－♄【月－火星－土星】

頑固で無慈悲な一面が潜んでいます。父親や身近な男性との不和も暗示します。女性は、恋愛で大きなトラブルを招きやすく、結婚生活ではパートナーを信じられない、心底愛せないといった悩みをかかえることがあります。また女性は、自分の仕事や目標のために家庭を犠牲にします。

☽－♂－♅【月－火星－天王星】

興奮したり、カッとなりやすく、自分勝手で打算的です。情緒の不安定さゆえに、仕事や恋愛で破綻《はたん》を招きます。女性は子育てが苦手で、子供の価値観をなかなか尊重できません。フリーランスで働くことを好みます。中年以降は、ストレスによる病気を発症しやすいので要注意です。

☽－♂－♆【月－火星－海王星】

ものごとに熱中しやすく、人に騙《だま》されやすいところがあります。大きな問題が発生するとパニックにおちいりやすく、何かにつけヒステリックな反応をします。ダンスや音楽は趣味以上の域に達します。３天体の間に0度・90度・180度のアスペクトがあればマイナス面が強く出ます。

☽－♂－♇【月－火星－冥王星】

心の安らぎを得にくい人生を歩みそうです。厄介な問題を引き受けて過酷な状況をつくりだし、自分を窮地に追いこむ傾向があります。男女ともに精力旺盛で働き者ですが、オーバーワークに要注意です。女性は生家や先祖の影響が強く、相続問題などで縛られるかもしれません。

☽－♂－Ⓐ【月－火星－ASC】

頼もしい人ですが、自分のやり方を他人に強制する傾向があります。外見的な印象どおり健康的で、だらしないことやいい加減なことを容認しません。自己のテリトリーを侵されることを嫌います。３天体の間に0度・90度・180度があれば、がさつな面が目立つ場合があります。

☽－♂－Ⓜ【月－火星－MC】

単刀直入で、大胆な発想や行動をしますが、即断即決の行動様式が、やりすぎや早合点につながることも多いでしょう。男女とも家庭内に不和をかかえます。また、低級な人間関係で自分の品位を落とす可能性があります。大衆を相手にした飲食店などのサービス業に適した配置です。

たいへんラッキーなアスペクトのひとつにあげられます。だれに対しても慈悲深く、偏見のまなざしを注ぐことなく、思いやりをもって接することのできる人でしょう。

男女とも一流のものを好みます。両親や祖父母との縁も深く、周囲に可愛がられる人気者となって、愛情を一身に注がれることでしょう。人生では、たくさんの味方や仲間をもつことができます。

仕事では、トップに位置する人の有力な後継者という立場を得るなど、組織のなかでも早い時期に頭角を現すでしょう。援助者も多いはずです。

男性の場合、60度・120度なら、一見ソフトすぎるきらいがあるかもしれませんが、懐の深い人です。0度・90度・180度なら、あけっぴろげで大らかな性格です。無防備な一面もありますが、それが鮮烈な魅力として周囲の目に映るでしょう。

女性の場合、裕福な生活を送ることが約束されています。生まれ育った家庭よりも財力のある男性と結婚する可能性が高いでしょう。

☽—♃—♄［月—木星—土星］

自己の目的のために根気よくがんばります。人あたりがよく人間関係に恵まれますが、計算高く、駆け引きに走るところがあり、親しい相手にも一線を画して本心を明かしません。教育やマネージメント業務には向いていません。女性の場合、結婚して家庭に入ると家が繁栄します。

☽—♃—♅［月—木星—天王星］

物質的な幸運と繁栄を表すラッキーな組みあわせです。自己の幸せを追求し、それを手中にできるでしょう。明るくバイタリティーがあり、仕事では早期に昇進・独立するなどの成功を暗示します。公私ともに、予期せぬ突然の幸運や大きなチャンスが何度かめぐってきます。

☽—♃—♆［月—木星—海王星］

豊かな想像力を表します。形にならないものを追いかけ、その実現を志向する理想主義者です。俗世離れした傾向があるため、現実の社会生活では苦労が絶えません。男性は、女性関係にルーズなところがあります。福祉関連・芸術方面・接客業などに好影響をおよぼす配置です。

☽－♃－♇【月－木星－冥王星】

親またはパートナーの財力や遺産相続などによって、贅沢《ぜいたく》で豊かな生活が送れることを示します。優しい性格ですが、つねに自分が正しいと考える傾向が根底にあります。人生では、しばしばラッキーチャンスがめぐってきます。男女とも安定した結婚生活が望めるでしょう。

☽－♃－Ⓐ【月－木星－ASC】

すばらしい人間関係に恵まれます。だれに対しても親切で寛大なので、多くの人に慕われます。他人の羨望《せんぼう》を集めるような出来事が多く、願望は叶いやすいでしょう。自分を過大評価する傾向があり、失敗には楽観的です。愛情面でのトラブルは少なく、穏やかな家庭が望めます。

☽－♃－Ⓜ【月－木星－MC】

精神的なバランスがとれ、周囲から頼られます。波風を立てることを嫌う平和主義者で、年長者や目上の引き立てに恵まれ、事業家またはリーダーとして成功できるでしょう。地位を得ると勢いづき、さらなる幸運を手中にします。女性は仕事と家庭、両方の幸せをつかむことができます。

☽－♄【月－土星】

どこか満たされないという感覚をつねにかかえています。それは人生やものごとを必要以上に深刻に受けとめるからで、境遇や年齢とは関係がありません。とくに0度・90度・180度の場合は悲観的な感情にとらわれやすく、人一倍ストレスを感じます。

他人から見れば賞賛に値することも、本人にしてみれば不満足だったりします。男性よりも女性のほうが、神経過敏の傾向が強いでしょう。人と違うことは個性なのに、この人にとってはコンプレックスの原因となる可能性が高いのです。

節度や良識をわきまえた人ですが、用心深く臆病で、猜疑心《さいぎしん》が強いところもあります。地味な作業をいとわず、はたから見れば無意味に思えることに時間を費やしますが、本人は合理性を求めています。また、結果的には、その地味な作業が功績につながるでしょう。

人をうらやむ感情が強く、他人に厳しいので、身勝手な利己主義者に見えますが、それは生きるための防御反応なのです。ものごとを前向きにとらえる習慣をつければ、人生は明るいものとなるでしょう。

☽―♄―♅【月―土星―天王星】

慎重派で、ネガティブな考え方をしがちです。表面的には明るく見えても、内面には暗い影を秘めています。小さなストレスにさらされ、つねに緊張状態なので、混乱や不安につきまとわれます。３天体が0度・90度・１８０度であれば、その傾向は強くなるでしょう。

☽―♄―♆【月―土星―海王星】

受難を示す組みあわせです。理想主義者で空想家で、女性ならば、そのうえデリケートで神経質です。家庭生活でも仕事のうえでも、理想とするものを得るために、大きな自己犠牲を払う可能性もあります。また、スキャンダルにつきまとわれがちな組みあわせでもあります。

☽―♄―♇【月―土星―冥王星】

独創的な魅力とパイオニア精神を表します。波瀾《はらん》の人生を歩む可能性が高いでしょう。休む暇のない状況を自分でつくりがちです。また、ものごとへのこだわりは強いほうです。３天体が0度・90度・１８０度以外ならば、そのような傾向は弱くなります。

☽―♄―Ⓐ【月―土星―ＡＳＣ】

自制心の強さを表します。土星とＡＳＣが0度・90度・１８０度ならば、その傾向が強く出ます。自分を過小評価し、守りの姿勢を貫こうとするあまりチャンスを逃すことも多いのですが、人生の成功も暗示します。男性は、自分に有益な美しい女性と結婚する可能性が高いでしょう。

☽―♄―Ⓜ【月―土星―ＭＣ】

これらの感受点が0度・90度・１８０度を形成していれば、孤独を好み、数奇な人生を歩みます。臆病を自覚するがゆえに、強靭《きょうじん》な負けじ魂をもってやりがいのある仕事に立ち向かい、その道のスペシャリストとなる可能性があります。アットホームな家庭とは縁が薄いでしょう。

☽―♅【月―天王星】

封建的な考え方になじむことができず、排除しようとします。聡明であると同時に、非凡なことに関心を寄せます。怜悧《れいり》な判断力や、知的な面での構築力に恵まれ、抽象的な事柄をよく理解します。

自分の考えや価値観を大切にするので、ときとして独創的な主張が強くなります。それでいて本人は、ありきたりなことに満足できないという自分の本質には、気づいていない場合があります。時代を先取りしようとする意識のあるなしに関係なく、流れや空気を感覚的にとらえます。

自由な恋愛観の持ち主で、婚外恋愛を起こしやすい傾向にあります。仕事については、社会への適応能力があり、人生のチャンスにも敏感ですから、自由業でもやっていけます。

0度・90度・１８０度ならば、興味を覚えるものにためらいなく挑戦できる好奇心旺盛な人です。表現力も豊かで、自然と周囲を魅了します。しかし、アイデアが奇抜だったり、すばやく考え方を変えたりして、まわりの人たちを困惑させることもあるでしょう。

☽—♅—♆【月—天王星—海王星】

退廃的な思想と精神的な不安定さを表します。かかわる人たちの価値観や思想に翻弄《ほんろう》されて、自己を見失いやすいでしょう。愛情面では、真の幸せをみずから遠ざけがちです。中年期以降、過去の体験や知識などをいかして、それまでとはまったく異なる生活を始めることがあります。

☽—♅—♇【月—天王星—冥王星】

何ごとにも中途半端を嫌います。破天荒《はてんこう》な人生へ大胆に飛びこんでみたいという憧憬《しょうけい》が強く、夢を思いめぐらせては、現実とのギャップに苦しむことが多いでしょう。宗教家や思想家として生きる人に多い組みあわせです。男女とも、落ち着いた家庭を得るまでには遠まわりしそうです。

☽—♅—Ⓐ【月—天王星—ASC】

平凡さや退屈を嫌い、楽しいことや刺激的な人間関係を求めて、いろいろな人生設計を描こうとします。しかし、引きぎわの見きわめを誤ってひんしゅくを買うなど、周囲との和を保つバランス感覚はやや欠けます。変わり者と見られることもあるでしょう。

☽—♅—Ⓜ【月—天王星—MC】

熱い意欲をもち、身を粉《こ》にして働くタイプではありませんが、知恵と器用さを武器にして、目標に向かって歩んでいけます。独創性と斬新な感覚を備え、科学的な分野での成功も暗示しています。結婚生活は、ちょっと珍しいスタイルとなるでしょう。

☽－♆【月－海王星】

感受性が強く、想像力が豊かです。非現実的な事柄やファンタジーの世界へ強い関心を寄せ、物語のような人生に憧れます。同時に鋭い直観力に恵まれ、仕事をはじめとするさまざまな場面で新たな領域を見いだし、形にする才覚を備えています。

ペットや愛する人には、ときに過剰なまでの愛情を注ぎますが、移り気で気まぐれなところもあります。月と海王星が0度・90度・180度ならば、その傾向が強く出ます。

また、0度・90度・180度は、ボランティア活動に没頭する人も多く見られます。その体験によって幻想が破れ、現実を知ってたくましくなることも暗示しています。

60度・120度は、世間知らずでだまされやすい傾向があります。女性は結婚生活に幻想を抱き、非現実的なところがパートナーに理解されにくいでしょう。

月と海王星がアスペクトを形成すると離婚しやすいとの見方がありますが、現実の生活をシビアに見つめれば、離婚を回避することができます。

☽－♆－♇【月－海王星－冥王星】

豊かな想像力、鋭い直観力、浄化された精神活動を表します。ただし、時流に乗れないほど超越的な面があるために、現実と理想のギャップをかかえることになるでしょう。また、神秘的なものや霊的なものに魅せられやすく、そのために人生が不安定になる可能性があります。

☽－♆－Ⓐ【月－海王星－ASC】

寂しがり屋であるために、対人関係において判断を誤ることがあります。たとえ知りあったばかりでも、いったん信じるとどこまでも心を開きますが、そこにつけこまれないよう注意すべきです。純粋なところと気位の高さが同居していて、年齢を重ねてもあどけなさが残ります。

☽－♆－Ⓜ【月－海王星－MC】

センチメンタルで気分が変わりやすく、変節をくり返すうちに自己を見失いがちです。わずらわしいことを嫌い、面倒から逃げだす一面もあります。あちこちに手を出しますが中途半端に終わることが多いので、ものごとの達成には自己管理が必要です。男性は恋愛の場面で優柔不断です。

☽－♇【月－冥王星】

月と冥王星のアスペクトは、解読がむずかしいもののひとつにあげられます。また、他の天体が加わることによって明確な意味をもってきます。

男女とも物腰や態度に癖があるか、考え方などにアクのある人です。また、愛情問題に限らず感情に走りやすく、ときに自分自身を持てあますことがあるでしょう。とくにアスペクトが0度・90度・180度ならば、その傾向が強くなります。

情の深い面がありますがシャイなので、男性は愛情表現がへたです。女性は、独特な魅力が異性をひきつけます。しかし、自分のよさを素直にアピールするのが苦手で、恋愛や結婚生活では、気持ちのすれ違いによるもどかしさを感じます。自分のなかの衝動を抑えられず、悔やむことも多いでしょう。

いかなる職業においても、与えられたステージで自分の流儀を貫きながら、任務を全《まっと》うしようとします。責任感は強いのですが、感情のブレから信頼を失わないように注意を払うべきでしょう。困難や障害を乗り越えて成功する傾向にあり、独立にも向いています。

☽－♇－Ⓐ【月－冥王星－ASC】

有益な人間関係を大切にしようとする思いが強い人です。しかし社交的ではないので、それをうまく表現するのはむずかしいでしょう。ここぞというときには底力を発揮しますが、周囲がハラハラすることを平気でやってのける一面があります。スポーツ選手には有効に働く組みあわせです。

☽－♇－Ⓜ【月－冥王星－MC】

社会的なステイタス・名声・権力に対する執着ないしは願望が強いことを表します。得意分野で異彩を放ち、周囲に影響を与えるでしょう。思いこみが激しいところがあり、しばしば周囲の反発を買います。激しく燃えあがるような恋愛をしますが、愛情面での悲哀も暗示されています。

☿－♀【水星－金星】

水星と金星は、76度以上離れることはありません。したがって本書で言及するアスペクトは、0度・45度・60度の3種類となります。なかでも0度は発生しやすく、個人の出生図でもよく見られますが、好ましいアスペクトのひとつです。

どのアスペクトも精神的な調和がとれ、人あたりがいいでしょう。社交的で機転がきき、明るく元気でさわやかな印象を与えます。適度なリップサービスでまわりを魅了し、文章や言葉によって感情を形にするのが好きです。内面的にも健全で、周囲に媚《こ》びたり、利害関係に左右されて特定の人にすり寄っていくようなことはしません。

このように水星と金星のアスペクトは、円満で楽しい対人関係を広く浅く築くには、たいへん有効に働きます。しかし、より深い真摯《しんし》な人間関係を構築したいなら、意識的な努力が必要です。

また、手先などが器用で手芸やダンス、文学、芸術などの趣味によって楽しみを得るでしょう。ただし、スポーツとはあまり縁がないかもしれません。

☿－♀－♂［水星－金星－火星］

社交的で、その場の雰囲気を即座に読みとります。芸術・ファッション・美に対する欲求が強いことを表します。男性は、自分の年齢にかかわらず若くて美しい女性を好みます。男女とも面食いの傾向にあり、異性関係は華やかでしょう。金銭感覚や計画性には、やや欠けています。

☿－♀－♃［水星－金星－木星］

遊び心があって如才なく、話術にも魅力があり、セルフプロデュースに長《た》けています。争いを嫌う穏やかな気質で、集団のリーダーとなる才覚も持ちあわせています。人生では、周囲が羨《うらや》むようなチャンスに恵まれます。財界との縁も強くあります。男女ともに結婚運は良好でしょう。

☿－♀－♄［水星－金星－土星］

臆病で、愛情表現がへたなところがあるでしょう。見た目よりもはるかにピュアで傷つきやすく、また愛されたいという願望が強い人です。そのくせ家族にも心を許せず、孤立しがちです。融通のきかない堅物であるため、男性は仕事で、女性は愛情面で損をするかもしれません。

☿－♀－♅［水星－金星－天王星］

豊かな感性の持ち主です。芸術的な才能や感覚が非常にすぐれ、その分野での成功を暗示します。とくに木星の影響下では仕事での飛躍が望めますから、攻めを基本にして積極的に行動すべきでしょう。ドラマティックな人生を歩む暗示もあります。

☿—♀—♆［水星—金星—海王星］

情緒的な気質を表します。無邪気で純真ですが、どこか現実離れしています。なにげない光景や現実のなかに、自分だけにしかわからない世界を見いだすでしょう。また、洗練された高尚な趣味を楽しみます。恋愛では、秘密の関係や偽《いつわ》りの愛に身を投じる暗示があります。

☿—♀—♇［水星—金星—冥王星］

自分なりの価値観をしっかりと築けるような、実り多い人生を歩むでしょう。また、特殊な芸術的・文学的才能に恵まれます。愛情を得ることと環境の激変が、同時進行する暗示もあります。人を深く愛する資質を備え、人を敬服させるような指導者としての才覚もあります。

☿—♀—Ⓐ［水星—金星—ASC］

交友関係の広がりを示しますが、広い視野で物事をとらえることは苦手です。また、わずらわしいことや面倒なことを嫌い、その責任から逃げたがる傾向にあります。調整役を避け、愉快で気楽なことや、楽しい社交を求めます。男性は、結婚後も自分勝手な行動をとりがちです。

☿—♀—Ⓜ［水星—金星—MC］

ムードメーカーで、自分の魅力を上手にいかします。快活で調和のとれた人柄で、支援者に恵まれ、周囲の援助によって仕事で成功し、地位を獲得するでしょう。一か八かに賭けるといったリスクの高い生き方とは無縁です。男女ともに価値観の近い相手との結婚を望みます。

☿—♂［水星—火星］

行動がとてもすばやく、すぐれた感覚の持ち主であることを表します。この人の観察力の鋭さは、ビジネス面にも大いにいかせるでしょう。

ただ、他人の心情を思いやるこまやかさが欠如しているため、言葉が非常にストレートです。とくに水星と火星が45度・90度・135度なら、思慮を欠いた発言がしばしば誤解を招くかもしれません。

水星と火星が180度なら、会話のスピードが他のアスペクト以上に早い人が多く、さっぱりとした表現力と行動力で、自分の能力を強くアピールします。

話術が得意で、つい論戦に走りがちです。また、幼児期の家庭環境や小さな失敗がトラウマとなり、このアスペクトが悪く作用すると、言葉がスムーズに出てこない傾向が生じますので、その場合は心をほぐす必要があります。

いずれのアスペクトも、思うように事が運ばないとイライラしやすいでしょう。女性の場合、妊娠中や更年期など体調が微妙な時期の精神衛生には注意が必要です。男女とも家庭生活には不和が生じがちです。

☿—♂—♃【水星—火星—木星】

雄弁家で、話に説得力があります。危機感や不安にとらわれず、計画的にものごとを進めていこうとします。多くの人たちの先頭に立てるような天賦《てんぶ》の才に恵まれていますが、組織のなかでその才能を発揮するタイプでしょう。中年期以降は腰痛に悩まされやすいので注意が必要です。

☿—♂—♄【水星—火星—土星】

情緒的な部分の欠如を示します。価値観の異なる人物や、時流に逆らった生き方をする人物に対して、批判と偏見の眼差しを向けがちです。ものごとに無頓着《むとんちゃく》で横柄《おうへい》なところがあり、思いつきで行動をするきらいがあります。教養を身につけ、家庭環境が落ち着けば、よい変化が訪れます。

☿—♂—♅【水星—火星—天王星】

表現力が豊かで、ユニークな発想の持ち主です。異なる世界に興味を示し、冒険に挑むタイプですから、平々凡々な人生を送ることには向いていません。その気性ゆえ、激しい口論によるトラブルを起こすこともありますが、得意な分野では時代をリードしていける人です。

☿—♂—♆【水星—火星—海王星】

思いこみが激しく、ときにはそれがおさえきれなくなり、周囲に向かって感情を爆発させることがあります。しかし、気持ちの切り替えは意外に早いでしょう。寛容さや忍耐力に欠ける傾向は否《いな》めません。女性は結婚後、夫への不満や小言が多くなりがちなので気をつけましょう。

☿—♂—♇【水星—火星—冥王星】

人間関係がこじれると、激しい敵意をむきだしにすることがあります。その傾向は、各天体が0度・90度・１８０度を形成していれば強く表れます。また、仕事の完遂《かんすい》や自分の目的のためとあらば、忙しく走りまわる人です。結婚後は、相手に価値観を押しつける傾向にあります。

☿－♂－Ⓐ［水星－火星－ASC］

論争など、言葉によるコミュニケーションに関連してトラブルが頻繁《ひんぱん》に起こることを示します。自分を認めてほしいという思いが強く、家族や身近な人間関係のなかでも小さな衝突が目立ちます。穏やかな生活を心がけることで緩和されますから、自覚と自制が必要です。

☿－♂－Ⓜ［水星－火星－MC］

洞察力にすぐれ、ものごとの本質をすばやく見抜きます。その資質は仕事の場でも大いにいかされるでしょう。人あたりはソフトではなく、論争や討論で相手をねじ伏せるような傾向が見られます。それだけに交渉事は得意なほうですが、社会生活においては敵もつくりやすいでしょう。

☿－♃［水星－木星］

いい意味で上昇志向の持ち主ですが、がむしゃらに目的を追求するようなところはありません。

内面的には、地位・名声・富を得たいという野心的な思いが強いでしょう。しかし、目的のためには手段を選ばずといったふるまいは、この人のプライドが許さないのです。上品で柔らかな物腰は、多くの人に好印象を与えます。また、それを武器にして、自分よりも高い地位にある人物など、有益なコネクションを求めて精一杯の努力をするでしょう。

つまり、言葉は悪いのですが、人生に世俗的なカッコよさを求めているのです。とくに水星と木星が0度・90度・１８０度なら、見栄っぱりといえます。

性格的には、決して悪い人ではありません。むしろ根は温厚で、良識をもった人でしょう。出版・教育関係者には有利に働くアスペクトですが、最先端のものを習得するエネルギーが不足しているので、新聞や雑誌などのジャーナリスティックなセンスを必要とされる領域には不向きかもしれません。

男女とも安定した結婚生活が望めます。

☿－♃－♄［水星－木星－土星］

緻密な思考力の持ち主です。年齢を経るごとに、交わる人たちによって磨かれていき、人間的な魅力に深みが増していきます。遠まわりすることが結果的にプラスにつながり、堅実な歩みによって信用を得ます。女性は、子育ては得意ですが、魅力的な妻になることは苦手でしょう。

☿－♃－♅【水星―木星―天王星】

意識のレベルが高く、革新的な考え方を好みます。人生では自分にとって有益な人物との出会いや、大きなチャンスが多いでしょう。人あたりはいいほうですが、束縛を嫌う自由人です。結婚後も仕事に打ちこみますが、身内には優しいので、家庭はそれなりに円満となります。

☿－♃－♆【水星―木星―海王星】

自分の感性を表現することが得意です。豊かな感性の持ち主で、内面に湧きあがる強烈なイマジネーションの世界で遊び、俗っぽいことや平凡なことは好みません。音楽や文学の才能にも恵まれています。自分の世界を大切にし、自分を美化する傾向も強いでしょう。

☿－♃－♇【水星―木星―冥王星】

交友関係の拡大につれ、社会的地位が上がります。よく機転がきき、フレンドリーな印象を与えはしても、じつは地位や名声にこだわり、より高位の人たちとの交流を求めて努力を惜しみません。実業家や経営者にも有効な配置です。女性は、結婚によって生活水準が向上します。

☿－♃－Ⓐ【水星―木星―ASC】

広く華やかな交際を暗示します。愛想がよく温厚な人柄で、つきあいが上手でしょう。共同作業や共同事業によって運勢が発展し、利益を得ることを暗示しています。女性は中年期以降、ホルモンのバランスの変化による肥満や神経症に気をつける必要があります。

☿－♃－Ⓜ【水星―木星―MC】

楽しく有意義な人生を求め、それが実現できることを示します。かなり楽観的な考え方をしますが、精神的にはバランスがとれています。ものごとを公平な視点でとらえ、共存共栄を心がける平和的な人です。人生において、大きな財を取得することも暗示しています。

☿－♄【水星―土星】

深い思考力と集中力に恵まれた人でしょう。粘着気質で、ある種のしつこさがありますが、悪い意味ではありません。

なかなか煮えきらないようなイメージを与えることが多いのですが、決断力に欠けているのではありません。ものごとを真剣にじっくりと考えるため、どうしても時間がかかってしまうのです。したがって、その場をすばやく取りつくろうような器用な真似はできません。いい換えれば誠実で、生真面目なのです。

　伝統を重んじ、既成の枠からはみだすことを避けるなど、感覚的には保守的な傾向にあります。ひとつのものをじっくり形にしていくことには大いに実力を発揮しますが、視野はやや狭いほうです。

　エンジニアや研究者にとっては、有能さを発揮できるアスペクトのひとつです。また、伝統工芸などの職人を目指す場合にも、有効に働きます。

　恋愛でも誠実ですが、男女とも愛情表現がへたでしょう。水星と土星が0度・90度・180度なら、婚期が遅くなる傾向にあります。

☿－♄－♅［水星－土星－天王星］

　自由な発想が苦手で、言葉が紋切《もんき》り型になってしまうなど、自分をうまく表現できません。また、自分自身に対して抑圧的な傾向にあるため、人づきあいはどちらかといえば不得手です。伝統の世界や、堅実な歩みを求められる世界で、自分のよさを発揮できる人です。

☿－♄－♆［水星－土星－海王星］

　ガラス細工のような心の持ち主です。人の言葉に傷ついたり、自分の愚かさを悔やんだりと、あれこれ思い悩む傾向にあります。基本的にはピュアですが、失敗を恐れてどこか後ろ向きで遠慮がちなので、損をしがちでしょう。家族や身内に関する苦悩を背負いこむことも暗示します。

☿－♄－♇［水星－土星－冥王星］

　あらゆる意味でシビアです。身内にも自分にも厳しいでしょう。情にほだされることがなく、人情味に乏しいところがあります。心の機微に目を向ける余裕、生活を楽しむゆとり、遊び心などが欠如しています。また、人生では遠まわりすることが多くなりそうです。

☿－♄－Ⓐ［水星－土星－ASC］

　だれとでもすぐに打ち解けられるタイプではなく、時間をかけて人間関係をはぐくみます。また、何ごとにも慎重で、精緻さを好み、確かなものを大切にします。自分の価値観を無意識のうちに他人に押しつけようとする傾向にありますから、注意が必要です。

☿－♄－Ⓜ［水星－土星－MC］

内向的な性格です。同時に慎重で、万事において最悪の状況に備えて行動します。感情の起伏はあまり表に出さないタイプですが、精神的には落ちこみやすく、周囲にはやや暗い人と見られるかもしれません。研究者にはたいへん有効に働く組みあわせです。

☿－♅［水星－天王星］

鋭敏な感覚と、抜け目のなさを備えています。同時に、ナイーブで繊細で、ユニークな視点の持ち主でもあります。人とは違う側面からものごとをとらえることができ、ドラスチックで冴えたアイデアを提供できる非凡な才能を秘めています。仕事においては、多くの方面でその力がいかされることでしょう。また、これと思ったことはとことんやり抜き、さまざまに工夫を凝らします。いい意味で凝り性といえます。

水星と天王星が0度・90度・180度なら、独創性はいっそう強くなりますが、他人への批判的な言動が目立つでしょう。

また、いずれのアスペクトも、過去の失敗や荒れた家庭環境による悪影響を受けると、嫌味・皮肉・無愛想などの傾向が表面化しやすく、しばしば周囲から疎《うと》まれる存在となるので、気をつけねばなりません。

基本的には個人主義者で、とくに恋愛問題では、身勝手さが現れてしまいます。しかし、組織のなかや仕事の場面では、浮いた存在でありながらも、うまく立ちまわるだけの知恵を働かせるでしょう。

☿－♅－♆［水星－天王星－海王星］

独特の神秘的な魅力の持ち主です。しかし、天王星と海王星が0度・90度・180度でなければ、その傾向は弱くなります。想像力や発想力が豊かで、打てば響くように反応します。また、他者に容易に共感します。イメージが重要視される仕事で有効に働く組みあわせです。

☿－♅－♇［水星－天王星－冥王星］

勘が鋭く、記憶力もすぐれているでしょう。皮肉っぽい表現や批判的な会話で人から疎《うと》まれることもありますが、その半面、価値観を共有できる仲間からは慕われ、頼りにされる存在となります。特殊な専門分野、高度な科学的知識を必要とする領域において、有能さを発揮できます。

☿—♅—Ⓐ【水星—天王星—ASC】

いろいろな場に顔を出す機会が多く、人間関係を広げるチャンスを得ます。しかし、差し出がましい口をきくなど、他人に干渉しすぎるきらいがあり、そのためにトラブルが多いかもしれません。女性の場合、嫁姑問題で苦悩をかかえこんだり、夫との距離が大きくなる暗示があります。

☿—♅—Ⓜ【水星—天王星—MC】

饒舌《じょうぜつ》な一面があります。文章表現や会話能力などが必要とされる分野で、能力を発揮するでしょう。他の天体とのかかわりにもよりますが、面白い発想を好み、自分流の遊び心をもって人生を楽しみます。見た目はそうでなくとも、発想や考え方には柔軟性があります。

☿—♆【水星—海王星】

豊かな空想力を示します。物語のような人生への憧れを絶えずもち続ける人でしょう。ロマンを抱かせるようなものや、センセーショナルなものをつねに追い求めています。自己表現が多彩なのは、自分を物語のなかの住人としてとらえ、その役柄になりきることが好きだからでしょう。

人からよく思われたい、注目されたい、理想的な人でありたいと願っていますが、非現実的なところがあるので、周囲からなかなか理解されません。

水星と海王星のアスペクトが悪く作用すると、虚偽や詐欺《さぎ》への親和性が現れます。とくに0度・90度・180度ならば、つい嘘をつきたくなる衝動をおさえ、現実に足を着けて生きる覚悟が必要となります。

感覚的に生きるフィーリング人間なので、ものごとを深く考えることや理知的にとらえることは苦手です。また、何かに依存する人や、精神世界に没頭する人に多い組みあわせでもあります。

恋愛では男女ともとらえどころがなく、ある種「魔性」のような魅力を放ちます。

☿—♆—♇【水星—海王星—冥王星】

鋭い直観力と豊かで自由な想像力にすぐれますが、批判をすることは好みません。宗教的な価値観や精神世界をきわめるような、高い次元を目指して生きるでしょう。物質的な喜びよりも、研鑽《けんさん》によって得た精神的な崇高さを尊びます。ただ、他人には理解されにくいかもしれません。

☿―♆―Ⓐ【水星―海王星―ＡＳＣ】

本音と建前を巧みに使いわけ、自分を思いどおりに演出します。しかし、親しい人間関係のなかではそれが見破られ、幻滅されることがしばしばでしょう。感受性が豊かで、他人の言葉に敏感に反応する素直さと感度のよさがあるので、それを前向きにいかすことが大切です。

☿―♆―Ⓜ【水星―海王星―ＭＣ】

現実性に乏しいことを表します。かかわった人を自分の色に染めようとしたり、自分の見解を無理に認めさせようとする意識が強いでしょう。仕事の面では、実現性の薄い非現実的なプランに執着しがちですが、アメリカンドリームのようなサクセスも暗示しています。

☿―♇【水星―冥王星】

思考力や思考回路を表しますが、その明確な方向性は他の天体との組みあわせによって決定されます。

いずれにせよ完璧主義者、もしくは徹底主義者となりやすく、人生においてありえないほどの完全無欠を目指すことになります。目標達成のためには自分を犠牲にすることも厭《いと》いません。

学歴や成育環境とは関係なく、ものごとを察知する能力や洞察力、分析力、理解力、探求心が豊かで、ひとつの事柄をとことん理づめで考え抜きます。

一流を好むというよりも、オンリーワンであることや、「自分にとっての一番」であることに、大きな価値を見いだすでしょう。

何ごとにおいても中途半端は嫌いで、人間関係でも好き嫌いがはっきりしています。水星と冥王星が０度・90度・１８０度ならば、その傾向が強く出ますが、それ以外のアスペクトならば、穏やかに現れます。

また、０度の場合は、的確に状況を把握する能力と説得力が与えられています。90度と１８０度は、精神的なストレスによる胃腸障害に注意が必要です。

☿―♇―Ⓐ【水星―冥王星―ＡＳＣ】

やや神経質ですが、それが周囲へのこまやかな気配りとなって現れるわけではありません。自分の考えを熱く語り、押しつけがましさがあるものの、説得力のある人です。３つの感受点が０度・90度・１８０度でなければ、その傾向は弱く現れ、やや神経質でせっかちな人となります。

☿―♇―Ⓜ［水星―冥王星―MC］

公的な場や仕事の場において、自分の意見を主張する機会が多くなることを表します。親しい仲間からは、知恵袋か生き字引きのような存在として重んじられる人も多いでしょう。３つの感受点が０度・90度・１８０度でなければ、その傾向は現れませんが、考察力にはすぐれています。

♀―♂［金星―火星］

金星と火星はたいへん結びつきが強く、愛情や恋愛の傾向を語るうえで重要なアスペクトのひとつです。

このアスペクトをもつ人は、情熱的かつ官能的です。恋愛は、淡いプラトニック・ラブではなくセクシャルな意味が強く表れます。女性は、陽気で自由奔放なタイプです。男女ともに遊び好きな傾向にあり、享楽に溺れると、しばしば自分の本分を忘れるでしょう。

とくに金星と火星が０度・90度・１８０度ならば、強いセックスアピールの持ち主で、恋多き人生を歩みます。恋愛に対して情熱的で、強く愛されることを望みます。男女とも早熟で、人生の早期から恋愛をするでしょう。また、45度・90度・１３５度・１８０度は、三角関係や婚外恋愛が発生しやすくなります。

デリカシーに欠けたり、短気なところもありますが、情にもろい一面があります。また、面倒なことが嫌いなので、むしろさっぱりとした気質の人です。

♀―♂―♃［金星―火星―木星］

社交家でもあり、仕事面ではそれを発揮することによって金銭的な利益がもたらされるでしょう。また、冒険あるいはスポーツを好みます。

自由な精神の持ち主で、いきいきと行動します。性別や年齢を問わず、多くの人たちから好感をもたれるでしょう。女性は、男性の間で人気者となります。男性は、包容力と頼りがいのある好人物ですが、やや軽いところがあります。男女とも異性関係は派手で華やかでしょう。

♀―♂―♄［金星―火星―土星］

愛に葛藤《かっとう》がつきまとうことを暗示します。愛というものに悲観的で、相手を心から信じられないようなところがあります。また、報われない愛に遭遇《そうぐう》しやすく、失恋の傷跡が深く残りがちです。愛情を注がれることを望みながらも、愛情に冷ややかな側面ももっています。

♀—♂—♅【金星—火星—天王星】

情熱的で、恋愛がらみの事件が多いでしょう。形式にとらわれないので、一般にはタブーとされる恋愛でもひるみません。子供ような冒険心があり、飾り気のない人柄で、多くの人から好感をもたれます。女性は結婚後、子供や趣味に情熱を注ぎ、夫に関心をもたなくなるでしょう。

♀—♂—♆【金星—火星—海王星】

感情表現が豊かですが、移り気です。他人を軽視するなど、わがままな側面もありますが、人気運はそれなりに高いでしょう。愛情面では、つきあう異性に感化されやすく、人生そのものが小舟のように翻弄《ほんろう》される傾向にあります。芸術的な面では有効に働く組みあわせです。

♀—♂—♇【金星—火星—冥王星】

恋愛至上主義者で、ときには命がけで燃えあがります。この人の恋愛は官能的かつ性的で、相手と深く結びつこうとします。相手への執着も強く、一途《いちず》に愛しぬこうとするがゆえに、腐《くさ》れ縁や恋愛がらみの事件も必然的に多くなります。特殊な職能や芸術の世界をきわめられる人です。

♀—♂—Ⓐ【金星—火星—ASC】

自分を魅力的に見せるのが得意です。愛されたい、注目されたいという願望が強いでしょう。また、受け身で待つのが嫌いで、社交好きで旅行好きですから、営業やサービス業に適しています。3つの感受点が0度・90度・180度であれば、セックスアピールが強くなります。

♀—♂—Ⓜ【金星—火星—MC】

行動派でリーダーシップがとれ、決断力もあります。外面はよいのですが、身近な人に対しては、ややわがままなところがあります。また、うぬぼれも強いでしょう。しかし、人気運がありますから、仕事面では有効に活用できる組みあわせです。早婚は失敗しやすいでしょう。

♀—♃【金星—木星】

たいへんラッキーなアスペクトのひとつにあげられます。周囲にとても好意的で、穏やかで大らかな性格の持ち主です。また他人をやっかんだり、傷つけたりすることを好まず、誹謗《ひぼう》中傷するような陰湿な面はありません。そして、自分も平和で穏やかでありたいと願っています。
両親や祖父母の愛情を一身に受けて成長した人が多く、その育ちのよさから、おっとりした感性で人生の楽しみを見いだし、環境や貧富に関係なく人生をエンジョイできます。しかし、金星と木星が0度・90度・180度ならば、贅沢《ぜいたく》や快楽を求める傾向が強くなるでしょう。

いずれのアスペクトも、裕福な暮らしや満ち足りた生活を暗示しています。さらに男性は、仕事で成功することを暗示しています。周囲の援助や協力を得ながら、まわりとの調和を図って仕事を発展させていけるでしょう。いい換えれば、一匹狼やワンマンには不向きです。女性は、物心《ぶっしん》ともに恵まれた幸せな結婚生活を送れるでしょう。

♀―♃―♄［金星―木星―土星］

若年期には失敗や挫折を体験することもありますが、その後の発展が期待できます。性格的には妬《ねた》みっぽさも見られますが、概して弱者には優しく、温厚な人柄です。よくも悪くも父親の影響力が強いでしょう。男性にとっては、晩婚・再婚の可能性が高い組みあわせです。

♀―♃―♅［金星―木星―天王星］

たくさんの有益な出会いに恵まれ、華やかな人間関係や人脈を得て、人生が発展します。基本的にはヒューマニストで、年齢とともに落ち着きが増し、多くの人に慕われます。規模の大きな組織や集団に属することで、その有能さを発揮しますが、独立にも向いています。

♀―♃―♆［金星―木星―海王星］

形にならない夢や幻想を追いかける傾向があり、思考回路が現実からかけ離れていることを表します。しかし、財運や幸運をつかむのが得意なので、困窮はしないでしょう。文学・芸術・音楽などの分野では有利に働く組みあわせです。また、快楽に対する感受性は強いほうでしょう。

♀―♃―♇［金星―木星―冥王星］

発展を暗示します。恩恵や援助を多く受け、困難の少ない人生です。明朗快活・自由奔放なところがプラスに働くと、すぐれた経営感覚を発揮して財を成し、政治的な方面などで偉業を達成するでしょう。出生の木星に対して進行の太陽がアスペクトを形成したときは飛躍のチャンスです。

♀―♃―Ⓐ【金星―木星―ASC】

人あたりがよく気前のいい人です。周囲から大切にされたいと願う人でもあります。小さなことに頓着《とんちゃく》しない大らかな気質で、争いを好まない半面、ものごとを中途半端にしてお茶を濁《にご》そうとする傾向があります。うわべだけの軽い恋をくり返しやすい組みあわせでもあります。

♀―♃―Ⓜ【金星―木星―MC】

物質的に満ち足りた生活を示します。温順な性格で多くの人たちから愛され、社会的地位の高い人たちや華やかな世界との縁があります。中年期以降、社会奉仕や福祉活動などが使命または生きがいとなる人に多い組みあわせです。ごく普通の幸せな家庭生活を営むでしょう。

♀―♄【金星―土星】

生真面目ですが、そのために気持ちのゆとりがなく、やや温かみに欠け、冷淡なところがあります。明るい性格とはいえないかもしれません。アスペクトが０度・45度・90度・１３５度・１８０度ならば、陰湿な一面をもつ可能性があり、他人への羨望《せんぼう》や嫉妬、自己卑下などをする傾向にあります。

いずれのアスペクトも被害者意識が多少強く、他人の言動を深刻に受けとめがちです。冗談を冗談として受け流すことができず、傷つくこともあるでしょう。

恋愛では、生真面目であるがゆえに、のびのびと愛し、愛されることが苦手です。異性との恋愛だけでなく両親との関係においても、若年期に十分な愛情が得られないと、それをいつまでも引きずる傾向にあります。女性の場合、貞操観念が強いでしょう。

結婚生活に不満があってもなかなか離婚できない人に多く見られるアスペクトのひとつですが、それはこの人が義務感に縛られやすいからです。また、晩婚や、年齢差のある相手との結婚を暗示しますが、すべての人がそうなるわけではありません。

♀―♄―♅【金星―土星―天王星】

気配り上手ですが、気むずかしい面もあります。若いころは、人前で緊張して無愛想になることも多いでしょう。自分の考えや気持ちが周囲に理解されにくく、だれかを説得したり、誤解を解いたりするのには時間がかかるでしょう。女性の場合、妊娠中の健康管理に配慮が必要です。

♀－♄－♆【金星－土星－海王星】

デリケートですが、柔軟性に欠けたところがあります。自分の容姿や才能に自信がもてず、愛情に不信感を抱きやすい人です。人生ではしばしば当てが外れることがありますが、悲観的に考えるのをやめ、前向きな姿勢を心がけることによって、いい変化が訪れます。

♀－♄－♇【金星－土星－冥王星】

好意的にふるまっていても、根底に利己的な考えがあります。仕事では、いきなり危なっかしいことを始めることもあります。男性は職業が不安定で、女性は異性問題に苦悩をかかえがちです。しかし、プレッシャーをはね返して大きく飛躍し、幸せを手にするパワーも備えています。

♀－♄－Ⓐ【金星－土星－ASC】

用心深く、他人になかなか心を許せません。嫉妬深さや強情さが、幸運を遠ざけることもあるでしょう。実家にかかわる問題で苦悩することも暗示されています。恋愛では束縛や悲哀をしばしば味わうかもしれません。郷里を離れることで解放され、運が開かれることが多いでしょう。

♀－♄－Ⓜ【金星－土星－MC】

プライドが高く臆病で、義務感が強いでしょう。身近な人間関係で傷つきがちですが、それによって大きく成長します。仲間への警戒心が強く、用心深いのですが、自分が周囲を裏切ることもあります。結婚生活では、いかに家族に心を開くかが、明暗を分ける要因となります。

♀－♅【金星－天王星】

金星と天王星のアスペクトは、ある意味で高次の愛情を暗示するものです。このアスペクトが大きな影響力を発揮するのは、青年期以降となるでしょう。

性格的には、気まぐれなところが目立ちます。美的センスに恵まれ、新しいものや変わったものが大好きで、最新流行のファッションをいち早く取り入れたり、意表をつくようなアイデアで周囲を驚かせます。わがままな一面もありますが、年齢を重ねるにしたがって、周囲との協調性がはぐくまれるでしょう。

恋愛・結婚についても自由奔放で、恋多き人生を歩みます。形式にとらわれないスマートで洗練された関係を好み、浮気や婚外恋愛などに走ることもあるでしょう。アスペクトが0度・45度・90度・１３５度・１８０度ならば、その傾向が強くなります。

また、アスペクトが0度・90度・１８０度ならば、恋愛がいっそうエキセントリックな色あいを帯び、急変が多くなります。電撃結婚・離婚・再婚などをする可能性が高く、相手との間に、一般の人にはなかなか理解されにくい関係を結ぶこともあります。

♀—♅—♆【金星—天王星—海王星】

想像力が豊かでパフォーマンスが上手です。洗練されたファッションセンスを備え、ライフスタイルについても自分なりの美学と価値観を大切にします。家族の縁が薄いか、そうでなければ情緒不安定になりがちです。恋愛では、ちょっと変わった体験をすることが多いでしょう。

♀—♅—♇【金星—天王星—冥王星】

既成概念にまったくとらわれない考え方をします。絶対的な自信があり、何ごとも自分の思いどおりにしようとするでしょう。自分の才能を過信するあまり、常識を無視して突っ走るところがあります。海王星の影響下では自信を喪失し、判断を誤ることがあるの注意が必要です。

♀—♅—Ⓐ【金星—天王星—ASC】

自由奔放な生き方をします。その傾向は、各感受点が0度・90度・１８０度ならば強く現れます。刺激的なものや、美しいものを好みます。陽気で朗らかな性格で、交友関係は活発です。男女ともセクシャルなことに敏感で、恋愛の数はおのずと多くなるでしょう。

♀—♅—Ⓜ【金星—天王星—MC】

マンネリや普通を嫌います。その傾向は、各感受点が0度・90度・１８０度ならば強く現れます。幅広い交友関係をもち、それが仕事面でいかされることが多く、重要なポストへの抜擢《ばってき》が期待できます。中年期以降に婚外恋愛などをした場合、人生が大きく変わる可能性が濃厚です。

♀—♆【金星—海王星】

たいへんロマンチストで、センチメンタルで、深遠なものに魅せられる傾向があります。また、ほめられることや、ちやほやされることが、人一倍好きです。子供のように純真であどけないところがあり、ファンタジックな世界に強くひかれ、夢を追いかけます。嘘であれ真実であれ、自分がいいと思えば虚構の世界の住人になりきることができるでしょう。

恋愛にもそうした性質が色濃く現れます。とくにアスペクトが0度・90度・１８０度ならば、好きになった異性に翻弄《ほんろう》される傾向があり、現実味のない恋愛や片思いなどにのめりこみます。

また、そのようにのめりこんだ結果、詐欺《さぎ》まがいのトラブルに巻きこまれたり、日常生活がおろそかになったりする可能性があるので、要注意です。

金星と海王星のアスペクトは、芸術家にとっては非常に好ましいもので、豊かな創作活動を暗示します。

女性の場合は中年期以降、自律神経系の疾患に注意が必要ですが、若年期にストレスのない生活や、健康な食生活を心がけることで未然に防げます。

♀—♆—♇【金星—海王星—冥王星】

感情が豊かで、面倒見がよく思いやりがありますが、精神的にやや不安定です。現実生活では意外に保守的で、柔軟性に欠けるところがありますが、ひねくれ者ではありません。安っぽい恋愛にのめりこんだり、過去の恋愛に執着する傾向がありますので、気をつけたほうがいいでしょう。

♀—♆—Ⓐ【金星—海王星—ASC】

ムードに弱く、その場の雰囲気に流されやすいでしょう。寂しがりや屋でロマンチストで、他人に依存する傾向が強いのですが、周囲からの援助も多いでしょう。恋愛では精神的なつながりを大切にしますが、それもこれも、おとぎ話のようなロマンスへの憧れが強いからです。

♀—♆—Ⓜ【金星—海王星—MC】

豊かで美しい感受性を形にして表現にできる人です。芸術・音楽・文学などの才能を、そのまま職業にいかす人も多いでしょう。しかし、理想がとても高いので、実生活や仕事のうえで、自分の感性と現状との折りあいがつけられず、実力を発揮できないことがあります。

♀—♇【金星—冥王星】

金星と冥王星のアスペクトは、非常にラッキーなもののひとつです。周囲がうらやむようなチャンスにしばしば恵まれ、人生で必ず一度は大金を手にします。

また、金星と冥王星は、人をひきつける魔力ともいえそうな魅力を与えます。アスペクトが0度・90度・

180度ならば、見た目にまばゆいばかりの美しさをもつか、内面から凄味《すごみ》のある美しさを放ちます。男女とも、運命といえるような恋愛を経験するでしょう。

性格的には温かみがあり、ふだんは穏やかです。しかし、いざとなれば極端なまでに激しい一面を発揮するでしょう。基本的には冒険を希求しています。

仕事では、天職と呼べる仕事に出会える可能性が大きいでしょう。経営・芸術・演劇・高級品の売買などに適性があります。

金星と冥王星のアスペクトに進行の木星が関与したとき、火星や土星などの天体がからんでいなければ、仕事や恋愛にビッグチャンスが到来します。独立や開業、あるいは一発勝負に出ても、好結果が得られるでしょう。ただし、ギャンブルについては無意味です。

♀—♇—Ⓐ【金星—冥王星—ASC】

慈悲深く、気丈な人です。身内意識が強く、血族の絆を大切にします。人生では、しばしば大きなチャンスがめぐってきます。人を深く愛する性格で、かかわった人の運命を大きく変えてしまうパワーがあります。ひとつの恋愛に執着し、運命的な恋愛を心の奥底で絶えず求めています。

♀—♇—Ⓜ【金星—冥王星—MC】

願望成就を暗示します。強い支配欲や権力欲を内に秘めていますが、それを上まわるほどに情が深く、思いやりのある人です。人生ではしばしば大きなチャンスがめぐってきて、それにうまく乗れます。それにともない、愛する人から富や財を与えられるなどの援助を受けるでしょう。

♂—♃【火星—木星】

一見おとなしそうな印象を与えていたとしても、内には闘志があふれています。大胆で勇気ある人といえるでしょう。いい意味での女らしさ、男らしさを備え、存在感があります。

行動半径が広く、仕事の場をはじめ、地域の組織や団体、各種パーティーなど、いろいろな場に君臨しようとします。社交的で愛想がいいというわけではありませんが、幅広い交友関係を通して、有益な人脈に恵まれます。

生まれながらのひらめきと鋭い勘をもつ勝負師のような気質です。ツキを呼びこむ能力があり、事業家として大成する可能性が高いでしょう。

金銭面の流れは良好で、物質的に恵まれていますが、楽観主義で、ものごとをイージーにとらえる傾向が見られることもあります。そのいっぽうで、ギャンブルにのめりこんで破綻《はたん》をきたす危険もはらんでいます。

男性は、０度・90度・１８０度ならば、青年期までは何かと突っぱっていますが、年齢を重ねるにしたがって丸みが出てきます。

♂―♃―♄［火星―木星―土星］

感情にムラがあり、妙に自信家でもあります。世俗的な野心を内に秘めると同時に、保守的な考え方をします。野心を実現するほどの個性には乏しく、忍耐力にもやや欠けています。若いうちは人生の荒波にもまれますが、中年期以降は安定してきます。目上との確執《かくしつ》には要注意です。

♂―♃―♅［火星―木星―天王星］

陽気で快活で、知的好奇心が旺盛です。チャレンジ精神にあふれ、いかなる局面に立たされても、また、多くの波乱に遭遇《そうぐう》しても、不死鳥のごとき強靭《きょうじん》さで甦《よみがえ》り、結果として成功を収めます。独立するか、単独行動のできる立場に置かれると、よさが発揮できるでしょう。

♂―♃―♆［火星―木星―海王星］

非現実的なものに情熱を注いだり、取るに足らないことに没頭するなどして、人生に混乱を招く傾向があります。ヒステリックな面もありますが、根は優しい性格で、福祉関係に情熱を注ぐ人もいます。中年期以降は世俗から逃れ、自然や宗教などを求めて生きる人も多いでしょう。

♂―♃―♇［火星―木星―冥王星］

自分の目的をとことん追求していきます。粘り強さにはやや欠けますが、それを補ってあまりあるカリスマ的な魅力を備えています。短気ですが情にもろく、人間関係では衝突が多いかもしれません。大きな発展が望める組みあわせなので、事業家や自由業にも向いています。

♂―♃―Ⓐ［火星―木星―ＡＳＣ］

前向きな人生観をもち、エネルギッシュに自分をアピールします。バイタリティーにあふれ、想像力も豊かです。じっとしているのが苦手で、いつも精力的に動きます。行動半径も広く、人脈に恵まれ、面倒見もいいでしょう。金銭の動きが激しく、ギャンブル好きの暗示もあります。

♂―♃―Ⓜ【火星―木星―MC】

勇敢かつ大胆で、楽天的です。他人を尊重して立てることもできますが、押しの強さが表面に出ると、相手を威圧してしまいます。仕事では多くの幸運に恵まれ、富を築けますが、大きな投資による財の損失も暗示しています。女性は結婚後、夫を尻に敷くタイプでしょう。

♂―♄【火星―土星】

火星と土星のアスペクトは、障害や忍耐に関係しています。家族・恋愛・仕事など、すべてにおいて苦悩や葛藤《かっとう》がつきまとう傾向があります。人生の意味を深く考えざるを得ない事態と多く遭遇《そうぐう》するでしょう。

しかしながら、なみなみならぬバイタリティーと忍耐力の持ち主で、野心家です。地道な努力を続けますが、突如破滅的になったりもするので、自分をなだめる術を身につける必要があるでしょう。基本的には持久戦に強く、困難を耐え忍ぶ力があり、試練と多くの犠牲の後に大成功をつかみます。

性格的には、このアスペクトが悪く作用すると、冷淡・嫉妬・サディズム・憂うつ・頑固さが現れますが、他にかかわる天体によって修飾されます。

女性の場合、けっして丈夫なほうではありませんが、極限までがんばれる精神的な強さがあります。ただ、ときにぽっきりと折れてしまうので、気をつけたほうがいいでしょう。恋愛や結婚では不和が起こりがちです。火星と土星が0度・90度・180度ならば、多くを犠牲にして仕事に生きる傾向にあります。

♂―♄―♅【火星―土星―天王星】

知的でドライで、人一倍プライドが高いでしょう。本音はどうあれ、常識と良識と体面を気にします。身近な人には冷たい一面や身勝手なところを見せます。女性の場合、結婚後も仕事を続けることで家庭とのバランスがうまく保てます。医師、とくに外科医には有効に働く配置です。

♂―♄―♆【火星―土星―海王星】

社会生活から過度のストレスを受けることを表します。感情的で怒りっぽい面があり、他人の言動や評価に過剰反応して、トラブルメーカーとなりがちです。職人的な技術を要する仕事で個性をいかせます。アルコールや薬物への依存には気をつけましょう。

♂−♄−♇【火星−土星−冥王星】

個人の出生図のなかで、解読に注意を要する特殊な組みあわせのひとつとして、多くの研究者に注目されています。ストレスを感じやすく、衝動的な傾向が見られます。それが高じると、暴力的な反応となって現れることがあります。よき理解者を必要とする配置ともいえるでしょう。

♂−♄−Ⓐ【火星−土星−ASC】

理想と現実とのあいだで、つねに葛藤《かっとう》を感じます。厳格でドライで、自己中心的な面があるために、人間関係でのトラブルが多いかもしれません。また、気力が尽きると破滅的になりがちです。女性の場合、父親やパートナーとの不和を克服することが大きなテーマとなるでしょう。

♂−♄−Ⓜ【火星−土星−MC】

紆余曲折《うよきょくせつ》がありますが、忍耐と努力によって成功を得ることを暗示します。年齢を重ねてもバイタリティーが旺盛ですが、頑固さと無慈悲さのために周囲との摩擦が多いでしょう。一国一城の主となっても、後継者問題では苦悩しがちです。女性は、結婚よりも仕事に生きるでしょう。

♂−♅【火星−天王星】

せっかちであったり、精神的にはりつめていることが多いのですが、年齢を重ねるにつれ、社会のなかで自分がどうあるべきかを考えるようになるでしょう。

発想力は豊かですが、短気です。また、自由や独立を求める傾向があります。幼児期に強いストレスを受けて、発作的に癇癪《かんしゃく》を爆発させることをくり返すと、成人後もそれが癖となり、ストレスがスイッチとなって爆発します。その癖を直すには、周囲の愛情と穏やか環境が必要です。お子さんの出生図にこのアスペクトがあったら、十分な愛情を注いであげましょう。

なお、火星と天王星のアスペクトをもつ人は、つい危険な領域に接近してしまう傾向にあるので自重すべきです。突然のトラブルや事故にも、人一倍気をつけねばなりません。まずは、穏やかな日常を心がけましょう。とくに土星の影響下にあるときは、ストレスをできるだけ少なくして、いつも以上に行動を慎むことが大切です。

離婚の可能性があるアスペクトのひとつですが、心がけしだいで防ぐことが可能です。

♂－♅－♆【火星－天王星－海王星】

個人を超えた高いレベルの精神的なよりどころを求める人です。人生の若年期は不安定になりがちです。無意識につき動かされ、自分なりの世界観を確立することに人生の意義を見いだします。アスペクトが0度・90度・180度でなければ、その傾向は弱くなります。

♂－♅－♇【火星－天王星－冥王星】

反骨《はんこつ》精神が旺盛で、独創的です。古い慣習や因習を破壊し、新たなものを創造するパワーの持ち主です。短気で、激情型でもあります。仕事では独立するなど、個性をいかせる場で活躍するでしょう。アスペクトが0度・90度・180度でなければ、その傾向は弱くなります。

♂－♅－Ⓐ【火星－天王星－ASC】

短気で落ち着きのない性格です。自分の考えを他人に押しつけようとする一面があり、気配りと思いやりに欠けています。仲間内ではお山の大将になれますが、しばしば友情に破綻《はたん》をきたすでしょう。事故やケガにあいやすいので、ゆとりと落ち着きのある日常を心がけてください。

♂－♅－Ⓜ【火星－天王星－MC】

勇敢で革命的な思想の持ち主です。若いうちから独立や成功を夢見てがんばりますが、汚職の暗示もあります。年齢を重ねても意欲を失いませんが、家族や身近な人からは理解されないことも多いでしょう。各感受点が、0度・90度・180度でなければ、その傾向はあまり現れません。

♂－♆【火星－海王星】

火星と海王星のアスペクトは、占星術師によってさまざまな解釈がなされていますが、筆者の実占経験と研究によれば、このアスペクトにどのような天体が加わるかによって、まったく異なる意味が生まれます。

ただ、共通していえることは、このアスペクトをもった人は、感情的で興奮しやすいところがあります。感受性は豊かなほうでしょう。なかでも0度・90度・180度は、その傾向が強く現れます。

表面的には穏やかでも自意識が高く、自分を賛美し、他人を疎《うと》ましく思いがちです。根は意地悪ではありませんが、身勝手な面があり、小さな憎悪がこの人のなかに冷淡さを生みだします。

ストレスを受けると現実から逃避し、薬物や酒に依存しやすくなるので、つねに健康的な生活を心がけましょう。とくに土星の影響下では、自滅的な傾向に走りやすいので、穏やかで明るい気分になれるような環境に身を置き、焦らずに時を待つことが大切です。

女性の場合、わがままさ、理想の高さ、結婚への幻想が原因となって、離婚することがあります。

♂—♆—♇［火星—海王星—冥王星］

極端に浄化された精神生活を表します。苦しい体験を通して、超越的な自我を確立していき、精神的に共鳴する人とは肉親以上の絆で結ばれます。しかし、薬物やアルコールに溺れる危険があるので要注意です。太陽・月・ASC・MCがからんでいなければ、その傾向は微弱です。

♂—♆—Ⓐ［火星—海王星—ASC］

感情表現が過剰になりがちで、周囲に押しつけがましい印象を与えます。感覚型で思い込みが激しく、いったん心ひかれたら、それが偽物《にせもの》であってものめり込みます。第三者のシビアな目で書かれた本などが、人生のよき導き手となるでしょう。虚弱体質やアレルギー体質を暗示します。

♂—♆—Ⓜ［火星—海王星—MC］

他人に対して批判的であるいっぽう、身びいきで自画自賛する傾向があります。ときおり感情を抑えられなくなり、思いのたけを吐露《とろ》します。鋭い感性の持ち主で、創造力を発揮できる分野で頭角を現します。結婚生活での不和を表しますが、相手を尊重することで離婚は防げるでしょう。

♂—♇［火星—冥王星］

火星と冥王星のアスペクトは、ここに加わる天体によって作用する方向性が変わってきますが、全体的に強い自信や大きな野心を表します。並はずれたスタミナとバイタリティーがあり、ときにはスーパーマンかサイボーグのような超人的なパワーを発揮します。

仕事においては、プライベートを犠牲にして働き、自分をどこまでも酷使する猛烈さがあります。ワーカホリックに陥りやすいタイプといえるでしょう。

性格的なことは、このアスペクトに加わる天体によって修飾されますが、いざというときは他人を容赦なく切り捨てる無慈悲さや、ものごとを押し通す強引さがあります。また、どこかに強迫観念を抱いています。

精力も体力も旺盛で、セクシャルな魅力にあふれています。異性問題でのトラブルや、突然の事故も暗示されますが、穏やかな日常を心がければ回避できます。

なお、火星と冥王星のいずれかに対して、ダイレクションの太陽が0度・90度・１８０度となり、そこへ土星がトランシットする期間は、万事において慎重な行動が望まれます。

♂―♇―Ⓐ【火星―冥王星―ASC】

自分の目標を達成するだけのバイタリティーにあふれています。しかし、目前のことに夢中になるあまり大局を見失いがちです。また、根性はあってもデリカシーに欠け、身近な人への配慮や思いやりが足りないでしょう。よい出会いに恵まれても、友情をみずから壊すことがあります。

♂―♇―Ⓜ【火星―冥王星―MC】

大きな犠牲を払って、仕事での地位や名声を獲得します。しかし慈悲の心に欠け、ワーカホリック、ワンマン経営など、他を顧《かえり》みないところがあり、敵が多いでしょう。各感受点が0度・90度・１８０度ならば、ダーティーなものに自分のほうから接近しがちなので注意が必要です。

♃―♄【木星―土星】

木星と土星が0度・90度・１８０度ならば、頑固な性格で、節約家の一面が強調されます。しかし忍耐力にすぐれ、勤勉で、試練を乗り越えるたびにスケールの大きな人間へと成長できるでしょう。

その他のアスペクトならば、自分を律することのできる良識ある人で、頑固さは表面には現れません。

いずれのアスペクトであっても、他人のサポートや、マネージメントに向いています。心配りが上手で、細かいところまで目が行き届くタイプです。

また、自分には厳しいのですが、周囲には適度な優しさや親切心をそれとなく発揮するところがあります。そんなキャラクターが周囲の信用を得て、それ相応の地位や富を築いていくでしょう。

結婚生活では、相手を枠にはめたがる傾向にあります。離婚や不和の暗示はありませんが、パートナーが窮屈《きゅうくつ》な思いを強《し》いられそうです。

木星と土星の0度を「グレート・コンジャンクション」と呼びますが、これは約20年の周期で発生します。世代的に発生するアスペクトのひとつです。

♃－♄－♅［木星－土星－天王星］

良識があり、バランスがとれています。適度なバイタリティーもあり、自分のオリジナリティーを表現できますが、押しの強さや積極性にやや欠けます。各天体が0度・90度・180度であれば、職業上での大変動を意味し、サラリーマンやOLは、転職を体験するかもしれません。

♃－♄－♆［木星－土星－海王星］

夢や理想を追い続ける人生を暗示しますが、堅実さも備えています。ユートピアを求めながらも、潔癖で緻密なところがあり、夢追い人のような発想は表面に出てきません。組織内では出世に時間がかかります。女性は結婚後も、何かにつけ実家に縛られることになりそうです。

♃－♄－♇［木星－土星－冥王星］

重責をまっとうする力を表します。カリスマ的な魅力がありますが、むしろ忍耐力と努力によって権力を得ます。ただ、何かと過剰になり、行きすぎる傾向があるために、周囲に反感を買うなどして敵をつくることもあるでしょう。女性の場合、やや縁遠くなるかもしれません。

♃－♄－Ⓐ［木星－土星－ASC］

慎重派です。冒険を好まず、手堅い人生を求めます。神経質ではないものの、何ごとにも細かいでしょう。人づきあいでは建前と本音をうまく使いわけますが、万事に義務的です。女性の場合、うまく家庭を切りもりする子育て上手な妻になりますが、仮面夫婦になることもあります。

♃－♄－Ⓜ［木星－土星－MC］

臆病なところもありますが、調和のとれた常識人です。社会的に認知されることを表す配置で、組織のなかで働くビジネスマンには、それなりの地位が約束されます。男性は家庭をかえりみない傾向にあります。また、土星とMCが0度を形成していれば、失脚する恐れが濃厚です。

♃－♅［木星－天王星］

喜ばしい配置のひとつです。物質的幸運に恵まれ、多くのビッグチャンスが訪れることを暗示します。「勝負師のアスペクト」ともいわれます。

アスペクトが0度・90度・180度ならば、ユニークな個性を発揮して社会的なポジションを確立します。

また、０度・90度・１８０度に加えて、45度・１３５度の場合も、挑戦者であると同時にリーダーとしての才覚を備えています。さらに、自分に訪れたラッキーチャンスをすばやくつかむ俊敏さがあります。

その他のアスペクトは、チャンスを見逃しやすい傾向にあり、迅速に立ちまわって幸運をつかむことがやや苦手ですが、性格的にはヒューマニストです。

いずれのアスペクトも、知的好奇心が旺盛で、財・名声・富に恵まれます。仕事では、目上の引き立てによって成功するでしょう。有益な人物と出会うなど、めったにない貴重な体験をします。女性の場合、結婚後も仕事を続けることで輝きを増します。

なお、木星と天王星の０度は、約14年ごとに起こります。世代的に発生するアスペクトのひとつです。

♃―♅―♆［木星―天王星―海王星］

博愛主義者です。知的好奇心が旺盛で、意識のレベルも高く、個人の自由や思想を尊重します。自分なりの理想があり、それを実現しようとします。神秘的なものに関心があっても、オカルトなどに深入りすることはありません。音楽や絵画などの芸術を愛し、学究的な仕事に適します。

♃―♅―♇［木星―天王星―冥王星］

知識欲が旺盛で、知識を得るための努力を惜しみません。非凡な才能の持ち主で、人生では多くのチャンスに恵まれます。この配置に対して月や太陽がアスペクトを形成していれば、人生の早期に大きな飛躍をとげてひとつの道をきわめ、高い評価を受ける可能性があります。

♃―♅―Ⓐ［木星―天王星―ＡＳＣ］

両親や身近な人から物質的な恩恵を得ます。この人自身も、家族や友人などを大切にします。大胆で調子に乗りやすい面もありますが、明るく円満な人柄です。慈愛の精神をもって社会に尽くす人も多いのですが、自分の欲望に踊らされて怠惰な生活を送る可能性もぬぐえません。

♃―♅―Ⓜ［木星―天王星―ＭＣ］

時代を読みとる才能があり、大きな発展が望めます。いい意味で計算高く立ちまわり、仕事で成功を収めますが、柔軟性があるので敵をつくることはありません。公私のバランスを保ち、贅沢《ぜいたく》な暮らしを送り、人生を楽しみます。女性の場合、玉の輿《こし》に乗る可能性があります。

♃―♆【木星―海王星】

理想主義者で、豊かな感受性の持ち主です。木星と海王星が0度・60度・１２０度ならば、ソフトな雰囲気の人です。情愛が深く、動物や弱者に対して優しく接するでしょう。

いずれのアスペクトも想像力が豊かで、非現実的なアイデアを生みだしますが、必ずしもビジネスでの才能や才覚には結びつきません。個人的なつきあいのなかでは人を信じやすく、騙《だま》されやすい傾向にあります。また、自分が置かれている立場や状況を客観的に把握できないという欠点がありますが、仕事のうえでは、この欠点が表面化することはないでしょう。

愛情面では、精神的な絆を大切にしたいと願い、癒しと愛とを求め、与えようとします。女性の場合、物《ぶっ》心《しん》ともに満たされた結婚に恵まれるでしょう。

プライベートでは、精神世界や形而上学《けいじじょうがく》的な事柄に深い関心を寄せます。とくに0度・90度・１８０度ならば、その傾向が顕著に現れます。

なお、木星と海王星の0度は、約13年ごとに発生します。世代的に発生するアスペクトです。

♃―♆―♇【木星―海王星―冥王星】

ある意味で浮き世離れした人で、どんな環境にあっても精神的に高いものを求めます。偏《かたよ》ってはいますが、自分なりの夢のような世界観を大切にして、とことん追いかけます。繊細であっても貧弱ではなく、人間的な魅力があります。また、運命を切り開き、克服することを意味します。

♃―♆―Ⓐ【木星―海王星―ASC】

想像力と感情表現が豊かです。人との交流のなかに精神的な喜びを求めるため、しばしば神秘的な思想をもった人にひかれ、その影響を受けやすいでしょう。経済観念に乏しいところがありますが、生涯を通して金銭には恵まれます。心の平安と精神的な幸福を求める人です。

♃―♆―Ⓜ【木星―海王星―MC】

社会生活のなかで、自分が希求する理想の世界を築く人です。ファッション、インテリア、小物類など、目に見える事物を利用して、夢のある人生を創造します。仕事と夢を一致させる力があります。こまやかで温かい気配りと、建設的な想像力を必要とする分野で成功するでしょう。

♃－♇［木星－冥王星］

木星と冥王星のアスペクトは、たいへん喜ばしいもののひとつにあげられます。大きな発展や権力の取得を暗示しており、偉業をなしとげるなど、社会的に成功する優れた才覚を与えられています。基本的には現実主義者ですが、適度な思いやりや優しさがあり、快活で、カリスマ性を秘めています。

他にかかわる天体によって特徴づけられたり、意味あいが変わってきたりしますが、宗教・政治・経済の分野でリーダーとなりうる人です。さらに、事業家としての成功も暗示しています。

とくに木星と冥王星0度・90度・１８０度ならば、組織のなかで早くに頭角を現すか、早期に独立します。利益を優先することに傾きがちな面もありますが、確実に発展し続ける可能性が非常に高いでしょう。

男女ともに愛情に恵まれます。女性の場合、家庭に入ってもパートナーをうまく操縦して、優位な立場を保ち続けるでしょう。

なお、木星と冥王星の0度は、約12年ごとに訪れます。世代的に発生するアスペクトのひとつです。

♃－♇－Ⓐ［木星－冥王星－ASC］

たいへんリッチなアスペクトです。精力的な楽天家で、華やかな交友関係を通じて、自分に有益な人脈を自然に集められる人です。豊かさや成功を追いかけ、それを獲得します。女性は、家庭よりも仕事にエネルギーを注ぎがちですが、潔く家庭に入っても大きな幸せが得られます。

♃－♇－Ⓜ［木星－冥王星－MC］

輝かしい未来を暗示します。物質的な幸せや成功を追いかけて政界や実業界に進出するか、組織のなかでリーダーとなるかは人それぞれですが、目標達成のために力を注ぎます。金銭的に苦労することは少ないでしょう。女性の場合は、中年期以降に太りやすいので、注意が必要です。

♄－♅［土星－天王星］

土星と天王星はどちらも進行速度が遅く、0度と１８０度のアスペクトは、約45年ごとに生じます。さらに、その中間で発生する90度は、0度または１８０度のアスペクトが発生してから、約10～11年後に発生します。2天体がこれらのアスペクトを形成したときに生まれた人は、必然的にそのアスペクトをもつことになり、したがって個人の性格というよりは世代的な傾向として解釈すべきとの見解もあります。

個人の傾向としては、緊張したり落ち込んだりしやすいところがあり、物事を悲観的に考えがちです。どちらかといえば、暗い性格でしょう。

苦悩に立ち向かう力や、それに耐え抜く力はとても強いのですが、まわりの干渉を嫌うので、孤立しやすいところがあります。

なお、個人の出生図で土星と天王星のアスペクトを解読する際には、ＡＳＣ・ＭＣ・月・太陽・金星・火星とアスペクトを形成しているかどうかに着目してください。アスペクトを形成していなければ、土星と天王星の影響が強く現れることはありません。

♄—♅—♆【土星—天王星—海王星】

いくぶん情緒不安定ですが、自分を高めていこうという意識が高い人です。無愛想ですが、人と争うことを嫌い、弱者や動物に愛情を注ぐ一面もあります。３天体が60度または１２０度ならばマイナス面は表に出ませんが、人生をどこまでも戦い抜くパワーはやや不足します。

♄—♅—♇【土星—天王星—冥王星】

古い因習や伝統を嫌い、目上の人に対して反発しがちで、自分主張が強く、頑固なところがあります。環境には適応しにくいでしょう。しかし、挫折と試練を経て大成功する暗示もあります。３天体が０度・90度・１８０度でない場合は、こうした傾向はあまり現れません。

♄—♅—Ⓐ【土星—天王星—ＡＳＣ】

哲学的な思索をします。人間関係では親しい人との離反を体験し、苦い思いをするかもしれません。自分を抑圧しがちで、人生を楽しむ前向きな考え方が苦手です。ひとつのことを黙々と追求する性格をいかして、知的・職人的な分野で偉業を達成できるでしょう。

♄—♅—Ⓜ【土星—天王星—ＭＣ】

まじめで忍耐力があり、物思いに沈むことが多い人です。しかし、意外に仕事で成功する可能性が高く、とくに学者などのアカデミックな分野が有望です。ただ、サラリーマンや事業家には向いていません。よくも悪くも、父親や目上の男性から強い影響を受けるでしょう。

♄－♆【土星－海王星】

0度・180度のアスペクトは、約35年ごとに生じます。個人というより時代に影響を与え、このときに生まれた世代に共通の思考形式をもたらすとの見解もあります。その見解には疑問も残りますが、歴史をふりかえると、このアスペクトが出現したときに、オイルショック、天安門事件、ソ連崩壊、東欧圏の民主化など、社会秩序の混乱が起こったことは事実です。

個人の出生図については、土星と海王星にかかわる他の天体によって明確な意味が付与されます。また、解釈に際しては、土星ないし海王星がASC・MC・月・太陽・金星・火星とアスペクトを形成しているかどうかに着目してください。していなければ、重要な意味は表れません。

土星と海王星のアスペクトは、人生を生きぬくうえで、何かしらの犠牲を払うことを意味します。恵まれた境遇にありながら厭世的《えんせいてき》になり、みずから幸運を遠ざけ、劣等感をいだき、悲観的な思考に没入しがちです。女性は、恋愛や結婚で不和が生じやすく、リュウマチや神経痛などの病気に注意を要します。

♄－♆－♇【土星－海王星－冥王星】

みずから過酷な状況をつくりだし、幸せを遠ざけます。自分自身と孤独を愛し、現実の社会や権力には反抗的です。人間関係では失望することが多く、幸せを見いだすには人間的な成長が必要です。太陽・月・火星・MC・ASCとのアスペクトがなければ、影響力は小さいでしょう。

♄－♆－Ⓐ【土星－海王星－ASC】

人間関係の煩《わずら》わしさを暗示します。身近な人に失望させられるか、犠牲を強《し》いられることが多いでしょう。自分本位で、弱さや脆《もろ》さもあり、人に利用されやすいかもしれません。ひとつのことをきわめることによって自信が生まれ、幸せをつかむコツを会得《えとく》していくでしょう。

♄－♆－Ⓜ【土星－海王星－MC】

消極的で悲観的です。地位や財産には関係なく、自信欠如の傾向が見られます。周囲に影響されて不安をかかえやすく、精神的なストレスをためて病気を招きやすいので注意が必要です。各感受点が0度・90度・180度でなければ、こうした傾向は微弱となります。

♄－♇【土星－冥王星】

土星と冥王星はともに進行速度が遅く、アスペクトを形成する場合は、個人というより世代に影響を与えるとの見解があります。

たとえば０度は、戦争や独立運動、あるいは政治的な腐敗などに起因する闘争の激化を暗示します。社会経済とも大きな関係があり、伝統や権力への抵抗を表します。近年では１９８２年から１９８３年にかけて０度が出現しました。また、１８０度を形成した２００１年～２００３年には、アメリカ同時多発テロやイラク戦争が起こっています。

個人の出生図を解読する際には、土星と冥王星がＡＳＣ・ＭＣ・月・太陽・金星・火星とアスペクトを形成しているかどうかに着目してください。形成していなければ、影響は弱くなります。

性格については、自分にもまわりにも厳しい人でしょう。人情味に乏しいところがありますが、感情・欲望・邪念などに打ち勝つ力をもち、情に流されることはめったにありません。他にかかわる天体によって、明確な意味づけがなされます。

♄－♇－Ⓐ【土星－冥王星－ASC】

伝統や格式にこだわるタイプです。身近な人間関係で苦悩し、確執《かくしつ》をかかえます。しかし、自分を磨いて厳しい試練を乗り越え、成功を収めます。家庭では、子供に厳格な父親、しつけに厳しい母親となる可能性があります。身内からは、薄情な人と思われるかもしれません。

♄－♇－Ⓜ【土星－冥王星－MC】

激動の人生を暗示しますが、試練を乗り越えて成功する可能性もあります。ものごとに怯《おび》えやすいのですが、軟弱ではありません。青年期以降または大きな挫折を経て、人生を切り開く強力なパワーを発揮します。各感受点が０度・90度・１８０度ならば、以上の傾向が強く現れます。

♅－♆【天王星－海王星】

天王星と海王星はともに進行速度が遅く、アスペクトを形成する場合は、個人というより世代に影響を与えるとの見解があります。

０度・１８０度のアスペクトは、約１７１年周期で発生します。近年では１９９０年代前半がその時期で、オーガニック、エコロジー、スピリチュアルなどがブームとなり、精神的な意味で革命が起きました。

個人の出生図を解読する際には、天王星と海王星がASC・MC・月・太陽・火星とアスペクトを形成しているかどうかに着目してください。形成していなければ、影響は弱くなります。また、他にかかわる天体によって、明確な意味づけがなされます。

天王星と海王星のアスペクトは、精神性の高さを表します。風変わりでわがままな一面もありますが、すぐれた感性と天才的な資質をもっています。自分なりの理想を確立するまでは、迷走が多いでしょう。若年期は人間不信の傾向があり、心の平安が少ないでしょう。土星の影響下にあるときは、心身の健康に注意を要します。

♅－♆－♇【天王星－海王星－冥王星】

精神的な浄化や超越を表します。世俗を離れ、宗教的・神秘的な世界に没入するかもしれません。天王星・海王星・冥王星のアスペクトが生じた場合、そのときに生まれた世代が影響を受けます。太陽・月・火星・MC・ASCとのアスペクトがなければ、影響力は微弱でしょう。

♅－♆－Ⓐ【天王星－海王星－ASC】

特異な発想が目立ち、利己的な面もありますが、理想を見いだせる人です。身近な人に大きな影響を与えることが多いでしょう。年齢を重ねるにつれ人間的な魅力が深まります。若年期は、価値観が異なる人との衝突や、両親との確執《かくしつ》も多いでしょう。仕事以外で生きがいを見いだします。

♅－♆－Ⓜ【天王星－海王星－MC】

迷いの多い人生ですが、精神的な喜びを求め、家族や仲間に対していい意味で影響を与えるでしょう。プロ意識が強く、まわり道をしても結果的には重要な役割を担います。名声や出世への欲求は少ないほうでしょう。女性は若いうちは、夫に対して義務的なことを要求します。

♅－♇【天王星－冥王星】

天王星と冥王星はともに進行速度が遅く、アスペクトを形成する場合は、個人というより世代に影響を与えるとの見解があります。

０度のアスペクトが発生した１９６０年代は、海外ではベトナム戦争が本格化し、国内では学生運動や安保闘争など、既存の権力への抵抗が見られました。破壊と刷新の時代だったといえます。

　個人の出生図を解読する際には、天王星と冥王星がＡＳＣ・ＭＣ・月・太陽・火星とアスペクトを形成しているかどうかに着目してください。形成していなければ、影響は弱くなります。また、他にかかわる天体によって、明確な意味づけがなされます。

　天王星と冥王星のアスペクトは、ひねくれ者を意味します。貧乏を恐れてせわしなく働いたり、好奇心にかられて行動半径を広げるなどして、みずから安らぎを遠ざけてしまいます。０度・90度・１８０度ならば、以上の傾向が強く現れます。

　なお、土星の影響下に入ると、人生の衰退期・激動期が訪れますので要注意です。

♅—♇—Ⓐ【天王星—冥王星—ＡＳＣ】

　知的好奇心の強さを表します。がまん強く、目的に向かって邁進する打たれ強い人です。裏切りや別れなどの悲哀も暗示されますが、それによって自分を磨き、成長します。激動の人生を歩むでしょう。３つの感受点間のアスペクトが０度・90度・１８０度以外ならば、影響は微弱です。

♅—♇—Ⓜ【天王星—冥王星—ＭＣ】

　生きることに貪欲《どんよく》で、知的好奇心が旺盛です。楽しみ・安らぎ・家庭を犠牲にして、仕事に打ち込む人生を選びます。自己主張が強く、大胆な行動が目立ち、年老いても第一線に君臨して現役でいつづけるでしょう。３つの感受点間が60度または１２０度ならば、影響は微弱です。

♆—♇【海王星—冥王星】

　海王星と冥王星はともに進行速度が遅く、アスペクトを形成する場合は、個人というより世代に影響を与えるとの見解があります。社会にはあまり影響を及ぼさないとの説があるいっぽうで、新興宗教の台頭に関係するという説も提示されています。

　１８９２年には０度のアスペクトが発生しましたが、この時期には、のちに政府から弾圧を受けることになった新興宗教「大本《おおもと》」が開かれました。

　０度・90度・１８０度となることはきわめてまれですが、60度はわりと頻繁《ひんぱん》に生じます。

　個人の出生図を解読する際には、海王星と冥王星がＡＳＣ・ＭＣ・月・太陽・金星・火星とアスペクトを形成しているかどうかに着目してください。形成していなければ、影響は弱くなります。また、他にかかわる天体によって、明確な意味づけがなされます。

海王星と冥王星のアスペクトは、極度に浄化された高次元の精神活動を意味します。物質的な喜びよりも精神的な潤いを求め、それを得ることによって人生を豊かにしていくでしょう。

♆—♇—Ⓐ【海王星—冥王星—ASC】

精神性が高く、ボランティアや宗教活動などが日常となります。しかし、目の前の現実を生きる家族には理解されにくく、思想や価値観の一致する仲間との時間を大切にします。3つの感受点間が0度・90度・180度以外ならば、影響は微弱なものとなります。

♆—♇—Ⓜ【海王星—冥王星—MC】

精神性の高い人物で、世俗を超越したところがあります。自分の欲望を排除して、慈愛の精神で社会貢献に努め、社会を大きく変えるような偉大な資質をもっています。3つの感受点間が0度・90度・180度以外ならば、影響は微弱なものとなります。

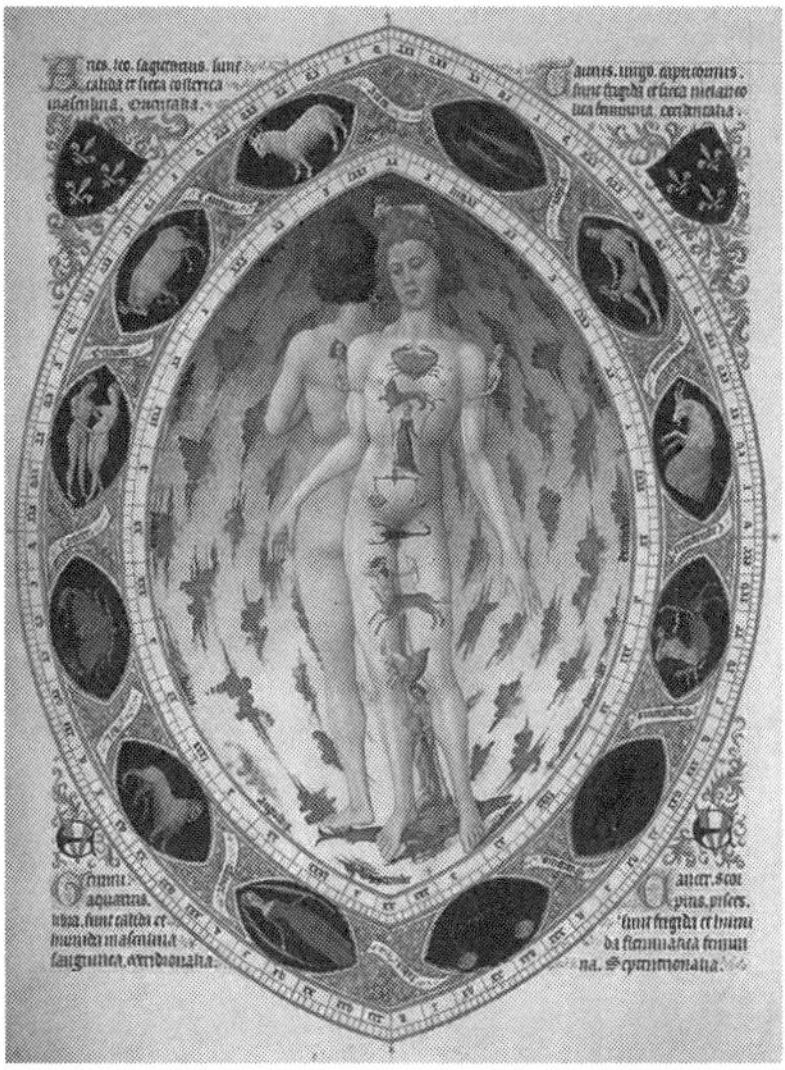

※上図は、人体と12宮との照応を示す。『ベリー公のいとも華麗なる時禱書』(15世紀)より。

第5章

トランシットで読む運勢の盛衰

◎トランシット法とは何か

トランシット法は、出生のホロスコープに対して、運勢を調べたいと思うそのときどきの天体の配置を重ね、そこに生じるコンビネーションを解読していく技法です。トランシットという言葉は、天体が通過（transit）することからきています。

トランシット法による解読から導きだされるのは、運勢の波や人生の転機ですが、なかでもとくに、外界からもたらされた要因によって発生するものを表します。第2章では、出生のホロスコープを解読して、個人に与えられた先天的な要素を探求していきましたが、この章では、その先天的な要素がトランシットという刺激を受けて、どのような形で人生上のイベントとして表現されるかを読みといていきます。

個人の出生図は、生まれた瞬間の天体の配置を記したものですから、一度決定されたら変化することはありません。そのいっぽうで天空の星たちは時々刻々と運行し、私たちが生まれながらにもつ星に、さまざまなアスペクトを投げかけています。その刺激を受けたとき、私たちの星は明確な反応を見せ、さながら万華鏡《まんげきょう》のようにドラマを展開していきます。

◎天体の運行速度と影響力の違い

トランシット法で経過を調べる天体は、太陽・水星・金星・火星・木星・土星・天王星・海王星・冥王星の9つです。これら9つの天体のなかには、太陽や水星のように運行速度が速いものもあれば、土星以遠《いえん》の天体のように運行速度が遅いものもあります。

そして、運行速度が速い天体は、出生の感受点に対して短期間だけアスペクトを形成して過ぎ去り、運行速度が遅い天体は、比較的長期にわたって出生の感受点とのあいだにアスペクトを形成しつづけます。したがってトランシット法においては、運行速度の速い天体の影響は一過性で軽く、運行速度の遅い天体の影響は大きく、人生を左右することもあるとされます。

このような特徴をきちんと把握し、それぞれにうまく使いわけていくことも、トランシットを有効にいかすひとつの方法となります。たとえば、1日でテキパキとものごとを片づけたいときは水星のトランシットを、長期的な展望をじっくりと練《ね》りたいときには土星のトランシットを利用するなど、天体の特性に合わせた対応が考えられます。

また、トランシット法は、おもに未来予知や、現時点における運勢の解読に利用されますが、それ以外にも、たとえば過去に、非常に気になる出来事が起こった時点のトランシットを調べて、気持ちの整理をつけるなどの利用法もあります。いずれにせよ、現在だけにとどまらず、未来や過去を知ることができるのは、大きな利点といえます。

なお、月のトランシットを考慮しないのは、月の進行速度が非常に速いため、出生の感受点に対してごく短時間のみしかアスペクトを形成しないので、運勢には影響をおよぼさないと考えられるからです。

◎トランシットを調べるホロスコープの作成法

それでは、トランシットを調べるために必要なホロスコープをつくりましょう。出生図とトランシットの天体の配置を照合しやすいよう、二重円のホロスコープを作成します。

❶510〜511ページの記入用ホロスコープを140％拡大コピーし、二重円の内側に自分の出生図を、外側に運勢を調べたいと思う時期の天体の位置を記入します。

たとえば、2009年9月1日の運勢を解読するには、内側に出生のホロスコープを、外側に2009年9月1日における太陽・水星・金星・火星・木星・土星・天王星・海王星・冥王星、以上9天体の位置を記入します。

運勢を調べる当日の天体の位置については、巻末の天文暦を参照してください。該当する当日ではなく、その前後の日付が天文暦に記載されている場合は、90〜93ページを参考に、位置を算出して記入します。

❷二重円のホロスコープができあがったら、出生の感受点と、運勢を調べたい日の天体とのあいだに、アスペクトが形成されているかどうかひとつずつ調べていきます。

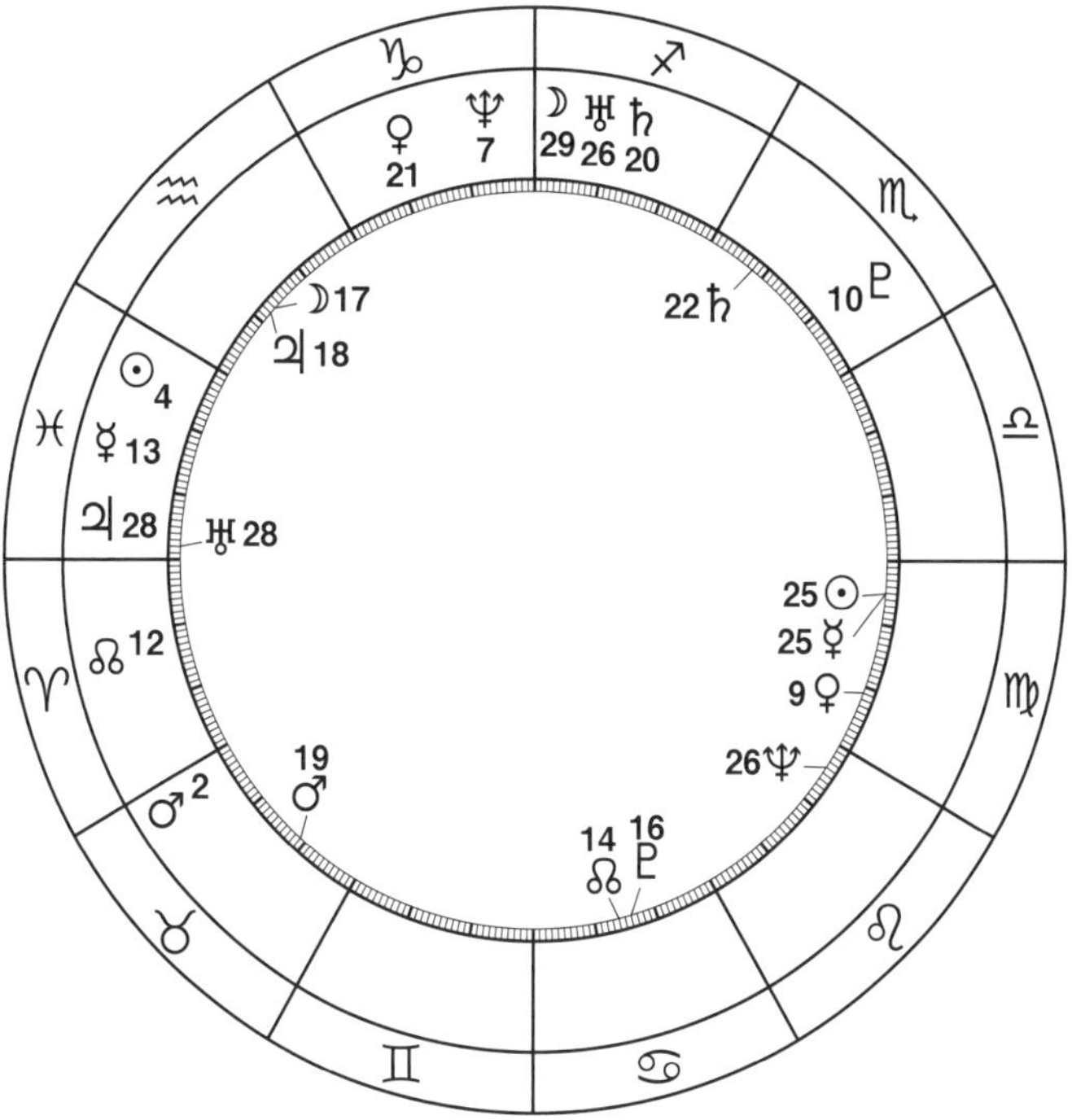

上図のように、内側に出生のホロスコープを、外側にダイレクションの天体を描きます。出生図の感受点とダイレクションの天体とのあいだにアスペクトが形成されているかどうかをひとつずつ調べていきます。上図は小柴昌俊氏の出生図（内側）とニュートリノ観測時の天体配置（外側）。詳しくは344～345ページに解説があります。

たとえば、出生の月に対して、運勢を調べたい日の太陽、水星、火星、金星、木星、土星、天王星、海王星、冥王星がアスペクトを形成しているかどうか、順番にチェックしていきます。チェックする順番は、このとおりである必要はなく、やりやすい順番でけっこうです。また、トランシットの天体同士のアスペクトについては、調べません。運勢の解読に必要なのは、出生の感受点とトランシットの天体とのアスペクトのみです。

このとき、アスペクトのオーブ（アスペクトが形成されていると見なす許容範囲）に注意してください。出生図の感受点―トランシットの天体間に形成されるアスペクトが0度・60度・90度・120度・180度の場合、次のようになります。

出生図の感受点	トランシットする天体	オーブ
MC・ASC・太陽・月	太陽・水星・金星・火星・木星・土星	前後5度以内
	天王星・海王星・冥王星	前後3度以内
水星・金星・火星	太陽・水星・金星・火星・木星・土星	前後3度以内
	天王星・海王星・冥王星	前後2度以内
木星・土星・天王星・海王星・冥王星	太陽・水星・金星・火星・木星・土星	前後2度以内
	天王星・海王星・冥王星	前後1度以内

なお、45度と135度については、出生図の感受点やトランシットの天体によらず、オーブが一律に前後1度以内となります。

作業中にアスペクトを見つけたら、アスペクト一覧表に記入してください。

❸176〜234ページを見ながら、❷で見つけたアスペクトを解読していきましょう。

たとえば、出生図の火星とトランシットの金星がアスペクトを形成していたら、204ページの「火星―金星」を読みます。

なお、解説文の見出しにあるふたつの感受点は、上が出生、下がトランシットを示します。たとえば、「♂―♀［火星―金星］」とあれば、出生の火星に対してトランシットの金星がアスペクトを形成しているケースの解説であることを意味します。

また、解説文中でダイレクションに言及していることがありますが、それについては第6章を参考にしながら解読を進めてください。

◎トランシットにおけるアスペクトの優先順位

出生図とトランシットの天体とのあいだには、さまざまなアスペクトが形成されますが、それらの作用には強弱があります。作用の強いものから順にあげると、以下の4ランクに分類できます。カッコ内は、個々のアスペクトを示す記号です。

①０度（☌）
②１８０度（☍）・90度（□）
③１２０度（△）
④１３５度（⚼）、60度（⚹）、45度（∠）

同一ランク内では、オーブの少ないほうが影響力が大きくなります。

ただし、出生図の解読でも述べましたが、アスペクトの強弱は、それぞれの出生図の特徴によって微妙に異なってきます。たとえば、１２０度が頻出する出生図の場合は、１８０度や90度よりも、１２０度が強く作用することがあります。そのあたりについては、経験を重ねながら実践的なノウハウを身につけていくのがベストです。

◎トランシットを人生にいかすには

トランシットの解読を通じて、イベントが発生する時期とその内容、また、その出来事が個人にどのような結果をもたらすかなどを予測できます。ただ、くり返しになるようですが、トランシット法は確定した未来を一方的に告げるものではありません。つまり、いたずらに不安をいだいたり、喜んだりするためのものではないと、筆者は考えています。

予測される事態が悪い場合は、不安が現実になる前に、なんらかの対策を講じることができます。また、よい未来が予測される場合は、訪れるチャンスをただ待つのではなく、そのときに備えて最善の体制を整えることができます。目の前に広がる可能性に注意を払いながら、どのような行動を起こしていくのがよいのか、自分なりの計画を立ててください。

また、トランシット法のよさは、時間を自由に行き来して運勢を眺められることにあると先に述べましたが、その意味では過去の出来事に学ぶこともできます。

たとえば、過去に木星のトランシットの影響下で新しい出会いがあり、有意義な時間を過ごしたけれども、結果としては実りがなかったという人は、次に木星のトランシットが訪れる時期には、何か形に残せるような目標をかかげ、その実現に向けて計画を立てて、努力するようにしましょう。それが、発展の星である木星のトランシットを有効に使うことだと思います。

また、火星のトランシットの影響下に入るとイライラして、いつもならありえないようなミスや、人間関係でのトラブルが多いと気づいたら、火星がトランシットする期間は、いつもより時間的なゆとりをもって行動し、心の平安が得られるような生活を心がけてください。それによってトランシットに好ましい癖がつき、人生そのものが穏やかになっていくでしょう。

Ⓐ—☉［ＡＳＣ—太陽］

ＡＳＣに対してトランシットの太陽がアスペクトを形成する時期は、無意識のうちに自己の将来にプラスになる環境を求めます。いつになく元気で行動的になり、交友範囲が広がります。趣味の仲間など、身近な人間関係を仕事につなげるきっかけを得ようとしたり、周囲に才能をアピールしようとします。

このトランシットは、よくも悪くも影響力が弱く、大きな期待はできませんが、小さな好機ではあります。０度ならば、他のアスペクトに比べて影響力が強いでしょう。また、同時に火星がコンビネーションを形成していれば、自己主張が強くなって周囲から煙たがられたり、不愉快な思いをしやすいので、人間関係での不和には注意が必要です。

出生図でＡＳＣと月、またはＡＳＣと太陽がアスペクトを形成している人にとっては、パートナーとの距離が密接になる時期です。好意を寄せる相手との関係が近くなったり、その相手への関心が強まる時期でもあります。

Ⓐ—☿［ＡＳＣ—水星］

ＡＳＣに対してトランシットの水星がアスペクトを形成する時期は、人に大切なことを伝えたり、相互理解を深めるなど、コミュニケーションに進展が見られます。仲間と楽しい時間を共有する機会も増えそうです。

ビジネス面では、仕事に誇りをもって交渉やプレゼンに臨むならば有利に作用しますが、濡《ぬ》れ手に粟《あわ》を狙うと、よい結果は得られません。専門家にアドバイスなどを求めるにもよいときです。

このアスペクトは波瀾《はらん》を呼ぶものではありませんが、０度・90度・１８０度の場合は、細かいことにこだわりすぎたり、身近な人の短所が気になったりします。さらに、同時に火星がコンビネーションを形成していれば、自分にとって不利益な人物と出会うことが多く、身近な人間関係のなかでトラブルを起こす可能性があります。

出生図でＡＳＣと海王星がアスペクトを形成している人は、人恋しくなり、物思いにふけります。

Ⓐ－♀【ASC－金星】

ASCに対してトランジットの金星がアスペクトを形成する時期は、人と打ちとけやすくなります。あいさつ程度の関係だった人と親しくなったり、旅行、コンサート、パーティーに招かれたりします。芸術関係の習いごとを始めるにも好機となります。

他人の価値観を理解し、共鳴することができるようになり、そういう態度が人気につながります。愛する人とともに過ごせば、思い出に残るような特別な時間になるでしょう。

ASCとトランジットの金星が0度で、なおかつ火星や土星がアスペクトを形成していなければ、恋人・夫婦間に喜びが生まれる時期で、パートナーとの関係を修正するべく行動するのに適しています。ただし、状況を根本的に変える力はありませんから、ひとつのきっかけととらえてください。

0度・60度・90度・120度・180度ならば、恋愛に発展する出会いがあり、友情が恋愛に変化することもあるでしょう。

Ⓐ－♂【ASC－火星】

ASCに対してトランジットの火星がアスペクトを形成する時期は、周囲から注目されたい、ぬきんでたいという思いから、自己主張が強くなります。いらいらして攻撃的になったり、押しつけがましい横柄な態度をとったり、身勝手なことをしがちなために、いざこざを招きやすくなります。

とくに0度・90度・180度の場合は、自己主張がことごとく周囲からの反発を招きます。トランジットの火星が過ぎ去るまでは、少し大人しくしていたほうがいいのですが、それはそれでストレスの原因となるので、体を動かしたり大声で歌うなどして発散するのが賢明です。しかし、過激なスポーツや危険な作業は、くれぐれも控えてください。

このトランジットの影響によって、家族や恋人などの身近な人とケンカをした場合、その直後は交通事故に気をつけてください。

仕事面では決断力が増します。フェアで紳士的なふるまいを心がけることが大切です。

Ⓐ－♃［ASC－木星］

ASCに対してトランシットの木星がアスペクトを形成する時期は、人生の流れをよいほうに転換する好機です。気持ちにゆとりが生まれて世界観が広がり、新しい可能性が見いだせるでしょう。また、未解決のまま残してきた問題を解く糸口が見つかりやすいときです。旅行をしたり、パーティーに招かれたり、新たな習いごとを始める人も多いでしょう。

精神状態が混乱していた人は、ライフスタイルを調整して、環境を整えてください。引っ越しなど新たな生活を始めるのもいいでしょう。

愛情面ではパートナーとの関係修復や復縁の好機です。また、思いがけない友人の紹介で新しい交際が始まる時期でもあります。

仕事上では、転職・起業・独立・プロジェクトの開始によく、融資が受けやすいでしょう。

太る時期ともいわれますが、精神的な余裕が生まれて体調が良好になるためでしょう。理想的な体づくりやダイエットにも適しています。

Ⓐ－♄［ASC－土星］

ASCに対してトランシットの土星がアスペクトを形成する時期は、課題と試練が訪れます。ただし60度・120度ならば、強力な形では現れません。

仕事では準備期間ないし停滞期にあたり、順調だったことが後退し、周囲の協力が得られなくなります。

精神的にも厳しい時期で、周囲から規制や抑圧を受けると同時に、ものごとを後ろ向きに考えがちです。体力が低下しますので、ちょっとしたことで風邪をひくなど体調不良を起こしやすくなります。何ごともほどほどにするのが賢明です。

また、過去のよからぬ行いが、悪い実を結ぶときです。この時期に悪行に手を染めると、2年以内に報いを受けることになるでしょう。

出生図でASCが冥王星と0度・90度・180度を形成し、なおかつトランシットの土星が0度・90度・180度のアスペクトを形成した場合は、結婚生活や仕事が激動期となりますが、執着を捨てて再出発を決意すれば乗り切れます。

Ⓐ―♅【ASC―天王星】

ASCに対してトランシットの天王星がアスペクトを形成する時期は、人脈を広げ、物質的な利益を求めたくなります。また、自己表現が豊かになり、いつもなら躊躇《ちゅうちょ》するようなジェスチャーやボディーランゲージをこなします。フットワークが軽くなりますが、異色の人物と親しくなるなど煩《わずら》わしい人間関係をかかえ、環境に波瀾《はらん》を招きます。

仕事では、自分の縄張りのなかで抜きん出た成功をおさめたいという思いが募るときです。しかし、周囲の反発や障害が起きるでしょう。

アスペクトが45度・60度・１２０度・１３５度で、他の天体がかかわっていない場合は、影響力が微弱です。また、出生図でASC―土星が0度・90度・１８０度を形成している場合は、天王星のトランシットによって流れが暗転する危険性があります。

火星のアスペクトが加わった場合は、損害や事故に注意が必要です。車の運転には十分に気をつけ、ハードな運動や危険をともなう作業は控えましょう。

Ⓐ―♆【ASC―海王星】

ASCに対してトランシットの海王星がアスペクトを形成する時期は、環境から影響を受けやすく、情緒不安定となりがちです。環境によるストレスや、それがもとで発症する病気に気をつけてください。シックハウス症候群や食品アレルギーとも関係のあるアスペクトです。

0度・90度・１８０度の場合は、以上の傾向が強く現れます。他の角度の場合は、トランシットの火星または土星がアスペクトを形成していないかぎり、重要視する必要はありません。

この時期は幻想を抱いたり、幻想が消滅したりする傾向があります。憧れの人を理想化し、実態を知って失望するなどの出来事が起こります。また、第一印象で人を拒絶し、良縁を逃《のが》してしまいそうです。

意識の高い人は、ボランティア活動や人の心を癒すことに意義を見いだすでしょう。

同情や優しさを逆手にとられ、金銭的な被害にあう可能性もありますから、注意が必要です。

Ⓐ－♇【ASC－冥王星】

ASCに対してトランシットの冥王星がアスペクトを形成する時期は、人生が大きく変わる可能性があります。重要視する必要のある配置です。

辞職・独立・転職などの重大事が起きたり、夫婦間に亀裂が生じていれば、離婚して再出発する可能性も高いでしょう。思いもよらない人が敵になったり、その反対に、味方として手を差しのべてくれる人が出現することもあるでしょう。総じて環境が大きく変化し、意識変革が起こります。

ただし、すべての人に以上のような状況が訪れるわけではなく、それまでに自分の人生と向きあわなかった人に対して、過去の清算という形で重大な変革期が訪れるのです。

ここに加えて、土星がコンビネーションを形成すると、表面的には穏やかに見えても、大きな影響力がおよぶでしょう。

また、トランシットの木星がアスペクトを形成すると、大発展の可能性が高くなります。

Ⓜ－☉【MC－太陽】

MCに対してトランシットの太陽がアスペクトを形成する時期は、自分の価値観や考え方を認めてほしいという欲求がつのり、同じ思考パターンをもつ人との交流が深まります。無意識のうちにアイデンティティーの確認が始まるでしょう。公的な人間関係を私的なつきあいに広げていくには、非常にいいタイミングといえます。

また、生きているという実感を求め、意欲的になり、がんばろうという意識が高まります。スポーツ選手や実業家には、有効に働くでしょう。

男性の場合、パートナーのホロスコープも考慮しなければなりませんが、相手女性の妊娠を望むなら、実現しやすいタイミングです。

ここに加えて、海王星がコンビネーションを形成していれば、大きな勘違いをしがちですが、意外に本人は気づきません。

以上の傾向は、MCと太陽が0度・90度・180度ならば、他の角度に比べて強く現れます。

Ⓜ―☿〔MC―水星〕

MCに対してトランシットの水星がアスペクトを形成する時期は、公的な場で自己主張したり、意見を述べたりするのに適しています。職業や理想とするものと関連があるアスペクトですが、人生に大きな影響を与えるものではありません。そのため、大きな期待をかけてこのアスペクトを利用することはできませんが、自分をアピールすることが、その後の発展のきっかけとなることもあるでしょう。

ビジネス面では、その日一日で決定を下すような案件を処理するには適しています。企画を立てて提案したり、自分のキャリアを上司や取り引き先にアピールするにもよい日でしょう。

ここに加えて、トランシットの火星または土星がアスペクトを形成していなければ、契約を交わすのに適した日となります。

なお、MCと水星のアスペクトが90度・180度になる場合は、周囲に対して押しつけがましい口のきき方をしやすいので、要注意です。

Ⓜ―♀〔MC―金星〕

MCに対してトランシットの金星がアスペクトを形成する時期は、集団のなかで和を大切にして、寛大になれるときです。周囲の失敗や苦悩に対して同情的になり、いつもなら腹が立つような後輩の失敗も大目に見ることができ、恋人のわがままにも笑顔でつきあえます。そのような態度が周囲から評価され、もろもろの問題解決を容易にするでしょう。

また、美意識が高くなり、美しいものにひかれると同時に、ふるまいが洗練されます。

しかし、0度・90度・180度の場合は、周囲にいい顔をしすぎるなど、お調子者になります。このトランシットの影響下にある期間はいい気分で過ごせても、後で悔やむことになりそうです。とはいえ、人生に強い影響を与えるトランシットではないので、信用を失墜する事態にはいたりません。

借金の申し込みや頼みごとをする場合、相手がこのトランシットの影響下にあれば、OKがもらいやすくなります。

Ⓜ―♂【MC―火星】

MCに対してトランシットの火星がアスペクトを形成する時期は、ものごとを実現したいという思いがつのります。衝動的になり、軽率な行動に出やすいときですから、慎重を要します。

仕事では、イニシアチブを握りたがり、自分のアイデアをなんとしても周囲に認めさせたいという思いが先走り、上司には反抗的、部下や同僚には高圧的な態度が目立ちます。同時に、目上や取り引き先、私的な人間関係のなかでも自分が頭の上がらない人に対する怒りが抑えられなくなります。

このトランシットの影響下では、自信と活気にあふれていますから、周囲の忠告が耳に入りません。わが道を貫き通したとしても、敵をつくるなど、多くの犠牲を払う覚悟が必要です。

新たな出会いがあっても、がさつな態度や軽率な言動によって、利己的な人との第一印象を与えかねませんから、理知的にふるまうべきです。

リスクの高い投資は、予想以上の損害を招きます。

Ⓜ―♃【MC―木星】

MCに対してトランシットの木星がアスペクトを形成する時期は、人生の流れを好転させるチャンスが訪れます。精神的なゆとりが生まれ、私生活でも楽しいときとなります。

仕事での発展や社会的評価を得るなど、努力の結果が実ります。また、独立や新規参入にもよいときです。ただし、気が大きくなるために、問題をかかえている人は、よき援助者に恵まれるいっぽう、さらに事態を悪くすることもあります。

愛情面では、結婚につながるような相手と出会ったり、婚約や結婚の可能性が高いでしょう。

出生のMCと土星が0度を形成している人は、仕事で苦闘し、危機的な状況を招くような失敗をしやすいので、順調であっても驕《おご》らないことです。

政治活動をしている人は、人気を確保できるときなので、自己PRを積極的に行うべきです。出生のノードとMCがアスペクトを形成している場合は、木星の影響によって選挙戦が有利に展開します。

Ⓜ－♄［MC－土星］

MCに対してトランシットの土星がアスペクトを形成する時期は、重圧をかかえ、責任が増大し、ものごとが停滞します。とくに仕事に影響がおよび、女性より男性に強く作用するでしょう。キャリアに自信を失い、迷いが生じることがあります。

アスペクトが0度・90度・180度以外で、とくに問題のない生活を送っているなら、土星の影響力は小さく、大きな打撃は受けません。しかし、不調が続いていたり、問題をかかえている人にとっては厳しい時期となるでしょう。

仕事では、決定していたプロジェクトの中断や契約の解除などによって、発展がはばまれます。ライバルからの攻撃や成績不振に苦しみ、経営者であれば赤字や資金繰りに窮するでしょう。手を打たなければ衰退の一途《いっと》をたどることになりますから、冷静かつ堅実に対処するしかありません。

親友との仲たがいや恋人との別れ、母親やパートナーに関する精神的な苦悩と抑圧を体験します。

Ⓜ－♅［MC－天王星］

MCに対してトランシットの天王星がアスペクトを形成する時期は、仕事上の成功や利益が望めます。重要視する必要のあるアスペクトのひとつです。

努力が報われ、突如として脚光を浴び、賞賛を受けることもあれば、方向転換して新しい夢を追いかけることもあるでしょう。生活のなかで仕事にウエイトを置いている人には、有益に働きます。

いっぽう、家庭生活やプライベートな人間関係では、波瀾《はらん》を呼び起こします。とくに0度・90度・120度・180度ならば強力な形で現れ、目的を達成しようとしても、その途中でしばしば遠まわりさせられることが多くなります。

また、引っ越し・転職・独立など、ライフスタイルや環境の変化も多く見られます。

なお、トランシットの木星が同時にアスペクトを形成していて、火星や土星などのアスペクトがなければ、大きな野望に挑戦して成功をつかむことができるでしょう。

Ⓜ－♆【MC－海王星】

MCに対してトランシットの海王星がアスペクトを形成する時期は、社会的立場や職業に不安定さが生じます。仕事にウエイトを置いている人にとっては、注目すべきアスペクトです。

さまざまなプランやアイデアがひらめきますが、いずれも現実味に乏しく、実現する可能性は低いでしょう。着手したとしても、行き詰まります。

自分に敵意や嫉妬を向ける人や、競争相手を叩きつぶしたいという妙な思いが湧きます。過去の苦い経験が甦ったり、復讐心などが頭をよぎります。また、左遷や配置転換などで不利な立場に追い込まれる可能性があるので、自分を律する必要があります。

ここに加えて、火星がコンビネーションを形成した場合は、自分を制御できなくなり、危険を冒す可能性があるので、気をつけてください。

出生図でMCと土星が0度を形成している人は、この時期にアンフェアな行いをすると、社会的な立場を失うことになります。

Ⓜ－♇【MC－冥王星】

MCに対してトランシットの冥王星がアスペクトを形成する時期は、人生に大きな影響がおよび、新たな道が用意されます。

このアスペクトの影響力は、おもに仕事の面で現れます。ひとつには、曖昧《あいまい》にしてきた問題や秘密が表ざたになり、清算を迫られる可能性があります。また、自分の目標をとことん追求しようとして、上司と衝突したり、チーム内で確執《かくしつ》が生じたりすることもあります。その結果として、従事する仕事の目標が大きく変わる、転職する、未体験の仕事を始める、左遷、リストラなどの展開が予想されます。

会社を退職して、家業などの後継者としての道を歩むケースも多いトランシットです。

さらに、多くは冥王星の通過直後に、その後の人生の方向性が確定します。

トランシットの木星が同時にアスペクトを形成しているならば、権力者の支援や大きなチャンスによって、成功と地位を獲得します。

☽―☉［月―太陽］

出生の月に対してトランシットの太陽がアスペクトを形成する場合は、男女で意味が異なります。

男性の場合、パートナーや身近な女性との関係が深まります。また、新たな女性との出会いや、新しい交際が始まるきっかけが生まれます。肉体的な面より、精神的な結びつきを求めるでしょう。家庭内にストレスをかかえている既婚男性は、自分を受けいれてくれる妻以外の女性を求めます。トランシットの火星が同時にアスペクトを形成しているならば、パートナーや権力者との争いに注意が必要です。

女性の場合は、父親や兄弟をはじめ、血縁関係にある身近な男性と気持ちが通じあったり、精神的な絆が深まるなど、新しい事態が発生するときです。他の天体の配置にもよりますが、目上の男性からの恩恵や物質的援助が得られるでしょう。トランシットの火星が同時にアスペクトを形成しているならば、血縁関係にある身近な男性との仲たがいやトラブルに注意が必要です。

☽―☿［月―水星］

出生の月に対してトランシットの水星がアスペクトを形成する時期は、知的好奇心が大いに刺激されます。ただし、人生への影響力は小さいアスペクトなので、あまり重要視する必要はありません。

いつも以上に細かいことに気づき、リスクに敏感になります。それでいて神経質にはならないでしょう。むしろ、「自分は自分」とクールにかまえ、シャープな発想ができるときです。

社交の場に積極的に出ていくよりも、パソコンに向かって知識を得たり、自分の趣味や好きなことに没頭することを選びます。しかし、人とかかわりをもつことで刺激を受け、豊かな発想が生まれる時期ですから、外出することをおすすめします。

火星や土星など、不安材料となる天体の影響下になければ、短期の旅行にはよい時期でしょう。

また、トランシットの木星が同時にアスペクトを形成していれば、仕事上の交渉や新たなチャレンジによって、よい結果を得ることができます。

☽―♀［月―金星］

出生の月に対してトランシットの金星がアスペクトを形成する時期は、精神的に充実し、人をひきつける魅力が増し、日常生活が満たされます。

愛情面ではメンタルな関係が進展します。恋人とロマンチックな気分に浸れたり、思いを寄せる相手のことを考えて幸せな気分になれたりするでしょう。

また、他人を気づかい、思いやれる時期なので、知人宅や取り引き先などを訪問すると、好意的に迎えられ、充実した時間が過ごせます。仕事では仲間から励まされ、クライアントとの打ちあわせがスムーズに運ぶなど、和やかさが生まれます。

総じて他者と友好的な関係が結べる時期ですが、もし選べるとしたら、男性よりも女性のほうが有益です。両親に頼みごとをするなら、父親よりも母親がよいでしょう。マスコミ関係者にとっては、よいインタビューができる好機です。

妊娠を望む女性の場合、出生の月と太陽がアスペクトを形成していればグッドタイミングです。

☽―♂［月―火星］

出生の月に対してトランシットの火星がアスペクトを形成する時期は、気持ちが揺れて興奮するなど、精神状態が不安定になります。とくに既婚女性は、夫や家族のことでいらいらさせられることが多く、感情的な言葉が口をついて、いい争いになります。また男女とも、母親・妻・恋人などの身近な女性がトラブルの対象となります。

総じて、がんばりが無駄になりやすく、いたずらに体力を消耗してダウンする可能性が高いので、無理はやめましょう。また、焦りや不注意から転倒しやすいので足もとに気をつけてください。

仕事では、接待などの場で精神的ないらだちを覚えたり、不愉快な思いをすることが多く、営業やプレゼンでは、押しの強さが悪いほうに転《ころ》びます。

このトランシットは、人生を大きく左右するものではありませんが、「あの日のことがなかったら」という状況をみずから招くことがあります。感情に走ってチャンスをつぶさないよう自重してください。

☽－♃［月－木星］

出生の月に対してトランシットの木星がアスペクトを形成する時期は、幸福感にあふれ、親切で寛容になれます。人生に好機が到来するでしょう。

体調も良好です。状況を安易に考えがちではありますが、努力さえ怠らなければ上昇気流に乗れます。また、再起・復活のチャンスでもあります。

家庭内の不安や不満の解消にもいい時期で、財政的に潤うので、金銭的な問題を解決することもできるでしょう。また、長期の旅行や休暇によって楽園気分が味わえます。

愛情面では、女性より男性に有益に働きますが、男女とも新たな異性との出会いに恵まれ、婚約や結婚にも好機です。人間関係では、母親をはじめ身近な女性から援助が得られます。仕事では独立・起業・プロジェクトの着手に有利で、とくに一般女性を対象とするサービス業や、タレント、飲食業、営業マンには大きな発展と利益が望めます。また、妊娠を望む女性にはベストタイミングです。

☽－♄［月－土星］

出生の月に対してトランシットの土星がアスペクトを形成する時期は、精神的に抑圧され、重苦しさを味わいます。ただし、60度と120度の場合は、大きな影響力はありません。

この時期は、家庭生活や恋愛関係にかげりが生じます。既婚女性は、家庭内で孤独感や疎外感を覚え、パートナーへの不信感をつのらせます。独身女性は、恋人との意思疎通がうまくいかなくなります。

男女とも、新たな出会いが失望につながる可能性が高いでしょう。とくに男性は、この時期に婚約・結婚を進めようとすると重苦しくなり、家族の反対など何らかの障害を克服しなければなりません。

精神的にもマイナス思考が目立ち、がんばりがききません。体力も低下するので、無理は禁物です。

出生の月がＡＳＣまたはＭＣと０度・90度・１８０度を形成していて、トランシットの土星が０度・90度・１８０度となった場合は、義務感に縛られたり、身近な人との離別を体験する時期です。

☽－♅【月－天王星】

出生の月に対してトランシットの天王星がアスペクトを形成する時期は、人生に波瀾《はらん》が生じます。重要視すべきアスペクトのひとつです。

感情が刺激されると、抑えていたものが噴出して、衝動的な行動に走ります。また、束縛からの解放を求めて、理解と援助を得られそうな人物に接近するなど、さまざまな試みをくわだてます。ただし、自信にあふれるたくましい精神の持ち主ならば、このトランシットを利用して願望を成就できるでしょう。

総じて人間関係で不和が生じやすく、家庭内ではパートナーへの不満が頂点に達し、ささいなことでギクシャクします。

ここに加えて、トランシットの土星がアスペクトを形成すると、過大なノルマをかかえて極度の緊張状態を強《し》いられるなどの苦悩を味わいます。パートナーとの別れの危機も到来するでしょう。また、トランシットの火星がアスペクトを形成すると、感情の爆発によって大切なものを失う危険があります。

☽－♆【月－海王星】

出生の月に対してトランシットの海王星がアスペクトを形成する時期は、インスピレーションが豊かになります。また、自分が意識しているよりも、はるかに敏感で傷つきやすい心理状態になります。

未来への夢をふくらませたり、不安を抱くなど、気持ちが乱れることが多いでしょう。周囲の態度や言葉に敏感に反応し、影響を受けやすくなると同時に、周囲から疎外されている、身近な人から大切にされていないなどと思いがちで、ささいなことで被害者意識を感じるでしょう。この時期には、甘い話に乗ったり、人にそそのかされて行動しがちです。

健康面への影響もあります。男性よりも女性に出やすく、更年期障害の悪化、ストレスによる体力の消耗、そううつ状態などを招きます。

出生の月と金星がアスペクトを形成している人は、海王星のトランシットの影響を受けると、誤解による悲恋や失恋が起こります。精神的なダメージが大きく、いつまでも相手への未練を引きずりがちです。

☽－♇［月－冥王星］

出生の月に対してトランシットの冥王星がアスペクトを形成する時期は、おもに夫婦関係や家庭環境において大きな変化が起こります。パートナーに尊厳を傷つけられたり、感情に混乱をきたすような事件、嫉妬心をあおるトラブルのほか、異性、金銭、両親、ときに仕事に関する重大な問題が生じます。

ここに加えて、トランシットの火星がアスペクトを形成すると、それが引き金となって問題が急浮上し、争いが発生します。穏やかさを装っていた夫婦や、不満をかかえつつすれ違いの生活にたえていた夫婦に激震が走り、離婚の危機に直面します。互いに理解しあって再建するか、それとも離婚するか、いずれにせよ意識や生活が大きく変化します。あるいは、子供の独立や両親との別居など、同居者の増減にかかわる出来事が暗示されています。

出生の月に対して、トランシットの土星と冥王星が同時にアスペクトを形成する場合は、大きな体調の変化によって体重の減少が起こります。

☉－☉［太陽－太陽］

出生の太陽に対してトランシットの太陽がアスペクトを形成する時期は、肉体的にも精神的にも活性化され、自分自身をしっかり見つめようとします。新しいことを始めたり、新たな目標を立てるにはよい時期でしょう。ただし、出生の太陽が他の天体と0度・90度・180度を形成していたり、まったくアスペクトをもたない場合は、迷いが生じやすい時期となりますから、しばし決断を延期すべきです。

誕生日前後にいつも不愉快なことが起こるという人は意外に多いのですが、これは、出生の太陽に悪い癖がついているためです。トランシットの太陽がアスペクトを形成する時期は、この癖を修整するのに適していますので、みずから楽しい状況をつくり、理想のイメージをふくらませましょう。

出生の太陽に、トランシットの太陽が0度で重なることをソーラーリターンといい、誕生日前後に起こります。このときは、他の角度に比べて影響力が大きくなります。

☉—☿［太陽—水星］

出生の太陽に対してトランシットの水星がアスペクトを形成する時期は、研究者や受験生をはじめ、頭脳をフル活用することが日常となっている人には有利です。知的なことに意欲的に取り組めるでしょう。ただし、水星は動きが速い天体なので、根本的な変化や解決は望めません。

ビジネス面では、効率的に情報収集ができますので、作戦会議や企画検討には適した時期となります。なかでも営業マンなど言葉を駆使する職業や、橋渡し的な立場の人には、いっそう有利に作用します。

火星や土星が同時にアスペクトを形成していなければ、短期の旅行に出かけるには吉日です。

ただし、水星が逆行している場合には要注意です。電話をしてもなかなか相手と連絡がとれなかったり、勘違いが生じたり、自分の主張が通らないなど、コミュニケーション上のトラブルが起きやすくなります。さまざまな交渉事や、大切な人と会ったり、約束を取りつける時期としては不適です。

☉—♀［太陽—金星］

出生の太陽に対してトランシットの金星がアスペクトを形成する時期は、レジャーや社交に適しています。公私ともに人をもてなすにはよいときで、相手から好意的な反応が得られるでしょう。パーティーなどの華やかな場では魅力が引きたち、人をひきつけます。さらに、美術や音楽を鑑賞する機会をもつと、有意義な時間を過ごせます。友人との買い物や食事も、楽しいものとなるでしょう。

やや浮かれぎみで、暴飲暴食や散財の傾向が見られますが、大事にはいたりません。

このトランシットは短期間ですから、大事の達成に活用するには無理がありますが、他の天体の配置いかんでは、人生をよい流れへと導くきっかけとなります。たとえば、木星が0度・90度・180度でコンビネーションを形成していれば、商談や愛情問題でよき展開が期待できます。しかし、降って湧いたような出来事は起こりませんから、それまでの人生の流れを十分に考慮しなければなりません。

☉―♂【太陽―火星】

出生の太陽に対してトランシットの火星がアスペクトを形成する時期は、前向きな活気に満ちあふれ、積極的になれます。仕事ではがんばりがききます。

しかし、見解の相違から口論やトラブルを引き起こす可能性も高いときです。自分の考えが周囲に受けいれられないと、必要以上に焦り、そのために事態を悪化させることになるでしょう。もともと短気な人は、早合点に気をつけましょう。大切な約束や交渉事はこの期間を避けるか、しかるべき場面では理性的なふるまいを心がけてください。

トランシットの水星が同時にアスペクトを形成すると行動が敏速になり、リーダー的な立場にある人の場合は、闘争的になります。また、出生の太陽とダイレクションの冥王星が0度・90度・180度を形成しているときに、トランシットの火星が加わると、人生の大転換期を起こす引き金となることがあります。場合により最悪の事態を引き起こすケースもありますから、十分な注意を払ってください。

☉―♃【太陽―木星】

出生の太陽に対してトランシットの木星がアスペクトを形成する時期は、物質的繁栄・発展・収穫などの好機が到来します。出生図の状況にもよりますが、約12年周期で訪れる太陽と木星の0度は、とくに影響力が強くなります。ただ、いずれの場合も楽観的になりすぎると成果はあがりません。

体調が良好で、幸福感と活気に満ち、前向きな姿勢が生まれます。社会的に有力な人の引きたてや支援者の出現などにより、事業の拡大や昇進を果たせます。火星や土星のアスペクトがなければ、開店や独立、不動産の購入にもよいときです。

家庭生活の安定をはかり、パートナーとの関係を深めたり、修復したりするにも好機です。女性の場合、理想的な男性と出会う可能性が高く、婚約・結婚にもよいときです。

トランシットの土星が同時にアスペクトを形成していると、体調不良による無気力が生じます。仕事上では長年の取り引き先との断絶などが起こります。

☉―♄［太陽―土星］

出生の太陽に対してトランシットの土星がアスペクトを形成する時期は、責任や重圧をかかえます。ただし、アスペクトが60度または120度ならば、マイナスの作用は小さいでしょう。いずれにせよ、ここまでが順調な人にとっては心配不要ですが、問題をかかえている人にとっては厳しいものになります。周囲からの援助が得られなくなったり、仕事上では契約破棄や成績不振が予想されます。

重苦しく、ツキに見放されたような感覚に陥り、いつもなら前向きに考えられるようなことでも、なかなかそうはいきません。社会的な立場が高い人ほど、孤独や寂しさを味わいます。

愛情面では、適齢期を過ぎている人や、交際期間が長いカップルは、結婚してけじめを着ける可能性が高いときです。それ以外の場合、婚約や結婚には家族の反対など何かしらの障害がともない、それを乗り越える必要が生じるでしょう。女性の場合、理想から遠い相手との出会いが暗示されています。

☉―♅［太陽―天王星］

出生の太陽に対してトランシットの天王星がアスペクトを形成する時期は、潜在意識が刺激され、内にかかえていた問題が表面化し、人生に大きな変化と波瀾《はらん》がもたらされます。現状への不満がつのり、新しいことに意識が向かうでしょう。0度・90度・180度の場合には、それが極端な形で現れます。

転職、独立、新たな恋愛など、出会いと別れが交錯します。そして、世のなかにこんな世界があったのか、こんな生き方があったのかと感激し、退屈な日々には終止符が打たれます。

パートナーとの関係もふくめ、人間関係では極度の不和が生じることがあります。とりわけ、すでに不満をはらんでいた人間関係は、このアスペクトが引き金となって破綻《はたん》するかもしれません。

ここに加えて、トランシットの火星がアスペクトを形成したときには、極度の興奮に襲われ、事故やトラブルが発生するときですから、くれぐれも慎重に行動する必要があります。

☉－♆【太陽―海王星】

出生の太陽に対してトランシットの海王星がアスペクトを形成する時期は、精神的にも肉体的にも下降線をたどり、現実に対して失望を抱きます。アスペクトが0度・90度・180度ならば、その傾向が強く現れるでしょう。

人間関係では、無愛想になったり、人づきあいが悪くなるなどの感情のムラが、他者に不快な印象を与えるかもしれません。家庭生活でも、日常的な問題に煩《わずら》わされることが大きな負担となり、パートナーや家族の束縛から逃れようとします。既婚女性の場合、家事や子育てを放棄したくなり、育児ノイローゼに陥るケースもあります。パソコンに熱中したり空想にふけるなどの現実逃避をするでしょう。思春期であれば、このトランシットの影響下では、不登校や引きこもりが生じがちです。

仕事では、勤労意欲が低下することも多く、お酒などに溺れたり、楽をして金儲けをしたいと考えたり、ギャンブルにのめりこむケースもあるでしょう。

☉－♇【太陽―冥王星】

出生の太陽に対してトランシットの冥王星がアスペクトを形成する時期は、家庭、健康、仕事、愛情面で大変動が起きます。生き方を根底から覆《くつがえ》すような局面を迎えたり、魂にまで影響するほどの課題を背負いますが、自信と勇気が高まるときでもあります。なお、冥王星のトランシットは、長期にわたる影響をおよぼしますが、他の天体のアスペクトがからんだときに具体的な事象として現れます。

トランシットの土星が同時にアスペクトを形成すれば、仕事での権力闘争、大切な人との離別、愛情の破綻《はたん》が予測されます。体面上の問題から過去に築いたものを死守しようとしても、結果的に壊滅します。しかし、新たな道が用意されています。

問題を抱えている夫婦は、状況が深刻化して離婚にいたることもありますが、新たな夫婦の形を求めて根本から意識を変えれば出直しも可能です。

また、トランシットの火星が同時にアスペクトを形成したときは、過労によるダウンが予想されます。

☿—☉【水星—太陽】

出生の水星に対してトランシットの太陽がアスペクトを形成する時期は、目的意識が高まり、現実的な計画を立てることができます。ただし、個人の運命に大きな影響を与えるアスペクトではありませんから、日常生活のリズムを調整することに活用するのが適当でしょう。

たとえば、夜ふかし続きで生活のテンポが乱れているから早寝早起きを始める、忙しくて散らかりがちな家のなかを片づける癖をつける、規則正しい食生活を心がけるなどの生活習慣の調整や、すれ違いの家族とのコミュニケーションに努めるなどに有効に働きます。しかし、冷めきった夫婦関係を立て直すなどの根本的な転換を仕かけるには力不足です。

0度・90度・180度ならば、他のアスペクトに比べて、多少打算的な面が現れます。

また、トランシットの火星が同時にアスペクトを形成していれば、ひとつのことに夢中になりがちで周囲が見えなくなりますから注意が必要です。

☿—☿【水星—水星】

出生の水星に対してトランシットの水星がアスペクトを形成する時期は、個人の人生に大きな影響がおよぶわけではありませんが、作業が効率的に進みます。また、情報を伝達したり、仲介人を務めるにも適しています。知人同士を引きあわせたり、人間関係を修復するために仲介の労をとるによい時期でしょう。弁護士、アナウンサー、営業マンには有効に働きます。0度・90度・180度ならば、あわただしくなりますが、トラブルにはなりません。

しかし、水星が逆行している場合には、これまでうまく運んでいた作業がもたついたり、仕事での行き違いが生じやすくなります。とくに電話やメールなど、顔が見えないままコミュニケーションをするときには、注意が必要です。

また仕事で初対面となる相手については、向こうの状況をよく把握していないと、成果に結びつきません。しかし、自分の仕事ぶりに自信があれば、悪い影響はまったくないといえるでしょう。

☿―♀［水星―金星］

出生の水星に対してトランシットの金星がアスペクトを形成する時期は、自分の思いを人に伝えるなど、コミュニケーションをとるにはよいときです。

アスペクトが0度であれば、思いを寄せる相手に告白したり、デートに誘ったりする好機です。また、楽しいお誘いがあり、求める情報が得られるときでもあります。直接会って話すのはもちろん、メールや電話でのコミュニケーションでも意思をスムーズに伝えることができます。

持病などの治療方針に納得がいかなければ、かかりつけの医師を変えたり、セカンドオピニオンを求めるにもよいときです。ジャーナリストの場合、取材などで満足のいく結果が得られるでしょう。

火星や土星がコンビネーションしていなければ、旅行の出発日に適しています。

なお、このトランシットは、あくまで小さなきっかけづくりに寄与するものであり、人生を根本的に立て直すには力不足です。

☿―♂［水星―火星］

出生の水星に対してトランシットの火星がアスペクトを形成する時期は、辛辣《しんらつ》で批判的な見方をすると同時に、短気でせっかちになります。この時期は、思うようにことが運びにくく、いらいらさせられて、精神的にも落ち着きません。また、理想を早く実現しようと思うあまり、結論を急いで目の前の問題をあわただしく解決しようとするでしょう。

仕事上では、同僚や部下に厳しくなったり、競争相手を強く意識して神経をすり減らしますが、駆け引きをすると、裏目に出ることが多いでしょう。

プライベートでは周囲の悪ふざけに腹を立てたりします。また恋愛では、異性との出会いがあっても、不愉快な思いをすることが多いでしょう。

とにかく言葉によるトラブルには注意が必要です。また酒席では、リップサービスを真《ま》に受けて失態を演じがちですから、無礼講は厳禁です。

文書やメールもふくめ、通信に関するトラブルに注意を要します。

☿—♃【水星—木星】

出生の水星に対してトランシットの木星がアスペクトを形成する時期は、精神的な成長がうながされます。自分を磨いてスキルアップを目指したり、実現可能な目的を見いだすには好機でしょう。また、建設的な思考能力が高まり、よきアイデアが生まれます。将来に向けて、計画を立てるにもよい時期でしょう。とりわけ、約12年ごとに訪れる0度は、他のアスペクトに比べて影響力が強くなります。

人間関係では、信頼できる人や、理解者や、よき相談相手との出会いが訪れます。弁護士を選ぶには適した時期といえるでしょう。

仕事では、まわりから評価され、仲間とともに成長できるでしょう。先見の明と信念がある人の場合は、このトランシットがとくに有益に働きます。しかし、向上心に乏しく、現状にあぐらをかいているような人の場合は、実利にはつながりません。

受験生は勉強の効率が上がり、ベストな状態で試験に臨むことができます。

☿—♄【水星—土星】

出生の水星に対してトランシットの土星がアスペクトを形成する時期は、集中力と注意力が高まり、建設的になれます。しかし、憂うつな感情に襲われる、言葉を飲み込まねばならない状況が訪れる、いらいらが頂点に達するといったことも起こります。

仕事では、目の前にあることを論路的かつビジネスライクに処理しようとする意欲が高まります。作家や記者は執筆の効率が上がるかもしれません。また、継続的な研究や学問的な知識がまとまりを見せるときです。勉強や研究に励めば、努力に見あった評価が得られるでしょう。財政的には潤いの乏しいときですが、これについては同時にトランシットする天体や出生図を考慮する必要があります。

トランシットの火星が同時にアスペクトを形成した場合は、批判的な言動が周囲の反感を買い、言葉によって攻撃される可能性が高くなります。

トランシットの土星が同時にアスペクトを形成した場合は、自己表現にもどかしさを感じます。

☿－♅［水星－天王星］

出生の水星に対してトランシットの天王星がアスペクトを形成する時期は、知的好奇心が刺激され、精神活動が活発になります。最先端の斬新な世界に魅了され、その分野で活躍する人との出会いもあるでしょう。さまざまな出来事が発生して、落ち着かない時期でもありますから、平凡な人生を望む人は、何かと困惑しがちかもしれません。

既婚者にとっては、家庭の外に意識が向かうような刺激を受ける時期です。しかし、このアスペクトで浮気が発生するといったことはありません。

精神的に強い刺激を受けることが多く、音楽・芸術・趣味の世界に没入したり、第三者の見事な話術にとらわれることもあります。

デザイナー、建築家、音楽家、芸術家、作家など、ひらめきやアイデアが必要な職業につく人にとっては、有益に作用します。事業家にとっては、新たな経営の手法を見いだしたり、斬新な企画を思いつくなど、波瀾《はらん》はあっても充実した時期となります。

☿－♆［水星－海王星］

出生の水星に対してトランシットの海王星がアスペクトを形成する時期は、多くのアイデアやプランを思いつきます。美しいものを求める気持ちが増し、空想力が豊かになります。しかし、思考が曖昧《あいまい》で、具体性や現実味に乏しいでしょう。

ジェスチャーが豊かになり、その分野での才能を発揮できる時期なので、俳優やオペラ歌手などには非常に有利です。しかし、架空の世界に没入することはできても、現実の世界での実務や、金銭面の問題については疎《うと》くなります。経営者にとっては、利益の回収がむずかしくなる時期です。

思春期の子供は、無自覚なまま危険に身を投じやすいときですから、両親の理解と配慮が必要です。

いずれも60度・120度以外ならば影響が強く、60度・120度ならば影響を実感しにくいでしょう。また、火星など状況をあおる天体がコンビネーションしたときは、自己欺瞞《ぎまん》が強くなり、感情のコントロールがきかなくなりますから注意が必要です。

☿―♇［水星―冥王星］

出生の水星に対してトランシットの冥王星がアスペクトを形成する時期は、ものごとの本質を見きわめ、客観的にとらえようとします。また、鋭い視点が求められるような状況が訪れます。だれにも相談できない困難な問題をかかえることもあるでしょう。

ものごとの本質をつかみたいという意欲が湧くときなので、学習や研究に熱心に取り組めば、長年求めていた答えが得られそうです。とくに、研究を続けている医師や心理学者などには有益に働きます。

また、この時期は、自分の理想や理念を改めて見直すようなきっかけが訪れるでしょう。

このアスペクトがマイナスに作用すると、理屈っぽくなり、自分の考えを押し通そうとします。周囲との意見の食い違いなど、言葉によるトラブルが発生します。同時にトランシットの火星がアスペクトを形成した場合は、暴言や論争によって人間関係に亀裂が生じるときなので、自重すべきです。

♀―☉［金星―太陽］

出生の金星に対してトランシットの太陽がアスペクトを形成する時期は、いきいきとした自分を取り戻し、魅力が輝きます。心が弾み、おしゃれを楽しむなど、自分のよさを自然なかたちで周囲にアピールできるでしょう。さまざまな人とのつきあいが始まりやすい時期でもあります。

友人と食事などをして楽しく過ごしたり、仕事の接待や取り引き先を訪問したときに良好な関係を築くことができます。それが有利な展開につながることもあるでしょう。

出生の金星の状況にもよりますが、セクシャルな魅力が一時的に増すことがあります。

出生の金星と天王星がアスペクトを形成している場合は、一夜かぎりの情事を体験する可能性が高くなるでしょう。

この配置は、総じて一過性の楽しいひとときを暗示するもので、個人の運命を左右するほど深刻な影響がおよぶことはありません。

♀－☿［金星－水星］

出生の金星に対してトランシットの水星がアスペクトを形成する時期は、一流のものや上質なものを求める気持ちが高まります。

美しく洗練されたものを好み、自分自身も美しくなろうという意識が強くなり、無意識のうちに自分の憧れの人や、尊敬できる人に近づこうとします。そして、ワンランク上の知人からの誘いがあったり、華やかな場に出かける機会が増えるでしょう。

仕事で取り引き先を訪問したり、知人宅を訪ねると、好意的に迎えてもらえます。また、文章によって自分をうまく表現できるときですから、手紙を書いたりメールを送ったりするにはよいでしょう。

しかし、仲たがいした相手との関係を修復したり、トラブルを解決したりするには力不足の配置です。総じて、個人の運命に大きな影響を与えることはありません。

なお、アスペクトが90度または180度ならば、贅沢《ぜいたく》をしたくなり、お金使いが荒くなります。

♀－♀［金星－金星］

出生の金星に対してトランシットの金星がアスペクトを形成する時期は、思いやりにあふれ、周囲に優しくなれます。また、その親切や好意が報われて、思いがけない利益が得られます。ソフトにふるまいながらも、主導権を握ることができるでしょう。

新しい恋愛や友情がスタートすることも多い時期です。また、デートや記念日などにおしゃれな演出をして、パートナーと一緒に心ときめくひとときを楽しんだりすることがありそうです。シングルの人は、意中の異性を射とめるべく行動を起こすと、それなりの手ごたえが得られるでしょう。

この配置は、人生において大きなイベントを起こすレベルのものではありませんが、よい流れをつくる好機となります。

出生の太陽と金星、もしくは出生の月と金星がアスペクトを形成している女性の場合には、恋人に甘えることで精神的な充足が得られます。また、ほしい物をおねだりすると買ってもらえるでしょう。

♀—♂【金星—火星】

出生の金星に対してトランシットの火星がアスペクトを形成する時期は、万事に情熱的になり、好きなことに熱中する時期です。

仲間や友人からの誘いも増え、社交の場に出ていく機会が多くなります。仕事の面では、夜のつきあいや接待がチャンスをもたらすでしょう。

また、金星と火星のコンビネーションは、セクシャルな部分を刺激し、性的な魅力を高めます。女性の場合、思いがけないアバンチュールへの誘いがありますが、その半面、セクシャルハラスメントや痴漢には用心が必要です。男性の場合、性的な欲求が高まるので、パートナーと愛を確認するにはよいときです。恋に落ちる可能性も高いのですが、衝動的なワンナイトラブにひかれやすくなります。

出生の金星と、天王星または冥王星が0度・90度・180度で、なおかつ火星が0度・90度・180度を形成する場合は、甘いだけの恋愛に満足できず、情念を燃やす深い関係にのめりこみます。

♀—♃【金星—木星】

出生の金星に対してトランシットの木星がアスペクトを形成する時期は、周囲から愛され、慈しまれる存在となり、幸せを感じることができます。

さまざまな問題をかかえていたとしても、解決の糸口が見えて、精神的に楽になれるでしょう。人生に弾みがつくときですが、状況を楽観視しがちなので、少しだけ厳しさが必要です。

楽しい交友関係が広がるときでもありますから、積極的に社交の場に出かけることが大切です。また、疎遠になっていた知人に連絡をとったり、訪ねたりすれば、交際が再開されるでしょう。

恋愛を求める気持ちが強くなり、異性を意識します。いつも以上におしゃれに敏感になり、魅力的になれるときですから、気になる異性が出現するなど、新たな恋愛が始まる可能性は高いでしょう。

土星や火星など、他に不安材料となる天体がからんでいなければ、好意を抱いている異性にアプローチするには最適の時期です。

♀－♄［金星－土星］

出生の金星に対してトランシットの土星がアスペクトを形成する時期は、結婚生活や恋愛に重苦しさが生じます。ただし、アスペクトが60度または120度ならば、影響は微弱です。

親切や思いやりを裏切りで返されたり、よかれと思ってしたことが反感を買うなど、不快な出来事が発生して、気持ちがふさぐかもしれません。また、嫉妬深くなったり、ひがみやすくなるときです。

結婚生活では、パートナーの裏切りや互いの両親の問題、子供の教育の問題などが生じます。また、以前からかかえていた問題が大きくこじれそうです。

恋愛では、恋人との間に亀裂が生まれ、婚約中のカップルは結婚を躊躇《ちゅうちょ》するような問題が発生します。過去に信頼関係を損なうような事件のあったカップルは、関係が消滅する可能性もあります。

仕事上では、約束を反古《ほご》にされたり、契約が延期されるなど、心待ちにしていたことが立ち消えになるケースも多いでしょう。

♀－♅［金星－天王星］

出生の金星に対してトランシットの天王星がアスペクトを形成する時期は、自分の意識にかかわることや対人関係が刺激されます。

魅力的な人や刺激的な人との出会いが多く、自分とは異なる価値観や考え方に魅了され、刺激を受けて、新しい世界や未知の領域へ足を踏み入れるでしょう。アスペクトが0度・90度・120度・180度ならば、その傾向が鮮明な形で現れます。

自由な恋愛やセクシャルな恋愛が始まる時期ですが、長続きは望めず、周囲の反対や環境の違いなどが原因で、結果的に別れます。しかし、意識のレベルが高ければ、確かな愛情を手にするでしょう。

ここに加えて、トランシットの土星がアスペクトを形成した場合は、家庭内に不満をかかえていても一時的に我慢しますが、土星の通過後に、自由と解放を求めて離婚に踏み切るケースが多く見られます。

木星がアスペクトを形成した場合は、突然の財の獲得か、利益をもたらす人との出会いを暗示します。

♀—♆【金星—海王星】

出生の金星に対してトランシットの海王星がアスペクトを形成する時期は、空想がふくらみ、物思いにふけりがちです。美しい夢の世界の住人となり、現実の世界との接点を見失う傾向があります。

美的感覚が非常に高まるので、その世界で自分を磨く芸術家や音楽家にとっては、よい作品を生みだす好機となります。この時期に作品が評価され、名声をつかむ人も多いようです。

夢物語のような恋に憧れ、ロマンチックな出来事も多いでしょう。理想の相手との出会いなど、心ときめくドラマがくり広げられることがあります。片思い中の人は、相手をますます理想化して思いをつのらせますが、相思相愛になれることもあります。

しかし、この時期の恋愛の多くは幻想の所産で、しばしば悲恋に終わります。また、タレントなど手の届かない人に夢中になることもあるでしょう。

お酒、薬物、タバコに依存する傾向のある人は、量が増えないように気をつけてください。

♀—♇【金星—冥王星】

出生の金星に対してトランシットの冥王星がアスペクトを形成する時期は、自分のすべてを捧げつくすほど、熱く真剣な恋愛が起こりがちです。肉体も精神も、永遠にともにありたいと願うような相手に遭遇《そうぐう》する可能性があります。

婚外恋愛であれば、妻や夫と離婚して、その愛に賭けることもあるでしょう。たとえ別れにいたったとしても、失った愛の残像を葬りきれず、心に大きなしこりを残すことになります。

作家や芸術家にとっては創造力が刺激される時期です。大作を残すチャンスとなるでしょう。

恋愛以外でも、自分を触発してくれる人と出会ったり、今後の人生に大きな影響を与える人や、重要な役割を演じる人との絆が深まるなど、対人関係が充実していきます。仕事上の人間関係では、ビジネスを超えた有益な交際が始まります。

以上の傾向は、アスペクトが0度・90度・120度・180度ならば、強く現れます。

♂－☉［火星－太陽］

出生の火星に対してトランシットの太陽がアスペクトを形成する時期は、火星本来のエネルギッシュな部分が刺激されます。同時に、やりすぎ、がんばりすぎなどエスカレートしやすい傾向にあるときですから、少しペースを落とすぐらいがちょうどいいでしょう。この配置には、状況を劇的に変える力はありませんが、他の天体がからむことによって、起《き》爆剤《ばくざい》の働きをすることがあります。

出生の火星とダイレクションの太陽が0度・90度・180度のアスペクトを形成していれば、太陽のトランシットが引き金《がね》となり、過労によってダウンするなどの事故が発生しやすくなります。

出生の火星と土星がアスペクトを形成していれば、目上の男性とのケンカには気をつけましょう。女性の場合は、男性全般とのトラブルに注意が必要です。

出生の火星が、出生の他天体やダイレクションの天体とアスペクトを形成していないときは、太陽のトランシットを重要視する必要はありません。

♂－☿［火星－水星］

出生の火星に対してトランシットの水星がアスペクトを形成する時期は、思考が活発になり、あらゆる場面をシミュレーションするなど、必要以上に考えがちです。そのために少々いらいらして、神経質になります。そんなつもりはなくても無意識のうちに険《けん》のある言葉使いをしたり、だれかを厳しく咎《とが》めだてするなど、他人の感情を害するいっぽうで、自分自身も傷つきがちです。

人生の明暗を分けるような出来事をもたらす配置ではありませんが、人とのコミュニケーションには気をつけたほうがいいでしょう。

小さな子供がいる人や、ペットを飼っている人なら、子供やペットのことをあれこれ心配して、神経質になり、かえってまわりに悪影響をおよぼします。

このトランシットの影響下にあるときは、努めてリラックスし、気分転換をはかって、自分に必要以上のプレッシャーを与えないよう工夫すると、ものごとが円満に進みます。

♂−♀［火星−金星］

出生の火星に対してトランシットの金星がアスペクトを形成する時期は、情熱が呼びさまされ、セクシャルな魅力にあふれます。

気が大きくなり、わくわくするようなことをしでかしたくなりますが、どちらかといえばカラ元気に終わることが多いかもしれません。しかし、前向きな姿勢でチャレンジすること自体が、ものごとをプラスに導くでしょう。ただ、でしゃばりにならないよう気をつけましょう。

男性としての、あるいは女性としての自分をいつもより強く意識し、自信がもてます。既婚者にとっても、恋愛が発生しやすい時期です。

男性の場合は、女性を求める気持ちが強くなります。フェロモンが発せられるときですから、思いがけない女性から誘われるかもしれません。

火星の影響下で起きる恋愛は、互いの性的な魅力にひかれて生じるケースが多く、ワンナイトラブとなることもあります。

♂−♂［火星−火星］

出生の火星に対してトランシットの火星がアスペクトを形成する時期は、エゴのコントロールがテーマとなります。意欲的・活動的になり、自分の利益をエネルギッシュに追求しますが、しばしば思慮を欠いた軽率な行動に走りやすいのが難点です。暴言や暴挙をつつしむよう、自制が必要です。

肉体的な労働に従事する人にとっては、作業効率が上がるときです。また、スポーツマンは、ますますパワフルに活躍できるでしょう。しかし、エネルギーの消耗による病気が懸念される時期です。また、けがや故障にも注意が必要です。

プライベートでは、パートナーを支配したいという欲求や、嫉妬心が芽ばえます。

仕事などでは、荒っぽい戦略を使ってでも勝ちたいという気持ちが湧いてきますが、冷静さと公正さを大切にした行動がプラスの結果を招きます。アスペクトが0度なら、ここ2年くらいの仕事に関する反省と仕切り直しには有効に働きます。

♂−♃［火星−木星］

出生の火星に対してトランシットの木星がアスペクトを形成する時期は、自我が強くなり、目的意識が高まります。

冒険への意欲が湧き、ごく普通の生活をしている人も、大事をなしとげたいという願望を抱きます。また、それが成功につながるケースも多いでしょう。大胆な行動でトラブルを招くこともありますが、目的意識がしっかりしていれば、長年はぐくんできた夢を実現させるには有利な配置です。

仕事の面では、キャリアを積んできた人、スポーツ選手、実業家、医師にとって有利な配置で、とりわけ外科医にはプラスに作用します。

マイナス面では、わざわざリスキーな賭けをする、横暴にふるまう、フェアでない形で勝利を得るなど、周囲から批判を浴びるような行為に走りやすくなります。敵をつくりやすいので注意が必要です。

トランシットの土星が同時にアスペクトを形成した場合は、優柔不断さが困難を招きがちです。

♂−♄［火星−土星］

出生の火星に対してトランシットの土星がアスペクトを形成する時期は、家庭生活や仕事において、自分の力量を超えるような障害が発生します。過去に乗り越えられなかった難問や、あいまいにしていた事柄に再度直面したり、不穏な状況が悪い方向に動きだします。ただし、アスペクトが60度か120度ならば、大きな問題は起きにくいでしょう。

問題を解決しなければならない、責任をとらなければならないという焦りや使命感があるいっぽうで、卑屈になったり、葛藤《かっとう》をかかえたりします。家庭生活ではパートナーから抑圧され、仕事では上司からプレッシャーを与えられたり、仲間から協力を得られないといった状況が生じて、自分の主張が通りません。試練に立ち向かおうとがんばりますが、結果としてうまくいかず、ストレスをかかえるでしょう。また、反逆することが悪い結果を招きます。

体力の低下が起きやすいときですから、十分な睡眠と休養が必要です。

♂－♅［火星－天王星］

出生の火星に対してトランシットの天王星がアスペクトを形成する時期は、リスクのある状況を招きます。ただし、アスペクトが60度か120度ならば、とりたてて心配する必要はありません。

この配置の影響下では、まわりから身勝手で無分別だと思われるような言動が多くなります。かかえていた不満が頂点に達し、興奮して暴言を吐くなど、粗野な行動も目立つでしょう。

仕事では、大胆な賭けに出る、上司に反発する、同僚とギクシャクする、部下を抑圧するなどの行動に出ます。また、衝動的な転職や独立、あるいは投資などによって多くのものを失い、体力的にも精神的にも消耗します。

出生図で太陽と火星がアスペクトを形成していて、なおかつ過去に事故や訴訟問題を起こしたことのある人は、天王星の影響下で社会的な立場を失ったり、肉体的ないし精神的にダメージを受けるような事態が発生しやすいので、慎重な行動が望まれます。

♂－♆［火星－海王星］

出生の火星に対してトランシットの海王星がアスペクトを形成する時期は、情緒不安定になります。ただし、アスペクトが0度・90度・180度でなければ、鮮明な形では現れません。また、現時点での生活に不安のない人にとっては、あまり心配する必要のない配置です。

この配置の影響下では、気力と体力が低下しますので、インフルエンザ、アレルギー性疾患、ストレスによる慢性病の悪化などに要注意です。薬物の服用やアルコールの飲用にも慎重さが求められます。

気まぐれ、焦り、プライド、劣等感など、さまざまな思いが交錯して、私生活が荒れがちです。ギャンブルに逃避することもあるでしょう。家庭では、パートナーや家族とのいさかいが増えます。

仕事では、上司や仲間と衝突したり、仕事そのものへの不満がつのります。とくに太陽・火星・土星のいずれかが同時にトランシットしたときは、状況があおられ、重苦しさが増すので注意が必要です。

♂－♇［火星－冥王星］

出生の火星に対してトランシットの冥王星がアスペクトを形成する時期は、活動的になり、闘志が湧きます。物事をなしとげようとする気力が十分で、底力もあります。しかし、エネルギーを浪費したり、衝動的な行動に走る傾向もあります。

仕事では、オーバーワークになりがちです。とことん目的を追求しますが、利己的な考えをするために、視野が狭くなります。イライラしたり、怒りっぽくなったりして、周囲に対して攻撃的な態度が目立ちます。仕事以外の人間関係においてもエゴイスティックな一面が現れ、トラブルが発生しがちです。

この時期は、けがや事故に十分な注意が必要です。車を運転するときも、ついアクセルを踏み込みがちですので、くれぐれも慎重に。また、炎症が悪化しやすいので、早めに医師の手当てを受けてください。

ここに加えて、トランシットの木星がアスペクトを形成する時期は、傲慢《ごうまん》な態度によって大切な人を失う可能性が高くなります。

♃－☉［木星－太陽］

出生の木星に対してトランシットの太陽がアスペクトを形成する時期は、さまざまな利益が得られます。ただし、どちらかといえばごくささやかで日常的な喜びが中心で、人生を大きく覆《くつがえ》すような出来事は期待できません。また、トランシットの太陽がアスペクトを形成する期間内に終了するような短期のイベントには、有利に作用するでしょう。

体調不良だった人は、一時的にせよ好転します。病人の手術にも適しています。また、生きることの空虚さや厭世《えんせい》感を覚えていた人には、うつうつとした思いをふり払うきっかけが得られます。

また、第三者が好意的な態度で接してくれる時期です。自分を支持してくれる人物と出会ったり、思いがけない場面で他者から利得がもたらされたりすることもあるでしょう。

就職などの面接にも向いています。借金の申し込み、仕事上での援助の依頼、プレゼン、企画の提案などにもプラスに働きます。

♃―☿【木星―水星】

出生の木星に対してトランシットの水星がアスペクトを形成する時期は、心躍るような出来事が起こります。身近な人間関係が良好になり、有利な出会いが訪れることもあるでしょう。また、潜在的な力を蓄積できる時期でもあります。

そのいっぽうで、ものごとに対してやや楽観的になりがちです。それが悪いほうに転《ころ》ぶことはありませんが、気を緩《ゆる》めすぎて好機を逃さないように気をつけてください。

仕事では、積極的に動いてものごとを仕かけるのによく、プレゼンや交渉の好機です。巻き返しをはかるためのきっかけづくりにもいいでしょう。

過去から成功のヒントが得られるときなので、帰省したり、疎遠《そえん》になっている知人を訪問したりすると、大きな成果が得られるかもしれません。しかし、腐れ縁が復縁する可能性もあるので要注意です。

アスペクトが90度・180度ならば、態度が尊大になりがちなので自重しましょう。

♃―♀【木星―金星】

出生の木星に対してトランシットの金星がアスペクトを形成する時期は、トレンドに敏感になり、人気が上昇します。心身ともに万全でゆとりがあるので、他者に対して優しくふるまうことができます。

金銭面では出費が増えたり、私生活が多少派手になる傾向が見られますが、なんらかの形で埋めあわせができます。

交際範囲が広がる時期でもあります。いろいろなお誘いに積極的に乗っていけば、好ましい出会いに恵まれ、それが仕事や恋愛につながるでしょう。

出生の木星と月が0度・90度・180度を形成している男性の場合は、このトランシットの期間にお見合いをしたり、知人から女性を紹介してもらったりすると、理想の容姿をもった女性にめぐりあえます。勝ち気な女性で、主導権を握られる可能性が高いのですが、結婚につながりやすい時期です。

出生の木星と土星がアスペクトを形成している人は、嫉妬やひがみに悩まされそうです。

♃－♂【木星－火星】

出生の木星に対してトランシットの火星がアスペクトを形成する時期は、ビッグチャンスをつかむ好機です。飛躍や前進が期待できるでしょう。また、心身ともに活気に満ち、自信にあふれていきいきとしてきます。何ごともよいほうに向かいますが、物事を安直に考え、状況を楽観視してチャンスを逃す傾向があります。その点にだけは要注意です。

問題をかかえている人は、解決の糸口が見つかります。停滞していた事柄にも進展が見られます。

いつもなら躊躇《ちゅうちょ》するような場面でも大胆に行動できます。ことに仕事では、リスクを恐れない積極的な態度が幸運を招くでしょう。願望実現への意欲が高まり、自分の能力以上の成果があがります。プロジェクトの着手や新規開拓にも好機です。

しかし、見栄っぱりになり、気前がよくなるために、金銭面での無駄使いが目立ちます。

男性の場合は、恋愛もふくめて、自分に利益をもたらす女性と出会いやすいときです。

♃－♃【木星－木星】

出生の木星に対してトランシットの木星がアスペクトを形成する時期は、幸福感と満足感に包まれます。大きなチャンスがめぐってくる時期で、それをつかめば飛躍のきっかけとなります。とくに商売をしている人にとっては、事業拡大の好機です。

なかでも12年ごとに発生する0度のアスペクトは、人生の方向転換をしたり、重要な目的を打ち立てるのにいい時期となります。

しかし、この時期に訪れるチャンスをつかみ、飛躍に向けて行動を起こすには、目的意識やハングリー精神が必要です。それがなければ、小さな幸福感のなかに安住してしまい、楽しいことに時間を費やし、チャレンジを試みないでしょう。また、状況を楽観視して、努力を怠りがちな傾向も見られます。

また、暴飲暴食や遊びすぎなど、不摂生《ふせっせい》が目立ちます。金銭面では、自分のための出費が増えます。

ペットを飼うこと、不動産の購入、引っ越し、長期の旅行にはよい時期です。

♃－♄［木星―土星］

出生の木星に対してトランシットの土星がアスペクトを形成する時期は、目前に障害が立ちはだかり、多くの変化が訪れ、運勢としては不安定です。また、体調を崩しやすいので、健康管理には十分な配慮が必要です。ただし、アスペクトが60度か120度ならば、さほどの影響は受けません。

仕事の面では、6～7年前に着手したことが、ここにきて難関に直面し、なんらかの対策を講じる必要が生じます。また、職場に対する不満を抱えていた人は、独立や転職への思いがつのります。

パートナーとの関係では、すでに不和が生じていた場合、それが増幅します。離別や離婚を真剣に考えることになるでしょう。

ただ、いずれの場合も煩《わずら》わしさから逃れて楽な道を選ぼうとする傾向があり、熟慮のうえの結論が出せません。後で悔やむ可能性が高いでしょう。

初心に返ることで、人として磨かれる配置ですから、真摯《しんし》な対応が望まれます。

♃－♅［木星―天王星］

出生の木星に対してトランシットの天王星がアスペクトを形成する時期は、価値観や考え方が変化し、それにともなって新たな生きがいを見いだせます。これまで知らなかった世界が目前に広がり、有益で刺激的な人物との出会いが待っています。

自分が心ひかれるものに向かって積極的に行動できる時期で、趣味やスポーツの世界で脚光を浴びたり、ときには趣味が仕事につながります。

仕事の面では、思いがけない成功が訪れます。才能が評価され、昇進や栄転に結びつきます。事業拡大にも好機で、融資もスムーズに受けられます。事業家や自由業ならば、この配置がいっそう有利に作用するでしょう。

不動産の購入や引っ越しにもよい時期です。

出生の木星とダイレクションの太陽が0度・90度・120度・180度ならば、この配置によって大成功に導かれます。火星や土星のからみがなければ、大きな賭けに出て勝利するでしょう。

♃－♆【木星－海王星】

出生の木星に対してトランシットの海王星がアスペクトを形成する時期は、願望がふくらむと同時に、またとないチャンスが到来します。

しかし、そこには波瀾《はらん》もふくまれています。建設的な人生観をもつ人には有益に作用しますが、山っ気《け》の強い人や精神的に不安定な人の場合は、人生のすべての局面に波瀾がおよびます。

この時期は、判断が曇《くも》りますから、一攫千金を狙った賭け、大きな投資、安易な方向転換、サイドビジネスの着手などは、失敗に終わります。準備万端ならば成功する可能性もありますが、リスクはゼロではありません。

対人関係では、見栄をはったり派手な行動をとると、誹謗《ひぼう》中傷を受けやすいでしょう。また、責任を逃れようとか、この程度はいいだろうなどの甘えが目立ちます。おだてや甘い言葉に惑わされないよう気をつけましょう。他人に善意を利用されやすい時期なので、金銭貸借にはシビアであるべきです。

♃－♇【木星－冥王星】

出生の木星に対してトランシットの冥王星がアスペクトを形成する時期は、壮大な野望を抱きます。また、大発展の好機が訪れます。意思の強い人ならば、このトランシットを利用して、自分の思い描く理想の世界を、そのまま実現することができるでしょう。ただし、何らかの使命感にとらわれて、独善的な行動に走らないよう注意が必要です。

男性の場合、プロジェクトの成功、組織内での出世、独立、起業、金銭の取得などが現実のものとなります。恋愛成就の可能性もあります。

女性の場合、仕事で成功するほか、理想の男性との出会いや結婚によって財政的な繁栄がもたらされる可能性があります。まさに物心《ぶっしん》両面で願望が成就するでしょう。

仕事をしていない人の場合は、降って湧いたように金銭が転《ころ》がり込むわけではありませんが、周囲から思いがけない恩恵が得られるなど、感動的な出来事が起こりそうです。

♄－☉【土星－太陽】

出生の土星に対してトランシットの太陽がアスペクトを形成する時期は、しばしばものごとが停滞します。何かにつけ自分が求めるような答えが得られにくく、精神的には厳しい時期となります。

アスペクトが90度か180度ならば、墓穴《ぼけつ》を掘ったり、自信を失ったりすることがありそうです。

人間関係では、煩《わずら》わしい問題をかかえやすくなります。必要以上に他人に干渉したり、余計なことに首を突っ込んだりしないよう自制してください。また、言葉を慎み、楽しく穏やかに過ごすよう心がけることで、よい流れに向かいます。

思いを寄せる異性へのアプローチは、期待外れの結果に終わりますから、見あわせましょう。

仕事では、周囲からシビアな視線を投げかけられ、辛口の評価を受けます。精神的にふさぎ込む時期でもあるので、重要な交渉は避けるのが賢明です。

また、体力・気力ともに下降ぎみなので、十分な養生が必要です。

♄－☿【土星－水星】

出生の土星に対してトランシットの水星がアスペクトを形成する時期は、疑り深くなり、他人への不信感がつのります。また、他人を頼ると期待外れに終わる傾向があります。アスペクトが0度・90度・180度ならば、人間関係のなかで疎外感や孤独感を覚え、ふさぎ込むことがあります。また、ネガティブな発言が目立ちます。

いずれのアスペクトも、知らず知らずのうちに高圧的になったり、反対に抑圧されているような感覚におちいります。また、自己中心的な行動が目立ります。人と積極的にコミュニケーションをとろうとするよりは、むしろ単独で行動したり、自分がすべきことに集中するほうが望ましいでしょう。

精神活動では、集中力が増すいっぽうで、発想力が低下します。したがって、研究者や受験生など、ひとつのことに打ち込む人にとっては有利ですが、文筆業など、豊かなイマジネーションを必要とする職業にとっては不利です。

♄―♀【土星―金星】

出生の土星に対してトランシットの金星がアスペクトを形成する時期は、内向的になり、ものごとを必要以上に深刻に考えます。また、少しずるくなり、計算高くなるときです。

対人関係では、いつもならサラリと流せるような他人の言葉にも不安を感じ、不機嫌になることがあります。しかし、信頼できる目上の人からアドバイスをもらうには適した時期です。また、精神的に成熟している人にとっては、和解や話しあいの場で有効に働く配置です。

愛情面では、パートナーや恋人の態度が冷たいと感じたり、疑念が湧いて嫉妬深くなったりします。

職業の面では、宗教家や研究者が堅実なプランを立てるにはよいときです。

出生の月と土星がアスペクトを形成している人は、金星の影響下に入ると状況を楽観視する傾向があります。依存心が高まり、自分に不利益な相手を近づけがちですから、注意が必要です。

♄―♂【土星―火星】

出生の土星に対してトランシットの火星がアスペクトを形成する時期は、ものごとが停滞し、規制や障害が発生します。

周囲から冷淡な扱いを受け、厳しい視線を向けられているように感じて、ストレスが高まります。じつはいつもと同じ状況であるにもかかわらず、悲観的にものごとを考え、焦りや葛藤《かっとう》に苦しみます。

仕事の面では、自分が望む結果を得るには、大きな努力を要します。自己主張が反発を買うときなので、謙虚な態度が望ましいのですが、弱気になりすぎると周囲につけ込まれます。ライバルからの攻撃には用心が必要ですが、感情的な対応は禁物です。万が一、身近な人間から嫉妬や誹謗《ひぼう》中傷を受けても、冷静に対処しなければなりません。

事故、けが、盗難などのアクシデントにあいやすく、体力の低下や持病の悪化にも注意が必要です。

アスペクトが60度か120度ならば、障害や苦悩は軽いものとなるでしょう。

♄－♃［土星－木星］

出生の土星に対してトランジットの木星がアスペクトを形成する時期は、過去12年間の成果が形に現れます。とくに、約12年ごとに訪れる0度のアスペクトの場合は、自分と真剣に向きあい、過去をふり返るのに適した時期となります。さまざまなことについて思い迷っていた人は、将来のビジョンを確立することができるでしょう。

ただし、この配置には、ものごとを始めたり、大きく動かしたりする作用はありません。いい換えれば、大変革への衝動や、ギャンブル的な行動を後押しするものではなく、堅実な努力を続けるなかで、道を広げていく助けとなるものです。

プライベートでは、ひとり静かに過ごす時間を大切にする傾向が見られます。ひとり旅をしたり、趣味に没頭することも多くなるでしょう。

愛情面では、相手への干渉や執着が増します。

金銭面では、所有欲と金銭への執着が強くなり、しばしばケチになります。

♄－♄［土星－土星］

出生の土星に対してトランジットの土星がアスペクトを形成する時期は、人生の節目となります。とくに出生の土星とトランジットの土星が0度になることをサターン・リターンといいます。

出生の土星とトランジットの土星は、およそ7年のサイクルで、0度・90度・180度のアスペクトを形成します。これは人生の小さなサイクルに相当し、最初の7年が自我の形成期、次の7年が成長期、続いて思春期、青年期、壮年期、人生の完成期となります。先述のサターン・リターンは、青年期から壮年期への移行期にあたり、多少の個人差はあるものの、おおむね30歳前後に起こります。

つまり土星のトランジットは、人生のなかでひとつの状況が終わり、新たな状況が始まる時期を示します。精神的・肉体的・社会的な通過儀礼を経験する時期でもあり、試練や困難をともないますが、克服は可能です。なお、アスペクトが60度・120度の場合は、大きな影響はありません。

♄－♅【土星－天王星】

出生の土星に対してトランシットの天王星がアスペクトを形成する時期は、理想や願望が抑圧され、現実とのはざまで葛藤《かっとう》が生じます。

この時期に夢や理想を実現するには、周囲の理解が必要となります。しかし、それが得られず、挫折を余儀なくされることもありそうです。具体的には、転職・独立・事業の拡大・交際・結婚などについて、身近な人から反対される可能性が高いでしょう。

早急な結論を求めても、納得《なっとく》のいく答えは得られません。時間をかけて取り組み、周囲との摩擦を少なくしましょう。そうでなければ、多くの人を巻き込む騒動に発展します。

出生の土星と、ダイレクションの太陽もしくは月が、０度・90度・１８０度を形成していて、さらにトランシットの天王星が０度・90度・１８０度であれば、社会的な立場が危機にさらされ、家庭生活では最悪の不和が起こります。多くの犠牲を払って新しい一歩を踏み出すことになるでしょう。

♄－♆【土星－海王星】

出生の土星に対してトランシットの海王星がアスペクトを形成する時期は、生き方を見つめ直すような出来事が起こり、大きな葛藤《かっとう》が生じるでしょう。

仕事の面では、自分が理想とする仕事と現状とのギャップに悩むでしょう。また、思春期の子供をもった親であれば、その子のことで頭をかかえるような問題に直面するでしょう。信頼する人の裏切りや、愛情面での悲哀も予想され、心労が高じて病気をするなど、まさに大きな受難のときです。

しかし、海王星の通過とともに、そのような痛みを乗り越え、混沌とした状態を抜け出し、人として大きく成長することができます。

ここに加えて、トランシットの木星が同時にアスペクトを形成したときは、弱みにつけ込まれて金銭的な損失をこうむるときですから、要注意です。

太陽もしくは火星が同時にアスペクトを形成したときには、抑圧していた感情が噴出しますから、自分を追いつめないようにすべきです。

♄－♇【土星－冥王星】

出生の土星に対してトランシットの冥王星がアスペクトを形成する時期は、大きな問題をかかえ込み、重責がのしかかります。

そばにだれかがいてくれたとしても精神的には孤独で、自分の存在自体に思い悩みながら、ひとりで困難と戦わなければならないときです。たとえば上司としての責任、長男や長女、あるいは後継者としての責任、夫として妻子を守るための苦悩などに立ち向かうことになりますが、具体的な内容については、自分の置かれている状況によって異なります。

問題の解決には多くの時間と労力を要します。しかし、この苦悩を乗り越えれば、社会的信用を獲得し、人として大きな成長を遂げられるでしょう。反対に、ここで試練から逃れようとすると、数年以内にさらなる苦悩となって返ってきます。

なお、出生図上で、土星に対してＡＳＣ・ＭＣ・太陽・月がいずれもアスペクトを形成していなければ、大きな影響力はありませんが、油断は禁物です。

♅－☉【天王星－太陽】

出生の天王星に対してトランシットの太陽がアスペクトを形成する時期は、日常生活に変化とドラマを求めようとします。思いつきで気まぐれな行動をとることも多くなります。

太陽のトランシットは短いので、大勢《たいせい》に影響はありませんが、衝動的にスポーツジムやエステサロンの会員契約をしたり、ヘアスタイルを大胆に変えて後悔するなどの出来事が起こりがちです。衝動的な行動はつつしみ、余計なことには首を突っ込まないほうが賢明でしょう。

この配置は、思い切ったことをするには不向きですが、バカンスや旅行は悪くありません。

出生図で、天王星と金星がアスペクトを形成している場合は、クリエイティブな事柄が進展します。また、出生図で、天王星が太陽または月とアスペクトを形成している場合は、自分に不利益をもたらす人や、得体《えたい》の知れない怪しい人物と親しくなりやすいときです。

♅―☿［天王星―水星］

出生の天王星に対してトランシットの水星がアスペクトを形成する時期は、人生にドラマを期待し、変化と刺激を求めます。そのため、少々突飛な行動が目立つでしょう。

かわりばえしない日常が、いつも以上に空疎《くうそ》に感じられ、注目を集めたいという気持ちがつのり、大はしゃぎしたり、人をあっといわせるような行動をとったりします。異色な人とコミュニケーションしたり、新しい出会いを得る可能性も高く、それはそれで楽しいものとなるでしょう。

さまざまなプランを思いつきますが、現実味に乏しい傾向があります。仕事でおもしろいアイデアが浮かんでも、客観的に見れば突拍子もないことだったり、実現不可能だったりします。

アスペクトが90度か180度であれば、注意が散漫で落ち着きのなさが強く現れます。事故や突然のトラブルにいたるものではありませんが、車の運転や落とし物などにはよくよく気をつけましょう。

♅―♀［天王星―金星］

出生の天王星に対してトランシットの金星がアスペクトを形成する時期は、ロマンチストになり、現実から遊離します。あれこれと気分が変わりやすく、気まぐれな態度が目につきます。また、現状に満足できず、落ち着きがなくなります。

芸術家や音楽家など、クリエイティブな分野で活躍する人にとっては、想像力がふくらんで、豊かな創作活動ができる時期です。また、こうした職業についている人は、未知の場所に出かけ、異文化に触れることで感性が刺激されます。とくに欧米方面への旅行は、長い目で見れば、その後の活動にとっても有益な影響を与えます。

恋愛では、知りあったばかりの異性と急接近するチャンスを得るなど、楽しい側面もあります。しかし、遠距離恋愛を余儀なくされたり、三角関係にもつれ込んだりと、あとあと面倒な事態に発展することが多いのが特徴です。とりあえずは、軽いつきあいにとどめておくのが賢明かもしれません。

♅−♂〔天王星−火星〕

出生の天王星に対してトランシットの火星がアスペクトを形成する時期は、大胆で向こう見ずな行為に走りがちです。

気分にムラが多く、ものごとにイヤ気がさして突然放棄したかと思えば、巻き返しをはかろうと、がむしゃらに行動することもあります。このような時期ですから、暴言には注意が必要です。

仕事の面では、危険な賭けに出たり、自分の能力を過信するなどで、失敗が予測されます。

仕事の状況に不満をかかえている人の場合、このトランシットの影響下に入ると、退職願いを出そうとしたり、思い切った方向転換をしようとするケースが見られます。しかし、かえって事態を悪化させるだけですから、このトランシットが過ぎ去るまでは、冷静に状況を見守りましょう。

プライベートでは、ギャンブルや豪遊をしたくなりますが、超のつく赤字をかかえたり、予期せぬトラブルを起こす危険がぬぐえません。

♅−♃〔天王星−木星〕

出生の天王星に対してトランシットの木星がアスペクトを形成する時期は、自由を求め、自主的な行動をとります。

既婚者の場合、パートナーに束縛されているような気分におちいり、家庭から逃れて外に目を向けようとします。ここに加えて、土星が0度・90度・180度でコンビネーションを形成すれば、家庭内で不和が生じ、離婚話がもちあがることもあります。

仕事の面では、才能が脚光を浴びます。独立に向けて行動を起こし、成功を収める可能性が高いのですが、波瀾《はらん》もふくんでいます。自営の人は、あぶく銭のような入金や、大きな損失があるときです。

金銭面では、贈り物や遺産相続などの利益があっても、身内の問題や過去のツケをお金で解消しなければならず、手もとに残りません。

レジャーや好きなことには金銭を惜しまない時期で、楽しい交友関係が広がります。しかし、そこで異性と意気投合しても、長続きは望めません。

♅－♄〔天王星－土星〕

出生の天王星に対してトランシットの土星がアスペクトを形成する時期は、困難と障害を克服しなければなりません。

アスペクトが60度か１２０度ならば、影響は微弱です。０度・90度・１８０度の場合は、波瀾《はらん》と変化の多い時期で、いらだちやすく、もどかしさを覚えて、さらなるハードルをみずからつくりそうです。

仕事の面では、プロジェクトの立ちあげ、独立、転職などをもくろみますが、それを実現するためには多くの努力と試練を経ねばなりません。すでに環境が十分に整っていれば、願望を成就させることができますが、そうでなければ挫折するケースがほとんどです。いずれにしても短気を起こさず、長期的なプランを立て、堅実に進めるのが得策です。

家庭生活では、大波瀾の後に関係が修復されることを暗示します。恋愛中の人は、恋人への不満がつのります。みずからの意志で、関係にピリオドを打つ可能性が高いでしょう。

♅－♅〔天王星－天王星〕

出生の天王星に対してトランシットの天王星がアスペクトを形成する時期は、人生の転換点となり、数年にわたって影響下に入ります。

多少の個人差はありますが、だいたい21歳前後に、90度が発生します。この時期には両親から独立し、社会の荒波にさらされます。さまざまなことに対して無防備で、心身ともに傷つきやすい年ごろです。

42歳前後には、１８０度が発生します。この時期には、社会的な責任や体調の変化が生じます。男性にとっては厄年といわれる時期です。

老年期にさしかかる63歳前後には、ふたたび90度が発生します。この時期は、退職後の生活や人生の終焉に向けて、いかに充実した生活を送るかについて、子供やパートナーとの関係もふくめて考えることになります。また、子供の結婚、嫁姑問題、後継者問題なども起こります。

このようなサイクルのなかで、試練を乗り越えながら、新しい環境に適応していくことを表します。

♅－♆【天王星－海王星】

出生の天王星に対してトランシットの海王星がアスペクトを形成する時期は、世界観が広がります。人生に節目をもたらす配置のひとつですが、出生の天王星が、ＡＳＣ・ＭＣ・月・太陽のいずれかの感受点とアスペクトを形成していなければ、鮮明な形で影響が現れることはありません。

このトランシットの影響下に入ると、感受性が非常に豊かになり、幻想の世界に浸ることも多々あります。多くの場合、理想や夢に向かって迷走するでしょう。また、たとえ現実主義者であっても宗教や精神世界に魅せられ、迷信じみたものを信じることがあります。なお、海王星の通過後には、理想が色あせ、人生観が変わることもあるでしょう。

トランシットの火星が同時にアスペクトをしたときは、情緒不安定になり、混乱をきたします。しかし、あこがれや理想とするものに触発され、精神的な成長をとげる時期でもあります。ただし、そのためには数年の時間がかかります。

♅－♇【天王星－冥王星】

出生の天王星に対してトランシットの冥王星がアスペクトを形成する時期は、人生の改革期です。人生の次のステージに向けての準備期間でもあり、人生の節目となる配置のひとつです。体調が変化するときですから、自己管理が必要です。

このトランシットの影響下では、それまでの価値観や考え方を捨てざるを得なくなります。自分本来の姿を模索し、多くの束縛から逃れて、新たな世界を築こうとします。自分の仕事や将来について真剣に考えぬいたすえ、冥王星が通過した直後に、仕事を変えたり、家庭環境に変化が起こるなど、人生の方向転換を体験するでしょう。ただ、目的を達成するには多くの時間と労力を要します。

出生の天王星とＡＳＣ・ＭＣ・太陽・月のいずれかがアスペクトを形成していなければ、人生を揺り動かすほど大きな影響力はありません。

同時に火星がトランシットした場合には、突発的な事故に気をつけてください。

♆―☉【海王星―太陽】

出生の海王星に対してトランシットの太陽がアスペクトを形成する時期は、感覚が鋭くなり、感情的に敏感になります。

周囲の影響を受けやすく、他人の意見に流されたり、自分に対する評価を気にしすぎる傾向があります。また、他人と異なることでコンプレックスを感じたり、落ち込んだりしやすいときです。また、お酒に飲まれがちなので、気をつけましょう。

もっとも、このトランシットはごく短期間で終わりますから、個人の運命に大きな影響を与えるところまではいきません。

出生の海王星と金星がアスペクトを形成していて、クリエイティブな分野に身を置く人にとっては、アイデアがひらめいたり、周囲の評価がいい意味での刺激となります。

出生の海王星と月がアスペクトを形成している人の場合は、現実逃避と、アルコールや薬物への依存に注意が必要です。

♆―☿【海王星―水星】

出生の海王星に対してトランシットの水星がアスペクトを形成する時期は、直観が冴え、イマジネーションがふくらみます。

想像力を必要とする芸術家、作家、音楽家、デザイナー、美容関係の職業に携わる人にとっては、有益に作用します。しかし、金銭がからむ駆け引きが必要とされる場面では、よい作用はありません。商談やギャランティーの交渉などは、できれば日程をずらすのが得策です。また、この時期に金銭の貸借をするのは禁物です。

形にならないものや神秘的なものに魅せられるときですから、オカルトや宗教などの分野には、無防備に近づかないほうがいいでしょう。とくに0度・90度・180度の場合は、要注意です。

対人関係では、何の変哲もない言葉に感銘を受けて相手を理想化したり、勝手な思い込みから他人を排除する可能性もあります。新たな出会いがあっても、相手の真の姿を見誤ることがあります。

♆―♀【海王星―金星】

出生の海王星に対してトランシットの金星がアスペクトを形成する時期は、感傷的になったり、孤独を愛する傾向が見られます。また、趣味のよくないテーマに心ひかれることがあります。

仕事の面では、夢のような思いつきに翻弄《ほんろう》されて時間が過ぎ、収益があがりません。できることなら、まずは休養をとり、レジャーなどで気分転換してから、重要な仕事に着手するほうが効率的です。

金銭面では、大きな買い物が後悔に結びつくので、延期しましょう。健康面では、免疫力の低下が予想されますから、十分な睡眠が必要です。

思い出につながる音楽や香りにふれると感傷的になりますから、あまり深く考える必要のない娯楽映画や、美味しい食事を楽しむのがよいでしょう。

愛情面では、相手の気持ちがわからなくなりますが、問いただしても混乱するだけですから、金星が通過するまで待つべきです。新たな恋心は、プラトニックラブとなるか幻想に終わります。

♆―♂【海王星―火星】

出生の海王星に対してトランシットの火星がアスペクトを形成する時期は、情緒不安定になり、ささいなことで興奮したり、落胆や迷走が目立ちます。

ときに薬物の乱用や誤飲、摂食障害、アレルギー性皮膚炎の悪化を引き起こす配置ですから、ストレスの少ない穏やかな環境づくりが求められます。

対人関係では、身近な人に失望するようなことが起きますが、その多くは、この人の過剰な期待または誤解に起因するものでしょう。

とくに愛情問題では、パートナーの言動に不信感を抱き、悪くすると嫉妬心が爆発します。嫁姑問題も起きますが、おもに自分の被害妄想によるもので、それが高じれば事態の悪化が予測されます。

ペットや子供など、自分より弱いものへ感情をぶつけてしまい、自己嫌悪に陥《おちい》るでしょう。仕事の面では、自信を喪失し、効率がダウンします。

アスペクトが60度または１２０度ならば、影響は微弱ですが、やや不可解な行動をとります。

♆―♃【海王星―木星】

出生の海王星に対してトランシットの木星がアスペクトを形成する時期は、想像力がふくらみ、よいアイデアが浮かびますが、現実味や実行力に乏しいのが難点です。形にならない曖昧《あいまい》なものに夢中になりやすく、精神世界に強くひかれたりもします。

仕事の面では、新しい企画や事業計画を立ちあげても、その多くが実現不可能だったり、望むような結果が得られにくいでしょう。

愛情面では、パートナーとのすれ違いや勘違いが多く、新たな出会いでは相手を理想化しがちです。

金銭面では、大きな投資や不動産の購入は控えるべきです。また、うさんくさい儲け話に金銭を投じる危険もはらんでいます。しかし、好調な流れに乗っている人にとっては、思いがけないことから利益を得るなどして、金銭が舞い込むときです。

出生の月と海王星がアスペクトを形成している人や、悩みをかかえている人は、この配置が悪く作用すると、自己陶酔や現実逃避につながります。

♆―♄【海王星―土星】

出生の海王星に対してトランシットの土星がアスペクトを形成する時期は、周囲から抑圧を受け、精神的に重苦しく、辛《つら》いときになるでしょう。

ナーバスになりやすく、ささいなことでも周囲から冷遇されていると感じる傾向があります。また、それまで協力的だった人が冷淡になり、敵にまわるといった状況も予想されます。

自分の仲間や愛する人を疑い、そのことで自己嫌悪におちいる場合もあるでしょう。パートナーや恋人との不和をかかえている人は、状況を悪化させるような行為をしがちですから、注意が必要です。

出生の月が海王星とアスペクトを形成している人は、精神的に極限まで追い込まれます。加えて、同時に火星がトランシットし、月―海王星―火星―土星のコンビネーションを形成した場合は、パニックにおちいって薬物を乱用したり、極度の睡眠障害に悩まされたりしますが、愛する人の理解と協力、そして穏やかな環境づくりによって克服可能です。

♆－♅［海王星－天王星］

出生の海王星に対してトランシットの天王星がアスペクトを形成する時期は、ものの見方や考え方に変化が起きます。精神世界、スピリチュアリズム、オーガニック、自然療法などにひかれたり、哲学や詩や小説などに夢中になることもあるでしょう。

思考力や感覚が過敏になり、それまでは無縁だった未知の領域や目に見えない世界との接触が起きますが、それが現実逃避につながることもあります。

ひとりよがりの言動や利己的な発想が、まわりの反発を買い、大事な場面での選択を誤らせることがあります。とくに、過去の生き方に疑問をもつ人や、生きがいを見失っている人は、このトランシットにふりまわされないよう注意が必要です。信頼できる人の助言や、現実に沿った考え方を大切にしなければなりません。

出生の月と海王星がアスペクトを形成し、土星と天王星が同時にトランシットした場合は、仕事や家庭に関する問題で、極度の自信喪失が起きます。

♆－♆［海王星－海王星］

出生の海王星に対してトランシットの海王星がアスペクトを形成する時期は、人生の節目となります。ただし、出生の海王星がＡＳＣ・ＭＣ・月・太陽のいずれかとアスペクトを形成していなければ、重要視する必要はありません。

多少の個人差はありますが、おおむね42歳前後でアスペクトが90度となります。この時期は、中年期にさしかかり、体調の変化が起きます。また、仕事の面では、独立などもふくめて、大きな岐路に立たされることがあります。

不和をかかえていた家庭では、さらに事態が悪化します。他の天体がトランシットしたときに、再建か崩壊かの決断が下されるでしょう。

女性の場合は、年齢的な意味で、出産するかしないかの最終決断を迫られる時期を迎えます。

心のバランスを崩し、人生の目標を見失いそうになる時期ですが、新たな世界が広がるときでもあり、運勢の悪化を防ぐ可能性は十分に残されています。

♆－♇【海王星－冥王星】

　出生の海王星に対してトランシットの冥王星がアスペクトを形成する時期は、めったにないテーマとかかわり、不思議な体験をします。その体験は、その後の人生の肥やしとなりうるものですが、いっぽうで、人生を翻弄《ほんろう》するような事件となる危険性も高いので、自分を見失わないことです。

　この時期は、自分という人間の存在について真剣に考え、そのために迷走することもあります。焦りや葛藤《かっとう》をかかえますが、異色な人の生き方に啓発され、救われることも多いはずです。

　それまでは無関心だった宗教や音楽にひかれ、初めて訪れた場所で、風変わりな人たちとの交流を深めることもあるでしょう。自分の価値観とは対極にあるものに触れることになります。しかし、冥王星が通過すると、そうした人間関係は、何ごともなかったかのように消滅します。

　リアリティが欠如している時期ですから、投資や金銭の取り扱いには慎重さを要します。

♇－☉【冥王星－太陽】

　出生の冥王星に対してトランシットの太陽がアスペクトを形成する時期は、気分が高揚し、自己主張が強くなります。周囲の意見に耳を貸さず自分勝手な行動をとりがちで、まわりの反発を買うかもしれません。また、身近な人への嫉妬《しっと》が強くなります。

　このトランシットは短期間で終わりますから、個人の人生に大きな影響を与えるものではありませんが、出生図の状況いかんでは、明暗を分けるような事態へと発展しうるので、自重《じちょう》すべきです。

　出生の冥王星とダイレクションの太陽が0度・90度・180度のアスペクトを形成している場合は、さらに太陽のトランシットを受けることによって、それまで水面下にあったものが突如として浮上するケースが見られます。たとえば、浮気が表ざたになったり、リストラも含めた仕事での激変が考えられるでしょう。この場合、ライフスタイルが一変する可能性があります。太陽のトランシットは、このように引き金の役割を果たすことがあるのです。

♇—☿［冥王星—水星］

出生の冥王星に対してトランシットの水星がアスペクトを形成する時期は、集中力が上がりますが、興奮しやすくなります。もっとも、トラブルを引き起こすようなものではありません。また、真実を知るという暗示があり、いままで水面下に隠されていたことが露見し、ときには寝耳に水という展開もありますが、とりたてて実害はありません。

好きなスポーツを観戦して熱狂的に応援したり、ダンスに夢中になったり、ライブで盛りあがったりなど、心地よい興奮が味わえるでしょう。

また、説得力が高まるときなので、プレゼンや部下の指導などにベストをつくすことができます。ただし、その結果がどうなるかについては、他の天体の配置を検討する必要があります。

トランシットの火星が同時にアスペクトを形成すると、自己主張が強すぎて反感を買ったり、無意識のうちに言動がエスカレートして好戦的になったりするので、気をつけてください。

♇—♀［冥王星—金星］

出生の冥王星に対してトランシットの金星がアスペクトを形成する時期は、異性に対して奔放《ほんぽう》になります。状況しだいで重視する必要があります。

性的な魅力が高まり、異性からのアプローチを受けます。とくに女性の場合、身近な異性や心ひかれる相手から誘いを受けて関係をもつと、相手への恋《れん》慕《ぼ》がつのり、過度に執着することになります。

この時期に新たな恋愛が始まると、互いに相手をふりまわすか、相手のペースに引き込まれることになります。強烈にひかれあい、婚外恋愛や三角関係にはまることもあるでしょう。その関係が長期的なものになるかどうかは、相手の出生図も合わせて検討する必要があります。

すれ違いだった夫婦やギクシャクしていた恋人同士に愛情が再燃することもあれば、渇《かわ》いた心を潤してくれる異性の出現もありえます。関係修復のきっかけづくりには好機ですが、本人が意識して努めないかぎり、状況が一転することは望めません。

♇―♂【冥王星―火星】

出生の冥王星に対してトランシットの火星がアスペクトを形成する時期は、冷静さや理性を失い、目の前のことに熱狂しがちです。そのために、つい高圧的な態度をとったり、粗暴な行動に出てしまうので、周囲との間にトラブルを起こさないよう気をつける必要があります。また、過激な口論に発展すると、自分も相手も大きなダメージを受けます。

とくにアスペクトが0度・90度・１８０度の場合には、いったん感情が高まると自己制御が困難になり、爆発せずにはいられない傾向があります。そのため、人間関係が修復不可能なまでに破壊されることもあるでしょう。事故やトラブルにも要注意です。

仕事の面では、目標に向かって熱くがんばろうとしますが、ライバルへの敵愾心《てきがいしん》が強くなったり、権力や名声にこだわることがあります。

解決が可能な問題は、このトランシットによって悪化する前に処理し、厄介な事柄には着手しないことにして、できるだけ静かに過ごしましょう。

♇―♃【冥王星―木星】

出生の冥王星に対してトランシットの木星がアスペクトを形成する時期は、活動範囲が広がり、収穫と発展が期待できます。自分を高める好機です。

精神的な面では、哲学的な思索にふけり、高尚なテーマを通して自分を磨こうとします。また、人生の目標を見いだそうとするでしょう。その過程で、自分の好きな趣味などを仕事にしようと考えることもあります。スキルアップを目指して自分に投資すれば、手ごたえが得られるでしょう。

人間関係では、社会的な地位などに関係なく、その生き方に感銘できるような人や、影響力の強い人との出会いに導かれるでしょう。多くの場合、年齢の離れた年上の人との出会いとなります。

出生の冥王星とダイレクションの太陽がアスペクトを形成し、トランシットの木星がコンビネーションに加わった場合は、遺産相続などで大きな財を取得します。しかし、木星の通過後には、大切なものを失う可能性があります。

♇－♄【冥王星－土星】

出生の冥王星に対してトランシットの土星がアスペクトを形成する時期は、願望や行動が制限を受けるいっぽう、自分への理解が深まります。ただし、出生の冥王星がASC・MC・太陽・月・火星・金星のいずれかと0度・90度・180度を形成していなければ、強い影響はありません。

仕事の面では、ハードルの高い任務につき、能力の限界を自覚させられるでしょう。目的を達成するには、周囲の協力と多くの時間を要します。また、目的を達成したとしても、すみやかな評価にはつながりにくいのですが、その努力はかならず将来にプラスの作用をもたらします。精神的にも肉体的にも厳しい時期で、ハードスケジュールを余儀なくされますから、体調管理を怠らないでください。

出生の冥王星とトランシットの土星、さらには出生の火星が互いに0度・90度・180度を形成する場合は、非常に切迫した状況を迎えますが、そこで一時逃れをすると、大きなツケとなります。

♇－♅【冥王星－天王星】

出生の冥王星に対してトランシットの天王星がアスペクトを形成する時期は、急激な変化が起こり、新しいステージに向けて努力を強《し》いられます。ただし、出生の冥王星が、ASC・MC・月・太陽のいずれかとアスペクトを形成していない場合は、大きな影響はおよびません。

金銭面では、事業家や自由業の人にとって、いっそう厳しい配置となり、キャリアや能力を最大限以上に発揮することが求められます。また、変化のめまぐるしさにとまどい、心身ともに疲弊《ひへい》します。

新たな生きがいを見いだせるときですが、その方向性が定まるまでに、長ければ数年を要します。

また、外的な要因によって、環境や生き方が大きく変わることがあります。学業や仕事に関して、新たな目標に向けて努力せざるをえないでしょう。

この配置に加えて、トランシットの火星が0度・90度・180度を形成したときは、即断即決をすると大失敗につながることがあります。

♇－♆【冥王星－海王星】

出生の冥王星に対してトランシットの海王星がアスペクトを形成する時期は、人生の節目にあたり、新しいサイクルへ入っていきます。

ただし、出生の冥王星が、ＡＳＣ・ＭＣ・月・太陽のいずれかとアスペクトを形成していなければ、大きな影響はおよびません。また、人生が安定している人についても、影響は微弱でしょう。

この時期は、自分の可能性を確かめてみたくなります。仕事で目的を達成できなかった人は、新たな夢に賭けてみようと思います。しかし、その夢が現実味に乏しいことを知り、自己嫌悪におちいることもしばしばです。意志の強い人ならば完遂《かんすい》できますが、利益にはつながらないケースが多いでしょう。

ときに、人生における重要な決断を迫られますが、大きな迷いが生じます。大切な人との別れも予感されますが、新しい出会いの暗示もあります。

健康面では、更年期障害や、自律神経のバランスの崩れに気をつけてください。

♇－♇【冥王星－冥王星】

出生の冥王星に対してトランシットの冥王星がアスペクトを形成する時期は、人生の大きな転機であり、節目となります。生きることの意味や将来の生き方について、真剣に考えることも多いでしょう。

とくに冥王星同士が90度を形成する場合と、出生の冥王星がＡＳＣ・ＭＣ・月・太陽のいずれかとアスペクトを形成している場合は大きな影響を受け、人生が大変動する可能性があります。

愛情面では、心の底で望んでいたような出会い、衝撃的な恋愛の発生、永遠の愛を誓ったはずの人との断絶など、激しい変化が訪れます。

仕事の面では、退職や転職、住み慣れた土地を離れて新天地で独立を果たす、家業を継ぐといったことが起き、重要な人との決別も予想されます。

環境に劇的な変化がない場合は、親や子供に関する問題をかかえたり、大きな意識改革が起こります。

なお、冥王星は運行速度が遅いので、同年齢の人たちのあいだで、いっせいにこの配置が生じます。

☊—☉【ノード—太陽】

出生のノードに対してトランシットの太陽がアスペクトを形成する時期は、人間関係の拡大を求める気持ちが高まり、いつになく意欲的に行動できます。目的を同じくする人とチームをつくり、一丸となってものごとを遂行《すいこう》するにはよい時期となります。しかし、同時に土星がトランシットしているときは、期待外れとなるでしょう。

また、火星が同時にトランシットしているときはリーダーシップをとり、集団のなかで抜きんでた存在になりたいという願望がつのりますが、周囲から反感を買うことになります。ただし、太陽のトランシットは短いので、人生が左右されるわけではありません。周囲との摩擦が生じても、関係が崩れるような事態にはならないでしょう。

出生のノード、トランシットの金星、出生の太陽の3つが、互いに0度・90度・180度を形成している場合は、おしゃれに気を配り、人に優しくなり、男性ならば、ときに浮気心が芽ばえます。

☊—☿【ノード—水星】

出生のノードに対してトランシットの水星がアスペクトを形成する時期は、人と連絡をとり、約束を取りつけようという思いが高まります。また、自分に関心をもってくれる人に身近にいてほしい、話を聞いてほしいといった願望が強くなります。

この配置は、人生に大きな変動をもたらすようなものではなく、ちょっとしたきっかけづくりなどに利用するのに適しています。たとえば、共通の趣味をもった仲間や、仕事で同じプロジェクトに参加するメンバーとの有意義な会話が楽しめるでしょう。

ただし、出生のノードと火星が0度・90度・180度を形成している人は、このトランシットの影響を受けると、仲間うちでもめごとを引き起こしたり、お互いの関係を混乱させるような言動に走りやすいので、注意が必要です。

また、出生のノードと木星がアスペクトを形成している人の場合は、利益や幸福感をもたらしてくれるような相手と接近できる時期です。

☊－♀［ノード－金星］

出生のノードに対してトランシットの金星がアスペクトを形成する時期は、和合的で協調性が高まり、価値観や考え方が異なる人とも良好な関係を築けます。いつもは煩《わずら》わしいと感じる相手に対しても、親切に対応できるでしょう。この時期の新たな出会いは、互いの家庭環境や地位などに関係なく、相互への理解と好意を生みます。また、プライベートな人間関係が、仕事につながることがあります。

精神的な面では、芸術的な活動やボランティア活動で充足感が得られます。また、ペットや子供と有意義な時間を過ごせるでしょう。

仕事の面では、政治家や芸能人など、人気を必要とする職業には有効に働きます。また、そのような職業についている人で、なおかつ出生のノードと冥王星がアスペクトを形成している人は、このトランシットの影響下でプランを立て、イベントを挙行すると、よい結果が得られます。ただし、窮地《きゅうち》からの巻き返しをはかるには、まったく力不足です。

☊－♂［ノード－火星］

出生のノードに対してトランシットの火星がアスペクトを形成する時期は、自分の行動半径のなかで小さなトラブルが発生します。しかし、あとあとまで尾を引くような重大なものではなく、たとえばダブルブッキング、仲間との行き違い、愛用のカップを割る、身近な人にいらいらさせられるなど、本当にちょっとしたことでしょう。

ただし、アスペクトが0度・90度・180度の場合は、軽率な行動によって社会的な信用が落ちる危険がありますから、慎重な行動が望まれます。

海王星が同時に0度・90度・180度でトランシットしていれば、親しい人との不和や別離が起きます。勢い込んで話しあおうとしても事態は泥沼化しますから、まずは冷静になることが大切です。

金星と木星が同時にトランシットした場合は、新たな友愛、幸福をもたらす人との出会い、仕事の好機が訪れ、とくにフリーランスの人には大きなチャンスが期待できますが、多忙になります。

☊－♃［ノード－木星］

出生のノードに対してトランシットの木星がアスペクトを形成する時期は、人間関係を円滑にしようという意識が高まり、良好な関係を築くことができます。また、新たな出会いが生まれ、交際範囲が広がっていくでしょう。

仕事の面では、苦労を共にした仲間とともに成功を収めたいという気持ちが強くなります。取り引き先とも信頼関係が築けるときで、仕事上でのつきあいが、私的なつきあいにまで発展することもあり、それがビジネスの利益に直結します。

愛情の面では、パートナーとの関係を大切にしようという意識が高まります。家庭をかえりみなかった男性が妻子に思いやりを示すこともあるでしょう。婚約や結婚には好機です。

趣味や習いごとを始めて仲間と楽しい時間を共有したり、ボランティア活動にいそしむにはいい時期です。既婚女性の場合、実家から援助を受けたり、嫁姑問題が好転するケースも見られます。

☊－♄［ノード－土星］

出生のノードに対してトランシットの土星がアスペクトを形成する時期は、身近な人間関係が不安定になります。ただし、出生のノードがＡＳＣ・ＭＣ・太陽・月とアスペクトを形成していなければ、不愉快な出来事が起こっても大問題にはなりません。

この時期の特徴は、他者との意思疎通が困難になることです。たとえば家庭では、仕事が非常に忙しいという状況をパートナーに理解してもらえず、不満を訴えられてストレスがたまる、といったことが起こります。職場では、取り引き先・会社・上司・部下などの板ばさみとなるでしょう。

また、万事にわたって、努力のわりには見返りが少ない時期です。独立、開業、マイホームの購入といった重要な事柄は、避けるのが賢明です。

出生のノードに対して、さらにトランシットの火星が0度・90度・１８０度を形成した場合は、人間関係での不満を爆発させるなど、周囲との争いが激しくなります。

☊—♅【ノード—天王星】

出生のノードに対してトランシットの天王星がアスペクトを形成する時期は、不和が生じます。家庭生活よりも、社会生活への影響が強いでしょう。ただし、出生のノードがＡＳＣ・ＭＣ・太陽・月とアスペクトを形成していなければ、影響は微弱です。

　仕事では、チームプレイを必要とする場面で自己主張が強くなり、スタンドプレイに走ろうとします。

　また、プライベートな人間関係のなかでも、無意識のうちに勝手な行動をとりがちです。長年つきあってきた友人がつまらない人間に思えたり、歩調が合わなくなり、疎遠になることがあるでしょう。

　出生のノードに対して、トランシットの土星が同時に０度・90度・１８０度を形成した場合は、自信喪失、無気力、仲間からの抑圧と疎外などを経験するでしょう。

　また、トランシットの火星が同時にアスペクトを形成した場合は、不寛容や短気になります。さらに、興奮が高じると事故やトラブルにつながります。

☊—♆【ノード—海王星】

出生のノードに対してトランシットの海王星がアスペクトを形成する時期は、仲間に失望するなど、環境や人間関係が不安定になります。

　理想とするような人に出会い、触発されることも多いのですが、その多くは幻想です。いい換えれば、第一印象で判断を誤ることが多く、結果として損害をこうむったり、失望させられたりします。

　また、手の届かない未知の世界に魅せられ、日常生活を忘れられるような趣味に時間を費やすこともあるでしょう。しかし、実りは少ないようです。

　金銭面では、投資やサイドビジネスの開始などによる損失が懸念されます。金銭にかぎらず、資産管理に慎重を期する必要があります。

　出生のノードに対して、トランシットの木星が同時にアスペクトを形成した場合は、隠れていたものが表面化します。不倫や不正行為は露見する可能性が高いでしょう。また、曖昧《あいまい》な言動が噂のタネになることがあります。

☊－♇［ノード－冥王星］

出生のノードに対してトランシットの冥王星がアスペクトを形成する時期は、環境や人間関係に大きな変化が起こります。自分の人生に重要な影響を与える人との出会いや別れがあるでしょう。

出生のノードがＡＳＣ・ＭＣ・月・太陽とアスペクトを形成している場合は、影響が強く現れます。

このトランシットの影響下では、ときに知人や仲間と断絶するような状況が生じる可能性があります。長年続いた交友関係を解消したり、まったく新しい環境で、それまでは無縁だった人と親密なつきあいを始めることもあります。共鳴できる人との出会いもあるでしょう。また、転勤や引っ越しによって環境の変化を余儀なくされ、必然的に人間関係が変わることもあります。

出生のノードに対して、トランシットの土星が同時にアスペクトを形成した場合には、権力や威厳の失墜《しっつい》、秘密にしていた重大な事柄の露見、仲間の離反によって危機に直面するかもしれません。

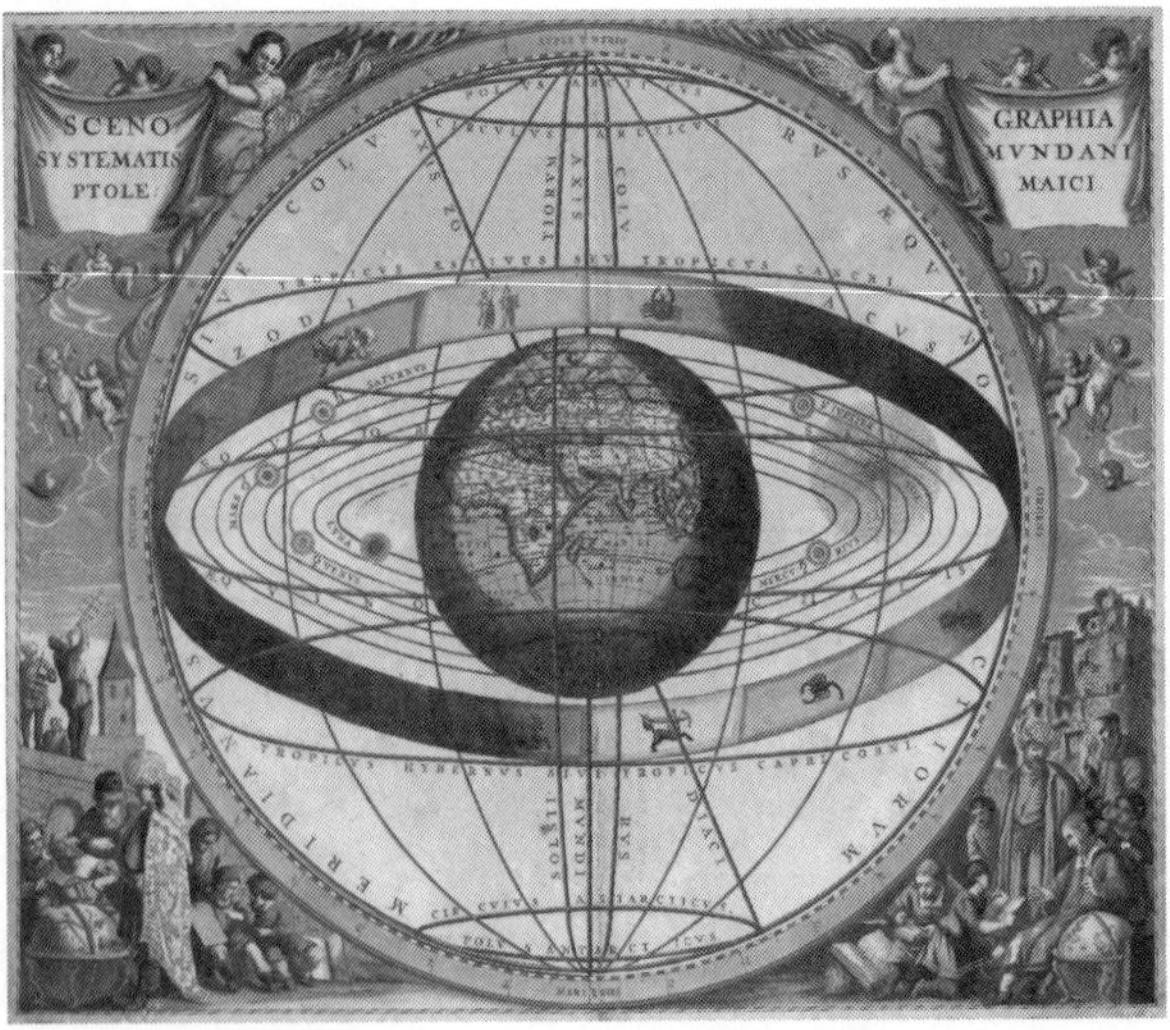

※上図は、天動説的な宇宙観を示したもの（17世紀）。

第6章

ダイレクションで知るあなたの未来

◎ダイレクション法とは何か

西洋占星術には、進行法と総称される技法があります。これは、おもに未来予知のために用いられる技法で、1年単位の長期的な運勢を読みとることを目的とします。進行法の特徴は、出生図上の感受点を一定の法則にしたがって進行させ、もとの位置と進行した位置を照合して、そこに形成されたアスペクトを解釈することです。

この章でご紹介するダイレクション法は、進行法のひとつで、正しくはソーラーアーク・ダイレクション法といいます。ソーラーアークとは、ホロスコープ上の太陽の軌跡のことで、日本語に直訳すると「太陽の弧《こ》」となります。この名称が示すとおり、太陽のダイレクション（進行）を用いて運勢を解読していくのが大きな特徴です。名称に「弧」がつくのは、ホロスコープ上を太陽が進行していくと、その軌跡が「弧」のようになるからです。

ここでひとつお話ししなければなりませんが、西洋占星術の世界には、「天体の1日は人間の1年に相当する」という考え方があります。もう少しわかりやすくいいますと、出生したその日を起点として、1日後の天体の配置には1歳のときの運勢が、2日後の配置には2歳のときの運勢が暗示されていると考えます。こうした考え方を「1日1年法」といいます。

ソーラーアーク・ダイレクション法は、このような考え方をベースとして生まれた技法で、いくつかある進行法のなかでも古いもののひとつです。具体的な手順は後述しますが、おおまかにいうと、出生の太陽と運勢を調べたい時期の太陽の位置との距離（角距離）を求め、それを出生図の全感受点に加えて、相互のアスペクトを調べることで、運勢を解読します。

なお、ここでいう「運勢を調べたい時期」については、先ほど触れた「1日1年法」が適用されます。つまり、25歳の運勢を知るには生後25日の、30歳の運勢を知るには生後30日の天体配置を調べることになります。

したがって、ソーラーアーク・ダイレクション法を用いる場合、たとえば25歳の運勢を知りたいならば、生年月日から数えて25日が経過した日の太陽の位置を算出し、出生の太陽との距離を求め、それを出生図の全感受点に加えて、相互のアスペクトを調べます。他の年齢の運勢を調べるときも同様で、30歳なら生後30日、35歳なら生後35日における太陽の位置を算出し、進行した距離を出生図の全感受点に加えていきます。

出生の感受点とダイレクションの感受点とのあいだに見られるアスペクトは、1年以上にわたって持続的に形成されます。このことは、ダイレクションという技法自体が「1日1年法」にもとづくものですから当然の帰着ですが、ダイレクションの感受点はそのように持続的な影響をおよぼしながら、運勢の基底部を彩っていきます。

第5章でご紹介したトランシットは、とくに運行速度の速い天体の場合、ダイレクションにくらべてピンポイント的な影響力を発揮します。そのために西洋占星術の世界では、「ダイレクションが準備をととのえ、トランシットが引き金を引く」といわれることが、しばしばあります。これを反対に考えれば、トランシット法によって好機の到来を事前にキャッチできたときは、ダイレクション法によって運勢の基底部を同時にチェックして、トランシットがもたらす好機を支え、うまく育てるだけの大きな流れが到来しているかどうかを確認すれば、万全といえるかもしれません。

◎ダイレクションを調べるホロスコープの作成法

それでは、ダイレクションを調べるために必要なホロスコープをつくりましょう。出生図とダイレクションの感受点を相互に照合しやすいよう、二重円のホロスコープを作成します。

ここでは、煩瑣《はんさ》な作業をできるだけ簡略化すると同時に、それなりの精度を確保するために、1日あたりの太陽の平均進行速度を59分として、計算を進めていきます。

この方法は、ソーラーアーク・ダイレクション法を簡便にしたもので、レイディクス・シスシステム（Radix System）と呼ばれることがあります。なお、より精度の高いソーラーアーク・の数値については、筆者の運営する「秋月瞳公式サイト」で提供しています。

まず、ダイレクションの天体の位置を求めることから始めましょう。

年齢と出生の感受点に加算するソーラーアーク

※太陽の平均進行速度を 1 日あたり 59 分として計算

年齢	アーク	年齢	アーク	年齢	アーク
1歳	0度59分	34歳	33度26分	67歳	65度53分
2歳	1度58分	35歳	34度25分	68歳	66度52分
3歳	2度57分	36歳	35度24分	69歳	67度51分
4歳	3度56分	37歳	36度23分	70歳	68度50分
5歳	4度55分	38歳	37度22分	71歳	69度49分
6歳	5度54分	39歳	38度21分	72歳	70度48分
7歳	6度53分	40歳	39度20分	73歳	71度47分
8歳	7度52分	41歳	40度19分	74歳	72度46分
9歳	8度51分	42歳	41度18分	75歳	73度45分
10歳	9度50分	43歳	42度17分	76歳	74度44分
11歳	10度49分	44歳	43度16分	77歳	75度43分
12歳	11度48分	45歳	44度15分	78歳	76度42分
13歳	12度47分	46歳	45度14分	79歳	77度41分
14歳	13度46分	47歳	46度13分	80歳	78度40分
15歳	14度45分	48歳	47度12分	81歳	79度39分
16歳	15度44分	49歳	48度11分	82歳	80度38分
17歳	16度43分	50歳	49度10分	83歳	81度37分
18歳	17度42分	51歳	50度09分	84歳	82度36分
19歳	18度41分	52歳	51度08分	85歳	83度35分
20歳	19度40分	53歳	52度07分	86歳	84度34分
21歳	20度39分	54歳	53度06分	87歳	85度33分
22歳	21度38分	55歳	54度05分	88歳	86度32分
23歳	22度37分	56歳	55度04分	89歳	87度31分
24歳	23度36分	57歳	56度03分	90歳	88度30分
25歳	24度35分	58歳	57度02分	91歳	89度29分
26歳	25度34分	59歳	58度01分	92歳	90度28分
27歳	26度33分	60歳	59度00分	93歳	91度27分
28歳	27度32分	61歳	59度59分	94歳	92度26分
29歳	28度31分	62歳	60度58分	95歳	93度25分
30歳	29度30分	63歳	61度57分	96歳	94度24分
31歳	30度29分	64歳	62度56分	97歳	95度23分
32歳	31度28分	65歳	63度55分	98歳	96度22分
33歳	32度27分	66歳	64度54分	99歳	97度21分

❶239ページの表を見て、運勢を知りたい年齢における太陽の移動距離を調べます。たとえば28歳の運勢を知りたいならば、移動距離は27度32分となります。

なお、この移動距離は、「59分×運勢を知りたい年齢」で算出することができます。たとえば、28歳の運勢を知りたい場合、「59分×28（歳）＝1652分」となります。60分は1度に相当しますから、1652分は27度32分です。

❷❶で確認した移動距離（ここでは27度32分）を出生の全感受点にそれぞれ加えて、ダイレクションの天体の位置を算出していきます。

たとえば、出生の太陽が白羊宮23度57分ならば、ダイレクションの太陽の位置は「白羊宮23度57分＋27度32分＝金牛宮21度29分」となります。月が処女宮19度40分ならば、ダイレクションの月の位置は「処女宮19度40分＋27度32分＝天秤宮17度12分」となります。このようにして、水星、火星、金星、木星、土星、天王星、ASC、MCについても太陽の移動距離を加算して、ダイレクションの位置を算出していきます。

計算する際には、「1度＝60分」であることと、「各宮は30度ずつ」であることを念頭に置いてください。分を示す数字が60以上になったら度へくり上げ、度を示す数字が30以上になったら宮を隣へ移動させましょう。

❸❷で算出したダイレクションの感受点の位置を、二重円の外側に記入してください。

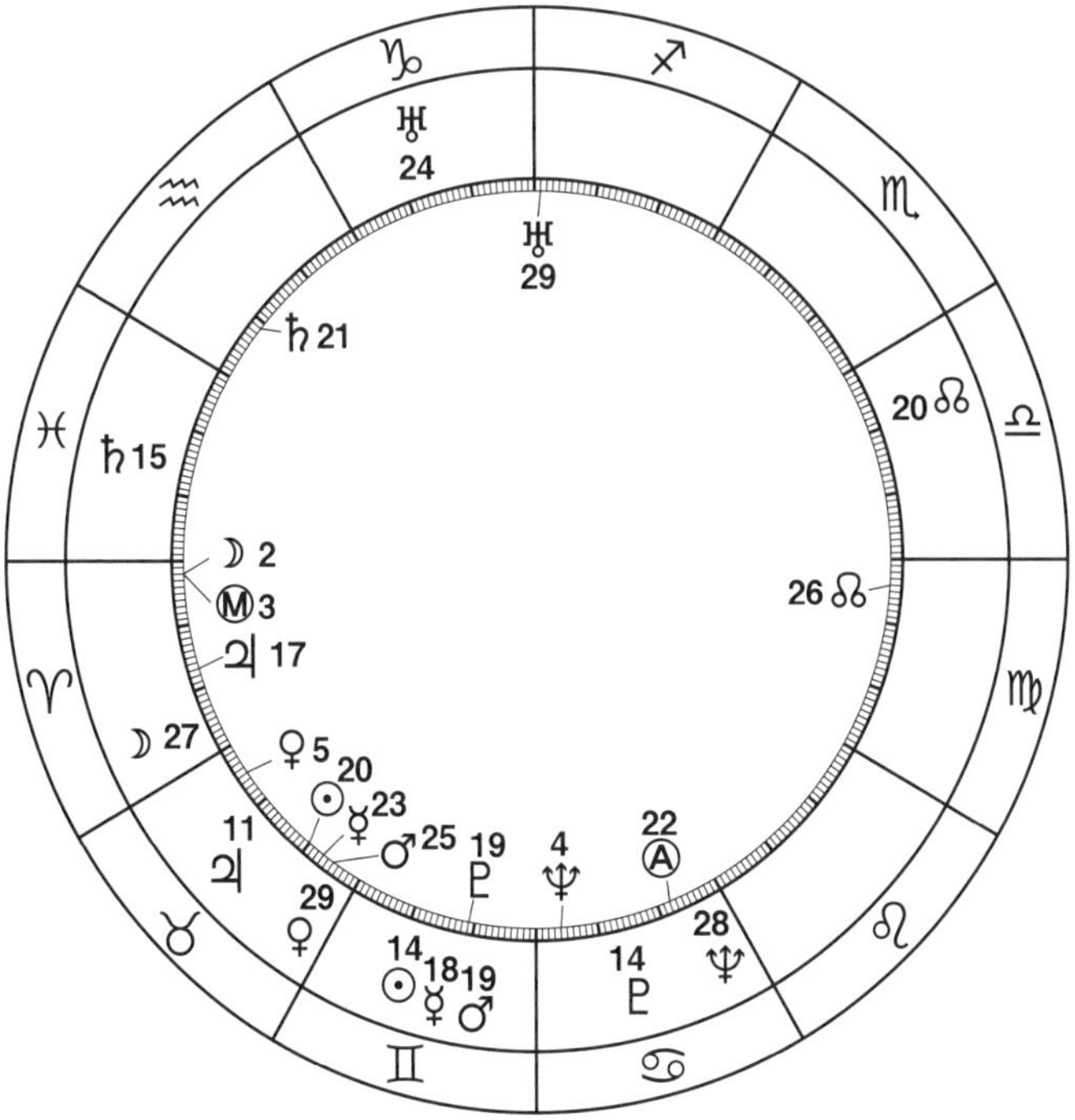

上図のように、内側に出生のホロスコープを、外側にダイレクションの天体を描きます。出生図の感受点とダイレクションの天体とのあいだにアスペクトが形成されているかどうかをひとつずつ調べていきます。なお、上記はサルバドール・ダリのホロスコープです。334 ～ 335ページに解説があります。

❹二重円の内側に、出生のホロスコープを記入します。
❺二重円のホロスコープができあがったら、出生の感受点とダイレクションの感受点とのあいだに、アスペクトが形成されているかどうかひとつずつ調べていきます。
たとえば、出生の月に対して、ダイレクションのASC、MC、太陽、水星、火星、金星、木星、土星、天王星、海王星、冥王星がアスペクトを形成しているかどうか、ひとつずつチェックしていきます。

なお、ダイレクションの感受点相互、たとえば「ダイレクションの月とダイレクションの金星」のアスペクトについては、調べません。運勢の解読に必要なのは、出生の感受点と、ダイレクションの感受点とのアスペクトのみです。

また、出生とダイレクションでも、同一の感受点間のアスペクトは調べる必要がありません。たとえば「出生図の月とダイレクションの月」や「出生図の太陽とダイレクションの太陽」が形成するアスペクトは、たんにアーク（太陽の移動距離）を示すものにすぎませんから、解読には関係がないのです。

アスペクトを調べる際には、オーブ（アスペクトが形成されていると見なす許容範囲）に注意してください。ダイレクション法におけるオーブは、全感受点、全アスペクトについて前後1度以内です。

作業中にアスペクトを見つけたら、アスペクト一覧表に記入してください。

❻246〜278ページを見ながら、❺で見つけたアスペクトを解読していきましょう。

たとえば、出生の火星とダイレクションの金星、もしくは出生の金星とダイレクションの火星がアスペクトを形成していたら、261ページの「金星―火星」を読みます。

なお、解説文の見出しにあるふたつの感受点は、出生かダイレクションかの区別なく、2感受点の組みあわせを示しています。たとえば、「♀―♂［金星―火星］」とある場合は、「出生の火星とダイレクションの金星」「出生の金星とダイレクションの火星」双方のケースについての解説であることを意味します。

ところで、ダイレクション法で使うホロスコープを作成するには、ひとつ裏技《うらわざ》があります。

右の手順❷で、進行した太陽の度数を出生図の全感受点に加えるということは、要するに、進行した太陽の度数だけ出生図を東まわりに回転させると、ダイレクションの天体の位置がわかるということです。したがって、たとえば出生図を80パーセントほど縮小コピーして切り取り、進行した太陽の度数だけ回転させて出生図に重ねると、外側に出生図、内側にダイレクションという二重円ができあがります。

あとの手順は❸以降と同じです。出生図とダイレクションで、相互の感受点が形成するアスペクトを調べていきます。つまり、太陽の進行度数を出生図の全感受点にいちいち加えて位置を算出するという手間がはぶけたことになります。

出生図をコピーして切り取るという別の手間が生じますが、計算がとても苦手だという人は、この方法を試していただくといいかもしれません。

◎ダイレクションにおけるアスペクトの優先順位

出生の感受点とダイレクションの感受点とのあいだには、さまざまなアスペクトが形成されますが、それらの作用には強弱があります。作用の強いものから順にあげると、以下の４ランクに分類できます。カッコ内は、個々のアスペクトを示す記号です。

①０度（☌）
②１８０度（☍）・90度（□）
③１２０度（△）
④１３５度（⚼）、60度（⚹）、45度（∠）

同一ランク内では、オーブの少ないほうが影響力が大きくなります。

なお、トランシット法（第5章）の解説では、120度が頻出する出生図の場合は120度が、180度が頻出する出生図の場合は180度が強く作用する傾向にあると述べましたが、ダイレクションのアスペクトは、原則として出生図の状況には左右されません。ですから、以上の優先順位でアスペクトを解読していってください。

◎ダイレクションを人生にいかすには

一般的な傾向として、ダイレクションは内的な要因による変化を、トランシットは外的な要因による変化をもたらすといわれています。つまりダイレクションは、いつごろ、どんなことに自分自身の興味が向くのか、それによって思考や行動のパターンがどう変化していくのかなどを読みとくことができるといえます。また、人生の時期にどんな試練にめぐりあうのかについても、ダイレクションに表れるとされています。

人生の途上では、しばしば否応なく試練の訪れを体験するものですが、それを迎えるための心の準備が事前にできている場合とそうでない場合では、辛《つら》さがずいぶん違います。また、ダイレクションで予測される試練をただの不運で終わらせるのか、成長と成功へのジャンピングボードとするかは、その人しだいです。真摯《しんし》な態度で人生に向きあい、喜びからも試練からも気づきや学びを得るための手がかりとして、ダイレクション法を活用してください。

☽—☉［月—太陽］

人生が新しい流れへと向かいます。実家や郷里を離れて独立するなど、新生活が始まります。

女性の場合、結婚を機に仕事をやめて家庭に入るなど、生活形態が変わることがあります。仕事の面では、新規プロジェクトを立ちあげたり、新たな事柄とかかわるなど、新しい人間関係が始まります。

ダイレクションの太陽と出生の月が0度・90度・180度ならば、変化は大きなものとなります。

反対に、出生の月または太陽が、他の天体とアスペクトを形成していない場合は、変化が鮮明に現れないかもしれません。ただし、他の天体の配置も考慮する必要があるでしょう。

出生の太陽または月が、出生またはトランシットの土星とアスペクトを形成し、太陽―月―土星の配置をつくるときは要注意です。女性の場合、無気力・病気・パートナーとの不和などによって、家庭生活に波紋がおよびます。男性の場合、家庭の不和に加え、仕事の不調や商売の失敗が予想されます。

☽—☿［月—水星］

精神活動が活発になり、活力にあふれ、行動的になる半面、やや短気で気むずかしくなります。知的なことに関心を寄せたり、興味のあるテーマについて知識や情報を取り入れようとします。また、公私ともに多忙になります。

ここにトランシットの木星が加わり、月―水星―木星のコンビネーションをつくった場合は、有益な人間関係が広がり、人を介してビジネスチャンスが生まれます。とくに作家やマスコミ関係者の場合、成功や発展が期待できます。ただし、自分の能力を過信して調子に乗ると、失敗や損失を招きます。また、厳しい経営状態を好転させるほどの影響力はありません。

また、トランシットの火星が加わり、月―水星―火星が0度・90度・180度を形成した場合は、身近な人とのあいだにトラブルが起こったり、言葉によって心理的に傷ついたり傷つけられたりすることがあります。

☽―♀〔月―金星〕

精神的に充実した期間となるでしょう。

愛情面では、心満たされ、安定した時期を過ごせます。他人への思いやりや魅力が増し、目上や異性からの誘いも増えるでしょう。ロマンチックな交際のなかで幸福感を味わえます。

ただし、月―金星のコンビネーションに対して、他の天体がアスペクトを形成していなければ、結局のところ大きな収穫はなく、何も具体的なことが起こらなかったという感触が残るでしょう。

ダイレクションの月または金星に対して、トランシットの木星がアスペクトを形成し、月―金星―木星の配置が生じたときには、婚約・結婚・妊娠・出産など、愛情面に具体的な喜びがもたらされるでしょう。また、芸術や趣味やレジャーを楽しみ、その交友関係からビジネスチャンスが得られます。

出生の月と天王星がアスペクトを形成している場合は、魅力的な人物の出現によって、私生活や愛情面に波瀾《はらん》が訪れます。

☽―♂〔月―火星〕

積極的になり、仕事や大きな願望に立ち向かおうとしますが、生活も精神状態も安定しません。将来に対する不安を感じ、それをはね返そうとして突発的な行動に出て、自信をなくすこともあります。また、自己主張が強くなり、公私にわたる対人関係で、絶えず問題をかかえます。他の天体とのアスペクトにもよりますが、原則として転職・独立・開業など、人生の方向転換には不適当な時期です。

とくに、アスペクトが0度・90度・180度の場合は、強い影響を受けます。自分を追い込まないで、くつろぎの時間を確保しましょう。上司と衝突したり、突飛な行動で立場を失うなど、失敗をみずから招く心配があります。家庭生活や愛情面でのトラブルや事故にも要注意です。

ここに土星がトランシットし、月―火星―土星のコンビネーションを形成したときは、人生の難局に直面します。この時期に接触してくる異性は、人生に損失や不利益をもたらす可能性が大です。

☽—♃【月—木星】

いい意味で注目すべきコンビネーションです。出生の木星—ダイレクションの月という組みあわせならば、重要度がいっそう高くなります。

いずれの角度も人生にプラスに作用しますが、0度・90度・120度・180度であれば、より具体的な事柄として現れます。

この期間は、物質的にも精神的にもゆとりが生まれます。それまで難問をかかえていた人も、解決の糸口が見え、援助者が出現するなど、人生を立て直すためのきっかけがつかめるでしょう。

恋愛では、自分を高めてくれるような理想の異性が出現します。また、女性よりも男性のほうに具体的な形で現れ、婚約や結婚などがまとまります。

仕事でも好機が訪れ、成績を上げることができます。過去の努力が報われて高い評価を得たり、昇進・昇格などの話がもちあがるでしょう。

また、健康が回復するなど、ものごとが改善され、独立や転職にもいいときです。

☽—♄【月—土星】

重視すべき配置のひとつです。重苦しい問題をかかえ込み、精神的な抑圧を受けます。アスペクトが0度・90度・180度ならば、影響が鮮明かつ具体的に現れます。

仕事の面では、努力しても主張が退けられ、やる気や自信を失いがちです。仲間との意見の食い違いが生じたり、上司と部下、取り引き先と会社の板ばさみになるといった事態が予想されます。

健康面では、体調変化と体力低下が予想されます。過去に大病を患った人と持病のある人は要注意です。

愛情の面でも問題が生じますが、この傾向は女性よりも男性に顕著でしょう。

月—土星に対して、出生またはダイレクションの金星がアスペクトを形成すると、愛する人への失望、投機の失敗、猜疑心《さいぎしん》の増大が暗示されます。

月—土星に対して、出生またはダイレクションの木星がアスペクトを形成すると、強引さや駆け引きが裏目に出る時期となります。

☽−♅［月―天王星］

たいへん重視すべき配置のひとつです。なんらかの刺激を受けて、それまでたくわえていた不満が、変化と改革への原動力に転換されます。アスペクトが0度・90度・180度ならば、変化が鮮明な形で現れるでしょう。

この時期は、根底にかかえていた不満がふくらみ、精神的に落ち着かない状態が続きます。また、その反動で自分の可能性を求めようとして、まったく違うことや新しいことにひかれるようになります。

愛情面では、パートナーへの不満がつのり、そこから逃れるように新たな異性との接触を求めます。また、家庭の煩《わずら》わしさから逃れて、勝手な行動をとったりします。

この時期に始まる恋愛は、おもに婚外恋愛や一過性のもので、結果的に破局を迎えるケースが多いでしょう。

しかし、意思の強い人や仕事が順調な人は、斬新なアイデアをいかして成功を収めます。

☽−♆［月―海王星］

精神的にナーバスで、不安定になります。たいした問題が起こっていなくても先行きに不安をつのらせ、ものごとを悲観的に考えます。人づきあいが億劫《おっくう》になり、だらだらとひとりで過ごす時間が増えることもあるでしょう。

感性がとぎすまされるので、音楽や芸術への理解が深まるなどのプラス面もありますが、他者の言動に過敏になり、翻弄《ほんろう》されがちです。

総じて非現実的なことにひかれやすく、冷静さが失われるときですから、曖昧《あいまい》なことには手を出さないほうがいいでしょう。また、金銭の扱いには慎重さを要します。保証人を引き受けたり、怪しい投資をしないよう注意してください。

アスペクトが0度・90度・180度ならば、こうした傾向が強く現れるでしょう。

月―海王星に対して、トランシットの土星がアスペクトを形成すると、現実逃避の傾向が現れます。お酒や薬物への依存には要注意です。

☽―♇［月―冥王星］

たいへん重視すべき配置のひとつです。状況の変化が激しく、大きな転機が訪れます。アスペクトが90度か180度なら、激しさが増します。

この時期は、なんらかの刺激を受けて意識が変化し、それにともなってライフスタイルも変わります。とくに、それまで曖昧《あいまい》にしていた問題や、ためこんでいた不満が起爆剤《きばくざい》となり、変化が発生します。その結果、家庭内の不和、夫婦関係の破綻《はたん》、転職や独立などが起こるでしょう。

しかし、すべてが悪く転じるわけではありません。再スタート、再生という意味で、新たな生活や状況が訪れます。これまで築いてきたものや人間関係が失われたとしても、それをきっかけに新たな生き方を構築していくことができます。

月―冥王星に対して、トランシットの火星がアスペクトを形成したときは、極端な状況の悪化や事故の発生が懸念されますので、火星が通過するまでは冷静を心がけ、用心するに越したことはありません。

☽―Ⓐ［月―ASC］

自分のテリトリー内で、おもに人間関係にからんだイベントが発生します。プラスに働く配置ですが、他にかかわる天体によっても左右されます。また、出生、進行、トランシットの他の天体がアスペクトしていなければ、影響は微弱です。

男性の場合は、新しい女性との出会いなど、愛情の面でよいきっかけが得られるでしょう。火星・土星・天王星がからんでいなければ、婚約や結婚の好機です。相手の女性と両親との関係が良好で、穏やかで前向きな愛情がはぐくまれるでしょう。

男女とも、趣味やレジャーを通じて新たな交友関係が広がります。

月―ASCに対して、トランシットの木星がアスペクトを形成したときは、仕事が発展し、身近な人が財をもたらしてくれます。

月―ASCに対して、トランシットの土星がアスペクトを形成したときは、長患い、仕事の不振、家庭の不和などの問題が生じます。

☽—Ⓜ〔月―MC〕

仕事あるいは社会的な面で、より高いレベルを意識します。将来への不安と希望が交錯する時期となるでしょう。ただし、月―MCが0度・90度・180度以外の場合と、月―MCが、出生、進行、トランシットのいずれかにおいて他の天体とアスペクトを形成していない場合は、影響は微弱です。

この時期は、感情的に不安定になり、落ち着きがありません。家庭生活や仕事の先行きに心がとらわれ、ときには後継者問題などで苦慮します。

月―MCに対して、トランシットまたはダイレクションの木星がアスペクトを形成すると、将来の展望が見えてきます。また、仕事の成功や地位獲得のチャンスが訪れます。さらに、過去の失敗から立ち直る力が授けられます。

月―MCに対して、トランシットまたはダイレクションの土星がアスペクトを形成すると、仕事での失敗、退任、重圧を経験します。ただし、自分の生き方に自信があるなら、恐れる必要はありません。

☉—☿〔太陽―水星〕

知的なテーマに関心を寄せ、精神活動が活発になります。これまで続けてきた知的な趣味や創作活動、そして仕事にプラスの影響がもたらされます。とくに研究者、作家、記者、デザイナーなどにとっては、仕事に打ち込めるときとなります。また、受験生は勉強の効率が上がるでしょう。ただし、人生を根本的に変えるような作用ではありませんから、弾《はず》みをつけるのに活用するといいでしょう。アスペクトが0度・90度・180度ならば、こだわりが強くなり、多忙になるといった傾向が現れます。

しかし、他の天体がコンビネーションを形成していない場合は、作用を実感しにくいでしょう。

太陽―水星に対して、トランシットまたは出生の木星がアスペクトを形成した場合は、多くのアイデアが浮かび、技術が習得でき、教育や研究の道が開かれます。企画・開発に携わる人には、ビジネスチャンスが訪れるでしょう。また、商売を営む人は、利益が得られます。

☉—♀［太陽—金星］

楽しいことや美しいものに気持ちが向きます。音楽や美術をはじめ芸術への関心が高まり、観光や旅行をすると有意義な時間がもてるでしょう。また、特別な出来事がなくても気分が躍ります。

対人関係が華やかになり、交際範囲が広がります。また、流行やおしゃれに関心を寄せ、自分の魅力を再発見するでしょう。好感度もあがります。

過去の失敗を取り戻すなど、挫折から立ち上がる意欲が湧くときでもあります。状況が好転したり、再生の好機が訪れることもあるでしょう。

金銭を浪費したり、ものごとを安易に考えるといったマイナス面もありますが、極端に悪い状況がもたらされることはありません。

出生の金星と冥王星が0度・90度・120度・180度を形成していて、太陽のダイレクションの影響下に入る場合には、愛情面に大きな転機が訪れます。運命を感じるような大恋愛が発生することもあるでしょう。

☉—♂［太陽—火星］

重視すべき配置のひとつです。

出生の太陽とダイレクションの火星よりも、出生の火星とダイレクションの太陽の組みあわせのほうが重要度が高く、とくに0度・90度・180度を形成した場合は、影響が具体的に現れます。

活動意欲が大きく増し、目標の実現に向けて果敢に行動します。その分だけ多忙をきわめますが、極限までがんばり、ハードワークをこなします。自信過剰で自分勝手で闘争的になり、ライバルと激しく対立したり、集団のなかでも歩調を乱しがちです。

私生活でも興奮しやすく、口論やけんかなどのトラブルを起こします。また、事故やけがに注意が必要です。意欲をよいほうに向ければ、力強く障碍《しょうがい》を乗り越えて独立する道が開けますが、えてして悪いほうに傾きます。

太陽—火星に対してトランシットの土星がアスペクトを形成すると、夫婦関係・仕事・体調がさらに不穏になり、危機に直面することも予想されます。

☉―♃［太陽―木星］

いい意味で重視すべき配置のひとつです。また、出生の木星とダイレクションの太陽の組みあわせのほうが重要度は高くなります。

この時期は、人生の大発展がもたらされ、成功と富が望める幸運期が訪れます。それまでなかなか芽が出なかった人にとっては、仕事で能力が認められ、スポンサーや頼もしい協力者が現れるなど、待ち望んでいた好機が訪れる時期となります。過去の挫折や失敗からの再生をはかる絶好のチャンスです。組織に属する人、フリーランス、事業家、いずれの立場の人も積み重ねてきた努力が報われ、成功への道が見えてきます。

精神的に豊かになれ、慈愛の精神が増します。体力的にも良好で、病気などが回復へ向かうでしょう。

私生活では、家庭の問題やパートナーとの不和に解決の兆しが現れます。離婚を望む人も、納得《なっとく》のいく決着が望めます。恋愛に発展する出会いが訪れ、婚約や結婚にも好機となるでしょう。

☉―♄［太陽―土星］

たいへん重視すべき配置のひとつです。

この期間は、体力の低下や持病の悪化が予測され、精神的にも落ち込みやすくなります。

社会的な面で重苦しい責任をかかえるときで、昇進・昇格を果たしても、喜びより重圧のほうが大きいでしょう。また、望まないポストへの配転や、築きあげた地位を失うなど、やる気が失せるような出来事が起こります。上司や部下の支援があっても、ひとり困難や試練に耐えることになります。

私生活では、身内の世話をしなければならなかったり、男性の場合は、父親や夫あるいは長男としての責任が重くのしかかります。なお、商売以外で土地や不動産を売買するにはよい時期です。

愛情面では、男性より女性に問題が多く発生します。すれ違いや裏切り、子供の教育をめぐる夫とのトラブルなどが起こるでしょう。ただ男性の場合は、けじめをつける意味で、この期間に結婚を決意する人も多く見られます。

☉—♅【太陽—天王星】

たいへん重視すべき配置のひとつで、人生の改革期を意味します。なかでも0度・90度・180度は、事態がめまぐるしく変化します。進行の太陽—出生の天王星のほうが、影響が鮮明に現れます。

仕事の面では、突然の転任や転勤などによって環境が大きく変わります。このタイミングで独立を果たす人もいますが、それは不満が重なって離反した結果であったり、状況にあおられた予想外の展開というケースが多いようです。また、新たなことに着手しても飽きっぽくて地に足が着かず、突発的な行動が目立ち、趣味や遊びでは新奇さを求めます。

愛情面でも、家庭生活が犠牲になったり、パートナーへの不満がつのり、新しい刺激を求めて他の異性に心を向けることもあります。

出生の太陽と火星、または出生の太陽と土星が0度・90度・180度を形成している人は、事故や災難に巻き込まれたり、信用や地位を失う危険をみずから招きかねないので十分な注意が必要です。

☉—♆【太陽—海王星】

重視すべき配置のひとつです。

情緒豊かで、やや神経過敏になります。音楽家や芸術家など、感性を求められる仕事や、いっぷう変わった仕事に従事する人には有益ですが、ごく普通の人にとっては混乱や迷いを招く配置です。数奇なめぐりあわせを体験したり、神秘的なものにひかれることもあるでしょう。とくにアスペクトが0度・90度・180度ならば、影響が大きくなります。

この期間は、ささいなことで誤解が生まれ、人物や状況の見きわめを誤りがちです。また、誹謗《ひぼう》中傷にも注意が必要です。

太陽—海王星に対して、トランシットの火星がアスペクトを形成したときは、精神的なバランスを崩してヒステリックになり、周囲に感情を押しつけがちですから、注意が必要です。

太陽—海王星に対して、トランシットの土星がアスペクトを形成したときは、劣等感や出口の見えない混沌とした状況と戦うときです。

☉―♇［太陽―冥王星］

もっとも重視すべき配置のひとつです。人生の変革期で、生き方を大きく変えるような出来事が起こります。アスペクトが0度・90度・180度であれば、変化がより激しくなります。その他のアスペクトも、穏やかとはいかないでしょう。また、進行の太陽―出生の冥王星のほうが影響が強く現れます。

太陽―冥王星がもたらす大変革は、本人の意思というよりは、なかば強制的なものです。逃れることができないような状況のなかで、人生の大きな分岐点に立たされ、決断を迫られます。

また、古い価値観や因習が崩壊し、新たな生き方が求められる時期でもあります。

仕事では地位の決定的な変化、私生活では大切な人との離別や離婚が予想されます。

太陽―冥王星に対して、出生・トランシット・ダイレクションの他の天体がアスペクトを形成した場合は、加わった天体の個性によって、変化の方向性が具体的になります。

☉―Ⓐ［太陽―ASC］

積極的に人との交流を深め、周囲に自分をアピールしようとします。いずれのアスペクトもプラスに働きますが、他にかかわる天体によって具体的な事柄として現れます。出生・トランシット・ダイレクションの他の天体がアスペクトを形成していなければ、重要度は低くなります。また、進行の太陽―出生のASCのほうが重要度が高くなります。

この期間は、他人から認められたくなり、ワンランク上の人たちとの友好関係を求めます。

自分を高めようとする意欲が湧き、よき母親、よき父親、よき仲間となるべく、それぞれの立場で努力をします。仕事では、ライバルを意識することがよい刺激となります。とくにタレントや接客業など、人気に左右される職業には非常に有益に働きます。

太陽―ASCに対して、トランシットの木星がアスペクトを形成したときは、仕事の成功、結婚、妊娠、出産など、人生において具体的な喜びと社会的な承認が得られます。

☉—Ⓜ［太陽—MC］

人生の目的を積極的に追求する期間となります。ただし、アスペクトが0度・90度・180度以外の場合と、出生、ダイレクション、トランシットの他の天体がアスペクトを形成していない場合は、具体的な影響力を感じにくいでしょう。また、進行の太陽—出生のMCのほうが重要度が高くなります。

この時期は、自分の立場を再認識させられるような問題が生じ、将来設計を見直す必要に迫られるかもしれません。年老いた両親への支援、子供の教育問題、仕事上の責任などが浮上し、子供として、父母として、社会人としての使命感が求められます。

なかでも政治家など大きな社会的責任を担っている人には、大きな転機が訪れます。

太陽—MCに対して、トランシットの木星がアスペクトを形成したときは、高い評価や名誉を得たり昇進のチャンスが訪れます。また、トランシットの土星がコンビネーションしたときは、過去の不行跡の結果として、社会的立場の失墜《しっつい》などが起こります。

☿—♀［水星—金星］

日常生活に華やぎが添えられますが、重要度は低く、人生に大きな影響がおよぶような出来事を起こす配置ではありません。また、アスペクトが0度・90度・180度以外の場合と、出生、進行、トランシットの他の天体がアスペクトを形成していない場合は、影響を実感しにくい傾向にあります。

この時期は、いつもよりも明るくなれ、人と親しむことができます。また、芸術・文学・音楽をはじめ美しいものへの関心が高まります。

仕事の面でも人脈が広がります。また、私的なつきあいのなかで、仕事の利益につながるような話が持ちあがるでしょう。芸術的な仕事をしている人にとっては、自分の作品を発表し、多くの人々の注目を浴びるといった喜びが得られる時期です。

金銭面では、遊びや趣味やおしゃれに時間を費やして、浪費の傾向が強くなりますが、さほど困った事態にはいたりません。趣味でつくった作品などが、小さな財につながることもあるでしょう。

☿―♂［水星―火星］

ものごとが思うように運ばず、焦ったりいらいらさせられたりすることが多くなります。ただし、アスペクトが0度・90度・180度以外であれば、影響が極端な形で現れることはなく、人生に悪影響をおよぼすような状況は訪れないでしょう。

この時期は活動的になれますが、気持ちが先走ってしまい、無自覚で軽率な行動を起こします。

仕事の面では、企画立案や情報収集に意欲的になれますが、何かが足りない、これではいけないと焦ってエネルギーを消耗しがちです。また、意見を交わす場でゴリ押しをしてしまい、敵をつくったり人気を失う暗示もありますから注意が必要です。

私的な面では、パートナーや家族に口うるさくなり、ときに感情的にわめき散らすことがあります。

水星―火星に対して、トランシットの天王星がアスペクトを形成したときは、斬新な発想やよいプランが浮かびますが、興奮したまま行動するとトラブルを招く危険がありますから自重してください。

☿―♃［水星―木星］

精神的な安定と人生の繁栄を表します。また、楽観的な傾向が現れます。ただし、悪い状況を劇的に変えるほどの影響力をもつ配置ではありません。また、アスペクトが0度・90度・120度・180度以外ならば、影響はより微弱となります。

この期間は、愛想がよくなります。また、人を心地よい気分にさせる会話や楽しいジョークを通じて、自分の魅力をアピールすることができ、いろいろな人に愛されるでしょう。また、趣味や遊びのなかで、雑学的な教養を広く身につけられます。

調停や仲介役にも適した時期です。第三者同士のトラブルなどに際して、橋渡し役を務めることもあるでしょう。

仕事の面では、企画力が評価されるときです。プロジェクトに着手したり、プレゼンテーションをするにも好機といえます。ただし、他人の意見やアイデアを認めたがらない傾向にありますから、その点には注意が必要です。

☿－♄［水星－土星］

あまりハッピーな出来事が期待できない配置のひとつです。しかし、人生を大きく変えるような悪い出来事が起こる心配はありません。また、アスペクトが0度・90度・180度以外であれば、影響は微弱なものとなります。

この期間は、自分にも他人にも厳しくなります。考え方に柔軟性がなくなり、保守的になったりネガティブになったりします。親の立場にある人ならば、厳格な父または母となるでしょう。親しい友人との行き違いや意見の相違なども起こりがちです。

仕事の面では堅実を期し、人との折りあいがつきにくくなります。過去の苦い経験が甦り、守りに徹しがちで、チャレンジできない傾向にあります。また、完璧さを求めて、堅苦しい行動をとります。

学者や教師など、いわゆる堅い職業ならば地道に仕事に取り組めますが、自由なアイデアや発想が必要な職業には不利な配置です。また、大きな飛躍や華々しい活躍とは縁がないでしょう。

☿－♅［水星－天王星］

直観力が鋭くなり、発想が豊かになります。ただし、人生を大きく変えるような出来事が起こる時期ではありませんので、期待しすぎないでください。また、アスペクトが0度・90度・180度以外の場合や、出生およびトランシットの他天体がからんでいなければ、影響はいっそう微弱になります。

美容師やエンジニアなど、技術や知識の習得を必要とする仕事をもつ人にとっては、研究心が高まり、新しい世界や斬新なものに対して柔軟になれるときです。ユニークな発想や企画力を求められる仕事をもつ人にとっては、自分のアイデアが認められるときですが、それが直接的に財の取得や人望を集めることつながるとは限りません。

プライベートでは、自分勝手でわがままな行動や言動が目立ちます。仲のよかったパートナーと呼吸が合わなくなる可能性も予測されますが、別離につながるような大問題には発展しないでしょう。習いごとを始めるなど、スキルアップには好機です。

☿—♆【水星—海王星】

神秘的な事柄に心ひかれると同時に、思考があやふやになるときです。ただし、また、水星—海王星に他の天体がかかわっていなければ、具体的な影響を実感しにくいでしょう。

この時期は、空想にふけりがちです。空想の世界と現実とが交錯し、形にならないようなアイデアが次々と浮かびます。また、繊細で感じやすくなり、他人の苦悩に同情的になり、他人の言葉に翻弄《ほんろう》されます。したがって、実態の見えない怪しいものごととの接触は避けるのが望ましいでしょう。

現実的な判断力が低下するので、投資や不動産の売買などにも手を出さないほうがよいでしょう。

仕事面で不調だった人は、努力を怠ると立場の失墜や事業の衰退が予想されます。

水星—海王星に対して、トランシットの土星がアスペクトを形成したときは、詐欺《さぎ》に要注意です。また、精神的なダメージを受ける、精神的に衰弱する、人間関係がもつれるなどの可能性もあります。

☿—♇【水星—冥王星】

ものごとの本質を見きわめようとする意識が高まります。また、実際にそのような状況に置かれるときです。ただし、アスペクトが0度・90度・180度以外ならば、変化が鮮明には現れません。

仕事の面では、これまで混沌《こんとん》としていたアイデアやプランが明確な形をとり、強大な力をもつ人によって実現へと導かれます。また、仕事に限らず、従来の思考パターンが大きく変わることもあるでしょう。知識と技術の習得には、大きな期待がもてます。

マイナス面としては、邪推《じゃすい》と思い込みが激しくなり、私的な人間関係に不和が生じます。

水星—冥王星に対して、トランシットの土星がアスペクトを形成したときには、自分の能力を超える大きな課題をかかえることになるでしょう。

トランシットの木星がアスペクトを形成したときには、周囲の評価が高まり、説得力が増します。しかし、自分の価値観を押しつけようとしがちで、そのために反感を買うこともあるでしょう。

☿—Ⓜ［水星—MC］

新たな目標が生まれ、人生の流れが変わるときです。出生のMCとダイレクションの水星が0度となったときに、もっとも影響力が大きくなります。

愛情面もふくめ、私的な生活に大きな影響はありません。ただし、既婚女性は両親や親族の問題で時間を費やすことが多くなるでしょう。

学生の場合は、将来の目標が定まり、学習に意欲的になれます。

男子の場合は、人生の成長過程において何らかの自覚をする時期で、歴史上の人物や目上の人から影響を受けることもあるでしょう。

仕事の面では、新規の事業計画や将来の目標を立てるには好機です。自分のアイデアや目標を周囲に理解してもらうことが、実りある将来への種まきとなります。

水星—MCに対して、トランシットの木星がアスペクトを形成したときは、目上や社会的立場の高い人から、高い評価が得られます。

☿—Ⓐ［水星—ASC］

社交的になれますが、さほど重視する必要のない配置です。いずれのアスペクトであれ、人生を大きく変革するような出来事は起こらないでしょう。

この期間は、よく機転がきき、日常の仕事がはかどります。また、コミュニケーションが活発になり、良好な人間関係がはぐくまれます。身近な人たちとの会話を大切にして、相手の理解に努めようとする傾向が見られます。趣味の仲間や気のあう人との対話を通して、知識を習得するにも適しています。

仕事の面でも、仲間との対話やディスカッションのなかで、よいアイデアが生まれ、チャンスを見いだすことができるでしょう。個人プレイよりもチームプレイが功を奏する時期ですから、仲間と協調することで実績を上げられます。

水星—ASCに対して、トランシットの木星がアスペクトを形成したときは、組織内での成功が期待できます。また、精神的あるいは物理的な豊かさをもたらす人との出会いが訪れます。

♀—♂【金星—火星】

重視すべき配置のひとつです。ただし、0度・90度・180度以外の場合や、出生またはトランシットの他天体がコンビネーションしていないときは、影響は微弱です。

この時期は、恋愛に対して情熱的になり、肉体的欲望が高まります。既婚者ならばパートナーとの関係が良好になります。気持ちが弾《はず》むような楽しく刺激的な出来事が起こり、恋とは無縁だった人にも出会いのチャンスが訪れます。友情が恋愛へと発展することもあるでしょう。しかし、新しい異性が登場して、不倫や三角関係におちいる可能性もあります。

仕事の面では、情熱を注いだ事業が成功します。とくに事業を営む人には利益がもたらされます。ライバルや仲間によき刺激を受け、新たな目標に情熱を注ぐケースもあります。

金星—火星に対して、トランシットの冥王星がアスペクトを形成したときは、既婚・未婚に関係なく運命的な恋愛によって人生が大きく変わるでしょう。

♀—♃【金星—木星】

好ましい人間関係が広がり、さまざまな局面で人生の流れがよいほうに向かいます。いずれのアスペクトもプラスに作用しますが、0度・90度・180度以外ならば実感が得られにくいでしょう。

この時期は、ランクの高い人たちとの交流が始まり、公私ともに楽しい時間を過ごせるでしょう。人間関係が華やかに広がり、そうしたつきあいが仕事や将来の利益につながることもあります。

愛情面では、自分に利益をもたらしてくれる恋人に遭遇《そうぐう》する可能性が高いときです。恋愛中の人は、結婚へと発展するケースも多いでしょう。既婚者は、家族やパートナーとの関係が良好になります。

仕事の面では、スポンサーの出現、目上や社会的地位の高い人物の引き立て、それにともなう地位の向上や利益の取得が暗示されます。

また、個人の不動産購入には適した時期です。マイナス面としては、贅沢《ぜいたく》になり、浮かれ気分で地に足が着かない点があげられます。

♀−♄【金星−土星】

恋愛をふくめた人間関係のなかで重圧や苦悩をかかえます。アスペクトが0度・90度・180度ならば、影響が大きいでしょう。

この時期は、それまで順調だった夫婦が倦怠《けんたい》期を迎えます。パートナーに対する不満が増幅するか、反対に無関心や冷淡さが表面化して、相手の心がつかめなくなります。また、パートナーの金銭問題や人間関係などに巻き込まれたり、浮気に悩まされることもあります。女性の場合は、夫が職を失ったり、中年期以降ならば更年期障害、冷え性、腰痛などに悩まされるケースが多く見られます。

恋愛面では、相手の心変わり、すれ違い、どちらかの転勤や引っ越し、親の反対など、乗り越えねばならない障害が発生します。自分の気持ちが冷めることもあります。別離もありうるでしょう。

その他の人間関係では、信じていた人に裏切られるなど、失望するような出来事が起きます。身近で大切な人との結びつきを失う可能性もあります。

♀−♅【金星−天王星】

刺激的な事柄への関心が高まり、大胆な行動に出る時期です。ただし、アスペクトが0度・90度・180度以外の場合は、他の天体がコンビネーションしていなければ、影響は微弱となります。

この時期は、音楽や芸術をはじめ、それまで無関心だったジャンルにひかれます。また、躊躇《ちゅうちょ》する自分の背中を押してくれるような刺激的な人との出会いが訪れ、その人との交流が深まります。それまで抑えていた気持ちが解放され、以前から興味のあった趣味などに打ち込んだり、束縛されていた家庭や職場から飛び出す人もいます。

愛情面では、魅力的な異性や思いもよらなかった相手が出現し、奔放《ほんぽう》で熱烈な恋愛が始まることがあります。ただし、婚外恋愛、三角関係、スキャンダルなどへと発展する危険も秘めています。

金銭面では、投資に走りがちです。あぶく銭のような形で金銭を取得する暗示がありますが、散財も多く、手元には残らない傾向が見られます。

♀―♆［金星―海王星］

豊かになりますが感傷的で、現実離れしたファンタジックな世界に浸ります。愛情問題や感情面に影響がおよぶ期間となるでしょう。出生の海王星とダイレクションの金星の組みあわせのほうが、重要度が高くなります。また、アスペクトが45度・60度・135度の場合、他の天体がコンビネーションを形成していなければ、影響は微弱です。

この時期は、歌劇や音楽をはじめ、洗練された高尚な趣味を楽しみ、夢中になる傾向にあります。

しかし愛情面では、現実を直視することがむずかしく、秘密の恋や不確かな関係に魅せられがちです。相手を理想化してのぼせあがったり、恋人の心変わりが見抜けないまま取り残されたり、パートナーとの愛情が色あせることもあるでしょう。けじめのつかない不倫関係におちいる危険もぬぐえません。

金星―海王星に対して、トランシットの土星がアスペクトを形成したときは、別離や失恋などの悲しみやショッキングな出来事が訪れます。

♀―♇［金星―冥王星］

愛情面について、非常に重視すべき配置のひとつです。出生の冥王星とダイレクションの金星の組みあわせのほうが、重要度は高くなります。また、アスペクトが45度・60度・135度の場合、他の天体がコンビネーションしていなければ、状況の変化が鮮明には現れません。

この時期は、まるで運命の糸に引きよせられたかのような、理性では抑えがたい恋愛が発生します。性的な魅力や欲求が高まり、肉体関係とは切り離せない官能的で濃厚な恋愛が起きるときです。また、相手に対して献身的な愛情を注ぐこともあります。

既婚者の場合は、家族を巻き込んでの大騒動に発展する可能性があります。離婚や絶縁にいたるなど、社会生活や環境を大きく変えることの多い配置です。愛憎の激しさのあまり関係が泥沼化することもあり、いずれにせよ穏やかではいられません。

特殊な芸術的・文学的才能をもつ人は、この時期に大作を生みだし、評価を得ることがあります。

♀—Ⓐ【金星—ASC】

人間関係が円滑になり、社交の場で人脈が広がります。出生のASCとダイレクションの金星の組みあわせのほうが、重要度が高くなります。また、アスペクトが45度・60度・135度の場合は、他の天体がコンビネーションしていなければ、影響を実感できないかもしれません。

プライベートでは、趣味や習いごとを通じてよき仲間が増えます。また、疎遠になっていた知人と連絡がとれたり、わだかまりをかかえていた人間関係に雪解けが訪れるでしょう。

順調な交際を続けてきたカップルの場合、このタイミングで結婚にいたるケースが多く見られます。既婚者は、家庭内が楽しく穏やかになるでしょう。

仕事の面でも協調的な関係を築くことができ、人気を得たり、支援者も現れるでしょう。

マイナス面では、何ごとも悠長《ゆうちょう》に構えてしまうために、結果を形として残せない傾向にありますから、積極的な態度が望まれます。

♀—Ⓜ【金星—MC】

いい意味で重視すべき配置です。劇的な変化はありませんが、過去の積み重ねが評価され、成功へのきっかけがつかめるなど、人生に華やぎが加わります。出生のMCとダイレクションの金星が0度を形成するときが、もっとも影響力が大きくなります。

仕事の面では、実績が評価され、今後の発展と利益につながるようなよいプランが進展します。会社組織に属していない人にとっては、知人から好ましい人脈や仕事を紹介されるなどの出来事が多い時期となり、発展が望めます。タレントやサービス業など、人気を必要とする仕事につく人にとっては、得るものが多い配置です。

人間関係では、周囲を思いやる余裕が生まれ、そのことが人気につながります。

愛情面では、新たな恋愛が生まれ、結婚を前提とした交際が始まることも多いでしょう。

出生図でMCと太陽がアスペクトを形成している人にとっては、とくに実りの多い時期となります。

♂－♃［火星―木星］

意欲的・精力的になれます。アスペクトが45度・１３５度の場合は、他の天体がコンビネーションしていなければ、影響が微弱となります。

この時期は、挑戦と冒険が成功につながります。躊躇《ちゅうちょ》する自分の背中を押して、行動に踏み切るための勇気をくれる人やものと出会い、苦手だったことでもやってのけられるような自信が湧いてきます。

とくに男性にとっては、仕事で成功するか、成功のきっかけがつかめるときです。これまでなかなか手応えの得られなかったプロジェクトなども、突破口が見つかるでしょう。長年の功績が認められるときでもあります。

アスペクトが0度・90度・１８０度の場合は、野心をむきだしにして周囲の不評を買ったり、無謀ともいえる野望を企てて突進するなどのマイナス面が現れますから自重すべきです。グローバルな視点で社会活動などに積極的に参加すれば、評価が高まり、自分の生きがいにもなるでしょう。

♂－♄［火星―土星］

人生に障害をもたらす配置のひとつです。出生の火星または土星が、太陽・月・ＡＳＣ・ＭＣとアスペクトを形成していなければ、さほど大きな衝撃は起きませんが、注意を要する期間ではあります。

この時期は、マイホームの購入、転職、独立などは見送るほうが賢明です。また、事故や災難、体調の変化、ストレスによる慢性病の悪化、女性は甲状腺のトラブルや婦人科系の疾患にも要注意です。

仕事の面でも試練や抑圧が多く、その反動で無謀な計画を企てたり、上司に反抗するなど、周囲との摩擦《まさつ》も見られます。自分の才能や努力が認められるまでには時間と労力を要します。不運をかこち、世のなかに背を向けることもあります。

女性にとっては、夫や恋人との不和が生じるときで、不満、すれ違い、思いやりの欠如が現れます。

火星―土星に対して、トランシットの火星または太陽がアスペクトを形成すると、抑えていたものが爆発し、周囲との関係にトラブルが生じます。

♂—♅【火星—天王星】

重視すべき配置のひとつです。とくにアスペクトが90度または１８０度ならば、状況の変化がめまぐるしく、リスクが高くなりますから要注意です。

この時期は、心を乱す出来事が起こり、波瀾《はらん》と苦悩と興奮のはざまで、不安定な状態となります。

精神的にいらだちぎみで、家庭に対する不満や将来への不安をかかえます。健康面では、持病の悪化などの体調変化が予想されます。また、軽率な行動が不慮の事故を招きますから慎重さが必要です。

刺激的な友人や、心ひかれるものとの出会いも訪れます。しかし、周囲の人たちの意見をないがしろにして行動し、人間関係に軋轢《あつれき》が生じます。

仕事では、ともすれば目的達成のために狡猾《こうかつ》になります。功を焦るあまり無謀な行動に走り、築いてきたものや信用を一瞬にして失う危険があります。とくに経営者は、ワンマンさや傲慢《ごうまん》さが現れます。

愛情面では、パートナーや恋人との関係が煩《わずら》わしくなり、束縛から逃れて自由を求めます。

♂—♆【火星—海王星】

情緒不安定になり、自信喪失におちいります。また、エネルギーの浪費による体力低下や体調不良に注意が必要です。ただしアスペクトが45度・60度・１３５度の場合は、他の天体がからんでいなければ、極端な悪さは現れません。

仕事の面では、会社への不満がつのり、ささいなことで敗北感にさいなまれます。また、実現不可能なプランを提案したり、契約上のミスやトラブルを起こしがちです。お酒やギャンブル等に逃避して、私生活が乱れることもあるので自重してください。

ただ、実際には自分が感じるほど悪い期間ではありません。むしろ本人の姿勢や心のあり方が状況を悪化させ、誤った選択をさせるのです。

対人関係では、身近な人へのわがままや、気まぐれな言動が不和を招きます。恋人やパートナーと良好な関係にない女性は、ヒステリックになります。

出生の太陽と火星がアスペクトを形成していれば、労働意欲や体力の低下、病状の悪化に要注意です。

♂－♇〔火星－冥王星〕

たいへん重視すべき配置のひとつです。とくに0度・90度・180度は、重要度が高くなります。

エンジンがつねに稼動しているような状態で、活動力が高まり、闘志にあふれ、試練を乗り越えよう、ライバルに打ち勝とうといった気持ちが湧きます。また、克服すべき障害が発生します。

衝動的で無分別な言動からさらなるトラブルを起こし、状況を悪化させることも多いでしょう。突発的な事故に見まわれたり、自分の限界ぎりぎりまでがんばって倒れるという状況も予測されます。

仕事では過労ぎみになり、私生活ではいらだちを感じ、不満がいつ爆発してもおかしくない状態です。

火星―冥王星に対して、トランシットの土星がアスペクトを形成した場合、不和の状態にある夫婦や恋人関係が破綻《はたん》し、離婚や別離が予想されます。それが訴訟《そしょう》にもつれこみ、多くの人間関係を失うこともあるでしょう。暴力的なトラブル、過労による休職、事故にも注意が必要です。

♂－Ⓐ〔火星－ASC〕

闘志や情熱が高まります。出生のASCとダイレクションの火星の組みあわせのほうが、重要度が高くなります。また、アスペクトが0度・90度・180度の場合は、状況の変化が鮮明に現れます。

この期間は、仕事に意欲的で努力を惜しみません。活動的でフットワークが軽くなり、人間関係が広がります。自己主張が強くなりますが、同時に自信を得て、将来への希望を抱くことができます。

内よりも外にエネルギーが向かうときで、その傾向が悪く作用すれば、闘争的で押しつけがましくなり、他人と衝突します。自制を心がけるとともに、明確な目的意識をもち、建設的な姿勢で行動すれば、成功への道が開かれます。とくにスポーツ選手や実業家には有益に働く配置です。

ただしスポーツ選手の場合、けがや故障の心配がぬぐえません。出生図で、ASCが太陽または土星とアスペクトを形成していれば、その可能性が高くなりますので、慎重に行動する必要があります。

♂—Ⓜ【火星—ＭＣ】

人生に目標が生まれ、自立や独立のきっかけが訪れます。しかし、先を急ぎすぎて焦る傾向にありますから、注意が必要です。アスペクトが0度・90度・１８０度以外の場合や、他の天体がトランシットしていない場合は、大きな変化は現れません。

プライベートでは、両親に関する苦労が生じ、とくに父親との争いが起きやすいでしょう。

仕事の面では、目上との衝突、権力への抵抗などが予想されます。また、人を統率していく立場に抜《ばっ》擢《てき》されるときでもあり、敵もできますが味方も多く現れます。このタイミングで独立や転職を思い立つ人も多いのですが、まだ機が熟していません。長ければ数年の時が必要ですから、焦らないことです。

なお、政治家やタレントなど、人気を必要とする仕事をもつ人は、イメージダウンにつながるトラブルを巻き起こしやすい時期です。

出生の火星と土星がアスペクトを形成していれば、失脚や解任などが予想されます。

♃—♄【木星—土星】

とんとん拍子で進んでいたことが、ここへきて停滞します。ただし、アスペクトが45度・60度・１３５度ならば、重視する必要はありません。

仕事の面では、大口の受注が減少したり、人脈でつながっていた仕事が失われたりすることが予想されます。約束が延期になることもあります。

しかし、状況が暗転するのではなく、これまで他人をあてにしてイージーにお金を稼いできた自分が試されるときなのです。ノルマが課せられ、忍耐や努力を強《し》いられますが、ただ黙って状況を見守るだけではジリ貧を招きます。攻めの姿勢で戦略を練り、状況に立ち向かわねばなりません。

家庭生活では、子供の教育費のために小遣いが減るなど、我慢を強いられることもあるでしょう。

出生の太陽・月・ＡＳＣ・ＭＣのいずれかが、木星または土星とアスペクトを形成していれば、自分が感じているよりも実際の状況は悪いのですが、状況を大きく見直して努力すれば、克服が可能です。

♃―♅【木星―天王星】

人生の流れが好転します。いい意味で重視すべき配置のひとつです。

仕事の面では、思いがけず高い評価を受け、成功への道を見いだせます。ただし、その評価は過去の努力の結果として現れるものであって、降って湧いたような現金収入につながるものではありません。

また、むずかしい融資の話が通ったり、ランクの高いコンペに参加できるなど、予想外のチャンスや成功への足がかりが見つかります。思わぬところから財政的な援助の申し出を受けることもあるでしょう。自由業、フリーランサー、経営者など、みずから道を切り開いていく立場の人には、とくに有益に働きます。また、競馬のジョッキーやスポーツ選手など、勝負に挑む職業の人にも、実績を残し、一発逆転するチャンスがめぐってきます。

出生の木星もしくは天王星が、太陽とアスペクトを形成していれば、またとないビッグチャンスが到来し、大きな発展や成功が期待できます。

♃―♆【木星―海王星】

空想力が豊かになり、夢やアイデアが広がります。しばし心の旅路をたどる時期です。ただし、アスペクトが45度・60度・１３５度の場合、他の天体がコンビネーションしていなければ、影響は微弱です。

この時期は芸術や音楽など、美しいものに魅せられ、センスが洗練されます。また、ふとしたことをきっかけにプラス面とマイナス面が極端に現れます。あいまいなことを避け、現実的な態度を維持すれば、人生に潤いが得られるでしょう。

仕事の面もふくめ、責任を負わされると優柔不断になり、現実逃避します。非現実的で美しいものに魅せられ、現実味のない計画を進めようとして、理想と現実のギャップを強く感じます。しかし、どこかで折りあいをつければ、将来につながります。

木星―海王星に対して、トランシットの土星がアスペクトを形成したときは、投資の失敗、浪費、貸借による損失、怪しい宗教や人物がらみの詐欺《さぎ》に注意が必要です。

♃—♇【木星—冥王星】

いい意味でたいへん重視すべき配置のひとつです。大発展、豊穣、成功、富などを手中にできる幸運期が訪れます。とくに0度・90度・120度・180度ならば、状況の好転が鮮明にわかります。

長いあいだ才能が認められなかった人は、努力が報われ、能力が高く評価されるなど、大きな希望がもたらされます。

仕事の面では、待ち望んでいた支援者が出現したり、プロジェクトの成功などの実績によって地位や名誉を獲得できます。独立や転職にもよい時期ですが、明確な目的意識がなければ、せっかくの好機が無駄になります。

愛情面でも、新たな恋愛が始まったり、結婚という形で愛を獲得する人も多いでしょう。

出生の木星と太陽がアスペクトを形成している人にとっては、独立、開業、離婚、結婚といった大きな環境の変化が訪れる時期となります。遺産を相続することもあるでしょう。

♃—Ⓐ【木星—ＡＳＣ】

ライフスタイルにゆとりが生まれ、よい人間関係が広がっていきます。家族やよき仲間と有意義な時間を過ごせるでしょう。これまで多忙だった人にも、長期休暇や旅行などのチャンスが訪れ、プライベートに潤いが生まれます。

仕事の面では、スタッフや取り引き先との関係が良好になり、交渉や計画がスムーズに進展します。人気が上がる時期でもあり、目上からも目下からも慕われます。昇格や昇給などの社会的・経済的ランクアップにつながる出来事が起こるでしょう。

公私ともにお誘いが多くなる、贈り物が増えるなどの傾向もあります。体調も良好ですが、食欲の増進による体重増加には注意が必要です。

火星や土星など、心配な配置がなければ、不動産購入と引っ越し、新規事業の立ちあげにも好機です。

木星―ＡＳＣに対してトランシットの天王星がアスペクトを形成していれば、巻き返しを狙ったり、大きな賭けに出ても好結果が得られます。

『決定版 西洋占星術実修』 特別付録

アスペクト早見盤

※オーブについては本文を参照してください。

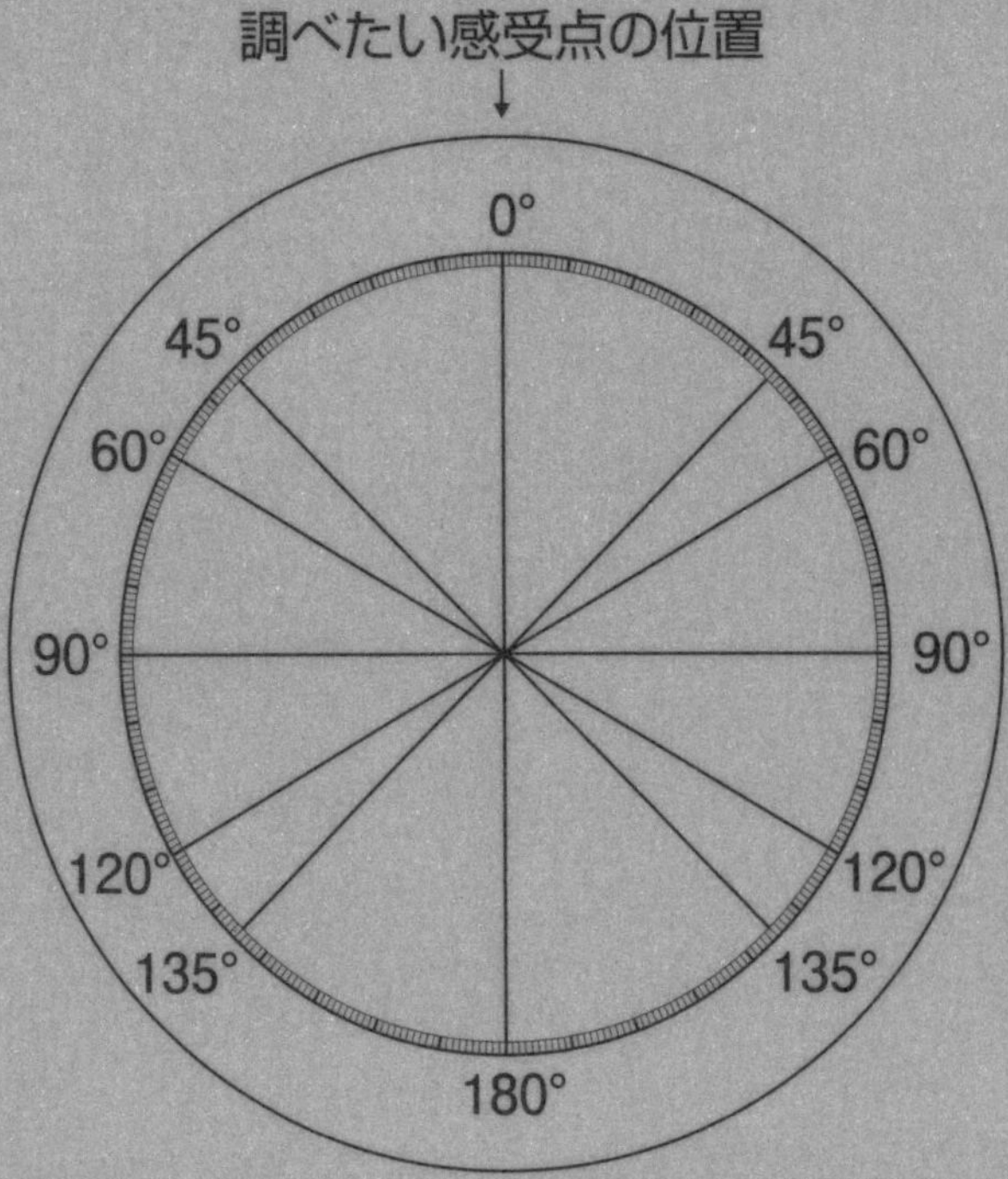

「決定版 西洋占星術実修」特別付録

アスペクト早見盤

※オーブについては本文を参照してください。

調べたい感受点の位置

↓

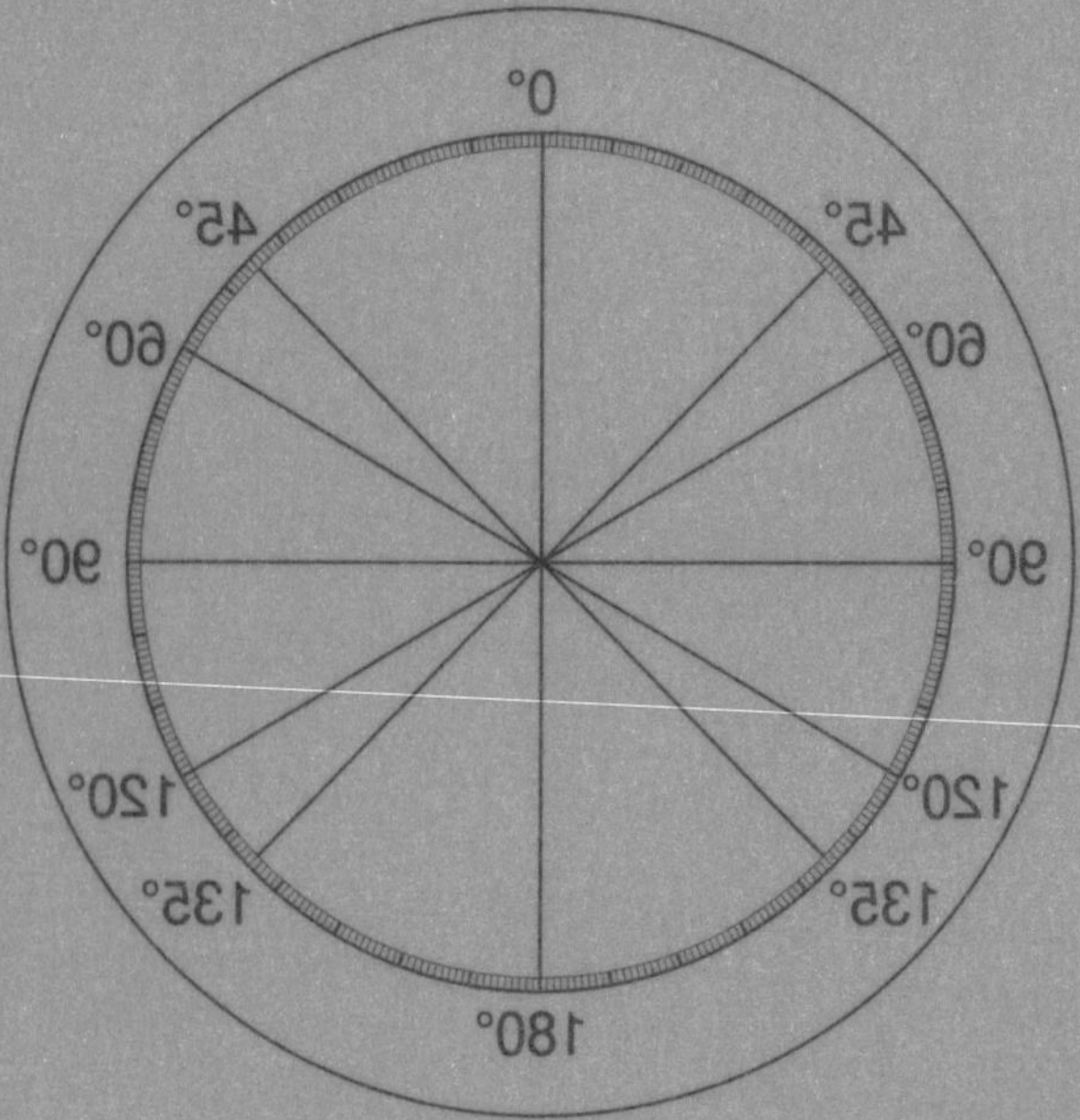

♃―Ⓜ［木星―MC］

人生の流れが好転します。出生の木星とダイレクションのMCの組みあわせのほうが、重要度が高くなります。また、０度・90度・１８０度であれば、影響が大きくなります。

仕事の面では、これまでの努力が報われ、売り上げ上昇や取り引き先の増加など、満足のいく結果が得られます。厳しいコンペでの勝利、望むポジションへの就任など、運のよさも実感できます。有力者と出会い、発展のきっかけをつかむこともあるでしょう。地位や名声をすでに獲得している人は、ボランティア活動などが人気獲得につながります。

愛情面では、恋人やパートナーとの関係が良好になります。新たなスタートにも好機で、とくに男性は、結婚相手との出会いや、交際中の女性との婚約、結婚の可能性が高いときです。既婚男性は、濃厚な関係となる浮気相手が現れるかもしれません。

金銭面では、調子に乗りすぎて散財したり、ときに金銭の貸借による損失が予想されます。

♄―♅［土星―天王星］

精神的な緊張がもたらされ、試練と困難が訪れます。出生の土星または天王星が、太陽・月・火星・MC・ASCのいずれかとアスペクトを形成しているならば、重視すべきです。しかし、出生の土星または天王星がノーアスペクトの場合と、土星―天王星のアスペクトが45度・60度・１３５度の場合は、大きな意味をもちません。

この時期は、公私ともに過酷な状況が予想されます。仕事の面では、スランプがさらに悪化し、困難に必死で立ち向かわねばならない厳しい事態が生じたり、予期せぬ損害をこうむったりするでしょう。

土星―天王星に対して、出生の太陽がアスペクトを形成しているときは、男性なら仕事、女性なら家庭と愛情面に影響が現れます。

土星―天王星に対して、出生の月がアスペクトを形成しているときは、健康面や家庭生活に波瀾《はらん》がおよびます。土星がからんでいる期間は我慢しても、通過後に思い切った決断に踏み切ることがあります。

♄―♆［土星―海王星］

精神的に抑圧され、内面に葛藤《かっとう》が起こります。出生の土星または海王星が、月か太陽のいずれかとアスペクトを形成していれば重視します。また、土星―海王星がノーアスペクトならば重視しません。45度・60度・135度ならば、影響は微弱です。

この期間は、過去の失敗を悔やんだり、他人に責任を転嫁するといった姿勢が見られ、マイナスの状況をみずからつくりあげます。いたたまれない気持ちに駆られ、現実から逃避することもあるでしょう。弱みにつけ込まれやすいので、詐欺《さぎ》まがいのトラブルには注意が必要です。

土星―海王星に対して、出生の太陽がアスペクトを形成していれば、背任行為やスキャンダルによる失職が懸念《けねん》されます。

土星―海王星に対して、出生の月がアスペクトを形成していれば、自信を喪失するような問題をかかえて私生活が乱れ、病気、事故、失職などに追い込まれる危険があります。

♄―♇［土星―冥王星］

たいへん重視すべき配置のひとつです。ただし、出生の土星または冥王星がノーアスペクトの場合は、大きな意味をもちません。また、土星―冥王星のアスペクトが45度・60度・135度ならば、具体的な影響が現れない傾向にあります。

この時期は、仕事上の地位、家庭生活、愛情問題に激しい変動があります。健康にも注意が必要で、とくに高齢者や持病のある人は、徹底した体調管理が求められます。

出生の太陽が、土星または冥王星とアスペクトを形成していれば、築き上げてきた家庭の崩壊や、倒産による失業などの事態が予想されます。また、みずからすべてを捨て、新しい人生を歩み始める人もいます。不可抗力によって、大切な人と離別することもあります。家庭内の不和や事業の衰退は、未然の回避も可能ですが、悪化の度合いによっては、大きな困難を乗り越えて、答えを出さねばならないでしょう。中途半端な形での結末はありません。

♄―Ⓐ【土星―ASC】

身近な環境のなかで苦悩が生じますが、0度・90度・180度以外ならば、影響は微弱です。

この時期は、友人や仲間に失望したり、疎外されたりするなど、はなはだ不快な思いをします。人望の低下や信用の失墜《しっつい》といった事態が予想されますが、多くは誤解や嫉妬が原因です。社会活動やボランティア活動などでは、誠意が踏みにじられ、人間不信におちいることもあるでしょう。

仕事の面では、目上からの恩恵や援助が得られないときです。また、成績不振が原因で、これまでの実績に対しても懐疑的になり、挫折感を味わいます。他の天体の配置にもよりますが、独立や新たなことを始めるのは見送るほうが賢明です。

土星―ASCの配置にトランシットの海王星が加わると、打撃によって心に深い傷が残ります。持病などの悪化にも要注意です。また、土星―ASCの配置にトランシットの木星が加わると、大きな選択を誤って大切なものを失う危険があります。

♄―Ⓜ【土星―MC】

責任に重苦しさを感じたり、社会的地位にかげりがみえるなど、人生の停滞が予想されますが、0度・90度・180度以外ならば、影響は微弱です。

状況の変化は、女性よりも男性に強く現れます。自分のキャリアに自信を失い、将来に迷いが生じるときで、難題をかかえる人や、新規にものごとを始める人には、厳しい前途が予想されます。

仕事の面では、プロジェクトの中断、契約の解除、内部紛争、ライバルの台頭、業績不振などが起こり、発展が阻害されます。経営者にとっては、部下の不始末や取引先を失うなどで、経営難が予想されます。

私生活では、親友との仲違いや恋人との別れ、妻や子供に関する苦悩が生じます。

土星―MCの配置にトランシットの火星が加わると、火事や事故に遭遇《そうぐう》する危険が高くなりますから注意が必要です。また、土星―MCの配置にトランシットの天王星が加わると、災難によって社会的な立場を失う危険があります。

♅—♆【天王星—海王星】

インスピレーションが豊かになり、奇妙なことにひかれ、不思議な体験をすることが多くなります。

なお、この配置の解読に際しては、出生の天王星と海王星に着目する必要があります。

出生の天王星または海王星が、ＡＳＣ・ＭＣ・月・太陽のいずれかとアスペクトを形成していれば、非現実的な方向にエネルギーを注ぎ、誤った方向転換をしがちで、現実と理想のずれにとまどいます。不可解な思考にふけったり、カルト宗教や不明瞭な世界に接近する場合もあります。

出生の海王星が、金星とアスペクトを形成していれば、情緒的に混乱することが多く、愛情面での悲哀や苦悩をかかえます。

出生の天王星が、土星とアスペクトを形成していれば、極度に警戒心が強くなりますが、信頼していた人物にそむかれることもあります。

出生の天王星または海王星が、右記のアスペクトをもたなければ、影響は微弱です。

♅—♇【天王星—冥王星】

人生が劇的に変化したり、価値観や信念が大きく揺らいで意識改革が起こるなど、心を休ませる暇《いとま》もなく状況が動きます。

なお、この配置の解読に際しては、出生の天王星と冥王星に着目する必要があります。

出生の天王星または冥王星が、ＡＳＣ・ＭＣ・月・太陽のいずれかとアスペクトを形成していれば、別居、離婚、家族構成の変化、転職、退職などの激変が予想されます。一生と思い定めていた職場やパートナーを失う事態も予想されます。また、両親との同居が始まるなど、家族に関する課題を背負うこともあるでしょう。

出生の天王星または冥王星が、金星とアスペクトを形成していれば、愛の獲得、地位の上昇、才能の評価などがあるでしょう。

出生の天王星または冥王星が、火星とアスペクトを形成していれば、過労や事故への警戒が必要です。

右記のアスペクトがなければ、影響は微弱です。

♅―Ⓐ【天王星―ASC】

現状に辟易《へきえき》したり、人間関係に強いマンネリを覚えるときで、それに代わる目新しい刺激を無意識のうちに求めます。実際、楽しいことやハプニングが増える時期で、ノリのよさと親しみやすい態度で人をひきつけ、予期せぬ交際が始まります。しかし、結果的には煩《わずら》わしい人間関係や問題をかかえ込むことになるでしょう。

仕事の面でも、取り引き先をまめに訪問するなど、新しい人脈を広げようとしますが、仲間の思惑を無視した突飛な行動や目立ちたがりが災いして、周囲との摩擦《まさつ》や波瀾《はらん》を招きます。

出生図で、天王星またはＡＳＣが、金星とアスペクトを形成していれば、惰性的な恋愛から逃れて、新たな異性との刺激的なロマンスを求めます。

天王星―ＡＳＣに対して、トランシットの土星がアスペクトを形成したときは、人間関係のなかで疎外感を味わい、孤独に耐えねばならないといった苦悩をかかえます。

♅―Ⓜ【天王星―MC】

仕事および社会的な評価と立場に変化が訪れます。飛躍も望めますが、波瀾《はらん》も生じるでしょう。性別にかかわらず、仕事をもってバリバリ働く人に、鮮明な形で影響が現れます。また、引っ越しや転職によってライフスタイルが変わることもあります。

この時期は、既成概念を捨て、新しい価値観を取り入れます。仕事の面では、大胆な方向転換や斬新なアイデアが成功につながります。思いがけなく才能が認められ、ヘッドハンティングされたり、有望な地位に抜擢《ばってき》されたりと、一躍脚光を浴びます。ただし、目的意識を失ったままの人は、この配置でドロップアウトするかもしれません。

私生活は不安定で、さまざまな局面で別れと出会いが交錯します。過去の絆が切れ、新しい縁が生まれる時期となるでしょう。

天王星―ＭＣに対して、トランシットの木星がアスペクトを形成した場合、フリーランサーや事業家の人は、急激で目ざましい発展が望めます。

不思議なことや数奇なテーマにひかれます。
この配置を解読する際には、出生図において海王星または冥王星が、ＡＳＣ・ＭＣ・月・太陽・火星・金星のいずれかとアスペクトを形成しているかどうかが重要になってきます。

♆—♇［海王星—冥王星］

出生の海王星または冥王星が、ＡＳＣ・ＭＣ・月・太陽のいずれかとアスペクトを形成していれば、自分の存在意義を改めて考えさせるような出来事に遭遇《そうぐう》します。また、その後の人生に大きな影響をおよぼすような人物との出会いや別れがあります。多くは目上か、社会的地位の高い人物でしょう。

出生図で、海王星または冥王星が金星とアスペクトを形成していれば、運命を感じる異性との出会いと別れがあります。愛情面の問題に関連して、生き方や意識が変わるときで、悲恋もあるでしょう。

出生図で、海王星または冥王星が火星とアスペクトを形成していれば、不摂生《ふせっせい》や不安定な精神状態が暴力的な事件や事故を招きますから、要注意です。

♆—Ⓐ［海王星—ＡＳＣ］

幻想を抱きやすく、しばしば期待を裏切られ、失望するような出来事が起こる期間です。情緒的にも不安定で、他人の言動や視線に敏感になります。ただし、アスペクトが０度・90度・１８０度以外ならば、影響は微弱です。

仕事の面では、確たる目標や方向性が定まらず、ぼんやりと無駄な時間を過ごすことが多いでしょう。しかし、文学、音楽、芸術方面に携わる人にとっては、才能を発揮するうえで有益に働く配置です。

対人関係では、相手を理想化し、思い込みが激しくなり、依頼心ばかりが大きくなります。したがって、何かと他人の世話になるでしょう。騙《だま》されやすい傾向にあるので、詐欺《さぎ》には注意が必要です。

海王星―ＡＳＣに対して、トランシットの火星がアスペクトを形成したときは、いたたまれない気持ちに駆られて迷走する危険があります。わがままやヒステリックな言動が誤解を生み、大切な友情や愛情に破綻《はたん》をきたしかねないので自制が必要です。

♆―Ⓜ［海王星―ＭＣ］

成功に強く憧れますが、目的意識を失い、方向性が見いだせずに困惑する期間となります。社会的立場や仕事の面に影響がおよぶでしょう。ただし、アスペクトが0度・90度・１８０度以外の場合、他の天体がからんでいなければ、影響は微弱です。

仕事の面では、現実味のない企画に入れあげてしまい、周囲からの信頼を得にくくなります。過去の実績が揺らぎ、自信を失うこともあるでしょう。また、責任の範囲外で生じた問題のために、立場が危うくなることもあります。能力の限界を感じてコンプレックスが増大し、不利な立場にみずからを追い込むなど、見えざる敵への警戒も必要となります。

社会活動では、周囲の期待に応えようとして犠牲を払っても、報われにくいでしょう。

このダイレクションが通過するまで、重要な決断は見送るほうが賢明です。

出生図上で、ＭＣと土星がアスペクトを形成している場合は、神経系の病気に注意が必要です。

♇―Ⓐ［冥王星―ＡＳＣ］

身近な環境のなかで他者よりも抜きん出たい、まわりから特別な存在として認められたいといった欲求が強くなります。また、実際に環境が変化するときでもあります。ただし、アスペクトが45度・60度・１３５度の場合、他の天体がからんでいなければ、影響は微弱です。

仕事の面では、地位や名声ないしは成功への欲求がつのり、自分を演出して個性をアピールしたり、人脈を駆使して根まわしを試みます。また、部下や仲間に対する支配欲や自己主張が強くなるでしょう。

プライベートでは、相互の理解を深められるような機会や出会いがありますが、同時に、これまで培《つちか》ってきた親しい人間関係が、何らかの理由で崩れたり途切れたりします。

冥王星―ＡＳＣに対して、トランシットの火星がアスペクトを形成したときは、かかえていた不満が爆発するなど、大きなトラブルや人間関係の破綻《はたん》につながるような出来事が発生するでしょう。

♇—Ⓜ［冥王星—ＭＣ］

猛烈に目的を追求する期間となります。人生において決定的な事態が起きるでしょう。アスペクトが0度・90度・180度以外の場合、他の天体がからんでいなければ、影響は微弱です。

この時期は、特殊な才能が認められるなど、大きなチャンスをつかむ人もいます。仕事の面では、ときに無謀な賭けに出たり、地位や名声を得ようとして反発にあいますが、有力な支援者が出現したり、極限状態を経て状況が好転することがあります。ただし、何らかの問題をかかえている人にとっては、ドロップアウトの危機ともなりえます。

これまで無視してきた問題は、決定的な状況を迎えます。とくに恋愛や家庭の問題では、パートナーとの協議が避けられません。また、隠し続けてきた問題が露見し、清算を迫られます。

冥王星—ＭＣに対して、トランシットの木星がアスペクトを形成したときには、権力の獲得、地位の向上、仕事での成功が暗示されます。

※上図は、黄道12宮を描いたモザイク画（6世紀）。

第7章

恋愛の相性と人間関係の解読

相性診断で大切なのは双方の資質とタイミング

人の一生は、かかわる人によって大きく左右されます。したがって西洋占星術においても、他者との関係性を解読することは重要なウエイトが置かれており、その技法にもさまざまなものがあります。ここでは、そのような技法のなかから、相性を判断するうえで筆者が重要性を認めるものを紹介していきます。

技法についての具体的な説明に入る前に、相性診断に取りくむときの姿勢について、ぜひ申しあげておきたいことがふたつあります。

ひとつは、相性を判断する以前の問題として、個人の資質があるということです。たとえば恋愛の場合、相互のホロスコープ上で、どんなによい相性を示す配置が見られたとしても、その相手が非常にほれっぽく奔放《ほんぽう》な男性であれば、女性問題に悩まされる可能性はぬぐえません。それでも「この人が好きだからかまわない」というのであれば話は別ですが、穏やかな愛情をはぐくみたいのなら、適切な相手とはいいがたいでしょう。

また、相互のホロスコープに円満な関係を示す配置が見られたとしても、その人が感情の起伏の激しい人物ならば、当然その人とかかわることによって、人生に波瀾《はらん》がおよびます。

人はだれしも、それぞれのホロスコープが示す運命にしたがった生き方をする傾向にあります。ここでいう運命とは、その人の器《うつわ》あるいはパーソナリティーと言い換えてもいいでしょう。もちろん、その運命を克服することは可能ですが、そのためには第一に本人の自覚が求められます。「私があの人を変えてみせる」と意気込んだところで、自覚のない相手にはむずかしいものがあります。

したがって相性については、お互いの資質や傾向をよく吟味しながら判断していくことを、つねに念頭に置かなければなりません。そのためには、第4章で示した出生のホロスコープの解読が、大きな手がかりとなるでしょう。

もうひとつは、人とのご縁とは、何もしないで待っていれば向こうから来てくれるわけではないということです。占いの現場では、「私とあの人の相性はどうですか」「私にはどんな人が合うのでしょうか」という質問をしばしば受けますが、いくら相性のいい人が見つかっても、相互の働きかけがなければ関係は成立しません。つまり、相手とのご縁を本当に望むならば、まずあなた自身から行動を起こすのが早道だといえます。

この章では、おもに双方の感受点が形成するアスペクトを中心に相性を解読していきますが、行動を起こすのに適切なタイミングを知るには、トランシット法（第5章）やソーラーアーク・ダイレクション法（第6章）を併用していただくといいでしょう。これについては、のちほどもう少し詳しく述べていきます。

天空にきらめく星によって、自分を知り、相手を知り、運気を知る。そのうえで行動を起こせば、かならず星の力があなたに味方するはずです。

出生図を照らしあわせて感受点間のアスペクトを見る

では、相性を判断するための具体的なノウハウを解説していきます。まずは双方の出生図を照らしあわせ、相互の感受点間のアスペクトを調べることにしましょう。

この技法は、もっともオーソドックスでポピュラーなもののひとつで、気が合うか合わないか、腐れ縁になるかどうか、互いに高めあうことができるかどうかなど、双方が引きあう力の強弱と種類を読みとることができます。

手順は以下のとおりです。
❶510~511ページの記入用ホロスコープを140%拡大コピーし、二重円の内側に自分の出生図を、外側に相手の出生図を記入します。
❷二重円のホロスコープができあがったら、自分の出生図を基準にして、相手の感受点とアスペクトを形成しているかどうか、ひとつずつ調べていきましょう。

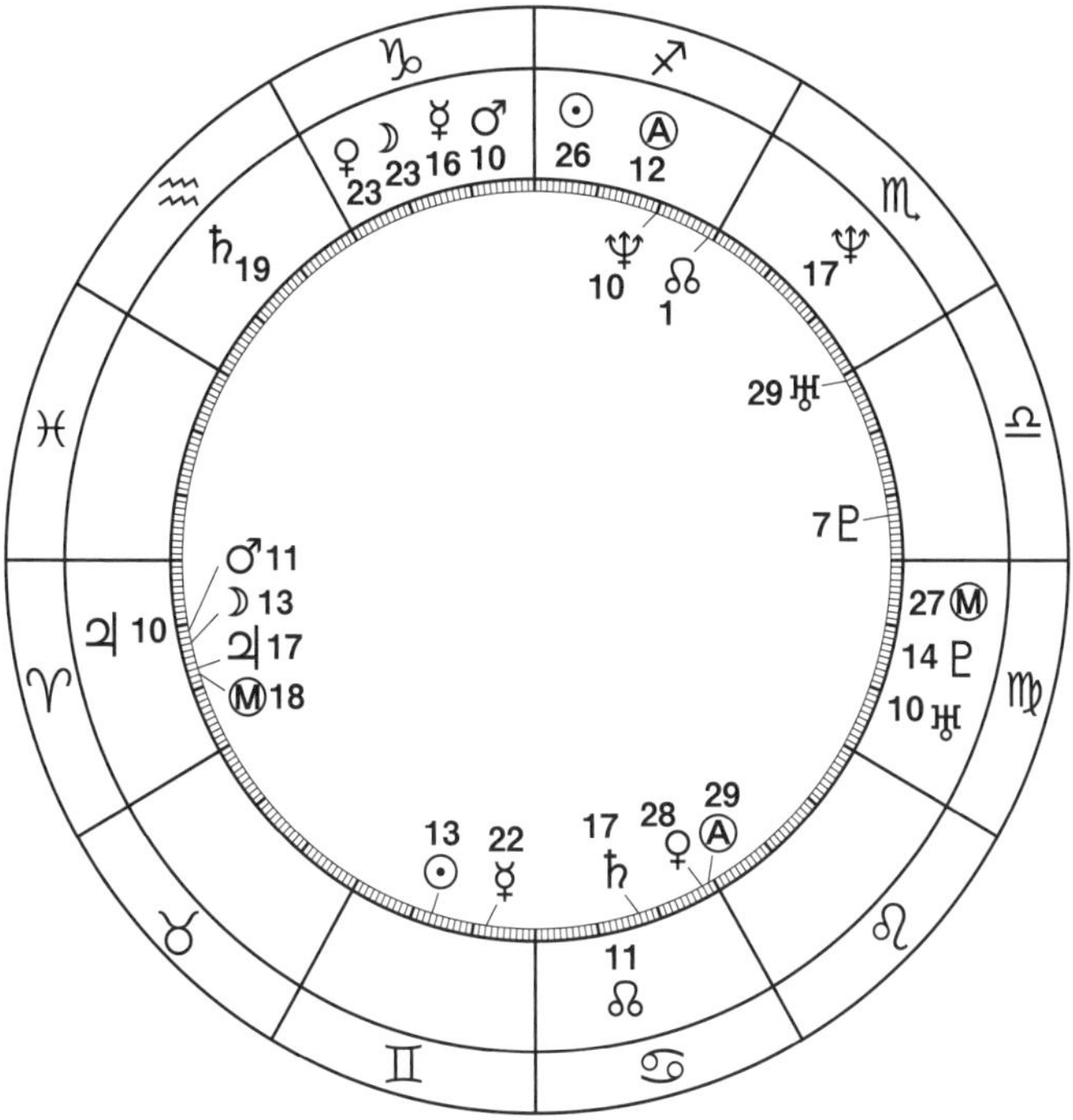

内円に自分、外円に相手の出生図を記し、相互のアスペクトを調べていきます。上図は、アンジェリーナ・ジョリー（内円）と、パートナーのブラッド・ピット（外円）の出生図を二重円で表した例。解説は330〜331ページにあります。

たとえば、自分の月と相手の感受点とのアスペクトを調べるときは、自分の月に対して、相手のASC、MC、月、太陽、水星、火星、金星、木星、土星、天王星、海王星、冥王星がアスペクトを形成しているかどうか、順番にチェックしていきます。

チェックする順番は、このとおりである必要はなく、やりやすい順番でけっこうです。ノード（☊）については、相性の判断には使いませんので、チェックする必要はありません。

なお、相性を判断する場合、アスペクトのオーブは一律に2度以内です。感受点やアスペクトの種類によってオーブが変わることはありません。

作業中にアスペクトを見つけたら、アスペクト一覧表に記入してください。

❸300〜325ページを見ながら、❷で見つけたアスペクトを解読していきましょう。

たとえば、自分の火星と相手の金星、または自分の金星と相手の火星がアスペクトを形成していたら、324ページの「金星―火星」を読みます。

なお、解説文中で、トランシットまたはダイレクションの天体に触れているケースがあります。この場合は、そこで触れた天体が、とくに大きく状況を左右することを示しますので、該当する天体について、そのような配置が生じていないかどうか、トランシットまたはダイレクションを調べてみるといいでしょう。

相性の判断としては、以上に紹介した出生図を照らしあわせる技法がまず第一となりますが、より深く相性を探ってみたい方や、より実効性の高い技法を知りたい方は、ぜひ以下に紹介する方法にチャレンジしてください。

出生図に形成されたアスペクトの類似性を見る

前項の説明にしたがってアスペクトの解読をひととおり終えたら、次は、互いの出生図に見られるアスペクトが、類似しているかどうかに着目してみましょう。もし前項に示したアスペクト解読をおこなって、はかばかしい結果が得られなかったとしても、ここでアスペクトの類似性が見いだせれば、相性としてはけっして悪くありません。

アスペクト相互の類似性とは、たとえば「金星―天王星の120度」が双方の出生図にあるなど、アスペクトを構成する感受点や角度に共通性があるかどうかということです。

この技法は、相性の解読に際して筆者が重視しているもののひとつです。アスペクトに類似性が見いだせる場合、人生の方向性や価値観、あるいは行動パターンや思考パターンにも類似性が見られます。

たとえば、出生図でハードアスペクト（0度・45度・90度・135度・180度）が目立つ人はリスクに挑んでいくタイプ、これに対して、ソフトアスペクト（60度・120度）が目立つ人は楽な選択をしがちなタイプであることは、１０４ページでも述べました。

ハードが多い人にしてみれば、ソフトが多い人は「なんてお気楽なんだろう」と、いらいらさせられる相手です。いっぽうソフトが多い人にしてみれば、ハードが多い人は「そんなに必死になってがんばらなくてもいいのに」と、いいたくなる相手です。

このように、出生図に見られるアスペクトの種類によって、個人の感じ方や考え方に差異が生じます。つまり、アスペクトが類似していれば、基本的な考え方が似ているので意気投合しやすく、一緒にいてストレスのない相手であることを意味します。反対に、アスペクトが類似していなければ、気が合うとはいえない関係になりやすいでしょう。


では、アスペクトの類似性について、具体的な見分け方を述べていきます。

見分け方については、たとえば双方の出生図に太陽―金星の１８０度があるなど、感受点も角度も同じであれば非常にわかりやすいのですが、角度や感受点が異なっても類似性があると判断すべきケースがありますので、注意を要します。

以下、それぞれに例を示します。

【感受点もアスペクトも同一の場合】

たとえば、相手の出生図にも自分の出生図にも、木星―金星の120度があるなどの場合です。こうしたケースは類似が明確なので、迷わず見つけられるでしょう。

【感受点は同じだがアスペクトは異なる場合】

アスペクトを形成する感受点が同じであれば、角度が異なっても類似性があると見なします。たとえば、相手の出生図に月―金星の0度があり、自分の出生図に月―金星の120度がある場合は、類似性があると判断します。

ただし、形成するアスペクトによって、判断方法が以下のふたつにわかれます。

①0度・60度・90度・120度・180度の場合

これらについては、アスペクトを構成する感受点が同じであれば、どのアスペクトが形成された場合にも、相互に類似性があると見なします。

たとえば、Aさんの出生図では火星―金星が60度、Bさんの出生図では火星―金星が90度という場合は、類似性があると判断します。また、Cさんの出生図では木星―天王星が0度、Dさんの出生図では木星―天王星が120度という場合も、類似性があると判断します。

②45度または135度の場合

このふたつのアスペクトが相互にある場合にかぎり、類似性があると見なします。たとえば、Aさんの出生図で月―金星が45度、Bさんの出生図で月―金星が135度という場合は、類似性があると判断します。しかし、Aさんの出生図で月―金星が45度、Bさんの出生図で月―金星が120度という場合は、類似性がないと判断します。

【例外的に類似性を認めるケース】

アスペクトを構成する感受点が異なっていても、感受点の性質が類似しているために相互に同調し、相性を左右する組みあわせがあります。その組みあわせは、以下のとおりです。

以下の見方について、冒頭の「ASC―海王星／太陽―海王星」を例にとって説明しましょう。たとえばAさんの出生図にASC―海王星のアスペクトがあり、Bさんの出生図に太陽―海王星のアスペクトがあれば、アスペクトの類似が成立することを意味します。ただし、その作用は友人・知人という関係に限定されます。また、アスペクトが0度・90度・180度以外の場合は、類似性がないと判断します。

ASC―海王星／太陽―海王星

【アスペクトの類似性について】

◆感受点もアスペクトも同一の場合

[例]

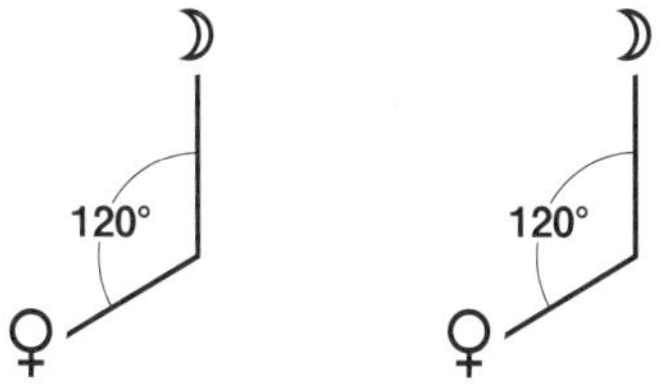

◆感受点は同じだがアスペクトが異なる場合

[例]

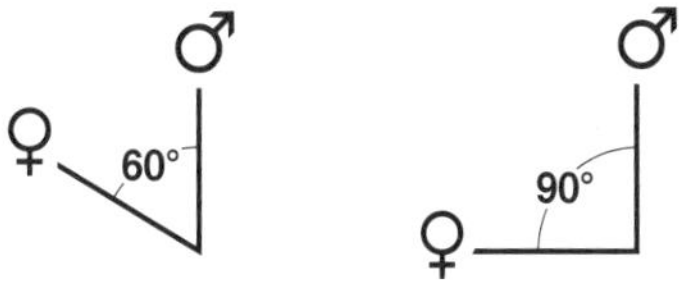

アスペクトを形成する感受点が同じであれば、角度が異なっても類似性があると見なす。
(287ページ参照)

◆例外的に類似性を認める場合

[例]

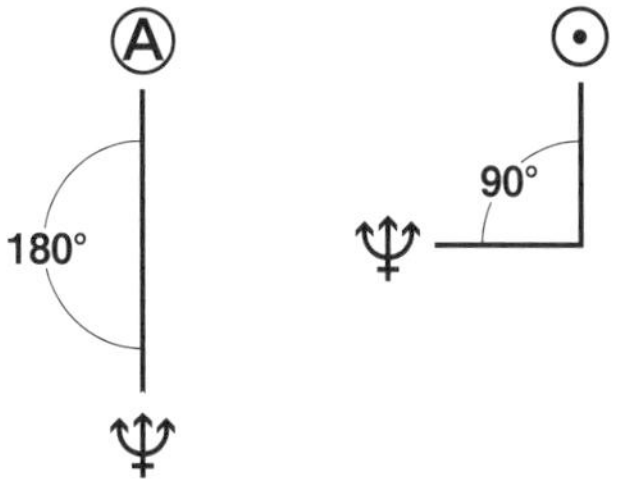

アスペクトを形成する感受点の性質が類似しているために、アスペクトの類似が成立する。
(288ページ参照)

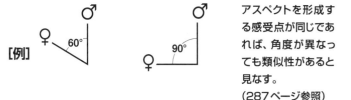

［作用する関係］ 友人・知人
［アスペクトの類似性］ 0度・90度・180度の相互。

月―金星／金星―海王星

［作用する関係］ 恋人・夫婦
［アスペクトの類似性］ 0度・90度・180度の相互と、0度・60度・120度の相互。

太陽―火星／太陽―冥王星

［作用する関係］ 恋人以外
［アスペクトの類似性］ 0度・90度・180度の相互と、60度・120度の相互。

太陽―金星／MC―金星

［作用する関係］ あらゆる人間関係
［アスペクトの類似性］ 0度の場合のみ。

太陽―木星／MC―木星

［作用する関係］仕事仲間・友人・知人
［アスペクトの類似性］０度・90度・１８０度の相互。

水星―火星／水星―冥王星
［作用する関係］恋愛以外
［アスペクトの類似性］０度・90度・１８０度の相互と、０度・60度・１２０度の相互。

金星―火星／金星―天王星
［作用する関係］友人・恋人・夫婦
［アスペクトの類似性］０度・60度・90度・１２０度・１８０度の相互。

金星―土星／金星―海王星
［作用する関係］恋人・夫婦・親子・友人
［アスペクトの類似性］０度・60度・90度・１２０度・１８０度の相互。

火星―木星／木星―冥王星

［作用する関係］友人・仕事や趣味の仲間
［アスペクトの類似性］同一のアスペクト間にかぎる。

MC─火星／MC─冥王星
［作用する関係］仕事や趣味の仲間
［アスペクト］０度・90度・１８０度の相互。

トランシットとダイレクションでタイミングをつかむ

相性を判断するときに、もうひとつ重要な要素となるのは、縁が生まれるタイミングです。これについては、トランシット法やソーラーアーク・ダイレクション法によって読みとることができます。

たとえば、双方の出生図に相性のよさを示す配置が存在しなくても、ダイレクションやトランシットの天体が刺激となり、お互いにひかれあうことはよくあります。実際、出生図に相性のよさを示す配置がなくても、夫婦になっているカップルは多く見られます。

また、ダイレクションやトランシットを吟味することの利点は、対象となる相手が、いまどのような状況にあるか、たとえば恋愛の準備ができているかどうか、結婚に発展するようなイベントが起きやすいタイミングかどうかなどがわかることです。

筆者はさまざまな鑑定をとおして、対人関係におけるタイミングの重要性を実感していますが、なかでも恋愛や結婚はタイミングに大きく左右されます。

「この人ともっと昔に出会っていたら」という言葉をよく聞きますが、そのようにひかれあう要素があるのに恋愛をするタイミングではなかったとか、あるいは、たとえ恋愛が発生しても結婚に結びつくタイミングではなかったということが、往々にして起こります。

また、相手が恋愛を強く求めているのに、自分は恋愛どころではなく、来年のホノルルマラソンに全身全霊を捧《ささ》げているなど、エネルギーの方向性が異なる場合も、タイミングが合いません。この場合は、片方がいくらアクションを起こしても、無駄に終わるでしょう。

あるいは、結婚を望んでお見合いをくり返し、結婚相談所にも通っているのに理想の相手とめぐりあえないと嘆いていた女性が、ある日突然、本人が語っていた理想とはほど遠いお相手と手をつなぎ、「この人と結婚するの」と、満面の笑みを浮かべている光景を目の当たりにすることもあります。

このように、本人の意思とタイミングとは、かならずしも一致しません。言い換えれば、人生にはすべてに「とき」があります。だからこそタイミングが重要なのです。

ですから、特定の人物との結びつきを是が非でも求めるならば、トランシットやダイレクションを調べ、ベストのタイミングを狙って相手にアプローチするといいでしょう。

一般に、イベント発生のタイミングについては、ダイレクションが準備を整え、トランシットが引き金を引くといわれます。しかし筆者の実占経験からいえば、ダイレションあるいはトランシットのみで、そのタイミングが訪れるケースは多々あります。

また、おもしろいことに、片方に恋愛のイベントが発生するトランシットやダイレクションがなくても、相手のタイミングに引きずられるようにして恋愛にいたる事例が多く見られます。たとえば、男性側に恋愛のタイミングが訪れていれば、女性側に恋愛が発生しそうなアスペクトが見られなくても、相手によってその気にさせられることがあるのです。もちろん、男女が逆になるケースもありえます。

先に述べたように、一方は恋をしたいけれど、もう一方はマラソンに夢中という状況であれば話は別ですが、どちらかにタイミングが訪れていて、もう一方にマイナスの材料となるようなアスペクトが発生していなければ、ひとつの好機だといえるのです。

以上の点をふまえ、トランシットとダイレクションを見るときのコツを3つあげます。

❶恋人や夫婦など、相手との関係がすでに発生している場合は、相手にアスペクトが発生して

いれば、自分にアスペクトが発生していなくても、相手のアスペクトに引きずられるような形でイベントが起こる可能性があります。

❷新たな出会いを求める場合は、自分自身のダイレクションやトランシットに着目します。

❸ダイレクションは、1年前後にわたって影響がおよびますので重視してください。

では、トランシットとダイレクションで着目すべきアスペクトについて、以下にまとめます。

文中の「N」は出生の感受点を、「T」はトランシットの天体を、「D」はダイレクションの天体を示します。たとえば、「N太陽」は「出生の太陽」を、「T冥王星」はトランシットの冥王星を、「D金星」は「ダイレクション金星」を意味します。

さらに、「N太陽―T冥王星」とあれば、「出生の太陽に対してトランシットの冥王星がアスペクトを形成する場合」という意味です。

また、「＋T火星」などの表記は、「トランシットの火星がコンビネーションに加わった場合」を意味します。たとえば、「＋T火星またはT土星」とあれば、「トランシットの火星またはトランシットの土星がコンビネーションに加わった場合」という意味です。また、コンビネーションに加わるというのは、問題となる感受点の組みあわせに対して、さらにその天体がアスペクトを形成するという意味です。

◎イベントが発生するトランシット

N太陽―T冥王星　NA―T冥王星　NA―T天王星
N太陽―T天王星　N月―T冥王星　N月―T天王星

［着目するアスペクト］0度・90度・120度・180度。別れと出会いが交錯します。

［+T火星またはT土星］別れが生じる可能性が、より高くなります。

［+T木星］友情から恋愛へ、恋愛から結婚へなどの発展が見られます。

NA―T土星

［着目するアスペクト］0度・90度・120度・180度。別れが生じます。

［+T火星］別れが生じる可能性が、より高くなります。

N金星―T海王星

［着目するアスペクト］0度・90度・120度・180度。失恋や別れが生じます。

［+T火星またはT土星］失恋や別れが生じる可能性が、より高くなります。

N金星―T土星　N太陽―T土星

〔着目するアスペクト〕0度・90度・120度・180度。別れが生じます。

〔+T火星またはT天王星〕別れが生じる可能性が、より高くなります。

N太陽―T木星

〔着目するアスペクト〕0度・90度・120度・180度。友情から恋愛へ、恋愛から結婚へなどの発展が見られます。

〔+T金星または+天王星〕友情から恋愛へ、恋愛から結婚へと発展する可能性が、より高くなります。

N金星―T冥王星　N金星―T天王星

〔着目するアスペクト〕0度・90度・120度・180度。友情から恋愛へ、恋愛から結婚へなどの発展が見られます。

〔+T木星〕友情から恋愛へ、恋愛から結婚へと発展する可能性が、より高くなります。

◎イベントが発生するソーラーアーク・ダイレクション

N冥王星―D月　N冥王星―D太陽　N天王星―D太陽

［着目するアスペクト］０度・90度・１２０度・１８０度。出会いと別れが交錯します。

［＋T火星またはT土星］別れが生じます。

［＋T木星］友情から恋愛へ、恋愛から結婚へなどの発展が見られます。

［＋T金星］友情から恋愛へ発展します。

N冥王星―D金星　N木星―D月　N木星―D太陽　N金星―D月　N金星―D太陽

［着目するアスペクト］０度・90度・１２０度・１８０度。出会いが生まれます。

［＋T木星］友情から恋愛へ、恋愛から結婚へなどの発展が見られます。

［＋T金星］友情から恋愛へ発展します。

N冥王星―D火星　N天王星―D月　N天王星―D火星　N土星―D月
N土星―D太陽　N土星―D火星　N火星―D月　N火星―D太陽

［着目するアスペクト］０度・90度・１８０度。別れが生じます。

［＋T火星またはT土星］別れにつながる確率が高くなります。

N冥王星―D木星

［着目するアスペクト］０度・90度・１８０度。友情から恋愛へ、恋愛から結婚へなどの発展が見られます。

［＋T金星］友情から恋愛へ、恋愛から結婚へ発展する可能性が、より高くなります。

N天王星―D金星

［着目するアスペクト］０度・90度・１８０度。友情から恋愛へ発展します。

［＋T木星］友情から恋愛へ発展する可能性が、より高くなります。

次ページからは、アスペクトについて解説します。

Ⓐ—☽【ASC—月】

出会ってすぐに、自然体ですんなりとなじめる関係です。

ＡＳＣに月が影響され、翻弄《ほんろう》されやすい傾向にあるものの、月が反発することは少なく、相手の意思や価値観を受けいれるでしょう。同時に、月がＡＳＣに保護されるという面もあります。その意味では、もちつもたれつといえるかもしれません。

仕事や趣味のうえではよい関係です。男女の場合は、ことさら色っぽい関係ではなく、もし結婚しても、共同生活を誠実に営んでいくような相性です。

ただし、ＡＳＣまたは月のどちらかに対して、金星がアスペクトを形成していれば、男女という意識が強まるので、恋愛に発展しやすいでしょう。結婚にいたった場合は、共通の知人を家に招くような機会が多くなります。

また、ＡＳＣまたは月のどちらかに対して、火星がアスペクトを形成していれば、けんかや諍《いさか》いが絶えない関係となるでしょう。

Ⓐ—☉【ASC—太陽】

互いに尊重しあえる関係ですが、この配置だけでは、原則として恋愛に発展しません。

太陽がノーアスペクトの場合には、ＡＳＣの環境や人間関係の影響を強く受けることになるでしょう。

ＡＳＣまたは太陽に対して、金星がアスペクトを形成しているときは、お互いに好意をいだきます。仕事のうえでもプライベートでも、気の合う良好な関係が生まれるでしょう。また、恋愛に発展することも多くなります。

とくに、ＡＳＣの出生図で、ＡＳＣ—金星が０度・90度・１２０度・１８０度のいずれかを形成している場合は、太陽がＡＳＣ—金星の魅力に強くひかれ、ひと目ぼれすることもあるでしょう。仕事の面では、同じ目標をもつ者同士としてかかわることも多く、意気投合します。

また、太陽の出生図で、太陽—火星が０度・90度・１８０度のいずれかを形成していれば、ＡＳＣにとっては気持ちが落ち着かない相手となります。

Ⓐ―☿【ASC―水星】

知識を共有する関係です。共同研究や仕事のパートナーにふさわしい相性でしょう。

共同経営など、事業をともに営む場合は、アイデアや情報収集の面でプラスの効果が生まれます。しかし、苦労をともにするというような熱い関係にはならないでしょう。

心からわかりあえる熱い関係というよりは、精神的な距離のある関係です。だからといって冷淡なわけではなく、この関係においては、お互いにホットな心の通いあいを求めないというだけのことです。

この配置のみでは、恋愛や結婚にふさわしいとはいえません。また、親子間にこの配置が発生すると、関係がクールになります。

水星の出生図で、水星―火星がアスペクトを形成していれば、ASCに対して口やかましくなり、自分の意見を押しつけようとします。親子の場合は、子供に対して過干渉となったり、諍《いさか》いが多くなったりします。

Ⓐ―♀【ASC―金星】

出会った瞬間に「感じのよい人だなあ」と、意識することが多い組みあわせです。恋愛の対象を求めている時期に出会いが起これば、ひと目ぼれとなるケースもありそうです。どちらかといえば、ASCが金星に恋愛感情をいだくことが多いでしょう。

夫婦間にこの配置があれば、いつまでも異性として意識しあえる初々《ういうい》しい関係が成立します。

仕事仲間や友人の場合は、性別に関係なく好感をもつことができるでしょう。

金銭面では、ASCが物質的に得をすることが多くなります。

しかし、ASC―金星のアスペクトが45度・135度ならば、以上の内容について影響は微弱となり、互いを強く意識するようなことはありません。

また、金星の出生図で、金星―天王星または金星―冥王星が0度・90度・180度のいずれかを形成していれば、よくも悪くも金星の愛情に、ASCが翻弄《ほんろう》されるでしょう。

Ⓐ—♂【ASC—火星】

お互いのセクシャルな魅力に反応し、刺激される相性です。性別に関係なく、出会った瞬間から互いに興味を抱いて盛りあがり、ひかれあうことが多いのですが、親密になるにつれ、感情的な諍《いさか》いが多くなってくるでしょう。

夫婦間にこの配置が見られる場合は、平和な家庭を築くには厳しいものがあります。互いに魅力を感じてはいても、穏やかな関係とは対極の方向に流されてしまいやすいのです。

仕事の場では、立場の上下に関係なく、ＡＳＣが火星を煙たい存在として敬遠します。ＡＳＣ—火星のアスペクトが１８０度であれば、とくにそうした傾向が強くなるでしょう。アスペクトが45度・60度・１３５度ならば、影響は微弱です。

恋愛では、腐れ縁に発展しやすい相性です。また、ＡＳＣの出生図で、ＡＳＣ—土星が0度・90度・１８０度のいずれかを形成していると、腐れ縁を引きずり、傷つけあった末に破綻《はたん》することがあります。

Ⓐ—♃【ASC—木星】

良好な関係が望める配置です。

ＡＳＣにとっては、木星の人脈を得て人間関係が広がるなど、何かと得をすることが多い関係となるでしょう。仕事のうえでタッグを組むと、木星の恩恵にあずかって発展や物質的な豊かさが望めます。

いっぽう木星は、ＡＳＣに何らかの形で寄与したいという気持ちになります。また、ＡＳＣが自分のスポークスマンとなってくれたり、対人関係のなかでクッション的な役割を担ってくれるというメリットが得られます。

恋愛や結婚についても、良好で穏やかな関係を築くことができるでしょう。

親子関係では、木星が親であれば、子供を甘やかしすぎる傾向にあります。また、どちらが木星であっても、アスペクトが45度・１３５度以外なら、親子間に癒着《ゆちゃく》が生じます。とくに、母娘間のアスペクトが0度・90度・１８０度のいずれかの場合には、双子のような親密さが生まれるでしょう。

Ⓐ―♄【ASC―土星】

クールな関係を表します。また、ＡＳＣが土星から規制や抑圧を受けるので、親しい関係になった場合には、ＡＳＣが土星をうとましく感じます。

仕事では、土星が上司であれば、ＡＳＣは土星に威圧感を覚え、頭が上がりません。ただし、アスペクトが0度ならば、ここぞという場面で、土星に助けられることがあります。土星が部下であれば、いずれのアスペクトの場合も、ＡＳＣにとっては足を引っ張る存在となりそうです。

親子間では、土星が親でＡＳＣが子供の場合、親が子供に重荷を背負わせたり、何らかの制約を与えることがあります。子供はそれを嫌い、早く自立したいと考えますが、なかなか実現しません。

ＡＳＣが親で土星が子供の場合は、子供にとっては心地よい関係ですが、親にとっては子供による苦労をかかえたり、子供に遠慮がちになります。

恋人同士や夫婦間では、ＡＳＣが土星に対して不満をかかえることが多くなります。

Ⓐ―♅【ASC―天王星】

その場のなりゆきで知りあい、意気投合することの多い組みあわせです。

知人や友人としてはそれなりに楽しい関係ですが、深いつきあいとなると、ＡＳＣが天王星にふりまわされることが多くなるでしょう。ただし、理想とする世界が同じであるなど、同じ思想や価値観をもった相手であれば、お互いに高めあえる関係に発展するでしょう。親友同士となることもあります。

男女間の場合、恋人同士でいる分には楽しく過ごせますが、結婚となると不安定さがぬぐえず、離婚という決着を迎えやすい相性です。

もし結婚が持続したとしても、互いに干渉しない関係を維持するなど、温もりに乏しい生活になりやすいでしょう。また、因習や家族に縛られません。

男性の天王星と女性のＡＳＣがアスペクトを形成し、なおかつ男性の出生図で、天王星―金星がアスペクトを形成している場合は、男性の女性問題が女性を悩ませる可能性が高くなります。

Ⓐ—♆【ASC—海王星】

ASCが海王星に影響される相性です。ただし、アスペクトが45度または135度ならば、影響は微弱です。また、どのような影響がおよぶかについては、海王星をもつ人の性格や、海王星と他の感受点とのアスペクトによって変わってきます。

海王星をもつ人の出生図で、海王星—金星のアスペクトが形成されている場合には、ASCをもつ人の目に、素敵な存在と映るでしょう。

その場合の恋愛は、当事者にしてみれば、この世にふたつとない究極のロマンスと感じられます。ところが、いざ結婚してみると、いつまで経っても真の相互理解にいきつかないことが多いでしょう。

なお、どちらかの出生図で、海王星またはASCに対して、火星がアスペクトを形成していれば、親しくなっても長続きしない傾向があります。

また、土星がアスペクトを形成している場合も、あまりよい相性ではなく、金銭的な問題が生じる可能性があります。

Ⓐ—♇【ASC—冥王星】

たいへんに強い結びつきを表します。アスペクトが0度または180度ならば、引きあう力が非常に強く、次に90度、そして120度が続きます。45度・60度・135度の場合、影響は微弱です。

この組みあわせでは、よくも悪くもASCが冥王星の影響を受けることになるでしょう。どのような影響であるかについては、冥王星をもつ人の人間性や社会的な地位などに大きく左右されます。

仕事では、ASCにとって冥王星がとても重要な存在となります。冥王星に共鳴し、感化され、その関係はプライベートにまでおよぶでしょう。

恋愛では、駆け落ちしてでも一緒になりたいと思うくらい、互いにひかれあうでしょう。

親子間では、他に兄弟姉妹があっても、この配置をもつ子供が、親の面倒を見ることになります。

ASCの出生図で、ASC—土星がアスペクトを形成していれば、双方にとって、あまり深くかかわらないほうがよい相性といえます。

Ⓜ—☽〔MC—月〕

MCの社会的な立場が、月に影響を与えます。男女間では、この配置のみで恋愛感情が芽ばえることはありません。MCをもつ人が男性の場合は、パートナーたる月が内助の功を発揮して、男性を支えます。MCをもつ人が女性の場合は、男性に対して主導権を握ることになるでしょう。

MCの出生図で、MC—土星が0度・90度・180度のアスペクトを形成していれば、月から一目置かれますが、MCが月を押さえつけるような関係が成立します。MCをもつ人の人格が優れているならば、月はそれによって磨かれ、成長するでしょう。しかし、厳しさを感じることは確かで、安らげる相手ではありません。

親子間では、MCが父親、月が息子の場合、月は父親を超えられないと感じることが多いでしょう。MCが母親、月が娘の場合、娘は母親の厳しさを煩《わずら》わしく感じ、自分の育った家庭環境とは対極にあるような家庭をつくろうと努力します。

Ⓜ—☉〔MC—太陽〕

互いに影響を与えあう相性です。若い時期よりも中年期以降に出会うほうが、よき仲間や同志となれる傾向にあります。

太陽をもつ人の出生図で、太陽—土星がアスペクトを形成していれば、同じ目標を掲げて、互いに高めあえる関係が望めます。

太陽をもつ人の社会的地位が高い場合は、MCに対して非常に有益な影響をもたらします。とくに、MCが人気に左右される仕事についている場合は、大いに太陽の恩恵を受けることでしょう。

また、MCをもつ人の社会的地位が高い場合は、太陽に対して、ラッキーチャンスにつながるような人脈をもたらします。

男女間では、この配置のみでは恋愛になりえませんが、アスペクトが0度または180度ならば相性としては吉で、結婚したら円満な家庭をはぐくむことができます。アスペクトが45度または135度ならば、強い結びつきは生まれません。

Ⓜ—☿【MC — 水星】

共通の目的で結ばれる組みあわせですが、恋愛の発生には関係がありません。また、アスペクトが45度・60度・135度ならば、影響は微弱です。

仕事など同じ目的をもつ者同士であれば、意思が通じあい、良好な関係をはぐくむことができます。また、MCをもつ人が経営者的な立場にあるならば、水星をもつ人がよき参謀となります。ただし、アスペクトが90度または180度の場合は、水星に対してMCが反発します。

友人同士の場合は、水星の働きかけによって、MCの目的意識が明確になります。

どちらか一方に土星とのアスペクトが形成されていれば、双方がマイペースでものごとを進めつつも、それなりの関係を維持します。

水星の出生図で、水星―木星が0度・90度・120度・180度のいずれかを形成していれば、MCをもつ人は、水星をもつ人のバックアップによって発展するでしょう。

Ⓜ—♀【MC — 金星】

あらゆる局面で、良好な関係となる組みあわせです。仕事上のつきあいから始まっても、私的な関係にいたることが多いでしょう。ただし、アスペクトが45度または135度ならば、影響は微弱です。

MCにとっては、金星の存在がよき人脈を広げてくれるきっかけとなります。とくにMCが、公的な職業や社会的に高い地位についている場合は、金星を秘書や広報のポストに抜擢《ばってき》すれば、実利的な面もふくめて、大いにプラスになるでしょう。

私的なパートナーや親子間では、金星がMCを思いやり、互いにいたわりあえる相性です。

恋愛の場合は、MCが早い時期から結婚を意識します。婚外恋愛の場合は、関係が周囲に露見することとなり、略奪愛となる可能性が高いでしょう。

MCの出生図で、MC―土星がアスペクトを形成していれば、金星が物質的な損害をこうむるかもしれません。また、そのためにMCが金星の面倒を見なければならないでしょう。

Ⓜ―♂【MC―火星】

意気投合しやすい組みあわせです。火星がMCを触発し、その気にさせる相性です。ただし、アスペクトが90度または180度の場合は、摩擦《まさつ》も多いでしょう。

MCは、火星からプレッシャーをかけられますが、それと同時に、勇気と自信につながるような後押しを感じて、がんばろうという気持ちになります。

MCをもつ人の出生図で、MC―土星が0度・90度・180度を形成していれば、敵愾心《てきがいしん》が強くなって衝突が重なり、結果的に疎遠となることもあります。ただし、双方の性格と他のアスペクトいかんで、状況の軽重が変わってきます。

火星の出生図で、火星が太陽もしくは月と0度か180度を形成し、MCの出生図で、MCと金星が0度であれば、恋愛感情が芽ばえる可能性が高くなります。他の天体のアスペクトも考慮しなければなりませんが、カップルであれば、とんとん拍子に婚約や結婚へ発展するケースが多い相性です。

Ⓜ―♃【MC―木星】

MCの社会的な立場に、木星がよい影響を与える相性です。MCにとっては、木星の人脈にかかわることが人生にプラスの作用をもたらすでしょう。ただし、アスペクトが45度または135度ならば、影響は微弱です。

友人関係であれば、木星がMCの足りない部分を補い、助けてくれます。仕事の面では、木星がMCのよき理解者であり協力者となります。

愛情面や結婚生活では、MCが木星に依存しますが、バランスの取れた円満な関係です。

木星が親で、MCが子供なら、MCは親の援助やよき保護を受けられます。

木星の出生図で、木星―冥王星が0度・90度・180度のいずれかを形成していれば、MCにとって木星は、出世や利益につながる重要な鍵を握る人物となるはずです。互いの結びつきはたいへん強く、MCが木星の後継者となるなど、大きなものを受け継ぐことになるでしょう。

Ⓜ－♄【MC－土星】

ＭＣが土星の影響を受ける相性です。一緒にいて面白いあるいは楽しいという関係ではなく、ＭＣは土星に煩《わずら》わしさを感じ、足かせでしかないと思うかもしれません。実際のところ、とかく土星がＭＣにブレーキをかけることが多いでしょう。

恋愛では、他の天体のからみにもよりますが、愛情にぱっと火がつくようなことはありません。

ＭＣにとって土星は、友人なら余計なオジャマ虫、上司なら支配者、父親なら厳格で融通のきかないガンコ親父となるでしょう。しかし、ＭＣが自分を磨くためには、土星が必要不可欠な存在です。いっぽう土星にとってＭＣは、一緒にいて楽な相手です。

アスペクトが90度または１８０度の場合、ＭＣへの抑圧が強くなります。土星が母親なら、ＭＣに干渉し、自分の枠にはめようとします。また、ＭＣは土星に関する苦労を背負います。土星が妻なら、ＭＣは土星のルールに従った義務的な家庭生活を強《し》いられ、男のロマンにブレーキをかけられます。

Ⓜ－♅【MC－天王星】

仕事や将来への可能性を見いだせる相性です。とくにアスペクトが0度ならば、互いにプラスになる刺激が多いでしょう。45度または１３５度ならば、影響は微弱です。また、いずれのアスペクトであっても、不安定な相性です。

仕事の面では、双方の立場に関係なく、ともに新たな目標を見いだしていきます。独立を考えたり、新規プロジェクトを立ち上げるなど、斬新な発想をいかして面白い試みができるでしょう。

ＭＣは天王星の影響を強く受け、その魅力にひかれますが、翻弄《ほんろう》もされます。

恋愛では異性を意識するというより、相手の個性に魅せられることが多いでしょう。しかし、この配置のみを見るなら、長続きしにくい相性です。結婚生活は家庭的な温かさや親密さに乏しく、互いにエネルギーが外に向かいがちですから、ふたりとも仕事を続けるほうがうまくいくでしょう。

親子間の場合は、適度な距離を保てます。

Ⓜ－♆【MC－海王星】

互いの利益になるようなつきあいは期待できない組みあわせです。また、ＭＣのほうに不利益となる可能性があります。

ただし、アスペクトが０度・90度・１８０度以外ならば、重要な意味はもちません。さらに、他の天体がＭＣもしくは海王星とアスペクトを形成しているかどうかで、重要性が異なります。

海王星と火星がアスペクトを形成していれば、ＭＣにとっては、損害や煩《わずら》わしいことをもたらす存在となります。

ＭＣと土星がアスペクトを形成していれば、互いに衰退をもたらしやすい組みあわせです。ただし、双方の出生図や他に発生する相性上のアスペクトによってカバーされることも十分あります。

恋愛では、海王星と金星がアスペクトを形成していれば、甘く切ない夢見心地のロマンスが生まれそうです。しかし、結婚生活に入ると、こんなはずではなかったという悲哀が、とくにＭＣに生じます。

Ⓜ－♇【MC－冥王星】

特別な因縁を感じる相性です。とくにＭＣをもつ人が、そのように感じるでしょう。アスペクトが０度か１８０度ならば強くひかれあいますが、45度か１３５度ならば、意識することはないでしょう。

親子の場合、ＭＣが子供で冥王星が親の場合は、子供が家業や会社を継ぐなど、親の存在が子供の将来にきわめて大きな影響をおよぼします。

仕事上の関係であれば、ＭＣにとって冥王星は、明暗や成否の鍵を握ることが多いはずです。

男女間では、他にかかわる天体によって変わってきますが、ＭＣの出生図で、ＭＣ—金星がアスペクトを形成していれば、ＭＣが女性の場合、冥王星の子供を授かることを暗示します。

冥王星の出生図で、金星—冥王星がアスペクトを形成していれば、ＭＣは冥王星に対して無条件に愛を感じ、無償の愛を捧げます。このふたりが結婚すれば、ＭＣにとって冥王星は、富や財をもたらすパートナーとなるでしょう。

☽—☽［月—月］

恋人、夫婦、親子、友人、仕事など、すべてにおいて円満な関係が望めます。互いの気分やフィーリングに敏感で、相手に同調し、仲よくしようという思いが強く働き、長時間一緒にいても疲れません。家庭環境や職業に関係なく共感することができ、思考パターンが似ていることが多いでしょう。

アスペクトが0度ならば引きあう力が強く、友情が愛情に発展することがしばしばあります。

0度と180度は、夫婦によく見られます。しかし、色っぽい関係になりやすい配置ではないので、このアスペクトだけでは恋愛に結びつきません。

120度の場合は、他の天体の配置にもよりますが、これだけでは大した影響がありません。

45度・60度・135度は、影響が微弱です。

どちらかの月が金星とアスペクトを形成していれば、友情から愛情へ発展します。また、どちらかの月が土星とアスペクトを形成していれば、形成していないほうが損をすることが多いでしょう。

☽—☉［月—太陽］

穏やかな関係をはぐくめる望ましい相性です。夫婦としてはベストの組みあわせで、実際、多くの夫婦に見られます。しかし、この配置イコール結婚とはいいがたく、他の天体やタイミングに左右されて結婚にいたることが多いでしょう。

アスペクトが0度・120度・180度のいずれかならば、影響は大きくなります。反対に、45度または135度ならば、とくに意味をもちません。

月と太陽の組みあわせは、同じ時間を長く共有することを暗示します。また、気分的にも同調しあうので、長時間一緒にいても苦痛ではありません。

友人、親子、仕事仲間など、どのような関係にあっても互いの足りない部分を補いあい、助けあえる良好な関係となります。友人や仕事仲間については、身内同然のような関係に発展するでしょう。学生時代の友人ならば、長いつきあいが望めます。

男女間では、友情から恋愛、そして結婚へとつながる可能性が高い組みあわせです。

☽－☿〔月－水星〕

意思や感情がスムーズに伝わる相性です。アスペクトが0度ならば、あうんの呼吸が生まれるでしょう。ただ、大きな影響のある配置とはいえません。

男女間の場合、恋愛につながる配置ではありません。というのも、水星が、月の微妙な心の動きをとらえるほどこまやかではないからです。

知人同士ならば、互いを理解しようとする気持ちが早くに生まれ、情報の交換が活発に行われます。

上下関係がある場合、水星が目上であれば、月は自分の潜在力アップにつながるような知識や情報を習得することができます。

親子関係は良好です。水星が母親であれば、情操教育などに熱心で、月に教養やマナーを習得させようとするでしょう。

水星の出生図で、水星―火星または水星―土星がアスペクトを形成していれば、誤解が生じたり、水星の威圧的な態度が月を萎縮させて、コミュニケーションがスムーズにいかなくなります。

☽－♀〔月－金星〕

互いにひかれあい、バランスのとれた穏やかな情愛が生まれます。豊かな感情表現のなかで、相手を思いやる気持ちが自然にはぐくまれるでしょう。

いずれのアスペクトも、恋愛や結婚にたいへん望ましい相性を示しますが、45度または135度ならば、重要度は低くなります。

月と金星の組みあわせでは、金星の愛情が月に注がれます。金星が男性ならば、月にとっては恋人や夫としてふさわしい相手で、愛される喜びを味わえます。また、気持ちが通じやすいので、友情から恋愛へと発展することも多いはずです。

親子の場合も穏やかな関係で、一緒にいることで気持ちが休まり、癒されるでしょう。仕事の場でも、相互に労《いたわ》りあい、理解しあえる相性です。

月の出生図で、月が土星または海王星とアスペクトを形成している場合は、自分の不安定な部分やマイナス面を金星がカバーしてくれ、精神が安定するというメリットがあるでしょう。

☽—♂【月—火星】

月が火星に挑発され、感情をあおられ、いらいらさせられます。また、月は火星に対抗意識を感じます。出会ったばかりのころは魅力を感じても、親密になるにつれてマイナスの刺激や衝突が多くなる傾向が見られ、穏やかな関係とは対極にあります。公私いずれの場面でも、けんかやトラブルが発生しがちで、相いれないものがあります。

とくに、アスペクトが0度・90度・180度のいずれかであれば、周囲を巻き込んでのトラブルに発展しやすく、最終的には仲違《なかたが》いもありえます。

出生図で、月か火星のどちらか一方が、冥王星と0度・90度・180度のいずれかを形成していれば、腐れ縁を暗示します。

火星の出生図で、火星―金星が0度・60度・90度・120度・180度のいずれかを形成していれば、恋愛が発生します。とくに0度と180度の場合、いったんスイッチが入ると、既婚か未婚かに関係なく、火星が月を翻弄《ほんろう》して盛りあがります。

☽—♃【月—木星】

互いを愛しく思い、大切にしたいと願う相性です。とくにアスペクトが0度なら、あらゆる関係において、月は木星からとても大きな恩恵を受けます。反対にアスペクトが45度または135度なら、結びつきは弱いでしょう。

木星にとって月は、守ってあげたい相手で、負担を感じることなく好意を示せます。また、月は木星の庇護のもとで安らぎを感じます。必然的に木星が月を保護することになりますが、周囲の目には、木星が月に甘すぎると映ることも多いでしょう。

親子の場合、木星が親ならば、過保護で甘やかしすぎとなり、月が社会性をはぐくむうえでの悪影響も予想されます。しかし関係は良好で、月にとっては木星の恩恵や援助が期待できる相性です。

月の出生図で、月―金星が90度または180度を形成していれば、木星の存在によって不安定な感情が静められます。

夫婦の場合、月が女性であれば子供を授かります。

☽－♄【月－土星】

義務感に後押しされて、あるいは既存のルールに沿って、堅実な関係を築いていく相性です。

土星にとって月は、自分の苦悩を背負ってくれる存在です。土星の負担は軽くなりますが、感情的には一緒にいて楽しい相手ではありません。一方の月は、土星に自由を奪われ、干渉され、自分の感情にブレーキをかけられることも多いはずです。

仕事の場では、土星が上司であれば、月は頭を押さえつけられ、自由な発想を認めてもらえず、何かにつけ厳しいと感じることが多いはずです。反対に、月が目上であれば、土星をないがしろにします。

親子の場合、土星が親であれば、子供に非常に厳しく、あれこれと干渉するでしょう。

夫婦の場合、夫が土星なら、月が夫の親の面倒を見るなどの役割や負担が生じやすい相性です。アスペクトが0度ならば、夫婦のどちらが土星であっても安定した家庭を築けますが、このアスペクトのみでは、甘い関係にはなりえません。

☽－♅【月－天王星】

月が天王星に影響をおよぼされる関係です。天王星が月の感情を刺激し、挑発し、感化しようとします。いっぽう月は、天王星とかかわることで焦燥感をつのらせます。自分の価値観に疑問を感じたり、このままではいけないといった焦りを感じ、混乱することも多いはずです。ただしアスペクトが45度または135度ならば、影響は微弱です。

仕事の場では、互いの存在を意識します。同じプロジェクトチームの仲間であっても、心の底では対抗意識を燃やします。

友人同士の場合も同様で、トランシットやダイレクションの状況によっては疎遠になるでしょう。

天王星にとって月は、何かと気になる存在です。その気持ちが恋愛感情に変わることも多いでしょう。結婚生活は、他の天体によって左右されますが、不安定さがあり、離婚を招きやすい相性です。

親子の場合は、互いにわかりあえないことが多いでしょう。

☽―♆［月―海王星］

情緒的な面で影響を与えあう関係です。おおむね月のほうが、海王星の感情に敏感になります。しかし、感情のもつれから誤解が生じると、和解までに長い時間を要します。多くは海王星が月に誤解されます。また、双方の人柄や知性が、関係を左右します。品位の低い海王星の場合、月を騙《だま》したり、嘘や偽《いつわ》りが多くなります。アスペクトが0度ならば、以心伝心の関係になることが多いでしょう。45度または135度ならば、重要な意味をもちません。

ともに理想を語り、夢を追いかけますが、非現実的な考え方におちいりがちなので、仕事上のつきあいの場合は、利益につながりにくいでしょう。

親子の場合、海王星が親なら、月は親の趣味や嗜《し》好《こう》をそのまま受け継ぐ傾向にあります。

恋愛の場合、海王星の出生図で、海王星―金星がアスペクトを形成していれば、月にとってはロマンチックな気分に浸れる恋人となります。しかし、結婚生活は堅実さに欠け、離婚しやすい相性です。

☽―♇［月―冥王星］

たいへん強い結びつきを表します。とくにアスペクトが0度または180度ならば、月にとって運命を感じる存在となるでしょう。アスペクト45度または135度ならば、重要な意味をもちません。

男女間では、セクシャルな結びつきの強さを表します。月が冥王星に強くひかれ、衝動的な感情を抱きます。婚外恋愛や年齢差のある関係など、障害がかえって恋愛感情をあおります。

仕事などの場で、冥王星が目上ならば、月にとっては自分の将来を大きく左右する人物となります。

親子の場合、他に兄弟姉妹があっても、この配置が見られる親子間で、遺産やポジションの相続が行われます。両親の介護をすることもあるでしょう。月が子供であれば、親の人脈を受け継ぎます。

冥王星の出生図で、冥王星―金星がアスペクトを形成していれば、月は無条件に冥王星を愛し、無償の愛を捧げます。男女間であれば、究極のロマンスや、障壁を乗り越えての略奪愛も暗示しています。

☉―☉［太陽―太陽］

他の天体を考慮する必要はありますが、基本的に強い結びつきを意味します。

アスペクトが0度または180度ならば、気の合う良好な関係となります。長い時間を共有しても苦にならず、自然体でいられるでしょう。男女間では、出会ったそのときから気が合い、恋愛に発展する可能性があります。夫婦なら、互いに尊重しあい、足りない部分を補いあう関係を築きます。

アスペクトが90度ならば、反発や衝突が起こりやすい相性です。また、45度または135度ならば、互いに引きあう力が弱くなります。

どちらかの出生図で、太陽に対して火星が0度・90度・180度のいずれかを形成していれば、他方の太陽が対抗意識を燃やします。

親子や夫婦にこのアスペクトがあれば、穏やかな家庭生活を営むのが困難になるでしょう。ただし仕事の場では、対抗意識が適度な刺激となり、潜在力アップにつながります。

☉―☿［太陽―水星］

コミュニケーションを表します。太陽もしくは水星に対して、火星や土星がアスペクトを形成していないときは、意思疎通がスムーズに行われます。ただし、互いに強くひかれあうといった深い縁があるかどうかは、この配置のみではわかりません。

いずれのアスペクトも調和的な相性です。ただし45度または135度ならば、引きあう力は弱く、重要な意味をもちません。

友人や知人であれば、相手の精神的なテリトリーに踏み込まず、適度な距離を保ちます。しかし、関係が希薄なわけではなく、水星が太陽のよき理解者でありアドバイザーとなるでしょう。趣味の仲間や、少し心理的距離のある関係はとても円滑です。

仕事の場では、目的が一致すれば、上下を問わずよき仲間となります。

恋愛では、肉体的なつながりよりも精神的な結びつきをもたらす組みあわせです。夫婦間においても、同様のことがいえます。

☉—♀［太陽—金星］

互いの魅力にひかれ、楽しい関係をはぐくめる相性です。ただし、アスペクトが45度または135度ならば、大きな意味はもちません。しかしその場合でも、太陽または金星に対して、月・ASC・MCなどがアスペクトを形成していれば、結びつきの強さが現れます。

男女間では、太陽が男性であれば、金星の魅力に刺激され、相互にひかれあいます。太陽は、金星に母親のイメージを重ねることが多く、母性的な魅力に癒されるでしょう。

また、太陽が男性であっても女性であっても、金星が理想的な異性として映ることが多いでしょう。恋人同士や夫婦間では、好ましい配置です。

出生の太陽または金星のどちらか一方に対して、冥王星がアスペクトを形成していれば、深い情愛が芽ばえ、強くひかれあい、離れられなくなります。セクシャルな結びつきが強く、障害を乗り越えても堅く結ばれます。

☉—♂［太陽—火星］

互いにひかれあい、急速に親しくなるでしょう。衝突も生じますが、すぐに和解できます。関係に適度な刺激があり、恋愛や結婚ではよい面と悪い面の両方が見られます。とくにアスペクトが0度・90度・180度ならば、衝突や反発が生じます。45度または135度ならば、重要な意味をもちません。

男女間では、太陽が女性であれば、火星にとっては理想の相手です。セクシャルな魅力を感じ、相互にひかれあう関係へと発展します。

仕事上の仲間や友人なら、太陽にとって火星は勇気を与えてくれ、やる気を起こさせてくれる人です。ライバルであれば、競いあいを通じて互いを高めることができます。しかし親子となると、太陽にとって火星は面倒な親または手のかかる子供で、穏やかに過ごせる相手ではありません。

火星をもつ人の出生図で、火星—土星がアスペクトを形成していれば、太陽は火星の聞き役やお守り役となります。

☉－♃［太陽－木星］

穏やかで、お互いに有益な関係が望めます。ただし、アスペクトが45度または135度ならば、結びつきが弱くなります。

木星にとって太陽は、愛しい、大切にしたい、慈しみたいという思いを自然に抱く相手です。いっぽう太陽にとって木星は、一緒にいて楽な相手であり、財や富をもたらしてくれる相手でもあります。仕事、親子、恋人、夫婦など、いかなる関係においてもプラスの恩恵を得ることができるでしょう。

木星は太陽をかわいがり、富やラッキーチャンスを授けるのですが、太陽の意識が高くなければ、せっかくの恩恵を無駄にしてしまいます。

親子の場合でも、木星は太陽を身びいきしたり、甘やかしたりします。

夫婦間は円満で、太陽は木星と一緒になることで生活が向上するでしょう。木星にとっても、太陽とかかわることで精神的なゆとりが生まれ、満たされる部分が大きいでしょう。

☉－♄［太陽－土星］

安定した関係を築けますが、責任や体面を重んじて、互いに縛りあうといった側面がふくまれます。

土星は、太陽とかかわることで、自分の重荷が軽減されます。反対に太陽は、土星とかかわることで束縛あるいは制限を受け、重苦しさが生じます。

仕事の場では、太陽は土星とのかかわりのなかで自分を鍛えることができます。ただし、土星が直接的に発展のチャンスをもたらしてくれることはありません。友人や知人の場合は、土星の厳しい助言や忠告が、太陽を戒めます。

恋愛では、甘い期間が短く、すぐに結婚に進展しやすい相性です。結婚すれば、義務をまっとうしようと努めますから、離婚は少ないでしょう。また、結婚によって、土星の両親の面倒を見るといった義務が生じることがあります。

土星の出生図に太陽―土星のアスペクトがあれば、ひとつの目的に向かって思いを同じくしたり、ともに困難を乗り越えていくことになります。

☉—♅［太陽―天王星］

自分にない魅力を相手のなかに認め、ひかれあう関係です。とくにアスペクトが0度・90度・180度ならば引きあう力が強く、相手に強い興味をもつか、急速に接近します。とくに太陽が天王星に刺激を受けることが多いでしょう。しかし、この関係は、最初は刺激的なのですが、徐々に価値観の違いや反発が生じてきます。

恋愛では、すぐに盛りあがりますが、基本的には衝突が生じて、長続きしない傾向にあります。

仕事ではよきライバルとなるか、仕事仲間となった場合は、新しい分野を切り開き、成功を収める可能性を秘めています。天王星が目上であれば、最初のうちは太陽にとって理想の上司であっても、いずれは太陽が離反していく結果となります。

親子の場合、どちらが太陽であっても、子供は早くに独立して、干渉しあわない関係が成立します。

総じて、いったん関係がこじれてしまうと、修復がむずかしい組みあわせです。

☉—♆［太陽―海王星］

信頼関係を築きにくい相性ですが、真に互いを理解しあうことができれば、深い絆で結ばれ、ともに精神的な成長が望めます。おもに太陽が海王星を意識し、影響を受ける傾向にあります。ただし、アスペクトが45度または135度ならば、相性を判断するうえで重要な意味をもちません。

仕事の場では、互いの意見が食い違うことが多いでしょう。太陽にとって海王星は、理解できない部分が多い相手といえます。

男女間については、他の条件を考慮しなければなりませんが、この配置のみでいうなら、激しい恋愛感情が生まれたり、強くひかれあうことはありません。恋人同士や夫婦間においては、すれ違いや誤解が生じやすく不安定でしょう。

太陽の出生図で、太陽―木星がアスペクトを形成していれば、夢をはぐくめる相性です。恋愛や結婚においても甘い関係となりますが、海王星が太陽に過剰な期待をかけることもありそうです。

☉－♇［太陽－冥王星］

縁の深さを感じる相性です。太陽が冥王星の影響を受け、それによって相互作用が生まれます。とくにアスペクトが0度・90度・180度ならば、太陽にとって冥王星は、重要な鍵を握る人物となります。反対に45度または135度ならば、相性を判断するうえで重要な意味をもちません。

男女間では、セクシャルな結びつきの強さを表します。太陽は冥王星に強くひかれ、婚外恋愛や年齢差などの障害が、かえって感情をあおるでしょう。

仕事の場では、太陽にとって冥王星は自分の将来を決定するような大きな影響をおよぼす存在であるか、因縁を感じるような闘争が予想されます。

親子であれば、他に兄弟姉妹がいても、この配置をもつ親子間で遺産や地位の相続がなされ、介護や同居などが生じます。

冥王星の出生図で、冥王星―金星がアスペクトを形成していれば、無償の愛が生まれます。究極のロマンスや、障害を乗り越えての結婚もありえます。

☿－☿［水星－水星］

意思疎通がスムーズであることを示しますが、相性を判断するうえでは重要度の低い配置です。

アスペクトが0度または180度ならば、互いの考えをスムーズに伝えあい、相互理解がなされます。文書のやりとりでも誤解を生ずることがなく、円滑に情報を伝達できるでしょう。45度または135度ならば、相性の判断材料としては重視しません。

友人同士として意気投合するかどうかは、この配置のみでは判断できませんが、どちらか一方の水星が出生図上で月とアスペクトを形成していれば、相手のことを理解しようと努めます。また、互いの話題が合うでしょう。

仕事では、活発に論議し、意見を交換することで互いに納得《なっとく》する答えを見いだせる相性です。

恋人同士や夫婦間では、コミュニケーション自体はうまく進められますが、愛情に影響をおよぼす配置ではありませんから、他の天体を考慮して相性を判断していくべきです。

☿―♀［水星―金星］

ウイットに富んだ会話ができます。話をしていて、好印象を与えあう組みあわせでしょう。とくにアスペクトが0度または180度ならば、出会ったとたんに話が弾《はず》み、相手に強く好感を抱き、互いに意識することが多いはずです。45度または135度ならば、悪い相性ではありませんが、結びつきの強さはありません。

芸術や音楽などの仕事に携わっている場合は、双方のセンスを刺激しあい、ともに高いレベルを目指すことで、才能を開花させられる相性です。

男女間では、友情から恋愛に発展することが多いでしょう。恋人同士としては、一緒にいて楽しい時間を過ごせる相手で、心と体の両面で一体感が感じられます。結婚にいたった場合も、いつまでもピュアな関係でいられます。また、共通の趣味をもち、互いの友人が集まってくるような家庭を築きます。パートナーとしていたわりあえる相性です。

親子間では、思いやりのある関係が生まれます。

☿―♂［水星―火星］

意気投合するのも早いのですが、諍《いさか》いが生じるのも早い組みあわせです。親しいつきあいになると、カチンとくるようなことが多くなるでしょう。とくに水星が、火星に感情をあおられる傾向にあります。アスペクトが0度・90度・180度ならば、相手の気分に左右される度合いが強くなりますから、どちらか一方がいらいらしていれば、ささいなことで言い争いが生じがちです。

仕事の場では、対抗意識を燃やす相手です。互いの言動を必要以上に意識しているために、つい余計なことを口走ってしまうこともあるでしょう。

男女間の相性は、この配置のみでは判断できませんが、基本的にはお互いのペースが合わなくなると、不安定さや争いが生じます。結婚生活では、火星が女性ならば、水星の尻を叩いて応援もするのですが、プレッシャーも与えます。

親子では、親が口うるさく干渉しがちですから、成人後は距離を保つほうが円満にいきます。

☿—♃【水星—木星】

穏やかな関係がはぐくめます。木星が水星の意識を向上させ、水星をサポートします。いっぽう水星は、木星とのかかわりを通じて視野を広げ、目的意識をもつことができるでしょう。一緒にいて安心できる相手であり、よき友人となれる相性です。

木星が上司や目上であれば、水星は、その恩恵を享受できるでしょう。

恋愛においては、木星が水星を保護する形となります。木星が男性であれば、水星をいたわります。反対に、木星が女性であれば、水星は木星の存在に癒され、ホッとするでしょう。

結婚生活においても安定した関係が望めます。また、晩婚であっても子供に恵まれやすい相性です。

親子間では、木星が親であれば、水星にとってはよき父、よき母で、円満な関係が築けます。

水星の出生図で、水星—火星がアスペクトを形成していれば、水星は、木星に対してわがままになり、大きな負担を与えます。

☿—♄【水星—土星】

土星にとって水星は、抑圧と規制の対象となります。土星は水星の行動に対して、批判的な言葉を執《しつ》拗《よう》に投げかけます。ただし、アスペクトが45度または１３５度の場合は、水星もしくは土星のどちらか一方に火星かからんでいなければ、違和感はさほど強くないはずです。

土星が上司や目上なら、水星の発想や考えを抑圧しようとし、少しの失敗にもシビアです。結果として、保守的で、先見性に欠け、柔軟なアイデアに乏しい組みあわせとなります。

友人同士なら、土星が水星を抑えつけがちなので、水星にとっては面白くない関係ですが、なぜか長続きします。

親子間では、水星が子供ならば、土星は口うるさく厳しい親で、一緒にいても気が抜けません。

男女間の愛情は、この配置のみでは判断できませんが、土星が水星を束縛する傾向にあります。

いずれの関係も、互いへの干渉は慎むべきです。

☿—♅［水星—天王星］

水星にとって、天王星はとてもインパクトのある相手です。互いにひかれあいますが、天王星のマイペースぶりに、水星が翻弄《ほんろう》されがちです。

仕事の場や友人関係では、互いに吸収するものが多く、ともに新しい分野を切り開けます。ただし、天王星のユニークな考え方に、水星がとまどいを覚えるかもしれません。

親子間では、互いを束縛しない関係が成立しますが、天王星が子供の場合、水星はもてあまします。成長過程では扱いに苦労するでしょう。

男女間では、互いに強い興味をもちますが、それ以上の判断はできません。また、ときめきが持続する時間は短いでしょう。

夫婦間では、身勝手な天王星のルールを受けいれがたく感じますが、水星が従わなければ不安定さが生じます。とくに天王星の出生図で、天王星—太陽がアスペクトを形成していれば、水星は気苦労が多くなります。

☿—♆［水星—海王星］

公私のあらゆる局面において、水星が海王星の魅力にひかれ、取り込まれていきます。また、海王星とかかわることで、水星のイマジネーションが豊かになります。責任をともなわない友人や知人であれば、それなりに楽しい関係が築けますが、金銭がからむとトラブルが発生するでしょう。

この関係のなかでは双方とも、ささいなことをごまかしたり、嘘をついたりする傾向が見られます。長いつきあいになれば、とくに水星のほうが、海王星を理解できないと感じるでしょう。

恋愛では、うまくいっているときは夢を与えあえる関係なのですが、少し歯車が狂うと誤解が生じます。とくに水星に対して、海王星が不誠実な言動をとります。また、現実的な問題では、水星が損をすることが多いでしょう。

水星の出生図で、水星—土星がアスペクトを形成していれば、海王星に対して疑念と不信感を抱き、一線を画したつきあいをします。

☿－♇【水星－冥王星】

ひとつの目標に向かって、このふたりが突き進むと、あっと驚くようなことをやってのけます。水星は冥王星と出会うことで視野が広がり、価値観が大きく変わります。ただし、アスペクトが0度または180度以外ならば、強い結びつきは生じません。

水星にとって冥王星は特別な存在で、尊敬できる人物となることが多いでしょう。そして、自分とは異なる考え方やライフスタイルなどに感化され、その魅力を取り入れたいと思い、また、自分を変えなければと考えるようになります。

仕事の場では、冥王星が目上ならば、その意見は絶対的なものであり、水星は従わざるをえません。つまり、関係の鍵は冥王星が握っているのです。

親子間では、冥王星が親であれば、水星にとってはたいへん影響力が強い存在となります。自分の価値観や教育方針が、子供を左右することを肝に銘じ、成長期には十分な配慮をするべきです。

恋愛では、この配置は重要な意味をもちません。

♀－♀【金星－金星】

親密な関係へと発展します。とくにアスペクトが0度または180度ならば、結びつきが強くなります。次いで90度、続いて120度で、45度と135度は、あまり重要ではありません。

友人同士としては気の合う楽しい関係が望めます。

恋人同士の場合、セクシャルな面で理想的な関係で、精神と肉体の深い一体感が生まれ、それでいてさわやかな感情を抱ける相手です。

結婚生活では、パートナーに新鮮さを感じていられる相性です。ただ、一緒にいると趣味や遊びなど、好きなことに夢中になりすぎる傾向にあるため、金銭の出費は多くなるでしょう。

親子間では、母娘であれば一卵性双生児のような関係で、父娘であれば、娘をいつまでも手放したくないと考え、かわいがります。

仕事の場でも意気投合しますが、投資に金銭を惜しまないところがあり、リスクもぬぐえません。しかし、基本的には成功へと導かれる相性です。

♀—♂【金星—火星】

セクシャルな面でのつながりを表し、互いに強くひかれます。とくに男性が火星の場合は、金星の女性に強いセックスアピールを感じます。また、男女が逆転していても、会った瞬間に強烈な印象を抱くはずです。アスペクトが0度・90度・180度のいずれかならば、引きあう力が強くなります。しかしその分、嫉妬や束縛も多くなるでしょう。45度または135度ならば、影響は微弱です。

男女間にこの配置が見られる場合、交際がスタートして、セクシャルな結びつきがあってからのほうが、より強力に異性を意識します。結婚後も、セクシャルな刺激が安定をもたらします。

しかし、この配置があるからといって、かならずしも恋愛に発展するとはかぎりません。

恋愛以外の関係であっても、金星は火星に温かい情をもって接します。また、仕事上の関係が私的に親しい関係へと発展したり、友情から恋愛が芽ばえるケースが多い相性です。

♀—♃【金星—木星】

金星に、木星の恩恵と保護がもたらされます。木星は金星に対して好意的で、親切に面倒を見ることを苦にしません。いっぽうの金星は、木星を持ちあげながら、うまく操縦していきます。

あらゆる人間関係において、木星は金星に対して寛大すぎるというマイナス面もありますが、ひとことでいえば、一緒にいて精神的に楽な相手であり、お互いによい気分になれる相性です。

しかしながら、双方の人格的なレベルが低ければ、贅沢《ぜいたく》をしたがり、ルーズになって、享楽を求めるだけの堕落した関係になります。

双方の意識が高ければ、互いの長所を引きだしあい、短所をカバーしあうことができ、公私ともに発展、安定、幸福が望めるすばらしい相性です。

金星の出生図で、金星―月が90度または180度のアスペクトを形成していれば、ストレスや外的な要因によって生じる精神的な不安定さを、木星に癒してもらえるというメリットが生じます。

♀―♄［金星―土星］

互いにわかりあうまでには時間がかかります。土星は、金星を幸せにする義務を感じますが、いっぽうの金星は、土星に束縛されていると感じます。ただし、アスペクトが45度または135度ならば、相性を判断するうえで大きな意味をもちません。

共同事業、金銭の取り引きや貸し借りに際しては、損害が生じやすいでしょう。

親子間では、土星が親の場合、金星に価値観を強要し、窮屈《きゅうくつ》な関係となります。

友人同士の場合、金星が土星を尊敬します。好感がもてる存在であれば安定した関係が保てます。

愛情面では、結婚へ進展しやすい組みあわせですが、結婚後は、窮屈さを感じることもあります。また、金星のほうが愛情が冷めやすく、土星を真に愛せないでしょう。しかし、意外と離婚にはいたりません。ただ、金星の出生図で、金星―天王星がアスペクトを形成していれば、結婚後、金星が出ていく可能性が高くなります。

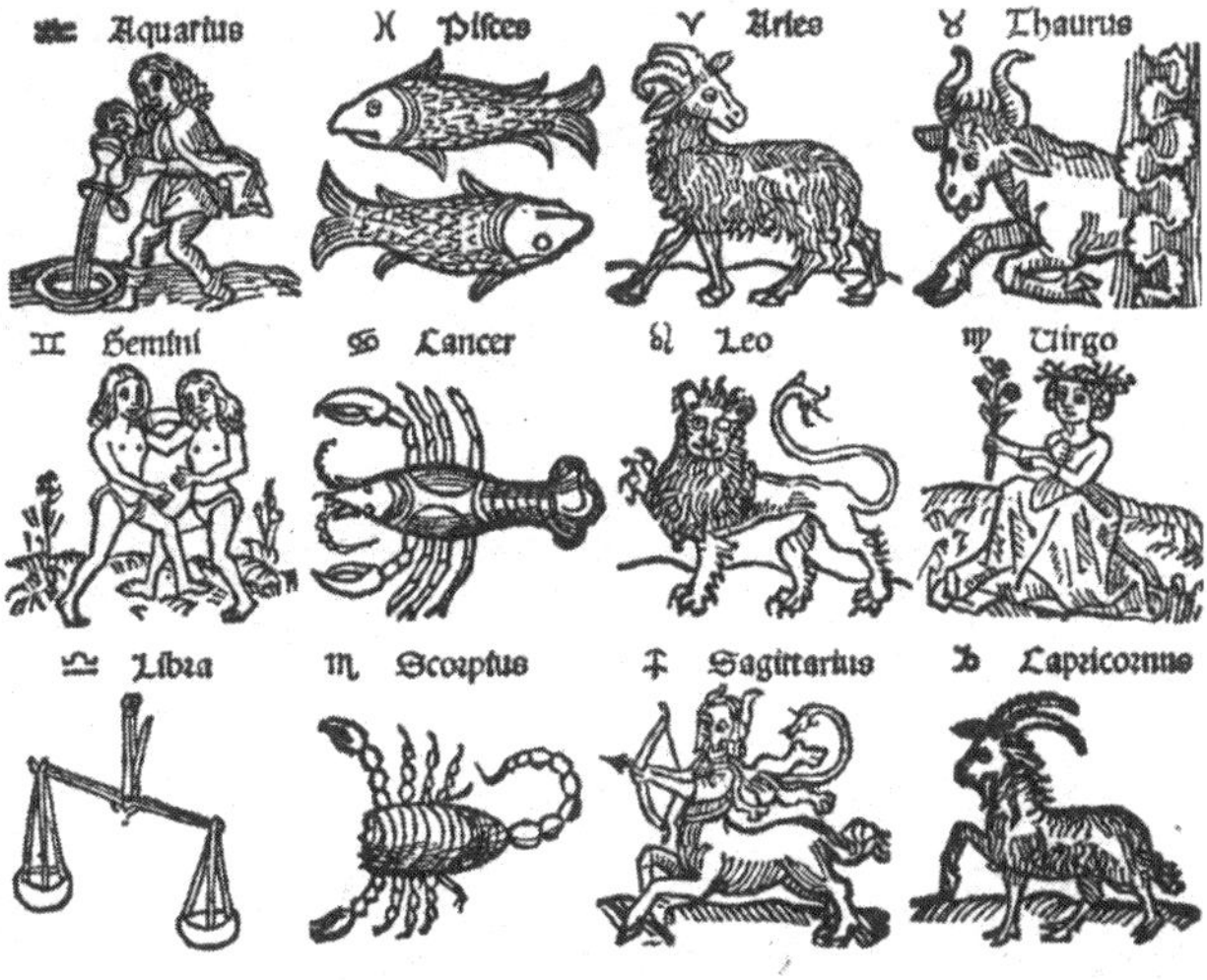

※上図は、黄道12宮をシンボリックに描いた木版画（16世紀）。

第8章

ホロスコープ解読の実践例

◎総合的な解釈をおこなうには

この章では、出生図をベースにして、トランシット、ダイレクション、相性診断などの技法を使いながら、運勢を総合的に解読した9つの事例を紹介します。

ホロスコープを総合的に解読するときは、まず出生図をしっかりとリーディングして、きわだった特徴をつかんでおくことが大切です。きわだった特徴というのは、たとえば、ハードアスペクト（0度・90度・180度）が多い、イージーアスペクト（60度・120度）が多い、特定の感受点にアスペクトが集中している、といったことです。こうした特徴は、ホロスコープを一見したときに、印象的な傾向として浮かびあがってきます。とくに初心者の場合は、まずハードアスペクトに着目して解釈を進めるといいでしょう。ハードアスペクトが複数ある場合は、0度と180度を優先的に見ます。なかでもオーブの少ないものを重視してください。

そして、トランシット、ダイレクション、相性のいずれを見るときも、まずはベースとなる出生図の特徴的なポイントに目を向け、そこに天体がコンタクトしているかどうかをチェックしてみましょう。もしコンタクトしていたら、その点を中心に解釈を進めてください。コンタクトする天体については、進行速度が遅く影響力の強い土星以遠《いえん》の天体（天王星・海王星・冥王星）に注目するといいでしょう。また、相性を見るときは、一方の出生の月・太陽・金星・

火星に対して、相手の出生の木星・土星・冥王星、さらには特徴的なポイントがコンタクトしているかどうかに着目してください。

そのように解読を進めていくと、よいことも悪いことも見えてくると思いますが、どちらの場合も、それを現実のものとするかどうかは、個人の意志と行動にかかっています。

これは筆者の実占経験からいえることですが、一般に「悪い運勢」といわれる配置になったときでも、生き方がしっかりしている人の場合は、とんでもない事態が訪れることはありません。また、そういう人たちほど日頃からもめごとや争いが少なく、「今は時期が悪いからもう少し待とう」「無理をしないでゆっくり進めよう」と、よからぬ運気にも落ち着いて対処できるようです。いっぽう、つねに波瀾《はらん》が多い人や、ふらふらした生き方をしている人は、天体がもたらす運勢の荒波に翻弄《ほんろう》され、いっそう事態を悪化させる傾向があるように見受けます。

どんな運勢が訪れるにせよ、現実の世界をつくるための最終的な判断は、自分自身の手に委《ゆだ》ねられているのです。そのことを忘れずに解読に臨めば、かならず天空の星たちは、人生をより豊かに生きるためのヒントを与えてくれるに違いありません。

なお、9人の著名人については、それぞれに略年表をつけました。興味のある方は、個々の時点におけるトランシットやダイレクションを調べ、運勢と天体とのかかわりについての考察を深めてください。

アンジェリーナ・ジョリー

Angelina Jolie

1975年6月4日AM9時4分
カリフォルニア州ロサンゼルス生まれ

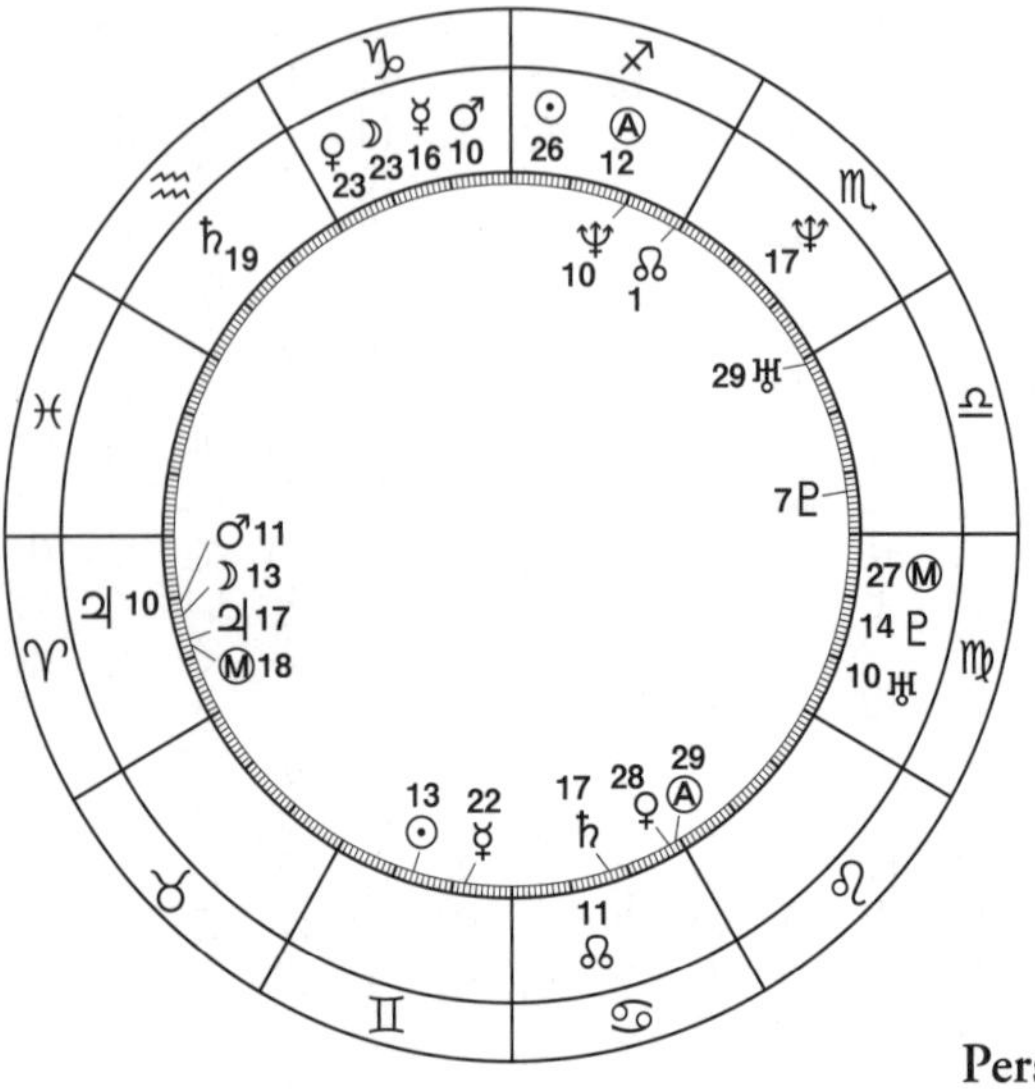

Personal History

1975年 カリフォルニア州ロサンゼルスに生まれる。

1976年 両親が別居する。

1986年 演劇を学びはじめるが、3年後に挫折。

1979年 ファッションモデルをはじめる。

1991年 演劇を再度学びはじめる。

1993年 映画『サイボーグ2』（日本未公開）で初主演。

1996年 ジョニー・ミラーと結婚（1999年に離婚）。

1998年 映画『ジーア／悲劇のスーパーモデル』が評価される。

1999年 映画『17歳のカルテ』で演技派の地位を確立。

2000年 ビリー・ボブ・ソーントンと結婚（2003年に離婚）。

2001年 映画『トゥームレイダー』で世界的な人気を獲得する。
このころから精力的に慈善活動を行う。

2002年 カンボジア人の男児を養子にする。

2005年 エチオピア人の女児を養子にする

2006年 ブラッド・ピットとの間に女児を出産。

2007年 ベトナム人の男児を養子にする。

2008年 ブラッド・ピットとの間に双子を出産。

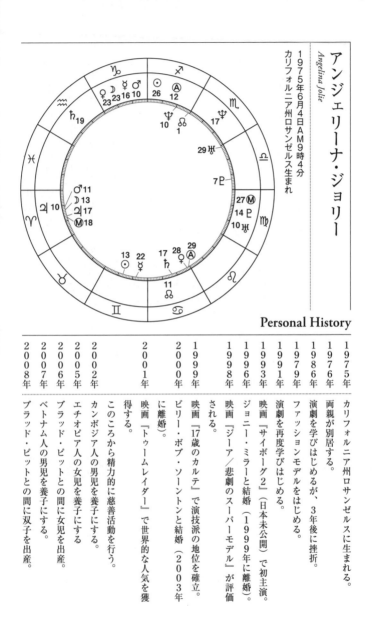

縁の深さを感じさせるが、穏やかな関係とはいいがたい相性

生後間もなく両親が別居。彼女自身にも離婚の経験があります。幼少期を貧困のうちに過ごし、いじめにあうなどして一時期は自傷《じしょう》行為に走ったこともあったと自身が語っています。

彼女の出生図では、ＡＳＣ―金星が０度。多くの人を魅了する世界的なトップスターらしい配置です。月―火星も０度で、負けずぎらい、感情面での激しさ、そして女性にとっては、家庭運の不安定さを表します。さらに、太陽―海王星が１８０度です。これは、猜疑心《さいぎしん》が強く心理的に不安定ですが、クリエイティブで精神的に高い領域を目指せる人であることを示します。事実、彼女は養子を迎えるなど慈善活動を積極的におこなっています。その背景には不幸な生い立ちや愛情への飢餓感《きがかん》もあるのでしょうが、精神性の高さを物語るものといえます。

パートナーであるブラッド・ピットは、１９６３年12月18日午前６時31分に、アメリカのオクラホマ州で生まれました。ジョリーとの相性を調べてみると、ピットのＡＳＣとジョリーの太陽は１８０度で、お互いをひとりの人間として尊重しあえる相性であることがわかります。また、ジョリーの太陽―海王星の１８０度に対して、ピットのＡＳＣが相互に０度と１８０度を形成しています。これは、ジョリーの人生観が、ピットに非常に大きな影響をおよぼし、カリスマ的に魅了していることを表します。

何よりも注目したいのは、ジョリーの太陽とピットの冥王星が90度ということです。これは縁の深さとセクシャルな結びつきの強さを表します。おそらくふたりは、出会った瞬間に運命を感じたことでしょう。ただし、波風の立つ相性でもあります。

ピットの出生図では火星と木星が90度で、その木星がジョリーの火星と０度を形成しています。この配置はビジネスパートナーや「同志」に多い相性です。刺激的で楽しくはあっても、ごく普通の穏やかな家庭とは対極にあるカップルといえます。

ビル・ゲイツ

William Henry Gates III

1955年10月28日
アメリカ合衆国シアトル生まれ

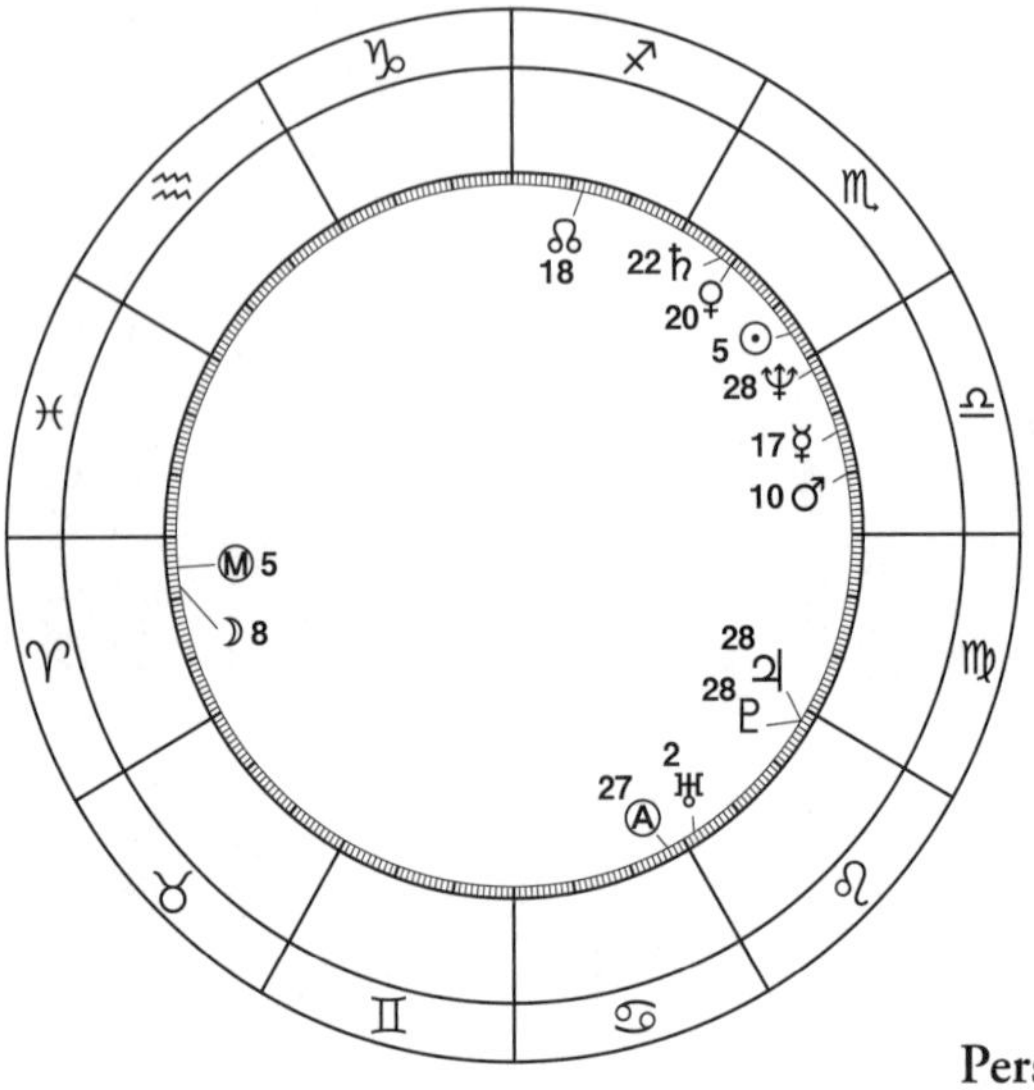

Personal History

1955年　アメリカ合衆国シアトルに生まれる。

1973年　ハーバード大学に入学。

1975年　友人のポール・アレンとともにマイクロソフト社を創業。

1980年　IBMにMS—DOSを納入。

1985年　ウィンドウズを初めてリリース。1990年代後半には世界市場の占有率が1位となる。

1994年　メリンダ・フレンチと結婚。

2000年　フォーブス誌の長者番付で世界一となる。以後2006年まで13年連続でトップを維持。

2006年　マイクロソフト社のCEO職を辞し会長となる。世界最大の慈善基金団体ビル&メリンダ・ゲイツ財団を創設。

2008年　世界第3位の富豪ウォーレン・バフェットからビル&メリンダ・ゲイツ財団に対して約300億ドルの寄付を受ける。

2009年　会長職にはとどまるが、フルタイムの仕事から引退すると同時に、ビル&メリンダ・ゲイツ財団の活動に専念することを発表。

フォーブス誌の長者番付で世界一に返り咲く。

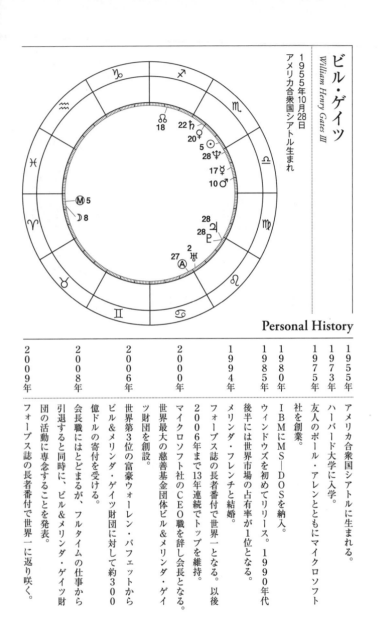

今日の地位を暗示する木星―冥王星と太陽―天王星

ビル・ゲイツの名で知られるウィリアム・ヘンリー・ゲイツ3世は、「悪の帝国」とまで呼ばれたマイクロソフトの創業者にしてアメリカの大富豪です。父は法律家、母は銀行役員秘書という裕福な家庭に生まれ、幼いころから算数と理科が得意な少年であったようです。成績優秀で、すでに高校時代には友人とともに会社を創業するなど実業家として頭角を現し、ハーバード大学時代には仕事が多忙なために休学しています。

ゲイツの出生図では、木星―冥王星がタイトな0度です。これは、富や地位の取得と大発展を暗示するたいへんリッチなパターンです。さらに太陽―天王星が90度で、知識活動の活発さを意味すると同時に、先見性と創造力が必要とされる分野でパイオニア的な地位を築くことを示しています。マッキントッシュがクリエイターのためのコンピューターであったのに対し、マイクロソフト社はビジネスユースでの汎用性を目指しました。その商業戦略によってソフトウエア業界に確固たる地位を築いたのです。

また、月―MCが0度で、月―火星はタイトな180度です。月―火星の180度は、大胆で闘志にあふれることを示しますが、もともと感情的で衝動的な性質であることをも表します。また、この配置は、組織に縛られることを嫌い、脱サラなどをして早くに起業・独立をする人物に多く見られます。同時に、積極的なビジネス活動によって幸運をつかむことのできるアスペクトでもあります。

金星―土星はタイトな0度です。生真面目で猜疑《さいぎ》心《しん》が強く、愛情表現がへたで、本音をさらけだせずに誤解を招いたり、精神的なゆとりがないことを示します。マイクロソフト社は競争相手を駆逐《くちく》することで市場を独占したため、同業者からは嫌われていましたが、現在、彼は第一線を退《しりぞ》き、慈善団体に数千億円を寄付するなどボランティア活動を積極的におこない、社会貢献に努めています。

サルバドール・ダリ

Salvador Dali

1904年5月11日AM8時45分
スペイン・フィゲラス生まれ

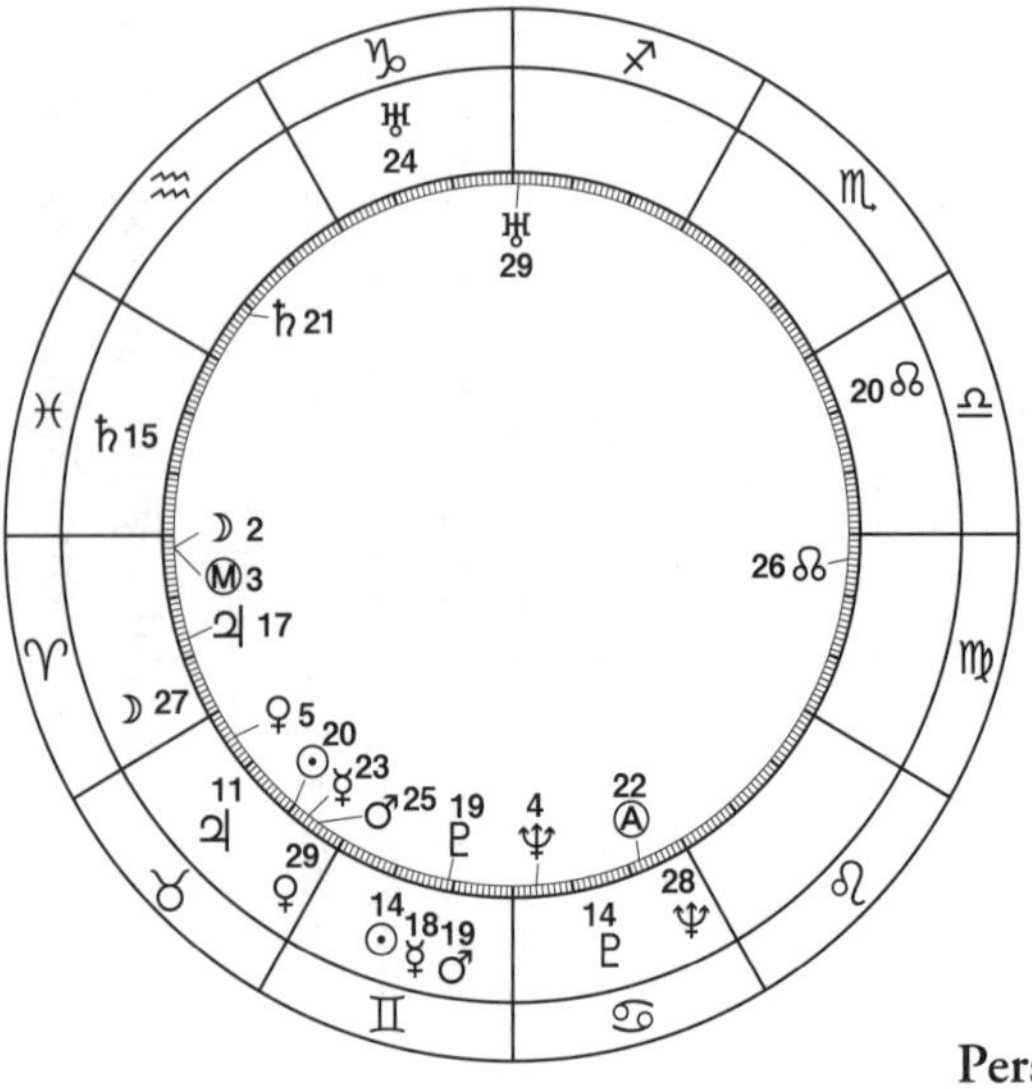

Personal History

1904年	スペインのフィゲラスに生まれる。
1921年	マドリードのサンフェルナンド美術学校に入学。映画監督のルイ・ブニュエルと知りあう。
1929年	ブニュエルと共同で映画『アンダルシアの犬』を制作。
1925年	マドリードの画廊で初の個展を開く。
1927年	パリへ行き、ピカソ、エリュアール、ブルトンらの面識を得る。
1929年	エリュアールの妻ガラと出会う。シュルレアリストのグループに正式に参加。
1932年	ガラと結婚する。
1936年	スペイン内乱を予言したという『ゆでたインゲン豆のある柔らかい構造』を制作。潜水服で講演会に臨み、酸素供給に不具合いが発生して九死に一生を得る。
1938年	シュルレアリストのグループから除名される。
1982年	ガラが死去。「人生の舵《かじ》を失った」と落胆し、ジローナのプボル城に引きこもる。
1983年	最後の作品を制作する。
1989年	心不全により死去。享年85歳。

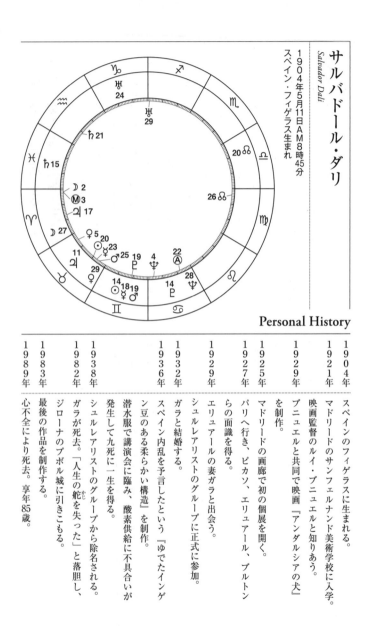

妻ガラとの出会いと結婚は運命的な星の配置に導かれたもの

スペインが生んだ20世紀最高の芸術家であるサルバドール・ダリの太陽—水星—火星は0度。積極的で興奮しやすい気質を表します。

また、木星—冥王星の60度は、地位と名声を求め、それを獲得するための豊かな才能と大発展を暗示します。事実ダリは絵画にとどまらず、彫刻やオブジェ、宝石デザインなど、商業主義と合致した作品を手がけて大成功を収めています。

さらに、金星—海王星が60度、月—MCが0度で、海王星が90度でコンタクトしています。月—MC—金星—海王星のパターンは、豊かな空想力と芸術的才能、鋭敏な感受性、宗教や形而上学《けいじじょうがく》への関心、旺盛な創造的才能などを発揮して、社会的承認を得ることを示しています。

ダリはフロイトの影響を受け、絵画のなかに夢のシンボルをさまざまに配して、無意識下の世界を神秘的なビジョンとして写実的に表現しました。こうした作風の背景には、月—MC—金星—海王星というパターンがあったと考えられます。また、このパターンは、母親や妻の影響が、仕事や社会的な立場に大きく影響を与えるものでもあります。

ダリの人生でもっとも重要な出来事は、1929年、友人の詩人ポール・エリュアールの妻ヘレナ・ディミトリエヴナ・ディアコノヴァ、通称ガラとの出会いです。ふたりは恋に落ち、駆け落ちのすえに結婚します。ダリの絵に描かれる女性はガラで、彼の永遠のミューズです。また、ガラは妻であり彼の支配者であり、有能なマネージャーでもありました。

このときの天体の動きに注目してみると、ダイレクションの火星が、出生の冥王星と0度です。出生の冥王星は金星と45度を形成していますから、N金星—N冥王星—D火星という運命的で強烈な恋愛のパターンが発生していました。ダリは生涯を通じてガラを愛しましたが、彼の強力な恋愛のタイミングに、ガラも引き寄せられたのです。

ダライ・ラマ14世

1935年7月6日AM4時38分
チベット北部アムド生まれ

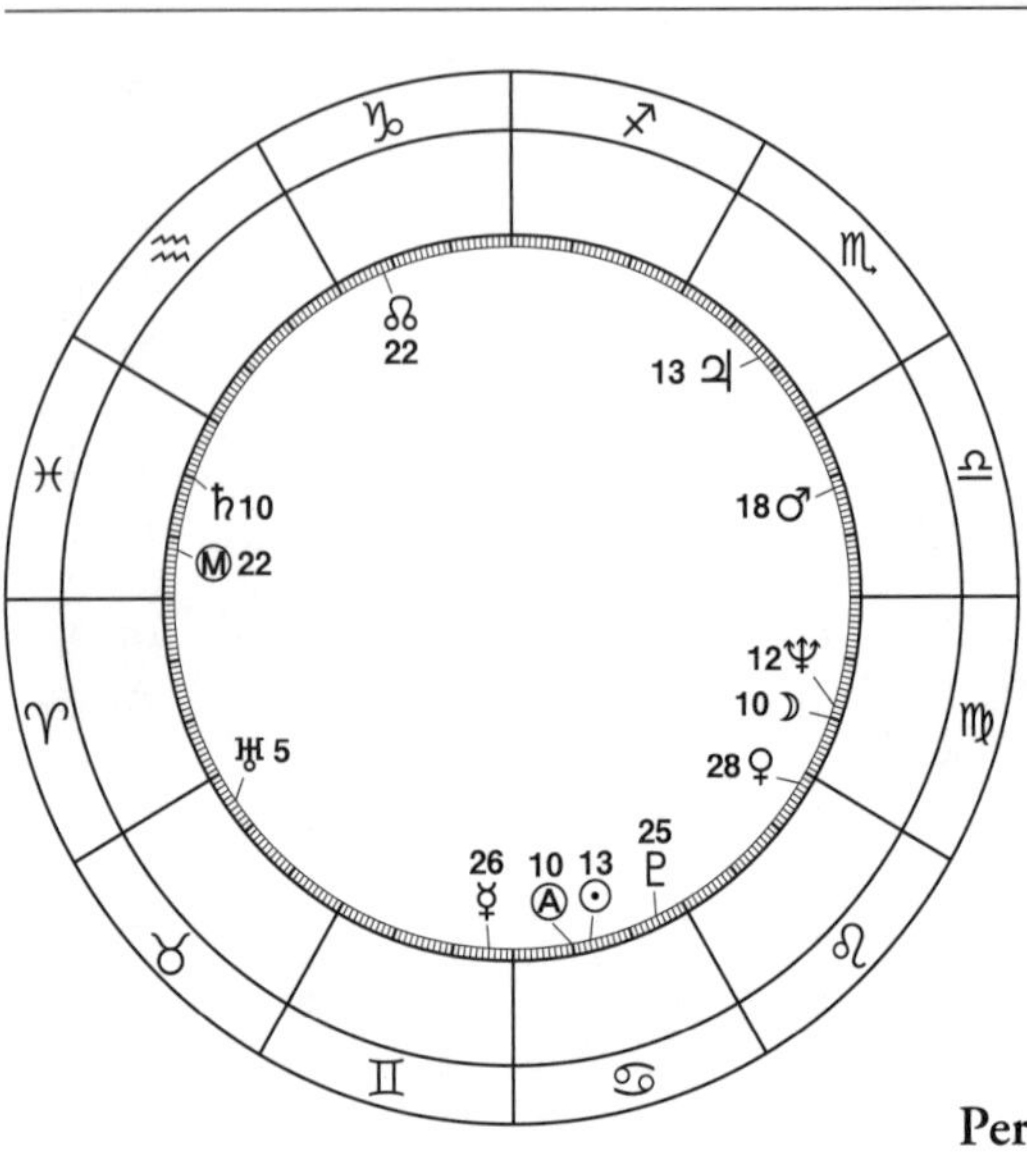

Personal History

1933年　ダライ・ラマ13世が亡くなる。

1935年　ダライ・ラマ14世が生まれる。

1939年　ラサに向けて家族とともに移動。

1940年　ダライ・ラマ14世に就任。

1949年　中国の人民解放軍の軍事的圧力下で「17か条協定」を締結。

1950年　中国の人民解放軍がチベットを制圧。

1956年　チベット動乱が勃発《ぼっぱつ》。

1959年　インドへ亡命し、チベット亡命政府を発足。

1975年　ローマ教皇パウロ6世と会談。

1989年　ノーベル平和賞を受賞。

2000年　チベット自治区からインドに亡命したカギュ派の活仏カルマパ17世を保護。

2006年　カナダ名誉市民の称号を授与される。

2007年　米国議会から議会名誉黄金勲章を授与される。
中国国務院が転生を許可制とする「チベット仏教活仏転生管理弁法」を施行。

2008年　チベット自治区ラサ市でチベット族が漢族を襲撃し、暴動が発生。

2009年　パリ名誉市民の称号を授与される。

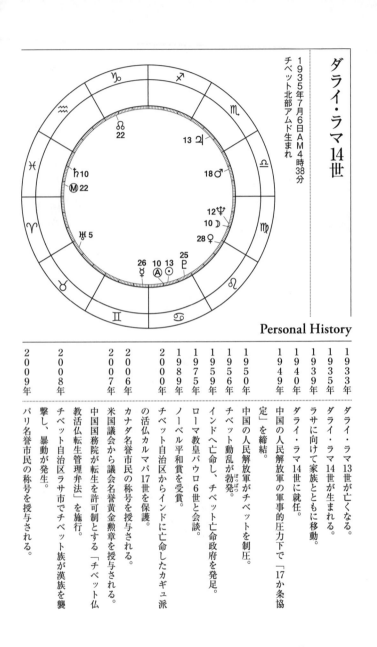

霊的指導者としての人生を複数のアスペクトが暗示する

ダライ・ラマ14世は、チベットの小さな農家に9人目の子どもとして生まれました。3歳のときにチベットの守護尊である観音菩薩《かんのんぼさつ》の現身《うつしみ》、ダライ・ラマの生まれ変わりと認定され、1940年、第14代のダライ・ラマに就任しました。

出生の月―海王星は0度で、感受性を必要とするあらゆる領域において秀でた力を発揮することを示しています。このパターンは、非現実的な世界との接触や霊的な世界への関心を意味しますが、彼自身、肉眼ではとらえられない神や魂を見つめる宗教の世界に生きています。

月―海王星のパターンは、同情心が強く、弱者に深い慈愛を注ぎ、ボランティア活動や慈善活動に関心を寄せることを意味するものでもあります。事実彼は、世界平和やチベットの宗教と文化の普及に貢献し、その活動が高く評価されて1989年にノーベル平和賞を受賞しました。

太陽―木星―土星の120度も注目に値《あたい》します。木星―土星のアスペクトは、秩序の尊重、伝統的文化の継承、道徳、教育活動を示します。木星―土星が、人生の方向性を表す太陽にコンタクトしているということは、チベット仏教界における最高の権威者として、多くの僧侶を指導していく立場にあるという彼の人生そのものを表しています。

冥王星―MCの120度は何を意味するのでしょうか。冥王星は、個人の力では抗《こう》しがたい宿命的・強制的な変化や出来事を意味し、MCは人生の到達点や社会的地位を表します。つまり、MC―冥王星のアスペクトは、カリスマ性、社会的承認、権力の取得を示すものといえます。彼はわずか5歳にして、自分の意思とは関係なく第14代ダライ・ラマに就任しています。チベット仏教界の精神的指導者という重責を、抗《あらが》えない運命として受けいれざるをえなかったことが、この配置にシンボリックに描かれています。

バラク・フセイン・オバマ・ジュニア

Barack Hussein Obama Jr.

１９６１年８月４日ＰＭ７時２４分
アメリカ合衆国ハワイ州ホノルル生まれ

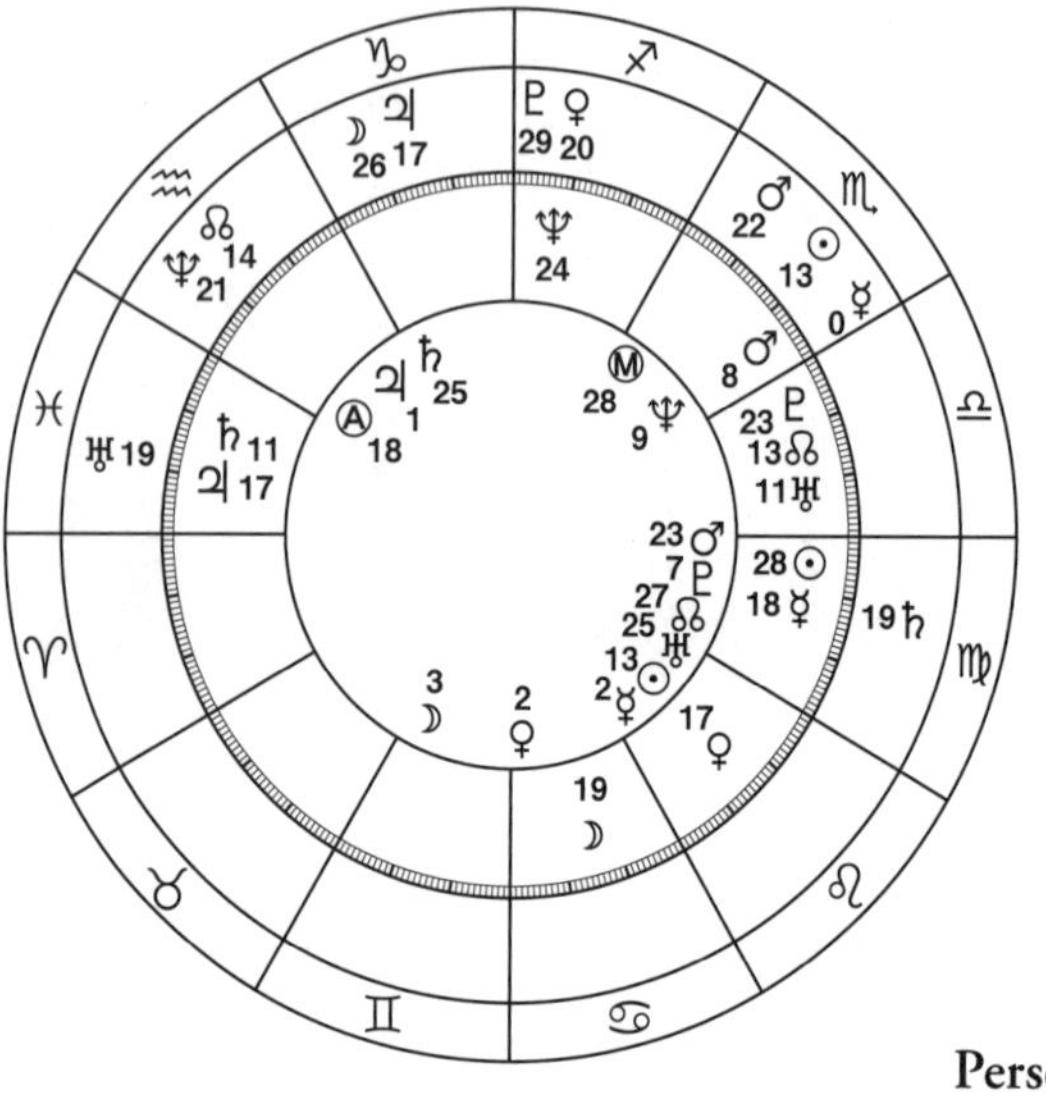

Personal History

1961年	アメリカ合衆国ハワイ州に生まれる。
1983年	ロサンゼルスのオクシデンタル単科大学からNYのコロンビア大学に編入。
1988年	ハーバード大学ロースクールに入学。
1991年	法務博士の学位を取得。ハーバード大学ロースクールを「マグナ・クム・ラウダ（成績優秀な学生に贈られる称号）」として修了し、シカゴ大学の法学フェローとなる。
1992年	シカゴの弁護士事務所で知りあったミシェル・ロビンソンと結婚。
1996年	イリノイ州議会上院議員に選出される。
2004年	ジョン・ケリーを大統領候補として選出した民主党党大会での基調演説が高く評価される。
2005年	アメリカ合衆国上院議員となる。
2008年	11月4日午前10時ごろ、アメリカ合衆国大統領戦における勝利が確定する。
2009年	1月20日正午、アメリカ合衆国第44代大統領に就任。

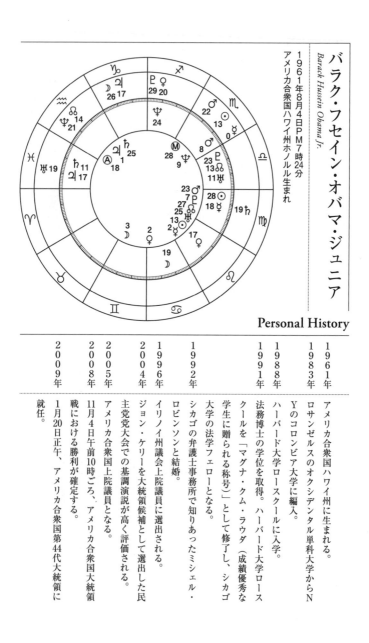

未曾有の危機に直面する国の元首として多難な日々を歩む

オバマの父親はケニアのルオ族出身、母親は地質学者で、両親は幼少期に離婚しています。

出生の水星―木星が180度、月―木星が120度で、月―水星が60度でコンタクトしています。オバマは歴代大統領のなかでもっとも演説がうまいといわれますが、この月―水星―木星のパターンは、人の理性的な側面に強く訴えかける卓越したスピーチ力を示します。当選時の演説は論理的かつ道徳的で、歴史的な名スピーチでした。また、慈愛の精神に富み、文章や言葉による表現力にすぐれ、知的な精神活動が活発であることを表すものでもあります。法律、政治方面にも有益に働くアスペクトです。

人生に大きな転機が訪れたのは、人権派弁護士として貧困層救済ために草の根運動を展開し、イリノイ州議会上院議員に選出された1996年です。このときは、出生の月にトランシットの冥王星が180度で接近していました。月―冥王星のアスペクトは、環境の激変や、過去を捨てて新たな人生を歩むことを表します。まさに、この政界進出が人生の流れを大きく変えたのでした。

さらにこのとき、出生図の特徴である月―水星―木星のパターンに天王星が接近し、意識の改革をもたらしました。これが人生の激変に拍車をかけたのでしょう。大統領選ではインターネットを駆使してマイノリティーの有権者をひきつけ、戦い抜いたことが戦略上の大きな特徴でしたが、これは月―水星―木星の長所を最大限にいかしたものといえます。

2008年11月4日の大統領選当日は、ダイレクションの太陽が出生のMCにタイトな60度を形成し、そこに冥王星がトランシットしていました。このパターンは、社会的な立場の激変と権力の取得、そして社会的立場の到達点を示します。こうした一連の激変は、これから未曾《みぞう》有の危機に直面する国の大統領として、前途多難な日々を歩むことを象徴的に示すものでもあります。

マドンナ

Madonna

1958年8月16日AM7時5分
アメリカ合衆国ミシガン州生まれ

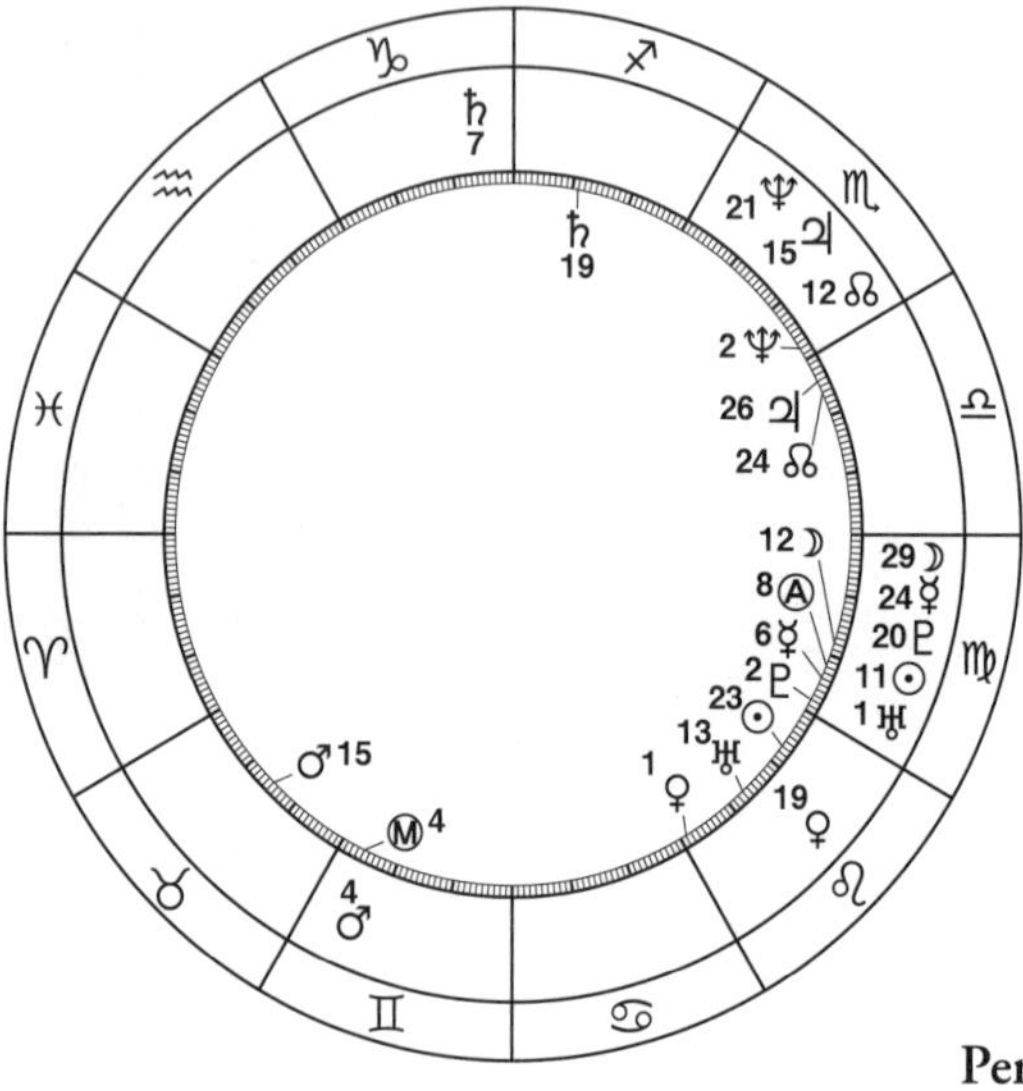

Personal History

1958年	アメリカ合衆国ミシガン州に生まれる。
1977年	単身NYへ向かう。
1978年	NYでダンサーとして舞台を踏む。ほかにもさまざまな職を経験する。
1984年	「ライク・ア・バージン」が大ヒット。
1991年	初のアカデミー賞を受賞。
1992年	初のグラミー賞を受賞。
2000年	映画監督のガイ・リッチーと結婚。 ギネスブックに「史上もっとも成功した女性アーティスト」として記録される。
2005年	自宅の庭で乗馬中に落馬し、全治3か月の診断を受けるが、その日のうちに治療をすませて帰宅。その後の仕事にも支障はなく、驚異の体力と回復力に世界中が驚嘆した。
2006年	巨大な十字架に磔となってヒット曲を歌うパフォーマンスが、世界中の宗教団体から非難される。
2008年	ガイ・リッチーとの離婚を正式に発表。 初監督作品『ワンダーラスト』を発表。 ロックの殿堂入りを果たす。

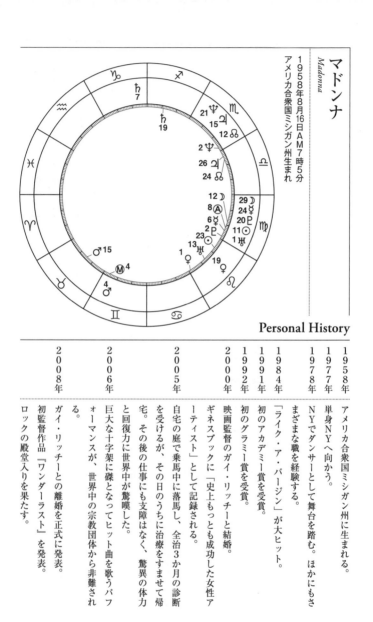

人生の大きな転機となった19歳に太陽—月がタイトな0度を形成

下積み生活を経て1982年にデビュー。1984年の「ライク・ア・バージン」の大ヒットを機に、大胆かつ挑発的なイメージで、一躍世界的なアーティストの座を獲得します。レコード会社の設立、映画や舞台への出演、執筆や映画監督など、幅広い分野で活躍し、ギネスブックには史上もっとも成功した女性アーティストと記載されています。実の母親は、彼女が6歳のときに死亡。父親は再婚しましたが、義母との確執《かくしつ》もあり、ピアノやダンスに救いを求めるようになったといいます。

出生図ではASC—月が0度、ASC—水星も0度で、幼少期に母親や身近な女性が、心理的に強い影響をおよぼしたことを示します。さらに、水星—冥王星が0度で、MCに対して90度でコンタクトしています。これは、社会に対して自分の存在感を強烈に主張するキャラクターと、完璧主義者・徹底主義者であることを表します。彼女はベジタリアンとしても有名ですが、肉も砂糖も乳製品もいっさい口にしないマクロビオティック（玄米菜食）を実践し、おかかえのシェフをコンサートツアーに同行させるという徹底ぶりが話題になっています。また、金星—海王星が90度で、すぐれた美的感覚と、音楽や芸術の分野における才能を暗示しています。

人生の大きな転機が訪れたのは1977年、19歳のときです。地元の大学をドロップアウトした彼女は、大きな夢とわずか35ドルのお金を手にして郷里を飛びだし、長距離バスでNYに向かいます。NY到着後は、タクシードライバーに「この街でいちばん大きな場所へ行って！」といい、タイムズスクエアで降りたというのはたいへん有名な逸話です。このとき、ダイレクションの太陽と出生の月は、タイトな0度でした。D太陽—N月のアスペクトは、人生の流れが新しい方向に向かい、新たな展開が始まることを意味します。まさにこのとき、新しい未来への扉が開いたのです。

ロナルド・ウィルソン・レーガン

Ronald Wilson Reagan

1911年2月6日（出生時間不明）
アメリカ合衆国イリノイ州タンピコ生まれ

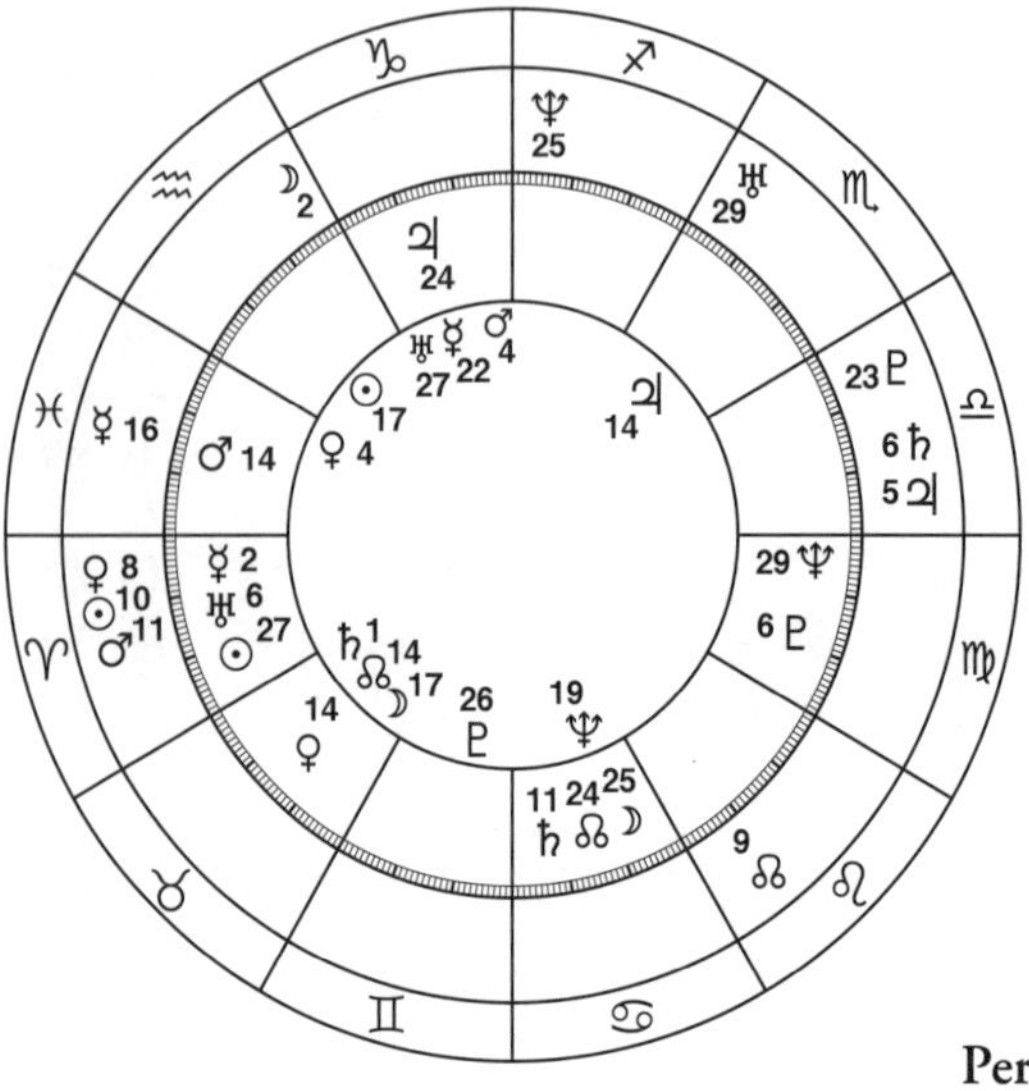

Personal History

1911年　イリノイ州タンピコに生まれる。

1928年　地元のユーレカ大学に入学し、経済学と社会学を専攻する。

1935年　アメリカ陸軍の予備役将校となる。のちに大尉まで昇進する。

1937年　映画『Love is on the Air』に初出演。

1940年　女優のジェーン・ワイマンと結婚。

1948年　ジェーン・ワイマンと離婚。

1952年　女優のナンシー・デイビスと再婚。

1968年　大統領選に初出馬するが、予備選で敗退。

1976年　大統領選に再出馬。善戦するが、党大会の代議員投票で敗退。

1981年　第40代アメリカ合衆国大統領に就任。その69日後に暗殺未遂事件が起こる。

1985年　ゴルバチョフ書記長と初の首脳会談。

1989年　2期8年にわたる任期を満了し、77歳11か月でホワイトハウスを後にする。

1992年　アルツハイマー症と診断される。

1994年　みずからの病状を国民に公表する。

2004年　ロサンゼルスの私邸で死去。享年93歳。

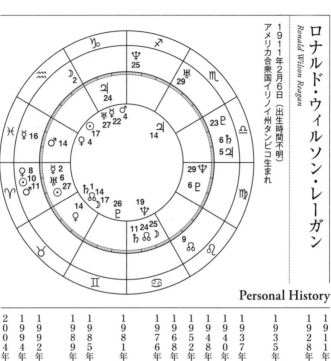

木星─土星の0度を生きのびた数少ない大統領のひとり

ハリウッドスター出身という異色の経歴をもった大統領です。レーガンは、幼少期より話術と演技が得意だったといわれますが、出生図では、水星─海王星が180度です。このパターンは、直感的な知力、豊かな感受性、多彩な表現力、人から注目されたいという意識が強いことを示します。

大統領就任後は、レーガノミックスと呼ばれる政策でアメリカ経済に長期の好況をもたらしましたが、いっぽうでは、力にまかせた外交戦略によってソ連崩壊、ベルリンの壁崩壊、東側諸国の自主的民主化などを実現しました。

大統領就任は1981年1月21日ですが、ここで注目したいのが木星─土星の0度、グレートコンジャンクションと呼ばれる配置です。1840年以降、木星─土星が0度の年に就任した大統領は、ウイリアム・ハリソン（病死）、ワレン・ハーディング（病死）、フランクリン・ルーズベルト（病死）、リンカーン（暗殺）、ケネディ（暗殺）、マッキンリー（暗殺）、ガーフィールド（銃殺）と、多くが在職中に死亡しています。レーガンもまた、大統領就任69日後の1981年3月30日に狙撃《そげき》され、九死に一生を得ました。

このとき、ダイレクションの太陽は出生の天王星と90度、冥王星と60度を形成していました。太陽─天王星─冥王星のパターンは、彼が大統領就任直後だったことにも示されていますが、人生の大きな分岐点、地位や権力の取得、境遇の徹底的な変革をもたらす激動期、突然に襲いかかる災難や危険を意味するものです。

彼の場合、このときに火星や土星など、致命的となるような天体のアスペクトが発生していなかったことが幸いしました。なお、第43代大統領ジョージ・ウォーカー・ブッシュも、グレートコンジャンクションの年に就任した大統領のひとりですが、死亡することなく任期を満了しています。

小柴 昌俊

Masatoshi Koshiba

1926年9月19日（出生時間不明）

愛知県豊橋市生まれ

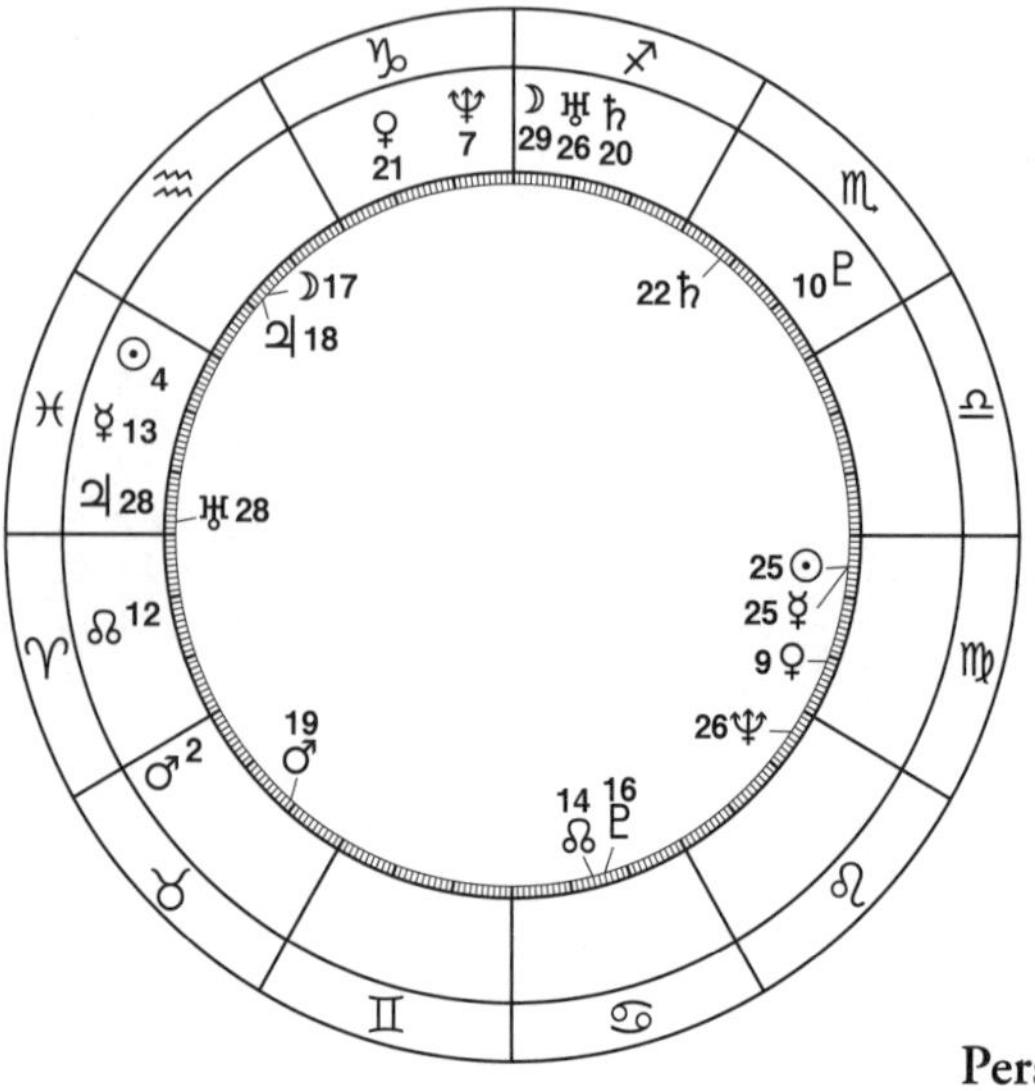

Personal History

1926年 愛知県豊橋市に生まれる。

1948年 東京大学理学部物理学科に入学。

1953年 米国ロチェスター大学大学院に留学。

1955年 ロチェスター大学大学院を修了し、シカゴ大学研究員となる。

1959年 慶子夫人と結婚。

1970年 東京大学理学部教授となる。

1974年 東京大学理学部内に高エネルギー物理学実験施設を設立。

1979年 陽子崩壊の検出をおもな目的として、岐阜県神岡鉱山跡に「カミオカンデ」の建設を開始。

1983年 「カミオカンデ」が完成し、観測を開始。

1985年 ドイツ電子シンクロトロン研究所における国際共同研究の業績により、ドイツ連邦共和国から「ドイツ大功労十字章」を授与される。

1987年 2月23日午前7時35分35秒（GMT）、超新星SN1987Aから飛来したニュートリノを「カミオカンデ」が検出。

2002年 ノーベル物理学賞を受賞。

2003年 平成基礎科学財団を設立し、理事長に就任。

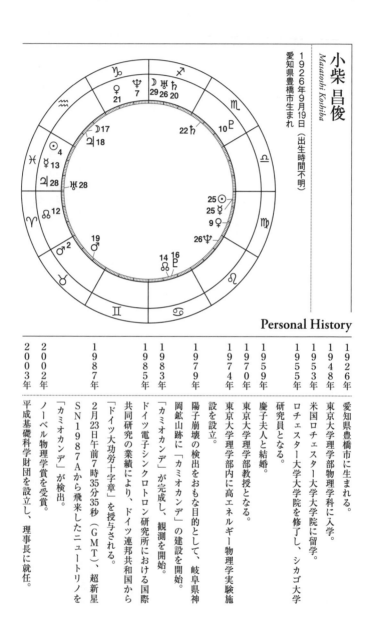

一発逆転を意味する天体配置がニュートリノ観測を実現させた

東京大学理学部物理学科卒業後、米国に渡り、ロチェスター大学にて最短期間で博士号を取得。素粒子物理学、宇宙線物理学の分野で多大な業績をあげ、ノーベル物理学賞を受賞しました。父親は軍人です。

出生の太陽―水星はタイトな0度で、天王星が180度でコンタクトしています。太陽―水星―天王星のパターンは、研究活動の活発さを示しています。

火星―土星の180度は、苦悩と葛藤《かっとう》に満ちた人生を暗示します。事実、中学1年のときに小児麻痺《まひ》を患うという辛い体験をしたこと、成績が悪いから大学の物理学科に入れるはずがないと教師にいわれ、猛勉強の末に東大物理学科に入学したこと、本人いわく東大を「最下位の成績」で卒業したことなど、ノーベル賞受賞者というきらびやかな経歴の裏に、さまざまな悲哀が隠されています。また、火星―土星のアスペクトは、本人が目指す理想と現実とのギャップにさいなまれることを示すものでもありますが、このことは、現場主義の研究者としての立場を貫き、20年ほど前の功績がようやく評価されるという経緯に表れています。

人生の大きな転機となったのは、1987年7月23日午前7時35分、超新星SN1987Aからのニュートリノを「カミオカンデ」が観測したことでした。これが天体物理学、なかでも宇宙ニュートリノの検出についてのパイオニア的貢献として高く評価され、ノーベル賞受賞につながったのです。ただ、ニュートリノの観測は偶発的なもので、運命の女神の手助けなくしてはありえません。

このとき、出生の太陽―水星―天王星にトランシットの木星と天王星がアスペクトを形成していました。この配置は、研究活動における一発逆転のようなビッグチャンスを暗示し、小柴氏はこれを手中にしたといえます。もっとも、棚ぼた式の幸運ではありません。長いあいだ努力を怠らなかったからこそ、最後に運命の女神がほほえんだのです。

武 豊

Yutaka Take

1969年3月15日（出生時間不明）
京都府京都市生まれ

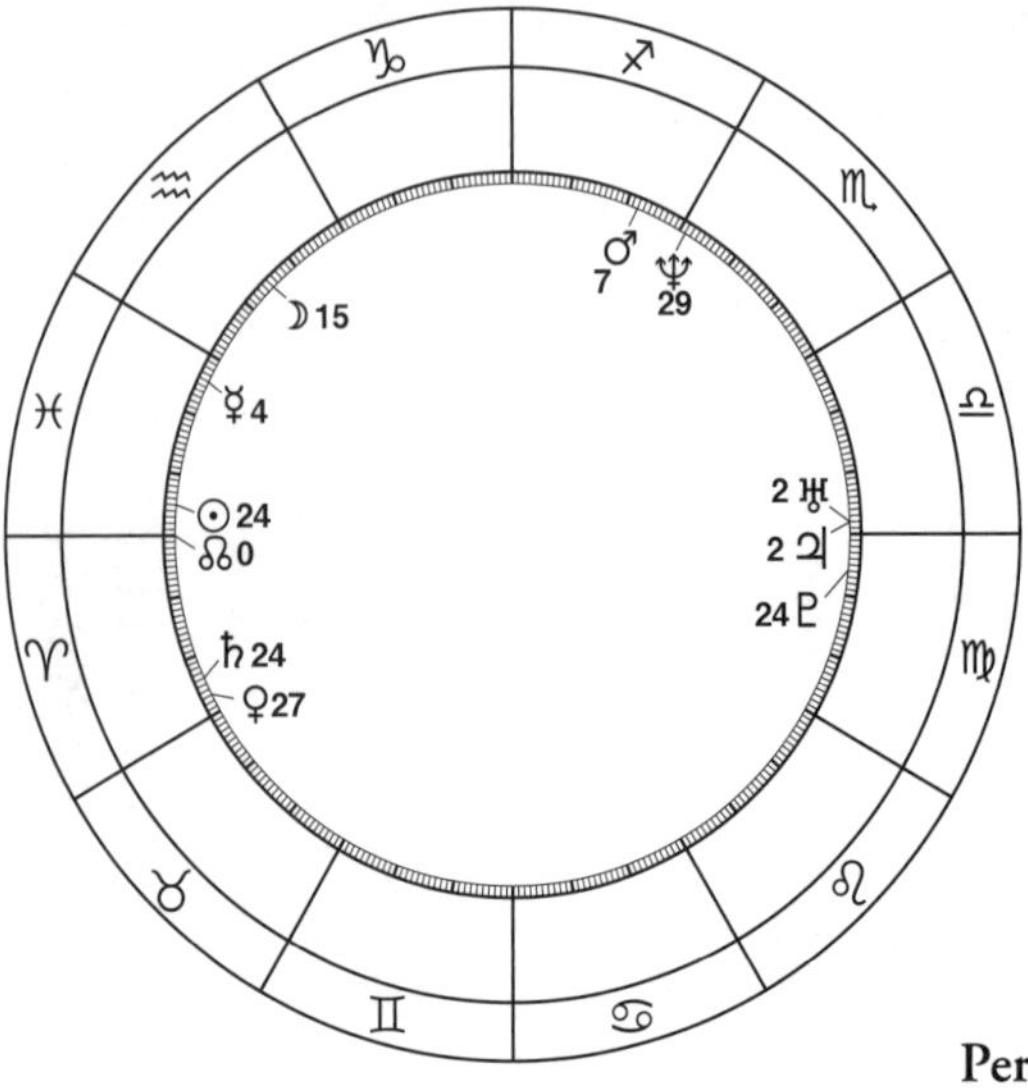

Personal History

１９６９年　京都府京都市に生まれる。

１９８７年　栗東・武田作十郎厩舎所属でデビュー。新人としては過去最多の69勝をあげる。

１９８８年　史上最年少の19歳1か月でＪＲＡ通算１００勝を達成。以降、「史上最速・最年少」の通算勝利記録を数多く達成する。

１９９１年　アメリカのセネカハンディキャップでエルセニョールに騎乗し、初の海外グレード競争制覇を果たす。

１９９２年　春の天皇賞でメジロマックィーンに騎乗し、史上初の同一競争4連覇を達成。

１９９４年　フランスのムーランド・ロンシャン賞でスキーパラダイスに騎乗し、ＪＲＡ所属の騎手としては初めて海外Ｇ１勝利を達成。

１９９５年　タレントの佐野量子と結婚。

１９９９年　東京優駿でアドマイヤベガに騎乗し、史上初となる日本ダービー連覇を達成。

２００３年　騎手としては初めて東京競馬記者クラブ賞・寒狭競馬記者クラブ賞を同時受賞。

２００９年　史上最速・最年少ＪＲＡ通算３２００勝達成。

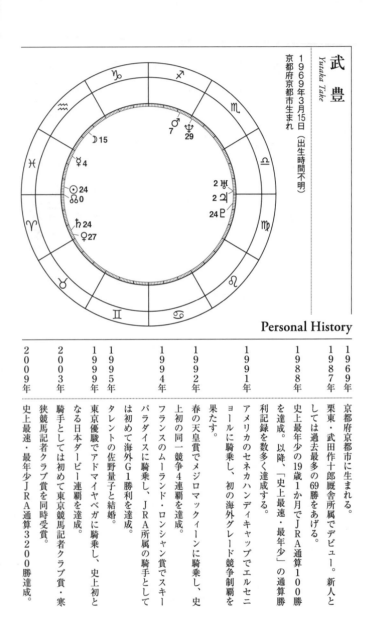

「勝負師のアスペクト」とストイックな魅力を合わせもつ

祖父も父親も競馬界に功績を残すという競馬一家に育ったサラブレッドです。競馬学校を卒業後、1987年にデビュー。1988年に菊花賞で優勝したのを皮切りに、21年連続でG1を制覇。史上ふたり目の8大競走完全制覇を達成しました。また、1998年から翌年にかけては、日本ダービー史上初の連覇という偉業をなしとげました。

太陽―冥王星が180度で、金星―土星、木星―天王星がそれぞれ0度を形成していることがわかります。しかも、太陽―冥王星と木星―天王星は、オーブが1度以内というタイトなアスペクトです。これが彼の出生図における大きな特徴です。

木星―天王星は「勝負師のアスペクト」ともいわれ、ラッキーチャンスをつかみやすいこと、また、人生で多くのビッグチャンスが訪れることを暗示するものです。実際、トップ騎手の多くは出生図にこの配置をもっています。

金星―土星は、生真面目でストイックな心理状態を表します。勝負師でありながら山っ気《け》をみじんも感じさせず、物静かでさわやかな魅力を放つ彼の人となりを語る配置といえるでしょう。

1987年以降は、たびたび長期にわたる海外遠征をおこない、世界最高峰のレースであるフランス凱旋門賞に挑み続けています。また、この凱旋門賞に挑戦する際は、強い馬に乗るためにあらゆる手段を講じているという噂《うわさ》が囁《ささや》かれています。

こうしたなみなみならぬ野心の強さと、その実現に向けて行動していくバイタリティーは、太陽―冥王星のアスペクトに表れています。日本の競馬界からあえて飛び出したのは、名門一家に育ったただのお坊ちゃんではない、きれいごとだけでは生きていないという彼の意思表示でもあるのでしょう。

非常に大きなチャンスとバイタリティーに恵まれ、野心も抱きながら、金星―土星によって貴公子然とした気品を与えられた希有《けう》な人物です。

補章

◎オーソドックスな西洋占星術の基礎知識

本書では、筆者の実占経験と研究成果をふまえて、的中率が高く実用的な技法を初心者向けにやさしく紹介してきましたが、この章では、一般の西洋占星術で用いられる用語や概念について、できるだけ簡潔に解説することにします。

あらかじめお断りしておかなければなりませんが、ここでご紹介する概念の多くは、筆者が実占を重ねる過程で、しだいに使わなくなっていったものです。ただし、こうした概念を否定する気持ちはまったくありません。むしろ、西洋占星術を学びはじめた当初は、基礎知識の一環としてひととおりのことを吸収したものです。

しかしその後、多くの方々のホロスコープを鑑定するなかで、より具体的で的確なアドバイスを追求した結果、本書で紹介したアスペクトに注目する技法が、もっとも実効性が高いと確信するにいたりました。そして、この技法を磨くことに専心するようになるにつれ、それ以外の要素が自然に除外されていったというのが実際のところです。

一般に流布《るふ》している西洋占星術の技法から見れば、筆者が本書で提唱した技法は、ある意味で非常に大胆な部分があります。ただ、その大胆さは、独自性を主張するために奇をてらったゆえではなく、実占を積み重ねるなかで、しだいに生まれていったものなのです。

この章でオーソドックスな概念をご紹介する理由は、西洋占星術に関するベーシックな知識にひととおり触れ、各自で研究していただきたいからです。

◎12宮の分類と特性

黄道12宮は、その特性によっていくつかのグループに分類されます。分類法にはさまざまなものがありますが、そのなかから代表的な2区分・3区分・4区分を解説します。

【2区分】

12宮を男性宮と女性宮にわける方法で、次のように分類されます。男性宮は陽性、積極性、外向性、自己表現などを、女性宮は陰性、消極性、内向性、自己の抑圧などを意味します。

男性宮……白羊宮・双児宮・獅子宮・天秤宮・人馬宮・宝瓶宮
女性宮……金牛宮・巨蟹宮・処女宮・天蝎宮・磨羯宮・双魚宮

【3区分】

12宮を四季の始まり・中間・終わりという3つのグループに分類する方法です。

たとえば活動宮は、春夏秋冬それぞれの季節の始まりに位置する宮で、季節が変わった直後の変化の激しい時期を象徴しています。不動宮は、季節の中間に位置する宮で、安定した時期を象徴しています。そして柔軟宮は、季節の終わりに位置する宮で、次の季節への準備をするために、少しずつ変化が始まります。

活動宮（カーディナル・サイン）……白羊宮・巨蟹宮・天秤宮・磨羯宮
不動宮（フィックスド・サイン）……金牛宮・獅子宮・天蝎宮・宝瓶宮
柔軟宮（ミュータブル・サイン）……双児宮・処女宮・人馬宮・双魚宮

【4区分】

火・地・風・水という4つのエレメントに区分する方法です。これら4つのエレメントは、熱いか冷たいか（hot-cool）、乾いているか湿っているか（dry-moist）という尺度によって性格が表されます。それをカッコ内に示しました。

火のエレメント（hot & dry）……白羊宮・獅子宮・人馬宮
地のエレメント（cool & dry）……金牛宮・処女宮・磨羯宮

風のエレメント（hot & moist）……双児宮・天秤宮・宝瓶宮
水のエレメント（cool & moist）……巨蟹宮・天蝎宮・双魚宮

なお、右に掲げた3つの区分法から、各宮の性格を説明することができます。たとえば白羊宮は、男性的・活動的で、なおかつ「hot & dry（熱くて乾いている）」であることから、情熱的だけれど性急で飽きっぽい傾向があると解釈できます。一般的な占星術の記事で、「牡羊座は情熱的」という性格づけがなされる一因は、ここにあります。こうしたサインの性格づけは本書では用いませんが、古くから使用されています。

◎12宮の区分と感受点

ホロスコープ上の感受点（ASC・MC・月・太陽・水星・金星・火星・木星・土星・天王星・海王星・冥王星・月のノードなど）が、前項にあげた3つの区分のなかで、どのグループに属しているかを調べることによって、その人のおよその資質や性格を知ることができるとされています。

たとえば、2区分のうち男性宮に属する感受点が多ければ、男性的な資質の持ち主であることを意味します。また、3区分のうち不動宮に属するものが多ければ、安定感はあるけれど頑固なところもあるでしょう。４区分のうち水のエレメントが多ければ、ものごとに突進しない控えめなところがある一方で、情に流されやすいことを意味します。

◎12宮と支配星

12宮には、それぞれを支配する天体があります。これを「ルーラー（Ruler）」といい、支配星あるいは守護星と訳されています。

天王星の発見以前は、土星までの７天体が12宮それぞれの支配星とされていましたが、天王星・海王星・冥王星が発見されると、これらの天体も支配星に組みこまれ、それぞれ宝瓶宮・双魚宮・天蝎宮に配当されました。以下のカッコ内に、天王星発見以前の支配星を示します。

白羊宮＝火星　金牛宮＝金星　双児宮＝水星　巨蟹宮＝月　獅子宮＝太陽
処女宮＝水星　天秤宮＝金星　天蝎宮＝冥王星（火星）　人馬宮＝木星
磨羯宮＝土星　宝瓶宮＝天王星（土星）　双魚宮＝海王星（木星）

◎天体がおよぼす影響の吉凶

一般に西洋占星術で用いられる天体は、よいエネルギーを放つベネフィックと、悪いエネルギーを放つマレフィックとに分類されています。その内訳は以下のとおりです。

なお水星は、どちらにも属しません。これは、水星が象徴する「知性」が、使い方しだいで善にも悪にもなりうるからです。

ベネフィック……太陽、月、金星、木星
マレフィック……火星、土星、天王星、海王星、冥王星

◎天体の格式

各天体は、黄道12宮のどこにあるかによって、その影響力に差が生じるとされます。原則として、本来の宮（各天体が支配する宮）にあるときにもっとも美点が発揮され、これを「盛」といいます。また、その正反対に位置する宮にあるときは弱点が強調され、これを「敗」といいます。

ほか、影響力が高まる位置を「興」、弱まる位置を「衰」といいます。以下に、12宮と10天体の格式の関係を示します。◎は盛、×は敗、🔼は興、🔽は衰を表します。

月　……◎巨蟹宮、×磨羯宮、[↑]金牛宮、[↓]天蝎宮
太陽……◎獅子宮、×宝瓶宮、[↑]白羊宮、[↓]天秤宮
水星……◎双児宮、◎処女宮、×人馬宮、×双魚宮、[↑]処女宮、[↓]双魚宮
金星……◎金牛宮、◎天秤宮、×白羊宮、×天蝎宮、[↑]双魚宮、[↓]処女宮
火星……◎白羊宮、◎天蝎宮、×金牛宮、×天秤宮、[↑]磨羯宮、[↓]巨蟹宮
木星……◎人馬宮、◎双魚宮、×双児宮、×処女宮、[↑]巨蟹宮、[↓]磨羯宮
土星……◎磨羯宮、◎宝瓶宮、×巨蟹宮、×獅子宮、[↑]天秤宮、[↓]白羊宮
天王星……◎宝瓶宮、×獅子宮、[↑]天蝎宮、[↓]金牛宮
海王星……◎双魚宮、×処女宮、[↑]宝瓶宮、[↓]獅子宮
冥王星……◎天蝎宮、×金牛宮、[↑]獅子宮、[↓]宝瓶宮

◎ハウスシステム（室区分）

天球上の太陽の軌道を黄道ということは、第２章で述べました。ハウスとは、この全円３６０度の広がりをもつ黄道を、地上の特定の場所から特定の時刻に観測した結果を基準して12分割したものです。

ハウス（12室）とサイン（12宮）の関係は、とくに初心者の場合、混乱をきたす一因となる

ことが多いようです。両者の違いをごく簡単にいえば、先にも述べましたが、ハウスは地上での観測場所と観測時刻を基準にして、全円３６０度の黄道を分割したものです。一方サインは、春分点を基準にして、全円３６０度の黄道を30度ずつに分割したものです。ハウスの分割基準は地上にあり、サインの分割基準は天球にあると考えてもいいでしょう。

詳しくは後述しますが、このハウスの分割方法は一様ではなく、さまざまな方法があります。ただ、12に分割することと、分割したハウスに付与される意味は、おおむね一致しています。

以下に１室から12室までのおもな意味をあげてみましょう。

第１ハウス（１室）……本人、生命、個性、肉体的・環境的な条件
第２ハウス（２室）……金銭、動産
第３ハウス（３室）……知識、研究、精神、知性、通信、短い旅行、きょうだい、親戚、隣人
第４ハウス（４室）……家庭生活、現住所、晩年、家庭のあり方を決定する要因としての父親（状況により母親）
第５ハウス（５室）……娯楽、冒険、子供、ペット
第６ハウス（６室）……仕事、就職、勤務、財産としての小型の動物
第７ハウス（７室）……結婚、配偶者、仕事のパートナー

第8ハウス（8室）……他人から得る財産、遺産
第9ハウス（9室）……哲学、宗教
第10ハウス（10室）……転職、地位、父親の配偶者としての母親（状況により、母親の配偶者としての父親）
第11ハウス（11室）……団体、友人、願望
第12ハウス（12室）……障害、束縛、潜在意識、財産としての大型の動物

◎ハウスの3区分

12室は、アンギュラー、サクシデント、カデントの3つに分類されることがあります。

アンギュラーは人生のキーポイントで、ものごとの発端を意味します。次のサクシデントは、アンギュラーで始まったことについて、努力した結果を表します。そしてカデントは、サクシデントで得た結果を次のサイクルへと橋渡ししていきます。

アンギュラーは、ASCやMCが位置する重要なパートで、ここに在泊する天体は、意味が強くなるという見方もあります。


アンギュラー……第1・4・7・10ハウス

サクシデント……第2・5・8・11ハウス
カデント　……第3・6・8・12ハウス

◎さまざまなハウスシステム

ハウスを分割する方法は一様ではなく、少なくとも50種類以上あります。どの分割法がもっとも適切であるかについては、占星術研究家により、また時代により、さまざまな判断がなされています。

これらのハウスシステムは、全円３６０度の黄道をいかに分割するかという点から、均等分割法・空間分割法・時間分割法の３グループに分類することができます。均等分割法では、各ハウスが30度ずつとなりますが、空間分割法と時間分割法では、ハウスが不均等になるという特徴があります。

以下、各グループ別に、おもなハウスシステムをあげてみることにしましょう。

【均等分割法】

黄道を均等に分割する方法です。おもに古い時代に使用されていたようです。

ホールサイン法

ＡＳＣのあるサインを第1ハウスとする方法です。第1ハウスの始まりはＡＳＣではなく、ＡＳＣがあるサインの0度となります。したがって、ほとんどの場合、ＡＳＣもＭＣもハウスのカスプとは一致せず、ハウス内に入ります。

イコールハウス法

ＡＳＣを第1ハウスの起点として、そこから30度ずつに分割していく方法です。ＡＳＣと第1ハウスのカスプは一致しますが、ＭＣが第10ハウスのカスプと一致しないことがほとんどです。

ソーラーサイン法

太陽のあるサインの0度を第1ハウスの起点とする方法です。テレビや雑誌などの星占いは、おおむねこのハウスシステムを用いて運勢を解読しています。ほとんどの場合、ＡＳＣとＭＣは、ハウスのカスプとは一致しません。

【空間分割法】

ＡＳＣとは、出生時における地平面の真東と、黄道との交点であることは第2章で述べました。空間分割法とは、わかりやすく説明すれば、その地平面を30度ずつ傾けていきながら黄道を分割する方法です。具体的には、出生時の地平面を30度傾けた面と黄道との交点、さらに30度傾けた面と黄道との交点、さらに30度傾けた面と黄道との交点が、それぞれハウス分割の基準点となります。

キャンパナス法

地平線の南北を軸にして、出生時の地平面を30度傾けた面と黄道との交点を第12ハウスのカスプ、さらに30度傾けた面と黄道との交点を第11ハウスのカスプ、さらに30度傾けた面と黄道との交点を第10ハウスのカスプとします。地平面を30度ずつ3回傾けると、その平面は子午線の平面と一致しますので、第10ハウスのカスプはMCと一致することになります。

レジオモンタナス法

キャンパナスと同様に地平面を回転させますが、その際、天の赤道に沿って均等に分割するところが異なります。地平面と天の赤道の交点である真東の点から、子午線を含む平面と赤道の交点までは90度の広がりがありますが、それを3等分する点を通過するように地平面を回転させます。そして回転させた平面と黄道との交点をハウスカスプとします。ASCやMCは、キャンパナス法と一致します。

【時間分割法】

時間によって黄道を分割する方法です。

出生時に東の地平線を上昇していたポイント（ＡＳＣ）は、その後しだいに天頂を目指して上昇し、ある時間になると南中（ＭＣ）にいたります。その所用時間を３つに区分して、カスプを算出します。

プラシーダス法

ＡＳＣが南中するまでの所用時間を３等分して、それを基準に黄道を分割することでカスプを求めます。近代占星術の父といわれるアラン・レオが愛用した方法で、日本でも近年までハウス分割法の主流を占めていました。

しかしこの方法は、日照時間の差が大きい高緯度地域で使用すると、ハウスが極端に広くなったり狭くなったりするという欠点があります。

コッホ法

ＡＳＣが南中するまでの所用時間を３等分して、そのままカスプとする方法です。ハウスの広さにプラシーダスほどのかたよりがないので、近年人気を集めています。

◎インターセプト（intercept）

インターセプトとは、直訳すると「横取りする」「妨げる」という意味ですが、西洋占星術では、ハウスの境界線（カスプ）が入らない宮が生じることをいいます。たとえば、第1ハウスのカスプが金牛宮にあり、第2ハウスのカスプが巨蟹宮にあると、双児宮にはハウスのカスプがありません。この場合、双児宮がインターセプトされています。

先にあげたハウスシステムのなかで、均等分割法についてはインターセプトは発生しませんが、空間分割法と時間分割法を用いた場合は、インターセプトが発生する可能性があります。

なお、インターセプトされた宮に天体が入っていると、意味が弱くなるといわれます。

◎アスペクトの分類

一般の西洋占星術では、感受点同士が形成するアスペクトを次のように分類します。

【メジャーアスペクトとマイナーアスペクト】

メジャーアスペクトは影響力が強く、マイナーアスペクトは小さいとされています。ただし、複数のアスペクトの組みあわせによっては、マイナーアスペクトが大きな意味をもつこともありえます。
なお、以下でマイナーアスペクトに分類されているP（パラレル）とは、感受点が同じ赤緯（天の赤道を赤緯0度、天の北極と南極を赤緯90度とした場合の緯度をいう）にあることをいい、0度（コンジャンクション）に似た作用ももつとされます。

メジャーアスペクト

0度（コンジャンクション）／60度（セクスタイル）／90度（スクエア）／120度（トライン）／180度（オポジション）

マイナーアスペクト

30度（セミセクスタイル）／45度（セミスクエア）／60度（セクスタイル）／135度（セスキーコードレート）／144度（ビキンタイル）／150度（インコンジャンクト）／P（パラレル）

【ハードアスペクトとソフトアスペクト】

ハードアスペクトは、その名が示すとおり激しい作用をもたらします。一方ソフトアスペクトは、穏やかに作用します。

一般にハードアスペクトは凶座相、ソフトアスペクトは吉座相といわれます。

なお、0度はハードアスペクトに分類され、激しい作用をもたらしますが、感受点の組みあわせによって吉凶が異なりますので、一概に凶座相とはいえません。また、マイナーアスペクトのひとつであるP（パラレル）については、ハード・ソフトの区別がありません。これは0度と同様、互いの性質を強調するアスペクトなので、感受点の組みあわせによって作用の吉凶が異なるからです。

ハードアスペクト（0度をのぞき凶座相）

0度（互いの性質を強調する）／45度（困難）／90度（困難・障害）／135度（困難）／150度（困難・抑圧）／180度（激しい緊張と切迫状態）

ソフトアスペクト（吉座相）

30度（調和）／60度（好機）／72度（調和）／120度（調和／好機）／144度（調和）

【複合アスペクト】

3つ以上の感受点からなるアスペクトです。たとえば以下のようなものがあります。

グランドトライン

３つの感受点が相互に１２０度となる配置。

Tスクエア

１８０度を形成する２感受点それぞれに対して、90度を形成する感受点がある配置。

グランドクロス

４つの感受点が、４つのスクエア（90度）をつくる配置。オポジション（１８０度）が２つ生じて、ちょうど十字架のように直角にクロスします。

ヨッド

60度を形成する２感受点それぞれに対して、１５０度を形成する感受点がある配置。もしくは90度を形成する２感受点それぞれに対して、１３５度を形成する感受点がある配置。

調停の座相

１８０度を形成する２感受点に対して、片方と60度、もう一方と１２０度を形成する感受点がある配置。

資料編

- 明石から主要都市までの時間差表
- 恒星時表
- 室項表
- 天文暦——太陽
- 天文暦——月その他

※天文暦と恒星時表は、日本標準時（正午）で、うるう年は太字で示してあります。
※室項表は、北緯35度41分（東京）、Campanusです。

黄道12宮

- ♈ 白羊宮
- ♉ 金牛宮
- ♊ 双児宮
- ♋ 巨蟹宮
- ♌ 獅子宮
- ♍ 処女宮
- ♎ 天秤宮
- ♏ 天蝎宮
- ♐ 人馬宮
- ♑ 磨羯宮
- ♒ 宝瓶宮
- ♓ 双魚宮

感受点

- ☉ 太陽
- ☽ 月
- ☿ 水星
- ♀ 金星
- ♂ 火星
- ♃ 木星
- ♄ 土星
- ♅ 天王星
- ♆ 海王星
- ♇ 冥王星
- ☊ ノード
- Ⓐ ASC
- Ⓜ MC

アスペクト

- ☌ 0度
- ∠ 45度
- ⚹ 60度
- □ 90度
- △ 120度
- ⚼ 135度
- ☍ 180度

明石から主要都市までの時間差表

都市	時差	経度	都市	時差	経度	都市	時差	経度
根室	+42	146°	我孫子	+20	140°	津	+6	137°
帯広	+33	143°	木更津	+20	140°	大津	+3	136°
稚内	+27	142°	館山	+19	140°	枚方	+3	136°
札幌	+26	141°	東京	+19	140°	大阪	+2	136°
函館	+23	141°	八王子	+17	139°	神戸	+1	135°
八戸	+26	142°	青梅	+17	139°	明石	±0	135°
青森	+23	141°	小笠原	+29	142°	岡山	−4	134°
宮古	+28	142°	横浜	+19	140°	鳥取	−3	134°
遠野	+26	142°	鎌倉	+18	140°	広島	−10	132°
盛岡	+25	141°	厚木	+17	139°	松江	−8	133°
鹿角	+23	141°	小田原	+17	139°	岩国	−11	132°
秋田	+20	140°	大月	+16	139°	山口	−14	131°
山形	+21	140°	甲府	+14	139°	高松	−4	134°
米沢	+20	140°	新潟	+16	139°	徳島	−2	135°
気仙沼	+26	142°	糸魚川	+11	138°	伊予三島	−6	134°
仙台	+23	141°	長野	+13	138°	松山	−9	133°
いわき	+24	141°	塩尻	+12	138°	高知	−6	134°
福島	+22	140°	富山	+9	137°	豊前	−15	131°
日立	+23	141°	輪島	+8	137°	福岡	−18	130°
水戸	+22	140°	金沢	+7	137°	佐賀	−19	130°
土浦	+21	140°	福井	+5	136°	長崎	−21	130°
古河	+19	140°	小浜	+3	136°	福江	−25	129°
黒磯	+20	140°	下田	+16	139°	大分	−14	132°
宇都宮	+19	140°	静岡	+13	138°	日田	−16	131°
館林	+18	140°	知多	+7	138°	熊本	−17	131°
前橋	+16	139°	名古屋	+8	137°	牛深	−20	130°
浦和	+19	140°	中津川	+10	138°	宮崎	−14	131°
大宮	+19	140°	岐阜	+7	137°	えびの	−17	131°
桶川	+18	140°	京都	+3	136°	鹿児島	−18	131°
熊谷	+17	139°	綾部	+1	135°	名瀬	−22	130°
秩父	+17	139°	奈良	+3	136°	沖縄	−29	128°
銚子	+23	141°	新宮	+4	136°	平良	−39	125°
千葉	+21	140°	和歌山	+1	135°	石垣	−43	124°

年	日	1月	2月	3月	4月	5月	6月	7月	8月	9月	10月	11月	12月
1931	1日	18^h39^m	20^h41^m	22^h32^m	00^h34^m	02^h32^m	04^h35^m	06^h33^m	08^h35^m	10^h37^m	12^h36^m	14^h38^m	16^h36^m
	11日	19^h19^m	21^h21^m	23^h11^m	01^h13^m	03^h12^m	05^h14^m	07^h12^m	09^h14^m	11^h17^m	13^h15^m	15^h17^m	17^h15^m
	21日	19^h58^m	22^h00^m	23^h51^m	01^h53^m	03^h51^m	05^h53^m	07^h52^m	09^h54^m	11^h56^m	13^h54^m	15^h57^m	17^h55^m
1932	1日	18^h38^m	20^h40^m	22^h35^m	00^h37^m	02^h35^m	04^h38^m	06^h36^m	08^h38^m	10^h40^m	12^h39^m	14^h41^m	16^h39^m
	11日	19^h18^m	21^h20^m	23^h14^m	01^h16^m	03^h15^m	05^h17^m	07^h15^m	09^h17^m	11^h20^m	13^h18^m	15^h20^m	17^h18^m
	21日	19^h57^m	21^h59^m	23^h54^m	01^h56^m	03^h54^m	05^h56^m	07^h55^m	09^h57^m	11^h59^m	13^h57^m	16^h00^m	17^h58^m
1933	1日	18^h41^m	20^h43^m	22^h34^m	00^h36^m	02^h34^m	04^h37^m	06^h35^m	08^h37^m	10^h39^m	12^h38^m	14^h40^m	16^h38^m
	11日	19^h21^m	21^h23^m	23^h13^m	01^h16^m	03^h14^m	05^h16^m	07^h14^m	09^h17^m	11^h19^m	13^h17^m	15^h19^m	17^h18^m
	21日	20^h00^m	22^h02^m	23^h53^m	01^h55^m	03^h53^m	05^h55^m	07^h54^m	09^h56^m	11^h58^m	13^h56^m	15^h59^m	17^h57^m
1934	1日	18^h40^m	20^h43^m	22^h33^m	00^h35^m	02^h33^m	04^h36^m	06^h34^m	08^h36^m	10^h38^m	12^h37^m	14^h39^m	16^h37^m
	11日	19^h20^m	21^h22^m	23^h12^m	01^h15^m	03^h13^m	05^h15^m	07^h13^m	09^h16^m	11^h18^m	13^h16^m	15^h18^m	17^h17^m
	21日	19^h59^m	22^h01^m	23^h52^m	01^h54^m	03^h52^m	05^h54^m	07^h53^m	09^h55^m	11^h57^m	13^h55^m	15^h58^m	17^h56^m
1935	1日	18^h39^m	20^h42^m	22^h32^m	00^h34^m	02^h32^m	04^h35^m	06^h33^m	08^h35^m	10^h37^m	12^h36^m	14^h38^m	16^h36^m
	11日	19^h19^m	21^h21^m	23^h11^m	01^h14^m	03^h12^m	05^h14^m	07^h12^m	09^h15^m	11^h17^m	13^h15^m	15^h17^m	17^h16^m
	21日	19^h58^m	22^h00^m	23^h51^m	01^h53^m	03^h51^m	05^h54^m	07^h52^m	09^h54^m	11^h56^m	13^h55^m	15^h57^m	17^h55^m
1936	1日	18^h38^m	20^h41^m	22^h35^m	00^h37^m	02^h35^m	04^h38^m	06^h36^m	08^h38^m	10^h40^m	12^h39^m	14^h41^m	16^h39^m
	11日	19^h18^m	21^h20^m	23^h14^m	01^h17^m	03^h15^m	05^h17^m	07^h15^m	09^h18^m	11^h20^m	13^h18^m	15^h20^m	17^h19^m
	21日	19^h57^m	21^h59^m	23^h54^m	01^h56^m	03^h54^m	05^h57^m	07^h55^m	09^h57^m	11^h59^m	13^h58^m	16^h00^m	17^h58^m
1937	1日	18^h41^m	20^h44^m	22^h34^m	00^h36^m	02^h35^m	04^h37^m	06^h35^m	08^h37^m	10^h39^m	12^h38^m	14^h40^m	16^h38^m
	11日	19^h21^m	21^h23^m	23^h13^m	01^h16^m	03^h14^m	05^h16^m	07^h14^m	09^h17^m	11^h19^m	13^h17^m	15^h19^m	17^h18^m
	21日	20^h00^m	22^h02^m	23^h53^m	01^h55^m	03^h53^m	05^h56^m	07^h54^m	09^h56^m	11^h58^m	13^h57^m	15^h59^m	17^h57^m
1938	1日	18^h40^m	20^h43^m	22^h33^m	00^h35^m	02^h34^m	04^h36^m	06^h34^m	08^h36^m	10^h38^m	12^h37^m	14^h39^m	16^h37^m
	11日	19^h20^m	21^h22^m	23^h12^m	01^h15^m	03^h13^m	05^h15^m	07^h13^m	09^h16^m	11^h18^m	13^h16^m	15^h18^m	17^h17^m
	21日	19^h59^m	22^h02^m	23^h52^m	01^h54^m	03^h52^m	05^h55^m	07^h53^m	09^h55^m	11^h57^m	13^h56^m	15^h58^m	17^h56^m
1939	1日	18^h39^m	20^h42^m	22^h32^m	00^h34^m	02^h33^m	04^h35^m	06^h33^m	08^h35^m	10^h38^m	12^h36^m	14^h38^m	16^h36^m
	11日	19^h19^m	21^h21^m	23^h12^m	01^h14^m	03^h12^m	05^h14^m	07^h13^m	09^h15^m	11^h17^m	13^h15^m	15^h17^m	17^h16^m
	21日	19^h58^m	22^h01^m	23^h51^m	01^h53^m	03^h51^m	05^h54^m	07^h52^m	09^h54^m	11^h56^m	13^h55^m	15^h57^m	17^h55^m
1940	1日	18^h39^m	20^h41^m	22^h35^m	00^h37^m	02^h36^m	04^h38^m	06^h36^m	08^h38^m	10^h41^m	12^h39^m	14^h41^m	16^h39^m
	11日	19^h18^m	21^h20^m	23^h15^m	01^h17^m	03^h15^m	05^h17^m	07^h15^m	09^h18^m	11^h20^m	13^h18^m	15^h20^m	17^h19^m
	21日	19^h57^m	22^h00^m	23^h54^m	01^h56^m	03^h54^m	05^h57^m	07^h55^m	09^h57^m	11^h59^m	13^h58^m	16^h00^m	17^h58^m
1941	1日	18^h42^m	20^h44^m	22^h34^m	00^h36^m	02^h35^m	04^h37^m	06^h35^m	08^h37^m	10^h40^m	12^h38^m	14^h40^m	16^h38^m
	11日	19^h21^m	21^h23^m	23^h14^m	01^h16^m	03^h14^m	05^h16^m	07^h15^m	09^h17^m	11^h19^m	13^h17^m	15^h19^m	17^h18^m
	21日	20^h00^m	22^h03^m	23^h53^m	01^h55^m	03^h53^m	05^h56^m	07^h54^m	09^h56^m	11^h58^m	13^h57^m	15^h59^m	17^h57^m
1942	1日	18^h41^m	20^h43^m	22^h33^m	00^h35^m	02^h34^m	04^h36^m	06^h34^m	08^h36^m	10^h39^m	12^h37^m	14^h39^m	16^h37^m
	11日	19^h20^m	21^h22^m	23^h13^m	01^h15^m	03^h13^m	05^h15^m	07^h14^m	09^h16^m	11^h18^m	13^h16^m	15^h19^m	17^h17^m
	21日	19^h59^m	22^h02^m	23^h52^m	01^h54^m	03^h53^m	05^h55^m	07^h53^m	09^h55^m	11^h57^m	13^h56^m	15^h58^m	17^h56^m
1943	1日	18^h40^m	20^h42^m	22^h32^m	00^h34^m	02^h33^m	04^h35^m	06^h33^m	08^h35^m	10^h38^m	12^h36^m	14^h38^m	16^h36^m
	11日	19^h19^m	21^h21^m	23^h12^m	01^h14^m	03^h12^m	05^h14^m	07^h13^m	09^h15^m	11^h17^m	13^h15^m	15^h18^m	17^h16^m
	21日	19^h58^m	22^h01^m	23^h51^m	01^h53^m	03^h52^m	05^h54^m	07^h52^m	09^h54^m	11^h56^m	13^h55^m	15^h57^m	17^h55^m
1944	1日	18^h39^m	20^h41^m	22^h35^m	00^h37^m	02^h36^m	04^h38^m	06^h36^m	08^h38^m	10^h41^m	12^h39^m	14^h41^m	16^h39^m
	11日	19^h18^m	21^h20^m	23^h15^m	01^h17^m	03^h15^m	05^h17^m	07^h16^m	09^h18^m	11^h20^m	13^h18^m	15^h21^m	17^h19^m
	21日	19^h57^m	22^h00^m	23^h54^m	01^h56^m	03^h55^m	05^h57^m	07^h55^m	09^h57^m	11^h59^m	13^h58^m	16^h00^m	17^h58^m
1945	1日	18^h42^m	20^h44^m	22^h34^m	00^h36^m	02^h35^m	04^h37^m	06^h35^m	08^h37^m	10^h40^m	12^h38^m	14^h40^m	16^h38^m
	11日	19^h21^m	21^h23^m	23^h14^m	01^h16^m	03^h14^m	05^h16^m	07^h15^m	09^h17^m	11^h19^m	13^h17^m	15^h20^m	17^h18^m
	21日	20^h00^m	22^h03^m	23^h53^m	01^h55^m	03^h54^m	05^h56^m	07^h54^m	09^h56^m	11^h59^m	13^h57^m	15^h59^m	17^h57^m
1946	1日	18^h41^m	20^h43^m	22^h33^m	00^h35^m	02^h34^m	04^h36^m	06^h34^m	08^h36^m	10^h39^m	12^h37^m	14^h39^m	16^h37^m
	11日	19^h20^m	21^h22^m	23^h13^m	01^h15^m	03^h13^m	05^h15^m	07^h14^m	09^h16^m	11^h18^m	13^h16^m	15^h19^m	17^h17^m
	21日	20^h00^m	22^h02^m	23^h52^m	01^h54^m	03^h53^m	05^h55^m	07^h53^m	09^h55^m	11^h58^m	13^h56^m	15^h58^m	17^h56^m

恒星時表　1947-1963年

年	日	1月	2月	3月	4月	5月	6月	7月	8月	9月	10月	11月	12月
1947	1日	18^h40^m	20^h42^m	22^h32^m	00^h35^m	02^h33^m	04^h35^m	06^h33^m	08^h36^m	10^h38^m	12^h36^m	14^h38^m	16^h37^m
	11日	19^h19^m	21^h21^m	23^h12^m	01^h14^m	03^h12^m	05^h14^m	07^h13^m	09^h15^m	11^h17^m	13^h15^m	15^h18^m	17^h16^m
	21日	19^h59^m	22^h01^m	23^h51^m	01^h53^m	03^h52^m	05^h54^m	07^h52^m	09^h54^m	11^h57^m	13^h55^m	15^h57^m	17^h55^m
1948	1日	18^h39^m	20^h41^m	22^h35^m	00^h38^m	02^h36^m	04^h38^m	06^h36^m	08^h39^m	10^h41^m	12^h39^m	14^h41^m	16^h40^m
	11日	19^h18^m	21^h20^m	23^h15^m	01^h17^m	03^h15^m	05^h17^m	07^h16^m	09^h18^m	11^h20^m	13^h18^m	15^h21^m	17^h19^m
	21日	19^h58^m	22^h00^m	23^h54^m	01^h56^m	03^h55^m	05^h57^m	07^h55^m	09^h57^m	12^h00^m	13^h58^m	16^h00^m	17^h58^m
1949	1日	18^h42^m	20^h44^m	22^h34^m	00^h37^m	02^h35^m	04^h37^m	06^h35^m	08^h38^m	10^h40^m	12^h38^m	14^h40^m	16^h39^m
	11日	19^h21^m	21^h23^m	23^h14^m	01^h16^m	03^h14^m	05^h17^m	07^h15^m	09^h17^m	11^h19^m	13^h17^m	15^h20^m	17^h18^m
	21日	20^h01^m	22^h03^m	23^h53^m	01^h55^m	03^h54^m	05^h56^m	07^h54^m	09^h56^m	11^h59^m	13^h57^m	15^h59^m	17^h57^m
1950	1日	18^h41^m	20^h43^m	22^h33^m	00^h36^m	02^h34^m	04^h36^m	06^h34^m	08^h37^m	10^h39^m	12^h37^m	14^h39^m	16^h38^m
	11日	19^h20^m	21^h22^m	23^h13^m	01^h15^m	03^h13^m	05^h16^m	07^h14^m	09^h16^m	11^h18^m	13^h17^m	15^h19^m	17^h17^m
	21日	20^h00^m	22^h02^m	23^h52^m	01^h54^m	03^h53^m	05^h55^m	07^h53^m	09^h55^m	11^h58^m	13^h56^m	15^h58^m	17^h56^m
1951	1日	18^h40^m	20^h42^m	22^h32^m	00^h35^m	02^h33^m	04^h35^m	06^h33^m	08^h36^m	10^h38^m	12^h36^m	14^h38^m	16^h37^m
	11日	19^h19^m	21^h21^m	23^h12^m	01^h14^m	03^h12^m	05^h15^m	07^h13^m	09^h15^m	11^h17^m	13^h16^m	15^h18^m	17^h16^m
	21日	19^h59^m	22^h01^m	23^h51^m	01^h54^m	03^h52^m	05^h54^m	07^h52^m	09^h55^m	11^h57^m	13^h55^m	15^h57^m	17^h56^m
1952	1日	18^h39^m	20^h41^m	22^h35^m	00^h38^m	02^h36^m	04^h38^m	06^h36^m	08^h39^m	10^h41^m	12^h39^m	14^h41^m	16^h40^m
	11日	19^h18^m	21^h21^m	23^h15^m	01^h17^m	03^h15^m	05^h18^m	07^h16^m	09^h18^m	11^h20^m	13^h19^m	15^h21^m	17^h19^m
	21日	19^h58^m	22^h00^m	23^h54^m	01^h57^m	03^h55^m	05^h57^m	07^h55^m	09^h58^m	12^h00^m	13^h58^m	16^h00^m	17^h59^m
1953	1日	18^h42^m	20^h44^m	22^h35^m	00^h37^m	02^h35^m	04^h37^m	06^h35^m	08^h38^m	10^h40^m	12^h38^m	14^h40^m	16^h39^m
	11日	19^h21^m	21^h24^m	23^h14^m	01^h16^m	03^h14^m	05^h17^m	07^h15^m	09^h17^m	11^h19^m	13^h18^m	15^h20^m	17^h18^m
	21日	20^h01^m	22^h03^m	23^h53^m	01^h56^m	03^h54^m	05^h56^m	07^h54^m	09^h57^m	11^h59^m	13^h57^m	15^h59^m	17^h58^m
1954	1日	18^h41^m	20^h43^m	22^h34^m	00^h36^m	02^h34^m	04^h36^m	06^h35^m	08^h37^m	10^h39^m	12^h37^m	14^h39^m	16^h38^m
	11日	19^h20^m	21^h23^m	23^h13^m	01^h15^m	03^h13^m	05^h16^m	07^h14^m	09^h16^m	11^h18^m	13^h17^m	15^h19^m	17^h17^m
	21日	20^h00^m	22^h02^m	23^h52^m	01^h55^m	03^h53^m	05^h55^m	07^h53^m	09^h56^m	11^h58^m	13^h56^m	15^h58^m	17^h57^m
1955	1日	18^h40^m	20^h42^m	22^h33^m	00^h35^m	02^h33^m	04^h35^m	06^h34^m	08^h36^m	10^h38^m	12^h36^m	14^h39^m	16^h37^m
	11日	19^h19^m	21^h22^m	23^h12^m	01^h14^m	03^h13^m	05^h15^m	07^h13^m	09^h15^m	11^h17^m	13^h16^m	15^h18^m	17^h16^m
	21日	19^h59^m	22^h01^m	23^h51^m	01^h54^m	03^h52^m	05^h54^m	07^h52^m	09^h55^m	11^h57^m	13^h55^m	15^h57^m	17^h56^m
1956	1日	18^h39^m	20^h41^m	22^h36^m	00^h38^m	02^h36^m	04^h38^m	06^h37^m	08^h39^m	10^h41^m	12^h39^m	14^h42^m	16^h40^m
	11日	19^h18^m	21^h21^m	23^h15^m	01^h17^m	03^h16^m	05^h18^m	07^h16^m	09^h18^m	11^h20^m	13^h19^m	15^h21^m	17^h19^m
	21日	19^h58^m	22^h00^m	23^h54^m	01^h57^m	03^h55^m	05^h57^m	07^h55^m	09^h58^m	12^h00^m	13^h58^m	16^h00^m	17^h59^m
1957	1日	18^h42^m	20^h44^m	22^h35^m	00^h37^m	02^h35^m	04^h37^m	06^h36^m	08^h38^m	10^h40^m	12^h38^m	14^h41^m	16^h39^m
	11日	19^h21^m	21^h24^m	23^h14^m	01^h16^m	03^h15^m	05^h17^m	07^h15^m	09^h17^m	11^h19^m	13^h18^m	15^h20^m	17^h18^m
	21日	20^h01^m	22^h03^m	23^h53^m	01^h56^m	03^h54^m	05^h56^m	07^h54^m	09^h57^m	11^h59^m	13^h57^m	15^h59^m	17^h58^m
1958	1日	18^h41^m	20^h43^m	22^h34^m	00^h36^m	02^h34^m	04^h36^m	06^h35^m	08^h37^m	10^h39^m	12^h37^m	14^h40^m	16^h38^m
	11日	19^h20^m	21^h23^m	23^h13^m	01^h15^m	03^h14^m	05^h16^m	07^h14^m	09^h16^m	11^h19^m	13^h17^m	15^h19^m	17^h17^m
	21日	20^h00^m	22^h02^m	23^h53^m	01^h55^m	03^h53^m	05^h55^m	07^h54^m	09^h56^m	11^h58^m	13^h56^m	15^h58^m	17^h57^m
1959	1日	18^h40^m	20^h42^m	22^h33^m	00^h35^m	02^h33^m	04^h35^m	06^h34^m	08^h36^m	10^h38^m	12^h36^m	14^h39^m	16^h37^m
	11日	19^h20^m	21^h22^m	23^h12^m	01^h14^m	03^h13^m	05^h15^m	07^h13^m	09^h15^m	11^h18^m	13^h16^m	15^h18^m	17^h16^m
	21日	19^h59^m	22^h01^m	23^h52^m	01^h54^m	03^h52^m	05^h54^m	07^h53^m	09^h55^m	11^h57^m	13^h55^m	15^h57^m	17^h56^m
1960	1日	18^h39^m	20^h41^m	22^h36^m	00^h38^m	02^h36^m	04^h38^m	06^h37^m	08^h39^m	10^h41^m	12^h39^m	14^h42^m	16^h40^m
	11日	19^h19^m	21^h21^m	23^h15^m	01^h17^m	03^h16^m	05^h18^m	07^h16^m	09^h18^m	11^h21^m	13^h19^m	15^h21^m	17^h19^m
	21日	19^h58^m	22^h00^m	23^h55^m	01^h57^m	03^h55^m	05^h57^m	07^h56^m	09^h58^m	12^h00^m	13^h58^m	16^h00^m	17^h59^m
1961	1日	18^h42^m	20^h44^m	22^h35^m	00^h37^m	02^h35^m	04^h37^m	06^h36^m	08^h38^m	10^h40^m	12^h38^m	14^h41^m	16^h39^m
	11日	19^h22^m	21^h24^m	23^h14^m	01^h16^m	03^h15^m	05^h17^m	07^h15^m	09^h17^m	11^h20^m	13^h18^m	15^h20^m	17^h18^m
	21日	20^h01^m	22^h03^m	23^h54^m	01^h56^m	03^h54^m	05^h56^m	07^h55^m	09^h57^m	11^h59^m	13^h57^m	16^h00^m	17^h58^m
1962	1日	18^h41^m	20^h43^m	22^h34^m	00^h36^m	02^h34^m	04^h36^m	06^h35^m	08^h37^m	10^h39^m	12^h37^m	14^h40^m	16^h38^m
	11日	19^h21^m	21^h23^m	23^h13^m	01^h15^m	03^h14^m	05^h16^m	07^h14^m	09^h16^m	11^h19^m	13^h17^m	15^h19^m	17^h17^m
	21日	20^h00^m	22^h02^m	23^h53^m	01^h55^m	03^h53^m	05^h55^m	07^h54^m	09^h56^m	11^h58^m	13^h56^m	15^h59^m	17^h57^m
1963	1日	18^h40^m	20^h42^m	22^h33^m	00^h35^m	02^h33^m	04^h36^m	06^h34^m	08^h36^m	10^h38^m	12^h37^m	14^h39^m	16^h37^m
	11日	19^h20^m	21^h22^m	23^h12^m	01^h14^m	03^h13^m	05^h15^m	07^h13^m	09^h15^m	11^h18^m	13^h16^m	15^h18^m	17^h16^m
	21日	19^h59^m	22^h01^m	23^h52^m	01^h54^m	03^h52^m	05^h54^m	07^h53^m	09^h55^m	11^h57^m	13^h55^m	15^h58^m	17^h56^m

年	日	1月	2月	3月	4月	5月	6月	7月	8月	9月	10月	11月	12月
1964	1日	18^h39^m	20^h41^m	22^h36^m	00^h38^m	02^h36^m	04^h39^m	06^h37^m	08^h39^m	10^h41^m	12^h40^m	14^h42^m	16^h40^m
	11日	19^h19^m	21^h21^m	23^h15^m	01^h17^m	03^h16^m	05^h18^m	07^h16^m	09^h18^m	11^h21^m	13^h19^m	15^h21^m	17^h19^m
	21日	19^h58^m	22^h00^m	23^h55^m	01^h57^m	03^h55^m	05^h57^m	07^h56^m	09^h58^m	12^h00^m	13^h58^m	16^h01^m	17^h59^m
1965	1日	18^h42^m	20^h44^m	22^h35^m	00^h37^m	02^h35^m	04^h38^m	06^h36^m	08^h38^m	10^h40^m	12^h39^m	14^h41^m	16^h39^m
	11日	19^h22^m	21^h24^m	23^h14^m	01^h16^m	03^h15^m	05^h17^m	07^h15^m	09^h17^m	11^h20^m	13^h18^m	15^h20^m	17^h18^m
	21日	20^h01^m	22^h03^m	23^h54^m	01^h56^m	03^h54^m	05^h56^m	07^h55^m	09^h57^m	11^h59^m	13^h57^m	16^h00^m	17^h58^m
1966	1日	18^h41^m	20^h43^m	22^h34^m	00^h36^m	02^h34^m	04^h37^m	06^h35^m	08^h37^m	10^h39^m	12^h38^m	14^h40^m	16^h38^m
	11日	19^h21^m	21^h23^m	23^h13^m	01^h16^m	03^h14^m	05^h16^m	07^h14^m	09^h17^m	11^h19^m	13^h17^m	15^h19^m	17^h18^m
	21日	20^h00^m	22^h02^m	23^h53^m	01^h55^m	03^h53^m	05^h55^m	07^h54^m	09^h56^m	11^h58^m	13^h56^m	15^h59^m	17^h57^m
1967	1日	18^h40^m	20^h43^m	22^h33^m	00^h35^m	02^h33^m	04^h36^m	06^h34^m	08^h36^m	10^h38^m	12^h37^m	14^h39^m	16^h37^m
	11日	19^h20^m	21^h22^m	23^h12^m	01^h15^m	03^h13^m	05^h15^m	07^h13^m	09^h16^m	11^h18^m	13^h16^m	15^h18^m	17^h17^m
	21日	19^h59^m	22^h01^m	23^h52^m	01^h54^m	03^h52^m	05^h55^m	07^h53^m	09^h55^m	11^h57^m	13^h56^m	15^h58^m	17^h56^m
1968	1日	18^h39^m	20^h42^m	22^h36^m	00^h38^m	02^h36^m	04^h39^m	06^h37^m	08^h39^m	10^h41^m	12^h40^m	14^h42^m	16^h40^m
	11日	19^h19^m	21^h21^m	23^h15^m	01^h18^m	03^h16^m	05^h18^m	07^h16^m	09^h19^m	11^h21^m	13^h19^m	15^h21^m	17^h20^m
	21日	19^h58^m	22^h00^m	23^h55^m	01^h57^m	03^h55^m	05^h57^m	07^h56^m	09^h58^m	12^h00^m	13^h58^m	16^h01^m	17^h59^m
1969	1日	18^h42^m	20^h45^m	22^h35^m	00^h37^m	02^h35^m	04^h38^m	06^h36^m	08^h38^m	10^h40^m	12^h39^m	14^h41^m	16^h39^m
	11日	19^h22^m	21^h24^m	23^h14^m	01^h17^m	03^h15^m	05^h17^m	07^h15^m	09^h18^m	11^h20^m	13^h18^m	15^h20^m	17^h19^m
	21日	20^h01^m	22^h03^m	23^h54^m	01^h56^m	03^h54^m	05^h57^m	07^h55^m	09^h57^m	11^h59^m	13^h58^m	16^h00^m	17^h58^m
1970	1日	18^h41^m	20^h44^m	22^h34^m	00^h36^m	02^h35^m	04^h37^m	06^h35^m	08^h37^m	10^h39^m	12^h38^m	14^h40^m	16^h38^m
	11日	19^h21^m	21^h23^m	23^h13^m	01^h16^m	03^h14^m	05^h16^m	07^h14^m	09^h17^m	11^h19^m	13^h17^m	15^h19^m	17^h18^m
	21日	20^h00^m	22^h02^m	23^h53^m	01^h55^m	03^h53^m	05^h56^m	07^h54^m	09^h56^m	11^h58^m	13^h57^m	15^h59^m	17^h57^m
1971	1日	18^h40^m	20^h43^m	22^h33^m	00^h35^m	02^h34^m	04^h36^m	06^h34^m	08^h36^m	10^h39^m	12^h37^m	14^h39^m	16^h37^m
	11日	19^h20^m	21^h22^m	23^h13^m	01^h15^m	03^h13^m	05^h15^m	07^h14^m	09^h16^m	11^h18^m	13^h16^m	15^h18^m	17^h17^m
	21日	19^h59^m	22^h02^m	23^h52^m	01^h54^m	03^h52^m	05^h55^m	07^h53^m	09^h55^m	11^h57^m	13^h56^m	15^h58^m	17^h56^m
1972	1日	18^h40^m	20^h42^m	22^h36^m	00^h38^m	02^h37^m	04^h39^m	06^h37^m	08^h39^m	10^h42^m	12^h40^m	14^h42^m	16^h40^m
	11日	19^h19^m	21^h21^m	23^h15^m	01^h18^m	03^h16^m	05^h18^m	07^h16^m	09^h19^m	11^h21^m	13^h19^m	15^h21^m	17^h20^m
	21日	19^h58^m	22^h01^m	23^h55^m	01^h57^m	03^h55^m	05^h58^m	07^h56^m	09^h58^m	12^h00^m	13^h59^m	16^h01^m	17^h59^m
1973	1日	18^h43^m	20^h45^m	22^h35^m	00^h37^m	02^h36^m	04^h38^m	06^h36^m	08^h38^m	10^h41^m	12^h39^m	14^h41^m	16^h39^m
	11日	19^h22^m	21^h24^m	23^h15^m	01^h17^m	03^h15^m	05^h17^m	07^h16^m	09^h18^m	11^h20^m	13^h18^m	15^h20^m	17^h19^m
	21日	20^h01^m	22^h04^m	23^h54^m	01^h56^m	03^h54^m	05^h57^m	07^h55^m	09^h57^m	11^h59^m	13^h58^m	16^h00^m	17^h58^m
1974	1日	18^h42^m	20^h44^m	22^h34^m	00^h36^m	02^h35^m	04^h37^m	06^h35^m	08^h37^m	10^h40^m	12^h38^m	14^h40^m	16^h38^m
	11日	19^h21^m	21^h23^m	23^h14^m	01^h16^m	03^h14^m	05^h16^m	07^h15^m	09^h17^m	11^h19^m	13^h17^m	15^h20^m	17^h18^m
	21日	20^h00^m	22^h03^m	23^h53^m	01^h55^m	03^h54^m	05^h56^m	07^h54^m	09^h56^m	11^h58^m	13^h57^m	15^h59^m	17^h57^m
1975	1日	18^h41^m	20^h43^m	22^h33^m	00^h35^m	02^h34^m	04^h36^m	06^h34^m	08^h36^m	10^h39^m	12^h37^m	14^h39^m	16^h37^m
	11日	19^h20^m	21^h22^m	23^h13^m	01^h15^m	03^h13^m	05^h15^m	07^h14^m	09^h16^m	11^h18^m	13^h16^m	15^h19^m	17^h17^m
	21日	19^h59^m	22^h02^m	23^h52^m	01^h54^m	03^h53^m	05^h55^m	07^h53^m	09^h55^m	11^h57^m	13^h56^m	15^h58^m	17^h56^m
1976	1日	18^h40^m	20^h42^m	22^h36^m	00^h38^m	02^h37^m	04^h39^m	06^h37^m	08^h39^m	10^h42^m	12^h40^m	14^h42^m	16^h40^m
	11日	19^h19^m	21^h21^m	23^h16^m	01^h18^m	03^h16^m	05^h18^m	07^h17^m	09^h19^m	11^h21^m	13^h19^m	15^h22^m	17^h20^m
	21日	19^h58^m	22^h01^m	23^h55^m	01^h57^m	03^h56^m	05^h58^m	07^h56^m	09^h58^m	12^h00^m	13^h59^m	16^h01^m	17^h59^m
1977	1日	18^h43^m	20^h45^m	22^h35^m	00^h37^m	02^h36^m	04^h38^m	06^h36^m	08^h38^m	10^h41^m	12^h39^m	14^h41^m	16^h39^m
	11日	19^h22^m	21^h24^m	23^h15^m	01^h17^m	03^h15^m	05^h17^m	07^h16^m	09^h18^m	11^h20^m	13^h18^m	15^h21^m	17^h19^m
	21日	20^h01^m	22^h04^m	23^h54^m	01^h56^m	03^h55^m	05^h57^m	07^h55^m	09^h57^m	12^h00^m	13^h58^m	16^h00^m	17^h58^m
1978	1日	18^h42^m	20^h44^m	22^h34^m	00^h36^m	02^h35^m	04^h37^m	06^h35^m	08^h37^m	10^h40^m	12^h38^m	14^h40^m	16^h38^m
	11日	19^h21^m	21^h23^m	23^h14^m	01^h16^m	03^h14^m	05^h16^m	07^h15^m	09^h17^m	11^h19^m	13^h17^m	15^h20^m	17^h18^m
	21日	20^h01^m	22^h03^m	23^h53^m	01^h55^m	03^h54^m	05^h56^m	07^h54^m	09^h56^m	11^h59^m	13^h57^m	15^h59^m	17^h57^m
1979	1日	18^h41^m	20^h43^m	22^h33^m	00^h36^m	02^h34^m	04^h36^m	06^h34^m	08^h37^m	10^h39^m	12^h37^m	14^h39^m	16^h38^m
	11日	19^h20^m	21^h22^m	23^h13^m	01^h15^m	03^h13^m	05^h15^m	07^h14^m	09^h16^m	11^h18^m	13^h16^m	15^h19^m	17^h17^m
	21日	20^h00^m	22^h02^m	23^h52^m	01^h54^m	03^h53^m	05^h55^m	07^h53^m	09^h55^m	11^h58^m	13^h56^m	15^h58^m	17^h56^m
1980	1日	18^h40^m	20^h42^m	22^h36^m	00^h39^m	02^h37^m	04^h39^m	06^h37^m	08^h40^m	10^h42^m	12^h40^m	14^h42^m	16^h41^m
	11日	19^h19^m	21^h21^m	23^h16^m	01^h18^m	03^h16^m	05^h18^m	07^h17^m	09^h19^m	11^h21^m	13^h19^m	15^h22^m	17^h20^m
	21日	19^h59^m	22^h01^m	23^h55^m	01^h57^m	03^h56^m	05^h58^m	07^h56^m	09^h58^m	12^h01^m	13^h59^m	16^h01^m	17^h59^m

恒星時表　1981-1997年

年	日	1月	2月	3月	4月	5月	6月	7月	8月	9月	10月	11月	12月
1981	1日	18^h43^m	20^h45^m	22^h35^m	00^h38^m	02^h36^m	04^h38^m	06^h36^m	08^h39^m	10^h41^m	12^h39^m	14^h41^m	16^h40^m
	11日	19^h22^m	21^h24^m	23^h15^m	01^h17^m	03^h15^m	05^h17^m	07^h16^m	09^h18^m	11^h20^m	13^h18^m	15^h21^m	17^h19^m
	21日	20^h02^m	22^h04^m	23^h54^m	01^h56^m	03^h55^m	05^h57^m	07^h55^m	09^h57^m	12^h00^m	13^h58^m	16^h00^m	17^h58^m
1982	1日	18^h42^m	20^h44^m	22^h34^m	00^h37^m	02^h35^m	04^h37^m	06^h35^m	08^h38^m	10^h40^m	12^h38^m	14^h40^m	16^h39^m
	11日	19^h21^m	21^h23^m	23^h14^m	01^h16^m	03^h14^m	05^h17^m	07^h15^m	09^h17^m	11^h19^m	13^h18^m	15^h20^m	17^h18^m
	21日	20^h01^m	22^h03^m	23^h53^m	01^h55^m	03^h54^m	05^h56^m	07^h54^m	09^h56^m	11^h59^m	13^h57^m	15^h59^m	17^h57^m
1983	1日	18^h41^m	20^h43^m	22^h33^m	00^h36^m	02^h34^m	04^h36^m	06^h34^m	08^h37^m	10^h39^m	12^h37^m	14^h39^m	16^h38^m
	11日	19^h20^m	21^h22^m	23^h13^m	01^h15^m	03^h13^m	05^h16^m	07^h14^m	09^h16^m	11^h18^m	13^h17^m	15^h19^m	17^h17^m
	21日	20^h00^m	22^h02^m	23^h52^m	01^h54^m	03^h53^m	05^h55^m	07^h53^m	09^h55^m	11^h58^m	13^h56^m	15^h58^m	17^h56^m
1984	1日	18^h40^m	20^h42^m	22^h36^m	00^h39^m	02^h37^m	04^h39^m	06^h37^m	08^h40^m	10^h42^m	12^h40^m	14^h42^m	16^h41^m
	11日	19^h19^m	21^h22^m	23^h16^m	01^h18^m	03^h16^m	05^h19^m	07^h17^m	09^h19^m	11^h21^m	13^h20^m	15^h22^m	17^h20^m
	21日	19^h59^m	22^h01^m	23^h55^m	01^h57^m	03^h56^m	05^h58^m	07^h56^m	09^h58^m	12^h01^m	13^h59^m	16^h01^m	17^h59^m
1985	1日	18^h43^m	20^h45^m	22^h35^m	00^h38^m	02^h36^m	04^h38^m	06^h36^m	08^h39^m	10^h41^m	12^h39^m	14^h41^m	16^h40^m
	11日	19^h22^m	21^h24^m	23^h15^m	01^h17^m	03^h15^m	05^h18^m	07^h16^m	09^h18^m	11^h20^m	13^h19^m	15^h21^m	17^h19^m
	21日	20^h02^m	22^h04^m	23^h54^m	01^h57^m	03^h55^m	05^h57^m	07^h55^m	09^h58^m	12^h00^m	13^h58^m	16^h00^m	17^h59^m
1986	1日	18^h42^m	20^h44^m	22^h35^m	00^h37^m	02^h35^m	04^h37^m	06^h36^m	08^h38^m	10^h40^m	12^h38^m	14^h40^m	16^h39^m
	11日	19^h21^m	21^h24^m	23^h14^m	01^h16^m	03^h14^m	05^h17^m	07^h15^m	09^h17^m	11^h19^m	13^h18^m	15^h20^m	17^h18^m
	21日	20^h01^m	22^h03^m	23^h53^m	01^h56^m	03^h54^m	05^h56^m	07^h54^m	09^h57^m	11^h59^m	13^h57^m	15^h59^m	17^h58^m
1987	1日	18^h41^m	20^h43^m	22^h34^m	00^h36^m	02^h34^m	04^h36^m	06^h35^m	08^h37^m	10^h39^m	12^h37^m	14^h39^m	16^h38^m
	11日	19^h20^m	21^h23^m	23^h13^m	01^h15^m	03^h13^m	05^h16^m	07^h14^m	09^h16^m	11^h18^m	13^h17^m	15^h19^m	17^h17^m
	21日	20^h00^m	22^h02^m	23^h52^m	01^h55^m	03^h53^m	05^h55^m	07^h53^m	09^h56^m	11^h58^m	13^h56^m	15^h58^m	17^h57^m
1988	1日	18^h40^m	20^h42^m	22^h37^m	00^h39^m	02^h37^m	04^h39^m	06^h38^m	08^h40^m	10^h42^m	12^h40^m	14^h42^m	16^h41^m
	11日	19^h19^m	21^h22^m	23^h16^m	01^h18^m	03^h16^m	05^h19^m	07^h17^m	09^h19^m	11^h21^m	13^h20^m	15^h22^m	17^h20^m
	21日	19^h59^m	22^h01^m	23^h55^m	01^h58^m	03^h56^m	05^h58^m	07^h56^m	09^h59^m	12^h01^m	13^h59^m	16^h01^m	18^h00^m
1989	1日	18^h43^m	20^h45^m	22^h36^m	00^h38^m	02^h36^m	04^h38^m	06^h37^m	08^h39^m	10^h41^m	12^h39^m	14^h42^m	16^h40^m
	11日	19^h22^m	21^h25^m	23^h15^m	01^h17^m	03^h16^m	05^h18^m	07^h16^m	09^h18^m	11^h20^m	13^h19^m	15^h21^m	17^h19^m
	21日	20^h02^m	22^h04^m	23^h54^m	01^h57^m	03^h55^m	05^h57^m	07^h55^m	09^h58^m	12^h00^m	13^h58^m	16^h00^m	17^h59^m
1990	1日	18^h42^m	20^h44^m	22^h35^m	00^h37^m	02^h35^m	04^h37^m	06^h36^m	08^h38^m	10^h40^m	12^h38^m	14^h41^m	16^h39^m
	11日	19^h21^m	21^h24^m	23^h14^m	01^h16^m	03^h15^m	05^h17^m	07^h15^m	09^h17^m	11^h20^m	13^h18^m	15^h20^m	17^h18^m
	21日	20^h01^m	22^h03^m	23^h54^m	01^h56^m	03^h54^m	05^h56^m	07^h55^m	09^h57^m	11^h59^m	13^h57^m	15^h59^m	17^h58^m
1991	1日	18^h41^m	20^h43^m	22^h34^m	00^h36^m	02^h34^m	04^h36^m	06^h35^m	08^h37^m	10^h39^m	12^h37^m	14^h40^m	16^h38^m
	11日	19^h21^m	21^h23^m	23^h13^m	01^h15^m	03^h14^m	05^h16^m	07^h14^m	09^h16^m	11^h19^m	13^h17^m	15^h19^m	17^h17^m
	21日	20^h00^m	22^h02^m	23^h53^m	01^h55^m	03^h53^m	05^h55^m	07^h54^m	09^h56^m	11^h58^m	13^h56^m	15^h58^m	17^h57^m
1992	1日	18^h40^m	20^h42^m	22^h37^m	00^h39^m	02^h37^m	04^h39^m	06^h38^m	08^h40^m	10^h42^m	12^h40^m	14^h43^m	16^h41^m
	11日	19^h20^m	21^h22^m	23^h16^m	01^h18^m	03^h17^m	05^h19^m	07^h17^m	09^h19^m	11^h22^m	13^h20^m	15^h22^m	17^h20^m
	21日	19^h59^m	22^h01^m	23^h56^m	01^h58^m	03^h56^m	05^h58^m	07^h57^m	09^h59^m	12^h01^m	13^h59^m	16^h01^m	18^h00^m
1993	1日	18^h43^m	20^h45^m	22^h36^m	00^h38^m	02^h36^m	04^h38^m	06^h37^m	08^h39^m	10^h41^m	12^h39^m	14^h42^m	16^h40^m
	11日	19^h23^m	21^h25^m	23^h15^m	01^h17^m	03^h16^m	05^h18^m	07^h16^m	09^h18^m	11^h21^m	13^h19^m	15^h21^m	17^h19^m
	21日	20^h02^m	22^h04^m	23^h55^m	01^h57^m	03^h55^m	05^h57^m	07^h56^m	09^h58^m	12^h00^m	13^h58^m	16^h01^m	17^h59^m
1994	1日	18^h42^m	20^h44^m	22^h35^m	00^h37^m	02^h35^m	04^h37^m	06^h36^m	08^h38^m	10^h40^m	12^h38^m	14^h41^m	16^h39^m
	11日	19^h22^m	21^h24^m	23^h14^m	01^h16^m	03^h15^m	05^h17^m	07^h15^m	09^h17^m	11^h20^m	13^h18^m	15^h20^m	17^h18^m
	21日	20^h01^m	22^h03^m	23^h54^m	01^h56^m	03^h54^m	05^h56^m	07^h55^m	09^h57^m	11^h59^m	13^h57^m	16^h00^m	17^h58^m
1995	1日	18^h41^m	20^h43^m	22^h34^m	00^h36^m	02^h34^m	04^h37^m	06^h35^m	08^h37^m	10^h39^m	12^h38^m	14^h40^m	16^h38^m
	11日	19^h21^m	21^h23^m	23^h13^m	01^h15^m	03^h14^m	05^h16^m	07^h14^m	09^h16^m	11^h19^m	13^h17^m	15^h19^m	17^h17^m
	21日	20^h00^m	22^h02^m	23^h53^m	01^h55^m	03^h53^m	05^h55^m	07^h54^m	09^h56^m	11^h58^m	13^h56^m	15^h59^m	17^h57^m
1996	1日	18^h40^m	20^h42^m	22^h37^m	00^h39^m	02^h37^m	04^h40^m	06^h38^m	08^h40^m	10^h42^m	12^h41^m	14^h43^m	16^h41^m
	11日	19^h20^m	21^h22^m	23^h16^m	01^h18^m	03^h17^m	05^h19^m	07^h17^m	09^h19^m	11^h22^m	13^h20^m	15^h22^m	17^h20^m
	21日	19^h59^m	22^h01^m	23^h56^m	01^h58^m	03^h56^m	05^h58^m	07^h57^m	09^h59^m	12^h01^m	13^h59^m	16^h02^m	18^h00^m
1997	1日	18^h43^m	20^h45^m	22^h36^m	00^h38^m	02^h36^m	04^h39^m	06^h37^m	08^h39^m	10^h41^m	12^h40^m	14^h42^m	16^h40^m
	11日	19^h23^m	21^h25^m	23^h15^m	01^h17^m	03^h16^m	05^h18^m	07^h16^m	09^h18^m	11^h21^m	13^h19^m	15^h21^m	17^h19^m
	21日	20^h02^m	22^h04^m	23^h55^m	01^h57^m	03^h55^m	05^h57^m	07^h56^m	09^h58^m	12^h00^m	13^h58^m	16^h01^m	17^h59^m

年	日	1月	2月	3月	4月	5月	6月	7月	8月	9月	10月	11月	12月
1998	1日	18^h42^m	20^h44^m	22^h35^m	00^h37^m	02^h35^m	04^h38^m	06^h36^m	08^h38^m	10^h40^m	12^h39^m	14^h41^m	16^h39^m
	11日	19^h22^m	21^h24^m	23^h14^m	01^h17^m	03^h15^m	05^h17^m	07^h15^m	09^h18^m	11^h20^m	13^h18^m	15^h20^m	17^h19^m
	21日	20^h01^m	22^h03^m	23^h54^m	01^h56^m	03^h54^m	05^h56^m	07^h55^m	09^h57^m	11^h59^m	13^h57^m	16^h00^m	17^h58^m
1999	1日	18^h41^m	20^h44^m	22^h34^m	00^h36^m	02^h34^m	04^h37^m	06^h35^m	08^h37^m	10^h39^m	12^h38^m	14^h40^m	16^h38^m
	11日	19^h21^m	21^h23^m	23^h13^m	01^h16^m	03^h14^m	05^h16^m	07^h14^m	09^h17^m	11^h19^m	13^h17^m	15^h19^m	17^h18^m
	21日	20^h00^m	22^h02^m	23^h53^m	01^h55^m	03^h53^m	05^h55^m	07^h54^m	09^h56^m	11^h58^m	13^h56^m	15^h59^m	17^h57^m
2000	1日	18^h40^m	20^h43^m	22^h37^m	00^h39^m	02^h37^m	04^h40^m	06^h38^m	08^h40^m	10^h42^m	12^h41^m	14^h43^m	16^h41^m
	11日	19^h20^m	21^h22^m	23^h16^m	01^h19^m	03^h17^m	05^h19^m	07^h17^m	09^h20^m	11^h22^m	13^h20^m	15^h22^m	17^h21^m
	21日	19^h59^m	22^h01^m	23^h56^m	01^h58^m	03^h56^m	05^h58^m	07^h57^m	09^h59^m	12^h01^m	13^h59^m	16^h02^m	18^h00^m
2001	1日	18^h43^m	20^h46^m	22^h36^m	00^h38^m	02^h36^m	04^h39^m	06^h37^m	08^h39^m	10^h41^m	12^h40^m	14^h42^m	16^h40^m
	11日	19^h23^m	21^h25^m	23^h15^m	01^h18^m	03^h16^m	05^h18^m	07^h16^m	09^h19^m	11^h21^m	13^h19^m	15^h21^m	17^h20^m
	21日	20^h02^m	22^h04^m	23^h55^m	01^h57^m	03^h55^m	05^h58^m	07^h56^m	09^h58^m	12^h00^m	13^h59^m	16^h01^m	17^h59^m
2002	1日	18^h42^m	20^h45^m	22^h35^m	00^h37^m	02^h35^m	04^h38^m	06^h36^m	08^h38^m	10^h40^m	12^h39^m	14^h41^m	16^h39^m
	11日	19^h22^m	21^h24^m	23^h14^m	01^h17^m	03^h15^m	05^h17^m	07^h15^m	09^h18^m	11^h20^m	13^h18^m	15^h20^m	17^h19^m
	21日	20^h01^m	22^h03^m	23^h54^m	01^h56^m	03^h54^m	05^h57^m	07^h55^m	09^h57^m	11^h59^m	13^h58^m	16^h00^m	17^h58^m
2003	1日	18^h41^m	20^h44^m	22^h34^m	00^h36^m	02^h35^m	04^h37^m	06^h35^m	08^h37^m	10^h39^m	12^h38^m	14^h40^m	16^h38^m
	11日	19^h21^m	21^h23^m	23^h13^m	01^h16^m	03^h14^m	05^h16^m	07^h14^m	09^h17^m	11^h19^m	13^h17^m	15^h19^m	17^h18^m
	21日	20^h00^m	22^h02^m	23^h53^m	01^h55^m	03^h53^m	05^h56^m	07^h54^m	09^h56^m	11^h58^m	13^h57^m	15^h59^m	17^h57^m
2004	1日	18^h40^m	20^h43^m	22^h37^m	00^h39^m	02^h38^m	04^h40^m	06^h38^m	08^h40^m	10^h42^m	12^h41^m	14^h43^m	16^h41^m
	11日	19^h20^m	21^h22^m	23^h16^m	01^h19^m	03^h17^m	05^h19^m	07^h17^m	09^h20^m	11^h22^m	13^h20^m	15^h22^m	17^h21^m
	21日	19^h59^m	22^h02^m	23^h56^m	01^h58^m	03^h56^m	05^h59^m	07^h57^m	09^h59^m	12^h01^m	14^h00^m	16^h02^m	18^h00^m
2005	1日	18^h43^m	20^h46^m	22^h36^m	00^h38^m	02^h37^m	04^h39^m	06^h37^m	08^h39^m	10^h42^m	12^h40^m	14^h42^m	16^h40^m
	11日	19^h23^m	21^h25^m	23^h16^m	01^h18^m	03^h16^m	05^h18^m	07^h17^m	09^h19^m	11^h21^m	13^h19^m	15^h21^m	17^h20^m
	21日	20^h02^m	22^h05^m	23^h55^m	01^h57^m	03^h55^m	05^h58^m	07^h56^m	09^h58^m	12^h00^m	13^h59^m	16^h01^m	17^h59^m
2006	1日	18^h43^m	20^h45^m	22^h35^m	00^h37^m	02^h36^m	04^h38^m	06^h36^m	08^h38^m	10^h41^m	12^h39^m	14^h41^m	16^h39^m
	11日	19^h22^m	21^h24^m	23^h15^m	01^h17^m	03^h15^m	05^h17^m	07^h16^m	09^h18^m	11^h20^m	13^h18^m	15^h20^m	17^h19^m
	21日	20^h01^m	22^h04^m	23^h54^m	01^h56^m	03^h54^m	05^h57^m	07^h55^m	09^h57^m	11^h59^m	13^h58^m	16^h00^m	17^h58^m
2007	1日	18^h42^m	20^h44^m	22^h34^m	00^h36^m	02^h35^m	04^h37^m	06^h35^m	08^h37^m	10^h40^m	12^h38^m	14^h40^m	16^h38^m
	11日	19^h21^m	21^h23^m	23^h14^m	01^h16^m	03^h14^m	05^h16^m	07^h15^m	09^h17^m	11^h19^m	13^h17^m	15^h20^m	17^h18^m
	21日	20^h00^m	22^h03^m	23^h53^m	01^h55^m	03^h54^m	05^h56^m	07^h54^m	09^h56^m	11^h58^m	13^h57^m	15^h59^m	17^h57^m
2008	1日	18^h41^m	20^h43^m	22^h37^m	00^h39^m	02^h38^m	04^h40^m	06^h38^m	08^h40^m	10^h43^m	12^h41^m	14^h43^m	16^h41^m
	11日	19^h20^m	21^h22^m	23^h17^m	01^h19^m	03^h17^m	05^h19^m	07^h18^m	09^h20^m	11^h22^m	13^h20^m	15^h23^m	17^h21^m
	21日	19^h59^m	22^h02^m	23^h56^m	01^h58^m	03^h57^m	05^h59^m	07^h57^m	09^h59^m	12^h01^m	14^h00^m	16^h02^m	18^h00^m
2009	1日	18^h44^m	20^h46^m	22^h36^m	00^h38^m	02^h37^m	04^h39^m	06^h37^m	08^h39^m	10^h42^m	12^h40^m	14^h42^m	16^h40^m
	11日	19^h23^m	21^h25^m	23^h16^m	01^h18^m	03^h16^m	05^h18^m	07^h17^m	09^h19^m	11^h21^m	13^h19^m	15^h22^m	17^h20^m
	21日	20^h02^m	22^h05^m	23^h55^m	01^h57^m	03^h56^m	05^h58^m	07^h56^m	09^h58^m	12^h01^m	13^h59^m	16^h01^m	17^h59^m
2010	1日	18^h43^m	20^h45^m	22^h35^m	00^h37^m	02^h36^m	04^h38^m	06^h36^m	08^h38^m	10^h41^m	12^h39^m	14^h41^m	16^h39^m
	11日	19^h22^m	21^h24^m	23^h15^m	01^h17^m	03^h15^m	05^h17^m	07^h16^m	09^h18^m	11^h20^m	13^h18^m	15^h21^m	17^h19^m
	21日	20^h02^m	22^h04^m	23^h54^m	01^h56^m	03^h55^m	05^h57^m	07^h55^m	09^h57^m	12^h00^m	13^h58^m	16^h00^m	17^h58^m
2011	1日	18^h42^m	20^h44^m	22^h34^m	00^h37^m	02^h35^m	04^h37^m	06^h35^m	08^h38^m	10^h40^m	12^h38^m	14^h40^m	16^h39^m
	11日	19^h21^m	21^h23^m	23^h14^m	01^h16^m	03^h14^m	05^h16^m	07^h15^m	09^h17^m	11^h19^m	13^h17^m	15^h20^m	17^h18^m
	21日	20^h01^m	22^h03^m	23^h53^m	01^h55^m	03^h54^m	05^h56^m	07^h54^m	09^h56^m	11^h59^m	13^h57^m	15^h59^m	17^h57^m
2012	1日	18^h41^m	20^h43^m	22^h37^m	00^h40^m	02^h38^m	04^h40^m	06^h38^m	08^h41^m	10^h43^m	12^h41^m	14^h43^m	16^h42^m
	11日	19^h20^m	21^h22^m	23^h17^m	01^h19^m	03^h17^m	05^h19^m	07^h18^m	09^h20^m	11^h22^m	13^h20^m	15^h23^m	17^h21^m
	21日	20^h00^m	22^h02^m	23^h56^m	01^h58^m	03^h57^m	05^h59^m	07^h57^m	09^h59^m	12^h02^m	14^h00^m	16^h02^m	18^h00^m
2013	1日	18^h44^m	20^h46^m	22^h36^m	00^h39^m	02^h37^m	04^h39^m	06^h37^m	08^h40^m	10^h42^m	12^h40^m	14^h42^m	16^h41^m
	11日	19^h23^m	21^h25^m	23^h16^m	01^h18^m	03^h16^m	05^h18^m	07^h17^m	09^h19^m	11^h21^m	13^h19^m	15^h22^m	17^h20^m
	21日	20^h03^m	22^h05^m	23^h55^m	01^h57^m	03^h56^m	05^h58^m	07^h56^m	09^h58^m	12^h01^m	13^h59^m	16^h01^m	17^h59^m
2014	1日	18^h43^m	20^h45^m	22^h35^m	00^h38^m	02^h36^m	04^h38^m	06^h36^m	08^h39^m	10^h41^m	12^h39^m	14^h41^m	16^h40^m
	11日	19^h22^m	21^h24^m	23^h15^m	01^h17^m	03^h15^m	05^h18^m	07^h16^m	09^h18^m	11^h20^m	13^h19^m	15^h21^m	17^h19^m
	21日	20^h02^m	22^h04^m	23^h54^m	01^h56^m	03^h55^m	05^h57^m	07^h55^m	09^h57^m	12^h00^m	13^h58^m	16^h00^m	17^h58^m

恒星時表　2015-2030年

年	日	1月	2月	3月	4月	5月	6月	7月	8月	9月	10月	11月	12月
2015	1日	18^h42^m	20^h44^m	22^h34^m	00^h37^m	02^h35^m	04^h37^m	06^h35^m	08^h38^m	10^h40^m	12^h38^m	14^h40^m	16^h39^m
	11日	19^h21^m	21^h23^m	23^h14^m	01^h16^m	03^h14^m	05^h17^m	07^h15^m	09^h17^m	11^h19^m	13^h18^m	15^h20^m	17^h18^m
	21日	20^h01^m	22^h03^m	23^h53^m	01^h55^m	03^h54^m	05^h56^m	07^h54^m	09^h56^m	11^h59^m	13^h57^m	15^h59^m	17^h57^m
2016	1日	18^h41^m	20^h43^m	22^h37^m	00^h40^m	02^h38^m	04^h40^m	06^h38^m	08^h41^m	10^h43^m	12^h41^m	14^h43^m	16^h42^m
	11日	19^h20^m	21^h23^m	23^h17^m	01^h19^m	03^h17^m	05^h20^m	07^h18^m	09^h20^m	11^h22^m	13^h21^m	15^h23^m	17^h21^m
	21日	20^h00^m	22^h02^m	23^h56^m	01^h58^m	03^h57^m	05^h59^m	07^h57^m	09^h59^m	12^h02^m	14^h00^m	16^h02^m	18^h00^m
2017	1日	18^h44^m	20^h46^m	22^h36^m	00^h39^m	02^h37^m	04^h39^m	06^h37^m	08^h40^m	10^h42^m	12^h40^m	14^h42^m	16^h41^m
	11日	19^h23^m	21^h25^m	23^h16^m	01^h18^m	03^h16^m	05^h19^m	07^h17^m	09^h19^m	11^h21^m	13^h20^m	15^h22^m	17^h20^m
	21日	20^h03^m	22^h05^m	23^h55^m	01^h58^m	03^h56^m	05^h58^m	07^h56^m	09^h59^m	12^h01^m	13^h59^m	16^h01^m	18^h00^m
2018	1日	18^h43^m	20^h45^m	22^h35^m	00^h38^m	02^h36^m	04^h38^m	06^h36^m	08^h39^m	10^h41^m	12^h39^m	14^h41^m	16^h40^m
	11日	19^h22^m	21^h25^m	23^h15^m	01^h17^m	03^h15^m	05^h18^m	07^h16^m	09^h18^m	11^h20^m	13^h19^m	15^h21^m	17^h19^m
	21日	20^h02^m	22^h04^m	23^h54^m	01^h57^m	03^h55^m	05^h57^m	07^h55^m	09^h58^m	12^h00^m	13^h58^m	16^h00^m	17^h59^m
2019	1日	18^h42^m	20^h44^m	22^h35^m	00^h37^m	02^h35^m	04^h37^m	06^h36^m	08^h38^m	10^h40^m	12^h38^m	14^h40^m	16^h39^m
	11日	19^h21^m	21^h24^m	23^h14^m	01^h16^m	03^h14^m	05^h17^m	07^h15^m	09^h17^m	11^h19^m	13^h18^m	15^h20^m	17^h18^m
	21日	20^h01^m	22^h03^m	23^h53^m	01^h56^m	03^h54^m	05^h56^m	07^h54^m	09^h57^m	11^h59^m	13^h57^m	15^h59^m	17^h58^m
2020	1日	18^h41^m	20^h43^m	22^h38^m	00^h40^m	02^h38^m	04^h40^m	06^h39^m	08^h41^m	10^h43^m	12^h41^m	14^h43^m	16^h42^m
	11日	19^h20^m	21^h23^m	23^h17^m	01^h19^m	03^h17^m	05^h20^m	07^h18^m	09^h20^m	11^h22^m	13^h21^m	15^h23^m	17^h21^m
	21日	20^h00^m	22^h02^m	23^h56^m	01^h59^m	03^h57^m	05^h59^m	07^h57^m	10^h00^m	12^h02^m	14^h00^m	16^h02^m	18^h01^m
2021	1日	18^h44^m	20^h46^m	22^h37^m	00^h39^m	02^h37^m	04^h39^m	06^h38^m	08^h40^m	10^h42^m	12^h40^m	14^h42^m	16^h41^m
	11日	19^h23^m	21^h26^m	23^h16^m	01^h18^m	03^h16^m	05^h19^m	07^h17^m	09^h19^m	11^h21^m	13^h20^m	15^h22^m	17^h20^m
	21日	20^h03^m	22^h05^m	23^h55^m	01^h58^m	03^h56^m	05^h58^m	07^h56^m	09^h59^m	12^h01^m	13^h59^m	16^h01^m	18^h00^m
2022	1日	18^h43^m	20^h45^m	22^h36^m	00^h38^m	02^h36^m	04^h38^m	06^h37^m	08^h39^m	10^h41^m	12^h39^m	14^h42^m	16^h40^m
	11日	19^h22^m	21^h25^m	23^h15^m	01^h17^m	03^h16^m	05^h18^m	07^h16^m	09^h18^m	11^h20^m	13^h19^m	15^h21^m	17^h19^m
	21日	20^h02^m	22^h04^m	23^h54^m	01^h57^m	03^h55^m	05^h57^m	07^h55^m	09^h58^m	12^h00^m	13^h58^m	16^h00^m	17^h59^m
2023	1日	18^h42^m	20^h44^m	22^h35^m	00^h37^m	02^h35^m	04^h37^m	06^h36^m	08^h38^m	10^h40^m	12^h38^m	14^h41^m	16^h39^m
	11日	19^h21^m	21^h24^m	23^h14^m	01^h16^m	03^h15^m	05^h17^m	07^h15^m	09^h17^m	11^h20^m	13^h18^m	15^h20^m	17^h18^m
	21日	20^h01^m	22^h03^m	23^h54^m	01^h56^m	03^h54^m	05^h56^m	07^h55^m	09^h57^m	11^h59^m	13^h57^m	15^h59^m	17^h58^m
2024	1日	18^h41^m	20^h43^m	22^h38^m	00^h40^m	02^h38^m	04^h40^m	06^h39^m	08^h41^m	10^h43^m	12^h41^m	14^h44^m	16^h42^m
	11日	19^h21^m	21^h23^m	23^h17^m	01^h19^m	03^h18^m	05^h20^m	07^h18^m	09^h20^m	11^h23^m	13^h21^m	15^h23^m	17^h21^m
	21日	20^h00^m	22^h02^m	23^h57^m	01^h59^m	03^h57^m	05^h59^m	07^h58^m	10^h00^m	12^h02^m	14^h00^m	16^h02^m	18^h01^m
2025	1日	18^h44^m	20^h46^m	22^h37^m	00^h39^m	02^h37^m	04^h39^m	06^h38^m	08^h40^m	10^h42^m	12^h40^m	14^h43^m	16^h41^m
	11日	19^h24^m	21^h26^m	23^h16^m	01^h18^m	03^h17^m	05^h19^m	07^h17^m	09^h19^m	11^h22^m	13^h20^m	15^h22^m	17^h20^m
	21日	20^h03^m	22^h05^m	23^h56^m	01^h58^m	03^h56^m	05^h58^m	07^h57^m	09^h59^m	12^h01^m	13^h59^m	16^h01^m	18^h00^m
2026	1日	18^h43^m	20^h45^m	22^h36^m	00^h38^m	02^h36^m	04^h38^m	06^h37^m	08^h39^m	10^h41^m	12^h39^m	14^h42^m	16^h40^m
	11日	19^h23^m	21^h25^m	23^h15^m	01^h17^m	03^h16^m	05^h18^m	07^h16^m	09^h18^m	11^h21^m	13^h19^m	15^h21^m	17^h19^m
	21日	20^h02^m	22^h04^m	23^h55^m	01^h57^m	03^h55^m	05^h57^m	07^h56^m	09^h58^m	12^h00^m	13^h58^m	16^h01^m	17^h59^m
2027	1日	18^h42^m	20^h44^m	22^h35^m	00^h37^m	02^h35^m	04^h38^m	06^h36^m	08^h38^m	10^h40^m	12^h39^m	14^h41^m	16^h39^m
	11日	19^h22^m	21^h24^m	23^h14^m	01^h16^m	03^h15^m	05^h17^m	07^h15^m	09^h17^m	11^h20^m	13^h18^m	15^h20^m	17^h18^m
	21日	20^h01^m	22^h03^m	23^h54^m	01^h56^m	03^h54^m	05^h56^m	07^h55^m	09^h57^m	11^h59^m	13^h57^m	16^h00^m	17^h58^m
2028	1日	18^h41^m	20^h43^m	22^h38^m	00^h40^m	02^h38^m	04^h41^m	06^h39^m	08^h41^m	10^h43^m	12^h42^m	14^h44^m	16^h42^m
	11日	19^h21^m	21^h23^m	23^h17^m	01^h19^m	03^h18^m	05^h20^m	07^h18^m	09^h20^m	11^h23^m	13^h21^m	15^h23^m	17^h21^m
	21日	20^h00^m	22^h02^m	23^h57^m	01^h59^m	03^h57^m	05^h59^m	07^h58^m	10^h00^m	12^h02^m	14^h00^m	16^h03^m	18^h01^m
2029	1日	18^h44^m	20^h46^m	22^h37^m	00^h39^m	02^h37^m	04^h40^m	06^h38^m	08^h40^m	10^h42^m	12^h41^m	14^h43^m	16^h41^m
	11日	19^h24^m	21^h26^m	23^h16^m	01^h18^m	03^h17^m	05^h19^m	07^h17^m	09^h19^m	11^h22^m	13^h20^m	15^h22^m	17^h20^m
	21日	20^h03^m	22^h05^m	23^h56^m	01^h58^m	03^h56^m	05^h58^m	07^h57^m	09^h59^m	12^h01^m	13^h59^m	16^h02^m	18^h00^m
2030	1日	18^h43^m	20^h45^m	22^h36^m	00^h38^m	02^h36^m	04^h39^m	06^h37^m	08^h39^m	10^h41^m	12^h40^m	14^h42^m	16^h40^m
	11日	19^h23^m	21^h25^m	23^h15^m	01^h18^m	03^h16^m	05^h18^m	07^h16^m	09^h19^m	11^h21^m	13^h19^m	15^h21^m	17^h20^m
	21日	20^h02^m	22^h04^m	23^h55^m	01^h57^m	03^h55^m	05^h57^m	07^h56^m	09^h58^m	12^h00^m	13^h58^m	16^h01^m	17^h59^m

恒星時	MC	11室	12室	ASC	2室	3室
0:00	♈ 00° 00′	♉ 01	♊ 10	♋ 15° 56′	♌ 13	♍ 06
0:02	♈ 00° 33′	♉ 01	♊ 10	♋ 16° 22′	♌ 14	♍ 06
0:04	♈ 01° 05′	♉ 02	♊ 11	♋ 16° 47′	♌ 14	♍ 07
0:06	♈ 01° 38′	♉ 03	♊ 11	♋ 17° 13′	♌ 14	♍ 07
0:08	♈ 02° 11′	♉ 03	♊ 12	♋ 17° 38′	♌ 15	♍ 08
0:10	♈ 02° 43′	♉ 04	♊ 12	♋ 18° 03′	♌ 15	♍ 08
0:12	♈ 03° 16′	♉ 04	♊ 13	♋ 18° 29′	♌ 16	♍ 09
0:14	♈ 03° 49′	♉ 05	♊ 13	♋ 18° 54′	♌ 16	♍ 09
0:16	♈ 04° 22′	♉ 06	♊ 14	♋ 19° 19′	♌ 17	♍ 10
0:18	♈ 04° 54′	♉ 06	♊ 14	♋ 19° 44′	♌ 17	♍ 10
0:20	♈ 05° 27′	♉ 07	♊ 15	♋ 20° 09′	♌ 17	♍ 11
0:22	♈ 05° 59′	♉ 07	♊ 15	♋ 20° 34′	♌ 18	♍ 11
0:24	♈ 06° 32′	♉ 08	♊ 16	♋ 20° 59′	♌ 18	♍ 12
0:26	♈ 07° 05′	♉ 08	♊ 16	♋ 21° 24′	♌ 19	♍ 12
0:28	♈ 07° 37′	♉ 09	♊ 17	♋ 21° 49′	♌ 19	♍ 13
0:30	♈ 08° 10′	♉ 10	♊ 17	♋ 22° 14′	♌ 19	♍ 13
0:32	♈ 08° 43′	♉ 10	♊ 18	♋ 22° 39′	♌ 20	♍ 14
0:34	♈ 09° 15′	♉ 11	♊ 18	♋ 23° 04′	♌ 20	♍ 14
0:36	♈ 09° 48′	♉ 11	♊ 19	♋ 23° 29′	♌ 21	♍ 15
0:38	♈ 10° 20′	♉ 12	♊ 19	♋ 23° 54′	♌ 21	♍ 15
0:40	♈ 10° 53′	♉ 12	♊ 20	♋ 24° 19′	♌ 22	♍ 15
0:42	♈ 11° 25′	♉ 13	♊ 20	♋ 24° 44′	♌ 22	♍ 16
0:44	♈ 11° 58′	♉ 14	♊ 21	♋ 25° 09′	♌ 22	♍ 16
0:46	♈ 12° 30′	♉ 14	♊ 21	♋ 25° 33′	♌ 23	♍ 17
0:48	♈ 13° 03′	♉ 15	♊ 22	♋ 25° 58′	♌ 23	♍ 17
0:50	♈ 13° 35′	♉ 15	♊ 22	♋ 26° 23′	♌ 24	♍ 18
0:52	♈ 14° 07′	♉ 16	♊ 23	♋ 26° 48′	♌ 24	♍ 18
0:54	♈ 14° 40′	♉ 16	♊ 23	♋ 27° 12′	♌ 25	♍ 19
0:56	♈ 15° 12′	♉ 17	♊ 24	♋ 27° 37′	♌ 25	♍ 19
0:58	♈ 15° 45′	♉ 17	♊ 24	♋ 28° 02′	♌ 25	♍ 20

恒星時	MC	11室	12室	ASC	2室	3室
1:00	♈ 16° 17′	♉ 18	♊ 25	♋ 28° 26′	♌ 26	♍ 20
1:02	♈ 16° 49′	♉ 19	♊ 25	♋ 28° 51′	♌ 26	♍ 21
1:04	♈ 17° 21′	♉ 19	♊ 26	♋ 29° 16′	♌ 27	♍ 21
1:06	♈ 17° 54′	♉ 20	♊ 26	♋ 29° 40′	♌ 27	♍ 22
1:08	♈ 18° 26′	♉ 20	♊ 27	♌ 00° 05′	♌ 28	♍ 22
1:10	♈ 18° 58′	♉ 21	♊ 27	♌ 00° 29′	♌ 28	♍ 23
1:12	♈ 19° 30′	♉ 21	♊ 28	♌ 00° 54′	♌ 28	♍ 23
1:14	♈ 20° 02′	♉ 22	♊ 28	♌ 01° 18′	♌ 29	♍ 24
1:16	♈ 20° 34′	♉ 22	♊ 28	♌ 01° 43′	♌ 29	♍ 24
1:18	♈ 21° 06′	♉ 23	♊ 29	♌ 02° 08′	♍ 00	♍ 25
1:20	♈ 21° 38′	♉ 23	♊ 29	♌ 02° 32′	♍ 00	♍ 25
1:22	♈ 22° 10′	♉ 24	♋ 00	♌ 02° 57′	♍ 01	♍ 26
1:24	♈ 22° 42′	♉ 24	♋ 00	♌ 03° 21′	♍ 01	♍ 26
1:26	♈ 23° 14′	♉ 25	♋ 01	♌ 03° 46′	♍ 01	♍ 27
1:28	♈ 23° 46′	♉ 26	♋ 01	♌ 04° 10′	♍ 02	♍ 27
1:30	♈ 24° 18′	♉ 26	♋ 02	♌ 04° 35′	♍ 02	♍ 27
1:32	♈ 24° 50′	♉ 27	♋ 02	♌ 04° 59′	♍ 03	♍ 28
1:34	♈ 25° 21′	♉ 27	♋ 03	♌ 05° 23′	♍ 03	♍ 28
1:36	♈ 25° 53′	♉ 28	♋ 03	♌ 05° 48′	♍ 04	♍ 29
1:38	♈ 26° 25′	♉ 28	♋ 03	♌ 06° 12′	♍ 04	♍ 29
1:40	♈ 26° 56′	♉ 29	♋ 04	♌ 06° 37′	♍ 04	♎ 00
1:42	♈ 27° 28′	♉ 29	♋ 04	♌ 07° 01′	♍ 05	♎ 00
1:44	♈ 28° 00′	♊ 00	♋ 05	♌ 07° 26′	♍ 05	♎ 01
1:46	♈ 28° 31′	♊ 00	♋ 05	♌ 07° 50′	♍ 06	♎ 01
1:48	♈ 29° 03′	♊ 01	♋ 06	♌ 08° 14′	♍ 06	♎ 02
1:50	♈ 29° 34′	♊ 01	♋ 06	♌ 08° 39′	♍ 07	♎ 02
1:52	♉ 00° 06′	♊ 02	♋ 07	♌ 09° 03′	♍ 07	♎ 03
1:54	♉ 00° 37′	♊ 02	♋ 07	♌ 09° 28′	♍ 07	♎ 03
1:56	♉ 01° 08′	♊ 03	♋ 07	♌ 09° 52′	♍ 08	♎ 04
1:58	♉ 01° 40′	♊ 03	♋ 08	♌ 10° 16′	♍ 08	♎ 04

恒星時	MC	11室	12室	ASC	2室	3室
2:00	♉ 02° 11′	♊ 04	♋ 08	♌ 10° 41′	♍ 09	♎ 05
2:02	♉ 02° 42′	♊ 04	♋ 09	♌ 11° 05′	♍ 09	♎ 05
2:04	♉ 03° 13′	♊ 05	♋ 09	♌ 11° 30′	♍ 10	♎ 06
2:06	♉ 03° 44′	♊ 05	♋ 10	♌ 11° 54′	♍ 10	♎ 06
2:08	♉ 04° 15′	♊ 06	♋ 10	♌ 12° 18′	♍ 10	♎ 07
2:10	♉ 04° 46′	♊ 06	♋ 11	♌ 12° 43′	♍ 11	♎ 07
2:12	♉ 05° 17′	♊ 07	♋ 11	♌ 13° 07′	♍ 11	♎ 08
2:14	♉ 05° 48′	♊ 07	♋ 11	♌ 13° 32′	♍ 12	♎ 08
2:16	♉ 06° 19′	♊ 08	♋ 12	♌ 13° 56′	♍ 12	♎ 09
2:18	♉ 06° 50′	♊ 08	♋ 12	♌ 14° 20′	♍ 13	♎ 09
2:20	♉ 07° 21′	♊ 09	♋ 13	♌ 14° 45′	♍ 13	♎ 09
2:22	♉ 07° 52′	♊ 09	♋ 13	♌ 15° 09′	♍ 13	♎ 10
2:24	♉ 08° 22′	♊ 10	♋ 14	♌ 15° 33′	♍ 14	♎ 10
2:26	♉ 08° 53′	♊ 10	♋ 14	♌ 15° 58′	♍ 14	♎ 11
2:28	♉ 09° 24′	♊ 11	♋ 14	♌ 16° 22′	♍ 15	♎ 11
2:30	♉ 09° 54′	♊ 11	♋ 15	♌ 16° 47′	♍ 15	♎ 12
2:32	♉ 10° 25′	♊ 12	♋ 15	♌ 17° 11′	♍ 16	♎ 12
2:34	♉ 10° 55′	♊ 12	♋ 16	♌ 17° 35′	♍ 16	♎ 13
2:36	♉ 11° 26′	♊ 13	♋ 16	♌ 18° 00′	♍ 16	♎ 13
2:38	♉ 11° 56′	♊ 13	♋ 17	♌ 18° 24′	♍ 17	♎ 14
2:40	♉ 12° 27′	♊ 14	♋ 17	♌ 18° 49′	♍ 17	♎ 14
2:42	♉ 12° 57′	♊ 14	♋ 18	♌ 19° 13′	♍ 18	♎ 15
2:44	♉ 13° 27′	♊ 15	♋ 18	♌ 19° 38′	♍ 18	♎ 15
2:46	♉ 13° 58′	♊ 15	♋ 18	♌ 20° 02′	♍ 19	♎ 16
2:48	♉ 14° 28′	♊ 16	♋ 19	♌ 20° 26′	♍ 19	♎ 16
2:50	♉ 14° 58′	♊ 16	♋ 19	♌ 20° 51′	♍ 19	♎ 17
2:52	♉ 15° 28′	♊ 17	♋ 20	♌ 21° 15′	♍ 20	♎ 17
2:54	♉ 15° 58′	♊ 17	♋ 20	♌ 21° 40′	♍ 20	♎ 18
2:56	♉ 16° 28′	♊ 18	♋ 21	♌ 22° 04′	♍ 21	♎ 18
2:58	♉ 16° 58′	♊ 18	♋ 21	♌ 22° 29′	♍ 21	♎ 19

恒星時	MC	11室	12室	ASC	2室	3室
3:00	♉ 17° 28′	♊ 19	♋ 21	♌ 22° 53′	♍ 22	♎ 19
3:02	♉ 17° 58′	♊ 19	♋ 22	♌ 23° 17′	♍ 22	♎ 20
3:04	♉ 18° 28′	♊ 19	♋ 22	♌ 23° 42′	♍ 23	♎ 20
3:06	♉ 18° 57′	♊ 20	♋ 23	♌ 24° 06′	♍ 23	♎ 20
3:08	♉ 19° 27′	♊ 20	♋ 23	♌ 24° 31′	♍ 23	♎ 21
3:10	♉ 19° 57′	♊ 21	♋ 23	♌ 24° 55′	♍ 24	♎ 21
3:12	♉ 20° 26′	♊ 21	♋ 24	♌ 25° 20′	♍ 24	♎ 22
3:14	♉ 20° 56′	♊ 22	♋ 24	♌ 25° 44′	♍ 25	♎ 22
3:16	♉ 21° 26′	♊ 22	♋ 25	♌ 26° 09′	♍ 25	♎ 23
3:18	♉ 21° 55′	♊ 23	♋ 25	♌ 26° 33′	♍ 26	♎ 23
3:20	♉ 22° 25′	♊ 23	♋ 26	♌ 26° 58′	♍ 26	♎ 24
3:22	♉ 22° 54′	♊ 24	♋ 26	♌ 27° 22′	♍ 26	♎ 24
3:24	♉ 23° 23′	♊ 24	♋ 26	♌ 27° 47′	♍ 27	♎ 25
3:26	♉ 23° 53′	♊ 25	♋ 27	♌ 28° 11′	♍ 27	♎ 25
3:28	♉ 24° 22′	♊ 25	♋ 27	♌ 28° 36′	♍ 28	♎ 26
3:30	♉ 24° 51′	♊ 26	♋ 28	♌ 29° 01′	♍ 28	♎ 26
3:32	♉ 25° 20′	♊ 26	♋ 28	♌ 29° 25′	♍ 29	♎ 27
3:34	♉ 25° 50′	♊ 27	♋ 29	♌ 29° 50′	♍ 29	♎ 27
3:36	♉ 26° 19′	♊ 27	♋ 29	♍ 00° 14′	♍ 29	♎ 28
3:38	♉ 26° 48′	♊ 27	♋ 29	♍ 00° 39′	♎ 00	♎ 28
3:40	♉ 27° 17′	♊ 28	♌ 00	♍ 01° 03′	♎ 00	♎ 29
3:42	♉ 27° 46′	♊ 28	♌ 00	♍ 01° 28′	♎ 01	♎ 29
3:44	♉ 28° 15′	♊ 29	♌ 01	♍ 01° 53′	♎ 01	♎ 29
3:46	♉ 28° 44′	♊ 29	♌ 01	♍ 02° 17′	♎ 02	♏ 00
3:48	♉ 29° 13′	♋ 00	♌ 02	♍ 02° 42′	♎ 02	♏ 00
3:50	♉ 29° 42′	♋ 00	♌ 02	♍ 03° 06′	♎ 03	♏ 01
3:52	♊ 00° 10′	♋ 01	♌ 02	♍ 03° 31′	♎ 03	♏ 01
3:54	♊ 00° 39′	♋ 01	♌ 03	♍ 03° 56′	♎ 03	♏ 02
3:56	♊ 01° 08′	♋ 02	♌ 03	♍ 04° 20′	♎ 04	♏ 02
3:58	♊ 01° 37′	♋ 02	♌ 04	♍ 04° 45′	♎ 04	♏ 03

恒星時	MC	11室	12室	ASC	2室	3室
4:00	♊ 02° 05′	♋ 02	♌ 04	♍ 05° 10′	♎ 05	♏ 03
4:02	♊ 02° 34′	♋ 03	♌ 04	♍ 05° 34′	♎ 05	♏ 04
4:04	♊ 03° 03′	♋ 03	♌ 05	♍ 05° 59′	♎ 06	♏ 04
4:06	♊ 03° 31′	♋ 04	♌ 05	♍ 06° 24′	♎ 06	♏ 05
4:08	♊ 04° 00′	♋ 04	♌ 06	♍ 06° 48′	♎ 06	♏ 05
4:10	♊ 04° 28′	♋ 05	♌ 06	♍ 07° 13′	♎ 07	♏ 06
4:12	♊ 04° 57′	♋ 05	♌ 07	♍ 07° 38′	♎ 07	♏ 06
4:14	♊ 05° 25′	♋ 06	♌ 07	♍ 08° 03′	♎ 08	♏ 06
4:16	♊ 05° 54′	♋ 06	♌ 07	♍ 08° 27′	♎ 08	♏ 07
4:18	♊ 06° 22′	♋ 07	♌ 08	♍ 08° 52′	♎ 09	♏ 07
4:20	♊ 06° 50′	♋ 07	♌ 08	♍ 09° 17′	♎ 09	♏ 08
4:22	♊ 07° 19′	♋ 07	♌ 09	♍ 09° 41′	♎ 09	♏ 08
4:24	♊ 07° 47′	♋ 08	♌ 09	♍ 10° 06′	♎ 10	♏ 09
4:26	♊ 08° 15′	♋ 08	♌ 10	♍ 10° 31′	♎ 10	♏ 09
4:28	♊ 08° 43′	♋ 09	♌ 10	♍ 10° 56′	♎ 11	♏ 10
4:30	♊ 09° 11′	♋ 09	♌ 10	♍ 11° 20′	♎ 11	♏ 10
4:32	♊ 09° 40′	♋ 10	♌ 11	♍ 11° 45′	♎ 12	♏ 11
4:34	♊ 10° 08′	♋ 10	♌ 11	♍ 12° 10′	♎ 12	♏ 11
4:36	♊ 10° 36′	♋ 11	♌ 12	♍ 12° 35′	♎ 13	♏ 12
4:38	♊ 11° 04′	♋ 11	♌ 12	♍ 13° 00′	♎ 13	♏ 12
4:40	♊ 11° 32′	♋ 12	♌ 12	♍ 13° 24′	♎ 13	♏ 12
4:42	♊ 12° 00′	♋ 12	♌ 13	♍ 13° 49′	♎ 14	♏ 13
4:44	♊ 12° 28′	♋ 12	♌ 13	♍ 14° 14′	♎ 14	♏ 13
4:46	♊ 12° 56′	♋ 13	♌ 14	♍ 14° 39′	♎ 15	♏ 14
4:48	♊ 13° 24′	♋ 13	♌ 14	♍ 15° 04′	♎ 15	♏ 14
4:50	♊ 13° 52′	♋ 14	♌ 15	♍ 15° 29′	♎ 16	♏ 15
4:52	♊ 14° 20′	♋ 14	♌ 15	♍ 15° 53′	♎ 16	♏ 15
4:54	♊ 14° 48′	♋ 15	♌ 15	♍ 16° 18′	♎ 16	♏ 16
4:56	♊ 15° 16′	♋ 15	♌ 16	♍ 16° 43′	♎ 17	♏ 16
4:58	♊ 15° 43′	♋ 16	♌ 16	♍ 17° 08′	♎ 17	♏ 17

恒星時	MC	11室	12室	ASC	2室	3室
5:00	♊ 16° 11′	♋ 16	♌ 17	♍ 17° 33′	♎ 18	♏ 17
5:02	♊ 16° 39′	♋ 16	♌ 17	♍ 17° 58′	♎ 18	♏ 17
5:04	♊ 17° 07′	♋ 17	♌ 18	♍ 18° 22′	♎ 19	♏ 18
5:06	♊ 17° 35′	♋ 17	♌ 18	♍ 18° 47′	♎ 19	♏ 18
5:08	♊ 18° 02′	♋ 18	♌ 18	♍ 19° 12′	♎ 19	♏ 19
5:10	♊ 18° 30′	♋ 18	♌ 19	♍ 19° 37′	♎ 20	♏ 19
5:12	♊ 18° 58′	♋ 19	♌ 19	♍ 20° 02′	♎ 20	♏ 20
5:14	♊ 19° 26′	♋ 19	♌ 20	♍ 20° 27′	♎ 21	♏ 20
5:16	♊ 19° 53′	♋ 20	♌ 20	♍ 20° 52′	♎ 21	♏ 21
5:18	♊ 20° 21′	♋ 20	♌ 21	♍ 21° 17′	♎ 22	♏ 21
5:20	♊ 20° 49′	♋ 20	♌ 21	♍ 21° 42′	♎ 22	♏ 22
5:22	♊ 21° 16′	♋ 21	♌ 21	♍ 22° 06′	♎ 22	♏ 22
5:24	♊ 21° 44′	♋ 21	♌ 22	♍ 22° 31′	♎ 23	♏ 22
5:26	♊ 22° 12′	♋ 22	♌ 22	♍ 22° 56′	♎ 23	♏ 23
5:28	♊ 22° 39′	♋ 22	♌ 23	♍ 23° 21′	♎ 24	♏ 23
5:30	♊ 23° 07′	♋ 23	♌ 23	♍ 23° 46′	♎ 24	♏ 24
5:32	♊ 23° 34′	♋ 23	♌ 23	♍ 24° 11′	♎ 25	♏ 24
5:34	♊ 24° 02′	♋ 24	♌ 24	♍ 24° 36′	♎ 25	♏ 25
5:36	♊ 24° 30′	♋ 24	♌ 24	♍ 25° 01′	♎ 25	♏ 25
5:38	♊ 24° 57′	♋ 25	♌ 25	♍ 25° 26′	♎ 26	♏ 26
5:40	♊ 25° 25′	♋ 25	♌ 25	♍ 25° 51′	♎ 26	♏ 26
5:42	♊ 25° 52′	♋ 25	♌ 26	♍ 26° 16′	♎ 27	♏ 27
5:44	♊ 26° 20′	♋ 26	♌ 26	♍ 26° 41′	♎ 27	♏ 27
5:46	♊ 26° 47′	♋ 26	♌ 26	♍ 27° 05′	♎ 28	♏ 27
5:48	♊ 27° 15′	♋ 27	♌ 27	♍ 27° 30′	♎ 28	♏ 28
5:50	♊ 27° 42′	♋ 27	♌ 27	♍ 27° 55′	♎ 28	♏ 28
5:52	♊ 28° 10′	♋ 28	♌ 28	♍ 28° 20′	♎ 29	♏ 29
5:54	♊ 28° 37′	♋ 28	♌ 28	♍ 28° 45′	♎ 29	♏ 29
5:56	♊ 29° 05′	♋ 29	♌ 29	♍ 29° 10′	♏ 00	♐ 00
5:58	♊ 29° 32′	♋ 29	♌ 29	♍ 29° 35′	♏ 00	♐ 00

室項表 6:00-7:58

恒星時	MC	11室	12室	ASC	2室	3室
6:00	♋ 00° 00′	♋ 29	♌ 29	♎ 00° 00′	♏ 01	♐ 01
6:02	♋ 00° 28′	♌ 00	♍ 00	♎ 00° 25′	♏ 01	♐ 01
6:04	♋ 00° 55′	♌ 00	♍ 00	♎ 00° 50′	♏ 01	♐ 01
6:06	♋ 01° 23′	♌ 01	♍ 01	♎ 01° 15′	♏ 02	♐ 02
6:08	♋ 01° 50′	♌ 01	♍ 01	♎ 01° 40′	♏ 02	♐ 02
6:10	♋ 02° 18′	♌ 02	♍ 02	♎ 02° 05′	♏ 03	♐ 03
6:12	♋ 02° 45′	♌ 02	♍ 02	♎ 02° 30′	♏ 03	♐ 03
6:14	♋ 03° 13′	♌ 03	♍ 02	♎ 02° 55′	♏ 04	♐ 04
6:16	♋ 03° 40′	♌ 03	♍ 03	♎ 03° 19′	♏ 04	♐ 04
6:18	♋ 04° 08′	♌ 03	♍ 03	♎ 03° 44′	♏ 04	♐ 05
6:20	♋ 04° 35′	♌ 04	♍ 04	♎ 04° 09′	♏ 05	♐ 05
6:22	♋ 05° 03′	♌ 04	♍ 04	♎ 04° 34′	♏ 05	♐ 05
6:24	♋ 05° 30′	♌ 05	♍ 05	♎ 04° 59′	♏ 06	♐ 06
6:26	♋ 05° 58′	♌ 05	♍ 05	♎ 05° 24′	♏ 06	♐ 06
6:28	♋ 06° 26′	♌ 06	♍ 05	♎ 05° 49′	♏ 07	♐ 07
6:30	♋ 06° 53′	♌ 06	♍ 06	♎ 06° 14′	♏ 07	♐ 07
6:32	♋ 07° 21′	♌ 07	♍ 06	♎ 06° 39′	♏ 07	♐ 08
6:34	♋ 07° 48′	♌ 07	♍ 07	♎ 07° 04′	♏ 08	♐ 08
6:36	♋ 08° 16′	♌ 08	♍ 07	♎ 07° 29′	♏ 08	♐ 09
6:38	♋ 08° 44′	♌ 08	♍ 08	♎ 07° 54′	♏ 09	♐ 09
6:40	♋ 09° 11′	♌ 08	♍ 08	♎ 08° 18′	♏ 09	♐ 10
6:42	♋ 09° 39′	♌ 09	♍ 08	♎ 08° 43′	♏ 09	♐ 10
6:44	♋ 10° 07′	♌ 09	♍ 09	♎ 09° 08′	♏ 10	♐ 10
6:46	♋ 10° 34′	♌ 10	♍ 09	♎ 09° 33′	♏ 10	♐ 11
6:48	♋ 11° 02′	♌ 10	♍ 10	♎ 09° 58′	♏ 11	♐ 11
6:50	♋ 11° 30′	♌ 11	♍ 10	♎ 10° 23′	♏ 11	♐ 12
6:52	♋ 11° 58′	♌ 11	♍ 11	♎ 10° 48′	♏ 12	♐ 12
6:54	♋ 12° 25′	♌ 12	♍ 11	♎ 11° 13′	♏ 12	♐ 13
6:56	♋ 12° 53′	♌ 12	♍ 11	♎ 11° 38′	♏ 12	♐ 13
6:58	♋ 13° 21′	♌ 13	♍ 12	♎ 12° 02′	♏ 13	♐ 14

恒星時	MC	11室	12室	ASC	2室	3室
7:00	♋ 13° 49′	♌ 13	♍ 12	♎ 12° 27′	♏ 13	♐ 14
7:02	♋ 14° 17′	♌ 13	♍ 13	♎ 12° 52′	♏ 14	♐ 14
7:04	♋ 14° 44′	♌ 14	♍ 13	♎ 13° 17′	♏ 14	♐ 15
7:06	♋ 15° 12′	♌ 14	♍ 14	♎ 13° 42′	♏ 15	♐ 15
7:08	♋ 15° 40′	♌ 15	♍ 14	♎ 14° 07′	♏ 15	♐ 16
7:10	♋ 16° 08′	♌ 15	♍ 14	♎ 14° 31′	♏ 15	♐ 16
7:12	♋ 16° 36′	♌ 16	♍ 15	♎ 14° 56′	♏ 16	♐ 17
7:14	♋ 17° 04′	♌ 16	♍ 15	♎ 15° 21′	♏ 16	♐ 17
7:16	♋ 17° 32′	♌ 17	♍ 16	♎ 15° 46′	♏ 17	♐ 18
7:18	♋ 18° 00′	♌ 17	♍ 16	♎ 16° 11′	♏ 17	♐ 18
7:20	♋ 18° 28′	♌ 18	♍ 17	♎ 16° 36′	♏ 18	♐ 18
7:22	♋ 18° 56′	♌ 18	♍ 17	♎ 17° 00′	♏ 18	♐ 19
7:24	♋ 19° 24′	♌ 18	♍ 17	♎ 17° 25′	♏ 18	♐ 19
7:26	♋ 19° 52′	♌ 19	♍ 18	♎ 17° 50′	♏ 19	♐ 20
7:28	♋ 20° 20′	♌ 19	♍ 18	♎ 18° 15′	♏ 19	♐ 20
7:30	♋ 20° 49′	♌ 20	♍ 19	♎ 18° 40′	♏ 20	♐ 21
7:32	♋ 21° 17′	♌ 20	♍ 19	♎ 19° 04′	♏ 20	♐ 21
7:34	♋ 21° 45′	♌ 21	♍ 20	♎ 19° 29′	♏ 20	♐ 22
7:36	♋ 22° 13′	♌ 21	♍ 20	♎ 19° 54′	♏ 21	♐ 22
7:38	♋ 22° 41′	♌ 22	♍ 21	♎ 20° 19′	♏ 21	♐ 23
7:40	♋ 23° 10′	♌ 22	♍ 21	♎ 20° 43′	♏ 22	♐ 23
7:42	♋ 23° 38′	♌ 23	♍ 21	♎ 21° 08′	♏ 22	♐ 23
7:44	♋ 24° 06′	♌ 23	♍ 22	♎ 21° 33′	♏ 23	♐ 24
7:46	♋ 24° 35′	♌ 24	♍ 22	♎ 21° 57′	♏ 23	♐ 24
7:48	♋ 25° 03′	♌ 24	♍ 23	♎ 22° 22′	♏ 23	♐ 25
7:50	♋ 25° 32′	♌ 24	♍ 23	♎ 22° 47′	♏ 24	♐ 25
7:52	♋ 26° 00′	♌ 25	♍ 24	♎ 23° 12′	♏ 24	♐ 26
7:54	♋ 26° 29′	♌ 25	♍ 24	♎ 23° 36′	♏ 25	♐ 26
7:56	♋ 26° 57′	♌ 26	♍ 24	♎ 24° 01′	♏ 25	♐ 27
7:58	♋ 27° 26′	♌ 26	♍ 25	♎ 24° 26′	♏ 26	♐ 27

恒星時	MC	11室	12室	ASC	2室	3室
8:00	♋ 27° 55′	♌ 27	♍ 25	♎ 24° 50′	♏ 26	♐ 28
8:02	♋ 28° 23′	♌ 27	♍ 26	♎ 25° 15′	♏ 26	♐ 28
8:04	♋ 28° 52′	♌ 28	♍ 26	♎ 25° 40′	♏ 27	♐ 28
8:06	♋ 29° 21′	♌ 28	♍ 27	♎ 26° 04′	♏ 27	♐ 29
8:08	♋ 29° 50′	♌ 29	♍ 27	♎ 26° 29′	♏ 28	♐ 29
8:10	♌ 00° 18′	♌ 29	♍ 27	♎ 26° 54′	♏ 28	♑ 00
8:12	♌ 00° 47′	♍ 00	♍ 28	♎ 27° 18′	♏ 28	♑ 00
8:14	♌ 01° 16′	♍ 00	♍ 28	♎ 27° 43′	♏ 29	♑ 01
8:16	♌ 01° 45′	♍ 01	♍ 29	♎ 28° 07′	♏ 29	♑ 01
8:18	♌ 02° 14′	♍ 01	♍ 29	♎ 28° 32′	♐ 00	♑ 02
8:20	♌ 02° 43′	♍ 01	♎ 00	♎ 28° 57′	♐ 00	♑ 02
8:22	♌ 03° 12′	♍ 02	♎ 00	♎ 29° 21′	♐ 01	♑ 03
8:24	♌ 03° 41′	♍ 02	♎ 01	♎ 29° 46′	♐ 01	♑ 03
8:26	♌ 04° 10′	♍ 03	♎ 01	♏ 00° 10′	♐ 01	♑ 03
8:28	♌ 04° 40′	♍ 03	♎ 01	♏ 00° 35′	♐ 02	♑ 04
8:30	♌ 05° 09′	♍ 04	♎ 02	♏ 00° 59′	♐ 02	♑ 04
8:32	♌ 05° 38′	♍ 04	♎ 02	♏ 01° 24′	♐ 03	♑ 05
8:34	♌ 06° 07′	♍ 05	♎ 03	♏ 01° 49′	♐ 03	♑ 05
8:36	♌ 06° 37′	♍ 05	♎ 03	♏ 02° 13′	♐ 04	♑ 06
8:38	♌ 07° 06′	♍ 06	♎ 04	♏ 02° 38′	♐ 04	♑ 06
8:40	♌ 07° 35′	♍ 06	♎ 04	♏ 03° 02′	♐ 04	♑ 07
8:42	♌ 08° 05′	♍ 07	♎ 04	♏ 03° 27′	♐ 05	♑ 07
8:44	♌ 08° 34′	♍ 07	♎ 05	♏ 03° 51′	♐ 05	♑ 08
8:46	♌ 09° 04′	♍ 08	♎ 05	♏ 04° 16′	♐ 06	♑ 08
8:48	♌ 09° 34′	♍ 08	♎ 06	♏ 04° 40′	♐ 06	♑ 09
8:50	♌ 10° 03′	♍ 09	♎ 06	♏ 05° 05′	♐ 07	♑ 09
8:52	♌ 10° 33′	♍ 09	♎ 07	♏ 05° 29′	♐ 07	♑ 10
8:54	♌ 11° 03′	♍ 10	♎ 07	♏ 05° 54′	♐ 07	♑ 10
8:56	♌ 11° 32′	♍ 10	♎ 07	♏ 06° 18′	♐ 08	♑ 11
8:58	♌ 12° 02′	♍ 10	♎ 08	♏ 06° 43′	♐ 08	♑ 11

恒星時	MC	11室	12室	ASC	2室	3室
9:00	♌ 12° 32′	♍ 11	♎ 08	♏ 07° 07′	♐ 09	♑ 11
9:02	♌ 13° 02′	♍ 11	♎ 09	♏ 07° 31′	♐ 09	♑ 12
9:04	♌ 13° 32′	♍ 12	♎ 09	♏ 07° 56′	♐ 09	♑ 12
9:06	♌ 14° 02′	♍ 12	♎ 10	♏ 08° 20′	♐ 10	♑ 13
9:08	♌ 14° 32′	♍ 13	♎ 10	♏ 08° 45′	♐ 10	♑ 13
9:10	♌ 15° 02′	♍ 13	♎ 11	♏ 09° 09′	♐ 11	♑ 14
9:12	♌ 15° 32′	♍ 14	♎ 11	♏ 09° 34′	♐ 11	♑ 14
9:14	♌ 16° 02′	♍ 14	♎ 11	♏ 09° 58′	♐ 12	♑ 15
9:16	♌ 16° 33′	♍ 15	♎ 12	♏ 10° 22′	♐ 12	♑ 15
9:18	♌ 17° 03′	♍ 15	♎ 12	♏ 10° 47′	♐ 12	♑ 16
9:20	♌ 17° 33′	♍ 16	♎ 13	♏ 11° 11′	♐ 13	♑ 16
9:22	♌ 18° 04′	♍ 16	♎ 13	♏ 11° 36′	♐ 13	♑ 17
9:24	♌ 18° 34′	♍ 17	♎ 14	♏ 12° 00′	♐ 14	♑ 17
9:26	♌ 19° 05′	♍ 17	♎ 14	♏ 12° 25′	♐ 14	♑ 18
9:28	♌ 19° 35′	♍ 18	♎ 14	♏ 12° 49′	♐ 15	♑ 18
9:30	♌ 20° 06′	♍ 18	♎ 15	♏ 13° 13′	♐ 15	♑ 19
9:32	♌ 20° 36′	♍ 19	♎ 15	♏ 13° 38′	♐ 16	♑ 19
9:34	♌ 21° 07′	♍ 19	♎ 16	♏ 14° 02′	♐ 16	♑ 20
9:36	♌ 21° 38′	♍ 20	♎ 16	♏ 14° 27′	♐ 16	♑ 20
9:38	♌ 22° 08′	♍ 20	♎ 17	♏ 14° 51′	♐ 17	♑ 21
9:40	♌ 22° 39′	♍ 21	♎ 17	♏ 15° 15′	♐ 17	♑ 21
9:42	♌ 23° 10′	♍ 21	♎ 17	♏ 15° 40′	♐ 18	♑ 22
9:44	♌ 23° 41′	♍ 21	♎ 18	♏ 16° 04′	♐ 18	♑ 22
9:46	♌ 24° 12′	♍ 22	♎ 18	♏ 16° 28′	♐ 19	♑ 23
9:48	♌ 24° 43′	♍ 22	♎ 19	♏ 16° 53′	♐ 19	♑ 23
9:50	♌ 25° 14′	♍ 23	♎ 19	♏ 17° 17′	♐ 19	♑ 24
9:52	♌ 25° 45′	♍ 23	♎ 20	♏ 17° 42′	♐ 20	♑ 24
9:54	♌ 26° 16′	♍ 24	♎ 20	♏ 18° 06′	♐ 20	♑ 25
9:56	♌ 26° 47′	♍ 24	♎ 20	♏ 18° 30′	♐ 21	♑ 25
9:58	♌ 27° 18′	♍ 25	♎ 21	♏ 18° 55′	♐ 21	♑ 26

恒星時	MC	11室	12室	ASC	2室	3室
10:00	♌ 27° 49′	♍ 25	♎ 21	♏ 19° 19′	♐ 22	♑ 26
10:02	♌ 28° 20′	♍ 26	♎ 22	♏ 19° 44′	♐ 22	♑ 27
10:04	♌ 28° 52′	♍ 26	♎ 22	♏ 20° 08′	♐ 23	♑ 27
10:06	♌ 29° 23′	♍ 27	♎ 23	♏ 20° 32′	♐ 23	♑ 28
10:08	♌ 29° 54′	♍ 27	♎ 23	♏ 20° 57′	♐ 23	♑ 28
10:10	♍ 00° 26′	♍ 28	♎ 23	♏ 21° 21′	♐ 24	♑ 29
10:12	♍ 00° 57′	♍ 28	♎ 24	♏ 21° 46′	♐ 24	♑ 29
10:14	♍ 01° 29′	♍ 29	♎ 24	♏ 22° 10′	♐ 25	♒ 00
10:16	♍ 02° 00′	♍ 29	♎ 25	♏ 22° 34′	♐ 25	♒ 00
10:18	♍ 02° 32′	♎ 00	♎ 25	♏ 22° 59′	♐ 26	♒ 01
10:20	♍ 03° 04′	♎ 00	♎ 26	♏ 23° 23′	♐ 26	♒ 01
10:22	♍ 03° 35′	♎ 01	♎ 26	♏ 23° 48′	♐ 27	♒ 02
10:24	♍ 04° 07′	♎ 01	♎ 26	♏ 24° 12′	♐ 27	♒ 02
10:26	♍ 04° 39′	♎ 02	♎ 27	♏ 24° 37′	♐ 27	♒ 03
10:28	♍ 05° 10′	♎ 02	♎ 27	♏ 25° 01′	♐ 28	♒ 03
10:30	♍ 05° 42′	♎ 03	♎ 28	♏ 25° 25′	♐ 28	♒ 04
10:32	♍ 06° 14′	♎ 03	♎ 28	♏ 25° 50′	♐ 29	♒ 04
10:34	♍ 06° 46′	♎ 03	♎ 29	♏ 26° 14′	♐ 29	♒ 05
10:36	♍ 07° 18′	♎ 04	♎ 29	♏ 26° 39′	♑ 00	♒ 06
10:38	♍ 07° 50′	♎ 04	♎ 29	♏ 27° 03′	♑ 00	♒ 06
10:40	♍ 08° 22′	♎ 05	♏ 00	♏ 27° 28′	♑ 01	♒ 07
10:42	♍ 08° 54′	♎ 05	♏ 00	♏ 27° 52′	♑ 01	♒ 07
10:44	♍ 09° 26′	♎ 06	♏ 01	♏ 28° 17′	♑ 02	♒ 08
10:46	♍ 09° 58′	♎ 06	♏ 01	♏ 28° 42′	♑ 02	♒ 08
10:48	♍ 10° 30′	♎ 07	♏ 02	♏ 29° 06′	♑ 02	♒ 09
10:50	♍ 11° 02′	♎ 07	♏ 02	♏ 29° 31′	♑ 03	♒ 09
10:52	♍ 11° 34′	♎ 08	♏ 02	♏ 29° 55′	♑ 03	♒ 10
10:54	♍ 12° 06′	♎ 08	♏ 03	♐ 00° 20′	♑ 04	♒ 10
10:56	♍ 12° 39′	♎ 09	♏ 03	♐ 00° 44′	♑ 04	♒ 11
10:58	♍ 13° 11′	♎ 09	♏ 04	♐ 01° 09′	♑ 05	♒ 11

恒星時	MC	11室	12室	ASC	2室	3室
11:00	♍ 13° 43′	♎ 10	♏ 04	♐ 01° 34′	♑ 05	♒ 12
11:02	♍ 14° 15′	♎ 10	♏ 05	♐ 01° 58′	♑ 06	♒ 13
11:04	♍ 14° 48′	♎ 11	♏ 05	♐ 02° 23′	♑ 06	♒ 13
11:06	♍ 15° 20′	♎ 11	♏ 05	♐ 02° 48′	♑ 07	♒ 14
11:08	♍ 15° 53′	♎ 12	♏ 06	♐ 03° 12′	♑ 07	♒ 14
11:10	♍ 16° 25′	♎ 12	♏ 06	♐ 03° 37′	♑ 08	♒ 15
11:12	♍ 16° 57′	♎ 13	♏ 07	♐ 04° 02′	♑ 08	♒ 15
11:14	♍ 17° 30′	♎ 13	♏ 07	♐ 04° 27′	♑ 09	♒ 16
11:16	♍ 18° 02′	♎ 14	♏ 08	♐ 04° 51′	♑ 09	♒ 16
11:18	♍ 18° 35′	♎ 14	♏ 08	♐ 05° 16′	♑ 10	♒ 17
11:20	♍ 19° 07′	♎ 15	♏ 08	♐ 05° 41′	♑ 10	♒ 18
11:22	♍ 19° 40′	♎ 15	♏ 09	♐ 06° 06′	♑ 11	♒ 18
11:24	♍ 20° 12′	♎ 15	♏ 09	♐ 06° 31′	♑ 11	♒ 19
11:26	♍ 20° 45′	♎ 16	♏ 10	♐ 06° 56′	♑ 12	♒ 19
11:28	♍ 21° 17′	♎ 16	♏ 10	♐ 07° 21′	♑ 12	♒ 20
11:30	♍ 21° 50′	♎ 17	♏ 11	♐ 07° 46′	♑ 13	♒ 20
11:32	♍ 22° 23′	♎ 17	♏ 11	♐ 08° 11′	♑ 13	♒ 21
11:34	♍ 22° 55′	♎ 18	♏ 11	♐ 08° 36′	♑ 14	♒ 22
11:36	♍ 23° 28′	♎ 18	♏ 12	♐ 09° 01′	♑ 14	♒ 22
11:38	♍ 24° 01′	♎ 19	♏ 12	♐ 09° 26′	♑ 15	♒ 23
11:40	♍ 24° 33′	♎ 19	♏ 13	♐ 09° 51′	♑ 15	♒ 23
11:42	♍ 25° 06′	♎ 20	♏ 13	♐ 10° 16′	♑ 16	♒ 24
11:44	♍ 25° 38′	♎ 20	♏ 13	♐ 10° 41′	♑ 16	♒ 24
11:46	♍ 26° 11′	♎ 21	♏ 14	♐ 11° 06′	♑ 17	♒ 25
11:48	♍ 26° 44′	♎ 21	♏ 14	♐ 11° 31′	♑ 17	♒ 26
11:50	♍ 27° 17′	♎ 22	♏ 15	♐ 11° 57′	♑ 18	♒ 26
11:52	♍ 27° 49′	♎ 22	♏ 15	♐ 12° 22′	♑ 18	♒ 27
11:54	♍ 28° 22′	♎ 23	♏ 16	♐ 12° 47′	♑ 19	♒ 27
11:56	♍ 28° 55′	♎ 23	♏ 16	♐ 13° 13′	♑ 19	♒ 28
11:58	♍ 29° 27′	♎ 24	♏ 16	♐ 13° 38′	♑ 20	♒ 29

恒星時	MC	11室	12室	ASC	2室	3室
12:00	♎ 00° 00′	♎ 24	♏ 17	♐ 14° 04′	♑ 20	♒ 29
12:02	♎ 00° 33′	♎ 25	♏ 17	♐ 14° 29′	♑ 21	♓ 00
12:04	♎ 01° 05′	♎ 25	♏ 18	♐ 14° 54′	♑ 21	♓ 00
12:06	♎ 01° 38′	♎ 25	♏ 18	♐ 15° 20′	♑ 22	♓ 01
12:08	♎ 02° 11′	♎ 26	♏ 19	♐ 15° 46′	♑ 22	♓ 01
12:10	♎ 02° 43′	♎ 26	♏ 19	♐ 16° 11′	♑ 23	♓ 02
12:12	♎ 03° 16′	♎ 27	♏ 19	♐ 16° 37′	♑ 23	♓ 03
12:14	♎ 03° 49′	♎ 27	♏ 20	♐ 17° 03′	♑ 24	♓ 03
12:16	♎ 04° 22′	♎ 28	♏ 20	♐ 17° 28′	♑ 24	♓ 04
12:18	♎ 04° 54′	♎ 28	♏ 21	♐ 17° 54′	♑ 25	♓ 04
12:20	♎ 05° 27′	♎ 29	♏ 21	♐ 18° 20′	♑ 25	♓ 05
12:22	♎ 05° 59′	♎ 29	♏ 21	♐ 18° 46′	♑ 26	♓ 06
12:24	♎ 06° 32′	♏ 00	♏ 22	♐ 19° 12′	♑ 27	♓ 06
12:26	♎ 07° 05′	♏ 00	♏ 22	♐ 19° 38′	♑ 27	♓ 07
12:28	♎ 07° 37′	♏ 01	♏ 23	♐ 20° 04′	♑ 28	♓ 07
12:30	♎ 08° 10′	♏ 01	♏ 23	♐ 20° 30′	♑ 28	♓ 08
12:32	♎ 08° 43′	♏ 02	♏ 24	♐ 20° 56′	♑ 29	♓ 09
12:34	♎ 09° 15′	♏ 02	♏ 24	♐ 21° 22′	♑ 29	♓ 09
12:36	♎ 09° 48′	♏ 02	♏ 24	♐ 21° 49′	♒ 00	♓ 10
12:38	♎ 10° 20′	♏ 03	♏ 25	♐ 22° 15′	♒ 00	♓ 11
12:40	♎ 10° 53′	♏ 03	♏ 25	♐ 22° 41′	♒ 01	♓ 11
12:42	♎ 11° 25′	♏ 04	♏ 26	♐ 23° 08′	♒ 01	♓ 12
12:44	♎ 11° 58′	♏ 04	♏ 26	♐ 23° 34′	♒ 02	♓ 12
12:46	♎ 12° 30′	♏ 05	♏ 27	♐ 24° 01′	♒ 03	♓ 13
12:48	♎ 13° 03′	♏ 05	♏ 27	♐ 24° 28′	♒ 03	♓ 14
12:50	♎ 13° 35′	♏ 06	♏ 27	♐ 24° 54′	♒ 04	♓ 14
12:52	♎ 14° 07′	♏ 06	♏ 28	♐ 25° 21′	♒ 04	♓ 15
12:54	♎ 14° 40′	♏ 07	♏ 28	♐ 25° 48′	♒ 05	♓ 15
12:56	♎ 15° 12′	♏ 07	♏ 29	♐ 26° 15′	♒ 05	♓ 16
12:58	♎ 15° 45′	♏ 08	♏ 29	♐ 26° 42′	♒ 06	♓ 17

恒星時	MC	11室	12室	ASC	2室	3室
13:00	♎ 16° 17′	♏ 08	♏ 29	♐ 27° 09′	♒ 07	♓ 17
13:02	♎ 16° 49′	♏ 09	♐ 00	♐ 27° 36′	♒ 07	♓ 18
13:04	♎ 17° 21′	♏ 09	♐ 00	♐ 28° 03′	♒ 08	♓ 19
13:06	♎ 17° 54′	♏ 09	♐ 01	♐ 28° 30′	♒ 08	♓ 19
13:08	♎ 18° 26′	♏ 10	♐ 01	♐ 28° 57′	♒ 09	♓ 20
13:10	♎ 18° 58′	♏ 10	♐ 02	♐ 29° 25′	♒ 10	♓ 20
13:12	♎ 19° 30′	♏ 11	♐ 02	♐ 29° 52′	♒ 10	♓ 21
13:14	♎ 20° 02′	♏ 11	♐ 02	♑ 00° 20′	♒ 11	♓ 22
13:16	♎ 20° 34′	♏ 12	♐ 03	♑ 00° 48′	♒ 11	♓ 22
13:18	♎ 21° 06′	♏ 12	♐ 03	♑ 01° 15′	♒ 12	♓ 23
13:20	♎ 21° 38′	♏ 13	♐ 04	♑ 01° 43′	♒ 13	♓ 24
13:22	♎ 22° 10′	♏ 13	♐ 04	♑ 02° 11′	♒ 13	♓ 24
13:24	♎ 22° 42′	♏ 14	♐ 05	♑ 02° 39′	♒ 14	♓ 25
13:26	♎ 23° 14′	♏ 14	♐ 05	♑ 03° 07′	♒ 14	♓ 25
13:28	♎ 23° 46′	♏ 15	♐ 05	♑ 03° 35′	♒ 15	♓ 26
13:30	♎ 24° 18′	♏ 15	♐ 06	♑ 04° 03′	♒ 16	♓ 27
13:32	♎ 24° 50′	♏ 15	♐ 06	♑ 04° 32′	♒ 16	♓ 27
13:34	♎ 25° 21′	♏ 16	♐ 07	♑ 05° 00′	♒ 17	♓ 28
13:36	♎ 25° 53′	♏ 16	♐ 07	♑ 05° 28′	♒ 18	♓ 29
13:38	♎ 26° 25′	♏ 17	♐ 08	♑ 05° 57′	♒ 18	♓ 29
13:40	♎ 26° 56′	♏ 17	♐ 08	♑ 06° 26′	♒ 19	♈ 00
13:42	♎ 27° 28′	♏ 18	♐ 08	♑ 06° 54′	♒ 19	♈ 00
13:44	♎ 28° 00′	♏ 18	♐ 09	♑ 07° 23′	♒ 20	♈ 01
13:46	♎ 28° 31′	♏ 19	♐ 09	♑ 07° 52′	♒ 21	♈ 02
13:48	♎ 29° 03′	♏ 19	♐ 10	♑ 08° 21′	♒ 21	♈ 02
13:50	♎ 29° 34′	♏ 20	♐ 10	♑ 08° 51′	♒ 22	♈ 03
13:52	♏ 00° 06′	♏ 20	♐ 11	♑ 09° 20′	♒ 23	♈ 04
13:54	♏ 00° 37′	♏ 20	♐ 11	♑ 09° 49′	♒ 23	♈ 04
13:56	♏ 01° 08′	♏ 21	♐ 11	♑ 10° 19′	♒ 24	♈ 05
13:58	♏ 01° 40′	♏ 21	♐ 12	♑ 10° 48′	♒ 25	♈ 05

室項表 14:00-15:58

恒星時	MC	11室	12室	ASC	2室	3室
14:00	♏ 02° 11′	♏ 22	♐ 12	♑ 11° 18′	♒ 25	♈ 06
14:02	♏ 02° 42′	♏ 22	♐ 13	♑ 11° 48′	♒ 26	♈ 07
14:04	♏ 03° 13′	♏ 23	♐ 13	♑ 12° 18′	♒ 27	♈ 07
14:06	♏ 03° 44′	♏ 23	♐ 14	♑ 12° 48′	♒ 27	♈ 08
14:08	♏ 04° 15′	♏ 24	♐ 14	♑ 13° 18′	♒ 28	♈ 09
14:10	♏ 04° 46′	♏ 24	♐ 14	♑ 13° 49′	♒ 29	♈ 09
14:12	♏ 05° 17′	♏ 24	♐ 15	♑ 14° 19′	♒ 29	♈ 10
14:14	♏ 05° 48′	♏ 25	♐ 15	♑ 14° 50′	♓ 00	♈ 10
14:16	♏ 06° 19′	♏ 25	♐ 16	♑ 15° 20′	♓ 01	♈ 11
14:18	♏ 06° 50′	♏ 26	♐ 16	♑ 15° 51′	♓ 01	♈ 12
14:20	♏ 07° 21′	♏ 26	♐ 17	♑ 16° 22′	♓ 02	♈ 12
14:22	♏ 07° 52′	♏ 27	♐ 17	♑ 16° 53′	♓ 03	♈ 13
14:24	♏ 08° 22′	♏ 27	♐ 17	♑ 17° 24′	♓ 03	♈ 14
14:26	♏ 08° 53′	♏ 28	♐ 18	♑ 17° 56′	♓ 04	♈ 14
14:28	♏ 09° 24′	♏ 28	♐ 18	♑ 18° 27′	♓ 05	♈ 15
14:30	♏ 09° 54′	♏ 29	♐ 19	♑ 18° 59′	♓ 05	♈ 15
14:32	♏ 10° 25′	♏ 29	♐ 19	♑ 19° 31′	♓ 06	♈ 16
14:34	♏ 10° 55′	♏ 29	♐ 20	♑ 20° 03′	♓ 07	♈ 17
14:36	♏ 11° 26′	♐ 00	♐ 20	♑ 20° 35′	♓ 08	♈ 17
14:38	♏ 11° 56′	♐ 00	♐ 20	♑ 21° 07′	♓ 08	♈ 18
14:40	♏ 12° 27′	♐ 01	♐ 21	♑ 21° 39′	♓ 09	♈ 19
14:42	♏ 12° 57′	♐ 01	♐ 21	♑ 22° 12′	♓ 10	♈ 19
14:44	♏ 13° 27′	♐ 02	♐ 22	♑ 22° 44′	♓ 10	♈ 20
14:46	♏ 13° 58′	♐ 02	♐ 22	♑ 23° 17′	♓ 11	♈ 20
14:48	♏ 14° 28′	♐ 03	♐ 23	♑ 23° 50′	♓ 12	♈ 21
14:50	♏ 14° 58′	♐ 03	♐ 23	♑ 24° 23′	♓ 12	♈ 22
14:52	♏ 15° 28′	♐ 03	♐ 24	♑ 24° 56′	♓ 13	♈ 22
14:54	♏ 15° 58′	♐ 04	♐ 24	♑ 25° 30′	♓ 14	♈ 23
14:56	♏ 16° 28′	♐ 04	♐ 24	♑ 26° 03′	♓ 15	♈ 23
14:58	♏ 16° 58′	♐ 05	♐ 25	♑ 26° 37′	♓ 15	♈ 24

恒星時	MC	11室	12室	ASC	2室	3室
15:00	♏ 17° 28′	♐ 05	♐ 25	♑ 27° 11′	♓ 16	♈ 25
15:02	♏ 17° 58′	♐ 06	♐ 26	♑ 27° 45′	♓ 17	♈ 25
15:04	♏ 18° 28′	♐ 06	♐ 26	♑ 28° 19′	♓ 18	♈ 26
15:06	♏ 18° 57′	♐ 07	♐ 27	♑ 28° 54′	♓ 18	♈ 26
15:08	♏ 19° 27′	♐ 07	♐ 27	♑ 29° 28′	♓ 19	♈ 27
15:10	♏ 19° 57′	♐ 08	♐ 28	♒ 00° 03′	♓ 20	♈ 28
15:12	♏ 20° 26′	♐ 08	♐ 28	♒ 00° 38′	♓ 20	♈ 28
15:14	♏ 20° 56′	♐ 08	♐ 29	♒ 01° 13′	♓ 21	♈ 29
15:16	♏ 21° 26′	♐ 09	♐ 29	♒ 01° 48′	♓ 22	♈ 29
15:18	♏ 21° 55′	♐ 09	♐ 29	♒ 02° 24′	♓ 23	♉ 00
15:20	♏ 22° 25′	♐ 10	♑ 00	♒ 02° 59′	♓ 23	♉ 01
15:22	♏ 22° 54′	♐ 10	♑ 00	♒ 03° 35′	♓ 24	♉ 01
15:24	♏ 23° 23′	♐ 11	♑ 01	♒ 04° 11′	♓ 25	♉ 02
15:26	♏ 23° 53′	♐ 11	♑ 01	♒ 04° 47′	♓ 25	♉ 02
15:28	♏ 24° 22′	♐ 12	♑ 02	♒ 05° 23′	♓ 26	♉ 03
15:30	♏ 24° 51′	♐ 12	♑ 02	♒ 06° 00′	♓ 27	♉ 04
15:32	♏ 25° 20′	♐ 12	♑ 03	♒ 06° 37′	♓ 28	♉ 04
15:34	♏ 25° 50′	♐ 13	♑ 03	♒ 07° 13′	♓ 28	♉ 05
15:36	♏ 26° 19′	♐ 13	♑ 04	♒ 07° 51′	♓ 29	♉ 05
15:38	♏ 26° 48′	♐ 14	♑ 04	♒ 08° 28′	♈ 00	♉ 06
15:40	♏ 27° 17′	♐ 14	♑ 05	♒ 09° 05′	♈ 01	♉ 06
15:42	♏ 27° 46′	♐ 15	♑ 05	♒ 09° 43′	♈ 01	♉ 07
15:44	♏ 28° 15′	♐ 15	♑ 05	♒ 10° 21′	♈ 02	♉ 08
15:46	♏ 28° 44′	♐ 16	♑ 06	♒ 10° 59′	♈ 03	♉ 08
15:48	♏ 29° 13′	♐ 16	♑ 06	♒ 11° 37′	♈ 04	♉ 09
15:50	♏ 29° 42′	♐ 16	♑ 07	♒ 12° 15′	♈ 04	♉ 09
15:52	♐ 00° 10′	♐ 17	♑ 07	♒ 12° 54′	♈ 05	♉ 10
15:54	♐ 00° 39′	♐ 17	♑ 08	♒ 13° 33′	♈ 06	♉ 10
15:56	♐ 01° 08′	♐ 18	♑ 08	♒ 14° 12′	♈ 06	♉ 11
15:58	♐ 01° 37′	♐ 18	♑ 09	♒ 14° 51′	♈ 07	♉ 12

恒星時	MC	11室	12室	ASC	2室	3室
16:00	♐ 02° 05′	♐ 19	♑ 09	♒ 15° 30′	♈ 08	♉ 12
16:02	♐ 02° 34′	♐ 19	♑ 10	♒ 16° 10′	♈ 09	♉ 13
16:04	♐ 03° 03′	♐ 20	♑ 10	♒ 16° 50′	♈ 09	♉ 13
16:06	♐ 03° 31′	♐ 20	♑ 11	♒ 17° 30′	♈ 10	♉ 14
16:08	♐ 04° 00′	♐ 20	♑ 11	♒ 18° 10′	♈ 11	♉ 14
16:10	♐ 04° 28′	♐ 21	♑ 12	♒ 18° 50′	♈ 12	♉ 15
16:12	♐ 04° 57′	♐ 21	♑ 12	♒ 19° 31′	♈ 12	♉ 16
16:14	♐ 05° 25′	♐ 22	♑ 13	♒ 20° 12′	♈ 13	♉ 16
16:16	♐ 05° 54′	♐ 22	♑ 13	♒ 20° 53′	♈ 14	♉ 17
16:18	♐ 06° 22′	♐ 23	♑ 14	♒ 21° 34′	♈ 14	♉ 17
16:20	♐ 06° 50′	♐ 23	♑ 14	♒ 22° 15′	♈ 15	♉ 18
16:22	♐ 07° 19′	♐ 24	♑ 15	♒ 22° 57′	♈ 16	♉ 18
16:24	♐ 07° 47′	♐ 24	♑ 15	♒ 23° 39′	♈ 17	♉ 19
16:26	♐ 08° 15′	♐ 25	♑ 16	♒ 24° 20′	♈ 17	♉ 19
16:28	♐ 08° 43′	♐ 25	♑ 16	♒ 25° 03′	♈ 18	♉ 20
16:30	♐ 09° 11′	♐ 25	♑ 17	♒ 25° 45′	♈ 19	♉ 20
16:32	♐ 09° 40′	♐ 26	♑ 17	♒ 26° 27′	♈ 19	♉ 21
16:34	♐ 10° 08′	♐ 26	♑ 18	♒ 27° 10′	♈ 20	♉ 22
16:36	♐ 10° 36′	♐ 27	♑ 18	♒ 27° 53′	♈ 21	♉ 22
16:38	♐ 11° 04′	♐ 27	♑ 19	♒ 28° 36′	♈ 21	♉ 23
16:40	♐ 11° 32′	♐ 28	♑ 19	♒ 29° 19′	♈ 22	♉ 23
16:42	♐ 12° 00′	♐ 28	♑ 20	♓ 00° 03′	♈ 23	♉ 24
16:44	♐ 12° 28′	♐ 29	♑ 20	♓ 00° 46′	♈ 24	♉ 24
16:46	♐ 12° 56′	♐ 29	♑ 21	♓ 01° 30′	♈ 24	♉ 25
16:48	♐ 13° 24′	♑ 00	♑ 21	♓ 02° 14′	♈ 25	♉ 25
16:50	♐ 13° 52′	♑ 00	♑ 22	♓ 02° 58′	♈ 26	♉ 26
16:52	♐ 14° 20′	♑ 00	♑ 22	♓ 03° 42′	♈ 26	♉ 26
16:54	♐ 14° 48′	♑ 01	♑ 23	♓ 04° 27′	♈ 27	♉ 27
16:56	♐ 15° 16′	♑ 01	♑ 23	♓ 05° 12′	♈ 28	♉ 27
16:58	♐ 15° 43′	♑ 02	♑ 24	♓ 05° 56′	♈ 28	♉ 28

恒星時	MC	11室	12室	ASC	2室	3室
17:00	♐ 16° 11′	♑ 02	♑ 25	♓ 06° 41′	♈ 29	♉ 28
17:02	♐ 16° 39′	♑ 03	♑ 25	♓ 07° 26′	♉ 00	♉ 29
17:04	♐ 17° 07′	♑ 03	♑ 26	♓ 08° 12′	♉ 00	♉ 29
17:06	♐ 17° 35′	♑ 04	♑ 26	♓ 08° 57′	♉ 01	♊ 00
17:08	♐ 18° 02′	♑ 04	♑ 27	♓ 09° 42′	♉ 02	♊ 00
17:10	♐ 18° 30′	♑ 05	♑ 27	♓ 10° 28′	♉ 02	♊ 01
17:12	♐ 18° 58′	♑ 05	♑ 28	♓ 11° 14′	♉ 03	♊ 02
17:14	♐ 19° 26′	♑ 06	♑ 28	♓ 12° 00′	♉ 04	♊ 02
17:16	♐ 19° 53′	♑ 06	♑ 29	♓ 12° 46′	♉ 04	♊ 03
17:18	♐ 20° 21′	♑ 07	♑ 29	♓ 13° 32′	♉ 05	♊ 03
17:20	♐ 20° 49′	♑ 07	♒ 00	♓ 14° 18′	♉ 06	♊ 04
17:22	♐ 21° 16′	♑ 07	♒ 01	♓ 15° 05′	♉ 06	♊ 04
17:24	♐ 21° 44′	♑ 08	♒ 01	♓ 15° 51′	♉ 07	♊ 05
17:26	♐ 22° 12′	♑ 08	♒ 02	♓ 16° 38′	♉ 08	♊ 05
17:28	♐ 22° 39′	♑ 09	♒ 02	♓ 17° 24′	♉ 08	♊ 06
17:30	♐ 23° 07′	♑ 09	♒ 03	♓ 18° 11′	♉ 09	♊ 06
17:32	♐ 23° 34′	♑ 10	♒ 03	♓ 18° 58′	♉ 10	♊ 07
17:34	♐ 24° 02′	♑ 10	♒ 04	♓ 19° 45′	♉ 10	♊ 07
17:36	♐ 24° 30′	♑ 11	♒ 05	♓ 20° 32′	♉ 11	♊ 08
17:38	♐ 24° 57′	♑ 11	♒ 05	♓ 21° 19′	♉ 12	♊ 08
17:40	♐ 25° 25′	♑ 12	♒ 06	♓ 22° 06′	♉ 12	♊ 09
17:42	♐ 25° 52′	♑ 12	♒ 06	♓ 22° 53′	♉ 13	♊ 09
17:44	♐ 26° 20′	♑ 13	♒ 07	♓ 23° 41′	♉ 13	♊ 10
17:46	♐ 26° 47′	♑ 13	♒ 07	♓ 24° 28′	♉ 14	♊ 10
17:48	♐ 27° 15′	♑ 14	♒ 08	♓ 25° 15′	♉ 15	♊ 11
17:50	♐ 27° 42′	♑ 14	♒ 09	♓ 26° 03′	♉ 15	♊ 11
17:52	♐ 28° 10′	♑ 15	♒ 09	♓ 26° 50′	♉ 16	♊ 12
17:54	♐ 28° 37′	♑ 15	♒ 10	♓ 27° 38′	♉ 17	♊ 12
17:56	♐ 29° 05′	♑ 16	♒ 10	♓ 28° 25′	♉ 17	♊ 13
17:58	♐ 29° 32′	♑ 16	♒ 11	♓ 29° 13′	♉ 18	♊ 13

室項表 18:00-19:58

恒星時	MC	11室	12室	ASC	2室	3室
18:00	♑ 00° 00′	♑ 17	♒ 12	♈ 00° 00′	♉ 18	♊ 13
18:02	♑ 00° 28′	♑ 17	♒ 12	♈ 00° 47′	♉ 19	♊ 14
18:04	♑ 00° 55′	♑ 17	♒ 13	♈ 01° 35′	♉ 20	♊ 14
18:06	♑ 01° 23′	♑ 18	♒ 13	♈ 02° 22′	♉ 20	♊ 15
18:08	♑ 01° 50′	♑ 18	♒ 14	♈ 03° 10′	♉ 21	♊ 15
18:10	♑ 02° 18′	♑ 19	♒ 15	♈ 03° 57′	♉ 21	♊ 16
18:12	♑ 02° 45′	♑ 19	♒ 15	♈ 04° 45′	♉ 22	♊ 16
18:14	♑ 03° 13′	♑ 20	♒ 16	♈ 05° 32′	♉ 23	♊ 17
18:16	♑ 03° 40′	♑ 20	♒ 17	♈ 06° 19′	♉ 23	♊ 17
18:18	♑ 04° 08′	♑ 21	♒ 17	♈ 07° 07′	♉ 24	♊ 18
18:20	♑ 04° 35′	♑ 21	♒ 18	♈ 07° 54′	♉ 24	♊ 18
18:22	♑ 05° 03′	♑ 22	♒ 18	♈ 08° 41′	♉ 25	♊ 19
18:24	♑ 05° 30′	♑ 22	♒ 19	♈ 09° 28′	♉ 25	♊ 19
18:26	♑ 05° 58′	♑ 23	♒ 20	♈ 10° 15′	♉ 26	♊ 20
18:28	♑ 06° 26′	♑ 23	♒ 20	♈ 11° 02′	♉ 27	♊ 20
18:30	♑ 06° 53′	♑ 24	♒ 21	♈ 11° 49′	♉ 27	♊ 21
18:32	♑ 07° 21′	♑ 24	♒ 22	♈ 12° 36′	♉ 28	♊ 21
18:34	♑ 07° 48′	♑ 25	♒ 22	♈ 13° 22′	♉ 28	♊ 22
18:36	♑ 08° 16′	♑ 25	♒ 23	♈ 14° 09′	♉ 29	♊ 22
18:38	♑ 08° 44′	♑ 26	♒ 24	♈ 14° 55′	♉ 29	♊ 23
18:40	♑ 09° 11′	♑ 26	♒ 24	♈ 15° 42′	♊ 00	♊ 23
18:42	♑ 09° 39′	♑ 27	♒ 25	♈ 16° 28′	♊ 01	♊ 23
18:44	♑ 10° 07′	♑ 27	♒ 26	♈ 17° 14′	♊ 01	♊ 24
18:46	♑ 10° 34′	♑ 28	♒ 26	♈ 18° 00′	♊ 02	♊ 24
18:48	♑ 11° 02′	♑ 28	♒ 27	♈ 18° 46′	♊ 02	♊ 25
18:50	♑ 11° 30′	♑ 29	♒ 28	♈ 19° 32′	♊ 03	♊ 25
18:52	♑ 11° 58′	♒ 00	♒ 28	♈ 20° 18′	♊ 03	♊ 26
18:54	♑ 12° 25′	♒ 00	♒ 29	♈ 21° 03′	♊ 04	♊ 26
18:56	♑ 12° 53′	♒ 01	♓ 00	♈ 21° 48′	♊ 04	♊ 27
18:58	♑ 13° 21′	♒ 01	♓ 00	♈ 22° 34′	♊ 05	♊ 27

恒星時	MC	11室	12室	ASC	2室	3室
19:00	♑ 13° 49′	♒ 02	♓ 01	♈ 23° 19′	♊ 05	♊ 28
19:02	♑ 14° 17′	♒ 02	♓ 02	♈ 24° 04′	♊ 06	♊ 28
19:04	♑ 14° 44′	♒ 03	♓ 02	♈ 24° 48′	♊ 07	♊ 29
19:06	♑ 15° 12′	♒ 03	♓ 03	♈ 25° 33′	♊ 07	♊ 29
19:08	♑ 15° 40′	♒ 04	♓ 04	♈ 26° 18′	♊ 08	♋ 00
19:10	♑ 16° 08′	♒ 04	♓ 04	♈ 27° 02′	♊ 08	♋ 00
19:12	♑ 16° 36′	♒ 05	♓ 05	♈ 27° 46′	♊ 09	♋ 00
19:14	♑ 17° 04′	♒ 05	♓ 06	♈ 28° 30′	♊ 09	♋ 01
19:16	♑ 17° 32′	♒ 06	♓ 06	♈ 29° 14′	♊ 10	♋ 01
19:18	♑ 18° 00′	♒ 06	♓ 07	♈ 29° 57′	♊ 10	♋ 02
19:20	♑ 18° 28′	♒ 07	♓ 08	♉ 00° 41′	♊ 11	♋ 02
19:22	♑ 18° 56′	♒ 07	♓ 09	♉ 01° 24′	♊ 11	♋ 03
19:24	♑ 19° 24′	♒ 08	♓ 09	♉ 02° 07′	♊ 12	♋ 03
19:26	♑ 19° 52′	♒ 08	♓ 10	♉ 02° 50′	♊ 12	♋ 04
19:28	♑ 20° 20′	♒ 09	♓ 11	♉ 03° 33′	♊ 13	♋ 04
19:30	♑ 20° 49′	♒ 10	♓ 11	♉ 04° 15′	♊ 13	♋ 05
19:32	♑ 21° 17′	♒ 10	♓ 12	♉ 04° 57′	♊ 14	♋ 05
19:34	♑ 21° 45′	♒ 11	♓ 13	♉ 05° 40′	♊ 14	♋ 05
19:36	♑ 22° 13′	♒ 11	♓ 13	♉ 06° 21′	♊ 15	♋ 06
19:38	♑ 22° 41′	♒ 12	♓ 14	♉ 07° 03′	♊ 15	♋ 06
19:40	♑ 23° 10′	♒ 12	♓ 15	♉ 07° 45′	♊ 16	♋ 07
19:42	♑ 23° 38′	♒ 13	♓ 16	♉ 08° 26′	♊ 16	♋ 07
19:44	♑ 24° 06′	♒ 13	♓ 16	♉ 09° 07′	♊ 17	♋ 08
19:46	♑ 24° 35′	♒ 14	♓ 17	♉ 09° 48′	♊ 17	♋ 08
19:48	♑ 25° 03′	♒ 14	♓ 18	♉ 10° 29′	♊ 18	♋ 09
19:50	♑ 25° 32′	♒ 15	♓ 18	♉ 11° 10′	♊ 18	♋ 09
19:52	♑ 26° 00′	♒ 16	♓ 19	♉ 11° 50′	♊ 19	♋ 10
19:54	♑ 26° 29′	♒ 16	♓ 20	♉ 12° 30′	♊ 19	♋ 10
19:56	♑ 26° 57′	♒ 17	♓ 21	♉ 13° 10′	♊ 20	♋ 10
19:58	♑ 27° 26′	♒ 17	♓ 21	♉ 13° 50′	♊ 20	♋ 11

恒星時	MC	11室	12室	ASC	2室	3室
20:00	♑ 27° 55′	♒ 18	♓ 22	♉ 14° 30′	♊ 21	♋ 11
20:02	♑ 28° 23′	♒ 18	♓ 23	♉ 15° 09′	♊ 21	♋ 12
20:04	♑ 28° 52′	♒ 19	♓ 24	♉ 15° 48′	♊ 22	♋ 12
20:06	♑ 29° 21′	♒ 20	♓ 24	♉ 16° 27′	♊ 22	♋ 13
20:08	♑ 29° 50′	♒ 20	♓ 25	♉ 17° 06′	♊ 23	♋ 13
20:10	♒ 00° 18′	♒ 21	♓ 26	♉ 17° 45′	♊ 23	♋ 14
20:12	♒ 00° 47′	♒ 21	♓ 26	♉ 18° 23′	♊ 24	♋ 14
20:14	♒ 01° 16′	♒ 22	♓ 27	♉ 19° 01′	♊ 24	♋ 14
20:16	♒ 01° 45′	♒ 22	♓ 28	♉ 19° 39′	♊ 25	♋ 15
20:18	♒ 02° 14′	♒ 23	♓ 29	♉ 20° 17′	♊ 25	♋ 15
20:20	♒ 02° 43′	♒ 24	♓ 29	♉ 20° 55′	♊ 25	♋ 16
20:22	♒ 03° 12′	♒ 24	♈ 00	♉ 21° 32′	♊ 26	♋ 16
20:24	♒ 03° 41′	♒ 25	♈ 01	♉ 22° 09′	♊ 26	♋ 17
20:26	♒ 04° 10′	♒ 25	♈ 02	♉ 22° 47′	♊ 27	♋ 17
20:28	♒ 04° 40′	♒ 26	♈ 02	♉ 23° 23′	♊ 27	♋ 18
20:30	♒ 05° 09′	♒ 26	♈ 03	♉ 24° 00′	♊ 28	♋ 18
20:32	♒ 05° 38′	♒ 27	♈ 04	♉ 24° 37′	♊ 28	♋ 18
20:34	♒ 06° 07′	♒ 28	♈ 05	♉ 25° 13′	♊ 29	♋ 19
20:36	♒ 06° 37′	♒ 28	♈ 05	♉ 25° 49′	♊ 29	♋ 19
20:38	♒ 07° 06′	♒ 29	♈ 06	♉ 26° 25′	♋ 00	♋ 20
20:40	♒ 07° 35′	♒ 29	♈ 07	♉ 27° 01′	♋ 00	♋ 20
20:42	♒ 08° 05′	♓ 00	♈ 07	♉ 27° 36′	♋ 01	♋ 21
20:44	♒ 08° 34′	♓ 01	♈ 08	♉ 28° 12′	♋ 01	♋ 21
20:46	♒ 09° 04′	♓ 01	♈ 09	♉ 28° 47′	♋ 01	♋ 22
20:48	♒ 09° 34′	♓ 02	♈ 10	♉ 29° 22′	♋ 02	♋ 22
20:50	♒ 10° 03′	♓ 02	♈ 10	♉ 29° 57′	♋ 02	♋ 22
20:52	♒ 10° 33′	♓ 03	♈ 11	♊ 00° 32′	♋ 03	♋ 23
20:54	♒ 11° 03′	♓ 04	♈ 12	♊ 01° 06′	♋ 03	♋ 23
20:56	♒ 11° 32′	♓ 04	♈ 12	♊ 01° 41′	♋ 04	♋ 24
20:58	♒ 12° 02′	♓ 05	♈ 13	♊ 02° 15′	♋ 04	♋ 24

恒星時	MC	11室	12室	ASC	2室	3室
21:00	♒ 12° 32′	♓ 05	♈ 14	♊ 02° 49′	♋ 05	♋ 25
21:02	♒ 13° 02′	♓ 06	♈ 15	♊ 03° 23′	♋ 05	♋ 25
21:04	♒ 13° 32′	♓ 07	♈ 15	♊ 03° 57′	♋ 06	♋ 26
21:06	♒ 14° 02′	♓ 07	♈ 16	♊ 04° 30′	♋ 06	♋ 26
21:08	♒ 14° 32′	♓ 08	♈ 17	♊ 05° 04′	♋ 06	♋ 27
21:10	♒ 15° 02′	♓ 08	♈ 18	♊ 05° 37′	♋ 07	♋ 27
21:12	♒ 15° 32′	♓ 09	♈ 18	♊ 06° 10′	♋ 07	♋ 27
21:14	♒ 16° 02′	♓ 10	♈ 19	♊ 06° 43′	♋ 08	♋ 28
21:16	♒ 16° 33′	♓ 10	♈ 20	♊ 07° 16′	♋ 08	♋ 28
21:18	♒ 17° 03′	♓ 11	♈ 20	♊ 07° 48′	♋ 09	♋ 29
21:20	♒ 17° 33′	♓ 11	♈ 21	♊ 08° 21′	♋ 09	♋ 29
21:22	♒ 18° 04′	♓ 12	♈ 22	♊ 08° 53′	♋ 10	♌ 00
21:24	♒ 18° 34′	♓ 13	♈ 22	♊ 09° 25′	♋ 10	♌ 00
21:26	♒ 19° 05′	♓ 13	♈ 23	♊ 09° 57′	♋ 10	♌ 01
21:28	♒ 19° 35′	♓ 14	♈ 24	♊ 10° 29′	♋ 11	♌ 01
21:30	♒ 20° 06′	♓ 15	♈ 25	♊ 11° 01′	♋ 11	♌ 01
21:32	♒ 20° 36′	♓ 15	♈ 25	♊ 11° 33′	♋ 12	♌ 02
21:34	♒ 21° 07′	♓ 16	♈ 26	♊ 12° 04′	♋ 12	♌ 02
21:36	♒ 21° 38′	♓ 16	♈ 27	♊ 12° 36′	♋ 13	♌ 03
21:38	♒ 22° 08′	♓ 17	♈ 27	♊ 13° 07′	♋ 13	♌ 03
21:40	♒ 22° 39′	♓ 18	♈ 28	♊ 13° 38′	♋ 13	♌ 04
21:42	♒ 23° 10′	♓ 18	♈ 29	♊ 14° 09′	♋ 14	♌ 04
21:44	♒ 23° 41′	♓ 19	♈ 29	♊ 14° 40′	♋ 14	♌ 05
21:46	♒ 24° 12′	♓ 20	♉ 00	♊ 15° 10′	♋ 15	♌ 05
21:48	♒ 24° 43′	♓ 20	♉ 01	♊ 15° 41′	♋ 15	♌ 06
21:50	♒ 25° 14′	♓ 21	♉ 01	♊ 16° 11′	♋ 16	♌ 06
21:52	♒ 25° 45′	♓ 21	♉ 02	♊ 16° 42′	♋ 16	♌ 06
21:54	♒ 26° 16′	♓ 22	♉ 03	♊ 17° 12′	♋ 16	♌ 07
21:56	♒ 26° 47′	♓ 23	♉ 03	♊ 17° 42′	♋ 17	♌ 07
21:58	♒ 27° 18′	♓ 23	♉ 04	♊ 18° 12′	♋ 17	♌ 08

恒星時	MC	11室	12室	ASC	2室	3室
22:00	♒ 27° 49′	♓ 24	♉ 05	♊ 18° 42′	♋ 18	♌ 08
22:02	♒ 28° 20′	♓ 25	♉ 05	♊ 19° 12′	♋ 18	♌ 09
22:04	♒ 28° 52′	♓ 25	♉ 06	♊ 19° 41′	♋ 19	♌ 09
22:06	♒ 29° 23′	♓ 26	♉ 07	♊ 20° 11′	♋ 19	♌ 10
22:08	♒ 29° 54′	♓ 26	♉ 07	♊ 20° 40′	♋ 19	♌ 10
22:10	♓ 00° 26′	♓ 27	♉ 08	♊ 21° 09′	♋ 20	♌ 10
22:12	♓ 00° 57′	♓ 28	♉ 09	♊ 21° 39′	♋ 20	♌ 11
22:14	♓ 01° 29′	♓ 28	♉ 09	♊ 22° 08′	♋ 21	♌ 11
22:16	♓ 02° 00′	♓ 29	♉ 10	♊ 22° 37′	♋ 21	♌ 12
22:18	♓ 02° 32′	♈ 00	♉ 11	♊ 23° 06′	♋ 22	♌ 12
22:20	♓ 03° 04′	♈ 00	♉ 11	♊ 23° 34′	♋ 22	♌ 13
22:22	♓ 03° 35′	♈ 01	♉ 12	♊ 24° 03′	♋ 22	♌ 13
22:24	♓ 04° 07′	♈ 01	♉ 12	♊ 24° 32′	♋ 23	♌ 14
22:26	♓ 04° 39′	♈ 02	♉ 13	♊ 25° 00′	♋ 23	♌ 14
22:28	♓ 05° 10′	♈ 03	♉ 14	♊ 25° 28′	♋ 24	♌ 15
22:30	♓ 05° 42′	♈ 03	♉ 14	♊ 25° 57′	♋ 24	♌ 15
22:32	♓ 06° 14′	♈ 04	♉ 15	♊ 26° 25′	♋ 25	♌ 15
22:34	♓ 06° 46′	♈ 05	♉ 16	♊ 26° 53′	♋ 25	♌ 16
22:36	♓ 07° 18′	♈ 05	♉ 16	♊ 27° 21′	♋ 25	♌ 16
22:38	♓ 07° 50′	♈ 06	♉ 17	♊ 27° 49′	♋ 26	♌ 17
22:40	♓ 08° 22′	♈ 06	♉ 17	♊ 28° 17′	♋ 26	♌ 17
22:42	♓ 08° 54′	♈ 07	♉ 18	♊ 28° 45′	♋ 27	♌ 18
22:44	♓ 09° 26′	♈ 08	♉ 19	♊ 29° 12′	♋ 27	♌ 18
22:46	♓ 09° 58′	♈ 08	♉ 19	♊ 29° 40′	♋ 28	♌ 19
22:48	♓ 10° 30′	♈ 09	♉ 20	♋ 00° 08′	♋ 28	♌ 19
22:50	♓ 11° 02′	♈ 10	♉ 20	♋ 00° 35′	♋ 28	♌ 20
22:52	♓ 11° 34′	♈ 10	♉ 21	♋ 01° 03′	♋ 29	♌ 20
22:54	♓ 12° 06′	♈ 11	♉ 22	♋ 01° 30′	♋ 29	♌ 21
22:56	♓ 12° 39′	♈ 11	♉ 22	♋ 01° 57′	♌ 00	♌ 21
22:58	♓ 13° 11′	♈ 12	♉ 23	♋ 02° 24′	♌ 00	♌ 21

恒星時	MC	11室	12室	ASC	2室	3室
23:00	♓ 13° 43′	♈ 13	♉ 23	♋ 02° 51′	♌ 01	♌ 22
23:02	♓ 14° 15′	♈ 13	♉ 24	♋ 03° 18′	♌ 01	♌ 22
23:04	♓ 14° 48′	♈ 14	♉ 25	♋ 03° 45′	♌ 01	♌ 23
23:06	♓ 15° 20′	♈ 15	♉ 25	♋ 04° 12′	♌ 02	♌ 23
23:08	♓ 15° 53′	♈ 15	♉ 26	♋ 04° 39′	♌ 02	♌ 24
23:10	♓ 16° 25′	♈ 16	♉ 26	♋ 05° 06′	♌ 03	♌ 24
23:12	♓ 16° 57′	♈ 16	♉ 27	♋ 05° 32′	♌ 03	♌ 25
23:14	♓ 17° 30′	♈ 17	♉ 27	♋ 05° 59′	♌ 03	♌ 25
23:16	♓ 18° 02′	♈ 18	♉ 28	♋ 06° 26′	♌ 04	♌ 26
23:18	♓ 18° 35′	♈ 18	♉ 29	♋ 06° 52′	♌ 04	♌ 26
23:20	♓ 19° 07′	♈ 19	♉ 29	♋ 07° 19′	♌ 05	♌ 27
23:22	♓ 19° 40′	♈ 19	♊ 00	♋ 07° 45′	♌ 05	♌ 27
23:24	♓ 20° 12′	♈ 20	♊ 00	♋ 08° 11′	♌ 06	♌ 28
23:26	♓ 20° 45′	♈ 21	♊ 01	♋ 08° 38′	♌ 06	♌ 28
23:28	♓ 21° 17′	♈ 21	♊ 01	♋ 09° 04′	♌ 06	♌ 28
23:30	♓ 21° 50′	♈ 22	♊ 02	♋ 09° 30′	♌ 07	♌ 29
23:32	♓ 22° 23′	♈ 23	♊ 02	♋ 09° 56′	♌ 07	♌ 29
23:34	♓ 22° 55′	♈ 23	♊ 03	♋ 10° 22′	♌ 08	♍ 00
23:36	♓ 23° 28′	♈ 24	♊ 03	♋ 10° 48′	♌ 08	♍ 00
23:38	♓ 24° 01′	♈ 24	♊ 04	♋ 11° 14′	♌ 09	♍ 01
23:40	♓ 24° 33′	♈ 25	♊ 05	♋ 11° 40′	♌ 09	♍ 01
23:42	♓ 25° 06′	♈ 26	♊ 05	♋ 12° 06′	♌ 09	♍ 02
23:44	♓ 25° 38′	♈ 26	♊ 06	♋ 12° 32′	♌ 10	♍ 02
23:46	♓ 26° 11′	♈ 27	♊ 06	♋ 12° 57′	♌ 10	♍ 03
23:48	♓ 26° 44′	♈ 27	♊ 07	♋ 13° 23′	♌ 11	♍ 03
23:50	♓ 27° 17′	♈ 28	♊ 07	♋ 13° 49′	♌ 11	♍ 04
23:52	♓ 27° 49′	♈ 29	♊ 08	♋ 14° 14′	♌ 11	♍ 04
23:54	♓ 28° 22′	♈ 29	♊ 08	♋ 14° 40′	♌ 12	♍ 05
23:56	♓ 28° 55′	♉ 00	♊ 09	♋ 15° 06′	♌ 12	♍ 05
23:58	♓ 29° 27′	♉ 00	♊ 09	♋ 15° 31′	♌ 13	♍ 05

年	日	1月	2月	3月	4月	5月	6月	7月	8月	9月	10月	11月	12月
1931	1日	♑ 09°44'	♒ 11°18'	♓ 09°34'	♈ 10°26'	♉ 09°47'	♊ 09°40'	♋ 08°19'	♌ 07°55'	♍ 07°43'	♎ 06°58'	♏ 07°43'	♐ 07°57'
	6日	♑ 14°50'	♒ 16°22'	♓ 14°35'	♈ 15°21'	♉ 14°38'	♊ 14°27'	♋ 13°05'	♌ 12°42'	♍ 12°34'	♎ 11°54'	♏ 12°44'	♐ 13°01'
	11日	♑ 19°56'	♒ 21°26'	♓ 19°35'	♈ 20°16'	♉ 19°28'	♊ 19°14'	♋ 17°51'	♌ 17°29'	♍ 17°25'	♎ 16°50'	♏ 17°45'	♐ 18°06'
	16日	♑ 25°01'	♒ 26°29'	♓ 24°34'	♈ 25°10'	♉ 24°17'	♊ 24°01'	♋ 22°38'	♌ 22°17'	♍ 22°17'	♎ 21°47'	♏ 22°48'	♐ 23°12'
	21日	♒ 00°07'	♓ 01°32'	♓ 29°32'	♉ 00°03'	♉ 29°06'	♊ 28°47'	♋ 27°24'	♌ 27°06'	♍ 27°10'	♎ 26°45'	♏ 27°50'	♐ 28°17'
	26日	♒ 05°12'	♓ 06°33'	♈ 04°30'	♉ 04°56'	♊ 03°55'	♋ 03°33'	♌ 02°10'	♍ 01°55'	♎ 02°04'	♏ 01°44'	♐ 02°53'	♑ 03°22'
1932	1日	♑ 09°29'	♒ 11°03'	♓ 10°20'	♈ 11°11'	♉ 10°31'	♊ 10°24'	♋ 09°03'	♌ 08°38'	♍ 08°27'	♎ 07°43'	♏ 08°29'	♐ 08°44'
	6日	♑ 14°35'	♒ 16°07'	♓ 15°20'	♈ 16°06'	♉ 15°22'	♊ 15°11'	♋ 13°49'	♌ 13°25'	♍ 13°18'	♎ 12°39'	♏ 13°30'	♐ 13°48'
	11日	♑ 19°41'	♒ 21°11'	♓ 20°20'	♈ 21°01'	♉ 20°12'	♊ 19°58'	♋ 18°35'	♌ 18°13'	♍ 18°09'	♎ 17°35'	♏ 18°31'	♐ 18°53'
	16日	♑ 24°47'	♒ 26°14'	♓ 25°19'	♈ 25°55'	♉ 25°01'	♊ 24°44'	♋ 23°21'	♌ 23°01'	♍ 23°02'	♎ 22°32'	♏ 23°33'	♐ 23°58'
	21日	♑ 29°52'	♓ 01°17'	♈ 00°18'	♉ 00°48'	♉ 29°50'	♊ 29°30'	♋ 28°07'	♌ 27°50'	♍ 27°55'	♎ 27°30'	♏ 28°36'	♐ 29°03'
	26日	♒ 04°57'	♓ 06°19'	♈ 05°15'	♉ 05°40'	♊ 04°38'	♋ 04°17'	♌ 02°54'	♍ 02°39'	♎ 02°48'	♏ 02°29'	♐ 03°40'	♑ 04°09'
1933	1日	♑ 10°16'	♒ 11°49'	♓ 10°06'	♈ 10°57'	♉ 10°17'	♊ 10°10'	♋ 08°49'	♌ 08°24'	♍ 08°13'	♎ 07°29'	♏ 08°15'	♐ 08°29'
	6日	♑ 15°22'	♒ 16°54'	♓ 15°06'	♈ 15°52'	♉ 15°08'	♊ 14°57'	♋ 13°35'	♌ 13°11'	♍ 13°04'	♎ 12°24'	♏ 13°15'	♐ 13°33'
	11日	♑ 20°28'	♒ 21°57'	♓ 20°06'	♈ 20°47'	♉ 19°58'	♊ 19°44'	♋ 18°21'	♌ 17°59'	♍ 17°55'	♎ 17°21'	♏ 18°17'	♐ 18°38'
	16日	♑ 25°33'	♒ 27°00'	♓ 25°05'	♈ 25°40'	♉ 24°47'	♊ 24°30'	♋ 23°07'	♌ 22°47'	♍ 22°47'	♎ 22°18'	♏ 23°19'	♐ 23°43'
	21日	♒ 00°38'	♓ 02°03'	♈ 00°03'	♉ 00°33'	♉ 29°36'	♊ 29°17'	♋ 27°53'	♌ 27°36'	♍ 27°40'	♎ 27°16'	♏ 28°22'	♐ 28°49'
	26日	♒ 05°44'	♓ 07°05'	♈ 05°01'	♉ 05°26'	♊ 04°24'	♋ 04°03'	♌ 02°40'	♍ 02°25'	♎ 02°34'	♏ 02°15'	♐ 03°25'	♑ 03°54'
1934	1日	♑ 10°01'	♒ 11°35'	♓ 09°51'	♈ 10°42'	♉ 10°03'	♊ 09°56'	♋ 08°35'	♌ 08°10'	♍ 07°59'	♎ 07°15'	♏ 08°00'	♐ 08°14'
	6日	♑ 15°07'	♒ 16°39'	♓ 14°51'	♈ 15°38'	♉ 14°54'	♊ 14°43'	♋ 13°21'	♌ 12°58'	♍ 12°50'	♎ 12°10'	♏ 13°01'	♐ 13°19'
	11日	♑ 20°13'	♒ 21°42'	♓ 19°51'	♈ 20°32'	♉ 19°44'	♊ 19°30'	♋ 18°07'	♌ 17°45'	♍ 17°41'	♎ 17°07'	♏ 18°02'	♐ 18°23'
	16日	♑ 25°18'	♒ 26°46'	♓ 24°51'	♈ 25°26'	♉ 24°34'	♊ 24°17'	♋ 22°54'	♌ 22°34'	♍ 22°34'	♎ 22°04'	♏ 23°04'	♐ 23°29'
	21日	♒ 00°24'	♓ 01°48'	♓ 29°49'	♉ 00°20'	♉ 29°23'	♊ 29°03'	♋ 27°40'	♌ 27°22'	♍ 27°27'	♎ 27°02'	♏ 28°07'	♐ 28°34'
	26日	♒ 05°29'	♓ 06°50'	♈ 04°46'	♉ 05°12'	♊ 04°11'	♋ 03°49'	♌ 02°26'	♍ 02°11'	♎ 02°20'	♏ 02°01'	♐ 03°10'	♑ 03°39'
1935	1日	♑ 09°46'	♒ 11°20'	♓ 09°36'	♈ 10°28'	♉ 09°49'	♊ 09°42'	♋ 08°22'	♌ 07°57'	♍ 07°45'	♎ 07°01'	♏ 07°46'	♐ 08°00'
	6日	♑ 14°52'	♒ 16°24'	♓ 14°37'	♈ 15°24'	♉ 14°40'	♊ 14°30'	♋ 13°08'	♌ 12°44'	♍ 12°36'	♎ 11°56'	♏ 12°46'	♐ 13°04'
	11日	♑ 19°58'	♒ 21°28'	♓ 19°37'	♈ 20°18'	♉ 19°30'	♊ 19°17'	♋ 17°54'	♌ 17°31'	♍ 17°27'	♎ 16°52'	♏ 17°48'	♐ 18°09'
	16日	♑ 25°04'	♒ 26°31'	♓ 24°36'	♈ 25°12'	♉ 24°20'	♊ 24°03'	♋ 22°40'	♌ 22°19'	♍ 22°19'	♎ 21°49'	♏ 22°49'	♐ 23°14'
	21日	♒ 00°09'	♓ 01°34'	♓ 29°34'	♉ 00°05'	♉ 29°09'	♊ 28°49'	♋ 27°26'	♌ 27°08'	♍ 27°12'	♎ 26°47'	♏ 27°52'	♐ 28°19'
	26日	♒ 05°14'	♓ 06°35'	♈ 04°32'	♉ 04°58'	♊ 03°57'	♋ 03°35'	♌ 02°12'	♍ 01°57'	♎ 02°06'	♏ 01°46'	♐ 02°56'	♑ 03°25'

年	日	1月	2月	3月	4月	5月	6月	7月	8月	9月	10月	11月	12月
1936	1日	♑ 09°32’	♒ 11°05’	♓ 10°22’	♈ 11°13’	♉ 10°34’	♊ 10°26’	♋ 09°05’	♌ 08°40’	♍ 08°29’	♎ 07°45’	♏ 08°31’	♐ 08°45’
	6日	♑ 14°38’	♒ 16°10’	♓ 15°23’	♈ 16°09’	♉ 15°24’	♊ 15°13’	♋ 13°51’	♌ 13°27’	♍ 13°20’	♎ 12°40’	♏ 13°32’	♐ 13°50’
	11日	♑ 19°43’	♒ 21°13’	♓ 20°23’	♈ 21°03’	♉ 20°14’	♊ 20°00’	♋ 18°37’	♌ 18°15’	♍ 18°11’	♎ 17°37’	♏ 18°33’	♐ 18°55’
	16日	♑ 24°49’	♒ 26°17’	♓ 25°22’	♈ 25°57’	♉ 25°04’	♊ 24°46’	♋ 23°23’	♌ 23°03’	♍ 23°03’	♎ 22°34’	♏ 23°35’	♐ 24°00’
	21日	♑ 29°54’	♓ 01°19’	♈ 00°20’	♉ 00°50’	♉ 29°52’	♊ 29°33’	♋ 28°09’	♌ 27°52’	♍ 27°57’	♎ 27°32’	♏ 28°38’	♐ 29°05’
	26日	♒ 05°00’	♓ 06°21’	♈ 05°17’	♉ 05°42’	♊ 04°41’	♋ 04°19’	♌ 02°56’	♍ 02°41’	♎ 02°50’	♏ 02°31’	♐ 03°41’	♑ 04°11’
1937	1日	♑ 10°18’	♒ 11°51’	♓ 10°08’	♈ 10°59’	♉ 10°19’	♊ 10°12’	♋ 08°51’	♌ 08°26’	♍ 08°15’	♎ 07°31’	♏ 08°17’	♐ 08°31’
	6日	♑ 15°24’	♒ 16°55’	♓ 15°08’	♈ 15°54’	♉ 15°10’	♊ 14°59’	♋ 13°37’	♌ 13°14’	♍ 13°06’	♎ 12°26’	♏ 13°17’	♐ 13°35’
	11日	♑ 20°29’	♒ 21°59’	♓ 20°08’	♈ 20°49’	♉ 20°00’	♊ 19°46’	♋ 18°23’	♌ 18°01’	♍ 17°57’	♎ 17°23’	♏ 18°19’	♐ 18°40’
	16日	♑ 25°35’	♒ 27°03’	♓ 25°07’	♈ 25°43’	♉ 24°50’	♊ 24°33’	♋ 23°09’	♌ 22°49’	♍ 22°50’	♎ 22°20’	♏ 23°21’	♐ 23°45’
	21日	♒ 00°41’	♓ 02°05’	♈ 00°06’	♉ 00°36’	♉ 29°38’	♊ 29°19’	♋ 27°56’	♌ 27°38’	♍ 27°43’	♎ 27°18’	♏ 28°23’	♐ 28°50’
	26日	♒ 05°46’	♓ 07°07’	♈ 05°03’	♉ 05°28’	♊ 04°27’	♋ 04°05’	♌ 02°42’	♍ 02°27’	♎ 02°36’	♏ 02°17’	♐ 03°27’	♑ 03°56’
1938	1日	♑ 10°03’	♒ 11°36’	♓ 09°53’	♈ 10°44’	♉ 10°05’	♊ 09°58’	♋ 08°37’	♌ 08°13’	♍ 08°01’	♎ 07°17’	♏ 08°02’	♐ 08°16’
	6日	♑ 15°09’	♒ 16°41’	♓ 14°54’	♈ 15°40’	♉ 14°56’	♊ 14°45’	♋ 13°23’	♌ 13°00’	♍ 12°52’	♎ 12°12’	♏ 13°03’	♐ 13°20’
	11日	♑ 20°15’	♒ 21°44’	♓ 19°54’	♈ 20°35’	♉ 19°46’	♊ 19°32’	♋ 18°09’	♌ 17°47’	♍ 17°43’	♎ 17°08’	♏ 18°04’	♐ 18°25’
	16日	♑ 25°20’	♒ 26°48’	♓ 24°53’	♈ 25°28’	♉ 24°36’	♊ 24°19’	♋ 22°55’	♌ 22°35’	♍ 22°35’	♎ 22°05’	♏ 23°06’	♐ 23°30’
	21日	♒ 00°25’	♓ 01°50’	♓ 29°51’	♉ 00°21’	♉ 29°24’	♊ 29°05’	♋ 27°42’	♌ 27°24’	♍ 27°28’	♎ 27°03’	♏ 28°09’	♐ 28°35’
	26日	♒ 05°31’	♓ 06°52’	♈ 04°48’	♉ 05°14’	♊ 04°13’	♋ 03°51’	♌ 02°28’	♍ 02°13’	♎ 02°22’	♏ 02°02’	♐ 03°12’	♑ 03°41’
1939	1日	♑ 09°48’	♒ 11°22’	♓ 09°38’	♈ 10°30’	♉ 09°51’	♊ 09°44’	♋ 08°24’	♌ 07°59’	♍ 07°47’	♎ 07°02’	♏ 07°47’	♐ 08°01’
	6日	♑ 14°54’	♒ 16°26’	♓ 14°39’	♈ 15°26’	♉ 14°42’	♊ 14°32’	♋ 13°10’	♌ 12°46’	♍ 12°38’	♎ 11°58’	♏ 12°48’	♐ 13°05’
	11日	♑ 19°59’	♒ 21°29’	♓ 19°39’	♈ 20°20’	♉ 19°32’	♊ 19°19’	♋ 17°56’	♌ 17°33’	♍ 17°29’	♎ 16°54’	♏ 17°49’	♐ 18°10’
	16日	♑ 25°05’	♒ 26°33’	♓ 24°38’	♈ 25°14’	♉ 24°22’	♊ 24°05’	♋ 22°42’	♌ 22°21’	♍ 22°21’	♎ 21°51’	♏ 22°51’	♐ 23°15’
	21日	♒ 00°11’	♓ 01°35’	♓ 29°36’	♉ 00°08’	♉ 29°11’	♊ 28°52’	♋ 27°28’	♌ 27°10’	♍ 27°14’	♎ 26°49’	♏ 27°54’	♐ 28°20’
	26日	♒ 05°16’	♓ 06°37’	♈ 04°34’	♉ 05°00’	♊ 03°59’	♋ 03°38’	♌ 02°15’	♍ 01°59’	♎ 02°08’	♏ 01°48’	♐ 02°57’	♑ 03°26’
1940	1日	♑ 09°33’	♒ 11°06’	♓ 10°23’	♈ 11°14’	♉ 10°35’	♊ 10°28’	♋ 09°07’	♌ 08°42’	♍ 08°31’	♎ 07°47’	♏ 08°33’	♐ 08°47’
	6日	♑ 14°39’	♒ 16°11’	♓ 15°24’	♈ 16°10’	♉ 15°26’	♊ 15°15’	♋ 13°53’	♌ 13°29’	♍ 13°22’	♎ 12°42’	♏ 13°34’	♐ 13°52’
	11日	♑ 19°44’	♒ 21°15’	♓ 20°24’	♈ 21°05’	♉ 20°16’	♊ 20°02’	♋ 18°39’	♌ 18°17’	♍ 18°13’	♎ 17°39’	♏ 18°35’	♐ 18°56’
	16日	♑ 24°50’	♒ 26°18’	♓ 25°23’	♈ 25°59’	♉ 25°06’	♊ 24°48’	♋ 23°25’	♌ 23°05’	♍ 23°05’	♎ 22°36’	♏ 23°37’	♐ 24°01’
	21日	♑ 29°56’	♓ 01°20’	♈ 00°21’	♉ 00°52’	♉ 29°54’	♊ 29°35’	♋ 28°11’	♌ 27°54’	♍ 27°58’	♎ 27°34’	♏ 28°40’	♐ 29°07’
	26日	♒ 05°01’	♓ 06°22’	♈ 05°19’	♉ 05°44’	♊ 04°42’	♋ 04°21’	♌ 02°58’	♍ 02°43’	♎ 02°52’	♏ 02°33’	♐ 03°43’	♑ 04°12’

年	日	1月	2月	3月	4月	5月	6月	7月	8月	9月	10月	11月	12月
1941	1日	♑ 10°19’	♒ 11°53’	♓ 10°09’	♈ 11°00’	♉ 10°21’	♊ 10°14’	♋ 08°53’	♌ 08°28’	♍ 08°17’	♎ 07°33’	♏ 08°18’	♐ 08°32’
	6日	♑ 15°25’	♒ 16°57’	♓ 15°10’	♈ 15°56’	♉ 15°12’	♊ 15°01’	♋ 13°39’	♌ 13°15’	♍ 13°07’	♎ 12°28’	♏ 13°19’	♐ 13°36’
	11日	♑ 20°31’	♒ 22°01’	♓ 20°09’	♈ 20°50’	♉ 20°02’	♊ 19°48’	♋ 18°25’	♌ 18°03’	♍ 17°59’	♎ 17°24’	♏ 18°20’	♐ 18°41’
	16日	♑ 25°36’	♒ 27°04’	♓ 25°08’	♈ 25°44’	♉ 24°51’	♊ 24°34’	♋ 23°11’	♌ 22°51’	♍ 22°51’	♎ 22°21’	♏ 23°22’	♐ 23°46’
	21日	♒ 00°42’	♓ 02°06’	♈ 00°07’	♉ 00°37’	♉ 29°40’	♊ 29°20’	♋ 27°57’	♌ 27°40’	♍ 27°44’	♎ 27°20’	♏ 28°25’	♐ 28°52’
	26日	♒ 05°47’	♓ 07°08’	♈ 05°04’	♉ 05°29’	♊ 04°28’	♋ 04°07’	♌ 02°44’	♍ 02°29’	♎ 02°38’	♏ 02°18’	♐ 03°28’	♑ 03°58’
1942	1日	♑ 10°04’	♒ 11°38’	♓ 09°54’	♈ 10°45’	♉ 10°07’	♊ 09°59’	♋ 08°39’	♌ 08°14’	♍ 08°03’	♎ 07°18’	♏ 08°03’	♐ 08°17’
	6日	♑ 15°10’	♒ 16°42’	♓ 14°55’	♈ 15°41’	♉ 14°57’	♊ 14°47’	♋ 13°25’	♌ 13°01’	♍ 12°54’	♎ 12°14’	♏ 13°04’	♐ 13°22’
	11日	♑ 20°16’	♒ 21°46’	♓ 19°55’	♈ 20°36’	♉ 19°47’	♊ 19°34’	♋ 18°11’	♌ 17°49’	♍ 17°45’	♎ 17°10’	♏ 18°05’	♐ 18°26’
	16日	♑ 25°21’	♒ 26°49’	♓ 24°54’	♈ 25°30’	♉ 24°37’	♊ 24°20’	♋ 22°57’	♌ 22°37’	♍ 22°37’	♎ 22°07’	♏ 23°08’	♐ 23°32’
	21日	♒ 00°27’	♓ 01°51’	♓ 29°52’	♉ 00°23’	♉ 29°26’	♊ 29°07’	♋ 27°44’	♌ 27°26’	♍ 27°30’	♎ 27°05’	♏ 28°10’	♐ 28°37’
	26日	♒ 05°32’	♓ 06°53’	♈ 04°50’	♉ 05°15’	♊ 04°14’	♋ 03°53’	♌ 02°30’	♍ 02°15’	♎ 02°24’	♏ 02°04’	♐ 03°13’	♑ 03°42’
1943	1日	♑ 09°49’	♒ 11°23’	♓ 09°39’	♈ 10°31’	♉ 09°52’	♊ 09°45’	♋ 08°25’	♌ 08°00’	♍ 07°49’	♎ 07°04’	♏ 07°49’	♐ 08°03’
	6日	♑ 14°55’	♒ 16°27’	♓ 14°40’	♈ 15°27’	♉ 14°43’	♊ 14°33’	♋ 13°11’	♌ 12°47’	♍ 12°39’	♎ 11°59’	♏ 12°50’	♐ 13°07’
	11日	♑ 20°01’	♒ 21°31’	♓ 19°40’	♈ 20°21’	♉ 19°34’	♊ 19°20’	♋ 17°57’	♌ 17°35’	♍ 17°31’	♎ 16°56’	♏ 17°51’	♐ 18°12’
	16日	♑ 25°07’	♒ 26°34’	♓ 24°39’	♈ 25°15’	♉ 24°23’	♊ 24°06’	♋ 22°43’	♌ 22°23’	♍ 22°23’	♎ 21°53’	♏ 22°53’	♐ 23°17’
	21日	♒ 00°12’	♓ 01°37’	♓ 29°38’	♉ 00°08’	♉ 29°12’	♊ 28°53’	♋ 27°29’	♌ 27°12’	♍ 27°16’	♎ 26°51’	♏ 27°55’	♐ 28°22’
	26日	♒ 05°17’	♓ 06°38’	♈ 04°35’	♉ 05°01’	♊ 04°00’	♋ 03°39’	♌ 02°16’	♍ 02°01’	♎ 02°09’	♏ 01°49’	♐ 02°59’	♑ 03°28’
1944	1日	♑ 09°35’	♒ 11°08’	♓ 10°25’	♈ 11°16’	♉ 10°37’	♊ 10°29’	♋ 09°08’	♌ 08°43’	♍ 08°32’	♎ 07°49’	♏ 08°34’	♐ 08°49’
	6日	♑ 14°40’	♒ 16°13’	♓ 15°26’	♈ 16°12’	♉ 15°27’	♊ 15°16’	♋ 13°54’	♌ 13°31’	♍ 13°23’	♎ 12°44’	♏ 13°35’	♐ 13°53’
	11日	♑ 19°46’	♒ 21°16’	♓ 20°26’	♈ 21°06’	♉ 20°17’	♊ 20°03’	♋ 18°40’	♌ 18°18’	♍ 18°15’	♎ 17°40’	♏ 18°36’	♐ 18°58’
	16日	♑ 24°52’	♒ 26°19’	♓ 25°25’	♈ 26°00’	♉ 25°07’	♊ 24°50’	♋ 23°26’	♌ 23°06’	♍ 23°07’	♎ 22°38’	♏ 23°39’	♐ 24°03’
	21日	♑ 29°57’	♓ 01°22’	♈ 00°23’	♉ 00°53’	♉ 29°56’	♊ 29°36’	♋ 28°13’	♌ 27°55’	♍ 28°00’	♎ 27°36’	♏ 28°41’	♐ 29°08’
	26日	♒ 05°02’	♓ 06°24’	♈ 05°20’	♉ 05°45’	♊ 04°44’	♋ 04°22’	♌ 02°59’	♍ 02°45’	♎ 02°54’	♏ 02°35’	♐ 03°45’	♑ 04°14’
1945	1日	♑ 10°21’	♒ 11°54’	♓ 10°10’	♈ 11°01’	♉ 10°22’	♊ 10°15’	♋ 08°54’	♌ 08°29’	♍ 08°18’	♎ 07°34’	♏ 08°20’	♐ 08°34’
	6日	♑ 15°27’	♒ 16°58’	♓ 15°11’	♈ 15°57’	♉ 15°13’	♊ 15°02’	♋ 13°40’	♌ 13°17’	♍ 13°09’	♎ 12°30’	♏ 13°21’	♐ 13°38’
	11日	♑ 20°32’	♒ 22°02’	♓ 20°11’	♈ 20°52’	♉ 20°03’	♊ 19°49’	♋ 18°26’	♌ 18°04’	♍ 18°01’	♎ 17°26’	♏ 18°22’	♐ 18°43’
	16日	♑ 25°38’	♒ 27°05’	♓ 25°10’	♈ 25°46’	♉ 24°53’	♊ 24°36’	♋ 23°13’	♌ 22°53’	♍ 22°53’	♎ 22°24’	♏ 23°24’	♐ 23°48’
	21日	♒ 00°44’	♓ 02°08’	♈ 00°08’	♉ 00°39’	♉ 29°42’	♊ 29°22’	♋ 27°59’	♌ 27°41’	♍ 27°46’	♎ 27°21’	♏ 28°27’	♐ 28°54’
	26日	♒ 05°49’	♓ 07°10’	♈ 05°06’	♉ 05°31’	♊ 04°30’	♋ 04°08’	♌ 02°45’	♍ 02°30’	♎ 02°40’	♏ 02°20’	♐ 03°30’	♑ 03°59’

年	日	1月	2月	3月	4月	5月	6月	7月	8月	9月	10月	11月	12月
1946	1日	♑ 10°06’	♒ 11°39’	♓ 09°56’	♈ 10°47’	♉ 10°08’	♊ 10°01’	♋ 08°41’	♌ 08°16’	♍ 08°04’	♎ 07°20’	♏ 08°05’	♐ 08°19’
	6日	♑ 15°12’	♒ 16°44’	♓ 14°56’	♈ 15°43’	♉ 14°59’	♊ 14°48’	♋ 13°27’	♌ 13°03’	♍ 12°55’	♎ 12°16’	♏ 13°06’	♐ 13°24’
	11日	♑ 20°18’	♒ 21°47’	♓ 19°56’	♈ 20°37’	♉ 19°49’	♊ 19°35’	♋ 18°13’	♌ 17°51’	♍ 17°46’	♎ 17°12’	♏ 18°07’	♐ 18°28’
	16日	♑ 25°23’	♒ 26°51’	♓ 24°56’	♈ 25°31’	♉ 24°39’	♊ 24°22’	♋ 22°59’	♌ 22°39’	♍ 22°39’	♎ 22°09’	♏ 23°09’	♐ 23°33’
	21日	♒ 00°29’	♓ 01°53’	♓ 29°54’	♉ 00°24’	♉ 29°27’	♊ 29°08’	♋ 27°45’	♌ 27°27’	♍ 27°32’	♎ 27°07’	♏ 28°12’	♐ 28°39’
	26日	♒ 05°34’	♓ 06°55’	♈ 04°51’	♉ 05°17’	♊ 04°16’	♋ 03°54’	♌ 02°31’	♍ 02°16’	♎ 02°25’	♏ 02°06’	♐ 03°15’	♑ 03°45’
1947	1日	♑ 09°51’	♒ 11°25’	♓ 09°41’	♈ 10°33’	♉ 09°55’	♊ 09°48’	♋ 08°27’	♌ 08°02’	♍ 07°50’	♎ 07°06’	♏ 07°51’	♐ 08°04’
	6日	♑ 14°57’	♒ 16°29’	♓ 14°42’	♈ 15°29’	♉ 14°45’	♊ 14°35’	♋ 13°13’	♌ 12°49’	♍ 12°41’	♎ 12°01’	♏ 12°51’	♐ 13°08’
	11日	♑ 20°03’	♒ 21°33’	♓ 19°42’	♈ 20°23’	♉ 19°35’	♊ 19°22’	♋ 17°59’	♌ 17°37’	♍ 17°32’	♎ 16°57’	♏ 17°52’	♐ 18°13’
	16日	♑ 25°08’	♒ 26°36’	♓ 24°41’	♈ 25°17’	♉ 24°25’	♊ 24°08’	♋ 22°45’	♌ 22°25’	♍ 22°24’	♎ 21°54’	♏ 22°54’	♐ 23°19’
	21日	♒ 00°14’	♓ 01°39’	♓ 29°40’	♉ 00°11’	♉ 29°14’	♊ 28°55’	♋ 27°31’	♌ 27°13’	♍ 27°17’	♎ 26°52’	♏ 27°57’	♐ 28°24’
	26日	♒ 05°19’	♓ 06°41’	♈ 04°37’	♉ 05°03’	♊ 04°02’	♋ 03°41’	♌ 02°18’	♍ 02°03’	♎ 02°11’	♏ 01°51’	♐ 03°00’	♑ 03°30’
1948	1日	♑ 09°36’	♒ 11°10’	♓ 10°27’	♈ 11°18’	♉ 10°39’	♊ 10°31’	♋ 09°10’	♌ 08°45’	♍ 08°34’	♎ 07°50’	♏ 08°36’	♐ 08°50’
	6日	♑ 14°42’	♒ 16°14’	♓ 15°28’	♈ 16°13’	♉ 15°29’	♊ 15°18’	♋ 13°56’	♌ 13°33’	♍ 13°25’	♎ 12°46’	♏ 13°37’	♐ 13°55’
	11日	♑ 19°48’	♒ 21°18’	♓ 20°28’	♈ 21°08’	♉ 20°20’	♊ 20°05’	♋ 18°42’	♌ 18°20’	♍ 18°17’	♎ 17°42’	♏ 18°38’	♐ 19°00’
	16日	♑ 24°54’	♒ 26°22’	♓ 25°27’	♈ 26°02’	♉ 25°09’	♊ 24°52’	♋ 23°29’	♌ 23°09’	♍ 23°09’	♎ 22°39’	♏ 23°40’	♐ 24°05’
	21日	♑ 29°59’	♓ 01°24’	♈ 00°25’	♉ 00°55’	♉ 29°58’	♊ 29°38’	♋ 28°15’	♌ 27°57’	♍ 28°02’	♎ 27°37’	♏ 28°43’	♐ 29°10’
	26日	♒ 05°04’	♓ 06°26’	♈ 05°22’	♉ 05°47’	♊ 04°46’	♋ 04°24’	♌ 03°01’	♍ 02°46’	♎ 02°56’	♏ 02°36’	♐ 03°46’	♑ 04°16’
1949	1日	♑ 10°23’	♒ 11°56’	♓ 10°13’	♈ 11°04’	♉ 10°25’	♊ 10°17’	♋ 08°57’	♌ 08°32’	♍ 08°20’	♎ 07°36’	♏ 08°22’	♐ 08°36’
	6日	♑ 15°29’	♒ 17°01’	♓ 15°13’	♈ 15°59’	♉ 15°15’	♊ 15°05’	♋ 13°42’	♌ 13°19’	♍ 13°11’	♎ 12°32’	♏ 13°22’	♐ 13°40’
	11日	♑ 20°35’	♒ 22°04’	♓ 20°13’	♈ 20°54’	♉ 20°05’	♊ 19°51’	♋ 18°28’	♌ 18°06’	♍ 18°02’	♎ 17°28’	♏ 18°23’	♐ 18°45’
	16日	♑ 25°40’	♒ 27°07’	♓ 25°12’	♈ 25°48’	♉ 24°55’	♊ 24°38’	♋ 23°14’	♌ 22°54’	♍ 22°55’	♎ 22°25’	♏ 23°26’	♐ 23°50’
	21日	♒ 00°45’	♓ 02°10’	♈ 00°10’	♉ 00°41’	♉ 29°44’	♊ 29°24’	♋ 28°01’	♌ 27°43’	♍ 27°48’	♎ 27°23’	♏ 28°28’	♐ 28°55’
	26日	♒ 05°51’	♓ 07°12’	♈ 05°08’	♉ 05°33’	♊ 04°32’	♋ 04°10’	♌ 02°47’	♍ 02°32’	♎ 02°42’	♏ 02°22’	♐ 03°32’	♑ 04°01’
1950	1日	♑ 10°08’	♒ 11°41’	♓ 09°58’	♈ 10°49’	♉ 10°11’	♊ 10°04’	♋ 08°43’	♌ 08°18’	♍ 08°07’	♎ 07°22’	♏ 08°07’	♐ 08°21’
	6日	♑ 15°14’	♒ 16°46’	♓ 14°59’	♈ 15°45’	♉ 15°01’	♊ 14°51’	♋ 13°29’	♌ 13°05’	♍ 12°57’	♎ 12°17’	♏ 13°08’	♐ 13°25’
	11日	♑ 20°19’	♒ 21°49’	♓ 19°58’	♈ 20°40’	♉ 19°52’	♊ 19°38’	♋ 18°15’	♌ 17°53’	♍ 17°49’	♎ 17°14’	♏ 18°09’	♐ 18°30’
	16日	♑ 25°25’	♒ 26°53’	♓ 24°58’	♈ 25°34’	♉ 24°41’	♊ 24°24’	♋ 23°01’	♌ 22°41’	♍ 22°41’	♎ 22°11’	♏ 23°11’	♐ 23°35’
	21日	♒ 00°31’	♓ 01°55’	♓ 29°56’	♉ 00°27’	♉ 29°30’	♊ 29°11’	♋ 27°48’	♌ 27°30’	♍ 27°34’	♎ 27°09’	♏ 28°14’	♐ 28°41’
	26日	♒ 05°36’	♓ 06°57’	♈ 04°54’	♉ 05°19’	♊ 04°18’	♋ 03°57’	♌ 02°34’	♍ 02°19’	♎ 02°28’	♏ 02°08’	♐ 03°17’	♑ 03°46’

年	日	1月	2月	3月	4月	5月	6月	7月	8月	9月	10月	11月	12月
1951	1日	♑ 09°53'	♒ 11°26'	♓ 09°43'	♈ 10°35'	♉ 09°57'	♊ 09°50'	♋ 08°29'	♌ 08°04'	♍ 07°53'	♎ 07°08'	♏ 07°53'	♐ 08°06'
	6日	♑ 14°59'	♒ 16°31'	♓ 14°44'	♈ 15°31'	♉ 14°48'	♊ 14°37'	♋ 13°15'	♌ 12°52'	♍ 12°43'	♎ 12°03'	♏ 12°53'	♐ 13°11'
	11日	♑ 20°05'	♒ 21°35'	♓ 19°44'	♈ 20°26'	♉ 19°38'	♊ 19°24'	♋ 18°01'	♌ 17°39'	♍ 17°35'	♎ 17°00'	♏ 17°55'	♐ 18°15'
	16日	♑ 25°10'	♒ 26°38'	♓ 24°43'	♈ 25°20'	♉ 24°27'	♊ 24°11'	♋ 22°47'	♌ 22°27'	♍ 22°27'	♎ 21°57'	♏ 22°57'	♐ 23°20'
	21日	♒ 00°16'	♓ 01°40'	♓ 29°42'	♉ 00°13'	♉ 29°16'	♊ 28°57'	♋ 27°34'	♌ 27°16'	♍ 27°20'	♎ 26°54'	♏ 27°59'	♐ 28°26'
	26日	♒ 05°21'	♓ 06°42'	♈ 04°39'	♉ 05°05'	♊ 04°04'	♋ 03°43'	♌ 02°20'	♍ 02°05'	♎ 02°13'	♏ 01°53'	♐ 03°02'	♑ 03°31'
1952	1日	♑ 09°38'	♒ 11°12'	♓ 10°29'	♈ 11°20'	♉ 10°41'	♊ 10°34'	♋ 09°13'	♌ 08°48'	♍ 08°37'	♎ 07°53'	♏ 08°38'	♐ 08°52'
	6日	♑ 14°44'	♒ 16°16'	♓ 15°30'	♈ 16°16'	♉ 15°32'	♊ 15°21'	♋ 13°59'	♌ 13°35'	♍ 13°27'	♎ 12°48'	♏ 13°39'	♐ 13°57'
	11日	♑ 19°50'	♒ 21°20'	♓ 20°30'	♈ 21°10'	♉ 20°22'	♊ 20°07'	♋ 18°45'	♌ 18°22'	♍ 18°19'	♎ 17°44'	♏ 18°40'	♐ 19°02'
	16日	♑ 24°56'	♒ 26°23'	♓ 25°28'	♈ 26°04'	♉ 25°11'	♊ 24°54'	♋ 23°31'	♌ 23°11'	♍ 23°11'	♎ 22°41'	♏ 23°42'	♐ 24°07'
	21日	♒ 00°01'	♓ 01°26'	♈ 00°27'	♉ 00°57'	♊ 00°00'	♊ 29°40'	♋ 28°17'	♌ 27°59'	♍ 28°04'	♎ 27°40'	♏ 28°45'	♐ 29°12'
	26日	♒ 05°06'	♓ 06°28'	♈ 05°24'	♉ 05°49'	♊ 04°48'	♋ 04°27'	♌ 03°04'	♍ 02°49'	♎ 02°58'	♏ 02°39'	♐ 03°49'	♑ 04°18'
1953	1日	♑ 10°25'	♒ 11°58'	♓ 10°14'	♈ 11°05'	♉ 10°27'	♊ 10°19'	♋ 08°59'	♌ 08°34'	♍ 08°23'	♎ 07°38'	♏ 08°24'	♐ 08°38'
	6日	♑ 15°30'	♒ 17°02'	♓ 15°15'	♈ 16°01'	♉ 15°17'	♊ 15°07'	♋ 13°45'	♌ 13°21'	♍ 13°13'	♎ 12°34'	♏ 13°25'	♐ 13°42'
	11日	♑ 20°36'	♒ 22°06'	♓ 20°15'	♈ 20°56'	♉ 20°07'	♊ 19°54'	♋ 18°31'	♌ 18°09'	♍ 18°05'	♎ 17°30'	♏ 18°26'	♐ 18°47'
	16日	♑ 25°42'	♒ 27°09'	♓ 25°14'	♈ 25°50'	♉ 24°57'	♊ 24°40'	♋ 23°17'	♌ 22°57'	♍ 22°57'	♎ 22°28'	♏ 23°28'	♐ 23°52'
	21日	♒ 00°47'	♓ 02°12'	♈ 00°12'	♉ 00°43'	♉ 29°46'	♊ 29°27'	♋ 28°03'	♌ 27°46'	♍ 27°50'	♎ 27°26'	♏ 28°31'	♐ 28°58'
	26日	♒ 05°53'	♓ 07°14'	♈ 05°10'	♉ 05°35'	♊ 04°34'	♋ 04°13'	♌ 02°50'	♍ 02°35'	♎ 02°44'	♏ 02°24'	♐ 03°34'	♑ 04°03'
1954	1日	♑ 10°10'	♒ 11°43'	♓ 10°00'	♈ 10°51'	♉ 10°12'	♊ 10°05'	♋ 08°45'	♌ 08°20'	♍ 08°09'	♎ 07°24'	♏ 08°09'	♐ 08°23'
	6日	♑ 15°16'	♒ 16°48'	♓ 15°00'	♈ 15°47'	♉ 15°03'	♊ 14°53'	♋ 13°31'	♌ 13°07'	♍ 13°00'	♎ 12°20'	♏ 13°10'	♐ 13°27'
	11日	♑ 20°22'	♒ 21°51'	♓ 20°00'	♈ 20°42'	♉ 19°53'	♊ 19°40'	♋ 18°17'	♌ 17°55'	♍ 17°51'	♎ 17°16'	♏ 18°11'	♐ 18°32'
	16日	♑ 25°27'	♒ 26°55'	♓ 25°00'	♈ 25°35'	♉ 24°43'	♊ 24°26'	♋ 23°03'	♌ 22°43'	♍ 22°43'	♎ 22°13'	♏ 23°13'	♐ 23°37'
	21日	♒ 00°33'	♓ 01°57'	♓ 29°58'	♉ 00°28'	♉ 29°32'	♊ 29°13'	♋ 27°49'	♌ 27°32'	♍ 27°36'	♎ 27°11'	♏ 28°16'	♐ 28°43'
	26日	♒ 05°38'	♓ 06°59'	♈ 04°55'	♉ 05°21'	♊ 04°20'	♋ 03°59'	♌ 02°36'	♍ 02°21'	♎ 02°30'	♏ 02°10'	♐ 03°19'	♑ 03°48'
1955	1日	♑ 09°55'	♒ 11°29'	♓ 09°45'	♈ 10°37'	♉ 09°59'	♊ 09°52'	♋ 08°31'	♌ 08°06'	♍ 07°55'	♎ 07°10'	♏ 07°55'	♐ 08°08'
	6日	♑ 15°01'	♒ 16°33'	♓ 14°46'	♈ 15°33'	♉ 14°50'	♊ 14°39'	♋ 13°17'	♌ 12°53'	♍ 12°45'	♎ 12°05'	♏ 12°55'	♐ 13°12'
	11日	♑ 20°07'	♒ 21°37'	♓ 19°46'	♈ 20°28'	♉ 19°40'	♊ 19°26'	♋ 18°03'	♌ 17°41'	♍ 17°37'	♎ 17°01'	♏ 17°56'	♐ 18°17'
	16日	♑ 25°12'	♒ 26°40'	♓ 24°45'	♈ 25°22'	♉ 24°29'	♊ 24°13'	♋ 22°49'	♌ 22°29'	♍ 22°29'	♎ 21°59'	♏ 22°59'	♐ 23°22'
	21日	♒ 00°18'	♓ 01°43'	♓ 29°44'	♉ 00°15'	♉ 29°18'	♊ 28°59'	♋ 27°36'	♌ 27°18'	♍ 27°22'	♎ 26°57'	♏ 28°01'	♐ 28°28'
	26日	♒ 05°23'	♓ 06°45'	♈ 04°41'	♉ 05°07'	♊ 04°07'	♋ 03°45'	♌ 02°22'	♍ 02°07'	♎ 02°15'	♏ 01°55'	♐ 03°04'	♑ 03°33'

天文暦｜太陽　1956-1960年

年	日	1月	2月	3月	4月	5月	6月	7月	8月	9月	10月	11月	12月
1956	1日	♑ 09°40'	♒ 11°14'	♓ 10°31'	♈ 11°22'	♉ 10°43'	♊ 10°35'	♋ 09°14'	♌ 08°50'	♍ 08°39'	♎ 07°55'	♏ 08°40'	♐ 08°54'
	6日	♑ 14°46'	♒ 16°18'	♓ 15°32'	♈ 16°17'	♉ 15°33'	♊ 15°22'	♋ 14°00'	♌ 13°37'	♍ 13°29'	♎ 12°50'	♏ 13°41'	♐ 13°59'
	11日	♑ 19°52'	♒ 21°22'	♓ 20°31'	♈ 21°12'	♉ 20°24'	♊ 20°09'	♋ 18°47'	♌ 18°25'	♍ 18°21'	♎ 17°47'	♏ 18°43'	♐ 19°04'
	16日	♑ 24°58'	♒ 26°25'	♓ 25°31'	♈ 26°06'	♉ 25°13'	♊ 24°56'	♋ 23°33'	♌ 23°13'	♍ 23°13'	♎ 22°44'	♏ 23°45'	♐ 24°09'
	21日	♒ 00°03'	♓ 01°28'	♈ 00°29'	♉ 00°59'	♊ 00°02'	♊ 29°42'	♋ 28°19'	♌ 28°01'	♍ 28°06'	♎ 27°42'	♏ 28°47'	♐ 29°14'
	26日	♒ 05°08'	♓ 06°30'	♈ 05°26'	♉ 05°51'	♊ 04°50'	♋ 04°28'	♌ 03°05'	♍ 02°51'	♎ 03°00'	♏ 02°41'	♐ 03°51'	♑ 04°20'
1957	1日	♑ 10°27'	♒ 12°00'	♓ 10°16'	♈ 11°08'	♉ 10°29'	♊ 10°21'	♋ 09°01'	♌ 08°36'	♍ 08°25'	♎ 07°40'	♏ 08°26'	♐ 08°40'
	6日	♑ 15°33'	♒ 17°04'	♓ 15°17'	♈ 16°03'	♉ 15°19'	♊ 15°09'	♋ 13°47'	♌ 13°23'	♍ 13°15'	♎ 12°36'	♏ 13°26'	♐ 13°44'
	11日	♑ 20°38'	♒ 22°08'	♓ 20°17'	♈ 20°58'	♉ 20°09'	♊ 19°55'	♋ 18°33'	♌ 18°10'	♍ 18°07'	♎ 17°32'	♏ 18°28'	♐ 18°49'
	16日	♑ 25°44'	♒ 27°11'	♓ 25°16'	♈ 25°52'	♉ 24°59'	♊ 24°42'	♋ 23°19'	♌ 22°58'	♍ 22°59'	♎ 22°29'	♏ 23°30'	♐ 23°54'
	21日	♒ 00°49'	♓ 02°14'	♈ 00°14'	♉ 00°45'	♉ 29°48'	♊ 29°28'	♋ 28°05'	♌ 27°47'	♍ 27°52'	♎ 27°27'	♏ 28°32'	♐ 28°59'
	26日	♒ 05°54'	♓ 07°15'	♈ 05°12'	♉ 05°37'	♊ 04°36'	♋ 04°14'	♌ 02°51'	♍ 02°37'	♎ 02°46'	♏ 02°26'	♐ 03°36'	♑ 04°05'
1958	1日	♑ 10°12'	♒ 11°45'	♓ 10°02'	♈ 10°53'	♉ 10°15'	♊ 10°08'	♋ 08°47'	♌ 08°22'	♍ 08°11'	♎ 07°26'	♏ 08°11'	♐ 08°25'
	6日	♑ 15°18'	♒ 16°49'	♓ 15°02'	♈ 15°49'	♉ 15°05'	♊ 14°55'	♋ 13°33'	♌ 13°09'	♍ 13°01'	♎ 12°21'	♏ 13°12'	♐ 13°29'
	11日	♑ 20°23'	♒ 21°53'	♓ 20°02'	♈ 20°43'	♉ 19°55'	♊ 19°42'	♋ 18°19'	♌ 17°57'	♍ 17°53'	♎ 17°18'	♏ 18°13'	♐ 18°34'
	16日	♑ 25°29'	♒ 26°56'	♓ 25°01'	♈ 25°37'	♉ 24°45'	♊ 24°28'	♋ 23°05'	♌ 22°45'	♍ 22°45'	♎ 22°15'	♏ 23°15'	♐ 23°39'
	21日	♒ 00°34'	♓ 01°59'	♈ 00°00'	♉ 00°31'	♉ 29°34'	♊ 29°15'	♋ 27°51'	♌ 27°34'	♍ 27°38'	♎ 27°13'	♏ 28°18'	♐ 28°44'
	26日	♒ 05°40'	♓ 07°01'	♈ 04°57'	♉ 05°23'	♊ 04°22'	♋ 04°01'	♌ 02°38'	♍ 02°23'	♎ 02°31'	♏ 02°12'	♐ 03°21'	♑ 03°50'
1959	1日	♑ 09°57'	♒ 11°30'	♓ 09°47'	♈ 10°39'	♉ 10°00'	♊ 09°53'	♋ 08°33'	♌ 08°08'	♍ 07°56'	♎ 07°11'	♏ 07°56'	♐ 08°10'
	6日	♑ 15°03'	♒ 16°35'	♓ 14°48'	♈ 15°34'	♉ 14°51'	♊ 14°41'	♋ 13°19'	♌ 12°55'	♍ 12°47'	♎ 12°07'	♏ 12°57'	♐ 13°14'
	11日	♑ 20°08'	♒ 21°38'	♓ 19°48'	♈ 20°29'	♉ 19°41'	♊ 19°28'	♋ 18°05'	♌ 17°43'	♍ 17°38'	♎ 17°03'	♏ 17°58'	♐ 18°19'
	16日	♑ 25°14'	♒ 26°42'	♓ 24°47'	♈ 25°23'	♉ 24°31'	♊ 24°15'	♋ 22°51'	♌ 22°31'	♍ 22°30'	♎ 22°00'	♏ 23°00'	♐ 23°24'
	21日	♒ 00°20'	♓ 01°44'	♓ 29°45'	♉ 00°16'	♉ 29°20'	♊ 29°01'	♋ 27°37'	♌ 27°19'	♍ 27°23'	♎ 26°58'	♏ 28°03'	♐ 28°29'
	26日	♒ 05°25'	♓ 06°46'	♈ 04°43'	♉ 05°09'	♊ 04°08'	♋ 03°47'	♌ 02°24'	♍ 02°08'	♎ 02°17'	♏ 01°57'	♐ 03°06'	♑ 03°35'
1960	1日	♑ 09°42'	♒ 11°16'	♓ 10°33'	♈ 11°24'	♉ 10°45'	♊ 10°37'	♋ 09°16'	♌ 08°51'	♍ 08°40'	♎ 07°56'	♏ 08°42'	♐ 08°56'
	6日	♑ 14°48'	♒ 16°20'	♓ 15°34'	♈ 16°19'	♉ 15°35'	♊ 15°24'	♋ 14°02'	♌ 13°39'	♍ 13°31'	♎ 12°51'	♏ 13°42'	♐ 14°00'
	11日	♑ 19°54'	♒ 21°24'	♓ 20°33'	♈ 21°14'	♉ 20°25'	♊ 20°11'	♋ 18°48'	♌ 18°26'	♍ 18°22'	♎ 17°48'	♏ 18°43'	♐ 19°05'
	16日	♑ 24°59'	♒ 26°27'	♓ 25°32'	♈ 26°08'	♉ 25°15'	♊ 24°58'	♋ 23°34'	♌ 23°14'	♍ 23°14'	♎ 22°45'	♏ 23°46'	♐ 24°10'
	21日	♒ 00°05'	♓ 01°30'	♈ 00°31'	♉ 01°01'	♊ 00°03'	♊ 29°44'	♋ 28°21'	♌ 28°03'	♍ 28°07'	♎ 27°43'	♏ 28°48'	♐ 29°16'
	26日	♒ 05°10'	♓ 06°32'	♈ 05°28'	♉ 05°53'	♊ 04°52'	♋ 04°30'	♌ 03°07'	♍ 02°52'	♎ 03°01'	♏ 02°42'	♐ 03°52'	♑ 04°21'

年	日	1月	2月	3月	4月	5月	6月	7月	8月	9月	10月	11月	12月
1961	1日	♑ 10°28’	♒ 12°02’	♓ 10°18’	♈ 11°09’	♉ 10°30’	♊ 10°23’	♋ 09°02’	♌ 08°37’	♍ 08°26’	♎ 07°42’	♏ 08°27’	♐ 08°41’
	6日	♑ 15°34’	♒ 17°06’	♓ 15°19’	♈ 16°05’	♉ 15°21’	♊ 15°10’	♋ 13°48’	♌ 13°25’	♍ 13°17’	♎ 12°37’	♏ 13°28’	♐ 13°45’
	11日	♑ 20°40’	♒ 22°09’	♓ 20°18’	♈ 20°59’	♉ 20°11’	♊ 19°57’	♋ 18°34’	♌ 18°12’	♍ 18°08’	♎ 17°34’	♏ 18°29’	♐ 18°50’
	16日	♑ 25°45’	♒ 27°13’	♓ 25°18’	♈ 25°53’	♉ 25°01’	♊ 24°44’	♋ 23°21’	♌ 23°01’	♍ 23°01’	♎ 22°31’	♏ 23°31’	♐ 23°55’
	21日	♒ 00°51’	♓ 02°15’	♈ 00°16’	♉ 00°47’	♉ 29°49’	♊ 29°30’	♋ 28°07’	♌ 27°49’	♍ 27°54’	♎ 27°29’	♏ 28°34’	♐ 29°01’
	26日	♒ 05°56’	♓ 07°17’	♈ 05°14’	♉ 05°39’	♊ 04°38’	♋ 04°16’	♌ 02°53’	♍ 02°38’	♎ 02°47’	♏ 02°27’	♐ 03°37’	♑ 04°06’
1962	1日	♑ 10°13’	♒ 11°46’	♓ 10°03’	♈ 10°55’	♉ 10°16’	♊ 10°09’	♋ 08°48’	♌ 08°24’	♍ 08°12’	♎ 07°28’	♏ 08°13’	♐ 08°26’
	6日	♑ 15°19’	♒ 16°51’	♓ 15°04’	♈ 15°50’	♉ 15°07’	♊ 14°56’	♋ 13°35’	♌ 13°11’	♍ 13°03’	♎ 12°23’	♏ 13°13’	♐ 13°30’
	11日	♑ 20°25’	♒ 21°55’	♓ 20°04’	♈ 20°45’	♉ 19°57’	♊ 19°43’	♋ 18°21’	♌ 17°58’	♍ 17°54’	♎ 17°19’	♏ 18°14’	♐ 18°35’
	16日	♑ 25°30’	♒ 26°58’	♓ 25°03’	♈ 25°39’	♉ 24°47’	♊ 24°30’	♋ 23°07’	♌ 22°46’	♍ 22°46’	♎ 22°16’	♏ 23°16’	♐ 23°40’
	21日	♒ 00°36’	♓ 02°00’	♈ 00°01’	♉ 00°32’	♉ 29°35’	♊ 29°16’	♋ 27°53’	♌ 27°35’	♍ 27°39’	♎ 27°14’	♏ 28°19’	♐ 28°46’
	26日	♒ 05°41’	♓ 07°02’	♈ 04°59’	♉ 05°24’	♊ 04°24’	♋ 04°02’	♌ 02°39’	♍ 02°24’	♎ 02°33’	♏ 02°13’	♐ 03°22’	♑ 03°51’
1963	1日	♑ 09°58’	♒ 11°32’	♓ 09°48’	♈ 10°40’	♉ 10°02’	♊ 09°55’	♋ 08°35’	♌ 08°10’	♍ 07°58’	♎ 07°13’	♏ 07°58’	♐ 08°11’
	6日	♑ 15°04’	♒ 16°36’	♓ 14°49’	♈ 15°36’	♉ 14°53’	♊ 14°43’	♋ 13°21’	♌ 12°57’	♍ 12°49’	♎ 12°08’	♏ 12°58’	♐ 13°15’
	11日	♑ 20°10’	♒ 21°40’	♓ 19°49’	♈ 20°31’	♉ 19°43’	♊ 19°30’	♋ 18°07’	♌ 17°44’	♍ 17°40’	♎ 17°05’	♏ 17°59’	♐ 18°20’
	16日	♑ 25°15’	♒ 26°43’	♓ 24°48’	♈ 25°25’	♉ 24°33’	♊ 24°16’	♋ 22°53’	♌ 22°32’	♍ 22°32’	♎ 22°02’	♏ 23°02’	♐ 23°25’
	21日	♒ 00°21’	♓ 01°46’	♓ 29°47’	♉ 00°18’	♉ 29°22’	♊ 29°03’	♋ 27°39’	♌ 27°21’	♍ 27°25’	♎ 27°00’	♏ 28°04’	♐ 28°31’
	26日	♒ 05°26’	♓ 06°48’	♈ 04°44’	♉ 05°11’	♊ 04°10’	♋ 03°49’	♌ 02°26’	♍ 02°10’	♎ 02°19’	♏ 01°58’	♐ 03°08’	♑ 03°36’
1964	1日	♑ 09°43’	♒ 11°17’	♓ 10°34’	♈ 11°25’	♉ 10°46’	♊ 10°39’	♋ 09°18’	♌ 08°53’	♍ 08°42’	♎ 07°58’	♏ 08°43’	♐ 08°57’
	6日	♑ 14°49’	♒ 16°21’	♓ 15°34’	♈ 16°20’	♉ 15°37’	♊ 15°26’	♋ 14°04’	♌ 13°40’	♍ 13°33’	♎ 12°53’	♏ 13°44’	♐ 14°02’
	11日	♑ 19°55’	♒ 21°25’	♓ 20°34’	♈ 21°15’	♉ 20°27’	♊ 20°13’	♋ 18°50’	♌ 18°28’	♍ 18°24’	♎ 17°50’	♏ 18°46’	♐ 19°07’
	16日	♑ 25°00’	♒ 26°28’	♓ 25°34’	♈ 26°09’	♉ 25°16’	♊ 25°00’	♋ 23°36’	♌ 23°16’	♍ 23°16’	♎ 22°47’	♏ 23°48’	♐ 24°12’
	21日	♒ 00°06’	♓ 01°31’	♈ 00°32’	♉ 01°02’	♊ 00°05’	♊ 29°46’	♋ 28°22’	♌ 28°05’	♍ 28°09’	♎ 27°45’	♏ 28°50’	♐ 29°17’
	26日	♒ 05°11’	♓ 06°33’	♈ 05°29’	♉ 05°55’	♊ 04°53’	♋ 04°32’	♌ 03°09’	♍ 02°54’	♎ 03°03’	♏ 02°44’	♐ 03°53’	♑ 04°23’
1965	1日	♑ 10°30’	♒ 12°03’	♓ 10°19’	♈ 11°10’	♉ 10°32’	♊ 10°25’	♋ 09°04’	♌ 08°39’	♍ 08°28’	♎ 07°44’	♏ 08°29’	♐ 08°43’
	6日	♑ 15°36’	♒ 17°07’	♓ 15°20’	♈ 16°06’	♉ 15°23’	♊ 15°12’	♋ 13°50’	♌ 13°26’	♍ 13°19’	♎ 12°39’	♏ 13°29’	♐ 13°47’
	11日	♑ 20°41’	♒ 22°11’	♓ 20°20’	♈ 21°01’	♉ 20°13’	♊ 19°59’	♋ 18°36’	♌ 18°14’	♍ 18°10’	♎ 17°35’	♏ 18°31’	♐ 18°52’
	16日	♑ 25°47’	♒ 27°14’	♓ 25°19’	♈ 25°55’	♉ 25°02’	♊ 24°45’	♋ 23°22’	♌ 23°02’	♍ 23°02’	♎ 22°32’	♏ 23°33’	♐ 23°57’
	21日	♒ 00°52’	♓ 02°17’	♈ 00°17’	♉ 00°48’	♉ 29°51’	♊ 29°32’	♋ 28°08’	♌ 27°51’	♍ 27°55’	♎ 27°30’	♏ 28°35’	♐ 29°02’
	26日	♒ 05°57’	♓ 07°18’	♈ 05°15’	♉ 05°40’	♊ 04°39’	♋ 04°18’	♌ 02°55’	♍ 02°40’	♎ 02°49’	♏ 02°29’	♐ 03°39’	♑ 04°08’

年	日	1月	2月	3月	4月	5月	6月	7月	8月	9月	10月	11月	12月
1966	1日	♑ 10°15’	♒ 11°48’	♓ 10°05’	♈ 10°56’	♉ 10°18’	♊ 10°11’	♋ 08°50’	♌ 08°26’	♍ 08°14’	♎ 07°29’	♏ 08°14’	♐ 08°28’
	6日	♑ 15°21’	♒ 16°52’	♓ 15°05’	♈ 15°52’	♉ 15°08’	♊ 14°58’	♋ 13°36’	♌ 13°13’	♍ 13°05’	♎ 12°25’	♏ 13°15’	♐ 13°32’
	11日	♑ 20°26’	♒ 21°56’	♓ 20°05’	♈ 20°47’	♉ 19°59’	♊ 19°45’	♋ 18°22’	♌ 18°00’	♍ 17°56’	♎ 17°21’	♏ 18°16’	♐ 18°37’
	16日	♑ 25°32’	♒ 26°59’	♓ 25°04’	♈ 25°40’	♉ 24°48’	♊ 24°32’	♋ 23°09’	♌ 22°48’	♍ 22°48’	♎ 22°18’	♏ 23°18’	♐ 23°42’
	21日	♒ 00°37’	♓ 02°02’	♈ 00°03’	♉ 00°34’	♉ 29°37’	♊ 29°18’	♋ 27°55’	♌ 27°37’	♍ 27°41’	♎ 27°16’	♏ 28°21’	♐ 28°48’
	26日	♒ 05°43’	♓ 07°04’	♈ 05°00’	♉ 05°26’	♊ 04°25’	♋ 04°04’	♌ 02°41’	♍ 02°26’	♎ 02°35’	♏ 02°15’	♐ 03°24’	♑ 03°53’
1967	1日	♑ 10°00’	♒ 11°33’	♓ 09°50’	♈ 10°42’	♉ 10°04’	♊ 09°57’	♋ 08°36’	♌ 08°12’	♍ 08°00’	♎ 07°15’	♏ 08°00’	♐ 08°13’
	6日	♑ 15°06’	♒ 16°38’	♓ 14°51’	♈ 15°38’	♉ 14°54’	♊ 14°44’	♋ 13°22’	♌ 12°59’	♍ 12°51’	♎ 12°11’	♏ 13°01’	♐ 13°18’
	11日	♑ 20°11’	♒ 21°41’	♓ 19°51’	♈ 20°32’	♉ 19°45’	♊ 19°31’	♋ 18°09’	♌ 17°46’	♍ 17°42’	♎ 17°07’	♏ 18°02’	♐ 18°22’
	16日	♑ 25°17’	♒ 26°45’	♓ 24°50’	♈ 25°27’	♉ 24°34’	♊ 24°18’	♋ 22°55’	♌ 22°35’	♍ 22°34’	♎ 22°04’	♏ 23°04’	♐ 23°27’
	21日	♒ 00°23’	♓ 01°47’	♓ 29°49’	♉ 00°20’	♉ 29°23’	♊ 29°04’	♋ 27°41’	♌ 27°23’	♍ 27°27’	♎ 27°02’	♏ 28°06’	♐ 28°33’
	26日	♒ 05°28’	♓ 06°49’	♈ 04°46’	♉ 05°12’	♊ 04°11’	♋ 03°50’	♌ 02°27’	♍ 02°12’	♎ 02°20’	♏ 02°00’	♐ 03°09’	♑ 03°38’
1968	1日	♑ 09°45’	♒ 11°19’	♓ 10°36’	♈ 11°27’	♉ 10°48’	♊ 10°41’	♋ 09°20’	♌ 08°55’	♍ 08°44’	♎ 08°00’	♏ 08°46’	♐ 09°00’
	6日	♑ 14°51’	♒ 16°23’	♓ 15°37’	♈ 16°23’	♉ 15°39’	♊ 15°28’	♋ 14°06’	♌ 13°42’	♍ 13°35’	♎ 12°55’	♏ 13°46’	♐ 14°04’
	11日	♑ 19°57’	♒ 21°27’	♓ 20°37’	♈ 21°17’	♉ 20°29’	♊ 20°15’	♋ 18°52’	♌ 18°30’	♍ 18°26’	♎ 17°52’	♏ 18°47’	♐ 19°09’
	16日	♑ 25°03’	♒ 26°30’	♓ 25°36’	♈ 26°11’	♉ 25°18’	♊ 25°01’	♋ 23°38’	♌ 23°18’	♍ 23°18’	♎ 22°49’	♏ 23°49’	♐ 24°14’
	21日	♒ 00°08’	♓ 01°33’	♈ 00°34’	♉ 01°04’	♊ 00°07’	♊ 29°48’	♋ 28°24’	♌ 28°07’	♍ 28°11’	♎ 27°47’	♏ 28°52’	♐ 29°19’
	26日	♒ 05°13’	♓ 06°35’	♈ 05°31’	♉ 05°57’	♊ 04°55’	♋ 04°34’	♌ 03°11’	♍ 02°56’	♎ 03°05’	♏ 02°46’	♐ 03°56’	♑ 04°25’
1969	1日	♑ 10°32’	♒ 12°05’	♓ 10°21’	♈ 11°13’	♉ 10°34’	♊ 10°27’	♋ 09°06’	♌ 08°41’	♍ 08°30’	♎ 07°46’	♏ 08°31’	♐ 08°45’
	6日	♑ 15°37’	♒ 17°09’	♓ 15°22’	♈ 16°08’	♉ 15°25’	♊ 15°14’	♋ 13°52’	♌ 13°28’	♍ 13°21’	♎ 12°41’	♏ 13°32’	♐ 13°49’
	11日	♑ 20°43’	♒ 22°13’	♓ 20°22’	♈ 21°03’	♉ 20°15’	♊ 20°01’	♋ 18°38’	♌ 18°16’	♍ 18°12’	♎ 17°38’	♏ 18°33’	♐ 18°54’
	16日	♑ 25°49’	♒ 27°16’	♓ 25°21’	♈ 25°57’	♉ 25°04’	♊ 24°48’	♋ 23°24’	♌ 23°04’	♍ 23°04’	♎ 22°35’	♏ 23°35’	♐ 23°59’
	21日	♒ 00°54’	♓ 02°19’	♈ 00°20’	♉ 00°50’	♉ 29°53’	♊ 29°34’	♋ 28°11’	♌ 27°53’	♍ 27°57’	♎ 27°33’	♏ 28°38’	♐ 29°05’
	26日	♒ 06°00’	♓ 07°21’	♈ 05°17’	♉ 05°42’	♊ 04°42’	♋ 04°20’	♌ 02°57’	♍ 02°42’	♎ 02°51’	♏ 02°31’	♐ 03°41’	♑ 04°10’
1970	1日	♑ 10°17’	♒ 11°50’	♓ 10°07’	♈ 10°58’	♉ 10°20’	♊ 10°13’	♋ 08°52’	♌ 08°28’	♍ 08°16’	♎ 07°31’	♏ 08°17’	♐ 08°30’
	6日	♑ 15°23’	♒ 16°55’	♓ 15°08’	♈ 15°54’	♉ 15°11’	♊ 15°00’	♋ 13°39’	♌ 13°15’	♍ 13°07’	♎ 12°27’	♏ 13°17’	♐ 13°35’
	11日	♑ 20°29’	♒ 21°59’	♓ 20°08’	♈ 20°49’	♉ 20°01’	♊ 19°47’	♋ 18°25’	♌ 18°02’	♍ 17°58’	♎ 17°23’	♏ 18°18’	♐ 18°39’
	16日	♑ 25°34’	♒ 27°02’	♓ 25°07’	♈ 25°43’	♉ 24°50’	♊ 24°34’	♋ 23°11’	♌ 22°50’	♍ 22°50’	♎ 22°20’	♏ 23°20’	♐ 23°44’
	21日	♒ 00°40’	♓ 02°04’	♈ 00°05’	♉ 00°36’	♉ 29°39’	♊ 29°20’	♋ 27°57’	♌ 27°39’	♍ 27°43’	♎ 27°18’	♏ 28°23’	♐ 28°50’
	26日	♒ 05°45’	♓ 07°06’	♈ 05°03’	♉ 05°28’	♊ 04°28’	♋ 04°06’	♌ 02°43’	♍ 02°28’	♎ 02°37’	♏ 02°17’	♐ 03°26’	♑ 03°55’

年	日	1月	2月	3月	4月	5月	6月	7月	8月	9月	10月	11月	12月
1971	1日	♑ 10°02'	♒ 11°36'	♓ 09°53'	♈ 10°45'	♉ 10°06'	♊ 10°00'	♋ 08°39'	♌ 08°14'	♍ 08°02'	♎ 07°17'	♏ 08°02'	♐ 08°15'
	6日	♑ 15°08'	♒ 16°40'	♓ 14°54'	♈ 15°40'	♉ 14°57'	♊ 14°47'	♋ 13°25'	♌ 13°01'	♍ 12°53'	♎ 12°12'	♏ 13°02'	♐ 13°20'
	11日	♑ 20°14'	♒ 21°44'	♓ 19°53'	♈ 20°35'	♉ 19°47'	♊ 19°34'	♋ 18°11'	♌ 17°49'	♍ 17°44'	♎ 17°09'	♏ 18°03'	♐ 18°24'
	16日	♑ 25°19'	♒ 26°47'	♓ 24°53'	♈ 25°29'	♉ 24°37'	♊ 24°20'	♋ 22°57'	♌ 22°37'	♍ 22°36'	♎ 22°06'	♏ 23°06'	♐ 23°29'
	21日	♒ 00°25'	♓ 01°50'	♓ 29°51'	♉ 00°22'	♉ 29°26'	♊ 29°07'	♋ 27°43'	♌ 27°25'	♍ 27°29'	♎ 27°04'	♏ 28°08'	♐ 28°35'
	26日	♒ 05°30'	♓ 06°52'	♈ 04°49'	♉ 05°15'	♊ 04°14'	♋ 03°53'	♌ 02°30'	♍ 02°14'	♎ 02°23'	♏ 02°02'	♐ 03°12'	♑ 03°41'
1972	1日	♑ 09°47'	♒ 11°21'	♓ 10°38'	♈ 11°29'	♉ 10°50'	♊ 10°43'	♋ 09°22'	♌ 08°57'	♍ 08°46'	♎ 08°02'	♏ 08°47'	♐ 09°01'
	6日	♑ 14°53'	♒ 16°25'	♓ 15°39'	♈ 16°25'	♉ 15°41'	♊ 15°30'	♋ 14°08'	♌ 13°45'	♍ 13°37'	♎ 12°57'	♏ 13°48'	♐ 14°06'
	11日	♑ 19°59'	♒ 21°29'	♓ 20°39'	♈ 21°20'	♉ 20°31'	♊ 20°17'	♋ 18°54'	♌ 18°32'	♍ 18°28'	♎ 17°54'	♏ 18°50'	♐ 19°11'
	16日	♑ 25°05'	♒ 26°33'	♓ 25°38'	♈ 26°14'	♉ 25°21'	♊ 25°04'	♋ 23°41'	♌ 23°20'	♍ 23°21'	♎ 22°51'	♏ 23°52'	♐ 24°16'
	21日	♒ 00°10'	♓ 01°35'	♈ 00°36'	♉ 01°07'	♊ 00°10'	♊ 29°50'	♋ 28°27'	♌ 28°09'	♍ 28°14'	♎ 27°49'	♏ 28°54'	♐ 29°21'
	26日	♒ 05°15'	♓ 06°37'	♈ 05°34'	♉ 05°59'	♊ 04°58'	♋ 04°36'	♌ 03°13'	♍ 02°58'	♎ 03°07'	♏ 02°48'	♐ 03°57'	♑ 04°27'
1973	1日	♑ 10°34'	♒ 12°07'	♓ 10°24'	♈ 11°15'	♉ 10°36'	♊ 10°29'	♋ 09°08'	♌ 08°44'	♍ 08°32'	♎ 07°48'	♏ 08°33'	♐ 08°47'
	6日	♑ 15°40'	♒ 17°12'	♓ 15°25'	♈ 16°11'	♉ 15°27'	♊ 15°16'	♋ 13°55'	♌ 13°31'	♍ 13°23'	♎ 12°43'	♏ 13°34'	♐ 13°51'
	11日	♑ 20°46'	♒ 22°15'	♓ 20°25'	♈ 21°06'	♉ 20°17'	♊ 20°03'	♋ 18°41'	♌ 18°18'	♍ 18°14'	♎ 17°39'	♏ 18°35'	♐ 18°56'
	16日	♑ 25°51'	♒ 27°19'	♓ 25°24'	♈ 25°59'	♉ 25°07'	♊ 24°50'	♋ 23°27'	♌ 23°06'	♍ 23°06'	♎ 22°36'	♏ 23°37'	♐ 24°01'
	21日	♒ 00°56'	♓ 02°21'	♈ 00°22'	♉ 00°52'	♉ 29°55'	♊ 29°36'	♋ 28°13'	♌ 27°55'	♍ 27°59'	♎ 27°34'	♏ 28°39'	♐ 29°06'
	26日	♒ 06°02'	♓ 07°23'	♈ 05°19'	♉ 05°45'	♊ 04°44'	♋ 04°22'	♌ 02°59'	♍ 02°44'	♎ 02°53'	♏ 02°33'	♐ 03°43'	♑ 04°12'
1974	1日	♑ 10°19'	♒ 11°52'	♓ 10°09'	♈ 11°01'	♉ 10°22'	♊ 10°16'	♋ 08°55'	♌ 08°30'	♍ 08°19'	♎ 07°34'	♏ 08°18'	♐ 08°32'
	6日	♑ 15°25'	♒ 16°57'	♓ 15°10'	♈ 15°56'	♉ 15°13'	♊ 15°03'	♋ 13°41'	♌ 13°17'	♍ 13°09'	♎ 12°29'	♏ 13°19'	♐ 13°36'
	11日	♑ 20°30'	♒ 22°00'	♓ 20°10'	♈ 20°51'	♉ 20°03'	♊ 19°50'	♋ 18°27'	♌ 18°05'	♍ 18°00'	♎ 17°25'	♏ 18°20'	♐ 18°41'
	16日	♑ 25°36'	♒ 27°03'	♓ 25°09'	♈ 25°45'	♉ 24°53'	♊ 24°36'	♋ 23°13'	♌ 22°53'	♍ 22°53'	♎ 22°22'	♏ 23°22'	♐ 23°46'
	21日	♒ 00°41'	♓ 02°06'	♈ 00°07'	♉ 00°38'	♉ 29°42'	♊ 29°23'	♋ 27°59'	♌ 27°42'	♍ 27°46'	♎ 27°20'	♏ 28°25'	♐ 28°51'
	26日	♒ 05°47'	♓ 07°08'	♈ 05°05'	♉ 05°31'	♊ 04°30'	♋ 04°09'	♌ 02°46'	♍ 02°31'	♎ 02°39'	♏ 02°19'	♐ 03°28'	♑ 03°57'
1975	1日	♑ 10°04'	♒ 11°37'	♓ 09°54'	♈ 10°46'	♉ 10°08'	♊ 10°01'	♋ 08°41'	♌ 08°16'	♍ 08°04'	♎ 07°19'	♏ 08°04'	♐ 08°17'
	6日	♑ 15°09'	♒ 16°41'	♓ 14°55'	♈ 15°42'	♉ 14°59'	♊ 14°49'	♋ 13°27'	♌ 13°03'	♍ 12°55'	♎ 12°15'	♏ 13°04'	♐ 13°22'
	11日	♑ 20°15'	♒ 21°45'	♓ 19°55'	♈ 20°37'	♉ 19°49'	♊ 19°36'	♋ 18°13'	♌ 17°51'	♍ 17°46'	♎ 17°11'	♏ 18°06'	♐ 18°26'
	16日	♑ 25°21'	♒ 26°49'	♓ 24°54'	♈ 25°31'	♉ 24°39'	♊ 24°23'	♋ 22°59'	♌ 22°39'	♍ 22°38'	♎ 22°08'	♏ 23°08'	♐ 23°31'
	21日	♒ 00°26'	♓ 01°51'	♓ 29°53'	♉ 00°24'	♉ 29°28'	♊ 29°09'	♋ 27°46'	♌ 27°27'	♍ 27°31'	♎ 27°06'	♏ 28°10'	♐ 28°37'
	26日	♒ 05°32'	♓ 06°53'	♈ 04°50'	♉ 05°16'	♊ 04°16'	♋ 03°55'	♌ 02°32'	♍ 02°16'	♎ 02°25'	♏ 02°04'	♐ 03°13'	♑ 03°42'

年	日	1月	2月	3月	4月	5月	6月	7月	8月	9月	10月	11月	12月
1976	1日	♑ 09°49’	♒ 11°23’	♓ 10°40’	♈ 11°31’	♉ 10°52’	♊ 10°45’	♋ 09°24’	♌ 08°59’	♍ 08°48’	♎ 08°04’	♏ 08°49’	♐ 09°03’
	6日	♑ 14°55’	♒ 16°27’	♓ 15°41’	♈ 16°27’	♉ 15°43’	♊ 15°32’	♋ 14°10’	♌ 13°47’	♍ 13°39’	♎ 12°59’	♏ 13°50’	♐ 14°08’
	11日	♑ 20°01’	♒ 21°31’	♓ 20°40’	♈ 21°21’	♉ 20°33’	♊ 20°19’	♋ 18°56’	♌ 18°34’	♍ 18°30’	♎ 17°55’	♏ 18°51’	♐ 19°12’
	16日	♑ 25°06’	♒ 26°34’	♓ 25°39’	♈ 26°15’	♉ 25°22’	♊ 25°06’	♋ 23°42’	♌ 23°22’	♍ 23°22’	♎ 22°53’	♏ 23°53’	♐ 24°17’
	21日	♒ 00°12’	♓ 01°37’	♈ 00°38’	♉ 01°08’	♊ 00°11’	♊ 29°52’	♋ 28°29’	♌ 28°11’	♍ 28°15’	♎ 27°51’	♏ 28°56’	♐ 29°23’
	26日	♒ 05°17’	♓ 06°39’	♈ 05°35’	♉ 06°01’	♊ 05°00’	♋ 04°38’	♌ 03°15’	♍ 03°00’	♎ 03°09’	♏ 02°50’	♐ 03°59’	♑ 04°29’
1977	1日	♑ 10°35’	♒ 12°09’	♓ 10°25’	♈ 11°16’	♉ 10°38’	♊ 10°31’	♋ 09°10’	♌ 08°45’	♍ 08°34’	♎ 07°50’	♏ 08°35’	♐ 08°48’
	6日	♑ 15°41’	♒ 17°13’	♓ 15°26’	♈ 16°12’	♉ 15°28’	♊ 15°18’	♋ 13°56’	♌ 13°33’	♍ 13°25’	♎ 12°45’	♏ 13°35’	♐ 13°53’
	11日	♑ 20°47’	♒ 22°17’	♓ 20°26’	♈ 21°07’	♉ 20°18’	♊ 20°05’	♋ 18°42’	♌ 18°20’	♍ 18°16’	♎ 17°41’	♏ 18°37’	♐ 18°58’
	16日	♑ 25°52’	♒ 27°20’	♓ 25°25’	♈ 26°01’	♉ 25°08’	♊ 24°51’	♋ 23°28’	♌ 23°08’	♍ 23°08’	♎ 22°39’	♏ 23°39’	♐ 24°03’
	21日	♒ 00°58’	♓ 02°22’	♈ 00°23’	♉ 00°54’	♉ 29°57’	♊ 29°38’	♋ 28°15’	♌ 27°57’	♍ 28°01’	♎ 27°37’	♏ 28°41’	♐ 29°08’
	26日	♒ 06°03’	♓ 07°24’	♈ 05°21’	♉ 05°46’	♊ 04°45’	♋ 04°24’	♌ 03°01’	♍ 02°46’	♎ 02°55’	♏ 02°35’	♐ 03°45’	♑ 04°14’
1978	1日	♑ 10°20’	♒ 11°54’	♓ 10°10’	♈ 11°02’	♉ 10°23’	♊ 10°16’	♋ 08°56’	♌ 08°31’	♍ 08°20’	♎ 07°35’	♏ 08°20’	♐ 08°34’
	6日	♑ 15°26’	♒ 16°58’	♓ 15°11’	♈ 15°57’	♉ 15°14’	♊ 15°04’	♋ 13°42’	♌ 13°19’	♍ 13°11’	♎ 12°31’	♏ 13°21’	♐ 13°38’
	11日	♑ 20°32’	♒ 22°02’	♓ 20°11’	♈ 20°52’	♉ 20°04’	♊ 19°51’	♋ 18°28’	♌ 18°06’	♍ 18°02’	♎ 17°27’	♏ 18°22’	♐ 18°43’
	16日	♑ 25°38’	♒ 27°05’	♓ 25°10’	♈ 25°46’	♉ 24°54’	♊ 24°38’	♋ 23°14’	♌ 22°54’	♍ 22°54’	♎ 22°24’	♏ 23°24’	♐ 23°48’
	21日	♒ 00°43’	♓ 02°08’	♈ 00°09’	♉ 00°39’	♉ 29°43’	♊ 29°24’	♋ 28°01’	♌ 27°43’	♍ 27°47’	♎ 27°22’	♏ 28°26’	♐ 28°53’
	26日	♒ 05°48’	♓ 07°09’	♈ 05°06’	♉ 05°32’	♊ 04°31’	♋ 04°10’	♌ 02°47’	♍ 02°32’	♎ 02°41’	♏ 02°20’	♐ 03°30’	♑ 03°59’
1979	1日	♑ 10°06’	♒ 11°39’	♓ 09°56’	♈ 10°48’	♉ 10°10’	♊ 10°03’	♋ 08°42’	♌ 08°18’	♍ 08°06’	♎ 07°21’	♏ 08°05’	♐ 08°19’
	6日	♑ 15°11’	♒ 16°43’	♓ 14°57’	♈ 15°44’	♉ 15°01’	♊ 14°50’	♋ 13°28’	♌ 13°05’	♍ 12°56’	♎ 12°16’	♏ 13°06’	♐ 13°23’
	11日	♑ 20°17’	♒ 21°47’	♓ 19°57’	♈ 20°38’	♉ 19°51’	♊ 19°37’	♋ 18°14’	♌ 17°52’	♍ 17°48’	♎ 17°12’	♏ 18°07’	♐ 18°27’
	16日	♑ 25°23’	♒ 26°50’	♓ 24°56’	♈ 25°32’	♉ 24°40’	♊ 24°24’	♋ 23°00’	♌ 22°40’	♍ 22°40’	♎ 22°09’	♏ 23°09’	♐ 23°33’
	21日	♒ 00°28’	♓ 01°53’	♓ 29°54’	♉ 00°25’	♉ 29°29’	♊ 29°10’	♋ 27°47’	♌ 27°29’	♍ 27°33’	♎ 27°07’	♏ 28°12’	♐ 28°38’
	26日	♒ 05°33’	♓ 06°55’	♈ 04°52’	♉ 05°18’	♊ 04°17’	♋ 03°56’	♌ 02°33’	♍ 02°18’	♎ 02°26’	♏ 02°06’	♐ 03°15’	♑ 03°44’
1980	1日	♑ 09°51’	♒ 11°24’	♓ 10°41’	♈ 11°32’	♉ 10°53’	♊ 10°46’	♋ 09°25’	♌ 09°01’	♍ 08°49’	♎ 08°05’	♏ 08°51’	♐ 09°05’
	6日	♑ 14°56’	♒ 16°28’	♓ 15°42’	♈ 16°28’	♉ 15°44’	♊ 15°33’	♋ 14°11’	♌ 13°48’	♍ 13°40’	♎ 13°01’	♏ 13°51’	♐ 14°09’
	11日	♑ 20°02’	♒ 21°32’	♓ 20°42’	♈ 21°23’	♉ 20°34’	♊ 20°20’	♋ 18°57’	♌ 18°36’	♍ 18°32’	♎ 17°57’	♏ 18°53’	♐ 19°14’
	16日	♑ 25°08’	♒ 26°35’	♓ 25°41’	♈ 26°17’	♉ 25°24’	♊ 25°07’	♋ 23°44’	♌ 23°24’	♍ 23°24’	♎ 22°54’	♏ 23°55’	♐ 24°19’
	21日	♒ 00°13’	♓ 01°38’	♈ 00°39’	♉ 01°10’	♊ 00°13’	♊ 29°53’	♋ 28°30’	♌ 28°12’	♍ 28°17’	♎ 27°52’	♏ 28°58’	♐ 29°25’
	26日	♒ 05°18’	♓ 06°40’	♈ 05°37’	♉ 06°02’	♊ 05°01’	♋ 04°39’	♌ 03°16’	♍ 03°02’	♎ 03°11’	♏ 02°51’	♐ 04°01’	♑ 04°30’

年	日	1月	2月	3月	4月	5月	6月	7月	8月	9月	10月	11月	12月
1981	1日	♑ 10°37'	♒ 12°10'	♓ 10°27'	♈ 11°18'	♉ 10°39'	♊ 10°32'	♋ 09°11'	♌ 08°47'	♍ 08°35'	♎ 07°51'	♏ 08°36'	♐ 08°50'
	6日	♑ 15°43'	♒ 17°15'	♓ 15°27'	♈ 16°14'	♉ 15°30'	♊ 15°19'	♋ 13°58'	♌ 13°34'	♍ 13°26'	♎ 12°46'	♏ 13°37'	♐ 13°54'
	11日	♑ 20°49'	♒ 22°18'	♓ 20°27'	♈ 21°08'	♉ 20°20'	♊ 20°06'	♋ 18°44'	♌ 18°21'	♍ 18°17'	♎ 17°43'	♏ 18°38'	♐ 18°59'
	16日	♑ 25°54'	♒ 27°21'	♓ 25°26'	♈ 26°02'	♉ 25°10'	♊ 24°53'	♋ 23°30'	♌ 23°09'	♍ 23°09'	♎ 22°40'	♏ 23°40'	♐ 24°04'
	21日	♒ 01°00'	♓ 02°24'	♈ 00°25'	♉ 00°55'	♉ 29°58'	♊ 29°39'	♋ 28°16'	♌ 27°58'	♍ 28°02'	♎ 27°38'	♏ 28°43'	♐ 29°09'
	26日	♒ 06°05'	♓ 07°26'	♈ 05°22'	♉ 05°48'	♊ 04°47'	♋ 04°25'	♌ 03°02'	♍ 02°47'	♎ 02°56'	♏ 02°36'	♐ 03°46'	♑ 04°15'
1982	1日	♑ 10°22'	♒ 11°55'	♓ 10°12'	♈ 11°04'	♉ 10°25'	♊ 10°19'	♋ 08°58'	♌ 08°33'	♍ 08°22'	♎ 07°37'	♏ 08°22'	♐ 08°35'
	6日	♑ 15°28'	♒ 17°00'	♓ 15°13'	♈ 15°59'	♉ 15°16'	♊ 15°06'	♋ 13°44'	♌ 13°20'	♍ 13°12'	♎ 12°32'	♏ 13°22'	♐ 13°39'
	11日	♑ 20°34'	♒ 22°03'	♓ 20°13'	♈ 20°54'	♉ 20°06'	♊ 19°53'	♋ 18°30'	♌ 18°08'	♍ 18°03'	♎ 17°28'	♏ 18°23'	♐ 18°44'
	16日	♑ 25°39'	♒ 27°06'	♓ 25°12'	♈ 25°48'	♉ 24°56'	♊ 24°39'	♋ 23°16'	♌ 22°56'	♍ 22°55'	♎ 22°25'	♏ 23°25'	♐ 23°49'
	21日	♒ 00°44'	♓ 02°09'	♈ 00°10'	♉ 00°41'	♉ 29°45'	♊ 29°26'	♋ 28°02'	♌ 27°44'	♍ 27°48'	♎ 27°23'	♏ 28°28'	♐ 28°55'
	26日	♒ 05°50'	♓ 07°11'	♈ 05°08'	♉ 05°34'	♊ 04°33'	♋ 04°12'	♌ 02°49'	♍ 02°34'	♎ 02°42'	♏ 02°22'	♐ 03°31'	♑ 04°00'
1983	1日	♑ 10°07'	♒ 11°41'	♓ 09°57'	♈ 10°49'	♉ 10°11'	♊ 10°04'	♋ 08°44'	♌ 08°19'	♍ 08°07'	♎ 07°22'	♏ 08°07'	♐ 08°20'
	6日	♑ 15°13'	♒ 16°45'	♓ 14°58'	♈ 15°45'	♉ 15°02'	♊ 14°52'	♋ 13°30'	♌ 13°06'	♍ 12°58'	♎ 12°18'	♏ 13°07'	♐ 13°25'
	11日	♑ 20°19'	♒ 21°49'	♓ 19°58'	♈ 20°40'	♉ 19°52'	♊ 19°39'	♋ 18°16'	♌ 17°54'	♍ 17°49'	♎ 17°14'	♏ 18°09'	♐ 18°29'
	16日	♑ 25°24'	♒ 26°52'	♓ 24°57'	♈ 25°34'	♉ 24°42'	♊ 24°26'	♋ 23°02'	♌ 22°42'	♍ 22°41'	♎ 22°11'	♏ 23°11'	♐ 23°35'
	21日	♒ 00°30'	♓ 01°55'	♓ 29°56'	♉ 00°27'	♉ 29°31'	♊ 29°12'	♋ 27°49'	♌ 27°30'	♍ 27°34'	♎ 27°09'	♏ 28°13'	♐ 28°40'
	26日	♒ 05°35'	♓ 06°57'	♈ 04°53'	♉ 05°20'	♊ 04°19'	♋ 03°58'	♌ 02°35'	♍ 02°19'	♎ 02°28'	♏ 02°07'	♐ 03°16'	♑ 03°45'
1984	1日	♑ 09°52'	♒ 11°26'	♓ 10°43'	♈ 11°34'	♉ 10°55'	♊ 10°48'	♋ 09°28'	♌ 09°03'	♍ 08°51'	♎ 08°07'	♏ 08°52'	♐ 09°06'
	6日	♑ 14°58'	♒ 16°30'	♓ 15°44'	♈ 16°30'	♉ 15°46'	♊ 15°36'	♋ 14°14'	♌ 13°50'	♍ 13°42'	♎ 13°02'	♏ 13°53'	♐ 14°11'
	11日	♑ 20°04'	♒ 21°34'	♓ 20°44'	♈ 21°25'	♉ 20°36'	♊ 20°22'	♋ 19°00'	♌ 18°37'	♍ 18°33'	♎ 17°59'	♏ 18°54'	♐ 19°15'
	16日	♑ 25°10'	♒ 26°38'	♓ 25°43'	♈ 26°19'	♉ 25°26'	♊ 25°09'	♋ 23°46'	♌ 23°25'	♍ 23°25'	♎ 22°56'	♏ 23°56'	♐ 24°20'
	21日	♒ 00°15'	♓ 01°40'	♈ 00°41'	♉ 01°12'	♊ 00°15'	♊ 29°55'	♋ 28°32'	♌ 28°14'	♍ 28°18'	♎ 27°54'	♏ 28°59'	♐ 29°26'
	26日	♒ 05°20'	♓ 06°42'	♈ 05°39'	♉ 06°04'	♊ 05°03'	♋ 04°41'	♌ 03°18'	♍ 03°03'	♎ 03°12'	♏ 02°53'	♐ 04°02'	♑ 04°32'
1985	1日	♑ 10°39'	♒ 12°12'	♓ 10°29'	♈ 11°20'	♉ 10°41'	♊ 10°34'	♋ 09°14'	♌ 08°49'	♍ 08°38'	♎ 07°53'	♏ 08°38'	♐ 08°52'
	6日	♑ 15°44'	♒ 17°16'	♓ 15°29'	♈ 16°16'	♉ 15°32'	♊ 15°22'	♋ 14°00'	♌ 13°36'	♍ 13°28'	♎ 12°48'	♏ 13°38'	♐ 13°56'
	11日	♑ 20°50'	♒ 22°20'	♓ 20°29'	♈ 21°10'	♉ 20°22'	♊ 20°08'	♋ 18°46'	♌ 18°24'	♍ 18°20'	♎ 17°45'	♏ 18°40'	♐ 19°01'
	16日	♑ 25°56'	♒ 27°23'	♓ 25°28'	♈ 26°04'	♉ 25°12'	♊ 24°55'	♋ 23°32'	♌ 23°12'	♍ 23°12'	♎ 22°42'	♏ 23°42'	♐ 24°06'
	21日	♒ 01°01'	♓ 02°26'	♈ 00°27'	♉ 00°58'	♊ 00°01'	♊ 29°42'	♋ 28°18'	♌ 28°01'	♍ 28°05'	♎ 27°40'	♏ 28°45'	♐ 29°11'
	26日	♒ 06°06'	♓ 07°28'	♈ 05°24'	♉ 05°50'	♊ 04°49'	♋ 04°28'	♌ 03°05'	♍ 02°50'	♎ 02°58'	♏ 02°39'	♐ 03°48'	♑ 04°17'

年	日	1月	2月	3月	4月	5月	6月	7月	8月	9月	10月	11月	12月
1986	1日	♑ 10°24’	♒ 11°57’	♓ 10°14’	♈ 11°06’	♉ 10°27’	♊ 10°20’	♋ 09°00’	♌ 08°35’	♍ 08°24’	♎ 07°39’	♏ 08°24’	♐ 08°37’
	6日	♑ 15°29’	♒ 17°01’	♓ 15°15’	♈ 16°01’	♉ 15°18’	♊ 15°08’	♋ 13°46’	♌ 13°22’	♍ 13°14’	♎ 12°34’	♏ 13°24’	♐ 13°41’
	11日	♑ 20°35’	♒ 22°05’	♓ 20°15’	♈ 20°56’	♉ 20°08’	♊ 19°55’	♋ 18°32’	♌ 18°10’	♍ 18°06’	♎ 17°30’	♏ 18°25’	♐ 18°46’
	16日	♑ 25°41’	♒ 27°09’	♓ 25°14’	♈ 25°50’	♉ 24°58’	♊ 24°42’	♋ 23°18’	♌ 22°58’	♍ 22°58’	♎ 22°27’	♏ 23°27’	♐ 23°51’
	21日	♒ 00°46’	♓ 02°11’	♈ 00°12’	♉ 00°43’	♉ 29°47’	♊ 29°28’	♋ 28°05’	♌ 27°47’	♍ 27°50’	♎ 27°25’	♏ 28°30’	♐ 28°56’
	26日	♒ 05°51’	♓ 07°13’	♈ 05°10’	♉ 05°36’	♊ 04°35’	♋ 04°14’	♌ 02°51’	♍ 02°36’	♎ 02°44’	♏ 02°24’	♐ 03°33’	♑ 04°02’
1987	1日	♑ 10°09’	♒ 11°42’	♓ 09°59’	♈ 10°52’	♉ 10°14’	♊ 10°07’	♋ 08°47’	♌ 08°22’	♍ 08°10’	♎ 07°25’	♏ 08°09’	♐ 08°22’
	6日	♑ 15°15’	♒ 16°47’	♓ 15°00’	♈ 15°47’	♉ 15°05’	♊ 14°54’	♋ 13°33’	♌ 13°09’	♍ 13°00’	♎ 12°20’	♏ 13°09’	♐ 13°26’
	11日	♑ 20°20’	♒ 21°51’	♓ 20°00’	♈ 20°42’	♉ 19°55’	♊ 19°41’	♋ 18°19’	♌ 17°56’	♍ 17°51’	♎ 17°16’	♏ 18°11’	♐ 18°31’
	16日	♑ 25°26’	♒ 26°54’	♓ 24°59’	♈ 25°36’	♉ 24°44’	♊ 24°28’	♋ 23°05’	♌ 22°44’	♍ 22°43’	♎ 22°13’	♏ 23°12’	♐ 23°36’
	21日	♒ 00°31’	♓ 01°56’	♓ 29°58’	♉ 00°29’	♉ 29°33’	♊ 29°14’	♋ 27°51’	♌ 27°33’	♍ 27°36’	♎ 27°11’	♏ 28°15’	♐ 28°42’
	26日	♒ 05°37’	♓ 06°58’	♈ 04°55’	♉ 05°22’	♊ 04°22’	♋ 04°01’	♌ 02°37’	♍ 02°22’	♎ 02°30’	♏ 02°10’	♐ 03°19’	♑ 03°47’
1988	1日	♑ 09°54’	♒ 11°28’	♓ 10°45’	♈ 11°36’	♉ 10°58’	♊ 10°50’	♋ 09°30’	♌ 09°05’	♍ 08°54’	♎ 08°09’	♏ 08°55’	♐ 09°08’
	6日	♑ 15°00’	♒ 16°32’	♓ 15°46’	♈ 16°32’	♉ 15°48’	♊ 15°38’	♋ 14°16’	♌ 13°52’	♍ 13°44’	♎ 13°05’	♏ 13°55’	♐ 14°13’
	11日	♑ 20°06’	♒ 21°36’	♓ 20°45’	♈ 21°27’	♉ 20°38’	♊ 20°25’	♋ 19°02’	♌ 18°40’	♍ 18°36’	♎ 18°01’	♏ 18°57’	♐ 19°18’
	16日	♑ 25°11’	♒ 26°39’	♓ 25°45’	♈ 26°21’	♉ 25°28’	♊ 25°11’	♋ 23°48’	♌ 23°28’	♍ 23°28’	♎ 22°58’	♏ 23°59’	♐ 24°23’
	21日	♒ 00°17’	♓ 01°42’	♈ 00°43’	♉ 01°14’	♊ 00°17’	♊ 29°58’	♋ 28°34’	♌ 28°17’	♍ 28°21’	♎ 27°56’	♏ 29°01’	♐ 29°28’
	26日	♒ 05°22’	♓ 06°44’	♈ 05°41’	♉ 06°06’	♊ 05°05’	♋ 04°44’	♌ 03°21’	♍ 03°06’	♎ 03°15’	♏ 02°55’	♐ 04°05’	♑ 04°34’
1989	1日	♑ 10°41’	♒ 12°14’	♓ 10°30’	♈ 11°22’	♉ 10°43’	♊ 10°36’	♋ 09°16’	♌ 08°51’	♍ 08°40’	♎ 07°55’	♏ 08°40’	♐ 08°54’
	6日	♑ 15°46’	♒ 17°18’	♓ 15°31’	♈ 16°18’	♉ 15°34’	♊ 15°24’	♋ 14°02’	♌ 13°38’	♍ 13°30’	♎ 12°51’	♏ 13°41’	♐ 13°58’
	11日	♑ 20°52’	♒ 22°22’	♓ 20°31’	♈ 21°12’	♉ 20°24’	♊ 20°11’	♋ 18°48’	♌ 18°26’	♍ 18°22’	♎ 17°47’	♏ 18°42’	♐ 19°03’
	16日	♑ 25°58’	♒ 27°25’	♓ 25°30’	♈ 26°06’	♉ 25°14’	♊ 24°57’	♋ 23°34’	♌ 23°14’	♍ 23°14’	♎ 22°44’	♏ 23°44’	♐ 24°08’
	21日	♒ 01°03’	♓ 02°28’	♈ 00°29’	♉ 00°59’	♊ 00°03’	♊ 29°44’	♋ 28°20’	♌ 28°03’	♍ 28°07’	♎ 27°42’	♏ 28°47’	♐ 29°13’
	26日	♒ 06°08’	♓ 07°30’	♈ 05°26’	♉ 05°52’	♊ 04°51’	♋ 04°30’	♌ 03°07’	♍ 02°52’	♎ 03°00’	♏ 02°41’	♐ 03°50’	♑ 04°19’
1990	1日	♑ 10°26’	♒ 11°59’	♓ 10°16’	♈ 11°08’	♉ 10°30’	♊ 10°23’	♋ 09°03’	♌ 08°38’	♍ 08°26’	♎ 07°41’	♏ 08°26’	♐ 08°39’
	6日	♑ 15°32’	♒ 17°04’	♓ 15°17’	♈ 16°03’	♉ 15°20’	♊ 15°10’	♋ 13°48’	♌ 13°25’	♍ 13°17’	♎ 12°36’	♏ 13°26’	♐ 13°43’
	11日	♑ 20°37’	♒ 22°07’	♓ 20°17’	♈ 20°58’	♉ 20°10’	♊ 19°57’	♋ 18°34’	♌ 18°12’	♍ 18°08’	♎ 17°33’	♏ 18°27’	♐ 18°48’
	16日	♑ 25°43’	♒ 27°10’	♓ 25°16’	♈ 25°52’	♉ 25°00’	♊ 24°44’	♋ 23°21’	♌ 23°00’	♍ 23°00’	♎ 22°30’	♏ 23°29’	♐ 23°53’
	21日	♒ 00°48’	♓ 02°13’	♈ 00°14’	♉ 00°45’	♉ 29°49’	♊ 29°30’	♋ 28°07’	♌ 27°49’	♍ 27°53’	♎ 27°28’	♏ 28°32’	♐ 28°59’
	26日	♒ 05°54’	♓ 07°15’	♈ 05°12’	♉ 05°38’	♊ 04°37’	♋ 04°16’	♌ 02°54’	♍ 02°38’	♎ 02°47’	♏ 02°26’	♐ 03°35’	♑ 04°04’

年	日	1月	2月	3月	4月	5月	6月	7月	8月	9月	10月	11月	12月
1991	1日	♑ 10°11'	♒ 11°44'	♓ 10°01'	♈ 10°53'	♉ 10°15'	♊ 10°09'	♋ 08°48'	♌ 08°24'	♍ 08°12'	♎ 07°27'	♏ 08°11'	♐ 08°24'
	6日	♑ 15°17'	♒ 16°49'	♓ 15°02'	♈ 15°49'	♉ 15°06'	♊ 14°56'	♋ 13°34'	♌ 13°11'	♍ 13°02'	♎ 12°22'	♏ 13°12'	♐ 13°29'
	11日	♑ 20°22'	♒ 21°52'	♓ 20°02'	♈ 20°44'	♉ 19°56'	♊ 19°43'	♋ 18°21'	♌ 17°58'	♍ 17°54'	♎ 17°18'	♏ 18°13'	♐ 18°34'
	16日	♑ 25°28'	♒ 26°56'	♓ 25°01'	♈ 25°38'	♉ 24°46'	♊ 24°30'	♋ 23°07'	♌ 22°46'	♍ 22°46'	♎ 22°15'	♏ 23°15'	♐ 23°39'
	21日	♒ 00°34'	♓ 01°59'	♈ 00°00'	♉ 00°31'	♉ 29°35'	♊ 29°16'	♋ 27°53'	♌ 27°35'	♍ 27°39'	♎ 27°13'	♏ 28°18'	♐ 28°44'
	26日	♒ 05°39'	♓ 07°00'	♈ 04°58'	♉ 05°24'	♊ 04°23'	♋ 04°02'	♌ 02°39'	♍ 02°24'	♎ 02°32'	♏ 02°12'	♐ 03°21'	♑ 03°49'
1992	1日	♑ 09°56'	♒ 11°30'	♓ 10°47'	♈ 11°38'	♉ 11°00'	♊ 10°52'	♋ 09°32'	♌ 09°07'	♍ 08°56'	♎ 08°11'	♏ 08°57'	♐ 09°11'
	6日	♑ 15°02'	♒ 16°34'	♓ 15°48'	♈ 16°34'	♉ 15°51'	♊ 15°40'	♋ 14°18'	♌ 13°54'	♍ 13°46'	♎ 13°07'	♏ 13°57'	♐ 14°15'
	11日	♑ 20°08'	♒ 21°38'	♓ 20°48'	♈ 21°29'	♉ 20°41'	♊ 20°27'	♋ 19°04'	♌ 18°42'	♍ 18°38'	♎ 18°03'	♏ 18°59'	♐ 19°20'
	16日	♑ 25°14'	♒ 26°41'	♓ 25°47'	♈ 26°23'	♉ 25°30'	♊ 25°13'	♋ 23°50'	♌ 23°30'	♍ 23°30'	♎ 23°00'	♏ 24°01'	♐ 24°25'
	21日	♒ 00°19'	♓ 01°44'	♈ 00°45'	♉ 01°16'	♊ 00°19'	♊ 29°59'	♋ 28°36'	♌ 28°18'	♍ 28°23'	♎ 27°58'	♏ 29°03'	♐ 29°30'
	26日	♒ 05°24'	♓ 06°46'	♈ 05°43'	♉ 06°08'	♊ 05°07'	♋ 04°46'	♌ 03°23'	♍ 03°08'	♎ 03°17'	♏ 02°57'	♐ 04°07'	♑ 04°36'
1993	1日	♑ 10°43'	♒ 12°16'	♓ 10°33'	♈ 11°24'	♉ 10°45'	♊ 10°38'	♋ 09°18'	♌ 08°53'	♍ 08°42'	♎ 07°57'	♏ 08°42'	♐ 08°56'
	6日	♑ 15°49'	♒ 17°20'	♓ 15°33'	♈ 16°20'	♉ 15°36'	♊ 15°26'	♋ 14°04'	♌ 13°40'	♍ 13°32'	♎ 12°53'	♏ 13°43'	♐ 14°00'
	11日	♑ 20°54'	♒ 22°24'	♓ 20°33'	♈ 21°14'	♉ 20°26'	♊ 20°13'	♋ 18°50'	♌ 18°28'	♍ 18°24'	♎ 17°49'	♏ 18°44'	♐ 19°05'
	16日	♑ 26°00'	♒ 27°27'	♓ 25°32'	♈ 26°08'	♉ 25°16'	♊ 24°59'	♋ 23°36'	♌ 23°16'	♍ 23°16'	♎ 22°46'	♏ 23°46'	♐ 24°10'
	21日	♒ 01°05'	♓ 02°30'	♈ 00°31'	♉ 01°01'	♊ 00°05'	♊ 29°46'	♋ 28°22'	♌ 28°05'	♍ 28°09'	♎ 27°44'	♏ 28°49'	♐ 29°16'
	26日	♒ 06°10'	♓ 07°32'	♈ 05°28'	♉ 05°54'	♊ 04°53'	♋ 04°32'	♌ 03°09'	♍ 02°54'	♎ 03°03'	♏ 02°43'	♐ 03°52'	♑ 04°21'
1994	1日	♑ 10°28'	♒ 12°01'	♓ 10°18'	♈ 11°09'	♉ 10°31'	♊ 10°24'	♋ 09°04'	♌ 08°39'	♍ 08°28'	♎ 07°43'	♏ 08°28'	♐ 08°41'
	6日	♑ 15°34'	♒ 17°05'	♓ 15°18'	♈ 16°05'	♉ 15°22'	♊ 15°12'	♋ 13°50'	♌ 13°26'	♍ 13°18'	♎ 12°38'	♏ 13°28'	♐ 13°45'
	11日	♑ 20°39'	♒ 22°09'	♓ 20°19'	♈ 21°00'	♉ 20°12'	♊ 19°59'	♋ 18°36'	♌ 18°14'	♍ 18°10'	♎ 17°34'	♏ 18°29'	♐ 18°50'
	16日	♑ 25°45'	♒ 27°13'	♓ 25°18'	♈ 25°54'	♉ 25°02'	♊ 24°46'	♋ 23°22'	♌ 23°02'	♍ 23°02'	♎ 22°31'	♏ 23°31'	♐ 23°55'
	21日	♒ 00°51'	♓ 02°15'	♈ 00°16'	♉ 00°47'	♉ 29°51'	♊ 29°32'	♋ 28°09'	♌ 27°51'	♍ 27°55'	♎ 27°29'	♏ 28°34'	♐ 29°00'
	26日	♒ 05°56'	♓ 07°17'	♈ 05°14'	♉ 05°40'	♊ 04°39'	♋ 04°18'	♌ 02°55'	♍ 02°40'	♎ 02°48'	♏ 02°28'	♐ 03°37'	♑ 04°06'
1995	1日	♑ 10°13'	♒ 11°47'	♓ 10°03'	♈ 10°56'	♉ 10°17'	♊ 10°11'	♋ 08°51'	♌ 08°25'	♍ 08°14'	♎ 07°28'	♏ 08°13'	♐ 08°26'
	6日	♑ 15°19'	♒ 16°51'	♓ 15°04'	♈ 15°51'	♉ 15°08'	♊ 14°58'	♋ 13°37'	♌ 13°13'	♍ 13°04'	♎ 12°24'	♏ 13°13'	♐ 13°30'
	11日	♑ 20°25'	♒ 21°55'	♓ 20°04'	♈ 20°46'	♉ 19°59'	♊ 19°45'	♋ 18°23'	♌ 18°00'	♍ 17°55'	♎ 17°20'	♏ 18°14'	♐ 18°35'
	16日	♑ 25°30'	♒ 26°58'	♓ 25°04'	♈ 25°40'	♉ 24°48'	♊ 24°32'	♋ 23°08'	♌ 22°48'	♍ 22°47'	♎ 22°17'	♏ 23°16'	♐ 23°40'
	21日	♒ 00°36'	♓ 02°01'	♈ 00°02'	♉ 00°33'	♉ 29°37'	♊ 29°18'	♋ 27°55'	♌ 27°36'	♍ 27°40'	♎ 27°14'	♏ 28°19'	♐ 28°45'
	26日	♒ 05°41'	♓ 07°03'	♈ 04°59'	♉ 05°26'	♊ 04°25'	♋ 04°04'	♌ 02°41'	♍ 02°26'	♎ 02°34'	♏ 02°13'	♐ 03°22'	♑ 03°51'

年	日	1月	2月	3月	4月	5月	6月	7月	8月	9月	10月	11月	12月
1996	1日	♑ 09°58’	♒ 11°32’	♓ 10°49’	♈ 11°40’	♉ 11°02’	♊ 10°54’	♋ 09°34’	♌ 09°09’	♍ 08°57’	♎ 08°13’	♏ 08°58’	♐ 09°12’
	6日	♑ 15°04’	♒ 16°36’	♓ 15°50’	♈ 16°36’	♉ 15°52’	♊ 15°41’	♋ 14°19’	♌ 13°56’	♍ 13°48’	♎ 13°08’	♏ 13°59’	♐ 14°16’
	11日	♑ 20°09’	♒ 21°40’	♓ 20°49’	♈ 21°31’	♉ 20°42’	♊ 20°28’	♋ 19°06’	♌ 18°43’	♍ 18°39’	♎ 18°05’	♏ 19°00’	♐ 19°21’
	16日	♑ 25°15’	♒ 26°43’	♓ 25°49’	♈ 26°25’	♉ 25°32’	♊ 25°15’	♋ 23°52’	♌ 23°32’	♍ 23°32’	♎ 23°02’	♏ 24°02’	♐ 24°26’
	21日	♒ 00°21’	♓ 01°46’	♈ 00°47’	♉ 01°18’	♊ 00°21’	♋ 00°01’	♋ 28°38’	♌ 28°20’	♍ 28°25’	♎ 28°00’	♏ 29°05’	♐ 29°32’
	26日	♒ 05°26’	♓ 06°48’	♈ 05°45’	♉ 06°10’	♊ 05°09’	♋ 04°48’	♌ 03°25’	♍ 03°10’	♎ 03°18’	♏ 02°59’	♐ 04°08’	♑ 04°37’
1997	1日	♑ 10°44’	♒ 12°18’	♓ 10°34’	♈ 11°26’	♉ 10°47’	♊ 10°40’	♋ 09°19’	♌ 08°55’	♍ 08°43’	♎ 07°58’	♏ 08°44’	♐ 08°57’
	6日	♑ 15°50’	♒ 17°22’	♓ 15°35’	♈ 16°21’	♉ 15°38’	♊ 15°27’	♋ 14°06’	♌ 13°42’	♍ 13°34’	♎ 12°54’	♏ 13°44’	♐ 14°01’
	11日	♑ 20°56’	♒ 22°26’	♓ 20°35’	♈ 21°16’	♉ 20°28’	♊ 20°14’	♋ 18°52’	♌ 18°30’	♍ 18°25’	♎ 17°50’	♏ 18°45’	♐ 19°06’
	16日	♑ 26°02’	♒ 27°29’	♓ 25°34’	♈ 26°10’	♉ 25°18’	♊ 25°01’	♋ 23°38’	♌ 23°18’	♍ 23°17’	♎ 22°47’	♏ 23°47’	♐ 24°11’
	21日	♒ 01°07’	♓ 02°32’	♈ 00°32’	♉ 01°03’	♊ 00°06’	♊ 29°47’	♋ 28°24’	♌ 28°06’	♍ 28°10’	♎ 27°45’	♏ 28°50’	♐ 29°16’
	26日	♒ 06°12’	♓ 07°33’	♈ 05°30’	♉ 05°56’	♊ 04°55’	♋ 04°33’	♌ 03°10’	♍ 02°55’	♎ 03°04’	♏ 02°44’	♐ 03°53’	♑ 04°22’
1998	1日	♑ 10°29’	♒ 12°03’	♓ 10°19’	♈ 11°11’	♉ 10°33’	♊ 10°27’	♋ 09°06’	♌ 08°41’	♍ 08°29’	♎ 07°44’	♏ 08°29’	♐ 08°42’
	6日	♑ 15°35’	♒ 17°07’	♓ 15°20’	♈ 16°07’	♉ 15°24’	♊ 15°14’	♋ 13°52’	♌ 13°28’	♍ 13°20’	♎ 12°40’	♏ 13°29’	♐ 13°46’
	11日	♑ 20°41’	♒ 22°11’	♓ 20°20’	♈ 21°02’	♉ 20°14’	♊ 20°01’	♋ 18°38’	♌ 18°16’	♍ 18°11’	♎ 17°36’	♏ 18°31’	♐ 18°51’
	16日	♑ 25°46’	♒ 27°14’	♓ 25°19’	♈ 25°56’	♉ 25°04’	♊ 24°47’	♋ 23°24’	♌ 23°04’	♍ 23°03’	♎ 22°33’	♏ 23°33’	♐ 23°56’
	21日	♒ 00°51’	♓ 02°16’	♈ 00°18’	♉ 00°49’	♉ 29°53’	♊ 29°34’	♋ 28°10’	♌ 27°52’	♍ 27°56’	♎ 27°31’	♏ 28°35’	♐ 29°02’
	26日	♒ 05°57’	♓ 07°18’	♈ 05°15’	♉ 05°41’	♊ 04°41’	♋ 04°20’	♌ 02°57’	♍ 02°42’	♎ 02°50’	♏ 02°30’	♐ 03°38’	♑ 04°07’
1999	1日	♑ 10°14’	♒ 11°47’	♓ 10°04’	♈ 10°57’	♉ 10°19’	♊ 10°12’	♋ 08°52’	♌ 08°27’	♍ 08°15’	♎ 07°30’	♏ 08°14’	♐ 08°27’
	6日	♑ 15°20’	♒ 16°52’	♓ 15°05’	♈ 15°52’	♉ 15°10’	♊ 15°00’	♋ 13°38’	♌ 13°14’	♍ 13°06’	♎ 12°25’	♏ 13°15’	♐ 13°32’
	11日	♑ 20°25’	♒ 21°55’	♓ 20°05’	♈ 20°47’	♉ 20°00’	♊ 19°47’	♋ 18°24’	♌ 18°02’	♍ 17°57’	♎ 17°21’	♏ 18°16’	♐ 18°36’
	16日	♑ 25°31’	♒ 26°59’	♓ 25°05’	♈ 25°41’	♉ 24°50’	♊ 24°33’	♋ 23°10’	♌ 22°50’	♍ 22°49’	♎ 22°18’	♏ 23°18’	♐ 23°42’
	21日	♒ 00°37’	♓ 02°02’	♈ 00°03’	♉ 00°35’	♉ 29°39’	♊ 29°20’	♋ 27°57’	♌ 27°38’	♍ 27°42’	♎ 27°16’	♏ 28°21’	♐ 28°47’
	26日	♒ 05°42’	♓ 07°04’	♈ 05°01’	♉ 05°27’	♊ 04°27’	♋ 04°06’	♌ 02°43’	♍ 02°27’	♎ 02°35’	♏ 02°15’	♐ 03°24’	♑ 03°52’
2000	1日	♑ 09°59’	♒ 11°33’	♓ 10°50’	♈ 11°41’	♉ 11°03’	♊ 10°56’	♋ 09°35’	♌ 09°10’	♍ 08°59’	♎ 08°14’	♏ 09°00’	♐ 09°13’
	6日	♑ 15°05’	♒ 16°37’	♓ 15°51’	♈ 16°37’	♉ 15°54’	♊ 15°43’	♋ 14°21’	♌ 13°58’	♍ 13°50’	♎ 13°10’	♏ 14°00’	♐ 14°18’
	11日	♑ 20°11’	♒ 21°41’	♓ 20°51’	♈ 21°32’	♉ 20°44’	♊ 20°30’	♋ 19°07’	♌ 18°45’	♍ 18°41’	♎ 18°06’	♏ 19°02’	♐ 19°23’
	16日	♑ 25°17’	♒ 26°44’	♓ 25°50’	♈ 26°26’	♉ 25°33’	♊ 25°17’	♋ 23°53’	♌ 23°33’	♍ 23°33’	♎ 23°03’	♏ 24°03’	♐ 24°28’
	21日	♒ 00°22’	♓ 01°47’	♈ 00°48’	♉ 01°19’	♊ 00°22’	♋ 00°03’	♋ 28°40’	♌ 28°22’	♍ 28°26’	♎ 28°01’	♏ 29°06’	♐ 29°33’
	26日	♒ 05°27’	♓ 06°49’	♈ 05°46’	♉ 06°11’	♊ 05°10’	♋ 04°49’	♌ 03°26’	♍ 03°11’	♎ 03°20’	♏ 03°00’	♐ 04°10’	♑ 04°39’

年	日	1月	2月	3月	4月	5月	6月	7月	8月	9月	10月	11月	12月
2001	1日	♑ 10°46'	♒ 12°19'	♓ 10°35'	♈ 11°27'	♉ 10°49'	♊ 10°42'	♋ 09°21'	♌ 08°57'	♍ 08°45'	♎ 08°00'	♏ 08°45'	♐ 08°59'
	6日	♑ 15°51'	♒ 17°23'	♓ 15°36'	♈ 16°23'	♉ 15°39'	♊ 15°29'	♋ 14°07'	♌ 13°44'	♍ 13°36'	♎ 12°56'	♏ 13°46'	♐ 14°03'
	11日	♑ 20°57'	♒ 22°27'	♓ 20°36'	♈ 21°17'	♉ 20°29'	♊ 20°16'	♋ 18°53'	♌ 18°31'	♍ 18°27'	♎ 17°52'	♏ 18°47'	♐ 19°08'
	16日	♑ 26°03'	♒ 27°30'	♓ 25°35'	♈ 26°11'	♉ 25°19'	♊ 25°02'	♋ 23°39'	♌ 23°19'	♍ 23°19'	♎ 22°49'	♏ 23°49'	♐ 24°13'
	21日	♒ 01°08'	♓ 02°33'	♈ 00°34'	♉ 01°04'	♊ 00°08'	♊ 29°49'	♋ 28°26'	♌ 28°08'	♍ 28°12'	♎ 27°47'	♏ 28°52'	♐ 29°18'
	26日	♒ 06°13'	♓ 07°35'	♈ 05°31'	♉ 05°57'	♊ 04°56'	♋ 04°35'	♌ 03°12'	♍ 02°57'	♎ 03°06'	♏ 02°46'	♐ 03°55'	♑ 04°24'
2002	1日	♑ 10°31'	♒ 12°04'	♓ 10°21'	♈ 11°13'	♉ 10°34'	♊ 10°28'	♋ 09°07'	♌ 08°43'	♍ 08°31'	♎ 07°46'	♏ 08°31'	♐ 08°44'
	6日	♑ 15°36'	♒ 17°08'	♓ 15°21'	♈ 16°08'	♉ 15°25'	♊ 15°15'	♋ 13°53'	♌ 13°30'	♍ 13°22'	♎ 12°41'	♏ 13°31'	♐ 13°48'
	11日	♑ 20°42'	♒ 22°12'	♓ 20°21'	♈ 21°03'	♉ 20°15'	♊ 20°02'	♋ 18°40'	♌ 18°17'	♍ 18°13'	♎ 17°38'	♏ 18°33'	♐ 18°53'
	16日	♑ 25°48'	♒ 27°15'	♓ 25°21'	♈ 25°57'	♉ 25°05'	♊ 24°49'	♋ 23°26'	♌ 23°06'	♍ 23°05'	♎ 22°35'	♏ 23°34'	♐ 23°58'
	21日	♒ 00°53'	♓ 02°18'	♈ 00°19'	♉ 00°50'	♉ 29°54'	♊ 29°35'	♋ 28°12'	♌ 27°54'	♍ 27°58'	♎ 27°33'	♏ 28°37'	♐ 29°03'
	26日	♒ 05°58'	♓ 07°20'	♈ 05°17'	♉ 05°43'	♊ 04°42'	♋ 04°21'	♌ 02°58'	♍ 02°43'	♎ 02°52'	♏ 02°31'	♐ 03°40'	♑ 04°09'
2003	1日	♑ 10°16'	♒ 11°49'	♓ 10°06'	♈ 10°59'	♉ 10°21'	♊ 10°14'	♋ 08°54'	♌ 08°29'	♍ 08°17'	♎ 07°32'	♏ 08°16'	♐ 08°29'
	6日	♑ 15°22'	♒ 16°54'	♓ 15°07'	♈ 15°54'	♉ 15°12'	♊ 15°02'	♋ 13°40'	♌ 13°16'	♍ 13°08'	♎ 12°27'	♏ 13°17'	♐ 13°34'
	11日	♑ 20°28'	♒ 21°58'	♓ 20°07'	♈ 20°49'	♉ 20°02'	♊ 19°49'	♋ 18°26'	♌ 18°04'	♍ 17°59'	♎ 17°23'	♏ 18°18'	♐ 18°38'
	16日	♑ 25°33'	♒ 27°01'	♓ 25°07'	♈ 25°43'	♉ 24°51'	♊ 24°35'	♋ 23°12'	♌ 22°51'	♍ 22°51'	♎ 22°20'	♏ 23°20'	♐ 23°43'
	21日	♒ 00°38'	♓ 02°03'	♈ 00°05'	♉ 00°36'	♉ 29°40'	♊ 29°21'	♋ 27°58'	♌ 27°40'	♍ 27°44'	♎ 27°18'	♏ 28°22'	♐ 28°49'
	26日	♒ 05°44'	♓ 07°05'	♈ 05°03'	♉ 05°29'	♊ 04°29'	♋ 04°08'	♌ 02°45'	♍ 02°29'	♎ 02°37'	♏ 02°17'	♐ 03°26'	♑ 03°54'
2004	1日	♑ 10°01'	♒ 11°35'	♓ 10°52'	♈ 11°44'	♉ 11°05'	♊ 10°58'	♋ 09°37'	♌ 09°12'	♍ 09°01'	♎ 08°17'	♏ 09°02'	♐ 09°16'
	6日	♑ 15°07'	♒ 16°39'	♓ 15°53'	♈ 16°39'	♉ 15°56'	♊ 15°45'	♋ 14°23'	♌ 13°59'	♍ 13°52'	♎ 13°12'	♏ 14°02'	♐ 14°20'
	11日	♑ 20°13'	♒ 21°43'	♓ 20°53'	♈ 21°34'	♉ 20°46'	♊ 20°32'	♋ 19°09'	♌ 18°47'	♍ 18°43'	♎ 18°08'	♏ 19°04'	♐ 19°25'
	16日	♑ 25°18'	♒ 26°46'	♓ 25°52'	♈ 26°28'	♉ 25°35'	♊ 25°18'	♋ 23°55'	♌ 23°35'	♍ 23°35'	♎ 23°05'	♏ 24°06'	♐ 24°30'
	21日	♒ 00°24'	♓ 01°49'	♈ 00°50'	♉ 01°21'	♊ 00°24'	♋ 00°05'	♋ 28°42'	♌ 28°24'	♍ 28°28'	♎ 28°04'	♏ 29°09'	♐ 29°35'
	26日	♒ 05°29'	♓ 06°51'	♈ 05°48'	♉ 06°13'	♊ 05°12'	♋ 04°51'	♌ 03°28'	♍ 03°13'	♎ 03°22'	♏ 03°02'	♐ 04°12'	♑ 04°41'
2005	1日	♑ 10°48'	♒ 12°21'	♓ 10°37'	♈ 11°29'	♉ 10°51'	♊ 10°44'	♋ 09°23'	♌ 08°58'	♍ 08°47'	♎ 08°02'	♏ 08°47'	♐ 09°01'
	6日	♑ 15°53'	♒ 17°25'	♓ 15°38'	♈ 16°25'	♉ 15°41'	♊ 15°31'	♋ 14°09'	♌ 13°46'	♍ 13°38'	♎ 12°58'	♏ 13°48'	♐ 14°05'
	11日	♑ 20°59'	♒ 22°29'	♓ 20°38'	♈ 21°20'	♉ 20°32'	♊ 20°18'	♋ 18°55'	♌ 18°33'	♍ 18°29'	♎ 17°54'	♏ 18°49'	♐ 19°10'
	16日	♑ 26°05'	♒ 27°32'	♓ 25°38'	♈ 26°14'	♉ 25°21'	♊ 25°05'	♋ 23°42'	♌ 23°21'	♍ 23°21'	♎ 22°51'	♏ 23°51'	♐ 24°15'
	21日	♒ 01°10'	♓ 02°35'	♈ 00°36'	♉ 01°07'	♊ 00°10'	♊ 29°51'	♋ 28°28'	♌ 28°10'	♍ 28°14'	♎ 27°49'	♏ 28°54'	♐ 29°20'
	26日	♒ 06°15'	♓ 07°37'	♈ 05°33'	♉ 05°59'	♊ 04°58'	♋ 04°37'	♌ 03°14'	♍ 02°59'	♎ 03°08'	♏ 02°48'	♐ 03°57'	♑ 04°26'

年	日	1月	2月	3月	4月	5月	6月	7月	8月	9月	10月	11月	12月
2006	1日	♑ 10°33’	♒ 12°06’	♓ 10°23’	♈ 11°15’	♉ 10°37’	♊ 10°30’	♋ 09°10’	♌ 08°45’	♍ 08°33’	♎ 07°48’	♏ 08°33’	♐ 08°46’
	6日	♑ 15°39’	♒ 17°11’	♓ 15°24’	♈ 16°11’	♉ 15°28’	♊ 15°18’	♋ 13°56’	♌ 13°32’	♍ 13°24’	♎ 12°44’	♏ 13°33’	♐ 13°50’
	11日	♑ 20°44’	♒ 22°14’	♓ 20°24’	♈ 21°06’	♉ 20°18’	♊ 20°05’	♋ 18°42’	♌ 18°20’	♍ 18°15’	♎ 17°40’	♏ 18°34’	♐ 18°55’
	16日	♑ 25°50’	♒ 27°17’	♓ 25°23’	♈ 25°59’	♉ 25°07’	♊ 24°51’	♋ 23°28’	♌ 23°08’	♍ 23°07’	♎ 22°37’	♏ 23°36’	♐ 24°00’
	21日	♒ 00°55’	♓ 02°20’	♈ 00°21’	♉ 00°53’	♉ 29°56’	♊ 29°37’	♋ 28°14’	♌ 27°56’	♍ 28°00’	♎ 27°35’	♏ 28°39’	♐ 29°06’
	26日	♒ 06°00’	♓ 07°22’	♈ 05°19’	♉ 05°45’	♊ 04°45’	♋ 04°24’	♌ 03°01’	♍ 02°45’	♎ 02°54’	♏ 02°33’	♐ 03°42’	♑ 04°11’
2007	1日	♑ 10°18’	♒ 11°52’	♓ 10°09’	♈ 11°01’	♉ 10°23’	♊ 10°16’	♋ 08°56’	♌ 08°31’	♍ 08°19’	♎ 07°34’	♏ 08°18’	♐ 08°31’
	6日	♑ 15°24’	♒ 16°56’	♓ 15°09’	♈ 15°56’	♉ 15°14’	♊ 15°04’	♋ 13°42’	♌ 13°18’	♍ 13°10’	♎ 12°29’	♏ 13°19’	♐ 13°36’
	11日	♑ 20°29’	♒ 22°00’	♓ 20°09’	♈ 20°51’	♉ 20°04’	♊ 19°51’	♋ 18°28’	♌ 18°06’	♍ 18°01’	♎ 17°25’	♏ 18°20’	♐ 18°40’
	16日	♑ 25°35’	♒ 27°03’	♓ 25°09’	♈ 25°45’	♉ 24°54’	♊ 24°37’	♋ 23°14’	♌ 22°54’	♍ 22°53’	♎ 22°22’	♏ 23°22’	♐ 23°46’
	21日	♒ 00°41’	♓ 02°06’	♈ 00°07’	♉ 00°39’	♉ 29°43’	♊ 29°24’	♋ 28°01’	♌ 27°42’	♍ 27°46’	♎ 27°20’	♏ 28°25’	♐ 28°51’
	26日	♒ 05°46’	♓ 07°08’	♈ 05°05’	♉ 05°31’	♊ 04°31’	♋ 04°10’	♌ 02°47’	♍ 02°31’	♎ 02°39’	♏ 02°19’	♐ 03°28’	♑ 03°56’
2008	1日	♑ 10°03’	♒ 11°37’	♓ 10°54’	♈ 11°46’	♉ 11°07’	♊ 11°00’	♋ 09°39’	♌ 09°15’	♍ 09°03’	♎ 08°19’	♏ 09°04’	♐ 09°17’
	6日	♑ 15°09’	♒ 16°41’	♓ 15°55’	♈ 16°42’	♉ 15°58’	♊ 15°47’	♋ 14°26’	♌ 14°02’	♍ 13°54’	♎ 13°14’	♏ 14°04’	♐ 14°22’
	11日	♑ 20°15’	♒ 21°45’	♓ 20°55’	♈ 21°36’	♉ 20°48’	♊ 20°34’	♋ 19°12’	♌ 18°49’	♍ 18°45’	♎ 18°10’	♏ 19°06’	♐ 19°27’
	16日	♑ 25°21’	♒ 26°49’	♓ 25°54’	♈ 26°30’	♉ 25°38’	♊ 25°21’	♋ 23°58’	♌ 23°37’	♍ 23°37’	♎ 23°07’	♏ 24°08’	♐ 24°32’
	21日	♒ 00°26’	♓ 01°51’	♈ 00°53’	♉ 01°23’	♊ 00°26’	♋ 00°07’	♋ 28°44’	♌ 28°26’	♍ 28°30’	♎ 28°05’	♏ 29°10’	♐ 29°37’
	26日	♒ 05°31’	♓ 06°53’	♈ 05°50’	♉ 06°16’	♊ 05°15’	♋ 04°53’	♌ 03°30’	♍ 03°15’	♎ 03°24’	♏ 03°04’	♐ 04°14’	♑ 04°43’
2009	1日	♑ 10°50’	♒ 12°23’	♓ 10°40’	♈ 11°32’	♉ 10°53’	♊ 10°46’	♋ 09°26’	♌ 09°01’	♍ 08°50’	♎ 08°05’	♏ 08°50’	♐ 09°03’
	6日	♑ 15°55’	♒ 17°27’	♓ 15°41’	♈ 16°27’	♉ 15°44’	♊ 15°34’	♋ 14°12’	♌ 13°48’	♍ 13°40’	♎ 13°00’	♏ 13°50’	♐ 14°07’
	11日	♑ 21°01’	♒ 22°31’	♓ 20°40’	♈ 21°22’	♉ 20°34’	♊ 20°20’	♋ 18°58’	♌ 18°36’	♍ 18°31’	♎ 17°56’	♏ 18°51’	♐ 19°12’
	16日	♑ 26°07’	♒ 27°34’	♓ 25°40’	♈ 26°16’	♉ 25°23’	♊ 25°07’	♋ 23°44’	♌ 23°24’	♍ 23°24’	♎ 22°53’	♏ 23°53’	♐ 24°17’
	21日	♒ 01°12’	♓ 02°37’	♈ 00°38’	♉ 01°09’	♊ 00°12’	♊ 29°53’	♋ 28°30’	♌ 28°12’	♍ 28°17’	♎ 27°51’	♏ 28°56’	♐ 29°22’
	26日	♒ 06°17’	♓ 07°39’	♈ 05°36’	♉ 06°01’	♊ 05°01’	♋ 04°40’	♌ 03°17’	♍ 03°02’	♎ 03°10’	♏ 02°50’	♐ 03°59’	♑ 04°28’
2010	1日	♑ 10°35’	♒ 12°08’	♓ 10°25’	♈ 11°17’	♉ 10°39’	♊ 10°32’	♋ 09°12’	♌ 08°47’	♍ 08°35’	♎ 07°50’	♏ 08°35’	♐ 08°48’
	6日	♑ 15°40’	♒ 17°12’	♓ 15°26’	♈ 16°13’	♉ 15°30’	♊ 15°20’	♋ 13°58’	♌ 13°34’	♍ 13°26’	♎ 12°46’	♏ 13°35’	♐ 13°52’
	11日	♑ 20°46’	♒ 22°16’	♓ 20°26’	♈ 21°08’	♉ 20°20’	♊ 20°07’	♋ 18°44’	♌ 18°22’	♍ 18°17’	♎ 17°42’	♏ 18°37’	♐ 18°57’
	16日	♑ 25°52’	♒ 27°20’	♓ 25°25’	♈ 26°02’	♉ 25°10’	♊ 24°53’	♋ 23°30’	♌ 23°10’	♍ 23°10’	♎ 22°39’	♏ 23°39’	♐ 24°02’
	21日	♒ 00°57’	♓ 02°22’	♈ 00°24’	♉ 00°55’	♉ 29°59’	♊ 29°40’	♋ 28°17’	♌ 27°59’	♍ 28°02’	♎ 27°37’	♏ 28°41’	♐ 29°07’
	26日	♒ 06°02’	♓ 07°24’	♈ 05°21’	♉ 05°47’	♊ 04°47’	♋ 04°26’	♌ 03°03’	♍ 02°48’	♎ 02°56’	♏ 02°35’	♐ 03°44’	♑ 04°13’

年	日	1月	2月	3月	4月	5月	6月	7月	8月	9月	10月	11月	12月
2011	1日	♑ 10°20'	♒ 11°53'	♓ 10°10'	♈ 11°03'	♉ 10°25'	♊ 10°19'	♋ 08°58'	♌ 08°33'	♍ 08°21'	♎ 07°36'	♏ 08°20'	♐ 08°33'
	6日	♑ 15°26'	♒ 16°58'	♓ 15°11'	♈ 15°59'	♉ 15°16'	♊ 15°06'	♋ 13°44'	♌ 13°20'	♍ 13°12'	♎ 12°31'	♏ 13°21'	♐ 13°38'
	11日	♑ 20°32'	♒ 22°02'	♓ 20°11'	♈ 20°54'	♉ 20°06'	♊ 19°53'	♋ 18°30'	♌ 18°08'	♍ 18°03'	♎ 17°27'	♏ 18°22'	♐ 18°42'
	16日	♑ 25°37'	♒ 27°05'	♓ 25°11'	♈ 25°48'	♉ 24°56'	♊ 24°40'	♋ 23°16'	♌ 22°56'	♍ 22°55'	♎ 22°24'	♏ 23°24'	♐ 23°47'
	21日	♒ 00°42'	♓ 02°07'	♈ 00°09'	♉ 00°41'	♉ 29°45'	♊ 29°26'	♋ 28°03'	♌ 27°44'	♍ 27°48'	♎ 27°22'	♏ 28°26'	♐ 28°53'
	26日	♒ 05°48'	♓ 07°09'	♈ 05°07'	♉ 05°33'	♊ 04°33'	♋ 04°12'	♌ 02°49'	♍ 02°33'	♎ 02°41'	♏ 02°21'	♐ 03°30'	♑ 03°58'
2012	1日	♑ 10°05'	♒ 11°39'	♓ 10°56'	♈ 11°48'	♉ 11°09'	♊ 11°02'	♋ 09°41'	♌ 09°17'	♍ 09°05'	♎ 08°21'	♏ 09°06'	♐ 09°19'
	6日	♑ 15°11'	♒ 16°43'	♓ 15°57'	♈ 16°43'	♉ 16°00'	♊ 15°49'	♋ 14°27'	♌ 14°04'	♍ 13°56'	♎ 13°16'	♏ 14°06'	♐ 14°24'
	11日	♑ 20°17'	♒ 21°47'	♓ 20°57'	♈ 21°38'	♉ 20°50'	♊ 20°36'	♋ 19°13'	♌ 18°51'	♍ 18°47'	♎ 18°12'	♏ 19°08'	♐ 19°28'
	16日	♑ 25°22'	♒ 26°50'	♓ 25°56'	♈ 26°32'	♉ 25°39'	♊ 25°23'	♋ 24°00'	♌ 23°39'	♍ 23°39'	♎ 23°09'	♏ 24°10'	♐ 24°34'
	21日	♒ 00°28'	♓ 01°53'	♈ 00°54'	♉ 01°25'	♊ 00°28'	♋ 00°09'	♋ 28°46'	♌ 28°28'	♍ 28°32'	♎ 28°07'	♏ 29°12'	♐ 29°39'
	26日	♒ 05°33'	♓ 06°55'	♈ 05°52'	♉ 06°17'	♊ 05°17'	♋ 04°55'	♌ 03°33'	♍ 03°17'	♎ 03°26'	♏ 03°06'	♐ 04°16'	♑ 04°45'
2013	1日	♑ 10°51'	♒ 12°25'	♓ 10°41'	♈ 11°33'	♉ 10°54'	♊ 10°48'	♋ 09°27'	♌ 09°02'	♍ 08°51'	♎ 08°06'	♏ 08°51'	♐ 09°04'
	6日	♑ 15°57'	♒ 17°29'	♓ 15°42'	♈ 16°29'	♉ 15°45'	♊ 15°35'	♋ 14°13'	♌ 13°50'	♍ 13°42'	♎ 13°02'	♏ 13°52'	♐ 14°09'
	11日	♑ 21°03'	♒ 22°33'	♓ 20°42'	♈ 21°23'	♉ 20°36'	♊ 20°22'	♋ 18°59'	♌ 18°37'	♍ 18°33'	♎ 17°58'	♏ 18°53'	♐ 19°14'
	16日	♑ 26°09'	♒ 27°36'	♓ 25°41'	♈ 26°17'	♉ 25°25'	♊ 25°09'	♋ 23°46'	♌ 23°25'	♍ 23°25'	♎ 22°55'	♏ 23°55'	♐ 24°19'
	21日	♒ 01°14'	♓ 02°39'	♈ 00°40'	♉ 01°11'	♊ 00°14'	♊ 29°55'	♋ 28°32'	♌ 28°14'	♍ 28°18'	♎ 27°53'	♏ 28°57'	♐ 29°24'
	26日	♒ 06°19'	♓ 07°40'	♈ 05°37'	♉ 06°03'	♊ 05°02'	♋ 04°41'	♌ 03°18'	♍ 03°03'	♎ 03°12'	♏ 02°51'	♐ 04°01'	♑ 04°29'
2014	1日	♑ 10°36'	♒ 12°10'	♓ 10°27'	♈ 11°19'	♉ 10°41'	♊ 10°34'	♋ 09°14'	♌ 08°49'	♍ 08°37'	♎ 07°52'	♏ 08°37'	♐ 08°50'
	6日	♑ 15°42'	♒ 17°14'	♓ 15°27'	♈ 16°14'	♉ 15°32'	♊ 15°21'	♋ 14°00'	♌ 13°36'	♍ 13°28'	♎ 12°47'	♏ 13°37'	♐ 13°54'
	11日	♑ 20°48'	♒ 22°18'	♓ 20°27'	♈ 21°09'	♉ 20°22'	♊ 20°08'	♋ 18°46'	♌ 18°24'	♍ 18°19'	♎ 17°43'	♏ 18°38'	♐ 18°58'
	16日	♑ 25°54'	♒ 27°21'	♓ 25°27'	♈ 26°03'	♉ 25°11'	♊ 24°55'	♋ 23°32'	♌ 23°12'	♍ 23°11'	♎ 22°40'	♏ 23°40'	♐ 24°04'
	21日	♒ 00°59'	♓ 02°24'	♈ 00°25'	♉ 00°56'	♊ 00°00'	♊ 29°41'	♋ 28°18'	♌ 28°00'	♍ 28°04'	♎ 27°38'	♏ 28°43'	♐ 29°09'
	26日	♒ 06°04'	♓ 07°26'	♈ 05°23'	♉ 05°49'	♊ 04°48'	♋ 04°28'	♌ 03°05'	♍ 02°49'	♎ 02°58'	♏ 02°37'	♐ 03°46'	♑ 04°15'
2015	1日	♑ 10°21'	♒ 11°55'	♓ 10°12'	♈ 11°04'	♉ 10°26'	♊ 10°20'	♋ 09°00'	♌ 08°35'	♍ 08°23'	♎ 07°37'	♏ 08°22'	♐ 08°35'
	6日	♑ 15°27'	♒ 16°59'	♓ 15°13'	♈ 16°00'	♉ 15°17'	♊ 15°07'	♋ 13°46'	♌ 13°22'	♍ 13°13'	♎ 12°33'	♏ 13°22'	♐ 13°39'
	11日	♑ 20°33'	♒ 22°03'	♓ 20°13'	♈ 20°55'	♉ 20°07'	♊ 19°54'	♋ 18°32'	♌ 18°09'	♍ 18°05'	♎ 17°29'	♏ 18°24'	♐ 18°44'
	16日	♑ 25°38'	♒ 27°06'	♓ 25°12'	♈ 25°49'	♉ 24°57'	♊ 24°41'	♋ 23°18'	♌ 22°57'	♍ 22°57'	♎ 22°26'	♏ 23°25'	♐ 23°49'
	21日	♒ 00°44'	♓ 02°09'	♈ 00°11'	♉ 00°42'	♉ 29°46'	♊ 29°27'	♋ 28°04'	♌ 27°46'	♍ 27°50'	♎ 27°24'	♏ 28°28'	♐ 28°54'
	26日	♒ 05°49'	♓ 07°11'	♈ 05°08'	♉ 05°35'	♊ 04°35'	♋ 04°14'	♌ 02°51'	♍ 02°35'	♎ 02°43'	♏ 02°22'	♐ 03°31'	♑ 04°00'

年	日	1月	2月	3月	4月	5月	6月	7月	8月	9月	10月	11月	12月
2016	1日	♑ 10°07'	♒ 11°40'	♓ 10°58'	♈ 11°49'	♉ 11°10'	♊ 11°03'	♋ 09°43'	♌ 09°18'	♍ 09°07'	♎ 08°22'	♏ 09°07'	♐ 09°21'
	6日	♑ 15°12'	♒ 16°45'	♓ 15°58'	♈ 16°45'	♉ 16°01'	♊ 15°51'	♋ 14°29'	♌ 14°05'	♍ 13°57'	♎ 13°17'	♏ 14°08'	♐ 14°25'
	11日	♑ 20°18'	♒ 21°49'	♓ 20°58'	♈ 21°40'	♉ 20°52'	♊ 20°38'	♋ 19°15'	♌ 18°53'	♍ 18°49'	♎ 18°14'	♏ 19°09'	♐ 19°30'
	16日	♑ 25°24'	♒ 26°52'	♓ 25°58'	♈ 26°34'	♉ 25°41'	♊ 25°24'	♋ 24°01'	♌ 23°41'	♍ 23°41'	♎ 23°11'	♏ 24°11'	♐ 24°35'
	21日	♒ 00°29'	♓ 01°55'	♈ 00°56'	♉ 01°27'	♊ 00°30'	♋ 00°11'	♋ 28°47'	♌ 28°29'	♍ 28°34'	♎ 28°09'	♏ 29°14'	♐ 29°40'
	26日	♒ 05°34'	♓ 06°56'	♈ 05°53'	♉ 06°19'	♊ 05°18'	♋ 04°57'	♌ 03°34'	♍ 03°19'	♎ 03°27'	♏ 03°07'	♐ 04°17'	♑ 04°46'
2017	1日	♑ 10°53'	♒ 12°26'	♓ 10°43'	♈ 11°35'	♉ 10°56'	♊ 10°50'	♋ 09°29'	♌ 09°04'	♍ 08°53'	♎ 08°08'	♏ 08°53'	♐ 09°06'
	6日	♑ 15°59'	♒ 17°31'	♓ 15°44'	♈ 16°30'	♉ 15°47'	♊ 15°37'	♋ 14°15'	♌ 13°51'	♍ 13°43'	♎ 13°03'	♏ 13°53'	♐ 14°10'
	11日	♑ 21°04'	♒ 22°34'	♓ 20°44'	♈ 21°25'	♉ 20°37'	♊ 20°24'	♋ 19°01'	♌ 18°39'	♍ 18°35'	♎ 17°59'	♏ 18°54'	♐ 19°15'
	16日	♑ 26°10'	♒ 27°37'	♓ 25°43'	♈ 26°19'	♉ 25°27'	♊ 25°10'	♋ 23°47'	♌ 23°27'	♍ 23°27'	♎ 22°56'	♏ 23°56'	♐ 24°20'
	21日	♒ 01°15'	♓ 02°40'	♈ 00°41'	♉ 01°12'	♊ 00°16'	♊ 29°57'	♋ 28°33'	♌ 28°16'	♍ 28°20'	♎ 27°54'	♏ 28°59'	♐ 29°26'
	26日	♒ 06°21'	♓ 07°42'	♈ 05°39'	♉ 06°05'	♊ 05°04'	♋ 04°43'	♌ 03°20'	♍ 03°05'	♎ 03°13'	♏ 02°53'	♐ 04°02'	♑ 04°31'
2018	1日	♑ 10°38'	♒ 12°11'	♓ 10°28'	♈ 11°20'	♉ 10°42'	♊ 10°35'	♋ 09°15'	♌ 08°50'	♍ 08°38'	♎ 07°53'	♏ 08°38'	♐ 08°51'
	6日	♑ 15°44'	♒ 17°16'	♓ 15°29'	♈ 16°16'	♉ 15°33'	♊ 15°23'	♋ 14°01'	♌ 13°37'	♍ 13°29'	♎ 12°49'	♏ 13°38'	♐ 13°55'
	11日	♑ 20°49'	♒ 22°19'	♓ 20°29'	♈ 21°11'	♉ 20°23'	♊ 20°10'	♋ 18°47'	♌ 18°25'	♍ 18°20'	♎ 17°45'	♏ 18°40'	♐ 19°00'
	16日	♑ 25°55'	♒ 27°23'	♓ 25°28'	♈ 26°05'	♉ 25°13'	♊ 24°57'	♋ 23°33'	♌ 23°13'	♍ 23°13'	♎ 22°42'	♏ 23°42'	♐ 24°05'
	21日	♒ 01°01'	♓ 02°25'	♈ 00°27'	♉ 00°58'	♊ 00°02'	♊ 29°43'	♋ 28°20'	♌ 28°02'	♍ 28°05'	♎ 27°40'	♏ 28°44'	♐ 29°11'
	26日	♒ 06°06'	♓ 07°27'	♈ 05°24'	♉ 05°50'	♊ 04°50'	♋ 04°29'	♌ 03°06'	♍ 02°51'	♎ 02°59'	♏ 02°38'	♐ 03°47'	♑ 04°16'
2019	1日	♑ 10°23'	♒ 11°57'	♓ 10°14'	♈ 11°06'	♉ 10°28'	♊ 10°22'	♋ 09°02'	♌ 08°36'	♍ 08°24'	♎ 07°39'	♏ 08°23'	♐ 08°36'
	6日	♑ 15°29'	♒ 17°01'	♓ 15°15'	♈ 16°02'	♉ 15°19'	♊ 15°09'	♋ 13°48'	♌ 13°24'	♍ 13°15'	♎ 12°34'	♏ 13°24'	♐ 13°41'
	11日	♑ 20°35'	♒ 22°05'	♓ 20°15'	♈ 20°57'	♉ 20°10'	♊ 19°56'	♋ 18°34'	♌ 18°11'	♍ 18°06'	♎ 17°30'	♏ 18°25'	♐ 18°45'
	16日	♑ 25°40'	♒ 27°08'	♓ 25°14'	♈ 25°51'	♉ 24°59'	♊ 24°43'	♋ 23°20'	♌ 22°59'	♍ 22°58'	♎ 22°27'	♏ 23°27'	♐ 23°50'
	21日	♒ 00°46'	♓ 02°11'	♈ 00°12'	♉ 00°44'	♉ 29°48'	♊ 29°29'	♋ 28°06'	♌ 27°48'	♍ 27°51'	♎ 27°25'	♏ 28°29'	♐ 28°56'
	26日	♒ 05°51'	♓ 07°13'	♈ 05°10'	♉ 05°37'	♊ 04°36'	♋ 04°15'	♌ 02°52'	♍ 02°37'	♎ 02°44'	♏ 02°24'	♐ 03°32'	♑ 04°01'
2020	1日	♑ 10°08'	♒ 11°42'	♓ 10°59'	♈ 11°51'	♉ 11°13'	♊ 11°05'	♋ 09°45'	♌ 09°20'	♍ 09°09'	♎ 08°24'	♏ 09°09'	♐ 09°22'
	6日	♑ 15°14'	♒ 16°46'	♓ 16°00'	♈ 16°47'	♉ 16°03'	♊ 15°53'	♋ 14°31'	♌ 14°07'	♍ 13°59'	♎ 13°19'	♏ 14°09'	♐ 14°27'
	11日	♑ 20°20'	♒ 21°50'	♓ 21°00'	♈ 21°41'	♉ 20°53'	♊ 20°40'	♋ 19°17'	♌ 18°55'	♍ 18°50'	♎ 18°15'	♏ 19°11'	♐ 19°31'
	16日	♑ 25°25'	♒ 26°53'	♓ 25°59'	♈ 26°35'	♉ 25°43'	♊ 25°26'	♋ 24°03'	♌ 23°43'	♍ 23°43'	♎ 23°13'	♏ 24°13'	♐ 24°37'
	21日	♒ 00°31'	♓ 01°56'	♈ 00°58'	♉ 01°28'	♊ 00°32'	♋ 00°13'	♋ 28°49'	♌ 28°31'	♍ 28°36'	♎ 28°11'	♏ 29°15'	♐ 29°42'
	26日	♒ 05°36'	♓ 06°58'	♈ 05°55'	♉ 06°21'	♊ 05°20'	♋ 04°59'	♌ 03°36'	♍ 03°21'	♎ 03°29'	♏ 03°09'	♐ 04°19'	♑ 04°48'

年	日	1月	2月	3月	4月	5月	6月	7月	8月	9月	10月	11月	12月
2021	1日	♑ 10°54’	♒ 12°28’	♓ 10°45’	♈ 11°36’	♉ 10°58’	♊ 10°51’	♋ 09°31’	♌ 09°06’	♍ 08°54’	♎ 08°09’	♏ 08°54’	♐ 09°07’
	6日	♑ 16°00’	♒ 17°32’	♓ 15°45’	♈ 16°32’	♉ 15°49’	♊ 15°39’	♋ 14°17’	♌ 13°53’	♍ 13°45’	♎ 13°05’	♏ 13°55’	♐ 14°12’
	11日	♑ 21°06’	♒ 22°36’	♓ 20°45’	♈ 21°27’	♉ 20°39’	♊ 20°26’	♋ 19°03’	♌ 18°41’	♍ 18°37’	♎ 18°01’	♏ 18°56’	♐ 19°17’
	16日	♑ 26°12’	♒ 27°39’	♓ 25°45’	♈ 26°21’	♉ 25°29’	♊ 25°12’	♋ 23°49’	♌ 23°29’	♍ 23°29’	♎ 22°58’	♏ 23°58’	♐ 24°22’
	21日	♒ 01°17’	♓ 02°42’	♈ 00°43’	♉ 01°14’	♊ 00°18’	♊ 29°59’	♋ 28°35’	♌ 28°18’	♍ 28°21’	♎ 27°56’	♏ 29°01’	♐ 29°27’
	26日	♒ 06°22’	♓ 07°44’	♈ 05°41’	♉ 06°07’	♊ 05°06’	♋ 04°45’	♌ 03°22’	♍ 03°07’	♎ 03°15’	♏ 02°55’	♐ 04°04’	♑ 04°32’
2022	1日	♑ 10°39’	♒ 12°13’	♓ 10°30’	♈ 11°22’	♉ 10°44’	♊ 10°38’	♋ 09°18’	♌ 08°53’	♍ 08°41’	♎ 07°56’	♏ 08°40’	♐ 08°53’
	6日	♑ 15°45’	♒ 17°17’	♓ 15°31’	♈ 16°18’	♉ 15°35’	♊ 15°25’	♋ 14°04’	♌ 13°40’	♍ 13°31’	♎ 12°51’	♏ 13°40’	♐ 13°57’
	11日	♑ 20°51’	♒ 22°21’	♓ 20°31’	♈ 21°13’	♉ 20°26’	♊ 20°12’	♋ 18°50’	♌ 18°27’	♍ 18°23’	♎ 17°47’	♏ 18°41’	♐ 19°02’
	16日	♑ 25°57’	♒ 27°24’	♓ 25°30’	♈ 26°07’	♉ 25°15’	♊ 24°59’	♋ 23°36’	♌ 23°15’	♍ 23°15’	♎ 22°44’	♏ 23°43’	♐ 24°07’
	21日	♒ 01°02’	♓ 02°27’	♈ 00°28’	♉ 01°00’	♊ 00°04’	♊ 29°45’	♋ 28°22’	♌ 28°04’	♍ 28°07’	♎ 27°42’	♏ 28°46’	♐ 29°12’
	26日	♒ 06°07’	♓ 07°29’	♈ 05°26’	♉ 05°52’	♊ 04°52’	♋ 04°31’	♌ 03°08’	♍ 02°53’	♎ 03°01’	♏ 02°40’	♐ 03°49’	♑ 04°18’
2023	1日	♑ 10°25’	♒ 11°58’	♓ 10°15’	♈ 11°08’	♉ 10°30’	♊ 10°24’	♋ 09°04’	♌ 08°39’	♍ 08°27’	♎ 07°41’	♏ 08°25’	♐ 08°38’
	6日	♑ 15°30’	♒ 17°02’	♓ 15°16’	♈ 16°03’	♉ 15°21’	♊ 15°11’	♋ 13°50’	♌ 13°26’	♍ 13°17’	♎ 12°36’	♏ 13°26’	♐ 13°42’
	11日	♑ 20°36’	♒ 22°06’	♓ 20°16’	♈ 20°58’	♉ 20°11’	♊ 19°58’	♋ 18°36’	♌ 18°13’	♍ 18°08’	♎ 17°32’	♏ 18°27’	♐ 18°47’
	16日	♑ 25°42’	♒ 27°09’	♓ 25°15’	♈ 25°52’	♉ 25°01’	♊ 24°45’	♋ 23°22’	♌ 23°01’	♍ 23°00’	♎ 22°30’	♏ 23°29’	♐ 23°52’
	21日	♒ 00°47’	♓ 02°12’	♈ 00°14’	♉ 00°46’	♉ 29°50’	♊ 29°31’	♋ 28°08’	♌ 27°50’	♍ 27°53’	♎ 27°27’	♏ 28°32’	♐ 28°58’
	26日	♒ 05°52’	♓ 07°14’	♈ 05°12’	♉ 05°38’	♊ 04°39’	♋ 04°18’	♌ 02°55’	♍ 02°39’	♎ 02°47’	♏ 02°26’	♐ 03°35’	♑ 04°03’
2024	1日	♑ 10°10’	♒ 11°44’	♓ 11°01’	♈ 11°53’	♉ 11°14’	♊ 11°07’	♋ 09°47’	♌ 09°22’	♍ 09°11’	♎ 08°26’	♏ 09°11’	♐ 09°24’
	6日	♑ 15°16’	♒ 16°48’	♓ 16°02’	♈ 16°48’	♉ 16°05’	♊ 15°55’	♋ 14°33’	♌ 14°09’	♍ 14°01’	♎ 13°21’	♏ 14°12’	♐ 14°29’
	11日	♑ 20°22’	♒ 21°52’	♓ 21°02’	♈ 21°43’	♉ 20°55’	♊ 20°42’	♋ 19°19’	♌ 18°57’	♍ 18°53’	♎ 18°18’	♏ 19°13’	♐ 19°34’
	16日	♑ 25°27’	♒ 26°55’	♓ 26°01’	♈ 26°37’	♉ 25°45’	♊ 25°28’	♋ 24°05’	♌ 23°45’	♍ 23°45’	♎ 23°15’	♏ 24°15’	♐ 24°39’
	21日	♒ 00°33’	♓ 01°58’	♈ 00°59’	♉ 01°30’	♊ 00°34’	♋ 00°15’	♋ 28°51’	♌ 28°34’	♍ 28°38’	♎ 28°12’	♏ 29°17’	♐ 29°44’
	26日	♒ 05°38’	♓ 07°00’	♈ 05°57’	♉ 06°23’	♊ 05°22’	♋ 05°01’	♌ 03°38’	♍ 03°23’	♎ 03°31’	♏ 03°11’	♐ 04°21’	♑ 04°49’
2025	1日	♑ 10°56’	♒ 12°30’	♓ 10°46’	♈ 11°38’	♉ 11°00’	♊ 10°53’	♋ 09°33’	♌ 09°09’	♍ 08°57’	♎ 08°12’	♏ 08°57’	♐ 09°10’
	6日	♑ 16°02’	♒ 17°34’	♓ 15°47’	♈ 16°34’	♉ 15°51’	♊ 15°41’	♋ 14°19’	♌ 13°56’	♍ 13°48’	♎ 13°07’	♏ 13°57’	♐ 14°14’
	11日	♑ 21°08’	♒ 22°38’	♓ 20°47’	♈ 21°29’	♉ 20°41’	♊ 20°28’	♋ 19°05’	♌ 18°43’	♍ 18°39’	♎ 18°03’	♏ 18°58’	♐ 19°19’
	16日	♑ 26°14’	♒ 27°41’	♓ 25°46’	♈ 26°23’	♉ 25°31’	♊ 25°14’	♋ 23°51’	♌ 23°31’	♍ 23°31’	♎ 23°01’	♏ 24°00’	♐ 24°24’
	21日	♒ 01°19’	♓ 02°44’	♈ 00°45’	♉ 01°16’	♊ 00°19’	♋ 00°01’	♋ 28°38’	♌ 28°20’	♍ 28°24’	♎ 27°58’	♏ 29°03’	♐ 29°29’
	26日	♒ 06°24’	♓ 07°46’	♈ 05°42’	♉ 06°08’	♊ 05°08’	♋ 04°47’	♌ 03°24’	♍ 03°09’	♎ 03°18’	♏ 02°57’	♐ 04°06’	♑ 04°35’

年	日	1月	2月	3月	4月	5月	6月	7月	8月	9月	10月	11月	12月
2026	1日	♑ 10°42’	♒ 12°15’	♓ 10°32’	♈ 11°24’	♉ 10°46’	♊ 10°40’	♋ 09°19’	♌ 08°55’	♍ 08°43’	♎ 07°58’	♏ 08°42’	♐ 08°55’
	6日	♑ 15°47’	♒ 17°19’	♓ 15°33’	♈ 16°20’	♉ 15°37’	♊ 15°27’	♋ 14°05’	♌ 13°42’	♍ 13°33’	♎ 12°53’	♏ 13°43’	♐ 13°59’
	11日	♑ 20°53’	♒ 22°23’	♓ 20°33’	♈ 21°14’	♉ 20°27’	♊ 20°14’	♋ 18°51’	♌ 18°29’	♍ 18°25’	♎ 17°49’	♏ 18°44’	♐ 19°04’
	16日	♑ 25°59’	♒ 27°26’	♓ 25°32’	♈ 26°09’	♉ 25°17’	♊ 25°01’	♋ 23°38’	♌ 23°17’	♍ 23°17’	♎ 22°46’	♏ 23°46’	♐ 24°09’
	21日	♒ 01°04’	♓ 02°29’	♈ 00°30’	♉ 01°02’	♊ 00°06’	♊ 29°47’	♋ 28°24’	♌ 28°06’	♍ 28°10’	♎ 27°44’	♏ 28°48’	♐ 29°15’
	26日	♒ 06°09’	♓ 07°31’	♈ 05°28’	♉ 05°54’	♊ 04°54’	♋ 04°33’	♌ 03°10’	♍ 02°55’	♎ 03°03’	♏ 02°43’	♐ 03°51’	♑ 04°20’
2027	1日	♑ 10°27’	♒ 12°00’	♓ 10°17’	♈ 11°10’	♉ 10°32’	♊ 10°26’	♋ 09°06’	♌ 08°41’	♍ 08°29’	♎ 07°43’	♏ 08°28’	♐ 08°41’
	6日	♑ 15°33’	♒ 17°05’	♓ 15°18’	♈ 16°06’	♉ 15°23’	♊ 15°13’	♋ 13°52’	♌ 13°28’	♍ 13°19’	♎ 12°39’	♏ 13°28’	♐ 13°45’
	11日	♑ 20°39’	♒ 22°09’	♓ 20°19’	♈ 21°01’	♉ 20°14’	♊ 20°00’	♋ 18°38’	♌ 18°15’	♍ 18°11’	♎ 17°35’	♏ 18°29’	♐ 18°49’
	16日	♑ 25°44’	♒ 27°12’	♓ 25°18’	♈ 25°55’	♉ 25°03’	♊ 24°47’	♋ 23°24’	♌ 23°03’	♍ 23°03’	♎ 22°32’	♏ 23°31’	♐ 23°54’
	21日	♒ 00°50’	♓ 02°15’	♈ 00°16’	♉ 00°48’	♉ 29°52’	♊ 29°33’	♋ 28°10’	♌ 27°52’	♍ 27°55’	♎ 27°29’	♏ 28°33’	♐ 29°00’
	26日	♒ 05°55’	♓ 07°17’	♈ 05°14’	♉ 05°40’	♊ 04°40’	♋ 04°20’	♌ 02°56’	♍ 02°41’	♎ 02°49’	♏ 02°28’	♐ 03°37’	♑ 04°05’
2028	1日	♑ 10°12’	♒ 11°46’	♓ 11°03’	♈ 11°55’	♉ 11°17’	♊ 11°10’	♋ 09°49’	♌ 09°24’	♍ 09°13’	♎ 08°28’	♏ 09°13’	♐ 09°27’
	6日	♑ 15°18’	♒ 16°50’	♓ 16°04’	♈ 16°51’	♉ 16°07’	♊ 15°57’	♋ 14°35’	♌ 14°11’	♍ 14°03’	♎ 13°24’	♏ 14°14’	♐ 14°31’
	11日	♑ 20°24’	♒ 21°54’	♓ 21°04’	♈ 21°45’	♉ 20°57’	♊ 20°44’	♋ 19°21’	♌ 18°59’	♍ 18°55’	♎ 18°20’	♏ 19°15’	♐ 19°36’
	16日	♑ 25°29’	♒ 26°57’	♓ 26°03’	♈ 26°39’	♉ 25°47’	♊ 25°30’	♋ 24°07’	♌ 23°47’	♍ 23°47’	♎ 23°17’	♏ 24°17’	♐ 24°41’
	21日	♒ 00°35’	♓ 02°00’	♈ 01°01’	♉ 01°32’	♊ 00°36’	♋ 00°17’	♋ 28°53’	♌ 28°36’	♍ 28°40’	♎ 28°15’	♏ 29°20’	♐ 29°46’
	26日	♒ 05°40’	♓ 07°02’	♈ 05°59’	♉ 06°25’	♊ 05°24’	♋ 05°03’	♌ 03°40’	♍ 03°25’	♎ 03°34’	♏ 03°14’	♐ 04°23’	♑ 04°52’
2029	1日	♑ 10°59’	♒ 12°32’	♓ 10°49’	♈ 11°40’	♉ 11°02’	♊ 10°55’	♋ 09°35’	♌ 09°10’	♍ 08°58’	♎ 08°14’	♏ 08°59’	♐ 09°12’
	6日	♑ 16°04’	♒ 17°36’	♓ 15°49’	♈ 16°36’	♉ 15°53’	♊ 15°43’	♋ 14°21’	♌ 13°57’	♍ 13°49’	♎ 13°09’	♏ 13°59’	♐ 14°16’
	11日	♑ 21°10’	♒ 22°40’	♓ 20°49’	♈ 21°31’	♉ 20°43’	♊ 20°30’	♋ 19°07’	♌ 18°45’	♍ 18°41’	♎ 18°05’	♏ 19°00’	♐ 19°21’
	16日	♑ 26°16’	♒ 27°43’	♓ 25°49’	♈ 26°25’	♉ 25°33’	♊ 25°16’	♋ 23°53’	♌ 23°33’	♍ 23°33’	♎ 23°03’	♏ 24°02’	♐ 24°26’
	21日	♒ 01°21’	♓ 02°46’	♈ 00°47’	♉ 01°18’	♊ 00°22’	♋ 00°03’	♋ 28°40’	♌ 28°22’	♍ 28°26’	♎ 28°00’	♏ 29°05’	♐ 29°31’
	26日	♒ 06°27’	♓ 07°48’	♈ 05°45’	♉ 06°11’	♊ 05°10’	♋ 04°49’	♌ 03°26’	♍ 03°11’	♎ 03°19’	♏ 02°59’	♐ 04°08’	♑ 04°37’
2030	1日	♑ 10°44’	♒ 12°17’	♓ 10°34’	♈ 11°26’	♉ 10°48’	♊ 10°42’	♋ 09°22’	♌ 08°57’	♍ 08°45’	♎ 08°00’	♏ 08°44’	♐ 08°57’
	6日	♑ 15°50’	♒ 17°22’	♓ 15°35’	♈ 16°22’	♉ 15°39’	♊ 15°29’	♋ 14°08’	♌ 13°44’	♍ 13°35’	♎ 12°55’	♏ 13°44’	♐ 14°01’
	11日	♑ 20°55’	♒ 22°25’	♓ 20°35’	♈ 21°17’	♉ 20°30’	♊ 20°16’	♋ 18°54’	♌ 18°31’	♍ 18°27’	♎ 17°51’	♏ 18°46’	♐ 19°06’
	16日	♑ 26°01’	♒ 27°29’	♓ 25°34’	♈ 26°11’	♉ 25°19’	♊ 25°03’	♋ 23°40’	♌ 23°19’	♍ 23°19’	♎ 22°48’	♏ 23°47’	♐ 24°11’
	21日	♒ 01°06’	♓ 02°31’	♈ 00°33’	♉ 01°04’	♊ 00°08’	♊ 29°49’	♋ 28°26’	♌ 28°08’	♍ 28°11’	♎ 27°46’	♏ 28°50’	♐ 29°16’
	26日	♒ 06°11’	♓ 07°33’	♈ 05°30’	♉ 05°57’	♊ 04°56’	♋ 04°35’	♌ 03°12’	♍ 02°57’	♎ 03°05’	♏ 02°44’	♐ 03°53’	♑ 04°22’

		1月	2月	3月	4月	5月	6月	7月	8月	9月	10月	11月	12月
☽	1日	♉ 25	♋ 15	♋ 23	♍ 16	♎ 25	♐ 16	♑ 22	♓ 07	♈ 21	♉ 24	♋ 11	♌ 18
	2日	♊ 09	♌ 00	♌ 08	♎ 01	♏ 09	♑ 00	♒ 04	♓ 19	♉ 03	♊ 06	♋ 24	♍ 02
	3日	♊ 23	♌ 15	♌ 23	♎ 16	♏ 24	♑ 13	♒ 17	♈ 01	♉ 15	♊ 19	♌ 07	♍ 15
	4日	♋ 07	♍ 00	♍ 08	♏ 01	♐ 08	♑ 26	♒ 29	♈ 13	♉ 27	♋ 01	♌ 21	♎ 00
	5日	♋ 22	♍ 15	♍ 23	♏ 16	♐ 22	♒ 09	♓ 11	♈ 25	♊ 09	♋ 14	♍ 05	♎ 14
	6日	♌ 06	♎ 00	♎ 08	♐ 00	♑ 05	♒ 21	♓ 23	♉ 06	♊ 22	♋ 28	♍ 20	♎ 28
	7日	♌ 21	♎ 15	♎ 23	♐ 14	♑ 18	♓ 03	♈ 05	♉ 19	♋ 05	♌ 12	♎ 04	♏ 13
	8日	♍ 06	♎ 29	♏ 08	♐ 27	♒ 01	♓ 15	♈ 16	♊ 01	♋ 19	♌ 26	♎ 19	♏ 28
	9日	♍ 21	♏ 13	♏ 22	♑ 10	♒ 13	♓ 27	♈ 28	♊ 14	♌ 03	♍ 11	♏ 04	♐ 12
	10日	♎ 05	♏ 26	♐ 05	♑ 22	♒ 25	♈ 09	♉ 11	♊ 27	♌ 18	♍ 26	♏ 19	♐ 26
	11日	♎ 19	♐ 09	♐ 18	♒ 05	♓ 07	♈ 20	♉ 23	♋ 11	♍ 02	♎ 11	♐ 04	♑ 10
	12日	♏ 02	♐ 22	♑ 01	♒ 17	♓ 19	♉ 03	♊ 06	♋ 25	♍ 18	♎ 26	♐ 18	♑ 24
	13日	♏ 16	♑ 04	♑ 14	♒ 29	♈ 01	♉ 15	♊ 19	♌ 09	♎ 03	♏ 11	♑ 02	♒ 07
	14日	♏ 29	♑ 17	♑ 26	♓ 10	♈ 12	♉ 28	♋ 03	♌ 24	♎ 18	♏ 26	♑ 16	♒ 20
	15日	♐ 12	♑ 29	♒ 08	♓ 22	♈ 24	♊ 11	♋ 17	♍ 09	♏ 03	♐ 10	♑ 29	♓ 02
	16日	♐ 25	♒ 11	♒ 20	♈ 04	♉ 07	♊ 24	♌ 01	♍ 24	♏ 17	♐ 24	♒ 12	♓ 14
	17日	♑ 07	♒ 23	♓ 02	♈ 16	♉ 19	♋ 08	♌ 15	♎ 09	♐ 01	♑ 08	♒ 24	♓ 26
	18日	♑ 20	♓ 05	♓ 14	♈ 28	♊ 02	♋ 21	♍ 00	♎ 23	♐ 15	♑ 21	♓ 06	♈ 08
	19日	♒ 02	♓ 17	♓ 25	♉ 10	♊ 15	♌ 06	♍ 14	♏ 08	♐ 28	♒ 03	♓ 18	♈ 20
	20日	♒ 14	♓ 28	♈ 07	♉ 23	♊ 28	♌ 20	♍ 29	♏ 22	♑ 11	♒ 16	♈ 00	♉ 02
	21日	♒ 26	♈ 10	♈ 19	♊ 05	♋ 12	♍ 04	♎ 13	♐ 05	♑ 24	♒ 28	♈ 12	♉ 14
	22日	♓ 08	♈ 22	♉ 01	♊ 18	♋ 25	♍ 18	♎ 27	♐ 19	♒ 07	♓ 10	♈ 24	♉ 26
	23日	♓ 20	♉ 04	♉ 13	♋ 01	♌ 09	♎ 02	♏ 11	♑ 02	♒ 19	♓ 21	♉ 05	♊ 08
	24日	♈ 02	♉ 16	♉ 26	♋ 15	♌ 23	♎ 16	♏ 25	♑ 14	♓ 01	♈ 03	♉ 18	♊ 21
	25日	♈ 13	♉ 29	♊ 08	♋ 28	♍ 07	♏ 00	♐ 08	♑ 27	♓ 13	♈ 15	♊ 00	♋ 04
	26日	♈ 25	♊ 12	♊ 21	♌ 12	♍ 21	♏ 14	♐ 22	♒ 09	♓ 25	♈ 27	♊ 12	♋ 17
	27日	♉ 08	♊ 25	♋ 04	♌ 26	♎ 05	♏ 28	♑ 05	♒ 22	♈ 06	♉ 09	♊ 25	♌ 01
	28日	♉ 20	♋ 09	♋ 18	♍ 11	♎ 20	♐ 12	♑ 18	♓ 04	♈ 18	♉ 21	♋ 08	♌ 15
	29日	♊ 03		♌ 02	♍ 25	♏ 04	♐ 25	♒ 00	♓ 16	♉ 00	♊ 03	♋ 21	♌ 28
	30日	♊ 17		♌ 17	♎ 10	♏ 18	♑ 08	♒ 13	♓ 28	♉ 12	♊ 16	♌ 04	♍ 12
	31日	♋ 00		♍ 01		♐ 02		♒ 25	♈ 09		♊ 28		♍ 26
☿	1日	♑ 21R	♑ 17	♒ 27	♈ 26	♉ 09R	♉ 15	♋ 10	♍ 04	♍ 15R	♍ 24	♏ 16	♐ 29
	6日	♑ 15R	♑ 23	♓ 06	♉ 04	♉ 06R	♉ 22	♋ 21	♍ 10	♍ 10R	♎ 02	♏ 24	♑ 04
	11日	♑ 09R	♑ 29	♓ 15	♉ 10	♉ 04R	♊ 00	♌ 01	♍ 15	♍ 07R	♎ 11	♐ 01	♑ 06
	16日	♑ 06R	♒ 07	♓ 25	♉ 13	♉ 04	♊ 09	♌ 10	♍ 18	♍ 06	♎ 20	♐ 09	♑ 05R
	21日	♑ 07	♒ 14	♈ 05	♉ 13R	♉ 06	♊ 18	♌ 18	♍ 20	♍ 09	♎ 28	♐ 16	♐ 29R
	26日	♑ 11	♒ 22	♈ 15	♉ 12R	♉ 09	♊ 29	♌ 26	♍ 19R	♍ 16	♏ 07	♐ 23	♐ 23R
♀	1日	♏ 28	♐ 24	♑ 25	♓ 00	♈ 06	♉ 13	♊ 20	♋ 28	♍ 06	♎ 13	♏ 22	♐ 29
	11日	♐ 05	♑ 05	♒ 06	♓ 12	♈ 18	♉ 25	♋ 02	♌ 10	♍ 18	♎ 26	♐ 04	♑ 12
	21日	♐ 14	♑ 16	♒ 18	♓ 24	♉ 00	♊ 07	♋ 14	♌ 22	♎ 01	♏ 08	♐ 17	♑ 24
♂	1日	♌ 16R	♌ 05R	♋ 28R	♌ 00	♌ 11	♌ 25	♍ 11	♎ 00	♎ 19	♏ 09	♐ 01	♐ 23
	11日	♌ 13R	♌ 02R	♋ 27	♌ 03	♌ 15	♍ 00	♍ 17	♎ 06	♎ 26	♏ 16	♐ 08	♑ 01
	21日	♌ 10R	♋ 29R	♋ 28	♌ 07	♌ 20	♍ 06	♍ 23	♎ 12	♏ 03	♏ 23	♐ 16	♑ 08
♃	1日	♋ 16R	♋ 12R	♋ 11R	♋ 11	♋ 15	♋ 20	♋ 26	♌ 03	♌ 10	♌ 16	♌ 20	♌ 23
	11日	♋ 15R	♋ 11R	♋ 10	♋ 12	♋ 16	♋ 22	♋ 29	♌ 05	♌ 12	♌ 17	♌ 21	♌ 23R
	21日	♋ 14R	♋ 11R	♋ 11	♋ 13	♋ 18	♋ 24	♌ 01	♌ 08	♌ 14	♌ 19	♌ 22	♌ 22R
♄	1日	♑ 14	♑ 17	♑ 20	♑ 22	♑ 23	♑ 23R	♑ 21R	♑ 19R	♑ 17R	♑ 17	♑ 18	♑ 20
	11日	♑ 15	♑ 18	♑ 21	♑ 23	♑ 23R	♑ 22R	♑ 20R	♑ 18R	♑ 17R	♑ 17	♑ 19	♑ 21
	21日	♑ 16	♑ 19	♑ 22	♑ 23	♑ 23R	♑ 22R	♑ 19R	♑ 17R	♑ 17R	♑ 17	♑ 19	♑ 23
♅	1日	♈ 11	♈ 12	♈ 13	♈ 15	♈ 17	♈ 18	♈ 19	♈ 19R	♈ 19R	♈ 18R	♈ 17R	♈ 16R
♆	1日	♍ 06R	♍ 05R	♍ 04R	♍ 03R	♍ 03R	♍ 03	♍ 04	♍ 04	♍ 06	♍ 07	♍ 08	♍ 08
♇	1日	♋ 20R	♋ 19R	♋ 19R	♋ 19R	♋ 19	♋ 19	♋ 20	♋ 21	♋ 22	♋ 22	♋ 22R	♋ 22R
☊	1日	♈ 20R	♈ 17R	♈ 15R	♈ 14R	♈ 14R	♈ 13R	♈ 10R	♈ 07R	♈ 06	♈ 05R	♈ 05R	♈ 03R

1932（うるう）年

		1月	2月	3月	4月	5月	6月	7月	8月	9月	10月	11月	12月
☽	1日	♎ 10	♐ 03	♐ 28	♒ 17	♓ 20	♉ 04	♊ 07	♋ 23	♍ 12	♎ 20	♐ 14	♑ 22
	2日	♎ 24	♐ 17	♑ 11	♒ 29	♈ 02	♉ 16	♊ 19	♌ 06	♍ 27	♏ 05	♐ 29	♒ 06
	3日	♏ 09	♑ 01	♑ 24	♓ 11	♈ 14	♉ 28	♋ 02	♌ 20	♎ 11	♏ 20	♑ 13	♒ 20
	4日	♏ 23	♑ 14	♒ 07	♓ 23	♈ 26	♊ 10	♋ 14	♍ 03	♎ 26	♐ 05	♑ 27	♓ 03
	5日	♐ 07	♑ 27	♒ 20	♈ 05	♉ 08	♊ 23	♋ 27	♍ 17	♏ 10	♐ 19	♒ 11	♓ 15
	6日	♐ 21	♒ 10	♓ 02	♈ 17	♉ 19	♋ 05	♌ 10	♎ 01	♏ 25	♑ 04	♒ 24	♓ 28
	7日	♑ 05	♒ 23	♓ 14	♈ 29	♊ 01	♋ 18	♌ 24	♎ 15	♐ 09	♑ 17	♓ 06	♈ 10
	8日	♑ 18	♓ 06	♓ 26	♉ 10	♊ 13	♌ 00	♍ 07	♏ 00	♐ 23	♒ 01	♓ 19	♈ 22
	9日	♒ 02	♓ 18	♈ 08	♉ 22	♊ 26	♌ 13	♍ 21	♏ 14	♑ 07	♒ 14	♈ 01	♉ 04
	10日	♒ 15	♈ 00	♈ 20	♊ 04	♋ 08	♌ 27	♎ 05	♏ 28	♑ 20	♒ 27	♈ 13	♉ 15
	11日	♒ 27	♈ 12	♉ 02	♊ 16	♋ 21	♍ 10	♎ 19	♐ 12	♒ 04	♓ 09	♈ 25	♉ 27
	12日	♓ 10	♈ 24	♉ 14	♊ 29	♌ 03	♍ 24	♏ 03	♐ 26	♒ 17	♓ 22	♉ 07	♊ 09
	13日	♓ 22	♉ 05	♉ 25	♋ 11	♌ 16	♎ 08	♏ 17	♑ 10	♓ 00	♈ 04	♉ 19	♊ 21
	14日	♈ 04	♉ 17	♊ 08	♋ 24	♍ 00	♎ 22	♐ 01	♑ 24	♓ 12	♈ 16	♊ 00	♋ 03
	15日	♈ 16	♉ 29	♊ 20	♌ 07	♍ 14	♏ 07	♐ 16	♒ 07	♓ 25	♈ 28	♊ 12	♋ 15
	16日	♈ 28	♊ 12	♋ 02	♌ 21	♍ 28	♏ 21	♑ 00	♒ 21	♈ 07	♉ 10	♊ 24	♋ 28
	17日	♉ 09	♊ 24	♋ 15	♍ 05	♎ 12	♐ 06	♑ 14	♓ 04	♈ 19	♉ 22	♋ 06	♌ 10
	18日	♉ 21	♋ 07	♋ 28	♍ 19	♎ 27	♐ 21	♑ 28	♓ 16	♉ 01	♊ 03	♋ 18	♌ 23
	19日	♊ 04	♋ 20	♌ 12	♎ 04	♏ 12	♑ 06	♒ 12	♓ 29	♉ 13	♊ 15	♌ 01	♍ 06
	20日	♊ 16	♌ 04	♌ 26	♎ 19	♏ 28	♑ 20	♒ 25	♈ 11	♉ 25	♊ 27	♌ 13	♍ 19
	21日	♊ 29	♌ 18	♍ 11	♏ 04	♐ 13	♒ 04	♓ 08	♈ 23	♊ 07	♋ 09	♌ 26	♎ 03
	22日	♋ 13	♍ 03	♍ 26	♏ 19	♐ 27	♒ 17	♓ 21	♉ 05	♊ 19	♋ 22	♍ 09	♎ 16
	23日	♋ 26	♍ 17	♎ 11	♐ 04	♑ 12	♓ 00	♈ 03	♉ 17	♋ 01	♌ 04	♍ 23	♏ 01
	24日	♌ 10	♎ 02	♎ 26	♐ 19	♑ 26	♓ 13	♈ 15	♉ 29	♋ 13	♌ 17	♎ 07	♏ 15
	25日	♌ 24	♎ 17	♏ 11	♑ 03	♒ 09	♓ 25	♈ 27	♊ 11	♋ 26	♍ 01	♎ 22	♐ 00
	26日	♍ 08	♏ 02	♏ 26	♑ 17	♒ 22	♈ 07	♉ 09	♊ 23	♌ 09	♍ 14	♏ 06	♐ 15
	27日	♍ 23	♏ 16	♐ 10	♒ 01	♓ 05	♈ 19	♉ 21	♋ 05	♌ 22	♍ 29	♏ 22	♑ 00
	28日	♎ 07	♐ 00	♐ 24	♒ 13	♓ 17	♉ 01	♊ 03	♋ 18	♍ 06	♎ 13	♐ 07	♑ 15
	29日	♎ 21	♐ 14	♑ 08	♒ 26	♓ 29	♉ 13	♊ 15	♌ 01	♍ 21	♎ 28	♐ 22	♒ 00
	30日	♏ 05		♑ 21	♓ 08	♈ 11	♉ 25	♊ 27	♌ 15	♎ 05	♏ 14	♑ 07	♒ 14
	31日	♏ 19		♒ 04		♈ 23		♋ 10	♌ 28		♏ 29		♒ 28
☿	1日	♐ 20	♑ 24	♓ 13	♈ 25R	♈ 16	♉ 26	♋ 28	♍ 02	♌ 21	♎ 09	♏ 28	♐ 17R
	6日	♐ 22	♒ 02	♓ 23	♈ 23R	♈ 19	♊ 06	♌ 06	♍ 02R	♌ 26	♎ 18	♐ 04	♐ 10R
	11日	♐ 26	♒ 10	♈ 02	♈ 20R	♈ 24	♊ 17	♌ 13	♍ 00R	♍ 03	♎ 26	♐ 11	♐ 05R
	16日	♑ 02	♒ 18	♈ 11	♈ 16R	♉ 00	♊ 28	♌ 20	♌ 26R	♍ 12	♏ 04	♐ 16	♐ 05
	21日	♑ 08	♒ 27	♈ 19	♈ 14R	♉ 07	♋ 09	♌ 25	♌ 22R	♍ 21	♏ 12	♐ 20	♐ 07
	26日	♑ 15	♓ 06	♈ 23	♈ 14	♉ 15	♋ 19	♌ 29	♌ 19R	♎ 00	♏ 19	♐ 20R	♐ 12
♀	1日	♒ 08	♓ 16	♈ 21	♉ 26	♊ 26	♋ 15	♋ 06R	♋ 01	♋ 23	♌ 23	♍ 29	♏ 05
	11日	♒ 20	♓ 28	♉ 02	♊ 06	♋ 04	♋ 15R	♋ 01R	♋ 06	♌ 02	♍ 04	♎ 11	♏ 17
	21日	♓ 03	♈ 10	♉ 14	♊ 16	♋ 10	♋ 12R	♊ 29	♋ 13	♌ 12	♍ 16	♎ 23	♐ 00
♂	1日	♑ 17	♒ 11	♓ 04	♓ 28	♈ 21	♉ 15	♊ 06	♊ 28	♋ 18	♌ 06	♌ 24	♍ 08
	11日	♑ 25	♒ 19	♓ 12	♈ 06	♈ 29	♉ 22	♊ 13	♋ 04	♋ 24	♌ 12	♌ 29	♍ 12
	21日	♒ 02	♒ 27	♓ 20	♈ 14	♉ 06	♉ 29	♊ 20	♋ 11	♌ 00	♌ 18	♍ 03	♍ 15
♃	1日	♌ 22R	♌ 19R	♌ 15R	♌ 13R	♌ 13	♌ 17	♌ 22	♌ 28	♍ 05	♍ 11	♍ 17	♍ 21
	11日	♌ 21R	♌ 17R	♌ 14R	♌ 13	♌ 14	♌ 18	♌ 24	♍ 00	♍ 07	♍ 13	♍ 18	♍ 22
	21日	♌ 20R	♌ 16R	♌ 13R	♌ 13	♌ 15	♌ 20	♌ 26	♍ 02	♍ 09	♍ 15	♍ 20	♍ 23
♄	1日	♑ 24	♑ 27	♒ 01	♒ 03	♒ 05	♒ 05R	♒ 03R	♒ 01R	♑ 29R	♑ 28R	♑ 29	♒ 01
	11日	♑ 25	♑ 29	♒ 02	♒ 04	♒ 05	♒ 04R	♒ 02R	♒ 00R	♑ 28R	♑ 28	♑ 29	♒ 02
	21日	♑ 26	♒ 00	♒ 02	♒ 04	♒ 05R	♒ 04R	♒ 02R	♒ 00R	♑ 28R	♑ 28	♒ 00	♒ 03
♅	1日	♈ 15	♈ 16	♈ 17	♈ 19	♈ 21	♈ 22	♈ 23	♈ 23R	♈ 23R	♈ 22R	♈ 21R	♈ 20R
♆	1日	♍ 08R	♍ 07R	♍ 07R	♍ 06R	♍ 05R	♍ 05	♍ 06	♍ 07	♍ 08	♍ 09	♍ 10	♍ 10
♇	1日	♋ 21R	♋ 21R	♋ 20R	♋ 20R	♋ 20	♋ 21	♋ 21	♋ 22	♋ 23	♋ 23	♋ 23R	♋ 23R
☊	1日	♈ 00R	♓ 27R	♓ 26R	♓ 26	♓ 25	♓ 23R	♓ 20R	♓ 18R	♓ 17R	♓ 17R	♓ 16R	♓ 13R

		1月	2月	3月	4月	5月	6月	7月	8月	9月	10月	11月	12月
☽	1日	♓ 11	♈ 26	♉ 04	♊ 18	♋ 20	♍ 06	♎ 12	♐ 04	♑ 28	♓ 05	♈ 24	♉ 28
	2日	♓ 24	♉ 08	♉ 16	♋ 00	♌ 02	♍ 19	♎ 25	♐ 19	♒ 12	♓ 19	♉ 07	♊ 10
	3日	♈ 06	♉ 20	♉ 28	♋ 12	♌ 14	♎ 02	♏ 10	♑ 03	♒ 26	♈ 02	♉ 19	♊ 22
	4日	♈ 18	♊ 02	♊ 10	♋ 24	♌ 27	♎ 16	♏ 24	♑ 18	♓ 10	♈ 15	♊ 02	♋ 04
	5日	♉ 00	♊ 14	♊ 22	♌ 06	♍ 10	♏ 00	♐ 09	♒ 03	♓ 24	♈ 28	♊ 14	♋ 16
	6日	♉ 12	♊ 26	♋ 04	♌ 19	♍ 23	♏ 15	♐ 24	♒ 17	♈ 07	♉ 11	♊ 26	♋ 28
	7日	♉ 24	♋ 08	♋ 16	♍ 02	♎ 07	♐ 00	♑ 09	♓ 02	♈ 20	♉ 23	♋ 07	♌ 09
	8日	♊ 06	♋ 20	♋ 28	♍ 15	♎ 22	♐ 16	♑ 24	♓ 16	♉ 03	♊ 05	♋ 19	♌ 21
	9日	♊ 18	♌ 03	♌ 11	♍ 29	♏ 07	♑ 01	♒ 09	♓ 29	♉ 15	♊ 17	♌ 01	♍ 04
	10日	♋ 00	♌ 16	♌ 24	♎ 14	♏ 22	♑ 16	♒ 24	♈ 12	♉ 27	♊ 29	♌ 13	♍ 16
	11日	♋ 12	♌ 29	♍ 07	♎ 28	♐ 07	♒ 01	♓ 07	♈ 25	♊ 09	♋ 11	♌ 25	♍ 29
	12日	♋ 25	♍ 12	♍ 21	♏ 13	♐ 22	♒ 15	♓ 21	♉ 07	♊ 21	♋ 23	♍ 08	♎ 12
	13日	♌ 07	♍ 26	♎ 05	♏ 28	♑ 07	♒ 29	♈ 04	♉ 20	♋ 03	♌ 05	♍ 20	♎ 26
	14日	♌ 20	♎ 10	♎ 20	♐ 13	♑ 22	♓ 12	♈ 17	♊ 02	♋ 15	♌ 17	♎ 04	♏ 10
	15日	♍ 03	♎ 24	♏ 04	♐ 28	♒ 06	♓ 25	♈ 29	♊ 13	♋ 27	♍ 00	♎ 18	♏ 25
	16日	♍ 16	♏ 08	♏ 18	♑ 12	♒ 20	♈ 08	♉ 11	♊ 25	♌ 09	♍ 13	♏ 02	♐ 10
	17日	♍ 29	♏ 22	♐ 03	♑ 26	♓ 03	♈ 20	♉ 23	♋ 07	♌ 22	♍ 26	♏ 17	♐ 25
	18日	♎ 13	♐ 06	♐ 17	♒ 10	♓ 16	♉ 02	♊ 05	♋ 19	♍ 05	♎ 10	♐ 02	♑ 10
	19日	♎ 27	♐ 20	♑ 01	♒ 23	♓ 29	♉ 14	♊ 17	♌ 01	♍ 18	♎ 24	♐ 17	♑ 25
	20日	♏ 11	♑ 05	♑ 15	♓ 06	♈ 11	♉ 26	♊ 29	♌ 14	♎ 01	♏ 08	♑ 02	♒ 10
	21日	♏ 25	♑ 19	♑ 29	♓ 19	♈ 23	♊ 08	♋ 11	♌ 26	♎ 15	♏ 23	♑ 16	♒ 25
	22日	♐ 10	♒ 03	♒ 13	♈ 01	♉ 05	♊ 20	♋ 23	♍ 09	♎ 29	♐ 07	♒ 01	♓ 09
	23日	♐ 24	♒ 16	♒ 26	♈ 14	♉ 17	♋ 02	♌ 05	♍ 22	♏ 13	♐ 22	♒ 15	♓ 22
	24日	♑ 09	♓ 00	♓ 09	♈ 26	♉ 29	♋ 14	♌ 17	♎ 05	♏ 27	♑ 06	♒ 29	♈ 05
	25日	♑ 23	♓ 13	♓ 22	♉ 08	♊ 11	♋ 26	♍ 00	♎ 19	♐ 11	♑ 21	♓ 12	♈ 18
	26日	♒ 08	♓ 26	♈ 05	♉ 20	♊ 23	♌ 08	♍ 12	♏ 02	♐ 26	♒ 05	♓ 26	♉ 01
	27日	♒ 22	♈ 09	♈ 17	♊ 02	♋ 05	♌ 20	♍ 25	♏ 16	♑ 10	♒ 19	♈ 08	♉ 13
	28日	♓ 05	♈ 22	♉ 00	♊ 14	♋ 17	♍ 03	♎ 08	♐ 00	♑ 24	♓ 02	♈ 21	♉ 25
	29日	♓ 19		♉ 12	♊ 26	♋ 29	♍ 15	♎ 22	♐ 15	♒ 08	♓ 15	♉ 04	♊ 07
	30日	♈ 01		♉ 24	♋ 08	♌ 11	♍ 28	♏ 06	♐ 29	♒ 22	♓ 29	♉ 16	♊ 19
	31日	♈ 14		♊ 06		♌ 23		♏ 20	♑ 13		♈ 11		♋ 01
☿	1日	♐ 20	♒ 07	♓ 27	♓ 26R	♈ 16	♊ 14	♌ 05	♌ 06R	♌ 28	♎ 22	♐ 02	♏ 19
	6日	♐ 27	♒ 15	♈ 03	♓ 25	♈ 23	♊ 25	♌ 09	♌ 03R	♍ 08	♎ 29	♐ 04	♏ 23
	11日	♑ 04	♒ 24	♈ 07	♓ 26	♉ 01	♋ 05	♌ 12	♌ 02	♍ 17	♏ 07	♐ 04R	♏ 29
	16日	♑ 11	♓ 04	♈ 07R	♓ 29	♉ 11	♋ 14	♌ 13	♌ 04	♍ 26	♏ 14	♐ 00R	♐ 05
	21日	♑ 19	♓ 13	♈ 04R	♈ 03	♉ 21	♋ 22	♌ 13R	♌ 09	♎ 05	♏ 20	♏ 23R	♐ 12
	26日	♑ 27	♓ 22	♈ 00R	♈ 09	♊ 01	♋ 29	♌ 10R	♌ 17	♎ 14	♏ 26	♏ 19R	♐ 20
♀	1日	♐ 13	♑ 22	♒ 27	♈ 06	♉ 13	♊ 21	♋ 28	♍ 05	♎ 13	♏ 18	♐ 24	♑ 26
	11日	♐ 26	♒ 05	♓ 10	♈ 18	♉ 25	♋ 03	♌ 10	♍ 17	♎ 25	♐ 00	♑ 05	♒ 05
	21日	♑ 08	♒ 17	♓ 22	♉ 00	♊ 07	♋ 15	♌ 22	♎ 00	♏ 07	♐ 11	♑ 15	♒ 13
♂	1日	♍ 18	♍ 19R	♍ 11R	♍ 02R	♍ 03	♍ 13	♍ 27	♎ 14	♏ 04	♏ 24	♐ 16	♑ 09
	11日	♍ 20	♍ 17R	♍ 07R	♍ 01R	♍ 05	♍ 17	♎ 02	♎ 20	♏ 10	♐ 01	♐ 24	♑ 17
	21日	♍ 20R	♍ 14R	♍ 04R	♍ 01	♍ 09	♍ 22	♎ 08	♎ 27	♏ 17	♐ 08	♑ 01	♑ 24
♃	1日	♍ 23	♍ 22R	♍ 19R	♍ 16R	♍ 13R	♍ 14	♍ 17	♍ 22	♍ 28	♎ 05	♎ 11	♎ 17
	11日	♍ 23R	♍ 21R	♍ 18R	♍ 15R	♍ 13	♍ 15	♍ 18	♍ 24	♎ 00	♎ 07	♎ 13	♎ 18
	21日	♍ 23R	♍ 20R	♍ 17R	♍ 14R	♍ 13	♍ 16	♍ 20	♍ 26	♎ 02	♎ 09	♎ 15	♎ 20
♄	1日	♒ 04	♒ 08	♒ 11	♒ 14	♒ 16	♒ 16R	♒ 15R	♒ 13R	♒ 11R	♒ 10R	♒ 10	♒ 12
	11日	♒ 05	♒ 09	♒ 12	♒ 15	♒ 16	♒ 16R	♒ 15R	♒ 13R	♒ 11R	♒ 10R	♒ 10	♒ 12
	21日	♒ 06	♒ 10	♒ 13	♒ 15	♒ 16	♒ 16R	♒ 14R	♒ 12R	♒ 10R	♒ 10	♒ 11	♒ 13
♅	1日	♈ 19	♈ 20	♈ 21	♈ 23	♈ 24	♈ 26	♈ 27	♈ 27	♈ 27R	♈ 26R	♈ 25R	♈ 24R
♆	1日	♍ 10R	♍ 10R	♍ 09R	♍ 08R	♍ 07R	♍ 07	♍ 08	♍ 09	♍ 10	♍ 11	♍ 12	♍ 12
♇	1日	♋ 23R	♋ 22R	♋ 21R	♋ 21R	♋ 21	♋ 22	♋ 23	♋ 23	♋ 24	♋ 25	♋ 25R	♋ 25R
☊	1日	♓ 10	♓ 08	♓ 08R	♓ 07R	♓ 05R	♓ 02	♓ 00R	♒ 29R	♒ 29	♒ 28R	♒ 26R	♒ 22R

		1月	2月	3月	4月	5月	6月	7月	8月	9月	10月	11月	12月
☽	1日	♋ 13	♌ 27	♍ 06	♎ 24	♐ 01	♑ 25	♓ 03	♈ 24	♊ 11	♋ 14	♌ 27	♍ 29
	2日	♋ 25	♍ 10	♍ 19	♏ 08	♐ 16	♒ 09	♓ 17	♉ 07	♊ 24	♋ 26	♍ 09	♎ 12
	3日	♌ 06	♍ 22	♎ 02	♏ 21	♑ 00	♒ 23	♈ 01	♉ 20	♋ 06	♌ 07	♍ 21	♎ 24
	4日	♌ 18	♎ 05	♎ 15	♐ 05	♑ 14	♓ 08	♈ 15	♊ 03	♋ 17	♌ 19	♎ 04	♏ 08
	5日	♍ 00	♎ 18	♎ 28	♐ 20	♑ 29	♓ 21	♈ 28	♊ 15	♋ 29	♍ 01	♎ 17	♏ 21
	6日	♍ 13	♏ 01	♏ 11	♑ 04	♒ 13	♈ 05	♉ 11	♊ 27	♌ 11	♍ 13	♏ 00	♐ 05
	7日	♍ 25	♏ 14	♏ 25	♑ 18	♒ 27	♈ 18	♉ 23	♋ 09	♌ 23	♍ 26	♏ 13	♐ 20
	8日	♎ 08	♏ 28	♐ 09	♒ 02	♓ 11	♉ 01	♊ 06	♋ 21	♍ 05	♎ 08	♏ 27	♑ 04
	9日	♎ 21	♐ 12	♐ 23	♒ 16	♓ 24	♉ 14	♊ 18	♌ 02	♍ 17	♎ 21	♐ 11	♑ 19
	10日	♏ 04	♐ 27	♑ 07	♓ 00	♈ 08	♉ 26	♋ 00	♌ 14	♍ 29	♏ 04	♐ 25	♒ 03
	11日	♏ 18	♑ 11	♑ 21	♓ 14	♈ 21	♊ 09	♋ 12	♌ 26	♎ 12	♏ 17	♑ 09	♒ 18
	12日	♐ 03	♑ 26	♒ 06	♓ 28	♉ 04	♊ 21	♋ 24	♍ 08	♎ 24	♐ 01	♑ 23	♓ 02
	13日	♐ 18	♒ 11	♒ 20	♈ 12	♉ 17	♋ 03	♌ 05	♍ 20	♏ 07	♐ 14	♒ 07	♓ 16
	14日	♑ 03	♒ 26	♓ 05	♈ 25	♊ 00	♋ 15	♌ 17	♎ 02	♏ 21	♐ 28	♒ 21	♈ 00
	15日	♑ 18	♓ 11	♓ 19	♉ 08	♊ 12	♋ 27	♌ 29	♎ 15	♐ 04	♑ 12	♓ 05	♈ 14
	16日	♒ 03	♓ 25	♈ 03	♉ 21	♊ 24	♌ 08	♍ 11	♎ 27	♐ 18	♑ 26	♓ 19	♈ 27
	17日	♒ 18	♈ 09	♈ 17	♊ 04	♋ 06	♌ 20	♍ 23	♏ 10	♑ 01	♒ 10	♈ 03	♉ 11
	18日	♓ 03	♈ 22	♉ 00	♊ 16	♋ 18	♍ 02	♎ 05	♏ 24	♑ 16	♒ 25	♈ 17	♉ 24
	19日	♓ 17	♉ 05	♉ 13	♊ 28	♌ 00	♍ 14	♎ 18	♐ 07	♒ 00	♓ 09	♉ 01	♊ 06
	20日	♈ 01	♉ 18	♉ 26	♋ 10	♌ 12	♍ 26	♏ 01	♐ 21	♒ 15	♓ 23	♉ 14	♊ 19
	21日	♈ 14	♊ 00	♊ 08	♋ 22	♌ 24	♎ 09	♏ 14	♑ 06	♒ 29	♈ 07	♉ 27	♋ 01
	22日	♈ 27	♊ 12	♊ 20	♌ 04	♍ 06	♎ 22	♏ 28	♑ 20	♓ 14	♈ 22	♊ 10	♋ 14
	23日	♉ 10	♊ 24	♋ 02	♌ 16	♍ 18	♏ 05	♐ 12	♒ 05	♓ 29	♉ 05	♊ 23	♋ 26
	24日	♉ 22	♋ 06	♋ 14	♌ 28	♎ 01	♏ 19	♐ 27	♒ 21	♈ 13	♉ 19	♋ 05	♌ 08
	25日	♊ 04	♋ 18	♋ 26	♍ 10	♎ 14	♐ 04	♑ 12	♓ 06	♈ 27	♊ 02	♋ 18	♌ 19
	26日	♊ 16	♌ 00	♌ 08	♍ 23	♎ 27	♐ 18	♑ 27	♓ 20	♉ 11	♊ 15	♌ 00	♍ 01
	27日	♊ 28	♌ 12	♌ 20	♎ 06	♏ 11	♑ 04	♒ 12	♈ 05	♉ 24	♊ 28	♌ 11	♍ 13
	28日	♋ 10	♌ 24	♍ 02	♎ 19	♏ 25	♑ 19	♒ 27	♈ 19	♊ 07	♋ 10	♌ 23	♍ 25
	29日	♋ 21		♍ 15	♏ 03	♐ 10	♒ 04	♓ 12	♉ 03	♊ 20	♋ 22	♍ 05	♎ 07
	30日	♌ 03		♍ 28	♏ 17	♐ 25	♒ 19	♓ 27	♉ 16	♋ 02	♌ 04	♍ 17	♎ 20
	31日	♌ 15		♎ 11		♑ 10		♈ 11	♉ 29		♌ 15		♏ 02
☿	1日	♐ 29	♒ 20	♓ 19R	♓ 13	♈ 27	♋ 00	♋ 24R	♋ 19	♍ 14	♏ 01	♏ 13R	♏ 22
	6日	♑ 07	♒ 29	♓ 15R	♓ 18	♉ 07	♋ 07	♋ 22R	♋ 25	♍ 23	♏ 07	♏ 06R	♐ 00
	11日	♑ 15	♓ 07	♓ 10R	♓ 24	♉ 17	♋ 14	♋ 19R	♌ 03	♎ 01	♏ 12	♏ 03R	♐ 07
	16日	♑ 23	♓ 15	♓ 07R	♈ 01	♉ 28	♋ 19	♋ 16R	♌ 12	♎ 09	♏ 16	♏ 04	♐ 15
	21日	♒ 01	♓ 19	♓ 06	♈ 09	♊ 09	♋ 22	♋ 14R	♌ 22	♎ 17	♏ 19	♏ 09	♐ 23
	26日	♒ 10	♓ 20R	♓ 08	♈ 18	♊ 19	♋ 24	♋ 15	♍ 02	♎ 24	♏ 18R	♏ 15	♑ 01
♀	1日	♒ 20	♒ 18R	♒ 08	♒ 25	♓ 24	♈ 29	♊ 03	♋ 10	♌ 18	♍ 25	♏ 04	♐ 11
	11日	♒ 23	♒ 12R	♒ 11	♓ 04	♈ 05	♉ 10	♊ 15	♋ 22	♍ 00	♎ 07	♏ 16	♐ 24
	21日	♒ 23R	♒ 08R	♒ 17	♓ 14	♈ 16	♉ 22	♊ 27	♌ 04	♍ 12	♎ 20	♏ 29	♑ 06
♂	1日	♒ 03	♒ 28	♓ 20	♈ 14	♉ 06	♉ 29	♊ 20	♋ 11	♌ 01	♌ 20	♍ 08	♍ 25
	11日	♒ 11	♓ 05	♓ 27	♈ 21	♉ 14	♊ 06	♊ 27	♋ 17	♌ 07	♌ 26	♍ 14	♎ 00
	21日	♒ 19	♓ 13	♈ 05	♈ 29	♉ 21	♊ 13	♋ 04	♋ 24	♌ 14	♍ 02	♍ 19	♎ 05
♃	1日	♎ 21	♎ 23	♎ 22R	♎ 19R	♎ 16R	♎ 13R	♎ 14	♎ 17	♎ 22	♎ 28	♏ 05	♏ 11
	11日	♎ 22	♎ 23R	♎ 22R	♎ 18R	♎ 15R	♎ 13	♎ 15	♎ 18	♎ 24	♏ 00	♏ 07	♏ 13
	21日	♎ 23	♎ 23R	♎ 21R	♎ 17R	♎ 14R	♎ 13	♎ 16	♎ 20	♎ 26	♏ 02	♏ 09	♏ 15
♄	1日	♒ 14	♒ 18	♒ 21	♒ 25	♒ 27	♒ 28	♒ 28R	♒ 26R	♒ 24R	♒ 22R	♒ 22	♒ 23
	11日	♒ 15	♒ 19	♒ 22	♒ 26	♒ 28	♒ 28R	♒ 27R	♒ 25R	♒ 23R	♒ 22R	♒ 22	♒ 23
	21日	♒ 17	♒ 20	♒ 24	♒ 26	♒ 28	♒ 28R	♒ 27R	♒ 25R	♒ 23R	♒ 22R	♒ 22	♒ 24
♅	1日	♈ 23R	♈ 24	♈ 25	♈ 26	♈ 28	♉ 00	♉ 01	♉ 01	♉ 01R	♉ 00R	♈ 29R	♈ 28R
♆	1日	♍ 12R	♍ 12R	♍ 11R	♍ 10R	♍ 10R	♍ 10	♍ 10	♍ 11	♍ 12	♍ 13	♍ 14	♍ 15
♇	1日	♋ 24R	♋ 23R	♋ 23R	♋ 23R	♋ 23	♋ 23	♋ 24	♋ 25	♋ 25	♋ 26	♋ 26R	♋ 26R
☊	1日	♒ 20R	♒ 19	♒ 19R	♒ 18R	♒ 15R	♒ 12R	♒ 11	♒ 10	♒ 10	♒ 08	♒ 06R	♒ 03R

		1月	2月	3月	4月	5月	6月	7月	8月	9月	10月	11月	12月
☽	1日	♏ 16	♑ 06	♑ 14	♓ 07	♈ 16	♊ 07	♋ 12	♌ 27	♎ 11	♏ 15	♑ 02	♒ 10
	2日	♏ 29	♑ 20	♑ 29	♓ 22	♉ 01	♊ 20	♋ 24	♍ 09	♎ 23	♏ 27	♑ 16	♒ 24
	3日	♐ 13	♒ 05	♒ 13	♈ 07	♉ 15	♋ 03	♌ 06	♍ 21	♏ 05	♐ 10	♑ 29	♓ 08
	4日	♐ 28	♒ 21	♒ 29	♈ 22	♉ 29	♋ 16	♌ 19	♎ 03	♏ 18	♐ 22	♒ 13	♓ 22
	5日	♑ 13	♓ 06	♓ 14	♉ 06	♊ 12	♋ 28	♍ 00	♎ 14	♐ 00	♑ 05	♒ 27	♈ 06
	6日	♑ 27	♓ 21	♓ 29	♉ 21	♊ 25	♌ 10	♍ 12	♎ 26	♐ 13	♑ 19	♓ 11	♈ 20
	7日	♒ 12	♈ 06	♈ 14	♊ 04	♋ 08	♌ 22	♍ 24	♏ 09	♐ 26	♒ 03	♓ 26	♉ 05
	8日	♒ 27	♈ 20	♈ 28	♊ 17	♋ 20	♍ 04	♎ 06	♏ 21	♑ 10	♒ 17	♈ 11	♉ 19
	9日	♓ 12	♉ 04	♉ 12	♋ 00	♌ 03	♍ 16	♎ 18	♐ 04	♑ 24	♓ 02	♈ 25	♊ 03
	10日	♓ 26	♉ 17	♉ 26	♋ 12	♌ 14	♍ 28	♏ 00	♐ 17	♒ 08	♓ 17	♉ 10	♊ 17
	11日	♈ 10	♊ 00	♊ 09	♋ 25	♌ 26	♎ 10	♏ 13	♑ 01	♒ 23	♈ 02	♉ 25	♋ 01
	12日	♈ 24	♊ 13	♊ 22	♌ 07	♍ 08	♎ 22	♏ 26	♑ 15	♓ 08	♈ 17	♊ 09	♋ 14
	13日	♉ 08	♊ 25	♋ 04	♌ 18	♍ 20	♏ 05	♐ 09	♒ 00	♓ 23	♉ 02	♊ 23	♋ 27
	14日	♉ 21	♋ 07	♋ 16	♍ 00	♎ 02	♏ 18	♐ 23	♒ 15	♈ 09	♉ 17	♋ 06	♌ 09
	15日	♊ 03	♋ 19	♋ 28	♍ 12	♎ 14	♐ 01	♑ 07	♓ 00	♈ 24	♊ 01	♋ 19	♌ 22
	16日	♊ 16	♌ 01	♌ 10	♍ 24	♎ 27	♐ 15	♑ 22	♓ 15	♉ 08	♊ 15	♌ 02	♍ 04
	17日	♊ 28	♌ 13	♌ 22	♎ 06	♏ 10	♐ 29	♒ 06	♈ 00	♉ 23	♊ 28	♌ 14	♍ 16
	18日	♋ 10	♌ 25	♍ 04	♎ 18	♏ 23	♑ 13	♒ 21	♈ 15	♊ 06	♋ 11	♌ 26	♍ 28
	19日	♋ 22	♍ 07	♍ 15	♏ 01	♐ 06	♑ 27	♓ 06	♈ 29	♊ 20	♋ 24	♍ 08	♎ 09
	20日	♌ 04	♍ 19	♍ 27	♏ 14	♐ 20	♒ 11	♓ 21	♉ 13	♋ 02	♌ 06	♍ 20	♎ 21
	21日	♌ 16	♎ 00	♎ 10	♏ 27	♑ 03	♒ 26	♈ 05	♉ 27	♋ 15	♌ 18	♎ 02	♏ 04
	22日	♌ 28	♎ 13	♎ 22	♐ 10	♑ 17	♓ 10	♈ 19	♊ 10	♋ 27	♍ 00	♎ 14	♏ 16
	23日	♍ 10	♎ 25	♏ 04	♐ 23	♒ 01	♓ 24	♉ 03	♊ 23	♌ 09	♍ 11	♎ 26	♏ 29
	24日	♍ 22	♏ 07	♏ 17	♑ 07	♒ 15	♈ 09	♉ 17	♋ 06	♌ 21	♍ 23	♏ 08	♐ 11
	25日	♎ 04	♏ 20	♐ 00	♑ 20	♒ 29	♈ 23	♊ 00	♋ 18	♍ 03	♎ 05	♏ 20	♐ 25
	26日	♎ 16	♐ 03	♐ 13	♒ 04	♓ 13	♉ 06	♊ 13	♌ 00	♍ 15	♎ 17	♐ 03	♑ 08
	27日	♎ 28	♐ 16	♐ 26	♒ 18	♓ 28	♉ 20	♊ 26	♌ 12	♍ 26	♎ 29	♐ 16	♑ 22
	28日	♏ 11	♑ 00	♑ 10	♓ 03	♈ 12	♊ 03	♋ 08	♌ 24	♎ 08	♏ 12	♐ 29	♒ 06
	29日	♏ 24		♑ 24	♓ 17	♈ 26	♊ 16	♋ 21	♍ 06	♎ 20	♏ 24	♑ 13	♒ 20
	30日	♐ 07		♒ 08	♈ 02	♉ 10	♊ 29	♌ 03	♍ 18	♏ 02	♐ 07	♑ 26	♓ 04
	31日	♐ 21		♒ 22		♉ 24		♌ 15	♍ 29		♐ 19		♓ 19
☿	1日	♑ 10	♓ 00	♒ 19R	♓ 18	♉ 14	♋ 02	♊ 25R	♋ 28	♍ 26	♏ 01	♎ 19	♐ 03
	6日	♑ 18	♓ 03	♒ 20	♓ 26	♉ 25	♋ 04	♊ 26	♌ 08	♎ 04	♏ 03	♎ 25	♐ 11
	11日	♑ 27	♓ 03R	♒ 23	♈ 04	♊ 05	♋ 04R	♊ 28	♌ 19	♎ 11	♏ 01R	♏ 02	♐ 19
	16日	♒ 05	♒ 29R	♒ 27	♈ 13	♊ 13	♋ 02R	♋ 02	♌ 29	♎ 18	♎ 26R	♏ 09	♐ 26
	21日	♒ 14	♒ 23R	♓ 03	♈ 23	♊ 21	♋ 00R	♋ 08	♍ 08	♎ 23	♎ 21R	♏ 17	♑ 04
	26日	♒ 22	♒ 20R	♓ 09	♉ 03	♊ 27	♊ 27R	♋ 17	♍ 17	♎ 28	♎ 17R	♏ 25	♑ 12
♀	1日	♑ 20	♒ 29	♈ 04	♉ 12	♊ 17	♋ 23	♌ 24	♍ 18	♍ 19R	♍ 07	♍ 22	♎ 22
	11日	♒ 03	♓ 12	♈ 16	♉ 24	♊ 29	♌ 04	♍ 03	♍ 22	♍ 13R	♍ 09	♎ 01	♏ 03
	21日	♒ 15	♓ 24	♈ 28	♊ 06	♋ 10	♌ 14	♍ 11	♍ 23R	♍ 08R	♍ 14	♎ 11	♏ 14
♂	1日	♎ 10	♎ 21	♎ 25R	♎ 18R	♎ 08R	♎ 07	♎ 16	♏ 01	♏ 20	♐ 10	♑ 02	♑ 25
	11日	♎ 14	♎ 23	♎ 24R	♎ 14R	♎ 06R	♎ 09	♎ 21	♏ 07	♏ 26	♐ 17	♑ 10	♒ 03
	21日	♎ 18	♎ 24	♎ 22R	♎ 11R	♎ 06	♎ 12	♎ 25	♏ 13	♐ 03	♐ 24	♑ 18	♒ 11
♃	1日	♏ 17	♏ 21	♏ 23	♏ 23R	♏ 20R	♏ 16R	♏ 14R	♏ 14	♏ 17	♏ 22	♏ 28	♐ 05
	11日	♏ 18	♏ 22	♏ 23R	♏ 22R	♏ 18R	♏ 15R	♏ 13R	♏ 15	♏ 19	♏ 24	♐ 00	♐ 07
	21日	♏ 20	♏ 23	♏ 23R	♏ 21R	♏ 17R	♏ 14R	♏ 14	♏ 16	♏ 20	♏ 26	♐ 03	♐ 09
♄	1日	♒ 25	♒ 28	♓ 02	♓ 05	♓ 08	♓ 10	♓ 10R	♓ 09R	♓ 07R	♓ 05R	♓ 04R	♓ 04
	11日	♒ 26	♓ 00	♓ 03	♓ 06	♓ 09	♓ 10	♓ 10R	♓ 08R	♓ 06R	♓ 04R	♓ 04	♓ 04
	21日	♒ 27	♓ 01	♓ 04	♓ 07	♓ 09	♓ 10	♓ 10R	♓ 08R	♓ 05R	♓ 04R	♓ 04	♓ 05
♅	1日	♈ 28R	♈ 28	♈ 29	♉ 00	♉ 02	♉ 04	♉ 05	♉ 05	♉ 05R	♉ 05R	♉ 03R	♉ 02R
♆	1日	♍ 15R	♍ 14R	♍ 13R	♍ 12R	♍ 12R	♍ 12	♍ 12	♍ 13	♍ 14	♍ 15	♍ 16	♍ 17
♇	1日	♋ 25R	♋ 25R	♋ 24R	♋ 24R	♋ 24	♋ 24	♋ 25	♋ 26	♋ 27	♋ 27	♋ 27R	♋ 27R
☊	1日	♒ 01R	♒ 01	♒ 01	♑ 28R	♑ 25R	♑ 23R	♑ 22R	♑ 22R	♑ 21R	♑ 18R	♑ 15R	♑ 13

1936（うるう）年

		1月	2月	3月	4月	5月	6月	7月	8月	9月	10月	11月	12月
☽	1日	♈ 03	♉ 26	♊ 19	♌ 07	♍ 10	♎ 24	♏ 27	♑ 13	♓ 03	♈ 11	♊ 05	♋ 12
	2日	♈ 17	♊ 09	♋ 02	♌ 19	♍ 22	♏ 06	♐ 09	♑ 26	♓ 18	♈ 27	♊ 20	♋ 26
	3日	♉ 01	♊ 22	♋ 15	♍ 01	♎ 04	♏ 18	♐ 22	♒ 10	♈ 03	♉ 12	♋ 04	♌ 10
	4日	♉ 15	♋ 05	♋ 28	♍ 13	♎ 16	♐ 01	♑ 05	♒ 24	♈ 18	♉ 27	♋ 18	♌ 23
	5日	♉ 29	♋ 18	♌ 10	♍ 25	♎ 28	♐ 13	♑ 18	♓ 09	♉ 02	♊ 11	♌ 01	♍ 06
	6日	♊ 12	♌ 01	♌ 22	♎ 07	♏ 10	♐ 26	♒ 01	♓ 23	♉ 17	♊ 25	♌ 14	♍ 18
	7日	♊ 26	♌ 13	♍ 04	♎ 19	♏ 22	♑ 09	♒ 15	♈ 08	♊ 01	♋ 09	♌ 27	♎ 00
	8日	♋ 09	♌ 26	♍ 16	♏ 01	♐ 04	♑ 22	♒ 29	♈ 22	♊ 15	♋ 22	♍ 09	♎ 12
	9日	♋ 22	♍ 08	♍ 28	♏ 13	♐ 16	♒ 05	♓ 13	♉ 06	♊ 29	♌ 05	♍ 21	♎ 24
	10日	♌ 05	♍ 20	♎ 10	♏ 25	♐ 29	♒ 18	♓ 27	♉ 21	♋ 12	♌ 18	♎ 03	♏ 06
	11日	♌ 17	♎ 02	♎ 22	♐ 07	♑ 12	♓ 02	♈ 11	♊ 05	♋ 25	♍ 00	♎ 15	♏ 18
	12日	♌ 29	♎ 13	♏ 04	♐ 19	♑ 25	♓ 16	♈ 25	♊ 18	♌ 08	♍ 12	♎ 27	♏ 29
	13日	♍ 12	♎ 25	♏ 16	♑ 02	♒ 08	♈ 00	♉ 10	♋ 02	♌ 20	♍ 24	♏ 09	♐ 11
	14日	♍ 23	♏ 07	♏ 28	♑ 15	♒ 21	♈ 14	♉ 24	♋ 15	♍ 03	♎ 06	♏ 21	♐ 24
	15日	♎ 05	♏ 19	♐ 10	♑ 28	♓ 05	♈ 29	♊ 08	♋ 28	♍ 15	♎ 18	♐ 03	♑ 06
	16日	♎ 17	♐ 02	♐ 23	♒ 11	♓ 20	♉ 13	♊ 22	♌ 11	♍ 27	♏ 00	♐ 15	♑ 18
	17日	♎ 29	♐ 14	♑ 05	♒ 25	♈ 04	♉ 28	♋ 05	♌ 24	♎ 09	♏ 12	♐ 27	♒ 01
	18日	♏ 11	♐ 27	♑ 19	♓ 10	♈ 19	♊ 12	♋ 19	♍ 06	♎ 21	♏ 24	♑ 09	♒ 14
	19日	♏ 24	♑ 10	♒ 02	♓ 25	♉ 04	♊ 26	♌ 02	♍ 19	♏ 03	♐ 06	♑ 21	♒ 27
	20日	♐ 06	♑ 24	♒ 17	♈ 10	♉ 19	♋ 10	♌ 15	♎ 01	♏ 15	♐ 18	♒ 04	♓ 11
	21日	♐ 19	♒ 09	♓ 01	♈ 25	♊ 04	♋ 24	♌ 28	♎ 13	♏ 27	♑ 00	♒ 17	♓ 25
	22日	♑ 03	♒ 23	♓ 16	♉ 10	♊ 18	♌ 07	♍ 10	♎ 25	♐ 09	♑ 12	♓ 01	♈ 09
	23日	♑ 16	♓ 08	♈ 02	♉ 25	♋ 02	♌ 20	♍ 23	♏ 07	♐ 21	♑ 25	♓ 14	♈ 23
	24日	♒ 01	♓ 23	♈ 17	♊ 10	♋ 16	♍ 02	♎ 05	♏ 18	♑ 03	♒ 08	♓ 28	♉ 07
	25日	♒ 15	♈ 08	♉ 02	♊ 24	♋ 29	♍ 15	♎ 17	♐ 00	♑ 16	♒ 21	♈ 13	♉ 22
	26日	♓ 00	♈ 23	♉ 17	♋ 08	♌ 12	♍ 27	♎ 29	♐ 13	♑ 29	♓ 05	♈ 28	♊ 06
	27日	♓ 14	♉ 08	♊ 01	♋ 21	♌ 24	♎ 09	♏ 10	♐ 25	♒ 13	♓ 19	♉ 13	♊ 21
	28日	♓ 29	♉ 22	♊ 15	♌ 04	♍ 07	♎ 21	♏ 22	♑ 08	♒ 27	♈ 04	♉ 28	♋ 06
	29日	♈ 14	♊ 06	♊ 29	♌ 16	♍ 19	♏ 03	♐ 05	♑ 21	♓ 11	♈ 19	♊ 13	♋ 20
	30日	♈ 28		♋ 12	♌ 28	♎ 01	♏ 15	♐ 17	♒ 04	♓ 26	♉ 05	♊ 28	♌ 04
	31日	♉ 12		♋ 25		♎ 13		♑ 00	♒ 19		♉ 20		♌ 17
☿	1日	♑ 22	♒ 11R	♒ 14	♈ 02	♊ 00	♊ 10R	♊ 18	♌ 17	♎ 05	♎ 08R	♎ 28	♐ 16
	6日	♒ 00	♒ 05R	♒ 20	♈ 11	♊ 06	♊ 07R	♊ 25	♌ 27	♎ 10	♎ 03R	♏ 06	♐ 24
	11日	♒ 07	♒ 02R	♒ 27	♈ 22	♊ 11	♊ 06R	♋ 04	♍ 05	♎ 14	♎ 01	♏ 14	♑ 01
	16日	♒ 14	♒ 02	♓ 04	♉ 02	♊ 14	♊ 06	♋ 14	♍ 14	♎ 16	♎ 04	♏ 22	♑ 09
	21日	♒ 17	♒ 05	♓ 12	♉ 13	♊ 14R	♊ 08	♋ 25	♍ 21	♎ 16R	♎ 10	♐ 00	♑ 16
	26日	♒ 17R	♒ 10	♓ 21	♉ 22	♊ 13R	♊ 12	♌ 05	♍ 28	♎ 13R	♎ 18	♐ 08	♑ 23
♀	1日	♏ 27	♑ 04	♒ 10	♓ 18	♈ 25	♊ 03	♋ 10	♌ 18	♍ 26	♏ 03	♐ 11	♑ 17
	11日	♐ 09	♑ 16	♒ 22	♈ 00	♉ 07	♊ 15	♋ 22	♍ 00	♎ 08	♏ 15	♐ 23	♑ 29
	21日	♐ 21	♑ 29	♓ 04	♈ 12	♉ 19	♊ 27	♌ 04	♍ 12	♎ 21	♏ 27	♑ 05	♒ 11
♂	1日	♒ 19	♓ 14	♈ 06	♈ 29	♉ 21	♊ 13	♋ 04	♋ 24	♌ 14	♍ 03	♍ 22	♎ 10
	11日	♒ 27	♓ 21	♈ 14	♉ 07	♉ 28	♊ 20	♋ 10	♌ 00	♌ 20	♍ 09	♍ 28	♎ 16
	21日	♓ 05	♓ 29	♈ 21	♉ 14	♊ 05	♊ 27	♋ 17	♌ 07	♌ 27	♍ 15	♎ 04	♎ 21
♃	1日	♐ 12	♐ 18	♐ 22	♐ 24	♐ 24R	♐ 21R	♐ 17R	♐ 15R	♐ 15	♐ 18	♐ 23	♑ 00
	11日	♐ 14	♐ 19	♐ 23	♐ 24R	♐ 23R	♐ 20R	♐ 16R	♐ 15R	♐ 16	♐ 20	♐ 25	♑ 02
	21日	♐ 16	♐ 21	♐ 24	♐ 24R	♐ 22R	♐ 18R	♐ 15R	♐ 15	♐ 17	♐ 21	♐ 28	♑ 04
♄	1日	♓ 06	♓ 09	♓ 13	♓ 16	♓ 19	♓ 22	♓ 23	♓ 22R	♓ 20R	♓ 18R	♓ 16R	♓ 16
	11日	♓ 07	♓ 10	♓ 14	♓ 17	♓ 20	♓ 22	♓ 22R	♓ 21R	♓ 19R	♓ 17R	♓ 16R	♓ 16
	21日	♓ 08	♓ 11	♓ 15	♓ 18	♓ 21	♓ 22	♓ 22R	♓ 21R	♓ 18R	♓ 17R	♓ 16	♓ 17
♅	1日	♉ 02R	♉ 02	♉ 03	♉ 04	♉ 06	♉ 07	♉ 09	♉ 10	♉ 09R	♉ 09R	♉ 08R	♉ 06R
♆	1日	♍ 17R	♍ 16R	♍ 16R	♍ 15R	♍ 14R	♍ 14	♍ 14	♍ 15	♍ 16	♍ 17	♍ 18	♍ 19
♇	1日	♋ 27R	♋ 26R	♋ 25R	♋ 25R	♋ 25	♋ 26	♋ 26	♋ 27	♋ 28	♋ 29	♋ 29R	♋ 29R
☊	1日	♑ 13	♑ 12	♑ 11	♑ 08R	♑ 05R	♑ 04R	♑ 04	♑ 03R	♑ 01R	♐ 28R	♐ 25R	♐ 24

		1月	2月	3月	4月	5月	6月	7月	8月	9月	10月	11月	12月
☽	1日	♍ 01	♎ 16	♎ 24	♐ 08	♑ 10	♒ 27	♈ 04	♉ 26	♋ 19	♌ 27	♎ 15	♏ 19
	2日	♍ 13	♎ 28	♏ 06	♐ 19	♑ 22	♓ 10	♈ 17	♊ 10	♌ 03	♍ 10	♎ 28	♐ 00
	3日	♍ 26	♏ 10	♏ 18	♑ 01	♒ 05	♓ 23	♉ 01	♊ 25	♌ 17	♍ 23	♏ 10	♐ 12
	4日	♎ 08	♏ 22	♏ 29	♑ 14	♒ 17	♈ 07	♉ 16	♋ 09	♍ 01	♎ 06	♏ 22	♐ 24
	5日	♎ 20	♐ 03	♐ 11	♑ 26	♓ 01	♈ 22	♊ 00	♋ 24	♍ 14	♎ 19	♐ 04	♑ 06
	6日	♏ 02	♐ 15	♐ 23	♒ 09	♓ 14	♉ 06	♊ 15	♌ 08	♍ 27	♏ 01	♐ 15	♑ 18
	7日	♏ 14	♐ 28	♑ 05	♒ 22	♓ 28	♉ 21	♋ 00	♌ 22	♎ 10	♏ 13	♐ 27	♒ 00
	8日	♏ 26	♑ 10	♑ 18	♓ 06	♈ 13	♊ 06	♋ 15	♍ 06	♎ 23	♏ 25	♑ 09	♒ 12
	9日	♐ 08	♑ 23	♒ 01	♓ 20	♈ 28	♊ 22	♋ 29	♍ 19	♏ 05	♐ 07	♑ 21	♒ 24
	10日	♐ 20	♒ 06	♒ 14	♈ 05	♉ 13	♋ 07	♌ 14	♎ 02	♏ 17	♐ 19	♒ 03	♓ 07
	11日	♑ 02	♒ 20	♒ 28	♈ 20	♉ 28	♋ 21	♌ 28	♎ 15	♏ 29	♑ 01	♒ 15	♓ 20
	12日	♑ 15	♓ 03	♓ 12	♉ 05	♊ 13	♌ 05	♍ 11	♎ 27	♐ 11	♑ 12	♒ 28	♈ 03
	13日	♑ 28	♓ 17	♓ 26	♉ 20	♊ 28	♌ 19	♍ 24	♏ 09	♐ 23	♑ 25	♓ 11	♈ 17
	14日	♒ 11	♈ 02	♈ 11	♊ 05	♋ 13	♍ 03	♎ 07	♏ 21	♑ 05	♒ 07	♓ 24	♉ 01
	15日	♒ 24	♈ 16	♈ 26	♊ 19	♋ 27	♍ 16	♎ 19	♐ 03	♑ 17	♒ 20	♈ 08	♉ 15
	16日	♓ 08	♉ 00	♉ 10	♋ 04	♌ 11	♍ 28	♏ 01	♐ 15	♑ 29	♓ 03	♈ 23	♊ 00
	17日	♓ 21	♉ 14	♉ 25	♋ 17	♌ 24	♎ 11	♏ 13	♐ 27	♒ 12	♓ 16	♉ 07	♊ 15
	18日	♈ 05	♉ 29	♊ 09	♌ 01	♍ 07	♎ 23	♏ 25	♑ 09	♒ 25	♈ 00	♉ 22	♋ 01
	19日	♈ 19	♊ 13	♊ 23	♌ 14	♍ 19	♏ 05	♐ 07	♑ 21	♓ 08	♈ 15	♊ 07	♋ 16
	20日	♉ 03	♊ 27	♋ 07	♌ 27	♎ 02	♏ 17	♐ 19	♒ 04	♓ 22	♈ 29	♊ 23	♌ 01
	21日	♉ 18	♋ 10	♋ 21	♍ 10	♎ 14	♏ 28	♑ 01	♒ 17	♈ 06	♉ 14	♋ 08	♌ 15
	22日	♊ 02	♋ 24	♌ 04	♍ 22	♎ 26	♐ 10	♑ 13	♓ 00	♈ 21	♉ 29	♋ 22	♌ 29
	23日	♊ 16	♌ 07	♌ 17	♎ 05	♏ 08	♐ 22	♑ 25	♓ 13	♉ 05	♊ 14	♌ 07	♍ 13
	24日	♋ 00	♌ 21	♍ 00	♎ 17	♏ 20	♑ 04	♒ 08	♓ 27	♉ 19	♊ 28	♌ 20	♍ 26
	25日	♋ 14	♍ 04	♍ 13	♎ 29	♐ 01	♑ 16	♒ 21	♈ 11	♊ 04	♋ 13	♍ 04	♎ 09
	26日	♋ 28	♍ 17	♍ 25	♏ 11	♐ 13	♑ 28	♓ 04	♈ 25	♊ 18	♋ 27	♍ 17	♎ 21
	27日	♌ 12	♍ 29	♎ 08	♏ 23	♐ 25	♒ 11	♓ 17	♉ 09	♋ 02	♌ 10	♎ 00	♏ 04
	28日	♌ 25	♎ 12	♎ 20	♐ 04	♑ 07	♒ 24	♈ 00	♉ 23	♋ 16	♌ 24	♎ 12	♏ 16
	29日	♍ 08		♏ 02	♐ 16	♑ 19	♓ 07	♈ 14	♊ 07	♌ 00	♍ 07	♎ 25	♏ 27
	30日	♍ 21		♏ 14	♐ 28	♒ 01	♓ 20	♈ 28	♊ 21	♌ 13	♍ 20	♏ 07	♐ 09
	31日	♎ 04		♏ 26		♒ 14		♉ 12	♋ 05		♎ 03		♐ 21
☿	1日	♒ 00	♑ 17	♒ 21	♈ 18	♉ 24R	♉ 18	♋ 00	♍ 00	♎ 00R	♍ 20	♏ 10	♐ 26
	6日	♒ 02R	♑ 21	♒ 29	♈ 28	♉ 23R	♉ 21	♋ 11	♍ 08	♍ 28R	♍ 26	♏ 18	♑ 03
	11日	♑ 29R	♑ 27	♓ 08	♉ 07	♉ 20R	♉ 26	♋ 22	♍ 14	♍ 25R	♎ 04	♏ 26	♑ 09
	16日	♑ 23R	♒ 03	♓ 17	♉ 15	♉ 18R	♊ 03	♌ 02	♍ 20	♍ 19R	♎ 13	♐ 04	♑ 14
	21日	♑ 17R	♒ 09	♓ 26	♉ 20	♉ 16R	♊ 11	♌ 12	♍ 25	♍ 16R	♎ 22	♐ 11	♑ 16R
	26日	♑ 15R	♒ 17	♈ 06	♉ 24	♉ 15	♊ 20	♌ 21	♍ 28	♍ 16	♏ 00	♐ 19	♑ 13R
♀	1日	♒ 24	♓ 29	♈ 24	♉ 05R	♈ 21R	♈ 28	♉ 23	♊ 26	♌ 01	♍ 07	♎ 15	♏ 23
	11日	♓ 06	♈ 09	♉ 01	♉ 02R	♈ 20	♉ 05	♊ 03	♋ 07	♌ 13	♍ 19	♎ 28	♐ 05
	21日	♓ 17	♈ 18	♉ 05	♈ 26R	♈ 22	♉ 14	♊ 14	♋ 19	♌ 25	♎ 02	♏ 10	♐ 18
♂	1日	♎ 27	♏ 14	♏ 26	♐ 04	♐ 04R	♏ 24R	♏ 20	♏ 27	♐ 12	♑ 00	♑ 22	♒ 14
	11日	♏ 03	♏ 18	♏ 29	♐ 05	♐ 01R	♏ 21R	♏ 21	♐ 01	♐ 18	♑ 07	♒ 00	♒ 22
	21日	♏ 08	♏ 23	♐ 02	♐ 05R	♏ 28R	♏ 20R	♏ 23	♐ 06	♐ 24	♑ 14	♒ 07	♓ 00
♃	1日	♑ 07	♑ 14	♑ 19	♑ 24	♑ 27	♑ 27R	♑ 24R	♑ 20R	♑ 18R	♑ 18	♑ 21	♑ 26
	11日	♑ 09	♑ 16	♑ 21	♑ 26	♑ 27	♑ 26R	♑ 23R	♑ 19R	♑ 17R	♑ 19	♑ 22	♑ 28
	21日	♑ 11	♑ 18	♑ 23	♑ 26	♑ 27R	♑ 25R	♑ 22R	♑ 18R	♑ 18	♑ 20	♑ 24	♒ 00
♄	1日	♓ 17	♓ 20	♓ 23	♓ 27	♈ 01	♈ 03	♈ 05	♈ 05R	♈ 03R	♈ 01R	♓ 29R	♓ 28R
	11日	♓ 18	♓ 21	♓ 25	♓ 28	♈ 02	♈ 04	♈ 05	♈ 05R	♈ 03R	♈ 00R	♓ 29R	♓ 28
	21日	♓ 19	♓ 22	♓ 26	♈ 00	♈ 03	♈ 05	♈ 05R	♈ 04R	♈ 02R	♈ 00R	♓ 28R	♓ 29
♅	1日	♉ 06R	♉ 06	♉ 07	♉ 08	♉ 10	♉ 11	♉ 13	♉ 14	♉ 14R	♉ 13R	♉ 12R	♉ 11R
♆	1日	♍ 19R	♍ 18R	♍ 18R	♍ 17R	♍ 16R	♍ 16	♍ 16	♍ 17	♍ 18	♍ 19	♍ 20	♍ 21
♇	1日	♋ 28R	♋ 27R	♋ 27R	♋ 27R	♋ 27	♋ 27	♋ 28	♋ 29	♋ 29	♌ 00	♌ 00R	♌ 00R
☊	1日	♐ 24R	♐ 23R	♐ 20R	♐ 17R	♐ 15	♐ 15	♐ 15R	♐ 14	♐ 11R	♐ 08R	♐ 06R	♐ 06

		1月	2月	3月	4月	5月	6月	7月	8月	9月	10月	11月	12月
☽	1日	♑ 03	♒ 18	♒ 27	♈ 15	♉ 22	♋ 16	♌ 24	♎ 15	♐ 01	♑ 03	♒ 17	♓ 19
	2日	♑ 15	♓ 01	♓ 10	♈ 29	♊ 07	♌ 01	♍ 09	♎ 28	♐ 13	♑ 15	♒ 29	♈ 02
	3日	♑ 27	♓ 13	♓ 23	♉ 13	♊ 22	♌ 15	♍ 23	♏ 11	♐ 25	♑ 27	♓ 11	♈ 14
	4日	♒ 09	♓ 26	♈ 06	♉ 27	♋ 06	♌ 29	♎ 06	♏ 23	♑ 07	♒ 09	♓ 24	♈ 28
	5日	♒ 21	♈ 09	♈ 19	♊ 12	♋ 21	♍ 13	♎ 19	♐ 05	♑ 19	♒ 21	♈ 07	♉ 11
	6日	♓ 04	♈ 23	♉ 03	♊ 26	♌ 05	♍ 26	♏ 02	♐ 17	♒ 01	♓ 03	♈ 20	♉ 26
	7日	♓ 16	♉ 06	♉ 17	♋ 10	♌ 19	♎ 09	♏ 14	♐ 29	♒ 13	♓ 16	♉ 04	♊ 10
	8日	♓ 29	♉ 20	♊ 01	♋ 24	♍ 03	♎ 22	♏ 26	♑ 11	♒ 25	♓ 29	♉ 18	♊ 25
	9日	♈ 12	♊ 04	♊ 15	♌ 08	♍ 16	♏ 05	♐ 08	♑ 22	♓ 08	♈ 12	♊ 02	♋ 10
	10日	♈ 26	♊ 18	♊ 29	♌ 22	♍ 29	♏ 17	♐ 20	♒ 04	♓ 20	♈ 25	♊ 16	♋ 25
	11日	♉ 10	♋ 03	♋ 13	♍ 06	♎ 12	♏ 29	♑ 02	♒ 16	♈ 03	♉ 09	♋ 01	♌ 10
	12日	♉ 24	♋ 17	♋ 27	♍ 19	♎ 25	♐ 11	♑ 14	♒ 29	♈ 16	♉ 22	♋ 15	♌ 24
	13日	♊ 09	♌ 02	♌ 12	♎ 03	♏ 08	♐ 23	♑ 25	♓ 11	♈ 29	♊ 06	♌ 00	♍ 08
	14日	♊ 24	♌ 17	♌ 26	♎ 16	♏ 20	♑ 05	♒ 07	♓ 23	♉ 12	♊ 20	♌ 14	♍ 22
	15日	♋ 09	♍ 01	♍ 10	♎ 29	♐ 02	♑ 17	♒ 19	♈ 06	♉ 26	♋ 04	♌ 28	♎ 06
	16日	♋ 24	♍ 15	♍ 24	♏ 11	♐ 14	♑ 28	♓ 02	♈ 19	♊ 10	♋ 19	♍ 12	♎ 19
	17日	♌ 09	♍ 29	♎ 07	♏ 24	♐ 26	♒ 10	♓ 14	♉ 02	♊ 23	♌ 03	♍ 25	♏ 02
	18日	♌ 23	♎ 13	♎ 20	♐ 06	♑ 08	♒ 22	♓ 26	♉ 15	♋ 08	♌ 17	♎ 09	♏ 15
	19日	♍ 08	♎ 25	♏ 03	♐ 18	♑ 20	♓ 05	♈ 09	♉ 29	♋ 22	♍ 01	♎ 22	♏ 27
	20日	♍ 21	♏ 08	♏ 16	♑ 00	♒ 02	♓ 17	♈ 22	♊ 13	♌ 06	♍ 15	♏ 05	♐ 09
	21日	♎ 05	♏ 20	♏ 28	♑ 12	♒ 14	♈ 00	♉ 05	♊ 27	♌ 21	♍ 29	♏ 18	♐ 22
	22日	♎ 18	♐ 02	♐ 10	♑ 23	♒ 26	♈ 13	♉ 19	♋ 12	♍ 05	♎ 13	♐ 01	♑ 04
	23日	♏ 00	♐ 14	♐ 22	♒ 05	♓ 08	♈ 26	♊ 03	♋ 27	♍ 20	♎ 26	♐ 13	♑ 16
	24日	♏ 12	♐ 26	♑ 04	♒ 18	♓ 21	♉ 10	♊ 18	♌ 12	♎ 04	♏ 09	♐ 25	♑ 28
	25日	♏ 24	♑ 08	♑ 16	♓ 00	♈ 04	♉ 24	♋ 03	♌ 26	♎ 18	♏ 22	♑ 07	♒ 09
	26日	♐ 06	♑ 20	♑ 28	♓ 13	♈ 18	♊ 09	♋ 18	♍ 11	♏ 01	♐ 05	♑ 19	♒ 21
	27日	♐ 18	♒ 02	♒ 10	♓ 26	♉ 02	♊ 24	♌ 03	♍ 26	♏ 14	♐ 17	♒ 01	♓ 03
	28日	♑ 00	♒ 14	♒ 22	♈ 10	♉ 16	♋ 09	♌ 18	♎ 10	♏ 27	♐ 29	♒ 13	♓ 15
	29日	♑ 11		♓ 05	♈ 23	♊ 01	♋ 24	♍ 03	♎ 23	♐ 09	♑ 11	♒ 25	♓ 27
	30日	♑ 23		♓ 18	♉ 08	♊ 16	♌ 10	♍ 17	♏ 06	♐ 21	♑ 23	♓ 07	♈ 10
	31日	♒ 06		♈ 01		♋ 01		♎ 01	♏ 19		♒ 05		♈ 22
☿	1日	♑ 05R	♑ 19	♓ 04	♉ 00	♈ 26R	♉ 18	♋ 18	♍ 05	♍ 01R	♎ 00	♏ 21	♐ 29
	6日	♑ 00R	♑ 26	♓ 13	♉ 04	♈ 25	♉ 27	♋ 28	♍ 09	♌ 29R	♎ 09	♏ 29	♑ 00R
	11日	♐ 29	♒ 04	♓ 22	♉ 06	♈ 26	♊ 06	♌ 07	♍ 12	♍ 00	♎ 18	♐ 06	♐ 26R
	16日	♑ 02	♒ 12	♈ 02	♉ 05R	♉ 00	♊ 16	♌ 15	♍ 12R	♍ 05	♎ 26	♐ 13	♐ 19R
	21日	♑ 06	♒ 20	♈ 12	♉ 02R	♉ 04	♊ 27	♌ 23	♍ 10R	♍ 12	♏ 04	♐ 19	♐ 14R
	26日	♑ 12	♒ 28	♈ 21	♈ 28R	♉ 10	♋ 08	♌ 29	♍ 06R	♍ 21	♏ 12	♐ 25	♐ 14
♀	1日	♑ 02	♒ 11	♓ 16	♈ 24	♊ 01	♋ 09	♌ 15	♍ 20	♎ 24	♏ 22	♐ 05R	♏ 22R
	11日	♑ 14	♒ 23	♓ 28	♉ 07	♊ 14	♋ 21	♌ 26	♎ 02	♏ 04	♏ 28	♐ 02R	♏ 20
	21日	♑ 27	♓ 06	♈ 11	♉ 19	♊ 26	♌ 03	♍ 08	♎ 12	♏ 13	♐ 03	♏ 27R	♏ 22
♂	1日	♓ 08	♈ 01	♈ 22	♉ 14	♊ 05	♊ 26	♋ 16	♌ 06	♌ 26	♍ 15	♎ 04	♎ 23
	11日	♓ 15	♈ 09	♈ 29	♉ 21	♊ 12	♋ 03	♋ 22	♌ 12	♍ 02	♍ 21	♎ 11	♎ 29
	21日	♓ 23	♈ 16	♉ 06	♉ 28	♊ 19	♋ 09	♋ 29	♌ 19	♍ 08	♍ 27	♎ 17	♏ 06
♃	1日	♒ 03	♒ 10	♒ 16	♒ 23	♒ 28	♓ 02	♓ 02R	♓ 00R	♒ 26R	♒ 23R	♒ 23	♒ 25
	11日	♒ 05	♒ 12	♒ 19	♒ 25	♓ 00	♓ 02	♓ 02R	♒ 29R	♒ 25R	♒ 23R	♒ 23	♒ 27
	21日	♒ 07	♒ 15	♒ 21	♒ 27	♓ 01	♓ 02	♓ 01R	♒ 27R	♒ 24R	♒ 22	♒ 24	♒ 28
♄	1日	♓ 29	♈ 01	♈ 05	♈ 08	♈ 12	♈ 15	♈ 17	♈ 18R	♈ 17R	♈ 15R	♈ 13R	♈ 11R
	11日	♈ 00	♈ 02	♈ 06	♈ 10	♈ 13	♈ 16	♈ 18	♈ 18R	♈ 17R	♈ 14R	♈ 12R	♈ 11R
	21日	♈ 01	♈ 04	♈ 07	♈ 11	♈ 14	♈ 17	♈ 18	♈ 18R	♈ 16R	♈ 14R	♈ 12R	♈ 11
♅	1日	♉ 10R	♉ 10	♉ 10	♉ 12	♉ 13	♉ 15	♉ 17	♉ 18	♉ 18R	♉ 17R	♉ 16R	♉ 15R
♆	1日	♍ 21R	♍ 21R	♍ 20R	♍ 19R	♍ 19R	♍ 18	♍ 19	♍ 19	♍ 20	♍ 22	♍ 23	♍ 23
♇	1日	♋ 29R	♋ 29R	♋ 28R	♋ 28R	♋ 28	♋ 28	♋ 29	♌ 00	♌ 01	♌ 01	♌ 02	♌ 01R
☊	1日	♐ 06R	♐ 04R	♐ 01R	♏ 28R	♏ 27R	♏ 27R	♏ 26R	♏ 24R	♏ 21	♏ 19	♏ 18R	♏ 18

		1月	2月	3月	4月	5月	6月	7月	8月	9月	10月	11月	12月
☽	1日	♉ 06	♊ 26	♋ 05	♌ 29	♎ 08	♏ 28	♑ 02	♒ 17	♈ 02	♉ 05	♊ 24	♌ 02
	2日	♉ 19	♋ 11	♋ 20	♍ 14	♎ 22	♐ 11	♑ 14	♒ 29	♈ 14	♉ 18	♋ 08	♌ 16
	3日	♊ 03	♋ 26	♌ 05	♍ 28	♏ 05	♐ 23	♑ 27	♓ 11	♈ 26	♊ 01	♋ 21	♍ 00
	4日	♊ 18	♌ 11	♌ 20	♎ 13	♏ 19	♑ 06	♒ 09	♓ 23	♉ 08	♊ 14	♌ 05	♍ 15
	5日	♋ 03	♌ 27	♍ 05	♎ 27	♐ 02	♑ 18	♒ 20	♈ 05	♉ 21	♊ 27	♌ 19	♍ 29
	6日	♋ 18	♍ 12	♍ 20	♏ 11	♐ 15	♒ 00	♓ 02	♈ 17	♊ 04	♋ 11	♍ 04	♎ 13
	7日	♌ 03	♍ 27	♎ 05	♏ 24	♐ 28	♒ 12	♓ 14	♈ 29	♊ 17	♋ 25	♍ 18	♎ 27
	8日	♌ 19	♎ 11	♎ 19	♐ 07	♑ 10	♒ 24	♓ 26	♉ 12	♋ 01	♌ 09	♎ 02	♏ 10
	9日	♍ 04	♎ 25	♏ 03	♐ 20	♑ 22	♓ 06	♈ 08	♉ 24	♋ 15	♌ 23	♎ 17	♏ 24
	10日	♍ 18	♏ 08	♏ 16	♑ 02	♒ 04	♓ 18	♈ 20	♊ 08	♋ 29	♍ 08	♏ 01	♐ 08
	11日	♎ 02	♏ 21	♏ 29	♑ 14	♒ 16	♈ 00	♉ 03	♊ 22	♌ 14	♍ 23	♏ 15	♐ 21
	12日	♎ 16	♐ 03	♐ 12	♑ 26	♒ 28	♈ 12	♉ 16	♋ 06	♌ 29	♎ 08	♏ 29	♑ 04
	13日	♎ 29	♐ 16	♐ 24	♒ 08	♓ 10	♈ 25	♉ 29	♋ 21	♍ 14	♎ 23	♐ 13	♑ 17
	14日	♏ 12	♐ 28	♑ 06	♒ 20	♓ 22	♉ 08	♊ 13	♌ 06	♎ 00	♏ 07	♐ 26	♑ 29
	15日	♏ 24	♑ 10	♑ 18	♓ 02	♈ 04	♉ 21	♊ 27	♌ 21	♎ 14	♏ 21	♑ 09	♒ 11
	16日	♐ 07	♑ 21	♒ 00	♓ 14	♈ 17	♊ 05	♋ 12	♍ 06	♎ 29	♐ 05	♑ 21	♒ 23
	17日	♐ 19	♒ 03	♒ 12	♓ 26	♉ 00	♊ 19	♋ 27	♍ 21	♏ 13	♐ 18	♒ 04	♓ 05
	18日	♑ 01	♒ 15	♒ 24	♈ 09	♉ 13	♋ 04	♌ 12	♎ 06	♏ 27	♑ 01	♒ 16	♓ 17
	19日	♑ 13	♒ 27	♓ 06	♈ 21	♉ 27	♋ 18	♌ 27	♎ 20	♐ 10	♑ 13	♒ 28	♓ 29
	20日	♑ 24	♓ 09	♓ 18	♉ 04	♊ 10	♌ 03	♍ 12	♏ 04	♐ 23	♑ 26	♓ 09	♈ 11
	21日	♒ 06	♓ 21	♈ 00	♉ 18	♊ 24	♌ 18	♍ 27	♏ 18	♑ 05	♒ 08	♓ 21	♈ 23
	22日	♒ 18	♈ 03	♈ 13	♊ 01	♋ 09	♍ 02	♎ 11	♐ 01	♑ 17	♒ 20	♈ 03	♉ 05
	23日	♓ 00	♈ 16	♈ 25	♊ 15	♋ 23	♍ 17	♎ 25	♐ 14	♑ 29	♓ 01	♈ 15	♉ 18
	24日	♓ 12	♈ 28	♉ 08	♊ 28	♌ 07	♎ 01	♏ 08	♐ 26	♒ 11	♓ 13	♈ 28	♊ 01
	25日	♓ 24	♉ 11	♉ 21	♋ 12	♌ 22	♎ 15	♏ 21	♑ 08	♒ 23	♓ 25	♉ 10	♊ 15
	26日	♈ 06	♉ 24	♊ 04	♋ 27	♍ 06	♎ 28	♐ 04	♑ 20	♓ 05	♈ 07	♉ 23	♊ 29
	27日	♈ 19	♊ 07	♊ 18	♌ 11	♍ 20	♏ 11	♐ 17	♒ 02	♓ 17	♈ 20	♊ 07	♋ 13
	28日	♉ 01	♊ 21	♋ 02	♌ 25	♎ 04	♏ 24	♐ 29	♒ 14	♓ 29	♉ 02	♊ 20	♋ 28
	29日	♉ 14		♋ 16	♍ 09	♎ 18	♐ 07	♑ 11	♒ 26	♈ 11	♉ 15	♋ 04	♌ 12
	30日	♉ 28		♌ 00	♍ 23	♏ 01	♐ 20	♑ 23	♓ 08	♈ 23	♉ 28	♋ 18	♌ 27
	31日	♊ 12		♌ 14		♏ 15		♒ 05	♓ 20		♊ 11		♍ 11
☿	1日	♐ 17	♑ 29	♓ 18	♈ 14R	♈ 13	♊ 02	♌ 01	♌ 23R	♌ 20	♎ 14	♐ 00	♐ 02R
	6日	♐ 22	♒ 07	♓ 28	♈ 10R	♈ 19	♊ 13	♌ 08	♌ 21R	♌ 28	♎ 22	♐ 06	♏ 28R
	11日	♐ 28	♒ 15	♈ 06	♈ 07R	♈ 25	♊ 24	♌ 14	♌ 17R	♍ 07	♏ 00	♐ 11	♏ 28
	16日	♑ 05	♒ 24	♈ 13	♈ 06R	♉ 02	♋ 05	♌ 19	♌ 13R	♍ 17	♏ 07	♐ 14	♐ 02
	21日	♑ 12	♓ 03	♈ 17	♈ 06	♉ 11	♋ 14	♌ 22	♌ 12	♍ 26	♏ 15	♐ 13R	♐ 07
	26日	♑ 20	♓ 13	♈ 17R	♈ 09	♉ 20	♋ 23	♌ 24	♌ 14	♎ 05	♏ 22	♐ 09R	♐ 14
♀	1日	♏ 27	♐ 25	♑ 25	♓ 01	♈ 07	♉ 14	♊ 20	♋ 28	♍ 06	♎ 14	♏ 22	♑ 00
	11日	♐ 05	♑ 05	♒ 06	♓ 13	♈ 19	♉ 26	♋ 02	♌ 11	♍ 19	♎ 26	♐ 05	♑ 12
	21日	♐ 14	♑ 16	♒ 18	♓ 25	♉ 01	♊ 08	♋ 15	♌ 23	♎ 01	♏ 09	♐ 17	♑ 25
♂	1日	♏ 13	♐ 02	♐ 18	♑ 06	♑ 21	♒ 02	♒ 04R	♑ 27R	♑ 24	♒ 03	♒ 19	♓ 07
	11日	♏ 19	♐ 08	♐ 24	♑ 11	♑ 25	♒ 04	♒ 03R	♑ 25R	♑ 26	♒ 07	♒ 25	♓ 14
	21日	♏ 25	♐ 14	♑ 00	♑ 16	♑ 29	♒ 05	♒ 00R	♑ 24R	♑ 29	♒ 13	♓ 01	♓ 21
♃	1日	♓ 00	♓ 07	♓ 14	♓ 21	♓ 28	♈ 04	♈ 07	♈ 09R	♈ 07R	♈ 03R	♈ 00R	♓ 29
	11日	♓ 02	♓ 09	♓ 16	♓ 23	♈ 00	♈ 05	♈ 08	♈ 09R	♈ 06R	♈ 02R	♓ 29R	♓ 29
	21日	♓ 05	♓ 12	♓ 19	♓ 26	♈ 02	♈ 06	♈ 09	♈ 08R	♈ 05R	♈ 01R	♓ 29R	♈ 00
♄	1日	♈ 12	♈ 13	♈ 16	♈ 20	♈ 23	♈ 27	♉ 00	♉ 01	♉ 01R	♈ 29R	♈ 27R	♈ 25R
	11日	♈ 12	♈ 14	♈ 17	♈ 21	♈ 25	♈ 28	♉ 00	♉ 01	♉ 01R	♈ 29R	♈ 26R	♈ 25R
	21日	♈ 12	♈ 15	♈ 18	♈ 22	♈ 26	♈ 29	♉ 01	♉ 01R	♉ 00R	♈ 28R	♈ 26R	♈ 24R
♅	1日	♉ 14R	♉ 14	♉ 14	♉ 16	♉ 17	♉ 19	♉ 21	♉ 22	♉ 22R	♉ 22R	♉ 20R	♉ 19R
♆	1日	♍ 23R	♍ 23R	♍ 22R	♍ 21R	♍ 21R	♍ 21R	♍ 21	♍ 21	♍ 22	♍ 24	♍ 25	♍ 25
♇	1日	♌ 01R	♌ 00R	♌ 00R	♋ 29R	♋ 29	♌ 00	♌ 00	♌ 01	♌ 02	♌ 03	♌ 03	♌ 03R
☊	1日	♏ 16	♏ 13R	♏ 10R	♏ 09R	♏ 08	♏ 08R	♏ 07R	♏ 03R	♏ 00R	♎ 29	♎ 29R	♎ 29R

1940（うるう）年

		1月	2月	3月	4月	5月	6月	7月	8月	9月	10月	11月	12月
☽	1日	♍ 25	♏ 17	♐ 11	♑ 28	♓ 01	♈ 14	♉ 16	♋ 03	♌ 24	♎ 02	♏ 25	♑ 02
	2日	♎ 10	♐ 01	♐ 24	♒ 10	♓ 12	♈ 26	♉ 29	♋ 17	♍ 09	♎ 17	♐ 10	♑ 16
	3日	♎ 23	♐ 14	♑ 06	♒ 22	♓ 24	♉ 08	♊ 12	♌ 01	♍ 24	♏ 02	♐ 25	♒ 00
	4日	♏ 07	♐ 27	♑ 19	♓ 04	♈ 06	♉ 21	♊ 25	♌ 15	♎ 09	♏ 17	♑ 08	♒ 13
	5日	♏ 20	♑ 09	♒ 01	♓ 16	♈ 18	♊ 03	♋ 08	♍ 00	♎ 24	♐ 02	♑ 22	♒ 26
	6日	♐ 04	♑ 22	♒ 13	♓ 27	♉ 00	♊ 16	♋ 22	♍ 15	♏ 08	♐ 16	♒ 05	♓ 08
	7日	♐ 17	♒ 04	♒ 25	♈ 09	♉ 12	♊ 29	♌ 06	♍ 29	♏ 23	♑ 00	♒ 17	♓ 20
	8日	♑ 00	♒ 16	♓ 07	♈ 21	♉ 24	♋ 13	♌ 21	♎ 14	♐ 07	♑ 13	♓ 00	♈ 02
	9日	♑ 12	♒ 28	♓ 19	♉ 03	♊ 07	♋ 27	♍ 05	♎ 28	♐ 20	♑ 26	♓ 12	♈ 14
	10日	♑ 25	♓ 10	♈ 00	♉ 15	♊ 20	♌ 10	♍ 19	♏ 12	♑ 03	♒ 08	♓ 24	♈ 25
	11日	♒ 07	♓ 22	♈ 12	♉ 28	♋ 03	♌ 24	♎ 03	♏ 26	♑ 16	♒ 21	♈ 05	♉ 07
	12日	♒ 19	♈ 04	♈ 24	♊ 10	♋ 16	♍ 08	♎ 18	♐ 10	♑ 29	♓ 03	♈ 17	♉ 19
	13日	♓ 01	♈ 15	♉ 06	♊ 23	♌ 00	♍ 23	♏ 02	♐ 23	♒ 11	♓ 15	♈ 29	♊ 01
	14日	♓ 13	♈ 27	♉ 18	♋ 06	♌ 14	♎ 07	♏ 16	♑ 06	♒ 24	♓ 27	♉ 11	♊ 14
	15日	♓ 25	♉ 09	♊ 01	♋ 19	♌ 27	♎ 21	♏ 29	♑ 19	♓ 06	♈ 08	♉ 23	♊ 27
	16日	♈ 07	♉ 22	♊ 13	♌ 03	♍ 12	♏ 05	♐ 13	♒ 02	♓ 18	♈ 20	♊ 05	♋ 10
	17日	♈ 19	♊ 04	♊ 26	♌ 17	♍ 26	♏ 19	♐ 26	♒ 15	♈ 00	♉ 02	♊ 17	♋ 23
	18日	♉ 01	♊ 17	♋ 10	♍ 01	♎ 10	♐ 03	♑ 10	♒ 27	♈ 11	♉ 14	♋ 00	♌ 06
	19日	♉ 13	♋ 01	♋ 23	♍ 16	♎ 25	♐ 17	♑ 23	♓ 09	♈ 23	♉ 26	♋ 13	♌ 19
	20日	♉ 26	♋ 15	♌ 08	♎ 01	♏ 10	♑ 01	♒ 06	♓ 21	♉ 05	♊ 08	♋ 26	♍ 03
	21日	♊ 09	♋ 29	♌ 22	♎ 16	♏ 24	♑ 14	♒ 18	♈ 03	♉ 17	♊ 20	♌ 09	♍ 17
	22日	♊ 23	♌ 14	♍ 07	♏ 01	♐ 08	♑ 27	♓ 01	♈ 15	♉ 29	♋ 03	♌ 22	♎ 01
	23日	♋ 07	♌ 29	♍ 23	♏ 16	♐ 22	♒ 10	♓ 13	♈ 26	♊ 11	♋ 16	♍ 06	♎ 15
	24日	♋ 21	♍ 15	♎ 08	♐ 00	♑ 06	♒ 22	♓ 25	♉ 08	♊ 24	♋ 29	♍ 20	♎ 29
	25日	♌ 06	♎ 00	♎ 23	♐ 14	♑ 19	♓ 05	♈ 06	♉ 20	♋ 06	♌ 12	♎ 05	♏ 13
	26日	♌ 21	♎ 15	♏ 08	♐ 28	♒ 02	♓ 17	♈ 18	♊ 02	♋ 20	♌ 26	♎ 19	♏ 28
	27日	♍ 06	♎ 29	♏ 22	♑ 11	♒ 14	♓ 28	♉ 00	♊ 15	♌ 03	♍ 11	♏ 04	♐ 12
	28日	♍ 21	♏ 13	♐ 06	♑ 24	♒ 27	♈ 10	♉ 12	♊ 28	♌ 17	♍ 25	♏ 19	♐ 26
	29日	♎ 06	♏ 27	♐ 20	♒ 06	♓ 09	♈ 22	♉ 24	♋ 11	♍ 02	♎ 10	♐ 04	♑ 11
	30日	♎ 20		♑ 03	♒ 19	♓ 21	♉ 04	♊ 07	♋ 25	♍ 17	♎ 25	♐ 18	♑ 24
	31日	♏ 04		♑ 15		♈ 02		♊ 20	♌ 09		♏ 10		♒ 08
☿	1日	♐ 22	♒ 11	♓ 28	♓ 17	♈ 20	♊ 23	♌ 03	♋ 25R	♍ 05	♎ 27	♏ 28R	♏ 19
	6日	♑ 00	♒ 20	♈ 00	♓ 20	♈ 29	♋ 02	♌ 05	♋ 26	♍ 15	♏ 04	♏ 26R	♏ 25
	11日	♑ 07	♒ 29	♓ 29R	♓ 24	♉ 08	♋ 11	♌ 05R	♋ 29	♍ 24	♏ 10	♏ 21R	♐ 02
	16日	♑ 15	♓ 08	♓ 24R	♓ 29	♉ 18	♋ 18	♌ 03R	♌ 06	♎ 03	♏ 17	♏ 14R	♐ 10
	21日	♑ 23	♓ 17	♓ 20R	♈ 05	♉ 29	♋ 25	♌ 00R	♌ 14	♎ 11	♏ 22	♏ 12R	♐ 17
	26日	♒ 01	♓ 24	♓ 17R	♈ 12	♊ 10	♌ 00	♋ 27R	♌ 23	♎ 19	♏ 26	♏ 14	♐ 25
♀	1日	♒ 08	♓ 17	♈ 21	♉ 26	♊ 25	♋ 13	♋ 02R	♋ 00	♋ 23	♌ 24	♍ 29	♏ 06
	11日	♒ 21	♓ 29	♉ 03	♊ 07	♋ 03	♋ 13R	♊ 28R	♋ 06	♌ 02	♍ 05	♎ 11	♏ 18
	21日	♓ 03	♈ 11	♉ 14	♊ 16	♋ 09	♋ 09R	♊ 27	♋ 13	♌ 13	♍ 16	♎ 23	♐ 00
♂	1日	♓ 28	♈ 19	♉ 09	♊ 00	♊ 19	♋ 09	♋ 29	♌ 18	♍ 08	♍ 27	♎ 17	♏ 07
	11日	♈ 05	♈ 26	♉ 16	♊ 06	♊ 26	♋ 16	♌ 05	♌ 25	♍ 14	♎ 04	♎ 24	♏ 13
	21日	♈ 12	♉ 03	♉ 22	♊ 13	♋ 02	♋ 22	♌ 11	♍ 01	♍ 21	♎ 10	♏ 00	♏ 20
♃	1日	♈ 01	♈ 06	♈ 12	♈ 19	♈ 26	♉ 04	♉ 09	♉ 14	♉ 16	♉ 15R	♉ 11R	♉ 07R
	11日	♈ 02	♈ 08	♈ 14	♈ 22	♈ 29	♉ 06	♉ 11	♉ 15	♉ 16R	♉ 14R	♉ 10R	♉ 06R
	21日	♈ 04	♈ 10	♈ 17	♈ 24	♉ 01	♉ 08	♉ 12	♉ 15	♉ 15R	♉ 12R	♉ 08R	♉ 06R
♄	1日	♈ 24	♈ 26	♈ 28	♉ 01	♉ 05	♉ 09	♉ 12	♉ 14	♉ 15R	♉ 14R	♉ 12R	♉ 09R
	11日	♈ 25	♈ 26	♈ 29	♉ 03	♉ 06	♉ 10	♉ 13	♉ 15	♉ 15R	♉ 13R	♉ 11R	♉ 09R
	21日	♈ 25	♈ 27	♉ 00	♉ 04	♉ 08	♉ 11	♉ 14	♉ 15	♉ 14R	♉ 12R	♉ 10R	♉ 08R
♅	1日	♉ 18R	♉ 18	♉ 18	♉ 20	♉ 21	♉ 23	♉ 25	♉ 26	♉ 26	♉ 26R	♉ 25R	♉ 24R
♆	1日	♍ 26R	♍ 25R	♍ 25R	♍ 24R	♍ 23R	♍ 23R	♍ 23	♍ 24	♍ 25	♍ 26	♍ 27	♍ 27
♇	1日	♌ 02R	♌ 02R	♌ 01R	♌ 01R	♌ 01	♌ 01	♌ 02	♌ 03	♌ 03	♌ 04	♌ 04	♌ 04R
☊	1日	♎ 26R	♎ 23R	♎ 21R	♎ 20R	♎ 20	♎ 19	♎ 16R	♎ 13R	♎ 11R	♎ 11R	♎ 11R	♎ 09R

		1月	2月	3月	4月	5月	6月	7月	8月	9月	10月	11月	12月
☽	1日	♒ 21	♈ 05	♈ 14	♉ 27	♋ 01	♌ 18	♍ 25	♏ 18	♑ 11	♒ 19	♈ 06	♉ 09
	2日	♓ 03	♈ 17	♈ 25	♊ 09	♋ 13	♍ 01	♎ 09	♐ 02	♑ 25	♓ 01	♈ 18	♉ 21
	3日	♓ 16	♈ 29	♉ 07	♊ 21	♋ 25	♍ 15	♎ 23	♐ 17	♒ 09	♓ 14	♉ 00	♊ 02
	4日	♓ 28	♉ 11	♉ 19	♋ 04	♌ 08	♍ 29	♏ 07	♑ 01	♒ 22	♓ 27	♉ 12	♊ 14
	5日	♈ 10	♉ 23	♊ 01	♋ 16	♌ 22	♎ 13	♏ 22	♑ 15	♓ 05	♈ 09	♉ 24	♊ 26
	6日	♈ 21	♊ 05	♊ 13	♋ 29	♍ 05	♎ 27	♐ 07	♑ 29	♓ 18	♈ 21	♊ 06	♋ 08
	7日	♉ 03	♊ 17	♊ 25	♌ 13	♍ 19	♏ 12	♐ 21	♒ 13	♈ 00	♉ 03	♊ 17	♋ 20
	8日	♉ 15	♋ 00	♋ 08	♌ 26	♎ 04	♏ 27	♑ 06	♒ 26	♈ 13	♉ 15	♊ 29	♌ 03
	9日	♉ 27	♋ 13	♋ 21	♍ 10	♎ 18	♐ 12	♑ 20	♓ 09	♈ 25	♉ 27	♋ 11	♌ 15
	10日	♊ 10	♋ 27	♌ 04	♍ 25	♏ 03	♐ 27	♒ 04	♓ 22	♉ 07	♊ 09	♋ 23	♌ 28
	11日	♊ 22	♌ 10	♌ 18	♎ 10	♏ 19	♑ 12	♒ 18	♈ 05	♉ 19	♊ 21	♌ 06	♍ 11
	12日	♋ 05	♌ 24	♍ 02	♎ 25	♐ 04	♑ 26	♓ 01	♈ 17	♊ 00	♋ 03	♌ 18	♍ 24
	13日	♋ 18	♍ 09	♍ 17	♏ 10	♐ 19	♒ 10	♓ 14	♈ 29	♊ 12	♋ 15	♍ 01	♎ 08
	14日	♌ 02	♍ 23	♎ 02	♏ 26	♑ 04	♒ 23	♓ 27	♉ 11	♊ 24	♋ 27	♍ 15	♎ 22
	15日	♌ 16	♎ 08	♎ 17	♐ 10	♑ 18	♓ 06	♈ 09	♉ 22	♋ 07	♌ 10	♍ 29	♏ 06
	16日	♍ 00	♎ 22	♏ 02	♐ 25	♒ 02	♓ 19	♈ 21	♊ 04	♋ 19	♌ 23	♎ 13	♏ 21
	17日	♍ 14	♏ 07	♏ 17	♑ 09	♒ 15	♈ 01	♉ 03	♊ 16	♌ 02	♍ 06	♎ 28	♐ 06
	18日	♍ 28	♏ 21	♐ 01	♑ 23	♒ 28	♈ 13	♉ 15	♊ 29	♌ 15	♍ 20	♏ 13	♐ 21
	19日	♎ 12	♐ 05	♐ 15	♒ 06	♓ 10	♈ 25	♉ 26	♋ 11	♌ 29	♎ 05	♏ 28	♑ 07
	20日	♎ 26	♐ 19	♐ 29	♒ 18	♓ 22	♉ 06	♊ 08	♋ 24	♍ 13	♎ 20	♐ 13	♑ 22
	21日	♏ 10	♑ 02	♑ 13	♓ 01	♈ 04	♉ 18	♊ 21	♌ 07	♍ 27	♏ 05	♐ 29	♒ 06
	22日	♏ 24	♑ 16	♑ 26	♓ 13	♈ 16	♊ 00	♋ 03	♌ 20	♎ 11	♏ 20	♑ 13	♒ 20
	23日	♐ 08	♑ 29	♒ 09	♓ 25	♈ 28	♊ 12	♋ 16	♍ 04	♎ 26	♐ 05	♑ 28	♓ 04
	24日	♐ 22	♒ 12	♒ 21	♈ 07	♉ 10	♊ 24	♋ 28	♍ 18	♏ 11	♐ 20	♒ 12	♓ 17
	25日	♑ 06	♒ 25	♓ 04	♈ 19	♉ 21	♋ 07	♌ 12	♎ 02	♏ 26	♑ 04	♒ 25	♓ 29
	26日	♑ 19	♓ 07	♓ 16	♉ 01	♊ 03	♋ 19	♌ 25	♎ 16	♐ 10	♑ 19	♓ 08	♈ 12
	27日	♒ 03	♓ 19	♓ 28	♉ 13	♊ 15	♌ 02	♍ 08	♏ 01	♐ 24	♒ 02	♓ 21	♈ 24
	28日	♒ 16	♈ 02	♈ 10	♉ 24	♊ 28	♌ 15	♍ 22	♏ 15	♑ 08	♒ 16	♈ 03	♉ 06
	29日	♒ 29		♈ 22	♊ 06	♋ 10	♌ 28	♎ 06	♏ 29	♑ 22	♒ 28	♈ 15	♉ 17
	30日	♓ 11		♉ 04	♊ 18	♋ 22	♍ 12	♎ 20	♐ 13	♒ 05	♓ 11	♈ 27	♉ 29
	31日	♓ 23		♉ 16		♌ 05		♏ 04	♐ 28		♓ 24		♊ 11
☿	1日	♑ 04	♒ 26	♓ 05R	♓ 14	♉ 04	♋ 03	♋ 12R	♋ 21	♍ 20	♏ 03	♎ 28R	♏ 27
	6日	♑ 12	♓ 04	♓ 01R	♓ 21	♉ 15	♋ 09	♋ 09R	♌ 00	♍ 29	♏ 08	♎ 26	♐ 05
	11日	♑ 20	♓ 10	♒ 29R	♓ 28	♉ 26	♋ 13	♋ 07R	♌ 10	♎ 07	♏ 11	♎ 29	♐ 13
	16日	♑ 29	♓ 13	♓ 00	♈ 06	♊ 06	♋ 15	♋ 06	♌ 20	♎ 14	♏ 12R	♏ 05	♐ 20
	21日	♒ 07	♓ 12R	♓ 03	♈ 15	♊ 16	♋ 16R	♋ 09	♍ 00	♎ 21	♏ 10R	♏ 12	♐ 28
	26日	♒ 16	♓ 08R	♓ 07	♈ 24	♊ 25	♋ 14R	♋ 13	♍ 09	♎ 27	♏ 05R	♏ 19	♑ 06
♀	1日	♐ 14	♑ 23	♒ 28	♈ 06	♉ 13	♊ 22	♋ 28	♍ 06	♎ 13	♏ 19	♐ 24	♑ 26
	11日	♐ 27	♒ 05	♓ 10	♈ 19	♉ 26	♋ 04	♌ 10	♍ 18	♎ 25	♐ 00	♑ 05	♒ 05
	21日	♑ 09	♒ 18	♓ 23	♉ 01	♊ 08	♋ 16	♌ 23	♎ 00	♏ 07	♐ 12	♑ 16	♒ 12
♂	1日	♏ 28	♐ 18	♑ 08	♑ 29	♒ 20	♓ 11	♓ 29	♈ 15	♈ 23	♈ 20R	♈ 12R	♈ 14
	11日	♐ 04	♐ 25	♑ 15	♒ 06	♒ 27	♓ 17	♈ 05	♈ 19	♈ 24R	♈ 17R	♈ 11	♈ 17
	21日	♐ 11	♑ 02	♑ 21	♒ 13	♓ 03	♓ 23	♈ 10	♈ 22	♈ 22R	♈ 14R	♈ 12	♈ 20
♃	1日	♉ 06	♉ 07	♉ 11	♉ 17	♉ 24	♊ 01	♊ 08	♊ 14	♊ 19	♊ 21	♊ 21R	♊ 17R
	11日	♉ 06	♉ 09	♉ 13	♉ 19	♉ 26	♊ 04	♊ 10	♊ 16	♊ 20	♊ 21R	♊ 20R	♊ 16R
	21日	♉ 06	♉ 10	♉ 15	♉ 22	♉ 29	♊ 06	♊ 12	♊ 18	♊ 21	♊ 21R	♊ 19R	♊ 15R
♄	1日	♉ 08R	♉ 08	♉ 10	♉ 13	♉ 17	♉ 21	♉ 24	♉ 27	♉ 28	♉ 28R	♉ 26R	♉ 24R
	11日	♉ 08	♉ 09	♉ 11	♉ 14	♉ 18	♉ 22	♉ 25	♉ 28	♉ 29R	♉ 28R	♉ 26R	♉ 23R
	21日	♉ 08	♉ 10	♉ 12	♉ 16	♉ 20	♉ 23	♉ 26	♉ 28	♉ 28R	♉ 27R	♉ 25R	♉ 23R
♅	1日	♉ 23R	♉ 22	♉ 23	♉ 24	♉ 25	♉ 27	♉ 29	♊ 00	♊ 00	♊ 00R	♉ 29R	♉ 28R
♆	1日	♍ 28R	♍ 27R	♍ 27R	♍ 26R	♍ 25R	♍ 25R	♍ 25	♍ 26	♍ 27	♍ 28	♍ 29	♎ 00
♇	1日	♌ 04R	♌ 03R	♌ 02R	♌ 02R	♌ 02	♌ 02	♌ 03	♌ 04	♌ 05	♌ 05	♌ 06	♌ 06R
☊	1日	♎ 06R	♎ 03	♎ 02	♎ 02R	♎ 01R	♍ 29R	♍ 26R	♍ 24R	♍ 23R	♍ 23	♍ 22R	♍ 19R

		1月	2月	3月	4月	5月	6月	7月	8月	9月	10月	11月	12月
☽	1日	♊ 23	♌ 09	♌ 17	♎ 06	♏ 13	♑ 07	♒ 15	♈ 05	♉ 21	♊ 23	♌ 07	♍ 09
	2日	♋ 05	♌ 21	♍ 00	♎ 20	♏ 28	♑ 22	♓ 00	♈ 18	♊ 03	♋ 05	♌ 19	♍ 21
	3日	♋ 17	♍ 04	♍ 13	♏ 04	♐ 13	♒ 07	♓ 13	♉ 01	♊ 15	♋ 17	♍ 01	♎ 04
	4日	♌ 00	♍ 18	♍ 27	♏ 19	♐ 28	♒ 21	♓ 27	♉ 13	♊ 27	♋ 29	♍ 13	♎ 18
	5日	♌ 12	♎ 01	♎ 11	♐ 04	♑ 13	♓ 04	♈ 10	♉ 25	♋ 09	♌ 11	♍ 26	♏ 02
	6日	♌ 25	♎ 15	♎ 25	♐ 18	♑ 27	♓ 18	♈ 22	♊ 07	♋ 21	♌ 23	♎ 10	♏ 16
	7日	♍ 08	♎ 28	♏ 09	♑ 03	♒ 11	♈ 00	♉ 04	♊ 19	♌ 03	♍ 06	♎ 24	♐ 01
	8日	♍ 21	♏ 12	♏ 23	♑ 17	♒ 25	♈ 13	♉ 16	♋ 01	♌ 15	♍ 19	♏ 08	♐ 16
	9日	♎ 04	♏ 26	♐ 07	♒ 01	♓ 08	♈ 25	♉ 28	♋ 13	♌ 28	♎ 02	♏ 23	♑ 01
	10日	♎ 18	♐ 11	♐ 22	♒ 14	♓ 21	♉ 07	♊ 10	♋ 25	♍ 10	♎ 16	♐ 08	♑ 16
	11日	♏ 02	♐ 25	♑ 06	♒ 28	♈ 03	♉ 19	♊ 22	♌ 07	♍ 23	♏ 00	♐ 22	♒ 01
	12日	♏ 16	♑ 09	♑ 20	♓ 11	♈ 16	♊ 01	♋ 04	♌ 19	♎ 07	♏ 14	♑ 07	♒ 16
	13日	♐ 00	♑ 24	♒ 04	♓ 24	♈ 28	♊ 13	♋ 16	♍ 01	♎ 20	♏ 28	♑ 22	♓ 00
	14日	♐ 15	♒ 08	♒ 17	♈ 06	♉ 10	♊ 25	♋ 28	♍ 14	♏ 04	♐ 13	♒ 06	♓ 14
	15日	♑ 00	♒ 22	♓ 01	♈ 19	♉ 22	♋ 07	♌ 10	♍ 27	♏ 18	♐ 27	♒ 20	♓ 27
	16日	♑ 15	♓ 06	♓ 14	♉ 01	♊ 04	♋ 19	♌ 22	♎ 10	♐ 02	♑ 11	♓ 04	♈ 10
	17日	♑ 29	♓ 19	♓ 27	♉ 14	♊ 16	♌ 01	♍ 05	♎ 23	♐ 16	♑ 25	♓ 17	♈ 23
	18日	♒ 14	♈ 02	♈ 10	♉ 26	♊ 28	♌ 13	♍ 17	♏ 07	♑ 00	♒ 09	♈ 00	♉ 06
	19日	♒ 28	♈ 15	♈ 23	♊ 08	♋ 10	♌ 25	♎ 00	♏ 21	♑ 14	♒ 23	♈ 13	♉ 18
	20日	♓ 11	♈ 27	♉ 05	♊ 20	♋ 22	♍ 08	♎ 13	♐ 05	♑ 29	♓ 07	♈ 26	♊ 00
	21日	♓ 25	♉ 10	♉ 17	♋ 01	♌ 04	♍ 20	♎ 27	♐ 19	♒ 13	♓ 20	♉ 09	♊ 12
	22日	♈ 07	♉ 22	♊ 00	♋ 13	♌ 16	♎ 03	♏ 10	♑ 04	♒ 27	♈ 04	♉ 21	♊ 24
	23日	♈ 20	♊ 04	♊ 11	♋ 25	♌ 28	♎ 17	♏ 25	♑ 18	♓ 11	♈ 17	♊ 03	♋ 06
	24日	♉ 02	♊ 15	♊ 23	♌ 07	♍ 11	♏ 01	♐ 09	♒ 03	♓ 24	♉ 00	♊ 15	♋ 18
	25日	♉ 14	♊ 27	♋ 05	♌ 20	♍ 24	♏ 15	♐ 24	♒ 17	♈ 08	♉ 12	♊ 27	♌ 00
	26日	♉ 26	♋ 09	♋ 17	♍ 03	♎ 08	♐ 00	♑ 09	♓ 02	♈ 21	♉ 25	♋ 09	♌ 12
	27日	♊ 08	♋ 22	♋ 29	♍ 16	♎ 22	♐ 15	♑ 24	♓ 16	♉ 04	♊ 07	♋ 21	♌ 23
	28日	♊ 19	♌ 04	♌ 12	♎ 00	♏ 06	♑ 00	♒ 09	♈ 00	♉ 17	♊ 19	♌ 03	♍ 05
	29日	♋ 01		♌ 25	♎ 14	♏ 21	♑ 16	♒ 24	♈ 13	♉ 29	♋ 01	♌ 15	♍ 18
	30日	♋ 14		♍ 08	♎ 28	♐ 07	♒ 01	♓ 08	♈ 26	♊ 11	♋ 13	♌ 27	♎ 00
	31日	♋ 26		♍ 22		♐ 22		♓ 22	♉ 09		♋ 25		♎ 13
☿	1日	♑ 16	♒ 27R	♒ 14	♓ 23	♉ 22	♊ 26R	♊ 19	♌ 06	♎ 01	♎ 26R	♎ 21	♐ 08
	6日	♑ 24	♒ 25R	♒ 18	♈ 01	♊ 02	♊ 25R	♊ 22	♌ 17	♎ 08	♎ 23R	♎ 29	♐ 16
	11日	♒ 02	♒ 19R	♒ 23	♈ 11	♊ 10	♊ 22R	♊ 28	♌ 26	♎ 14	♎ 17R	♏ 06	♐ 24
	16日	♒ 11	♒ 14R	♒ 29	♈ 21	♊ 16	♊ 19R	♋ 05	♍ 06	♎ 19	♎ 12R	♏ 14	♑ 02
	21日	♒ 18	♒ 12R	♓ 06	♉ 01	♊ 21	♊ 17R	♋ 14	♍ 14	♎ 23	♎ 11	♏ 22	♑ 10
	26日	♒ 24	♒ 12	♓ 13	♉ 12	♊ 24	♊ 17	♋ 24	♍ 22	♎ 26	♎ 14	♐ 00	♑ 18
♀	1日	♒ 19	♒ 14R	♒ 06	♒ 25	♓ 25	♈ 29	♊ 04	♋ 11	♌ 18	♍ 25	♏ 04	♐ 12
	11日	♒ 21	♒ 08R	♒ 10	♓ 04	♈ 05	♉ 10	♊ 16	♋ 23	♍ 01	♎ 08	♏ 17	♐ 24
	21日	♒ 20R	♒ 06R	♒ 16	♓ 14	♈ 17	♉ 22	♊ 27	♌ 05	♍ 13	♎ 20	♏ 29	♑ 07
♂	1日	♈ 25	♉ 11	♉ 26	♊ 15	♋ 03	♋ 22	♌ 11	♍ 00	♍ 20	♎ 09	♎ 29	♏ 20
	11日	♉ 00	♉ 16	♊ 02	♊ 21	♋ 09	♋ 28	♌ 17	♍ 06	♍ 26	♎ 15	♏ 06	♏ 27
	21日	♉ 05	♉ 22	♊ 08	♊ 27	♋ 15	♌ 04	♌ 23	♍ 12	♎ 02	♎ 22	♏ 13	♐ 04
♃	1日	♊ 13R	♊ 11R	♊ 12	♊ 16	♊ 21	♊ 28	♋ 05	♋ 12	♋ 18	♋ 22	♋ 25	♋ 25R
	11日	♊ 12R	♊ 11	♊ 13	♊ 18	♊ 23	♋ 00	♋ 07	♋ 14	♋ 20	♋ 24	♋ 25	♋ 24R
	21日	♊ 12R	♊ 12	♊ 14	♊ 19	♊ 25	♋ 02	♋ 09	♋ 16	♋ 21	♋ 24	♋ 25R	♋ 23R
♄	1日	♉ 22R	♉ 22	♉ 23	♉ 26	♉ 29	♊ 03	♊ 07	♊ 10	♊ 12	♊ 12R	♊ 11R	♊ 09R
	11日	♉ 22R	♉ 22	♉ 24	♉ 27	♊ 00	♊ 04	♊ 08	♊ 11	♊ 12	♊ 12R	♊ 11R	♊ 08R
	21日	♉ 22R	♉ 22	♉ 24	♉ 28	♊ 02	♊ 06	♊ 09	♊ 11	♊ 13	♊ 12R	♊ 10R	♊ 08R
♅	1日	♉ 27R	♉ 26R	♉ 27	♉ 28	♉ 29	♊ 01	♊ 03	♊ 04	♊ 05	♊ 04R	♊ 04R	♊ 02R
♆	1日	♎ 00	♎ 00R	♍ 29R	♍ 28R	♍ 27R	♍ 27R	♍ 27	♍ 28	♍ 29	♎ 00	♎ 01	♎ 02
♇	1日	♌ 05R	♌ 04R	♌ 04R	♌ 04R	♌ 04	♌ 04	♌ 05	♌ 05	♌ 06	♌ 07	♌ 07	♌ 07R
☊	1日	♍ 16R	♍ 14R	♍ 13R	♍ 13R	♍ 12R	♍ 09R	♍ 06R	♍ 04	♍ 04R	♍ 04R	♍ 02R	♌ 29R

		1月	2月	3月	4月	5月	6月	7月	8月	9月	10月	11月	12月
	1日	♎ 26	♐ 18	♐ 27	♒ 21	♓ 29	♉ 19	♊ 23	♌ 08	♍ 22	♎ 26	♐ 16	♑ 24
	2日	♏ 10	♑ 02	♑ 12	♓ 05	♈ 13	♊ 01	♋ 05	♌ 19	♎ 04	♏ 09	♑ 00	♒ 08
	3日	♏ 24	♑ 17	♑ 26	♓ 19	♈ 26	♊ 14	♋ 17	♍ 01	♎ 17	♏ 22	♑ 14	♒ 23
	4日	♐ 09	♒ 02	♒ 11	♈ 03	♉ 09	♊ 26	♋ 29	♍ 13	♎ 29	♐ 06	♑ 28	♓ 07
	5日	♐ 24	♒ 17	♒ 26	♈ 17	♉ 22	♋ 08	♌ 10	♍ 25	♏ 12	♐ 19	♒ 12	♓ 21
	6日	♑ 09	♓ 02	♓ 10	♉ 01	♊ 05	♋ 20	♌ 22	♎ 07	♏ 25	♑ 03	♒ 26	♈ 05
	7日	♑ 24	♓ 17	♓ 25	♉ 14	♊ 18	♌ 02	♍ 04	♎ 20	♐ 09	♑ 17	♓ 10	♈ 18
	8日	♒ 10	♈ 01	♈ 09	♉ 27	♋ 00	♌ 14	♍ 16	♏ 02	♐ 22	♒ 01	♓ 24	♉ 02
	9日	♒ 24	♈ 15	♈ 23	♊ 10	♋ 12	♌ 26	♍ 28	♏ 15	♑ 06	♒ 15	♈ 08	♉ 15
	10日	♓ 09	♈ 28	♉ 06	♊ 22	♋ 24	♍ 07	♎ 10	♏ 29	♑ 21	♓ 00	♈ 22	♉ 29
	11日	♓ 23	♉ 11	♉ 19	♋ 04	♌ 06	♍ 20	♎ 23	♐ 13	♒ 05	♓ 14	♉ 06	♊ 12
	12日	♈ 07	♉ 24	♊ 02	♋ 16	♌ 17	♎ 02	♏ 06	♐ 27	♒ 20	♓ 29	♉ 20	♊ 24
	13日	♈ 20	♊ 06	♊ 14	♋ 28	♌ 29	♎ 15	♏ 20	♑ 12	♓ 05	♈ 13	♊ 03	♋ 07
	14日	♉ 02	♊ 18	♊ 26	♌ 10	♍ 11	♎ 28	♐ 04	♑ 26	♓ 20	♈ 27	♊ 16	♋ 19
	15日	♉ 15	♋ 00	♋ 08	♌ 21	♍ 24	♏ 11	♐ 18	♒ 12	♈ 05	♉ 11	♊ 29	♌ 01
☽	16日	♉ 27	♋ 12	♋ 20	♍ 04	♎ 07	♏ 25	♑ 03	♒ 27	♈ 19	♉ 25	♋ 11	♌ 13
	17日	♊ 09	♋ 23	♌ 02	♍ 16	♎ 20	♐ 10	♑ 18	♓ 12	♉ 03	♊ 08	♋ 23	♌ 25
	18日	♊ 21	♌ 05	♌ 14	♍ 29	♏ 03	♐ 25	♒ 03	♓ 27	♉ 17	♊ 21	♌ 05	♍ 07
	19日	♋ 03	♌ 17	♌ 26	♎ 12	♏ 17	♑ 10	♒ 18	♈ 11	♊ 00	♋ 03	♌ 17	♍ 19
	20日	♋ 15	♌ 29	♍ 08	♎ 25	♐ 01	♑ 25	♓ 03	♈ 25	♊ 13	♋ 15	♌ 29	♎ 01
	21日	♋ 27	♍ 12	♍ 20	♏ 09	♐ 16	♒ 10	♓ 18	♉ 09	♊ 25	♋ 27	♍ 11	♎ 13
	22日	♌ 09	♍ 24	♎ 03	♏ 22	♑ 01	♒ 24	♈ 02	♉ 22	♋ 07	♌ 09	♍ 23	♎ 25
	23日	♌ 20	♎ 07	♎ 16	♐ 07	♑ 15	♓ 09	♈ 16	♊ 04	♋ 19	♌ 21	♎ 05	♏ 08
	24日	♍ 02	♎ 19	♎ 29	♐ 21	♒ 00	♓ 23	♉ 00	♊ 17	♌ 01	♍ 03	♎ 18	♏ 22
	25日	♍ 15	♏ 03	♏ 13	♑ 05	♒ 14	♈ 06	♉ 13	♊ 29	♌ 13	♍ 15	♏ 00	♐ 05
	26日	♍ 27	♏ 16	♏ 26	♑ 19	♒ 28	♈ 20	♉ 25	♋ 11	♌ 25	♍ 27	♏ 14	♐ 20
	27日	♎ 10	♏ 29	♐ 10	♒ 03	♓ 12	♉ 03	♊ 08	♋ 23	♍ 07	♎ 10	♏ 27	♑ 04
	28日	♎ 22	♐ 13	♐ 24	♒ 17	♓ 26	♉ 16	♊ 20	♌ 05	♍ 19	♎ 22	♐ 11	♑ 19
	29日	♏ 06		♑ 08	♓ 01	♈ 09	♉ 28	♋ 02	♌ 16	♎ 01	♏ 05	♐ 25	♒ 03
	30日	♏ 19		♑ 22	♓ 15	♈ 23	♊ 11	♋ 14	♌ 28	♎ 14	♏ 19	♑ 10	♒ 18
	31日	♐ 03		♒ 07		♉ 06		♋ 26	♍ 10		♐ 02		♓ 03
	1日	♑ 27	♑ 26R	♒ 15	♈ 07	♊ 00	♉ 28R	♊ 20	♌ 22	♎ 05	♍ 25R	♏ 02	♐ 19
	6日	♒ 04	♑ 25	♒ 22	♈ 17	♊ 04	♉ 27	♋ 00	♍ 01	♎ 08	♍ 25	♏ 10	♐ 27
☿	11日	♒ 09	♑ 27	♓ 00	♈ 28	♊ 06	♉ 28	♋ 10	♍ 09	♎ 09	♍ 29	♏ 18	♑ 05
	16日	♒ 11R	♒ 00	♓ 08	♉ 08	♊ 05R	♊ 02	♋ 20	♍ 17	♎ 08R	♎ 06	♏ 26	♑ 12
	21日	♒ 08R	♒ 05	♓ 16	♉ 17	♊ 03R	♊ 06	♌ 01	♍ 23	♎ 05R	♎ 13	♐ 04	♑ 18
	26日	♒ 02R	♒ 11	♓ 26	♉ 25	♊ 00R	♊ 13	♌ 11	♍ 29	♍ 29R	♎ 22	♐ 12	♑ 23
	1日	♑ 21	♓ 00	♈ 04	♉ 12	♊ 18	♋ 23	♌ 24	♍ 17	♍ 15R	♍ 05	♍ 22	♎ 22
♀	11日	♒ 03	♓ 12	♈ 17	♉ 24	♋ 00	♌ 04	♍ 03	♍ 20	♍ 09R	♍ 08	♎ 01	♏ 03
	21日	♒ 16	♓ 25	♈ 29	♊ 06	♋ 11	♌ 14	♍ 10	♍ 20R	♍ 05R	♍ 14	♎ 11	♏ 15
	1日	♐ 12	♑ 04	♑ 24	♒ 18	♓ 10	♈ 04	♈ 25	♉ 16	♊ 04	♊ 18	♊ 22R	♊ 15R
♂	11日	♐ 19	♑ 11	♒ 02	♒ 25	♓ 18	♈ 11	♉ 02	♉ 22	♊ 09	♊ 20	♊ 21R	♊ 11R
	21日	♐ 26	♑ 19	♒ 09	♓ 03	♓ 25	♈ 18	♉ 09	♉ 28	♊ 14	♊ 22	♊ 18R	♊ 08R
	1日	♋ 22R	♋ 18R	♋ 15R	♋ 16	♋ 19	♋ 24	♌ 00	♌ 07	♌ 14	♌ 19	♌ 24	♌ 27
♃	11日	♋ 20R	♋ 17R	♋ 15R	♋ 17	♋ 20	♋ 26	♌ 02	♌ 09	♌ 16	♌ 21	♌ 25	♌ 27
	21日	♋ 19R	♋ 16R	♋ 15	♋ 18	♋ 22	♋ 28	♌ 04	♌ 11	♌ 18	♌ 23	♌ 26	♌ 27R
	1日	♊ 07R	♊ 06R	♊ 06	♊ 08	♊ 11	♊ 15	♊ 19	♊ 23	♊ 25	♊ 27	♊ 26R	♊ 24R
♄	11日	♊ 06R	♊ 06	♊ 07	♊ 09	♊ 12	♊ 16	♊ 20	♊ 24	♊ 26	♊ 27R	♊ 26R	♊ 24R
	21日	♊ 06R	♊ 06	♊ 07	♊ 10	♊ 14	♊ 18	♊ 21	♊ 24	♊ 26	♊ 27R	♊ 25R	♊ 23R
♅	1日	♊ 01R	♊ 01R	♊ 01	♊ 02	♊ 03	♊ 05	♊ 07	♊ 08	♊ 09	♊ 09R	♊ 08R	♊ 07R
♆	1日	♎ 02	♎ 02R	♎ 01R	♎ 00R	♎ 00R	♍ 29R	♍ 29	♎ 00	♎ 01	♎ 02	♎ 03	♎ 04
♇	1日	♌ 07R	♌ 06R	♌ 05R	♌ 05R	♌ 05	♌ 05	♌ 06	♌ 07	♌ 08	♌ 08	♌ 09	♌ 09R
☊	1日	♌ 26R	♌ 25R	♌ 25	♌ 24	♌ 22R	♌ 19R	♌ 16R	♌ 16R	♌ 16R	♌ 15R	♌ 12R	♌ 09R

1944（うるう）年

		1月	2月	3月	4月	5月	6月	7月	8月	9月	10月	11月	12月
☽	1日	♓ 17	♉ 09	♊ 02	♋ 18	♌ 20	♎ 04	♏ 06	♐ 23	♒ 14	♓ 23	♉ 16	♊ 23
	2日	♈ 01	♉ 22	♊ 15	♌ 00	♍ 02	♎ 16	♏ 19	♑ 07	♒ 29	♈ 08	♊ 01	♋ 07
	3日	♈ 15	♊ 05	♊ 27	♌ 12	♍ 14	♎ 28	♐ 02	♑ 21	♓ 14	♈ 23	♊ 15	♋ 20
	4日	♈ 29	♊ 18	♋ 09	♌ 24	♍ 26	♏ 11	♐ 15	♒ 06	♈ 00	♉ 08	♊ 29	♌ 03
	5日	♉ 12	♋ 00	♋ 21	♍ 05	♎ 08	♏ 24	♐ 29	♒ 21	♈ 15	♉ 23	♋ 12	♌ 15
	6日	♉ 25	♋ 12	♌ 03	♍ 17	♎ 20	♐ 07	♑ 13	♓ 06	♉ 00	♊ 07	♋ 25	♌ 27
	7日	♊ 08	♋ 24	♌ 15	♍ 29	♏ 02	♐ 20	♑ 27	♓ 21	♉ 14	♊ 21	♌ 07	♍ 09
	8日	♊ 21	♌ 06	♌ 27	♎ 11	♏ 15	♑ 04	♒ 12	♈ 06	♉ 28	♋ 04	♌ 20	♍ 21
	9日	♋ 03	♌ 18	♍ 09	♎ 24	♏ 28	♑ 18	♒ 27	♈ 20	♊ 12	♋ 17	♍ 01	♎ 03
	10日	♋ 15	♍ 00	♍ 21	♏ 06	♐ 11	♒ 02	♓ 11	♉ 05	♊ 25	♋ 29	♍ 13	♎ 15
	11日	♋ 28	♍ 12	♎ 03	♏ 19	♐ 25	♒ 16	♓ 26	♉ 18	♋ 07	♌ 11	♍ 25	♎ 27
	12日	♌ 09	♍ 24	♎ 15	♐ 02	♑ 08	♓ 01	♈ 10	♊ 02	♋ 20	♌ 23	♎ 07	♏ 09
	13日	♌ 21	♎ 06	♎ 27	♐ 15	♑ 22	♓ 15	♈ 24	♊ 15	♌ 02	♍ 05	♎ 19	♏ 22
	14日	♍ 03	♎ 18	♏ 09	♐ 28	♒ 06	♓ 29	♉ 08	♊ 28	♌ 14	♍ 17	♏ 01	♐ 04
	15日	♍ 15	♏ 00	♏ 22	♑ 11	♒ 20	♈ 13	♉ 22	♋ 10	♌ 26	♍ 29	♏ 13	♐ 17
	16日	♍ 27	♏ 12	♐ 05	♑ 25	♓ 04	♈ 27	♊ 05	♋ 23	♍ 08	♎ 10	♏ 26	♑ 00
	17日	♎ 09	♏ 25	♐ 18	♒ 09	♓ 18	♉ 11	♊ 18	♌ 05	♍ 20	♎ 22	♐ 08	♑ 14
	18日	♎ 21	♐ 08	♑ 01	♒ 23	♈ 02	♉ 25	♋ 01	♌ 17	♎ 02	♏ 05	♐ 21	♑ 27
	19日	♏ 03	♐ 22	♑ 15	♓ 08	♈ 17	♊ 08	♋ 14	♌ 29	♎ 13	♏ 17	♑ 04	♒ 11
	20日	♏ 16	♑ 06	♑ 29	♓ 22	♉ 01	♊ 22	♋ 26	♍ 11	♎ 25	♏ 29	♑ 17	♒ 25
	21日	♐ 00	♑ 20	♒ 13	♈ 07	♉ 15	♋ 05	♌ 08	♍ 23	♏ 07	♐ 12	♒ 01	♓ 09
	22日	♐ 13	♒ 05	♒ 28	♈ 22	♉ 29	♋ 17	♌ 20	♎ 05	♏ 20	♐ 24	♒ 14	♓ 23
	23日	♐ 27	♒ 20	♓ 13	♉ 06	♊ 13	♌ 00	♍ 02	♎ 16	♐ 02	♑ 07	♒ 28	♈ 07
	24日	♑ 12	♓ 05	♓ 28	♉ 21	♊ 26	♌ 12	♍ 14	♎ 28	♐ 14	♑ 20	♓ 12	♈ 21
	25日	♑ 27	♓ 20	♈ 13	♊ 05	♋ 09	♌ 24	♍ 26	♏ 10	♐ 27	♒ 04	♓ 26	♉ 06
	26日	♒ 12	♈ 05	♈ 28	♊ 18	♋ 22	♍ 06	♎ 08	♏ 23	♑ 11	♒ 18	♈ 11	♉ 20
	27日	♒ 27	♈ 20	♉ 13	♋ 01	♌ 04	♍ 18	♎ 20	♐ 05	♑ 24	♓ 02	♈ 26	♊ 04
	28日	♓ 12	♉ 04	♉ 27	♋ 14	♌ 16	♎ 00	♏ 02	♐ 18	♒ 08	♓ 16	♉ 10	♊ 18
	29日	♓ 27	♉ 18	♊ 10	♋ 26	♌ 28	♎ 12	♏ 14	♑ 02	♒ 23	♈ 01	♉ 25	♋ 01
	30日	♈ 11		♊ 23	♌ 08	♍ 10	♎ 24	♏ 27	♑ 15	♓ 08	♈ 16	♊ 09	♋ 15
	31日	♈ 25		♋ 06		♍ 22		♐ 10	♒ 00		♉ 01		♋ 28
☿	1日	♑ 25R	♑ 16	♒ 27	♈ 25	♉ 13R	♉ 16	♋ 09	♍ 04	♍ 19R	♍ 23	♏ 16	♐ 29
	6日	♑ 21R	♑ 22	♓ 05	♉ 04	♉ 10R	♉ 22	♋ 19	♍ 10	♍ 15R	♎ 02	♏ 23	♑ 05
	11日	♑ 15R	♑ 28	♓ 14	♉ 10	♉ 08R	♉ 29	♌ 00	♍ 16	♍ 10R	♎ 11	♐ 01	♑ 08
	16日	♑ 10R	♒ 05	♓ 24	♉ 15	♉ 07	♊ 08	♌ 09	♍ 20	♍ 09R	♎ 19	♐ 08	♑ 08R
	21日	♑ 09	♒ 12	♈ 04	♉ 16	♉ 08	♊ 17	♌ 18	♍ 22	♍ 10	♎ 28	♐ 16	♑ 04R
	26日	♑ 11	♒ 20	♈ 14	♉ 16R	♉ 11	♊ 28	♌ 26	♍ 22R	♍ 16	♏ 06	♐ 23	♐ 27R
♀	1日	♏ 28	♑ 05	♒ 10	♓ 18	♈ 25	♊ 03	♋ 10	♌ 18	♍ 27	♏ 04	♐ 12	♑ 18
	11日	♐ 09	♑ 17	♒ 23	♈ 01	♉ 08	♊ 16	♋ 23	♍ 01	♎ 09	♏ 16	♐ 24	♒ 00
	21日	♐ 22	♑ 29	♓ 05	♈ 13	♉ 20	♊ 28	♌ 05	♍ 13	♎ 21	♏ 28	♑ 06	♒ 12
♂	1日	♊ 05R	♊ 08	♊ 17	♋ 02	♋ 18	♌ 06	♌ 23	♍ 12	♎ 02	♎ 22	♏ 13	♐ 04
	11日	♊ 05	♊ 10	♊ 22	♋ 07	♋ 23	♌ 11	♌ 29	♍ 19	♎ 08	♎ 28	♏ 20	♐ 11
	21日	♊ 06	♊ 14	♊ 26	♋ 12	♋ 29	♌ 17	♍ 06	♍ 25	♎ 15	♏ 05	♏ 27	♐ 18
♃	1日	♌ 27R	♌ 23R	♌ 20R	♌ 17R	♌ 18	♌ 20	♌ 25	♍ 01	♍ 08	♍ 14	♍ 20	♍ 25
	11日	♌ 26R	♌ 22R	♌ 19R	♌ 17R	♌ 18	♌ 22	♌ 27	♍ 03	♍ 10	♍ 16	♍ 22	♍ 26
	21日	♌ 25R	♌ 21R	♌ 18R	♌ 17	♌ 19	♌ 23	♌ 29	♍ 06	♍ 12	♍ 18	♍ 24	♍ 27
♄	1日	♊ 22R	♊ 20R	♊ 20	♊ 21	♊ 24	♊ 28	♋ 01	♋ 05	♋ 08	♋ 10	♋ 11R	♋ 09R
	11日	♊ 21R	♊ 20R	♊ 20	♊ 22	♊ 25	♊ 29	♋ 03	♋ 06	♋ 09	♋ 11	♋ 10R	♋ 09R
	21日	♊ 21R	♊ 20	♊ 20	♊ 23	♊ 26	♋ 00	♋ 04	♋ 07	♋ 10	♋ 11	♋ 10R	♋ 08R
♅	1日	♊ 06R	♊ 05R	♊ 05	♊ 06	♊ 07	♊ 09	♊ 11	♊ 12	♊ 13	♊ 13R	♊ 12R	♊ 11R
♆	1日	♎ 04	♎ 04R	♎ 03R	♎ 03R	♎ 02R	♎ 01R	♎ 02	♎ 02	♎ 03	♎ 04	♎ 05	♎ 06
♇	1日	♌ 08R	♌ 08R	♌ 07R	♌ 06R	♌ 06	♌ 07	♌ 07	♌ 08	♌ 09	♌ 10	♌ 10	♌ 10R
☊	1日	♌ 07	♌ 07R	♌ 06R	♌ 04	♌ 01R	♋ 29R	♋ 28R	♋ 28	♋ 27R	♋ 25R	♋ 21R	♋ 19R

		1月	2月	3月	4月	5月	6月	7月	8月	9月	10月	11月	12月
☽	1日	♌10	♍25	♎04	♏18	♐21	♒10	♓17	♉11	♋03	♌10	♍26	♎29
	2日	♌23	♎07	♎15	♐00	♑04	♒23	♈01	♉25	♋17	♌22	♎08	♏11
	3日	♍05	♎19	♎27	♐12	♑16	♓07	♈16	♊09	♌00	♍05	♎20	♏23
	4日	♍17	♏01	♏09	♐24	♑29	♓21	♉00	♊23	♌13	♍17	♏02	♐05
	5日	♍29	♏13	♏21	♑07	♒13	♈05	♉14	♋07	♌25	♍29	♏14	♐17
	6日	♎11	♏25	♐03	♑20	♒26	♈19	♉29	♋20	♍08	♎11	♏26	♐29
	7日	♎23	♐07	♐15	♒03	♓10	♉04	♊13	♌03	♍20	♎23	♐08	♑11
	8日	♏05	♐20	♐28	♒17	♓25	♉19	♊27	♌16	♎03	♏05	♐20	♑23
	9日	♏17	♑03	♑11	♓01	♈10	♊04	♋11	♌29	♎15	♏17	♑02	♒06
	10日	♐00	♑17	♑24	♓16	♈25	♊18	♋25	♍12	♎27	♏29	♑14	♒19
	11日	♐12	♒00	♒08	♈01	♉10	♋02	♌08	♍24	♏08	♐11	♑26	♓02
	12日	♐25	♒15	♒23	♈16	♉25	♋16	♌21	♎06	♏20	♐23	♒09	♓15
	13日	♑09	♒29	♓08	♉01	♊10	♌00	♍04	♎18	♐02	♑05	♒22	♓29
	14日	♑22	♓14	♓23	♉17	♊24	♌13	♍16	♏00	♐14	♑17	♓06	♈13
	15日	♒06	♓29	♈08	♊02	♋08	♌26	♍28	♏12	♐26	♒00	♓20	♈28
	16日	♒21	♈14	♈23	♊16	♋22	♍08	♎10	♏24	♑09	♒13	♈04	♉13
	17日	♓05	♈29	♉08	♋00	♌05	♍20	♎22	♐06	♑22	♒27	♈19	♉27
	18日	♓20	♉13	♉23	♋13	♌18	♎02	♏04	♐18	♒05	♓11	♉04	♊12
	19日	♈04	♉27	♊07	♋26	♍00	♎14	♏16	♑01	♒19	♓26	♉19	♊27
	20日	♈18	♊11	♊21	♌09	♍12	♎26	♏28	♑14	♓03	♈11	♊04	♋12
	21日	♉02	♊24	♋04	♌21	♍24	♏08	♐10	♑27	♓17	♈26	♊19	♋26
	22日	♉16	♋07	♋17	♍03	♎06	♏20	♐23	♒11	♈02	♉11	♋04	♌10
	23日	♊00	♋20	♌00	♍15	♎18	♐02	♑06	♒25	♈17	♉26	♋18	♌24
	24日	♊14	♌03	♌12	♍27	♏00	♐15	♑19	♓09	♉03	♊11	♌02	♍07
	25日	♊27	♌15	♌24	♎09	♏12	♐27	♒02	♓24	♉17	♊26	♌15	♍19
	26日	♋10	♌27	♍06	♎21	♏24	♑10	♒16	♈08	♊02	♋10	♌28	♎02
	27日	♋23	♍10	♍18	♏03	♐06	♑23	♓00	♈23	♊16	♋23	♍11	♎14
	28日	♌06	♍22	♎00	♏15	♐18	♒06	♓14	♉08	♋00	♌07	♍23	♎26
	29日	♌19		♎12	♏27	♑01	♒20	♓28	♉22	♋14	♌19	♎05	♏08
	30日	♍01		♎24	♐09	♑14	♓04	♈12	♊06	♋27	♍02	♎17	♏19
	31日	♍13		♏06		♑26		♈27	♊20		♍14		♐01
☿	1日	♐23R	♑24	♓10	♈28	♈17	♉24	♋26	♍03	♌22	♎07	♏26	♐22R
	6日	♐24	♒01	♓20	♈28R	♈20	♊03	♌04	♍05	♌25	♎15	♐03	♐17R
	11日	♐27	♒09	♈00	♈25R	♈24	♊14	♌12	♍04R	♍01	♎24	♐10	♐10R
	16日	♑02	♒17	♈09	♈21R	♈29	♊25	♌19	♍01R	♍09	♏02	♐16	♐07R
	21日	♑08	♒26	♈17	♈18R	♉06	♋06	♌25	♌27R	♍18	♏10	♐20	♐08
	26日	♑15	♓05	♈24	♈17R	♉13	♋16	♍00	♌23R	♍27	♏17	♐23	♐12
♀	1日	♒25	♓29	♈24	♉03R	♈18R	♈27	♉23	♊26	♌02	♍08	♎16	♏24
	11日	♓06	♈09	♉00	♈28R	♈18	♉05	♊04	♋08	♌14	♍20	♎29	♐06
	21日	♓17	♈18	♉03	♈22R	♈21	♉14	♊14	♋19	♌26	♎02	♏11	♐19
♂	1日	♐27	♑20	♒11	♓05	♓29	♈22	♉14	♊06	♊26	♋13	♋27	♌03
	11日	♑04	♑27	♒19	♓13	♈06	♉00	♉21	♊13	♋02	♋18	♌00	♌03R
	21日	♑11	♒05	♒27	♓21	♈14	♉07	♉28	♊19	♋08	♋22	♌02	♌01R
♃	1日	♍27	♍27R	♍24R	♍20R	♍18R	♍18	♍21	♍25	♎01	♎08	♎14	♎20
	11日	♍27	♍26R	♍23R	♍19R	♍18R	♍19	♍22	♍27	♎03	♎10	♎16	♎22
	21日	♍27R	♍25R	♍22R	♍18R	♍18	♍20	♍24	♍29	♎06	♎12	♎18	♎23
♄	1日	♋07R	♋05R	♋04R	♋04	♋07	♋10	♋14	♋18	♋21	♋24	♋25	♋24R
	11日	♋06R	♋04R	♋04	♋05	♋08	♋11	♋15	♋19	♋22	♋24	♋25R	♋24R
	21日	♋06R	♋04R	♋04	♋06	♋09	♋12	♋16	♋20	♋23	♋25	♋25R	♋23R
♅	1日	♊10R	♊09R	♊09	♊10	♊11	♊13	♊15	♊16	♊17	♊17R	♊17R	♊16R
♆	1日	♎06	♎06R	♎06R	♎05R	♎04R	♎04R	♎04	♎04	♎05	♎06	♎07	♎08
♇	1日	♌10R	♌09R	♌08R	♌08R	♌08	♌08	♌09	♌10	♌11	♌11	♌12	♌12R
☊	1日	♋18	♋18R	♋17R	♋14R	♋11R	♋09	♋09	♋09	♋07	♋05R	♋02R	♋00R

		1月	2月	3月	4月	5月	6月	7月	8月	9月	10月	11月	12月
☽	1日	♐ 13	♑ 29	♒ 07	♓ 26	♉ 04	♊ 28	♌ 06	♍ 25	♏ 11	♐ 13	♑ 26	♒ 29
	2日	♐ 25	♒ 12	♒ 20	♈ 11	♉ 19	♋ 13	♌ 20	♎ 08	♏ 23	♐ 24	♒ 08	♓ 12
	3日	♑ 08	♒ 25	♓ 04	♈ 26	♊ 04	♋ 27	♍ 04	♎ 21	♐ 05	♑ 06	♒ 21	♓ 25
	4日	♑ 20	♓ 09	♓ 18	♉ 11	♊ 19	♌ 11	♍ 17	♏ 03	♐ 16	♑ 18	♓ 03	♈ 08
	5日	♒ 03	♓ 23	♈ 02	♉ 25	♋ 04	♌ 25	♎ 00	♏ 15	♐ 28	♒ 00	♓ 17	♈ 22
	6日	♒ 16	♈ 07	♈ 17	♊ 10	♋ 18	♍ 08	♎ 12	♏ 27	♑ 10	♒ 13	♈ 00	♉ 07
	7日	♒ 29	♈ 21	♉ 01	♊ 24	♌ 02	♍ 21	♎ 25	♐ 09	♑ 22	♒ 26	♈ 14	♉ 22
	8日	♓ 12	♉ 05	♉ 16	♋ 09	♌ 16	♎ 04	♏ 07	♐ 20	♒ 05	♓ 09	♈ 29	♊ 07
	9日	♓ 26	♉ 19	♊ 00	♋ 22	♌ 29	♎ 16	♏ 19	♑ 02	♒ 18	♓ 22	♉ 14	♊ 22
	10日	♈ 10	♊ 03	♊ 14	♌ 06	♍ 12	♎ 28	♐ 00	♑ 14	♓ 01	♈ 06	♉ 29	♋ 07
	11日	♈ 24	♊ 17	♊ 28	♌ 19	♍ 24	♏ 10	♐ 12	♑ 27	♓ 14	♈ 21	♊ 14	♋ 22
	12日	♉ 08	♋ 01	♋ 12	♍ 02	♎ 07	♏ 22	♐ 24	♒ 09	♓ 28	♉ 05	♊ 29	♌ 07
	13日	♉ 22	♋ 15	♋ 25	♍ 15	♎ 19	♐ 04	♑ 06	♒ 22	♈ 12	♉ 20	♋ 13	♌ 21
	14日	♊ 07	♋ 29	♌ 09	♍ 27	♏ 01	♐ 15	♑ 18	♓ 05	♈ 26	♊ 04	♋ 28	♍ 05
	15日	♊ 21	♌ 13	♌ 22	♎ 10	♏ 13	♐ 27	♒ 00	♓ 18	♉ 10	♊ 19	♌ 12	♍ 19
	16日	♋ 06	♌ 26	♍ 05	♎ 22	♏ 25	♑ 09	♒ 13	♈ 02	♉ 24	♋ 03	♌ 25	♎ 02
	17日	♋ 20	♍ 09	♍ 18	♏ 04	♐ 07	♑ 21	♒ 26	♈ 16	♊ 08	♋ 17	♍ 09	♎ 14
	18日	♌ 04	♍ 22	♎ 01	♏ 16	♐ 18	♒ 03	♓ 09	♈ 29	♊ 23	♌ 01	♍ 22	♎ 27
	19日	♌ 18	♎ 05	♎ 13	♏ 28	♑ 00	♒ 16	♓ 22	♉ 13	♋ 07	♌ 15	♎ 05	♏ 09
	20日	♍ 01	♎ 17	♎ 25	♐ 10	♑ 12	♒ 29	♈ 05	♉ 27	♋ 21	♌ 29	♎ 17	♏ 21
	21日	♍ 14	♎ 29	♏ 07	♐ 21	♑ 24	♓ 11	♈ 19	♊ 12	♌ 04	♍ 12	♏ 00	♐ 03
	22日	♍ 27	♏ 11	♏ 19	♑ 03	♒ 06	♓ 25	♉ 03	♊ 26	♌ 18	♍ 25	♏ 12	♐ 14
	23日	♎ 10	♏ 23	♐ 01	♑ 15	♒ 19	♈ 08	♉ 17	♋ 10	♍ 02	♎ 08	♏ 24	♐ 26
	24日	♎ 22	♐ 05	♐ 13	♑ 27	♓ 02	♈ 22	♊ 01	♋ 24	♍ 15	♎ 20	♐ 06	♑ 08
	25日	♏ 04	♐ 17	♐ 25	♒ 10	♓ 15	♉ 07	♊ 16	♌ 08	♍ 29	♏ 03	♐ 17	♑ 20
	26日	♏ 15	♐ 29	♑ 07	♒ 23	♓ 29	♉ 21	♋ 00	♌ 23	♎ 11	♏ 15	♐ 29	♒ 02
	27日	♏ 27	♑ 11	♑ 19	♓ 06	♈ 13	♊ 06	♋ 15	♍ 06	♎ 24	♏ 27	♑ 11	♒ 14
	28日	♐ 09	♑ 24	♒ 02	♓ 20	♈ 28	♊ 21	♋ 29	♍ 20	♏ 07	♐ 09	♑ 23	♒ 26
	29日	♐ 21		♒ 15	♈ 04	♉ 12	♋ 06	♌ 14	♎ 03	♏ 19	♐ 21	♒ 05	♓ 08
	30日	♑ 03		♒ 28	♈ 19	♉ 28	♋ 21	♌ 28	♎ 16	♐ 01	♑ 02	♒ 17	♓ 21
	31日	♑ 16		♓ 12		♊ 13		♍ 12	♎ 29		♑ 14		♈ 04
☿	1日	♐ 19	♒ 05	♓ 25	♈ 00R	♈ 14	♊ 11	♌ 04	♌ 11R	♌ 25	♎ 19	♐ 02	♏ 21
	6日	♐ 25	♒ 13	♈ 02	♓ 28R	♈ 21	♊ 22	♌ 10	♌ 07R	♍ 05	♎ 27	♐ 06	♏ 23
	11日	♑ 02	♒ 22	♈ 08	♓ 28	♈ 29	♋ 02	♌ 13	♌ 05R	♍ 14	♏ 05	♐ 07	♏ 28
	16日	♑ 10	♓ 01	♈ 10	♈ 00	♉ 08	♋ 12	♌ 16	♌ 06	♍ 24	♏ 12	♐ 05R	♐ 04
	21日	♑ 17	♓ 10	♈ 09R	♈ 03	♉ 17	♋ 20	♌ 16R	♌ 09	♎ 03	♏ 19	♐ 00R	♐ 11
	26日	♑ 25	♓ 19	♈ 05R	♈ 08	♉ 28	♋ 28	♌ 15R	♌ 15	♎ 11	♏ 25	♏ 23R	♐ 18
♀	1日	♑ 03	♒ 12	♓ 17	♈ 25	♊ 02	♋ 10	♌ 15	♍ 21	♎ 24	♏ 21	♐ 02R	♏ 18R
	11日	♑ 15	♒ 24	♓ 29	♉ 08	♊ 14	♋ 22	♌ 27	♎ 02	♏ 04	♏ 27	♏ 29R	♏ 17
	21日	♑ 28	♓ 07	♈ 12	♉ 20	♊ 26	♌ 03	♍ 08	♎ 13	♏ 13	♐ 02	♏ 23R	♏ 20
♂	1日	♋ 28R	♋ 17R	♋ 14	♋ 21	♌ 04	♌ 19	♍ 06	♍ 25	♎ 14	♏ 04	♏ 26	♐ 18
	11日	♋ 24R	♋ 15R	♋ 16	♋ 25	♌ 09	♌ 25	♍ 12	♎ 01	♎ 21	♏ 11	♐ 03	♐ 25
	21日	♋ 21R	♋ 14R	♋ 18	♋ 29	♌ 14	♍ 00	♍ 18	♎ 07	♎ 28	♏ 18	♐ 10	♑ 03
♃	1日	♎ 25	♎ 27	♎ 27R	♎ 24R	♎ 20R	♎ 18R	♎ 18	♎ 21	♎ 25	♏ 01	♏ 08	♏ 14
	11日	♎ 26	♎ 27	♎ 26R	♎ 23R	♎ 19R	♎ 17R	♎ 18	♎ 22	♎ 27	♏ 03	♏ 10	♏ 16
	21日	♎ 27	♎ 27R	♎ 25R	♎ 21R	♎ 18R	♎ 18	♎ 19	♎ 23	♎ 29	♏ 05	♏ 12	♏ 18
♄	1日	♋ 22R	♋ 20R	♋ 18R	♋ 18	♋ 19	♋ 22	♋ 26	♌ 00	♌ 04	♌ 07	♌ 09	♌ 09R
	11日	♋ 22R	♋ 19R	♋ 18R	♋ 18	♋ 20	♋ 23	♋ 27	♌ 01	♌ 05	♌ 07	♌ 09	♌ 09R
	21日	♋ 21R	♋ 19R	♋ 18	♋ 19	♋ 21	♋ 25	♋ 28	♌ 02	♌ 06	♌ 08	♌ 09R	♌ 08R
♅	1日	♊ 14R	♊ 14R	♊ 13	♊ 14	♊ 15	♊ 17	♊ 19	♊ 20	♊ 21	♊ 22R	♊ 21R	♊ 20R
♆	1日	♎ 09	♎ 08R	♎ 08R	♎ 07R	♎ 06R	♎ 06R	♎ 06	♎ 06	♎ 07	♎ 08	♎ 09	♎ 10
♇	1日	♌ 11R	♌ 11R	♌ 10R	♌ 10R	♌ 09	♌ 10	♌ 10	♌ 11	♌ 12	♌ 13	♌ 13	♌ 13R
☊	1日	♋ 00	♊ 29R	♊ 27R	♊ 24R	♊ 21R	♊ 21	♊ 21R	♊ 20R	♊ 17R	♊ 14R	♊ 12	♊ 12

		1月	2月	3月	4月	5月	6月	7月	8月	9月	10月	11月	12月
☽	1日	♈ 17	♊ 09	♊ 19	♌ 13	♍ 21	♏ 10	♐ 13	♑ 28	♓ 13	♈ 17	♊ 07	♋ 16
	2日	♉ 01	♊ 23	♋ 04	♌ 27	♎ 04	♏ 22	♐ 25	♒ 10	♓ 25	♉ 00	♊ 21	♌ 00
	3日	♉ 15	♋ 08	♋ 18	♍ 11	♎ 17	♐ 04	♑ 07	♒ 22	♈ 08	♉ 14	♋ 06	♌ 15
	4日	♊ 00	♋ 23	♌ 02	♍ 25	♏ 00	♐ 16	♑ 19	♓ 04	♈ 21	♉ 27	♋ 20	♌ 29
	5日	♊ 15	♌ 08	♌ 17	♎ 08	♏ 13	♐ 28	♒ 01	♓ 16	♉ 04	♊ 11	♌ 04	♍ 13
	6日	♋ 00	♌ 23	♍ 01	♎ 21	♏ 25	♑ 10	♒ 12	♓ 28	♉ 17	♊ 25	♌ 18	♍ 27
	7日	♋ 15	♍ 07	♍ 16	♏ 04	♐ 08	♑ 22	♒ 24	♈ 11	♊ 00	♋ 09	♍ 02	♎ 11
	8日	♌ 00	♍ 22	♎ 00	♏ 17	♐ 20	♒ 04	♓ 07	♈ 24	♊ 14	♋ 23	♍ 16	♎ 24
	9日	♌ 15	♎ 05	♎ 13	♏ 29	♑ 02	♒ 16	♓ 19	♉ 07	♊ 28	♌ 07	♎ 00	♏ 07
	10日	♍ 00	♎ 19	♎ 26	♐ 12	♑ 13	♒ 28	♈ 01	♉ 20	♋ 12	♌ 22	♎ 14	♏ 20
	11日	♍ 14	♏ 01	♏ 09	♐ 23	♑ 25	♓ 10	♈ 14	♊ 04	♋ 27	♍ 06	♎ 27	♐ 02
	12日	♍ 27	♏ 14	♏ 22	♑ 05	♒ 07	♓ 22	♈ 27	♊ 18	♌ 12	♍ 20	♏ 10	♐ 15
	13日	♎ 10	♏ 26	♐ 04	♑ 17	♒ 19	♈ 05	♉ 11	♋ 03	♌ 26	♎ 04	♏ 23	♐ 27
	14日	♎ 23	♐ 08	♐ 16	♑ 29	♓ 01	♈ 18	♉ 25	♋ 17	♍ 11	♎ 18	♐ 06	♑ 09
	15日	♏ 05	♐ 20	♐ 28	♒ 11	♓ 14	♉ 02	♊ 09	♌ 02	♍ 26	♏ 02	♐ 18	♑ 21
	16日	♏ 18	♑ 01	♑ 09	♒ 23	♓ 27	♉ 16	♊ 24	♌ 18	♎ 10	♏ 15	♑ 01	♒ 03
	17日	♏ 29	♑ 13	♑ 21	♓ 06	♈ 10	♊ 00	♋ 09	♍ 03	♎ 24	♏ 28	♑ 13	♒ 15
	18日	♐ 11	♑ 25	♒ 03	♓ 19	♈ 24	♊ 15	♋ 24	♍ 17	♏ 07	♐ 11	♑ 25	♒ 27
	19日	♐ 23	♒ 07	♒ 15	♈ 02	♉ 08	♋ 00	♌ 09	♎ 02	♏ 20	♐ 23	♒ 07	♓ 08
	20日	♑ 05	♒ 20	♒ 28	♈ 16	♉ 22	♋ 15	♌ 24	♎ 16	♐ 03	♑ 05	♒ 18	♓ 21
	21日	♑ 17	♓ 02	♓ 11	♈ 29	♊ 07	♌ 01	♍ 09	♎ 29	♐ 15	♑ 17	♓ 00	♈ 03
	22日	♑ 29	♓ 15	♓ 24	♉ 14	♊ 22	♌ 15	♍ 23	♏ 12	♐ 27	♑ 29	♓ 12	♈ 15
	23日	♒ 11	♓ 28	♈ 07	♉ 28	♋ 07	♍ 00	♎ 07	♏ 25	♑ 09	♒ 11	♓ 25	♈ 28
	24日	♒ 23	♈ 11	♈ 21	♊ 12	♋ 21	♍ 14	♎ 20	♐ 07	♑ 21	♒ 23	♈ 07	♉ 12
	25日	♓ 06	♈ 24	♉ 04	♊ 27	♌ 06	♍ 28	♏ 03	♐ 19	♒ 03	♓ 05	♈ 20	♉ 25
	26日	♓ 18	♉ 08	♉ 18	♋ 11	♌ 20	♎ 11	♏ 16	♑ 01	♒ 15	♓ 17	♉ 04	♊ 10
	27日	♈ 01	♉ 21	♊ 02	♋ 25	♍ 04	♎ 24	♏ 28	♑ 13	♒ 27	♈ 00	♉ 18	♊ 24
	28日	♈ 14	♊ 05	♊ 16	♌ 10	♍ 18	♏ 07	♐ 10	♑ 24	♓ 09	♈ 13	♊ 02	♋ 09
	29日	♈ 27		♋ 00	♌ 24	♎ 01	♏ 19	♐ 22	♒ 06	♓ 22	♈ 26	♊ 16	♋ 25
	30日	♉ 11		♋ 14	♍ 07	♎ 14	♐ 01	♑ 04	♒ 18	♈ 04	♉ 09	♋ 01	♌ 10
	31日	♉ 25		♋ 29		♎ 27		♑ 16	♓ 00		♉ 23		♌ 25
☿	1日	♐ 27	♒ 18	♓ 23R	♓ 13	♈ 24	♊ 27	♋ 27	♋ 19	♍ 11	♎ 29	♏ 18R	♏ 21
	6日	♑ 05	♒ 27	♓ 20R	♓ 18	♉ 04	♋ 06	♋ 26R	♋ 24	♍ 20	♏ 06	♏ 12R	♏ 28
	11日	♑ 13	♓ 05	♓ 15R	♓ 23	♉ 14	♋ 13	♋ 24R	♌ 01	♍ 29	♏ 12	♏ 07R	♐ 05
	16日	♑ 21	♓ 13	♓ 11R	♈ 00	♉ 25	♋ 19	♋ 21R	♌ 09	♎ 07	♏ 17	♏ 06	♐ 13
	21日	♑ 29	♓ 20	♓ 09R	♈ 07	♊ 06	♋ 23	♋ 18R	♌ 19	♎ 15	♏ 20	♏ 08	♐ 21
	26日	♒ 07	♓ 23	♓ 10	♈ 15	♊ 16	♋ 26	♋ 17	♌ 29	♎ 22	♏ 21R	♏ 14	♐ 29
♀	1日	♏ 27	♐ 25	♑ 25	♓ 01	♈ 07	♉ 15	♊ 21	♋ 29	♍ 07	♎ 14	♏ 23	♑ 01
	11日	♐ 04	♑ 05	♒ 07	♓ 13	♈ 19	♉ 27	♋ 03	♌ 11	♍ 20	♎ 27	♐ 06	♑ 13
	21日	♐ 14	♑ 16	♒ 18	♓ 25	♉ 01	♊ 09	♋ 15	♌ 24	♎ 02	♏ 09	♐ 18	♑ 25
♂	1日	♑ 11	♒ 05	♒ 27	♓ 22	♈ 15	♉ 08	♊ 00	♊ 21	♋ 12	♌ 00	♌ 17	♍ 00
	11日	♑ 19	♒ 13	♓ 05	♓ 29	♈ 22	♉ 16	♊ 07	♊ 28	♋ 18	♌ 06	♌ 22	♍ 03
	21日	♑ 27	♒ 21	♓ 13	♈ 07	♉ 00	♉ 23	♊ 14	♋ 05	♋ 24	♌ 11	♌ 26	♍ 06
♃	1日	♏ 20	♏ 25	♏ 27	♏ 27R	♏ 24R	♏ 21R	♏ 18R	♏ 18	♏ 21	♏ 26	♐ 02	♐ 08
	11日	♏ 22	♏ 26	♏ 28	♏ 26R	♏ 23R	♏ 19R	♏ 18R	♏ 19	♏ 22	♏ 27	♐ 04	♐ 11
	21日	♏ 24	♏ 27	♏ 27R	♏ 25R	♏ 22R	♏ 19R	♏ 18	♏ 20	♏ 24	♏ 29	♐ 06	♐ 13
♄	1日	♌ 07R	♌ 05R	♌ 03R	♌ 02R	♌ 03	♌ 05	♌ 08	♌ 12	♌ 16	♌ 19	♌ 22	♌ 23
	11日	♌ 07R	♌ 04R	♌ 02R	♌ 02	♌ 03	♌ 06	♌ 09	♌ 13	♌ 17	♌ 20	♌ 22	♌ 23R
	21日	♌ 06R	♌ 03R	♌ 02R	♌ 02	♌ 04	♌ 07	♌ 10	♌ 14	♌ 18	♌ 21	♌ 23	♌ 22R
♅	1日	♊ 19R	♊ 18R	♊ 18	♊ 18	♊ 19	♊ 21	♊ 23	♊ 25	♊ 26	♊ 26	♊ 26R	♊ 25R
♆	1日	♎ 11	♎ 11R	♎ 10R	♎ 09R	♎ 09R	♎ 08R	♎ 08	♎ 08	♎ 09	♎ 10	♎ 12	♎ 12
♇	1日	♌ 13R	♌ 12R	♌ 12R	♌ 11R	♌ 11	♌ 11	♌ 12	♌ 13	♌ 14	♌ 14	♌ 15	♌ 15R
☊	1日	♊ 11	♊ 10	♊ 07R	♊ 04R	♊ 03R	♊ 03	♊ 02R	♊ 00R	♉ 27R	♉ 24R	♉ 23	♉ 23R

1948（うるう）年

		1月	2月	3月	4月	5月	6月	7月	8月	9月	10月	11月	12月
☽	1日	♍ 09	♏ 00	♏ 22	♑ 08	♒ 10	♓ 23	♈ 26	♊ 13	♌ 05	♍ 14	♏ 07	♐ 13
	2日	♍ 24	♏ 13	♐ 05	♑ 20	♒ 22	♈ 06	♉ 09	♊ 27	♌ 20	♍ 29	♏ 21	♐ 27
	3日	♎ 07	♏ 26	♐ 17	♒ 02	♓ 04	♈ 18	♉ 22	♋ 12	♍ 06	♎ 14	♐ 05	♑ 10
	4日	♎ 21	♐ 09	♑ 00	♒ 14	♓ 16	♉ 01	♊ 05	♋ 27	♍ 21	♎ 29	♐ 19	♑ 22
	5日	♏ 04	♐ 21	♑ 12	♒ 26	♓ 28	♉ 14	♊ 19	♌ 12	♎ 06	♏ 13	♑ 02	♒ 05
	6日	♏ 17	♑ 03	♑ 23	♓ 08	♈ 10	♉ 27	♋ 04	♌ 27	♎ 21	♏ 27	♑ 15	♒ 17
	7日	♏ 29	♑ 15	♒ 05	♓ 20	♈ 23	♊ 11	♋ 18	♍ 12	♏ 05	♐ 11	♑ 27	♒ 29
	8日	♐ 11	♑ 27	♒ 17	♈ 02	♉ 06	♊ 25	♌ 03	♍ 27	♏ 19	♐ 24	♒ 09	♓ 11
	9日	♐ 24	♒ 08	♒ 29	♈ 14	♉ 19	♋ 09	♌ 18	♎ 12	♐ 02	♑ 07	♒ 21	♓ 23
	10日	♑ 06	♒ 20	♓ 11	♈ 27	♊ 02	♋ 24	♍ 03	♎ 26	♐ 15	♑ 19	♓ 03	♈ 05
	11日	♑ 18	♓ 02	♓ 23	♉ 10	♊ 16	♌ 08	♍ 18	♏ 10	♐ 28	♒ 01	♓ 15	♈ 17
	12日	♒ 00	♓ 14	♈ 05	♉ 23	♋ 00	♌ 23	♎ 02	♏ 23	♑ 10	♒ 13	♓ 27	♈ 29
	13日	♒ 11	♓ 26	♈ 18	♊ 06	♋ 14	♍ 07	♎ 16	♐ 06	♑ 22	♒ 25	♈ 09	♉ 11
	14日	♒ 23	♈ 08	♉ 00	♊ 19	♋ 28	♍ 21	♏ 00	♐ 19	♒ 05	♓ 07	♈ 21	♉ 24
	15日	♓ 05	♈ 21	♉ 13	♋ 03	♌ 12	♎ 05	♏ 13	♑ 01	♒ 16	♓ 19	♉ 03	♊ 07
	16日	♓ 17	♉ 03	♉ 26	♋ 17	♌ 26	♎ 19	♏ 26	♑ 13	♒ 28	♈ 01	♉ 16	♊ 21
	17日	♓ 29	♉ 16	♊ 09	♌ 01	♍ 11	♏ 03	♐ 09	♑ 25	♓ 10	♈ 13	♉ 29	♋ 05
	18日	♈ 11	♉ 29	♊ 22	♌ 15	♍ 25	♏ 16	♐ 22	♒ 07	♓ 22	♈ 25	♊ 12	♋ 19
	19日	♈ 24	♊ 12	♋ 06	♍ 00	♎ 09	♏ 29	♑ 04	♒ 19	♈ 04	♉ 07	♊ 25	♌ 03
	20日	♉ 07	♊ 26	♋ 20	♍ 14	♎ 23	♐ 12	♑ 16	♓ 01	♈ 16	♉ 20	♋ 09	♌ 17
	21日	♉ 20	♋ 11	♌ 05	♍ 29	♏ 06	♐ 25	♑ 28	♓ 13	♈ 28	♊ 03	♋ 23	♍ 02
	22日	♊ 03	♋ 26	♌ 20	♎ 13	♏ 20	♑ 07	♒ 11	♓ 25	♉ 10	♊ 15	♌ 07	♍ 16
	23日	♊ 18	♌ 11	♍ 05	♎ 27	♐ 03	♑ 20	♒ 22	♈ 07	♉ 23	♊ 29	♌ 21	♎ 00
	24日	♋ 02	♌ 26	♍ 19	♏ 11	♐ 16	♒ 02	♓ 04	♈ 19	♊ 05	♋ 12	♍ 05	♎ 14
	25日	♋ 17	♍ 11	♎ 04	♏ 25	♐ 29	♒ 14	♓ 16	♉ 01	♊ 18	♋ 26	♍ 19	♎ 28
	26日	♌ 03	♍ 26	♎ 19	♐ 08	♑ 11	♒ 26	♓ 28	♉ 13	♋ 02	♌ 10	♎ 03	♏ 12
	27日	♌ 18	♎ 11	♏ 03	♐ 21	♑ 24	♓ 08	♈ 10	♉ 26	♋ 16	♌ 24	♎ 17	♏ 25
	28日	♍ 03	♎ 25	♏ 17	♑ 03	♒ 06	♓ 20	♈ 22	♊ 09	♌ 00	♍ 09	♏ 02	♐ 09
	29日	♍ 18	♏ 09	♐ 00	♑ 16	♒ 18	♈ 02	♉ 04	♊ 22	♌ 14	♍ 23	♏ 16	♐ 22
	30日	♎ 03		♐ 13	♑ 28	♓ 00	♈ 14	♉ 17	♋ 06	♌ 29	♎ 08	♐ 00	♑ 05
	31日	♎ 17		♐ 26		♓ 12		♊ 00	♋ 20		♎ 22		♑ 18
☿	1日	♑ 08	♒ 29	♒ 22R	♓ 17	♉ 13	♋ 03	♊ 29R	♋ 27	♍ 26	♏ 03	♎ 21	♐ 02
	6日	♑ 16	♓ 04	♒ 22	♓ 25	♉ 24	♋ 06	♊ 28	♌ 07	♎ 04	♏ 05	♎ 25	♐ 10
	11日	♑ 24	♓ 07	♒ 24	♈ 03	♊ 04	♋ 07	♋ 00	♌ 18	♎ 11	♏ 05R	♏ 01	♐ 18
	16日	♒ 03	♓ 04R	♒ 28	♈ 12	♊ 13	♋ 06R	♋ 03	♌ 28	♎ 18	♏ 01R	♏ 09	♐ 26
	21日	♒ 11	♒ 29R	♓ 03	♈ 22	♊ 21	♋ 04R	♋ 09	♍ 07	♎ 24	♎ 25R	♏ 17	♑ 04
	26日	♒ 20	♒ 24R	♓ 09	♉ 02	♊ 27	♋ 01R	♋ 16	♍ 16	♎ 29	♎ 21R	♏ 24	♑ 12
♀	1日	♒ 09	♓ 17	♈ 22	♉ 26	♊ 25	♋ 11	♊ 29R	♊ 29	♋ 23	♌ 24	♎ 00	♏ 06
	11日	♒ 21	♓ 29	♉ 03	♊ 07	♋ 03	♋ 10R	♊ 25R	♋ 05	♌ 03	♍ 05	♎ 12	♏ 19
	21日	♓ 04	♈ 11	♉ 14	♊ 16	♋ 08	♋ 05R	♊ 25	♋ 13	♌ 13	♍ 17	♎ 24	♐ 01
♂	1日	♍ 07	♍ 04R	♌ 23R	♌ 18	♌ 24	♍ 06	♍ 21	♎ 09	♎ 28	♏ 19	♐ 11	♑ 03
	11日	♍ 08R	♍ 01R	♌ 20R	♌ 19	♌ 27	♍ 11	♍ 27	♎ 15	♏ 05	♏ 26	♐ 18	♑ 11
	21日	♍ 07R	♌ 27R	♌ 19R	♌ 21	♍ 01	♍ 16	♎ 02	♎ 21	♏ 12	♐ 03	♐ 26	♑ 19
♃	1日	♐ 15	♐ 21	♐ 26	♐ 29	♐ 29R	♐ 26R	♐ 22R	♐ 19R	♐ 19	♐ 22	♐ 27	♑ 03
	11日	♐ 17	♐ 23	♐ 27	♐ 29	♐ 28R	♐ 25R	♐ 21R	♐ 19R	♐ 20	♐ 24	♐ 29	♑ 06
	21日	♐ 19	♐ 25	♐ 28	♐ 29R	♐ 27R	♐ 23R	♐ 20R	♐ 19	♐ 21	♐ 25	♑ 01	♑ 08
♄	1日	♌ 22R	♌ 20R	♌ 18R	♌ 16R	♌ 16	♌ 17	♌ 20	♌ 24	♌ 28	♍ 01	♍ 04	♍ 06
	11日	♌ 21R	♌ 19R	♌ 17R	♌ 16R	♌ 16	♌ 18	♌ 21	♌ 25	♌ 29	♍ 02	♍ 05	♍ 06
	21日	♌ 21R	♌ 18R	♌ 16R	♌ 16	♌ 17	♌ 19	♌ 23	♌ 26	♍ 00	♍ 03	♍ 06	♍ 06R
♅	1日	♊ 23R	♊ 22R	♊ 22	♊ 23	♊ 24	♊ 25	♊ 27	♊ 29	♋ 00	♋ 01	♋ 00R	♊ 29R
♆	1日	♎ 13	♎ 13R	♎ 12R	♎ 12R	♎ 11R	♎ 10R	♎ 10	♎ 11	♎ 11	♎ 13	♎ 14	♎ 15
♇	1日	♌ 15R	♌ 14R	♌ 13R	♌ 13R	♌ 13	♌ 13	♌ 14	♌ 14	♌ 15	♌ 16	♌ 16	♌ 17R
☊	1日	♉ 22R	♉ 20R	♉ 16	♉ 15	♉ 14	♉ 14	♉ 12	♉ 10R	♉ 07R	♉ 05R	♉ 05R	♉ 05R

		1月	2月	3月	4月	5月	6月	7月	8月	9月	10月	11月	12月
☽	1日	♒ 00	♓ 15	♓ 24	♉ 08	♊ 12	♌ 01	♍ 10	♏ 03	♐ 25	♒ 01	♓ 17	♈ 19
	2日	♒ 13	♓ 27	♈ 06	♉ 20	♊ 25	♌ 15	♍ 24	♏ 17	♑ 08	♒ 13	♓ 29	♉ 01
	3日	♒ 25	♈ 09	♈ 17	♊ 03	♋ 08	♌ 29	♎ 08	♐ 01	♑ 21	♒ 26	♈ 11	♉ 13
	4日	♓ 07	♈ 21	♈ 29	♊ 15	♋ 21	♍ 13	♎ 22	♐ 15	♒ 04	♓ 08	♈ 22	♉ 25
	5日	♓ 19	♉ 03	♉ 11	♊ 28	♌ 04	♍ 27	♏ 06	♐ 28	♒ 16	♓ 20	♉ 04	♊ 07
	6日	♈ 01	♉ 15	♉ 23	♋ 11	♌ 18	♎ 11	♏ 20	♑ 11	♒ 29	♈ 02	♉ 16	♊ 19
	7日	♈ 12	♉ 27	♊ 06	♋ 24	♍ 02	♎ 26	♐ 04	♑ 24	♓ 11	♈ 14	♉ 28	♋ 02
	8日	♈ 24	♊ 10	♊ 18	♌ 08	♍ 17	♏ 10	♐ 18	♒ 07	♓ 23	♈ 25	♊ 10	♋ 15
	9日	♉ 07	♊ 23	♋ 01	♌ 22	♎ 01	♏ 24	♑ 02	♒ 20	♈ 05	♉ 07	♊ 22	♋ 28
	10日	♉ 19	♋ 07	♋ 15	♍ 07	♎ 16	♐ 09	♑ 15	♓ 02	♈ 17	♉ 19	♋ 05	♌ 11
	11日	♊ 02	♋ 21	♋ 29	♍ 22	♏ 01	♐ 23	♑ 28	♓ 14	♈ 28	♊ 01	♋ 18	♌ 24
	12日	♊ 15	♌ 06	♌ 14	♎ 07	♏ 15	♑ 06	♒ 11	♓ 26	♉ 10	♊ 13	♌ 01	♍ 08
	13日	♊ 29	♌ 20	♌ 28	♎ 22	♐ 00	♑ 20	♒ 24	♈ 08	♉ 22	♊ 25	♌ 14	♍ 21
	14日	♋ 13	♍ 06	♍ 14	♏ 07	♐ 14	♒ 03	♓ 06	♈ 20	♊ 04	♋ 08	♌ 27	♎ 05
	15日	♋ 27	♍ 21	♍ 29	♏ 22	♐ 28	♒ 16	♓ 18	♉ 02	♊ 16	♋ 21	♍ 11	♎ 20
	16日	♌ 12	♎ 06	♎ 14	♐ 06	♑ 12	♒ 28	♈ 00	♉ 14	♊ 29	♌ 04	♍ 25	♏ 04
	17日	♌ 27	♎ 20	♎ 29	♐ 20	♑ 25	♓ 10	♈ 12	♉ 26	♋ 12	♌ 18	♎ 10	♏ 19
	18日	♍ 12	♏ 05	♏ 14	♑ 04	♒ 08	♓ 22	♈ 24	♊ 08	♋ 25	♍ 02	♎ 25	♐ 03
	19日	♍ 26	♏ 19	♏ 28	♑ 17	♒ 20	♈ 04	♉ 06	♊ 21	♌ 09	♍ 16	♏ 10	♐ 18
	20日	♎ 11	♐ 02	♐ 12	♑ 29	♓ 02	♈ 16	♉ 18	♋ 04	♌ 24	♎ 01	♏ 25	♑ 02
	21日	♎ 25	♐ 16	♐ 25	♒ 12	♓ 14	♈ 28	♊ 00	♋ 17	♍ 08	♎ 16	♐ 10	♑ 17
	22日	♏ 09	♐ 28	♑ 08	♒ 24	♓ 26	♉ 10	♊ 13	♌ 01	♍ 23	♏ 02	♐ 24	♒ 00
	23日	♏ 22	♑ 11	♑ 21	♓ 06	♈ 08	♉ 22	♊ 26	♌ 15	♎ 08	♏ 17	♑ 09	♒ 14
	24日	♐ 05	♑ 24	♒ 03	♓ 18	♈ 20	♊ 05	♋ 09	♍ 00	♎ 24	♐ 02	♑ 22	♒ 27
	25日	♐ 19	♒ 06	♒ 15	♈ 00	♉ 02	♊ 17	♋ 23	♍ 15	♏ 08	♐ 16	♒ 06	♓ 09
	26日	♑ 01	♒ 18	♒ 27	♈ 11	♉ 14	♋ 01	♌ 07	♎ 00	♏ 23	♑ 00	♒ 19	♓ 21
	27日	♑ 14	♓ 00	♓ 09	♈ 23	♉ 26	♋ 14	♌ 21	♎ 15	♐ 08	♑ 14	♓ 01	♈ 03
	28日	♑ 27	♓ 12	♓ 21	♉ 05	♊ 09	♋ 28	♍ 06	♎ 29	♐ 21	♑ 27	♓ 13	♈ 15
	29日	♒ 09		♈ 03	♉ 17	♊ 22	♌ 12	♍ 20	♏ 14	♑ 05	♒ 10	♓ 25	♈ 27
	30日	♒ 21		♈ 14	♊ 00	♋ 05	♌ 26	♎ 05	♏ 28	♑ 18	♒ 23	♈ 07	♉ 09
	31日	♓ 03		♈ 26		♋ 18		♎ 19	♐ 11		♓ 05		♉ 21
☿	1日	♑ 22	♒ 16R	♒ 13	♓ 29	♉ 28	♊ 15R	♊ 17	♌ 14	♎ 04	♎ 13R	♎ 26	♐ 14
	6日	♒ 00	♒ 10R	♒ 19	♈ 08	♊ 06	♊ 12R	♊ 24	♌ 24	♎ 10	♎ 08R	♏ 04	♐ 22
	11日	♒ 07	♒ 05R	♒ 25	♈ 18	♊ 11	♊ 10R	♋ 02	♍ 03	♎ 15	♎ 04R	♏ 12	♐ 29
	16日	♒ 14	♒ 05	♓ 03	♈ 29	♊ 15	♊ 09	♋ 11	♍ 12	♎ 18	♎ 05	♏ 20	♑ 07
	21日	♒ 19	♒ 07	♓ 10	♉ 09	♊ 17	♊ 10	♋ 21	♍ 19	♎ 19	♎ 09	♏ 28	♑ 15
	26日	♒ 20R	♒ 10	♓ 18	♉ 20	♊ 17R	♊ 13	♌ 02	♍ 27	♎ 18R	♎ 16	♐ 06	♑ 22
♀	1日	♐ 15	♑ 23	♒ 28	♈ 07	♉ 14	♊ 22	♋ 29	♍ 07	♎ 14	♏ 19	♐ 24	♑ 25
	11日	♐ 27	♒ 06	♓ 11	♈ 19	♉ 26	♋ 05	♌ 11	♍ 19	♎ 26	♐ 01	♑ 05	♒ 04
	21日	♑ 10	♒ 18	♓ 23	♉ 02	♊ 09	♋ 17	♌ 23	♎ 01	♏ 08	♐ 12	♑ 16	♒ 11
♂	1日	♑ 27	♒ 22	♓ 14	♈ 08	♉ 01	♉ 24	♊ 15	♋ 06	♋ 26	♌ 15	♍ 03	♍ 19
	11日	♒ 05	♓ 00	♓ 22	♈ 16	♉ 08	♊ 01	♊ 22	♋ 13	♌ 02	♌ 21	♍ 08	♍ 23
	21日	♒ 13	♓ 07	♓ 29	♈ 23	♉ 16	♊ 08	♊ 29	♋ 19	♌ 09	♌ 27	♍ 14	♍ 28
♃	1日	♑ 10	♑ 17	♑ 23	♑ 29	♒ 02	♒ 02R	♒ 00R	♑ 26R	♑ 23R	♑ 23	♑ 25	♒ 00
	11日	♑ 13	♑ 20	♑ 25	♒ 00	♒ 02	♒ 01R	♑ 28R	♑ 25R	♑ 22R	♑ 23	♑ 27	♒ 02
	21日	♑ 15	♑ 22	♑ 27	♒ 01	♒ 02R	♒ 01R	♑ 27R	♑ 24R	♑ 22	♑ 24	♑ 28	♒ 04
♄	1日	♍ 06R	♍ 04R	♍ 02R	♍ 00R	♌ 29R	♍ 00	♍ 02	♍ 06	♍ 09	♍ 13	♍ 16	♍ 19
	11日	♍ 06R	♍ 04R	♍ 01R	♍ 00R	♌ 29	♍ 01	♍ 03	♍ 07	♍ 11	♍ 14	♍ 17	♍ 19
	21日	♍ 05R	♍ 03R	♍ 01R	♌ 29R	♍ 00	♍ 01	♍ 04	♍ 08	♍ 12	♍ 15	♍ 18	♍ 19
♅	1日	♊ 28R	♊ 27R	♊ 27R	♊ 27	♊ 28	♊ 29	♋ 01	♋ 03	♋ 04	♋ 05	♋ 05R	♋ 04R
♆	1日	♎ 15	♎ 15R	♎ 15R	♎ 14R	♎ 13R	♎ 13R	♎ 12	♎ 13	♎ 14	♎ 15	♎ 16	♎ 17
♇	1日	♌ 16R	♌ 15R	♌ 15R	♌ 14R	♌ 14	♌ 14	♌ 15	♌ 16	♌ 17	♌ 18	♌ 18	♌ 18R
☊	1日	♉ 02R	♈ 29R	♈ 26R	♈ 26	♈ 26R	♈ 25R	♈ 22R	♈ 19	♈ 17R	♈ 17R	♈ 17	♈ 15R

		1月	2月	3月	4月	5月	6月	7月	8月	9月	10月	11月	12月
☽	1日	♊ 03	♋ 19	♋ 27	♍ 17	♎ 25	♐ 18	♑ 26	♓ 15	♉ 00	♊ 02	♋ 16	♌ 20
	2日	♊ 15	♌ 03	♌ 10	♎ 01	♏ 10	♑ 03	♒ 10	♓ 28	♉ 12	♊ 14	♋ 29	♍ 03
	3日	♊ 28	♌ 16	♌ 24	♎ 16	♏ 25	♑ 18	♒ 24	♈ 10	♉ 24	♊ 26	♌ 11	♍ 16
	4日	♋ 11	♍ 00	♍ 09	♏ 02	♐ 10	♒ 02	♓ 07	♈ 22	♊ 06	♋ 08	♌ 24	♍ 29
	5日	♋ 24	♍ 14	♍ 23	♏ 17	♐ 25	♒ 16	♓ 20	♉ 04	♊ 18	♋ 20	♍ 07	♎ 13
	6日	♌ 07	♍ 29	♎ 08	♐ 01	♑ 10	♒ 29	♈ 02	♉ 16	♋ 00	♌ 03	♍ 21	♎ 27
	7日	♌ 21	♎ 13	♎ 23	♐ 16	♑ 24	♓ 12	♈ 14	♉ 28	♋ 12	♌ 16	♎ 05	♏ 12
	8日	♍ 05	♎ 27	♏ 07	♑ 00	♒ 07	♓ 24	♈ 26	♊ 10	♋ 25	♌ 29	♎ 19	♏ 27
	9日	♍ 18	♏ 11	♏ 22	♑ 14	♒ 20	♈ 06	♉ 08	♊ 22	♌ 08	♍ 13	♏ 04	♐ 13
	10日	♎ 02	♏ 25	♐ 06	♑ 28	♓ 03	♈ 18	♉ 20	♋ 04	♌ 21	♍ 27	♏ 19	♐ 28
	11日	♎ 16	♐ 09	♐ 20	♒ 11	♓ 15	♉ 00	♊ 02	♋ 17	♍ 05	♎ 11	♐ 05	♑ 13
	12日	♏ 00	♐ 23	♑ 04	♒ 23	♓ 27	♉ 12	♊ 14	♌ 00	♍ 19	♎ 26	♐ 20	♑ 28
	13日	♏ 14	♑ 07	♑ 17	♓ 06	♈ 09	♉ 24	♊ 26	♌ 13	♎ 03	♏ 11	♑ 05	♒ 12
	14日	♏ 29	♑ 21	♒ 01	♓ 18	♈ 21	♊ 05	♋ 08	♌ 26	♎ 17	♏ 26	♑ 19	♒ 26
	15日	♐ 13	♒ 04	♒ 14	♈ 00	♉ 03	♊ 17	♋ 21	♍ 10	♏ 02	♐ 11	♒ 03	♓ 09
	16日	♐ 27	♒ 17	♒ 26	♈ 12	♉ 15	♋ 00	♌ 04	♍ 23	♏ 16	♐ 25	♒ 17	♓ 22
	17日	♑ 11	♓ 00	♓ 09	♈ 24	♉ 27	♋ 12	♌ 17	♎ 07	♐ 00	♑ 10	♓ 00	♈ 05
	18日	♑ 25	♓ 13	♓ 21	♉ 06	♊ 09	♋ 24	♍ 00	♎ 21	♐ 15	♑ 23	♓ 13	♈ 17
	19日	♒ 08	♓ 25	♈ 03	♉ 18	♊ 20	♌ 07	♍ 13	♏ 05	♐ 29	♒ 07	♓ 26	♈ 29
	20日	♒ 22	♈ 07	♈ 15	♊ 00	♋ 03	♌ 20	♍ 27	♏ 20	♑ 13	♒ 20	♈ 08	♉ 11
	21日	♓ 04	♈ 19	♈ 27	♊ 11	♋ 15	♍ 03	♎ 11	♐ 04	♑ 27	♓ 03	♈ 20	♉ 23
	22日	♓ 17	♉ 01	♉ 09	♊ 23	♋ 27	♍ 16	♎ 24	♐ 18	♒ 10	♓ 16	♉ 02	♊ 05
	23日	♓ 29	♉ 13	♉ 21	♋ 06	♌ 10	♎ 00	♏ 09	♑ 02	♒ 23	♓ 28	♉ 14	♊ 16
	24日	♈ 11	♉ 25	♊ 03	♋ 18	♌ 23	♎ 14	♏ 23	♑ 16	♓ 06	♈ 11	♉ 26	♊ 28
	25日	♈ 23	♊ 06	♊ 15	♌ 01	♍ 06	♎ 28	♐ 07	♒ 00	♓ 19	♈ 23	♊ 08	♋ 10
	26日	♉ 05	♊ 19	♊ 27	♌ 14	♍ 20	♏ 13	♐ 22	♒ 14	♈ 02	♉ 05	♊ 19	♋ 22
	27日	♉ 17	♋ 01	♋ 09	♌ 27	♎ 04	♏ 27	♑ 06	♒ 27	♈ 14	♉ 17	♋ 01	♌ 05
	28日	♉ 29	♋ 14	♋ 22	♍ 11	♎ 18	♐ 12	♑ 21	♓ 10	♈ 26	♉ 29	♋ 13	♌ 17
	29日	♊ 11		♌ 05	♍ 25	♏ 03	♐ 27	♒ 05	♓ 23	♉ 08	♊ 11	♋ 25	♍ 00
	30日	♊ 23		♌ 18	♎ 10	♏ 18	♑ 12	♒ 19	♈ 06	♉ 20	♊ 23	♌ 08	♍ 12
	31日	♋ 06		♍ 02		♐ 03		♓ 02	♈ 18		♋ 04		♍ 25
☿	1日	♒ 00	♑ 19	♒ 19	♈ 15	♉ 27	♉ 19	♊ 27	♌ 28	♎ 02	♍ 20	♏ 08	♐ 24
	6日	♒ 04	♑ 21	♒ 27	♈ 25	♉ 27R	♉ 22	♋ 07	♍ 06	♎ 02R	♍ 25	♏ 16	♑ 01
	11日	♒ 04R	♑ 26	♓ 05	♉ 05	♉ 25R	♉ 26	♋ 18	♍ 13	♎ 00R	♎ 02	♏ 24	♑ 08
	16日	♑ 29R	♒ 02	♓ 14	♉ 14	♉ 23R	♊ 02	♋ 29	♍ 19	♍ 25R	♎ 11	♐ 02	♑ 14
	21日	♑ 23R	♒ 08	♓ 23	♉ 20	♉ 20R	♊ 09	♌ 09	♍ 25	♍ 20R	♎ 19	♐ 09	♑ 18
	26日	♑ 19R	♒ 15	♈ 03	♉ 25	♉ 19R	♊ 17	♌ 18	♍ 29	♍ 18R	♎ 28	♐ 17	♑ 18R
♀	1日	♒ 17	♒ 10R	♒ 04	♒ 25	♓ 25	♈ 29	♊ 04	♋ 11	♌ 19	♍ 26	♏ 05	♐ 13
	11日	♒ 19R	♒ 05R	♒ 09	♓ 04	♈ 06	♉ 11	♊ 16	♋ 23	♍ 01	♎ 09	♏ 17	♐ 25
	21日	♒ 16R	♒ 03	♒ 16	♓ 14	♈ 17	♉ 23	♊ 28	♌ 06	♍ 14	♎ 21	♐ 00	♑ 08
♂	1日	♎ 02	♎ 10	♎ 09R	♍ 29R	♍ 22R	♍ 26	♎ 08	♎ 24	♏ 13	♐ 04	♐ 26	♑ 19
	11日	♎ 06	♎ 11	♎ 06R	♍ 25R	♍ 22	♎ 00	♎ 13	♏ 00	♏ 20	♐ 11	♑ 04	♑ 27
	21日	♎ 08	♎ 11R	♎ 03R	♍ 23R	♍ 24	♎ 04	♎ 18	♏ 06	♏ 27	♐ 18	♑ 11	♒ 04
♃	1日	♒ 07	♒ 14	♒ 20	♒ 27	♓ 03	♓ 06	♓ 07R	♓ 06R	♓ 02R	♒ 28R	♒ 28	♓ 00
	11日	♒ 09	♒ 16	♒ 23	♒ 29	♓ 04	♓ 07	♓ 07R	♓ 04R	♓ 00R	♒ 28R	♒ 28	♓ 01
	21日	♒ 11	♒ 19	♒ 25	♓ 01	♓ 05	♓ 07	♓ 07R	♓ 03R	♒ 29R	♒ 28R	♒ 29	♓ 03
♄	1日	♍ 19R	♍ 18R	♍ 17R	♍ 14R	♍ 13R	♍ 13	♍ 14	♍ 17	♍ 21	♍ 25	♍ 28	♎ 01
	11日	♍ 19R	♍ 18R	♍ 16R	♍ 14R	♍ 13R	♍ 13	♍ 15	♍ 18	♍ 22	♍ 26	♍ 29	♎ 01
	21日	♍ 19R	♍ 17R	♍ 15R	♍ 13R	♍ 13	♍ 14	♍ 16	♍ 19	♍ 23	♍ 27	♎ 00	♎ 02
♅	1日	♋ 03R	♋ 02R	♋ 01R	♋ 01	♋ 02	♋ 04	♋ 05	♋ 07	♋ 09	♋ 09	♋ 09R	♋ 09R
♆	1日	♎ 17	♎ 17R	♎ 17R	♎ 16R	♎ 15R	♎ 15R	♎ 15	♎ 15	♎ 16	♎ 17	♎ 18	♎ 19
♇	1日	♌ 18R	♌ 17R	♌ 16R	♌ 16R	♌ 16	♌ 16	♌ 17	♌ 18	♌ 18	♌ 19	♌ 20	♌ 20R
☊	1日	♈ 13R	♈ 09R	♈ 08R	♈ 07	♈ 07R	♈ 05R	♈ 02R	♓ 29R	♓ 28	♓ 28R	♓ 27R	♓ 25R

		1月	2月	3月	4月	5月	6月	7月	8月	9月	10月	11月	12月
☽	1日	♎ 09	♐ 01	♐ 12	♒ 05	♓ 13	♉ 00	♊ 04	♋ 18	♍ 03	♎ 08	♏ 29	♑ 07
	2日	♎ 22	♐ 15	♐ 26	♒ 19	♓ 25	♉ 12	♊ 15	♌ 00	♍ 16	♎ 21	♐ 13	♑ 22
	3日	♏ 07	♑ 00	♑ 10	♓ 02	♈ 08	♉ 24	♊ 27	♌ 12	♍ 29	♏ 05	♐ 28	♒ 07
	4日	♏ 21	♑ 15	♑ 25	♓ 16	♈ 21	♊ 06	♋ 09	♌ 24	♎ 12	♏ 19	♑ 12	♒ 21
	5日	♐ 06	♑ 29	♒ 09	♓ 29	♉ 03	♊ 18	♋ 21	♍ 07	♎ 25	♐ 03	♑ 27	♓ 05
	6日	♐ 21	♒ 14	♒ 23	♈ 12	♉ 15	♋ 00	♌ 03	♍ 19	♏ 09	♐ 17	♒ 11	♓ 19
	7日	♑ 06	♒ 28	♓ 06	♈ 24	♉ 28	♋ 12	♌ 15	♎ 02	♏ 22	♑ 01	♒ 25	♈ 02
	8日	♑ 21	♓ 12	♓ 20	♉ 07	♊ 10	♋ 24	♌ 27	♎ 15	♐ 06	♑ 16	♓ 08	♈ 15
	9日	♒ 06	♓ 25	♈ 03	♉ 19	♊ 21	♌ 06	♍ 09	♎ 28	♐ 20	♒ 00	♓ 22	♈ 28
	10日	♒ 20	♈ 08	♈ 16	♊ 01	♋ 03	♌ 18	♍ 22	♏ 12	♑ 05	♒ 14	♈ 05	♉ 10
	11日	♓ 04	♈ 21	♈ 29	♊ 13	♋ 15	♍ 00	♎ 05	♏ 26	♑ 19	♒ 28	♈ 18	♉ 23
	12日	♓ 17	♉ 03	♉ 11	♊ 25	♋ 27	♍ 13	♎ 18	♐ 10	♒ 03	♓ 12	♉ 01	♊ 05
	13日	♈ 00	♉ 15	♉ 23	♋ 07	♌ 09	♍ 25	♏ 02	♐ 24	♒ 18	♓ 25	♉ 14	♊ 17
	14日	♈ 13	♉ 27	♊ 05	♋ 19	♌ 21	♎ 09	♏ 16	♑ 09	♓ 02	♈ 09	♉ 26	♊ 29
	15日	♈ 25	♊ 09	♊ 17	♌ 01	♍ 04	♎ 22	♐ 00	♑ 24	♓ 16	♈ 22	♊ 09	♋ 11
	16日	♉ 07	♊ 21	♊ 29	♌ 13	♍ 17	♏ 06	♐ 15	♒ 09	♈ 00	♉ 05	♊ 21	♋ 23
	17日	♉ 19	♋ 03	♋ 11	♌ 26	♎ 00	♏ 21	♑ 00	♒ 23	♈ 14	♉ 18	♋ 03	♌ 05
	18日	♊ 01	♋ 15	♋ 23	♍ 09	♎ 14	♐ 06	♑ 15	♓ 08	♈ 27	♊ 00	♋ 15	♌ 17
	19日	♊ 13	♋ 27	♌ 05	♍ 22	♎ 28	♐ 21	♒ 00	♓ 22	♉ 10	♊ 13	♋ 26	♌ 29
	20日	♊ 25	♌ 10	♌ 18	♎ 06	♏ 13	♑ 07	♒ 15	♈ 06	♉ 22	♊ 25	♌ 08	♍ 11
	21日	♋ 07	♌ 23	♍ 01	♎ 20	♏ 28	♑ 22	♓ 00	♈ 19	♊ 05	♋ 07	♌ 20	♍ 23
	22日	♋ 19	♍ 06	♍ 14	♏ 04	♐ 13	♒ 07	♓ 14	♉ 02	♊ 17	♋ 18	♍ 02	♎ 05
	23日	♌ 01	♍ 19	♍ 28	♏ 19	♐ 28	♒ 21	♓ 28	♉ 14	♊ 29	♌ 00	♍ 15	♎ 18
	24日	♌ 14	♎ 02	♎ 11	♐ 04	♑ 13	♓ 05	♈ 11	♉ 27	♋ 11	♌ 12	♍ 27	♏ 02
	25日	♌ 27	♎ 16	♎ 25	♐ 19	♑ 28	♓ 19	♈ 24	♊ 09	♋ 22	♌ 24	♎ 10	♏ 16
	26日	♍ 09	♏ 00	♏ 10	♑ 03	♒ 12	♈ 02	♉ 06	♊ 21	♌ 04	♍ 07	♎ 24	♐ 00
	27日	♍ 22	♏ 14	♏ 24	♑ 18	♒ 26	♈ 15	♉ 18	♋ 03	♌ 17	♍ 19	♏ 08	♐ 15
	28日	♎ 06	♏ 28	♐ 09	♒ 02	♓ 09	♈ 27	♊ 00	♋ 14	♌ 29	♎ 03	♏ 22	♑ 00
	29日	♎ 19		♐ 23	♒ 16	♓ 23	♉ 10	♊ 12	♋ 26	♍ 12	♎ 16	♐ 07	♑ 16
	30日	♏ 03		♑ 07	♒ 29	♈ 05	♉ 22	♊ 24	♌ 08	♍ 24	♏ 00	♐ 22	♒ 01
	31日	♏ 17		♑ 21		♈ 18		♋ 06	♌ 21		♏ 14		♒ 16
☿	1日	♑ 12R	♑ 18	♓ 01	♈ 29	♉ 00R	♉ 17	♋ 15	♍ 05	♍ 06R	♍ 27	♏ 19	♐ 29
	6日	♑ 05R	♑ 25	♓ 10	♉ 05	♈ 29R	♉ 24	♋ 25	♍ 10	♍ 03R	♎ 06	♏ 27	♑ 02
	11日	♑ 02R	♒ 02	♓ 19	♉ 08	♈ 29	♊ 03	♌ 05	♍ 13	♍ 02	♎ 15	♐ 04	♑ 01R
	16日	♑ 03	♒ 10	♓ 29	♉ 08R	♉ 01	♊ 13	♌ 13	♍ 15	♍ 05	♎ 24	♐ 11	♐ 26R
	21日	♑ 06	♒ 18	♈ 09	♉ 07R	♉ 04	♊ 23	♌ 21	♍ 15R	♍ 11	♏ 02	♐ 18	♐ 19R
	26日	♑ 11	♒ 26	♈ 19	♉ 04R	♉ 09	♋ 04	♌ 28	♍ 12R	♍ 19	♏ 10	♐ 24	♐ 16R
♀	1日	♑ 22	♓ 00	♈ 05	♉ 13	♊ 19	♋ 23	♌ 24	♍ 16	♍ 12R	♍ 03	♍ 22	♎ 22
	11日	♒ 04	♓ 13	♈ 17	♉ 25	♋ 00	♌ 04	♍ 02	♍ 18	♍ 06R	♍ 07	♎ 01	♏ 04
	21日	♒ 17	♓ 25	♉ 00	♊ 07	♋ 11	♌ 14	♍ 10	♍ 17R	♍ 02R	♍ 13	♎ 12	♏ 15
♂	1日	♒ 13	♓ 08	♓ 29	♈ 23	♉ 15	♊ 07	♊ 28	♋ 19	♌ 09	♌ 28	♍ 16	♎ 04
	11日	♒ 21	♓ 15	♈ 07	♉ 01	♉ 22	♊ 14	♋ 05	♋ 25	♌ 15	♍ 04	♍ 22	♎ 10
	21日	♒ 29	♓ 23	♈ 15	♉ 08	♊ 00	♊ 21	♋ 11	♌ 02	♌ 21	♍ 10	♍ 28	♎ 15
♃	1日	♓ 05	♓ 11	♓ 18	♓ 25	♈ 02	♈ 08	♈ 12	♈ 14	♈ 13R	♈ 09R	♈ 06R	♈ 04
	11日	♓ 07	♓ 13	♓ 20	♓ 28	♈ 04	♈ 10	♈ 13	♈ 14R	♈ 12R	♈ 08R	♈ 05R	♈ 04
	21日	♓ 09	♓ 16	♓ 23	♈ 00	♈ 06	♈ 11	♈ 14	♈ 14R	♈ 11R	♈ 07R	♈ 04R	♈ 05
♄	1日	♎ 02	♎ 02R	♎ 00R	♍ 28R	♍ 26R	♍ 26	♍ 26	♍ 29	♎ 02	♎ 06	♎ 09	♎ 12
	11日	♎ 02	♎ 02R	♎ 00R	♍ 27R	♍ 26R	♍ 26	♍ 27	♎ 00	♎ 03	♎ 07	♎ 11	♎ 13
	21日	♎ 02R	♎ 01R	♍ 29R	♍ 27R	♍ 26R	♍ 26	♍ 28	♎ 01	♎ 04	♎ 08	♎ 12	♎ 14
♅	1日	♋ 07R	♋ 06R	♋ 05R	♋ 06	♋ 06	♋ 08	♋ 10	♋ 11	♋ 13	♋ 14	♋ 14R	♋ 13R
♆	1日	♎ 19	♎ 20R	♎ 19R	♎ 18R	♎ 18R	♎ 17R	♎ 17	♎ 17	♎ 18	♎ 19	♎ 20	♎ 21
♇	1日	♌ 19R	♌ 19R	♌ 18R	♌ 18R	♌ 17	♌ 18	♌ 18	♌ 19	♌ 20	♌ 21	♌ 21	♌ 22R
☊	1日	♓ 22	♓ 20R	♓ 19R	♓ 19	♓ 18	♓ 15R	♓ 12R	♓ 10R	♓ 10R	♓ 10R	♓ 08R	♓ 05R

天文暦｜月その他　1952（うるう）年

		1月	2月	3月	4月	5月	6月	7月	8月	9月	10月	11月	12月
☽	1日	♓ 01	♈ 21	♉ 12	♊ 28	♋ 29	♍ 13	♎ 16	♐ 04	♑ 26	♓ 05	♈ 28	♊ 04
	2日	♓ 15	♉ 04	♉ 25	♋ 10	♌ 11	♍ 25	♎ 29	♐ 18	♒ 11	♓ 20	♉ 12	♊ 17
	3日	♓ 28	♉ 17	♊ 07	♋ 22	♌ 23	♎ 08	♏ 12	♑ 03	♒ 26	♈ 05	♉ 25	♋ 00
	4日	♈ 12	♉ 29	♊ 20	♌ 03	♍ 05	♎ 20	♏ 26	♑ 18	♓ 11	♈ 19	♊ 09	♋ 12
	5日	♈ 25	♊ 11	♋ 02	♌ 15	♍ 17	♏ 04	♐ 10	♒ 03	♓ 26	♉ 03	♊ 22	♋ 25
	6日	♉ 08	♊ 23	♋ 14	♌ 27	♎ 00	♏ 17	♐ 24	♒ 18	♈ 11	♉ 17	♋ 05	♌ 07
	7日	♉ 20	♋ 05	♋ 25	♍ 09	♎ 12	♐ 02	♑ 09	♓ 03	♈ 25	♊ 01	♋ 17	♌ 19
	8日	♊ 02	♋ 17	♌ 07	♍ 22	♎ 26	♐ 16	♑ 24	♓ 18	♉ 09	♊ 14	♋ 29	♍ 01
	9日	♊ 14	♋ 29	♌ 19	♎ 04	♏ 09	♑ 01	♒ 09	♈ 03	♉ 23	♊ 27	♌ 11	♍ 12
	10日	♊ 26	♌ 11	♍ 01	♎ 17	♏ 23	♑ 16	♒ 24	♈ 17	♊ 06	♋ 09	♌ 23	♍ 24
	11日	♋ 08	♌ 22	♍ 13	♏ 00	♐ 07	♒ 00	♓ 09	♉ 01	♊ 19	♋ 21	♍ 05	♎ 06
	12日	♋ 20	♍ 05	♍ 26	♏ 14	♐ 22	♒ 15	♓ 24	♉ 14	♋ 01	♌ 03	♍ 16	♎ 19
	13日	♌ 02	♍ 17	♎ 08	♏ 28	♑ 06	♒ 29	♈ 08	♉ 27	♋ 13	♌ 15	♍ 29	♏ 01
	14日	♌ 14	♍ 29	♎ 21	♐ 11	♑ 20	♓ 14	♈ 21	♊ 10	♋ 25	♌ 27	♎ 11	♏ 14
	15日	♌ 26	♎ 11	♏ 04	♐ 25	♒ 05	♓ 27	♉ 05	♊ 22	♌ 07	♍ 08	♎ 23	♏ 28
	16日	♍ 07	♎ 24	♏ 17	♑ 10	♒ 19	♈ 11	♉ 18	♋ 04	♌ 18	♍ 20	♏ 06	♐ 12
	17日	♍ 20	♏ 07	♐ 01	♑ 24	♓ 03	♈ 24	♊ 00	♋ 16	♍ 00	♎ 03	♏ 20	♐ 26
	18日	♎ 02	♏ 21	♐ 15	♒ 08	♓ 17	♉ 08	♊ 13	♋ 28	♍ 12	♎ 15	♐ 03	♑ 10
	19日	♎ 14	♐ 04	♐ 29	♒ 22	♈ 01	♉ 20	♊ 25	♌ 10	♍ 24	♎ 28	♐ 17	♑ 25
	20日	♎ 27	♐ 18	♑ 13	♓ 06	♈ 14	♊ 03	♋ 07	♌ 21	♎ 06	♏ 11	♑ 01	♒ 09
	21日	♏ 11	♑ 03	♑ 27	♓ 20	♈ 28	♊ 16	♋ 19	♍ 03	♎ 19	♏ 24	♑ 15	♒ 24
	22日	♏ 25	♑ 17	♒ 11	♈ 04	♉ 11	♊ 28	♌ 01	♍ 15	♏ 01	♐ 07	♑ 29	♓ 08
	23日	♐ 09	♒ 02	♒ 26	♈ 18	♉ 24	♋ 10	♌ 13	♍ 27	♏ 14	♐ 21	♒ 13	♓ 22
	24日	♐ 23	♒ 17	♓ 10	♉ 02	♊ 07	♋ 22	♌ 24	♎ 09	♏ 27	♑ 04	♒ 27	♈ 06
	25日	♑ 08	♓ 02	♓ 25	♉ 15	♊ 19	♌ 04	♍ 06	♎ 22	♐ 10	♑ 18	♓ 11	♈ 20
	26日	♑ 24	♓ 17	♈ 09	♉ 28	♋ 01	♌ 16	♍ 18	♏ 04	♐ 24	♒ 02	♓ 25	♉ 04
	27日	♒ 09	♈ 01	♈ 23	♊ 11	♋ 14	♌ 27	♎ 00	♏ 17	♑ 07	♒ 16	♈ 09	♉ 17
	28日	♒ 24	♈ 15	♉ 07	♊ 23	♋ 26	♍ 09	♎ 12	♐ 00	♑ 21	♓ 00	♈ 23	♊ 00
	29日	♓ 09	♈ 29	♉ 20	♋ 06	♌ 07	♍ 21	♎ 25	♐ 14	♒ 06	♓ 15	♉ 07	♊ 13
	30日	♓ 23		♊ 03	♋ 18	♌ 19	♎ 03	♏ 07	♐ 27	♒ 20	♓ 29	♉ 21	♊ 26
	31日	♈ 07		♊ 15		♍ 01		♏ 21	♑ 12		♈ 13		♋ 08
☿	1日	♐ 18	♑ 27	♓ 18	♈ 19R	♈ 14	♊ 01	♌ 01	♌ 27R	♌ 21	♎ 13	♐ 00	♐ 07R
	6日	♐ 22	♒ 05	♓ 27	♈ 15R	♈ 19	♊ 12	♌ 08	♌ 25R	♌ 28	♎ 21	♐ 06	♐ 02R
	11日	♐ 27	♒ 13	♈ 06	♈ 11R	♈ 25	♊ 23	♌ 15	♌ 21R	♍ 06	♎ 29	♐ 11	♐ 00
	16日	♑ 04	♒ 22	♈ 13	♈ 09R	♉ 02	♋ 03	♌ 20	♌ 17R	♍ 16	♏ 07	♐ 15	♐ 03
	21日	♑ 11	♓ 01	♈ 18	♈ 09	♉ 10	♋ 14	♌ 24	♌ 15R	♍ 25	♏ 15	♐ 16R	♐ 08
	26日	♑ 18	♓ 10	♈ 20	♈ 11	♉ 19	♋ 23	♌ 27	♌ 16	♎ 04	♏ 22	♐ 14R	♐ 14
♀	1日	♏ 28	♑ 05	♒ 11	♓ 19	♈ 26	♊ 04	♋ 11	♌ 19	♍ 27	♏ 04	♐ 12	♑ 18
	11日	♐ 10	♑ 18	♒ 23	♈ 01	♉ 08	♊ 16	♋ 23	♍ 01	♎ 10	♏ 16	♐ 24	♒ 00
	21日	♐ 22	♒ 00	♓ 06	♈ 14	♉ 21	♊ 29	♌ 06	♍ 14	♎ 22	♏ 29	♑ 06	♒ 12
♂	1日	♎ 21	♏ 05	♏ 15	♏ 18R	♏ 11R	♏ 02R	♏ 04	♏ 16	♐ 03	♐ 22	♑ 14	♒ 07
	11日	♎ 26	♏ 09	♏ 17	♏ 17R	♏ 07R	♏ 01	♏ 07	♏ 21	♐ 09	♐ 29	♑ 22	♒ 15
	21日	♏ 00	♏ 13	♏ 18	♏ 14R	♏ 04R	♏ 02	♏ 11	♏ 26	♐ 15	♑ 06	♑ 29	♒ 22
♃	1日	♈ 06	♈ 10	♈ 16	♈ 23	♉ 01	♉ 08	♉ 14	♉ 19	♉ 21	♉ 20R	♉ 17R	♉ 13R
	11日	♈ 07	♈ 12	♈ 18	♈ 26	♉ 03	♉ 10	♉ 16	♉ 20	♉ 21R	♉ 19R	♉ 16R	♉ 12R
	21日	♈ 09	♈ 14	♈ 21	♈ 28	♉ 05	♉ 12	♉ 17	♉ 20	♉ 21R	♉ 18R	♉ 14R	♉ 11R
♄	1日	♎ 14	♎ 15R	♎ 14R	♎ 12R	♎ 09R	♎ 08R	♎ 09	♎ 10	♎ 13	♎ 17	♎ 20	♎ 24
	11日	♎ 15	♎ 15R	♎ 13R	♎ 11R	♎ 09R	♎ 08	♎ 09	♎ 11	♎ 14	♎ 18	♎ 22	♎ 25
	21日	♎ 15	♎ 14R	♎ 13R	♎ 10R	♎ 09R	♎ 08	♎ 10	♎ 12	♎ 16	♎ 19	♎ 23	♎ 25
♅	1日	♋ 12R	♋ 11R	♋ 10R	♋ 10	♋ 11	♋ 12	♋ 14	♋ 16	♋ 17	♋ 18	♋ 19R	♋ 18R
♆	1日	♎ 22	♎ 22R	♎ 21R	♎ 21R	♎ 20R	♎ 19R	♎ 19	♎ 19	♎ 20	♎ 21	♎ 22	♎ 23
♇	1日	♌ 21R	♌ 21R	♌ 20R	♌ 19R	♌ 19	♌ 19	♌ 20	♌ 21	♌ 22	♌ 23	♌ 23	♌ 23R
☊	1日	♓ 02R	♓ 01	♓ 01R	♓ 00R	♒ 27R	♒ 25R	♒ 22R	♒ 22R	♒ 21	♒ 21R	♒ 18R	♒ 15R

		1月	2月	3月	4月	5月	6月	7月	8月	9月	10月	11月	12月
☽	1日	♋ 21	♍ 05	♍ 14	♎ 29	♐ 03	♑ 23	♓ 02	♈ 25	♊ 17	♋ 22	♍ 07	♎ 09
	2日	♌ 03	♍ 17	♍ 26	♏ 11	♐ 16	♒ 07	♓ 16	♉ 09	♋ 00	♌ 04	♍ 19	♎ 21
	3日	♌ 15	♍ 29	♎ 08	♏ 24	♐ 29	♒ 21	♈ 00	♉ 23	♋ 12	♌ 16	♎ 01	♏ 03
	4日	♌ 27	♎ 11	♎ 20	♐ 06	♑ 13	♓ 05	♈ 15	♊ 07	♋ 25	♌ 28	♎ 12	♏ 15
	5日	♍ 09	♎ 23	♏ 02	♐ 19	♑ 26	♓ 19	♈ 29	♊ 20	♌ 07	♍ 10	♎ 24	♏ 27
	6日	♍ 20	♏ 05	♏ 14	♑ 03	♒ 10	♈ 04	♉ 13	♋ 03	♌ 19	♍ 22	♏ 06	♐ 10
	7日	♎ 02	♏ 17	♏ 27	♑ 16	♒ 24	♈ 18	♉ 26	♋ 15	♍ 01	♎ 04	♏ 19	♐ 23
	8日	♎ 14	♐ 00	♐ 09	♒ 00	♓ 08	♉ 02	♊ 10	♋ 28	♍ 13	♎ 16	♐ 01	♑ 06
	9日	♎ 27	♐ 14	♐ 23	♒ 14	♓ 23	♉ 16	♊ 23	♌ 10	♍ 25	♎ 28	♐ 13	♑ 19
	10日	♏ 09	♐ 27	♑ 06	♒ 28	♈ 07	♊ 00	♋ 06	♌ 22	♎ 07	♏ 10	♐ 26	♒ 02
	11日	♏ 22	♑ 12	♑ 20	♓ 13	♈ 22	♊ 14	♋ 19	♍ 04	♎ 19	♏ 22	♑ 09	♒ 16
	12日	♐ 06	♑ 26	♒ 04	♓ 28	♉ 07	♊ 27	♌ 01	♍ 16	♏ 00	♐ 04	♑ 22	♓ 00
	13日	♐ 19	♒ 11	♒ 19	♈ 13	♉ 21	♋ 10	♌ 14	♍ 28	♏ 12	♐ 16	♒ 05	♓ 13
	14日	♑ 04	♒ 26	♓ 04	♈ 28	♊ 05	♋ 23	♌ 26	♎ 10	♏ 25	♐ 29	♒ 19	♓ 28
	15日	♑ 18	♓ 11	♓ 19	♉ 13	♊ 19	♌ 05	♍ 08	♎ 22	♐ 07	♑ 12	♓ 03	♈ 12
	16日	♒ 03	♓ 27	♈ 05	♉ 27	♋ 02	♌ 18	♍ 20	♏ 04	♐ 20	♑ 25	♓ 17	♈ 26
	17日	♒ 18	♈ 11	♈ 20	♊ 11	♋ 15	♍ 00	♎ 01	♏ 16	♑ 03	♒ 09	♈ 01	♉ 11
	18日	♓ 03	♈ 26	♉ 04	♊ 24	♋ 28	♍ 12	♎ 13	♏ 28	♑ 16	♒ 23	♈ 16	♉ 25
	19日	♓ 18	♉ 10	♉ 19	♋ 07	♌ 10	♍ 23	♎ 25	♐ 11	♒ 00	♓ 07	♉ 01	♊ 09
	20日	♈ 02	♉ 24	♊ 03	♋ 20	♌ 22	♎ 05	♏ 07	♐ 24	♒ 14	♓ 22	♉ 16	♊ 23
	21日	♈ 17	♊ 07	♊ 16	♌ 02	♍ 04	♎ 17	♏ 20	♑ 07	♒ 29	♈ 07	♊ 01	♋ 07
	22日	♉ 00	♊ 20	♊ 29	♌ 14	♍ 16	♏ 00	♐ 03	♑ 21	♓ 14	♈ 23	♊ 15	♋ 20
	23日	♉ 14	♋ 02	♋ 11	♌ 26	♍ 27	♏ 12	♐ 16	♒ 06	♓ 29	♉ 08	♊ 29	♌ 04
	24日	♉ 27	♋ 14	♋ 23	♍ 07	♎ 09	♏ 25	♐ 29	♒ 21	♈ 14	♉ 23	♋ 13	♌ 16
	25日	♊ 10	♋ 26	♌ 05	♍ 19	♎ 22	♐ 08	♑ 13	♓ 06	♉ 00	♊ 07	♋ 26	♌ 29
	26日	♊ 23	♌ 08	♌ 17	♎ 01	♏ 04	♐ 21	♑ 28	♓ 21	♉ 14	♊ 21	♌ 09	♍ 11
	27日	♋ 05	♌ 20	♌ 29	♎ 13	♏ 16	♑ 05	♒ 12	♈ 06	♉ 29	♋ 05	♌ 21	♍ 23
	28日	♋ 17	♍ 02	♍ 11	♎ 25	♏ 29	♑ 19	♒ 27	♈ 21	♊ 13	♋ 18	♍ 03	♎ 05
	29日	♋ 29		♍ 23	♏ 08	♐ 13	♒ 03	♓ 12	♉ 05	♊ 26	♌ 01	♍ 15	♎ 17
	30日	♌ 11		♎ 05	♏ 20	♐ 26	♒ 17	♓ 26	♉ 20	♋ 09	♌ 13	♍ 27	♎ 29
	31日	♌ 23		♎ 17		♑ 09		♈ 11	♊ 03		♌ 25		♏ 11
☿	1日	♐ 22	♒ 11	♓ 28	♓ 20R	♈ 18	♊ 19	♌ 04	♋ 28R	♍ 02	♎ 25	♐ 00	♏ 18
	6日	♐ 29	♒ 19	♈ 02	♓ 21	♈ 26	♋ 00	♌ 07	♋ 28	♍ 12	♏ 02	♐ 00R	♏ 24
	11日	♑ 07	♒ 28	♈ 03R	♓ 24	♉ 05	♋ 09	♌ 08	♌ 00	♍ 21	♏ 09	♏ 27R	♐ 01
	16日	♑ 15	♓ 08	♈ 00R	♓ 28	♉ 15	♋ 17	♌ 08R	♌ 05	♎ 00	♏ 16	♏ 20R	♐ 08
	21日	♑ 22	♓ 16	♓ 25R	♈ 04	♉ 26	♋ 24	♌ 05R	♌ 12	♎ 09	♏ 21	♏ 15R	♐ 15
	26日	♒ 01	♓ 24	♓ 22R	♈ 11	♊ 06	♌ 00	♌ 02R	♌ 21	♎ 17	♏ 26	♏ 15	♐ 23
♀	1日	♒ 25	♓ 29	♈ 23	♉ 00R	♈ 15R	♈ 27	♉ 24	♊ 27	♌ 02	♍ 08	♎ 17	♏ 24
	11日	♓ 06	♈ 09	♈ 29	♈ 24R	♈ 16	♉ 05	♊ 04	♋ 08	♌ 14	♍ 21	♎ 29	♐ 07
	21日	♓ 17	♈ 17	♉ 01	♈ 19R	♈ 20	♉ 14	♊ 15	♋ 20	♌ 26	♎ 03	♏ 12	♐ 19
♂	1日	♓ 01	♓ 25	♈ 16	♉ 09	♊ 00	♊ 21	♋ 11	♌ 01	♌ 21	♍ 10	♎ 00	♎ 18
	11日	♓ 09	♈ 02	♈ 23	♉ 16	♊ 07	♊ 28	♋ 18	♌ 08	♌ 28	♍ 17	♎ 06	♎ 24
	21日	♓ 16	♈ 10	♉ 01	♉ 23	♊ 14	♋ 05	♋ 24	♌ 14	♍ 04	♍ 23	♎ 12	♏ 00
♃	1日	♉ 11R	♉ 12	♉ 16	♉ 21	♉ 28	♊ 05	♊ 12	♊ 19	♊ 23	♊ 26	♊ 26R	♊ 23R
	11日	♉ 11	♉ 13	♉ 17	♉ 24	♊ 00	♊ 08	♊ 14	♊ 20	♊ 25	♊ 26	♊ 25R	♊ 22R
	21日	♉ 11	♉ 14	♉ 19	♉ 26	♊ 03	♊ 10	♊ 16	♊ 22	♊ 26	♊ 26R	♊ 24R	♊ 20R
♄	1日	♎ 26	♎ 27	♎ 27R	♎ 25R	♎ 23R	♎ 21R	♎ 21	♎ 22	♎ 24	♎ 27	♏ 01	♏ 05
	11日	♎ 27	♎ 27R	♎ 26R	♎ 24R	♎ 22R	♎ 21R	♎ 21	♎ 22	♎ 25	♎ 29	♏ 02	♏ 06
	21日	♎ 27	♎ 27R	♎ 26R	♎ 23R	♎ 21R	♎ 21R	♎ 21	♎ 23	♎ 26	♏ 00	♏ 04	♏ 07
♅	1日	♋ 17R	♋ 15R	♋ 15R	♋ 14	♋ 15	♋ 16	♋ 18	♋ 20	♋ 22	♋ 23	♋ 23R	♋ 23R
♆	1日	♎ 24	♎ 24R	♎ 24R	♎ 23R	♎ 22R	♎ 21R	♎ 21R	♎ 21	♎ 22	♎ 23	♎ 24	♎ 25
♇	1日	♌ 23R	♌ 22R	♌ 22R	♌ 21R	♌ 21R	♌ 21	♌ 22	♌ 22	♌ 23	♌ 24	♌ 25	♌ 25R
☊	1日	♒ 13R	♒ 12	♒ 12R	♒ 10R	♒ 07R	♒ 04R	♒ 03	♒ 03R	♒ 03	♒ 01	♑ 28R	♑ 25R

天文暦｜月その他 1954年

		1月	2月	3月	4月	5月	6月	7月	8月	9月	10月	11月	12月
	1日	♏ 23	♑ 09	♑ 17	♓ 07	♈ 16	♊ 09	♋ 17	♍ 05	♎ 20	♏ 22	♑ 07	♒ 11
	2日	♐ 05	♑ 23	♒ 01	♓ 22	♉ 01	♊ 24	♌ 00	♍ 18	♏ 02	♐ 04	♑ 19	♒ 24
	3日	♐ 18	♒ 07	♒ 15	♈ 07	♉ 16	♋ 08	♌ 14	♎ 00	♏ 14	♐ 16	♒ 01	♓ 07
	4日	♑ 01	♒ 21	♒ 29	♈ 23	♊ 01	♋ 22	♌ 27	♎ 12	♏ 26	♐ 28	♒ 14	♓ 20
	5日	♑ 15	♓ 05	♓ 14	♉ 08	♊ 16	♌ 06	♍ 10	♎ 24	♐ 08	♑ 10	♒ 27	♈ 04
	6日	♑ 28	♓ 20	♓ 29	♉ 23	♋ 00	♌ 19	♍ 22	♏ 06	♐ 20	♑ 23	♓ 11	♈ 19
	7日	♒ 12	♈ 05	♈ 14	♊ 07	♋ 14	♍ 02	♎ 04	♏ 18	♑ 02	♒ 06	♓ 25	♉ 03
	8日	♒ 26	♈ 19	♈ 29	♊ 22	♋ 28	♍ 14	♎ 16	♐ 00	♑ 15	♒ 19	♈ 10	♉ 18
	9日	♓ 10	♉ 04	♉ 14	♋ 05	♌ 11	♍ 26	♎ 28	♐ 12	♑ 28	♓ 03	♈ 25	♊ 04
	10日	♓ 24	♉ 18	♉ 28	♋ 19	♌ 23	♎ 08	♏ 10	♐ 24	♒ 11	♓ 17	♉ 10	♊ 19
	11日	♈ 09	♊ 02	♊ 12	♌ 02	♍ 05	♎ 20	♏ 22	♑ 07	♒ 25	♈ 02	♉ 26	♋ 04
	12日	♈ 23	♊ 15	♊ 26	♌ 14	♍ 18	♏ 02	♐ 04	♑ 20	♓ 09	♈ 17	♊ 11	♋ 18
	13日	♉ 07	♊ 29	♋ 09	♌ 26	♍ 29	♏ 14	♐ 16	♒ 03	♓ 24	♉ 02	♊ 26	♌ 02
	14日	♉ 21	♋ 12	♋ 22	♍ 09	♎ 11	♏ 26	♐ 29	♒ 16	♈ 08	♉ 17	♋ 10	♌ 16
	15日	♊ 05	♋ 25	♌ 05	♍ 21	♎ 23	♐ 08	♑ 11	♓ 00	♈ 23	♊ 02	♋ 24	♍ 00
☽	16日	♊ 19	♌ 08	♌ 17	♎ 03	♏ 05	♐ 20	♑ 24	♓ 15	♉ 08	♊ 17	♌ 08	♍ 12
	17日	♋ 02	♌ 20	♌ 29	♎ 14	♏ 17	♑ 03	♒ 08	♓ 29	♉ 23	♋ 01	♌ 21	♍ 25
	18日	♋ 16	♍ 03	♍ 11	♎ 26	♏ 29	♑ 15	♒ 21	♈ 13	♊ 07	♋ 15	♍ 04	♎ 07
	19日	♋ 29	♍ 15	♍ 24	♏ 08	♐ 11	♑ 28	♓ 05	♈ 28	♊ 21	♋ 29	♍ 16	♎ 19
	20日	♌ 12	♍ 27	♎ 06	♏ 20	♐ 23	♒ 11	♓ 19	♉ 12	♋ 05	♌ 12	♍ 28	♏ 01
	21日	♌ 24	♎ 09	♎ 17	♐ 02	♑ 06	♒ 25	♈ 03	♉ 27	♋ 18	♌ 24	♎ 11	♏ 13
	22日	♍ 07	♎ 21	♎ 29	♐ 14	♑ 18	♓ 08	♈ 17	♊ 11	♌ 02	♍ 07	♎ 22	♏ 25
	23日	♍ 19	♏ 03	♏ 11	♐ 26	♒ 01	♓ 22	♉ 01	♊ 24	♌ 15	♍ 19	♏ 04	♐ 07
	24日	♎ 01	♏ 14	♏ 23	♑ 09	♒ 14	♈ 06	♉ 15	♋ 08	♌ 27	♎ 01	♏ 16	♐ 19
	25日	♎ 13	♏ 26	♐ 05	♑ 21	♒ 28	♈ 20	♊ 00	♋ 21	♍ 10	♎ 13	♏ 28	♑ 01
	26日	♎ 25	♐ 09	♐ 17	♒ 04	♓ 11	♉ 05	♊ 14	♌ 05	♍ 22	♎ 25	♐ 10	♑ 13
	27日	♏ 06	♐ 21	♑ 00	♒ 18	♓ 26	♉ 19	♊ 28	♌ 18	♎ 04	♏ 07	♐ 22	♑ 25
	28日	♏ 18	♑ 04	♑ 12	♓ 02	♈ 10	♊ 04	♋ 12	♍ 01	♎ 17	♏ 19	♑ 04	♒ 08
	29日	♐ 01		♑ 25	♓ 16	♈ 25	♊ 18	♋ 25	♍ 13	♎ 29	♐ 01	♑ 16	♒ 21
	30日	♐ 13		♒ 09	♈ 01	♉ 10	♋ 03	♌ 09	♍ 26	♏ 10	♐ 13	♑ 28	♓ 04
	31日	♐ 26		♒ 23		♉ 25		♌ 22	♎ 08		♐ 25		♓ 17
	1日	♑ 02	♒ 24	♓ 11R	♓ 13	♉ 01	♋ 02	♋ 17R	♋ 20	♍ 18	♏ 02	♏ 03R	♏ 25
	6日	♑ 10	♓ 02	♓ 06R	♓ 20	♉ 12	♋ 09	♋ 14R	♋ 27	♍ 26	♏ 08	♎ 29R	♐ 03
☿	11日	♑ 18	♓ 10	♓ 02R	♓ 26	♉ 23	♋ 14	♋ 11R	♌ 07	♎ 04	♏ 12	♏ 00	♐ 11
	16日	♑ 26	♓ 15	♓ 02	♈ 04	♊ 03	♋ 17	♋ 09R	♌ 17	♎ 12	♏ 14	♏ 04	♐ 18
	21日	♒ 05	♓ 16R	♓ 04	♈ 13	♊ 13	♋ 19	♋ 10	♌ 27	♎ 19	♏ 14R	♏ 10	♐ 26
	26日	♒ 13	♓ 13R	♓ 07	♈ 22	♊ 23	♋ 18R	♋ 13	♍ 07	♎ 26	♏ 11R	♏ 18	♑ 04
	1日	♑ 03	♒ 12	♓ 17	♈ 26	♊ 03	♋ 10	♌ 16	♍ 21	♎ 24	♏ 20	♏ 29R	♏ 15R
♀	11日	♑ 16	♒ 25	♈ 00	♉ 08	♊ 15	♋ 22	♌ 27	♎ 02	♏ 04	♏ 26	♏ 25R	♏ 15
	21日	♑ 28	♓ 07	♈ 12	♉ 20	♊ 27	♌ 04	♍ 09	♎ 13	♏ 13	♐ 00	♏ 19R	♏ 19
	1日	♏ 07	♏ 25	♐ 10	♐ 25	♑ 06	♑ 08R	♑ 01R	♐ 26	♑ 03	♑ 18	♒ 07	♒ 28
♂	11日	♏ 13	♐ 01	♐ 16	♐ 29	♑ 08	♑ 06R	♐ 28R	♐ 27	♑ 07	♑ 23	♒ 14	♓ 05
	21日	♏ 19	♐ 06	♐ 20	♑ 03	♑ 08	♑ 04R	♐ 26R	♐ 29	♑ 12	♒ 00	♒ 21	♓ 12
	1日	♊ 19R	♊ 17R	♊ 17	♊ 20	♊ 25	♋ 02	♋ 08	♋ 15	♋ 22	♋ 27	♌ 00	♌ 00R
♃	11日	♊ 18R	♊ 16	♊ 18	♊ 22	♊ 27	♋ 04	♋ 11	♋ 18	♋ 24	♋ 28	♌ 00	♋ 29R
	21日	♊ 17R	♊ 17	♊ 19	♊ 23	♊ 29	♋ 06	♋ 13	♋ 20	♋ 25	♋ 29	♌ 00R	♋ 28R
	1日	♏ 07	♏ 09	♏ 09R	♏ 08R	♏ 06R	♏ 04R	♏ 03R	♏ 03	♏ 05	♏ 08	♏ 12	♏ 15
♄	11日	♏ 08	♏ 09	♏ 09R	♏ 07R	♏ 05R	♏ 03R	♏ 03	♏ 04	♏ 06	♏ 09	♏ 13	♏ 16
	21日	♏ 09	♏ 09R	♏ 09R	♏ 06R	♏ 04R	♏ 03R	♏ 03	♏ 04	♏ 07	♏ 10	♏ 14	♏ 17
♅	1日	♋ 22R	♋ 20R	♋ 19R	♋ 19	♋ 20	♋ 21	♋ 22	♋ 24	♋ 26	♋ 27	♋ 28	♋ 27R
♆	1日	♎ 26	♎ 26R	♎ 26R	♎ 25R	♎ 24R	♎ 24R	♎ 23R	♎ 23	♎ 24	♎ 25	♎ 26	♎ 27
♇	1日	♌ 25R	♌ 24R	♌ 23R	♌ 23R	♌ 23R	♌ 23	♌ 23	♌ 24	♌ 25	♌ 26	♌ 27	♌ 27R
☊	1日	♑ 24R	♑ 24	♑ 23	♑ 20R	♑ 17R	♑ 15R	♑ 15	♑ 15R	♑ 13R	♑ 10R	♑ 07R	♑ 06

		1月	2月	3月	4月	5月	6月	7月	8月	9月	10月	11月	12月
☽	1日	♈ 01	♉ 23	♊ 04	♋ 27	♍ 04	♎ 21	♏ 24	♑ 08	♒ 23	♓ 28	♉ 20	♊ 28
	2日	♈ 14	♊ 08	♊ 19	♌ 10	♍ 17	♏ 03	♐ 06	♑ 20	♓ 06	♈ 12	♊ 05	♋ 13
	3日	♈ 29	♊ 22	♋ 03	♌ 24	♍ 29	♏ 15	♐ 17	♒ 02	♓ 20	♈ 27	♊ 19	♋ 28
	4日	♉ 13	♋ 06	♋ 16	♍ 07	♎ 12	♏ 27	♐ 29	♒ 15	♈ 03	♉ 11	♋ 04	♌ 13
	5日	♉ 28	♋ 20	♌ 00	♍ 20	♎ 24	♐ 09	♑ 11	♒ 27	♈ 17	♉ 25	♋ 19	♌ 27
	6日	♊ 12	♌ 04	♌ 14	♎ 02	♏ 06	♐ 20	♑ 23	♓ 10	♉ 01	♊ 10	♌ 03	♍ 10
	7日	♊ 27	♌ 18	♌ 27	♎ 15	♏ 18	♑ 02	♒ 05	♓ 23	♉ 15	♊ 24	♌ 17	♍ 24
	8日	♋ 12	♍ 02	♍ 10	♎ 27	♐ 00	♑ 14	♒ 18	♈ 07	♉ 29	♋ 08	♍ 00	♎ 07
	9日	♋ 26	♍ 15	♍ 23	♏ 09	♐ 12	♑ 26	♓ 00	♈ 20	♊ 13	♋ 22	♍ 14	♎ 19
	10日	♌ 10	♍ 28	♎ 06	♏ 21	♐ 23	♒ 08	♓ 13	♉ 04	♊ 27	♌ 06	♍ 27	♏ 02
	11日	♌ 24	♎ 11	♎ 19	♐ 03	♑ 05	♒ 21	♓ 26	♉ 18	♋ 11	♌ 20	♎ 09	♏ 14
	12日	♍ 07	♎ 23	♏ 01	♐ 15	♑ 17	♓ 03	♈ 10	♊ 02	♋ 25	♍ 03	♎ 22	♏ 26
	13日	♍ 20	♏ 05	♏ 13	♐ 27	♑ 29	♓ 16	♈ 23	♊ 16	♌ 09	♍ 17	♏ 05	♐ 08
	14日	♎ 03	♏ 17	♏ 25	♑ 09	♒ 12	♈ 00	♉ 07	♋ 01	♌ 23	♎ 00	♏ 17	♐ 19
	15日	♎ 15	♏ 29	♐ 07	♑ 21	♒ 24	♈ 14	♉ 22	♋ 15	♍ 07	♎ 13	♏ 29	♑ 01
	16日	♎ 27	♐ 11	♐ 19	♒ 03	♓ 07	♈ 28	♊ 06	♌ 00	♍ 21	♎ 26	♐ 11	♑ 13
	17日	♏ 09	♐ 23	♑ 00	♒ 16	♓ 21	♉ 12	♊ 21	♌ 14	♎ 04	♏ 08	♐ 23	♑ 25
	18日	♏ 21	♑ 05	♑ 13	♒ 29	♈ 04	♉ 27	♋ 06	♌ 28	♎ 17	♏ 20	♑ 04	♒ 07
	19日	♐ 03	♑ 17	♑ 25	♓ 12	♈ 19	♊ 12	♋ 21	♍ 12	♏ 00	♐ 02	♑ 16	♒ 19
	20日	♐ 15	♒ 00	♒ 08	♓ 26	♉ 04	♊ 27	♌ 05	♍ 26	♏ 12	♐ 14	♑ 28	♓ 01
	21日	♐ 27	♒ 13	♒ 21	♈ 11	♉ 19	♋ 12	♌ 20	♎ 09	♏ 24	♐ 26	♒ 10	♓ 13
	22日	♑ 09	♒ 26	♓ 04	♈ 25	♊ 04	♋ 27	♍ 04	♎ 22	♐ 06	♑ 08	♒ 22	♓ 26
	23日	♑ 22	♓ 10	♓ 18	♉ 10	♊ 19	♌ 12	♍ 18	♏ 04	♐ 18	♑ 20	♓ 05	♈ 09
	24日	♒ 04	♓ 23	♈ 02	♉ 25	♋ 04	♌ 26	♎ 01	♏ 17	♑ 00	♒ 02	♓ 17	♈ 23
	25日	♒ 17	♈ 08	♈ 17	♊ 10	♋ 19	♍ 09	♎ 14	♏ 28	♑ 12	♒ 14	♈ 01	♉ 07
	26日	♓ 00	♈ 22	♉ 02	♊ 25	♌ 03	♍ 23	♎ 26	♐ 10	♑ 24	♒ 26	♈ 14	♉ 21
	27日	♓ 14	♉ 06	♉ 16	♋ 09	♌ 17	♎ 05	♏ 08	♐ 22	♒ 06	♓ 09	♈ 29	♊ 06
	28日	♓ 28	♉ 20	♊ 01	♋ 24	♍ 00	♎ 18	♏ 20	♑ 04	♒ 19	♓ 23	♉ 13	♊ 21
	29日	♈ 11		♊ 15	♌ 07	♍ 14	♏ 00	♐ 02	♑ 16	♓ 02	♈ 06	♉ 28	♋ 06
	30日	♈ 25		♊ 29	♌ 21	♍ 26	♏ 12	♐ 14	♑ 28	♓ 15	♈ 21	♊ 13	♋ 21
	31日	♉ 09		♋ 13		♎ 09		♐ 26	♒ 11		♉ 05		♌ 07
☿	1日	♑ 14	♒ 29	♒ 15	♓ 21	♉ 19	♊ 29	♊ 21	♌ 03	♍ 29	♎ 29	♎ 20	♐ 06
	6日	♑ 22	♒ 29R	♒ 18	♓ 29	♉ 29	♊ 29R	♊ 23	♌ 13	♎ 07	♎ 27R	♎ 27	♐ 14
	11日	♒ 00	♒ 25R	♒ 22	♈ 08	♊ 08	♊ 27R	♊ 27	♌ 23	♎ 13	♎ 23R	♏ 04	♐ 22
	16日	♒ 09	♒ 20R	♒ 28	♈ 18	♊ 16	♊ 24R	♋ 03	♍ 03	♎ 19	♎ 17R	♏ 12	♑ 00
	21日	♒ 17	♒ 15R	♓ 04	♈ 28	♊ 22	♊ 22R	♋ 11	♍ 12	♎ 24	♎ 13R	♏ 20	♑ 08
	26日	♒ 24	♒ 14	♓ 11	♉ 09	♊ 26	♊ 20R	♋ 21	♍ 20	♎ 27	♎ 14	♏ 28	♑ 16
♀	1日	♏ 26	♐ 25	♑ 26	♓ 02	♈ 08	♉ 15	♊ 22	♌ 00	♍ 08	♎ 15	♏ 24	♑ 01
	11日	♐ 04	♑ 06	♒ 07	♓ 14	♈ 20	♉ 27	♋ 04	♌ 12	♍ 20	♎ 28	♐ 06	♑ 14
	21日	♐ 14	♑ 17	♒ 19	♓ 26	♉ 02	♊ 09	♋ 16	♌ 24	♎ 03	♏ 10	♐ 19	♑ 26
♂	1日	♓ 20	♈ 12	♉ 02	♉ 23	♊ 14	♋ 04	♋ 23	♌ 13	♍ 03	♍ 22	♎ 12	♏ 01
	11日	♓ 27	♈ 19	♉ 09	♊ 00	♊ 20	♋ 10	♌ 00	♌ 20	♍ 09	♍ 28	♎ 18	♏ 08
	21日	♈ 04	♈ 26	♉ 16	♊ 07	♊ 27	♋ 17	♌ 06	♌ 26	♍ 16	♎ 05	♎ 25	♏ 14
♃	1日	♋ 27R	♋ 23R	♋ 20R	♋ 20	♋ 23	♋ 28	♌ 04	♌ 10	♌ 17	♌ 23	♌ 28	♍ 01
	11日	♋ 26R	♋ 22R	♋ 20R	♋ 21	♋ 24	♌ 00	♌ 06	♌ 13	♌ 19	♌ 25	♌ 29	♍ 01
	21日	♋ 24R	♋ 21R	♋ 20	♋ 22	♋ 26	♌ 02	♌ 08	♌ 15	♌ 21	♌ 27	♍ 00	♍ 01R
♄	1日	♏ 18	♏ 21	♏ 21	♏ 20R	♏ 18R	♏ 16R	♏ 15R	♏ 15	♏ 16	♏ 19	♏ 22	♏ 25
	11日	♏ 19	♏ 21	♏ 21R	♏ 20R	♏ 18R	♏ 16R	♏ 15R	♏ 15	♏ 17	♏ 20	♏ 23	♏ 27
	21日	♏ 20	♏ 21	♏ 21R	♏ 19R	♏ 17R	♏ 15R	♏ 15	♏ 15	♏ 18	♏ 21	♏ 24	♏ 28
♅	1日	♋ 26R	♋ 25R	♋ 24R	♋ 24R	♋ 24	♋ 25	♋ 27	♋ 29	♌ 00	♌ 02	♌ 02	♌ 02R
♆	1日	♎ 28	♎ 28R	♎ 28R	♎ 27R	♎ 27R	♎ 26R	♎ 25R	♎ 26	♎ 26	♎ 27	♎ 28	♎ 29
♇	1日	♌ 27R	♌ 26R	♌ 25R	♌ 25R	♌ 24R	♌ 24	♌ 25	♌ 26	♌ 27	♌ 28	♌ 28	♌ 29
☊	1日	♑ 06R	♑ 05	♑ 03R	♑ 00R	♐ 28R	♐ 26R	♐ 26	♐ 26R	♐ 24R	♐ 20R	♐ 18R	♐ 17

1956（うるう）年

		1月	2月	3月	4月	5月	6月	7月	8月	9月	10月	11月	12月
☽	1日	♌ 21	♎ 11	♏ 02	♐ 17	♑ 19	♓ 03	♈ 06	♉ 25	♋ 18	♌ 27	♎ 19	♏ 25
	2日	♍ 06	♎ 24	♏ 15	♐ 29	♒ 01	♓ 15	♈ 19	♊ 09	♌ 02	♍ 11	♏ 03	♐ 07
	3日	♍ 19	♏ 07	♏ 27	♑ 11	♒ 13	♓ 28	♉ 03	♊ 24	♌ 17	♍ 26	♏ 16	♐ 20
	4日	♎ 03	♏ 19	♐ 09	♑ 23	♒ 25	♈ 11	♉ 16	♋ 08	♍ 02	♎ 10	♏ 29	♑ 02
	5日	♎ 16	♐ 01	♐ 21	♒ 05	♓ 07	♈ 24	♊ 00	♋ 23	♍ 17	♎ 24	♐ 12	♑ 14
	6日	♎ 28	♐ 13	♑ 03	♒ 17	♓ 20	♉ 08	♊ 15	♌ 09	♎ 02	♏ 08	♐ 24	♑ 26
	7日	♏ 11	♐ 25	♑ 15	♒ 29	♈ 03	♉ 22	♋ 00	♌ 24	♎ 16	♏ 21	♑ 06	♒ 08
	8日	♏ 23	♑ 07	♑ 27	♓ 12	♈ 16	♊ 07	♋ 15	♍ 09	♏ 00	♐ 04	♑ 18	♒ 20
	9日	♐ 05	♑ 19	♒ 09	♓ 25	♉ 00	♊ 21	♌ 00	♍ 24	♏ 13	♐ 16	♒ 00	♓ 02
	10日	♐ 16	♒ 01	♒ 21	♈ 08	♉ 14	♋ 06	♌ 15	♎ 08	♏ 26	♐ 29	♒ 12	♓ 14
	11日	♐ 28	♒ 13	♓ 04	♈ 21	♉ 28	♋ 21	♍ 00	♎ 21	♐ 08	♑ 11	♒ 24	♓ 26
	12日	♑ 10	♒ 25	♓ 16	♉ 05	♊ 13	♌ 06	♍ 15	♏ 05	♐ 21	♑ 23	♓ 06	♈ 08
	13日	♑ 22	♓ 07	♓ 29	♉ 19	♊ 27	♌ 21	♍ 29	♏ 18	♑ 03	♒ 04	♓ 18	♈ 21
	14日	♒ 04	♓ 20	♈ 12	♊ 03	♋ 12	♍ 05	♎ 13	♐ 00	♑ 14	♒ 16	♈ 01	♉ 04
	15日	♒ 16	♈ 03	♈ 26	♊ 17	♋ 26	♍ 19	♎ 26	♐ 12	♑ 26	♒ 28	♈ 13	♉ 18
	16日	♒ 28	♈ 16	♉ 09	♋ 02	♌ 11	♎ 03	♏ 09	♐ 24	♒ 08	♓ 10	♈ 27	♊ 02
	17日	♓ 10	♈ 29	♉ 23	♋ 16	♌ 25	♎ 16	♏ 21	♑ 06	♒ 20	♓ 23	♉ 10	♊ 16
	18日	♓ 23	♉ 12	♊ 07	♌ 00	♍ 09	♎ 29	♐ 03	♑ 18	♓ 02	♈ 06	♉ 24	♋ 01
	19日	♈ 06	♉ 26	♊ 21	♌ 14	♍ 22	♏ 12	♐ 15	♒ 00	♓ 15	♈ 18	♊ 08	♋ 16
	20日	♈ 19	♊ 10	♋ 05	♌ 28	♎ 06	♏ 24	♐ 27	♒ 12	♓ 27	♉ 02	♊ 22	♌ 01
	21日	♉ 02	♊ 24	♋ 19	♍ 12	♎ 19	♐ 06	♑ 09	♒ 24	♈ 10	♉ 15	♋ 06	♌ 15
	22日	♉ 16	♋ 09	♌ 03	♍ 26	♏ 02	♐ 18	♑ 21	♓ 06	♈ 22	♉ 29	♋ 21	♍ 00
	23日	♊ 00	♋ 23	♌ 18	♎ 09	♏ 15	♑ 00	♒ 03	♓ 18	♉ 05	♊ 12	♌ 05	♍ 14
	24日	♊ 14	♌ 08	♍ 02	♎ 23	♏ 27	♑ 12	♒ 15	♈ 00	♉ 19	♊ 26	♌ 20	♍ 28
	25日	♊ 29	♌ 23	♍ 16	♏ 06	♐ 09	♑ 24	♒ 27	♈ 13	♊ 02	♋ 10	♍ 04	♎ 12
	26日	♋ 14	♍ 07	♎ 00	♏ 18	♐ 21	♒ 06	♓ 09	♈ 26	♊ 16	♋ 24	♍ 18	♎ 26
	27日	♋ 29	♍ 22	♎ 14	♐ 01	♑ 03	♒ 18	♓ 21	♉ 08	♊ 29	♌ 09	♎ 02	♏ 09
	28日	♌ 14	♎ 06	♎ 27	♐ 13	♑ 15	♓ 00	♈ 03	♉ 22	♋ 13	♌ 23	♎ 15	♏ 21
	29日	♌ 29	♎ 19	♏ 10	♐ 25	♑ 27	♓ 12	♈ 16	♊ 05	♋ 28	♍ 07	♎ 29	♐ 04
	30日	♍ 14		♏ 23	♑ 07	♒ 09	♓ 24	♈ 29	♊ 19	♌ 12	♍ 21	♏ 12	♐ 16
	31日	♍ 28		♐ 05		♒ 21		♉ 12	♋ 03		♎ 05		♐ 29
☿	1日	♑ 25	♒ 01R	♒ 15	♈ 06	♊ 01	♊ 02R	♊ 20	♌ 22	♎ 06	♍ 29R	♏ 01	♐ 19
	6日	♒ 03	♑ 28R	♒ 22	♈ 16	♊ 06	♊ 00R	♊ 29	♍ 01	♎ 10	♍ 27	♏ 10	♐ 27
	11日	♒ 09	♑ 28	♓ 00	♈ 27	♊ 08	♊ 01	♋ 09	♍ 09	♎ 12	♎ 00	♏ 18	♑ 04
	16日	♒ 13	♒ 01	♓ 07	♉ 07	♊ 09R	♊ 03	♋ 19	♍ 16	♎ 12R	♎ 06	♏ 26	♑ 12
	21日	♒ 13R	♒ 05	♓ 16	♉ 17	♊ 07R	♊ 07	♌ 00	♍ 23	♎ 09R	♎ 13	♐ 03	♑ 18
	26日	♒ 08R	♒ 10	♓ 25	♉ 25	♊ 05R	♊ 13	♌ 10	♍ 29	♎ 04R	♎ 21	♐ 11	♑ 24
♀	1日	♒ 10	♓ 18	♈ 22	♉ 27	♊ 25	♋ 09R	♊ 26R	♊ 28	♋ 23	♌ 24	♎ 00	♏ 07
	11日	♒ 22	♈ 00	♉ 04	♊ 07	♋ 02	♋ 07R	♊ 23R	♋ 05	♌ 03	♍ 06	♎ 12	♏ 19
	21日	♓ 04	♈ 12	♉ 15	♊ 16	♋ 07	♋ 01R	♊ 23	♋ 13	♌ 13	♍ 17	♎ 25	♐ 02
♂	1日	♏ 22	♐ 12	♑ 01	♑ 21	♒ 10	♒ 29	♓ 14	♓ 23	♓ 21R	♓ 14R	♓ 16	♓ 27
	11日	♏ 28	♐ 18	♑ 07	♑ 28	♒ 16	♓ 04	♓ 18	♓ 24R	♓ 18R	♓ 13	♓ 19	♈ 02
	21日	♐ 05	♐ 25	♑ 14	♒ 04	♒ 22	♓ 09	♓ 21	♓ 23R	♓ 16R	♓ 14	♓ 23	♈ 08
♃	1日	♍ 01R	♌ 28R	♌ 25R	♌ 22R	♌ 22	♌ 24	♌ 29	♍ 05	♍ 11	♍ 18	♍ 24	♍ 29
	11日	♍ 01R	♌ 27R	♌ 24R	♌ 22R	♌ 22	♌ 26	♍ 01	♍ 07	♍ 13	♍ 20	♍ 26	♎ 00
	21日	♍ 00R	♌ 26R	♌ 23R	♌ 22	♌ 23	♌ 27	♍ 03	♍ 09	♍ 16	♍ 22	♍ 27	♎ 01
♄	1日	♏ 29	♐ 01	♐ 03	♐ 02R	♐ 01R	♏ 29R	♏ 27R	♏ 26	♏ 27	♏ 29	♐ 02	♐ 06
	11日	♐ 00	♐ 02	♐ 03	♐ 02R	♐ 00R	♏ 28R	♏ 26R	♏ 26	♏ 28	♐ 00	♐ 03	♐ 07
	21日	♐ 01	♐ 02	♐ 03R	♐ 02R	♏ 29R	♏ 27R	♏ 26R	♏ 27	♏ 28	♐ 01	♐ 05	♐ 08
♅	1日	♌ 01R	♌ 00R	♋ 29R	♋ 28R	♋ 29	♌ 00	♌ 01	♌ 03	♌ 05	♌ 06	♌ 07	♌ 07R
♆	1日	♏ 00	♏ 00	♏ 00R	♏ 00R	♎ 29R	♎ 28R	♎ 28R	♎ 28	♎ 28	♎ 29	♏ 00	♏ 02
♇	1日	♌ 28R	♌ 28R	♌ 27R	♌ 26R	♌ 26R	♌ 26	♌ 27	♌ 28	♌ 29	♍ 00	♍ 00	♍ 00
☊	1日	♐ 17R	♐ 16R	♐ 13R	♐ 10	♐ 08	♐ 08R	♐ 08R	♐ 06	♐ 03R	♐ 00R	♏ 29R	♏ 29

		1月	2月	3月	4月	5月	6月	7月	8月	9月	10月	11月	12月
☽	1日	♑ 11	♒ 25	♓ 04	♈ 20	♉ 24	♋ 15	♌ 24	♎ 17	♐ 08	♑ 12	♒ 27	♓ 29
	2日	♑ 23	♓ 07	♓ 16	♉ 02	♊ 07	♋ 29	♍ 08	♏ 01	♐ 20	♑ 24	♓ 09	♈ 10
	3日	♒ 05	♓ 19	♓ 28	♉ 15	♊ 21	♌ 13	♍ 23	♏ 15	♑ 03	♒ 07	♓ 21	♈ 22
	4日	♒ 17	♈ 01	♈ 10	♉ 28	♋ 05	♌ 28	♎ 07	♏ 28	♑ 15	♒ 18	♈ 02	♉ 05
	5日	♒ 28	♈ 13	♈ 23	♊ 11	♋ 18	♍ 12	♎ 21	♐ 11	♑ 28	♓ 00	♈ 14	♉ 17
	6日	♓ 10	♈ 26	♉ 05	♊ 24	♌ 02	♍ 26	♏ 04	♐ 24	♒ 10	♓ 12	♈ 27	♊ 00
	7日	♓ 22	♉ 08	♉ 18	♋ 08	♌ 17	♎ 10	♏ 18	♑ 06	♒ 22	♓ 24	♉ 09	♊ 13
	8日	♈ 04	♉ 21	♊ 01	♋ 22	♍ 01	♎ 24	♐ 01	♑ 18	♓ 03	♈ 06	♉ 21	♊ 26
	9日	♈ 17	♊ 04	♊ 14	♌ 06	♍ 15	♏ 08	♐ 14	♒ 00	♓ 15	♈ 18	♊ 04	♋ 10
	10日	♈ 29	♊ 18	♊ 27	♌ 20	♍ 29	♏ 21	♐ 27	♒ 13	♓ 27	♉ 00	♊ 17	♋ 24
	11日	♉ 12	♋ 02	♋ 11	♍ 05	♎ 14	♐ 04	♑ 09	♒ 25	♈ 09	♉ 12	♋ 00	♌ 08
	12日	♉ 26	♋ 17	♋ 26	♍ 19	♎ 28	♐ 17	♑ 21	♓ 06	♈ 21	♉ 25	♋ 14	♌ 22
	13日	♊ 09	♌ 02	♌ 10	♎ 04	♏ 12	♑ 00	♒ 04	♓ 18	♉ 03	♊ 07	♋ 27	♍ 06
	14日	♊ 24	♌ 17	♌ 25	♎ 19	♏ 25	♑ 13	♒ 16	♈ 00	♉ 15	♊ 20	♌ 11	♍ 20
	15日	♋ 09	♍ 02	♍ 11	♏ 03	♐ 09	♑ 25	♒ 28	♈ 12	♉ 28	♋ 03	♌ 25	♎ 04
	16日	♋ 24	♍ 18	♍ 26	♏ 17	♐ 22	♒ 07	♓ 10	♈ 24	♊ 10	♋ 17	♍ 09	♎ 19
	17日	♌ 09	♎ 03	♎ 11	♐ 01	♑ 05	♒ 19	♓ 21	♉ 06	♊ 23	♌ 01	♍ 24	♏ 03
	18日	♌ 24	♎ 17	♎ 25	♐ 14	♑ 17	♓ 01	♈ 03	♉ 18	♋ 07	♌ 15	♎ 08	♏ 16
	19日	♍ 09	♏ 01	♏ 09	♐ 27	♑ 29	♓ 13	♈ 15	♊ 01	♋ 21	♌ 29	♎ 23	♐ 00
	20日	♍ 24	♏ 15	♏ 23	♑ 09	♒ 11	♓ 25	♈ 27	♊ 14	♌ 05	♍ 14	♏ 07	♐ 14
	21日	♎ 08	♏ 28	♐ 06	♑ 22	♒ 23	♈ 07	♉ 10	♊ 28	♌ 20	♍ 29	♏ 21	♐ 27
	22日	♎ 22	♐ 10	♐ 19	♒ 04	♓ 05	♈ 19	♉ 23	♋ 12	♍ 05	♎ 14	♐ 05	♑ 11
	23日	♏ 05	♐ 23	♑ 01	♒ 15	♓ 17	♉ 02	♊ 06	♋ 26	♍ 20	♎ 28	♐ 19	♑ 23
	24日	♏ 18	♑ 05	♑ 13	♒ 27	♓ 29	♉ 15	♊ 19	♌ 11	♎ 05	♏ 13	♑ 02	♒ 06
	25日	♐ 01	♑ 17	♑ 25	♓ 09	♈ 11	♉ 28	♋ 04	♌ 27	♎ 20	♏ 27	♑ 16	♒ 19
	26日	♐ 14	♑ 29	♒ 07	♓ 21	♈ 24	♊ 11	♋ 18	♍ 12	♏ 05	♐ 11	♑ 28	♓ 01
	27日	♐ 26	♒ 11	♒ 19	♈ 03	♉ 07	♊ 25	♌ 03	♍ 27	♏ 19	♐ 25	♒ 11	♓ 13
	28日	♑ 08	♒ 22	♓ 01	♈ 16	♉ 20	♋ 10	♌ 18	♎ 12	♐ 03	♑ 08	♒ 23	♓ 24
	29日	♑ 20		♓ 13	♈ 28	♊ 03	♋ 24	♍ 03	♎ 27	♐ 17	♑ 20	♓ 05	♈ 06
	30日	♒ 02		♓ 25	♉ 11	♊ 17	♌ 09	♍ 18	♏ 11	♐ 29	♒ 03	♓ 17	♈ 18
	31日	♒ 14		♈ 07		♋ 01		♎ 03	♏ 24		♒ 15		♉ 00
☿	1日	♑ 27	♑ 17	♒ 24	♈ 23	♉ 18R	♉ 16	♋ 05	♍ 03	♍ 24R	♍ 21	♏ 13	♐ 28
	6日	♑ 25R	♑ 22	♓ 03	♉ 02	♉ 15R	♉ 21	♋ 16	♍ 10	♍ 21R	♍ 29	♏ 21	♑ 04
	11日	♑ 19R	♑ 28	♓ 12	♉ 10	♉ 12R	♉ 28	♋ 27	♍ 15	♍ 16R	♎ 08	♏ 29	♑ 09
	16日	♑ 14R	♒ 05	♓ 21	♉ 15	♉ 10R	♊ 06	♌ 06	♍ 20	♍ 12R	♎ 17	♐ 07	♑ 12
	21日	♑ 11R	♒ 12	♈ 01	♉ 19	♉ 10	♊ 15	♌ 16	♍ 24	♍ 11	♎ 25	♐ 14	♑ 09R
	26日	♑ 12	♒ 20	♈ 11	♉ 19R	♉ 12	♊ 25	♌ 24	♍ 25	♍ 15	♏ 04	♐ 21	♑ 03R
♀	1日	♐ 15	♑ 24	♒ 29	♈ 08	♉ 15	♊ 23	♌ 00	♍ 07	♎ 14	♏ 20	♐ 25	♑ 25
	11日	♐ 28	♒ 07	♓ 12	♈ 20	♉ 27	♋ 05	♌ 12	♍ 19	♎ 26	♐ 01	♑ 05	♒ 04
	21日	♑ 10	♒ 19	♓ 24	♉ 02	♊ 09	♋ 17	♌ 24	♎ 01	♏ 08	♐ 13	♑ 16	♒ 11
♂	1日	♈ 14	♉ 02	♉ 19	♊ 09	♊ 28	♋ 17	♌ 06	♌ 26	♍ 15	♎ 04	♎ 25	♏ 15
	11日	♈ 20	♉ 08	♉ 26	♊ 15	♋ 04	♋ 23	♌ 12	♍ 02	♍ 22	♎ 11	♏ 02	♏ 22
	21日	♈ 25	♉ 14	♊ 02	♊ 22	♋ 10	♌ 00	♌ 19	♍ 08	♍ 28	♎ 18	♏ 08	♏ 29
♃	1日	♎ 01	♎ 01R	♍ 29R	♍ 25R	♍ 22R	♍ 22	♍ 24	♍ 29	♎ 05	♎ 11	♎ 18	♎ 24
	11日	♎ 02	♎ 01R	♍ 28R	♍ 24R	♍ 22R	♍ 23	♍ 26	♎ 01	♎ 07	♎ 13	♎ 20	♎ 25
	21日	♎ 02R	♎ 00R	♍ 26R	♍ 23R	♍ 22	♍ 23	♍ 27	♎ 03	♎ 09	♎ 15	♎ 22	♎ 27
♄	1日	♐ 09	♐ 12	♐ 14	♐ 14R	♐ 13R	♐ 11R	♐ 09R	♐ 08R	♐ 08	♐ 10	♐ 12	♐ 16
	11日	♐ 10	♐ 13	♐ 14	♐ 14R	♐ 13R	♐ 10R	♐ 08R	♐ 08R	♐ 08	♐ 10	♐ 14	♐ 17
	21日	♐ 11	♐ 14	♐ 14	♐ 14R	♐ 12R	♐ 10R	♐ 08R	♐ 08	♐ 09	♐ 11	♐ 15	♐ 18
♅	1日	♌ 06R	♌ 05R	♌ 04R	♌ 03R	♌ 03	♌ 04	♌ 06	♌ 07	♌ 09	♌ 11	♌ 12	♌ 12R
♆	1日	♏ 02	♏ 03	♏ 02R	♏ 02R	♏ 01R	♏ 00R	♏ 00R	♏ 00	♏ 01	♏ 01	♏ 03	♏ 04
♇	1日	♍ 00R	♍ 00R	♌ 29R	♌ 28R	♌ 28R	♌ 28	♌ 29	♌ 29	♍ 00	♍ 01	♍ 02	♍ 02
☊	1日	♏ 28R	♏ 26R	♏ 23R	♏ 20R	♏ 20	♏ 20R	♏ 18R	♏ 16R	♏ 13	♏ 11R	♏ 11R	♏ 10

		1月	2月	3月	4月	5月	6月	7月	8月	9月	10月	11月	12月
☽	1日	♉ 12	♊ 29	♋ 07	♌ 28	♎ 07	♐ 00	♑ 07	♒ 25	♈ 10	♉ 12	♊ 27	♌ 02
	2日	♉ 25	♋ 13	♋ 21	♍ 13	♎ 22	♐ 14	♑ 21	♓ 08	♈ 22	♉ 24	♋ 10	♌ 15
	3日	♊ 08	♋ 27	♌ 05	♍ 28	♏ 07	♐ 29	♒ 04	♓ 20	♉ 04	♊ 06	♋ 22	♌ 29
	4日	♊ 21	♌ 12	♌ 20	♎ 13	♏ 22	♑ 12	♒ 17	♈ 02	♉ 16	♊ 18	♌ 05	♍ 12
	5日	♋ 05	♌ 27	♍ 05	♎ 29	♐ 06	♑ 26	♓ 00	♈ 14	♉ 27	♋ 01	♌ 19	♍ 26
	6日	♋ 19	♍ 12	♍ 20	♏ 14	♐ 21	♒ 09	♓ 12	♈ 26	♊ 10	♋ 13	♍ 02	♎ 10
	7日	♌ 03	♍ 27	♎ 05	♏ 28	♑ 04	♒ 22	♓ 24	♉ 07	♊ 22	♋ 26	♍ 17	♎ 25
	8日	♌ 18	♎ 11	♎ 20	♐ 12	♑ 18	♓ 04	♈ 06	♉ 19	♋ 05	♌ 10	♎ 01	♏ 10
	9日	♍ 02	♎ 26	♏ 05	♐ 26	♒ 01	♓ 16	♈ 18	♊ 01	♋ 18	♌ 24	♎ 16	♏ 24
	10日	♍ 17	♏ 10	♏ 20	♑ 09	♒ 13	♓ 28	♈ 29	♊ 14	♌ 01	♍ 08	♏ 01	♐ 09
	11日	♎ 01	♏ 24	♐ 03	♑ 22	♒ 26	♈ 10	♉ 11	♊ 27	♌ 15	♍ 23	♏ 16	♐ 24
	12日	♎ 15	♐ 07	♐ 17	♒ 05	♓ 08	♈ 21	♉ 23	♋ 10	♍ 00	♎ 08	♐ 01	♑ 09
	13日	♎ 29	♐ 20	♑ 00	♒ 17	♓ 20	♉ 03	♊ 06	♋ 23	♍ 15	♎ 23	♐ 16	♑ 23
	14日	♏ 13	♑ 03	♑ 13	♒ 29	♈ 01	♉ 15	♊ 18	♌ 07	♎ 00	♏ 08	♑ 01	♒ 06
	15日	♏ 27	♑ 16	♑ 26	♓ 11	♈ 13	♉ 28	♋ 02	♌ 21	♎ 15	♏ 23	♑ 15	♒ 20
	16日	♐ 10	♑ 29	♒ 08	♓ 23	♈ 25	♊ 10	♋ 15	♍ 06	♎ 29	♐ 08	♑ 28	♓ 03
	17日	♐ 23	♒ 11	♒ 20	♈ 05	♉ 07	♊ 23	♋ 29	♍ 21	♏ 14	♐ 22	♒ 12	♓ 15
	18日	♑ 06	♒ 23	♓ 02	♈ 17	♉ 19	♋ 06	♌ 12	♎ 05	♏ 29	♑ 06	♒ 24	♓ 27
	19日	♑ 19	♓ 05	♓ 14	♈ 28	♊ 01	♋ 19	♌ 27	♎ 20	♐ 13	♑ 20	♓ 07	♈ 09
	20日	♒ 02	♓ 17	♓ 26	♉ 10	♊ 14	♌ 03	♍ 11	♏ 04	♐ 26	♒ 03	♓ 19	♈ 21
	21日	♒ 14	♓ 29	♈ 08	♉ 22	♊ 27	♌ 17	♍ 25	♏ 18	♑ 10	♒ 15	♈ 01	♉ 03
	22日	♒ 27	♈ 11	♈ 20	♊ 05	♋ 10	♍ 00	♎ 09	♐ 02	♑ 23	♒ 28	♈ 13	♉ 14
	23日	♓ 09	♈ 23	♉ 01	♊ 17	♋ 23	♍ 14	♎ 24	♐ 16	♒ 06	♓ 10	♈ 24	♉ 26
	24日	♓ 21	♉ 04	♉ 13	♋ 00	♌ 06	♍ 28	♏ 08	♑ 00	♒ 18	♓ 22	♉ 06	♊ 09
	25日	♈ 02	♉ 16	♉ 25	♋ 12	♌ 20	♎ 13	♏ 22	♑ 13	♓ 01	♈ 04	♉ 18	♊ 21
	26日	♈ 14	♉ 29	♊ 07	♋ 26	♍ 03	♎ 27	♐ 06	♑ 26	♓ 13	♈ 16	♊ 00	♋ 03
	27日	♈ 26	♊ 11	♊ 20	♌ 09	♍ 18	♏ 11	♐ 19	♒ 09	♓ 25	♈ 27	♊ 12	♋ 16
	28日	♉ 08	♊ 24	♋ 03	♌ 23	♎ 02	♏ 25	♑ 03	♒ 21	♈ 07	♉ 09	♊ 24	♋ 29
	29日	♉ 20		♋ 16	♍ 07	♎ 16	♐ 09	♑ 16	♓ 04	♈ 19	♉ 21	♋ 07	♌ 12
	30日	♊ 03		♌ 00	♍ 22	♏ 01	♐ 23	♒ 00	♓ 16	♉ 01	♊ 03	♋ 19	♌ 26
	31日	♊ 16		♌ 14		♏ 16		♒ 12	♓ 28		♊ 15		♍ 09
☿	1日	♐ 27R	♑ 22	♓ 08	♈ 29	♈ 20	♉ 21	♋ 23	♍ 05	♌ 25R	♎ 04	♏ 24	♐ 26R
	6日	♐ 25	♑ 29	♓ 17	♉ 01	♈ 21	♊ 00	♌ 02	♍ 07	♌ 26	♎ 13	♐ 01	♐ 23R
	11日	♐ 27	♒ 07	♓ 27	♉ 00R	♈ 24	♊ 11	♌ 10	♍ 08R	♍ 00	♎ 21	♐ 08	♐ 16R
	16日	♑ 02	♒ 15	♈ 07	♈ 27R	♈ 29	♊ 21	♌ 18	♍ 06R	♍ 07	♏ 00	♐ 15	♐ 11R
	21日	♑ 07	♒ 23	♈ 16	♈ 23R	♉ 05	♋ 02	♌ 24	♍ 02R	♍ 16	♏ 08	♐ 20	♐ 10
	26日	♑ 14	♓ 02	♈ 23	♈ 21R	♉ 12	♋ 13	♍ 00	♌ 28R	♍ 25	♏ 15	♐ 24	♐ 12
♀	1日	♒ 15	♒ 06R	♒ 03	♒ 25	♓ 25	♉ 00	♊ 05	♋ 12	♌ 20	♍ 27	♏ 06	♐ 13
	11日	♒ 16R	♒ 02R	♒ 08	♓ 04	♈ 06	♉ 11	♊ 17	♋ 24	♍ 02	♎ 09	♏ 18	♐ 26
	21日	♒ 13R	♒ 01	♒ 15	♓ 15	♈ 17	♉ 23	♊ 29	♌ 06	♍ 14	♎ 22	♐ 01	♑ 08
♂	1日	♐ 06	♐ 28	♑ 18	♒ 11	♓ 03	♓ 26	♈ 17	♉ 07	♉ 23	♊ 02	♉ 29R	♉ 19R
	11日	♐ 13	♑ 05	♑ 25	♒ 18	♓ 10	♈ 03	♈ 23	♉ 12	♉ 27	♊ 03R	♉ 26R	♉ 17R
	21日	♐ 20	♑ 12	♒ 03	♒ 26	♓ 18	♈ 10	♉ 00	♉ 18	♊ 00	♊ 02R	♉ 22R	♉ 17
♃	1日	♎ 29	♏ 01	♏ 01R	♎ 29R	♎ 25R	♎ 22R	♎ 22	♎ 24	♎ 29	♏ 05	♏ 11	♏ 18
	11日	♏ 00	♏ 02	♏ 01R	♎ 28R	♎ 24R	♎ 22R	♎ 22	♎ 26	♏ 01	♏ 07	♏ 13	♏ 20
	21日	♏ 01	♏ 02R	♏ 00R	♎ 26R	♎ 23R	♎ 22	♎ 23	♎ 27	♏ 03	♏ 09	♏ 16	♏ 22
♄	1日	♐ 19	♐ 23	♐ 25	♐ 26	♐ 25R	♐ 23R	♐ 21R	♐ 20R	♐ 19	♐ 20	♐ 23	♐ 26
	11日	♐ 21	♐ 24	♐ 25	♐ 26R	♐ 25R	♐ 23R	♐ 21R	♐ 19R	♐ 19	♐ 21	♐ 24	♐ 27
	21日	♐ 22	♐ 24	♐ 26	♐ 25R	♐ 24R	♐ 22R	♐ 20R	♐ 19R	♐ 20	♐ 22	♐ 25	♐ 28
♅	1日	♌ 11R	♌ 10R	♌ 08R	♌ 08R	♌ 08	♌ 08	♌ 10	♌ 12	♌ 14	♌ 15	♌ 16	♌ 16R
♆	1日	♏ 04	♏ 05	♏ 05R	♏ 04R	♏ 03R	♏ 02R	♏ 02R	♏ 02	♏ 03	♏ 04	♏ 05	♏ 06
♇	1日	♍ 02R	♍ 02R	♍ 01R	♍ 00R	♍ 00R	♍ 00	♍ 00	♍ 01	♍ 02	♍ 03	♍ 04	♍ 04
☊	1日	♏ 09R	♏ 05R	♏ 03R	♏ 01R	♏ 01	♏ 01R	♎ 29R	♎ 25R	♎ 23R	♎ 22	♎ 22R	♎ 21R

		1月	2月	3月	4月	5月	6月	7月	8月	9月	10月	11月	12月
☽	1日	♍ 23	♏ 16	♏ 27	♑ 19	♒ 25	♈ 11	♉ 14	♊ 28	♌ 14	♍ 19	♏ 10	♐ 19
	2日	♎ 07	♐ 00	♐ 11	♒ 02	♓ 08	♈ 23	♉ 26	♋ 10	♌ 27	♎ 03	♏ 26	♑ 04
	3日	♎ 21	♐ 14	♐ 25	♒ 15	♓ 20	♉ 05	♊ 07	♋ 23	♍ 10	♎ 17	♐ 11	♑ 19
	4日	♏ 05	♐ 28	♑ 09	♒ 28	♈ 02	♉ 17	♊ 19	♌ 05	♍ 24	♏ 02	♐ 26	♒ 04
	5日	♏ 19	♑ 12	♑ 22	♓ 11	♈ 14	♉ 29	♋ 01	♌ 18	♎ 08	♏ 17	♑ 10	♒ 18
	6日	♐ 04	♑ 26	♒ 05	♓ 23	♈ 26	♊ 11	♋ 14	♍ 01	♎ 22	♐ 01	♑ 25	♓ 02
	7日	♐ 18	♒ 09	♒ 18	♈ 05	♉ 08	♊ 23	♋ 26	♍ 15	♏ 07	♐ 16	♒ 08	♓ 15
	8日	♑ 02	♒ 22	♓ 01	♈ 17	♉ 20	♋ 05	♌ 09	♍ 28	♏ 21	♑ 00	♒ 22	♓ 27
	9日	♑ 17	♓ 05	♓ 14	♈ 29	♊ 02	♋ 17	♌ 22	♎ 12	♐ 05	♑ 14	♓ 05	♈ 10
	10日	♒ 01	♓ 18	♓ 26	♉ 11	♊ 14	♋ 29	♍ 05	♎ 26	♐ 19	♑ 28	♓ 18	♈ 22
	11日	♒ 14	♈ 01	♈ 09	♉ 23	♊ 26	♌ 12	♍ 18	♏ 10	♑ 03	♒ 12	♈ 00	♉ 04
	12日	♒ 27	♈ 13	♈ 21	♊ 05	♋ 08	♌ 25	♎ 01	♏ 24	♑ 17	♒ 25	♈ 13	♉ 16
	13日	♓ 10	♈ 25	♉ 03	♊ 17	♋ 20	♍ 08	♎ 15	♐ 08	♒ 01	♓ 08	♈ 25	♉ 28
	14日	♓ 23	♉ 07	♉ 14	♊ 29	♌ 02	♍ 21	♎ 29	♐ 23	♒ 15	♓ 21	♉ 07	♊ 10
	15日	♈ 05	♉ 18	♉ 26	♋ 11	♌ 15	♎ 05	♏ 13	♑ 07	♒ 28	♈ 03	♉ 19	♊ 22
	16日	♈ 17	♊ 00	♊ 08	♋ 23	♌ 28	♎ 19	♏ 28	♑ 21	♓ 12	♈ 16	♊ 01	♋ 03
	17日	♈ 29	♊ 12	♊ 20	♌ 06	♍ 11	♏ 03	♐ 12	♒ 05	♓ 25	♈ 28	♊ 13	♋ 15
	18日	♉ 11	♊ 24	♋ 02	♌ 19	♍ 25	♏ 18	♐ 27	♒ 19	♈ 07	♉ 10	♊ 25	♋ 27
	19日	♉ 22	♋ 07	♋ 15	♍ 03	♎ 09	♐ 03	♑ 12	♓ 03	♈ 20	♉ 22	♋ 06	♌ 10
	20日	♊ 04	♋ 20	♋ 28	♍ 17	♎ 24	♐ 18	♑ 26	♓ 16	♉ 02	♊ 04	♋ 18	♌ 22
	21日	♊ 17	♌ 03	♌ 11	♎ 01	♏ 09	♑ 03	♒ 11	♓ 29	♉ 14	♊ 16	♌ 00	♍ 04
	22日	♊ 29	♌ 17	♌ 25	♎ 16	♏ 24	♑ 18	♒ 25	♈ 12	♉ 26	♊ 28	♌ 13	♍ 17
	23日	♋ 12	♍ 01	♍ 09	♏ 01	♐ 10	♒ 02	♓ 08	♈ 24	♊ 08	♋ 10	♌ 25	♎ 00
	24日	♋ 25	♍ 15	♍ 23	♏ 16	♐ 25	♒ 16	♓ 21	♉ 06	♊ 20	♋ 22	♍ 08	♎ 14
	25日	♌ 08	♍ 29	♎ 08	♐ 01	♑ 10	♓ 00	♈ 04	♉ 18	♋ 02	♌ 04	♍ 21	♎ 28
	26日	♌ 22	♎ 14	♎ 23	♐ 16	♑ 24	♓ 13	♈ 16	♊ 00	♋ 14	♌ 17	♎ 05	♏ 12
	27日	♍ 06	♎ 28	♏ 08	♑ 01	♒ 08	♓ 26	♈ 28	♊ 12	♋ 26	♍ 00	♎ 19	♏ 27
	28日	♍ 20	♏ 12	♏ 22	♑ 15	♒ 21	♈ 08	♉ 10	♊ 24	♌ 09	♍ 13	♏ 03	♐ 12
	29日	♎ 04		♐ 07	♑ 29	♓ 04	♈ 20	♉ 22	♋ 06	♌ 22	♍ 27	♏ 18	♐ 27
	30日	♎ 18		♐ 21	♒ 12	♓ 17	♉ 02	♊ 04	♋ 18	♍ 05	♎ 11	♐ 04	♑ 12
	31日	♏ 02		♑ 05		♓ 29		♊ 16	♌ 01		♎ 26		♑ 27
☿	1日	♐ 18	♒ 02	♓ 22	♈ 06R	♈ 13	♊ 07	♌ 03	♌ 16R	♌ 23	♎ 17	♐ 01	♏ 24R
	6日	♐ 24	♒ 11	♈ 01	♈ 02R	♈ 20	♊ 18	♌ 09	♌ 12R	♍ 02	♎ 25	♐ 06	♏ 24
	11日	♑ 01	♒ 19	♈ 08	♈ 01R	♈ 27	♊ 29	♌ 14	♌ 09R	♍ 11	♏ 03	♐ 09	♏ 27
	16日	♑ 08	♒ 28	♈ 12	♈ 01	♉ 06	♋ 09	♌ 18	♌ 08	♍ 21	♏ 10	♐ 10R	♐ 03
	21日	♑ 15	♓ 07	♈ 13R	♈ 04	♉ 15	♋ 18	♌ 19	♌ 09	♎ 00	♏ 17	♐ 06R	♐ 09
	26日	♑ 23	♓ 17	♈ 11R	♈ 08	♉ 25	♋ 26	♌ 19R	♌ 14	♎ 09	♏ 24	♏ 29R	♐ 16
♀	1日	♑ 22	♓ 01	♈ 06	♉ 14	♊ 19	♋ 24	♌ 24	♍ 14	♍ 08R	♍ 01	♍ 22	♎ 23
	11日	♒ 05	♓ 13	♈ 18	♉ 26	♋ 01	♌ 04	♍ 02	♍ 16R	♍ 03R	♍ 06	♎ 01	♏ 04
	21日	♒ 17	♓ 26	♉ 00	♊ 07	♋ 12	♌ 14	♍ 09	♍ 14R	♍ 00R	♍ 12	♎ 12	♏ 16
♂	1日	♉ 17	♉ 26	♊ 09	♊ 25	♋ 12	♌ 00	♌ 18	♍ 07	♍ 27	♎ 16	♏ 07	♏ 28
	11日	♉ 19	♊ 00	♊ 14	♋ 00	♋ 18	♌ 06	♌ 24	♍ 14	♎ 03	♎ 23	♏ 14	♐ 05
	21日	♉ 22	♊ 05	♊ 19	♋ 06	♋ 23	♌ 12	♍ 00	♍ 20	♎ 10	♏ 00	♏ 21	♐ 12
♃	1日	♏ 24	♏ 29	♐ 01	♐ 02R	♏ 29R	♏ 25R	♏ 23R	♏ 22	♏ 25	♏ 29	♐ 05	♐ 12
	11日	♏ 26	♐ 00	♐ 02	♐ 01R	♏ 28R	♏ 24R	♏ 22R	♏ 23	♏ 26	♐ 01	♐ 07	♐ 14
	21日	♏ 27	♐ 01	♐ 02R	♐ 00R	♏ 27R	♏ 23R	♏ 22	♏ 24	♏ 28	♐ 03	♐ 10	♐ 16
♄	1日	♐ 29	♑ 03	♑ 05	♑ 07	♑ 07R	♑ 06R	♑ 03R	♑ 01R	♑ 00R	♑ 01	♑ 03	♑ 06
	11日	♑ 01	♑ 04	♑ 06	♑ 07	♑ 07R	♑ 05R	♑ 03R	♑ 01R	♑ 00	♑ 02	♑ 04	♑ 07
	21日	♑ 02	♑ 05	♑ 06	♑ 07R	♑ 06R	♑ 04R	♑ 02R	♑ 01R	♑ 01	♑ 02	♑ 05	♑ 08
♅	1日	♌ 16R	♌ 14R	♌ 13R	♌ 12R	♌ 12	♌ 13	♌ 14	♌ 16	♌ 18	♌ 20	♌ 21	♌ 21R
♆	1日	♏ 07	♏ 07	♏ 07R	♏ 06R	♏ 05R	♏ 05R	♏ 04R	♏ 04	♏ 05	♏ 06	♏ 07	♏ 08
♇	1日	♍ 04R	♍ 03R	♍ 03R	♍ 02R	♍ 02R	♍ 02	♍ 02	♍ 03	♍ 04	♍ 05	♍ 06	♍ 06
☊	1日	♎ 18R	♎ 15R	♎ 14	♎ 13R	♎ 13	♎ 12	♎ 09R	♎ 06R	♎ 04R	♎ 04	♎ 04R	♎ 02R

1960（うるう）年

		1月	2月	3月	4月	5月	6月	7月	8月	9月	10月	11月	12月
☽	1日	♒ 12	♈ 01	♈ 22	♊ 07	♋ 09	♌ 23	♍ 27	♏ 17	♑ 10	♒ 19	♈ 10	♉ 15
	2日	♒ 26	♈ 14	♉ 05	♊ 19	♋ 21	♍ 05	♎ 10	♐ 01	♑ 24	♓ 03	♈ 23	♉ 28
	3日	♓ 10	♈ 27	♉ 17	♋ 01	♌ 03	♍ 18	♎ 23	♐ 15	♒ 09	♓ 17	♉ 06	♊ 10
	4日	♓ 23	♉ 09	♉ 29	♋ 12	♌ 15	♎ 01	♏ 07	♑ 00	♒ 23	♈ 01	♉ 19	♊ 23
	5日	♈ 06	♉ 21	♊ 11	♋ 24	♌ 27	♎ 14	♏ 21	♑ 15	♓ 08	♈ 14	♊ 02	♋ 05
	6日	♈ 19	♊ 03	♊ 23	♌ 07	♍ 10	♎ 28	♐ 06	♒ 00	♓ 22	♈ 28	♊ 14	♋ 17
	7日	♉ 01	♊ 15	♋ 05	♌ 19	♍ 22	♏ 12	♐ 21	♒ 15	♈ 06	♉ 11	♊ 26	♋ 28
	8日	♉ 13	♊ 27	♋ 17	♍ 02	♎ 06	♏ 27	♑ 06	♓ 00	♈ 20	♉ 24	♋ 08	♌ 10
	9日	♉ 25	♋ 09	♋ 29	♍ 15	♎ 20	♐ 12	♑ 21	♓ 14	♉ 03	♊ 06	♋ 20	♌ 22
	10日	♊ 07	♋ 21	♌ 11	♍ 28	♏ 04	♐ 28	♒ 06	♓ 28	♉ 16	♊ 18	♌ 02	♍ 04
	11日	♊ 18	♌ 03	♌ 24	♎ 12	♏ 19	♑ 13	♒ 21	♈ 12	♉ 28	♋ 00	♌ 14	♍ 16
	12日	♋ 00	♌ 15	♍ 07	♎ 26	♐ 04	♑ 28	♓ 06	♈ 25	♊ 10	♋ 12	♌ 26	♍ 28
	13日	♋ 12	♌ 28	♍ 20	♏ 10	♐ 19	♒ 13	♓ 20	♉ 08	♊ 22	♋ 24	♍ 08	♎ 11
	14日	♋ 24	♍ 11	♎ 03	♏ 25	♑ 04	♒ 27	♈ 03	♉ 20	♋ 04	♌ 06	♍ 20	♎ 24
	15日	♌ 07	♍ 24	♎ 17	♐ 09	♑ 19	♓ 11	♈ 16	♊ 02	♋ 16	♌ 18	♎ 03	♏ 08
	16日	♌ 19	♎ 07	♏ 01	♐ 24	♒ 03	♓ 24	♈ 29	♊ 14	♋ 28	♍ 00	♎ 16	♏ 22
	17日	♍ 02	♎ 21	♏ 15	♑ 08	♒ 17	♈ 07	♉ 11	♊ 26	♌ 10	♍ 13	♏ 00	♐ 07
	18日	♍ 14	♏ 04	♏ 29	♑ 23	♓ 01	♈ 20	♉ 24	♋ 08	♌ 22	♍ 25	♏ 14	♐ 22
	19日	♍ 27	♏ 18	♐ 13	♒ 07	♓ 14	♉ 02	♊ 06	♋ 20	♍ 05	♎ 08	♏ 29	♑ 07
	20日	♎ 10	♐ 02	♐ 27	♒ 20	♓ 27	♉ 15	♊ 18	♌ 02	♍ 17	♎ 22	♐ 13	♑ 22
	21日	♎ 24	♐ 16	♑ 12	♓ 04	♈ 10	♉ 27	♊ 29	♌ 14	♎ 00	♏ 06	♐ 28	♒ 07
	22日	♏ 08	♑ 01	♑ 26	♓ 17	♈ 23	♊ 09	♋ 11	♌ 26	♎ 13	♏ 20	♑ 13	♒ 22
	23日	♏ 22	♑ 15	♒ 10	♈ 00	♉ 05	♊ 21	♋ 23	♍ 08	♎ 26	♐ 04	♑ 28	♓ 06
	24日	♐ 06	♒ 00	♒ 24	♈ 13	♉ 17	♋ 02	♌ 05	♍ 21	♏ 10	♐ 18	♒ 12	♓ 20
	25日	♐ 21	♒ 14	♓ 07	♈ 26	♊ 00	♋ 14	♌ 17	♎ 04	♏ 24	♑ 03	♒ 26	♈ 04
	26日	♑ 06	♒ 28	♓ 21	♉ 08	♊ 12	♋ 26	♌ 29	♎ 17	♐ 08	♑ 17	♓ 10	♈ 17
	27日	♑ 21	♓ 12	♈ 04	♉ 21	♊ 24	♌ 08	♍ 11	♏ 00	♐ 22	♒ 01	♓ 23	♉ 00
	28日	♒ 05	♓ 26	♈ 17	♊ 03	♋ 05	♌ 20	♍ 24	♏ 13	♑ 06	♒ 15	♈ 07	♉ 12
	29日	♒ 20	♈ 09	♉ 00	♊ 15	♋ 17	♍ 02	♎ 07	♏ 27	♑ 20	♒ 29	♈ 20	♉ 25
	30日	♓ 04		♉ 12	♊ 27	♋ 29	♍ 14	♎ 20	♐ 11	♒ 04	♓ 13	♉ 03	♊ 07
	31日	♓ 18		♉ 25		♌ 11		♏ 03	♐ 25		♓ 27		♊ 19
☿	1日	♐ 25	♒ 15	♓ 26	♓ 15	♈ 23	♊ 27	♌ 00	♋ 21	♍ 10	♎ 29	♏ 23R	♏ 21
	6日	♑ 03	♒ 24	♓ 24R	♓ 19	♉ 03	♋ 06	♌ 00R	♋ 24	♍ 19	♏ 06	♏ 17R	♏ 28
	11日	♑ 10	♓ 03	♓ 20R	♓ 24	♉ 13	♋ 13	♋ 28R	♌ 01	♍ 28	♏ 12	♏ 11R	♐ 05
	16日	♑ 18	♓ 12	♓ 15R	♈ 00	♉ 23	♋ 20	♋ 25R	♌ 09	♎ 06	♏ 17	♏ 08R	♐ 13
	21日	♑ 26	♓ 19	♓ 13R	♈ 07	♊ 04	♋ 25	♋ 22R	♌ 18	♎ 14	♏ 22	♏ 10	♐ 20
	26日	♒ 05	♓ 24	♓ 12	♈ 15	♊ 15	♋ 28	♋ 20R	♌ 28	♎ 22	♏ 24	♏ 14	♐ 28
♀	1日	♏ 29	♑ 06	♒ 12	♓ 20	♈ 27	♊ 05	♋ 12	♌ 20	♍ 28	♏ 05	♐ 13	♑ 19
	11日	♐ 11	♑ 18	♒ 24	♈ 02	♉ 09	♊ 17	♋ 24	♍ 02	♎ 10	♏ 17	♐ 25	♒ 01
	21日	♐ 23	♒ 01	♓ 06	♈ 14	♉ 21	♊ 29	♌ 06	♍ 14	♎ 23	♏ 29	♑ 07	♒ 13
♂	1日	♐ 20	♑ 13	♒ 05	♒ 29	♓ 22	♈ 16	♉ 08	♉ 29	♊ 19	♋ 05	♋ 16	♋ 18R
	11日	♐ 28	♑ 21	♒ 13	♓ 07	♈ 00	♈ 23	♉ 15	♊ 06	♊ 25	♋ 09	♋ 18	♋ 16R
	21日	♑ 05	♑ 28	♒ 21	♓ 15	♈ 07	♉ 01	♉ 22	♊ 12	♋ 00	♋ 13	♋ 19R	♋ 12R
♃	1日	♐ 19	♐ 25	♑ 00	♑ 03	♑ 03R	♑ 01R	♐ 27R	♐ 24R	♐ 24	♐ 26	♑ 01	♑ 07
	11日	♐ 21	♐ 27	♑ 01	♑ 03	♑ 03R	♑ 00R	♐ 26R	♐ 24R	♐ 24	♐ 28	♑ 03	♑ 09
	21日	♐ 23	♐ 29	♑ 02	♑ 04R	♑ 02R	♐ 29R	♐ 25R	♐ 24	♐ 25	♐ 29	♑ 05	♑ 12
♄	1日	♑ 09	♑ 13	♑ 16	♑ 18	♑ 18R	♑ 18R	♑ 16R	♑ 13R	♑ 12R	♑ 12	♑ 14	♑ 16
	11日	♑ 11	♑ 14	♑ 17	♑ 18	♑ 18R	♑ 17R	♑ 15R	♑ 13R	♑ 12R	♑ 12	♑ 14	♑ 17
	21日	♑ 12	♑ 15	♑ 17	♑ 18	♑ 18R	♑ 16R	♑ 14R	♑ 12R	♑ 12	♑ 13	♑ 15	♑ 18
♅	1日	♌ 21R	♌ 19R	♌ 18R	♌ 17R	♌ 17	♌ 18	♌ 19	♌ 21	♌ 23	♌ 24	♌ 25	♌ 26
♆	1日	♏ 09	♏ 09	♏ 09R	♏ 08R	♏ 08R	♏ 07R	♏ 06R	♏ 06	♏ 07	♏ 08	♏ 09	♏ 10
♇	1日	♍ 06R	♍ 05R	♍ 05R	♍ 04R	♍ 04R	♍ 04	♍ 04	♍ 05	♍ 06	♍ 07	♍ 08	♍ 08
☊	1日	♍ 28R	♍ 25	♍ 25	♍ 25R	♍ 23R	♍ 21R	♍ 18	♍ 16R	♍ 16R	♍ 15	♍ 14R	♍ 11R

		1月	2月	3月	4月	5月	6月	7月	8月	9月	10月	11月	12月
☽	1日	♋ 01	♌ 16	♌ 24	♎ 10	♏ 15	♑ 06	♒ 15	♈ 08	♉ 28	♋ 02	♌ 17	♍ 18
	2日	♋ 13	♌ 28	♍ 06	♎ 23	♏ 29	♑ 21	♓ 00	♈ 22	♊ 11	♋ 15	♌ 28	♎ 00
	3日	♋ 25	♍ 10	♍ 19	♏ 06	♐ 13	♒ 06	♓ 15	♉ 06	♊ 24	♋ 27	♍ 10	♎ 12
	4日	♌ 07	♍ 22	♎ 01	♏ 19	♐ 27	♒ 20	♓ 29	♉ 19	♋ 06	♌ 09	♍ 22	♎ 24
	5日	♌ 19	♎ 04	♎ 13	♐ 03	♑ 11	♓ 04	♈ 13	♊ 02	♋ 18	♌ 20	♎ 04	♏ 07
	6日	♍ 01	♎ 16	♎ 26	♐ 16	♑ 25	♓ 18	♈ 26	♊ 15	♌ 00	♍ 02	♎ 17	♏ 20
	7日	♍ 13	♎ 29	♏ 09	♑ 00	♒ 09	♈ 02	♉ 09	♊ 27	♌ 12	♍ 14	♎ 29	♐ 04
	8日	♍ 25	♏ 12	♏ 22	♑ 14	♒ 23	♈ 16	♉ 22	♋ 09	♌ 24	♍ 26	♏ 12	♐ 17
	9日	♎ 07	♏ 25	♐ 06	♑ 28	♓ 07	♈ 29	♊ 05	♋ 21	♍ 05	♎ 08	♏ 25	♑ 01
	10日	♎ 20	♐ 09	♐ 19	♒ 12	♓ 21	♉ 12	♊ 18	♌ 03	♍ 17	♎ 20	♐ 08	♑ 16
	11日	♏ 03	♐ 23	♑ 03	♒ 27	♈ 05	♉ 25	♋ 00	♌ 15	♍ 29	♏ 03	♐ 22	♒ 00
	12日	♏ 16	♑ 08	♑ 18	♓ 11	♈ 19	♊ 08	♋ 12	♌ 27	♎ 11	♏ 16	♑ 06	♒ 14
	13日	♐ 00	♑ 23	♒ 02	♓ 25	♉ 03	♊ 21	♋ 24	♍ 08	♎ 24	♏ 29	♑ 20	♒ 28
	14日	♐ 15	♒ 08	♒ 17	♈ 09	♉ 16	♋ 03	♌ 06	♍ 20	♏ 06	♐ 12	♒ 03	♓ 13
	15日	♑ 00	♒ 23	♓ 02	♈ 24	♉ 29	♋ 15	♌ 18	♎ 02	♏ 19	♐ 25	♒ 18	♓ 27
	16日	♑ 15	♓ 08	♓ 16	♉ 07	♊ 12	♋ 27	♍ 00	♎ 14	♐ 02	♑ 09	♓ 02	♈ 11
	17日	♒ 00	♓ 23	♈ 01	♉ 21	♊ 25	♌ 09	♍ 11	♎ 27	♐ 15	♑ 23	♓ 16	♈ 24
	18日	♒ 15	♈ 07	♈ 15	♊ 04	♋ 07	♌ 21	♍ 23	♏ 09	♐ 28	♒ 07	♈ 00	♉ 08
	19日	♓ 00	♈ 21	♈ 29	♊ 17	♋ 19	♍ 03	♎ 05	♏ 22	♑ 12	♒ 21	♈ 14	♉ 22
	20日	♓ 15	♉ 05	♉ 13	♊ 29	♌ 01	♍ 15	♎ 17	♐ 05	♑ 27	♓ 05	♈ 28	♊ 05
	21日	♓ 29	♉ 18	♉ 26	♋ 11	♌ 13	♍ 27	♏ 00	♐ 19	♒ 11	♓ 20	♉ 12	♊ 18
	22日	♈ 13	♊ 01	♊ 09	♋ 23	♌ 25	♎ 09	♏ 13	♑ 03	♒ 26	♈ 05	♉ 26	♋ 01
	23日	♈ 26	♊ 13	♊ 21	♌ 05	♍ 07	♎ 21	♏ 26	♑ 17	♓ 11	♈ 19	♊ 10	♋ 14
	24日	♉ 09	♊ 25	♋ 03	♌ 17	♍ 19	♏ 04	♐ 10	♒ 02	♓ 26	♉ 04	♊ 23	♋ 26
	25日	♉ 22	♋ 07	♋ 15	♌ 29	♎ 01	♏ 18	♐ 24	♒ 17	♈ 11	♉ 18	♋ 06	♌ 08
	26日	♊ 04	♋ 19	♋ 27	♍ 11	♎ 13	♐ 02	♑ 09	♓ 03	♈ 25	♊ 01	♋ 18	♌ 20
	27日	♊ 16	♌ 01	♌ 09	♍ 23	♎ 26	♐ 16	♑ 24	♓ 18	♉ 10	♊ 15	♌ 00	♍ 02
	28日	♊ 28	♌ 13	♌ 21	♎ 05	♏ 10	♑ 01	♒ 09	♈ 03	♉ 24	♊ 28	♌ 13	♍ 14
	29日	♋ 10		♍ 03	♎ 18	♏ 23	♑ 15	♒ 24	♈ 17	♊ 07	♋ 10	♌ 24	♍ 26
	30日	♋ 22		♍ 15	♏ 01	♐ 08	♒ 00	♓ 09	♉ 01	♊ 20	♋ 23	♍ 06	♎ 08
	31日	♌ 04		♍ 27		♐ 22		♓ 24	♉ 15		♌ 05		♎ 20
☿	1日	♑ 08	♒ 29	♒ 26R	♓ 16	♉ 10	♋ 04	♋ 04R	♋ 24	♍ 24	♏ 03	♎ 22	♐ 00
	6日	♑ 16	♓ 05	♒ 24R	♓ 23	♉ 20	♋ 08	♋ 02R	♌ 04	♎ 02	♏ 07	♎ 25	♐ 08
	11日	♑ 24	♓ 09	♒ 25	♈ 01	♊ 01	♋ 10	♋ 02	♌ 14	♎ 09	♏ 08R	♏ 00	♐ 16
	16日	♒ 02	♓ 08R	♒ 28	♈ 10	♊ 11	♋ 10R	♋ 04	♌ 25	♎ 16	♏ 06R	♏ 07	♐ 24
	21日	♒ 11	♓ 04R	♓ 03	♈ 19	♊ 19	♋ 09R	♋ 08	♍ 04	♎ 23	♏ 01R	♏ 15	♑ 02
	26日	♒ 19	♒ 29R	♓ 08	♈ 29	♊ 27	♋ 06R	♋ 14	♍ 14	♎ 29	♎ 25R	♏ 22	♑ 10
♀	1日	♒ 25	♓ 29	♈ 22	♈ 26R	♈ 13R	♈ 26	♉ 24	♊ 27	♌ 03	♍ 09	♎ 17	♏ 25
	11日	♓ 07	♈ 08	♈ 27	♈ 21R	♈ 14	♉ 05	♊ 04	♋ 09	♌ 15	♍ 21	♏ 00	♐ 08
	21日	♓ 18	♈ 17	♈ 29R	♈ 15R	♈ 19	♉ 14	♊ 15	♋ 20	♌ 27	♎ 04	♏ 12	♐ 20
♂	1日	♋ 08R	♋ 00R	♋ 03	♋ 13	♋ 27	♌ 14	♍ 01	♍ 20	♎ 10	♏ 00	♏ 21	♐ 12
	11日	♋ 04R	♋ 00	♋ 06	♋ 18	♌ 03	♌ 20	♍ 07	♍ 26	♎ 16	♏ 06	♏ 28	♐ 20
	21日	♋ 02R	♋ 01	♋ 09	♋ 23	♌ 08	♌ 25	♍ 13	♎ 03	♎ 23	♏ 13	♐ 05	♐ 27
♃	1日	♑ 14	♑ 21	♑ 27	♒ 03	♒ 06	♒ 07R	♒ 05R	♒ 01R	♑ 28R	♑ 27	♒ 00	♒ 04
	11日	♑ 16	♑ 24	♑ 29	♒ 04	♒ 07	♒ 07R	♒ 04R	♒ 00R	♑ 28R	♑ 28	♒ 01	♒ 06
	21日	♑ 19	♑ 26	♒ 01	♒ 05	♒ 07	♒ 06R	♒ 03R	♑ 29R	♑ 27R	♑ 29	♒ 02	♒ 08
♄	1日	♑ 20	♑ 23	♑ 26	♑ 29	♒ 00	♑ 29R	♑ 28R	♑ 26R	♑ 24R	♑ 23	♑ 24	♑ 26
	11日	♑ 21	♑ 24	♑ 27	♑ 29	♒ 00R	♑ 29R	♑ 27R	♑ 25R	♑ 23R	♑ 23	♑ 25	♑ 27
	21日	♑ 22	♑ 25	♑ 28	♒ 00	♒ 00R	♑ 28R	♑ 26R	♑ 24R	♑ 23R	♑ 24	♑ 26	♑ 28
♅	1日	♌ 25R	♌ 24R	♌ 23R	♌ 22R	♌ 22	♌ 22	♌ 23	♌ 25	♌ 27	♌ 29	♍ 00	♍ 01
♆	1日	♏ 11	♏ 11	♏ 11R	♏ 11R	♏ 10R	♏ 09R	♏ 09R	♏ 09	♏ 09	♏ 10	♏ 11	♏ 12
♇	1日	♍ 08R	♍ 07R	♍ 07R	♍ 06R	♍ 06R	♍ 06	♍ 06	♍ 07	♍ 08	♍ 09	♍ 10	♍ 10
☊	1日	♍ 08R	♍ 06R	♍ 06	♍ 06R	♍ 04R	♍ 01R	♌ 28R	♌ 27	♌ 27R	♌ 26R	♌ 24	♌ 21R

		1月	2月	3月	4月	5月	6月	7月	8月	9月	10月	11月	12月
☽	1日	♏ 02	♐ 20	♐ 28	♒ 19	♓ 28	♉ 21	♊ 28	♌ 15	♎ 00	♏ 03	♐ 18	♑ 24
	2日	♏ 15	♑ 03	♑ 12	♓ 04	♈ 13	♊ 05	♋ 11	♌ 28	♎ 12	♏ 15	♑ 01	♒ 07
	3日	♏ 28	♑ 18	♑ 26	♓ 19	♈ 28	♊ 19	♋ 24	♍ 10	♎ 24	♏ 27	♑ 14	♒ 20
	4日	♐ 12	♒ 03	♒ 10	♈ 04	♉ 12	♋ 03	♌ 07	♍ 21	♏ 06	♐ 09	♑ 27	♓ 04
	5日	♐ 26	♒ 17	♒ 25	♈ 19	♉ 27	♋ 16	♌ 19	♎ 03	♏ 18	♐ 21	♒ 10	♓ 18
	6日	♑ 10	♓ 03	♓ 11	♉ 04	♊ 11	♋ 29	♍ 01	♎ 15	♐ 00	♑ 04	♒ 24	♈ 02
	7日	♑ 24	♓ 18	♓ 26	♉ 19	♊ 25	♌ 11	♍ 13	♎ 27	♐ 12	♑ 17	♓ 08	♈ 17
	8日	♒ 09	♈ 03	♈ 11	♊ 03	♋ 08	♌ 23	♍ 25	♏ 09	♐ 25	♒ 00	♓ 22	♉ 01
	9日	♒ 24	♈ 17	♈ 26	♊ 17	♋ 21	♍ 05	♎ 07	♏ 21	♑ 08	♒ 14	♈ 07	♉ 16
	10日	♓ 09	♉ 01	♉ 10	♋ 00	♌ 03	♍ 17	♎ 19	♐ 04	♑ 22	♒ 28	♈ 22	♊ 01
	11日	♓ 23	♉ 15	♉ 25	♋ 13	♌ 15	♍ 29	♏ 01	♐ 17	♒ 06	♓ 13	♉ 07	♊ 15
	12日	♈ 07	♉ 29	♊ 08	♋ 25	♌ 27	♎ 11	♏ 13	♑ 00	♒ 20	♓ 28	♉ 22	♊ 29
	13日	♈ 21	♊ 12	♊ 21	♌ 07	♍ 09	♎ 23	♏ 26	♑ 13	♓ 05	♈ 14	♊ 07	♋ 13
	14日	♉ 05	♊ 25	♋ 04	♌ 19	♍ 21	♏ 05	♐ 09	♑ 28	♓ 20	♈ 29	♊ 21	♋ 27
	15日	♉ 19	♋ 07	♋ 16	♍ 01	♎ 03	♏ 18	♐ 22	♒ 12	♈ 05	♉ 14	♋ 05	♌ 10
	16日	♊ 02	♋ 19	♋ 29	♍ 13	♎ 15	♐ 01	♑ 05	♒ 27	♈ 21	♉ 29	♋ 19	♌ 22
	17日	♊ 15	♌ 01	♌ 10	♍ 25	♎ 27	♐ 14	♑ 19	♓ 12	♉ 06	♊ 13	♌ 02	♍ 05
	18日	♊ 28	♌ 13	♌ 22	♎ 07	♏ 09	♐ 27	♒ 04	♓ 27	♉ 20	♊ 27	♌ 14	♍ 17
	19日	♋ 10	♌ 25	♍ 04	♎ 19	♏ 22	♑ 11	♒ 18	♈ 12	♊ 04	♋ 11	♌ 27	♍ 29
	20日	♋ 22	♍ 07	♍ 16	♏ 01	♐ 05	♑ 24	♓ 02	♈ 26	♊ 18	♋ 23	♍ 09	♎ 11
	21日	♌ 05	♍ 19	♍ 28	♏ 13	♐ 18	♒ 08	♓ 17	♉ 11	♋ 01	♌ 06	♍ 21	♎ 22
	22日	♌ 17	♎ 01	♎ 10	♏ 26	♑ 01	♒ 22	♈ 01	♉ 25	♋ 14	♌ 18	♎ 02	♏ 04
	23日	♌ 29	♎ 13	♎ 22	♐ 08	♑ 14	♓ 07	♈ 16	♊ 08	♋ 27	♍ 00	♎ 14	♏ 16
	24日	♍ 10	♎ 25	♏ 04	♐ 21	♑ 28	♓ 21	♉ 00	♊ 22	♌ 09	♍ 12	♎ 26	♏ 29
	25日	♍ 22	♏ 07	♏ 16	♑ 04	♒ 12	♈ 05	♉ 14	♋ 05	♌ 21	♍ 24	♏ 08	♐ 11
	26日	♎ 04	♏ 19	♏ 29	♑ 18	♒ 26	♈ 19	♉ 28	♋ 17	♍ 03	♎ 06	♏ 20	♐ 24
	27日	♎ 16	♐ 02	♐ 11	♒ 01	♓ 10	♉ 03	♊ 11	♌ 00	♍ 15	♎ 18	♐ 03	♑ 07
	28日	♎ 28	♐ 15	♐ 24	♒ 15	♓ 24	♉ 17	♊ 25	♌ 12	♍ 27	♏ 00	♐ 15	♑ 20
	29日	♏ 10		♑ 07	♒ 29	♈ 08	♊ 01	♋ 08	♌ 24	♎ 09	♏ 12	♐ 28	♒ 04
	30日	♏ 23		♑ 21	♓ 13	♈ 23	♊ 15	♋ 20	♍ 06	♎ 21	♏ 24	♑ 11	♒ 17
	31日	♐ 06		♒ 05		♉ 07		♌ 03	♍ 18		♐ 06		♓ 01
☿	1日	♑ 19	♒ 21R	♒ 13	♓ 26	♉ 26	♊ 19R	♊ 17	♌ 11	♎ 03	♎ 19R	♎ 24	♐ 12
	6日	♑ 28	♒ 16R	♒ 18	♈ 06	♊ 05	♊ 17R	♊ 23	♌ 21	♎ 09	♎ 14R	♏ 02	♐ 19
	11日	♒ 06	♒ 10R	♒ 24	♈ 15	♊ 11	♊ 14R	♋ 00	♍ 01	♎ 15	♎ 08R	♏ 10	♐ 27
	16日	♒ 13	♒ 07R	♓ 01	♈ 26	♊ 16	♊ 12R	♋ 08	♍ 09	♎ 19	♎ 07	♏ 18	♑ 05
	21日	♒ 19	♒ 08	♓ 08	♉ 06	♊ 19	♊ 12	♋ 18	♍ 17	♎ 21	♎ 09	♏ 26	♑ 13
	26日	♒ 23	♒ 11	♓ 16	♉ 17	♊ 20	♊ 14	♋ 29	♍ 25	♎ 22R	♎ 15	♐ 04	♑ 20
♀	1日	♑ 04	♒ 13	♓ 18	♈ 26	♊ 03	♋ 11	♌ 16	♍ 22	♎ 24	♏ 20	♏ 26R	♏ 12R
	11日	♑ 17	♒ 25	♈ 00	♉ 09	♊ 16	♋ 23	♌ 28	♎ 03	♏ 04	♏ 25	♏ 21R	♏ 13
	21日	♑ 29	♓ 08	♈ 13	♉ 21	♊ 28	♌ 05	♍ 09	♎ 13	♏ 12	♏ 28	♏ 15R	♏ 18
♂	1日	♑ 06	♑ 29	♒ 21	♓ 16	♈ 09	♉ 02	♉ 24	♊ 16	♋ 06	♋ 24	♌ 10	♌ 21
	11日	♑ 13	♒ 07	♒ 29	♓ 23	♈ 16	♉ 10	♊ 01	♊ 23	♋ 12	♌ 00	♌ 14	♌ 23
	21日	♑ 21	♒ 15	♓ 07	♈ 01	♈ 24	♉ 17	♊ 08	♊ 29	♋ 18	♌ 05	♌ 18	♌ 25
♃	1日	♒ 10	♒ 18	♒ 24	♓ 01	♓ 07	♓ 11	♓ 13	♓ 11R	♓ 08R	♓ 04R	♓ 03	♓ 05
	11日	♒ 13	♒ 20	♒ 27	♓ 03	♓ 09	♓ 12	♓ 13R	♓ 10R	♓ 06R	♓ 03R	♓ 03	♓ 06
	21日	♒ 15	♒ 22	♒ 29	♓ 05	♓ 10	♓ 12	♓ 12R	♓ 09R	♓ 05R	♓ 03R	♓ 04	♓ 07
♄	1日	♒ 00	♒ 03	♒ 07	♒ 09	♒ 11	♒ 11R	♒ 10R	♒ 08R	♒ 06R	♒ 05R	♒ 05	♒ 07
	11日	♒ 01	♒ 05	♒ 08	♒ 10	♒ 11	♒ 11R	♒ 10R	♒ 07R	♒ 05R	♒ 05	♒ 06	♒ 08
	21日	♒ 02	♒ 06	♒ 08	♒ 11	♒ 11	♒ 11R	♒ 09R	♒ 07R	♒ 05R	♒ 05	♒ 06	♒ 09
♅	1日	♍ 00R	♌ 29R	♌ 28R	♌ 27R	♌ 26R	♌ 27	♌ 28	♌ 29	♍ 01	♍ 03	♍ 05	♍ 05
♆	1日	♏ 13	♏ 13	♏ 13R	♏ 13R	♏ 12R	♏ 11R	♏ 11R	♏ 11	♏ 11	♏ 12	♏ 13	♏ 14
♇	1日	♍ 10R	♍ 10R	♍ 09R	♍ 08R	♍ 08R	♍ 08	♍ 08	♍ 09	♍ 10	♍ 11	♍ 12	♍ 12
☊	1日	♌ 19R	♌ 18R	♌ 18	♌ 17R	♌ 14R	♌ 11R	♌ 09R	♌ 09	♌ 09R	♌ 07R	♌ 04R	♌ 01R

		1月	2月	3月	4月	5月	6月	7月	8月	9月	10月	11月	12月
☽	1日	♓ 15	♉ 08	♉ 19	♋ 11	♌ 16	♎ 01	♏ 04	♐ 18	♒ 04	♓ 09	♉ 01	♊ 10
	2日	♓ 29	♉ 22	♊ 03	♋ 24	♌ 28	♎ 13	♏ 15	♑ 00	♒ 17	♓ 23	♉ 17	♊ 25
	3日	♈ 13	♊ 06	♊ 17	♌ 06	♍ 11	♎ 25	♏ 27	♑ 12	♓ 01	♈ 08	♊ 02	♋ 10
	4日	♈ 27	♊ 20	♋ 00	♌ 19	♍ 23	♏ 07	♐ 09	♑ 25	♓ 15	♈ 23	♊ 17	♋ 24
	5日	♉ 12	♋ 04	♋ 14	♍ 01	♎ 05	♏ 19	♐ 22	♒ 09	♓ 29	♉ 08	♋ 02	♌ 09
	6日	♉ 26	♋ 17	♋ 27	♍ 14	♎ 17	♐ 01	♑ 04	♒ 22	♈ 14	♉ 23	♋ 16	♌ 22
	7日	♊ 10	♌ 00	♌ 09	♍ 26	♎ 28	♐ 13	♑ 17	♓ 06	♈ 29	♊ 08	♌ 00	♍ 05
	8日	♊ 24	♌ 13	♌ 22	♎ 08	♏ 10	♐ 25	♒ 00	♓ 20	♉ 13	♊ 22	♌ 13	♍ 18
	9日	♋ 08	♌ 26	♍ 04	♎ 19	♏ 22	♑ 08	♒ 13	♈ 04	♉ 28	♋ 06	♌ 26	♎ 00
	10日	♋ 21	♍ 08	♍ 17	♏ 01	♐ 04	♑ 20	♒ 26	♈ 18	♊ 12	♋ 20	♍ 09	♎ 13
	11日	♌ 04	♍ 20	♍ 29	♏ 13	♐ 16	♒ 03	♓ 10	♉ 03	♊ 26	♌ 03	♍ 21	♎ 25
	12日	♌ 17	♎ 02	♎ 11	♏ 25	♐ 28	♒ 16	♓ 23	♉ 17	♋ 10	♌ 16	♎ 03	♏ 06
	13日	♍ 00	♎ 14	♎ 23	♐ 07	♑ 11	♒ 29	♈ 07	♊ 01	♋ 23	♌ 29	♎ 16	♏ 18
	14日	♍ 12	♎ 26	♏ 05	♐ 19	♑ 23	♓ 13	♈ 22	♊ 15	♌ 06	♍ 12	♎ 28	♐ 00
	15日	♍ 24	♏ 08	♏ 16	♑ 01	♒ 06	♓ 27	♉ 06	♊ 29	♌ 19	♍ 24	♏ 09	♐ 12
	16日	♎ 06	♏ 20	♏ 28	♑ 14	♒ 19	♈ 11	♉ 20	♋ 13	♍ 02	♎ 06	♏ 21	♐ 24
	17日	♎ 18	♐ 02	♐ 10	♑ 26	♓ 03	♈ 25	♊ 05	♋ 26	♍ 15	♎ 19	♐ 03	♑ 06
	18日	♏ 00	♐ 14	♐ 22	♒ 10	♓ 16	♉ 10	♊ 19	♌ 10	♍ 27	♏ 01	♐ 15	♑ 18
	19日	♏ 12	♐ 27	♑ 05	♒ 23	♈ 01	♉ 25	♋ 03	♌ 23	♎ 10	♏ 12	♐ 27	♒ 00
	20日	♏ 24	♑ 10	♑ 18	♓ 07	♈ 15	♊ 09	♋ 17	♍ 06	♎ 22	♏ 24	♑ 09	♒ 13
	21日	♐ 07	♑ 23	♒ 01	♓ 22	♉ 00	♊ 24	♌ 01	♍ 19	♏ 04	♐ 06	♑ 21	♒ 25
	22日	♐ 19	♒ 07	♒ 15	♈ 07	♉ 16	♋ 09	♌ 15	♎ 01	♏ 16	♐ 18	♒ 03	♓ 08
	23日	♑ 02	♒ 21	♒ 29	♈ 22	♊ 01	♋ 23	♌ 28	♎ 14	♏ 28	♑ 00	♒ 16	♓ 22
	24日	♑ 15	♓ 05	♓ 13	♉ 07	♊ 16	♌ 06	♍ 11	♎ 26	♐ 09	♑ 12	♒ 29	♈ 05
	25日	♑ 29	♓ 20	♓ 28	♉ 22	♋ 00	♌ 20	♍ 23	♏ 08	♐ 21	♑ 24	♓ 12	♈ 19
	26日	♒ 13	♈ 05	♈ 14	♊ 07	♋ 15	♍ 03	♎ 06	♏ 19	♑ 03	♒ 07	♓ 26	♉ 04
	27日	♒ 27	♈ 20	♈ 29	♊ 22	♋ 28	♍ 15	♎ 18	♐ 01	♑ 16	♒ 20	♈ 10	♉ 18
	28日	♓ 11	♉ 04	♉ 14	♋ 06	♌ 12	♍ 28	♏ 00	♐ 13	♑ 28	♓ 03	♈ 25	♊ 03
	29日	♓ 25		♉ 29	♋ 20	♌ 25	♎ 10	♏ 12	♐ 25	♒ 11	♓ 17	♉ 10	♊ 18
	30日	♈ 10		♊ 13	♌ 03	♍ 07	♎ 22	♏ 23	♑ 08	♒ 25	♈ 01	♉ 25	♋ 03
	31日	♈ 24		♊ 27		♍ 19		♐ 05	♑ 20		♈ 16		♋ 18
☿	1日	♑ 29	♑ 21	♒ 18	♈ 12	♉ 29	♉ 22	♊ 24	♌ 26	♎ 04	♍ 21	♏ 05	♐ 22
	6日	♒ 04	♑ 22	♒ 25	♈ 22	♊ 01	♉ 23	♋ 04	♍ 04	♎ 05	♍ 24	♏ 14	♑ 00
	11日	♒ 07	♑ 26	♓ 03	♉ 02	♊ 00R	♉ 26	♋ 15	♍ 12	♎ 04R	♎ 01	♏ 22	♑ 07
	16日	♒ 05R	♒ 01	♓ 12	♉ 12	♉ 28R	♊ 01	♋ 26	♍ 19	♎ 01R	♎ 09	♏ 29	♑ 13
	21日	♑ 29R	♒ 07	♓ 20	♉ 20	♉ 25R	♊ 08	♌ 06	♍ 24	♍ 26R	♎ 17	♐ 07	♑ 18
	26日	♑ 23R	♒ 13	♈ 00	♉ 25	♉ 23R	♊ 15	♌ 16	♍ 29	♍ 21R	♎ 25	♐ 15	♑ 21
♀	1日	♏ 25	♐ 25	♑ 26	♓ 02	♈ 08	♉ 16	♊ 22	♌ 00	♍ 09	♎ 16	♏ 24	♑ 02
	11日	♐ 04	♑ 06	♒ 08	♓ 14	♈ 20	♉ 28	♋ 04	♌ 13	♍ 21	♎ 28	♐ 07	♑ 14
	21日	♐ 14	♑ 17	♒ 19	♓ 26	♉ 03	♊ 10	♋ 17	♌ 25	♎ 03	♏ 11	♐ 19	♑ 27
♂	1日	♌ 25R	♌ 16R	♌ 07R	♌ 07	♌ 15	♌ 29	♍ 15	♎ 03	♎ 23	♏ 13	♐ 05	♐ 27
	11日	♌ 23R	♌ 12R	♌ 06R	♌ 09	♌ 19	♍ 04	♍ 21	♎ 09	♎ 29	♏ 20	♐ 12	♑ 04
	21日	♌ 20R	♌ 09R	♌ 05	♌ 12	♌ 24	♍ 09	♍ 26	♎ 15	♏ 06	♏ 27	♐ 19	♑ 12
♃	1日	♓ 09	♓ 15	♓ 22	♓ 29	♈ 06	♈ 13	♈ 17	♈ 19	♈ 19R	♈ 15R	♈ 11R	♈ 10R
	11日	♓ 11	♓ 18	♓ 24	♈ 02	♈ 08	♈ 14	♈ 18	♈ 19R	♈ 18R	♈ 14R	♈ 11R	♈ 10
	21日	♓ 13	♓ 20	♓ 27	♈ 04	♈ 10	♈ 16	♈ 19	♈ 19R	♈ 17R	♈ 13R	♈ 10R	♈ 10
♄	1日	♒ 10	♒ 14	♒ 17	♒ 20	♒ 22	♒ 23	♒ 23R	♒ 21R	♒ 18R	♒ 17R	♒ 17	♒ 18
	11日	♒ 11	♒ 15	♒ 18	♒ 21	♒ 23	♒ 23R	♒ 22R	♒ 20R	♒ 18R	♒ 17R	♒ 17	♒ 19
	21日	♒ 12	♒ 16	♒ 19	♒ 22	♒ 23	♒ 23R	♒ 21R	♒ 19R	♒ 17R	♒ 16R	♒ 17	♒ 19
♅	1日	♍ 05R	♍ 04R	♍ 03R	♍ 02R	♍ 01R	♍ 01	♍ 02	♍ 04	♍ 06	♍ 08	♍ 09	♍ 10
♆	1日	♏ 15	♏ 16	♏ 16R	♏ 15R	♏ 14R	♏ 14R	♏ 13R	♏ 13	♏ 13	♏ 14	♏ 15	♏ 16
♇	1日	♍·12R	♍ 12R	♍ 11R	♍ 10R	♍ 10R	♍ 10	♍ 10	♍ 11	♍ 12	♍ 13	♍ 14	♍ 14
☊	1日	♌ 00	♌ 00R	♋ 29R	♋ 27	♋ 24R	♋ 21R	♋ 21R	♋ 20	♋ 20R	♋ 17R	♋ 14R	♋ 12R

1964（うるう）年

		1月	2月	3月	4月	5月	6月	7月	8月	9月	10月	11月	12月
☽	1日	♌ 02	♍ 21	♎ 12	♏ 27	♐ 29	♒ 13	♓ 18	♉ 09	♋ 02	♌ 11	♎ 01	♏ 06
	2日	♌ 16	♎ 04	♎ 24	♐ 09	♑ 10	♒ 26	♈ 01	♉ 23	♋ 16	♌ 24	♎ 14	♏ 19
	3日	♍ 00	♎ 17	♏ 07	♐ 20	♑ 22	♓ 09	♈ 15	♊ 07	♌ 00	♍ 08	♎ 27	♐ 01
	4日	♍ 13	♎ 29	♏ 19	♑ 02	♒ 05	♓ 22	♈ 28	♊ 21	♌ 15	♍ 22	♏ 10	♐ 13
	5日	♍ 26	♏ 11	♐ 01	♑ 14	♒ 17	♈ 05	♉ 13	♋ 06	♌ 29	♎ 05	♏ 22	♐ 25
	6日	♎ 09	♏ 23	♐ 12	♑ 26	♓ 00	♈ 19	♉ 27	♋ 21	♍ 13	♎ 18	♐ 04	♑ 06
	7日	♎ 21	♐ 05	♐ 24	♒ 09	♓ 13	♉ 03	♊ 12	♌ 05	♍ 26	♏ 01	♐ 16	♑ 18
	8日	♏ 03	♐ 16	♑ 06	♒ 21	♓ 26	♉ 18	♊ 27	♌ 20	♎ 10	♏ 14	♐ 28	♒ 00
	9日	♏ 15	♐ 28	♑ 18	♓ 05	♈ 10	♊ 03	♋ 12	♍ 04	♎ 23	♏ 26	♑ 10	♒ 12
	10日	♏ 27	♑ 11	♒ 01	♓ 18	♈ 25	♊ 18	♋ 27	♍ 18	♏ 06	♐ 08	♑ 22	♒ 24
	11日	♐ 08	♑ 23	♒ 13	♈ 02	♉ 10	♋ 04	♌ 12	♎ 02	♏ 18	♐ 20	♒ 03	♓ 06
	12日	♐ 20	♒ 05	♒ 27	♈ 17	♉ 25	♋ 19	♌ 26	♎ 15	♐ 00	♑ 02	♒ 15	♓ 19
	13日	♑ 02	♒ 18	♓ 10	♉ 01	♊ 10	♌ 03	♍ 10	♎ 28	♐ 12	♑ 14	♒ 28	♈ 02
	14日	♑ 15	♓ 02	♓ 24	♉ 16	♊ 25	♌ 18	♍ 24	♏ 10	♐ 24	♑ 25	♓ 10	♈ 15
	15日	♑ 27	♓ 15	♈ 08	♊ 01	♋ 10	♍ 01	♎ 07	♏ 22	♑ 06	♒ 07	♓ 23	♈ 29
	16日	♒ 10	♓ 29	♈ 22	♊ 16	♋ 24	♍ 15	♎ 19	♐ 04	♑ 18	♒ 20	♈ 07	♉ 13
	17日	♒ 22	♈ 13	♉ 07	♋ 00	♌ 08	♍ 28	♏ 02	♐ 16	♒ 00	♓ 02	♈ 21	♉ 27
	18日	♓ 05	♈ 27	♉ 21	♋ 15	♌ 22	♎ 11	♏ 14	♐ 28	♒ 12	♓ 15	♉ 05	♊ 12
	19日	♓ 19	♉ 11	♊ 06	♋ 28	♍ 05	♎ 23	♏ 26	♑ 10	♒ 24	♓ 29	♉ 19	♊ 27
	20日	♈ 02	♉ 25	♊ 20	♌ 12	♍ 18	♏ 05	♐ 08	♑ 22	♓ 07	♈ 13	♊ 04	♋ 13
	21日	♈ 16	♊ 09	♋ 04	♌ 25	♎ 01	♏ 17	♐ 19	♒ 04	♓ 21	♈ 27	♊ 19	♋ 28
	22日	♉ 00	♊ 23	♋ 18	♍ 09	♎ 14	♏ 29	♑ 01	♒ 16	♈ 04	♉ 11	♋ 04	♌ 13
	23日	♉ 14	♋ 07	♌ 02	♍ 21	♎ 26	♐ 11	♑ 13	♒ 29	♈ 18	♉ 26	♋ 19	♌ 27
	24日	♉ 28	♋ 21	♌ 15	♎ 04	♏ 08	♐ 23	♑ 25	♓ 12	♉ 02	♊ 10	♌ 04	♍ 11
	25日	♊ 13	♌ 05	♌ 29	♎ 17	♏ 20	♑ 04	♒ 07	♓ 25	♉ 16	♊ 25	♌ 18	♍ 25
	26日	♊ 27	♌ 19	♍ 12	♎ 29	♐ 02	♑ 16	♒ 20	♈ 08	♊ 00	♋ 09	♍ 02	♎ 08
	27日	♋ 12	♍ 03	♍ 25	♏ 11	♐ 14	♑ 28	♓ 02	♈ 22	♊ 14	♋ 23	♍ 15	♎ 21
	28日	♋ 26	♍ 16	♎ 08	♏ 23	♐ 26	♒ 10	♓ 15	♉ 06	♊ 28	♌ 07	♍ 28	♏ 04
	29日	♌ 10	♍ 29	♎ 20	♐ 05	♑ 07	♒ 23	♓ 28	♉ 19	♋ 13	♌ 21	♎ 11	♏ 16
	30日	♌ 24		♏ 03	♐ 17	♑ 19	♓ 05	♈ 11	♊ 03	♋ 27	♍ 05	♎ 24	♏ 28
	31日	♍ 08		♏ 15		♒ 01		♈ 25	♊ 17		♍ 18		♐ 10
☿	1日	♑ 18R	♑ 17	♓ 00	♈ 29	♉ 05R	♉ 17	♋ 14	♍ 06	♍ 11R	♍ 27	♏ 19	♑ 00
	6日	♑ 11R	♑ 23	♓ 09	♉ 05	♉ 02R	♉ 24	♋ 24	♍ 11	♍ 07R	♎ 06	♏ 26	♑ 04
	11日	♑ 06R	♒ 00	♓ 19	♉ 10	♉ 02	♊ 03	♌ 04	♍ 15	♍ 04R	♎ 14	♐ 04	♑ 05R
	16日	♑ 05	♒ 08	♓ 28	♉ 11	♉ 03	♊ 12	♌ 13	♍ 17	♍ 06	♎ 23	♐ 11	♑ 01R
	21日	♑ 06	♒ 15	♈ 08	♉ 11R	♉ 06	♊ 22	♌ 21	♍ 18R	♍ 11	♏ 01	♐ 18	♐ 24R
	26日	♑ 11	♒ 24	♈ 18	♉ 08R	♉ 10	♋ 03	♌ 28	♍ 16R	♍ 18	♏ 09	♐ 25	♐ 19R
♀	1日	♒ 10	♓ 18	♈ 23	♉ 27	♊ 25	♋ 07R	♊ 22R	♊ 27	♋ 23	♌ 25	♎ 01	♏ 07
	11日	♒ 23	♈ 00	♉ 04	♊ 07	♋ 01	♋ 04R	♊ 20R	♋ 04	♌ 03	♍ 06	♎ 13	♏ 20
	21日	♓ 05	♈ 12	♉ 15	♊ 16	♋ 06	♊ 28R	♊ 22	♋ 13	♌ 14	♍ 18	♎ 25	♐ 02
♂	1日	♑ 21	♒ 15	♓ 08	♈ 02	♈ 25	♉ 18	♊ 10	♋ 01	♋ 21	♌ 10	♌ 27	♍ 12
	11日	♑ 28	♒ 23	♓ 16	♈ 10	♉ 03	♉ 25	♊ 17	♋ 08	♋ 27	♌ 16	♍ 03	♍ 17
	21日	♒ 06	♓ 01	♓ 23	♈ 17	♉ 10	♊ 03	♊ 23	♋ 14	♌ 04	♌ 21	♍ 08	♍ 20
♃	1日	♈ 11	♈ 15	♈ 20	♈ 27	♉ 05	♉ 12	♉ 18	♉ 23	♉ 26	♉ 26R	♉ 23R	♉ 19R
	11日	♈ 12	♈ 17	♈ 23	♉ 00	♉ 07	♉ 14	♉ 20	♉ 24	♉ 26	♉ 25R	♉ 21R	♉ 18R
	21日	♈ 13	♈ 18	♈ 25	♉ 02	♉ 09	♉ 16	♉ 21	♉ 25	♉ 26R	♉ 24R	♉ 20R	♉ 17R
♄	1日	♒ 20	♒ 24	♒ 27	♓ 01	♓ 03	♓ 05	♓ 05R	♓ 03R	♓ 01R	♒ 29R	♒ 28R	♒ 29
	11日	♒ 21	♒ 25	♒ 29	♓ 02	♓ 04	♓ 05	♓ 04R	♓ 03R	♓ 00R	♒ 29R	♒ 28	♓ 00
	21日	♒ 23	♒ 26	♓ 00	♓ 03	♓ 05	♓ 05R	♓ 04R	♓ 02R	♓ 00R	♒ 28R	♒ 29	♓ 00
♅	1日	♍ 10R	♍ 09R	♍ 08R	♍ 07R	♍ 06R	♍ 06	♍ 07	♍ 08	♍ 10	♍ 12	♍ 14	♍ 15
♆	1日	♏ 17	♏ 18	♏ 18R	♏ 17R	♏ 17R	♏ 16R	♏ 15R	♏ 15	♏ 15	♏ 16	♏ 17	♏ 18
♇	1日	♍ 14R	♍ 14R	♍ 13R	♍ 12R	♍ 12R	♍ 12	♍ 12	♍ 13	♍ 14	♍ 15	♍ 16	♍ 16
☊	1日	♋ 11	♋ 11R	♋ 09R	♋ 06R	♋ 03R	♋ 02	♋ 02R	♋ 01R	♋ 00R	♊ 27R	♊ 24R	♊ 23R

		1月	2月	3月	4月	5月	6月	7月	8月	9月	10月	11月	12月
☽	1日	♐ 22	♒ 06	♒ 14	♈ 00	♉ 06	♊ 27	♌ 06	♍ 29	♏ 19	♐ 22	♒ 06	♓ 08
	2日	♑ 03	♒ 18	♒ 27	♈ 14	♉ 20	♋ 12	♌ 21	♎ 14	♐ 02	♑ 04	♒ 18	♓ 20
	3日	♑ 15	♓ 00	♓ 09	♈ 27	♊ 04	♋ 27	♍ 06	♎ 27	♐ 14	♑ 16	♓ 00	♈ 02
	4日	♑ 27	♓ 12	♓ 22	♉ 11	♊ 18	♌ 12	♍ 20	♏ 10	♐ 26	♑ 28	♓ 12	♈ 14
	5日	♒ 09	♓ 25	♈ 04	♉ 24	♋ 03	♌ 26	♎ 04	♏ 23	♑ 08	♒ 10	♓ 24	♈ 27
	6日	♒ 21	♈ 08	♈ 17	♊ 08	♋ 17	♍ 10	♎ 18	♐ 05	♑ 20	♒ 22	♈ 07	♉ 10
	7日	♓ 03	♈ 20	♉ 01	♊ 22	♌ 01	♍ 24	♏ 01	♐ 17	♒ 02	♓ 04	♈ 19	♉ 24
	8日	♓ 15	♉ 04	♉ 14	♋ 06	♌ 15	♎ 08	♏ 13	♐ 29	♒ 14	♓ 16	♉ 02	♊ 08
	9日	♓ 28	♉ 17	♉ 28	♋ 20	♍ 00	♎ 21	♏ 26	♑ 11	♒ 26	♓ 28	♉ 16	♊ 22
	10日	♈ 11	♊ 01	♊ 11	♌ 04	♍ 13	♏ 04	♐ 08	♑ 23	♓ 08	♈ 11	♉ 29	♋ 07
	11日	♈ 24	♊ 15	♊ 25	♌ 19	♍ 27	♏ 16	♐ 20	♒ 05	♓ 20	♈ 24	♊ 13	♋ 21
	12日	♉ 07	♊ 29	♋ 09	♍ 03	♎ 11	♏ 29	♑ 02	♒ 17	♈ 02	♉ 07	♊ 27	♌ 06
	13日	♉ 21	♋ 14	♋ 24	♍ 17	♎ 24	♐ 11	♑ 14	♒ 29	♈ 15	♉ 20	♋ 12	♌ 21
	14日	♊ 06	♋ 29	♌ 08	♎ 01	♏ 07	♐ 23	♑ 26	♓ 11	♈ 27	♊ 04	♋ 26	♍ 05
	15日	♊ 20	♌ 14	♌ 23	♎ 15	♏ 20	♑ 05	♒ 08	♓ 23	♉ 10	♊ 17	♌ 10	♍ 19
	16日	♋ 05	♌ 29	♍ 07	♎ 28	♐ 02	♑ 17	♒ 20	♈ 05	♉ 23	♋ 01	♌ 24	♎ 03
	17日	♋ 21	♍ 13	♍ 22	♏ 11	♐ 15	♑ 29	♓ 02	♈ 18	♊ 07	♋ 15	♍ 08	♎ 17
	18日	♌ 06	♍ 28	♎ 06	♏ 24	♐ 27	♒ 11	♓ 14	♉ 00	♊ 20	♋ 29	♍ 22	♏ 00
	19日	♌ 21	♎ 12	♎ 20	♐ 06	♑ 09	♒ 23	♓ 26	♉ 13	♋ 04	♌ 13	♎ 06	♏ 13
	20日	♍ 06	♎ 25	♏ 03	♐ 19	♑ 21	♓ 05	♈ 08	♉ 26	♋ 18	♌ 27	♎ 20	♏ 26
	21日	♍ 20	♏ 08	♏ 16	♑ 01	♒ 03	♓ 17	♈ 21	♊ 10	♌ 03	♍ 12	♏ 04	♐ 09
	22日	♎ 04	♏ 21	♏ 29	♑ 13	♒ 14	♓ 29	♉ 04	♊ 24	♌ 17	♍ 26	♏ 17	♐ 22
	23日	♎ 17	♐ 03	♐ 11	♑ 25	♒ 26	♈ 12	♉ 17	♋ 08	♍ 02	♎ 10	♐ 00	♑ 04
	24日	♏ 00	♐ 15	♐ 23	♒ 06	♓ 08	♈ 25	♊ 01	♋ 23	♍ 17	♎ 25	♐ 13	♑ 16
	25日	♏ 13	♐ 27	♑ 05	♒ 18	♓ 21	♉ 08	♊ 15	♌ 08	♎ 02	♏ 08	♐ 25	♑ 28
	26日	♏ 25	♑ 09	♑ 17	♓ 00	♈ 04	♉ 22	♊ 29	♌ 23	♎ 16	♏ 22	♑ 08	♒ 10
	27日	♐ 07	♑ 20	♑ 29	♓ 13	♈ 17	♊ 06	♋ 14	♍ 08	♏ 00	♐ 05	♑ 20	♒ 22
	28日	♐ 19	♒ 02	♒ 10	♓ 26	♉ 00	♊ 21	♌ 00	♍ 23	♏ 14	♐ 18	♒ 02	♓ 04
	29日	♑ 00		♒ 23	♈ 09	♉ 14	♋ 06	♌ 15	♎ 08	♏ 27	♑ 00	♒ 14	♓ 16
	30日	♑ 12		♓ 05	♈ 22	♉ 28	♋ 21	♍ 00	♎ 22	♐ 10	♑ 12	♒ 26	♓ 28
	31日	♑ 24		♓ 17		♊ 13		♍ 15	♏ 06		♑ 24		♈ 10
☿	1日	♐ 19	♑ 27	♓ 15	♈ 23R	♈ 15	♉ 28	♋ 29	♍ 00	♌ 20	♎ 10	♏ 28	♐ 14R
	6日	♐ 23	♒ 04	♓ 24	♈ 20R	♈ 19	♊ 08	♌ 07	♌ 29R	♌ 26	♎ 19	♐ 05	♐ 07R
	11日	♐ 28	♒ 12	♈ 04	♈ 17R	♈ 24	♊ 19	♌ 14	♌ 27R	♍ 04	♎ 27	♐ 11	♐ 03R
	16日	♑ 04	♒ 21	♈ 12	♈ 13R	♉ 01	♋ 00	♌ 20	♌ 22R	♍ 13	♏ 05	♐ 16	♐ 04
	21日	♑ 10	♓ 00	♈ 19	♈ 12R	♉ 08	♋ 11	♌ 25	♌ 19R	♍ 22	♏ 13	♐ 19	♐ 07
	26日	♑ 18	♓ 09	♈ 22	♈ 12	♉ 17	♋ 20	♌ 28	♌ 18	♎ 02	♏ 20	♐ 18R	♐ 13
♀	1日	♐ 16	♑ 25	♓ 00	♈ 08	♉ 15	♊ 24	♌ 00	♍ 08	♎ 15	♏ 20	♐ 25	♑ 25
	11日	♐ 28	♒ 07	♓ 12	♈ 21	♉ 28	♋ 06	♌ 12	♍ 20	♎ 27	♐ 02	♑ 06	♒ 03
	21日	♑ 11	♒ 20	♓ 25	♉ 03	♊ 10	♋ 18	♌ 25	♎ 02	♏ 09	♐ 13	♑ 16	♒ 09
♂	1日	♍ 24	♍ 28R	♍ 22R	♍ 11R	♍ 09	♍ 18	♎ 01	♎ 18	♏ 07	♏ 28	♐ 20	♑ 13
	11日	♍ 26	♍ 27R	♍ 18R	♍ 09R	♍ 11	♍ 22	♎ 06	♎ 24	♏ 14	♐ 05	♐ 28	♑ 21
	21日	♍ 28	♍ 25R	♍ 14R	♍ 09	♍ 14	♍ 26	♎ 12	♏ 00	♏ 21	♐ 12	♑ 05	♑ 28
♃	1日	♉ 16R	♉ 17	♉ 20	♉ 25	♊ 02	♊ 09	♊ 16	♊ 22	♊ 28	♋ 01	♋ 01R	♊ 29R
	11日	♉ 16	♉ 18	♉ 22	♉ 28	♊ 04	♊ 11	♊ 18	♊ 24	♊ 29	♋ 01	♋ 00R	♊ 27R
	21日	♉ 16	♉ 19	♉ 23	♊ 00	♊ 07	♊ 14	♊ 20	♊ 26	♋ 00	♋ 01R	♋ 00R	♊ 26R
♄	1日	♓ 01	♓ 05	♓ 08	♓ 12	♓ 15	♓ 17	♓ 17R	♓ 16R	♓ 14R	♓ 12R	♓ 11R	♓ 11
	11日	♓ 02	♓ 06	♓ 09	♓ 13	♓ 15	♓ 17	♓ 17R	♓ 16R	♓ 13R	♓ 11R	♓ 10R	♓ 11
	21日	♓ 03	♓ 07	♓ 10	♓ 14	♓ 16	♓ 17	♓ 17R	♓ 15R	♓ 13R	♓ 11R	♓ 11	♓ 12
♅	1日	♍ 15R	♍ 14R	♍ 13R	♍ 12R	♍ 11R	♍ 11	♍ 12	♍ 13	♍ 15	♍ 17	♍ 18	♍ 19
♆	1日	♏ 19	♏ 20	♏ 20R	♏ 20R	♏ 19R	♏ 18R	♏ 17R	♏ 17	♏ 18	♏ 18	♏ 19	♏ 20
♇	1日	♍ 16R	♍ 16R	♍ 15R	♍ 14R	♍ 14R	♍ 14	♍ 14	♍ 15	♍ 16	♍ 17	♍ 18	♍ 18
☊	1日	♊ 23	♊ 22R	♊ 20R	♊ 16R	♊ 14R	♊ 14	♊ 14R	♊ 12R	♊ 09R	♊ 06	♊ 05	♊ 05R

天文暦｜月その他　1966年

		1月	2月	3月	4月	5月	6月	7月	8月	9月	10月	11月	12月
	1日	♈ 22	♊ 10	♊ 19	♌ 11	♍ 20	♏ 13	♐ 19	♒ 06	♓ 20	♈ 23	♊ 09	♋ 15
	2日	♉ 05	♊ 24	♋ 02	♌ 25	♎ 05	♏ 26	♑ 02	♒ 18	♈ 02	♉ 05	♊ 22	♋ 29
	3日	♉ 18	♋ 08	♋ 17	♍ 10	♎ 19	♐ 10	♑ 14	♓ 00	♈ 14	♉ 17	♋ 05	♌ 13
	4日	♊ 02	♋ 23	♌ 01	♍ 25	♏ 03	♐ 23	♑ 27	♓ 12	♈ 26	♊ 00	♋ 18	♌ 27
	5日	♊ 16	♌ 08	♌ 16	♎ 10	♏ 17	♑ 06	♒ 09	♓ 23	♉ 08	♊ 12	♌ 02	♍ 11
	6日	♋ 00	♌ 23	♍ 02	♎ 25	♐ 01	♑ 18	♒ 21	♈ 05	♉ 20	♊ 25	♌ 16	♍ 25
	7日	♋ 15	♍ 09	♍ 17	♏ 09	♐ 15	♒ 01	♓ 03	♈ 17	♊ 03	♋ 08	♍ 00	♎ 09
	8日	♌ 00	♍ 24	♎ 02	♏ 23	♐ 28	♒ 13	♓ 15	♈ 29	♊ 15	♋ 22	♍ 14	♎ 23
	9日	♌ 15	♎ 09	♎ 17	♐ 07	♑ 10	♒ 25	♓ 27	♉ 11	♊ 29	♌ 06	♍ 29	♏ 08
	10日	♍ 00	♎ 23	♏ 01	♐ 20	♑ 23	♓ 07	♈ 09	♉ 24	♋ 12	♌ 20	♎ 14	♏ 22
	11日	♍ 15	♏ 07	♏ 15	♑ 03	♒ 05	♓ 19	♈ 21	♊ 07	♋ 26	♍ 05	♎ 28	♐ 06
	12日	♍ 29	♏ 20	♏ 29	♑ 15	♒ 17	♈ 01	♉ 03	♊ 20	♌ 11	♍ 20	♏ 13	♐ 20
	13日	♎ 14	♐ 03	♐ 12	♑ 27	♒ 29	♈ 13	♉ 16	♋ 04	♌ 26	♎ 05	♏ 27	♑ 03
	14日	♎ 27	♐ 15	♐ 24	♒ 09	♓ 11	♈ 25	♉ 28	♋ 18	♍ 11	♎ 20	♐ 11	♑ 16
	15日	♏ 10	♐ 28	♑ 07	♒ 21	♓ 23	♉ 08	♊ 12	♌ 03	♍ 26	♏ 05	♐ 25	♑ 29
☽	16日	♏ 23	♑ 10	♑ 19	♓ 03	♈ 05	♉ 20	♊ 25	♌ 18	♎ 12	♏ 19	♑ 09	♒ 12
	17日	♐ 06	♑ 22	♒ 01	♓ 15	♈ 17	♊ 04	♋ 10	♍ 03	♎ 27	♐ 04	♑ 22	♒ 24
	18日	♐ 18	♒ 04	♒ 13	♓ 27	♉ 00	♊ 17	♋ 24	♍ 18	♏ 11	♐ 17	♒ 04	♓ 06
	19日	♑ 01	♒ 16	♒ 24	♈ 09	♉ 12	♋ 01	♌ 09	♎ 03	♏ 25	♑ 01	♒ 16	♓ 18
	20日	♑ 13	♒ 27	♓ 06	♈ 21	♉ 25	♋ 15	♌ 24	♎ 18	♐ 09	♑ 13	♒ 29	♈ 00
	21日	♑ 25	♓ 09	♓ 18	♉ 04	♊ 09	♌ 00	♍ 09	♏ 02	♐ 22	♑ 26	♓ 10	♈ 12
	22日	♒ 07	♓ 21	♈ 00	♉ 16	♊ 22	♌ 14	♍ 24	♏ 16	♑ 05	♒ 08	♓ 22	♈ 24
	23日	♒ 19	♈ 03	♈ 12	♉ 29	♋ 06	♌ 29	♎ 08	♐ 00	♑ 17	♒ 20	♈ 04	♉ 06
	24日	♓ 01	♈ 15	♈ 25	♊ 12	♋ 20	♍ 13	♎ 22	♐ 13	♒ 00	♓ 02	♈ 16	♉ 18
	25日	♓ 12	♈ 27	♉ 07	♊ 26	♌ 04	♍ 27	♏ 06	♐ 25	♒ 12	♓ 14	♈ 28	♊ 01
	26日	♓ 24	♉ 10	♉ 20	♋ 09	♌ 18	♎ 12	♏ 19	♑ 08	♒ 24	♓ 26	♉ 10	♊ 14
	27日	♈ 06	♉ 22	♊ 02	♋ 23	♍ 02	♎ 25	♐ 03	♑ 20	♓ 06	♈ 08	♉ 23	♊ 27
	28日	♈ 18	♊ 05	♊ 15	♌ 07	♍ 16	♏ 09	♐ 16	♒ 03	♓ 17	♈ 20	♊ 06	♋ 11
	29日	♉ 01		♊ 29	♌ 21	♎ 01	♏ 23	♐ 28	♒ 15	♓ 29	♉ 02	♊ 19	♋ 25
	30日	♉ 13		♋ 12	♍ 06	♎ 15	♐ 06	♑ 11	♒ 27	♈ 11	♉ 14	♋ 02	♌ 09
	31日	♉ 26		♋ 26		♎ 29		♑ 23	♓ 09		♉ 27		♌ 23
	1日	♐ 21	♒ 08	♓ 27	♓ 23R	♈ 16	♊ 16	♌ 05	♌ 03R	♌ 29	♎ 23	♐ 01	♏ 19
	6日	♐ 28	♒ 17	♈ 03	♓ 23	♈ 24	♊ 27	♌ 09	♌ 01R	♍ 09	♏ 00	♐ 03	♏ 23
☿	11日	♑ 05	♒ 26	♈ 06	♓ 25	♉ 03	♋ 06	♌ 11	♌ 01	♍ 19	♏ 08	♐ 02R	♏ 29
	16日	♑ 12	♓ 05	♈ 05R	♓ 28	♉ 12	♋ 15	♌ 11R	♌ 04	♍ 28	♏ 14	♏ 26R	♐ 06
	21日	♑ 20	♓ 14	♈ 01R	♈ 03	♉ 22	♋ 23	♌ 10R	♌ 10	♎ 07	♏ 21	♏ 20R	♐ 13
	26日	♑ 28	♓ 23	♓ 27R	♈ 09	♊ 03	♋ 29	♌ 07R	♌ 18	♎ 15	♏ 26	♏ 17R	♐ 21
	1日	♒ 13	♒ 03R	♒ 01	♒ 25	♓ 26	♉ 00	♊ 05	♋ 13	♌ 20	♍ 27	♏ 06	♐ 14
♀	11日	♒ 13R	♑ 29R	♒ 07	♓ 04	♈ 07	♉ 12	♊ 17	♋ 25	♍ 03	♎ 10	♏ 19	♐ 26
	21日	♒ 09R	♑ 29	♒ 15	♓ 15	♈ 18	♉ 24	♊ 29	♌ 07	♍ 15	♎ 22	♐ 01	♑ 09
	1日	♒ 07	♓ 01	♓ 23	♈ 17	♉ 10	♊ 02	♊ 23	♋ 14	♌ 04	♌ 23	♍ 11	♍ 28
♂	11日	♒ 15	♓ 09	♈ 01	♈ 25	♉ 17	♊ 09	♋ 00	♋ 21	♌ 10	♌ 29	♍ 17	♎ 04
	21日	♒ 23	♓ 17	♈ 09	♉ 02	♉ 24	♊ 16	♋ 07	♋ 27	♌ 17	♍ 05	♍ 23	♎ 09
	1日	♊ 24R	♊ 22R	♊ 22	♊ 24	♊ 29	♋ 05	♋ 12	♋ 19	♋ 25	♌ 01	♌ 04	♌ 04R
♃	11日	♊ 23R	♊ 21R	♊ 22	♊ 26	♋ 01	♋ 08	♋ 14	♋ 21	♋ 27	♌ 02	♌ 04	♌ 04R
	21日	♊ 22R	♊ 21	♊ 23	♊ 27	♋ 03	♋ 10	♋ 17	♋ 23	♋ 29	♌ 03	♌ 04	♌ 03R
	1日	♓ 12	♓ 15	♓ 19	♓ 22	♓ 26	♓ 28	♈ 00	♓ 29R	♓ 28R	♓ 25R	♓ 23R	♓ 23
♄	11日	♓ 13	♓ 17	♓ 20	♓ 24	♓ 27	♓ 29	♈ 00	♓ 29R	♓ 27R	♓ 25R	♓ 23R	♓ 23
	21日	♓ 14	♓ 18	♓ 21	♓ 25	♓ 28	♓ 29	♈ 00R	♓ 28R	♓ 26R	♓ 24R	♓ 23R	♓ 23
♅	1日	♍ 20R	♍ 19R	♍ 18R	♍ 17R	♍ 16R	♍ 16	♍ 16	♍ 17	♍ 19	♍ 21	♍ 23	♍ 24
♆	1日	♏ 21	♏ 22	♏ 22R	♏ 22R	♏ 21R	♏ 20R	♏ 20R	♏ 19R	♏ 20	♏ 20	♏ 21	♏ 23
♇	1日	♍ 18R	♍ 18R	♍ 17R	♍ 17R	♍ 16R	♍ 16	♍ 16	♍ 17	♍ 18	♍ 19	♍ 20	♍ 21
☊	1日	♊ 04	♊ 02R	♉ 29R	♉ 26R	♉ 25R	♉ 25	♉ 25R	♉ 22R	♉ 19R	♉ 17R	♉ 16	♉ 16R

		1月	2月	3月	4月	5月	6月	7月	8月	9月	10月	11月	12月
☽	1日	♍ 07	♏ 01	♏ 11	♑ 02	♒ 06	♓ 22	♈ 23	♊ 07	♋ 24	♍ 00	♎ 22	♐ 01
	2日	♍ 22	♏ 15	♏ 25	♑ 15	♒ 19	♈ 03	♉ 05	♊ 20	♌ 07	♍ 14	♏ 07	♐ 16
	3日	♎ 06	♏ 28	♐ 09	♑ 27	♓ 01	♈ 15	♉ 17	♋ 02	♌ 22	♍ 29	♏ 23	♑ 00
	4日	♎ 20	♐ 12	♐ 22	♒ 10	♓ 13	♈ 27	♉ 29	♋ 16	♍ 06	♎ 14	♐ 08	♑ 15
	5日	♏ 04	♐ 25	♑ 05	♒ 22	♓ 25	♉ 09	♊ 12	♋ 29	♍ 21	♎ 29	♐ 22	♑ 29
	6日	♏ 18	♑ 08	♑ 18	♓ 04	♈ 07	♉ 21	♊ 24	♌ 13	♎ 06	♏ 14	♑ 07	♒ 12
	7日	♐ 01	♑ 21	♒ 00	♓ 16	♈ 19	♊ 03	♋ 07	♌ 27	♎ 20	♏ 29	♑ 21	♒ 26
	8日	♐ 15	♒ 04	♒ 13	♓ 28	♉ 00	♊ 16	♋ 20	♍ 12	♏ 05	♐ 14	♒ 04	♓ 08
	9日	♐ 28	♒ 16	♒ 25	♈ 10	♉ 12	♊ 28	♌ 04	♍ 26	♏ 20	♐ 28	♒ 17	♓ 21
	10日	♑ 12	♒ 28	♓ 07	♈ 22	♉ 24	♋ 11	♌ 18	♎ 10	♐ 04	♑ 11	♓ 00	♈ 03
	11日	♑ 25	♓ 10	♓ 19	♉ 03	♊ 07	♋ 24	♍ 02	♎ 25	♐ 18	♑ 25	♓ 12	♈ 15
	12日	♒ 07	♓ 22	♈ 01	♉ 15	♊ 19	♌ 08	♍ 16	♏ 09	♑ 01	♒ 08	♓ 24	♈ 26
	13日	♒ 20	♈ 04	♈ 13	♉ 27	♋ 01	♌ 21	♎ 00	♏ 23	♑ 15	♒ 20	♈ 06	♉ 08
	14日	♓ 02	♈ 16	♈ 25	♊ 10	♋ 14	♍ 05	♎ 14	♐ 07	♑ 28	♓ 03	♈ 18	♉ 20
	15日	♓ 14	♈ 28	♉ 06	♊ 22	♋ 27	♍ 19	♎ 28	♐ 21	♒ 11	♓ 15	♉ 00	♊ 02
	16日	♓ 26	♉ 10	♉ 18	♋ 04	♌ 11	♎ 03	♏ 12	♑ 04	♒ 23	♓ 27	♉ 11	♊ 14
	17日	♈ 08	♉ 22	♊ 00	♋ 17	♌ 24	♎ 17	♏ 26	♑ 18	♓ 06	♈ 09	♉ 23	♊ 26
	18日	♈ 20	♊ 04	♊ 13	♌ 01	♍ 08	♏ 02	♐ 10	♒ 01	♓ 18	♈ 21	♊ 05	♋ 09
	19日	♉ 02	♊ 17	♊ 25	♌ 14	♍ 22	♏ 16	♐ 24	♒ 14	♈ 00	♉ 03	♊ 17	♋ 21
	20日	♉ 14	♋ 00	♋ 08	♌ 28	♎ 07	♐ 00	♑ 08	♒ 27	♈ 12	♉ 14	♊ 29	♌ 04
	21日	♉ 26	♋ 13	♋ 21	♍ 13	♎ 22	♐ 15	♑ 22	♓ 09	♈ 24	♉ 26	♋ 12	♌ 17
	22日	♊ 09	♋ 27	♌ 05	♍ 28	♏ 06	♐ 29	♒ 05	♓ 22	♉ 06	♊ 08	♋ 24	♍ 00
	23日	♊ 22	♌ 11	♌ 20	♎ 13	♏ 21	♑ 13	♒ 18	♈ 04	♉ 18	♊ 20	♌ 07	♍ 14
	24日	♋ 05	♌ 26	♍ 04	♎ 28	♐ 06	♑ 27	♓ 01	♈ 16	♉ 29	♋ 02	♌ 20	♍ 27
	25日	♋ 19	♍ 11	♍ 19	♏ 13	♐ 21	♒ 10	♓ 13	♈ 27	♊ 11	♋ 15	♍ 04	♎ 11
	26日	♌ 03	♍ 26	♎ 05	♏ 28	♑ 05	♒ 23	♓ 25	♉ 09	♊ 23	♋ 27	♍ 17	♎ 25
	27日	♌ 18	♎ 11	♎ 20	♐ 12	♑ 18	♓ 05	♈ 07	♉ 21	♋ 06	♌ 11	♎ 01	♏ 10
	28日	♍ 03	♎ 26	♏ 05	♐ 27	♒ 02	♓ 18	♈ 19	♊ 03	♋ 19	♌ 24	♎ 16	♏ 24
	29日	♍ 17		♏ 20	♑ 10	♒ 15	♈ 00	♉ 01	♊ 15	♌ 02	♍ 08	♏ 00	♐ 09
	30日	♎ 02		♐ 04	♑ 24	♒ 27	♈ 11	♉ 13	♊ 28	♌ 16	♍ 22	♏ 15	♐ 24
	31日	♎ 17		♐ 18		♓ 10		♉ 25	♋ 10		♎ 07		♑ 08
☿	1日	♑ 00	♒ 21	♓ 16R	♓ 13	♈ 28	♋ 01	♋ 21R	♋ 19	♍ 15	♏ 01	♏ 09R	♏ 23
	6日	♑ 08	♓ 00	♓ 11R	♓ 19	♉ 08	♋ 08	♋ 19R	♋ 25	♍ 24	♏ 07	♏ 03R	♐ 01
	11日	♑ 16	♓ 08	♓ 07R	♓ 25	♉ 19	♋ 14	♋ 16R	♌ 04	♎ 02	♏ 12	♏ 01	♐ 09
	16日	♑ 24	♓ 15	♓ 05R	♈ 02	♊ 00	♋ 18	♋ 13R	♌ 14	♎ 10	♏ 16	♏ 04	♐ 16
	21日	♒ 02	♓ 18	♓ 05	♈ 10	♊ 11	♋ 21	♋ 12	♌ 24	♎ 18	♏ 17	♏ 09	♐ 24
	26日	♒ 11	♓ 18R	♓ 08	♈ 19	♊ 20	♋ 22	♋ 14	♍ 04	♎ 25	♏ 16R	♏ 16	♑ 02
♀	1日	♑ 23	♓ 02	♈ 06	♉ 14	♊ 20	♋ 24	♌ 24	♍ 13	♍ 04R	♍ 00	♍ 22	♎ 23
	11日	♒ 05	♓ 14	♈ 19	♉ 26	♋ 01	♌ 05	♍ 02	♍ 14R	♌ 29R	♍ 05	♎ 01	♏ 04
	21日	♒ 18	♓ 27	♉ 01	♊ 08	♋ 12	♌ 14	♍ 08	♍ 11R	♌ 28	♍ 12	♎ 12	♏ 16
♂	1日	♎ 14	♎ 27	♏ 03	♏ 00R	♎ 19R	♎ 15	♎ 22	♏ 06	♏ 24	♐ 14	♑ 07	♑ 29
	11日	♎ 19	♏ 00	♏ 03R	♎ 26R	♎ 17R	♎ 16	♎ 26	♏ 12	♐ 01	♐ 21	♑ 14	♒ 07
	21日	♎ 23	♏ 02	♏ 02R	♎ 23R	♎ 15R	♎ 19	♏ 01	♏ 17	♐ 07	♐ 29	♑ 22	♒ 15
♃	1日	♌ 02R	♋ 28R	♋ 25R	♋ 25	♋ 27	♌ 01	♌ 07	♌ 14	♌ 21	♌ 27	♍ 02	♍ 05
	11日	♌ 01R	♋ 27R	♋ 25R	♋ 25	♋ 28	♌ 03	♌ 09	♌ 16	♌ 23	♌ 29	♍ 03	♍ 06
	21日	♋ 29R	♋ 26R	♋ 24R	♋ 26	♌ 00	♌ 05	♌ 11	♌ 18	♌ 25	♍ 00	♍ 04	♍ 06
♄	1日	♓ 24	♓ 27	♈ 00	♈ 03	♈ 07	♈ 10	♈ 12	♈ 12R	♈ 11R	♈ 09R	♈ 07R	♈ 06R
	11日	♓ 25	♓ 28	♈ 01	♈ 05	♈ 08	♈ 11	♈ 12	♈ 12R	♈ 11R	♈ 08R	♈ 06R	♈ 06
	21日	♓ 26	♓ 29	♈ 02	♈ 06	♈ 09	♈ 11	♈ 12	♈ 12R	♈ 10R	♈ 08R	♈ 06R	♈ 06
♅	1日	♍ 24R	♍ 24R	♍ 23R	♍ 22R	♍ 21R	♍ 20	♍ 21	♍ 22	♍ 24	♍ 26	♍ 27	♍ 29
♆	1日	♏ 24	♏ 24	♏ 24R	♏ 24R	♏ 23R	♏ 23R	♏ 22R	♏ 22R	♏ 22	♏ 22	♏ 23	♏ 25
♇	1日	♍ 21R	♍ 20R	♍ 20R	♍ 19R	♍ 18R	♍ 18	♍ 18	♍ 19	♍ 20	♍ 21	♍ 22	♍ 23
☊	1日	♉ 15R	♉ 12R	♉ 09	♉ 07	♉ 07R	♉ 06	♉ 05	♉ 02R	♈ 29R	♈ 28R	♈ 28	♈ 27R

1968（うるう）年

		1月	2月	3月	4月	5月	6月	7月	8月	9月	10月	11月	12月
☽	1日	♑ 23	♓ 11	♈ 02	♉ 16	♊ 19	♌ 04	♍ 09	♏ 00	♐ 24	♒ 03	♓ 23	♈ 27
	2日	♒ 07	♓ 24	♈ 14	♉ 28	♋ 01	♌ 17	♍ 23	♏ 14	♑ 08	♒ 16	♈ 05	♉ 09
	3日	♒ 20	♈ 06	♈ 26	♊ 10	♋ 13	♍ 00	♎ 06	♏ 29	♑ 22	♓ 00	♈ 18	♉ 21
	4日	♓ 03	♈ 18	♉ 08	♊ 22	♋ 25	♍ 13	♎ 20	♐ 13	♒ 06	♓ 13	♉ 00	♊ 03
	5日	♓ 16	♉ 00	♉ 20	♋ 04	♌ 07	♍ 26	♏ 04	♐ 28	♒ 20	♓ 26	♉ 12	♊ 15
	6日	♓ 29	♉ 12	♊ 02	♋ 16	♌ 20	♎ 10	♏ 18	♑ 12	♓ 04	♈ 09	♉ 24	♊ 27
	7日	♈ 11	♉ 24	♊ 14	♋ 29	♍ 03	♎ 24	♐ 03	♑ 27	♓ 17	♈ 21	♊ 06	♋ 09
	8日	♈ 23	♊ 06	♊ 26	♌ 12	♍ 17	♏ 09	♐ 18	♒ 11	♈ 00	♉ 04	♊ 18	♋ 20
	9日	♉ 04	♊ 18	♋ 08	♌ 25	♎ 01	♏ 24	♑ 03	♒ 25	♈ 13	♉ 16	♋ 00	♌ 02
	10日	♉ 16	♋ 00	♋ 21	♍ 09	♎ 15	♐ 09	♑ 18	♓ 09	♈ 25	♉ 28	♋ 12	♌ 15
	11日	♉ 28	♋ 13	♌ 04	♍ 23	♏ 00	♐ 24	♒ 02	♓ 22	♉ 08	♊ 10	♋ 24	♌ 27
	12日	♊ 10	♋ 26	♌ 17	♎ 07	♏ 15	♑ 09	♒ 17	♈ 05	♉ 20	♊ 21	♌ 06	♍ 09
	13日	♊ 22	♌ 09	♍ 01	♎ 22	♐ 01	♑ 24	♓ 01	♈ 17	♊ 02	♋ 03	♌ 18	♍ 22
	14日	♋ 05	♌ 23	♍ 15	♏ 07	♐ 16	♒ 08	♓ 14	♉ 00	♊ 13	♋ 15	♍ 01	♎ 05
	15日	♋ 17	♍ 06	♍ 29	♏ 22	♑ 01	♒ 22	♓ 27	♉ 12	♊ 25	♋ 27	♍ 14	♎ 19
	16日	♌ 00	♍ 20	♎ 14	♐ 07	♑ 16	♓ 06	♈ 09	♉ 24	♋ 07	♌ 10	♍ 27	♏ 03
	17日	♌ 14	♎ 05	♎ 28	♐ 22	♒ 00	♓ 19	♈ 22	♊ 06	♋ 19	♌ 22	♎ 11	♏ 18
	18日	♌ 27	♎ 19	♏ 13	♑ 06	♒ 14	♈ 01	♉ 04	♊ 17	♌ 02	♍ 06	♎ 25	♐ 03
	19日	♍ 11	♏ 03	♏ 28	♑ 20	♒ 27	♈ 13	♉ 16	♊ 29	♌ 15	♍ 19	♏ 10	♐ 18
	20日	♍ 24	♏ 17	♐ 12	♒ 04	♓ 10	♈ 25	♉ 27	♋ 12	♌ 28	♎ 03	♏ 25	♑ 03
	21日	♎ 08	♐ 01	♐ 26	♒ 17	♓ 22	♉ 07	♊ 09	♋ 24	♍ 11	♎ 17	♐ 10	♑ 19
	22日	♎ 22	♐ 15	♑ 10	♓ 00	♈ 04	♉ 19	♊ 21	♌ 07	♍ 25	♏ 02	♐ 25	♒ 04
	23日	♏ 06	♐ 29	♑ 24	♓ 13	♈ 16	♊ 01	♋ 03	♌ 19	♎ 09	♏ 17	♑ 10	♒ 18
	24日	♏ 20	♑ 13	♒ 07	♓ 25	♈ 28	♊ 13	♋ 16	♍ 03	♎ 23	♐ 02	♑ 25	♓ 02
	25日	♐ 05	♑ 27	♒ 20	♈ 07	♉ 10	♊ 25	♋ 28	♍ 16	♏ 07	♐ 16	♒ 09	♓ 16
	26日	♐ 19	♒ 10	♓ 03	♈ 19	♉ 22	♋ 07	♌ 11	♎ 00	♏ 22	♑ 01	♒ 23	♓ 29
	27日	♑ 03	♒ 24	♓ 16	♉ 01	♊ 04	♋ 19	♌ 23	♎ 13	♐ 06	♑ 15	♓ 07	♈ 12
	28日	♑ 17	♓ 07	♓ 28	♉ 13	♊ 16	♌ 01	♍ 06	♎ 27	♐ 21	♒ 00	♓ 20	♈ 24
	29日	♒ 01	♓ 19	♈ 10	♉ 25	♊ 28	♌ 14	♍ 20	♏ 11	♑ 05	♒ 13	♈ 02	♉ 06
	30日	♒ 15		♈ 23	♊ 07	♋ 10	♌ 27	♎ 03	♏ 25	♑ 19	♒ 27	♈ 15	♉ 18
	31日	♒ 28		♉ 05		♋ 22		♎ 17	♐ 10		♓ 10		♊ 00
☿	1日	♑ 12	♓ 00	♒ 17	♓ 20	♉ 18	♋ 01	♊ 23	♌ 02	♍ 29	♏ 01	♎ 20	♐ 06
	6日	♑ 20	♓ 02	♒ 19	♓ 28	♉ 28	♋ 02	♊ 25	♌ 12	♎ 06	♏ 01R	♎ 27	♐ 14
	11日	♑ 28	♓ 01R	♒ 23	♈ 07	♊ 08	♋ 01R	♊ 28	♌ 22	♎ 13	♎ 28R	♏ 04	♐ 21
	16日	♒ 06	♒ 25R	♒ 28	♈ 17	♊ 16	♊ 29R	♋ 04	♍ 02	♎ 19	♎ 22R	♏ 12	♐ 29
	21日	♒ 15	♒ 20R	♓ 04	♈ 27	♊ 22	♊ 26R	♋ 11	♍ 11	♎ 24	♎ 17R	♏ 20	♑ 07
	26日	♒ 22	♒ 17R	♓ 11	♉ 07	♊ 27	♊ 24R	♋ 20	♍ 20	♎ 29	♎ 16	♏ 28	♑ 15
♀	1日	♏ 29	♑ 07	♒ 12	♓ 20	♈ 27	♊ 05	♋ 12	♌ 20	♍ 29	♏ 05	♐ 13	♑ 20
	11日	♐ 11	♑ 19	♒ 25	♈ 03	♉ 10	♊ 18	♋ 25	♍ 03	♎ 11	♏ 18	♐ 25	♒ 01
	21日	♐ 23	♒ 01	♓ 07	♈ 15	♉ 22	♋ 00	♌ 07	♍ 15	♎ 23	♐ 00	♑ 08	♒ 13
♂	1日	♒ 24	♓ 18	♈ 10	♉ 03	♉ 25	♊ 16	♋ 07	♋ 27	♌ 17	♍ 06	♍ 25	♎ 13
	11日	♓ 01	♓ 25	♈ 17	♉ 10	♊ 02	♊ 23	♋ 13	♌ 03	♌ 23	♍ 12	♎ 01	♎ 19
	21日	♓ 09	♈ 03	♈ 25	♉ 18	♊ 09	♋ 00	♋ 20	♌ 10	♍ 00	♍ 18	♎ 07	♎ 25
♃	1日	♍ 06R	♍ 03R	♍ 00R	♌ 26R	♌ 26	♌ 28	♍ 02	♍ 08	♍ 15	♍ 21	♍ 27	♎ 02
	11日	♍ 05R	♍ 02R	♌ 28R	♌ 26R	♌ 26	♌ 29	♍ 04	♍ 10	♍ 17	♍ 23	♍ 29	♎ 04
	21日	♍ 04R	♍ 01R	♌ 27R	♌ 26R	♌ 27	♍ 01	♍ 06	♍ 12	♍ 19	♍ 25	♎ 01	♎ 05
♄	1日	♈ 06	♈ 08	♈ 11	♈ 15	♈ 19	♈ 22	♈ 24	♈ 26	♈ 25R	♈ 23R	♈ 21R	♈ 19R
	11日	♈ 07	♈ 09	♈ 12	♈ 16	♈ 20	♈ 23	♈ 25	♈ 26R	♈ 25R	♈ 22R	♈ 20R	♈ 19R
	21日	♈ 07	♈ 10	♈ 13	♈ 17	♈ 21	♈ 24	♈ 25	♈ 25R	♈ 24R	♈ 22R	♈ 20R	♈ 19R
♅	1日	♍ 29	♍ 29R	♍ 28R	♍ 27R	♍ 26R	♍ 25R	♍ 25	♍ 27	♍ 28	♎ 00	♎ 02	♎ 03
♆	1日	♏ 26	♏ 26	♏ 27R	♏ 26R	♏ 26R	♏ 25R	♏ 24R	♏ 24R	♏ 24	♏ 25	♏ 26	♏ 27
♇	1日	♍ 23R	♍ 23R	♍ 22R	♍ 21R	♍ 20R	♍ 20	♍ 20	♍ 21	♍ 22	♍ 23	♍ 24	♍ 25
☊	1日	♈ 25R	♈ 21R	♈ 19R	♈ 19	♈ 19R	♈ 17R	♈ 14R	♈ 12	♈ 10R	♈ 10R	♈ 09	♈ 08R

		1月	2月	3月	4月	5月	6月	7月	8月	9月	10月	11月	12月
☽	1日	♊ 12	♋ 26	♌ 04	♍ 21	♎ 26	♐ 19	♑ 28	♓ 20	♉ 09	♊ 12	♋ 26	♌ 27
	2日	♊ 24	♌ 08	♌ 17	♎ 04	♏ 10	♑ 04	♒ 13	♈ 04	♉ 21	♊ 24	♌ 08	♍ 09
	3日	♋ 06	♌ 21	♌ 29	♎ 18	♏ 25	♑ 19	♒ 27	♈ 18	♊ 04	♋ 06	♌ 19	♍ 22
	4日	♋ 17	♍ 03	♍ 12	♏ 02	♐ 10	♒ 04	♓ 12	♉ 01	♊ 16	♋ 18	♍ 02	♎ 04
	5日	♌ 00	♍ 16	♍ 25	♏ 16	♐ 24	♒ 18	♓ 25	♉ 13	♊ 28	♌ 00	♍ 14	♎ 17
	6日	♌ 12	♍ 29	♎ 09	♐ 00	♑ 09	♓ 02	♈ 09	♉ 26	♋ 10	♌ 12	♍ 26	♏ 00
	7日	♌ 24	♎ 12	♎ 22	♐ 14	♑ 24	♓ 16	♈ 22	♊ 08	♋ 22	♌ 24	♎ 09	♏ 14
	8日	♍ 06	♎ 25	♏ 06	♐ 29	♒ 08	♓ 29	♉ 04	♊ 20	♌ 04	♍ 06	♎ 22	♏ 28
	9日	♍ 19	♏ 09	♏ 20	♑ 13	♒ 22	♈ 12	♉ 17	♋ 02	♌ 16	♍ 18	♏ 06	♐ 13
	10日	♎ 02	♏ 23	♐ 04	♑ 27	♓ 06	♈ 25	♉ 29	♋ 13	♌ 28	♎ 01	♏ 20	♐ 28
	11日	♎ 15	♐ 07	♐ 18	♒ 11	♓ 19	♉ 07	♊ 11	♋ 25	♍ 10	♎ 14	♐ 04	♑ 13
	12日	♎ 29	♐ 21	♑ 02	♒ 25	♈ 02	♉ 19	♊ 23	♌ 07	♍ 23	♎ 28	♐ 19	♑ 28
	13日	♏ 12	♑ 06	♑ 16	♓ 09	♈ 15	♊ 02	♋ 05	♌ 19	♎ 05	♏ 11	♑ 04	♒ 13
	14日	♏ 27	♑ 20	♒ 01	♓ 22	♈ 28	♊ 14	♋ 16	♍ 01	♎ 18	♏ 25	♑ 18	♒ 27
	15日	♐ 11	♒ 05	♒ 15	♈ 05	♉ 10	♊ 26	♋ 28	♍ 13	♏ 01	♐ 09	♒ 02	♓ 11
	16日	♐ 26	♒ 20	♒ 29	♈ 18	♉ 23	♋ 07	♌ 10	♍ 26	♏ 15	♐ 23	♒ 17	♓ 25
	17日	♑ 12	♓ 04	♓ 13	♉ 01	♊ 05	♋ 19	♌ 22	♎ 09	♏ 28	♑ 07	♓ 01	♈ 08
	18日	♑ 27	♓ 18	♓ 26	♉ 14	♊ 17	♌ 01	♍ 04	♎ 21	♐ 12	♑ 22	♓ 14	♈ 22
	19日	♒ 12	♈ 02	♈ 10	♉ 26	♊ 29	♌ 13	♍ 16	♏ 04	♐ 26	♒ 06	♓ 28	♉ 05
	20日	♒ 26	♈ 15	♈ 23	♊ 08	♋ 11	♌ 25	♍ 29	♏ 18	♑ 11	♒ 20	♈ 11	♉ 17
	21日	♓ 10	♈ 28	♉ 06	♊ 20	♋ 22	♍ 07	♎ 11	♐ 02	♑ 25	♓ 04	♈ 25	♊ 00
	22日	♓ 24	♉ 10	♉ 18	♋ 02	♌ 04	♍ 19	♎ 24	♐ 16	♒ 09	♓ 18	♉ 08	♊ 12
	23日	♈ 07	♉ 23	♊ 00	♋ 14	♌ 16	♎ 02	♏ 08	♑ 00	♒ 24	♈ 02	♉ 21	♊ 24
	24日	♈ 20	♊ 05	♊ 12	♋ 26	♌ 28	♎ 15	♏ 22	♑ 15	♓ 08	♈ 15	♊ 03	♋ 06
	25日	♉ 02	♊ 17	♊ 24	♌ 08	♍ 11	♎ 29	♐ 06	♒ 00	♓ 22	♈ 29	♊ 16	♋ 18
	26日	♉ 15	♊ 28	♋ 06	♌ 20	♍ 23	♏ 13	♐ 21	♒ 15	♈ 06	♉ 12	♊ 28	♌ 00
	27日	♉ 27	♋ 10	♋ 18	♍ 03	♎ 07	♏ 27	♑ 06	♒ 29	♈ 20	♉ 25	♋ 10	♌ 12
	28日	♊ 08	♋ 22	♌ 00	♍ 15	♎ 20	♐ 12	♑ 21	♓ 14	♉ 04	♊ 07	♋ 22	♌ 24
	29日	♊ 20		♌ 12	♍ 28	♏ 04	♐ 27	♒ 06	♓ 28	♉ 17	♊ 20	♌ 04	♍ 06
	30日	♋ 02		♌ 25	♎ 12	♏ 19	♑ 12	♒ 21	♈ 12	♉ 29	♋ 02	♌ 16	♍ 18
	31日	♋ 14		♍ 08		♐ 03		♓ 06	♈ 26		♋ 14		♎ 00
☿	1日	♑ 25	♒ 06R	♒ 14	♈ 03	♊ 01	♊ 06R	♊ 19	♌ 19	♎ 05	♎ 04R	♎ 29	♐ 17
	6日	♒ 02	♒ 01R	♒ 21	♈ 13	♊ 06	♊ 04R	♊ 26	♌ 28	♎ 10	♎ 00R	♏ 07	♐ 25
	11日	♒ 09	♒ 00	♒ 28	♈ 23	♊ 10	♊ 03	♋ 06	♍ 07	♎ 13	♎ 00	♏ 15	♑ 02
	16日	♒ 14	♒ 02	♓ 05	♉ 04	♊ 12	♊ 05	♋ 16	♍ 15	♎ 15	♎ 05	♏ 23	♑ 10
	21日	♒ 16R	♒ 06	♓ 13	♉ 14	♊ 12R	♊ 08	♋ 26	♍ 22	♎ 14R	♎ 11	♐ 01	♑ 17
	26日	♒ 13R	♒ 11	♓ 22	♉ 23	♊ 10R	♊ 12	♌ 07	♍ 29	♎ 10R	♎ 19	♐ 09	♑ 24
♀	1日	♒ 26	♓ 29	♈ 22	♈ 23R	♈ 11	♈ 26	♉ 24	♊ 28	♌ 04	♍ 10	♎ 18	♏ 26
	11日	♓ 07	♈ 08	♈ 26	♈ 17R	♈ 13	♉ 04	♊ 04	♋ 09	♌ 15	♍ 22	♏ 01	♐ 08
	21日	♓ 18	♈ 16	♈ 27R	♈ 12R	♈ 18	♉ 14	♊ 15	♋ 21	♌ 28	♎ 04	♏ 13	♐ 21
♂	1日	♏ 01	♏ 18	♐ 02	♐ 13	♐ 17R	♐ 10R	♐ 02R	♐ 05	♐ 18	♑ 06	♑ 27	♒ 19
	11日	♏ 07	♏ 23	♐ 06	♐ 15	♐ 16R	♐ 06R	♐ 02	♐ 09	♐ 24	♑ 13	♒ 05	♒ 27
	21日	♏ 12	♏ 28	♐ 10	♐ 17	♐ 13R	♐ 04R	♐ 03	♐ 13	♑ 00	♑ 20	♒ 12	♓ 04
♃	1日	♎ 05	♎ 06R	♎ 04R	♎ 00R	♍ 27R	♍ 26	♍ 28	♎ 03	♎ 08	♎ 15	♎ 21	♎ 27
	11日	♎ 06	♎ 05R	♎ 03R	♍ 29R	♍ 26R	♍ 27	♍ 29	♎ 04	♎ 10	♎ 17	♎ 23	♎ 29
	21日	♎ 06R	♎ 05R	♎ 01R	♍ 28R	♍ 26R	♍ 27	♎ 01	♎ 06	♎ 12	♎ 19	♎ 25	♏ 01
♄	1日	♈ 19	♈ 20	♈ 23	♈ 26	♉ 00	♉ 04	♉ 07	♉ 09	♉ 09R	♉ 08R	♉ 05R	♉ 03R
	11日	♈ 19	♈ 21	♈ 24	♈ 28	♉ 01	♉ 05	♉ 08	♉ 09	♉ 09R	♉ 07R	♉ 04R	♉ 03R
	21日	♈ 20	♈ 22	♈ 25	♈ 29	♉ 03	♉ 06	♉ 08	♉ 09	♉ 08R	♉ 06R	♉ 04R	♉ 02R
♅	1日	♎ 04	♎ 04R	♎ 03R	♎ 02R	♎ 00R	♎ 00R	♎ 00	♎ 01	♎ 03	♎ 05	♎ 06	♎ 08
♆	1日	♏ 28	♏ 28	♏ 29R	♏ 28R	♏ 28R	♏ 27R	♏ 26R	♏ 26R	♏ 26	♏ 27	♏ 28	♏ 29
♇	1日	♍ 25R	♍ 25R	♍ 24R	♍ 23R	♍ 23R	♍ 22R	♍ 23	♍ 23	♍ 24	♍ 25	♍ 26	♍ 27
☊	1日	♈ 05R	♈ 01R	♈ 00R	♈ 00	♈ 00R	♓ 27R	♓ 24R	♓ 22R	♓ 21	♓ 21R	♓ 20R	♓ 17R

		1月	2月	3月	4月	5月	6月	7月	8月	9月	10月	11月	12月
☽	1日	♎ 12	♐ 01	♐ 10	♒ 03	♓ 12	♉ 04	♊ 10	♋ 26	♍ 11	♎ 13	♐ 00	♑ 07
	2日	♎ 25	♐ 15	♐ 24	♒ 17	♓ 26	♉ 17	♊ 23	♌ 08	♍ 22	♎ 26	♐ 14	♑ 21
	3日	♏ 08	♐ 29	♑ 08	♓ 02	♈ 10	♊ 00	♋ 05	♌ 20	♎ 04	♏ 08	♐ 27	♒ 05
	4日	♏ 22	♑ 14	♑ 23	♓ 16	♈ 24	♊ 13	♋ 17	♍ 02	♎ 16	♏ 21	♑ 10	♒ 19
	5日	♐ 06	♑ 29	♒ 08	♈ 01	♉ 08	♊ 26	♋ 29	♍ 13	♎ 29	♐ 03	♑ 24	♓ 03
	6日	♐ 21	♒ 14	♒ 23	♈ 15	♉ 22	♋ 09	♌ 11	♍ 25	♏ 11	♐ 17	♒ 08	♓ 17
	7日	♑ 06	♓ 00	♓ 08	♈ 29	♊ 05	♋ 21	♌ 23	♎ 07	♏ 24	♑ 00	♒ 22	♈ 01
	8日	♑ 21	♓ 15	♓ 22	♉ 13	♊ 18	♌ 03	♍ 05	♎ 19	♐ 07	♑ 14	♓ 06	♈ 15
	9日	♒ 06	♓ 29	♈ 07	♉ 27	♋ 00	♌ 15	♍ 17	♏ 02	♐ 20	♑ 27	♓ 20	♈ 29
	10日	♒ 22	♈ 13	♈ 21	♊ 10	♋ 13	♌ 27	♍ 28	♏ 14	♑ 04	♒ 12	♈ 05	♉ 13
	11日	♓ 06	♈ 27	♉ 05	♊ 22	♋ 25	♍ 08	♎ 11	♏ 27	♑ 18	♒ 26	♈ 19	♉ 27
	12日	♓ 21	♉ 11	♉ 19	♋ 05	♌ 07	♍ 20	♎ 23	♐ 11	♒ 02	♓ 11	♉ 04	♊ 10
	13日	♈ 05	♉ 23	♊ 02	♋ 17	♌ 19	♎ 02	♏ 05	♐ 24	♒ 17	♓ 26	♉ 18	♊ 24
	14日	♈ 18	♊ 06	♊ 14	♋ 29	♍ 00	♎ 15	♏ 19	♑ 09	♓ 02	♈ 10	♊ 02	♋ 07
	15日	♉ 01	♊ 18	♊ 27	♌ 11	♍ 12	♎ 27	♐ 02	♑ 23	♓ 17	♈ 25	♊ 15	♋ 19
	16日	♉ 14	♋ 00	♋ 09	♌ 23	♍ 24	♏ 10	♐ 16	♒ 08	♈ 02	♉ 10	♊ 29	♌ 02
	17日	♉ 27	♋ 12	♋ 21	♍ 04	♎ 07	♏ 24	♑ 00	♒ 24	♈ 17	♉ 24	♋ 12	♌ 14
	18日	♊ 09	♋ 24	♌ 03	♍ 16	♎ 19	♐ 08	♑ 15	♓ 09	♉ 02	♊ 08	♋ 24	♌ 26
	19日	♊ 21	♌ 06	♌ 14	♍ 29	♏ 02	♐ 22	♒ 00	♓ 24	♉ 16	♊ 21	♌ 06	♍ 08
	20日	♋ 03	♌ 18	♌ 26	♎ 11	♏ 16	♑ 07	♒ 15	♈ 09	♉ 29	♋ 04	♌ 18	♍ 20
	21日	♋ 15	♍ 00	♍ 08	♎ 24	♏ 29	♑ 21	♓ 00	♈ 23	♊ 13	♋ 16	♍ 00	♎ 01
	22日	♋ 27	♍ 12	♍ 20	♏ 07	♐ 13	♒ 06	♓ 15	♉ 07	♊ 25	♋ 28	♍ 12	♎ 13
	23日	♌ 09	♍ 24	♎ 03	♏ 20	♐ 27	♒ 21	♈ 00	♉ 21	♋ 08	♌ 10	♍ 24	♎ 26
	24日	♌ 21	♎ 06	♎ 15	♐ 04	♑ 12	♓ 05	♈ 14	♊ 04	♋ 20	♌ 22	♎ 06	♏ 08
	25日	♍ 03	♎ 18	♎ 28	♐ 18	♑ 26	♓ 20	♈ 28	♊ 17	♌ 02	♍ 04	♎ 18	♏ 21
	26日	♍ 15	♏ 01	♏ 11	♑ 01	♒ 10	♈ 04	♉ 11	♊ 29	♌ 14	♍ 16	♏ 00	♐ 04
	27日	♍ 27	♏ 14	♏ 24	♑ 15	♒ 25	♈ 17	♉ 24	♋ 11	♌ 26	♍ 28	♏ 13	♐ 18
	28日	♎ 09	♏ 27	♐ 07	♒ 00	♓ 09	♉ 01	♊ 07	♋ 23	♍ 07	♎ 10	♏ 26	♑ 02
	29日	♎ 21		♐ 21	♒ 14	♓ 23	♉ 14	♊ 20	♌ 05	♍ 19	♎ 22	♐ 09	♑ 16
	30日	♏ 04		♑ 05	♒ 28	♈ 07	♉ 27	♋ 02	♌ 17	♎ 01	♏ 05	♐ 23	♒ 00
	31日	♏ 17		♑ 19		♈ 20		♋ 14	♌ 29		♏ 17		♒ 15
☿	1日	♑ 29	♑ 17	♒ 22	♈ 20	♉ 22R	♉ 17	♋ 02	♍ 01	♍ 28R	♍ 20	♏ 11	♐ 27
	6日	♒ 00R	♑ 21	♓ 00	♉ 00	♉ 20R	♉ 21	♋ 13	♍ 08	♍ 26R	♍ 27	♏ 19	♑ 04
	11日	♑ 26R	♑ 27	♓ 09	♉ 08	♉ 17R	♉ 27	♋ 23	♍ 15	♍ 21R	♎ 06	♏ 27	♑ 09
	16日	♑ 19R	♒ 03	♓ 18	♉ 15	♉ 15R	♊ 04	♌ 04	♍ 20	♍ 16R	♎ 14	♐ 05	♑ 13
	21日	♑ 15R	♒ 10	♓ 28	♉ 20	♉ 13R	♊ 12	♌ 13	♍ 24	♍ 14R	♎ 23	♐ 12	♑ 14R
	26日	♑ 14	♒ 18	♈ 08	♉ 22	♉ 14	♊ 21	♌ 22	♍ 27	♍ 15	♏ 01	♐ 20	♑ 10R
♀	1日	♑ 05	♒ 14	♓ 19	♈ 27	♊ 04	♋ 11	♌ 17	♍ 22	♎ 24	♏ 19	♏ 23R	♏ 10
	11日	♑ 17	♒ 26	♈ 01	♉ 09	♊ 16	♋ 23	♌ 28	♎ 03	♏ 04	♏ 24	♏ 17R	♏ 12
	21日	♒ 00	♓ 09	♈ 14	♉ 22	♊ 28	♌ 05	♍ 10	♎ 13	♏ 12	♏ 25R	♏ 12R	♏ 17
♂	1日	♓ 12	♈ 05	♈ 26	♉ 18	♊ 08	♊ 29	♋ 19	♌ 09	♌ 29	♍ 18	♎ 07	♎ 26
	11日	♓ 20	♈ 13	♉ 03	♉ 25	♊ 15	♋ 06	♋ 25	♌ 15	♍ 05	♍ 24	♎ 14	♏ 03
	21日	♓ 27	♈ 20	♉ 10	♊ 02	♊ 22	♋ 12	♌ 02	♌ 22	♍ 11	♎ 00	♎ 20	♏ 09
♃	1日	♏ 02	♏ 05	♏ 06R	♏ 04R	♏ 00R	♎ 27R	♎ 26	♎ 28	♏ 02	♏ 08	♏ 15	♏ 21
	11日	♏ 04	♏ 06	♏ 05R	♏ 02R	♎ 29R	♎ 26R	♎ 27	♎ 29	♏ 04	♏ 10	♏ 17	♏ 23
	21日	♏ 05	♏ 06R	♏ 05R	♏ 01R	♎ 28R	♎ 26R	♎ 27	♏ 01	♏ 06	♏ 12	♏ 19	♏ 25
♄	1日	♉ 02R	♉ 03	♉ 05	♉ 08	♉ 12	♉ 16	♉ 19	♉ 22	♉ 23	♉ 22R	♉ 20R	♉ 18R
	11日	♉ 02	♉ 03	♉ 06	♉ 09	♉ 13	♉ 17	♉ 20	♉ 22	♉ 23R	♉ 21R	♉ 19R	♉ 17R
	21日	♉ 02	♉ 04	♉ 07	♉ 11	♉ 14	♉ 18	♉ 21	♉ 22	♉ 22R	♉ 21R	♉ 18R	♉ 16R
♅	1日	♎ 09	♎ 09R	♎ 08R	♎ 07R	♎ 05R	♎ 05R	♎ 05	♎ 06	♎ 07	♎ 09	♎ 11	♎ 13
♆	1日	♐ 00	♐ 01	♐ 01	♐ 01R	♐ 00R	♏ 29R	♏ 29R	♏ 28R	♏ 28	♏ 29	♐ 00	♐ 01
♇	1日	♍ 27R	♍ 27R	♍ 26R	♍ 26R	♍ 25R	♍ 25R	♍ 25	♍ 26	♍ 27	♍ 28	♍ 29	♍ 29
☊	1日	♓ 14R	♓ 12R	♓ 12R	♓ 12	♓ 10R	♓ 07R	♓ 04R	♓ 03R	♓ 03R	♓ 02R	♓ 00R	♒ 27R

		1月	2月	3月	4月	5月	6月	7月	8月	9月	10月	11月	12月
☽	1日	♒ 29	♈ 22	♉ 02	♊ 22	♋ 27	♍ 11	♎ 13	♏ 27	♑ 14	♒ 20	♈ 13	♉ 22
	2日	♓ 14	♉ 06	♉ 16	♋ 05	♌ 09	♍ 23	♎ 25	♐ 10	♑ 28	♓ 05	♈ 28	♊ 07
	3日	♓ 28	♉ 20	♊ 00	♋ 18	♌ 21	♎ 05	♏ 07	♐ 23	♒ 12	♓ 19	♉ 13	♊ 21
	4日	♈ 12	♊ 04	♊ 13	♌ 00	♍ 03	♎ 17	♏ 19	♑ 06	♒ 26	♈ 05	♉ 28	♋ 05
	5日	♈ 26	♊ 17	♊ 26	♌ 13	♍ 15	♎ 29	♐ 02	♑ 20	♓ 11	♈ 20	♊ 13	♋ 19
	6日	♉ 10	♊ 29	♋ 09	♌ 24	♍ 27	♏ 11	♐ 15	♒ 04	♓ 26	♉ 05	♊ 28	♌ 03
	7日	♉ 23	♋ 12	♋ 21	♍ 06	♎ 08	♏ 23	♐ 28	♒ 18	♈ 12	♉ 20	♋ 11	♌ 16
	8日	♊ 07	♋ 24	♌ 04	♍ 18	♎ 20	♐ 06	♑ 11	♓ 03	♈ 27	♊ 05	♋ 25	♌ 28
	9日	♊ 20	♌ 07	♌ 16	♎ 00	♏ 03	♐ 19	♑ 25	♓ 17	♉ 11	♊ 19	♌ 07	♍ 10
	10日	♋ 03	♌ 19	♌ 27	♎ 12	♏ 15	♑ 02	♒ 09	♈ 02	♉ 26	♋ 03	♌ 20	♍ 22
	11日	♋ 15	♍ 01	♍ 09	♎ 24	♏ 27	♑ 16	♒ 23	♈ 17	♊ 10	♋ 16	♍ 02	♎ 04
	12日	♋ 28	♍ 12	♍ 21	♏ 06	♐ 10	♑ 29	♓ 08	♉ 01	♊ 23	♋ 29	♍ 14	♎ 16
	13日	♌ 10	♍ 24	♎ 03	♏ 18	♐ 23	♒ 13	♓ 22	♉ 15	♋ 06	♌ 11	♍ 26	♎ 28
	14日	♌ 22	♎ 06	♎ 15	♐ 00	♑ 06	♒ 27	♈ 06	♉ 29	♋ 19	♌ 23	♎ 08	♏ 10
	15日	♍ 04	♎ 18	♎ 27	♐ 13	♑ 19	♓ 11	♈ 20	♊ 13	♌ 02	♍ 05	♎ 20	♏ 22
	16日	♍ 16	♏ 00	♏ 09	♐ 26	♒ 03	♓ 25	♉ 05	♊ 26	♌ 14	♍ 17	♏ 02	♐ 04
	17日	♍ 28	♏ 12	♏ 21	♑ 09	♒ 16	♈ 09	♉ 19	♋ 09	♌ 26	♍ 29	♏ 14	♐ 17
	18日	♎ 09	♏ 24	♐ 03	♑ 22	♓ 00	♈ 24	♊ 02	♋ 22	♍ 08	♎ 11	♏ 26	♐ 29
	19日	♎ 21	♐ 07	♐ 16	♒ 06	♓ 14	♉ 08	♊ 16	♌ 05	♍ 20	♎ 23	♐ 08	♑ 12
	20日	♏ 04	♐ 20	♐ 29	♒ 20	♓ 29	♉ 22	♊ 29	♌ 17	♎ 02	♏ 05	♐ 20	♑ 25
	21日	♏ 16	♑ 04	♑ 12	♓ 04	♈ 13	♊ 06	♋ 13	♌ 29	♎ 14	♏ 17	♑ 03	♒ 09
	22日	♏ 29	♑ 18	♑ 26	♓ 19	♈ 28	♊ 20	♋ 26	♍ 11	♎ 26	♏ 29	♑ 16	♒ 22
	23日	♐ 12	♒ 02	♒ 10	♈ 04	♉ 12	♋ 04	♌ 08	♍ 23	♏ 08	♐ 11	♑ 28	♓ 06
	24日	♐ 26	♒ 17	♒ 25	♈ 19	♉ 27	♋ 17	♌ 21	♎ 05	♏ 20	♐ 23	♒ 12	♓ 19
	25日	♑ 10	♓ 02	♓ 10	♉ 04	♊ 11	♌ 00	♍ 03	♎ 17	♐ 02	♑ 06	♒ 25	♈ 03
	26日	♑ 24	♓ 17	♓ 25	♉ 18	♊ 25	♌ 13	♍ 15	♎ 29	♐ 14	♑ 18	♓ 09	♈ 18
	27日	♒ 09	♈ 02	♈ 10	♊ 03	♋ 09	♌ 25	♍ 27	♏ 11	♐ 26	♒ 02	♓ 23	♉ 02
	28日	♒ 24	♈ 17	♈ 25	♊ 17	♋ 22	♍ 07	♎ 09	♏ 23	♑ 09	♒ 15	♈ 07	♉ 16
	29日	♓ 09		♉ 10	♋ 01	♌ 05	♍ 19	♎ 21	♐ 05	♑ 22	♒ 29	♈ 22	♊ 01
	30日	♓ 24		♉ 25	♋ 14	♌ 17	♎ 01	♏ 03	♐ 18	♒ 06	♓ 13	♉ 07	♊ 15
	31日	♈ 08		♊ 09		♌ 29		♏ 15	♑ 01		♓ 28		♊ 29
☿	1日	♑ 02R	♑ 20	♓ 05	♉ 00	♈ 23R	♉ 19	♋ 20	♍ 05	♌ 29R	♎ 01	♏ 22	♐ 28
	6日	♐ 28R	♑ 27	♓ 14	♉ 03	♈ 23	♉ 28	♌ 00	♍ 09	♌ 27	♎ 10	♐ 00	♐ 27R
	11日	♐ 28	♒ 05	♓ 24	♉ 04R	♈ 25	♊ 07	♌ 08	♍ 10	♍ 00	♎ 19	♐ 07	♐ 23R
	16日	♑ 02	♒ 13	♈ 04	♉ 02R	♈ 29	♊ 18	♌ 16	♍ 10R	♍ 06	♎ 27	♐ 14	♐ 16R
	21日	♑ 06	♒ 21	♈ 13	♈ 28R	♉ 04	♊ 29	♌ 23	♍ 07R	♍ 13	♏ 05	♐ 20	♐ 12R
	26日	♑ 12	♓ 00	♈ 22	♈ 25R	♉ 10	♋ 10	♌ 29	♍ 03R	♍ 22	♏ 13	♐ 25	♐ 13
♀	1日	♏ 25	♐ 25	♑ 27	♓ 03	♈ 09	♉ 16	♊ 23	♌ 01	♍ 09	♎ 17	♏ 25	♑ 03
	11日	♐ 04	♑ 06	♒ 08	♓ 15	♈ 21	♉ 29	♋ 05	♌ 13	♍ 22	♎ 29	♐ 08	♑ 15
	21日	♐ 14	♑ 17	♒ 20	♓ 27	♉ 03	♊ 11	♋ 17	♌ 26	♎ 04	♏ 11	♐ 20	♑ 27
♂	1日	♏ 16	♐ 06	♐ 23	♑ 12	♑ 29	♒ 13	♒ 21	♒ 19R	♒ 12R	♒ 15	♒ 27	♓ 14
	11日	♏ 22	♐ 12	♐ 29	♑ 18	♒ 04	♒ 17	♒ 22	♒ 17R	♒ 12	♒ 18	♓ 02	♓ 20
	21日	♏ 29	♐ 18	♑ 05	♑ 23	♒ 08	♒ 20	♒ 21R	♒ 14R	♒ 13	♒ 22	♓ 08	♓ 26
♃	1日	♏ 28	♐ 03	♐ 06	♐ 06R	♐ 04R	♐ 00R	♏ 27R	♏ 27	♏ 29	♐ 03	♐ 09	♐ 15
	11日	♏ 29	♐ 04	♐ 06	♐ 06R	♐ 03R	♏ 29R	♏ 27R	♏ 27	♐ 00	♐ 05	♐ 11	♐ 18
	21日	♐ 01	♐ 05	♐ 06	♐ 05R	♐ 02R	♏ 28R	♏ 27R	♏ 28	♐ 01	♐ 07	♐ 13	♐ 20
♄	1日	♉ 16R	♉ 16	♉ 17	♉ 20	♉ 24	♉ 28	♊ 01	♊ 04	♊ 06	♊ 06R	♊ 05R	♊ 03R
	11日	♉ 16R	♉ 16	♉ 18	♉ 21	♉ 25	♉ 29	♊ 03	♊ 05	♊ 06	♊ 06R	♊ 04R	♊ 02R
	21日	♉ 16	♉ 17	♉ 19	♉ 23	♉ 26	♊ 00	♊ 04	♊ 06	♊ 07R	♊ 06R	♊ 03R	♊ 01R
♅	1日	♎ 13	♎ 13R	♎ 13R	♎ 12R	♎ 10R	♎ 10R	♎ 10	♎ 10	♎ 12	♎ 14	♎ 15	♎ 17
♆	1日	♐ 02	♐ 03	♐ 03	♐ 03R	♐ 02R	♐ 01R	♐ 01R	♐ 00R	♐ 00	♐ 01	♐ 02	♐ 03
♇	1日	♎ 00	♍ 29R	♍ 29R	♍ 28R	♍ 27R	♍ 27R	♍ 27	♍ 28	♍ 29	♎ 00	♎ 01	♎ 02
☊	1日	♒ 24	♒ 24	♒ 24R	♒ 22R	♒ 20R	♒ 17R	♒ 15R	♒ 15R	♒ 14	♒ 13R	♒ 10R	♒ 07R

1972（うるう）年

		1月	2月	3月	4月	5月	6月	7月	8月	9月	10月	11月	12月
☽	1日	♋ 13	♍ 01	♍ 22	♏ 07	♐ 09	♑ 25	♓ 01	♈ 23	♊ 17	♋ 25	♍ 14	♎ 18
	2日	♋ 27	♍ 14	♎ 04	♏ 18	♐ 21	♒ 08	♓ 14	♉ 07	♋ 00	♌ 08	♍ 26	♏ 00
	3日	♌ 10	♍ 26	♎ 16	♐ 00	♑ 03	♒ 21	♓ 28	♉ 21	♋ 14	♌ 21	♎ 08	♏ 12
	4日	♌ 23	♎ 08	♎ 28	♐ 12	♑ 16	♓ 04	♈ 12	♊ 06	♋ 28	♍ 04	♎ 21	♏ 23
	5日	♍ 06	♎ 20	♏ 10	♐ 24	♑ 28	♓ 18	♈ 26	♊ 20	♌ 11	♍ 17	♏ 03	♐ 05
	6日	♍ 18	♏ 02	♏ 22	♑ 06	♒ 11	♈ 01	♉ 11	♋ 04	♌ 24	♍ 29	♏ 15	♐ 17
	7日	♎ 00	♏ 14	♐ 04	♑ 19	♒ 24	♈ 16	♉ 25	♋ 18	♍ 07	♎ 12	♏ 26	♐ 29
	8日	♎ 12	♏ 26	♐ 16	♒ 02	♓ 08	♉ 00	♊ 10	♌ 02	♍ 20	♎ 24	♐ 08	♑ 11
	9日	♎ 24	♐ 08	♐ 28	♒ 15	♓ 22	♉ 15	♊ 24	♌ 15	♎ 03	♏ 06	♐ 20	♑ 23
	10日	♏ 06	♐ 20	♑ 11	♒ 29	♈ 06	♊ 00	♋ 09	♌ 29	♎ 15	♏ 18	♑ 02	♒ 05
	11日	♏ 18	♑ 03	♑ 24	♓ 13	♈ 21	♊ 15	♋ 23	♍ 12	♎ 27	♐ 00	♑ 14	♒ 18
	12日	♐ 00	♑ 16	♒ 07	♓ 28	♉ 06	♋ 00	♌ 07	♍ 25	♏ 09	♐ 11	♑ 26	♓ 00
	13日	♐ 12	♑ 29	♒ 21	♈ 13	♉ 22	♋ 15	♌ 20	♎ 07	♏ 21	♐ 23	♒ 08	♓ 13
	14日	♐ 25	♒ 13	♓ 05	♈ 28	♊ 07	♋ 29	♍ 04	♎ 19	♐ 03	♑ 05	♒ 21	♓ 27
	15日	♑ 08	♒ 27	♓ 20	♉ 13	♊ 22	♌ 12	♍ 17	♏ 01	♐ 15	♑ 17	♓ 04	♈ 10
	16日	♑ 21	♓ 11	♈ 05	♉ 29	♋ 06	♌ 26	♍ 29	♏ 13	♐ 27	♒ 00	♓ 17	♈ 25
	17日	♒ 04	♓ 26	♈ 20	♊ 13	♋ 21	♍ 08	♎ 11	♏ 25	♑ 09	♒ 12	♈ 01	♉ 09
	18日	♒ 18	♈ 10	♉ 05	♊ 28	♌ 04	♍ 21	♎ 23	♐ 07	♑ 21	♒ 25	♈ 16	♉ 24
	19日	♓ 02	♈ 25	♉ 20	♋ 12	♌ 17	♎ 03	♏ 05	♐ 19	♒ 04	♓ 09	♉ 01	♊ 09
	20日	♓ 16	♉ 10	♊ 04	♋ 25	♍ 00	♎ 15	♏ 17	♑ 01	♒ 17	♓ 23	♉ 16	♊ 24
	21日	♈ 00	♉ 24	♊ 18	♌ 08	♍ 12	♎ 27	♏ 29	♑ 14	♓ 01	♈ 08	♊ 01	♋ 09
	22日	♈ 14	♊ 08	♋ 02	♌ 21	♍ 25	♏ 09	♐ 11	♑ 26	♓ 15	♈ 23	♊ 16	♋ 24
	23日	♈ 29	♊ 22	♋ 15	♍ 03	♎ 07	♏ 21	♐ 23	♒ 09	♈ 00	♉ 08	♋ 02	♌ 09
	24日	♉ 13	♋ 05	♋ 29	♍ 16	♎ 19	♐ 03	♑ 06	♒ 23	♈ 14	♉ 23	♋ 16	♌ 23
	25日	♉ 27	♋ 18	♌ 11	♍ 28	♏ 00	♐ 15	♑ 18	♓ 07	♈ 29	♊ 08	♌ 00	♍ 06
	26日	♊ 11	♌ 01	♌ 24	♎ 10	♏ 12	♐ 27	♒ 01	♓ 21	♉ 14	♊ 23	♌ 14	♍ 19
	27日	♊ 25	♌ 14	♍ 06	♎ 22	♏ 24	♑ 09	♒ 14	♈ 05	♉ 29	♋ 07	♌ 28	♎ 02
	28日	♋ 09	♌ 27	♍ 19	♏ 04	♐ 06	♑ 22	♒ 27	♈ 19	♊ 13	♋ 21	♍ 11	♎ 14
	29日	♋ 22	♍ 10	♎ 01	♏ 15	♐ 18	♒ 05	♓ 11	♉ 04	♊ 27	♌ 05	♍ 23	♎ 26
	30日	♌ 05		♎ 13	♏ 27	♑ 00	♒ 18	♓ 25	♉ 18	♋ 11	♌ 18	♎ 06	♏ 08
	31日	♌ 18		♎ 25		♑ 13		♈ 09	♊ 02		♍ 01		♏ 20
☿	1日	♐ 17	♒ 00	♓ 22	♈ 10R	♈ 14	♊ 06	♌ 04	♌ 20R	♌ 23	♎ 17	♐ 02	♏ 28R
	6日	♐ 23	♒ 08	♈ 01	♈ 06R	♈ 20	♊ 17	♌ 10	♌ 17R	♍ 01	♎ 25	♐ 07	♏ 26
	11日	♐ 29	♒ 17	♈ 08	♈ 04R	♈ 27	♊ 28	♌ 15	♌ 13R	♍ 11	♏ 03	♐ 11	♏ 28
	16日	♑ 06	♒ 26	♈ 14	♈ 04	♉ 05	♋ 08	♌ 19	♌ 11R	♍ 20	♏ 10	♐ 12R	♐ 03
	21日	♑ 13	♓ 05	♈ 16	♈ 06	♉ 14	♋ 18	♌ 22	♌ 11	♍ 29	♏ 17	♐ 10R	♐ 09
	26日	♑ 21	♓ 14	♈ 15R	♈ 09	♉ 23	♋ 26	♌ 22R	♌ 15	♎ 08	♏ 24	♐ 04R	♐ 16
♀	1日	♒ 11	♓ 19	♈ 23	♉ 27	♊ 24	♋ 04R	♊ 20R	♊ 27	♋ 23	♌ 25	♎ 01	♏ 08
	11日	♒ 23	♈ 01	♉ 04	♊ 07	♋ 00	♋ 00R	♊ 18	♋ 04	♌ 03	♍ 07	♎ 14	♏ 20
	21日	♓ 05	♈ 13	♉ 16	♊ 16	♋ 04	♊ 24R	♊ 21	♋ 13	♌ 14	♍ 18	♎ 26	♐ 03
♂	1日	♈ 03	♈ 24	♉ 13	♊ 03	♊ 23	♋ 13	♌ 02	♌ 21	♍ 11	♎ 00	♎ 20	♏ 10
	11日	♈ 10	♉ 00	♉ 19	♊ 10	♊ 29	♋ 19	♌ 08	♌ 28	♍ 17	♎ 07	♎ 27	♏ 17
	21日	♈ 17	♉ 07	♉ 26	♊ 16	♋ 05	♋ 25	♌ 14	♍ 04	♍ 24	♎ 13	♏ 03	♏ 24
♃	1日	♐ 22	♐ 29	♑ 04	♑ 07	♑ 08R	♑ 06R	♑ 03R	♐ 29R	♐ 29	♑ 01	♑ 05	♑ 11
	11日	♐ 25	♑ 01	♑ 05	♑ 08	♑ 08R	♑ 05R	♑ 01R	♐ 29R	♐ 29	♑ 02	♑ 07	♑ 13
	21日	♐ 27	♑ 03	♑ 06	♑ 08	♑ 07R	♑ 04R	♑ 00R	♐ 29R	♑ 00	♑ 03	♑ 09	♑ 15
♄	1日	♊ 00R	♊ 00	♊ 00	♊ 03	♊ 06	♊ 10	♊ 14	♊ 17	♊ 20	♊ 21	♊ 20R	♊ 18R
	11日	♊ 00R	♊ 00	♊ 01	♊ 04	♊ 07	♊ 11	♊ 15	♊ 18	♊ 20	♊ 21R	♊ 19R	♊ 17R
	21日	♊ 00R	♊ 00	♊ 02	♊ 05	♊ 09	♊ 13	♊ 16	♊ 19	♊ 20	♊ 20R	♊ 19R	♊ 16R
♅	1日	♎ 18	♎ 18R	♎ 18R	♎ 17R	♎ 15R	♎ 14R	♎ 14	♎ 15	♎ 16	♎ 18	♎ 20	♎ 22
♆	1日	♐ 04	♐ 05	♐ 05	♐ 05R	♐ 05R	♐ 04R	♐ 03R	♐ 03R	♐ 03	♐ 03	♐ 04	♐ 05
♇	1日	♎ 02	♎ 02R	♎ 01R	♎ 00R	♎ 00R	♍ 29R	♍ 29	♎ 00	♎ 01	♎ 02	♎ 03	♎ 04
☊	1日	♒ 05R	♒ 05R	♒ 05R	♒ 02R	♑ 29R	♑ 27R	♑ 26	♑ 26R	♑ 25	♑ 23R	♑ 20R	♑ 18R

		1月	2月	3月	4月	5月	6月	7月	8月	9月	10月	11月	12月
☽	1日	♐ 02	♑ 16	♑ 24	♓ 11	♈ 17	♊ 10	♋ 18	♍ 10	♎ 29	♐ 02	♑ 15	♒ 17
	2日	♐ 14	♑ 28	♒ 07	♓ 24	♉ 01	♊ 25	♌ 03	♍ 24	♏ 11	♐ 14	♑ 27	♒ 29
	3日	♐ 26	♒ 11	♒ 19	♈ 08	♉ 16	♋ 10	♌ 18	♎ 08	♏ 24	♐ 26	♒ 09	♓ 12
	4日	♑ 08	♒ 24	♓ 02	♈ 23	♊ 01	♋ 25	♍ 02	♎ 21	♐ 06	♑ 07	♒ 21	♓ 24
	5日	♑ 20	♓ 07	♓ 16	♉ 07	♊ 16	♌ 09	♍ 16	♏ 03	♐ 18	♑ 19	♓ 03	♈ 07
	6日	♒ 02	♓ 20	♈ 00	♉ 22	♋ 01	♌ 23	♍ 29	♏ 16	♑ 00	♒ 01	♓ 16	♈ 21
	7日	♒ 15	♈ 04	♈ 14	♊ 07	♋ 15	♍ 07	♎ 12	♏ 28	♑ 11	♒ 13	♓ 29	♉ 05
	8日	♒ 27	♈ 17	♈ 28	♊ 21	♌ 00	♍ 20	♎ 25	♐ 10	♑ 23	♒ 26	♈ 13	♉ 19
	9日	♓ 10	♉ 01	♉ 12	♋ 05	♌ 14	♎ 03	♏ 07	♐ 21	♒ 05	♓ 08	♈ 27	♊ 04
	10日	♓ 23	♉ 15	♉ 26	♋ 19	♌ 27	♎ 16	♏ 19	♑ 03	♒ 18	♓ 21	♉ 11	♊ 19
	11日	♈ 07	♉ 29	♊ 10	♌ 03	♍ 10	♎ 28	♐ 01	♑ 15	♓ 00	♈ 05	♉ 26	♋ 04
	12日	♈ 20	♊ 14	♊ 24	♌ 17	♍ 23	♏ 10	♐ 13	♑ 27	♓ 13	♈ 19	♊ 10	♋ 19
	13日	♉ 04	♊ 28	♋ 08	♍ 00	♎ 06	♏ 22	♐ 25	♒ 09	♓ 26	♉ 03	♊ 25	♌ 04
	14日	♉ 19	♋ 12	♋ 22	♍ 13	♎ 19	♐ 04	♑ 07	♒ 22	♈ 10	♉ 17	♋ 10	♌ 18
	15日	♊ 03	♋ 26	♌ 06	♍ 26	♏ 01	♐ 16	♑ 18	♓ 04	♈ 23	♊ 01	♋ 24	♍ 03
	16日	♊ 18	♌ 10	♌ 20	♎ 09	♏ 13	♐ 28	♒ 00	♓ 17	♉ 07	♊ 15	♌ 09	♍ 17
	17日	♋ 03	♌ 25	♍ 04	♎ 22	♏ 25	♑ 10	♒ 12	♈ 00	♉ 21	♋ 00	♌ 23	♎ 00
	18日	♋ 17	♍ 08	♍ 17	♏ 04	♐ 07	♑ 21	♒ 25	♈ 13	♊ 05	♋ 14	♍ 06	♎ 13
	19日	♌ 02	♍ 22	♎ 00	♏ 16	♐ 19	♒ 03	♓ 07	♈ 26	♊ 19	♋ 28	♍ 20	♎ 26
	20日	♌ 16	♎ 05	♎ 13	♏ 28	♑ 01	♒ 15	♓ 20	♉ 10	♋ 03	♌ 12	♎ 03	♏ 08
	21日	♍ 00	♎ 18	♎ 26	♐ 10	♑ 13	♒ 28	♈ 03	♉ 24	♋ 17	♌ 26	♎ 16	♏ 21
	22日	♍ 14	♏ 00	♏ 08	♐ 22	♑ 24	♓ 10	♈ 16	♊ 08	♌ 01	♍ 10	♎ 29	♐ 03
	23日	♍ 27	♏ 12	♏ 20	♑ 04	♒ 06	♓ 23	♉ 00	♊ 22	♌ 15	♍ 23	♏ 11	♐ 15
	24日	♎ 10	♏ 24	♐ 02	♑ 16	♒ 19	♈ 06	♉ 13	♋ 07	♌ 29	♎ 06	♏ 24	♐ 27
	25日	♎ 22	♐ 06	♐ 14	♑ 28	♓ 01	♈ 20	♉ 28	♋ 21	♍ 13	♎ 20	♐ 06	♑ 09
	26日	♏ 05	♐ 18	♐ 26	♒ 10	♓ 14	♉ 04	♊ 12	♌ 06	♍ 27	♏ 02	♐ 18	♑ 20
	27日	♏ 17	♑ 00	♑ 08	♒ 22	♓ 27	♉ 18	♊ 27	♌ 20	♎ 11	♏ 15	♑ 00	♒ 02
	28日	♏ 28	♑ 12	♑ 20	♓ 05	♈ 11	♊ 03	♋ 12	♍ 04	♎ 24	♏ 27	♑ 12	♒ 14
	29日	♐ 10		♒ 02	♓ 19	♈ 25	♊ 18	♋ 27	♍ 19	♏ 07	♐ 10	♑ 23	♒ 26
	30日	♐ 22		♒ 14	♈ 02	♉ 09	♋ 03	♌ 11	♎ 02	♏ 19	♐ 22	♒ 05	♓ 08
	31日	♑ 04		♒ 27		♉ 24		♌ 26	♎ 16		♑ 03		♓ 20
☿	1日	♐ 25	♒ 14	♓ 28	♓ 16	♈ 21	♊ 24	♌ 02	♋ 23	♍ 07	♎ 28	♏ 26R	♏ 19
	6日	♑ 02	♒ 23	♓ 28R	♓ 19	♉ 00	♋ 03	♌ 03	♋ 25	♍ 16	♏ 05	♏ 23R	♏ 26
	11日	♑ 10	♓ 02	♓ 26R	♓ 23	♉ 10	♋ 12	♌ 03R	♌ 00	♍ 26	♏ 11	♏ 17R	♐ 03
	16日	♑ 18	♓ 11	♓ 21R	♓ 29	♉ 20	♋ 19	♌ 00R	♌ 07	♎ 04	♏ 17	♏ 12R	♐ 11
	21日	♑ 26	♓ 19	♓ 17R	♈ 06	♊ 01	♋ 25	♋ 27R	♌ 15	♎ 12	♏ 22	♏ 11	♐ 18
	26日	♒ 04	♓ 25	♓ 15R	♈ 13	♊ 12	♋ 29	♋ 24R	♌ 25	♎ 20	♏ 25	♏ 14	♐ 26
♀	1日	♐ 17	♑ 25	♓ 00	♈ 09	♉ 16	♊ 24	♌ 01	♍ 08	♎ 16	♏ 21	♐ 25	♑ 25
	11日	♐ 29	♒ 08	♓ 13	♈ 21	♉ 28	♋ 07	♌ 13	♍ 21	♎ 27	♐ 02	♑ 06	♒ 02
	21日	♑ 12	♒ 20	♓ 25	♉ 04	♊ 11	♋ 19	♌ 25	♎ 02	♏ 09	♐ 13	♑ 16	♒ 08
♂	1日	♐ 01	♐ 22	♑ 12	♒ 04	♒ 25	♓ 17	♈ 07	♈ 25	♉ 07	♉ 08R	♈ 29R	♈ 25
	11日	♐ 08	♐ 29	♑ 19	♒ 11	♓ 02	♓ 24	♈ 13	♈ 29	♉ 09	♉ 06R	♈ 27R	♈ 27
	21日	♐ 15	♑ 06	♑ 26	♒ 18	♓ 09	♈ 00	♈ 19	♉ 03	♉ 09R	♉ 03R	♈ 25R	♈ 29
♃	1日	♑ 18	♑ 25	♒ 01	♒ 07	♒ 11	♒ 12R	♒ 11R	♒ 07R	♒ 03R	♒ 02	♒ 04	♒ 08
	11日	♑ 20	♑ 27	♒ 03	♒ 08	♒ 12	♒ 12R	♒ 10R	♒ 06R	♒ 03R	♒ 03	♒ 05	♒ 10
	21日	♑ 23	♒ 00	♒ 05	♒ 10	♒ 12	♒ 11R	♒ 08R	♒ 05R	♒ 02R	♒ 03	♒ 07	♒ 12
♄	1日	♊ 15R	♊ 14R	♊ 14	♊ 16	♊ 18	♊ 22	♊ 26	♋ 00	♋ 03	♋ 05	♋ 05R	♋ 03R
	11日	♊ 15R	♊ 14R	♊ 14	♊ 16	♊ 20	♊ 24	♊ 27	♋ 01	♋ 04	♋ 05	♋ 04R	♋ 02R
	21日	♊ 14R	♊ 14	♊ 15	♊ 17	♊ 21	♊ 25	♊ 29	♋ 02	♋ 04	♋ 05R	♋ 04R	♋ 01R
♅	1日	♎ 23	♎ 23R	♎ 23R	♎ 21R	♎ 20R	♎ 19R	♎ 19	♎ 19	♎ 21	♎ 22	♎ 24	♎ 26
♆	1日	♐ 06	♐ 07	♐ 07	♐ 07R	♐ 07R	♐ 06R	♐ 05R	♐ 05R	♐ 05	♐ 05	♐ 06	♐ 07
♇	1日	♎ 04	♎ 04R	♎ 04R	♎ 03R	♎ 02R	♎ 02R	♎ 02	♎ 02	♎ 03	♎ 04	♎ 06	♎ 06
☊	1日	♑ 17R	♑ 17	♑ 15R	♑ 13R	♑ 09R	♑ 08R	♑ 08R	♑ 07R	♑ 05R	♑ 02R	♑ 00	♐ 29

		1月	2月	3月	4月	5月	6月	7月	8月	9月	10月	11月	12月
☽	1日	♈ 03	♉ 22	♊ 02	♋ 25	♍ 04	♎ 26	♐ 01	♑ 16	♓ 01	♈ 04	♉ 21	♊ 28
	2日	♈ 16	♊ 06	♊ 16	♌ 09	♍ 18	♏ 09	♐ 13	♑ 28	♓ 13	♈ 16	♊ 05	♋ 12
	3日	♈ 29	♊ 20	♋ 00	♌ 23	♎ 02	♏ 21	♐ 25	♒ 10	♓ 25	♈ 29	♊ 18	♋ 27
	4日	♉ 13	♋ 05	♋ 14	♍ 08	♎ 16	♐ 04	♑ 07	♒ 22	♈ 07	♉ 12	♋ 02	♌ 11
	5日	♉ 27	♋ 20	♋ 29	♍ 22	♎ 29	♐ 16	♑ 19	♓ 04	♈ 20	♉ 25	♋ 16	♌ 25
	6日	♊ 12	♌ 05	♌ 14	♎ 06	♏ 12	♐ 29	♒ 01	♓ 16	♉ 02	♊ 08	♌ 00	♍ 10
	7日	♊ 27	♌ 20	♌ 28	♎ 20	♏ 25	♑ 11	♒ 13	♓ 28	♉ 15	♊ 22	♌ 14	♍ 24
	8日	♋ 12	♍ 05	♍ 13	♏ 04	♐ 08	♑ 23	♒ 25	♈ 10	♉ 28	♋ 05	♌ 29	♎ 08
	9日	♋ 27	♍ 20	♍ 28	♏ 17	♐ 20	♒ 04	♓ 07	♈ 23	♊ 11	♋ 19	♍ 13	♎ 21
	10日	♌ 12	♎ 04	♎ 12	♐ 00	♑ 02	♒ 16	♓ 19	♉ 05	♊ 25	♌ 04	♍ 27	♏ 05
	11日	♌ 27	♎ 18	♎ 26	♐ 12	♑ 14	♒ 28	♈ 01	♉ 18	♋ 09	♌ 18	♎ 11	♏ 18
	12日	♍ 12	♏ 01	♏ 09	♐ 25	♑ 26	♓ 10	♈ 13	♊ 02	♋ 23	♍ 02	♎ 25	♐ 01
	13日	♍ 26	♏ 14	♏ 22	♑ 07	♒ 08	♓ 22	♈ 26	♊ 15	♌ 08	♍ 17	♏ 09	♐ 14
	14日	♎ 09	♏ 26	♐ 04	♑ 18	♒ 20	♈ 05	♉ 09	♋ 00	♌ 23	♎ 02	♏ 22	♐ 27
	15日	♎ 23	♐ 09	♐ 17	♒ 00	♓ 02	♈ 18	♉ 23	♋ 14	♍ 08	♎ 16	♐ 06	♑ 09
	16日	♏ 05	♐ 21	♐ 29	♒ 12	♓ 14	♉ 01	♊ 06	♋ 29	♍ 23	♏ 00	♐ 19	♑ 22
	17日	♏ 18	♑ 02	♑ 11	♒ 24	♓ 27	♉ 14	♊ 21	♌ 14	♎ 08	♏ 14	♑ 01	♒ 04
	18日	♐ 00	♑ 14	♑ 22	♓ 06	♈ 09	♉ 28	♋ 06	♍ 00	♎ 22	♏ 28	♑ 14	♒ 16
	19日	♐ 12	♑ 26	♒ 04	♓ 19	♈ 23	♊ 13	♋ 21	♍ 15	♏ 06	♐ 11	♑ 26	♒ 27
	20日	♐ 24	♒ 08	♒ 16	♈ 01	♉ 06	♊ 27	♌ 06	♎ 00	♏ 20	♐ 23	♒ 08	♓ 09
	21日	♑ 06	♒ 20	♒ 28	♈ 14	♉ 20	♋ 12	♌ 21	♎ 14	♐ 03	♑ 06	♒ 20	♓ 21
	22日	♑ 17	♓ 02	♓ 11	♈ 28	♊ 04	♋ 27	♍ 06	♎ 28	♐ 15	♑ 18	♓ 01	♈ 03
	23日	♑ 29	♓ 14	♓ 23	♉ 11	♊ 19	♌ 12	♍ 21	♏ 11	♐ 28	♒ 00	♓ 13	♈ 15
	24日	♒ 11	♓ 27	♈ 06	♉ 25	♋ 03	♌ 27	♎ 05	♏ 24	♑ 10	♒ 12	♓ 25	♈ 28
	25日	♒ 23	♈ 09	♈ 19	♊ 09	♋ 18	♍ 11	♎ 19	♐ 07	♑ 22	♒ 24	♈ 08	♉ 11
	26日	♓ 05	♈ 22	♉ 02	♊ 23	♌ 02	♍ 25	♏ 02	♐ 19	♒ 04	♓ 06	♈ 20	♉ 24
	27日	♓ 17	♉ 05	♉ 16	♋ 08	♌ 17	♎ 09	♏ 15	♑ 01	♒ 15	♓ 18	♉ 03	♊ 08
	28日	♈ 00	♉ 19	♉ 29	♋ 22	♍ 01	♎ 23	♏ 28	♑ 13	♒ 27	♈ 00	♉ 16	♊ 22
	29日	♈ 12		♊ 13	♌ 06	♍ 15	♏ 06	♐ 10	♑ 25	♓ 09	♈ 12	♊ 00	♋ 07
	30日	♈ 25		♊ 27	♌ 20	♍ 29	♏ 18	♐ 22	♒ 07	♓ 22	♈ 25	♊ 14	♋ 21
	31日	♉ 08		♋ 11		♎ 12		♑ 04	♒ 19		♉ 08		♌ 06
☿	1日	♑ 05	♒ 27	♓ 01R	♓ 15	♉ 06	♋ 03	♋ 08R	♋ 22	♍ 22	♏ 03	♎ 25R	♏ 28
	6日	♑ 13	♓ 05	♒ 28R	♓ 22	♉ 17	♋ 08	♋ 06R	♌ 01	♎ 00	♏ 08	♎ 25	♐ 06
	11日	♑ 22	♓ 10	♒ 27	♓ 29	♉ 28	♋ 12	♋ 04R	♌ 11	♎ 08	♏ 10	♎ 29	♐ 14
	16日	♒ 00	♓ 12R	♒ 29	♈ 07	♊ 08	♋ 14	♋ 05	♌ 22	♎ 15	♏ 10R	♏ 06	♐ 22
	21日	♒ 08	♓ 10R	♓ 03	♈ 16	♊ 17	♋ 13R	♋ 08	♍ 01	♎ 22	♏ 07R	♏ 13	♑ 00
	26日	♒ 17	♓ 04R	♓ 07	♈ 26	♊ 25	♋ 11R	♋ 13	♍ 11	♎ 28	♏ 01R	♏ 20	♑ 08
♀	1日	♒ 11	♑ 29R	♒ 00	♒ 25	♓ 26	♉ 01	♊ 06	♋ 13	♌ 21	♍ 28	♏ 07	♐ 15
	11日	♒ 10R	♑ 26R	♒ 07	♓ 05	♈ 07	♉ 13	♊ 18	♋ 25	♍ 03	♎ 11	♏ 19	♐ 27
	21日	♒ 05R	♑ 27	♒ 15	♓ 15	♈ 18	♉ 24	♋ 00	♌ 07	♍ 16	♎ 23	♐ 02	♑ 10
♂	1日	♉ 03	♉ 16	♊ 01	♊ 19	♋ 06	♋ 25	♌ 14	♍ 03	♍ 22	♎ 12	♏ 03	♏ 23
	11日	♉ 06	♉ 21	♊ 07	♊ 25	♋ 12	♌ 01	♌ 20	♍ 09	♍ 29	♎ 19	♏ 09	♐ 00
	21日	♉ 11	♉ 27	♊ 12	♋ 00	♋ 18	♌ 07	♌ 26	♍ 15	♎ 05	♎ 25	♏ 16	♐ 07
♃	1日	♒ 14	♒ 22	♒ 28	♓ 05	♓ 11	♓ 16	♓ 18	♓ 17R	♓ 14R	♓ 10R	♓ 08R	♓ 09
	11日	♒ 17	♒ 24	♓ 01	♓ 07	♓ 13	♓ 17	♓ 18R	♓ 16R	♓ 12R	♓ 09R	♓ 08	♓ 10
	21日	♒ 19	♒ 26	♓ 03	♓ 09	♓ 14	♓ 17	♓ 18R	♓ 15R	♓ 11R	♓ 08R	♓ 09	♓ 12
♄	1日	♋ 01R	♊ 28R	♊ 28	♊ 29	♋ 01	♋ 05	♋ 08	♋ 12	♋ 16	♋ 18	♋ 19R	♋ 18R
	11日	♋ 00R	♊ 28R	♊ 28	♊ 29	♋ 02	♋ 06	♋ 10	♋ 14	♋ 17	♋ 19	♋ 19R	♋ 17R
	21日	♊ 29R	♊ 28R	♊ 28	♋ 00	♋ 03	♋ 07	♋ 11	♋ 15	♋ 17	♋ 19	♋ 19R	♋ 17R
♅	1日	♎ 27	♎ 28R	♎ 27R	♎ 26R	♎ 25R	♎ 24R	♎ 24R	♎ 24	♎ 25	♎ 27	♎ 29	♏ 01
♆	1日	♐ 08	♐ 09	♐ 10	♐ 10R	♐ 09R	♐ 08R	♐ 07R	♐ 07R	♐ 07	♐ 07	♐ 08	♐ 09
♇	1日	♎ 07	♎ 07R	♎ 06R	♎ 05R	♎ 05R	♎ 04R	♎ 04	♎ 05	♎ 06	♎ 07	♎ 08	♎ 09
☊	1日	♐ 29R	♐ 28	♐ 25R	♐ 22R	♐ 20R	♐ 19R	♐ 19	♐ 18R	♐ 16R	♐ 12R	♐ 10R	♐ 10

		1月	2月	3月	4月	5月	6月	7月	8月	9月	10月	11月	12月
☽	1日	♌ 21	♎ 14	♎ 23	♐ 13	♑ 16	♓ 01	♈ 02	♉ 17	♋ 04	♌ 11	♎ 04	♏ 13
	2日	♍ 06	♎ 28	♏ 07	♐ 26	♑ 29	♓ 13	♈ 14	♉ 29	♋ 18	♌ 26	♎ 19	♏ 27
	3日	♍ 20	♏ 12	♏ 21	♑ 08	♒ 11	♓ 25	♈ 26	♊ 12	♌ 02	♍ 11	♏ 04	♐ 11
	4日	♎ 04	♏ 25	♐ 04	♑ 21	♒ 23	♈ 06	♉ 09	♊ 26	♌ 17	♍ 26	♏ 19	♐ 25
	5日	♎ 18	♐ 08	♐ 17	♒ 03	♓ 05	♈ 19	♉ 21	♋ 10	♍ 02	♎ 11	♐ 03	♑ 09
	6日	♏ 02	♐ 20	♑ 00	♒ 15	♓ 17	♉ 01	♊ 04	♋ 24	♍ 18	♎ 26	♐ 18	♑ 22
	7日	♏ 15	♑ 03	♑ 12	♒ 26	♓ 28	♉ 13	♊ 18	♌ 09	♎ 03	♏ 11	♑ 01	♒ 05
	8日	♏ 28	♑ 15	♑ 24	♓ 08	♈ 11	♉ 26	♋ 02	♌ 24	♎ 18	♏ 26	♑ 15	♒ 18
	9日	♐ 11	♑ 27	♒ 06	♓ 20	♈ 23	♊ 09	♋ 16	♍ 09	♏ 03	♐ 10	♑ 27	♓ 00
	10日	♐ 23	♒ 09	♒ 18	♈ 02	♉ 05	♊ 23	♌ 00	♍ 24	♏ 17	♐ 23	♒ 10	♓ 12
	11日	♑ 06	♒ 21	♓ 00	♈ 14	♉ 18	♋ 07	♌ 15	♎ 09	♐ 01	♑ 06	♒ 22	♓ 24
	12日	♑ 18	♓ 03	♓ 11	♈ 26	♊ 01	♋ 21	♌ 29	♎ 23	♐ 14	♑ 19	♓ 04	♈ 06
	13日	♒ 00	♓ 14	♓ 23	♉ 09	♊ 14	♌ 05	♍ 14	♏ 07	♐ 27	♒ 01	♓ 16	♈ 18
	14日	♒ 12	♓ 26	♈ 05	♉ 21	♊ 27	♌ 19	♍ 29	♏ 21	♑ 10	♒ 14	♓ 28	♉ 00
	15日	♒ 24	♈ 08	♈ 17	♊ 04	♋ 11	♍ 03	♎ 13	♐ 04	♑ 22	♒ 26	♈ 10	♉ 12
	16日	♓ 06	♈ 20	♉ 00	♊ 17	♋ 24	♍ 18	♎ 27	♐ 18	♒ 05	♓ 08	♈ 22	♉ 24
	17日	♓ 18	♉ 02	♉ 12	♋ 00	♌ 08	♎ 02	♏ 11	♑ 00	♒ 17	♓ 19	♉ 04	♊ 07
	18日	♓ 29	♉ 15	♉ 24	♋ 14	♌ 22	♎ 16	♏ 24	♑ 13	♒ 29	♈ 01	♉ 16	♊ 20
	19日	♈ 11	♉ 28	♊ 07	♋ 28	♍ 07	♏ 00	♐ 07	♑ 25	♓ 11	♈ 13	♉ 28	♋ 03
	20日	♈ 24	♊ 11	♊ 20	♌ 12	♍ 21	♏ 14	♐ 20	♒ 08	♓ 23	♈ 25	♊ 11	♋ 16
	21日	♉ 06	♊ 24	♋ 03	♌ 26	♎ 05	♏ 27	♑ 03	♒ 20	♈ 04	♉ 07	♊ 24	♌ 00
	22日	♉ 19	♋ 08	♋ 17	♍ 11	♎ 20	♐ 11	♑ 16	♓ 02	♈ 16	♉ 19	♋ 07	♌ 14
	23日	♊ 02	♋ 22	♌ 01	♍ 25	♏ 04	♐ 24	♑ 28	♓ 14	♈ 28	♊ 02	♋ 20	♌ 28
	24日	♊ 16	♌ 07	♌ 16	♎ 10	♏ 18	♑ 07	♒ 11	♓ 26	♉ 10	♊ 14	♌ 04	♍ 12
	25日	♋ 00	♌ 23	♍ 01	♎ 25	♐ 02	♑ 20	♒ 23	♈ 07	♉ 22	♊ 27	♌ 17	♍ 26
	26日	♋ 14	♍ 08	♍ 16	♏ 09	♐ 15	♒ 02	♓ 05	♈ 19	♊ 05	♋ 10	♍ 01	♎ 10
	27日	♋ 29	♍ 23	♎ 01	♏ 23	♐ 29	♒ 15	♓ 17	♉ 01	♊ 17	♋ 23	♍ 15	♎ 24
	28日	♌ 15	♎ 08	♎ 16	♐ 07	♑ 12	♒ 27	♓ 29	♉ 13	♋ 00	♌ 07	♎ 00	♏ 09
	29日	♍ 00		♏ 01	♐ 21	♑ 24	♓ 09	♈ 11	♉ 25	♋ 13	♌ 21	♎ 14	♏ 23
	30日	♍ 15		♏ 15	♑ 04	♒ 07	♓ 21	♈ 23	♊ 08	♋ 27	♍ 05	♎ 28	♐ 06
	31日	♎ 00		♏ 29		♒ 19		♉ 05	♊ 21		♍ 20		♐ 20
☿	1日	♑ 17	♒ 25R	♒ 13	♓ 24	♉ 24	♊ 23R	♊ 18	♌ 08	♎ 02	♎ 23R	♎ 22	♐ 10
	6日	♑ 25	♒ 22R	♒ 18	♈ 03	♊ 03	♊ 22R	♊ 22	♌ 18	♎ 08	♎ 19R	♏ 00	♐ 17
	11日	♒ 04	♒ 16R	♒ 23	♈ 12	♊ 10	♊ 19R	♊ 28	♌ 28	♎ 14	♎ 14R	♏ 08	♐ 25
	16日	♒ 12	♒ 11R	♓ 00	♈ 22	♊ 16	♊ 16R	♋ 06	♍ 07	♎ 19	♎ 10R	♏ 16	♑ 03
	21日	♒ 19	♒ 10	♓ 07	♉ 03	♊ 21	♊ 15R	♋ 15	♍ 15	♎ 23	♎ 10	♏ 24	♑ 11
	26日	♒ 24	♒ 11	♓ 14	♉ 14	♊ 23	♊ 15	♋ 25	♍ 23	♎ 24	♎ 14	♐ 02	♑ 19
♀	1日	♑ 24	♓ 02	♈ 07	♉ 15	♊ 20	♋ 24	♌ 23	♍ 11	♍ 01R	♌ 28	♍ 22	♎ 23
	11日	♒ 06	♓ 15	♈ 19	♉ 27	♋ 01	♌ 05	♍ 01	♍ 11R	♌ 26R	♍ 04	♎ 02	♏ 05
	21日	♒ 19	♓ 27	♉ 01	♊ 08	♋ 13	♌ 14	♍ 07	♍ 07R	♌ 26	♍ 12	♎ 12	♏ 16
♂	1日	♐ 15	♑ 08	♑ 28	♒ 22	♓ 15	♈ 08	♉ 00	♉ 21	♊ 10	♊ 25	♋ 02	♊ 28R
	11日	♐ 22	♑ 15	♒ 06	♒ 29	♓ 22	♈ 15	♉ 07	♉ 28	♊ 16	♊ 28	♋ 03R	♊ 25R
	21日	♑ 00	♑ 22	♒ 14	♓ 07	♈ 00	♈ 23	♉ 14	♊ 04	♊ 20	♋ 01	♋ 01R	♊ 21R
♃	1日	♓ 13	♓ 19	♓ 26	♈ 03	♈ 10	♈ 17	♈ 22	♈ 24	♈ 24R	♈ 21R	♈ 17R	♈ 15R
	11日	♓ 15	♓ 22	♓ 28	♈ 06	♈ 12	♈ 19	♈ 23	♈ 25	♈ 23R	♈ 20R	♈ 16R	♈ 15
	21日	♓ 17	♓ 24	♈ 01	♈ 08	♈ 15	♈ 20	♈ 24	♈ 25R	♈ 23R	♈ 19R	♈ 15R	♈ 15
♄	1日	♋ 16R	♋ 13R	♋ 12R	♋ 12	♋ 14	♋ 17	♋ 21	♋ 25	♋ 28	♌ 01	♌ 03	♌ 03R
	11日	♋ 15R	♋ 13R	♋ 12R	♋ 13	♋ 15	♋ 18	♋ 22	♋ 26	♋ 29	♌ 02	♌ 03	♌ 02R
	21日	♋ 14R	♋ 12R	♋ 12	♋ 13	♋ 16	♋ 19	♋ 23	♋ 27	♌ 00	♌ 02	♌ 03R	♌ 02R
♅	1日	♏ 02	♏ 02	♏ 02R	♏ 01R	♏ 00R	♎ 29R	♎ 28R	♎ 29	♏ 00	♏ 01	♏ 03	♏ 05
♆	1日	♐ 10	♐ 11	♐ 12	♐ 12R	♐ 11R	♐ 10R	♐ 10R	♐ 09R	♐ 09	♐ 09	♐ 10	♐ 11
♇	1日	♎ 09	♎ 09R	♎ 09R	♎ 08R	♎ 07R	♎ 07R	♎ 07	♎ 07	♎ 08	♎ 09	♎ 10	♎ 11
☊	1日	♐ 10R	♐ 08R	♐ 05R	♐ 02	♐ 01	♐ 01R	♐ 00R	♏ 28	♏ 25R	♏ 23R	♏ 22R	♏ 22

1976（うるう）年

		1月	2月	3月	4月	5月	6月	7月	8月	9月	10月	11月	12月
☽	1日	♑ 04	♒ 21	♓ 12	♈ 27	♉ 29	♋ 16	♌ 23	♎ 15	♐ 08	♑ 16	♓ 05	♈ 08
	2日	♑ 17	♓ 04	♓ 24	♉ 09	♊ 12	♋ 29	♍ 06	♎ 29	♐ 22	♒ 00	♓ 17	♈ 20
	3日	♒ 00	♓ 16	♈ 06	♉ 20	♊ 24	♌ 12	♍ 20	♏ 14	♑ 06	♒ 13	♓ 29	♉ 02
	4日	♒ 13	♓ 28	♈ 18	♊ 02	♋ 06	♌ 26	♎ 04	♏ 28	♑ 19	♒ 25	♈ 11	♉ 13
	5日	♒ 26	♈ 10	♉ 00	♊ 14	♋ 19	♍ 10	♎ 18	♐ 12	♒ 03	♓ 08	♈ 23	♉ 25
	6日	♓ 08	♈ 22	♉ 12	♊ 27	♌ 02	♍ 24	♏ 03	♐ 25	♒ 16	♓ 20	♉ 05	♊ 07
	7日	♓ 20	♉ 03	♉ 24	♋ 09	♌ 15	♎ 08	♏ 17	♑ 09	♒ 28	♈ 02	♉ 17	♊ 19
	8日	♈ 02	♉ 15	♊ 06	♋ 22	♌ 29	♎ 22	♐ 01	♑ 23	♓ 11	♈ 14	♉ 28	♋ 01
	9日	♈ 14	♉ 27	♊ 18	♌ 06	♍ 13	♏ 07	♐ 15	♒ 06	♓ 23	♈ 26	♊ 10	♋ 14
	10日	♈ 25	♊ 10	♋ 01	♌ 20	♍ 28	♏ 21	♑ 00	♒ 19	♈ 05	♉ 08	♊ 22	♋ 26
	11日	♉ 07	♊ 22	♋ 14	♍ 04	♎ 13	♐ 06	♑ 13	♓ 02	♈ 17	♉ 20	♋ 04	♌ 09
	12日	♉ 20	♋ 06	♋ 27	♍ 19	♎ 27	♐ 21	♑ 27	♓ 15	♈ 29	♊ 01	♋ 17	♌ 22
	13日	♊ 02	♋ 19	♌ 11	♎ 04	♏ 13	♑ 05	♒ 11	♓ 27	♉ 11	♊ 13	♋ 29	♍ 05
	14日	♊ 15	♌ 03	♌ 26	♎ 19	♏ 27	♑ 19	♒ 24	♈ 09	♉ 23	♊ 25	♌ 12	♍ 18
	15日	♊ 28	♌ 18	♍ 11	♏ 04	♐ 12	♒ 03	♓ 07	♈ 21	♊ 05	♋ 07	♌ 25	♎ 02
	16日	♋ 11	♍ 02	♍ 26	♏ 19	♐ 27	♒ 16	♓ 19	♉ 03	♊ 17	♋ 20	♍ 09	♎ 16
	17日	♋ 25	♍ 17	♎ 11	♐ 04	♑ 11	♒ 29	♈ 01	♉ 15	♊ 29	♌ 03	♍ 23	♏ 01
	18日	♌ 09	♎ 02	♎ 26	♐ 19	♑ 24	♓ 11	♈ 13	♉ 27	♋ 11	♌ 16	♎ 07	♏ 15
	19日	♌ 24	♎ 17	♏ 11	♑ 02	♒ 08	♓ 23	♈ 25	♊ 09	♋ 24	♍ 00	♎ 22	♐ 00
	20日	♍ 08	♏ 02	♏ 26	♑ 16	♒ 20	♈ 05	♉ 07	♊ 21	♌ 08	♍ 14	♏ 07	♐ 15
	21日	♍ 23	♏ 16	♐ 10	♑ 29	♓ 03	♈ 17	♉ 19	♋ 03	♌ 22	♍ 28	♏ 22	♑ 00
	22日	♎ 07	♐ 00	♐ 23	♒ 12	♓ 15	♈ 29	♊ 01	♋ 16	♍ 06	♎ 13	♐ 07	♑ 15
	23日	♎ 21	♐ 13	♑ 07	♒ 24	♓ 27	♉ 11	♊ 13	♌ 00	♍ 20	♎ 29	♐ 22	♑ 29
	24日	♏ 05	♐ 27	♑ 20	♓ 06	♈ 09	♉ 23	♊ 25	♌ 13	♎ 05	♏ 14	♑ 07	♒ 13
	25日	♏ 19	♑ 10	♒ 02	♓ 18	♈ 21	♊ 05	♋ 08	♌ 28	♎ 20	♏ 29	♑ 21	♒ 26
	26日	♐ 03	♑ 23	♒ 15	♈ 00	♉ 02	♊ 17	♋ 21	♍ 12	♏ 05	♐ 14	♒ 05	♓ 09
	27日	♐ 16	♒ 05	♒ 27	♈ 12	♉ 14	♋ 00	♌ 05	♍ 27	♏ 20	♐ 28	♒ 18	♓ 22
	28日	♑ 00	♒ 18	♓ 09	♈ 24	♉ 26	♋ 13	♌ 19	♎ 11	♐ 05	♑ 12	♓ 01	♈ 04
	29日	♑ 13	♓ 00	♓ 21	♉ 06	♊ 08	♋ 26	♍ 03	♎ 26	♐ 19	♑ 26	♓ 14	♈ 16
	30日	♑ 26		♈ 03	♉ 17	♊ 21	♌ 09	♍ 17	♏ 10	♑ 03	♒ 09	♓ 26	♈ 28
	31日	♒ 09		♈ 15		♋ 03		♎ 01	♏ 24		♒ 22		♉ 10
☿	1日	♑ 28	♑ 24R	♒ 17	♈ 11	♊ 01	♉ 25R	♊ 23	♌ 26	♎ 05	♍ 23R	♏ 05	♐ 22
	6日	♒ 04	♑ 24	♒ 25	♈ 21	♊ 03	♉ 26	♋ 03	♍ 04	♎ 07	♍ 25	♏ 13	♑ 00
	11日	♒ 08	♑ 26	♓ 03	♉ 01	♊ 04R	♉ 28	♋ 14	♍ 12	♎ 08R	♎ 01	♏ 21	♑ 07
	16日	♒ 09R	♒ 00	♓ 11	♉ 11	♊ 02R	♊ 02	♋ 24	♍ 19	♎ 05R	♎ 08	♏ 29	♑ 14
	21日	♒ 05R	♒ 06	♓ 20	♉ 20	♉ 29R	♊ 08	♌ 05	♍ 25	♎ 00R	♎ 16	♐ 07	♑ 19
	26日	♑ 29R	♒ 12	♓ 29	♉ 26	♉ 27R	♊ 15	♌ 15	♎ 00	♍ 25R	♎ 25	♐ 14	♑ 23
♀	1日	♐ 00	♑ 07	♒ 13	♓ 21	♈ 28	♊ 06	♋ 13	♌ 21	♍ 29	♏ 06	♐ 14	♑ 20
	11日	♐ 12	♑ 19	♒ 25	♈ 03	♉ 10	♊ 18	♋ 25	♍ 03	♎ 12	♏ 18	♐ 26	♒ 02
	21日	♐ 24	♒ 02	♓ 08	♈ 16	♉ 23	♋ 01	♌ 08	♍ 16	♎ 24	♐ 00	♑ 08	♒ 14
♂	1日	♊ 17R	♊ 15	♊ 23	♋ 06	♋ 22	♌ 09	♌ 26	♍ 15	♎ 05	♎ 25	♏ 16	♐ 07
	11日	♊ 15R	♊ 17	♊ 27	♋ 11	♋ 27	♌ 15	♍ 03	♍ 22	♎ 12	♏ 02	♏ 23	♐ 15
	21日	♊ 15	♊ 20	♋ 01	♋ 16	♌ 03	♌ 21	♍ 09	♍ 28	♎ 18	♏ 08	♐ 00	♐ 22
♃	1日	♈ 16	♈ 19	♈ 24	♉ 01	♉ 08	♉ 16	♉ 22	♉ 27	♊ 01	♊ 01R	♉ 28R	♉ 24R
	11日	♈ 16	♈ 21	♈ 27	♉ 04	♉ 11	♉ 18	♉ 24	♉ 29	♊ 01	♊ 00R	♉ 27R	♉ 23R
	21日	♈ 18	♈ 23	♈ 29	♉ 06	♉ 13	♉ 20	♉ 26	♊ 00	♊ 01R	♊ 00R	♉ 26R	♉ 22R
♄	1日	♌ 01R	♋ 29R	♋ 27R	♋ 26	♋ 27	♌ 00	♌ 03	♌ 07	♌ 11	♌ 14	♌ 16	♌ 17R
	11日	♌ 00R	♋ 28R	♋ 26R	♋ 26	♋ 28	♌ 01	♌ 04	♌ 08	♌ 12	♌ 15	♌ 17	♌ 17R
	21日	♋ 29R	♋ 27R	♋ 26R	♋ 27	♋ 29	♌ 02	♌ 05	♌ 09	♌ 13	♌ 16	♌ 17	♌ 16R
♅	1日	♏ 06	♏ 07	♏ 07R	♏ 06R	♏ 05R	♏ 04R	♏ 03R	♏ 03	♏ 04	♏ 06	♏ 08	♏ 09
♆	1日	♐ 13	♐ 13	♐ 14	♐ 14R	♐ 13R	♐ 13R	♐ 12R	♐ 11R	♐ 11	♐ 12	♐ 12	♐ 14
♇	1日	♎ 12	♎ 12R	♎ 11R	♎ 10R	♎ 10R	♎ 09R	♎ 09	♎ 09	♎ 10	♎ 11	♎ 13	♎ 14
☊	1日	♏ 21R	♏ 18R	♏ 15R	♏ 13R	♏ 13	♏ 12R	♏ 11R	♏ 08R	♏ 05	♏ 04R	♏ 04	♏ 03

		1月	2月	3月	4月	5月	6月	7月	8月	9月	10月	11月	12月
☽	1日	♉ 22	♋ 06	♋ 14	♍ 01	♎ 07	♐ 00	♑ 09	♓ 01	♈ 19	♉ 21	♋ 05	♌ 08
	2日	♊ 04	♋ 19	♋ 27	♍ 15	♎ 22	♐ 15	♑ 24	♓ 15	♉ 01	♊ 03	♋ 17	♌ 20
	3日	♊ 16	♌ 02	♌ 10	♍ 29	♏ 07	♑ 01	♒ 09	♓ 28	♉ 13	♊ 15	♋ 29	♍ 02
	4日	♊ 28	♌ 15	♌ 23	♎ 14	♏ 22	♑ 16	♒ 23	♈ 11	♉ 25	♊ 27	♌ 11	♍ 15
	5日	♋ 10	♌ 28	♍ 07	♎ 28	♐ 07	♒ 00	♓ 07	♈ 23	♊ 07	♋ 09	♌ 24	♍ 28
	6日	♋ 23	♍ 12	♍ 21	♏ 13	♐ 22	♒ 14	♓ 20	♉ 05	♊ 19	♋ 21	♍ 06	♎ 11
	7日	♌ 06	♍ 26	♎ 05	♏ 28	♑ 07	♒ 28	♈ 03	♉ 17	♋ 01	♌ 03	♍ 19	♎ 25
	8日	♌ 19	♎ 10	♎ 19	♐ 13	♑ 21	♓ 11	♈ 15	♉ 29	♋ 13	♌ 16	♎ 03	♏ 09
	9日	♍ 02	♎ 24	♏ 04	♐ 27	♒ 05	♓ 24	♈ 27	♊ 11	♋ 25	♌ 28	♎ 17	♏ 24
	10日	♍ 15	♏ 08	♏ 18	♑ 11	♒ 19	♈ 06	♉ 09	♊ 23	♌ 08	♍ 12	♏ 01	♐ 09
	11日	♍ 29	♏ 22	♐ 03	♑ 25	♓ 02	♈ 19	♉ 21	♋ 05	♌ 20	♍ 25	♏ 16	♐ 25
	12日	♎ 13	♐ 06	♐ 17	♒ 09	♓ 15	♉ 01	♊ 03	♋ 17	♍ 04	♎ 09	♐ 01	♑ 10
	13日	♎ 27	♐ 20	♑ 01	♒ 22	♓ 27	♉ 12	♊ 15	♌ 00	♍ 17	♎ 23	♐ 16	♑ 25
	14日	♏ 11	♑ 04	♑ 15	♓ 05	♈ 09	♉ 24	♊ 27	♌ 12	♎ 01	♏ 08	♑ 01	♒ 10
	15日	♏ 25	♑ 18	♑ 28	♓ 18	♈ 21	♊ 06	♋ 09	♌ 25	♎ 14	♏ 22	♑ 16	♒ 24
	16日	♐ 09	♒ 02	♒ 12	♈ 00	♉ 03	♊ 18	♋ 21	♍ 08	♎ 28	♐ 07	♒ 01	♓ 08
	17日	♐ 24	♒ 16	♒ 25	♈ 12	♉ 15	♋ 00	♌ 03	♍ 21	♏ 13	♐ 22	♒ 15	♓ 21
	18日	♑ 08	♒ 29	♓ 08	♈ 24	♉ 27	♋ 12	♌ 16	♎ 05	♏ 27	♑ 06	♒ 28	♈ 04
	19日	♑ 23	♓ 12	♓ 21	♉ 06	♊ 09	♋ 24	♌ 28	♎ 18	♐ 11	♑ 20	♓ 12	♈ 17
	20日	♒ 07	♓ 25	♈ 03	♉ 18	♊ 21	♌ 06	♍ 11	♏ 02	♐ 25	♒ 04	♓ 25	♈ 29
	21日	♒ 21	♈ 08	♈ 16	♊ 00	♋ 03	♌ 19	♍ 24	♏ 16	♑ 09	♒ 18	♈ 07	♉ 11
	22日	♓ 04	♈ 20	♈ 28	♊ 12	♋ 15	♍ 01	♎ 08	♐ 00	♑ 23	♓ 01	♈ 20	♉ 23
	23日	♓ 17	♉ 02	♉ 10	♊ 24	♋ 27	♍ 14	♎ 21	♐ 14	♒ 07	♓ 15	♉ 02	♊ 05
	24日	♈ 00	♉ 14	♉ 22	♋ 06	♌ 09	♍ 27	♏ 05	♐ 29	♒ 21	♓ 28	♉ 14	♊ 17
	25日	♈ 12	♉ 26	♊ 04	♋ 18	♌ 22	♎ 11	♏ 19	♑ 13	♓ 05	♈ 10	♉ 26	♊ 29
	26日	♈ 24	♊ 07	♊ 15	♌ 00	♍ 05	♎ 25	♐ 04	♑ 27	♓ 18	♈ 23	♊ 08	♋ 11
	27日	♉ 06	♊ 19	♊ 27	♌ 13	♍ 18	♏ 09	♐ 18	♒ 11	♈ 01	♉ 05	♊ 20	♋ 23
	28日	♉ 18	♋ 02	♋ 09	♌ 26	♎ 01	♏ 24	♑ 03	♒ 26	♈ 14	♉ 17	♋ 02	♌ 05
	29日	♊ 00		♋ 22	♍ 09	♎ 16	♐ 09	♑ 18	♓ 09	♈ 27	♉ 29	♋ 14	♌ 17
	30日	♊ 12		♌ 04	♍ 23	♏ 00	♐ 24	♒ 02	♓ 23	♉ 09	♊ 11	♋ 26	♌ 29
	31日	♊ 24		♌ 17		♏ 15		♒ 17	♈ 06		♊ 23		♍ 11
☿	1日	♑ 22R	♑ 17	♒ 28	♈ 27	♉ 10R	♉ 16	♋ 11	♍ 05	♍ 16R	♍ 24	♏ 17	♑ 00
	6日	♑ 16R	♑ 23	♓ 07	♉ 05	♉ 07R	♉ 23	♋ 21	♍ 11	♍ 12R	♎ 03	♏ 25	♑ 05
	11日	♑ 10R	♒ 00	♓ 16	♉ 10	♉ 05R	♊ 00	♌ 01	♍ 16	♍ 08R	♎ 12	♐ 02	♑ 07
	16日	♑ 07R	♒ 07	♓ 25	♉ 14	♉ 05	♊ 09	♌ 10	♍ 19	♍ 07	♎ 21	♐ 10	♑ 06R
	21日	♑ 08	♒ 15	♈ 05	♉ 14R	♉ 07	♊ 19	♌ 19	♍ 21	♍ 10	♎ 29	♐ 17	♑ 00R
	26日	♑ 11	♒ 23	♈ 15	♉ 13R	♉ 10	♋ 00	♌ 27	♍ 20R	♍ 16	♏ 07	♐ 24	♐ 24R
♀	1日	♒ 26	♓ 29	♈ 20	♈ 20R	♈ 09	♈ 26	♉ 24	♊ 28	♌ 04	♍ 10	♎ 19	♏ 26
	11日	♓ 07	♈ 08	♈ 24	♈ 13R	♈ 12	♉ 04	♊ 05	♋ 10	♌ 16	♍ 23	♏ 01	♐ 09
	21日	♓ 18	♈ 16	♈ 24R	♈ 09R	♈ 17	♉ 14	♊ 16	♋ 21	♌ 28	♎ 05	♏ 14	♐ 21
♂	1日	♑ 00	♑ 24	♒ 15	♓ 09	♈ 03	♈ 26	♉ 18	♊ 10	♋ 00	♋ 18	♌ 02	♌ 11
	11日	♑ 08	♒ 01	♒ 23	♓ 17	♈ 10	♉ 04	♉ 25	♊ 17	♋ 06	♋ 23	♌ 06	♌ 12
	21日	♑ 15	♒ 09	♓ 01	♓ 25	♈ 18	♉ 11	♊ 02	♊ 23	♋ 12	♋ 27	♌ 09	♌ 11R
♃	1日	♉ 22R	♉ 22	♉ 24	♊ 00	♊ 06	♊ 13	♊ 20	♊ 26	♋ 02	♋ 05	♋ 06R	♋ 04R
	11日	♉ 21R	♉ 22	♉ 26	♊ 01	♊ 08	♊ 15	♊ 22	♊ 28	♋ 03	♋ 06	♋ 06R	♋ 03R
	21日	♉ 21	♉ 23	♉ 27	♊ 04	♊ 10	♊ 18	♊ 24	♋ 00	♋ 04	♋ 06	♋ 05R	♋ 01R
♄	1日	♌ 16R	♌ 14R	♌ 11R	♌ 10R	♌ 10	♌ 12	♌ 15	♌ 19	♌ 23	♌ 26	♌ 29	♍ 00
	11日	♌ 15R	♌ 13R	♌ 11R	♌ 10R	♌ 11	♌ 13	♌ 16	♌ 20	♌ 24	♌ 27	♍ 00	♍ 01
	21日	♌ 14R	♌ 12R	♌ 10R	♌ 10	♌ 11	♌ 14	♌ 17	♌ 21	♌ 25	♌ 28	♍ 00	♍ 00R
♅	1日	♏ 11	♏ 12	♏ 12R	♏ 11R	♏ 10R	♏ 09R	♏ 08R	♏ 08	♏ 09	♏ 10	♏ 12	♏ 14
♆	1日	♐ 15	♐ 16	♐ 16	♐ 16R	♐ 16R	♐ 15R	♐ 14R	♐ 14R	♐ 13	♐ 14	♐ 15	♐ 16
♇	1日	♎ 14	♎ 14R	♎ 14R	♎ 13R	♎ 12R	♎ 12R	♎ 11	♎ 12	♎ 13	♎ 14	♎ 15	♎ 16
☊	1日	♏ 01R	♎ 28R	♎ 25R	♎ 24R	♎ 24	♎ 23R	♎ 21R	♎ 18R	♎ 16	♎ 15	♎ 15R	♎ 13R

天文暦｜月その他　1978年

		1月	2月	3月	4月	5月	6月	7月	8月	9月	10月	11月	12月
☽	1日	♍ 24	♏ 14	♏ 24	♑ 18	♒ 27	♈ 17	♉ 22	♋ 07	♌ 21	♍ 24	♏ 12	♐ 19
	2日	♎ 07	♏ 28	♐ 08	♒ 02	♓ 10	♉ 00	♊ 04	♋ 19	♍ 03	♎ 07	♏ 26	♑ 04
	3日	♎ 20	♐ 12	♐ 22	♒ 16	♓ 24	♉ 12	♊ 16	♌ 00	♍ 15	♎ 20	♐ 10	♑ 19
	4日	♏ 04	♐ 26	♑ 07	♓ 00	♈ 07	♉ 24	♊ 28	♌ 12	♍ 28	♏ 03	♐ 24	♒ 03
	5日	♏ 18	♑ 11	♑ 21	♓ 14	♈ 20	♊ 07	♋ 10	♌ 24	♎ 10	♏ 16	♑ 09	♒ 18
	6日	♐ 02	♑ 26	♒ 06	♓ 27	♉ 03	♊ 19	♋ 22	♍ 06	♎ 23	♐ 00	♑ 23	♓ 02
	7日	♐ 17	♒ 11	♒ 20	♈ 11	♉ 15	♋ 01	♌ 03	♍ 18	♏ 06	♐ 14	♒ 07	♓ 16
	8日	♑ 03	♒ 26	♓ 04	♈ 24	♉ 28	♋ 13	♌ 15	♎ 01	♏ 19	♐ 28	♒ 21	♈ 00
	9日	♑ 18	♓ 10	♓ 18	♉ 07	♊ 10	♋ 25	♌ 27	♎ 13	♐ 03	♑ 12	♓ 05	♈ 13
	10日	♒ 03	♓ 24	♈ 02	♉ 19	♊ 22	♌ 06	♍ 09	♎ 26	♐ 17	♑ 26	♓ 19	♈ 26
	11日	♒ 18	♈ 08	♈ 16	♊ 02	♋ 04	♌ 18	♍ 21	♏ 09	♑ 01	♒ 10	♈ 03	♉ 09
	12日	♓ 02	♈ 21	♈ 29	♊ 14	♋ 16	♍ 00	♎ 04	♏ 23	♑ 15	♒ 25	♈ 16	♉ 22
	13日	♓ 16	♉ 04	♉ 12	♊ 26	♋ 28	♍ 12	♎ 16	♐ 07	♒ 00	♓ 09	♉ 00	♊ 05
	14日	♈ 00	♉ 16	♉ 24	♋ 08	♌ 10	♍ 25	♏ 00	♐ 21	♒ 15	♓ 23	♉ 13	♊ 17
	15日	♈ 13	♉ 28	♊ 06	♋ 20	♌ 22	♎ 08	♏ 13	♑ 06	♒ 29	♈ 07	♉ 26	♋ 00
	16日	♈ 26	♊ 10	♊ 18	♌ 02	♍ 04	♎ 21	♏ 27	♑ 20	♓ 14	♈ 21	♊ 09	♋ 12
	17日	♉ 08	♊ 22	♋ 00	♌ 14	♍ 16	♏ 04	♐ 12	♒ 06	♓ 28	♉ 04	♊ 21	♋ 24
	18日	♉ 20	♋ 04	♋ 12	♌ 26	♍ 29	♏ 18	♐ 27	♒ 21	♈ 12	♉ 18	♋ 03	♌ 06
	19日	♊ 02	♋ 16	♋ 24	♍ 09	♎ 12	♐ 03	♑ 12	♓ 06	♈ 26	♊ 00	♋ 16	♌ 17
	20日	♊ 14	♋ 28	♌ 06	♍ 21	♎ 26	♐ 18	♑ 27	♓ 20	♉ 10	♊ 13	♋ 27	♌ 29
	21日	♊ 26	♌ 10	♌ 18	♎ 05	♏ 10	♑ 03	♒ 12	♈ 04	♉ 23	♊ 25	♌ 09	♍ 11
	22日	♋ 08	♌ 22	♍ 01	♎ 18	♏ 25	♑ 19	♒ 27	♈ 18	♊ 05	♋ 08	♌ 21	♍ 23
	23日	♋ 19	♍ 05	♍ 13	♏ 02	♐ 10	♒ 04	♓ 12	♉ 02	♊ 18	♋ 20	♍ 03	♎ 05
	24日	♌ 01	♍ 18	♍ 26	♏ 16	♐ 25	♒ 19	♓ 26	♉ 15	♋ 00	♌ 01	♍ 15	♎ 18
	25日	♌ 14	♎ 01	♎ 10	♐ 01	♑ 10	♓ 03	♈ 10	♉ 27	♋ 12	♌ 13	♍ 27	♏ 01
	26日	♌ 26	♎ 14	♎ 23	♐ 15	♑ 24	♓ 17	♈ 23	♊ 09	♋ 24	♌ 25	♎ 10	♏ 14
	27日	♍ 08	♎ 27	♏ 07	♑ 00	♒ 09	♈ 01	♉ 06	♊ 22	♌ 05	♍ 07	♎ 23	♏ 28
	28日	♍ 21	♏ 10	♏ 21	♑ 14	♒ 23	♈ 14	♉ 18	♋ 03	♌ 17	♍ 20	♏ 06	♐ 13
	29日	♎ 04		♐ 05	♑ 29	♓ 07	♈ 27	♊ 01	♋ 15	♌ 29	♎ 02	♏ 20	♐ 27
	30日	♎ 17		♐ 19	♒ 13	♓ 21	♉ 09	♊ 13	♋ 27	♍ 12	♎ 15	♐ 05	♑ 12
	31日	♏ 00		♑ 03		♈ 04		♊ 25	♌ 09		♎ 28		♑ 28
☿	1日	♐ 21	♑ 25	♓ 12	♈ 26	♈ 16	♉ 25	♋ 27	♍ 02	♌ 21	♎ 08	♏ 27	♐ 19R
	6日	♐ 23	♒ 02	♓ 22	♈ 25R	♈ 19	♊ 05	♌ 05	♍ 03R	♌ 25	♎ 17	♐ 04	♐ 13R
	11日	♐ 27	♒ 10	♈ 01	♈ 22R	♈ 24	♊ 16	♌ 13	♍ 01R	♍ 02	♎ 25	♐ 10	♐ 07R
	16日	♑ 03	♒ 19	♈ 10	♈ 18R	♉ 00	♊ 27	♌ 19	♌ 28R	♍ 11	♏ 03	♐ 16	♐ 05
	21日	♑ 09	♒ 27	♈ 18	♈ 16R	♉ 07	♋ 07	♌ 25	♌ 24R	♍ 20	♏ 11	♐ 20	♐ 07
	26日	♑ 16	♓ 06	♈ 23	♈ 15	♉ 14	♋ 18	♌ 29	♌ 21R	♍ 29	♏ 18	♐ 22R	♐ 12
♀	1日	♑ 05	♒ 14	♓ 19	♈ 28	♊ 05	♋ 12	♌ 17	♍ 22	♎ 24	♏ 18	♏ 19R	♏ 07
	11日	♑ 18	♒ 27	♈ 02	♉ 10	♊ 17	♋ 24	♌ 29	♎ 03	♏ 03	♏ 22	♏ 13R	♏ 10
	21日	♒ 00	♓ 09	♈ 14	♉ 22	♊ 29	♌ 06	♍ 10	♎ 14	♏ 11	♏ 23R	♏ 08R	♏ 16
♂	1日	♌ 09R	♋ 28R	♋ 22R	♋ 27	♌ 08	♌ 23	♍ 10	♍ 28	♎ 18	♏ 08	♏ 29	♐ 21
	11日	♌ 06R	♋ 25R	♋ 23	♌ 00	♌ 13	♌ 28	♍ 15	♎ 04	♎ 24	♏ 15	♐ 07	♐ 29
	21日	♌ 02R	♋ 23R	♋ 24	♌ 04	♌ 17	♍ 04	♍ 21	♎ 11	♏ 01	♏ 22	♐ 14	♑ 06
♃	1日	♋ 00R	♊ 27R	♊ 26	♊ 29	♋ 03	♋ 09	♋ 16	♋ 23	♋ 29	♌ 04	♌ 08	♌ 09R
	11日	♊ 29R	♊ 26R	♊ 27	♋ 00	♋ 05	♋ 11	♋ 18	♋ 25	♌ 01	♌ 06	♌ 09	♌ 09R
	21日	♊ 28R	♊ 26	♊ 27	♋ 01	♋ 07	♋ 13	♋ 20	♋ 27	♌ 03	♌ 07	♌ 09	♌ 08R
♄	1日	♍ 00R	♌ 28R	♌ 26R	♌ 24R	♌ 24	♌ 25	♌ 27	♍ 01	♍ 05	♍ 08	♍ 11	♍ 13
	11日	♍ 00R	♌ 28R	♌ 25R	♌ 24R	♌ 24	♌ 25	♌ 28	♍ 02	♍ 06	♍ 09	♍ 12	♍ 14
	21日	♌ 29R	♌ 27R	♌ 25R	♌ 24R	♌ 24	♌ 26	♌ 29	♍ 03	♍ 07	♍ 10	♍ 13	♍ 14
♅	1日	♏ 15	♏ 16	♏ 16R	♏ 16R	♏ 15R	♏ 13R	♏ 12R	♏ 12	♏ 13	♏ 14	♏ 16	♏ 18
♆	1日	♐ 17	♐ 18	♐ 18	♐ 18R	♐ 18R	♐ 17R	♐ 16R	♐ 16R	♐ 16	♐ 16	♐ 17	♐ 18
♇	1日	♎ 17	♎ 17R	♎ 16R	♎ 15R	♎ 15R	♎ 14R	♎ 14	♎ 14	♎ 15	♎ 16	♎ 17	♎ 18
☊	1日	♎ 10R	♎ 07R	♎ 06	♎ 06	♎ 05	♎ 04R	♎ 01R	♍ 28R	♍ 27R	♍ 27	♍ 26R	♍ 24R

		1月	2月	3月	4月	5月	6月	7月	8月	9月	10月	11月	12月
☽	1日	♒ 13	♈ 05	♈ 13	♊ 03	♋ 06	♌ 20	♍ 22	♏ 07	♐ 25	♒ 02	♓ 26	♉ 04
	2日	♒ 27	♈ 19	♈ 28	♊ 16	♋ 18	♍ 02	♎ 04	♏ 20	♑ 09	♒ 17	♈ 10	♉ 18
	3日	♓ 12	♉ 03	♉ 11	♊ 28	♌ 01	♍ 14	♎ 16	♐ 03	♑ 23	♓ 02	♈ 25	♊ 02
	4日	♓ 26	♉ 16	♉ 25	♋ 11	♌ 12	♍ 26	♎ 28	♐ 16	♒ 08	♓ 17	♉ 10	♊ 16
	5日	♈ 10	♉ 29	♊ 07	♋ 23	♌ 24	♎ 08	♏ 11	♑ 00	♒ 23	♈ 02	♉ 24	♊ 29
	6日	♈ 23	♊ 11	♊ 20	♌ 04	♍ 06	♎ 20	♏ 24	♑ 15	♓ 08	♈ 17	♊ 08	♋ 13
	7日	♉ 06	♊ 23	♋ 02	♌ 16	♍ 18	♏ 03	♐ 08	♒ 00	♓ 23	♉ 01	♊ 21	♋ 25
	8日	♉ 19	♋ 05	♋ 14	♌ 28	♎ 00	♏ 16	♐ 22	♒ 15	♈ 08	♉ 16	♋ 05	♌ 08
	9日	♊ 02	♋ 17	♋ 26	♍ 10	♎ 12	♐ 00	♑ 07	♓ 00	♈ 23	♊ 00	♋ 17	♌ 20
	10日	♊ 14	♋ 29	♌ 08	♍ 22	♎ 25	♐ 14	♑ 21	♓ 15	♉ 08	♊ 14	♌ 00	♍ 02
	11日	♊ 26	♌ 11	♌ 20	♎ 04	♏ 08	♐ 28	♒ 06	♈ 00	♉ 22	♊ 27	♌ 12	♍ 14
	12日	♋ 08	♌ 23	♍ 02	♎ 17	♏ 21	♑ 12	♒ 21	♈ 14	♊ 05	♋ 09	♌ 24	♍ 25
	13日	♋ 20	♍ 05	♍ 14	♎ 29	♐ 05	♑ 27	♓ 06	♈ 29	♊ 18	♋ 22	♍ 06	♎ 07
	14日	♌ 02	♍ 17	♍ 26	♏ 12	♐ 19	♒ 11	♓ 20	♉ 12	♋ 01	♌ 04	♍ 18	♎ 19
	15日	♌ 14	♍ 29	♎ 08	♏ 25	♑ 03	♒ 26	♈ 05	♉ 26	♋ 13	♌ 16	♍ 29	♏ 01
	16日	♌ 26	♎ 11	♎ 20	♐ 09	♑ 17	♓ 10	♈ 19	♊ 09	♋ 25	♌ 28	♎ 11	♏ 14
	17日	♍ 08	♎ 23	♏ 03	♐ 22	♒ 01	♓ 24	♉ 02	♊ 22	♌ 07	♍ 09	♎ 24	♏ 27
	18日	♍ 20	♏ 06	♏ 16	♑ 06	♒ 15	♈ 08	♉ 16	♋ 04	♌ 19	♍ 21	♏ 06	♐ 10
	19日	♎ 02	♏ 19	♏ 29	♑ 20	♒ 29	♈ 22	♉ 29	♋ 16	♍ 01	♎ 03	♏ 19	♐ 24
	20日	♎ 14	♐ 02	♐ 12	♒ 04	♓ 13	♉ 05	♊ 12	♋ 28	♍ 13	♎ 15	♐ 02	♑ 08
	21日	♎ 26	♐ 15	♐ 25	♒ 18	♓ 27	♉ 19	♊ 24	♌ 10	♍ 24	♎ 27	♐ 15	♑ 22
	22日	♏ 09	♐ 29	♑ 09	♓ 03	♈ 11	♊ 02	♋ 07	♌ 22	♎ 06	♏ 10	♐ 28	♒ 06
	23日	♏ 23	♑ 14	♑ 23	♓ 17	♈ 25	♊ 15	♋ 19	♍ 04	♎ 18	♏ 22	♑ 12	♒ 20
	24日	♐ 06	♑ 29	♒ 08	♈ 01	♉ 09	♊ 28	♌ 01	♍ 16	♏ 01	♐ 05	♑ 26	♓ 04
	25日	♐ 21	♒ 14	♒ 23	♈ 16	♉ 22	♋ 10	♌ 13	♍ 27	♏ 13	♐ 18	♒ 09	♓ 18
	26日	♑ 05	♒ 29	♓ 07	♉ 00	♊ 06	♋ 23	♌ 25	♎ 09	♏ 25	♑ 02	♒ 23	♈ 03
	27日	♑ 20	♓ 14	♓ 22	♉ 14	♊ 19	♌ 05	♍ 07	♎ 21	♐ 08	♑ 15	♓ 07	♈ 17
	28日	♒ 06	♓ 29	♈ 07	♉ 27	♋ 02	♌ 17	♍ 19	♏ 03	♐ 21	♑ 29	♓ 22	♉ 01
	29日	♒ 21		♈ 21	♊ 11	♋ 14	♌ 28	♎ 00	♏ 16	♑ 05	♒ 13	♈ 06	♉ 14
	30日	♓ 06		♉ 06	♊ 24	♋ 26	♍ 10	♎ 12	♏ 29	♑ 18	♒ 27	♈ 20	♉ 28
	31日	♓ 21		♉ 19		♌ 08		♎ 24	♐ 12		♓ 11		♊ 12
☿	1日	♐ 19	♒ 06	♓ 26	♓ 27R	♈ 15	♊ 13	♌ 04	♌ 08R	♌ 27	♎ 21	♐ 02	♏ 20
	6日	♐ 26	♒ 14	♈ 03	♓ 26R	♈ 22	♊ 24	♌ 09	♌ 04R	♍ 06	♎ 28	♐ 05	♏ 23
	11日	♑ 03	♒ 23	♈ 07	♓ 26	♉ 00	♋ 04	♌ 13	♌ 03	♍ 16	♏ 06	♐ 06R	♏ 28
	16日	♑ 11	♓ 02	♈ 08R	♓ 29	♉ 09	♋ 13	♌ 14	♌ 05	♍ 25	♏ 13	♐ 02R	♐ 05
	21日	♑ 18	♓ 12	♈ 06R	♈ 03	♉ 19	♋ 21	♌ 14R	♌ 09	♎ 04	♏ 20	♏ 26R	♐ 12
	26日	♑ 26	♓ 21	♈ 02R	♈ 09	♊ 00	♋ 28	♌ 12R	♌ 16	♎ 13	♏ 26	♏ 21R	♐ 19
♀	1日	♏ 25	♐ 25	♑ 27	♓ 04	♈ 10	♉ 17	♊ 24	♌ 02	♍ 10	♎ 17	♏ 26	♑ 03
	11日	♐ 04	♑ 06	♒ 09	♓ 16	♈ 22	♉ 29	♋ 06	♌ 14	♍ 22	♏ 00	♐ 08	♑ 16
	21日	♐ 14	♑ 18	♒ 20	♓ 28	♉ 04	♊ 11	♋ 18	♌ 26	♎ 05	♏ 12	♐ 21	♑ 28
♂	1日	♑ 15	♒ 09	♓ 01	♓ 25	♈ 19	♉ 12	♊ 04	♊ 25	♋ 15	♌ 04	♌ 21	♍ 05
	11日	♑ 23	♒ 17	♓ 09	♈ 03	♈ 26	♉ 19	♊ 11	♋ 02	♋ 22	♌ 09	♌ 26	♍ 08
	21日	♒ 00	♒ 25	♓ 17	♈ 11	♉ 04	♉ 26	♊ 18	♋ 08	♋ 28	♌ 15	♍ 01	♍ 12
♃	1日	♌ 07R	♌ 03R	♌ 00R	♋ 29	♌ 01	♌ 05	♌ 11	♌ 17	♌ 24	♍ 00	♍ 06	♍ 09
	11日	♌ 06R	♌ 02R	♋ 29R	♋ 29	♌ 02	♌ 07	♌ 13	♌ 20	♌ 26	♍ 02	♍ 07	♍ 10
	21日	♌ 05R	♌ 01R	♋ 29R	♌ 00	♌ 04	♌ 09	♌ 15	♌ 22	♌ 28	♍ 04	♍ 08	♍ 10
♄	1日	♍ 14R	♍ 13R	♍ 11R	♍ 08R	♍ 07R	♍ 08	♍ 09	♍ 12	♍ 16	♍ 20	♍ 23	♍ 26
	11日	♍ 14R	♍ 12R	♍ 10R	♍ 08R	♍ 07	♍ 08	♍ 10	♍ 14	♍ 17	♍ 21	♍ 24	♍ 26
	21日	♍ 13R	♍ 11R	♍ 09R	♍ 07R	♍ 07	♍ 09	♍ 11	♍ 15	♍ 19	♍ 22	♍ 25	♍ 27
♅	1日	♏ 20	♏ 21	♏ 21R	♏ 20R	♏ 19R	♏ 18R	♏ 17R	♏ 17	♏ 17	♏ 19	♏ 20	♏ 22
♆	1日	♐ 19	♐ 20	♐ 20	♐ 20R	♐ 20R	♐ 19R	♐ 19R	♐ 18R	♐ 18	♐ 18	♐ 19	♐ 20
♇	1日	♎ 19	♎ 19R	♎ 19R	♎ 18R	♎ 17R	♎ 17R	♎ 16	♎ 17	♎ 18	♎ 19	♎ 20	♎ 21
☊	1日	♍ 20R	♍ 18	♍ 17	♍ 17R	♍ 16R	♍ 13R	♍ 10	♍ 09	♍ 08R	♍ 08	♍ 07R	♍ 04R

天文暦｜月その他　1980（うるう）年

		1月	2月	3月	4月	5月	6月	7月	8月	9月	10月	11月	12月
☽	1日	♊ 25	♌ 12	♍ 03	♎ 17	♏ 20	♑ 08	♒ 14	♈ 07	♊ 01	♋ 08	♌ 25	♍ 28
	2日	♋ 08	♌ 24	♍ 14	♎ 29	♐ 02	♑ 21	♒ 28	♈ 22	♊ 15	♋ 21	♍ 07	♎ 10
	3日	♋ 21	♍ 06	♍ 26	♏ 11	♐ 15	♒ 04	♓ 12	♉ 06	♊ 28	♌ 04	♍ 19	♎ 22
	4日	♌ 03	♍ 18	♎ 08	♏ 23	♐ 28	♒ 18	♓ 27	♉ 20	♋ 11	♌ 16	♎ 01	♏ 03
	5日	♌ 16	♍ 29	♎ 20	♐ 05	♑ 11	♓ 02	♈ 11	♊ 04	♋ 24	♌ 28	♎ 13	♏ 15
	6日	♌ 28	♎ 11	♏ 02	♐ 18	♑ 24	♓ 16	♈ 25	♊ 18	♌ 07	♍ 10	♎ 25	♏ 27
	7日	♍ 10	♎ 23	♏ 14	♑ 01	♒ 07	♈ 00	♉ 09	♋ 01	♌ 19	♍ 22	♏ 07	♐ 10
	8日	♍ 21	♏ 05	♏ 26	♑ 14	♒ 21	♈ 14	♉ 23	♋ 14	♍ 01	♎ 04	♏ 19	♐ 22
	9日	♎ 03	♏ 17	♐ 09	♑ 27	♓ 05	♈ 28	♊ 07	♋ 27	♍ 13	♎ 16	♐ 01	♑ 05
	10日	♎ 15	♐ 00	♐ 21	♒ 11	♓ 19	♉ 13	♊ 21	♌ 10	♍ 25	♎ 28	♐ 13	♑ 17
	11日	♎ 27	♐ 13	♑ 04	♒ 25	♈ 04	♉ 27	♋ 05	♌ 22	♎ 07	♏ 10	♐ 25	♒ 00
	12日	♏ 09	♐ 26	♑ 18	♓ 10	♈ 19	♊ 12	♋ 18	♍ 05	♎ 19	♏ 22	♑ 08	♒ 13
	13日	♏ 22	♑ 10	♒ 02	♓ 25	♉ 03	♊ 26	♌ 01	♍ 17	♏ 01	♐ 04	♑ 20	♒ 27
	14日	♐ 05	♑ 24	♒ 16	♈ 10	♉ 18	♋ 09	♌ 14	♍ 29	♏ 13	♐ 16	♒ 03	♓ 10
	15日	♐ 18	♒ 08	♓ 01	♈ 25	♊ 03	♋ 23	♌ 26	♎ 11	♏ 25	♐ 28	♒ 16	♓ 24
	16日	♑ 02	♒ 23	♓ 16	♉ 10	♊ 17	♌ 06	♍ 09	♎ 22	♐ 07	♑ 11	♓ 00	♈ 08
	17日	♑ 16	♓ 08	♈ 01	♉ 25	♋ 01	♌ 18	♍ 21	♏ 04	♐ 19	♑ 24	♓ 14	♈ 22
	18日	♒ 00	♓ 23	♈ 17	♊ 09	♋ 15	♍ 01	♎ 03	♏ 16	♑ 02	♒ 07	♓ 28	♉ 07
	19日	♒ 15	♈ 08	♉ 02	♊ 23	♋ 28	♍ 13	♎ 14	♏ 28	♑ 15	♒ 20	♈ 13	♉ 22
	20日	♓ 00	♈ 23	♉ 16	♋ 07	♌ 10	♍ 25	♎ 26	♐ 11	♑ 28	♓ 04	♈ 28	♊ 06
	21日	♓ 14	♉ 07	♊ 01	♋ 20	♌ 23	♎ 06	♏ 08	♐ 23	♒ 12	♓ 19	♉ 13	♊ 21
	22日	♓ 29	♉ 21	♊ 15	♌ 02	♍ 05	♎ 18	♏ 20	♑ 06	♒ 26	♈ 04	♉ 28	♋ 05
	23日	♈ 13	♊ 05	♊ 28	♌ 14	♍ 17	♏ 00	♐ 03	♑ 20	♓ 11	♈ 19	♊ 13	♋ 19
	24日	♈ 27	♊ 18	♋ 11	♌ 26	♍ 28	♏ 12	♐ 15	♒ 04	♓ 26	♉ 05	♊ 27	♌ 03
	25日	♉ 11	♋ 01	♋ 23	♍ 08	♎ 10	♏ 25	♐ 28	♒ 18	♈ 11	♉ 20	♋ 12	♌ 16
	26日	♉ 25	♋ 14	♌ 06	♍ 20	♎ 22	♐ 07	♑ 12	♓ 03	♈ 26	♊ 05	♋ 25	♌ 29
	27日	♊ 08	♋ 26	♌ 18	♎ 02	♏ 04	♐ 20	♑ 26	♓ 17	♉ 11	♊ 19	♌ 09	♍ 12
	28日	♊ 21	♌ 09	♍ 00	♎ 14	♏ 16	♑ 03	♒ 10	♈ 02	♉ 26	♋ 03	♌ 21	♍ 24
	29日	♋ 04	♌ 21	♍ 11	♎ 26	♏ 29	♑ 17	♒ 24	♈ 17	♊ 11	♋ 17	♍ 04	♎ 06
	30日	♋ 17		♍ 23	♏ 08	♐ 12	♒ 01	♓ 08	♉ 02	♊ 24	♌ 00	♍ 16	♎ 18
	31日	♋ 29		♎ 05		♐ 24		♓ 23	♉ 17		♌ 13		♏ 00
☿	1日	♐ 28	♒ 19	♓ 20R	♓ 14	♈ 27	♋ 00	♋ 25R	♋ 20	♍ 14	♏ 01	♏ 14R	♏ 23
	6日	♑ 06	♒ 28	♓ 16R	♓ 19	♉ 07	♋ 08	♋ 23R	♋ 25	♍ 23	♏ 08	♏ 08R	♐ 00
	11日	♑ 14	♓ 06	♓ 11R	♓ 25	♉ 18	♋ 14	♋ 20R	♌ 03	♎ 02	♏ 13	♏ 04R	♐ 08
	16日	♑ 22	♓ 14	♓ 08R	♈ 02	♉ 29	♋ 20	♋ 17R	♌ 13	♎ 10	♏ 17	♏ 05	♐ 16
	21日	♒ 00	♓ 20	♓ 08	♈ 10	♊ 09	♋ 23	♋ 15R	♌ 23	♎ 17	♏ 20	♏ 10	♐ 24
	26日	♒ 09	♓ 22R	♓ 09	♈ 18	♊ 20	♋ 25	♋ 16	♍ 03	♎ 25	♏ 19R	♏ 16	♑ 01
♀	1日	♒ 12	♓ 19	♈ 24	♉ 27	♊ 24	♋ 02R	♊ 17R	♊ 26	♋ 23	♌ 26	♎ 02	♏ 09
	11日	♒ 24	♈ 01	♉ 05	♊ 07	♊ 29	♊ 27R	♊ 16	♋ 04	♌ 04	♍ 07	♎ 14	♏ 21
	21日	♓ 06	♈ 13	♉ 16	♊ 16	♋ 02	♊ 21R	♊ 20	♋ 12	♌ 14	♍ 19	♎ 26	♐ 04
♂	1日	♍ 14	♍ 14R	♍ 04R	♌ 26R	♌ 29	♍ 10	♍ 25	♎ 12	♏ 02	♏ 22	♐ 14	♑ 07
	11日	♍ 15	♍ 11R	♍ 00R	♌ 26	♍ 02	♍ 15	♎ 00	♎ 19	♏ 08	♏ 29	♐ 22	♑ 15
	21日	♍ 15R	♍ 07R	♌ 28R	♌ 27	♍ 06	♍ 20	♎ 06	♎ 25	♏ 15	♐ 06	♐ 29	♑ 22
♃	1日	♍ 10R	♍ 08R	♍ 05R	♍ 01R	♍ 00	♍ 02	♍ 06	♍ 12	♍ 18	♍ 25	♎ 01	♎ 06
	11日	♍ 10R	♍ 07R	♍ 03R	♍ 01R	♍ 01	♍ 03	♍ 08	♍ 14	♍ 20	♍ 27	♎ 03	♎ 07
	21日	♍ 09R	♍ 06R	♍ 02R	♍ 00R	♍ 01	♍ 05	♍ 10	♍ 16	♍ 22	♍ 29	♎ 04	♎ 09
♄	1日	♍ 27	♍ 26R	♍ 25R	♍ 22R	♍ 21R	♍ 20	♍ 21	♍ 24	♍ 28	♎ 01	♎ 05	♎ 08
	11日	♍ 27R	♍ 26R	♍ 24R	♍ 22R	♍ 20R	♍ 21	♍ 22	♍ 25	♍ 29	♎ 02	♎ 06	♎ 08
	21日	♍ 27R	♍ 25R	♍ 23R	♍ 21R	♍ 20R	♍ 21	♍ 23	♍ 26	♎ 00	♎ 04	♎ 07	♎ 09
♅	1日	♏ 24	♏ 25	♏ 26R	♏ 25R	♏ 24R	♏ 23R	♏ 22R	♏ 22	♏ 22	♏ 23	♏ 25	♏ 27
♆	1日	♐ 21	♐ 22	♐ 23	♐ 23R	♐ 22R	♐ 22R	♐ 21R	♐ 20R	♐ 20	♐ 20	♐ 21	♐ 22
♇	1日	♎ 22	♎ 22R	♎ 21R	♎ 21R	♎ 20R	♎ 19R	♎ 19	♎ 19	♎ 20	♎ 21	♎ 22	♎ 23
☊	1日	♍ 00R	♌ 29R	♌ 29R	♌ 29R	♌ 26R	♌ 23R	♌ 21R	♌ 20	♌ 20R	♌ 19R	♌ 17R	♌ 13R

		1月	2月	3月	4月	5月	6月	7月	8月	9月	10月	11月	12月
☽	1日	♏ 12	♐ 26	♑ 04	♒ 21	♓ 28	♉ 21	♋ 00	♌ 21	♎ 08	♏ 11	♐ 25	♑ 28
	2日	♏ 24	♑ 09	♑ 16	♓ 05	♈ 12	♊ 06	♋ 15	♍ 04	♎ 21	♏ 23	♑ 07	♒ 10
	3日	♐ 06	♑ 22	♒ 00	♓ 19	♈ 27	♊ 22	♋ 29	♍ 18	♏ 03	♐ 05	♑ 19	♒ 22
	4日	♐ 18	♒ 05	♒ 13	♈ 04	♉ 13	♋ 06	♌ 13	♎ 00	♏ 15	♐ 17	♒ 01	♓ 05
	5日	♑ 01	♒ 19	♒ 27	♈ 19	♉ 28	♋ 21	♌ 26	♎ 13	♏ 27	♐ 29	♒ 14	♓ 18
	6日	♑ 14	♓ 03	♓ 11	♉ 04	♊ 13	♌ 05	♍ 10	♎ 25	♐ 09	♑ 11	♒ 26	♈ 02
	7日	♑ 27	♓ 17	♓ 26	♉ 20	♊ 28	♌ 18	♍ 22	♏ 07	♐ 21	♑ 23	♓ 09	♈ 16
	8日	♒ 10	♈ 01	♈ 11	♊ 04	♋ 12	♍ 01	♎ 05	♏ 19	♑ 03	♒ 05	♓ 23	♉ 00
	9日	♒ 23	♈ 16	♈ 25	♊ 19	♋ 26	♍ 14	♎ 17	♐ 01	♑ 15	♒ 18	♈ 07	♉ 15
	10日	♓ 07	♉ 00	♉ 10	♋ 03	♌ 10	♍ 26	♎ 29	♐ 13	♑ 27	♓ 01	♈ 22	♊ 00
	11日	♓ 21	♉ 14	♉ 25	♋ 17	♌ 23	♎ 09	♏ 11	♐ 25	♒ 10	♓ 15	♉ 07	♊ 16
	12日	♈ 05	♉ 28	♊ 09	♌ 00	♍ 05	♎ 21	♏ 23	♑ 07	♒ 23	♓ 29	♉ 22	♋ 01
	13日	♈ 19	♊ 12	♊ 23	♌ 13	♍ 18	♏ 03	♐ 05	♑ 19	♓ 07	♈ 14	♊ 08	♋ 16
	14日	♉ 03	♊ 26	♋ 07	♌ 26	♎ 00	♏ 14	♐ 17	♒ 02	♓ 21	♈ 29	♊ 23	♌ 01
	15日	♉ 17	♋ 10	♋ 20	♍ 08	♎ 12	♏ 26	♐ 29	♒ 15	♈ 05	♉ 14	♋ 08	♌ 15
	16日	♊ 02	♋ 23	♌ 03	♍ 21	♎ 24	♐ 08	♑ 11	♒ 29	♈ 20	♉ 29	♋ 22	♌ 29
	17日	♊ 16	♌ 07	♌ 16	♎ 03	♏ 06	♐ 20	♑ 24	♓ 12	♉ 05	♊ 14	♌ 06	♍ 12
	18日	♋ 00	♌ 20	♌ 29	♎ 15	♏ 18	♑ 02	♒ 06	♓ 26	♉ 19	♊ 28	♌ 20	♍ 25
	19日	♋ 14	♍ 02	♍ 11	♎ 27	♏ 29	♑ 15	♒ 19	♈ 10	♊ 04	♋ 12	♍ 03	♎ 07
	20日	♋ 28	♍ 15	♍ 24	♏ 09	♐ 11	♑ 27	♓ 03	♈ 24	♊ 18	♋ 26	♍ 16	♎ 20
	21日	♌ 11	♍ 27	♎ 06	♏ 20	♐ 23	♒ 10	♓ 16	♉ 08	♋ 02	♌ 10	♍ 28	♏ 02
	22日	♌ 24	♎ 10	♎ 18	♐ 02	♑ 05	♒ 23	♈ 00	♉ 23	♋ 16	♌ 23	♎ 10	♏ 14
	23日	♍ 07	♎ 22	♏ 00	♐ 14	♑ 18	♓ 06	♈ 13	♊ 07	♋ 29	♍ 06	♎ 23	♏ 25
	24日	♍ 19	♏ 04	♏ 12	♐ 26	♒ 00	♓ 19	♈ 27	♊ 21	♌ 13	♍ 19	♏ 05	♐ 07
	25日	♎ 02	♏ 15	♏ 24	♑ 08	♒ 13	♈ 03	♉ 12	♋ 05	♌ 26	♎ 01	♏ 17	♐ 19
	26日	♎ 14	♏ 27	♐ 06	♑ 21	♒ 26	♈ 17	♉ 26	♋ 19	♍ 09	♎ 13	♏ 29	♑ 01
	27日	♎ 26	♐ 09	♐ 17	♒ 03	♓ 09	♉ 01	♊ 10	♌ 03	♍ 22	♎ 26	♐ 10	♑ 13
	28日	♏ 08	♐ 21	♑ 00	♒ 16	♓ 23	♉ 16	♊ 25	♌ 16	♎ 04	♏ 08	♐ 22	♑ 25
	29日	♏ 19		♑ 12	♒ 29	♈ 07	♊ 00	♋ 09	♍ 00	♎ 17	♏ 20	♑ 04	♒ 07
	30日	♐ 01		♑ 24	♓ 13	♈ 21	♊ 15	♋ 23	♍ 13	♎ 29	♐ 02	♑ 16	♒ 20
	31日	♐ 14		♒ 07		♉ 06		♌ 07	♍ 26		♐ 13		♓ 02
☿	1日	♑ 11	♓ 00	♒ 20R	♓ 18	♉ 15	♋ 03	♊ 27R	♋ 29	♍ 27	♏ 02	♎ 20	♐ 04
	6日	♑ 19	♓ 04	♒ 21	♓ 26	♉ 25	♋ 05	♊ 27	♌ 09	♎ 05	♏ 04	♎ 25	♐ 11
	11日	♑ 27	♓ 04R	♒ 23	♈ 05	♊ 05	♋ 05R	♊ 29	♌ 19	♎ 12	♏ 02R	♏ 02	♐ 19
	16日	♒ 06	♓ 00R	♒ 28	♈ 14	♊ 14	♋ 04R	♋ 03	♌ 29	♎ 18	♎ 28R	♏ 10	♐ 27
	21日	♒ 14	♒ 25R	♓ 03	♈ 24	♊ 22	♋ 01R	♋ 09	♍ 09	♎ 24	♎ 22R	♏ 18	♑ 05
	26日	♒ 22	♒ 21R	♓ 10	♉ 04	♊ 28	♊ 28R	♋ 17	♍ 17	♎ 29	♎ 18R	♏ 26	♑ 13
♀	1日	♐ 17	♑ 26	♓ 01	♈ 10	♉ 17	♊ 25	♌ 02	♍ 09	♎ 16	♏ 21	♐ 25	♑ 24
	11日	♑ 00	♒ 09	♓ 14	♈ 22	♉ 29	♋ 07	♌ 14	♍ 21	♎ 28	♐ 02	♑ 06	♒ 02
	21日	♑ 12	♒ 21	♓ 26	♉ 04	♊ 11	♋ 19	♌ 26	♎ 03	♏ 10	♐ 14	♑ 15	♒ 07
♂	1日	♒ 01	♒ 25	♓ 17	♈ 12	♉ 04	♉ 27	♊ 18	♋ 09	♋ 29	♌ 18	♍ 06	♍ 23
	11日	♒ 09	♓ 03	♓ 25	♈ 19	♉ 12	♊ 04	♊ 25	♋ 16	♌ 06	♌ 24	♍ 12	♍ 28
	21日	♒ 17	♓ 11	♈ 03	♈ 27	♉ 19	♊ 11	♋ 02	♋ 22	♌ 12	♍ 00	♍ 17	♎ 02
♃	1日	♎ 10	♎ 10R	♎ 08R	♎ 05R	♎ 01R	♎ 00	♎ 02	♎ 06	♎ 12	♎ 18	♎ 25	♏ 01
	11日	♎ 10	♎ 10R	♎ 07R	♎ 03R	♎ 01R	♎ 01	♎ 03	♎ 08	♎ 14	♎ 20	♎ 27	♏ 03
	21日	♎ 10	♎ 09R	♎ 06R	♎ 02R	♎ 01R	♎ 01	♎ 05	♎ 10	♎ 16	♎ 22	♎ 29	♏ 04
♄	1日	♎ 10	♎ 10R	♎ 08R	♎ 06R	♎ 04R	♎ 03R	♎ 04	♎ 06	♎ 09	♎ 12	♎ 16	♎ 19
	11日	♎ 10	♎ 09R	♎ 08R	♎ 05R	♎ 04R	♎ 03	♎ 04	♎ 06	♎ 10	♎ 13	♎ 17	♎ 20
	21日	♎ 10R	♎ 09R	♎ 07R	♎ 05R	♎ 03R	♎ 03	♎ 05	♎ 07	♎ 11	♎ 15	♎ 18	♎ 21
♅	1日	♏ 28	♐ 00	♐ 00	♐ 00R	♏ 29R	♏ 28R	♏ 27R	♏ 26R	♏ 26	♏ 27	♏ 29	♐ 01
♆	1日	♐ 23	♐ 24	♐ 25	♐ 25R	♐ 25R	♐ 24R	♐ 23R	♐ 22R	♐ 22R	♐ 22	♐ 23	♐ 24
♇	1日	♎ 24	♎ 24R	♎ 24R	♎ 23R	♎ 22R	♎ 22R	♎ 22R	♎ 22	♎ 23	♎ 24	♎ 25	♎ 26
☊	1日	♌ 11R	♌ 11	♌ 11	♌ 09R	♌ 06R	♌ 03R	♌ 02R	♌ 02R	♌ 01R	♋ 29R	♋ 26R	♋ 23

		1月	2月	3月	4月	5月	6月	7月	8月	9月	10月	11月	12月
☽	1日	♓ 15	♉ 06	♉ 17	♋ 10	♌ 18	♎ 08	♏ 12	♐ 27	♒ 11	♓ 14	♉ 03	♊ 10
	2日	♓ 28	♉ 20	♊ 01	♋ 24	♍ 02	♎ 21	♏ 24	♑ 09	♒ 23	♓ 27	♉ 17	♊ 25
	3日	♈ 11	♊ 04	♊ 15	♌ 08	♍ 15	♏ 03	♐ 06	♑ 20	♓ 06	♈ 11	♊ 02	♋ 10
	4日	♈ 25	♊ 18	♊ 29	♌ 21	♍ 28	♏ 15	♐ 18	♒ 02	♓ 18	♈ 24	♊ 16	♋ 25
	5日	♉ 09	♋ 03	♋ 13	♍ 05	♎ 11	♏ 27	♑ 00	♒ 14	♈ 01	♉ 08	♋ 01	♌ 09
	6日	♉ 24	♋ 17	♋ 27	♍ 18	♎ 24	♐ 09	♑ 12	♒ 27	♈ 15	♉ 22	♋ 15	♌ 24
	7日	♊ 09	♌ 02	♌ 11	♎ 01	♏ 06	♐ 21	♑ 24	♓ 09	♈ 28	♊ 06	♋ 29	♍ 08
	8日	♊ 24	♌ 16	♌ 25	♎ 14	♏ 18	♑ 03	♒ 05	♓ 22	♉ 12	♊ 20	♌ 13	♍ 22
	9日	♋ 09	♍ 00	♍ 09	♎ 27	♐ 00	♑ 15	♒ 17	♈ 05	♉ 25	♋ 04	♌ 27	♎ 05
	10日	♋ 24	♍ 14	♍ 22	♏ 10	♐ 12	♑ 26	♓ 00	♈ 18	♊ 09	♋ 18	♍ 11	♎ 18
	11日	♌ 08	♍ 28	♎ 06	♏ 22	♐ 24	♒ 08	♓ 12	♉ 01	♊ 23	♌ 02	♍ 25	♏ 01
	12日	♌ 23	♎ 11	♎ 19	♐ 04	♑ 06	♒ 20	♓ 25	♉ 15	♋ 08	♌ 17	♎ 08	♏ 13
	13日	♍ 07	♎ 24	♏ 01	♐ 16	♑ 18	♓ 03	♈ 08	♉ 29	♋ 22	♍ 00	♎ 21	♏ 26
	14日	♍ 20	♏ 06	♏ 14	♐ 28	♒ 00	♓ 15	♈ 21	♊ 13	♌ 06	♍ 14	♏ 04	♐ 08
	15日	♎ 03	♏ 18	♏ 26	♑ 09	♒ 12	♓ 28	♉ 05	♊ 27	♌ 20	♍ 28	♏ 17	♐ 20
	16日	♎ 16	♐ 00	♐ 08	♑ 21	♒ 24	♈ 11	♉ 19	♋ 12	♍ 05	♎ 12	♏ 29	♑ 02
	17日	♎ 28	♐ 12	♐ 20	♒ 03	♓ 06	♈ 25	♊ 03	♋ 27	♍ 19	♎ 25	♐ 11	♑ 14
	18日	♏ 10	♐ 24	♑ 02	♒ 16	♓ 19	♉ 09	♊ 18	♌ 11	♎ 03	♏ 08	♐ 23	♑ 25
	19日	♏ 22	♑ 06	♑ 13	♒ 28	♈ 03	♉ 24	♋ 03	♌ 26	♎ 16	♏ 21	♑ 05	♒ 07
	20日	♐ 04	♑ 18	♑ 25	♓ 11	♈ 17	♊ 09	♋ 18	♍ 10	♏ 00	♐ 03	♑ 17	♒ 19
	21日	♐ 16	♒ 00	♒ 08	♓ 25	♉ 01	♊ 24	♌ 03	♍ 25	♏ 13	♐ 15	♑ 29	♓ 01
	22日	♐ 28	♒ 12	♒ 20	♈ 08	♉ 16	♋ 09	♌ 18	♎ 08	♏ 25	♐ 27	♒ 11	♓ 13
	23日	♑ 10	♒ 25	♓ 03	♈ 23	♊ 01	♋ 24	♍ 02	♎ 22	♐ 07	♑ 09	♒ 23	♓ 26
	24日	♑ 22	♓ 08	♓ 17	♉ 07	♊ 16	♌ 09	♍ 16	♏ 05	♐ 19	♑ 21	♓ 05	♈ 08
	25日	♒ 04	♓ 21	♈ 00	♉ 22	♋ 01	♌ 24	♎ 00	♏ 17	♑ 01	♒ 03	♓ 17	♈ 21
	26日	♒ 16	♈ 05	♈ 14	♊ 07	♋ 16	♍ 08	♎ 13	♏ 29	♑ 13	♒ 15	♈ 00	♉ 05
	27日	♒ 29	♈ 19	♈ 28	♊ 22	♌ 00	♍ 21	♎ 26	♐ 11	♑ 25	♒ 27	♈ 13	♉ 19
	28日	♓ 12	♉ 03	♉ 13	♋ 06	♌ 15	♎ 05	♏ 09	♐ 23	♒ 07	♓ 09	♈ 27	♊ 03
	29日	♓ 25		♉ 27	♋ 21	♌ 28	♎ 17	♏ 21	♑ 05	♒ 19	♓ 22	♉ 11	♊ 18
	30日	♈ 08		♊ 12	♌ 05	♍ 12	♏ 00	♐ 03	♑ 17	♓ 01	♈ 05	♉ 25	♋ 03
	31日	♈ 22		♊ 26		♍ 25		♐ 15	♑ 29		♈ 19		♋ 18
☿	1日	♑ 23	♒ 12R	♒ 13	♈ 00	♉ 29	♊ 11R	♊ 18	♌ 16	♎ 05	♎ 10R	♎ 27	♐ 15
	6日	♒ 01	♒ 06R	♒ 19	♈ 10	♊ 06	♊ 09R	♊ 24	♌ 26	♎ 10	♎ 05R	♏ 05	♐ 23
	11日	♒ 08	♒ 03R	♒ 26	♈ 20	♊ 11	♊ 07R	♋ 03	♍ 04	♎ 14	♎ 02R	♏ 13	♑ 00
	16日	♒ 14	♒ 03	♓ 03	♉ 01	♊ 14	♊ 07	♋ 13	♍ 13	♎ 17	♎ 04	♏ 21	♑ 08
	21日	♒ 18	♒ 06	♓ 11	♉ 11	♊ 15R	♊ 09	♋ 23	♍ 20	♎ 17R	♎ 10	♏ 29	♑ 16
	26日	♒ 18R	♒ 10	♓ 20	♉ 21	♊ 14R	♊ 12	♌ 04	♍ 27	♎ 15R	♎ 17	♐ 07	♑ 23
♀	1日	♒ 09R	♑ 25R	♑ 29	♒ 25	♓ 26	♉ 01	♊ 07	♋ 14	♌ 22	♍ 29	♏ 08	♐ 15
	11日	♒ 07R	♑ 23	♒ 06	♓ 05	♈ 07	♉ 13	♊ 19	♋ 26	♍ 04	♎ 11	♏ 20	♐ 28
	21日	♒ 01R	♑ 25	♒ 14	♓ 15	♈ 19	♉ 25	♋ 01	♌ 08	♍ 16	♎ 24	♐ 03	♑ 10
♂	1日	♎ 07	♎ 17	♎ 19R	♎ 10R	♎ 01R	♎ 03	♎ 13	♎ 29	♏ 17	♐ 08	♑ 00	♑ 23
	11日	♎ 11	♎ 19	♎ 17R	♎ 06R	♎ 00R	♎ 05	♎ 18	♏ 04	♏ 24	♐ 15	♑ 08	♒ 01
	21日	♎ 14	♎ 19R	♎ 14R	♎ 03R	♎ 01	♎ 09	♎ 23	♏ 10	♐ 01	♐ 22	♑ 15	♒ 08
♃	1日	♏ 06	♏ 10	♏ 10R	♏ 08R	♏ 05R	♏ 01R	♏ 00	♏ 02	♏ 06	♏ 12	♏ 18	♏ 25
	11日	♏ 07	♏ 10	♏ 10R	♏ 07R	♏ 04R	♏ 01R	♏ 01	♏ 03	♏ 08	♏ 14	♏ 20	♏ 27
	21日	♏ 09	♏ 10	♏ 09R	♏ 06R	♏ 02R	♏ 01R	♏ 01	♏ 05	♏ 10	♏ 16	♏ 23	♏ 29
♄	1日	♎ 21	♎ 22R	♎ 22R	♎ 20R	♎ 17R	♎ 16R	♎ 16	♎ 17	♎ 20	♎ 23	♎ 27	♏ 00
	11日	♎ 22	♎ 22R	♎ 21R	♎ 19R	♎ 17R	♎ 16R	♎ 16	♎ 18	♎ 21	♎ 24	♎ 28	♏ 01
	21日	♎ 22	♎ 22R	♎ 20R	♎ 18R	♎ 16R	♎ 16	♎ 16	♎ 19	♎ 22	♎ 25	♎ 29	♏ 02
♅	1日	♐ 03	♐ 04	♐ 05	♐ 04R	♐ 04R	♐ 02R	♐ 01R	♐ 01R	♐ 01	♐ 02	♐ 03	♐ 05
♆	1日	♐ 25	♐ 26	♐ 27	♐ 27R	♐ 27R	♐ 26R	♐ 25R	♐ 25R	♐ 24R	♐ 24	♐ 25	♐ 26
♇	1日	♎ 27	♎ 27R	♎ 27R	♎ 26R	♎ 25R	♎ 24R	♎ 24R	♎ 24	♎ 25	♎ 26	♎ 27	♎ 28
☊	1日	♋ 22	♋ 22R	♋ 21R	♋ 19R	♋ 16R	♋ 14R	♋ 13R	♋ 13	♋ 12R	♋ 09R	♋ 06R	♋ 04R

		1月	2月	3月	4月	5月	6月	7月	8月	9月	10月	11月	12月
☽	1日	♌ 03	♍ 26	♎ 04	♏ 23	♐ 26	♒ 10	♓ 12	♈ 28	♊ 16	♋ 24	♍ 18	♎ 26
	2日	♌ 18	♎ 10	♎ 18	♐ 06	♑ 08	♒ 22	♓ 24	♉ 10	♋ 00	♌ 08	♎ 02	♏ 10
	3日	♍ 03	♎ 24	♏ 02	♐ 18	♑ 20	♓ 04	♈ 06	♉ 23	♋ 14	♌ 23	♎ 16	♏ 23
	4日	♍ 17	♏ 07	♏ 15	♑ 00	♒ 02	♓ 16	♈ 19	♊ 07	♋ 29	♍ 08	♏ 01	♐ 07
	5日	♎ 01	♏ 19	♏ 28	♑ 12	♒ 14	♓ 28	♉ 02	♊ 21	♌ 14	♍ 23	♏ 15	♐ 20
	6日	♎ 15	♐ 02	♐ 10	♑ 24	♒ 26	♈ 10	♉ 15	♋ 05	♌ 29	♎ 08	♏ 28	♑ 02
	7日	♎ 28	♐ 14	♐ 22	♒ 06	♓ 08	♈ 23	♉ 28	♋ 20	♍ 14	♎ 22	♐ 12	♑ 15
	8日	♏ 10	♐ 26	♑ 04	♒ 18	♓ 20	♉ 07	♊ 13	♌ 05	♍ 29	♏ 06	♐ 24	♑ 27
	9日	♏ 23	♑ 08	♑ 16	♓ 00	♈ 02	♉ 20	♊ 27	♌ 21	♎ 14	♏ 20	♑ 07	♒ 09
	10日	♐ 05	♑ 19	♑ 28	♓ 12	♈ 15	♊ 04	♋ 12	♍ 06	♎ 28	♐ 04	♑ 19	♒ 21
	11日	♐ 17	♒ 01	♒ 10	♓ 24	♈ 29	♊ 19	♋ 27	♍ 21	♏ 12	♐ 17	♒ 01	♓ 03
	12日	♐ 29	♒ 13	♒ 22	♈ 07	♉ 12	♋ 03	♌ 12	♎ 06	♏ 26	♐ 29	♒ 13	♓ 15
	13日	♑ 11	♒ 25	♓ 04	♈ 20	♉ 26	♋ 18	♌ 27	♎ 20	♐ 08	♑ 11	♒ 25	♓ 27
	14日	♑ 22	♓ 07	♓ 16	♉ 03	♊ 10	♌ 03	♍ 12	♏ 04	♐ 21	♑ 24	♓ 07	♈ 09
	15日	♒ 04	♓ 19	♓ 28	♉ 17	♊ 24	♌ 18	♍ 26	♏ 17	♑ 03	♒ 05	♓ 19	♈ 21
	16日	♒ 16	♈ 02	♈ 11	♊ 00	♋ 08	♍ 02	♎ 10	♐ 00	♑ 15	♒ 17	♈ 01	♉ 04
	17日	♒ 28	♈ 14	♈ 24	♊ 14	♋ 23	♍ 16	♎ 24	♐ 12	♑ 27	♒ 29	♈ 14	♉ 17
	18日	♓ 10	♈ 27	♉ 07	♊ 28	♌ 07	♎ 00	♏ 07	♐ 24	♒ 09	♓ 11	♈ 26	♊ 00
	19日	♓ 22	♉ 10	♉ 20	♋ 12	♌ 21	♎ 14	♏ 20	♑ 07	♒ 21	♓ 23	♉ 09	♊ 14
	20日	♈ 05	♉ 23	♊ 04	♋ 26	♍ 06	♎ 27	♐ 03	♑ 18	♓ 03	♈ 05	♉ 22	♊ 28
	21日	♈ 17	♊ 07	♊ 17	♌ 10	♍ 20	♏ 10	♐ 15	♒ 00	♓ 15	♈ 18	♊ 06	♋ 13
	22日	♉ 00	♊ 21	♋ 01	♌ 25	♎ 03	♏ 23	♐ 27	♒ 12	♓ 27	♉ 01	♊ 19	♋ 27
	23日	♉ 14	♋ 05	♋ 15	♍ 09	♎ 17	♐ 06	♑ 09	♒ 24	♈ 09	♉ 14	♋ 03	♌ 12
	24日	♉ 27	♋ 20	♌ 00	♍ 23	♏ 00	♐ 18	♑ 21	♓ 06	♈ 22	♉ 27	♋ 17	♌ 26
	25日	♊ 11	♌ 04	♌ 14	♎ 07	♏ 14	♑ 00	♒ 03	♓ 18	♉ 04	♊ 10	♌ 02	♍ 11
	26日	♊ 26	♌ 19	♌ 29	♎ 21	♏ 27	♑ 13	♒ 15	♈ 00	♉ 17	♊ 23	♌ 16	♍ 25
	27日	♋ 11	♍ 04	♍ 13	♏ 04	♐ 09	♑ 24	♒ 27	♈ 12	♊ 00	♋ 07	♍ 00	♎ 09
	28日	♋ 26	♍ 19	♍ 28	♏ 18	♐ 22	♒ 06	♓ 09	♈ 24	♊ 13	♋ 21	♍ 14	♎ 23
	29日	♌ 11		♎ 12	♐ 01	♑ 04	♒ 18	♓ 21.	♉ 07	♊ 26	♌ 05	♍ 28	♏ 06
	30日	♌ 27		♎ 26	♐ 14	♑ 16	♓ 00	♈ 03	♉ 20	♋ 10	♌ 19	♎ 12	♏ 20
	31日	♍ 11		♏ 10		♑ 28		♈ 15	♊ 03		♍ 03		♐ 03
☿	1日	♒ 00	♑ 18	♒ 20	♈ 17	♉ 26	♉ 18	♊ 29	♍ 00	♎ 01	♍ 20	♏ 09	♐ 25
	6日	♒ 02	♑ 21	♒ 28	♈ 27	♉ 25R	♉ 21	♋ 09	♍ 07	♎ 00R	♍ 26	♏ 17	♑ 02
	11日	♒ 01R	♑ 26	♓ 07	♉ 06	♉ 22R	♉ 26	♋ 20	♍ 14	♍ 27R	♎ 03	♏ 25	♑ 09
	16日	♑ 25R	♒ 02	♓ 15	♉ 14	♉ 19R	♊ 02	♌ 01	♍ 20	♍ 22R	♎ 12	♐ 03	♑ 14
	21日	♑ 19R	♒ 09	♓ 25	♉ 20	♉ 17R	♊ 10	♌ 10	♍ 25	♍ 18R	♎ 21	♐ 10	♑ 17
	26日	♑ 17R	♒ 16	♈ 05	♉ 24	♉ 16	♊ 19	♌ 20	♍ 29	♍ 17	♎ 29	♐ 18	♑ 15R
♀	1日	♑ 24	♓ 03	♈ 08	♉ 15	♊ 21	♋ 25	♌ 23	♍ 09	♌ 27R	♌ 27	♍ 22	♎ 24
	11日	♒ 07	♓ 15	♈ 20	♉ 27	♋ 02	♌ 05	♍ 01	♍ 08R	♌ 24R	♍ 04	♎ 02	♏ 05
	21日	♒ 19	♓ 28	♉ 02	♊ 09	♋ 13	♌ 14	♍ 06	♍ 04R	♌ 24	♍ 11	♎ 12	♏ 17
♂	1日	♒ 17	♓ 11	♈ 03	♈ 27	♉ 19	♊ 11	♋ 01	♋ 22	♌ 12	♍ 01	♍ 20	♎ 07
	11日	♒ 25	♓ 19	♈ 11	♉ 04	♉ 26	♊ 18	♋ 08	♋ 28	♌ 18	♍ 07	♍ 26	♎ 13
	21日	♓ 03	♓ 27	♈ 18	♉ 11	♊ 03	♊ 24	♋ 15	♌ 05	♌ 24	♍ 13	♎ 02	♎ 19
♃	1日	♐ 01	♐ 07	♐ 10	♐ 11R	♐ 09R	♐ 06R	♐ 02R	♐ 01	♐ 03	♐ 07	♐ 12	♐ 19
	11日	♐ 03	♐ 08	♐ 10	♐ 11R	♐ 08R	♐ 04R	♐ 02R	♐ 01	♐ 04	♐ 08	♐ 15	♐ 21
	21日	♐ 05	♐ 09	♐ 11	♐ 10R	♐ 07R	♐ 03R	♐ 01R	♐ 02	♐ 05	♐ 10	♐ 17	♐ 23
♄	1日	♏ 03	♏ 04	♏ 04R	♏ 03R	♏ 00R	♎ 28R	♎ 28R	♎ 28	♏ 01	♏ 04	♏ 07	♏ 11
	11日	♏ 04	♏ 04	♏ 04R	♏ 02R	♏ 00R	♎ 28R	♎ 28	♎ 29	♏ 02	♏ 05	♏ 09	♏ 12
	21日	♏ 04	♏ 04R	♏ 03R	♏ 01R	♎ 29R	♎ 28R	♎ 28	♏ 00	♏ 03	♏ 06	♏ 10	♏ 13
♅	1日	♐ 07	♐ 08	♐ 09	♐ 09R	♐ 08R	♐ 07R	♐ 06R	♐ 05R	♐ 05	♐ 06	♐ 08	♐ 09
♆	1日	♐ 27	♐ 28	♐ 29	♐ 29	♐ 29R	♐ 28R	♐ 28R	♐ 27R	♐ 26R	♐ 27	♐ 27	♐ 28
♇	1日	♎ 29	♏ 00	♎ 29R	♎ 29R	♎ 28R	♎ 27R	♎ 27R	♎ 27	♎ 28	♎ 29	♏ 00	♏ 01
☊	1日	♋ 04R	♋ 04R	♋ 02R	♊ 28R	♊ 26	♊ 25	♊ 25R	♊ 24R	♊ 22	♊ 19R	♊ 17R	♊ 16R

1984（うるう）年

		1月	2月	3月	4月	5月	6月	7月	8月	9月	10月	11月	12月
☽	1日	♐ 16	♒ 02	♒ 23	♈ 07	♉ 11	♊ 28	♌ 06	♍ 29	♏ 22	♐ 29	♒ 15	♓ 18
	2日	♐ 28	♒ 14	♓ 05	♈ 19	♉ 23	♋ 12	♌ 20	♎ 14	♐ 06	♑ 12	♒ 28	♈ 00
	3日	♑ 11	♒ 26	♓ 17	♉ 02	♊ 06	♋ 26	♍ 05	♎ 28	♐ 19	♑ 24	♓ 10	♈ 11
	4日	♑ 23	♓ 08	♓ 28	♉ 14	♊ 19	♌ 10	♍ 19	♏ 12	♑ 02	♒ 07	♓ 21	♈ 23
	5日	♒ 05	♓ 20	♈ 10	♉ 26	♋ 02	♌ 24	♎ 03	♏ 26	♑ 15	♒ 19	♈ 03	♉ 05
	6日	♒ 17	♈ 01	♈ 22	♊ 09	♋ 15	♍ 08	♎ 17	♐ 09	♑ 27	♓ 01	♈ 15	♉ 17
	7日	♒ 29	♈ 13	♉ 04	♊ 22	♋ 29	♍ 22	♏ 01	♐ 22	♒ 10	♓ 13	♈ 27	♊ 00
	8日	♓ 11	♈ 25	♉ 17	♋ 05	♌ 13	♎ 06	♏ 15	♑ 05	♒ 22	♓ 25	♉ 09	♊ 12
	9日	♓ 23	♉ 08	♉ 29	♋ 18	♌ 27	♎ 21	♏ 29	♑ 18	♓ 04	♈ 06	♉ 21	♊ 25
	10日	♈ 05	♉ 20	♊ 12	♌ 02	♍ 11	♏ 05	♐ 12	♒ 00	♓ 16	♈ 18	♊ 04	♋ 08
	11日	♈ 17	♊ 03	♊ 25	♌ 17	♍ 26	♏ 19	♐ 25	♒ 13	♓ 28	♉ 00	♊ 16	♋ 22
	12日	♈ 29	♊ 16	♋ 09	♍ 01	♎ 10	♐ 03	♑ 08	♒ 25	♈ 09	♉ 12	♊ 29	♌ 05
	13日	♉ 12	♋ 00	♋ 23	♍ 16	♎ 25	♐ 16	♑ 21	♓ 07	♈ 21	♉ 24	♋ 12	♌ 19
	14日	♉ 25	♋ 14	♌ 07	♎ 01	♏ 09	♑ 00	♒ 04	♓ 19	♉ 03	♊ 07	♋ 25	♍ 03
	15日	♊ 08	♋ 29	♌ 22	♎ 16	♏ 24	♑ 13	♒ 16	♈ 01	♉ 15	♊ 19	♌ 08	♍ 17
	16日	♊ 22	♌ 14	♍ 07	♏ 01	♐ 08	♑ 25	♒ 28	♈ 13	♉ 27	♋ 02	♌ 22	♎ 01
	17日	♋ 06	♌ 29	♍ 22	♏ 15	♐ 21	♒ 08	♓ 10	♈ 24	♊ 10	♋ 15	♍ 06	♎ 15
	18日	♋ 21	♍ 14	♎ 08	♐ 00	♑ 05	♒ 20	♓ 22	♉ 06	♊ 22	♋ 28	♍ 20	♎ 29
	19日	♌ 06	♎ 00	♎ 23	♐ 13	♑ 17	♓ 02	♈ 04	♉ 18	♋ 05	♌ 12	♎ 05	♏ 13
	20日	♌ 21	♎ 14	♏ 07	♐ 27	♒ 00	♓ 14	♈ 16	♊ 01	♋ 19	♌ 26	♎ 19	♏ 28
	21日	♍ 06	♎ 29	♏ 22	♑ 10	♒ 12	♓ 26	♈ 28	♊ 13	♌ 02	♍ 10	♏ 04	♐ 12
	22日	♍ 21	♏ 13	♐ 05	♑ 22	♒ 24	♈ 08	♉ 10	♊ 26	♌ 17	♍ 25	♏ 19	♐ 26
	23日	♎ 05	♏ 26	♐ 18	♒ 04	♓ 06	♈ 20	♉ 23	♋ 10	♍ 02	♎ 10	♐ 03	♑ 10
	24日	♎ 20	♐ 10	♑ 01	♒ 16	♓ 18	♉ 02	♊ 05	♋ 24	♍ 17	♎ 26	♐ 18	♑ 23
	25日	♏ 03	♐ 22	♑ 14	♒ 28	♈ 00	♉ 15	♊ 18	♌ 09	♎ 02	♏ 11	♑ 02	♒ 06
	26日	♏ 17	♑ 05	♑ 26	♓ 10	♈ 12	♉ 27	♋ 02	♌ 23	♎ 17	♏ 25	♑ 15	♒ 19
	27日	♐ 00	♑ 17	♒ 08	♓ 22	♈ 24	♊ 10	♋ 16	♍ 09	♏ 02	♐ 10	♑ 28	♓ 01
	28日	♐ 13	♑ 29	♒ 20	♈ 04	♉ 07	♊ 24	♌ 00	♍ 24	♏ 17	♐ 24	♒ 11	♓ 14
	29日	♐ 25	♒ 11	♓ 02	♈ 16	♉ 19	♋ 07	♌ 15	♎ 09	♐ 01	♑ 07	♒ 24	♓ 26
	30日	♑ 08		♓ 14	♈ 28	♊ 02	♋ 21	♍ 00	♎ 24	♐ 15	♑ 20	♓ 06	♈ 07
	31日	♑ 20		♓ 25		♊ 15		♍ 15	♏ 08		♒ 03		♈ 19
☿	1日	♑ 08R	♑ 19	♓ 04	♉ 00	♈ 27R	♉ 19	♋ 19	♍ 06	♍ 02R	♎ 01	♏ 22	♑ 00
	6日	♑ 02R	♑ 26	♓ 13	♉ 05	♈ 26	♉ 27	♋ 29	♍ 10	♍ 00R	♎ 10	♏ 29	♑ 01R
	11日	♑ 00	♒ 03	♓ 23	♉ 07	♈ 27	♊ 07	♌ 08	♍ 13	♍ 01	♎ 18	♐ 07	♐ 27R
	16日	♑ 02	♒ 11	♈ 03	♉ 06R	♉ 00	♊ 17	♌ 16	♍ 13R	♍ 06	♎ 27	♐ 14	♐ 21R
	21日	♑ 06	♒ 19	♈ 13	♉ 03R	♉ 05	♊ 27	♌ 23	♍ 12R	♍ 13	♏ 05	♐ 20	♐ 16R
	26日	♑ 11	♒ 27	♈ 22	♉ 00R	♉ 11	♋ 08	♍ 00	♍ 08R	♍ 22	♏ 13	♐ 26	♐ 15
♀	1日	♐ 00	♑ 08	♒ 13	♓ 22	♈ 29	♊ 07	♋ 14	♌ 22	♎ 00	♏ 07	♐ 14	♑ 21
	11日	♐ 12	♑ 20	♒ 26	♈ 04	♉ 11	♊ 19	♋ 26	♍ 04	♎ 12	♏ 19	♐ 27	♒ 02
	21日	♐ 24	♒ 02	♓ 08	♈ 16	♉ 23	♋ 01	♌ 08	♍ 16	♎ 24	♐ 01	♑ 09	♒ 14
♂	1日	♎ 25	♏ 10	♏ 22	♏ 28	♏ 24R	♏ 14R	♏ 13	♏ 22	♐ 08	♐ 27	♑ 19	♒ 12
	11日	♏ 00	♏ 15	♏ 25	♏ 28R	♏ 21R	♏ 12R	♏ 15	♏ 27	♐ 14	♑ 04	♑ 27	♒ 19
	21日	♏ 05	♏ 19	♏ 27	♏ 27R	♏ 17R	♏ 12	♏ 18	♐ 02	♐ 21	♑ 11	♒ 04	♒ 27
♃	1日	♐ 26	♑ 03	♑ 08	♑ 12	♑ 13R	♑ 11R	♑ 08R	♑ 04R	♑ 03	♑ 05	♑ 09	♑ 15
	11日	♐ 28	♑ 05	♑ 09	♑ 12	♑ 13R	♑ 10R	♑ 07R	♑ 04R	♑ 03	♑ 06	♑ 11	♑ 17
	21日	♑ 00	♑ 06	♑ 11	♑ 13	♑ 12R	♑ 09R	♑ 05R	♑ 03R	♑ 04	♑ 07	♑ 13	♑ 19
♄	1日	♏ 14	♏ 16	♏ 16R	♏ 15R	♏ 13R	♏ 11R	♏ 10R	♏ 10	♏ 12	♏ 14	♏ 18	♏ 21
	11日	♏ 15	♏ 16	♏ 16R	♏ 15R	♏ 12R	♏ 11R	♏ 10R	♏ 10	♏ 12	♏ 15	♏ 19	♏ 23
	21日	♏ 15	♏ 16	♏ 16R	♏ 14R	♏ 12R	♏ 10R	♏ 10	♏ 11	♏ 13	♏ 17	♏ 20	♏ 24
♅	1日	♐ 11	♐ 13	♐ 13	♐ 13R	♐ 13R	♐ 12R	♐ 10R	♐ 10R	♐ 10	♐ 10	♐ 12	♐ 14
♆	1日	♐ 29	♑ 00	♑ 01	♑ 01	♑ 01R	♑ 01R	♑ 00R	♐ 29R	♐ 29R	♐ 29	♐ 29	♑ 00
♇	1日	♏ 02	♏ 02	♏ 02R	♏ 01R	♏ 00R	♏ 00R	♎ 29R	♎ 29	♏ 00	♏ 01	♏ 02	♏ 03
☊	1日	♊ 16	♊ 14R	♊ 11R	♊ 08R	♊ 07R	♊ 07R	♊ 06R	♊ 04R	♊ 01R	♉ 29	♉ 28R	♉ 27

		1月	2月	3月	4月	5月	6月	7月	8月	9月	10月	11月	12月
☽	1日	♉ 01	♊ 16	♊ 23	♌ 11	♍ 19	♏ 12	♐ 21	♒ 12	♓ 29	♉ 01	♊ 15	♋ 19
	2日	♉ 13	♊ 28	♋ 06	♌ 26	♎ 03	♏ 27	♑ 05	♒ 25	♈ 11	♉ 13	♊ 27	♌ 01
	3日	♉ 25	♋ 12	♋ 19	♍ 10	♎ 18	♐ 12	♑ 19	♓ 08	♈ 23	♉ 25	♋ 09	♌ 14
	4日	♊ 08	♋ 25	♌ 03	♍ 25	♏ 04	♐ 27	♒ 03	♓ 20	♉ 05	♊ 07	♋ 22	♌ 27
	5日	♊ 21	♌ 09	♌ 17	♎ 10	♏ 19	♑ 11	♒ 17	♈ 03	♉ 17	♊ 18	♌ 04	♍ 10
	6日	♋ 04	♌ 24	♍ 02	♎ 25	♐ 04	♑ 25	♓ 00	♈ 15	♉ 28	♋ 01	♌ 17	♍ 23
	7日	♋ 17	♍ 08	♍ 17	♏ 11	♐ 18	♒ 08	♓ 12	♈ 27	♊ 10	♋ 13	♍ 00	♎ 07
	8日	♌ 01	♍ 23	♎ 02	♏ 26	♑ 03	♒ 22	♓ 25	♉ 09	♊ 22	♋ 25	♍ 14	♎ 22
	9日	♌ 15	♎ 08	♎ 17	♐ 10	♑ 17	♓ 04	♈ 07	♉ 20	♋ 05	♌ 08	♍ 28	♏ 06
	10日	♌ 29	♎ 22	♏ 02	♐ 24	♒ 00	♓ 17	♈ 19	♊ 02	♋ 17	♌ 22	♎ 13	♏ 21
	11日	♍ 13	♏ 07	♏ 17	♑ 08	♒ 13	♓ 29	♉ 01	♊ 14	♌ 00	♍ 06	♎ 28	♐ 06
	12日	♍ 27	♏ 21	♐ 01	♑ 21	♒ 26	♈ 11	♉ 12	♊ 27	♌ 14	♍ 20	♏ 13	♐ 21
	13日	♎ 12	♐ 04	♐ 15	♒ 04	♓ 08	♈ 23	♉ 24	♋ 09	♌ 28	♎ 05	♏ 28	♑ 06
	14日	♎ 26	♐ 18	♐ 28	♒ 17	♓ 20	♉ 04	♊ 06	♋ 22	♍ 12	♎ 20	♐ 13	♑ 21
	15日	♏ 10	♑ 01	♑ 12	♒ 29	♈ 02	♉ 16	♊ 19	♌ 06	♍ 27	♏ 05	♐ 28	♒ 05
	16日	♏ 24	♑ 15	♑ 25	♓ 11	♈ 14	♉ 28	♋ 01	♌ 19	♎ 11	♏ 20	♑ 13	♒ 19
	17日	♐ 08	♑ 28	♒ 07	♓ 23	♈ 26	♊ 10	♋ 14	♍ 03	♎ 26	♐ 05	♑ 27	♓ 02
	18日	♐ 21	♒ 10	♒ 20	♈ 05	♉ 08	♊ 23	♋ 27	♍ 18	♏ 11	♐ 20	♒ 11	♓ 15
	19日	♑ 05	♒ 23	♓ 02	♈ 17	♉ 20	♋ 05	♌ 10	♎ 02	♏ 25	♑ 04	♒ 24	♓ 28
	20日	♑ 18	♓ 05	♓ 14	♈ 29	♊ 01	♋ 18	♌ 24	♎ 16	♐ 10	♑ 18	♓ 07	♈ 10
	21日	♒ 01	♓ 18	♓ 26	♉ 11	♊ 14	♌ 01	♍ 08	♏ 01	♐ 24	♒ 01	♓ 19	♈ 22
	22日	♒ 14	♈ 00	♈ 08	♉ 23	♊ 26	♌ 14	♍ 22	♏ 15	♑ 08	♒ 14	♈ 01	♉ 04
	23日	♒ 27	♈ 12	♈ 20	♊ 04	♋ 08	♌ 27	♎ 06	♏ 29	♑ 21	♒ 27	♈ 13	♉ 15
	24日	♓ 09	♈ 23	♉ 02	♊ 17	♋ 21	♍ 11	♎ 20	♐ 13	♒ 04	♓ 10	♈ 25	♉ 27
	25日	♓ 21	♉ 05	♉ 14	♊ 29	♌ 04	♍ 25	♏ 04	♐ 27	♒ 17	♓ 22	♉ 07	♊ 09
	26日	♈ 03	♉ 17	♉ 26	♋ 11	♌ 17	♎ 09	♏ 18	♑ 11	♓ 00	♈ 04	♉ 19	♊ 21
	27日	♈ 15	♉ 29	♊ 07	♋ 24	♍ 01	♎ 23	♐ 02	♑ 24	♓ 13	♈ 16	♊ 00	♋ 03
	28日	♈ 27	♊ 11	♊ 20	♌ 07	♍ 14	♏ 07	♐ 16	♒ 07	♓ 25	♈ 28	♊ 12	♋ 16
	29日	♉ 09		♋ 02	♌ 21	♍ 28	♏ 22	♑ 00	♒ 21	♈ 07	♉ 10	♊ 24	♋ 28
	30日	♉ 21		♋ 15	♍ 04	♎ 13	♐ 06	♑ 14	♓ 04	♈ 19	♉ 22	♋ 06	♌ 11
	31日	♊ 03		♋ 28		♎ 27		♑ 28	♓ 16		♊ 03		♌ 24
☿	1日	♐ 18	♒ 00	♓ 19	♈ 16R	♈ 14	♊ 03	♌ 02	♌ 25R	♌ 21	♎ 14	♐ 01	♐ 04R
	6日	♐ 23	♒ 08	♓ 28	♈ 12R	♈ 19	♊ 14	♌ 09	♌ 22R	♌ 29	♎ 23	♐ 07	♏ 29R
	11日	♐ 29	♒ 16	♈ 07	♈ 08R	♈ 26	♊ 25	♌ 15	♌ 18R	♍ 08	♏ 01	♐ 11	♏ 29
	16日	♑ 06	♒ 25	♈ 14	♈ 07R	♉ 03	♋ 05	♌ 20	♌ 15R	♍ 17	♏ 08	♐ 15	♐ 03
	21日	♑ 13	♓ 04	♈ 18	♈ 07	♉ 11	♋ 15	♌ 23	♌ 13	♍ 27	♏ 16	♐ 15R	♐ 08
	26日	♑ 20	♓ 13	♈ 19R	♈ 10	♉ 21	♋ 24	♌ 25	♌ 15	♎ 06	♏ 23	♐ 10R	♐ 15
♀	1日	♒ 26	♓ 29	♈ 19	♈ 16R	♈ 07	♈ 25	♉ 24	♊ 29	♌ 05	♍ 11	♎ 19	♏ 27
	11日	♓ 08	♈ 08	♈ 22	♈ 10R	♈ 10	♉ 04	♊ 05	♋ 10	♌ 17	♍ 23	♏ 02	♐ 10
	21日	♓ 18	♈ 15	♈ 21R	♈ 06R	♈ 17	♉ 14	♊ 16	♋ 22	♌ 29	♎ 06	♏ 14	♐ 22
♂	1日	♓ 05	♓ 29	♈ 20	♉ 12	♊ 03	♊ 24	♋ 14	♌ 04	♌ 24	♍ 13	♎ 03	♎ 22
	11日	♓ 13	♈ 06	♈ 27	♉ 19	♊ 10	♋ 01	♋ 21	♌ 11	♍ 01	♍ 20	♎ 09	♎ 28
	21日	♓ 20	♈ 14	♉ 04	♉ 26	♊ 17	♋ 08	♋ 27	♌ 17	♍ 07	♍ 26	♎ 15	♏ 04
♃	1日	♑ 21	♑ 29	♒ 05	♒ 11	♒ 15	♒ 17	♒ 16R	♒ 12R	♒ 09R	♒ 07R	♒ 08	♒ 12
	11日	♑ 24	♒ 01	♒ 07	♒ 13	♒ 16	♒ 17R	♒ 15R	♒ 11R	♒ 08R	♒ 07	♒ 10	♒ 14
	21日	♑ 26	♒ 03	♒ 09	♒ 14	♒ 17	♒ 17R	♒ 14R	♒ 10R	♒ 07R	♒ 08	♒ 11	♒ 16
♄	1日	♏ 25	♏ 27	♏ 28	♏ 28R	♏ 26R	♏ 24R	♏ 22R	♏ 21	♏ 23	♏ 25	♏ 28	♐ 02
	11日	♏ 26	♏ 28	♏ 28R	♏ 27R	♏ 25R	♏ 23R	♏ 22R	♏ 22	♏ 23	♏ 26	♏ 29	♐ 03
	21日	♏ 26	♏ 28	♏ 28R	♏ 27R	♏ 24R	♏ 22R	♏ 21R	♏ 22	♏ 24	♏ 27	♐ 00	♐ 04
♅	1日	♐ 15	♐ 17	♐ 18	♐ 18R	♐ 17R	♐ 16R	♐ 15R	♐ 14R	♐ 14	♐ 15	♐ 16	♐ 18
♆	1日	♑ 01	♑ 03	♑ 03	♑ 04	♑ 03R	♑ 03R	♑ 02R	♑ 01R	♑ 01R	♑ 01	♑ 02	♑ 02
♇	1日	♏ 04	♏ 05	♏ 05R	♏ 04R	♏ 03R	♏ 02R	♏ 02R	♏ 02	♏ 03	♏ 04	♏ 05	♏ 06
☊	1日	♉ 27	♉ 24R	♉ 21R	♉ 19R	♉ 18R	♉ 18	♉ 17R	♉ 14R	♉ 11R	♉ 09R	♉ 09	♉ 09R

		1月	2月	3月	4月	5月	6月	7月	8月	9月	10月	11月	12月
☽	1日	♍ 07	♎ 28	♏ 09	♑ 02	♒ 10	♓ 29	♉ 03	♊ 17	♌ 01	♍ 04	♎ 23	♐ 01
	2日	♍ 20	♏ 12	♏ 23	♑ 16	♒ 24	♈ 11	♉ 14	♊ 28	♌ 13	♍ 18	♏ 08	♐ 16
	3日	♎ 04	♏ 26	♐ 07	♒ 00	♓ 07	♈ 24	♉ 26	♋ 10	♌ 26	♎ 01	♏ 22	♑ 01
	4日	♎ 17	♐ 10	♐ 21	♒ 13	♓ 20	♉ 06	♊ 08	♋ 23	♍ 09	♎ 15	♐ 07	♑ 16
	5日	♏ 01	♐ 25	♑ 05	♒ 27	♈ 02	♉ 17	♊ 20	♌ 05	♍ 22	♎ 29	♐ 22	♒ 01
	6日	♏ 16	♑ 09	♑ 19	♓ 10	♈ 14	♉ 29	♋ 02	♌ 17	♎ 06	♏ 13	♑ 07	♒ 15
	7日	♐ 00	♑ 23	♒ 03	♓ 23	♈ 26	♊ 11	♋ 14	♍ 00	♎ 20	♏ 28	♑ 21	♓ 00
	8日	♐ 15	♒ 07	♒ 17	♈ 05	♉ 08	♊ 23	♋ 26	♍ 13	♏ 03	♐ 12	♒ 06	♓ 13
	9日	♑ 00	♒ 21	♓ 00	♈ 17	♉ 20	♋ 05	♌ 08	♍ 26	♏ 17	♐ 26	♒ 20	♓ 26
	10日	♑ 14	♓ 05	♓ 13	♉ 00	♊ 02	♋ 17	♌ 21	♎ 09	♐ 01	♑ 11	♓ 03	♈ 09
	11日	♑ 29	♓ 18	♓ 26	♉ 12	♊ 14	♋ 29	♍ 03	♎ 23	♐ 16	♑ 25	♓ 16	♈ 22
	12日	♒ 13	♈ 01	♈ 09	♉ 24	♊ 26	♌ 11	♍ 16	♏ 07	♑ 00	♒ 09	♓ 29	♉ 04
	13日	♒ 27	♈ 13	♈ 21	♊ 05	♋ 08	♌ 24	♍ 29	♏ 20	♑ 14	♒ 23	♈ 12	♉ 16
	14日	♓ 10	♈ 26	♉ 03	♊ 17	♋ 20	♍ 06	♎ 12	♐ 05	♑ 28	♓ 06	♈ 25	♉ 28
	15日	♓ 23	♉ 08	♉ 15	♊ 29	♌ 02	♍ 19	♎ 26	♐ 19	♒ 12	♓ 19	♉ 07	♊ 10
	16日	♈ 06	♉ 20	♉ 27	♋ 11	♌ 14	♎ 02	♏ 10	♑ 03	♒ 26	♈ 03	♉ 19	♊ 22
	17日	♈ 18	♊ 01	♊ 09	♋ 23	♌ 27	♎ 16	♏ 24	♑ 18	♓ 10	♈ 15	♊ 01	♋ 04
	18日	♉ 00	♊ 13	♊ 21	♌ 06	♍ 10	♏ 00	♐ 09	♒ 03	♓ 24	♈ 28	♊ 13	♋ 16
	19日	♉ 12	♊ 25	♋ 03	♌ 18	♍ 23	♏ 15	♐ 24	♒ 17	♈ 07	♉ 11	♊ 25	♋ 28
	20日	♉ 24	♋ 07	♋ 15	♍ 01	♎ 07	♐ 00	♑ 09	♓ 01	♈ 20	♉ 23	♋ 07	♌ 10
	21日	♊ 05	♋ 20	♋ 28	♍ 15	♎ 21	♐ 15	♑ 24	♓ 15	♉ 02	♊ 05	♋ 19	♌ 22
	22日	♊ 17	♌ 02	♌ 10	♍ 29	♏ 06	♑ 00	♒ 08	♓ 29	♉ 15	♊ 17	♌ 01	♍ 04
	23日	♊ 29	♌ 16	♌ 23	♎ 13	♏ 21	♑ 15	♒ 23	♈ 12	♉ 27	♊ 29	♌ 13	♍ 16
	24日	♋ 12	♌ 29	♍ 07	♎ 28	♐ 06	♒ 00	♓ 07	♈ 24	♊ 09	♋ 11	♌ 25	♍ 29
	25日	♋ 24	♍ 13	♍ 21	♏ 13	♐ 22	♒ 15	♓ 21	♉ 07	♊ 21	♋ 22	♍ 07	♎ 12
	26日	♌ 07	♍ 26	♎ 05	♏ 28	♑ 07	♒ 29	♈ 04	♉ 19	♋ 03	♌ 05	♍ 20	♎ 25
	27日	♌ 20	♎ 10	♎ 20	♐ 13	♑ 22	♓ 12	♈ 17	♊ 01	♋ 15	♌ 17	♎ 03	♏ 09
	28日	♍ 03	♎ 25	♏ 04	♐ 28	♒ 06	♓ 25	♈ 29	♊ 13	♋ 27	♌ 29	♎ 17	♏ 24
	29日	♍ 17		♏ 19	♑ 12	♒ 20	♈ 08	♉ 11	♊ 25	♌ 09	♍ 12	♏ 01	♐ 09
	30日	♎ 00		♐ 03	♑ 26	♓ 03	♈ 20	♉ 23	♋ 07	♌ 21	♍ 25	♏ 16	♐ 24
	31日	♎ 14		♐ 18		♓ 16		♊ 05	♋ 19		♎ 09		♑ 09
☿	1日	♐ 23	♒ 12	♓ 28	♓ 18	♈ 19	♊ 21	♌ 04	♋ 26R	♍ 04	♎ 26	♏ 29	♏ 19
	6日	♑ 00	♒ 21	♈ 01	♓ 20	♈ 27	♋ 01	♌ 06	♋ 26	♍ 14	♏ 03	♏ 28R	♏ 25
	11日	♑ 08	♓ 00	♈ 00R	♓ 23	♉ 07	♋ 10	♌ 06R	♋ 29	♍ 23	♏ 10	♏ 23R	♐ 02
	16日	♑ 16	♓ 09	♓ 27R	♓ 28	♉ 17	♋ 18	♌ 05R	♌ 05	♎ 02	♏ 16	♏ 17R	♐ 09
	21日	♑ 24	♓ 18	♓ 22R	♈ 04	♉ 27	♋ 24	♌ 02R	♌ 13	♎ 10	♏ 22	♏ 13R	♐ 16
	26日	♒ 02	♓ 25	♓ 19R	♈ 11	♊ 08	♌ 00	♋ 29R	♌ 22	♎ 18	♏ 26	♏ 14	♐ 24
♀	1日	♑ 06	♒ 15	♓ 20	♈ 28	♊ 05	♋ 13	♌ 18	♍ 23	♎ 24	♏ 17	♏ 15R	♏ 05
	11日	♑ 19	♒ 27	♈ 02	♉ 11	♊ 17	♋ 25	♌ 29	♎ 03	♏ 03	♏ 20	♏ 09R	♏ 09
	21日	♒ 01	♓ 10	♈ 15	♉ 23	♊ 29	♌ 06	♍ 11	♎ 14	♏ 11	♏ 20R	♏ 05R	♏ 15
♂	1日	♏ 11	♏ 29	♐ 16	♑ 02	♑ 15	♑ 23	♑ 20R	♑ 12R	♑ 14	♑ 26	♒ 14	♓ 03
	11日	♏ 17	♐ 05	♐ 21	♑ 07	♑ 18	♑ 23R	♑ 17R	♑ 11R	♑ 17	♒ 01	♒ 20	♓ 10
	21日	♏ 23	♐ 11	♐ 26	♑ 11	♑ 21	♑ 22R	♑ 15R	♑ 12	♑ 21	♒ 07	♒ 27	♓ 17
♃	1日	♒ 18	♒ 25	♓ 02	♓ 09	♓ 15	♓ 20	♓ 23	♓ 22R	♓ 19R	♓ 15R	♓ 13R	♓ 14
	11日	♒ 20	♒ 28	♓ 04	♓ 11	♓ 17	♓ 21	♓ 23	♓ 21R	♓ 18R	♓ 14R	♓ 13	♓ 15
	21日	♒ 23	♓ 00	♓ 07	♓ 13	♓ 19	♓ 22	♓ 23R	♓ 20R	♓ 17R	♓ 14R	♓ 13	♓ 16
♄	1日	♐ 05	♐ 08	♐ 09	♐ 10R	♐ 08R	♐ 06R	♐ 04R	♐ 03R	♐ 04	♐ 05	♐ 08	♐ 12
	11日	♐ 06	♐ 09	♐ 10	♐ 09R	♐ 08R	♐ 05R	♐ 04R	♐ 03	♐ 04	♐ 06	♐ 09	♐ 13
	21日	♐ 07	♐ 09	♐ 10R	♐ 09R	♐ 07R	♐ 05R	♐ 03R	♐ 03	♐ 05	♐ 07	♐ 11	♐ 14
♅	1日	♐ 20	♐ 21	♐ 22	♐ 22R	♐ 22R	♐ 21R	♐ 20R	♐ 19R	♐ 18	♐ 19	♐ 20	♐ 22
♆	1日	♑ 04	♑ 05	♑ 05	♑ 06	♑ 06R	♑ 05R	♑ 04R	♑ 04R	♑ 03R	♑ 03	♑ 04	♑ 05
♇	1日	♏ 07	♏ 07	♏ 07R	♏ 07R	♏ 06R	♏ 05R	♏ 05R	♏ 05	♏ 05	♏ 06	♏ 07	♏ 09
☊	1日	♉ 07R	♉ 04R	♉ 01	♉ 00	♉ 00R	♈ 29	♈ 27R	♈ 24R	♈ 22R	♈ 21R	♈ 21R	♈ 20R

		1月	2月	3月	4月	5月	6月	7月	8月	9月	10月	11月	12月
☽	1日	♑ 24	♓ 17	♓ 24	♉ 13	♊ 16	♌ 00	♍ 02	♎ 18	♐ 08	♑ 16	♓ 10	♈ 18
	2日	♒ 09	♈ 00	♈ 08	♉ 25	♊ 28	♌ 12	♍ 14	♏ 01	♐ 22	♒ 01	♓ 24	♉ 01
	3日	♒ 24	♈ 14	♈ 22	♊ 08	♋ 10	♌ 24	♍ 26	♏ 14	♑ 06	♒ 15	♈ 08	♉ 14
	4日	♓ 09	♈ 27	♉ 05	♊ 20	♋ 22	♍ 06	♎ 09	♏ 28	♑ 21	♓ 00	♈ 21	♉ 27
	5日	♓ 22	♉ 09	♉ 17	♋ 02	♌ 03	♍ 18	♎ 22	♐ 12	♒ 05	♓ 14	♉ 05	♊ 10
	6日	♈ 06	♉ 22	♊ 00	♋ 14	♌ 15	♎ 00	♏ 05	♐ 26	♒ 20	♓ 28	♉ 18	♊ 23
	7日	♈ 18	♊ 04	♊ 12	♋ 25	♌ 27	♎ 13	♏ 19	♑ 11	♓ 05	♈ 13	♊ 01	♋ 05
	8日	♉ 01	♊ 16	♊ 24	♌ 07	♍ 10	♎ 27	♐ 03	♑ 26	♓ 20	♈ 27	♊ 14	♋ 17
	9日	♉ 13	♊ 28	♋ 06	♌ 20	♍ 22	♏ 10	♐ 18	♒ 12	♈ 04	♉ 10	♊ 27	♋ 29
	10日	♉ 25	♋ 09	♋ 18	♍ 02	♎ 05	♏ 25	♑ 03	♒ 27	♈ 19	♉ 23	♋ 09	♌ 11
	11日	♊ 07	♋ 21	♌ 00	♍ 14	♎ 18	♐ 09	♑ 18	♓ 12	♉ 02	♊ 06	♋ 21	♌ 23
	12日	♊ 19	♌ 03	♌ 12	♍ 27	♏ 02	♐ 24	♒ 03	♓ 26	♉ 16	♊ 19	♌ 03	♍ 05
	13日	♋ 01	♌ 15	♌ 24	♎ 10	♏ 16	♑ 09	♒ 18	♈ 10	♉ 28	♋ 01	♌ 15	♍ 17
	14日	♋ 13	♌ 28	♍ 06	♎ 24	♐ 01	♑ 25	♓ 03	♈ 24	♊ 11	♋ 13	♌ 27	♍ 29
	15日	♋ 25	♍ 10	♍ 19	♏ 08	♐ 15	♒ 09	♓ 18	♉ 07	♊ 23	♋ 25	♍ 09	♎ 11
	16日	♌ 07	♍ 23	♎ 02	♏ 22	♑ 00	♒ 24	♈ 02	♉ 20	♋ 05	♌ 07	♍ 21	♎ 24
	17日	♌ 19	♎ 05	♎ 15	♐ 06	♑ 15	♓ 08	♈ 15	♊ 03	♋ 17	♌ 19	♎ 03	♏ 07
	18日	♍ 01	♎ 18	♎ 28	♐ 20	♒ 00	♓ 22	♈ 28	♊ 15	♋ 29	♍ 01	♎ 16	♏ 20
	19日	♍ 13	♏ 02	♏ 12	♑ 05	♒ 14	♈ 06	♉ 11	♊ 27	♌ 11	♍ 13	♎ 29	♐ 04
	20日	♍ 26	♏ 15	♏ 26	♑ 19	♒ 28	♈ 19	♉ 24	♋ 09	♌ 23	♍ 25	♏ 12	♐ 19
	21日	♎ 08	♏ 29	♐ 10	♒ 03	♓ 12	♉ 02	♊ 06	♋ 21	♍ 05	♎ 08	♏ 26	♑ 04
	22日	♎ 21	♐ 13	♐ 24	♒ 17	♓ 25	♉ 14	♊ 18	♌ 02	♍ 17	♎ 21	♐ 10	♑ 19
	23日	♏ 05	♐ 27	♑ 08	♓ 01	♈ 09	♉ 26	♋ 00	♌ 14	♍ 29	♏ 04	♐ 25	♒ 04
	24日	♏ 18	♑ 12	♑ 22	♓ 15	♈ 22	♊ 09	♋ 12	♌ 26	♎ 12	♏ 17	♑ 09	♒ 18
	25日	♐ 03	♑ 26	♒ 06	♓ 28	♉ 04	♊ 21	♋ 24	♍ 08	♎ 25	♐ 01	♑ 24	♓ 03
	26日	♐ 17	♒ 11	♒ 21	♈ 12	♉ 17	♋ 03	♌ 06	♍ 20	♏ 08	♐ 15	♒ 08	♓ 17
	27日	♑ 02	♒ 26	♓ 05	♈ 25	♊ 00	♋ 15	♌ 17	♎ 03	♏ 21	♐ 29	♒ 23	♈ 01
	28日	♑ 17	♓ 10	♓ 19	♉ 08	♊ 12	♋ 27	♌ 29	♎ 15	♐ 05	♑ 13	♓ 07	♈ 15
	29日	♒ 02		♈ 03	♉ 21	♊ 24	♌ 08	♍ 11	♎ 28	♐ 18	♑ 27	♓ 21	♈ 28
	30日	♒ 17		♈ 16	♊ 03	♋ 06	♌ 20	♍ 23	♏ 11	♑ 02	♒ 12	♈ 04	♉ 11
	31日	♓ 02		♉ 00		♋ 18		♎ 06	♏ 24		♒ 26		♉ 24
☿	1日	♑ 03	♒ 25	♓ 07R	♓ 14	♉ 03	♋ 03	♋ 14R	♋ 20	♍ 19	♏ 03	♏ 00R	♏ 26
	6日	♑ 11	♓ 03	♓ 02R	♓ 20	♉ 14	♋ 09	♋ 11R	♋ 29	♍ 28	♏ 08	♎ 27R	♐ 04
	11日	♑ 19	♓ 10	♓ 00R	♓ 27	♉ 24	♋ 13	♋ 08R	♌ 08	♎ 06	♏ 12	♎ 29	♐ 12
	16日	♑ 28	♓ 14	♓ 00	♈ 05	♊ 05	♋ 16	♋ 07	♌ 18	♎ 13	♏ 13	♏ 04	♐ 20
	21日	♒ 06	♓ 14R	♓ 03	♈ 14	♊ 15	♋ 17	♋ 09	♌ 28	♎ 20	♏ 12R	♏ 11	♐ 27
	26日	♒ 15	♓ 10R	♓ 07	♈ 23	♊ 24	♋ 16R	♋ 13	♍ 08	♎ 27	♏ 07R	♏ 19	♑ 05
♀	1日	♏ 24	♐ 26	♑ 27	♓ 04	♈ 10	♉ 18	♊ 24	♌ 02	♍ 11	♎ 18	♏ 26	♑ 04
	11日	♐ 04	♑ 07	♒ 09	♓ 16	♈ 22	♊ 00	♋ 06	♌ 15	♍ 23	♏ 00	♐ 09	♑ 16
	21日	♐ 14	♑ 18	♒ 21	♓ 28	♉ 04	♊ 12	♋ 19	♌ 27	♎ 05	♏ 13	♐ 21	♑ 29
♂	1日	♓ 25	♈ 16	♉ 06	♉ 27	♊ 17	♋ 07	♋ 26	♌ 16	♍ 06	♍ 25	♎ 15	♏ 05
	11日	♈ 02	♈ 23	♉ 13	♊ 04	♊ 23	♋ 14	♌ 03	♌ 23	♍ 12	♎ 01	♎ 22	♏ 11
	21日	♈ 09	♉ 00	♉ 20	♊ 10	♋ 00	♋ 20	♌ 09	♌ 29	♍ 19	♎ 08	♎ 28	♏ 18
♃	1日	♓ 18	♓ 23	♈ 00	♈ 07	♈ 14	♈ 21	♈ 26	♈ 29	♈ 29R	♈ 27R	♈ 23R	♈ 20R
	11日	♓ 19	♓ 25	♈ 02	♈ 09	♈ 16	♈ 23	♈ 27	♉ 00	♈ 29R	♈ 26R	♈ 22R	♈ 20R
	21日	♓ 21	♓ 28	♈ 04	♈ 12	♈ 19	♈ 24	♈ 28	♉ 00R	♈ 28R	♈ 24R	♈ 21R	♈ 20
♄	1日	♐ 15	♐ 19	♐ 20	♐ 21R	♐ 20R	♐ 18R	♐ 16R	♐ 15R	♐ 15	♐ 16	♐ 19	♐ 22
	11日	♐ 16	♐ 19	♐ 21	♐ 21R	♐ 20R	♐ 18R	♐ 16R	♐ 15R	♐ 15	♐ 17	♐ 20	♐ 23
	21日	♐ 17	♐ 20	♐ 21	♐ 21R	♐ 19R	♐ 17R	♐ 15R	♐ 15	♐ 15	♐ 18	♐ 21	♐ 24
♅	1日	♐ 24	♐ 25	♐ 26	♐ 27	♐ 26R	♐ 25R	♐ 24R	♐ 23R	♐ 23R	♐ 23	♐ 24	♐ 26
♆	1日	♑ 06	♑ 07	♑ 08	♑ 08	♑ 08R	♑ 07R	♑ 07R	♑ 06R	♑ 05R	♑ 05	♑ 06	♑ 07
♇	1日	♏ 09	♏ 10	♏ 10R	♏ 09R	♏ 09R	♏ 08R	♏ 07R	♏ 07	♏ 08	♏ 09	♏ 10	♏ 11
☊	1日	♈ 17R	♈ 13R	♈ 12R	♈ 12	♈ 11R	♈ 09R	♈ 06R	♈ 04	♈ 03	♈ 02	♈ 02	♈ 00R

1988（うるう）年

		1月	2月	3月	4月	5月	6月	7月	8月	9月	10月	11月	12月
☽	1日	♊ 07	♋ 22	♌ 13	♍ 27	♏ 01	♐ 19	♑ 27	♓ 21	♉ 13	♊ 19	♌ 06	♍ 07
	2日	♊ 19	♌ 04	♌ 25	♎ 10	♏ 14	♑ 04	♒ 12	♈ 06	♉ 27	♋ 02	♌ 18	♍ 19
	3日	♋ 01	♌ 16	♍ 07	♎ 22	♏ 27	♑ 18	♒ 27	♈ 20	♊ 10	♋ 15	♌ 29	♎ 01
	4日	♋ 14	♌ 28	♍ 19	♏ 05	♐ 10	♒ 02	♓ 11	♉ 04	♊ 23	♋ 27	♍ 11	♎ 13
	5日	♋ 26	♍ 10	♎ 01	♏ 17	♐ 24	♒ 16	♓ 25	♉ 17	♋ 06	♌ 09	♍ 23	♎ 25
	6日	♌ 08	♍ 22	♎ 13	♐ 00	♑ 08	♓ 01	♈ 10	♊ 01	♋ 18	♌ 21	♎ 05	♏ 07
	7日	♌ 19	♎ 04	♎ 25	♐ 14	♑ 21	♓ 15	♈ 23	♊ 14	♌ 00	♍ 03	♎ 17	♏ 20
	8日	♍ 01	♎ 16	♏ 08	♐ 27	♒ 05	♓ 29	♉ 07	♊ 26	♌ 12	♍ 15	♎ 29	♐ 03
	9日	♍ 13	♎ 28	♏ 20	♑ 11	♒ 20	♈ 13	♉ 20	♋ 09	♌ 24	♍ 27	♏ 11	♐ 16
	10日	♍ 25	♏ 11	♐ 03	♑ 25	♓ 04	♈ 27	♊ 04	♋ 21	♍ 06	♎ 08	♏ 24	♐ 29
	11日	♎ 07	♏ 24	♐ 17	♒ 09	♓ 18	♉ 10	♊ 17	♌ 03	♍ 18	♎ 20	♐ 07	♑ 13
	12日	♎ 19	♐ 07	♑ 00	♒ 23	♈ 02	♉ 24	♊ 29	♌ 15	♎ 00	♏ 03	♐ 20	♑ 27
	13日	♏ 02	♐ 21	♑ 14	♓ 08	♈ 16	♊ 07	♋ 12	♌ 27	♎ 11	♏ 15	♑ 03	♒ 11
	14日	♏ 15	♑ 05	♑ 29	♓ 22	♉ 00	♊ 20	♋ 24	♍ 09	♎ 23	♏ 27	♑ 17	♒ 25
	15日	♏ 28	♑ 20	♒ 13	♈ 07	♉ 14	♋ 03	♌ 06	♍ 21	♏ 06	♐ 10	♒ 00	♓ 09
	16日	♐ 12	♒ 05	♒ 28	♈ 21	♉ 28	♋ 16	♌ 18	♎ 03	♏ 18	♐ 23	♒ 14	♓ 23
	17日	♐ 27	♒ 20	♓ 13	♉ 06	♊ 11	♋ 28	♍ 00	♎ 14	♐ 00	♑ 06	♒ 28	♈ 07
	18日	♑ 12	♓ 05	♓ 28	♉ 20	♊ 25	♌ 10	♍ 12	♎ 26	♐ 13	♑ 20	♓ 12	♈ 21
	19日	♑ 27	♓ 20	♈ 13	♊ 03	♋ 07	♌ 22	♍ 24	♏ 09	♐ 26	♒ 03	♓ 26	♉ 05
	20日	♒ 12	♈ 05	♈ 28	♊ 17	♋ 20	♍ 04	♎ 06	♏ 21	♑ 10	♒ 17	♈ 11	♉ 19
	21日	♒ 27	♈ 20	♉ 12	♊ 29	♌ 02	♍ 16	♎ 18	♐ 04	♑ 24	♓ 02	♈ 25	♊ 03
	22日	♓ 12	♉ 04	♉ 25	♋ 12	♌ 14	♍ 28	♏ 00	♐ 17	♒ 08	♓ 16	♉ 10	♊ 17
	23日	♓ 27	♉ 17	♊ 09	♋ 24	♌ 26	♎ 10	♏ 12	♑ 01	♒ 23	♈ 01	♉ 24	♋ 00
	24日	♈ 11	♊ 00	♊ 21	♌ 06	♍ 08	♎ 22	♏ 25	♑ 15	♓ 08	♈ 16	♊ 08	♋ 13
	25日	♈ 25	♊ 13	♋ 04	♌ 18	♍ 20	♏ 04	♐ 09	♑ 29	♓ 23	♉ 01	♊ 22	♋ 26
	26日	♉ 08	♊ 25	♋ 16	♍ 00	♎ 02	♏ 17	♐ 22	♒ 14	♈ 08	♉ 16	♋ 05	♌ 09
	27日	♉ 21	♋ 07	♋ 28	♍ 12	♎ 14	♐ 00	♑ 06	♒ 29	♈ 23	♊ 00	♋ 18	♌ 21
	28日	♊ 04	♋ 19	♌ 10	♍ 24	♎ 26	♐ 14	♑ 21	♓ 15	♉ 08	♊ 14	♌ 01	♍ 03
	29日	♊ 16	♌ 01	♌ 22	♎ 06	♏ 09	♐ 28	♒ 06	♈ 00	♉ 22	♊ 28	♌ 13	♍ 15
	30日	♊ 28		♍ 04	♎ 18	♏ 22	♑ 13	♒ 21	♈ 15	♊ 06	♋ 11	♌ 26	♍ 27
	31日	♋ 10		♍ 15		♐ 06		♓ 06	♈ 29		♋ 23		♎ 09
☿	1日	♑ 15	♒ 28	♒ 15	♓ 23	♉ 23	♊ 27R	♊ 20	♌ 07	♎ 02	♎ 27R	♎ 22	♐ 09
	6日	♑ 23	♒ 27R	♒ 19	♈ 02	♊ 02	♊ 26R	♊ 23	♌ 17	♎ 09	♎ 24R	♎ 29	♐ 17
	11日	♒ 01	♒ 22R	♒ 24	♈ 11	♊ 11	♊ 23R	♊ 29	♌ 27	♎ 15	♎ 18R	♏ 07	♐ 25
	16日	♒ 10	♒ 16R	♓ 00	♈ 21	♊ 17	♊ 21R	♋ 06	♍ 06	♎ 20	♎ 13R	♏ 15	♑ 03
	21日	♒ 17	♒ 13R	♓ 06	♉ 02	♊ 22	♊ 19R	♋ 14	♍ 15	♎ 24	♎ 12	♏ 23	♑ 10
	26日	♒ 24	♒ 13	♓ 14	♉ 12	♊ 25	♊ 18	♋ 24	♍ 23	♎ 27	♎ 15	♐ 01	♑ 18
♀	1日	♒ 12	♓ 20	♈ 24	♉ 27	♊ 23	♊ 29R	♊ 14R	♊ 25	♋ 23	♌ 26	♎ 03	♏ 09
	11日	♒ 24	♈ 02	♉ 05	♊ 07	♊ 28	♊ 23R	♊ 15	♋ 03	♌ 04	♍ 08	♎ 15	♏ 22
	21日	♓ 07	♈ 14	♉ 16	♊ 16	♋ 00	♊ 17R	♊ 19	♋ 13	♌ 15	♍ 19	♎ 27	♐ 04
♂	1日	♏ 25	♐ 16	♑ 05	♑ 26	♒ 16	♓ 06	♓ 24	♈ 07	♈ 11R	♈ 04R	♈ 00	♈ 07
	11日	♐ 02	♐ 22	♑ 12	♒ 03	♒ 23	♓ 12	♓ 29	♈ 10	♈ 10R	♈ 02R	♈ 01	♈ 10
	21日	♐ 08	♐ 29	♑ 19	♒ 10	♒ 29	♓ 18	♈ 03	♈ 11	♈ 07R	♈ 00R	♈ 03	♈ 15
♃	1日	♈ 20	♈ 23	♈ 28	♉ 05	♉ 12	♉ 20	♉ 26	♊ 02	♊ 05	♊ 06R	♊ 04R	♊ 00R
	11日	♈ 21	♈ 25	♉ 01	♉ 07	♉ 15	♉ 22	♉ 28	♊ 03	♊ 06	♊ 06R	♊ 03R	♉ 29R
	21日	♈ 22	♈ 27	♉ 03	♉ 10	♉ 17	♉ 24	♊ 00	♊ 04	♊ 06	♊ 05R	♊ 01R	♉ 28R
♄	1日	♐ 25	♐ 29	♑ 01	♑ 02	♑ 02R	♑ 01R	♐ 28R	♐ 27R	♐ 26	♐ 27	♐ 29	♑ 02
	11日	♐ 27	♑ 00	♑ 02	♑ 03R	♑ 02R	♑ 00R	♐ 28R	♐ 26R	♐ 26	♐ 27	♑ 00	♑ 03
	21日	♐ 28	♑ 01	♑ 02	♑ 02R	♑ 01R	♐ 29R	♐ 27R	♐ 26R	♐ 26	♐ 28	♑ 01	♑ 04
♅	1日	♐ 28	♐ 29	♑ 01	♑ 01	♑ 01R	♑ 00R	♐ 29R	♐ 28R	♐ 27R	♐ 27	♐ 28	♑ 00
♆	1日	♑ 08	♑ 09	♑ 10	♑ 10	♑ 10R	♑ 10R	♑ 09R	♑ 08R	♑ 08R	♑ 07	♑ 08	♑ 09
♇	1日	♏ 12	♏ 13	♏ 13R	♏ 12R	♏ 11R	♏ 10R	♏ 10R	♏ 10	♏ 10	♏ 11	♏ 12	♏ 14
☊	1日	♓ 27R	♓ 24R	♓ 23R	♓ 23R	♓ 22R	♓ 19R	♓ 16R	♓ 14	♓ 14	♓ 14R	♓ 12R	♓ 10R

		1月	2月	3月	4月	5月	6月	7月	8月	9月	10月	11月	12月
☽	1日	♎21	♐06	♐14	♒02	♓10	♉04	♊12	♌02	♍19	♎21	♐06	♑10
	2日	♏03	♐19	♐27	♒16	♓25	♉18	♊26	♌15	♎01	♏03	♐18	♑22
	3日	♏15	♑02	♑10	♓01	♈09	♊03	♋10	♌28	♎13	♏15	♑00	♒05
	4日	♏28	♑16	♑24	♓16	♈24	♊17	♋24	♍10	♎24	♏27	♑13	♒18
	5日	♐11	♒00	♒08	♈01	♉09	♋02	♌07	♍22	♏06	♐09	♑25	♓01
	6日	♐24	♒15	♒23	♈16	♉24	♋15	♌20	♎04	♏18	♐21	♒08	♓15
	7日	♑08	♒29	♓08	♉01	♊09	♋29	♍02	♎16	♐00	♑03	♒21	♓29
	8日	♑22	♓14	♓23	♉16	♊23	♌12	♍14	♎28	♐12	♑16	♓05	♈13
	9日	♒06	♓29	♈08	♊01	♋07	♌24	♍26	♏10	♐25	♑29	♓19	♈28
	10日	♒21	♈14	♈23	♊15	♋21	♍06	♎08	♏22	♑07	♒12	♈04	♉12
	11日	♓05	♈28	♉08	♊29	♌04	♍18	♎20	♐04	♑20	♒26	♈19	♉27
	12日	♓20	♉13	♉22	♋12	♌16	♎00	♏02	♐17	♒04	♓10	♉04	♊12
	13日	♈04	♉26	♊06	♋25	♌28	♎12	♏14	♐29	♒18	♓25	♉19	♊27
	14日	♈18	♊10	♊20	♌07	♍10	♎24	♏26	♑12	♓02	♈10	♊04	♋12
	15日	♉02	♊23	♋03	♌20	♍22	♏06	♐09	♑26	♓17	♈26	♊19	♋26
	16日	♉16	♋06	♋16	♍02	♎04	♏18	♐21	♒10	♈02	♉11	♋04	♌09
	17日	♉29	♋19	♋28	♍14	♎16	♐00	♑04	♒24	♈17	♉26	♋18	♌22
	18日	♊13	♌01	♌11	♍25	♎28	♐13	♑18	♓09	♉02	♊11	♌01	♍05
	19日	♊26	♌14	♌23	♎07	♏10	♐26	♒01	♓23	♉17	♊25	♌14	♍17
	20日	♋09	♌26	♍05	♎19	♏22	♑09	♒15	♈08	♊02	♋09	♌27	♎00
	21日	♋22	♍08	♍17	♏01	♐04	♑22	♒29	♈23	♊16	♋23	♍09	♎12
	22日	♌05	♍20	♍28	♏13	♐17	♒06	♓14	♉07	♋00	♌05	♍21	♎23
	23日	♌17	♎01	♎10	♏25	♑00	♒19	♓28	♉21	♋13	♌18	♎03	♏05
	24日	♌29	♎13	♎22	♐07	♑12	♓03	♈12	♊05	♋26	♍00	♎15	♏17
	25日	♍11	♎25	♏04	♐20	♑26	♓17	♈26	♊19	♌09	♍12	♎27	♏29
	26日	♍23	♏07	♏16	♑03	♒09	♈01	♉11	♋03	♌21	♍24	♏09	♐11
	27日	♎05	♏19	♏28	♑15	♒22	♈15	♉25	♋16	♍03	♎06	♏21	♐24
	28日	♎17	♐01	♐10	♑29	♓06	♉00	♊09	♋29	♍15	♎18	♐03	♑06
	29日	♎29		♐23	♒12	♓20	♉14	♊22	♌12	♍27	♏00	♐15	♑19
	30日	♏11		♑06	♒26	♈05	♉28	♋06	♌24	♎09	♏12	♐27	♒02
	31日	♏23		♑19		♈19		♋19	♍06		♏24		♒15
☿	1日	♑28	♑27R	♒16	♈08	♊01	♉29R	♊21	♌23	♎06	♍26R	♏03	♐20
	6日	♒04	♑26	♒23	♈18	♊05	♉28	♋00	♍02	♎09	♍26	♏11	♐28
	11日	♒10	♑28	♓01	♈28	♊07	♉29	♋10	♍10	♎11	♎00	♏19	♑05
	16日	♒12R	♒01	♓09	♉09	♊06R	♊02	♋21	♍17	♎10R	♎06	♏27	♑12
	21日	♒09R	♒06	♓17	♉18	♊04R	♊07	♌02	♍24	♎06R	♎14	♐05	♑19
	26日	♒04R	♒12	♓26	♉25	♊01R	♊13	♌12	♎00	♎01R	♎23	♐12	♑24
♀	1日	♐18	♑27	♓02	♈10	♉18	♊26	♌02	♍10	♎17	♏21	♐26	♑24
	11日	♑00	♒09	♓14	♈23	♊00	♋08	♌14	♍22	♎28	♐03	♑06	♒01
	21日	♑13	♒22	♓27	♉05	♊12	♋20	♌26	♎04	♏10	♐14	♑15	♒05
♂	1日	♈20	♉07	♉24	♊13	♋01	♋20	♌09	♌28	♍18	♎07	♎28	♏18
	11日	♈26	♉13	♊00	♊19	♋07	♋27	♌15	♍05	♍25	♎14	♏05	♏25
	21日	♉01	♉19	♊06	♊25	♋14	♌03	♌22	♍11	♎01	♎21	♏11	♐02
♃	1日	♉27R	♉26	♉29	♊03	♊10	♊17	♊24	♋00	♋06	♋10	♋11R	♋09R
	11日	♉26R	♉27	♊00	♊05	♊12	♊19	♊26	♋02	♋07	♋10	♋11R	♋08R
	21日	♉26	♉28	♊02	♊07	♊14	♊21	♊28	♋04	♋09	♋11	♋10R	♋07R
♄	1日	♑06	♑09	♑12	♑14	♑14R	♑13R	♑11R	♑09R	♑07R	♑08	♑09	♑12
	11日	♑07	♑10	♑12	♑14	♑14R	♑12R	♑10R	♑08R	♑07R	♑08	♑10	♑13
	21日	♑08	♑11	♑13	♑14	♑13R	♑11R	♑09R	♑08R	♑07	♑09	♑11	♑14
♅	1日	♑02	♑03	♑05	♑05	♑05R	♑04R	♑03R	♑02R	♑01R	♑02	♑02	♑04
♆	1日	♑10	♑11	♑12	♑12	♑12R	♑12R	♑11R	♑10R	♑10R	♑10	♑10	♑11
♇	1日	♏15	♏15	♏15R	♏15R	♏14R	♏13R	♏12R	♏12	♏13	♏14	♏15	♏16
☊	1日	♓07R	♓05R	♓05	♓04	♓02R	♒29R	♒27R	♒26R	♒26R	♒25R	♒22R	♒19R

天文暦｜月その他 1990年

		1月	2月	3月	4月	5月	6月	7月	8月	9月	10月	11月	12月
☽	1日	♒ 28	♈ 20	♉ 01	♊ 24	♌ 02	♍ 19	♎ 23	♐ 06	♑ 21	♒ 24	♈ 14	♉ 21
	2日	♓ 12	♉ 04	♉ 15	♋ 08	♌ 15	♎ 02	♏ 04	♐ 18	♒ 03	♓ 07	♈ 28	♊ 07
	3日	♓ 25	♉ 19	♊ 00	♋ 22	♌ 28	♎ 14	♏ 16	♑ 00	♒ 16	♓ 21	♉ 13	♊ 22
	4日	♈ 09	♊ 03	♊ 14	♌ 05	♍ 10	♎ 26	♏ 28	♑ 13	♒ 29	♈ 06	♉ 29	♋ 07
	5日	♈ 23	♊ 17	♊ 28	♌ 18	♍ 23	♏ 08	♐ 10	♑ 25	♓ 13	♈ 20	♊ 14	♋ 22
	6日	♉ 08	♋ 01	♋ 11	♍ 01	♎ 05	♏ 20	♐ 22	♒ 08	♓ 27	♉ 05	♊ 29	♌ 07
	7日	♉ 22	♋ 15	♋ 25	♍ 13	♎ 17	♐ 01	♑ 04	♒ 21	♈ 11	♉ 20	♋ 13	♌ 21
	8日	♊ 07	♋ 28	♌ 08	♍ 26	♎ 29	♐ 13	♑ 16	♓ 04	♈ 25	♊ 04	♋ 27	♍ 04
	9日	♊ 21	♌ 12	♌ 21	♎ 08	♏ 11	♐ 25	♑ 29	♓ 17	♉ 10	♊ 19	♌ 11	♍ 17
	10日	♋ 05	♌ 25	♍ 04	♎ 20	♏ 23	♑ 07	♒ 12	♈ 01	♉ 24	♋ 03	♌ 25	♎ 00
	11日	♋ 20	♍ 08	♍ 16	♏ 02	♐ 04	♑ 20	♒ 24	♈ 15	♊ 08	♋ 17	♍ 08	♎ 12
	12日	♌ 03	♍ 21	♍ 29	♏ 14	♐ 16	♒ 02	♓ 07	♈ 29	♊ 22	♌ 01	♍ 20	♎ 25
	13日	♌ 17	♎ 03	♎ 11	♏ 26	♐ 28	♒ 15	♓ 21	♉ 13	♋ 06	♌ 14	♎ 03	♏ 07
	14日	♍ 00	♎ 15	♎ 23	♐ 08	♑ 10	♒ 27	♈ 04	♉ 27	♋ 20	♌ 28	♎ 15	♏ 19
	15日	♍ 13	♎ 27	♏ 05	♐ 19	♑ 23	♓ 10	♈ 18	♊ 11	♌ 04	♍ 11	♎ 28	♐ 01
	16日	♍ 25	♏ 09	♏ 17	♑ 01	♒ 05	♓ 24	♉ 02	♊ 26	♌ 18	♍ 23	♏ 10	♐ 12
	17日	♎ 07	♏ 21	♏ 29	♑ 14	♒ 18	♈ 08	♉ 16	♋ 10	♍ 01	♎ 06	♏ 22	♐ 24
	18日	♎ 19	♐ 03	♐ 11	♑ 26	♓ 01	♈ 22	♊ 01	♋ 24	♍ 14	♎ 19	♐ 04	♑ 06
	19日	♏ 01	♐ 15	♐ 23	♒ 09	♓ 14	♉ 06	♊ 16	♌ 08	♍ 27	♏ 01	♐ 15	♑ 18
	20日	♏ 13	♐ 27	♑ 05	♒ 22	♓ 28	♉ 21	♋ 00	♌ 22	♎ 10	♏ 13	♐ 27	♒ 00
	21日	♏ 25	♑ 10	♑ 18	♓ 05	♈ 12	♊ 06	♋ 15	♍ 05	♎ 22	♏ 25	♑ 09	♒ 12
	22日	♐ 07	♑ 22	♒ 00	♓ 19	♈ 27	♊ 21	♋ 29	♍ 19	♏ 05	♐ 07	♑ 21	♒ 24
	23日	♐ 19	♒ 06	♒ 13	♈ 04	♉ 12	♋ 06	♌ 13	♎ 01	♏ 17	♐ 19	♒ 03	♓ 07
	24日	♑ 02	♒ 19	♒ 27	♈ 19	♉ 27	♋ 21	♌ 27	♎ 14	♏ 29	♑ 00	♒ 15	♓ 20
	25日	♑ 15	♓ 03	♓ 11	♉ 04	♊ 13	♌ 05	♍ 10	♎ 26	♐ 10	♑ 12	♒ 28	♈ 03
	26日	♑ 28	♓ 17	♓ 26	♉ 19	♊ 28	♌ 19	♍ 23	♏ 09	♐ 22	♑ 24	♓ 10	♈ 16
	27日	♒ 11	♈ 02	♈ 10	♊ 04	♋ 13	♍ 02	♎ 06	♏ 21	♑ 04	♒ 07	♓ 24	♉ 01
	28日	♒ 24	♈ 16	♈ 25	♊ 19	♋ 27	♍ 15	♎ 19	♐ 02	♑ 16	♒ 19	♈ 07	♉ 15
	29日	♓ 08		♉ 10	♋ 04	♌ 11	♍ 28	♏ 01	♐ 14	♑ 28	♓ 02	♈ 22	♊ 00
	30日	♓ 22		♉ 25	♋ 18	♌ 24	♎ 10	♏ 13	♐ 26	♒ 11	♓ 15	♉ 06	♊ 15
	31日	♈ 06		♊ 10		♍ 07		♏ 25	♑ 08		♓ 29		♋ 00
☿	1日	♑ 26R	♑ 17	♒ 26	♈ 24	♉ 15R	♉ 16	♋ 07	♍ 04	♍ 21R	♍ 22	♏ 15	♐ 29
	6日	♑ 22R	♑ 22	♓ 04	♉ 03	♉ 12R	♉ 22	♋ 18	♍ 10	♍ 17R	♎ 01	♏ 23	♑ 05
	11日	♑ 16R	♑ 29	♓ 13	♉ 10	♉ 09R	♉ 29	♋ 28	♍ 16	♍ 13R	♎ 09	♐ 00	♑ 09
	16日	♑ 11R	♒ 06	♓ 22	♉ 15	♉ 08R	♊ 07	♌ 08	♍ 20	♍ 10R	♎ 18	♐ 08	♑ 10R
	21日	♑ 10	♒ 13	♈ 02	♉ 17	♉ 09	♊ 16	♌ 17	♍ 23	♍ 11	♎ 27	♐ 15	♑ 06R
	26日	♑ 12	♒ 21	♈ 12	♉ 17R	♉ 11	♊ 26	♌ 25	♍ 24R	♍ 15	♏ 05	♐ 22	♑ 00R
♀	1日	♒ 06R	♑ 22R	♑ 28	♒ 25	♓ 27	♉ 02	♊ 07	♋ 14	♌ 22	♎ 00	♏ 08	♐ 16
	11日	♒ 03R	♑ 21	♒ 06	♓ 05	♈ 08	♉ 14	♊ 19	♋ 27	♍ 05	♎ 12	♏ 21	♐ 29
	21日	♑ 27R	♑ 24	♒ 14	♓ 16	♈ 19	♉ 25	♋ 01	♌ 09	♍ 17	♎ 25	♐ 03	♑ 11
♂	1日	♐ 10	♑ 02	♑ 22	♒ 15	♓ 08	♈ 01	♈ 22	♉ 13	♊ 00	♊ 12	♊ 14R	♊ 04R
	11日	♐ 17	♑ 09	♒ 00	♒ 23	♓ 15	♈ 08	♈ 29	♉ 19	♊ 05	♊ 14	♊ 11R	♊ 01R
	21日	♐ 24	♑ 16	♒ 07	♓ 00	♓ 23	♈ 15	♉ 06	♉ 25	♊ 09	♊ 15R	♊ 08R	♉ 29R
♃	1日	♋ 05R	♋ 02R	♋ 01	♋ 03	♋ 07	♋ 13	♋ 19	♋ 26	♌ 03	♌ 08	♌ 12	♌ 14R
	11日	♋ 04R	♋ 01R	♋ 01	♋ 04	♋ 09	♋ 15	♋ 22	♋ 28	♌ 05	♌ 10	♌ 13	♌ 13R
	21日	♋ 03R	♋ 01R	♋ 02	♋ 05	♋ 11	♋ 17	♋ 24	♌ 01	♌ 07	♌ 11	♌ 13	♌ 13R
♄	1日	♑ 16	♑ 19	♑ 22	♑ 24	♑ 25	♑ 25R	♑ 23R	♑ 21R	♑ 19R	♑ 19	♑ 20	♑ 22
	11日	♑ 17	♑ 20	♑ 23	♑ 25	♑ 25R	♑ 24R	♑ 22R	♑ 20R	♑ 19R	♑ 19	♑ 21	♑ 23
	21日	♑ 18	♑ 21	♑ 24	♑ 25	♑ 25R	♑ 24R	♑ 22R	♑ 20R	♑ 19R	♑ 19	♑ 21	♑ 24
♅	1日	♑ 06	♑ 08	♑ 09	♑ 10	♑ 09R	♑ 09R	♑ 08R	♑ 06R	♑ 06R	♑ 06	♑ 07	♑ 08
♆	1日	♑ 12	♑ 13	♑ 14	♑ 15	♑ 15R	♑ 14R	♑ 13R	♑ 13R	♑ 12R	♑ 12	♑ 12	♑ 13
♇	1日	♏ 17	♏ 18	♏ 18R	♏ 17R	♏ 17R	♏ 16R	♏ 15R	♏ 15	♏ 15	♏ 16	♏ 17	♏ 19
☊	1日	♒ 17	♒ 16	♒ 16R	♒ 15R	♒ 12R	♒ 09R	♒ 08R	♒ 07	♒ 07	♒ 05R	♒ 02R	♑ 29R

		1月	2月	3月	4月	5月	6月	7月	8月	9月	10月	11月	12月
☽	1日	♋ 15	♍ 07	♍ 15	♏ 03	♐ 06	♑ 20	♒ 23	♈ 09	♊ 00	♋ 09	♍ 02	♎ 10
	2日	♌ 00	♍ 20	♍ 28	♏ 15	♐ 18	♒ 02	♓ 05	♈ 23	♊ 14	♋ 23	♍ 16	♎ 23
	3日	♌ 15	♎ 04	♎ 12	♏ 27	♑ 00	♒ 14	♓ 17	♉ 06	♊ 28	♌ 07	♍ 29	♏ 06
	4日	♌ 29	♎ 17	♎ 25	♐ 10	♑ 11	♒ 26	♈ 00	♉ 20	♋ 12	♌ 21	♎ 13	♏ 18
	5日	♍ 13	♎ 29	♏ 07	♐ 21	♑ 23	♓ 08	♈ 13	♊ 04	♋ 27	♍ 05	♎ 26	♐ 01
	6日	♍ 26	♏ 12	♏ 20	♑ 03	♒ 05	♓ 21	♈ 26	♊ 18	♌ 11	♍ 20	♏ 09	♐ 13
	7日	♎ 09	♏ 24	♐ 02	♑ 15	♒ 17	♈ 04	♉ 10	♋ 03	♌ 26	♎ 03	♏ 22	♐ 25
	8日	♎ 21	♐ 06	♐ 14	♑ 27	♒ 29	♈ 17	♉ 24	♋ 17	♍ 11	♎ 17	♐ 04	♑ 07
	9日	♏ 04	♐ 18	♐ 25	♒ 09	♓ 12	♉ 01	♊ 09	♌ 02	♍ 25	♏ 01	♐ 17	♑ 19
	10日	♏ 16	♐ 29	♑ 07	♒ 21	♓ 25	♉ 15	♊ 24	♌ 17	♎ 09	♏ 14	♐ 29	♒ 01
	11日	♏ 27	♑ 11	♑ 19	♓ 04	♈ 09	♊ 00	♋ 09	♍ 02	♎ 22	♏ 26	♑ 11	♒ 13
	12日	♐ 09	♑ 23	♒ 01	♓ 17	♈ 23	♊ 15	♋ 24	♍ 17	♏ 06	♐ 09	♑ 23	♒ 24
	13日	♐ 21	♒ 05	♒ 14	♈ 01	♉ 07	♋ 00	♌ 09	♎ 01	♏ 18	♐ 21	♒ 04	♓ 06
	14日	♑ 03	♒ 18	♒ 26	♈ 15	♉ 22	♋ 16	♌ 24	♎ 14	♐ 01	♑ 03	♒ 16	♓ 19
	15日	♑ 15	♓ 01	♓ 09	♈ 29	♊ 07	♌ 01	♍ 08	♎ 28	♐ 13	♑ 15	♒ 28	♈ 01
	16日	♑ 27	♓ 13	♓ 22	♉ 13	♊ 22	♌ 15	♍ 22	♏ 10	♐ 25	♑ 27	♓ 10	♈ 14
	17日	♒ 09	♓ 27	♈ 06	♉ 28	♋ 07	♌ 29	♎ 06	♏ 23	♑ 07	♒ 08	♓ 23	♈ 27
	18日	♒ 21	♈ 10	♈ 20	♊ 12	♋ 21	♍ 13	♎ 19	♐ 05	♑ 19	♒ 20	♈ 06	♉ 11
	19日	♓ 04	♈ 23	♉ 04	♊ 27	♌ 06	♍ 27	♏ 02	♐ 17	♒ 01	♓ 03	♈ 19	♉ 25
	20日	♓ 17	♉ 07	♉ 18	♋ 11	♌ 20	♎ 10	♏ 14	♐ 29	♒ 13	♓ 15	♉ 03	♊ 10
	21日	♈ 00	♉ 21	♊ 02	♋ 25	♍ 03	♎ 23	♏ 26	♑ 11	♒ 25	♓ 28	♉ 17	♊ 24
	22日	♈ 13	♊ 05	♊ 16	♌ 09	♍ 17	♏ 05	♐ 08	♑ 22	♓ 07	♈ 11	♊ 02	♋ 09
	23日	♈ 27	♊ 19	♋ 00	♌ 23	♎ 00	♏ 17	♐ 20	♒ 04	♓ 20	♈ 25	♊ 16	♋ 25
	24日	♉ 10	♋ 04	♋ 14	♍ 06	♎ 13	♏ 29	♑ 02	♒ 16	♈ 03	♉ 09	♋ 01	♌ 10
	25日	♉ 25	♋ 18	♋ 28	♍ 20	♎ 25	♐ 11	♑ 14	♒ 29	♈ 16	♉ 23	♋ 16	♌ 24
	26日	♊ 09	♌ 02	♌ 12	♎ 03	♏ 08	♐ 23	♑ 26	♓ 11	♈ 29	♊ 07	♌ 00	♍ 09
	27日	♊ 24	♌ 17	♌ 26	♎ 16	♏ 20	♑ 05	♒ 08	♓ 24	♉ 13	♊ 21	♌ 15	♍ 23
	28日	♋ 08	♍ 01	♍ 10	♎ 29	♐ 02	♑ 17	♒ 20	♈ 06	♉ 27	♋ 06	♌ 29	♎ 06
	29日	♋ 23		♍ 23	♏ 11	♐ 14	♑ 29	♓ 02	♈ 20	♊ 11	♋ 20	♍ 13	♎ 20
	30日	♌ 08		♎ 07	♏ 24	♐ 26	♒ 11	♓ 14	♉ 03	♊ 25	♌ 04	♍ 26	♏ 03
	31日	♌ 22		♎ 20		♑ 08		♓ 27	♉ 16		♌ 18		♏ 15
☿	1日	♐ 24R	♑ 23	♓ 09	♈ 28	♈ 18	♉ 23	♋ 24	♍ 04	♌ 23	♎ 05	♏ 25	♐ 24R
	6日	♐ 24	♒ 00	♓ 19	♈ 29R	♈ 20	♊ 02	♌ 03	♍ 06	♌ 25	♎ 14	♐ 02	♐ 19R
	11日	♐ 27	♒ 08	♓ 28	♈ 27R	♈ 24	♊ 12	♌ 11	♍ 05R	♍ 01	♎ 23	♐ 09	♐ 13R
	16日	♑ 02	♒ 16	♈ 08	♈ 23R	♈ 29	♊ 23	♌ 18	♍ 03R	♍ 08	♏ 01	♐ 15	♐ 08R
	21日	♑ 08	♒ 25	♈ 17	♈ 20R	♉ 05	♋ 04	♌ 25	♌ 29R	♍ 17	♏ 09	♐ 20	♐ 08
	26日	♑ 14	♓ 04	♈ 23	♈ 18R	♉ 13	♋ 15	♍ 00	♌ 25R	♍ 26	♏ 16	♐ 24	♐ 12
♀	1日	♑ 25	♓ 04	♈ 08	♉ 16	♊ 21	♋ 25	♌ 23	♍ 07	♌ 24R	♌ 26	♍ 22	♎ 24
	11日	♒ 07	♓ 16	♈ 21	♉ 28	♋ 02	♌ 05	♍ 00	♍ 05R	♌ 21R	♍ 03	♎ 02	♏ 06
	21日	♒ 20	♓ 28	♉ 03	♊ 09	♋ 13	♌ 14	♍ 05	♍ 00R	♌ 22	♍ 11	♎ 13	♏ 17
♂	1日	♉ 28R	♊ 03	♊ 14	♊ 29	♋ 15	♌ 03	♌ 21	♍ 10	♎ 00	♎ 20	♏ 10	♐ 01
	11日	♉ 28	♊ 06	♊ 18	♋ 04	♋ 21	♌ 09	♌ 27	♍ 17	♎ 06	♎ 26	♏ 17	♐ 09
	21日	♊ 00	♊ 10	♊ 23	♋ 10	♋ 27	♌ 15	♍ 03	♍ 23	♎ 13	♏ 03	♏ 24	♐ 16
♃	1日	♌ 12R	♌ 08R	♌ 05R	♌ 04	♌ 05	♌ 09	♌ 14	♌ 21	♌ 28	♍ 04	♍ 09	♍ 13
	11日	♌ 11R	♌ 07R	♌ 04R	♌ 04	♌ 06	♌ 11	♌ 16	♌ 23	♍ 00	♍ 06	♍ 11	♍ 14
	21日	♌ 10R	♌ 06R	♌ 04R	♌ 04	♌ 07	♌ 12	♌ 18	♌ 25	♍ 02	♍ 08	♍ 12	♍ 14
♄	1日	♑ 26	♑ 29	♒ 02	♒ 05	♒ 07	♒ 07R	♒ 05R	♒ 03R	♒ 01R	♒ 00R	♒ 01	♒ 03
	11日	♑ 27	♒ 00	♒ 03	♒ 06	♒ 07	♒ 06R	♒ 05R	♒ 02R	♒ 01R	♒ 00	♒ 01	♒ 04
	21日	♑ 28	♒ 02	♒ 04	♒ 06	♒ 07R	♒ 06R	♒ 04R	♒ 02R	♒ 00R	♒ 00	♒ 02	♒ 05
♅	1日	♑ 10	♑ 12	♑ 13	♑ 14	♑ 14R	♑ 13R	♑ 12R	♑ 11R	♑ 10R	♑ 10	♑ 11	♑ 12
♆	1日	♑ 14	♑ 15	♑ 16	♑ 17	♑ 17R	♑ 16R	♑ 16R	♑ 15R	♑ 14R	♑ 14	♑ 14	♑ 15
♇	1日	♏ 20	♏ 20	♏ 20R	♏ 20R	♏ 19R	♏ 18R	♏ 18R	♏ 18	♏ 18	♏ 19	♏ 20	♏ 21
☊	1日	♑ 28R	♑ 28R	♑ 27R	♑ 25R	♑ 21R	♑ 19	♑ 19	♑ 19R	♑ 18R	♑ 15	♑ 12R	♑ 10R

1992（うるう）年

		1月	2月	3月	4月	5月	6月	7月	8月	9月	10月	11月	12月
☽	1日	♏ 28	♑ 13	♒ 03	♓ 18	♈ 21	♊ 10	♋ 18	♍ 12	♏ 04	♐ 10	♑ 25	♒ 27
	2日	♐ 10	♑ 25	♒ 15	♈ 00	♉ 04	♊ 25	♌ 03	♍ 27	♏ 18	♐ 22	♒ 07	♓ 09
	3日	♐ 22	♒ 06	♒ 27	♈ 13	♉ 18	♋ 09	♌ 18	♎ 11	♐ 01	♑ 05	♒ 19	♓ 21
	4日	♑ 04	♒ 18	♓ 09	♈ 25	♊ 01	♋ 24	♍ 03	♎ 25	♐ 14	♑ 17	♓ 01	♈ 03
	5日	♑ 16	♓ 00	♓ 21	♉ 09	♊ 15	♌ 08	♍ 17	♏ 09	♐ 26	♑ 29	♓ 13	♈ 15
	6日	♑ 28	♓ 12	♈ 04	♉ 22	♊ 29	♌ 23	♎ 01	♏ 22	♑ 09	♒ 11	♓ 25	♈ 27
	7日	♒ 09	♓ 24	♈ 16	♊ 05	♋ 13	♍ 07	♎ 15	♐ 05	♑ 21	♒ 23	♈ 07	♉ 10
	8日	♒ 21	♈ 07	♈ 29	♊ 19	♋ 28	♍ 21	♎ 29	♐ 17	♒ 02	♓ 05	♈ 19	♉ 23
	9日	♓ 03	♈ 19	♉ 12	♋ 03	♌ 12	♎ 05	♏ 12	♐ 29	♒ 14	♓ 17	♉ 02	♊ 06
	10日	♓ 15	♉ 02	♉ 25	♋ 17	♌ 26	♎ 19	♏ 25	♑ 12	♒ 26	♓ 29	♉ 15	♊ 20
	11日	♓ 27	♉ 15	♊ 08	♌ 01	♍ 10	♏ 02	♐ 08	♑ 24	♓ 08	♈ 11	♉ 28	♋ 04
	12日	♈ 10	♉ 28	♊ 22	♌ 15	♍ 24	♏ 15	♐ 20	♒ 05	♓ 20	♈ 23	♊ 11	♋ 18
	13日	♈ 22	♊ 12	♋ 06	♌ 29	♎ 08	♏ 28	♑ 02	♒ 17	♈ 02	♉ 06	♊ 25	♌ 03
	14日	♉ 06	♊ 26	♋ 20	♍ 14	♎ 22	♐ 11	♑ 15	♒ 29	♈ 14	♉ 19	♋ 08	♌ 17
	15日	♉ 19	♋ 11	♌ 05	♍ 28	♏ 06	♐ 23	♑ 26	♓ 11	♈ 26	♊ 02	♋ 22	♍ 01
	16日	♊ 03	♋ 25	♌ 19	♎ 12	♏ 19	♑ 06	♒ 08	♓ 23	♉ 09	♊ 15	♌ 06	♍ 16
	17日	♊ 17	♌ 11	♍ 04	♎ 26	♐ 02	♑ 18	♒ 20	♈ 05	♉ 22	♊ 28	♌ 20	♎ 00
	18日	♋ 02	♌ 26	♍ 19	♏ 10	♐ 15	♒ 00	♓ 02	♈ 17	♊ 05	♋ 12	♍ 04	♎ 14
	19日	♋ 17	♍ 11	♎ 04	♏ 24	♐ 27	♒ 12	♓ 14	♈ 29	♊ 18	♋ 25	♍ 19	♎ 28
	20日	♌ 03	♍ 26	♎ 18	♐ 07	♑ 10	♒ 24	♓ 26	♉ 12	♋ 01	♌ 09	♎ 03	♏ 11
	21日	♌ 18	♎ 10	♏ 02	♐ 19	♑ 22	♓ 05	♈ 08	♉ 25	♋ 15	♌ 24	♎ 17	♏ 25
	22日	♍ 03	♎ 24	♏ 16	♑ 02	♒ 04	♓ 17	♈ 20	♊ 08	♋ 29	♍ 08	♏ 01	♐ 08
	23日	♍ 18	♏ 08	♏ 29	♑ 14	♒ 15	♓ 29	♉ 03	♊ 22	♌ 14	♍ 23	♏ 15	♐ 21
	24日	♎ 02	♏ 21	♐ 12	♑ 26	♒ 27	♈ 12	♉ 16	♋ 06	♌ 29	♎ 08	♏ 29	♑ 04
	25日	♎ 16	♐ 03	♐ 24	♒ 08	♓ 09	♈ 24	♉ 29	♋ 20	♍ 14	♎ 22	♐ 12	♑ 16
	26日	♎ 29	♐ 16	♑ 06	♒ 19	♓ 21	♉ 07	♊ 13	♌ 05	♍ 29	♏ 07	♐ 25	♑ 29
	27日	♏ 12	♐ 28	♑ 18	♓ 01	♈ 04	♉ 21	♊ 27	♌ 20	♎ 14	♏ 21	♑ 08	♒ 11
	28日	♏ 25	♑ 10	♒ 00	♓ 13	♈ 16	♊ 05	♋ 12	♍ 05	♎ 28	♐ 04	♑ 21	♒ 23
	29日	♐ 07	♑ 21	♒ 11	♓ 26	♈ 29	♊ 19	♋ 26	♍ 20	♏ 13	♐ 18	♒ 03	♓ 05
	30日	♐ 19		♒ 23	♈ 08	♉ 13	♋ 03	♌ 12	♎ 05	♏ 26	♑ 00	♒ 15	♓ 17
	31日	♑ 01		♓ 05		♉ 26		♌ 27	♎ 20		♑ 13		♓ 28
☿	1日	♐ 18	♒ 04	♓ 25	♈ 02R	♈ 15	♊ 11	♌ 05	♌ 12R	♌ 26	♎ 20	♐ 02	♏ 22R
	6日	♐ 25	♒ 12	♈ 03	♓ 29R	♈ 22	♊ 22	♌ 10	♌ 08R	♍ 05	♎ 28	♐ 07	♏ 24
	11日	♑ 01	♒ 21	♈ 09	♓ 29	♉ 00	♋ 03	♌ 14	♌ 06R	♍ 15	♏ 06	♐ 08	♏ 29
	16日	♑ 09	♓ 00	♈ 11	♈ 01	♉ 09	♋ 12	♌ 17	♌ 07	♍ 24	♏ 13	♐ 07R	♐ 05
	21日	♑ 16	♓ 09	♈ 10R	♈ 04	♉ 18	♋ 21	♌ 17R	♌ 10	♎ 03	♏ 20	♐ 01R	♐ 12
	26日	♑ 24	♓ 18	♈ 07R	♈ 09	♉ 28	♋ 28	♌ 16R	♌ 16	♎ 12	♏ 26	♏ 25R	♐ 19
♀	1日	♐ 01	♑ 08	♒ 14	♓ 22	♈ 29	♊ 07	♋ 14	♌ 22	♎ 01	♏ 07	♐ 15	♑ 21
	11日	♐ 13	♑ 21	♒ 26	♈ 05	♉ 12	♊ 20	♋ 27	♍ 05	♎ 13	♏ 20	♐ 27	♒ 03
	21日	♐ 25	♒ 03	♓ 09	♈ 17	♉ 24	♋ 02	♌ 09	♍ 17	♎ 25	♐ 02	♑ 09	♒ 14
♂	1日	♐ 24	♑ 17	♒ 09	♓ 03	♓ 26	♈ 20	♉ 12	♊ 04	♊ 23	♋ 10	♋ 23	♋ 28R
	11日	♑ 01	♑ 25	♒ 17	♓ 11	♈ 04	♈ 27	♉ 19	♊ 10	♊ 29	♋ 15	♋ 26	♋ 27R
	21日	♑ 09	♒ 02	♒ 25	♓ 19	♈ 12	♉ 05	♉ 26	♊ 17	♋ 05	♋ 19	♋ 27	♋ 24R
♃	1日	♍ 15R	♍ 13R	♍ 10R	♍ 06R	♍ 05	♍ 06	♍ 10	♍ 15	♍ 22	♍ 28	♎ 04	♎ 10
	11日	♍ 14R	♍ 12R	♍ 08R	♍ 05R	♍ 05	♍ 07	♍ 11	♍ 17	♍ 24	♎ 00	♎ 06	♎ 11
	21日	♍ 14R	♍ 11R	♍ 07R	♍ 05R	♍ 05	♍ 08	♍ 13	♍ 19	♍ 26	♎ 02	♎ 08	♎ 12
♄	1日	♒ 06	♒ 10	♒ 13	♒ 16	♒ 18	♒ 18R	♒ 18R	♒ 16R	♒ 13R	♒ 12R	♒ 12	♒ 14
	11日	♒ 07	♒ 11	♒ 14	♒ 17	♒ 18	♒ 18R	♒ 17R	♒ 15R	♒ 13R	♒ 12R	♒ 12	♒ 14
	21日	♒ 08	♒ 12	♒ 15	♒ 17	♒ 18	♒ 18R	♒ 16R	♒ 14R	♒ 12R	♒ 12	♒ 13	♒ 15
♅	1日	♑ 14	♑ 15	♑ 17	♑ 18	♑ 18R	♑ 17R	♑ 16R	♑ 15R	♑ 14R	♑ 14	♑ 15	♑ 16
♆	1日	♑ 16	♑ 17	♑ 18	♑ 19	♑ 19R	♑ 19R	♑ 18R	♑ 17R	♑ 16R	♑ 16	♑ 17	♑ 17
♇	1日	♏ 22	♏ 23	♏ 23R	♏ 23R	♏ 22R	♏ 21R	♏ 20R	♏ 20	♏ 20	♏ 21	♏ 22	♏ 24
☊	1日	♑ 10	♑ 10R	♑ 08R	♑ 05R	♑ 02R	♑ 01R	♑ 01R	♑ 00R	♐ 28R	♐ 25R	♐ 22	♐ 22

		1月	2月	3月	4月	5月	6月	7月	8月	9月	10月	11月	12月
☽	1日	♈ 10	♉ 26	♊ 04	♋ 23	♍ 02	♎ 26	♐ 04	♑ 23	♓ 09	♈ 12	♉ 26	♋ 00
	2日	♈ 23	♊ 09	♊ 17	♌ 07	♍ 16	♏ 10	♐ 17	♒ 05	♓ 21	♈ 23	♊ 09	♋ 13
	3日	♉ 05	♊ 22	♋ 00	♌ 22	♎ 01	♏ 24	♑ 01	♒ 18	♈ 03	♉ 05	♊ 21	♋ 26
	4日	♉ 18	♋ 06	♋ 14	♍ 07	♎ 16	♐ 08	♑ 14	♓ 00	♈ 15	♉ 17	♋ 03	♌ 10
	5日	♊ 01	♋ 20	♋ 28	♍ 22	♏ 01	♐ 22	♑ 27	♓ 12	♈ 26	♉ 29	♋ 16	♌ 23
	6日	♊ 14	♌ 05	♌ 13	♎ 07	♏ 15	♑ 05	♒ 09	♓ 24	♉ 08	♊ 11	♋ 29	♍ 07
	7日	♊ 28	♌ 20	♌ 28	♎ 22	♐ 00	♑ 18	♒ 22	♈ 06	♉ 20	♊ 24	♌ 13	♍ 21
	8日	♋ 12	♍ 05	♍ 13	♏ 07	♐ 14	♒ 01	♓ 04	♈ 18	♊ 02	♋ 07	♌ 27	♎ 05
	9日	♋ 27	♍ 21	♍ 29	♏ 22	♐ 27	♒ 14	♓ 16	♉ 00	♊ 15	♋ 20	♍ 11	♎ 20
	10日	♌ 12	♎ 06	♎ 14	♐ 06	♑ 11	♒ 26	♓ 28	♉ 12	♊ 28	♌ 03	♍ 25	♏ 04
	11日	♌ 27	♎ 20	♎ 29	♐ 19	♑ 23	♓ 08	♈ 10	♉ 24	♋ 11	♌ 17	♎ 10	♏ 19
	12日	♍ 11	♏ 04	♏ 13	♑ 02	♒ 06	♓ 20	♈ 22	♊ 06	♋ 24	♍ 01	♎ 25	♐ 03
	13日	♍ 26	♏ 18	♏ 27	♑ 15	♒ 18	♈ 02	♉ 04	♊ 19	♌ 08	♍ 16	♏ 10	♐ 18
	14日	♎ 10	♐ 02	♐ 11	♑ 28	♓ 00	♈ 14	♉ 16	♋ 02	♌ 23	♎ 01	♏ 25	♑ 02
	15日	♎ 24	♐ 15	♐ 24	♒ 10	♓ 12	♈ 26	♉ 28	♋ 16	♍ 08	♎ 17	♐ 10	♑ 16
	16日	♏ 08	♐ 27	♑ 07	♒ 22	♓ 24	♉ 08	♊ 11	♌ 00	♍ 23	♏ 02	♐ 24	♑ 29
	17日	♏ 22	♑ 10	♑ 19	♓ 04	♈ 06	♉ 20	♊ 24	♌ 15	♎ 08	♏ 17	♑ 08	♒ 12
	18日	♐ 05	♑ 22	♒ 01	♓ 16	♈ 18	♊ 03	♋ 08	♍ 00	♎ 24	♐ 02	♑ 21	♒ 25
	19日	♐ 17	♒ 04	♒ 13	♓ 27	♉ 00	♊ 16	♋ 22	♍ 15	♏ 08	♐ 16	♒ 04	♓ 07
	20日	♑ 00	♒ 16	♒ 25	♈ 09	♉ 12	♊ 29	♌ 06	♎ 00	♏ 23	♑ 00	♒ 17	♓ 19
	21日	♑ 13	♒ 28	♓ 07	♈ 21	♉ 25	♋ 13	♌ 21	♎ 15	♐ 07	♑ 13	♒ 29	♈ 01
	22日	♑ 25	♓ 10	♓ 19	♉ 03	♊ 07	♋ 27	♍ 05	♎ 29	♐ 21	♑ 26	♓ 11	♈ 13
	23日	♒ 07	♓ 22	♈ 01	♉ 16	♊ 20	♌ 11	♍ 20	♏ 13	♑ 04	♒ 08	♓ 23	♈ 25
	24日	♒ 19	♈ 04	♈ 12	♉ 28	♋ 04	♌ 25	♎ 04	♏ 27	♑ 17	♒ 21	♈ 05	♉ 07
	25日	♓ 01	♈ 15	♈ 24	♊ 11	♋ 17	♍ 09	♎ 19	♐ 11	♑ 29	♓ 03	♈ 17	♉ 19
	26日	♓ 13	♈ 27	♉ 07	♊ 24	♌ 01	♍ 24	♏ 03	♐ 24	♒ 12	♓ 15	♈ 29	♊ 01
	27日	♓ 25	♉ 09	♉ 19	♋ 07	♌ 14	♎ 08	♏ 17	♑ 07	♒ 24	♓ 27	♉ 11	♊ 14
	28日	♈ 07	♉ 22	♊ 01	♋ 20	♌ 28	♎ 22	♐ 00	♑ 20	♓ 06	♈ 09	♉ 23	♊ 26
	29日	♈ 19		♊ 14	♌ 04	♍ 13	♏ 06	♐ 14	♒ 02	♓ 18	♈ 20	♊ 05	♋ 09
	30日	♉ 01		♊ 27	♌ 18	♍ 27	♏ 20	♐ 27	♒ 15	♈ 00	♉ 02	♊ 18	♋ 23
	31日	♉ 13		♋ 10		♎ 11		♑ 10	♒ 27		♉ 14		♌ 06
☿	1日	♐ 28	♒ 18	♓ 24R	♓ 14	♈ 25	♊ 28	♋ 28	♋ 20	♍ 11	♏ 00	♏ 20R	♏ 21
	6日	♑ 05	♒ 27	♓ 21R	♓ 19	♉ 04	♋ 07	♋ 27R	♋ 25	♍ 21	♏ 07	♏ 14R	♏ 29
	11日	♑ 13	♓ 06	♓ 17R	♓ 24	♉ 15	♋ 14	♋ 25R	♌ 01	♍ 29	♏ 12	♏ 08R	♐ 06
	16日	♑ 21	♓ 14	♓ 12R	♈ 01	♉ 25	♋ 20	♋ 22R	♌ 10	♎ 08	♏ 18	♏ 07	♐ 14
	21日	♑ 29	♓ 21	♓ 10R	♈ 08	♊ 06	♋ 24	♋ 19R	♌ 20	♎ 16	♏ 21	♏ 09	♐ 22
	26日	♒ 08	♓ 24	♓ 11	♈ 16	♊ 17	♋ 27	♋ 18	♍ 00	♎ 23	♏ 23R	♏ 15	♐ 29
♀	1日	♒ 27	♓ 29	♈ 18	♈ 12R	♈ 05	♈ 25	♉ 25	♊ 29	♌ 05	♍ 12	♎ 20	♏ 28
	11日	♓ 08	♈ 07	♈ 20	♈ 06R	♈ 10	♉ 04	♊ 06	♋ 11	♌ 17	♍ 24	♏ 03	♐ 10
	21日	♓ 18	♈ 14	♈ 18R	♈ 04R	♈ 16	♉ 14	♊ 17	♋ 22	♌ 29	♎ 06	♏ 15	♐ 23
♂	1日	♋ 20R	♋ 10R	♋ 10	♋ 18	♌ 02	♌ 18	♍ 05	♍ 23	♎ 13	♏ 03	♏ 24	♐ 16
	11日	♋ 16R	♋ 09R	♋ 12	♋ 22	♌ 06	♌ 23	♍ 10	♍ 29	♎ 19	♏ 10	♐ 01	♐ 23
	21日	♋ 13R	♋ 09	♋ 15	♋ 27	♌ 12	♌ 29	♍ 16	♎ 06	♎ 26	♏ 16	♐ 09	♑ 01
♃	1日	♎ 13	♎ 15R	♎ 13R	♎ 10R	♎ 06R	♎ 05	♎ 06	♎ 10	♎ 15	♎ 21	♎ 28	♏ 04
	11日	♎ 14	♎ 14R	♎ 12R	♎ 08R	♎ 05R	♎ 05	♎ 07	♎ 11	♎ 17	♎ 23	♏ 00	♏ 06
	21日	♎ 15	♎ 14R	♎ 11R	♎ 07R	♎ 05R	♎ 05	♎ 08	♎ 13	♎ 19	♎ 26	♏ 02	♏ 08
♄	1日	♒ 16	♒ 20	♒ 23	♒ 27	♒ 29	♓ 00	♓ 00R	♒ 28R	♒ 26R	♒ 24R	♒ 24	♒ 25
	11日	♒ 17	♒ 21	♒ 24	♒ 28	♓ 00	♓ 00R	♓ 00R	♒ 28R	♒ 25R	♒ 24R	♒ 24	♒ 25
	21日	♒ 19	♒ 22	♒ 25	♒ 28	♓ 00	♓ 00R	♒ 29R	♒ 27R	♒ 25R	♒ 24R	♒ 24	♒ 26
♅	1日	♑ 18	♑ 19	♑ 21	♑ 22	♑ 22R	♑ 22R	♑ 21R	♑ 19R	♑ 19R	♑ 18	♑ 19	♑ 20
♆	1日	♑ 18	♑ 20	♑ 20	♑ 21	♑ 21R	♑ 21R	♑ 20R	♑ 19R	♑ 19R	♑ 18	♑ 19	♑ 19
♇	1日	♏ 25	♏ 25	♏ 26R	♏ 25R	♏ 25R	♏ 24R	♏ 23R	♏ 23R	♏ 23	♏ 24	♏ 25	♏ 26
☊	1日	♐ 21R	♐ 20	♐ 17R	♐ 14R	♐ 13R	♐ 12R	♐ 12	♐ 11R	♐ 08R	♐ 04R	♐ 03R	♐ 03R

		1月	2月	3月	4月	5月	6月	7月	8月	9月	10月	11月	12月
☽	1日	♌ 20	♎ 13	♎ 23	♐ 16	♑ 22	♓ 10	♈ 13	♉ 26	♋ 10	♌ 14	♎ 04	♏ 12
	2日	♍ 04	♎ 27	♏ 07	♑ 00	♒ 06	♓ 22	♈ 24	♊ 08	♋ 23	♌ 28	♎ 19	♏ 27
	3日	♍ 18	♏ 11	♏ 22	♑ 13	♒ 19	♈ 04	♉ 06	♊ 20	♌ 06	♍ 12	♏ 04	♐ 13
	4日	♎ 02	♏ 25	♐ 06	♑ 26	♓ 01	♈ 16	♉ 18	♋ 02	♌ 20	♍ 26	♏ 19	♐ 28
	5日	♎ 16	♐ 09	♐ 20	♒ 09	♓ 13	♈ 28	♊ 00	♋ 15	♍ 04	♎ 11	♐ 05	♑ 13
	6日	♏ 00	♐ 23	♑ 03	♒ 22	♓ 26	♉ 10	♊ 12	♋ 28	♍ 18	♎ 26	♐ 20	♑ 27
	7日	♏ 14	♑ 06	♑ 16	♓ 04	♈ 07	♉ 22	♊ 24	♌ 11	♎ 02	♏ 11	♑ 04	♒ 11
	8日	♏ 28	♑ 19	♑ 29	♓ 16	♈ 19	♊ 03	♋ 07	♌ 25	♎ 17	♏ 26	♑ 19	♒ 25
	9日	♐ 13	♒ 03	♒ 12	♓ 28	♉ 01	♊ 16	♋ 19	♍ 09	♏ 02	♐ 10	♒ 02	♓ 08
	10日	♐ 26	♒ 16	♒ 25	♈ 10	♉ 13	♊ 28	♌ 02	♍ 23	♏ 16	♐ 25	♒ 16	♓ 21
	11日	♑ 10	♒ 28	♓ 07	♈ 22	♉ 25	♋ 10	♌ 16	♎ 07	♐ 00	♑ 09	♒ 29	♈ 03
	12日	♑ 24	♓ 11	♓ 19	♉ 04	♊ 07	♋ 23	♌ 29	♎ 21	♐ 14	♑ 23	♓ 12	♈ 15
	13日	♒ 07	♓ 23	♈ 02	♉ 16	♊ 19	♌ 06	♍ 13	♏ 05	♐ 28	♒ 06	♓ 24	♈ 27
	14日	♒ 20	♈ 05	♈ 13	♉ 28	♋ 01	♌ 19	♍ 26	♏ 19	♑ 12	♒ 19	♈ 06	♉ 09
	15日	♓ 03	♈ 17	♈ 25	♊ 10	♋ 13	♍ 02	♎ 10	♐ 04	♑ 26	♓ 02	♈ 18	♉ 21
	16日	♓ 15	♈ 29	♉ 07	♊ 22	♋ 26	♍ 16	♎ 24	♐ 18	♒ 09	♓ 15	♉ 00	♊ 02
	17日	♓ 27	♉ 11	♉ 19	♋ 04	♌ 09	♎ 00	♏ 09	♑ 02	♒ 22	♓ 27	♉ 12	♊ 14
	18日	♈ 09	♉ 22	♊ 01	♋ 16	♌ 22	♎ 14	♏ 23	♑ 15	♓ 05	♈ 09	♉ 24	♊ 26
	19日	♈ 21	♊ 04	♊ 13	♋ 29	♍ 05	♎ 28	♐ 07	♑ 29	♓ 18	♈ 21	♊ 06	♋ 08
	20日	♉ 03	♊ 17	♊ 25	♌ 12	♍ 19	♏ 13	♐ 21	♒ 13	♈ 00	♉ 03	♊ 17	♋ 21
	21日	♉ 15	♊ 29	♋ 07	♌ 26	♎ 04	♏ 27	♑ 06	♒ 26	♈ 13	♉ 15	♊ 29	♌ 03
	22日	♉ 27	♋ 12	♋ 20	♍ 10	♎ 18	♐ 12	♑ 20	♓ 09	♈ 25	♉ 27	♋ 11	♌ 16
	23日	♊ 09	♋ 26	♌ 04	♍ 25	♏ 03	♐ 27	♒ 04	♓ 22	♉ 07	♊ 09	♋ 24	♌ 28
	24日	♊ 21	♌ 09	♌ 17	♎ 10	♏ 18	♑ 11	♒ 17	♈ 04	♉ 18	♊ 20	♌ 06	♍ 11
	25日	♋ 04	♌ 24	♍ 02	♎ 25	♐ 03	♑ 25	♓ 01	♈ 16	♊ 00	♋ 02	♌ 19	♍ 25
	26日	♋ 18	♍ 08	♍ 16	♏ 10	♐ 18	♒ 09	♓ 14	♈ 28	♊ 12	♋ 14	♍ 02	♎ 08
	27日	♌ 01	♍ 23	♎ 01	♏ 25	♑ 03	♒ 23	♓ 26	♉ 10	♊ 24	♋ 27	♍ 15	♎ 22
	28日	♌ 15	♎ 08	♎ 17	♐ 10	♑ 17	♓ 06	♈ 08	♉ 22	♋ 06	♌ 09	♍ 29	♏ 06
	29日	♍ 00		♏ 02	♐ 25	♒ 01	♓ 18	♈ 20	♊ 04	♋ 18	♌ 23	♎ 13	♏ 21
	30日	♍ 14		♏ 17	♑ 09	♒ 14	♈ 00	♉ 02	♊ 16	♌ 01	♍ 06	♎ 27	♐ 06
	31日	♍ 28		♐ 01		♒ 27		♉ 14	♊ 28		♍ 20		♐ 21
☿	1日	♑ 09	♓ 00	♒ 24R	♓ 17	♉ 11	♋ 03	♋ 01R	♋ 26	♍ 25	♏ 03	♎ 21	♐ 01
	6日	♑ 17	♓ 05	♒ 23	♓ 24	♉ 22	♋ 07	♊ 29R	♌ 06	♎ 03	♏ 06	♎ 25	♐ 09
	11日	♑ 25	♓ 08	♒ 24	♈ 02	♊ 03	♋ 08	♋ 00	♌ 16	♎ 10	♏ 06R	♏ 01	♐ 17
	16日	♒ 04	♓ 06R	♒ 28	♈ 11	♊ 12	♋ 08R	♋ 03	♌ 26	♎ 17	♏ 03R	♏ 08	♐ 25
	21日	♒ 12	♓ 01R	♓ 03	♈ 21	♊ 20	♋ 06R	♋ 08	♍ 06	♎ 23	♎ 28R	♏ 16	♑ 03
	26日	♒ 20	♒ 26R	♓ 09	♉ 01	♊ 27	♋ 03R	♋ 15	♍ 15	♎ 29	♎ 22R	♏ 24	♑ 11
♀	1日	♑ 07	♒ 16	♓ 21	♈ 29	♊ 06	♋ 13	♌ 18	♍ 23	♎ 24	♏ 15	♏ 11R	♏ 04
	11日	♑ 19	♒ 28	♈ 03	♉ 11	♊ 18	♋ 25	♍ 00	♎ 04	♏ 03	♏ 18	♏ 06R	♏ 08
	21日	♒ 02	♓ 11	♈ 16	♉ 24	♋ 00	♌ 07	♍ 11	♎ 14	♏ 10	♏ 17R	♏ 03R	♏ 15
♂	1日	♑ 09	♒ 03	♒ 25	♓ 19	♈ 13	♉ 06	♉ 28	♊ 20	♋ 10	♋ 28	♌ 14	♌ 27
	11日	♑ 17	♒ 11	♓ 03	♓ 27	♈ 20	♉ 14	♊ 05	♊ 26	♋ 16	♌ 04	♌ 19	♍ 00
	21日	♑ 25	♒ 19	♓ 11	♈ 05	♈ 28	♉ 21	♊ 12	♋ 03	♋ 22	♌ 09	♌ 23	♍ 02
♃	1日	♏ 10	♏ 14	♏ 15R	♏ 13R	♏ 10R	♏ 06R	♏ 05R	♏ 06	♏ 10	♏ 15	♏ 22	♏ 28
	11日	♏ 11	♏ 14	♏ 14R	♏ 12R	♏ 08R	♏ 05R	♏ 05	♏ 07	♏ 11	♏ 17	♏ 24	♐ 00
	21日	♏ 12	♏ 15	♏ 14R	♏ 11R	♏ 07R	♏ 05R	♏ 05	♏ 08	♏ 13	♏ 19	♏ 26	♐ 02
♄	1日	♒ 27	♓ 00	♓ 04	♓ 07	♓ 10	♓ 12	♓ 12R	♓ 11R	♓ 09R	♓ 07R	♓ 06R	♓ 06
	11日	♒ 28	♓ 02	♓ 05	♓ 08	♓ 11	♓ 12	♓ 12R	♓ 11R	♓ 08R	♓ 06R	♓ 06	♓ 07
	21日	♒ 29	♓ 03	♓ 06	♓ 09	♓ 12	♓ 12	♓ 12R	♓ 10R	♓ 08R	♓ 06R	♓ 06	♓ 07
♅	1日	♑ 22	♑ 23	♑ 25	♑ 26	♑ 26R	♑ 26R	♑ 25R	♑ 24R	♑ 23R	♑ 22R	♑ 23	♑ 24
♆	1日	♑ 20	♑ 22	♑ 23	♑ 23	♑ 23R	♑ 23R	♑ 22R	♑ 21R	♑ 21R	♑ 21R	♑ 21	♑ 22
♇	1日	♏ 27	♏ 28	♏ 28	♏ 28R	♏ 27R	♏ 26R	♏ 26R	♏ 25R	♏ 25	♏ 26	♏ 27	♏ 28
☊	1日	♐ 02R	♐ 00R	♏ 27R	♏ 25	♏ 24	♏ 24R	♏ 23	♏ 21R	♏ 18R	♏ 15R	♏ 15R	♏ 15

		1月	2月	3月	4月	5月	6月	7月	8月	9月	10月	11月	12月
	1日	♑ 06	♒ 27	♓ 05	♈ 23	♉ 26	♋ 10	♌ 13	♎ 01	♏ 22	♑ 01	♒ 24	♈ 01
	2日	♑ 20	♓ 11	♓ 19	♉ 05	♊ 07	♋ 22	♌ 26	♎ 14	♐ 06	♑ 15	♓ 08	♈ 14
	3日	♒ 05	♓ 24	♈ 02	♉ 17	♊ 19	♌ 04	♍ 08	♎ 27	♐ 20	♑ 29	♓ 21	♈ 27
	4日	♒ 19	♈ 07	♈ 15	♉ 29	♋ 01	♌ 16	♍ 21	♏ 11	♑ 04	♒ 13	♈ 04	♉ 09
	5日	♓ 03	♈ 19	♈ 27	♊ 11	♋ 13	♌ 29	♎ 04	♏ 25	♑ 19	♒ 27	♈ 17	♉ 21
	6日	♓ 16	♉ 01	♉ 09	♊ 23	♋ 25	♍ 11	♎ 17	♐ 09	♒ 03	♓ 11	♉ 00	♊ 03
	7日	♓ 29	♉ 13	♉ 21	♋ 05	♌ 07	♍ 24	♏ 01	♐ 24	♒ 17	♓ 25	♉ 12	♊ 15
	8日	♈ 11	♉ 25	♊ 03	♋ 17	♌ 20	♎ 08	♏ 15	♑ 09	♓ 02	♈ 08	♉ 24	♊ 27
	9日	♈ 24	♊ 07	♊ 15	♋ 29	♍ 02	♎ 22	♐ 00	♑ 24	♓ 16	♈ 21	♊ 07	♋ 09
	10日	♉ 05	♊ 19	♊ 27	♌ 11	♍ 16	♏ 06	♐ 14	♒ 08	♓ 29	♉ 04	♊ 19	♋ 21
	11日	♉ 17	♋ 01	♋ 09	♌ 24	♍ 29	♏ 21	♑ 00	♒ 23	♈ 13	♉ 16	♋ 01	♌ 03
	12日	♉ 29	♋ 13	♋ 21	♍ 07	♎ 13	♐ 06	♑ 15	♓ 07	♈ 26	♉ 28	♋ 12	♌ 15
	13日	♊ 11	♋ 26	♌ 03	♍ 21	♎ 28	♐ 21	♒ 00	♓ 21	♉ 08	♊ 10	♋ 24	♌ 27
	14日	♊ 23	♌ 08	♌ 16	♎ 05	♏ 12	♑ 06	♒ 15	♈ 05	♉ 21	♊ 22	♌ 06	♍ 09
	15日	♋ 05	♌ 21	♌ 29	♎ 20	♏ 27	♑ 21	♒ 29	♈ 18	♊ 03	♋ 04	♌ 18	♍ 21
☽	16日	♋ 17	♍ 05	♍ 13	♏ 04	♐ 13	♒ 06	♓ 13	♉ 00	♊ 15	♋ 16	♍ 00	♎ 04
	17日	♌ 00	♍ 18	♍ 27	♏ 19	♐ 28	♒ 21	♓ 26	♉ 13	♊ 26	♋ 28	♍ 13	♎ 17
	18日	♌ 12	♎ 02	♎ 11	♐ 04	♑ 13	♓ 04	♈ 10	♉ 25	♋ 08	♌ 10	♍ 26	♏ 01
	19日	♌ 25	♎ 16	♎ 25	♐ 19	♑ 27	♓ 18	♈ 22	♊ 07	♋ 20	♌ 23	♎ 09	♏ 15
	20日	♍ 08	♎ 29	♏ 10	♑ 03	♒ 11	♈ 01	♉ 04	♊ 18	♌ 02	♍ 05	♎ 23	♐ 00
	21日	♍ 22	♏ 13	♏ 24	♑ 17	♒ 25	♈ 13	♉ 16	♋ 00	♌ 15	♍ 18	♏ 07	♐ 15
	22日	♎ 05	♏ 28	♐ 08	♒ 01	♓ 08	♈ 26	♉ 28	♋ 12	♌ 27	♎ 02	♏ 22	♑ 00
	23日	♎ 19	♐ 12	♐ 23	♒ 15	♓ 21	♉ 08	♊ 10	♋ 24	♍ 10	♎ 15	♐ 07	♑ 15
	24日	♏ 03	♐ 26	♑ 07	♒ 28	♈ 04	♉ 20	♊ 22	♌ 07	♍ 23	♎ 29	♐ 22	♒ 01
	25日	♏ 17	♑ 10	♑ 21	♓ 12	♈ 16	♊ 01	♋ 04	♌ 19	♎ 07	♏ 14	♑ 07	♒ 16
	26日	♐ 01	♑ 24	♒ 04	♓ 24	♈ 29	♊ 13	♋ 16	♍ 02	♎ 21	♏ 28	♑ 22	♓ 00
	27日	♐ 15	♒ 08	♒ 18	♈ 07	♉ 11	♊ 25	♋ 28	♍ 15	♏ 04	♐ 13	♒ 06	♓ 14
	28日	♑ 00	♒ 22	♓ 01	♈ 19	♉ 23	♋ 07	♌ 10	♍ 28	♏ 19	♐ 27	♒ 21	♓ 28
	29日	♑ 14		♓ 15	♉ 02	♊ 04	♋ 19	♌ 23	♎ 11	♐ 03	♑ 12	♓ 05	♈ 11
	30日	♑ 29		♓ 28	♉ 14	♊ 16	♌ 01	♍ 05	♎ 24	♐ 17	♑ 26	♓ 18	♈ 24
	31日	♒ 13		♈ 10		♊ 28		♍ 18	♏ 08		♒ 10		♉ 06
	1日	♑ 21	♒ 18R	♒ 13	♓ 28	♉ 27	♊ 16R	♊ 17	♌ 13	♎ 04	♎ 16R	♎ 25	♐ 13
	6日	♑ 29	♒ 12R	♒ 19	♈ 07	♊ 05	♊ 14R	♊ 23	♌ 23	♎ 10	♎ 10R	♏ 03	♐ 21
☿	11日	♒ 07	♒ 07R	♒ 25	♈ 17	♊ 11	♊ 11R	♋ 01	♍ 02	♎ 15	♎ 06R	♏ 11	♐ 28
	16日	♒ 14	♒ 06R	♓ 02	♈ 27	♊ 16	♊ 10R	♋ 10	♍ 11	♎ 18	♎ 05	♏ 19	♑ 06
	21日	♒ 19	♒ 07	♓ 09	♉ 08	♊ 18	♊ 10	♋ 20	♍ 19	♎ 20	♎ 09	♏ 27	♑ 14
	26日	♒ 21R	♒ 10	♓ 17	♉ 18	♊ 18R	♊ 13	♌ 00	♍ 26	♎ 19R	♎ 15	♐ 05	♑ 21
	1日	♏ 24	♐ 26	♑ 28	♓ 05	♈ 11	♉ 18	♊ 25	♌ 03	♍ 11	♎ 19	♏ 27	♑ 04
♀	11日	♐ 04	♑ 07	♒ 10	♓ 17	♈ 23	♊ 01	♋ 07	♌ 15	♍ 24	♏ 01	♐ 10	♑ 17
	21日	♐ 14	♑ 19	♒ 22	♓ 29	♉ 05	♊ 13	♋ 19	♌ 28	♎ 06	♏ 13	♐ 22	♑ 29
	1日	♍ 03	♌ 27R	♌ 17R	♌ 13	♌ 20	♍ 03	♍ 18	♎ 06	♎ 26	♏ 16	♐ 08	♑ 00
♂	11日	♍ 02R	♌ 23R	♌ 14R	♌ 15	♌ 24	♍ 08	♍ 24	♎ 13	♏ 03	♏ 23	♐ 15	♑ 08
	21日	♍ 00R	♌ 19R	♌ 13R	♌ 17	♌ 28	♍ 13	♎ 00	♎ 19	♏ 09	♐ 00	♐ 23	♑ 16
	1日	♐ 05	♐ 10	♐ 14	♐ 15	♐ 14R	♐ 11R	♐ 07R	♐ 06R	♐ 07	♐ 10	♐ 16	♐ 22
♃	11日	♐ 07	♐ 12	♐ 15	♐ 15R	♐ 13R	♐ 09R	♐ 06R	♐ 06	♐ 08	♐ 12	♐ 18	♐ 25
	21日	♐ 09	♐ 13	♐ 15	♐ 15R	♐ 12R	♐ 08R	♐ 06R	♐ 06	♐ 09	♐ 14	♐ 20	♐ 27
	1日	♓ 08	♓ 11	♓ 14	♓ 18	♓ 21	♓ 24	♓ 25	♓ 24R	♓ 22R	♓ 20R	♓ 18R	♓ 18
♄	11日	♓ 09	♓ 12	♓ 16	♓ 19	♓ 22	♓ 24	♓ 25R	♓ 24R	♓ 22R	♓ 19R	♓ 18R	♓ 18
	21日	♓ 10	♓ 13	♓ 17	♓ 20	♓ 23	♓ 25	♓ 25R	♓ 23R	♓ 21R	♓ 19R	♓ 18R	♓ 19
♅	1日	♑ 25	♑ 27	♑ 29	♒ 00	♒ 00	♒ 00R	♑ 29R	♑ 28R	♑ 27R	♑ 27R	♑ 27	♑ 28
♆	1日	♑ 23	♑ 24	♑ 25	♑ 25	♑ 26R	♑ 25R	♑ 25R	♑ 24R	♑ 23R	♑ 23R	♑ 23	♑ 24
♇	1日	♐ 00	♐ 00	♐ 01	♐ 00R	♐ 00R	♏ 29R	♏ 28R	♏ 28R	♏ 28	♏ 29	♐ 00	♐ 01
☊	1日	♏ 13R	♏ 10R	♏ 07R	♏ 06R	♏ 06R	♏ 05R	♏ 03R	♏ 00R	♎ 28	♎ 27	♎ 26	♎ 26

1996（うるう）年

		1月	2月	3月	4月	5月	6月	7月	8月	9月	10月	11月	12月
☽	1日	♉ 18	♋ 03	♋ 23	♍ 08	♎ 11	♐ 01	♑ 09	♓ 03	♈ 25	♉ 29	♋ 15	♌ 17
	2日	♊ 00	♋ 15	♌ 05	♍ 20	♎ 24	♐ 15	♑ 24	♓ 18	♉ 08	♊ 12	♋ 27	♌ 28
	3日	♊ 12	♋ 27	♌ 17	♎ 03	♏ 08	♑ 00	♒ 09	♈ 02	♉ 21	♊ 25	♌ 09	♍ 10
	4日	♊ 24	♌ 09	♌ 29	♎ 16	♏ 22	♑ 15	♒ 24	♈ 16	♊ 04	♋ 07	♌ 21	♍ 22
	5日	♋ 06	♌ 21	♍ 12	♎ 29	♐ 07	♒ 00	♓ 09	♉ 00	♊ 17	♋ 19	♍ 03	♎ 04
	6日	♋ 18	♍ 03	♍ 24	♏ 13	♐ 21	♒ 15	♓ 23	♉ 13	♊ 29	♌ 01	♍ 14	♎ 17
	7日	♌ 00	♍ 15	♎ 07	♏ 27	♑ 06	♒ 29	♈ 07	♉ 25	♋ 11	♌ 13	♍ 27	♏ 00
	8日	♌ 12	♍ 28	♎ 20	♐ 11	♑ 20	♓ 13	♈ 20	♊ 08	♋ 23	♌ 25	♎ 09	♏ 13
	9日	♌ 24	♎ 10	♏ 03	♐ 25	♒ 04	♓ 27	♉ 03	♊ 20	♌ 04	♍ 07	♎ 22	♏ 27
	10日	♍ 06	♎ 23	♏ 17	♑ 09	♒ 19	♈ 10	♉ 16	♋ 02	♌ 16	♍ 19	♏ 05	♐ 11
	11日	♍ 18	♏ 06	♐ 00	♑ 23	♓ 03	♈ 23	♉ 29	♋ 14	♌ 28	♎ 01	♏ 18	♐ 25
	12日	♎ 01	♏ 20	♐ 14	♒ 08	♓ 16	♉ 06	♊ 11	♋ 26	♍ 10	♎ 14	♐ 02	♑ 10
	13日	♎ 13	♐ 03	♐ 28	♒ 22	♈ 00	♉ 19	♊ 23	♌ 08	♍ 22	♎ 26	♐ 16	♑ 24
	14日	♎ 26	♐ 18	♑ 12	♓ 06	♈ 13	♊ 01	♋ 05	♌ 20	♎ 05	♏ 09	♑ 00	♒ 09
	15日	♏ 10	♑ 02	♑ 27	♓ 20	♈ 27	♊ 14	♋ 17	♍ 01	♎ 17	♏ 23	♑ 14	♒ 24
	16日	♏ 24	♑ 17	♒ 11	♈ 04	♉ 09	♊ 26	♋ 29	♍ 13	♏ 00	♐ 06	♑ 29	♓ 08
	17日	♐ 08	♒ 02	♒ 26	♈ 17	♉ 22	♋ 08	♌ 11	♍ 25	♏ 13	♐ 20	♒ 13	♓ 22
	18日	♐ 23	♒ 17	♓ 10	♉ 01	♊ 05	♋ 20	♌ 22	♎ 08	♏ 26	♑ 04	♒ 27	♈ 06
	19日	♑ 08	♓ 02	♓ 25	♉ 14	♊ 17	♌ 02	♍ 04	♎ 20	♐ 09	♑ 18	♓ 11	♈ 19
	20日	♑ 23	♓ 16	♈ 09	♉ 26	♊ 29	♌ 14	♍ 16	♏ 03	♐ 23	♒ 02	♓ 25	♉ 03
	21日	♒ 09	♈ 01	♈ 22	♊ 09	♋ 11	♌ 25	♍ 28	♏ 16	♑ 07	♒ 16	♈ 09	♉ 16
	22日	♒ 24	♈ 14	♉ 06	♊ 21	♋ 23	♍ 07	♎ 11	♏ 29	♑ 21	♓ 00	♈ 23	♉ 29
	23日	♓ 09	♈ 28	♉ 18	♋ 03	♌ 05	♍ 19	♎ 23	♐ 13	♒ 06	♓ 15	♉ 06	♊ 12
	24日	♓ 23	♉ 11	♊ 01	♋ 15	♌ 17	♎ 02	♏ 06	♐ 27	♒ 20	♓ 29	♉ 19	♊ 24
	25日	♈ 06	♉ 23	♊ 13	♋ 27	♌ 29	♎ 14	♏ 19	♑ 11	♓ 05	♈ 13	♊ 03	♋ 07
	26日	♈ 20	♊ 05	♊ 25	♌ 09	♍ 11	♎ 27	♐ 03	♑ 26	♓ 20	♈ 27	♊ 15	♋ 19
	27日	♉ 02	♊ 18	♋ 07	♌ 21	♍ 23	♏ 11	♐ 18	♒ 11	♈ 04	♉ 11	♊ 28	♌ 01
	28日	♉ 15	♊ 29	♋ 19	♍ 03	♎ 06	♏ 25	♑ 02	♒ 26	♈ 19	♉ 24	♋ 11	♌ 13
	29日	♉ 27	♋ 11	♌ 01	♍ 16	♎ 19	♐ 09	♑ 17	♓ 11	♉ 03	♊ 07	♋ 23	♌ 25
	30日	♊ 09		♌ 13	♍ 28	♏ 03	♐ 24	♒ 03	♓ 26	♉ 16	♊ 20	♌ 05	♍ 07
	31日	♊ 21		♌ 25		♏ 16		♒ 18	♈ 11		♋ 03		♍ 18
☿	1日	♑ 29	♑ 19	♒ 20	♈ 16	♉ 28	♉ 20	♊ 28	♌ 29	♎ 03	♍ 21	♏ 08	♐ 25
	6日	♒ 04	♑ 22	♒ 28	♈ 26	♉ 28R	♉ 23	♋ 08	♍ 07	♎ 03R	♍ 26	♏ 17	♑ 02
	11日	♒ 05R	♑ 26	♓ 06	♉ 06	♉ 27R	♉ 27	♋ 19	♍ 14	♎ 01R	♎ 03	♏ 24	♑ 09
	16日	♒ 02R	♒ 01	♓ 15	♉ 14	♉ 24R	♊ 03	♋ 29	♍ 20	♍ 26R	♎ 11	♐ 02	♑ 15
	21日	♑ 25R	♒ 07	♓ 24	♉ 21	♉ 21R	♊ 10	♌ 09	♍ 26	♍ 21R	♎ 20	♐ 10	♑ 19
	26日	♑ 20R	♒ 14	♈ 04	♉ 26	♉ 20R	♊ 18	♌ 19	♎ 00	♍ 19R	♎ 28	♐ 17	♑ 19R
♀	1日	♒ 13	♓ 20	♈ 24	♉ 28	♊ 22	♊ 25R	♊ 12R	♊ 25	♋ 24	♌ 27	♎ 03	♏ 10
	11日	♒ 25	♈ 02	♉ 06	♊ 07	♊ 27	♊ 20R	♊ 13	♋ 03	♌ 04	♍ 08	♎ 15	♏ 22
	21日	♓ 07	♈ 14	♉ 16	♊ 15	♊ 28R	♊ 14R	♊ 18	♋ 13	♌ 15	♍ 20	♎ 28	♐ 05
♂	1日	♑ 24	♒ 19	♓ 12	♈ 06	♈ 29	♉ 22	♊ 13	♋ 04	♋ 24	♌ 13	♍ 01	♍ 17
	11日	♒ 02	♒ 27	♓ 19	♈ 14	♉ 06	♉ 29	♊ 20	♋ 11	♌ 01	♌ 19	♍ 06	♍ 21
	21日	♒ 10	♓ 04	♓ 27	♈ 21	♉ 14	♊ 06	♊ 27	♋ 17	♌ 07	♌ 25	♍ 12	♍ 25
♃	1日	♑ 00	♑ 06	♑ 12	♑ 16	♑ 18	♑ 16R	♑ 13R	♑ 10R	♑ 08R	♑ 09	♑ 13	♑ 18
	11日	♑ 02	♑ 08	♑ 13	♑ 17	♑ 18R	♑ 16R	♑ 12R	♑ 09R	♑ 08	♑ 10	♑ 15	♑ 20
	21日	♑ 04	♑ 10	♑ 15	♑ 17	♑ 17R	♑ 14R	♑ 11R	♑ 08R	♑ 08	♑ 11	♑ 16	♑ 23
♄	1日	♓ 19	♓ 22	♓ 25	♓ 29	♈ 03	♈ 06	♈ 07	♈ 07R	♈ 06R	♈ 04R	♈ 02R	♈ 01R
	11日	♓ 20	♓ 23	♓ 27	♈ 00	♈ 04	♈ 06	♈ 07	♈ 07R	♈ 05R	♈ 03R	♈ 01R	♈ 01
	21日	♓ 21	♓ 24	♓ 28	♈ 02	♈ 05	♈ 07	♈ 07R	♈ 06R	♈ 04R	♈ 02R	♈ 01R	♈ 01
♅	1日	♑ 29	♒ 01	♒ 03	♒ 04	♒ 05	♒ 04R	♒ 04R	♒ 02R	♒ 01R	♒ 01R	♒ 01	♒ 02
♆	1日	♑ 25	♑ 26	♑ 27	♑ 28	♑ 28R	♑ 27R	♑ 27R	♑ 26R	♑ 25R	♑ 25R	♑ 25	♑ 26
♇	1日	♐ 02	♐ 03	♐ 03	♐ 03R	♐ 02R	♐ 01R	♐ 01R	♐ 00R	♐ 00	♐ 01	♐ 02	♐ 03
☊	1日	♎ 23R	♎ 20R	♎ 18R	♎ 17R	♎ 17	♎ 16R	♎ 13R	♎ 10R	♎ 08	♎ 08R	♎ 08R	♎ 06R

		1月	2月	3月	4月	5月	6月	7月	8月	9月	10月	11月	12月
☽	1日	♎ 00	♏ 16	♏ 25	♑ 15	♒ 24	♈ 17	♉ 25	♋ 14	♌ 29	♎ 02	♏ 17	♐ 21
	2日	♎ 12	♏ 29	♐ 08	♑ 29	♓ 08	♉ 01	♊ 09	♋ 26	♍ 11	♎ 14	♏ 29	♑ 05
	3日	♎ 25	♐ 13	♐ 22	♒ 14	♓ 23	♉ 15	♊ 22	♌ 08	♍ 23	♎ 26	♐ 12	♑ 18
	4日	♏ 07	♐ 27	♑ 05	♒ 28	♈ 07	♉ 29	♋ 05	♌ 20	♎ 05	♏ 08	♐ 25	♒ 02
	5日	♏ 21	♑ 11	♑ 20	♓ 13	♈ 22	♊ 12	♋ 17	♍ 02	♎ 16	♏ 20	♑ 08	♒ 15
	6日	♐ 04	♑ 26	♒ 04	♓ 28	♉ 06	♊ 26	♌ 00	♍ 14	♎ 28	♐ 02	♑ 21	♒ 29
	7日	♐ 19	♒ 11	♒ 19	♈ 13	♉ 20	♋ 09	♌ 12	♍ 26	♏ 10	♐ 15	♒ 05	♓ 13
	8日	♑ 03	♒ 26	♓ 04	♈ 27	♊ 04	♋ 21	♌ 24	♎ 08	♏ 23	♐ 28	♒ 19	♓ 27
	9日	♑ 18	♓ 12	♓ 20	♉ 12	♊ 17	♌ 04	♍ 06	♎ 20	♐ 05	♑ 11	♓ 03	♈ 12
	10日	♒ 03	♓ 27	♈ 05	♉ 26	♋ 00	♌ 16	♍ 18	♏ 02	♐ 18	♑ 25	♓ 17	♈ 26
	11日	♒ 18	♈ 11	♈ 19	♊ 09	♋ 13	♌ 28	♍ 29	♏ 14	♑ 01	♒ 08	♈ 01	♉ 10
	12日	♓ 03	♈ 25	♉ 04	♊ 22	♋ 26	♍ 10	♎ 11	♏ 26	♑ 15	♒ 23	♈ 16	♉ 24
	13日	♓ 18	♉ 09	♉ 18	♋ 05	♌ 08	♍ 21	♎ 23	♐ 09	♑ 29	♓ 07	♉ 01	♊ 08
	14日	♈ 02	♉ 22	♊ 01	♋ 18	♌ 20	♎ 03	♏ 05	♐ 23	♒ 14	♓ 22	♉ 15	♊ 22
	15日	♈ 16	♊ 05	♊ 14	♌ 00	♍ 02	♎ 15	♏ 18	♑ 07	♒ 29	♈ 07	♊ 00	♋ 06
	16日	♉ 00	♊ 18	♊ 27	♌ 12	♍ 13	♎ 27	♐ 01	♑ 21	♓ 14	♈ 22	♊ 14	♋ 19
	17日	♉ 13	♋ 00	♋ 09	♌ 24	♍ 25	♏ 10	♐ 15	♒ 06	♓ 29	♉ 07	♊ 28	♌ 02
	18日	♉ 26	♋ 13	♋ 21	♍ 05	♎ 07	♏ 23	♐ 28	♒ 21	♈ 14	♉ 22	♋ 11	♌ 15
	19日	♊ 09	♋ 25	♌ 03	♍ 17	♎ 20	♐ 06	♑ 13	♓ 06	♈ 29	♊ 06	♋ 24	♌ 27
	20日	♊ 21	♌ 07	♌ 15	♍ 29	♏ 02	♐ 20	♑ 27	♓ 21	♉ 14	♊ 20	♌ 07	♍ 09
	21日	♋ 03	♌ 18	♌ 27	♎ 11	♏ 15	♑ 04	♒ 12	♈ 06	♉ 28	♋ 03	♌ 19	♍ 21
	22日	♋ 16	♍ 00	♍ 09	♎ 24	♏ 28	♑ 18	♒ 27	♈ 20	♊ 12	♋ 16	♍ 01	♎ 03
	23日	♋ 28	♍ 12	♍ 21	♏ 06	♐ 11	♒ 03	♓ 12	♉ 05	♊ 25	♋ 29	♍ 13	♎ 14
	24日	♌ 10	♍ 24	♎ 03	♏ 19	♐ 25	♒ 17	♓ 26	♉ 19	♋ 08	♌ 11	♍ 25	♎ 26
	25日	♌ 21	♎ 06	♎ 15	♐ 02	♑ 09	♓ 02	♈ 11	♊ 02	♋ 20	♌ 23	♎ 07	♏ 09
	26日	♍ 03	♎ 18	♎ 27	♐ 15	♑ 23	♓ 16	♈ 25	♊ 15	♌ 02	♍ 05	♎ 19	♏ 21
	27日	♍ 15	♏ 00	♏ 10	♐ 29	♒ 07	♈ 00	♉ 09	♊ 28	♌ 14	♍ 17	♏ 01	♐ 04
	28日	♍ 27	♏ 12	♏ 22	♑ 12	♒ 21	♈ 14	♉ 22	♋ 11	♌ 26	♍ 28	♏ 13	♐ 17
	29日	♎ 09		♐ 05	♑ 26	♓ 05	♈ 28	♊ 05	♋ 23	♍ 08	♎ 10	♏ 26	♑ 00
	30日	♎ 21		♐ 18	♒ 10	♓ 19	♉ 12	♊ 18	♌ 05	♍ 20	♎ 22	♐ 08	♑ 14
	31日	♏ 03		♑ 02		♈ 03		♋ 01	♌ 17		♏ 04		♑ 28
☿	1日	♑ 13R	♑ 19	♓ 02	♈ 29	♉ 02R	♉ 18	♋ 16	♍ 06	♍ 08R	♍ 28	♏ 20	♑ 00
	6日	♑ 07R	♑ 26	♓ 11	♉ 05	♉ 00R	♉ 25	♋ 26	♍ 11	♍ 04R	♎ 07	♏ 28	♑ 03
	11日	♑ 03R	♒ 03	♓ 20	♉ 09	♉ 00	♊ 04	♌ 05	♍ 14	♍ 03	♎ 16	♐ 05	♑ 02R
	16日	♑ 04	♒ 10	♈ 00	♉ 10R	♉ 02	♊ 14	♌ 14	♍ 16	♍ 05	♎ 24	♐ 12	♐ 27R
	21日	♑ 07	♒ 18	♈ 10	♉ 08R	♉ 05	♊ 24	♌ 22	♍ 16R	♍ 11	♏ 03	♐ 19	♐ 21R
	26日	♑ 12	♒ 26	♈ 19	♉ 05R	♉ 10	♋ 05	♌ 29	♍ 13R	♍ 19	♏ 11	♐ 25	♐ 17R
♀	1日	♐ 19	♑ 27	♓ 02	♈ 11	♉ 18	♊ 26	♌ 03	♍ 10	♎ 17	♏ 22	♐ 26	♑ 23
	11日	♑ 01	♒ 10	♓ 15	♈ 23	♊ 00	♋ 08	♌ 15	♍ 22	♎ 29	♐ 03	♑ 06	♑ 29
	21日	♑ 14	♒ 22	♓ 27	♉ 06	♊ 13	♋ 21	♌ 27	♎ 04	♏ 10	♐ 14	♑ 15	♒ 03
♂	1日	♍ 29	♎ 06	♎ 03R	♍ 21R	♍ 17	♍ 23	♎ 05	♎ 22	♏ 11	♐ 02	♐ 24	♑ 17
	11日	♎ 02	♎ 06R	♍ 29R	♍ 19R	♍ 18	♍ 27	♎ 10	♎ 28	♏ 18	♐ 09	♑ 01	♑ 24
	21日	♎ 04	♎ 04R	♍ 25R	♍ 17R	♍ 20	♎ 01	♎ 16	♏ 04	♏ 25	♐ 16	♑ 09	♒ 02
♃	1日	♑ 25	♒ 02	♒ 09	♒ 15	♒ 20	♒ 22	♒ 21R	♒ 18R	♒ 14R	♒ 12R	♒ 13	♒ 17
	11日	♑ 28	♒ 05	♒ 11	♒ 17	♒ 21	♒ 22R	♒ 20R	♒ 17R	♒ 13R	♒ 12	♒ 14	♒ 18
	21日	♒ 00	♒ 07	♒ 13	♒ 18	♒ 21	♒ 22R	♒ 19R	♒ 16R	♒ 13R	♒ 12	♒ 15	♒ 20
♄	1日	♈ 01	♈ 04	♈ 07	♈ 10	♈ 14	♈ 17	♈ 20	♈ 20	♈ 20R	♈ 18R	♈ 15R	♈ 14R
	11日	♈ 02	♈ 05	♈ 08	♈ 12	♈ 15	♈ 18	♈ 20	♈ 20R	♈ 19R	♈ 17R	♈ 15R	♈ 14R
	21日	♈ 03	♈ 06	♈ 09	♈ 13	♈ 16	♈ 19	♈ 20	♈ 20R	♈ 18R	♈ 16R	♈ 14R	♈ 14
♅	1日	♒ 03	♒ 05	♒ 07	♒ 08	♒ 09	♒ 09R	♒ 08R	♒ 07R	♒ 05R	♒ 05R	♒ 05	♒ 06
♆	1日	♑ 27	♑ 28	♑ 29	♒ 00	♒ 00	♒ 00R	♑ 29R	♑ 28R	♑ 28R	♑ 27R	♑ 27	♑ 28
♇	1日	♐ 04	♐ 05	♐ 06	♐ 05R	♐ 05R	♐ 04R	♐ 03R	♐ 03R	♐ 03	♐ 03	♐ 04	♐ 06
☊	1日	♎ 02R	♎ 00R	♍ 29	♍ 29	♍ 28	♍ 26R	♍ 23R	♍ 20R	♍ 20R	♍ 20R	♍ 19R	♍ 16R

		1月	2月	3月	4月	5月	6月	7月	8月	9月	10月	11月	12月
☽	1日	♒ 12	♈ 05	♈ 14	♊ 07	♋ 13	♍ 00	♎ 02	♏ 16	♑ 00	♒ 04	♓ 25	♉ 03
	2日	♒ 26	♈ 19	♈ 29	♊ 21	♋ 26	♍ 12	♎ 14	♏ 28	♑ 13	♒ 18	♈ 10	♉ 18
	3日	♓ 10	♉ 03	♉ 13	♋ 04	♌ 09	♍ 24	♎ 26	♐ 10	♑ 26	♓ 02	♈ 25	♊ 03
	4日	♓ 24	♉ 17	♉ 28	♋ 17	♌ 21	♎ 06	♏ 08	♐ 22	♒ 10	♓ 17	♉ 10	♊ 19
	5日	♈ 08	♊ 01	♊ 11	♌ 00	♍ 04	♎ 18	♏ 20	♑ 05	♒ 24	♈ 02	♉ 25	♋ 03
	6日	♈ 22	♊ 15	♊ 25	♌ 13	♍ 16	♎ 29	♐ 02	♑ 18	♓ 09	♈ 17	♊ 11	♋ 18
	7日	♉ 06	♊ 28	♋ 08	♌ 25	♍ 27	♏ 11	♐ 14	♒ 02	♓ 23	♉ 02	♊ 25	♌ 02
	8日	♉ 20	♋ 11	♋ 21	♍ 07	♎ 09	♏ 24	♐ 27	♒ 16	♈ 08	♉ 17	♋ 10	♌ 15
	9日	♊ 04	♋ 24	♌ 03	♍ 19	♎ 21	♐ 06	♑ 10	♓ 00	♈ 23	♊ 02	♋ 24	♌ 28
	10日	♊ 18	♌ 06	♌ 16	♎ 00	♏ 03	♐ 18	♑ 23	♓ 14	♉ 08	♊ 17	♌ 07	♍ 11
	11日	♋ 01	♌ 19	♌ 28	♎ 12	♏ 15	♑ 01	♒ 07	♓ 29	♉ 22	♋ 01	♌ 20	♍ 23
	12日	♋ 14	♍ 01	♍ 10	♎ 24	♏ 27	♑ 14	♒ 21	♈ 13	♊ 07	♋ 14	♍ 02	♎ 05
	13日	♋ 27	♍ 13	♍ 22	♏ 06	♐ 09	♑ 27	♓ 04	♈ 28	♊ 21	♋ 28	♍ 15	♎ 17
	14日	♌ 10	♍ 25	♎ 03	♏ 18	♐ 22	♒ 11	♓ 18	♉ 12	♋ 04	♌ 10	♍ 27	♎ 29
	15日	♌ 23	♎ 07	♎ 15	♐ 00	♑ 04	♒ 24	♈ 03	♉ 26	♋ 18	♌ 23	♎ 08	♏ 11
	16日	♍ 05	♎ 19	♎ 27	♐ 12	♑ 17	♓ 08	♈ 17	♊ 10	♌ 01	♍ 05	♎ 20	♏ 23
	17日	♍ 17	♏ 00	♏ 09	♐ 25	♒ 00	♓ 22	♉ 01	♊ 24	♌ 13	♍ 17	♏ 02	♐ 05
	18日	♍ 29	♏ 12	♏ 21	♑ 07	♒ 14	♈ 06	♉ 15	♋ 07	♌ 26	♍ 29	♏ 14	♐ 17
	19日	♎ 10	♏ 24	♐ 03	♑ 20	♒ 27	♈ 20	♉ 29	♋ 21	♍ 08	♎ 11	♏ 26	♐ 29
	20日	♎ 22	♐ 07	♐ 15	♒ 04	♓ 11	♉ 04	♊ 13	♌ 04	♍ 20	♎ 23	♐ 08	♑ 11
	21日	♏ 04	♐ 19	♐ 28	♒ 17	♓ 25	♉ 19	♊ 27	♌ 17	♎ 03	♏ 05	♐ 20	♑ 24
	22日	♏ 16	♑ 02	♑ 11	♓ 01	♈ 10	♊ 03	♋ 11	♌ 29	♎ 14	♏ 17	♑ 02	♒ 07
	23日	♏ 29	♑ 16	♑ 24	♓ 16	♈ 24	♊ 18	♋ 25	♍ 12	♎ 26	♏ 29	♑ 14	♒ 20
	24日	♐ 11	♒ 00	♒ 08	♈ 00	♉ 09	♋ 02	♌ 08	♍ 24	♏ 08	♐ 11	♑ 27	♓ 03
	25日	♐ 25	♒ 14	♒ 22	♈ 15	♉ 24	♋ 16	♌ 21	♎ 06	♏ 20	♐ 23	♒ 10	♓ 16
	26日	♑ 08	♒ 29	♓ 07	♉ 01	♊ 09	♋ 29	♍ 03	♎ 18	♐ 02	♑ 05	♒ 23	♈ 00
	27日	♑ 22	♓ 14	♓ 22	♉ 16	♊ 23	♌ 13	♍ 16	♏ 00	♐ 14	♑ 17	♓ 06	♈ 14
	28日	♒ 06	♓ 29	♈ 07	♊ 01	♋ 08	♌ 25	♍ 28	♏ 12	♐ 26	♒ 00	♓ 20	♈ 28
	29日	♒ 21		♈ 22	♊ 15	♋ 21	♍ 08	♎ 10	♏ 24	♑ 09	♒ 13	♈ 04	♉ 13
	30日	♓ 05		♉ 07	♊ 29	♌ 05	♍ 20	♎ 22	♐ 06	♑ 21	♒ 27	♈ 18	♉ 27
	31日	♓ 20		♉ 22		♌ 17		♏ 04	♐ 18		♓ 10		♊ 12
☿	1日	♐ 19	♑ 28	♓ 16	♈ 20R	♈ 14	♊ 00	♌ 00	♌ 28R	♌ 20	♎ 12	♏ 29	♐ 10R
	6日	♐ 23	♒ 06	♓ 26	♈ 17R	♈ 19	♊ 10	♌ 08	♌ 27R	♌ 27	♎ 20	♐ 06	♐ 04R
	11日	♐ 28	♒ 14	♈ 05	♈ 13R	♈ 25	♊ 21	♌ 14	♌ 23R	♍ 05	♎ 28	♐ 11	♐ 01R
	16日	♑ 04	♒ 22	♈ 13	♈ 11R	♉ 01	♋ 02	♌ 20	♌ 19R	♍ 15	♏ 06	♐ 16	♐ 03
	21日	♑ 11	♓ 01	♈ 19	♈ 10	♉ 09	♋ 12	♌ 24	♌ 16R	♍ 24	♏ 14	♐ 18	♐ 08
	26日	♑ 19	♓ 11	♈ 21	♈ 11	♉ 18	♋ 22	♌ 27	♌ 16	♎ 03	♏ 21	♐ 16R	♐ 13
♀	1日	♒ 03R	♑ 19R	♑ 27	♒ 25	♓ 27	♉ 02	♊ 08	♋ 15	♌ 23	♎ 00	♏ 09	♐ 17
	11日	♑ 29R	♑ 19	♒ 05	♓ 05	♈ 08	♉ 14	♊ 20	♋ 27	♍ 05	♎ 13	♏ 22	♐ 29
	21日	♑ 23R	♑ 23	♒ 14	♓ 16	♈ 20	♉ 26	♋ 02	♌ 09	♍ 18	♎ 25	♐ 04	♑ 12
♂	1日	♒ 11	♓ 05	♓ 27	♈ 21	♉ 13	♊ 06	♊ 26	♋ 17	♌ 07	♌ 26	♍ 15	♎ 02
	11日	♒ 19	♓ 13	♈ 05	♈ 29	♉ 21	♊ 13	♋ 03	♋ 24	♌ 14	♍ 02	♍ 21	♎ 08
	21日	♒ 27	♓ 21	♈ 13	♉ 06	♉ 28	♊ 20	♋ 10	♌ 00	♌ 20	♍ 08	♍ 26	♎ 13
♃	1日	♒ 22	♒ 29	♓ 06	♓ 13	♓ 20	♓ 25	♓ 28	♓ 28R	♓ 25R	♓ 21R	♓ 18R	♓ 19
	11日	♒ 24	♓ 02	♓ 08	♓ 15	♓ 21	♓ 26	♓ 28	♓ 27R	♓ 24R	♓ 20R	♓ 18R	♓ 19
	21日	♒ 27	♓ 04	♓ 11	♓ 18	♓ 23	♓ 27	♓ 28R	♓ 26R	♓ 22R	♓ 19R	♓ 18	♓ 20
♄	1日	♈ 14	♈ 15	♈ 18	♈ 22	♈ 26	♈ 29	♉ 02	♉ 03	♉ 03R	♉ 02R	♈ 29R	♈ 27R
	11日	♈ 14	♈ 16	♈ 19	♈ 23	♈ 27	♉ 00	♉ 03	♉ 04	♉ 03R	♉ 01R	♈ 29R	♈ 27R
	21日	♈ 15	♈ 17	♈ 20	♈ 24	♈ 28	♉ 01	♉ 03	♉ 04R	♉ 03R	♉ 00R	♈ 28R	♈ 27R
♅	1日	♒ 07	♒ 09	♒ 10	♒ 12	♒ 13	♒ 13R	♒ 12R	♒ 11R	♒ 10R	♒ 09R	♒ 09	♒ 10
♆	1日	♑ 29	♒ 00	♒ 01	♒ 02	♒ 02	♒ 02R	♒ 01R	♒ 01R	♒ 00R	♑ 29R	♒ 00	♒ 00
♇	1日	♐ 07	♐ 08	♐ 08	♐ 08R	♐ 07R	♐ 07R	♐ 06R	♐ 05R	♐ 05	♐ 06	♐ 07	♐ 08
☊	1日	♍ 12R	♍ 11	♍ 11	♍ 10R	♍ 08R	♍ 05R	♍ 03	♍ 02R	♍ 01	♍ 01	♌ 29R	♌ 26R

		1月	2月	3月	4月	5月	6月	7月	8月	9月	10月	11月	12月
	1日	♊ 27	♌ 17	♌ 26	♎ 13	♏ 16	♑ 00	♒ 04	♓ 22	♉ 14	♊ 24	♌ 16	♍ 22
	2日	♋ 11	♍ 01	♍ 09	♎ 25	♏ 28	♑ 12	♒ 16	♈ 06	♉ 29	♋ 08	♌ 29	♎ 05
	3日	♋ 26	♍ 14	♍ 22	♏ 07	♐ 10	♑ 25	♒ 29	♈ 19	♊ 13	♋ 22	♍ 12	♎ 17
	4日	♌ 09	♍ 26	♎ 04	♏ 19	♐ 21	♒ 07	♓ 12	♉ 03	♊ 27	♌ 06	♍ 25	♏ 00
	5日	♌ 23	♎ 09	♎ 17	♐ 01	♑ 03	♒ 19	♓ 25	♉ 18	♋ 11	♌ 19	♎ 08	♏ 12
	6日	♍ 06	♎ 21	♎ 29	♐ 13	♑ 15	♓ 02	♈ 09	♊ 02	♋ 25	♍ 02	♎ 20	♏ 24
	7日	♍ 19	♏ 03	♏ 11	♐ 25	♑ 28	♓ 15	♈ 23	♊ 16	♌ 09	♍ 16	♏ 03	♐ 06
	8日	♎ 01	♏ 15	♏ 23	♑ 07	♒ 10	♓ 29	♉ 07	♋ 01	♌ 23	♍ 28	♏ 15	♐ 18
	9日	♎ 13	♏ 27	♐ 05	♑ 19	♒ 23	♈ 13	♉ 21	♋ 15	♍ 06	♎ 11	♏ 27	♐ 29
	10日	♎ 25	♐ 09	♐ 16	♒ 01	♓ 06	♈ 27	♊ 06	♋ 29	♍ 20	♎ 24	♐ 09	♑ 11
	11日	♏ 07	♐ 21	♐ 29	♒ 14	♓ 20	♉ 12	♊ 21	♌ 14	♎ 03	♏ 06	♐ 21	♑ 23
	12日	♏ 19	♑ 03	♑ 11	♒ 27	♈ 04	♉ 27	♋ 06	♌ 28	♎ 15	♏ 18	♑ 02	♒ 05
	13日	♐ 01	♑ 16	♑ 23	♓ 11	♈ 18	♊ 12	♋ 21	♍ 11	♎ 28	♐ 00	♑ 14	♒ 17
	14日	♐ 13	♑ 28	♒ 06	♓ 25	♉ 03	♊ 27	♌ 05	♍ 24	♏ 10	♐ 12	♑ 26	♒ 29
	15日	♐ 25	♒ 12	♒ 19	♈ 10	♉ 18	♋ 12	♌ 19	♎ 07	♏ 22	♐ 24	♒ 08	♓ 12
☽	16日	♑ 08	♒ 25	♓ 03	♈ 25	♊ 04	♋ 27	♍ 03	♎ 20	♐ 04	♑ 06	♒ 20	♓ 25
	17日	♑ 20	♓ 09	♓ 17	♉ 10	♊ 19	♌ 11	♍ 16	♏ 02	♐ 16	♑ 18	♓ 03	♈ 08
	18日	♒ 03	♓ 23	♈ 02	♉ 25	♋ 04	♌ 25	♍ 29	♏ 14	♐ 28	♒ 00	♓ 16	♈ 22
	19日	♒ 16	♈ 07	♈ 16	♊ 10	♋ 18	♍ 08	♎ 12	♏ 26	♑ 10	♒ 12	♓ 29	♉ 06
	20日	♓ 00	♈ 21	♉ 01	♊ 25	♌ 03	♍ 21	♎ 24	♐ 08	♑ 22	♒ 25	♈ 13	♉ 21
	21日	♓ 13	♉ 06	♉ 16	♋ 09	♌ 16	♎ 04	♏ 06	♐ 20	♒ 04	♓ 08	♈ 28	♊ 06
	22日	♓ 27	♉ 20	♊ 01	♋ 23	♌ 29	♎ 16	♏ 18	♑ 02	♒ 17	♓ 21	♉ 13	♊ 21
	23日	♈ 11	♊ 04	♊ 15	♌ 07	♍ 12	♎ 28	♐ 00	♑ 14	♓ 00	♈ 05	♉ 28	♋ 06
	24日	♈ 25	♊ 18	♊ 29	♌ 20	♍ 25	♏ 10	♐ 12	♑ 26	♓ 14	♈ 20	♊ 13	♋ 22
	25日	♉ 09	♋ 02	♋ 13	♍ 03	♎ 07	♏ 22	♐ 24	♒ 09	♓ 27	♉ 05	♊ 28	♌ 06
	26日	♉ 23	♋ 16	♋ 26	♍ 15	♎ 19	♐ 04	♑ 06	♒ 22	♈ 11	♉ 20	♋ 13	♌ 21
	27日	♊ 07	♌ 00	♌ 10	♍ 28	♏ 01	♐ 15	♑ 18	♓ 05	♈ 26	♊ 05	♋ 28	♍ 05
	28日	♊ 22	♌ 13	♌ 23	♎ 10	♏ 13	♐ 27	♒ 01	♓ 19	♉ 10	♊ 20	♌ 12	♍ 18
	29日	♋ 06		♍ 06	♎ 22	♏ 25	♑ 09	♒ 13	♈ 02	♉ 25	♋ 04	♌ 26	♎ 01
	30日	♋ 20		♍ 18	♏ 04	♐ 07	♑ 22	♒ 26	♈ 16	♊ 09	♋ 18	♍ 09	♎ 14
	31日	♌ 04		♎ 01		♐ 19		♓ 09	♉ 00		♌ 02		♎ 27
	1日	♐ 21	♒ 10	♓ 28	♓ 21R	♈ 17	♊ 18	♌ 04	♌ 00R	♍ 01	♎ 24	♐ 01	♏ 18
	6日	♐ 29	♒ 18	♈ 03	♓ 21	♈ 25	♊ 28	♌ 08	♋ 29R	♍ 11	♏ 01	♐ 02R	♏ 24
☿	11日	♑ 06	♒ 27	♈ 04R	♓ 24	♉ 04	♋ 08	♌ 09	♌ 00	♍ 20	♏ 08	♏ 29R	♐ 00
	16日	♑ 14	♓ 06	♈ 02R	♓ 28	♉ 14	♋ 16	♌ 09R	♌ 04	♍ 29	♏ 15	♏ 23R	♐ 07
	21日	♑ 21	♓ 15	♓ 28R	♈ 04	♉ 24	♋ 23	♌ 07R	♌ 11	♎ 08	♏ 21	♏ 17R	♐ 15
	26日	♒ 00	♓ 24	♓ 23R	♈ 10	♊ 05	♋ 29	♌ 04R	♌ 19	♎ 16	♏ 26	♏ 16	♐ 22
	1日	♑ 26	♓ 04	♈ 09	♉ 16	♊ 21	♋ 25	♌ 22	♍ 05R	♌ 21R	♌ 26	♍ 22	♎ 24
♀	11日	♒ 08	♓ 17	♈ 21	♉ 28	♋ 03	♌ 05	♌ 29	♍ 02R	♌ 19	♍ 03	♎ 02	♏ 06
	21日	♒ 21	♓ 29	♉ 03	♊ 10	♋ 14	♌ 14	♍ 04	♌ 27R	♌ 21	♍ 11	♎ 13	♏ 18
	1日	♎ 18	♏ 02	♏ 10	♏ 11R	♏ 02R	♎ 25R	♎ 29	♏ 11	♏ 29	♐ 19	♑ 11	♒ 04
♂	11日	♎ 23	♏ 06	♏ 12	♏ 09R	♎ 28R	♎ 25	♏ 02	♏ 17	♐ 05	♐ 26	♑ 18	♒ 11
	21日	♎ 28	♏ 09	♏ 12R	♏ 05R	♎ 26R	♎ 26	♏ 06	♏ 22	♐ 12	♑ 03	♑ 26	♒ 19
	1日	♓ 22	♓ 27	♈ 04	♈ 11	♈ 18	♈ 25	♉ 00	♉ 04	♉ 05R	♉ 03R	♈ 29R	♈ 26R
♃	11日	♓ 24	♈ 00	♈ 06	♈ 13	♈ 20	♈ 27	♉ 02	♉ 05	♉ 05R	♉ 02R	♈ 28R	♈ 25R
	21日	♓ 25	♈ 02	♈ 08	♈ 16	♈ 23	♈ 29	♉ 03	♉ 05	♉ 04R	♉ 00R	♈ 26R	♈ 25
	1日	♈ 27	♈ 28	♉ 00	♉ 03	♉ 07	♉ 11	♉ 14	♉ 16	♉ 17R	♉ 16R	♉ 14R	♉ 12R
♄	11日	♈ 27	♈ 28	♉ 01	♉ 05	♉ 08	♉ 12	♉ 15	♉ 17	♉ 17R	♉ 16R	♉ 13R	♉ 11R
	21日	♈ 27	♈ 29	♉ 02	♉ 06	♉ 10	♉ 13	♉ 16	♉ 17	♉ 17R	♉ 15R	♉ 13R	♉ 11R
♅	1日	♒ 11	♒ 13	♒ 14	♒ 16	♒ 17	♒ 17R	♒ 16R	♒ 15R	♒ 14R	♒ 13R	♒ 13	♒ 13
♆	1日	♒ 01	♒ 02	♒ 03	♒ 04	♒ 04	♒ 04R	♒ 04R	♒ 03R	♒ 02R	♒ 02R	♒ 02	♒ 02
♇	1日	♐ 09	♐ 10	♐ 10	♐ 10R	♐ 10R	♐ 09R	♐ 08R	♐ 08R	♐ 08	♐ 08	♐ 09	♐ 10
☊	1日	♌ 23R	♌ 22R	♌ 22R	♌ 21R	♌ 18R	♌ 15R	♌ 13R	♌ 13	♌ 13R	♌ 11R	♌ 09R	♌ 06R

2000（うるう）年

		1月	2月	3月	4月	5月	6月	7月	8月	9月	10月	11月	12月
☽	1日	♏ 09	♐ 23	♑ 13	♒ 27	♈ 01	♉ 22	♋ 00	♌ 24	♎ 15	♏ 19	♑ 04	♒ 06
	2日	♏ 21	♑ 05	♑ 25	♓ 10	♈ 15	♊ 06	♋ 15	♍ 08	♎ 28	♐ 02	♑ 16	♒ 18
	3日	♐ 03	♑ 17	♒ 07	♓ 23	♈ 29	♊ 22	♌ 00	♍ 23	♏ 12	♐ 15	♑ 28	♓ 00
	4日	♐ 15	♑ 29	♒ 19	♈ 07	♉ 13	♋ 07	♌ 15	♎ 07	♏ 24	♐ 27	♒ 10	♓ 12
	5日	♐ 26	♒ 11	♓ 02	♈ 20	♉ 28	♋ 22	♍ 00	♎ 20	♐ 07	♑ 09	♒ 22	♓ 24
	6日	♑ 08	♒ 23	♓ 15	♉ 04	♊ 13	♌ 06	♍ 14	♏ 03	♐ 19	♑ 20	♓ 04	♈ 07
	7日	♑ 20	♓ 06	♓ 28	♉ 19	♊ 27	♌ 21	♍ 28	♏ 16	♑ 01	♒ 02	♓ 16	♈ 20
	8日	♒ 02	♓ 19	♈ 11	♊ 03	♋ 12	♍ 05	♎ 11	♏ 28	♑ 12	♒ 14	♓ 29	♉ 03
	9日	♒ 14	♈ 01	♈ 25	♊ 17	♋ 26	♍ 18	♎ 24	♐ 10	♑ 24	♒ 26	♈ 12	♉ 17
	10日	♒ 26	♈ 15	♉ 09	♋ 02	♌ 11	♎ 02	♏ 07	♐ 22	♒ 06	♓ 08	♈ 25	♊ 01
	11日	♓ 09	♈ 28	♉ 23	♋ 16	♌ 24	♎ 15	♏ 19	♑ 04	♒ 18	♓ 21	♉ 09	♊ 16
	12日	♓ 22	♉ 12	♊ 07	♌ 00	♍ 08	♎ 27	♐ 01	♑ 16	♓ 00	♈ 04	♉ 23	♋ 01
	13日	♈ 04	♉ 26	♊ 21	♌ 14	♍ 21	♏ 10	♐ 13	♑ 28	♓ 13	♈ 17	♊ 08	♋ 16
	14日	♈ 18	♊ 10	♋ 05	♌ 28	♎ 05	♏ 22	♐ 25	♒ 10	♓ 25	♉ 01	♊ 22	♌ 01
	15日	♉ 01	♊ 24	♋ 19	♍ 11	♎ 18	♐ 04	♑ 07	♒ 22	♈ 08	♉ 14	♋ 06	♌ 15
	16日	♉ 15	♋ 09	♌ 03	♍ 25	♏ 00	♐ 16	♑ 19	♓ 04	♈ 21	♉ 28	♋ 21	♍ 00
	17日	♊ 00	♋ 23	♌ 17	♎ 08	♏ 13	♐ 28	♒ 01	♓ 16	♉ 04	♊ 12	♌ 05	♍ 14
	18日	♊ 14	♌ 08	♍ 01	♎ 21	♏ 25	♑ 10	♒ 13	♓ 29	♉ 18	♊ 26	♌ 19	♍ 28
	19日	♊ 29	♌ 22	♍ 15	♏ 04	♐ 08	♑ 22	♒ 25	♈ 11	♊ 02	♋ 10	♍ 03	♎ 11
	20日	♋ 14	♍ 07	♍ 29	♏ 17	♐ 20	♒ 04	♓ 07	♈ 24	♊ 15	♋ 24	♍ 17	♎ 24
	21日	♋ 29	♍ 21	♎ 12	♏ 29	♑ 01	♒ 16	♓ 19	♉ 07	♊ 29	♌ 08	♎ 01	♏ 07
	22日	♌ 14	♎ 04	♎ 26	♐ 11	♑ 13	♒ 28	♈ 01	♉ 21	♋ 13	♌ 22	♎ 14	♏ 20
	23日	♌ 29	♎ 18	♏ 08	♐ 23	♑ 25	♓ 10	♈ 14	♊ 05	♋ 28	♍ 07	♎ 28	♐ 03
	24日	♍ 13	♏ 01	♏ 21	♑ 05	♒ 07	♓ 22	♈ 27	♊ 19	♌ 12	♍ 20	♏ 11	♐ 15
	25日	♍ 27	♏ 13	♐ 03	♑ 17	♒ 19	♈ 05	♉ 11	♋ 03	♌ 26	♎ 04	♏ 23	♐ 27
	26日	♎ 10	♏ 25	♐ 15	♑ 29	♓ 01	♈ 18	♉ 25	♋ 18	♍ 11	♎ 18	♐ 06	♑ 09
	27日	♎ 23	♐ 07	♐ 27	♒ 11	♓ 13	♉ 02	♊ 09	♌ 02	♍ 25	♏ 01	♐ 18	♑ 21
	28日	♏ 05	♐ 19	♑ 09	♒ 23	♓ 26	♉ 16	♊ 24	♌ 17	♎ 09	♏ 15	♑ 01	♒ 03
	29日	♏ 17	♑ 01	♑ 21	♓ 05	♈ 09	♊ 00	♋ 08	♍ 02	♎ 23	♏ 28	♑ 13	♒ 15
	30日	♏ 29		♒ 03	♓ 18	♈ 23	♊ 15	♋ 23	♍ 17	♏ 06	♐ 10	♑ 24	♒ 26
	31日	♐ 11		♒ 15		♉ 07		♌ 09	♎ 01		♐ 22		♓ 08
☿	1日	♑ 01	♒ 23	♓ 12R	♓ 14	♉ 02	♋ 03	♋ 18R	♋ 20	♍ 18	♏ 03	♏ 04R	♏ 26
	6日	♑ 09	♓ 01	♓ 07R	♓ 20	♉ 12	♋ 09	♋ 15R	♋ 28	♍ 27	♏ 09	♏ 00R	♐ 04
	11日	♑ 17	♓ 09	♓ 04R	♓ 27	♉ 23	♋ 14	♋ 12R	♌ 07	♎ 05	♏ 13	♏ 01	♐ 11
	16日	♑ 25	♓ 15	♓ 03	♈ 05	♊ 04	♋ 18	♋ 10R	♌ 17	♎ 13	♏ 15	♏ 05	♐ 19
	21日	♒ 04	♓ 17	♓ 05	♈ 13	♊ 14	♋ 20	♋ 11	♌ 27	♎ 20	♏ 15R	♏ 11	♐ 27
	26日	♒ 12	♓ 15R	♓ 08	♈ 22	♊ 23	♋ 20R	♋ 14	♍ 07	♎ 27	♏ 12R	♏ 18	♑ 05
♀	1日	♐ 01	♑ 09	♒ 15	♓ 23	♉ 00	♊ 08	♋ 15	♌ 23	♎ 01	♏ 08	♐ 16	♑ 21
	11日	♐ 13	♑ 21	♒ 27	♈ 05	♉ 12	♊ 20	♋ 27	♍ 05	♎ 13	♏ 20	♐ 28	♒ 03
	21日	♐ 25	♒ 04	♓ 09	♈ 18	♉ 25	♋ 03	♌ 10	♍ 18	♎ 26	♐ 02	♑ 10	♒ 15
♂	1日	♒ 28	♓ 22	♈ 14	♉ 07	♉ 28	♊ 20	♋ 10	♌ 00	♌ 20	♍ 09	♍ 28	♎ 17
	11日	♓ 05	♓ 29	♈ 21	♉ 14	♊ 05	♊ 26	♋ 16	♌ 07	♌ 26	♍ 15	♎ 04	♎ 23
	21日	♓ 13	♈ 07	♈ 29	♉ 21	♊ 12	♋ 03	♋ 23	♌ 13	♍ 03	♍ 21	♎ 10	♎ 29
♃	1日	♈ 25	♈ 28	♉ 03	♉ 09	♉ 16	♉ 24	♊ 00	♊ 06	♊ 10	♊ 11R	♊ 10R	♊ 06R
	11日	♈ 26	♈ 29	♉ 05	♉ 11	♉ 19	♉ 26	♊ 02	♊ 07	♊ 11	♊ 11R	♊ 08R	♊ 04R
	21日	♈ 27	♉ 01	♉ 07	♉ 14	♉ 21	♉ 28	♊ 04	♊ 09	♊ 11	♊ 10R	♊ 07R	♊ 03R
♄	1日	♉ 10R	♉ 11	♉ 12	♉ 16	♉ 19	♉ 23	♉ 27	♉ 29	♊ 01	♊ 01R	♉ 29R	♉ 27R
	11日	♉ 10R	♉ 11	♉ 13	♉ 17	♉ 20	♉ 24	♉ 28	♊ 00	♊ 01	♊ 00R	♉ 28R	♉ 26R
	21日	♉ 10	♉ 12	♉ 14	♉ 18	♉ 22	♉ 26	♉ 29	♊ 01	♊ 01R	♊ 00R	♉ 27R	♉ 25R
♅	1日	♒ 15	♒ 16	♒ 18	♒ 20	♒ 21	♒ 21R	♒ 20R	♒ 19R	♒ 18R	♒ 17R	♒ 17	♒ 17
♆	1日	♒ 03	♒ 04	♒ 05	♒ 06	♒ 07	♒ 06R	♒ 06R	♒ 05R	♒ 04R	♒ 04R	♒ 04	♒ 04
♇	1日	♐ 11	♐ 12	♐ 13	♐ 13R	♐ 12R	♐ 12R	♐ 11R	♐ 10R	♐ 10	♐ 11	♐ 11	♐ 13
☊	1日	♌ 04R	♌ 04	♌ 03	♌ 01R	♋ 28R	♋ 25R	♋ 25R	♋ 25R	♋ 24R	♋ 21R	♋ 18R	♋ 16

		1月	2月	3月	4月	5月	6月	7月	8月	9月	10月	11月	12月
☽	1日	♓ 20	♉ 07	♉ 17	♋ 07	♌ 16	♎ 09	♏ 17	♑ 04	♒ 19	♓ 22	♉ 07	♊ 12
	2日	♈ 02	♉ 20	♊ 00	♋ 21	♍ 00	♎ 23	♐ 00	♑ 17	♓ 01	♈ 04	♉ 20	♊ 26
	3日	♈ 15	♊ 03	♊ 13	♌ 05	♍ 15	♏ 07	♐ 13	♑ 29	♓ 13	♈ 16	♊ 03	♋ 09
	4日	♈ 28	♊ 17	♊ 27	♌ 20	♍ 29	♏ 20	♐ 25	♒ 10	♓ 25	♈ 28	♊ 16	♋ 23
	5日	♉ 11	♋ 02	♋ 11	♍ 04	♎ 13	♐ 03	♑ 08	♒ 22	♈ 07	♉ 11	♋ 00	♌ 07
	6日	♉ 25	♋ 17	♋ 25	♍ 19	♎ 27	♐ 16	♑ 20	♓ 04	♈ 19	♉ 24	♋ 13	♌ 22
	7日	♊ 09	♌ 02	♌ 10	♎ 04	♏ 11	♐ 29	♒ 02	♓ 16	♉ 01	♊ 06	♋ 27	♍ 06
	8日	♊ 24	♌ 17	♌ 25	♎ 18	♏ 24	♑ 11	♒ 14	♓ 28	♉ 14	♊ 19	♌ 11	♍ 20
	9日	♋ 09	♍ 02	♍ 10	♏ 02	♐ 08	♑ 23	♒ 26	♈ 10	♉ 26	♋ 03	♌ 25	♎ 04
	10日	♋ 24	♍ 17	♍ 25	♏ 16	♐ 20	♒ 05	♓ 07	♈ 22	♊ 09	♋ 16	♍ 09	♎ 18
	11日	♌ 09	♎ 02	♎ 10	♐ 00	♑ 03	♒ 17	♓ 19	♉ 04	♊ 23	♌ 00	♍ 23	♏ 02
	12日	♌ 24	♎ 16	♎ 24	♐ 13	♑ 15	♒ 29	♈ 01	♉ 17	♋ 06	♌ 14	♎ 08	♏ 16
	13日	♍ 09	♏ 00	♏ 08	♐ 25	♑ 27	♓ 11	♈ 13	♊ 00	♋ 20	♌ 29	♎ 22	♐ 00
	14日	♍ 23	♏ 13	♏ 22	♑ 07	♒ 09	♓ 23	♈ 26	♊ 13	♌ 05	♍ 14	♏ 07	♐ 13
	15日	♎ 08	♏ 26	♐ 05	♑ 20	♒ 21	♈ 05	♉ 08	♊ 27	♌ 20	♍ 28	♏ 21	♐ 26
	16日	♎ 21	♐ 09	♐ 17	♒ 01	♓ 03	♈ 17	♉ 21	♋ 11	♍ 05	♎ 13	♐ 05	♑ 09
	17日	♏ 04	♐ 21	♐ 29	♒ 13	♓ 15	♉ 00	♊ 05	♋ 26	♍ 20	♎ 28	♐ 18	♑ 22
	18日	♏ 17	♑ 03	♑ 11	♒ 25	♓ 27	♉ 13	♊ 19	♌ 11	♎ 05	♏ 13	♑ 01	♒ 04
	19日	♐ 00	♑ 15	♑ 23	♓ 07	♈ 09	♉ 27	♋ 03	♌ 26	♎ 20	♏ 27	♑ 14	♒ 16
	20日	♐ 12	♑ 27	♒ 05	♓ 19	♈ 22	♊ 11	♋ 18	♍ 12	♏ 05	♐ 10	♑ 26	♒ 28
	21日	♐ 24	♒ 08	♒ 17	♈ 01	♉ 05	♊ 25	♌ 03	♍ 27	♏ 19	♐ 23	♒ 09	♓ 10
	22日	♑ 06	♒ 20	♒ 29	♈ 14	♉ 19	♋ 09	♌ 18	♎ 12	♐ 02	♑ 06	♒ 21	♓ 22
	23日	♑ 18	♓ 02	♓ 11	♈ 27	♊ 02	♋ 24	♍ 03	♎ 26	♐ 15	♑ 19	♓ 03	♈ 04
	24日	♒ 00	♓ 14	♓ 23	♉ 10	♊ 16	♌ 09	♍ 18	♏ 10	♐ 28	♒ 01	♓ 14	♈ 16
	25日	♒ 11	♓ 26	♈ 05	♉ 23	♋ 00	♌ 23	♎ 02	♏ 23	♑ 10	♒ 13	♓ 26	♈ 28
	26日	♒ 23	♈ 09	♈ 18	♊ 07	♋ 14	♍ 08	♎ 17	♐ 06	♑ 22	♒ 25	♈ 08	♉ 11
	27日	♓ 05	♈ 21	♉ 01	♊ 20	♋ 29	♍ 22	♏ 00	♐ 19	♒ 04	♓ 06	♈ 21	♉ 24
	28日	♓ 17	♉ 04	♉ 14	♋ 04	♌ 13	♎ 06	♏ 14	♑ 02	♒ 16	♓ 18	♉ 03	♊ 07
	29日	♓ 29		♉ 27	♋ 18	♌ 27	♎ 20	♏ 27	♑ 14	♒ 28	♈ 00	♉ 16	♊ 20
	30日	♈ 11		♊ 10	♌ 02	♍ 11	♏ 04	♐ 10	♑ 26	♓ 10	♈ 13	♉ 29	♋ 04
	31日	♈ 24		♊ 24		♍ 26		♐ 22	♒ 08		♈ 25		♋ 18
☿	1日	♑ 14	♓ 00	♒ 16	♓ 21	♉ 20	♋ 00	♊ 22	♌ 04	♎ 00	♏ 00	♎ 21	♐ 07
	6日	♑ 23	♓ 00R	♒ 19	♈ 00	♊ 00	♋ 00R	♊ 24	♌ 14	♎ 07	♎ 29R	♎ 27	♐ 15
	11日	♒ 01	♒ 26R	♒ 23	♈ 09	♊ 09	♊ 28R	♊ 28	♌ 24	♎ 14	♎ 24R	♏ 05	♐ 23
	16日	♒ 09	♒ 21R	♒ 29	♈ 18	♊ 16	♊ 26R	♋ 04	♍ 04	♎ 20	♎ 18R	♏ 13	♑ 00
	21日	♒ 17	♒ 17R	♓ 05	♈ 29	♊ 22	♊ 23R	♋ 12	♍ 13	♎ 24	♎ 15R	♏ 21	♑ 08
	26日	♒ 24	♒ 15	♓ 12	♉ 09	♊ 27	♊ 21R	♋ 21	♍ 21	♎ 28	♎ 15	♏ 29	♑ 16
♀	1日	♒ 27	♓ 29	♈ 17	♈ 08R	♈ 04	♈ 25	♉ 25	♋ 00	♌ 06	♍ 12	♎ 21	♏ 28
	11日	♓ 08	♈ 07	♈ 18R	♈ 03R	♈ 09	♉ 05	♊ 06	♋ 11	♌ 18	♍ 25	♏ 03	♐ 11
	21日	♓ 18	♈ 13	♈ 15R	♈ 01	♈ 16	♉ 15	♊ 17	♋ 23	♍ 00	♎ 07	♏ 16	♐ 23
♂	1日	♏ 05	♏ 23	♐ 07	♐ 21	♐ 28	♐ 26R	♐ 18R	♐ 16	♐ 26	♑ 13	♒ 03	♒ 24
	11日	♏ 11	♏ 28	♐ 12	♐ 24	♐ 29	♐ 24R	♐ 16R	♐ 18	♑ 01	♑ 19	♒ 10	♓ 02
	21日	♏ 17	♐ 03	♐ 16	♐ 27	♐ 28R	♐ 20R	♐ 15	♐ 22	♑ 07	♑ 26	♒ 17	♓ 09
♃	1日	♊ 02R	♊ 01	♊ 03	♊ 08	♊ 14	♊ 20	♊ 27	♋ 04	♋ 10	♋ 14	♋ 16	♋ 14R
	11日	♊ 02R	♊ 02	♊ 04	♊ 09	♊ 16	♊ 23	♋ 00	♋ 06	♋ 12	♋ 15	♋ 16R	♋ 13R
	21日	♊ 01R	♊ 02	♊ 06	♊ 11	♊ 18	♊ 25	♋ 02	♋ 08	♋ 13	♋ 15	♋ 15R	♋ 12R
♄	1日	♉ 25R	♉ 24	♉ 25	♉ 28	♊ 01	♊ 05	♊ 09	♊ 12	♊ 14	♊ 15R	♊ 14R	♊ 12R
	11日	♉ 24R	♉ 24	♉ 26	♉ 29	♊ 03	♊ 06	♊ 10	♊ 13	♊ 15	♊ 15R	♊ 13R	♊ 11R
	21日	♉ 24R	♉ 25	♉ 27	♊ 00	♊ 04	♊ 08	♊ 11	♊ 14	♊ 15	♊ 14R	♊ 12R	♊ 10R
♅	1日	♒ 19	♒ 20	♒ 22	♒ 23	♒ 25	♒ 25R	♒ 24R	♒ 23R	♒ 22R	♒ 21R	♒ 21	♒ 21
♆	1日	♒ 05	♒ 06	♒ 07	♒ 08	♒ 09	♒ 09R	♒ 08R	♒ 07R	♒ 07R	♒ 06R	♒ 06	♒ 07
♇	1日	♐ 14	♐ 15	♐ 15	♐ 15R	♐ 15R	♐ 14R	♐ 13R	♐ 13R	♐ 13	♐ 13	♐ 14	♐ 15
☊	1日	♋ 16	♋ 15R	♋ 14R	♋ 11R	♋ 08R	♋ 07R	♋ 06	♋ 06	♋ 04R	♋ 01R	♊ 28R	♊ 27R

天文暦｜月その他　2002年

		1月	2月	3月	4月	5月	6月	7月	8月	9月	10月	11月	12月
☽	1日	♌ 03	♍ 26	♎ 05	♏ 28	♑ 03	♒ 20	♓ 22	♉ 05	♊ 20	♋ 25	♍ 16	♎ 25
	2日	♌ 17	♎ 11	♎ 20	♐ 12	♑ 16	♓ 02	♈ 04	♉ 17	♋ 03	♌ 09	♎ 01	♏ 10
	3日	♍ 02	♎ 26	♏ 05	♐ 25	♑ 29	♓ 14	♈ 15	♊ 00	♋ 16	♌ 23	♎ 16	♏ 24
	4日	♍ 17	♏ 10	♏ 19	♑ 08	♒ 11	♓ 26	♈ 27	♊ 12	♌ 00	♍ 07	♏ 01	♐ 09
	5日	♎ 01	♏ 23	♐ 03	♑ 21	♒ 24	♈ 07	♉ 09	♊ 25	♌ 15	♍ 22	♏ 16	♐ 24
	6日	♎ 15	♐ 06	♐ 16	♒ 03	♓ 06	♈ 19	♉ 22	♋ 08	♌ 29	♎ 08	♐ 01	♑ 08
	7日	♎ 29	♐ 19	♐ 29	♒ 15	♓ 17	♉ 01	♊ 04	♋ 22	♍ 14	♎ 23	♐ 16	♑ 22
	8日	♏ 13	♑ 02	♑ 12	♒ 27	♓ 29	♉ 14	♊ 17	♌ 06	♍ 29	♏ 08	♑ 00	♒ 05
	9日	♏ 26	♑ 15	♑ 24	♓ 09	♈ 11	♉ 26	♋ 00	♌ 21	♎ 15	♏ 23	♑ 14	♒ 18
	10日	♐ 09	♑ 27	♒ 06	♓ 21	♈ 23	♊ 09	♋ 14	♍ 06	♏ 00	♐ 08	♑ 27	♓ 01
	11日	♐ 22	♒ 09	♒ 18	♈ 03	♉ 05	♊ 22	♋ 28	♍ 20	♏ 14	♐ 22	♒ 10	♓ 13
	12日	♑ 05	♒ 21	♓ 00	♈ 15	♉ 18	♋ 05	♌ 12	♎ 05	♏ 28	♑ 05	♒ 22	♓ 25
	13日	♑ 18	♓ 03	♓ 12	♈ 27	♊ 00	♋ 18	♌ 26	♎ 20	♐ 12	♑ 18	♓ 05	♈ 07
	14日	♒ 00	♓ 15	♓ 24	♉ 09	♊ 13	♌ 02	♍ 10	♏ 04	♐ 26	♒ 01	♓ 17	♈ 19
	15日	♒ 12	♓ 27	♈ 06	♉ 21	♊ 25	♌ 16	♍ 25	♏ 18	♑ 09	♒ 14	♓ 29	♉ 01
	16日	♒ 24	♈ 09	♈ 18	♊ 03	♋ 08	♍ 00	♎ 09	♐ 02	♑ 22	♒ 26	♈ 11	♉ 13
	17日	♓ 06	♈ 21	♈ 29	♊ 16	♋ 22	♍ 14	♎ 23	♐ 16	♒ 04	♓ 08	♈ 22	♉ 25
	18日	♓ 18	♉ 03	♉ 12	♊ 28	♌ 05	♍ 28	♏ 07	♐ 29	♒ 17	♓ 20	♉ 04	♊ 07
	19日	♈ 00	♉ 15	♉ 24	♋ 11	♌ 19	♎ 12	♏ 21	♑ 12	♒ 29	♈ 02	♉ 16	♊ 19
	20日	♈ 12	♉ 27	♊ 06	♋ 25	♍ 03	♎ 27	♐ 05	♑ 25	♓ 11	♈ 14	♉ 28	♋ 02
	21日	♈ 24	♊ 10	♊ 19	♌ 08	♍ 17	♏ 11	♐ 19	♒ 07	♓ 23	♈ 26	♊ 10	♋ 15
	22日	♉ 06	♊ 23	♋ 02	♌ 22	♎ 02	♏ 25	♑ 02	♒ 20	♈ 05	♉ 07	♊ 23	♋ 28
	23日	♉ 19	♋ 06	♋ 15	♍ 07	♎ 16	♐ 09	♑ 15	♓ 02	♈ 17	♉ 19	♋ 05	♌ 11
	24日	♊ 01	♋ 20	♋ 29	♍ 22	♏ 01	♐ 23	♑ 28	♓ 14	♈ 29	♊ 01	♋ 18	♌ 25
	25日	♊ 15	♌ 05	♌ 13	♎ 07	♏ 15	♑ 06	♒ 11	♓ 26	♉ 10	♊ 13	♌ 01	♍ 09
	26日	♊ 28	♌ 19	♌ 28	♎ 22	♐ 00	♑ 19	♒ 23	♈ 08	♉ 22	♊ 26	♌ 14	♍ 22
	27日	♋ 12	♍ 05	♍ 13	♏ 07	♐ 14	♒ 02	♓ 06	♈ 20	♊ 04	♋ 08	♌ 28	♎ 07
	28日	♋ 27	♍ 20	♍ 28	♏ 21	♐ 28	♒ 15	♓ 18	♉ 02	♊ 16	♋ 21	♍ 12	♎ 21
	29日	♌ 11		♎ 13	♐ 06	♑ 11	♒ 27	♈ 00	♉ 14	♊ 29	♌ 04	♍ 26	♏ 05
	30日	♌ 26		♎ 29	♐ 20	♑ 24	♓ 10	♈ 12	♉ 26	♋ 12	♌ 18	♎ 10	♏ 19
	31日	♍ 12		♏ 13		♒ 07		♈ 23	♊ 08		♍ 02		♐ 04
☿	1日	♑ 26	♒ 03R	♒ 15	♈ 05	♊ 01	♊ 03R	♊ 19	♌ 20	♎ 06	♎ 01R	♏ 00	♐ 18
	6日	♒ 03	♑ 29R	♒ 21	♈ 15	♊ 06	♊ 02R	♊ 28	♍ 00	♎ 10	♍ 28R	♏ 09	♐ 26
	11日	♒ 10	♑ 29	♒ 29	♈ 25	♊ 09	♊ 02	♋ 07	♍ 08	♎ 13	♎ 00	♏ 17	♑ 03
	16日	♒ 14	♒ 01	♓ 06	♉ 06	♊ 10R	♊ 03	♋ 18	♍ 16	♎ 13R	♎ 05	♏ 25	♑ 11
	21日	♒ 14R	♒ 06	♓ 15	♉ 15	♊ 09R	♊ 07	♋ 28	♍ 23	♎ 11R	♎ 12	♐ 03	♑ 18
	26日	♒ 10R	♒ 11	♓ 24	♉ 24	♊ 06R	♊ 12	♌ 09	♍ 29	♎ 06R	♎ 20	♐ 10	♑ 24
♀	1日	♑ 07	♒ 16	♓ 21	♉ 00	♊ 07	♋ 14	♌ 19	♍ 23	♎ 24	♏ 14	♏ 08R	♏ 02
	11日	♑ 20	♒ 29	♈ 04	♉ 12	♊ 19	♋ 26	♍ 00	♎ 04	♏ 02	♏ 16R	♏ 02R	♏ 07
	21日	♒ 02	♓ 11	♈ 16	♉ 24	♋ 01	♌ 07	♍ 11	♎ 14	♏ 09	♏ 13R	♏ 00R	♏ 14
♂	1日	♓ 17	♈ 10	♉ 00	♉ 21	♊ 12	♋ 02	♋ 22	♌ 12	♍ 02	♍ 21	♎ 10	♏ 00
	11日	♓ 24	♈ 17	♉ 07	♉ 28	♊ 18	♋ 09	♋ 28	♌ 18	♍ 08	♍ 27	♎ 17	♏ 06
	21日	♈ 02	♈ 24	♉ 14	♊ 05	♊ 25	♋ 15	♌ 05	♌ 25	♍ 14	♎ 03	♎ 23	♏ 13
♃	1日	♋ 11R	♋ 07R	♋ 06R	♋ 07	♋ 11	♋ 17	♋ 23	♌ 00	♌ 07	♌ 12	♌ 16	♌ 18
	11日	♋ 09R	♋ 06R	♋ 06	♋ 08	♋ 13	♋ 19	♋ 25	♌ 02	♌ 09	♌ 14	♌ 17	♌ 18R
	21日	♋ 08R	♋ 06R	♋ 06	♋ 09	♋ 14	♋ 21	♋ 27	♌ 04	♌ 10	♌ 15	♌ 18	♌ 18R
♄	1日	♊ 09R	♊ 08R	♊ 08	♊ 10	♊ 14	♊ 17	♊ 21	♊ 25	♊ 28	♊ 29	♊ 29R	♊ 27R
	11日	♊ 09R	♊ 08	♊ 09	♊ 11	♊ 15	♊ 19	♊ 22	♊ 26	♊ 28	♊ 29	♊ 28R	♊ 26R
	21日	♊ 08R	♊ 08	♊ 10	♊ 12	♊ 16	♊ 20	♊ 24	♊ 27	♊ 29	♊ 29R	♊ 28R	♊ 25R
♅	1日	♒ 22	♒ 24	♒ 26	♒ 27	♒ 28	♒ 29	♒ 29R	♒ 28R	♒ 26R	♒ 25R	♒ 25R	♒ 25
♆	1日	♒ 07	♒ 09	♒ 10	♒ 10	♒ 11	♒ 11R	♒ 10R	♒ 10R	♒ 09R	♒ 08R	♒ 08	♒ 09
♇	1日	♐ 16	♐ 17	♐ 18	♐ 18R	♐ 17R	♐ 16R	♐ 16R	♐ 15R	♐ 15	♐ 15	♐ 16	♐ 17
☊	1日	♊ 27R	♊ 26R	♊ 24R	♊ 20R	♊ 18	♊ 18	♊ 18R	♊ 16R	♊ 14R	♊ 11R	♊ 09R	♊ 09

		1月	2月	3月	4月	5月	6月	7月	8月	9月	10月	11月	12月
	1日	♐ 18	♒ 08	♒ 17	♈ 03	♉ 06	♊ 21	♋ 25	♍ 14	♏ 07	♐ 16	♒ 08	♓ 13
	2日	♑ 02	♒ 21	♓ 00	♈ 15	♉ 18	♋ 03	♌ 07	♍ 28	♏ 21	♑ 00	♒ 21	♓ 26
	3日	♑ 16	♓ 04	♓ 12	♈ 27	♊ 00	♋ 15	♌ 20	♎ 12	♐ 05	♑ 14	♓ 04	♈ 08
	4日	♑ 29	♓ 16	♓ 25	♉ 09	♊ 12	♋ 28	♍ 04	♎ 26	♐ 19	♑ 27	♓ 17	♈ 20
	5日	♒ 13	♓ 29	♈ 07	♉ 21	♊ 24	♌ 10	♍ 17	♏ 10	♑ 03	♒ 11	♓ 29	♉ 02
	6日	♒ 26	♈ 11	♈ 19	♊ 03	♋ 06	♌ 23	♎ 01	♏ 24	♑ 17	♒ 24	♈ 11	♉ 14
	7日	♓ 08	♈ 23	♉ 01	♊ 15	♋ 18	♍ 07	♎ 15	♐ 08	♒ 00	♓ 07	♈ 23	♉ 26
	8日	♓ 21	♉ 04	♉ 12	♊ 27	♌ 01	♍ 20	♎ 29	♐ 22	♒ 14	♓ 20	♉ 05	♊ 08
	9日	♈ 03	♉ 16	♉ 24	♋ 09	♌ 14	♎ 04	♏ 13	♑ 06	♒ 27	♈ 02	♉ 17	♊ 19
	10日	♈ 15	♉ 28	♊ 06	♋ 21	♌ 27	♎ 19	♏ 28	♑ 20	♓ 10	♈ 14	♉ 29	♋ 01
	11日	♈ 27	♊ 10	♊ 18	♌ 04	♍ 11	♏ 03	♐ 12	♒ 04	♓ 23	♈ 26	♊ 11	♋ 13
	12日	♉ 08	♊ 22	♋ 00	♌ 18	♍ 25	♏ 18	♐ 27	♒ 18	♈ 06	♉ 08	♊ 23	♋ 26
	13日	♉ 20	♋ 05	♋ 13	♍ 02	♎ 09	♐ 03	♑ 11	♓ 01	♈ 18	♉ 20	♋ 04	♌ 08
	14日	♊ 02	♋ 18	♋ 26	♍ 16	♎ 24	♐ 18	♑ 26	♓ 15	♉ 00	♊ 02	♋ 16	♌ 20
	15日	♊ 15	♌ 02	♌ 10	♎ 01	♏ 09	♑ 03	♒ 10	♓ 27	♉ 12	♊ 14	♋ 29	♍ 03
☽	16日	♊ 27	♌ 16	♌ 24	♎ 16	♏ 25	♑ 17	♒ 23	♈ 10	♉ 24	♊ 26	♌ 11	♍ 16
	17日	♋ 10	♍ 00	♍ 08	♏ 01	♐ 10	♒ 01	♓ 06	♈ 22	♊ 06	♋ 08	♌ 24	♎ 00
	18日	♋ 24	♍ 14	♍ 23	♏ 16	♐ 24	♒ 15	♓ 19	♉ 04	♊ 17	♋ 20	♍ 07	♎ 13
	19日	♌ 07	♍ 29	♎ 08	♐ 01	♑ 09	♒ 28	♈ 02	♉ 16	♊ 29	♌ 02	♍ 20	♎ 27
	20日	♌ 21	♎ 14	♎ 23	♐ 16	♑ 23	♓ 11	♈ 14	♉ 28	♋ 12	♌ 15	♎ 04	♏ 12
	21日	♍ 05	♎ 28	♏ 08	♑ 00	♒ 07	♓ 24	♈ 26	♊ 10	♋ 24	♌ 28	♎ 19	♏ 27
	22日	♍ 19	♏ 12	♏ 22	♑ 14	♒ 20	♈ 06	♉ 08	♊ 22	♌ 07	♍ 12	♏ 03	♐ 12
	23日	♎ 03	♏ 27	♐ 07	♑ 28	♓ 03	♈ 18	♉ 20	♋ 04	♌ 20	♍ 26	♏ 19	♐ 27
	24日	♎ 18	♐ 11	♐ 21	♒ 11	♓ 15	♉ 00	♊ 02	♋ 16	♍ 04	♎ 11	♐ 04	♑ 12
	25日	♏ 02	♐ 24	♑ 05	♒ 24	♓ 27	♉ 12	♊ 14	♋ 29	♍ 18	♎ 26	♐ 19	♑ 27
	26日	♏ 16	♑ 08	♑ 18	♓ 06	♈ 10	♉ 23	♊ 26	♌ 12	♎ 03	♏ 11	♑ 04	♒ 11
	27日	♐ 00	♑ 21	♒ 01	♓ 18	♈ 21	♊ 05	♋ 08	♌ 26	♎ 17	♏ 26	♑ 19	♒ 25
	28日	♐ 14	♒ 04	♒ 14	♈ 01	♉ 03	♊ 17	♋ 21	♍ 10	♏ 02	♐ 11	♒ 03	♓ 09
	29日	♐ 27		♒ 27	♈ 13	♉ 15	♋ 00	♌ 04	♍ 24	♏ 17	♐ 25	♒ 17	♓ 22
	30日	♑ 11		♓ 09	♈ 24	♉ 27	♋ 12	♌ 17	♎ 08	♐ 01	♑ 10	♓ 00	♈ 05
	31日	♑ 25		♓ 21		♊ 09		♍ 00	♎ 22		♑ 24		♈ 17
	1日	♑ 28	♑ 17	♒ 24	♈ 21	♉ 20R	♉ 16	♋ 04	♍ 02	♍ 26R	♍ 21	♏ 13	♐ 28
	6日	♑ 27R	♑ 22	♓ 02	♉ 01	♉ 17R	♉ 21	♋ 15	♍ 09	♍ 23R	♍ 28	♏ 20	♑ 04
☿	11日	♑ 22R	♑ 28	♓ 10	♉ 09	♉ 14R	♉ 27	♋ 25	♍ 15	♍ 18R	♎ 07	♏ 28	♑ 09
	16日	♑ 16R	♒ 04	♓ 20	♉ 15	♉ 12R	♊ 05	♌ 05	♍ 20	♍ 14R	♎ 16	♐ 06	♑ 12
	21日	♑ 13R	♒ 11	♓ 29	♉ 19	♉ 11	♊ 13	♌ 14	♍ 24	♍ 12	♎ 24	♐ 13	♑ 11R
	26日	♑ 13	♒ 19	♈ 09	♉ 21	♉ 12	♊ 23	♌ 23	♍ 26	♍ 15	♏ 03	♐ 21	♑ 06R
	1日	♏ 24	♐ 26	♑ 28	♓ 05	♈ 11	♉ 19	♊ 26	♌ 04	♍ 12	♎ 19	♏ 28	♑ 05
♀	11日	♐ 04	♑ 07	♒ 10	♓ 17	♈ 24	♊ 01	♋ 08	♌ 16	♍ 24	♏ 02	♐ 10	♑ 17
	21日	♐ 14	♑ 19	♒ 22	♓ 29	♉ 06	♊ 13	♋ 20	♌ 28	♎ 07	♏ 14	♐ 23	♒ 00
	1日	♏ 20	♐ 10	♐ 28	♑ 17	♒ 05	♒ 23	♓ 05	♓ 10R	♓ 04R	♓ 00	♓ 07	♓ 21
♂	11日	♏ 26	♐ 16	♑ 04	♑ 23	♒ 11	♒ 27	♓ 08	♓ 09R	♓ 02R	♓ 01	♓ 11	♓ 27
	21日	♐ 03	♐ 22	♑ 10	♑ 29	♒ 17	♓ 02	♓ 10	♓ 07R	♓ 00R	♓ 04	♓ 16	♈ 03
	1日	♌ 17R	♌ 13R	♌ 10R	♌ 08R	♌ 09	♌ 13	♌ 18	♌ 24	♍ 01	♍ 07	♍ 13	♍ 17
♃	11日	♌ 16R	♌ 12R	♌ 09R	♌ 08	♌ 10	♌ 14	♌ 20	♌ 26	♍ 03	♍ 09	♍ 15	♍ 18
	21日	♌ 15R	♌ 11R	♌ 08R	♌ 09	♌ 11	♌ 16	♌ 22	♌ 29	♍ 05	♍ 11	♍ 16	♍ 19
	1日	♊ 24R	♊ 23R	♊ 22	♊ 23	♊ 26	♋ 00	♋ 03	♋ 07	♋ 11	♋ 13	♋ 13R	♋ 12R
♄	11日	♊ 24R	♊ 22R	♊ 22	♊ 24	♊ 27	♋ 01	♋ 05	♋ 09	♋ 11	♋ 13	♋ 13R	♋ 11R
	21日	♊ 23R	♊ 22R	♊ 23	♊ 25	♊ 28	♋ 02	♋ 06	♋ 10	♋ 12	♋ 13	♋ 13R	♋ 11R
♅	1日	♒ 26	♒ 28	♒ 29	♓ 01	♓ 02	♓ 03	♓ 03R	♓ 02R	♓ 01R	♒ 29R	♒ 29R	♒ 29
♆	1日	♒ 10	♒ 11	♒ 12	♒ 13	♒ 13	♒ 13R	♒ 13R	♒ 12R	♒ 11R	♒ 11R	♒ 10	♒ 11
♇	1日	♐ 18	♐ 19	♐ 20	♐ 20R	♐ 20R	♐ 19R	♐ 18R	♐ 17R	♐ 17	♐ 18	♐ 18	♐ 19
☊	1日	♊ 08R	♊ 07R	♊ 04R	♊ 01R	♉ 29R	♉ 29R	♉ 29R	♉ 27R	♉ 23R	♉ 21	♉ 21	♉ 20

2004（うるう）年

		1月	2月	3月	4月	5月	6月	7月	8月	9月	10月	11月	12月
☽	1日	♈ 29	♊ 13	♋ 02	♌ 17	♍ 21	♏ 12	♐ 20	♒ 14	♈ 05	♉ 09	♊ 24	♋ 26
	2日	♉ 11	♊ 24	♋ 14	♍ 00	♎ 05	♏ 27	♑ 06	♒ 29	♈ 19	♉ 22	♋ 06	♌ 08
	3日	♉ 23	♋ 06	♋ 27	♍ 13	♎ 19	♐ 12	♑ 21	♓ 13	♉ 01	♊ 04	♋ 18	♌ 20
	4日	♊ 04	♋ 19	♌ 09	♍ 27	♏ 04	♐ 27	♒ 06	♓ 27	♉ 14	♊ 16	♌ 00	♍ 02
	5日	♊ 16	♌ 01	♌ 22	♎ 11	♏ 19	♑ 13	♒ 21	♈ 11	♉ 26	♊ 28	♌ 12	♍ 14
	6日	♊ 28	♌ 14	♍ 05	♎ 26	♐ 04	♑ 27	♓ 05	♈ 23	♊ 08	♋ 10	♌ 24	♍ 27
	7日	♋ 10	♌ 27	♍ 19	♏ 10	♐ 19	♒ 12	♓ 19	♉ 06	♊ 20	♋ 22	♍ 06	♎ 10
	8日	♋ 22	♍ 10	♎ 03	♏ 25	♑ 04	♒ 26	♈ 02	♉ 18	♋ 02	♌ 04	♍ 19	♎ 23
	9日	♌ 05	♍ 23	♎ 17	♐ 09	♑ 18	♓ 10	♈ 15	♊ 00	♋ 14	♌ 16	♎ 02	♏ 07
	10日	♌ 17	♎ 07	♏ 01	♐ 24	♒ 03	♓ 23	♈ 28	♊ 12	♋ 26	♌ 28	♎ 15	♏ 21
	11日	♍ 00	♎ 20	♏ 15	♑ 08	♒ 16	♈ 06	♉ 10	♊ 24	♌ 08	♍ 11	♎ 29	♐ 06
	12日	♍ 13	♏ 04	♏ 29	♑ 22	♓ 00	♈ 18	♉ 22	♋ 06	♌ 20	♍ 24	♏ 14	♐ 21
	13日	♍ 26	♏ 18	♐ 13	♒ 06	♓ 13	♉ 01	♊ 04	♋ 18	♍ 03	♎ 08	♏ 28	♑ 07
	14日	♎ 10	♐ 02	♐ 27	♒ 20	♓ 26	♉ 13	♊ 15	♌ 00	♍ 16	♎ 21	♐ 13	♑ 22
	15日	♎ 23	♐ 16	♑ 11	♓ 03	♈ 09	♉ 25	♊ 27	♌ 12	♍ 29	♏ 05	♐ 28	♒ 07
	16日	♏ 07	♑ 00	♑ 25	♓ 16	♈ 21	♊ 07	♋ 09	♌ 24	♎ 12	♏ 19	♑ 13	♒ 21
	17日	♏ 21	♑ 15	♒ 09	♓ 29	♉ 04	♊ 18	♋ 21	♍ 07	♎ 26	♐ 04	♑ 27	♓ 06
	18日	♐ 06	♑ 29	♒ 23	♈ 12	♉ 16	♋ 00	♌ 03	♍ 20	♏ 09	♐ 18	♒ 12	♓ 19
	19日	♐ 21	♒ 13	♓ 07	♈ 24	♉ 28	♋ 12	♌ 15	♎ 03	♏ 23	♑ 02	♒ 26	♈ 03
	20日	♑ 05	♒ 27	♓ 20	♉ 07	♊ 10	♋ 24	♌ 28	♎ 16	♐ 07	♑ 17	♓ 09	♈ 16
	21日	♑ 20	♓ 11	♈ 03	♉ 19	♊ 21	♌ 06	♍ 10	♎ 29	♐ 21	♒ 01	♓ 23	♈ 29
	22日	♒ 05	♓ 25	♈ 16	♊ 01	♋ 03	♌ 18	♍ 23	♏ 13	♑ 06	♒ 15	♈ 06	♉ 11
	23日	♒ 19	♈ 08	♈ 28	♊ 13	♋ 15	♍ 00	♎ 06	♏ 26	♑ 20	♒ 29	♈ 19	♉ 23
	24日	♓ 03	♈ 20	♉ 11	♊ 25	♋ 27	♍ 13	♎ 19	♐ 10	♒ 04	♓ 12	♉ 01	♊ 05
	25日	♓ 17	♉ 03	♉ 23	♋ 06	♌ 09	♍ 26	♏ 02	♐ 25	♒ 18	♓ 26	♉ 14	♊ 17
	26日	♈ 00	♉ 15	♊ 05	♋ 18	♌ 21	♎ 09	♏ 16	♑ 09	♓ 02	♈ 09	♉ 26	♊ 29
	27日	♈ 13	♉ 27	♊ 17	♌ 00	♍ 04	♎ 22	♐ 00	♑ 24	♓ 16	♈ 22	♊ 08	♋ 11
	28日	♈ 25	♊ 09	♊ 28	♌ 13	♍ 17	♏ 06	♐ 15	♒ 08	♈ 00	♉ 05	♊ 20	♋ 23
	29日	♉ 07	♊ 20	♋ 10	♌ 25	♎ 00	♏ 21	♐ 29	♒ 23	♈ 13	♉ 18	♋ 02	♌ 05
	30日	♉ 19		♋ 22	♍ 08	♎ 13	♐ 05	♑ 14	♓ 07	♈ 27	♊ 00	♋ 14	♌ 17
	31日	♊ 01		♌ 05		♎ 28		♑ 29	♓ 22		♊ 12		♌ 29
☿	1日	♐ 29R	♑ 21	♓ 08	♉ 00	♈ 21	♉ 22	♋ 23	♍ 06	♌ 26R	♎ 05	♏ 25	♐ 27R
	6日	♐ 26R	♑ 28	♓ 18	♉ 02	♈ 22	♊ 01	♌ 03	♍ 08	♌ 27	♎ 13	♐ 02	♐ 24R
	11日	♐ 28	♒ 06	♓ 27	♉ 01R	♈ 25	♊ 11	♌ 11	♍ 09R	♍ 01	♎ 22	♐ 09	♐ 18R
	16日	♑ 01	♒ 14	♈ 07	♈ 28R	♉ 00	♊ 22	♌ 18	♍ 07R	♍ 08	♏ 00	♐ 16	♐ 12R
	21日	♑ 07	♒ 22	♈ 16	♈ 24R	♉ 06	♋ 03	♌ 25	♍ 03R	♍ 16	♏ 08	♐ 21	♐ 11
	26日	♑ 13	♓ 01	♈ 24	♈ 22R	♉ 12	♋ 14	♍ 01	♌ 29R	♍ 25	♏ 16	♐ 25	♐ 13
♀	1日	♒ 13	♓ 21	♈ 25	♉ 28	♊ 21	♊ 22R	♊ 10	♊ 25	♋ 24	♌ 27	♎ 04	♏ 11
	11日	♒ 26	♈ 03	♉ 06	♊ 07	♊ 25	♊ 16R	♊ 12	♋ 03	♌ 05	♍ 09	♎ 16	♏ 23
	21日	♓ 08	♈ 15	♉ 17	♊ 15	♊ 26R	♊ 11R	♊ 17	♋ 13	♌ 16	♍ 21	♎ 28	♐ 06
♂	1日	♈ 09	♈ 29	♉ 17	♊ 07	♊ 26	♋ 16	♌ 05	♌ 24	♍ 14	♎ 03	♎ 23	♏ 13
	11日	♈ 15	♉ 05	♉ 23	♊ 13	♋ 02	♋ 22	♌ 11	♍ 00	♍ 20	♎ 10	♏ 00	♏ 20
	21日	♈ 22	♉ 11	♊ 00	♊ 20	♋ 09	♋ 28	♌ 17	♍ 07	♍ 27	♎ 16	♏ 07	♏ 27
♃	1日	♍ 19	♍ 18R	♍ 14R	♍ 11R	♍ 09R	♍ 10	♍ 13	♍ 19	♍ 25	♎ 01	♎ 08	♎ 13
	11日	♍ 19R	♍ 17R	♍ 13R	♍ 10R	♍ 09	♍ 11	♍ 15	♍ 21	♍ 27	♎ 03	♎ 10	♎ 15
	21日	♍ 18R	♍ 16R	♍ 12R	♍ 09R	♍ 09	♍ 12	♍ 17	♍ 23	♍ 29	♎ 06	♎ 12	♎ 16
♄	1日	♋ 10R	♋ 07R	♋ 06R	♋ 07	♋ 09	♋ 12	♋ 16	♋ 20	♋ 23	♋ 26	♋ 27	♋ 27R
	11日	♋ 09R	♋ 07R	♋ 06	♋ 07	♋ 10	♋ 13	♋ 17	♋ 21	♋ 24	♋ 27	♋ 27R	♋ 26R
	21日	♋ 08R	♋ 07R	♋ 06	♋ 08	♋ 11	♋ 15	♋ 18	♋ 22	♋ 25	♋ 27	♋ 27R	♋ 26R
♅	1日	♓ 00	♓ 02	♓ 03	♓ 05	♓ 06	♓ 07	♓ 07R	♓ 06R	♓ 05R	♓ 04R	♓ 03R	♓ 03
♆	1日	♒ 12	♒ 13	♒ 14	♒ 15	♒ 15	♒ 15R	♒ 15R	♒ 14R	♒ 13R	♒ 13R	♒ 13	♒ 13
♇	1日	♐ 21	♐ 22	♐ 22	♐ 22R	♐ 22R	♐ 21R	♐ 20R	♐ 20R	♐ 20	♐ 20	♐ 21	♐ 22
☊	1日	♉ 19	♉ 17R	♉ 14R	♉ 12R	♉ 11R	♉ 11R	♉ 10R	♉ 06R	♉ 03R	♉ 02	♉ 02R	♉ 01R

		1月	2月	3月	4月	5月	6月	7月	8月	9月	10月	11月	12月
	1日	♍ 11	♎ 28	♏ 08	♑ 00	♒ 09	♈ 02	♉ 08	♊ 25	♌ 10	♍ 12	♎ 28	♐ 03
	2日	♍ 23	♏ 11	♏ 21	♑ 14	♒ 23	♈ 15	♉ 21	♋ 07	♌ 22	♍ 24	♏ 11	♐ 17
	3日	♎ 06	♏ 25	♐ 05	♑ 28	♓ 07	♈ 28	♊ 03	♋ 19	♍ 04	♎ 06	♏ 24	♑ 01
	4日	♎ 18	♐ 09	♐ 19	♒ 12	♓ 21	♉ 11	♊ 16	♌ 01	♍ 15	♎ 19	♐ 07	♑ 15
	5日	♏ 02	♐ 23	♑ 03	♒ 27	♈ 05	♉ 24	♊ 28	♌ 13	♍ 28	♏ 02	♐ 21	♒ 00
	6日	♏ 15	♑ 08	♑ 17	♓ 11	♈ 18	♊ 06	♋ 10	♌ 25	♎ 10	♏ 14	♑ 05	♒ 14
	7日	♐ 00	♑ 23	♒ 02	♓ 25	♉ 02	♊ 19	♋ 22	♍ 06	♎ 22	♏ 28	♑ 19	♒ 28
	8日	♐ 14	♒ 08	♒ 17	♈ 09	♉ 15	♋ 01	♌ 04	♍ 18	♏ 05	♐ 11	♒ 03	♓ 13
	9日	♐ 29	♒ 23	♓ 02	♈ 23	♉ 28	♋ 13	♌ 16	♎ 00	♏ 17	♐ 24	♒ 17	♓ 27
	10日	♑ 15	♓ 08	♓ 16	♉ 06	♊ 10	♋ 25	♌ 28	♎ 13	♐ 01	♑ 08	♓ 02	♈ 10
	11日	♒ 00	♓ 23	♈ 01	♉ 19	♊ 23	♌ 07	♍ 09	♎ 25	♐ 14	♑ 22	♓ 16	♈ 24
	12日	♒ 15	♈ 07	♈ 15	♊ 02	♋ 05	♌ 19	♍ 21	♏ 08	♐ 28	♒ 06	♈ 00	♉ 07
	13日	♓ 00	♈ 20	♈ 28	♊ 15	♋ 17	♍ 01	♎ 03	♏ 21	♑ 12	♒ 21	♈ 14	♉ 21
	14日	♓ 15	♉ 04	♉ 12	♊ 27	♋ 29	♍ 13	♎ 16	♐ 04	♑ 26	♓ 05	♈ 28	♊ 04
	15日	♓ 29	♉ 16	♉ 24	♋ 09	♌ 11	♍ 25	♎ 28	♐ 18	♒ 11	♓ 20	♉ 11	♊ 17
☽	16日	♈ 12	♉ 29	♊ 07	♋ 21	♌ 23	♎ 07	♏ 12	♑ 02	♒ 26	♈ 04	♉ 25	♊ 29
	17日	♈ 25	♊ 11	♊ 19	♌ 03	♍ 05	♎ 20	♏ 25	♑ 17	♓ 11	♈ 19	♊ 08	♋ 12
	18日	♉ 08	♊ 23	♋ 01	♌ 15	♍ 17	♏ 03	♐ 09	♒ 02	♓ 26	♉ 03	♊ 21	♋ 24
	19日	♉ 20	♋ 05	♋ 13	♌ 27	♍ 29	♏ 17	♐ 24	♒ 17	♈ 11	♉ 17	♋ 04	♌ 06
	20日	♊ 02	♋ 17	♋ 25	♍ 09	♎ 12	♐ 01	♑ 08	♓ 03	♈ 25	♊ 00	♋ 16	♌ 18
	21日	♊ 14	♋ 29	♌ 07	♍ 21	♎ 25	♐ 15	♑ 24	♓ 18	♉ 09	♊ 13	♋ 28	♍ 00
	22日	♊ 26	♌ 10	♌ 19	♎ 04	♏ 09	♑ 00	♒ 09	♈ 02	♉ 22	♊ 26	♌ 10	♍ 12
	23日	♋ 08	♌ 23	♍ 01	♎ 17	♏ 23	♑ 15	♒ 24	♈ 17	♊ 05	♋ 08	♌ 22	♍ 24
	24日	♋ 20	♍ 05	♍ 13	♏ 00	♐ 07	♒ 00	♓ 09	♉ 01	♊ 18	♋ 21	♍ 04	♎ 06
	25日	♌ 02	♍ 17	♍ 26	♏ 14	♐ 21	♒ 15	♓ 24	♉ 14	♋ 00	♌ 03	♍ 16	♎ 18
	26日	♌ 14	♍ 29	♎ 09	♏ 28	♑ 06	♓ 00	♈ 08	♉ 27	♋ 13	♌ 14	♍ 28	♏ 00
	27日	♌ 26	♎ 12	♎ 22	♐ 12	♑ 21	♓ 14	♈ 22	♊ 10	♋ 25	♌ 26	♎ 10	♏ 13
	28日	♍ 08	♎ 25	♏ 05	♐ 26	♒ 05	♓ 28	♉ 05	♊ 22	♌ 06	♍ 08	♎ 23	♏ 27
	29日	♍ 20		♏ 18	♑ 10	♒ 20	♈ 12	♉ 18	♋ 04	♌ 18	♍ 20	♏ 06	♐ 11
	30日	♎ 02		♐ 02	♑ 25	♓ 04	♈ 25	♊ 01	♋ 16	♍ 00	♎ 02	♏ 19	♐ 25
	31日	♎ 15		♐ 16		♓ 18		♊ 13	♋ 28		♎ 15		♑ 09
	1日	♐ 19	♒ 03	♓ 23	♈ 07R	♈ 14	♊ 08	♌ 04	♌ 17R	♌ 24	♎ 18	♐ 02	♏ 26R
	6日	♐ 25	♒ 11	♈ 02	♈ 03R	♈ 21	♊ 19	♌ 10	♌ 14R	♍ 03	♎ 26	♐ 07	♏ 25
☿	11日	♑ 01	♒ 20	♈ 09	♈ 02R	♈ 28	♋ 00	♌ 15	♌ 10R	♍ 12	♏ 04	♐ 10	♏ 28
	16日	♑ 08	♒ 29	♈ 13	♈ 02	♉ 06	♋ 10	♌ 19	♌ 09R	♍ 22	♏ 11	♐ 11R	♐ 04
	21日	♑ 16	♓ 08	♈ 14R	♈ 05	♉ 15	♋ 19	♌ 20	♌ 10	♎ 01	♏ 18	♐ 07R	♐ 10
	26日	♑ 24	♓ 18	♈ 12R	♈ 09	♉ 25	♋ 27	♌ 20R	♌ 15	♎ 10	♏ 25	♐ 00R	♐ 17
	1日	♐ 19	♑ 28	♓ 03	♈ 12	♉ 19	♊ 27	♌ 03	♍ 11	♎ 18	♏ 22	♐ 26	♑ 22
♀	11日	♑ 02	♒ 11	♓ 16	♈ 24	♊ 01	♋ 09	♌ 16	♍ 23	♎ 29	♐ 03	♑ 06	♑ 28
	21日	♑ 14	♒ 23	♓ 28	♉ 07	♊ 13	♋ 21	♌ 28	♎ 05	♏ 11	♐ 14	♑ 15	♒ 01
	1日	♐ 04	♐ 26	♑ 16	♒ 08	♓ 00	♓ 22	♈ 13	♉ 02	♉ 17	♉ 23	♉ 17R	♉ 09R
♂	11日	♐ 11	♑ 03	♑ 23	♒ 15	♓ 07	♓ 29	♈ 20	♉ 08	♉ 20	♉ 23R	♉ 14R	♉ 08
	21日	♐ 18	♑ 10	♒ 00	♒ 23	♓ 14	♈ 06	♈ 26	♉ 13	♉ 23	♉ 21R	♉ 11R	♉ 09
	1日	♎ 17	♎ 19	♎ 18R	♎ 14R	♎ 11R	♎ 09R	♎ 10	♎ 13	♎ 19	♎ 25	♏ 01	♏ 08
♃	11日	♎ 18	♎ 19R	♎ 17R	♎ 13R	♎ 10R	♎ 09	♎ 11	♎ 15	♎ 20	♎ 27	♏ 03	♏ 10
	21日	♎ 19	♎ 18R	♎ 16R	♎ 12R	♎ 09R	♎ 09	♎ 12	♎ 17	♎ 22	♎ 29	♏ 06	♏ 11
	1日	♋ 25R	♋ 22R	♋ 21R	♋ 20	♋ 22	♋ 25	♋ 28	♌ 02	♌ 06	♌ 09	♌ 11	♌ 11R
♄	11日	♋ 24R	♋ 22R	♋ 21R	♋ 21	♋ 23	♋ 26	♋ 29	♌ 03	♌ 07	♌ 10	♌ 11	♌ 11R
	21日	♋ 23R	♋ 21R	♋ 20R	♋ 21	♋ 23	♋ 27	♌ 01	♌ 05	♌ 08	♌ 10	♌ 11	♌ 11R
♅	1日	♓ 04	♓ 05	♓ 07	♓ 09	♓ 10	♓ 11	♓ 11R	♓ 10R	♓ 09R	♓ 08R	♓ 07R	♓ 07
♆	1日	♒ 14	♒ 15	♒ 16	♒ 17	♒ 18	♒ 18R	♒ 17R	♒ 16R	♒ 16R	♒ 15R	♒ 15	♒ 15
♇	1日	♐ 23	♐ 24	♐ 24	♐ 25R	♐ 24R	♐ 24R	♐ 23R	♐ 22R	♐ 22R	♐ 22	♐ 23	♐ 24
☊	1日	♈ 29R	♈ 26	♈ 23	♈ 23	♈ 23R	♈ 22	♈ 19R	♈ 16R	♈ 14R	♈ 14R	♈ 14R	♈ 12R

天文暦｜月その他　2006年

		1月	2月	3月	4月	5月	6月	7月	8月	9月	10月	11月	12月
☽	1日	♑ 24	♓ 18	♓ 26	♉ 18	♊ 23	♌ 09	♍ 11	♎ 25	♐ 11	♑ 16	♓ 08	♈ 16
	2日	♒ 09	♈ 03	♈ 11	♊ 02	♋ 06	♌ 21	♍ 23	♏ 07	♐ 24	♒ 00	♓ 22	♉ 01
	3日	♒ 24	♈ 17	♈ 26	♊ 15	♋ 19	♍ 03	♎ 05	♏ 19	♑ 07	♒ 14	♈ 07	♉ 15
	4日	♓ 09	♉ 01	♉ 10	♊ 28	♌ 01	♍ 15	♎ 17	♐ 02	♑ 21	♒ 28	♈ 22	♊ 00
	5日	♓ 23	♉ 14	♉ 24	♋ 11	♌ 13	♍ 27	♎ 29	♐ 15	♒ 05	♓ 13	♉ 07	♊ 14
	6日	♈ 07	♉ 28	♊ 07	♋ 23	♌ 25	♎ 09	♏ 11	♐ 29	♒ 20	♓ 28	♉ 22	♊ 28
	7日	♈ 21	♊ 10	♊ 20	♌ 05	♍ 07	♎ 21	♏ 24	♑ 13	♓ 05	♈ 14	♊ 06	♋ 12
	8日	♉ 04	♊ 23	♋ 02	♌ 17	♍ 19	♏ 03	♐ 07	♑ 27	♓ 20	♈ 29	♊ 20	♋ 25
	9日	♉ 18	♋ 05	♋ 15	♌ 29	♎ 01	♏ 16	♐ 21	♒ 12	♈ 05	♉ 14	♋ 04	♌ 08
	10日	♊ 01	♋ 18	♋ 27	♍ 11	♎ 13	♏ 29	♑ 04	♒ 27	♈ 20	♉ 28	♋ 17	♌ 21
	11日	♊ 13	♌ 00	♌ 09	♍ 23	♎ 25	♐ 12	♑ 19	♓ 12	♉ 05	♊ 12	♌ 00	♍ 03
	12日	♊ 26	♌ 12	♌ 20	♎ 05	♏ 08	♐ 26	♒ 03	♓ 27	♉ 20	♊ 26	♌ 13	♍ 15
	13日	♋ 08	♌ 23	♍ 02	♎ 17	♏ 20	♑ 10	♒ 18	♈ 11	♊ 03	♋ 09	♌ 25	♍ 27
	14日	♋ 21	♍ 05	♍ 14	♎ 29	♐ 03	♑ 24	♓ 02	♈ 26	♊ 17	♋ 22	♍ 07	♎ 08
	15日	♌ 03	♍ 17	♍ 26	♏ 11	♐ 17	♒ 08	♓ 17	♉ 10	♋ 00	♌ 04	♍ 19	♎ 20
	16日	♌ 15	♍ 29	♎ 08	♏ 24	♑ 00	♒ 22	♈ 01	♉ 24	♋ 13	♌ 16	♎ 00	♏ 02
	17日	♌ 27	♎ 11	♎ 20	♐ 07	♑ 14	♓ 06	♈ 16	♊ 07	♋ 25	♌ 28	♎ 12	♏ 14
	18日	♍ 08	♎ 23	♏ 02	♐ 20	♑ 27	♓ 21	♉ 00	♊ 20	♌ 07	♍ 10	♎ 24	♏ 27
	19日	♍ 20	♏ 05	♏ 14	♑ 03	♒ 11	♈ 05	♉ 13	♋ 03	♌ 20	♍ 22	♏ 06	♐ 09
	20日	♎ 02	♏ 17	♏ 27	♑ 17	♒ 26	♈ 19	♉ 27	♋ 16	♍ 01	♎ 04	♏ 18	♐ 22
	21日	♎ 14	♐ 00	♐ 10	♒ 01	♓ 10	♉ 03	♊ 10	♋ 28	♍ 13	♎ 16	♐ 01	♑ 06
	22日	♎ 26	♐ 13	♐ 23	♒ 15	♓ 24	♉ 16	♊ 23	♌ 10	♍ 25	♎ 28	♐ 14	♑ 19
	23日	♏ 09	♐ 27	♑ 06	♒ 29	♈ 08	♊ 00	♋ 06	♌ 22	♎ 07	♏ 10	♐ 27	♒ 03
	24日	♏ 21	♑ 11	♑ 20	♓ 13	♈ 22	♊ 14	♋ 19	♍ 04	♎ 19	♏ 22	♑ 10	♒ 17
	25日	♐ 05	♑ 26	♒ 05	♓ 28	♉ 06	♊ 27	♌ 01	♍ 16	♏ 01	♐ 04	♑ 23	♓ 01
	26日	♐ 18	♒ 10	♒ 19	♈ 13	♉ 21	♋ 10	♌ 14	♍ 28	♏ 13	♐ 17	♒ 06	♓ 15
	27日	♑ 03	♒ 26	♓ 04	♈ 27	♊ 04	♋ 23	♌ 26	♎ 10	♏ 25	♑ 00	♒ 20	♓ 29
	28日	♑ 17	♓ 11	♓ 19	♉ 12	♊ 18	♌ 05	♍ 08	♎ 22	♐ 07	♑ 13	♓ 04	♈ 13
	29日	♒ 02		♈ 04	♉ 26	♋ 01	♌ 17	♍ 19	♏ 04	♐ 20	♑ 26	♓ 18	♈ 27
	30日	♒ 18		♈ 19	♊ 10	♋ 14	♌ 29	♎ 01	♏ 16	♑ 03	♒ 10	♈ 02	♉ 11
	31日	♓ 03		♉ 04		♋ 27		♎ 13	♏ 28		♒ 23		♉ 25
☿	1日	♐ 26	♒ 16	♓ 27	♓ 15	♈ 22	♊ 26	♌ 01	♋ 22	♍ 08	♎ 29	♏ 24R	♏ 20
	6日	♑ 03	♒ 25	♓ 26R	♓ 19	♉ 01	♋ 05	♌ 01R	♋ 24	♍ 18	♏ 05	♏ 20R	♏ 27
	11日	♑ 11	♓ 04	♓ 22R	♓ 24	♉ 11	♋ 12	♌ 00R	♌ 00	♍ 27	♏ 12	♏ 13R	♐ 04
	16日	♑ 19	♓ 12	♓ 18R	♓ 29	♉ 22	♋ 19	♋ 27R	♌ 08	♎ 05	♏ 17	♏ 09R	♐ 12
	21日	♑ 27	♓ 20	♓ 14R	♈ 06	♊ 03	♋ 25	♋ 24R	♌ 17	♎ 14	♏ 22	♏ 10	♐ 20
	26日	♒ 05	♓ 25	♓ 13	♈ 14	♊ 14	♋ 29	♋ 21R	♌ 27	♎ 21	♏ 25	♏ 14	♐ 27
♀	1日	♒ 00R	♑ 16R	♑ 27	♒ 25	♓ 27	♉ 03	♊ 08	♋ 16	♌ 24	♎ 01	♏ 10	♐ 17
	11日	♑ 25R	♑ 17	♒ 05	♓ 05	♈ 09	♉ 15	♊ 20	♋ 28	♍ 06	♎ 13	♏ 22	♑ 00
	21日	♑ 20R	♑ 22	♒ 14	♓ 16	♈ 20	♉ 27	♋ 02	♌ 10	♍ 18	♎ 26	♐ 05	♑ 12
♂	1日	♉ 11	♉ 22	♊ 06	♊ 23	♋ 10	♋ 28	♌ 17	♍ 06	♍ 25	♎ 15	♏ 06	♏ 26
	11日	♉ 14	♉ 27	♊ 11	♊ 28	♋ 16	♌ 04	♌ 23	♍ 12	♎ 02	♎ 22	♏ 13	♐ 03
	21日	♉ 18	♊ 02	♊ 16	♋ 04	♋ 22	♌ 11	♌ 29	♍ 18	♎ 08	♎ 28	♏ 19	♐ 11
♃	1日	♏ 13	♏ 17	♏ 19	♏ 18R	♏ 14R	♏ 11R	♏ 09R	♏ 10	♏ 13	♏ 19	♏ 25	♐ 02
	11日	♏ 15	♏ 18	♏ 19R	♏ 17R	♏ 13R	♏ 10R	♏ 09	♏ 11	♏ 15	♏ 20	♏ 27	♐ 04
	21日	♏ 16	♏ 19	♏ 18R	♏ 16R	♏ 12R	♏ 09R	♏ 09	♏ 12	♏ 17	♏ 23	♏ 29	♐ 06
♄	1日	♌ 10R	♌ 08R	♌ 05R	♌ 04R	♌ 05	♌ 07	♌ 10	♌ 14	♌ 18	♌ 21	♌ 24	♌ 25
	11日	♌ 09R	♌ 07R	♌ 05R	♌ 04	♌ 05	♌ 08	♌ 11	♌ 15	♌ 19	♌ 22	♌ 24	♌ 25R
	21日	♌ 08R	♌ 06R	♌ 05R	♌ 05	♌ 06	♌ 09	♌ 13	♌ 17	♌ 20	♌ 23	♌ 25	♌ 25R
♅	1日	♓ 08	♓ 09	♓ 11	♓ 12	♓ 14	♓ 15	♓ 15R	♓ 14R	♓ 13R	♓ 12R	♓ 11R	♓ 11
♆	1日	♒ 16	♒ 17	♒ 18	♒ 19	♒ 20	♒ 20R	♒ 19R	♒ 19R	♒ 18R	♒ 17R	♒ 17	♒ 17
♇	1日	♐ 25	♐ 26	♐ 27	♐ 27R	♐ 26R	♐ 26R	♐ 25R	♐ 24R	♐ 24R	♐ 24	♐ 25	♐ 26
☊	1日	♈ 09R	♈ 06R	♈ 04R	♈ 04R	♈ 04R	♈ 02R	♓ 29R	♓ 26	♓ 25R	♓ 25	♓ 25	♓ 22R

		1月	2月	3月	4月	5月	6月	7月	8月	9月	10月	11月	12月
☽	1日	♊ 09	♋ 29	♌ 08	♍ 24	♎ 26	♐ 11	♑ 16	♓ 05	♈ 28	♊ 08	♋ 29	♍ 04
	2日	♊ 23	♌ 12	♌ 21	♎ 06	♏ 08	♐ 24	♑ 29	♓ 20	♉ 13	♊ 22	♌ 12	♍ 16
	3日	♋ 07	♌ 24	♍ 03	♎ 17	♏ 20	♑ 06	♒ 12	♈ 04	♉ 27	♋ 06	♌ 25	♍ 28
	4日	♋ 20	♍ 06	♍ 15	♎ 29	♐ 02	♑ 19	♒ 26	♈ 18	♊ 11	♋ 19	♍ 07	♎ 10
	5日	♌ 03	♍ 18	♍ 27	♏ 11	♐ 14	♒ 02	♓ 09	♉ 02	♊ 25	♌ 02	♍ 20	♎ 22
	6日	♌ 16	♎ 00	♎ 09	♏ 23	♐ 27	♒ 15	♓ 23	♉ 16	♋ 09	♌ 15	♎ 02	♏ 04
	7日	♌ 28	♎ 12	♎ 21	♐ 05	♑ 09	♒ 29	♈ 07	♊ 01	♋ 22	♌ 28	♎ 14	♏ 16
	8日	♍ 10	♎ 24	♏ 02	♐ 17	♑ 22	♓ 12	♈ 21	♊ 15	♌ 05	♍ 10	♎ 25	♏ 28
	9日	♍ 22	♏ 06	♏ 14	♑ 00	♒ 05	♓ 26	♉ 05	♊ 29	♌ 18	♍ 22	♏ 07	♐ 10
	10日	♎ 04	♏ 18	♏ 26	♑ 12	♒ 18	♈ 10	♉ 20	♋ 12	♍ 01	♎ 05	♏ 19	♐ 22
	11日	♎ 16	♐ 00	♐ 08	♑ 25	♓ 02	♈ 25	♊ 04	♋ 26	♍ 13	♎ 17	♐ 01	♑ 04
	12日	♎ 28	♐ 12	♐ 21	♒ 09	♓ 16	♉ 09	♊ 18	♌ 09	♍ 26	♎ 28	♐ 13	♑ 16
	13日	♏ 10	♐ 25	♑ 03	♒ 23	♈ 00	♉ 24	♋ 03	♌ 22	♎ 08	♏ 10	♐ 25	♑ 29
	14日	♏ 22	♑ 08	♑ 17	♓ 07	♈ 15	♊ 09	♋ 16	♍ 05	♎ 20	♏ 22	♑ 07	♒ 12
	15日	♐ 05	♑ 22	♒ 00	♓ 21	♉ 00	♊ 24	♌ 00	♍ 17	♏ 02	♐ 04	♑ 19	♒ 24
	16日	♐ 17	♒ 06	♒ 14	♈ 06	♉ 15	♋ 08	♌ 13	♍ 29	♏ 14	♐ 16	♒ 02	♓ 08
	17日	♑ 01	♒ 21	♒ 28	♈ 22	♊ 00	♋ 22	♌ 26	♎ 12	♏ 25	♐ 28	♒ 15	♓ 21
	18日	♑ 14	♓ 05	♓ 13	♉ 07	♊ 15	♌ 05	♍ 09	♎ 23	♐ 07	♑ 10	♒ 28	♈ 05
	19日	♑ 28	♓ 20	♓ 28	♉ 22	♋ 00	♌ 18	♍ 21	♏ 05	♐ 19	♑ 23	♓ 11	♈ 19
	20日	♒ 12	♈ 05	♈ 13	♊ 07	♋ 14	♍ 01	♎ 04	♏ 17	♑ 02	♒ 05	♓ 25	♉ 03
	21日	♒ 27	♈ 20	♈ 29	♊ 21	♋ 27	♍ 14	♎ 16	♏ 29	♑ 14	♒ 19	♈ 09	♉ 18
	22日	♓ 11	♉ 04	♉ 14	♋ 05	♌ 10	♍ 26	♎ 27	♐ 11	♑ 27	♓ 02	♈ 24	♊ 03
	23日	♓ 25	♉ 18	♉ 28	♋ 19	♌ 23	♎ 08	♏ 09	♐ 24	♒ 10	♓ 16	♉ 09	♊ 18
	24日	♈ 10	♊ 02	♊ 12	♌ 02	♍ 05	♎ 19	♏ 21	♑ 06	♒ 24	♈ 01	♉ 25	♋ 03
	25日	♈ 24	♊ 16	♊ 26	♌ 14	♍ 17	♏ 01	♐ 03	♑ 19	♓ 08	♈ 16	♊ 10	♋ 18
	26日	♉ 08	♋ 00	♋ 10	♌ 27	♍ 29	♏ 13	♐ 16	♒ 02	♓ 23	♉ 01	♊ 25	♌ 02
	27日	♉ 22	♋ 13	♋ 23	♍ 09	♎ 11	♏ 25	♐ 28	♒ 16	♈ 08	♉ 17	♋ 10	♌ 16
	28日	♊ 06	♋ 26	♌ 05	♍ 21	♎ 23	♐ 07	♑ 11	♓ 00	♈ 23	♊ 02	♋ 24	♌ 29
	29日	♊ 19		♌ 18	♎ 03	♏ 05	♐ 20	♑ 24	♓ 15	♉ 08	♊ 17	♌ 08	♍ 12
	30日	♋ 03		♍ 00	♎ 14	♏ 17	♑ 03	♒ 08	♓ 29	♉ 23	♋ 01	♌ 21	♍ 25
	31日	♋ 16		♍ 12		♏ 29		♒ 21	♈ 14		♋ 15		♎ 07
☿	1日	♑ 07	♒ 28	♒ 28R	♓ 15	♉ 08	♋ 04	♋ 05R	♋ 23	♍ 23	♏ 03	♎ 23R	♏ 29
	6日	♑ 15	♓ 05	♒ 26R	♓ 22	♉ 19	♋ 08	♋ 03R	♌ 03	♎ 01	♏ 07	♎ 25	♐ 07
	11日	♑ 23	♓ 09	♒ 26	♈ 00	♉ 29	♋ 11	♋ 03	♌ 13	♎ 09	♏ 09	♏ 00	♐ 15
	16日	♒ 01	♓ 10R	♒ 28	♈ 09	♊ 10	♋ 12R	♋ 04	♌ 23	♎ 16	♏ 08R	♏ 06	♐ 23
	21日	♒ 10	♓ 06R	♓ 02	♈ 18	♊ 18	♋ 11R	♋ 08	♍ 03	♎ 22	♏ 04R	♏ 14	♑ 01
	26日	♒ 18	♓ 01R	♓ 08	♈ 28	♊ 26	♋ 08R	♋ 14	♍ 12	♎ 28	♎ 28R	♏ 22	♑ 09
♀	1日	♑ 26	♓ 05	♈ 10	♉ 17	♊ 22	♋ 25	♌ 22	♍ 03R	♌ 18R	♌ 25	♍ 22	♎ 25
	11日	♒ 09	♓ 17	♈ 22	♉ 29	♋ 03	♌ 05	♌ 28	♌ 29R	♌ 17	♍ 02	♎ 02	♏ 07
	21日	♒ 21	♈ 00	♉ 04	♊ 11	♋ 14	♌ 14	♍ 02	♌ 23R	♌ 19	♍ 11	♎ 13	♏ 18
♂	1日	♐ 19	♑ 11	♒ 02	♒ 26	♓ 19	♈ 12	♉ 04	♉ 26	♊ 15	♋ 01	♋ 11	♋ 11R
	11日	♐ 26	♑ 19	♒ 10	♓ 04	♓ 27	♈ 20	♉ 12	♊ 03	♊ 21	♋ 05	♋ 12	♋ 08R
	21日	♑ 03	♑ 26	♒ 18	♓ 11	♈ 04	♈ 27	♉ 19	♊ 09	♊ 26	♋ 08	♋ 12R	♋ 04R
♃	1日	♐ 08	♐ 14	♐ 18	♐ 20	♐ 19R	♐ 16R	♐ 12R	♐ 10R	♐ 11	♐ 14	♐ 20	♐ 26
	11日	♐ 10	♐ 16	♐ 19	♐ 20R	♐ 18R	♐ 14R	♐ 11R	♐ 10	♐ 12	♐ 16	♐ 22	♐ 28
	21日	♐ 12	♐ 17	♐ 19	♐ 19R	♐ 17R	♐ 13R	♐ 10R	♐ 10	♐ 13	♐ 18	♐ 24	♑ 01
♄	1日	♌ 24R	♌ 22R	♌ 20R	♌ 18R	♌ 18	♌ 20	♌ 22	♌ 26	♍ 00	♍ 03	♍ 06	♍ 08
	11日	♌ 24R	♌ 22R	♌ 20R	♌ 18R	♌ 19	♌ 20	♌ 23	♌ 27	♍ 01	♍ 05	♍ 07	♍ 09
	21日	♌ 23R	♌ 21R	♌ 19R	♌ 18	♌ 19	♌ 21	♌ 25	♌ 28	♍ 02	♍ 06	♍ 08	♍ 09R
♅	1日	♓ 12	♓ 13	♓ 14	♓ 16	♓ 18	♓ 18	♓ 19R	♓ 18R	♓ 17R	♓ 16R	♓ 15R	♓ 15
♆	1日	♒ 18	♒ 19	♒ 20	♒ 21	♒ 22	♒ 22R	♒ 22R	♒ 21R	♒ 20R	♒ 20R	♒ 19	♒ 20
♇	1日	♐ 27	♐ 28	♐ 29	♐ 29R	♐ 29R	♐ 28R	♐ 27R	♐ 27R	♐ 26R	♐ 26	♐ 27	♐ 28
☊	1日	♓ 19R	♓ 16R	♓ 16R	♓ 16R	♓ 15R	♓ 12R	♓ 09R	♓ 07R	♓ 07R	♓ 07R	♓ 05R	♓ 02

2008（うるう）年

		1月	2月	3月	4月	5月	6月	7月	8月	9月	10月	11月	12月
☽	1日	♎ 19	♐ 02	♐ 22	♒ 07	♓ 12	♉ 03	♊ 12	♌ 05	♍ 25	♎ 29	♐ 14	♑ 16
	2日	♏ 01	♐ 14	♑ 04	♒ 20	♓ 25	♉ 18	♊ 27	♌ 19	♎ 08	♏ 12	♐ 26	♑ 28
	3日	♏ 13	♐ 26	♑ 17	♓ 03	♈ 10	♊ 03	♋ 12	♍ 03	♎ 21	♏ 24	♑ 08	♒ 10
	4日	♏ 24	♑ 09	♑ 29	♓ 17	♈ 24	♊ 18	♋ 27	♍ 17	♏ 04	♐ 06	♑ 20	♒ 22
	5日	♐ 06	♑ 21	♒ 12	♈ 02	♉ 09	♋ 04	♌ 11	♎ 00	♏ 16	♐ 18	♒ 01	♓ 04
	6日	♐ 18	♒ 04	♒ 26	♈ 16	♉ 25	♋ 18	♌ 25	♎ 13	♏ 28	♑ 00	♒ 14	♓ 17
	7日	♑ 01	♒ 17	♓ 09	♉ 01	♊ 10	♌ 03	♍ 09	♎ 26	♐ 10	♑ 11	♒ 26	♈ 00
	8日	♑ 13	♓ 01	♓ 23	♉ 16	♊ 25	♌ 17	♍ 22	♏ 08	♐ 22	♑ 23	♓ 09	♈ 14
	9日	♑ 26	♓ 14	♈ 08	♊ 01	♋ 10	♍ 01	♎ 05	♏ 20	♑ 04	♒ 06	♓ 22	♈ 28
	10日	♒ 08	♓ 28	♈ 22	♊ 16	♋ 24	♍ 14	♎ 17	♐ 02	♑ 16	♒ 18	♈ 06	♉ 12
	11日	♒ 21	♈ 12	♉ 07	♋ 00	♌ 08	♍ 26	♏ 00	♐ 14	♑ 28	♓ 01	♈ 20	♉ 27
	12日	♓ 05	♈ 26	♉ 21	♋ 14	♌ 21	♎ 09	♏ 12	♐ 26	♒ 10	♓ 14	♉ 04	♊ 12
	13日	♓ 18	♉ 10	♊ 05	♋ 28	♍ 04	♎ 21	♏ 24	♑ 08	♒ 23	♓ 28	♉ 19	♊ 28
	14日	♈ 01	♉ 24	♊ 20	♌ 11	♍ 17	♏ 03	♐ 06	♑ 20	♓ 06	♈ 12	♊ 04	♋ 13
	15日	♈ 15	♊ 09	♋ 04	♌ 25	♎ 00	♏ 15	♐ 17	♒ 02	♓ 19	♈ 26	♊ 19	♋ 28
	16日	♈ 29	♊ 23	♋ 18	♍ 07	♎ 12	♏ 27	♐ 29	♒ 15	♈ 03	♉ 11	♋ 04	♌ 13
	17日	♉ 14	♋ 07	♌ 01	♍ 20	♎ 24	♐ 09	♑ 11	♒ 27	♈ 17	♉ 25	♋ 19	♌ 27
	18日	♉ 28	♋ 21	♌ 14	♎ 02	♏ 06	♐ 21	♑ 24	♓ 10	♉ 01	♊ 10	♌ 03	♍ 11
	19日	♊ 12	♌ 05	♌ 28	♎ 15	♏ 18	♑ 03	♒ 06	♓ 24	♉ 16	♊ 25	♌ 17	♍ 24
	20日	♊ 27	♌ 18	♍ 11	♎ 27	♐ 00	♑ 15	♒ 18	♈ 07	♊ 00	♋ 09	♍ 01	♎ 07
	21日	♋ 11	♍ 02	♍ 23	♏ 09	♐ 12	♑ 27	♓ 01	♈ 21	♊ 14	♋ 23	♍ 14	♎ 19
	22日	♋ 26	♍ 15	♎ 06	♏ 21	♐ 24	♒ 09	♓ 14	♉ 05	♊ 28	♌ 07	♍ 27	♏ 02
	23日	♌ 10	♍ 27	♎ 18	♐ 03	♑ 06	♒ 21	♓ 27	♉ 19	♋ 12	♌ 21	♎ 10	♏ 14
	24日	♌ 23	♎ 10	♏ 00	♐ 15	♑ 17	♓ 04	♈ 10	♊ 03	♋ 26	♍ 04	♎ 22	♏ 26
	25日	♍ 07	♎ 22	♏ 13	♐ 27	♒ 00	♓ 17	♈ 24	♊ 17	♌ 10	♍ 17	♏ 05	♐ 08
	26日	♍ 20	♏ 04	♏ 24	♑ 09	♒ 12	♈ 00	♉ 08	♋ 02	♌ 24	♎ 00	♏ 17	♐ 20
	27日	♎ 02	♏ 16	♐ 06	♑ 21	♒ 24	♈ 14	♉ 22	♋ 16	♍ 07	♎ 13	♏ 29	♑ 02
	28日	♎ 15	♏ 28	♐ 18	♒ 03	♓ 07	♈ 28	♊ 07	♌ 00	♍ 21	♎ 25	♐ 11	♑ 13
	29日	♎ 27	♐ 10	♑ 00	♒ 15	♓ 20	♉ 12	♊ 21	♌ 14	♎ 04	♏ 08	♐ 23	♑ 25
	30日	♏ 09		♑ 12	♒ 28	♈ 04	♉ 27	♋ 06	♌ 28	♎ 17	♏ 20	♑ 05	♒ 07
	31日	♏ 21		♑ 24		♈ 18		♋ 21	♍ 12		♐ 02		♒ 19
☿	1日	♑ 18	♒ 23R	♒ 14	♓ 27	♉ 27	♊ 20R	♊ 18	♌ 12	♎ 04	♎ 20R	♎ 24	♐ 12
	6日	♑ 27	♒ 18R	♒ 19	♈ 06	♊ 05	♊ 18R	♊ 23	♌ 22	♎ 10	♎ 15R	♏ 02	♐ 20
	11日	♒ 05	♒ 12R	♒ 25	♈ 16	♊ 12	♊ 15R	♋ 00	♍ 01	♎ 16	♎ 10R	♏ 10	♐ 28
	16日	♒ 12	♒ 09R	♓ 02	♈ 26	♊ 17	♊ 13R	♋ 09	♍ 10	♎ 20	♎ 08	♏ 19	♑ 06
	21日	♒ 19	♒ 09	♓ 09	♉ 07	♊ 20	♊ 13	♋ 19	♍ 18	♎ 22	♎ 10	♏ 27	♑ 14
	26日	♒ 23	♒ 11	♓ 17	♉ 17	♊ 22	♊ 15	♋ 29	♍ 26	♎ 23R	♎ 16	♐ 04	♑ 21
♀	1日	♐ 02	♑ 10	♒ 15	♓ 24	♉ 01	♊ 09	♋ 16	♌ 24	♎ 02	♏ 09	♐ 16	♑ 22
	11日	♐ 14	♑ 22	♒ 28	♈ 06	♉ 13	♊ 21	♋ 28	♍ 06	♎ 14	♏ 21	♐ 28	♒ 04
	21日	♐ 26	♒ 04	♓ 10	♈ 18	♉ 25	♋ 03	♌ 10	♍ 18	♎ 26	♐ 03	♑ 10	♒ 15
♂	1日	♋ 00R	♊ 24	♊ 29	♋ 11	♋ 25	♌ 12	♍ 00	♍ 19	♎ 08	♎ 28	♏ 19	♐ 11
	11日	♊ 27R	♊ 25	♋ 02	♋ 15	♌ 01	♌ 18	♍ 06	♍ 25	♎ 15	♏ 05	♏ 26	♐ 18
	21日	♊ 25R	♊ 27	♋ 06	♋ 20	♌ 06	♌ 24	♍ 12	♎ 01	♎ 21	♏ 12	♐ 03	♐ 25
♃	1日	♑ 03	♑ 10	♑ 16	♑ 20	♑ 22	♑ 22R	♑ 19R	♑ 15R	♑ 13R	♑ 13	♑ 17	♑ 22
	11日	♑ 05	♑ 12	♑ 17	♑ 21	♑ 22R	♑ 21R	♑ 17R	♑ 14R	♑ 13	♑ 14	♑ 18	♑ 24
	21日	♑ 08	♑ 14	♑ 19	♑ 22	♑ 22R	♑ 20R	♑ 16R	♑ 13R	♑ 13	♑ 15	♑ 20	♑ 26
♄	1日	♍ 08R	♍ 07R	♍ 05R	♍ 03R	♍ 02R	♍ 02	♍ 05	♍ 08	♍ 12	♍ 15	♍ 19	♍ 21
	11日	♍ 08R	♍ 06R	♍ 04R	♍ 02R	♍ 02	♍ 03	♍ 05	♍ 09	♍ 13	♍ 16	♍ 20	♍ 21
	21日	♍ 08R	♍ 05R	♍ 03R	♍ 02R	♍ 02	♍ 04	♍ 07	♍ 10	♍ 14	♍ 18	♍ 20	♍ 22
♅	1日	♓ 15	♓ 17	♓ 18	♓ 20	♓ 21	♓ 22	♓ 23R	♓ 22R	♓ 21R	♓ 20R	♓ 19R	♓ 19
♆	1日	♒ 20	♒ 21	♒ 22	♒ 23	♒ 24	♒ 24R	♒ 24R	♒ 23R	♒ 22R	♒ 22R	♒ 21R	♒ 22
♇	1日	♐ 29	♑ 00	♑ 01	♑ 01	♑ 01R	♑ 00R	♑ 00R	♐ 29R	♐ 29R	♐ 29	♐ 29	♑ 00
☊	1日	♒ 29R	♒ 28R	♒ 28	♒ 27	♒ 25R	♒ 21R	♒ 19R	♒ 19R	♒ 19R	♒ 17R	♒ 14R	♒ 11R

		1月	2月	3月	4月	5月	6月	7月	8月	9月	10月	11月	12月
☽	1日	♓ 01	♈ 19	♉ 00	♊ 22	♌ 01	♍ 23	♎ 29	♐ 16	♒ 00	♓ 02	♈ 18	♉ 23
	2日	♓ 14	♉ 03	♉ 13	♋ 06	♌ 15	♎ 06	♏ 12	♐ 27	♒ 12	♓ 14	♉ 01	♊ 08
	3日	♓ 26	♉ 16	♉ 27	♋ 20	♌ 29	♎ 19	♏ 24	♑ 09	♒ 23	♓ 27	♉ 15	♊ 22
	4日	♈ 09	♊ 00	♊ 11	♌ 04	♍ 13	♏ 02	♐ 06	♑ 21	♓ 06	♈ 09	♉ 29	♋ 07
	5日	♈ 23	♊ 15	♊ 25	♌ 18	♍ 26	♏ 15	♐ 19	♒ 03	♓ 18	♈ 23	♊ 13	♋ 21
	6日	♉ 07	♊ 29	♋ 09	♍ 02	♎ 09	♏ 27	♑ 00	♒ 15	♈ 00	♉ 06	♊ 27	♌ 06
	7日	♉ 21	♋ 14	♋ 24	♍ 16	♎ 23	♐ 09	♑ 12	♒ 27	♈ 13	♉ 19	♋ 11	♌ 20
	8日	♊ 05	♋ 29	♌ 08	♎ 00	♏ 05	♐ 22	♑ 24	♓ 09	♈ 26	♊ 03	♋ 26	♍ 05
	9日	♊ 20	♌ 14	♌ 23	♎ 13	♏ 18	♑ 03	♒ 06	♓ 21	♉ 09	♊ 17	♌ 10	♍ 19
	10日	♋ 06	♌ 28	♍ 07	♎ 27	♐ 01	♑ 15	♒ 18	♈ 03	♉ 23	♋ 01	♌ 24	♎ 02
	11日	♋ 21	♍ 13	♍ 21	♏ 10	♐ 13	♑ 27	♓ 00	♈ 16	♊ 06	♋ 15	♍ 08	♎ 16
	12日	♌ 06	♍ 27	♎ 05	♏ 22	♐ 25	♒ 09	♓ 12	♈ 29	♊ 20	♋ 29	♍ 22	♎ 29
	13日	♌ 21	♎ 10	♎ 18	♐ 05	♑ 07	♒ 21	♓ 24	♉ 12	♋ 04	♌ 13	♎ 06	♏ 12
	14日	♍ 05	♎ 24	♏ 01	♐ 17	♑ 19	♓ 03	♈ 06	♉ 26	♋ 18	♌ 27	♎ 19	♏ 25
	15日	♍ 19	♏ 06	♏ 14	♐ 29	♒ 00	♓ 15	♈ 19	♊ 10	♌ 03	♍ 11	♏ 03	♐ 08
	16日	♎ 02	♏ 19	♏ 27	♑ 11	♒ 12	♓ 27	♉ 03	♊ 24	♌ 17	♍ 26	♏ 16	♐ 20
	17日	♎ 16	♐ 01	♐ 09	♑ 22	♒ 24	♈ 10	♉ 16	♋ 08	♍ 02	♎ 10	♏ 29	♑ 02
	18日	♎ 28	♐ 13	♐ 21	♒ 04	♓ 06	♈ 24	♊ 00	♋ 23	♍ 16	♎ 24	♐ 11	♑ 14
	19日	♏ 11	♐ 25	♑ 03	♒ 16	♓ 19	♉ 07	♊ 15	♌ 08	♎ 01	♏ 07	♐ 24	♑ 26
	20日	♏ 23	♑ 07	♑ 15	♒ 28	♈ 02	♉ 22	♊ 29	♌ 23	♎ 15	♏ 20	♑ 06	♒ 08
	21日	♐ 05	♑ 19	♑ 26	♓ 11	♈ 15	♊ 06	♋ 15	♍ 08	♎ 29	♐ 03	♑ 18	♒ 20
	22日	♐ 17	♒ 00	♒ 08	♓ 24	♈ 29	♊ 21	♌ 00	♍ 23	♏ 12	♐ 16	♒ 00	♓ 02
	23日	♐ 28	♒ 13	♒ 21	♈ 07	♉ 13	♋ 06	♌ 15	♎ 07	♏ 25	♐ 28	♒ 12	♓ 14
	24日	♑ 10	♒ 25	♓ 03	♈ 21	♉ 28	♋ 21	♍ 00	♎ 21	♐ 08	♑ 10	♒ 24	♓ 26
	25日	♑ 22	♓ 07	♓ 16	♉ 05	♊ 13	♌ 06	♍ 14	♏ 04	♐ 20	♑ 22	♓ 05	♈ 08
	26日	♒ 04	♓ 20	♓ 29	♉ 19	♊ 28	♌ 21	♍ 29	♏ 17	♑ 02	♒ 04	♓ 18	♈ 21
	27日	♒ 16	♈ 03	♈ 12	♊ 04	♋ 12	♍ 05	♎ 12	♐ 00	♑ 14	♒ 16	♈ 00	♉ 04
	28日	♒ 28	♈ 16	♈ 26	♊ 18	♋ 27	♍ 20	♎ 26	♐ 12	♑ 26	♒ 28	♈ 13	♉ 17
	29日	♓ 11		♉ 10	♋ 03	♌ 12	♎ 03	♏ 09	♐ 24	♒ 08	♓ 10	♈ 26	♊ 01
	30日	♓ 23		♉ 24	♋ 17	♌ 26	♎ 16	♏ 21	♑ 06	♒ 20	♓ 22	♉ 09	♊ 15
	31日	♈ 06		♊ 08		♍ 10		♐ 03	♑ 18		♈ 05		♋ 00
☿	1日	♒ 00	♑ 22R	♒ 18	♈ 13	♊ 00	♉ 23	♊ 25	♌ 27	♎ 05	♍ 22	♏ 06	♐ 23
	6日	♒ 05	♑ 23	♒ 26	♈ 23	♊ 02	♉ 24	♋ 05	♍ 05	♎ 06	♍ 25	♏ 14	♑ 01
	11日	♒ 08	♑ 27	♓ 04	♉ 03	♊ 01R	♉ 27	♋ 15	♍ 13	♎ 05R	♎ 01	♏ 22	♑ 08
	16日	♒ 06R	♒ 02	♓ 12	♉ 12	♉ 29R	♊ 02	♋ 26	♍ 19	♎ 02R	♎ 09	♐ 00	♑ 14
	21日	♒ 00R	♒ 08	♓ 21	♉ 20	♉ 26R	♊ 08	♌ 06	♍ 25	♍ 27R	♎ 18	♐ 08	♑ 19
	26日	♑ 24R	♒ 14	♈ 01	♉ 26	♉ 24R	♊ 16	♌ 16	♎ 00	♍ 23R	♎ 26	♐ 16	♑ 22
♀	1日	♒ 27	♓ 28	♈ 15	♈ 05R	♈ 02	♈ 25	♉ 25	♋ 00	♌ 07	♍ 13	♎ 21	♏ 29
	11日	♓ 08	♈ 06	♈ 15R	♈ 00R	♈ 08	♉ 05	♊ 06	♋ 12	♌ 19	♍ 25	♏ 04	♐ 12
	21日	♓ 18	♈ 12	♈ 11R	♓ 29	♈ 15	♉ 15	♊ 18	♋ 23	♍ 01	♎ 08	♏ 16	♐ 24
♂	1日	♑ 04	♑ 27	♒ 19	♓ 13	♈ 07	♉ 00	♉ 22	♊ 14	♋ 04	♋ 22	♌ 07	♌ 17
	11日	♑ 11	♒ 05	♒ 27	♓ 21	♈ 14	♉ 08	♉ 29	♊ 21	♋ 10	♋ 27	♌ 11	♌ 19
	21日	♑ 19	♒ 13	♓ 05	♓ 29	♈ 22	♉ 15	♊ 06	♊ 27	♋ 16	♌ 02	♌ 15	♌ 20R
♃	1日	♑ 29	♒ 06	♒ 13	♒ 19	♒ 24	♒ 27	♒ 27R	♒ 24R	♒ 20R	♒ 17R	♒ 18	♒ 21
	11日	♒ 01	♒ 09	♒ 15	♒ 21	♒ 25	♒ 27	♒ 26R	♒ 23R	♒ 19R	♒ 17R	♒ 19	♒ 22
	21日	♒ 04	♒ 11	♒ 17	♒ 23	♒ 26	♒ 27R	♒ 25R	♒ 21R	♒ 18R	♒ 17	♒ 20	♒ 24
♄	1日	♍ 22R	♍ 21R	♍ 19R	♍ 17R	♍ 15R	♍ 15	♍ 17	♍ 19	♍ 23	♍ 27	♎ 00	♎ 03
	11日	♍ 22R	♍ 20R	♍ 18R	♍ 16R	♍ 15R	♍ 15	♍ 17	♍ 20	♍ 24	♍ 28	♎ 01	♎ 04
	21日	♍ 21R	♍ 20R	♍ 17R	♍ 15R	♍ 15	♍ 16	♍ 18	♍ 22	♍ 25	♍ 29	♎ 02	♎ 04
♅	1日	♓ 19	♓ 20	♓ 22	♓ 24	♓ 25	♓ 26	♓ 27	♓ 26R	♓ 25R	♓ 24R	♓ 23R	♓ 23R
♆	1日	♒ 22	♒ 24	♒ 25	♒ 26	♒ 26	♒ 26R	♒ 26R	♒ 26R	♒ 25R	♒ 24R	♒ 24R	♒ 24
♇	1日	♑ 01	♑ 02	♑ 03	♑ 03	♑ 03R	♑ 03R	♑ 02R	♑ 01R	♑ 01R	♑ 01	♑ 01	♑ 02
☊	1日	♒ 09	♒ 09R	♒ 09R	♒ 07R	♒ 04R	♒ 02R	♒ 00R	♒ 00	♒ 00	♑ 28R	♑ 24R	♑ 22R

天文暦｜月その他　2010年

		1月	2月	3月	4月	5月	6月	7月	8月	9月	10月	11月	12月
☽	1日	♋15	♍09	♍17	♏08	♐13	♑29	♓01	♈15	♊01	♋07	♌29	♎09
	2日	♌00	♍23	♎02	♏22	♐26	♒11	♓13	♈27	♊14	♋21	♍14	♎23
	3日	♌15	♎08	♎16	♐06	♑09	♒23	♓25	♉10	♊28	♌05	♍29	♏07
	4日	♍00	♎22	♏00	♐18	♑21	♓05	♈07	♉22	♋12	♌20	♎13	♏21
	5日	♍15	♏06	♏14	♑01	♒03	♓17	♈19	♊06	♋26	♍04	♎28	♐05
	6日	♍29	♏19	♏28	♑13	♒15	♓29	♉01	♊19	♌11	♍19	♏13	♐19
	7日	♎13	♐02	♐10	♑25	♒27	♈11	♉14	♋03	♌26	♎05	♏27	♑02
	8日	♎26	♐14	♐23	♒07	♓09	♈23	♉27	♋17	♍11	♎20	♐11	♑15
	9日	♏09	♐26	♑05	♒19	♓21	♉06	♊11	♌02	♍26	♏04	♐24	♑28
	10日	♏22	♑08	♑17	♓01	♈03	♉19	♊25	♌17	♎11	♏19	♑07	♒10
	11日	♐05	♑20	♑29	♓13	♈15	♊03	♋09	♍03	♎26	♐03	♑20	♒22
	12日	♐17	♒02	♒10	♓25	♈28	♊17	♋24	♍18	♏11	♐16	♒02	♓04
	13日	♐29	♒14	♒22	♈07	♉11	♋01	♌09	♎03	♏24	♐29	♒14	♓16
	14日	♑11	♒25	♓04	♈19	♉24	♋15	♌24	♎17	♐08	♑12	♒26	♓28
	15日	♑23	♓07	♓16	♉02	♊08	♋29	♍08	♏01	♐21	♑24	♓08	♈10
	16日	♒05	♓19	♓28	♉15	♊21	♌14	♍23	♏15	♑03	♒06	♓20	♈22
	17日	♒17	♈01	♈10	♉28	♋05	♌28	♎08	♏29	♑16	♒18	♈02	♉04
	18日	♒28	♈13	♈23	♊12	♋19	♍13	♎22	♐12	♑28	♓00	♈14	♉17
	19日	♓10	♈26	♉06	♊25	♌03	♍27	♏05	♐24	♒10	♓12	♈26	♊00
	20日	♓22	♉08	♉18	♋09	♌18	♎11	♏19	♑07	♒21	♓24	♉09	♊13
	21日	♈04	♉21	♊01	♋23	♍02	♎25	♐02	♑19	♓03	♈06	♉22	♊26
	22日	♈17	♊05	♊15	♌07	♍16	♏08	♐15	♒01	♓15	♈18	♊04	♋10
	23日	♈29	♊18	♊28	♌21	♎00	♏22	♐27	♒13	♓27	♉00	♊18	♋24
	24日	♉12	♋02	♋12	♍05	♎14	♐05	♑09	♒24	♈09	♉13	♋01	♌08
	25日	♉25	♋16	♋26	♍20	♎28	♐18	♑22	♓06	♈21	♉25	♋15	♌23
	26日	♊09	♌01	♌10	♎04	♏12	♑00	♒04	♓18	♉03	♊08	♋28	♍07
	27日	♊23	♌16	♌25	♎18	♏25	♑13	♒16	♈00	♉16	♊21	♌12	♍21
	28日	♋08	♍01	♍10	♏03	♐09	♑25	♒28	♈12	♉28	♋04	♌26	♎06
	29日	♋23		♍25	♏17	♐22	♒07	♓09	♈24	♊11	♋18	♍10	♎20
	30日	♌08		♎10	♐00	♑04	♒19	♓21	♉06	♊24	♌01	♍25	♏04
	31日	♌23		♎24		♑17		♈03	♉19		♌15		♏17
☿	1日	♑19R	♑18	♒29	♈28	♉07R	♉17	♋12	♍05	♍13R	♍26	♏18	♑00
	6日	♑13R	♑24	♓08	♉05	♉04R	♉23	♋23	♍11	♍09R	♎04	♏26	♑04
	11日	♑07R	♒01	♓17	♉10	♉03R	♊02	♌03	♍15	♍06R	♎13	♐03	♑06R
	16日	♑06	♒08	♓27	♉12	♉03	♊11	♌12	♍18	♍06	♎22	♐11	♑03R
	21日	♑07	♒16	♈07	♉12R	♉06	♊21	♌20	♍19R	♍10	♏00	♐18	♐27R
	26日	♑11	♒24	♈17	♉10R	♉10	♋01	♌28	♍18R	♍17	♏09	♐24	♐21R
♀	1日	♑08	♒17	♓22	♉00	♊07	♋14	♌19	♍24	♎24	♏12	♏04R	♏00
	11日	♑21	♓00	♈04	♉13	♊19	♋26	♍01	♎04	♏02	♏13R	♎29R	♏06
	21日	♒03	♓12	♈17	♉25	♋01	♌08	♍12	♎14	♏08	♏10R	♎28	♏14
♂	1日	♌19R	♌09R	♌01R	♌03	♌13	♌27	♍13	♎01	♎21	♏11	♐03	♐25
	11日	♌17R	♌05R	♌00	♌05	♌17	♍02	♍19	♎07	♎27	♏18	♐10	♑02
	21日	♌13R	♌02R	♌01	♌09	♌21	♍07	♍25	♎14	♏04	♏25	♐17	♑10
♃	1日	♒26	♓03	♓10	♓17	♓24	♓29	♈03	♈03R	♈01R	♓27R	♓24R	♓24
	11日	♒28	♓06	♓12	♓20	♓26	♈01	♈03	♈03R	♈00R	♓26R	♓24R	♓24
	21日	♓01	♓08	♓15	♓22	♓28	♈02	♈03	♈02R	♓28R	♓25R	♓24	♓25
♄	1日	♎05	♎04R	♎03R	♎00R	♍29R	♍28	♍29	♎01	♎04	♎08	♎11	♎15
	11日	♎05	♎04R	♎02R	♎00R	♍28R	♍28	♍29	♎02	♎05	♎09	♎13	♎15
	21日	♎05R	♎03R	♎01R	♍29R	♍28R	♍28	♎00	♎03	♎07	♎10	♎14	♎16
♅	1日	♓23	♓24	♓26	♓27	♓29	♈00	♈01	♈00R	♓29R	♓28R	♓27R	♓27R
♆	1日	♒25	♒26	♒27	♒28	♒28	♒29R	♒28R	♒28R	♒27R	♒26R	♒26R	♒26
♇	1日	♑03	♑04	♑05	♑05	♑05R	♑05R	♑04R	♑03R	♑03R	♑03	♑03	♑04
☊	1日	♑21R	♑21R	♑20R	♑17R	♑14R	♑12	♑12	♑12R	♑10R	♑07	♑04R	♑03R

		1月	2月	3月	4月	5月	6月	7月	8月	9月	10月	11月	12月
☽	1日	♐ 01	♑ 19	♑ 29	♓ 14	♈ 17	♊ 02	♋ 06	♌ 27	♎ 20	♏ 29	♑ 20	♒ 24
	2日	♐ 14	♒ 02	♒ 11	♓ 26	♈ 29	♊ 14	♋ 19	♍ 11	♏ 05	♐ 13	♒ 03	♓ 06
	3日	♐ 27	♒ 14	♒ 23	♈ 08	♉ 11	♊ 27	♌ 03	♍ 26	♏ 19	♐ 27	♒ 15	♓ 19
	4日	♑ 10	♒ 26	♓ 05	♈ 20	♉ 23	♋ 10	♌ 17	♎ 10	♐ 03	♑ 10	♒ 28	♈ 01
	5日	♑ 23	♓ 08	♓ 17	♉ 02	♊ 05	♋ 23	♍ 01	♎ 25	♐ 17	♑ 23	♓ 10	♈ 12
	6日	♒ 06	♓ 20	♓ 29	♉ 14	♊ 18	♌ 07	♍ 15	♏ 09	♑ 01	♒ 06	♓ 22	♈ 24
	7日	♒ 18	♈ 02	♈ 11	♉ 26	♋ 00	♌ 20	♍ 29	♏ 23	♑ 14	♒ 19	♈ 04	♉ 06
	8日	♓ 00	♈ 14	♈ 23	♊ 08	♋ 13	♍ 04	♎ 14	♐ 07	♑ 26	♓ 01	♈ 16	♉ 18
	9日	♓ 12	♈ 26	♉ 05	♊ 20	♋ 26	♍ 18	♎ 28	♐ 20	♒ 09	♓ 13	♈ 28	♊ 00
	10日	♓ 24	♉ 08	♉ 17	♋ 03	♌ 10	♎ 03	♏ 12	♑ 04	♒ 22	♓ 25	♉ 10	♊ 12
	11日	♈ 06	♉ 20	♉ 29	♋ 16	♌ 24	♎ 17	♏ 26	♑ 17	♓ 04	♈ 07	♉ 21	♊ 25
	12日	♈ 18	♊ 02	♊ 11	♌ 00	♍ 08	♏ 01	♐ 10	♒ 00	♓ 16	♈ 19	♊ 03	♋ 07
	13日	♉ 00	♊ 15	♊ 24	♌ 13	♍ 22	♏ 16	♐ 24	♒ 12	♓ 28	♉ 01	♊ 16	♋ 20
	14日	♉ 12	♊ 28	♋ 07	♌ 28	♎ 07	♐ 00	♑ 07	♒ 25	♈ 10	♉ 13	♊ 28	♌ 03
	15日	♉ 24	♋ 12	♋ 20	♍ 12	♎ 22	♐ 14	♑ 20	♓ 07	♈ 22	♉ 24	♋ 10	♌ 16
	16日	♊ 07	♋ 26	♌ 04	♍ 27	♏ 06	♐ 28	♒ 04	♓ 19	♉ 04	♊ 06	♋ 23	♌ 29
	17日	♊ 21	♌ 11	♌ 19	♎ 13	♏ 21	♑ 12	♒ 16	♈ 01	♉ 16	♊ 18	♌ 06	♍ 13
	18日	♋ 04	♌ 26	♍ 04	♎ 28	♐ 06	♑ 25	♒ 29	♈ 13	♉ 27	♋ 01	♌ 19	♍ 27
	19日	♋ 18	♍ 11	♍ 19	♏ 13	♐ 20	♒ 08	♓ 11	♈ 25	♊ 09	♋ 13	♍ 03	♎ 11
	20日	♌ 03	♍ 26	♎ 04	♏ 28	♑ 04	♒ 21	♓ 23	♉ 07	♊ 22	♋ 26	♍ 17	♎ 25
	21日	♌ 18	♎ 11	♎ 20	♐ 12	♑ 17	♓ 03	♈ 05	♉ 19	♋ 04	♌ 09	♎ 01	♏ 10
	22日	♍ 02	♎ 26	♏ 05	♐ 26	♒ 00	♓ 15	♈ 17	♊ 01	♋ 17	♌ 23	♎ 16	♏ 25
	23日	♍ 17	♏ 10	♏ 19	♑ 09	♒ 13	♓ 27	♈ 29	♊ 13	♌ 01	♍ 07	♏ 01	♐ 09
	24日	♎ 02	♏ 24	♐ 04	♑ 22	♒ 25	♈ 09	♉ 11	♊ 26	♌ 15	♍ 22	♏ 16	♐ 24
	25日	♎ 16	♐ 08	♐ 17	♒ 05	♓ 07	♈ 21	♉ 23	♋ 09	♌ 29	♎ 07	♐ 01	♑ 08
	26日	♏ 00	♐ 21	♑ 01	♒ 17	♓ 19	♉ 03	♊ 05	♋ 22	♍ 14	♎ 22	♐ 15	♑ 22
	27日	♏ 14	♑ 04	♑ 13	♒ 29	♈ 01	♉ 15	♊ 18	♌ 06	♍ 29	♏ 08	♑ 00	♒ 06
	28日	♏ 28	♑ 17	♑ 26	♓ 11	♈ 13	♉ 27	♋ 01	♌ 21	♎ 14	♏ 23	♑ 14	♒ 19
	29日	♐ 11		♒ 08	♓ 23	♈ 25	♊ 10	♋ 14	♍ 05	♎ 29	♐ 08	♑ 28	♓ 02
	30日	♐ 24		♒ 20	♈ 05	♉ 07	♊ 23	♋ 28	♍ 20	♏ 14	♐ 22	♒ 11	♓ 14
	31日	♑ 07		♓ 02		♉ 19		♌ 12	♎ 05		♑ 06		♓ 27
☿	1日	♐ 20	♑ 26	♓ 13	♈ 24R	♈ 15	♉ 27	♋ 28	♍ 01	♌ 21	♎ 09	♏ 28	♐ 16R
	6日	♐ 23	♒ 03	♓ 23	♈ 22R	♈ 19	♊ 07	♌ 06	♍ 01R	♌ 26	♎ 18	♐ 05	♐ 09R
	11日	♐ 27	♒ 11	♈ 03	♈ 19R	♈ 24	♊ 18	♌ 13	♌ 28R	♍ 03	♎ 26	♐ 11	♐ 05R
	16日	♑ 03	♒ 20	♈ 11	♈ 15R	♉ 00	♊ 29	♌ 20	♌ 25R	♍ 12	♏ 04	♐ 16	♐ 04
	21日	♑ 10	♒ 29	♈ 18	♈ 13R	♉ 07	♋ 09	♌ 25	♌ 21R	♍ 21	♏ 12	♐ 19	♐ 07
	26日	♑ 17	♓ 08	♈ 23	♈ 13	♉ 16	♋ 19	♌ 29	♌ 19R	♎ 00	♏ 19	♐ 20R	♐ 12
♀	1日	♏ 24	♐ 26	♑ 29	♓ 06	♈ 12	♉ 20	♊ 26	♌ 04	♍ 13	♎ 20	♏ 28	♑ 06
	11日	♐ 04	♑ 08	♒ 11	♓ 18	♈ 24	♊ 02	♋ 09	♌ 17	♍ 25	♏ 02	♐ 11	♑ 18
	21日	♐ 14	♑ 19	♒ 23	♈ 00	♉ 06	♊ 14	♋ 21	♌ 29	♎ 07	♏ 15	♐ 23	♒ 00
♂	1日	♑ 18	♒ 13	♓ 05	♓ 29	♈ 22	♉ 16	♊ 07	♊ 28	♋ 19	♌ 07	♌ 25	♍ 09
	11日	♑ 26	♒ 21	♓ 13	♈ 07	♉ 00	♉ 23	♊ 14	♋ 05	♋ 25	♌ 13	♍ 00	♍ 13
	21日	♒ 04	♒ 28	♓ 21	♈ 15	♉ 07	♊ 00	♊ 21	♋ 12	♌ 01	♌ 19	♍ 05	♍ 17
♃	1日	♓ 27	♈ 02	♈ 08	♈ 15	♈ 22	♈ 29	♉ 05	♉ 09	♉ 10R	♉ 09R	♉ 05R	♉ 01R
	11日	♓ 28	♈ 04	♈ 10	♈ 18	♈ 25	♉ 01	♉ 06	♉ 10	♉ 10R	♉ 08R	♉ 04R	♉ 01R
	21日	♈ 00	♈ 06	♈ 12	♈ 20	♈ 27	♉ 03	♉ 08	♉ 10	♉ 10R	♉ 06R	♉ 02R	♉ 00R
♄	1日	♎ 17	♎ 17R	♎ 16R	♎ 14R	♎ 12R	♎ 11R	♎ 11	♎ 12	♎ 15	♎ 19	♎ 22	♎ 26
	11日	♎ 17	♎ 17R	♎ 16R	♎ 13R	♎ 11R	♎ 10R	♎ 11	♎ 13	♎ 16	♎ 20	♎ 24	♎ 27
	21日	♎ 17	♎ 17R	♎ 15R	♎ 13R	♎ 11R	♎ 10	♎ 12	♎ 14	♎ 17	♎ 21	♎ 25	♎ 28
♅	1日	♓ 27	♓ 28	♓ 29	♈ 01	♈ 03	♈ 04	♈ 05	♈ 04R	♈ 04R	♈ 02R	♈ 01R	♈ 01R
♆	1日	♒ 27	♒ 28	♒ 29	♓ 00	♓ 01	♓ 01	♓ 01R	♓ 00R	♒ 29R	♒ 29R	♒ 28R	♒ 28
♇	1日	♑ 05	♑ 06	♑ 07	♑ 07	♑ 07R	♑ 07R	♑ 06R	♑ 05R	♑ 05R	♑ 05	♑ 05	♑ 06
☊	1日	♑ 03	♑ 02R	♑ 00R	♐ 27R	♐ 24R	♐ 23R	♐ 23R	♐ 23R	♐ 20R	♐ 17R	♐ 15	♐ 14

2012（うるう）年

		1月	2月	3月	4月	5月	6月	7月	8月	9月	10月	11月	12月
☽	1日	♈ 09	♉ 22	♊ 12	♋ 27	♍ 02	♎ 24	♐ 03	♑ 26	♓ 16	♈ 20	♊ 04	♋ 06
	2日	♈ 21	♊ 04	♊ 24	♌ 10	♍ 16	♏ 09	♐ 18	♒ 10	♓ 29	♉ 02	♊ 16	♋ 18
	3日	♉ 02	♊ 16	♋ 06	♌ 24	♎ 01	♏ 24	♑ 03	♒ 24	♈ 11	♉ 14	♊ 28	♌ 01
	4日	♉ 14	♊ 28	♋ 19	♍ 08	♎ 15	♐ 09	♑ 17	♓ 07	♈ 24	♉ 26	♋ 10	♌ 13
	5日	♉ 26	♋ 11	♌ 02	♍ 22	♏ 00	♐ 24	♒ 02	♓ 20	♉ 06	♊ 07	♋ 22	♌ 25
	6日	♊ 08	♋ 24	♌ 16	♎ 07	♏ 16	♑ 09	♒ 16	♈ 03	♉ 18	♊ 19	♌ 04	♍ 08
	7日	♊ 21	♌ 08	♍ 00	♎ 22	♐ 01	♑ 23	♒ 29	♈ 16	♉ 29	♋ 01	♌ 16	♍ 21
	8日	♋ 03	♌ 21	♍ 14	♏ 07	♐ 16	♒ 07	♓ 12	♈ 28	♊ 11	♋ 13	♌ 29	♎ 05
	9日	♋ 16	♍ 06	♍ 29	♏ 22	♑ 01	♒ 21	♓ 25	♉ 10	♊ 23	♋ 25	♍ 12	♎ 19
	10日	♋ 29	♍ 20	♎ 14	♐ 07	♑ 15	♓ 04	♈ 08	♉ 22	♋ 05	♌ 08	♍ 26	♏ 03
	11日	♌ 13	♎ 04	♎ 29	♐ 22	♑ 29	♓ 17	♈ 20	♊ 03	♋ 17	♌ 21	♎ 10	♏ 18
	12日	♌ 26	♎ 19	♏ 13	♑ 06	♒ 12	♓ 29	♉ 02	♊ 15	♌ 00	♍ 04	♎ 25	♐ 03
	13日	♍ 10	♏ 03	♏ 28	♑ 20	♒ 25	♈ 11	♉ 14	♊ 27	♌ 13	♍ 18	♏ 10	♐ 18
	14日	♍ 24	♏ 17	♐ 12	♒ 03	♓ 08	♈ 23	♉ 25	♋ 09	♌ 26	♎ 02	♏ 25	♑ 03
	15日	♎ 08	♐ 01	♐ 26	♒ 16	♓ 20	♉ 05	♊ 07	♋ 22	♍ 10	♎ 17	♐ 10	♑ 18
	16日	♎ 22	♐ 15	♑ 09	♒ 29	♈ 03	♉ 17	♊ 19	♌ 05	♍ 24	♏ 02	♐ 25	♒ 03
	17日	♏ 06	♐ 29	♑ 23	♓ 11	♈ 15	♉ 29	♋ 01	♌ 18	♎ 08	♏ 17	♑ 10	♒ 17
	18日	♏ 20	♑ 12	♒ 06	♓ 23	♈ 27	♊ 11	♋ 14	♍ 01	♎ 23	♐ 02	♑ 25	♓ 01
	19日	♐ 04	♑ 26	♒ 19	♈ 06	♉ 08	♊ 23	♋ 26	♍ 15	♏ 07	♐ 16	♒ 09	♓ 15
	20日	♐ 19	♒ 09	♓ 02	♈ 18	♉ 20	♋ 05	♌ 09	♍ 29	♏ 22	♑ 01	♒ 22	♓ 28
	21日	♑ 03	♒ 22	♓ 14	♈ 29	♊ 02	♋ 17	♌ 22	♎ 13	♐ 06	♑ 15	♓ 06	♈ 10
	22日	♑ 16	♓ 05	♓ 26	♉ 11	♊ 14	♌ 00	♍ 05	♎ 27	♐ 20	♑ 29	♓ 18	♈ 22
	23日	♒ 00	♓ 18	♈ 09	♉ 23	♊ 26	♌ 12	♍ 19	♏ 11	♑ 04	♒ 12	♈ 01	♉ 04
	24日	♒ 14	♈ 00	♈ 21	♊ 05	♋ 08	♌ 25	♎ 02	♏ 25	♑ 18	♒ 26	♈ 13	♉ 16
	25日	♒ 27	♈ 12	♉ 03	♊ 17	♋ 20	♍ 08	♎ 16	♐ 10	♒ 02	♓ 09	♈ 25	♉ 28
	26日	♓ 10	♈ 24	♉ 14	♊ 29	♌ 03	♍ 22	♏ 00	♐ 24	♒ 15	♓ 21	♉ 07	♊ 10
	27日	♓ 22	♉ 06	♉ 26	♋ 11	♌ 15	♎ 06	♏ 14	♑ 08	♒ 29	♈ 04	♉ 19	♊ 22
	28日	♈ 04	♉ 18	♊ 08	♋ 23	♌ 28	♎ 20	♏ 29	♑ 22	♓ 12	♈ 16	♊ 01	♋ 03
	29日	♈ 16	♊ 00	♊ 20	♌ 06	♍ 12	♏ 04	♐ 13	♒ 05	♓ 25	♈ 28	♊ 13	♋ 15
	30日	♈ 28		♋ 02	♌ 19	♍ 25	♏ 18	♐ 27	♒ 19	♈ 07	♉ 10	♊ 25	♋ 28
	31日	♉ 10		♋ 14		♎ 10		♑ 12	♓ 02		♉ 22		♌ 10
☿	1日	♐ 20	♒ 07	♓ 28	♓ 24R	♈ 17	♊ 17	♌ 05	♌ 04R	♍ 00	♎ 23	♐ 02	♏ 20
	6日	♐ 27	♒ 16	♈ 04	♓ 24	♈ 25	♊ 27	♌ 09	♌ 02R	♍ 10	♏ 01	♐ 04	♏ 24
	11日	♑ 04	♒ 25	♈ 07	♓ 26	♉ 03	♋ 07	♌ 12	♌ 02	♍ 19	♏ 08	♐ 03R	♐ 00
	16日	♑ 12	♓ 04	♈ 06R	♓ 29	♉ 13	♋ 16	♌ 12R	♌ 05	♍ 28	♏ 15	♏ 28R	♐ 07
	21日	♑ 19	♓ 13	♈ 02R	♈ 04	♉ 23	♋ 23	♌ 11R	♌ 11	♎ 07	♏ 21	♏ 21R	♐ 14
	26日	♑ 27	♓ 22	♓ 28R	♈ 10	♊ 04	♌ 00	♌ 08R	♌ 19	♎ 16	♏ 27	♏ 18R	♐ 22
♀	1日	♒ 14	♓ 22	♈ 25	♉ 28	♊ 20	♊ 19R	♊ 08	♊ 24	♋ 24	♌ 27	♎ 04	♏ 11
	11日	♒ 26	♈ 03	♉ 06	♊ 07	♊ 24	♊ 13R	♊ 11	♋ 03	♌ 05	♍ 09	♎ 17	♏ 24
	21日	♓ 08	♈ 15	♉ 17	♊ 14	♊ 23R	♊ 08R	♊ 16	♋ 13	♌ 16	♍ 21	♎ 29	♐ 06
♂	1日	♍ 20	♍ 23R	♍ 15R	♍ 05R	♍ 05	♍ 15	♍ 29	♎ 16	♏ 05	♏ 26	♐ 18	♑ 11
	11日	♍ 22	♍ 21R	♍ 11R	♍ 04R	♍ 08	♍ 19	♎ 04	♎ 22	♏ 12	♐ 03	♐ 25	♑ 18
	21日	♍ 23	♍ 18R	♍ 07R	♍ 04	♍ 11	♍ 24	♎ 10	♎ 28	♏ 19	♐ 10	♑ 03	♑ 26
♃	1日	♉ 00	♉ 03	♉ 07	♉ 13	♉ 20	♉ 28	♊ 04	♊ 10	♊ 15	♊ 16	♊ 15R	♊ 12R
	11日	♉ 01	♉ 04	♉ 09	♉ 16	♉ 23	♊ 00	♊ 06	♊ 12	♊ 15	♊ 16R	♊ 14R	♊ 10R
	21日	♉ 02	♉ 05	♉ 11	♉ 18	♉ 25	♊ 02	♊ 08	♊ 13	♊ 16	♊ 16R	♊ 13R	♊ 09R
♄	1日	♎ 28	♎ 29	♎ 29R	♎ 27R	♎ 25R	♎ 23R	♎ 23	♎ 24	♎ 26	♎ 29	♏ 03	♏ 07
	11日	♎ 29	♎ 29R	♎ 29R	♎ 27R	♎ 24R	♎ 23R	♎ 23	♎ 25	♎ 27	♏ 01	♏ 04	♏ 08
	21日	♎ 29	♎ 29R	♎ 28R	♎ 26R	♎ 24R	♎ 23R	♎ 23	♎ 25	♎ 28	♏ 02	♏ 06	♏ 09
♅	1日	♈ 01	♈ 02	♈ 03	♈ 05	♈ 07	♈ 08	♈ 08	♈ 08R	♈ 08R	♈ 06R	♈ 05R	♈ 05R
♆	1日	♒ 29	♓ 00	♓ 01	♓ 02	♓ 03	♓ 03	♓ 03R	♓ 02R	♓ 02R	♓ 01R	♓ 00R	♓ 00
♇	1日	♑ 07	♑ 08	♑ 09	♑ 10	♑ 09R	♑ 09R	♑ 08R	♑ 07R	♑ 07R	♑ 07	♑ 07	♑ 08
☊	1日	♐ 14R	♐ 12	♐ 09R	♐ 07R	♐ 05R	♐ 05	♐ 05	♐ 03R	♐ 00R	♏ 27R	♏ 26	♏ 26R

		1月	2月	3月	4月	5月	6月	7月	8月	9月	10月	11月	12月
☽	1日	♌ 22	♎ 11	♎ 22	♐ 14	♑ 23	♓ 15	♈ 20	♊ 06	♋ 20	♌ 22	♎ 08	♏ 13
	2日	♍ 05	♎ 25	♏ 05	♐ 28	♒ 07	♓ 28	♉ 03	♊ 17	♌ 02	♍ 04	♎ 22	♏ 28
	3日	♍ 18	♏ 09	♏ 19	♑ 13	♒ 21	♈ 11	♉ 15	♊ 29	♌ 14	♍ 17	♏ 05	♐ 13
	4日	♎ 01	♏ 23	♐ 03	♑ 27	♓ 05	♈ 23	♉ 27	♋ 11	♌ 26	♎ 00	♏ 20	♐ 28
	5日	♎ 14	♐ 07	♐ 17	♒ 11	♓ 18	♉ 06	♊ 09	♋ 23	♍ 09	♎ 13	♐ 04	♑ 13
	6日	♎ 28	♐ 21	♑ 02	♒ 24	♈ 01	♉ 18	♊ 21	♌ 05	♍ 21	♎ 27	♐ 19	♑ 28
	7日	♏ 12	♑ 06	♑ 16	♓ 08	♈ 14	♊ 00	♋ 02	♌ 17	♎ 04	♏ 11	♑ 03	♒ 12
	8日	♏ 27	♑ 20	♒ 00	♓ 21	♈ 26	♊ 12	♋ 14	♍ 00	♎ 17	♏ 25	♑ 18	♒ 27
	9日	♐ 11	♒ 05	♒ 14	♈ 04	♉ 09	♊ 23	♋ 26	♍ 12	♏ 01	♐ 09	♒ 02	♓ 11
	10日	♐ 26	♒ 19	♒ 28	♈ 17	♉ 21	♋ 05	♌ 08	♍ 25	♏ 14	♐ 23	♒ 16	♓ 24
	11日	♑ 11	♓ 03	♓ 12	♉ 00	♊ 03	♋ 17	♌ 20	♎ 07	♏ 28	♑ 07	♓ 00	♈ 08
	12日	♑ 26	♓ 17	♓ 25	♉ 12	♊ 15	♋ 29	♍ 02	♎ 20	♐ 12	♑ 21	♓ 14	♈ 21
	13日	♒ 11	♈ 01	♈ 09	♉ 24	♊ 27	♌ 11	♍ 15	♏ 04	♐ 26	♒ 05	♓ 27	♉ 03
	14日	♒ 25	♈ 14	♈ 22	♊ 06	♋ 08	♌ 23	♍ 28	♏ 17	♑ 10	♒ 19	♈ 11	♉ 16
	15日	♓ 09	♈ 26	♉ 04	♊ 18	♋ 20	♍ 05	♎ 10	♐ 01	♑ 25	♓ 03	♈ 24	♉ 28
	16日	♓ 23	♉ 09	♉ 16	♋ 00	♌ 02	♍ 18	♎ 24	♐ 15	♒ 09	♓ 17	♉ 06	♊ 10
	17日	♈ 06	♉ 21	♉ 28	♋ 12	♌ 14	♎ 01	♏ 07	♑ 00	♒ 23	♈ 01	♉ 19	♊ 22
	18日	♈ 18	♊ 03	♊ 10	♋ 24	♌ 27	♎ 14	♏ 21	♑ 14	♓ 08	♈ 14	♊ 01	♋ 04
	19日	♉ 01	♊ 14	♊ 22	♌ 06	♍ 09	♎ 28	♐ 05	♑ 29	♓ 22	♈ 28	♊ 14	♋ 16
	20日	♉ 13	♊ 26	♋ 04	♌ 18	♍ 22	♏ 12	♐ 20	♒ 14	♈ 06	♉ 11	♊ 26	♋ 28
	21日	♉ 25	♋ 08	♋ 16	♍ 01	♎ 06	♏ 27	♑ 05	♒ 29	♈ 19	♉ 23	♋ 08	♌ 10
	22日	♊ 06	♋ 20	♋ 28	♍ 14	♎ 19	♐ 12	♑ 20	♓ 13	♉ 02	♊ 06	♋ 20	♌ 22
	23日	♊ 18	♌ 02	♌ 10	♍ 27	♏ 04	♐ 27	♒ 06	♓ 28	♉ 15	♊ 18	♌ 02	♍ 04
	24日	♋ 00	♌ 15	♌ 23	♎ 11	♏ 18	♑ 12	♒ 21	♈ 11	♉ 28	♋ 00	♌ 13	♍ 16
	25日	♋ 12	♌ 28	♍ 06	♎ 26	♐ 03	♑ 27	♓ 05	♈ 24	♊ 10	♋ 12	♌ 25	♍ 28
	26日	♋ 24	♍ 11	♍ 19	♏ 10	♐ 18	♒ 12	♓ 19	♉ 07	♊ 22	♋ 23	♍ 08	♎ 11
	27日	♌ 07	♍ 24	♎ 03	♏ 25	♑ 03	♒ 27	♈ 03	♉ 20	♋ 04	♌ 05	♍ 20	♎ 24
	28日	♌ 19	♎ 08	♎ 17	♐ 10	♑ 18	♓ 11	♈ 16	♊ 02	♋ 16	♌ 17	♎ 03	♏ 07
	29日	♍ 02		♏ 01	♐ 24	♒ 03	♓ 24	♈ 29	♊ 14	♋ 28	♍ 00	♎ 16	♏ 21
	30日	♍ 15		♏ 16	♑ 09	♒ 17	♈ 08	♉ 12	♊ 26	♌ 10	♍ 12	♎ 29	♐ 06
	31日	♍ 28		♐ 00		♓ 01		♉ 24	♋ 08		♍ 25		♐ 21
☿	1日	♑ 01	♒ 22	♓ 17R	♓ 14	♈ 29	♋ 01	♋ 22R	♋ 20	♍ 16	♏ 02	♏ 11R	♏ 24
	6日	♑ 09	♓ 01	♓ 12R	♓ 19	♉ 09	♋ 09	♋ 20R	♋ 26	♍ 25	♏ 08	♏ 05R	♐ 02
	11日	♑ 17	♓ 09	♓ 08R	♓ 26	♉ 20	♋ 15	♋ 17R	♌ 05	♎ 03	♏ 13	♏ 02	♐ 09
	16日	♑ 25	♓ 16	♓ 06R	♈ 03	♊ 01	♋ 19	♋ 14R	♌ 14	♎ 11	♏ 17	♏ 05	♐ 17
	21日	♒ 03	♓ 19	♓ 06	♈ 11	♊ 11	♋ 22	♋ 13	♌ 24	♎ 18	♏ 18	♏ 10	♐ 25
	26日	♒ 12	♓ 19R	♓ 09	♈ 20	♊ 21	♋ 23	♋ 15	♍ 04	♎ 26	♏ 17R	♏ 17	♑ 03
♀	1日	♐ 20	♑ 29	♓ 04	♈ 12	♉ 20	♊ 28	♌ 04	♍ 12	♎ 18	♏ 23	♐ 26	♑ 22
	11日	♑ 02	♒ 11	♓ 16	♈ 25	♊ 02	♋ 10	♌ 16	♍ 23	♏ 00	♐ 04	♑ 05	♑ 27
	21日	♑ 15	♒ 24	♓ 29	♉ 07	♊ 14	♋ 22	♌ 28	♎ 05	♏ 11	♐ 14	♑ 14	♑ 29
♂	1日	♒ 05	♒ 29	♓ 21	♈ 15	♉ 08	♊ 00	♊ 22	♋ 12	♌ 03	♌ 21	♍ 10	♍ 26
	11日	♒ 13	♓ 07	♓ 29	♈ 23	♉ 15	♊ 08	♊ 28	♋ 19	♌ 09	♌ 27	♍ 16	♎ 02
	21日	♒ 21	♓ 15	♈ 07	♉ 00	♉ 23	♊ 15	♋ 05	♋ 26	♌ 15	♍ 03	♍ 21	♎ 07
♃	1日	♊ 08R	♊ 06	♊ 08	♊ 12	♊ 18	♊ 24	♋ 01	♋ 08	♋ 14	♋ 18	♋ 20	♋ 20R
	11日	♊ 07R	♊ 07	♊ 09	♊ 14	♊ 20	♊ 27	♋ 03	♋ 10	♋ 16	♋ 19	♋ 20R	♋ 19R
	21日	♊ 06R	♊ 07	♊ 10	♊ 15	♊ 22	♊ 29	♋ 06	♋ 12	♋ 17	♋ 20	♋ 20R	♋ 18R
♄	1日	♏ 10	♏ 11	♏ 11R	♏ 10R	♏ 08R	♏ 06R	♏ 05R	♏ 05	♏ 07	♏ 10	♏ 14	♏ 17
	11日	♏ 10	♏ 11	♏ 11R	♏ 09R	♏ 07R	♏ 05R	♏ 05	♏ 06	♏ 08	♏ 11	♏ 15	♏ 18
	21日	♏ 11	♏ 12R	♏ 11R	♏ 09R	♏ 07R	♏ 05R	♏ 05	♏ 06	♏ 09	♏ 12	♏ 16	♏ 19
♅	1日	♈ 05	♈ 06	♈ 07	♈ 09	♈ 10	♈ 12	♈ 12	♈ 12R	♈ 12R	♈ 11R	♈ 09R	♈ 09R
♆	1日	♓ 01	♓ 02	♓ 03	♓ 04	♓ 05	♓ 05	♓ 05R	♓ 05R	♓ 04R	♓ 03R	♓ 03R	♓ 03
♇	1日	♑ 09	♑ 10	♑ 11	♑ 12	♑ 12R	♑ 11R	♑ 10R	♑ 10R	♑ 09R	♑ 09	♑ 09	♑ 10
☊	1日	♏ 25R	♏ 22R	♏ 19R	♏ 17	♏ 17	♏ 17	♏ 15	♏ 13R	♏ 10R	♏ 08R	♏ 08	♏ 08R

天文暦｜月その他　2014年

		1月	2月	3月	4月	5月	6月	7月	8月	9月	10月	11月	12月
☽	1日	♑ 06	♓ 00	♓ 08	♈ 29	♊ 03	♋ 19	♌ 21	♎ 05	♏ 22	♐ 29	♒ 22	♈ 01
	2日	♑ 21	♓ 14	♓ 22	♉ 12	♊ 16	♌ 01	♍ 03	♎ 18	♐ 05	♑ 13	♓ 06	♈ 15
	3日	♒ 06	♓ 29	♈ 07	♉ 25	♊ 28	♌ 13	♍ 15	♏ 00	♐ 19	♑ 27	♓ 21	♈ 29
	4日	♒ 21	♈ 13	♈ 21	♊ 08	♋ 11	♌ 24	♍ 27	♏ 13	♑ 03	♒ 11	♈ 05	♉ 12
	5日	♓ 06	♈ 26	♉ 04	♊ 20	♋ 23	♍ 06	♎ 09	♏ 26	♑ 17	♒ 26	♈ 19	♉ 26
	6日	♓ 20	♉ 09	♉ 17	♋ 03	♌ 04	♍ 18	♎ 21	♐ 10	♒ 02	♓ 11	♉ 03	♊ 09
	7日	♈ 04	♉ 22	♊ 00	♋ 15	♌ 16	♎ 01	♏ 04	♐ 24	♒ 17	♓ 26	♉ 17	♊ 22
	8日	♈ 17	♊ 04	♊ 13	♋ 27	♌ 28	♎ 13	♏ 17	♑ 08	♓ 02	♈ 10	♊ 01	♋ 05
	9日	♉ 00	♊ 16	♊ 25	♌ 08	♍ 10	♎ 26	♐ 01	♑ 23	♓ 17	♈ 25	♊ 14	♋ 18
	10日	♉ 13	♊ 28	♋ 07	♌ 20	♍ 23	♏ 09	♐ 15	♒ 08	♈ 02	♉ 09	♊ 27	♌ 00
	11日	♉ 25	♋ 10	♋ 19	♍ 02	♎ 05	♏ 23	♑ 00	♒ 24	♈ 17	♉ 23	♋ 10	♌ 12
	12日	♊ 07	♋ 22	♌ 00	♍ 15	♎ 18	♐ 07	♑ 15	♓ 09	♉ 01	♊ 06	♋ 22	♌ 24
	13日	♊ 19	♌ 04	♌ 12	♍ 27	♏ 01	♐ 21	♒ 00	♓ 24	♉ 15	♊ 19	♌ 04	♍ 06
	14日	♋ 01	♌ 16	♌ 24	♎ 10	♏ 15	♑ 06	♒ 15	♈ 08	♉ 28	♋ 02	♌ 16	♍ 18
	15日	♋ 13	♌ 28	♍ 06	♎ 23	♏ 28	♑ 21	♓ 00	♈ 23	♊ 11	♋ 14	♌ 28	♍ 29
	16日	♋ 25	♍ 10	♍ 19	♏ 06	♐ 13	♒ 06	♓ 15	♉ 06	♊ 24	♋ 26	♍ 10	♎ 12
	17日	♌ 07	♍ 22	♎ 01	♏ 19	♐ 27	♒ 21	♓ 29	♉ 19	♋ 06	♌ 08	♍ 22	♎ 24
	18日	♌ 19	♎ 04	♎ 14	♐ 03	♑ 11	♓ 05	♈ 13	♊ 02	♋ 18	♌ 20	♎ 04	♏ 06
	19日	♍ 01	♎ 17	♎ 27	♐ 17	♑ 26	♓ 19	♈ 27	♊ 15	♌ 00	♍ 02	♎ 16	♏ 19
	20日	♍ 13	♏ 00	♏ 10	♑ 01	♒ 10	♈ 03	♉ 10	♊ 27	♌ 12	♍ 14	♎ 29	♐ 03
	21日	♍ 25	♏ 13	♏ 23	♑ 15	♒ 25	♈ 17	♉ 23	♋ 09	♌ 24	♍ 26	♏ 12	♐ 17
	22日	♎ 07	♏ 26	♐ 06	♑ 29	♓ 09	♉ 00	♊ 05	♋ 21	♍ 06	♎ 08	♏ 25	♑ 01
	23日	♎ 20	♐ 10	♐ 20	♒ 13	♓ 23	♉ 13	♊ 18	♌ 03	♍ 17	♎ 20	♐ 08	♑ 15
	24日	♏ 03	♐ 24	♑ 04	♒ 28	♈ 06	♉ 26	♋ 00	♌ 15	♎ 00	♏ 03	♐ 22	♒ 00
	25日	♏ 16	♑ 08	♑ 18	♓ 12	♈ 20	♊ 08	♋ 12	♌ 27	♎ 12	♏ 16	♑ 06	♒ 15
	26日	♐ 00	♑ 23	♒ 03	♓ 26	♉ 03	♊ 21	♋ 24	♍ 09	♎ 24	♏ 29	♑ 20	♒ 29
	27日	♐ 14	♒ 08	♒ 17	♈ 10	♉ 16	♋ 03	♌ 06	♍ 21	♏ 07	♐ 12	♒ 05	♓ 14
	28日	♐ 29	♒ 23	♓ 02	♈ 24	♉ 29	♋ 15	♌ 18	♎ 03	♏ 19	♐ 26	♒ 19	♓ 28
	29日	♑ 14		♓ 16	♉ 07	♊ 12	♋ 27	♍ 00	♎ 15	♐ 02	♑ 10	♓ 03	♈ 12
	30日	♑ 29		♈ 01	♉ 20	♊ 24	♌ 09	♍ 12	♎ 27	♐ 16	♑ 24	♓ 17	♈ 26
	31日	♒ 14		♈ 15		♋ 07		♍ 23	♏ 09		♒ 08		♉ 09
☿	1日	♑ 12	♓ 00	♒ 18	♓ 19	♉ 17	♋ 02	♊ 24R	♌ 00	♍ 28	♏ 02	♎ 20	♐ 05
	6日	♑ 20	♓ 03	♒ 20	♓ 27	♉ 27	♋ 03	♊ 25	♌ 11	♎ 06	♏ 02R	♎ 26	♐ 13
	11日	♑ 29	♓ 02R	♒ 23	♈ 06	♊ 07	♋ 03R	♊ 28	♌ 21	♎ 13	♏ 00R	♏ 03	♐ 20
	16日	♒ 07	♒ 27R	♒ 28	♈ 15	♊ 15	♋ 01R	♋ 03	♍ 01	♎ 19	♎ 24R	♏ 11	♐ 28
	21日	♒ 15	♒ 21R	♓ 04	♈ 25	♊ 22	♊ 28R	♋ 10	♍ 10	♎ 24	♎ 19R	♏ 19	♑ 06
	26日	♒ 23	♒ 19R	♓ 10	♉ 06	♊ 27	♊ 25R	♋ 19	♍ 19	♎ 29	♎ 17	♏ 27	♑ 14
♀	1日	♑ 27R	♑ 14	♑ 26	♒ 25	♓ 28	♉ 04	♊ 09	♋ 16	♌ 24	♎ 02	♏ 10	♐ 18
	11日	♑ 21R	♑ 16	♒ 05	♓ 06	♈ 09	♉ 15	♊ 21	♋ 29	♍ 07	♎ 14	♏ 23	♑ 01
	21日	♑ 16R	♑ 21	♒ 14	♓ 17	♈ 21	♉ 27	♋ 03	♌ 11	♍ 19	♎ 27	♐ 05	♑ 13
♂	1日	♎ 12	♎ 23	♎ 28	♎ 22R	♎ 11R	♎ 10	♎ 18	♏ 03	♏ 22	♐ 12	♑ 04	♑ 27
	11日	♎ 16	♎ 26	♎ 27R	♎ 18R	♎ 10R	♎ 12	♎ 23	♏ 09	♏ 28	♐ 19	♑ 12	♒ 05
	21日	♎ 20	♎ 27	♎ 25R	♎ 14R	♎ 09	♎ 15	♎ 27	♏ 15	♐ 05	♐ 26	♑ 19	♒ 13
♃	1日	♋ 16R	♋ 12R	♋ 10R	♋ 11	♋ 15	♋ 20	♋ 27	♌ 03	♌ 10	♌ 16	♌ 20	♌ 23
	11日	♋ 15R	♋ 11R	♋ 10	♋ 12	♋ 17	♋ 22	♋ 29	♌ 06	♌ 12	♌ 18	♌ 21	♌ 23R
	21日	♋ 13R	♋ 11R	♋ 11	♋ 14	♋ 18	♋ 24	♌ 01	♌ 08	♌ 14	♌ 19	♌ 22	♌ 22R
♄	1日	♏ 20	♏ 23	♏ 23	♏ 23R	♏ 21R	♏ 18R	♏ 17R	♏ 17	♏ 18	♏ 21	♏ 24	♏ 27
	11日	♏ 21	♏ 23	♏ 23R	♏ 22R	♏ 20R	♏ 18R	♏ 17R	♏ 17	♏ 19	♏ 22	♏ 25	♏ 29
	21日	♏ 22	♏ 23	♏ 23R	♏ 21R	♏ 19R	♏ 17R	♏ 17	♏ 17	♏ 20	♏ 23	♏ 26	♐ 00
♅	1日	♈ 09	♈ 09	♈ 11	♈ 12	♈ 14	♈ 15	♈ 16	♈ 16R	♈ 16R	♈ 15R	♈ 14R	♈ 13R
♆	1日	♓ 03	♓ 04	♓ 05	♓ 06	♓ 07	♓ 08	♓ 07R	♓ 07R	♓ 06R	♓ 05R	♓ 05R	♓ 05
♇	1日	♑ 11	♑ 12	♑ 13	♑ 14	♑ 14R	♑ 13R	♑ 12R	♑ 12R	♑ 11R	♑ 11	♑ 11	♑ 12
☊	1日	♏ 06R	♏ 02R	♎ 29R	♎ 28	♎ 28R	♎ 28R	♎ 25R	♎ 22R	♎ 20	♎ 19	♎ 19	♎ 18

		1月	2月	3月	4月	5月	6月	7月	8月	9月	10月	11月	12月
☽	1日	♉ 22	♋ 10	♋ 20	♍ 04	♎ 06	♏ 22	♐ 26	♒ 18	♈ 12	♉ 20	♋ 10	♌ 14
	2日	♊ 05	♋ 23	♌ 02	♍ 16	♎ 18	♐ 05	♑ 10	♓ 03	♈ 26	♊ 04	♋ 23	♌ 26
	3日	♊ 18	♌ 05	♌ 14	♍ 28	♏ 01	♐ 18	♑ 24	♓ 18	♉ 11	♊ 18	♌ 06	♍ 08
	4日	♋ 01	♌ 17	♌ 26	♎ 10	♏ 13	♑ 01	♒ 09	♈ 02	♉ 25	♋ 01	♌ 18	♍ 20
	5日	♋ 14	♌ 29	♍ 07	♎ 22	♏ 26	♑ 15	♒ 23	♈ 17	♊ 09	♋ 14	♍ 00	♎ 02
	6日	♋ 26	♍ 10	♍ 19	♏ 04	♐ 08	♑ 29	♓ 08	♉ 01	♊ 22	♋ 27	♍ 12	♎ 14
	7日	♌ 08	♍ 22	♎ 01	♏ 16	♐ 22	♒ 13	♓ 22	♉ 15	♋ 05	♌ 09	♍ 24	♎ 26
	8日	♌ 20	♎ 04	♎ 13	♏ 29	♑ 05	♒ 27	♈ 06	♉ 29	♋ 18	♌ 22	♎ 06	♏ 08
	9日	♍ 02	♎ 16	♎ 25	♐ 12	♑ 18	♓ 11	♈ 20	♊ 12	♌ 00	♍ 04	♎ 18	♏ 20
	10日	♍ 14	♎ 28	♏ 07	♐ 25	♒ 02	♓ 25	♉ 04	♊ 25	♌ 12	♍ 15	♎ 29	♐ 02
	11日	♍ 26	♏ 10	♏ 19	♑ 08	♒ 16	♈ 09	♉ 18	♋ 08	♌ 25	♍ 27	♏ 12	♐ 15
	12日	♎ 07	♏ 23	♐ 02	♑ 22	♓ 00	♈ 23	♊ 02	♋ 21	♍ 06	♎ 09	♏ 24	♐ 28
	13日	♎ 19	♐ 06	♐ 15	♒ 05	♓ 14	♉ 07	♊ 15	♌ 03	♍ 18	♎ 21	♐ 06	♑ 11
	14日	♏ 02	♐ 19	♐ 28	♒ 20	♓ 29	♉ 21	♊ 28	♌ 15	♎ 00	♏ 03	♐ 19	♑ 24
	15日	♏ 14	♑ 03	♑ 12	♓ 04	♈ 13	♊ 05	♋ 11	♌ 28	♎ 12	♏ 15	♑ 01	♒ 08
	16日	♏ 27	♑ 17	♑ 26	♓ 19	♈ 28	♊ 19	♋ 24	♍ 10	♎ 24	♏ 27	♑ 14	♒ 22
	17日	♐ 11	♒ 02	♒ 10	♈ 04	♉ 12	♋ 02	♌ 07	♍ 21	♏ 06	♐ 09	♑ 28	♓ 05
	18日	♐ 25	♒ 17	♒ 25	♈ 19	♉ 26	♋ 15	♌ 19	♎ 03	♏ 18	♐ 22	♒ 11	♓ 19
	19日	♑ 09	♓ 02	♓ 10	♉ 03	♊ 10	♋ 28	♍ 01	♎ 15	♐ 00	♑ 04	♒ 25	♈ 03
	20日	♑ 24	♓ 17	♓ 25	♉ 18	♊ 24	♌ 11	♍ 13	♎ 27	♐ 12	♑ 17	♓ 09	♈ 17
	21日	♒ 09	♈ 02	♈ 10	♊ 02	♋ 07	♌ 23	♍ 25	♏ 09	♐ 25	♒ 01	♓ 23	♉ 02
	22日	♒ 24	♈ 17	♈ 25	♊ 16	♋ 20	♍ 05	♎ 07	♏ 21	♑ 08	♒ 15	♈ 07	♉ 16
	23日	♓ 09	♉ 01	♉ 10	♊ 29	♌ 03	♍ 17	♎ 19	♐ 03	♑ 21	♒ 29	♈ 22	♊ 00
	24日	♓ 24	♉ 15	♉ 24	♋ 12	♌ 15	♍ 29	♏ 00	♐ 16	♒ 05	♓ 13	♉ 07	♊ 15
	25日	♈ 08	♉ 29	♊ 08	♋ 25	♌ 27	♎ 11	♏ 13	♐ 29	♒ 20	♓ 28	♉ 21	♊ 29
	26日	♈ 22	♊ 12	♊ 21	♌ 07	♍ 09	♎ 22	♏ 25	♑ 13	♓ 05	♈ 13	♊ 06	♋ 12
	27日	♉ 06	♊ 25	♋ 04	♌ 19	♍ 21	♏ 05	♐ 08	♑ 27	♓ 20	♈ 28	♊ 20	♋ 26
	28日	♉ 19	♋ 07	♋ 16	♍ 01	♎ 03	♏ 17	♐ 21	♒ 11	♈ 05	♉ 13	♋ 04	♌ 09
	29日	♊ 02		♋ 29	♍ 13	♎ 15	♐ 00	♑ 05	♒ 26	♈ 20	♉ 28	♋ 18	♌ 22
	30日	♊ 15		♌ 11	♍ 25	♎ 27	♐ 13	♑ 19	♓ 11	♉ 05	♊ 12	♌ 01	♍ 04
	31日	♊ 28		♌ 23		♏ 09		♒ 03	♓ 27		♊ 26		♍ 16
☿	1日	♑ 24	♒ 08R	♒ 14	♈ 02	♊ 00	♊ 08R	♊ 18	♌ 18	♎ 05	♎ 07R	♎ 28	♐ 16
	6日	♒ 02	♒ 03R	♒ 20	♈ 12	♊ 06	♊ 06R	♊ 25	♌ 27	♎ 10	♎ 02R	♏ 06	♐ 24
	11日	♒ 09	♒ 01R	♒ 27	♈ 22	♊ 11	♊ 05R	♋ 04	♍ 06	♎ 14	♎ 01	♏ 15	♑ 02
	16日	♒ 14	♒ 02	♓ 04	♉ 02	♊ 13	♊ 05	♋ 14	♍ 14	♎ 16	♎ 04	♏ 23	♑ 09
	21日	♒ 17	♒ 06	♓ 12	♉ 13	♊ 13R	♊ 08	♋ 25	♍ 21	♎ 15R	♎ 11	♐ 00	♑ 17
	26日	♒ 15R	♒ 10	♓ 21	♉ 22	♊ 11R	♊ 12	♌ 06	♍ 28	♎ 12R	♎ 18	♐ 08	♑ 23
♀	1日	♑ 27	♓ 06	♈ 10	♉ 18	♊ 22	♋ 26	♌ 21	♍ 00R	♌ 15R	♌ 24	♍ 22	♎ 25
	11日	♒ 09	♓ 18	♈ 22	♉ 29	♋ 03	♌ 05	♌ 27	♌ 25R	♌ 15	♍ 02	♎ 03	♏ 07
	21日	♒ 22	♈ 00	♉ 04	♊ 11	♋ 14	♌ 14	♍ 00	♌ 19R	♌ 18	♍ 11	♎ 14	♏ 19
♂	1日	♒ 21	♓ 15	♈ 07	♉ 00	♉ 22	♊ 14	♋ 04	♋ 25	♌ 15	♍ 04	♍ 23	♎ 11
	11日	♒ 29	♓ 23	♈ 15	♉ 08	♉ 29	♊ 21	♋ 11	♌ 01	♌ 21	♍ 10	♍ 29	♎ 17
	21日	♓ 07	♈ 01	♈ 22	♉ 15	♊ 06	♊ 28	♋ 18	♌ 08	♌ 28	♍ 16	♎ 05	♎ 22
♃	1日	♌ 22R	♌ 18R	♌ 15R	♌ 13R	♌ 13	♌ 17	♌ 22	♌ 28	♍ 04	♍ 11	♍ 17	♍ 21
	11日	♌ 21R	♌ 17R	♌ 14R	♌ 13	♌ 14	♌ 18	♌ 23	♍ 00	♍ 07	♍ 13	♍ 18	♍ 22
	21日	♌ 20R	♌ 16R	♌ 13R	♌ 13	♌ 15	♌ 20	♌ 26	♍ 02	♍ 09	♍ 15	♍ 20	♍ 23
♄	1日	♐ 01	♐ 04	♐ 05	♐ 05R	♐ 03R	♐ 01R	♏ 29R	♏ 28R	♏ 29	♐ 01	♐ 04	♐ 08
	11日	♐ 02	♐ 04	♐ 05	♐ 04R	♐ 03R	♐ 00R	♏ 29R	♏ 28	♐ 00	♐ 02	♐ 05	♐ 09
	21日	♐ 03	♐ 05	♐ 05R	♐ 04R	♐ 02R	♐ 00R	♏ 28R	♏ 29	♐ 00	♐ 03	♐ 06	♐ 10
♅	1日	♈ 13	♈ 13	♈ 14	♈ 16	♈ 18	♈ 19	♈ 20	♈ 20R	♈ 20R	♈ 19R	♈ 18R	♈ 17R
♆	1日	♓ 05	♓ 06	♓ 07	♓ 08	♓ 09	♓ 10	♓ 10R	♓ 09R	♓ 08R	♓ 08R	♓ 07R	♓ 07
♇	1日	♑ 13	♑ 14	♑ 15	♑ 15	♑ 15R	♑ 15R	♑ 14R	♑ 14R	♑ 13R	♑ 13	♑ 13	♑ 14
☊	1日	♎ 15R	♎ 12R	♎ 10R	♎ 10	♎ 10	♎ 08R	♎ 05R	♎ 02R	♎ 01	♎ 01R	♎ 00R	♍ 28R

2016（うるう）年

		1月	2月	3月	4月	5月	6月	7月	8月	9月	10月	11月	12月
☽	1日	♍ 28	♏ 11	♐ 02	♑ 18	♒ 23	♈ 15	♉ 25	♋ 17	♍ 06	♎ 10	♏ 24	♐ 27
	2日	♎ 10	♏ 23	♐ 14	♒ 01	♓ 07	♉ 00	♊ 09	♌ 01	♍ 19	♎ 22	♐ 06	♑ 09
	3日	♎ 22	♐ 06	♐ 26	♒ 14	♓ 21	♉ 15	♊ 24	♌ 14	♎ 01	♏ 04	♐ 18	♑ 21
	4日	♏ 04	♐ 18	♑ 09	♒ 28	♈ 06	♊ 00	♋ 08	♌ 28	♎ 13	♏ 15	♑ 00	♒ 04
	5日	♏ 16	♑ 01	♑ 22	♓ 13	♈ 21	♊ 15	♋ 22	♍ 10	♎ 25	♏ 27	♑ 12	♒ 16
	6日	♏ 28	♑ 15	♒ 06	♓ 28	♉ 06	♋ 00	♌ 06	♍ 23	♏ 07	♐ 09	♑ 24	♒ 29
	7日	♐ 11	♑ 28	♒ 20	♈ 13	♉ 21	♋ 14	♌ 19	♎ 05	♏ 19	♐ 21	♒ 07	♓ 12
	8日	♐ 23	♒ 12	♓ 05	♈ 28	♊ 07	♋ 28	♍ 02	♎ 17	♐ 01	♑ 03	♒ 20	♓ 26
	9日	♑ 07	♒ 27	♓ 20	♉ 13	♊ 21	♌ 11	♍ 15	♎ 29	♐ 13	♑ 16	♓ 03	♈ 10
	10日	♑ 20	♓ 11	♈ 05	♉ 28	♋ 06	♌ 24	♍ 27	♏ 11	♐ 25	♑ 28	♓ 17	♈ 24
	11日	♒ 04	♓ 26	♈ 20	♊ 13	♋ 20	♍ 07	♎ 09	♏ 23	♑ 07	♒ 11	♈ 01	♉ 09
	12日	♒ 18	♈ 10	♉ 04	♊ 27	♌ 03	♍ 19	♎ 21	♐ 05	♑ 20	♒ 24	♈ 15	♉ 24
	13日	♓ 02	♈ 25	♉ 19	♋ 11	♌ 16	♎ 01	♏ 03	♐ 17	♒ 03	♓ 08	♉ 00	♊ 09
	14日	♓ 16	♉ 09	♊ 04	♋ 24	♌ 29	♎ 13	♏ 15	♐ 29	♒ 16	♓ 23	♉ 16	♊ 24
	15日	♈ 00	♉ 23	♊ 18	♌ 07	♍ 11	♎ 25	♏ 27	♑ 12	♓ 00	♈ 07	♊ 01	♋ 09
	16日	♈ 14	♊ 07	♋ 01	♌ 20	♍ 23	♏ 07	♐ 09	♑ 25	♓ 15	♈ 22	♊ 16	♋ 24
	17日	♈ 28	♊ 21	♋ 14	♍ 02	♎ 05	♏ 19	♐ 21	♒ 08	♓ 29	♉ 08	♋ 01	♌ 08
	18日	♉ 12	♋ 04	♋ 27	♍ 14	♎ 16	♐ 01	♑ 04	♒ 22	♈ 14	♉ 23	♋ 16	♌ 22
	19日	♉ 26	♋ 17	♌ 10	♍ 26	♎ 28	♐ 13	♑ 17	♓ 06	♈ 29	♊ 08	♌ 00	♍ 05
	20日	♊ 10	♌ 00	♌ 23	♎ 08	♏ 10	♐ 25	♒ 00	♓ 20	♉ 14	♊ 23	♌ 13	♍ 18
	21日	♊ 24	♌ 13	♍ 05	♎ 20	♏ 22	♑ 08	♒ 13	♈ 05	♉ 28	♋ 07	♌ 26	♎ 00
	22日	♋ 08	♌ 26	♍ 17	♏ 01	♐ 04	♑ 21	♒ 27	♈ 19	♊ 13	♋ 21	♍ 09	♎ 12
	23日	♋ 21	♍ 08	♍ 29	♏ 13	♐ 16	♒ 04	♓ 11	♉ 03	♊ 27	♌ 04	♍ 22	♎ 24
	24日	♌ 04	♍ 20	♎ 11	♏ 25	♐ 29	♒ 17	♓ 24	♉ 18	♋ 11	♌ 17	♎ 04	♏ 06
	25日	♌ 17	♎ 02	♎ 23	♐ 07	♑ 11	♓ 00	♈ 08	♊ 02	♋ 24	♍ 00	♎ 16	♏ 18
	26日	♍ 00	♎ 14	♏ 04	♐ 19	♑ 24	♓ 14	♈ 23	♊ 16	♌ 07	♍ 12	♎ 28	♐ 00
	27日	♍ 12	♎ 26	♏ 16	♑ 02	♒ 07	♓ 28	♉ 07	♋ 00	♌ 20	♍ 25	♏ 09	♐ 12
	28日	♍ 24	♏ 08	♏ 28	♑ 14	♒ 20	♈ 12	♉ 21	♋ 14	♍ 03	♎ 07	♏ 21	♐ 24
	29日	♎ 06	♏ 20	♐ 10	♑ 27	♓ 03	♈ 26	♊ 05	♋ 27	♍ 15	♎ 19	♐ 03	♑ 06
	30日	♎ 18		♐ 22	♒ 10	♓ 17	♉ 10	♊ 19	♌ 10	♍ 28	♏ 00	♐ 15	♑ 18
	31日	♏ 00		♑ 05		♈ 01		♋ 03	♌ 23		♏ 12		♒ 01
☿	1日	♑ 29	♑ 17	♒ 23	♈ 20	♉ 23R	♉ 18	♋ 02	♍ 02	♍ 29R	♍ 21	♏ 12	♐ 28
	6日	♒ 01R	♑ 21	♓ 01	♉ 00	♉ 21R	♉ 22	♋ 13	♍ 09	♍ 27R	♍ 28	♏ 20	♑ 04
	11日	♑ 28R	♑ 27	♓ 10	♉ 09	♉ 19R	♉ 28	♋ 24	♍ 16	♍ 23R	♎ 06	♏ 28	♑ 10
	16日	♑ 22R	♒ 03	♓ 19	♉ 16	♉ 16R	♊ 05	♌ 04	♍ 21	♍ 18R	♎ 15	♐ 05	♑ 14
	21日	♑ 17R	♒ 10	♓ 28	♉ 21	♉ 14R	♊ 13	♌ 14	♍ 25	♍ 15R	♎ 24	♐ 13	♑ 15R
	26日	♑ 15	♒ 17	♈ 08	♉ 23	♉ 15	♊ 22	♌ 23	♍ 28	♍ 16	♏ 02	♐ 20	♑ 11R
♀	1日	♐ 02	♑ 10	♒ 16	♓ 24	♉ 01	♊ 09	♋ 16	♌ 24	♎ 02	♏ 09	♐ 17	♑ 22
	11日	♐ 14	♑ 23	♒ 28	♈ 07	♉ 14	♊ 22	♋ 29	♍ 07	♎ 15	♏ 21	♐ 29	♒ 04
	21日	♐ 27	♒ 05	♓ 11	♈ 19	♉ 26	♋ 04	♌ 11	♍ 19	♎ 27	♐ 03	♑ 11	♒ 15
♂	1日	♎ 29	♏ 15	♏ 28	♐ 07	♐ 08R	♏ 28R	♏ 23	♏ 29	♐ 14	♑ 02	♑ 24	♒ 16
	11日	♏ 04	♏ 20	♐ 02	♐ 09	♐ 05R	♏ 25R	♏ 24	♐ 03	♐ 20	♑ 09	♒ 01	♒ 24
	21日	♏ 09	♏ 24	♐ 05	♐ 09R	♐ 02R	♏ 24R	♏ 26	♐ 08	♐ 26	♑ 16	♒ 09	♓ 01
♃	1日	♍ 23	♍ 22R	♍ 19R	♍ 15R	♍ 13R	♍ 14	♍ 17	♍ 22	♍ 28	♎ 05	♎ 11	♎ 17
	11日	♍ 23R	♍ 21R	♍ 18R	♍ 14R	♍ 13	♍ 15	♍ 19	♍ 24	♎ 00	♎ 07	♎ 13	♎ 18
	21日	♍ 23R	♍ 20R	♍ 17R	♍ 14R	♍ 13	♍ 16	♍ 20	♍ 26	♎ 03	♎ 09	♎ 15	♎ 20
♄	1日	♐ 11	♐ 14	♐ 16	♐ 16R	♐ 15R	♐ 13R	♐ 11R	♐ 10R	♐ 10	♐ 12	♐ 14	♐ 18
	11日	♐ 12	♐ 15	♐ 16	♐ 16R	♐ 15R	♐ 13R	♐ 11R	♐ 10R	♐ 10	♐ 12	♐ 15	♐ 19
	21日	♐ 13	♐ 15	♐ 16	♐ 16R	♐ 14R	♐ 12R	♐ 10R	♐ 10	♐ 11	♐ 13	♐ 17	♐ 20
♅	1日	♈ 17	♈ 17	♈ 18	♈ 20	♈ 22	♈ 23	♈ 24	♈ 25R	♈ 24R	♈ 23R	♈ 22R	♈ 21R
♆	1日	♓ 08	♓ 08	♓ 10	♓ 11	♓ 12	♓ 12	♓ 12R	♓ 11R	♓ 11R	♓ 10R	♓ 09R	♓ 09
♇	1日	♑ 15	♑ 16	♑ 17	♑ 17	♑ 17R	♑ 17R	♑ 16R	♑ 16R	♑ 15R	♑ 15	♑ 15	♑ 16
☊	1日	♍ 25	♍ 23	♍ 22	♍ 22	♍ 20	♍ 18R	♍ 15R	♍ 13R	♍ 13R	♍ 13R	♍ 11R	♍ 08R

		1月	2月	3月	4月	5月	6月	7月	8月	9月	10月	11月	12月
☽	1日	♒ 13	♈ 03	♈ 13	♊ 06	♋ 15	♍ 06	♎ 11	♏ 26	♑ 09	♒ 11	♓ 28	♉ 04
	2日	♒ 26	♈ 17	♈ 27	♊ 21	♋ 29	♍ 19	♎ 23	♐ 07	♑ 21	♒ 24	♈ 12	♉ 19
	3日	♓ 09	♉ 01	♉ 11	♋ 05	♌ 13	♎ 02	♏ 05	♐ 19	♒ 04	♓ 07	♈ 26	♊ 04
	4日	♓ 23	♉ 15	♉ 26	♋ 19	♌ 26	♎ 14	♏ 17	♑ 01	♒ 16	♓ 20	♉ 11	♊ 19
	5日	♈ 06	♉ 29	♊ 10	♌ 03	♍ 09	♎ 26	♏ 29	♑ 13	♒ 29	♈ 04	♉ 25	♋ 04
	6日	♈ 20	♊ 13	♊ 24	♌ 16	♍ 22	♏ 08	♐ 11	♑ 25	♓ 12	♈ 18	♊ 10	♋ 19
	7日	♉ 04	♊ 28	♋ 08	♌ 29	♎ 04	♏ 20	♐ 23	♒ 08	♓ 25	♉ 02	♊ 25	♌ 04
	8日	♉ 18	♋ 12	♋ 22	♍ 12	♎ 17	♐ 02	♑ 05	♒ 20	♈ 08	♉ 16	♋ 10	♌ 18
	9日	♊ 03	♋ 26	♌ 06	♍ 25	♎ 29	♐ 14	♑ 17	♓ 03	♈ 22	♊ 01	♋ 24	♍ 02
	10日	♊ 18	♌ 10	♌ 19	♎ 08	♏ 11	♐ 26	♑ 29	♓ 16	♉ 06	♊ 15	♌ 08	♍ 16
	11日	♋ 03	♌ 24	♍ 03	♎ 20	♏ 23	♑ 08	♒ 11	♓ 29	♉ 20	♋ 00	♌ 22	♍ 29
	12日	♋ 17	♍ 07	♍ 16	♏ 02	♐ 05	♑ 20	♒ 23	♈ 12	♊ 04	♋ 14	♍ 06	♎ 12
	13日	♌ 02	♍ 20	♍ 29	♏ 14	♐ 17	♒ 02	♓ 06	♈ 26	♊ 19	♋ 28	♍ 19	♎ 24
	14日	♌ 16	♎ 03	♎ 11	♏ 26	♐ 29	♒ 14	♓ 19	♉ 09	♋ 03	♌ 12	♎ 02	♏ 07
	15日	♍ 00	♎ 16	♎ 24	♐ 08	♑ 11	♒ 26	♈ 02	♉ 23	♋ 17	♌ 25	♎ 15	♏ 19
	16日	♍ 13	♎ 28	♏ 06	♐ 20	♑ 23	♓ 09	♈ 15	♊ 08	♌ 01	♍ 09	♎ 27	♐ 01
	17日	♍ 26	♏ 10	♏ 18	♑ 02	♒ 05	♓ 22	♈ 29	♊ 22	♌ 15	♍ 22	♏ 10	♐ 13
	18日	♎ 08	♏ 22	♐ 00	♑ 14	♒ 17	♈ 05	♉ 13	♋ 07	♌ 29	♎ 05	♏ 22	♐ 25
	19日	♎ 20	♐ 04	♐ 12	♑ 26	♓ 00	♈ 19	♉ 27	♋ 21	♍ 13	♎ 18	♐ 04	♑ 07
	20日	♏ 02	♐ 16	♐ 24	♒ 08	♓ 13	♉ 03	♊ 12	♌ 05	♍ 26	♏ 01	♐ 16	♑ 18
	21日	♏ 14	♐ 28	♑ 06	♒ 21	♓ 26	♉ 18	♊ 27	♌ 20	♎ 09	♏ 13	♐ 28	♒ 00
	22日	♏ 26	♑ 10	♑ 18	♓ 04	♈ 10	♊ 03	♋ 12	♍ 04	♎ 22	♏ 25	♑ 10	♒ 12
	23日	♐ 08	♑ 22	♒ 00	♓ 17	♈ 24	♊ 18	♋ 27	♍ 18	♏ 05	♐ 08	♑ 22	♒ 24
	24日	♐ 20	♒ 05	♒ 13	♈ 01	♉ 09	♋ 03	♌ 11	♎ 01	♏ 17	♐ 20	♒ 03	♓ 06
	25日	♑ 02	♒ 18	♒ 26	♈ 16	♉ 24	♋ 18	♌ 26	♎ 14	♏ 29	♑ 01	♒ 15	♓ 19
	26日	♑ 15	♓ 01	♓ 10	♉ 01	♊ 09	♌ 03	♍ 10	♎ 27	♐ 11	♑ 13	♒ 27	♈ 01
	27日	♑ 27	♓ 15	♓ 23	♉ 16	♊ 25	♌ 17	♍ 23	♏ 09	♐ 23	♑ 25	♓ 10	♈ 14
	28日	♒ 10	♓ 29	♈ 08	♊ 01	♋ 10	♍ 01	♎ 06	♏ 22	♑ 05	♒ 07	♓ 23	♈ 28
	29日	♒ 23		♈ 22	♊ 16	♋ 24	♍ 15	♎ 19	♐ 04	♑ 17	♒ 19	♈ 06	♉ 12
	30日	♓ 06		♉ 07	♋ 01	♌ 09	♍ 28	♏ 01	♐ 16	♑ 29	♓ 02	♈ 20	♉ 27
	31日	♓ 19		♉ 22		♌ 23		♏ 14	♐ 27		♓ 15		♊ 12
☿	1日	♑ 03R	♑ 21	♓ 06	♉ 00	♈ 25R	♉ 20	♋ 21	♍ 06	♍ 00R	♎ 02	♏ 23	♐ 29
	6日	♐ 29R	♑ 28	♓ 15	♉ 04	♈ 24	♉ 29	♌ 00	♍ 10	♌ 28	♎ 11	♐ 00	♐ 29R
	11日	♐ 29	♒ 06	♓ 25	♉ 05R	♈ 26	♊ 08	♌ 09	♍ 11	♍ 01	♎ 20	♐ 08	♐ 24R
	16日	♑ 02	♒ 13	♈ 04	♉ 03R	♉ 00	♊ 18	♌ 17	♍ 11R	♍ 06	♎ 28	♐ 14	♐ 17R
	21日	♑ 07	♒ 22	♈ 14	♉ 00R	♉ 05	♊ 29	♌ 24	♍ 09R	♍ 14	♏ 06	♐ 21	♐ 13R
	26日	♑ 13	♓ 00	♈ 23	♈ 26R	♉ 11	♋ 10	♍ 00	♍ 04R	♍ 23	♏ 14	♐ 26	♐ 14
♀	1日	♒ 28	♓ 28	♈ 13	♈ 01R	♈ 01	♈ 25	♉ 26	♋ 01	♌ 07	♍ 14	♎ 22	♐ 00
	11日	♓ 08	♈ 05	♈ 12R	♓ 27R	♈ 07	♉ 05	♊ 07	♋ 12	♌ 19	♍ 26	♏ 05	♐ 12
	21日	♓ 18	♈ 11	♈ 08R	♓ 28	♈ 15	♉ 15	♊ 18	♋ 24	♍ 01	♎ 08	♏ 17	♐ 25
♂	1日	♓ 10	♈ 03	♈ 24	♉ 16	♊ 07	♊ 28	♋ 17	♌ 07	♌ 27	♍ 16	♎ 06	♎ 25
	11日	♓ 17	♈ 10	♉ 01	♉ 23	♊ 14	♋ 04	♋ 24	♌ 14	♍ 04	♍ 23	♎ 12	♏ 01
	21日	♓ 25	♈ 18	♉ 08	♊ 00	♊ 20	♋ 11	♌ 00	♌ 20	♍ 10	♍ 29	♎ 19	♏ 07
♃	1日	♎ 21	♎ 23	♎ 22R	♎ 19R	♎ 15R	♎ 13R	♎ 14	♎ 17	♎ 22	♎ 28	♏ 05	♏ 11
	11日	♎ 22	♎ 23R	♎ 22R	♎ 18R	♎ 14R	♎ 13	♎ 15	♎ 18	♎ 24	♏ 00	♏ 07	♏ 13
	21日	♎ 23	♎ 23R	♎ 20R	♎ 17R	♎ 14R	♎ 13	♎ 16	♎ 20	♎ 26	♏ 02	♏ 09	♏ 15
♄	1日	♐ 21	♐ 25	♐ 27	♐ 28	♐ 27R	♐ 26R	♐ 23R	♐ 22R	♐ 21	♐ 22	♐ 25	♐ 28
	11日	♐ 22	♐ 25	♐ 27	♐ 28R	♐ 27R	♐ 25R	♐ 23R	♐ 21R	♐ 21	♐ 23	♐ 26	♐ 29
	21日	♐ 24	♐ 26	♐ 28	♐ 28R	♐ 26R	♐ 24R	♐ 22R	♐ 21R	♐ 22	♐ 24	♐ 27	♑ 00
♅	1日	♈ 21	♈ 21	♈ 22	♈ 24	♈ 25	♈ 27	♈ 28	♈ 29	♈ 28R	♈ 27R	♈ 26R	♈ 25R
♆	1日	♓ 10	♓ 11	♓ 12	♓ 13	♓ 14	♓ 14	♓ 14R	♓ 14R	♓ 13R	♓ 12R	♓ 12R	♓ 11
♇	1日	♑ 17	♑ 18	♑ 19	♑ 19	♑ 19R	♑ 19R	♑ 18R	♑ 18R	♑ 17R	♑ 17	♑ 17	♑ 18
☊	1日	♍ 05R	♍ 03	♍ 03R	♍ 03R	♍ 01R	♌ 28	♌ 25R	♌ 24R	♌ 24	♌ 23	♌ 21R	♌ 18R

天文暦｜月その他 2018年

		1月	2月	3月	4月	5月	6月	7月	8月	9月	10月	11月	12月
☽	1日	♊ 27	♌ 20	♌ 28	♎ 19	♏ 24	♑ 09	♒ 11	♓ 26	♉ 14	♊ 21	♌ 14	♍ 23
	2日	♋ 12	♍ 05	♍ 13	♏ 02	♐ 06	♑ 21	♒ 23	♈ 08	♉ 27	♋ 05	♌ 28	♎ 07
	3日	♋ 27	♍ 19	♍ 27	♏ 15	♐ 18	♒ 02	♓ 05	♈ 21	♊ 11	♋ 19	♍ 12	♎ 21
	4日	♌ 12	♎ 03	♎ 11	♏ 28	♑ 00	♒ 14	♓ 17	♉ 04	♊ 25	♌ 03	♍ 26	♏ 04
	5日	♌ 27	♎ 16	♎ 24	♐ 10	♑ 12	♒ 26	♓ 29	♉ 17	♋ 09	♌ 18	♎ 10	♏ 17
	6日	♍ 11	♎ 29	♏ 07	♐ 23	♑ 24	♓ 08	♈ 12	♊ 01	♋ 23	♍ 02	♎ 24	♐ 00
	7日	♍ 25	♏ 12	♏ 20	♑ 04	♒ 06	♓ 20	♈ 25	♊ 15	♌ 08	♍ 17	♏ 08	♐ 13
	8日	♎ 08	♏ 24	♐ 03	♑ 16	♒ 18	♈ 03	♉ 08	♊ 29	♌ 23	♎ 01	♏ 21	♐ 25
	9日	♎ 21	♐ 07	♐ 15	♑ 28	♓ 00	♈ 16	♉ 22	♋ 14	♍ 08	♎ 15	♐ 04	♑ 08
	10日	♏ 04	♐ 18	♐ 27	♒ 10	♓ 12	♈ 29	♊ 06	♋ 29	♍ 23	♎ 29	♐ 17	♑ 20
	11日	♏ 16	♑ 00	♑ 08	♒ 22	♓ 25	♉ 13	♊ 21	♌ 14	♎ 07	♏ 13	♑ 00	♒ 02
	12日	♏ 28	♑ 12	♑ 20	♓ 04	♈ 08	♉ 28	♋ 06	♌ 29	♎ 21	♏ 26	♑ 12	♒ 13
	13日	♐ 10	♑ 24	♒ 02	♓ 17	♈ 21	♊ 12	♋ 21	♍ 14	♏ 05	♐ 09	♑ 24	♒ 25
	14日	♐ 22	♒ 06	♒ 14	♈ 00	♉ 05	♊ 27	♌ 06	♍ 29	♏ 18	♐ 22	♒ 06	♓ 07
	15日	♑ 04	♒ 18	♒ 26	♈ 13	♉ 19	♋ 12	♌ 21	♎ 13	♐ 01	♑ 04	♒ 17	♓ 19
	16日	♑ 15	♓ 00	♓ 09	♈ 27	♊ 04	♋ 27	♍ 06	♎ 27	♐ 14	♑ 16	♒ 29	♈ 01
	17日	♑ 27	♓ 13	♓ 21	♉ 11	♊ 18	♌ 12	♍ 20	♏ 10	♐ 26	♑ 28	♓ 11	♈ 14
	18日	♒ 09	♓ 25	♈ 04	♉ 25	♋ 03	♌ 27	♎ 04	♏ 23	♑ 08	♒ 10	♓ 23	♈ 26
	19日	♒ 21	♈ 08	♈ 18	♊ 09	♋ 18	♍ 11	♎ 18	♐ 05	♑ 20	♒ 21	♈ 06	♉ 10
	20日	♓ 03	♈ 21	♉ 01	♊ 23	♌ 02	♍ 25	♏ 01	♐ 18	♒ 02	♓ 03	♈ 19	♉ 23
	21日	♓ 16	♉ 04	♉ 15	♋ 07	♌ 17	♎ 08	♏ 14	♑ 00	♒ 13	♓ 16	♉ 02	♊ 07
	22日	♓ 28	♉ 18	♉ 29	♋ 22	♍ 01	♎ 21	♏ 26	♑ 11	♒ 25	♓ 28	♉ 15	♊ 22
	23日	♈ 11	♊ 02	♊ 13	♌ 06	♍ 14	♏ 04	♐ 09	♑ 23	♓ 07	♈ 11	♉ 29	♋ 06
	24日	♈ 24	♊ 16	♊ 27	♌ 20	♍ 28	♏ 17	♐ 21	♒ 05	♓ 20	♈ 24	♊ 13	♋ 21
	25日	♉ 08	♋ 00	♋ 11	♍ 04	♎ 11	♏ 29	♑ 03	♒ 17	♈ 02	♉ 07	♊ 28	♌ 06
	26日	♉ 21	♋ 14	♋ 25	♍ 17	♎ 24	♐ 11	♑ 14	♒ 29	♈ 15	♉ 20	♋ 12	♌ 21
	27日	♊ 06	♋ 29	♌ 09	♎ 01	♏ 07	♐ 24	♑ 26	♓ 11	♈ 28	♊ 04	♋ 27	♍ 06
	28日	♊ 20	♌ 14	♌ 23	♎ 14	♏ 20	♑ 06	♒ 08	♓ 23	♉ 11	♊ 18	♌ 11	♍ 20
	29日	♋ 05		♍ 07	♎ 28	♐ 02	♑ 17	♒ 20	♈ 05	♉ 24	♋ 02	♌ 25	♎ 04
	30日	♋ 20		♍ 21	♏ 11	♐ 15	♑ 29	♓ 02	♈ 18	♊ 08	♋ 16	♍ 09	♎ 18
	31日	♌ 05		♎ 05		♐ 27		♓ 14	♉ 01		♌ 00		♏ 01
☿	1日	♐ 18	♒ 01	♓ 20	♈ 12R	♈ 14	♊ 05	♌ 03	♌ 22R	♌ 22	♎ 16	♐ 01	♐ 00R
	6日	♐ 24	♒ 09	♈ 00	♈ 08R	♈ 20	♊ 15	♌ 10	♌ 19R	♍ 00	♎ 24	♐ 07	♏ 27R
	11日	♑ 00	♒ 17	♈ 08	♈ 06R	♈ 26	♊ 26	♌ 15	♌ 15R	♍ 09	♏ 02	♐ 11	♏ 29
	16日	♑ 07	♒ 26	♈ 14	♈ 05	♉ 04	♋ 07	♌ 20	♌ 12R	♍ 19	♏ 09	♐ 13	♐ 03
	21日	♑ 14	♓ 05	♈ 17	♈ 06	♉ 13	♋ 16	♌ 22	♌ 12	♍ 28	♏ 17	♐ 12R	♐ 09
	26日	♑ 22	♓ 15	♈ 16R	♈ 09	♉ 22	♋ 25	♌ 23	♌ 15	♎ 07	♏ 23	♐ 07R	♐ 15
♀	1日	♑ 09	♒ 18	♓ 23	♉ 01	♊ 08	♋ 15	♌ 20	♍ 24	♎ 24	♏ 10	♏ 00R	♎ 29
	11日	♑ 21	♓ 00	♈ 05	♉ 13	♊ 20	♋ 27	♍ 01	♎ 04	♏ 01	♏ 10R	♎ 26R	♏ 05
	21日	♒ 04	♓ 13	♈ 18	♉ 26	♋ 02	♌ 08	♍ 12	♎ 14	♏ 07	♏ 06R	♎ 26	♏ 13
♂	1日	♏ 14	♐ 03	♐ 20	♑ 08	♑ 23	♒ 05	♒ 09R	♒ 03R	♑ 29	♒ 06	♒ 21	♓ 10
	11日	♏ 20	♐ 10	♐ 26	♑ 14	♑ 28	♒ 08	♒ 08R	♒ 00R	♒ 00	♒ 10	♒ 27	♓ 16
	21日	♏ 27	♐ 16	♑ 02	♑ 19	♒ 02	♒ 09	♒ 06R	♑ 29R	♒ 03	♒ 15	♓ 03	♓ 23
♃	1日	♏ 17	♏ 21	♏ 23	♏ 22R	♏ 19R	♏ 16R	♏ 13R	♏ 14	♏ 17	♏ 22	♏ 28	♐ 05
	11日	♏ 19	♏ 22	♏ 23R	♏ 22R	♏ 18R	♏ 15R	♏ 13	♏ 15	♏ 19	♏ 24	♐ 01	♐ 07
	21日	♏ 20	♏ 23	♏ 23R	♏ 21R	♏ 17R	♏ 14R	♏ 14	♏ 16	♏ 20	♏ 26	♐ 03	♐ 09
♄	1日	♑ 01	♑ 05	♑ 07	♑ 09	♑ 09R	♑ 08R	♑ 06R	♑ 04R	♑ 03R	♑ 03	♑ 05	♑ 08
	11日	♑ 03	♑ 06	♑ 08	♑ 09	♑ 09R	♑ 07R	♑ 05R	♑ 03R	♑ 03	♑ 04	♑ 06	♑ 09
	21日	♑ 04	♑ 07	♑ 09	♑ 09R	♑ 08R	♑ 06R	♑ 04R	♑ 03R	♑ 03	♑ 04	♑ 07	♑ 10
♅	1日	♈ 25R	♈ 25	♈ 26	♈ 27	♈ 29	♉ 01	♉ 02	♉ 03	♉ 02R	♉ 01R	♉ 00R	♈ 29R
♆	1日	♓ 12	♓ 13	♓ 14	♓ 15	♓ 16	♓ 16	♓ 16R	♓ 16R	♓ 15R	♓ 14R	♓ 14R	♓ 14
♇	1日	♑ 19	♑ 20	♑ 21	♑ 21	♑ 21R	♑ 21R	♑ 20R	♑ 20R	♑ 19R	♑ 19	♑ 19	♑ 20
☊	1日	♌ 15R	♌ 15	♌ 15R	♌ 13R	♌ 10R	♌ 07R	♌ 06	♌ 06R	♌ 05R	♌ 04R	♌ 01R	♋ 28R

		1月	2月	3月	4月	5月	6月	7月	8月	9月	10月	11月	12月
☽	1日	♏ 14	♑ 01	♑ 10	♒ 24	♓ 26	♉ 12	♊ 17	♌ 08	♎ 02	♏ 11	♑ 00	♒ 04
	2日	♏ 27	♑ 13	♑ 22	♓ 06	♈ 08	♉ 25	♋ 01	♌ 24	♎ 17	♏ 25	♑ 13	♒ 16
	3日	♐ 09	♑ 25	♒ 04	♓ 18	♈ 21	♊ 09	♋ 15	♍ 09	♏ 02	♐ 09	♑ 26	♒ 28
	4日	♐ 22	♒ 07	♒ 16	♈ 00	♉ 04	♊ 22	♌ 00	♍ 24	♏ 16	♐ 22	♒ 08	♓ 10
	5日	♑ 04	♒ 19	♒ 27	♈ 12	♉ 16	♋ 06	♌ 14	♎ 08	♐ 00	♑ 05	♒ 20	♓ 22
	6日	♑ 16	♓ 00	♓ 09	♈ 25	♊ 00	♋ 20	♌ 29	♎ 23	♐ 13	♑ 17	♓ 02	♈ 04
	7日	♑ 28	♓ 12	♓ 21	♉ 07	♊ 13	♌ 05	♍ 14	♏ 07	♐ 26	♒ 00	♓ 14	♈ 16
	8日	♒ 10	♓ 24	♈ 03	♉ 20	♊ 27	♌ 19	♍ 28	♏ 20	♑ 09	♒ 12	♓ 26	♈ 28
	9日	♒ 22	♈ 06	♈ 15	♊ 03	♋ 10	♍ 03	♎ 12	♐ 04	♑ 21	♒ 24	♈ 08	♉ 10
	10日	♓ 04	♈ 18	♈ 28	♊ 16	♋ 24	♍ 17	♎ 26	♐ 16	♒ 03	♓ 05	♈ 20	♉ 23
	11日	♓ 15	♉ 01	♉ 10	♋ 00	♌ 08	♎ 01	♏ 10	♐ 29	♒ 15	♓ 17	♉ 02	♊ 06
	12日	♓ 27	♉ 13	♉ 23	♋ 13	♌ 22	♎ 16	♏ 23	♑ 11	♒ 27	♓ 29	♉ 14	♊ 19
	13日	♈ 09	♉ 26	♊ 06	♋ 27	♍ 06	♎ 29	♐ 06	♑ 24	♓ 08	♈ 11	♉ 27	♋ 02
	14日	♈ 22	♊ 10	♊ 19	♌ 11	♍ 21	♏ 13	♐ 19	♒ 06	♓ 20	♈ 23	♊ 10	♋ 16
	15日	♉ 05	♊ 24	♋ 03	♌ 26	♎ 05	♏ 27	♑ 02	♒ 18	♈ 02	♉ 05	♊ 23	♋ 29
	16日	♉ 18	♋ 08	♋ 17	♍ 10	♎ 19	♐ 10	♑ 15	♓ 00	♈ 14	♉ 18	♋ 06	♌ 13
	17日	♊ 01	♋ 22	♌ 01	♍ 25	♏ 03	♐ 23	♑ 27	♓ 11	♈ 26	♊ 00	♋ 19	♌ 27
	18日	♊ 15	♌ 07	♌ 16	♎ 10	♏ 17	♑ 06	♒ 09	♓ 23	♉ 08	♊ 13	♌ 03	♍ 12
	19日	♋ 00	♌ 23	♍ 01	♎ 24	♐ 01	♑ 18	♒ 21	♈ 05	♉ 21	♊ 26	♌ 17	♍ 26
	20日	♋ 14	♍ 08	♍ 16	♏ 09	♐ 14	♒ 01	♓ 03	♈ 17	♊ 03	♋ 09	♍ 01	♎ 10
	21日	♋ 29	♍ 23	♎ 01	♏ 23	♐ 27	♒ 13	♓ 15	♈ 29	♊ 16	♋ 22	♍ 15	♎ 24
	22日	♌ 15	♎ 08	♎ 16	♐ 06	♑ 10	♒ 25	♓ 27	♉ 11	♊ 29	♌ 06	♍ 29	♏ 08
	23日	♍ 00	♎ 22	♏ 00	♐ 19	♑ 22	♓ 06	♈ 08	♉ 24	♋ 12	♌ 20	♎ 14	♏ 22
	24日	♍ 15	♏ 06	♏ 15	♑ 02	♒ 05	♓ 18	♈ 20	♊ 07	♋ 26	♍ 05	♎ 28	♐ 06
	25日	♍ 29	♏ 20	♏ 28	♑ 15	♒ 17	♈ 00	♉ 03	♊ 20	♌ 11	♍ 19	♏ 13	♐ 20
	26日	♎ 14	♐ 03	♐ 11	♑ 27	♒ 28	♈ 12	♉ 15	♋ 03	♌ 25	♎ 04	♏ 27	♑ 03
	27日	♎ 27	♐ 16	♐ 24	♒ 09	♓ 10	♈ 25	♉ 28	♋ 17	♍ 10	♎ 19	♐ 11	♑ 16
	28日	♏ 11	♐ 28	♑ 07	♒ 21	♓ 22	♉ 07	♊ 11	♌ 02	♍ 26	♏ 04	♐ 25	♑ 29
	29日	♏ 24		♑ 19	♓ 02	♈ 04	♉ 20	♊ 25	♌ 17	♎ 11	♏ 19	♑ 08	♒ 11
	30日	♐ 07		♒ 01	♓ 14	♈ 17	♊ 03	♋ 09	♍ 02	♎ 26	♐ 03	♑ 21	♒ 24
	31日	♐ 19		♒ 12		♈ 29		♋ 24	♍ 17		♐ 17		♓ 06
☿	1日	♐ 24	♒ 13	♓ 28	♓ 17	♈ 20	♊ 23	♌ 03	♋ 24R	♍ 06	♎ 27	♏ 28R	♏ 19
	6日	♑ 01	♒ 22	♈ 00R	♓ 19	♈ 29	♋ 02	♌ 04	♋ 25	♍ 15	♏ 04	♏ 25R	♏ 25
	11日	♑ 09	♓ 01	♓ 28R	♓ 23	♉ 08	♋ 11	♌ 04R	♋ 29	♍ 24	♏ 11	♏ 20R	♐ 02
	16日	♑ 17	♓ 10	♓ 23R	♓ 29	♉ 19	♋ 18	♌ 02R	♌ 06	♎ 03	♏ 17	♏ 14R	♐ 10
	21日	♑ 25	♓ 19	♓ 19R	♈ 05	♉ 29	♋ 24	♋ 29R	♌ 14	♎ 11	♏ 22	♏ 12	♐ 18
	26日	♒ 03	♓ 25	♓ 16R	♈ 12	♊ 10	♋ 29	♋ 26R	♌ 24	♎ 19	♏ 26	♏ 14	♐ 25
♀	1日	♏ 24	♐ 27	♑ 29	♓ 06	♈ 13	♉ 20	♊ 27	♌ 05	♍ 13	♎ 21	♏ 29	♑ 06
	11日	♐ 04	♑ 08	♒ 11	♓ 18	♈ 25	♊ 03	♋ 09	♌ 17	♍ 26	♏ 03	♐ 12	♑ 19
	21日	♐ 15	♑ 20	♒ 23	♈ 01	♉ 07	♊ 15	♋ 21	♍ 00	♎ 08	♏ 15	♐ 24	♒ 01
♂	1日	♈ 00	♈ 21	♉ 10	♊ 01	♊ 20	♋ 10	♋ 29	♌ 19	♍ 09	♍ 28	♎ 18	♏ 08
	11日	♈ 07	♈ 28	♉ 17	♊ 07	♊ 27	♋ 17	♌ 06	♌ 25	♍ 15	♎ 04	♎ 25	♏ 14
	21日	♈ 14	♉ 05	♉ 23	♊ 14	♋ 03	♋ 23	♌ 12	♍ 02	♍ 22	♎ 11	♏ 01	♏ 21
♃	1日	♐ 12	♐ 18	♐ 22	♐ 24	♐ 24R	♐ 21R	♐ 17R	♐ 15R	♐ 15	♐ 18	♐ 23	♑ 00
	11日	♐ 14	♐ 19	♐ 23	♐ 24R	♐ 23R	♐ 19R	♐ 16R	♐ 15R	♐ 16	♐ 20	♐ 25	♑ 02
	21日	♐ 16	♐ 21	♐ 24	♐ 24R	♐ 22R	♐ 18R	♐ 15R	♐ 15	♐ 17	♐ 21	♐ 27	♑ 04
♄	1日	♑ 11	♑ 15	♑ 18	♑ 20	♑ 21R	♑ 20R	♑ 18R	♑ 16R	♑ 14R	♑ 14	♑ 15	♑ 18
	11日	♑ 13	♑ 16	♑ 19	♑ 20	♑ 20R	♑ 19R	♑ 17R	♑ 15R	♑ 14R	♑ 14	♑ 16	♑ 19
	21日	♑ 14	♑ 17	♑ 19	♑ 20	♑ 20R	♑ 19R	♑ 16R	♑ 15R	♑ 14	♑ 15	♑ 17	♑ 20
♅	1日	♈ 29R	♈ 29	♉ 00	♉ 01	♉ 03	♉ 05	♉ 06	♉ 07	♉ 06R	♉ 06R	♉ 04R	♉ 03R
♆	1日	♓ 14	♓ 15	♓ 16	♓ 17	♓ 18	♓ 19	♓ 19R	♓ 18R	♓ 18R	♓ 17R	♓ 16R	♓ 16
♇	1日	♑ 21	♑ 22	♑ 22	♑ 23	♑ 23R	♑ 23R	♑ 22R	♑ 21R	♑ 21R	♑ 21R	♑ 21	♑ 21
☊	1日	♋ 27R	♋ 27	♋ 26	♋ 24R	♋ 20R	♋ 18R	♋ 18R	♋ 18R	♋ 16R	♋ 13R	♋ 10R	♋ 09

天文暦｜月その他　2020（うるう）年

		1月	2月	3月	4月	5月	6月	7月	8月	9月	10月	11月	12月
☽	1日	♓ 18	♉ 01	♉ 22	♋ 08	♌ 15	♎ 07	♏ 17	♑ 08	♒ 27	♈ 00	♉ 15	♊ 17
	2日	♈ 00	♉ 13	♊ 04	♋ 21	♌ 28	♎ 22	♐ 01	♑ 22	♓ 09	♈ 12	♉ 27	♋ 00
	3日	♈ 11	♉ 26	♊ 16	♌ 05	♍ 13	♏ 07	♐ 15	♒ 05	♓ 21	♈ 24	♊ 08	♋ 12
	4日	♈ 23	♊ 08	♊ 29	♌ 19	♍ 27	♏ 21	♐ 29	♒ 18	♈ 03	♉ 06	♊ 20	♋ 25
	5日	♉ 05	♊ 21	♋ 12	♍ 03	♎ 12	♐ 06	♑ 13	♓ 00	♈ 15	♉ 18	♋ 03	♌ 08
	6日	♉ 18	♋ 04	♋ 26	♍ 18	♎ 27	♐ 20	♑ 26	♓ 13	♈ 27	♉ 29	♋ 15	♌ 21
	7日	♊ 00	♋ 18	♌ 10	♎ 04	♏ 12	♑ 04	♒ 09	♓ 25	♉ 09	♊ 11	♋ 28	♍ 04
	8日	♊ 13	♌ 03	♌ 25	♎ 19	♏ 27	♑ 18	♒ 22	♈ 07	♉ 21	♊ 23	♌ 11	♍ 18
	9日	♊ 27	♌ 17	♍ 10	♏ 04	♐ 12	♒ 01	♓ 05	♈ 19	♊ 03	♋ 06	♌ 24	♎ 02
	10日	♋ 10	♍ 02	♍ 25	♏ 19	♐ 26	♒ 14	♓ 17	♉ 01	♊ 15	♋ 18	♍ 08	♎ 16
	11日	♋ 25	♍ 17	♎ 11	♐ 04	♑ 10	♒ 27	♓ 29	♉ 13	♊ 27	♌ 01	♍ 22	♏ 01
	12日	♌ 09	♎ 02	♎ 26	♐ 18	♑ 23	♓ 09	♈ 11	♉ 25	♋ 10	♌ 15	♎ 07	♏ 15
	13日	♌ 23	♎ 17	♏ 11	♑ 02	♒ 06	♓ 21	♈ 23	♊ 07	♋ 23	♌ 29	♎ 22	♐ 00
	14日	♍ 08	♏ 01	♏ 25	♑ 15	♒ 19	♈ 03	♉ 05	♊ 19	♌ 07	♍ 13	♏ 07	♐ 15
	15日	♍ 22	♏ 16	♐ 09	♑ 28	♓ 01	♈ 15	♉ 17	♋ 02	♌ 21	♍ 28	♏ 22	♑ 00
	16日	♎ 07	♏ 29	♐ 23	♒ 10	♓ 13	♈ 27	♉ 29	♋ 15	♍ 05	♎ 13	♐ 07	♑ 14
	17日	♎ 21	♐ 13	♑ 06	♒ 22	♓ 25	♉ 09	♊ 11	♋ 28	♍ 20	♎ 29	♐ 22	♑ 28
	18日	♏ 05	♐ 26	♑ 18	♓ 04	♈ 07	♉ 21	♊ 24	♌ 12	♎ 05	♏ 14	♑ 06	♒ 12
	19日	♏ 19	♑ 09	♒ 01	♓ 16	♈ 18	♊ 03	♋ 07	♌ 27	♎ 20	♏ 29	♑ 20	♒ 25
	20日	♐ 02	♑ 21	♒ 13	♓ 28	♉ 00	♊ 16	♋ 20	♍ 11	♏ 05	♐ 14	♒ 04	♓ 08
	21日	♐ 16	♒ 04	♒ 25	♈ 10	♉ 12	♊ 28	♌ 04	♍ 26	♏ 20	♐ 28	♒ 17	♓ 20
	22日	♐ 29	♒ 16	♓ 07	♈ 22	♉ 25	♋ 11	♌ 18	♎ 11	♐ 04	♑ 12	♒ 29	♈ 02
	23日	♑ 12	♒ 28	♓ 19	♉ 04	♊ 07	♋ 25	♍ 02	♎ 26	♐ 18	♑ 25	♓ 12	♈ 14
	24日	♑ 25	♓ 10	♈ 01	♉ 16	♊ 19	♌ 08	♍ 16	♏ 10	♑ 02	♒ 08	♓ 24	♈ 26
	25日	♒ 07	♓ 22	♈ 13	♉ 28	♋ 02	♌ 22	♎ 01	♏ 24	♑ 15	♒ 21	♈ 06	♉ 08
	26日	♒ 19	♈ 04	♈ 25	♊ 10	♋ 15	♍ 06	♎ 15	♐ 08	♑ 28	♓ 03	♈ 18	♉ 20
	27日	♓ 02	♈ 16	♉ 07	♊ 22	♋ 28	♍ 20	♎ 29	♐ 22	♒ 11	♓ 15	♉ 00	♊ 02
	28日	♓ 14	♈ 28	♉ 19	♋ 05	♌ 11	♎ 04	♏ 13	♑ 05	♒ 24	♓ 27	♉ 11	♊ 14
	29日	♓ 26	♉ 10	♊ 01	♋ 18	♌ 25	♎ 18	♏ 27	♑ 18	♓ 06	♈ 09	♉ 23	♊ 26
	30日	♈ 07		♊ 13	♌ 01	♍ 09	♏ 03	♐ 11	♒ 01	♓ 18	♈ 21	♊ 05	♋ 09
	31日	♈ 19		♊ 25		♍ 23		♐ 25	♒ 14		♉ 03		♋ 21
☿	1日	♑ 05	♒ 26	♓ 03R	♓ 15	♉ 07	♋ 04	♋ 10R	♋ 23	♍ 22	♏ 04	♎ 27R	♏ 29
	6日	♑ 13	♓ 04	♒ 29R	♓ 22	♉ 18	♋ 09	♋ 07R	♌ 02	♎ 00	♏ 08	♎ 26	♐ 07
	11日	♑ 21	♓ 10	♒ 28	♈ 00	♉ 28	♋ 13	♋ 06R	♌ 12	♎ 08	♏ 11	♏ 00	♐ 15
	16日	♑ 29	♓ 13	♓ 00	♈ 08	♊ 09	♋ 15	♋ 06	♌ 22	♎ 16	♏ 11R	♏ 06	♐ 22
	21日	♒ 07	♓ 11R	♓ 03	♈ 17	♊ 18	♋ 14R	♋ 09	♍ 02	♎ 22	♏ 08R	♏ 14	♑ 00
	26日	♒ 16	♓ 07R	♓ 08	♈ 27	♊ 26	♋ 13R	♋ 14	♍ 12	♎ 29	♏ 02R	♏ 21	♑ 08
♀	1日	♒ 15	♓ 22	♈ 26	♉ 28	♊ 19	♊ 15R	♊ 06	♊ 24	♋ 24	♌ 28	♎ 05	♏ 12
	11日	♒ 27	♈ 04	♉ 06	♊ 06	♊ 22	♊ 09R	♊ 10	♋ 03	♌ 05	♍ 10	♎ 17	♏ 24
	21日	♓ 09	♈ 15	♉ 17	♊ 14	♊ 21R	♊ 06R	♊ 16	♋ 13	♌ 16	♍ 22	♎ 29	♐ 07
♂	1日	♏ 28	♐ 19	♑ 09	♒ 01	♒ 22	♓ 13	♈ 02	♈ 18	♈ 28	♈ 25R	♈ 16R	♈ 17
	11日	♐ 05	♐ 26	♑ 16	♒ 08	♒ 29	♓ 19	♈ 08	♈ 22	♈ 28R	♈ 22R	♈ 15R	♈ 20
	21日	♐ 12	♑ 03	♑ 23	♒ 15	♓ 05	♓ 26	♈ 13	♈ 25	♈ 27R	♈ 19R	♈ 16	♈ 23
♃	1日	♑ 07	♑ 14	♑ 20	♑ 24	♑ 27	♑ 27R	♑ 24R	♑ 20R	♑ 18R	♑ 18	♑ 21	♑ 26
	11日	♑ 09	♑ 16	♑ 21	♑ 26	♑ 27	♑ 26R	♑ 23R	♑ 19R	♑ 17R	♑ 19	♑ 23	♑ 28
	21日	♑ 11	♑ 18	♑ 23	♑ 26	♑ 27R	♑ 25R	♑ 21R	♑ 18R	♑ 18	♑ 20	♑ 24	♒ 00
♄	1日	♑ 21	♑ 25	♑ 28	♒ 01	♒ 02	♒ 02R	♒ 00R	♑ 28R	♑ 26R	♑ 25	♑ 26	♑ 28
	11日	♑ 23	♑ 26	♑ 29	♒ 01	♒ 02	♒ 01R	♑ 29R	♑ 27R	♑ 26R	♑ 25	♑ 27	♑ 29
	21日	♑ 24	♑ 27	♒ 00	♒ 02	♒ 02R	♒ 01R	♑ 29R	♑ 27R	♑ 25R	♑ 26	♑ 28	♒ 00
♅	1日	♉ 03R	♉ 03	♉ 04	♉ 05	♉ 07	♉ 09	♉ 10	♉ 11	♉ 11R	♉ 10R	♉ 09R	♉ 08R
♆	1日	♓ 16	♓ 17	♓ 18	♓ 19	♓ 20	♓ 21	♓ 21R	♓ 21R	♓ 20R	♓ 19R	♓ 18R	♓ 18
♇	1日	♑ 22	♑ 23	♑ 24	♑ 25	♑ 25R	♑ 25R	♑ 24R	♑ 23R	♑ 23R	♑ 22R	♑ 23	♑ 23
☊	1日	♋ 08R	♋ 08R	♋ 06R	♋ 03	♋ 00R	♊ 29R	♊ 29	♊ 29R	♊ 26R	♊ 23R	♊ 20R	♊ 20R

		1月	2月	3月	4月	5月	6月	7月	8月	9月	10月	11月	12月
☽	1日	♌ 04	♍ 25	♎ 05	♏ 28	♑ 06	♒ 27	♈ 01	♉ 15	♊ 29	♌ 01	♍ 18	♎ 25
	2日	♌ 18	♎ 09	♎ 19	♐ 13	♑ 21	♓ 10	♈ 13	♉ 27	♋ 11	♌ 14	♎ 02	♏ 09
	3日	♍ 01	♎ 23	♏ 04	♐ 27	♒ 04	♓ 22	♈ 25	♊ 09	♋ 23	♌ 27	♎ 17	♏ 24
	4日	♍ 15	♏ 08	♏ 18	♑ 11	♒ 18	♈ 05	♉ 07	♊ 21	♌ 06	♍ 10	♏ 01	♐ 09
	5日	♍ 28	♏ 22	♐ 03	♑ 24	♓ 00	♈ 17	♉ 19	♋ 03	♌ 19	♍ 24	♏ 16	♐ 25
	6日	♎ 12	♐ 06	♐ 17	♒ 08	♓ 13	♈ 29	♊ 01	♋ 15	♍ 02	♎ 09	♐ 01	♑ 10
	7日	♎ 27	♐ 20	♑ 00	♒ 21	♓ 25	♉ 10	♊ 13	♋ 28	♍ 16	♎ 23	♐ 16	♑ 25
	8日	♏ 11	♑ 04	♑ 14	♓ 03	♈ 08	♉ 22	♊ 25	♌ 10	♎ 00	♏ 08	♑ 01	♒ 09
	9日	♏ 25	♑ 17	♑ 27	♓ 16	♈ 20	♊ 04	♋ 07	♌ 23	♎ 14	♏ 22	♑ 16	♒ 23
	10日	♐ 09	♒ 01	♒ 11	♓ 28	♉ 02	♊ 16	♋ 19	♍ 07	♎ 28	♐ 07	♒ 00	♓ 07
	11日	♐ 24	♒ 14	♒ 24	♈ 11	♉ 13	♊ 28	♌ 01	♍ 20	♏ 12	♐ 22	♒ 14	♓ 20
	12日	♑ 08	♒ 28	♓ 07	♈ 23	♉ 25	♋ 10	♌ 14	♎ 04	♏ 27	♑ 06	♒ 27	♈ 03
	13日	♑ 22	♓ 11	♓ 19	♉ 05	♊ 07	♋ 22	♌ 27	♎ 18	♐ 11	♑ 20	♓ 10	♈ 15
	14日	♒ 06	♓ 23	♈ 02	♉ 16	♊ 19	♌ 04	♍ 10	♏ 02	♐ 25	♒ 04	♓ 23	♈ 27
	15日	♒ 19	♈ 06	♈ 14	♉ 28	♋ 01	♌ 17	♍ 24	♏ 16	♑ 09	♒ 17	♈ 06	♉ 09
	16日	♓ 03	♈ 18	♈ 26	♊ 10	♋ 13	♍ 00	♎ 07	♐ 00	♑ 23	♓ 00	♈ 18	♉ 21
	17日	♓ 15	♉ 00	♉ 08	♊ 22	♋ 25	♍ 13	♎ 21	♐ 14	♒ 07	♓ 13	♉ 00	♊ 03
	18日	♓ 28	♉ 12	♉ 20	♋ 04	♌ 07	♍ 27	♏ 05	♐ 28	♒ 20	♓ 26	♉ 12	♊ 15
	19日	♈ 10	♉ 24	♊ 02	♋ 16	♌ 20	♎ 10	♏ 19	♑ 12	♓ 04	♈ 09	♉ 24	♊ 27
	20日	♈ 22	♊ 05	♊ 13	♋ 28	♍ 03	♎ 25	♐ 04	♑ 27	♓ 17	♈ 21	♊ 06	♋ 09
	21日	♉ 04	♊ 17	♊ 25	♌ 11	♍ 17	♏ 09	♐ 18	♒ 11	♈ 00	♉ 04	♊ 18	♋ 21
	22日	♉ 16	♋ 00	♋ 07	♌ 24	♎ 01	♏ 24	♑ 03	♒ 24	♈ 13	♉ 16	♋ 00	♌ 03
	23日	♉ 28	♋ 12	♋ 20	♍ 08	♎ 15	♐ 09	♑ 17	♓ 08	♈ 25	♉ 28	♋ 12	♌ 15
	24日	♊ 10	♋ 25	♌ 03	♍ 22	♏ 00	♐ 24	♒ 02	♓ 21	♉ 07	♊ 09	♋ 23	♌ 27
	25日	♊ 22	♌ 08	♌ 16	♎ 07	♏ 15	♑ 09	♒ 16	♈ 04	♉ 19	♊ 21	♌ 06	♍ 10
	26日	♋ 04	♌ 22	♍ 00	♎ 22	♐ 00	♑ 23	♓ 00	♈ 17	♊ 01	♋ 03	♌ 18	♍ 23
	27日	♋ 17	♍ 06	♍ 14	♏ 07	♐ 15	♒ 08	♓ 13	♈ 29	♊ 13	♋ 15	♍ 00	♎ 06
	28日	♌ 00	♍ 20	♍ 29	♏ 22	♑ 00	♒ 22	♓ 26	♉ 11	♊ 25	♋ 27	♍ 13	♎ 19
	29日	♌ 13		♎ 13	♐ 07	♑ 15	♓ 05	♈ 09	♉ 23	♋ 07	♌ 09	♍ 27	♏ 03
	30日	♌ 27		♎ 28	♐ 22	♑ 29	♓ 18	♈ 21	♊ 05	♋ 19	♌ 22	♎ 10	♏ 18
	31日	♍ 11		♏ 13		♒ 13		♉ 03	♊ 17		♍ 05		♐ 02
☿	1日	♑ 18	♒ 26R	♒ 14	♓ 25	♉ 24	♊ 25R	♊ 19	♌ 09	♎ 03	♎ 25R	♎ 23	♐ 10
	6日	♑ 26	♒ 23R	♒ 18	♈ 04	♊ 04	♊ 23R	♊ 23	♌ 19	♎ 09	♎ 21R	♏ 00	♐ 18
	11日	♒ 04	♒ 17R	♒ 24	♈ 13	♊ 11	♊ 20R	♊ 29	♌ 29	♎ 15	♎ 15R	♏ 08	♐ 26
	16日	♒ 12	♒ 13R	♓ 00	♈ 23	♊ 17	♊ 18R	♋ 07	♍ 08	♎ 20	♎ 11R	♏ 16	♑ 04
	21日	♒ 19	♒ 11	♓ 07	♉ 04	♊ 22	♊ 16R	♋ 16	♍ 16	♎ 24	♎ 11	♏ 24	♑ 12
	26日	♒ 25	♒ 12	♓ 15	♉ 14	♊ 24	♊ 17	♋ 26	♍ 24	♎ 25	♎ 15	♐ 02	♑ 19
♀	1日	♐ 21	♑ 29	♓ 04	♈ 13	♉ 20	♊ 28	♌ 05	♍ 12	♎ 19	♏ 23	♐ 26	♑ 21
	11日	♑ 03	♒ 12	♓ 17	♈ 25	♊ 03	♋ 10	♌ 17	♍ 24	♏ 00	♐ 04	♑ 05	♑ 25
	21日	♑ 16	♒ 24	♓ 29	♉ 08	♊ 15	♋ 23	♌ 29	♎ 06	♏ 12	♐ 15	♑ 14	♑ 26R
♂	1日	♈ 27	♉ 13	♉ 28	♊ 17	♋ 05	♋ 24	♌ 12	♍ 01	♍ 21	♎ 10	♏ 01	♏ 21
	11日	♉ 02	♉ 18	♊ 04	♊ 23	♋ 11	♌ 00	♌ 18	♍ 08	♍ 27	♎ 17	♏ 08	♏ 28
	21日	♉ 07	♉ 24	♊ 10	♊ 29	♋ 17	♌ 06	♌ 25	♍ 14	♎ 04	♎ 24	♏ 15	♐ 05
♃	1日	♒ 03	♒ 10	♒ 17	♒ 23	♒ 28	♓ 02	♓ 02R	♓ 00R	♒ 26R	♒ 23R	♒ 23	♒ 25
	11日	♒ 05	♒ 12	♒ 19	♒ 25	♓ 00	♓ 02	♓ 02R	♒ 28R	♒ 24R	♒ 22R	♒ 23	♒ 27
	21日	♒ 07	♒ 15	♒ 21	♒ 27	♓ 01	♓ 02R	♓ 01R	♒ 27R	♒ 24R	♒ 22	♒ 24	♒ 29
♄	1日	♒ 02	♒ 05	♒ 08	♒ 11	♒ 13	♒ 13R	♒ 12R	♒ 10R	♒ 08R	♒ 07R	♒ 07	♒ 09
	11日	♒ 03	♒ 06	♒ 10	♒ 12	♒ 13	♒ 13R	♒ 12R	♒ 10R	♒ 08R	♒ 07	♒ 08	♒ 10
	21日	♒ 04	♒ 08	♒ 10	♒ 13	♒ 14	♒ 13R	♒ 11R	♒ 09R	♒ 07R	♒ 07	♒ 08	♒ 11
♅	1日	♉ 07R	♉ 07	♉ 08	♉ 09	♉ 11	♉ 12	♉ 14	♉ 15	♉ 15R	♉ 14R	♉ 13R	♉ 12R
♆	1日	♓ 18	♓ 19	♓ 20	♓ 21	♓ 22	♓ 23	♓ 23R	♓ 23R	♓ 22R	♓ 21R	♓ 21R	♓ 20R
♇	1日	♑ 24	♑ 25	♑ 26	♑ 27	♑ 27R	♑ 27R	♑ 26R	♑ 25R	♑ 25R	♑ 24R	♑ 24	♑ 25
☊	1日	♊ 20R	♊ 18R	♊ 16R	♊ 13R	♊ 11	♊ 11R	♊ 10R	♊ 09	♊ 06R	♊ 03R	♊ 02R	♊ 02

天文暦｜月その他　2022年

		1月	2月	3月	4月	5月	6月	7月	8月	9月	10月	11月	12月
☽	1日	♐ 17	♒ 11	♒ 19	♈ 10	♉ 14	♊ 29	♌ 01	♍ 17	♏ 05	♐ 13	♒ 07	♓ 15
	2日	♑ 03	♒ 25	♓ 04	♈ 23	♉ 26	♋ 10	♌ 13	♍ 29	♏ 19	♐ 27	♒ 21	♓ 29
	3日	♑ 18	♓ 09	♓ 18	♉ 05	♊ 08	♋ 22	♌ 25	♎ 12	♐ 02	♑ 11	♓ 05	♈ 12
	4日	♒ 03	♓ 23	♈ 01	♉ 18	♊ 20	♌ 04	♍ 07	♎ 25	♐ 16	♑ 26	♓ 19	♈ 25
	5日	♒ 17	♈ 07	♈ 14	♊ 00	♋ 02	♌ 16	♍ 20	♏ 08	♑ 01	♒ 10	♈ 02	♉ 08
	6日	♓ 02	♈ 20	♈ 27	♊ 12	♋ 14	♌ 28	♎ 02	♏ 22	♑ 15	♒ 24	♈ 16	♉ 21
	7日	♓ 15	♉ 02	♉ 10	♊ 24	♋ 26	♍ 11	♎ 15	♐ 06	♒ 00	♓ 08	♈ 29	♊ 03
	8日	♓ 29	♉ 14	♉ 22	♋ 06	♌ 08	♍ 23	♎ 29	♐ 20	♒ 14	♓ 22	♉ 12	♊ 15
	9日	♈ 12	♉ 26	♊ 04	♋ 18	♌ 20	♎ 06	♏ 12	♑ 05	♒ 29	♈ 06	♉ 24	♊ 28
	10日	♈ 24	♊ 08	♊ 16	♌ 00	♍ 02	♎ 20	♏ 27	♑ 20	♓ 14	♈ 20	♊ 07	♋ 10
	11日	♉ 06	♊ 20	♊ 28	♌ 12	♍ 15	♏ 04	♐ 11	♒ 05	♓ 28	♉ 03	♊ 19	♋ 22
	12日	♉ 18	♋ 02	♋ 10	♌ 24	♍ 28	♏ 18	♐ 26	♒ 20	♈ 12	♉ 16	♋ 01	♌ 03
	13日	♊ 00	♋ 14	♋ 22	♍ 07	♎ 12	♐ 03	♑ 11	♓ 05	♈ 25	♉ 29	♋ 13	♌ 15
	14日	♊ 12	♋ 26	♌ 04	♍ 20	♎ 26	♐ 18	♑ 27	♓ 20	♉ 08	♊ 11	♋ 25	♌ 27
	15日	♊ 23	♌ 08	♌ 16	♎ 04	♏ 10	♑ 03	♒ 12	♈ 04	♉ 21	♊ 23	♌ 07	♍ 09
	16日	♋ 05	♌ 21	♌ 29	♎ 17	♏ 25	♑ 18	♒ 27	♈ 17	♊ 03	♋ 05	♌ 19	♍ 21
	17日	♋ 17	♍ 03	♍ 12	♏ 02	♐ 09	♒ 03	♓ 11	♉ 00	♊ 16	♋ 17	♍ 01	♎ 04
	18日	♋ 29	♍ 16	♍ 25	♏ 16	♐ 24	♒ 18	♓ 25	♉ 13	♊ 28	♋ 29	♍ 13	♎ 17
	19日	♌ 12	♎ 00	♎ 09	♐ 00	♑ 09	♓ 02	♈ 09	♉ 25	♋ 09	♌ 11	♍ 26	♏ 00
	20日	♌ 24	♎ 13	♎ 23	♐ 15	♑ 24	♓ 16	♈ 22	♊ 07	♋ 21	♌ 23	♎ 09	♏ 13
	21日	♍ 07	♎ 26	♏ 07	♐ 29	♒ 08	♈ 00	♉ 05	♊ 19	♌ 03	♍ 05	♎ 22	♏ 27
	22日	♍ 20	♏ 10	♏ 21	♑ 14	♒ 23	♈ 13	♉ 17	♋ 01	♌ 15	♍ 18	♏ 06	♐ 12
	23日	♎ 03	♏ 24	♐ 05	♑ 28	♓ 06	♈ 25	♉ 29	♋ 13	♌ 27	♎ 01	♏ 20	♐ 27
	24日	♎ 16	♐ 08	♐ 19	♒ 12	♓ 20	♉ 08	♊ 11	♋ 25	♍ 10	♎ 14	♐ 04	♑ 12
	25日	♎ 29	♐ 22	♑ 03	♒ 26	♈ 03	♉ 20	♊ 23	♌ 07	♍ 23	♎ 28	♐ 19	♑ 27
	26日	♏ 13	♑ 06	♑ 17	♓ 09	♈ 16	♊ 02	♋ 04	♌ 19	♎ 06	♏ 11	♑ 04	♒ 12
	27日	♏ 27	♑ 21	♒ 01	♓ 23	♈ 28	♊ 14	♋ 16	♍ 01	♎ 19	♏ 25	♑ 18	♒ 27
	28日	♐ 12	♒ 05	♒ 15	♈ 06	♉ 11	♊ 26	♋ 28	♍ 14	♏ 02	♐ 10	♒ 03	♓ 12
	29日	♐ 26		♒ 29	♈ 19	♉ 23	♋ 07	♌ 10	♍ 26	♏ 16	♐ 24	♒ 17	♓ 26
	30日	♑ 11		♓ 13	♉ 01	♊ 05	♋ 19	♌ 22	♎ 09	♏ 29	♑ 08	♓ 02	♈ 09
	31日	♑ 26		♓ 26		♊ 17		♍ 05	♎ 22		♑ 22		♈ 22
☿	1日	♑ 28	♑ 25R	♒ 17	♈ 09	♊ 01	♉ 26R	♊ 22	♌ 25	♎ 05	♍ 24R	♏ 04	♐ 21
	6日	♒ 05	♑ 25	♒ 24	♈ 20	♊ 04	♉ 26	♋ 02	♍ 03	♎ 08	♍ 25	♏ 12	♐ 29
	11日	♒ 09	♑ 27	♓ 02	♉ 00	♊ 05R	♉ 28	♋ 12	♍ 11	♎ 09R	♎ 00	♏ 20	♑ 06
	16日	♒ 10R	♒ 01	♓ 10	♉ 10	♊ 04R	♊ 02	♋ 23	♍ 18	♎ 07R	♎ 07	♏ 28	♑ 13
	21日	♒ 06R	♒ 07	♓ 19	♉ 19	♊ 01R	♊ 07	♌ 03	♍ 24	♎ 03R	♎ 15	♐ 06	♑ 19
	26日	♒ 00R	♒ 13	♓ 28	♉ 26	♉ 28R	♊ 14	♌ 13	♎ 00	♍ 27R	♎ 24	♐ 14	♑ 23
♀	1日	♑ 23R	♑ 11	♑ 26	♒ 25	♓ 28	♉ 04	♊ 10	♋ 17	♌ 25	♎ 02	♏ 11	♐ 19
	11日	♑ 17R	♑ 14	♒ 04	♓ 06	♈ 10	♉ 16	♊ 22	♋ 29	♍ 07	♎ 15	♏ 24	♑ 01
	21日	♑ 12R	♑ 20	♒ 14	♓ 17	♈ 21	♉ 28	♋ 04	♌ 11	♍ 20	♎ 27	♐ 06	♑ 14
♂	1日	♐ 13	♑ 06	♑ 26	♒ 19	♓ 12	♈ 05	♈ 27	♉ 18	♊ 07	♊ 20	♊ 26R	♊ 19R
	11日	♐ 20	♑ 13	♒ 04	♒ 27	♓ 20	♈ 13	♉ 04	♉ 24	♊ 12	♊ 23	♊ 25R	♊ 15R
	21日	♐ 28	♑ 20	♒ 11	♓ 05	♓ 27	♈ 20	♉ 11	♊ 00	♊ 16	♊ 25	♊ 22R	♊ 12R
♃	1日	♓ 01	♓ 07	♓ 14	♓ 21	♓ 28	♈ 04	♈ 07	♈ 09R	♈ 07R	♈ 03R	♈ 00R	♓ 29
	11日	♓ 03	♓ 10	♓ 16	♓ 24	♈ 00	♈ 05	♈ 08	♈ 08R	♈ 06R	♈ 02R	♓ 29R	♓ 29
	21日	♓ 05	♓ 12	♓ 19	♓ 26	♈ 02	♈ 06	♈ 09	♈ 08R	♈ 04R	♈ 01R	♓ 29R	♈ 00
♄	1日	♒ 12	♒ 15	♒ 19	♒ 22	♒ 24	♒ 25	♒ 25R	♒ 23R	♒ 21R	♒ 19R	♒ 19	♒ 20
	11日	♒ 13	♒ 17	♒ 20	♒ 23	♒ 25	♒ 25R	♒ 24R	♒ 22R	♒ 20R	♒ 19R	♒ 19	♒ 21
	21日	♒ 14	♒ 18	♒ 21	♒ 24	♒ 25	♒ 25R	♒ 24R	♒ 21R	♒ 19R	♒ 19R	♒ 19	♒ 21
♅	1日	♉ 11R	♉ 11	♉ 12	♉ 13	♉ 15	♉ 16	♉ 18	♉ 19	♉ 19R	♉ 18R	♉ 17R	♉ 16R
♆	1日	♓ 21	♓ 21	♓ 22	♓ 24	♓ 25	♓ 25	♓ 25R	♓ 25R	♓ 24R	♓ 24R	♓ 23R	♓ 23R
♇	1日	♑ 26	♑ 27	♑ 28	♑ 28	♑ 29R	♑ 28R	♑ 28R	♑ 27R	♑ 26R	♑ 26R	♑ 26	♑ 27
☊	1日	♊ 01R	♉ 29R	♉ 26R	♉ 23R	♉ 22R	♉ 22R	♉ 21R	♉ 19R	♉ 16R	♉ 14	♉ 13	♉ 13

		1月	2月	3月	4月	5月	6月	7月	8月	9月	10月	11月	12月
☽	1日	♉ 05	♊ 21	♋ 00	♌ 14	♍ 16	♏ 02	♐ 07	♑ 29	♓ 23	♉ 01	♊ 20	♋ 23
	2日	♉ 18	♋ 03	♋ 12	♌ 26	♍ 28	♏ 15	♐ 21	♒ 15	♈ 08	♉ 15	♋ 03	♌ 06
	3日	♊ 00	♋ 15	♋ 24	♍ 08	♎ 11	♏ 29	♑ 06	♓ 00	♈ 23	♉ 29	♋ 16	♌ 18
	4日	♊ 12	♋ 27	♌ 06	♍ 20	♎ 24	♐ 13	♑ 21	♓ 15	♉ 07	♊ 12	♋ 28	♍ 00
	5日	♊ 24	♌ 09	♌ 18	♎ 03	♏ 07	♐ 27	♒ 06	♈ 00	♉ 21	♊ 25	♌ 10	♍ 11
	6日	♋ 06	♌ 21	♍ 00	♎ 15	♏ 20	♑ 12	♒ 21	♈ 14	♊ 04	♋ 08	♌ 22	♍ 23
	7日	♋ 18	♍ 03	♍ 12	♎ 28	♐ 04	♑ 27	♓ 06	♈ 28	♊ 17	♋ 20	♍ 04	♎ 05
	8日	♌ 00	♍ 15	♍ 24	♏ 11	♐ 18	♒ 11	♓ 20	♉ 12	♊ 29	♌ 02	♍ 15	♎ 17
	9日	♌ 12	♍ 27	♎ 06	♏ 24	♑ 02	♒ 26	♈ 04	♉ 25	♋ 11	♌ 14	♍ 27	♏ 00
	10日	♌ 24	♎ 09	♎ 19	♐ 08	♑ 16	♓ 10	♈ 18	♊ 07	♋ 23	♌ 26	♎ 10	♏ 12
	11日	♍ 06	♎ 22	♏ 02	♐ 22	♒ 01	♓ 24	♉ 02	♊ 20	♌ 05	♍ 07	♎ 22	♏ 25
	12日	♍ 18	♏ 04	♏ 14	♑ 05	♒ 15	♈ 08	♉ 15	♋ 02	♌ 17	♍ 19	♏ 04	♐ 09
	13日	♎ 00	♏ 17	♏ 28	♑ 20	♒ 29	♈ 21	♉ 28	♋ 14	♌ 29	♎ 01	♏ 17	♐ 23
	14日	♎ 12	♐ 01	♐ 11	♒ 04	♓ 13	♉ 05	♊ 10	♋ 26	♍ 11	♎ 13	♐ 00	♑ 07
	15日	♎ 25	♐ 15	♐ 25	♒ 18	♓ 27	♉ 18	♊ 23	♌ 08	♍ 23	♎ 26	♐ 14	♑ 21
	16日	♏ 08	♐ 29	♑ 09	♓ 02	♈ 11	♊ 01	♋ 05	♌ 20	♎ 05	♏ 08	♐ 27	♒ 05
	17日	♏ 22	♑ 13	♑ 23	♓ 17	♈ 25	♊ 13	♋ 17	♍ 02	♎ 17	♏ 21	♑ 11	♒ 20
	18日	♐ 06	♑ 28	♒ 08	♈ 01	♉ 08	♊ 26	♋ 29	♍ 14	♎ 29	♐ 04	♑ 25	♓ 04
	19日	♐ 20	♒ 14	♒ 22	♈ 15	♉ 21	♋ 08	♌ 11	♍ 26	♏ 11	♐ 17	♒ 09	♓ 18
	20日	♑ 05	♒ 29	♓ 07	♈ 29	♊ 04	♋ 20	♌ 23	♎ 08	♏ 24	♑ 01	♒ 23	♈ 02
	21日	♑ 20	♓ 14	♓ 22	♉ 13	♊ 17	♌ 02	♍ 05	♎ 20	♐ 07	♑ 14	♓ 07	♈ 16
	22日	♒ 05	♓ 29	♈ 07	♉ 26	♋ 00	♌ 14	♍ 17	♏ 02	♐ 20	♑ 28	♓ 22	♉ 00
	23日	♒ 21	♈ 13	♈ 21	♊ 09	♋ 12	♌ 26	♍ 29	♏ 14	♑ 04	♒ 12	♈ 06	♉ 14
	24日	♓ 06	♈ 27	♉ 05	♊ 22	♋ 24	♍ 08	♎ 11	♏ 27	♑ 18	♒ 27	♈ 20	♉ 27
	25日	♓ 21	♉ 10	♉ 18	♋ 04	♌ 06	♍ 20	♎ 23	♐ 10	♒ 02	♓ 11	♉ 04	♊ 10
	26日	♈ 05	♉ 23	♊ 01	♋ 16	♌ 18	♎ 02	♏ 05	♐ 24	♒ 17	♓ 26	♉ 18	♊ 23
	27日	♈ 19	♊ 06	♊ 14	♋ 28	♍ 00	♎ 14	♏ 18	♑ 08	♓ 02	♈ 10	♊ 01	♋ 06
	28日	♉ 02	♊ 18	♊ 26	♌ 10	♍ 12	♎ 27	♐ 01	♑ 23	♓ 17	♈ 25	♊ 15	♋ 19
	29日	♉ 15		♋ 08	♌ 22	♍ 24	♏ 10	♐ 15	♒ 08	♈ 02	♉ 09	♊ 28	♌ 01
	30日	♉ 27		♋ 20	♍ 04	♎ 06	♏ 23	♑ 00	♒ 23	♈ 17	♉ 23	♋ 11	♌ 14
	31日	♊ 09		♌ 02		♎ 19		♑ 14	♓ 08		♊ 07		♌ 26
☿	1日	♑ 24R	♑ 17	♒ 27	♈ 26	♉ 12R	♉ 16	♋ 09	♍ 04	♍ 19R	♍ 23	♏ 16	♐ 29
	6日	♑ 19R	♑ 23	♓ 05	♉ 04	♉ 09R	♉ 22	♋ 20	♍ 10	♍ 14R	♎ 02	♏ 24	♑ 05
	11日	♑ 12R	♒ 00	♓ 15	♉ 10	♉ 06R	♊ 00	♌ 00	♍ 16	♍ 10R	♎ 11	♐ 01	♑ 08
	16日	♑ 09R	♒ 07	♓ 24	♉ 14	♉ 06	♊ 08	♌ 09	♍ 19	♍ 08	♎ 20	♐ 09	♑ 08R
	21日	♑ 09	♒ 14	♈ 04	♉ 16	♉ 07	♊ 18	♌ 18	♍ 22	♍ 10	♎ 28	♐ 16	♑ 03R
	26日	♑ 11	♒ 22	♈ 14	♉ 15R	♉ 10	♊ 28	♌ 26	♍ 22R	♍ 16	♏ 06	♐ 23	♐ 26R
♀	1日	♑ 28	♓ 06	♈ 11	♉ 18	♊ 23	♋ 26	♌ 21	♌ 27R	♌ 12R	♌ 24	♍ 22	♎ 26
	11日	♒ 10	♓ 19	♈ 23	♊ 00	♋ 04	♌ 05	♌ 26	♌ 22R	♌ 13	♍ 02	♎ 03	♏ 07
	21日	♒ 23	♈ 01	♉ 05	♊ 11	♋ 15	♌ 14	♌ 29	♌ 16R	♌ 17	♍ 11	♎ 14	♏ 19
♂	1日	♊ 09R	♊ 10	♊ 19	♋ 03	♋ 19	♌ 07	♌ 24	♍ 13	♎ 03	♎ 23	♏ 14	♐ 05
	11日	♊ 08R	♊ 13	♊ 23	♋ 08	♋ 25	♌ 12	♍ 00	♍ 20	♎ 09	♎ 29	♏ 21	♐ 12
	21日	♊ 09	♊ 16	♊ 28	♋ 14	♌ 00	♌ 18	♍ 07	♍ 26	♎ 16	♏ 06	♏ 28	♐ 19
♃	1日	♈ 01	♈ 06	♈ 12	♈ 19	♈ 26	♉ 03	♉ 09	♉ 14	♉ 16	♉ 14R	♉ 11R	♉ 07R
	11日	♈ 03	♈ 08	♈ 14	♈ 22	♈ 29	♉ 06	♉ 11	♉ 15	♉ 16R	♉ 13R	♉ 09R	♉ 06R
	21日	♈ 04	♈ 10	♈ 17	♈ 24	♉ 01	♉ 07	♉ 12	♉ 15	♉ 15R	♉ 12R	♉ 08R	♉ 06R
♄	1日	♒ 22	♒ 26	♒ 29	♓ 03	♓ 05	♓ 07	♓ 07R	♓ 06R	♓ 03R	♓ 01R	♓ 01R	♓ 01
	11日	♒ 23	♒ 27	♓ 00	♓ 04	♓ 06	♓ 07	♓ 07R	♓ 05R	♓ 03R	♓ 01R	♓ 01	♓ 02
	21日	♒ 25	♒ 28	♓ 02	♓ 05	♓ 07	♓ 07R	♓ 06R	♓ 04R	♓ 02R	♓ 01R	♓ 01	♓ 02
♅	1日	♉ 15R	♉ 15	♉ 16	♉ 17	♉ 18	♉ 20	♉ 22	♉ 23	♉ 23R	♉ 23R	♉ 22R	♉ 20R
♆	1日	♓ 23	♓ 24	♓ 25	♓ 26	♓ 27	♓ 27	♓ 28R	♓ 27R	♓ 27R	♓ 26R	♓ 25R	♓ 25R
♇	1日	♑ 28	♑ 29	♑ 29	♒ 00	♒ 00	♒ 00R	♒ 00R	♑ 29R	♑ 28R	♑ 28R	♑ 28	♑ 29
☊	1日	♉ 12	♉ 09R	♉ 06R	♉ 04R	♉ 04	♉ 04	♉ 02R	♈ 29R	♈ 26R	♈ 25	♈ 25R	♈ 24R

		1月	2月	3月	4月	5月	6月	7月	8月	9月	10月	11月	12月
☽	1日	♍07	♎21	♏12	♐29	♒07	♈00	♉09	♋00	♌17	♍20	♏05	♐08
	2日	♍19	♏03	♏24	♑13	♒21	♈14	♉23	♋13	♍00	♎02	♏17	♐20
	3日	♎01	♏16	♐07	♑26	♓05	♈28	♊06	♋26	♍12	♎14	♏29	♑03
	4日	♎13	♏28	♐20	♒11	♓19	♉13	♊20	♌08	♍24	♎26	♐11	♑16
	5日	♎25	♐11	♑03	♒25	♈04	♉27	♋03	♌21	♎05	♏08	♐24	♑29
	6日	♏07	♐25	♑17	♓10	♈19	♊11	♋17	♍03	♎17	♏20	♑06	♒13
	7日	♏20	♑09	♒01	♓25	♉03	♊25	♌00	♍15	♎29	♐02	♑19	♒26
	8日	♐03	♑23	♒16	♈10	♉18	♋08	♌12	♍27	♏11	♐14	♒02	♓10
	9日	♐17	♒08	♓01	♈25	♊02	♋21	♌25	♎09	♏23	♐26	♒16	♓24
	10日	♑01	♒23	♓16	♉10	♊16	♌04	♍07	♎20	♐05	♑09	♒29	♈08
	11日	♑15	♓08	♈02	♉24	♋00	♌16	♍19	♏02	♐17	♑22	♓14	♈22
	12日	♒00	♓24	♈17	♊08	♋13	♌29	♎00	♏14	♑00	♒06	♓28	♉07
	13日	♒15	♈08	♉02	♊22	♋26	♍11	♎12	♏26	♑13	♒20	♈13	♉21
	14日	♓00	♈23	♉16	♋05	♌09	♍23	♎24	♐09	♑27	♓04	♈28	♊06
	15日	♓14	♉07	♊00	♋18	♌21	♎04	♏06	♐22	♒11	♓19	♉13	♊20
	16日	♓29	♉21	♊13	♌00	♍03	♎16	♏18	♑05	♒26	♈04	♉27	♋04
	17日	♈13	♊04	♊26	♌12	♍15	♎28	♐01	♑19	♓11	♈19	♊12	♋18
	18日	♈27	♊17	♋09	♌24	♍26	♏10	♐14	♒03	♓26	♉04	♊27	♌02
	19日	♉11	♋00	♋22	♍06	♎08	♏23	♐27	♒18	♈11	♉19	♋11	♌15
	20日	♉24	♋12	♌04	♍18	♎20	♐06	♑11	♓03	♈26	♊04	♋24	♌28
	21日	♊07	♋25	♌16	♎00	♏02	♐19	♑25	♓18	♉11	♊19	♌07	♍10
	22日	♊20	♌07	♌28	♎12	♏15	♑02	♒09	♈02	♉26	♋02	♌20	♍22
	23日	♋03	♌19	♍10	♎24	♏27	♑16	♒24	♈17	♊10	♋16	♍02	♎04
	24日	♋15	♍01	♍21	♏06	♐10	♒00	♓08	♉02	♊23	♋29	♍14	♎16
	25日	♋28	♍13	♎03	♏18	♐23	♒14	♓23	♉16	♋07	♌11	♍26	♎27
	26日	♌10	♍24	♎15	♐01	♑06	♒28	♈07	♊00	♋20	♌24	♎08	♏09
	27日	♌22	♎06	♎27	♐13	♑20	♓12	♈22	♊14	♌02	♍06	♎19	♏21
	28日	♍04	♎18	♏09	♐26	♒04	♓27	♉06	♊27	♌15	♍17	♏01	♐04
	29日	♍16	♏00	♏21	♑10	♒17	♈11	♉19	♋10	♌27	♍29	♏13	♐16
	30日	♍28		♐04	♑23	♓01	♈25	♊03	♋23	♍09	♎11	♏25	♐29
	31日	♎09		♐16		♓16		♊17	♌05		♎23		♑12
☿	1日	♐22R	♑24	♓13	♈27	♈17	♉26	♋28	♍03	♌22	♎09	♏28	♐20R
	6日	♐23	♒01	♓22	♈26R	♈20	♊06	♌06	♍04R	♌26	♎17	♐05	♐14R
	11日	♐27	♒09	♈02	♈23R	♈25	♊16	♌14	♍03R	♍03	♎26	♐11	♐08R
	16日	♑02	♒18	♈11	♈19R	♉01	♊27	♌20	♌29R	♍11	♏04	♐17	♐06
	21日	♑08	♒26	♈19	♈17R	♉07	♋08	♌26	♌25R	♍20	♏11	♐21	♐08
	26日	♑15	♓05	♈24	♈16	♉15	♋18	♍00	♌22R	♎00	♏19	♐23R	♐13
♀	1日	♐03	♑11	♒17	♓25	♉02	♊10	♋17	♌25	♎03	♏10	♐17	♑23
	11日	♐15	♑23	♒29	♈07	♉14	♊22	♋29	♍07	♎15	♏22	♐29	♒04
	21日	♐27	♒06	♓11	♈20	♉27	♋05	♌12	♍20	♎28	♐04	♑11	♒16
♂	1日	♐27	♑21	♒13	♓07	♈00	♈24	♉16	♊08	♊28	♋15	♋29	♌06
	11日	♑05	♑28	♒21	♓15	♈08	♉01	♉23	♊14	♋04	♋20	♌02	♌06R
	21日	♑12	♒06	♒29	♓23	♈16	♉09	♊00	♊21	♋09	♋25	♌05	♌05R
♃	1日	♉06	♉07	♉11	♉17	♉24	♊01	♊08	♊14	♊19	♊21	♊20R	♊17R
	11日	♉06	♉08	♉13	♉20	♉27	♊04	♊10	♊16	♊20	♊21R	♊20R	♊16R
	21日	♉06	♉10	♉15	♉22	♉29	♊06	♊12	♊18	♊21	♊21R	♊18R	♊14R
♄	1日	♓03	♓06	♓10	♓14	♓17	♓19	♓19R	♓19R	♓17R	♓14R	♓13R	♓13
	11日	♓04	♓08	♓11	♓15	♓17	♓19	♓19R	♓18R	♓16R	♓14R	♓13R	♓13
	21日	♓05	♓09	♓12	♓16	♓18	♓19	♓19R	♓17R	♓15R	♓13R	♓13	♓14
♅	1日	♉19R	♉19	♉20	♉21	♉22	♉24	♉26	♉27	♉27	♉27R	♉26R	♉25R
♆	1日	♓25	♓26	♓27	♓28	♓29	♈00	♈00	♈00R	♓29R	♓28R	♓27R	♓27R
♇	1日	♑29	♒00	♒01	♒02	♒02	♒02R	♒01R	♒01R	♒00R	♒00R	♒00	♒00
☊	1日	♈21R	♈18	♈16	♈16	♈15R	♈14	♈11R	♈09R	♈07R	♈07	♈06R	♈04R

		1月	2月	3月	4月	5月	6月	7月	8月	9月	10月	11月	12月
	1日	♑ 26	♓ 17	♓ 26	♉ 19	♊ 27	♌ 17	♍ 21	♏ 05	♐ 18	♑ 21	♓ 09	♈ 15
	2日	♒ 09	♈ 01	♈ 11	♊ 04	♋ 12	♍ 00	♎ 03	♏ 17	♑ 01	♒ 04	♓ 22	♉ 00
	3日	♒ 23	♈ 15	♈ 25	♊ 18	♋ 25	♍ 12	♎ 15	♏ 29	♑ 13	♒ 17	♈ 07	♉ 15
	4日	♓ 07	♉ 00	♉ 10	♋ 02	♌ 09	♍ 25	♎ 27	♐ 11	♑ 26	♓ 01	♈ 22	♊ 00
	5日	♓ 21	♉ 14	♉ 24	♋ 16	♌ 21	♎ 07	♏ 09	♐ 23	♒ 09	♓ 15	♉ 07	♊ 15
	6日	♈ 05	♉ 28	♊ 09	♋ 29	♍ 04	♎ 19	♏ 20	♑ 05	♒ 23	♓ 29	♉ 22	♋ 01
	7日	♈ 19	♊ 12	♊ 22	♌ 12	♍ 16	♏ 00	♐ 02	♑ 18	♓ 06	♈ 14	♊ 07	♋ 16
	8日	♉ 03	♊ 25	♋ 06	♌ 25	♍ 28	♏ 12	♐ 15	♒ 01	♓ 21	♈ 29	♊ 23	♌ 00
	9日	♉ 17	♋ 09	♋ 19	♍ 07	♎ 10	♏ 24	♐ 27	♒ 14	♈ 05	♉ 14	♋ 07	♌ 14
	10日	♊ 01	♋ 22	♌ 02	♍ 19	♎ 22	♐ 06	♑ 09	♒ 28	♈ 20	♉ 29	♋ 22	♌ 28
	11日	♊ 15	♌ 05	♌ 15	♎ 01	♏ 03	♐ 18	♑ 22	♓ 12	♉ 04	♊ 13	♌ 05	♍ 11
	12日	♊ 29	♌ 18	♌ 27	♎ 13	♏ 15	♑ 01	♒ 05	♓ 26	♉ 19	♊ 28	♌ 19	♍ 23
	13日	♋ 13	♍ 01	♍ 10	♎ 25	♏ 27	♑ 13	♒ 18	♈ 10	♊ 03	♋ 12	♍ 02	♎ 06
	14日	♋ 27	♍ 13	♍ 22	♏ 06	♐ 09	♑ 26	♓ 02	♈ 24	♊ 17	♋ 26	♍ 14	♎ 18
	15日	♌ 10	♍ 26	♎ 04	♏ 18	♐ 21	♒ 09	♓ 15	♉ 08	♋ 01	♌ 09	♍ 27	♏ 00
☽	16日	♌ 23	♎ 08	♎ 16	♐ 00	♑ 04	♒ 22	♓ 29	♉ 22	♋ 15	♌ 22	♎ 09	♏ 11
	17日	♍ 05	♎ 20	♎ 28	♐ 12	♑ 16	♓ 05	♈ 13	♊ 06	♋ 29	♍ 05	♎ 21	♏ 23
	18日	♍ 18	♏ 01	♏ 10	♐ 24	♑ 29	♓ 18	♈ 27	♊ 21	♌ 12	♍ 17	♏ 03	♐ 05
	19日	♎ 00	♏ 13	♏ 21	♑ 07	♒ 12	♈ 02	♉ 11	♋ 05	♌ 25	♍ 29	♏ 14	♐ 17
	20日	♎ 12	♏ 25	♐ 03	♑ 19	♒ 25	♈ 16	♉ 26	♋ 18	♍ 08	♎ 12	♏ 26	♐ 29
	21日	♎ 23	♐ 07	♐ 15	♒ 02	♓ 08	♉ 01	♊ 10	♌ 02	♍ 20	♎ 24	♐ 08	♑ 11
	22日	♏ 05	♐ 19	♐ 28	♒ 15	♓ 22	♉ 15	♊ 24	♌ 16	♎ 03	♏ 06	♐ 20	♑ 23
	23日	♏ 17	♑ 02	♑ 10	♒ 29	♈ 06	♊ 00	♋ 09	♌ 29	♎ 15	♏ 18	♑ 02	♒ 06
	24日	♏ 29	♑ 15	♑ 23	♓ 13	♈ 21	♊ 15	♋ 23	♍ 12	♎ 27	♏ 29	♑ 14	♒ 18
	25日	♐ 12	♑ 28	♒ 06	♓ 27	♉ 06	♋ 00	♌ 07	♍ 24	♏ 09	♐ 11	♑ 26	♓ 01
	26日	♐ 24	♒ 12	♒ 20	♈ 12	♉ 21	♋ 14	♌ 20	♎ 07	♏ 21	♐ 23	♒ 09	♓ 14
	27日	♑ 07	♒ 27	♓ 04	♈ 27	♊ 06	♋ 28	♍ 03	♎ 19	♐ 03	♑ 05	♒ 21	♓ 27
	28日	♑ 21	♓ 11	♓ 19	♉ 13	♊ 21	♌ 12	♍ 16	♏ 01	♐ 15	♑ 17	♓ 04	♈ 11
	29日	♒ 04		♈ 04	♉ 28	♋ 06	♌ 25	♍ 29	♏ 13	♐ 27	♒ 00	♓ 17	♈ 25
	30日	♒ 18		♈ 19	♊ 13	♋ 20	♍ 08	♎ 11	♏ 25	♑ 09	♒ 12	♈ 01	♉ 09
	31日	♓ 02		♉ 04		♌ 04		♎ 23	♐ 06		♒ 25		♉ 24
	1日	♐ 20	♒ 07	♓ 26	♓ 29R	♈ 16	♊ 13	♌ 05	♌ 09R	♌ 27	♎ 21	♐ 03	♏ 21
	6日	♐ 27	♒ 15	♈ 04	♓ 27R	♈ 23	♊ 24	♌ 10	♌ 06R	♍ 07	♎ 29	♐ 06	♏ 24
☿	11日	♑ 04	♒ 24	♈ 08	♓ 27	♉ 01	♋ 04	♌ 14	♌ 04R	♍ 17	♏ 07	♐ 07R	♏ 29
	16日	♑ 11	♓ 03	♈ 10R	♈ 00	♉ 10	♋ 14	♌ 15	♌ 06	♍ 26	♏ 14	♐ 04R	♐ 05
	21日	♑ 19	♓ 12	♈ 07R	♈ 04	♉ 20	♋ 22	♌ 15R	♌ 10	♎ 05	♏ 20	♏ 27R	♐ 12
	26日	♑ 27	♓ 21	♈ 03R	♈ 09	♊ 00	♋ 29	♌ 13R	♌ 17	♎ 13	♏ 26	♏ 22R	♐ 20
	1日	♒ 28	♓ 28	♈ 11	♓ 27R	♈ 00	♈ 25	♉ 26	♋ 01	♌ 08	♍ 14	♎ 23	♐ 00
♀	11日	♓ 08	♈ 05	♈ 09R	♓ 25R	♈ 07	♉ 05	♊ 07	♋ 13	♌ 20	♍ 27	♏ 05	♐ 13
	21日	♓ 18	♈ 09	♈ 04R	♓ 26	♈ 15	♉ 15	♊ 18	♋ 25	♍ 02	♎ 09	♏ 18	♐ 26
	1日	♌ 02R	♋ 20R	♋ 17	♋ 24	♌ 06	♌ 21	♍ 08	♍ 26	♎ 16	♏ 06	♏ 28	♐ 19
♂	11日	♋ 28R	♋ 18R	♋ 18	♋ 27	♌ 10	♌ 27	♍ 14	♎ 03	♎ 23	♏ 13	♐ 05	♐ 27
	21日	♋ 24R	♋ 17R	♋ 20	♌ 01	♌ 15	♍ 02	♍ 20	♎ 09	♎ 29	♏ 20	♐ 12	♑ 04
	1日	♊ 13R	♊ 11R	♊ 12	♊ 16	♊ 21	♊ 28	♋ 05	♋ 12	♋ 18	♋ 22	♋ 25	♋ 25R
♃	11日	♊ 12R	♊ 11	♊ 13	♊ 18	♊ 23	♋ 00	♋ 07	♋ 14	♋ 20	♋ 24	♋ 25	♋ 24R
	21日	♊ 12R	♊ 12	♊ 14	♊ 19	♊ 26	♋ 03	♋ 09	♋ 16	♋ 21	♋ 24	♋ 25R	♋ 23R
	1日	♓ 15	♓ 17	♓ 21	♓ 25	♓ 28	♈ 00	♈ 02	♈ 02R	♈ 00R	♓ 28R	♓ 26R	♓ 25
♄	11日	♓ 15	♓ 19	♓ 22	♓ 26	♓ 29	♈ 01	♈ 02	♈ 01R	♓ 29R	♓ 27R	♓ 25R	♓ 25
	21日	♓ 16	♓ 20	♓ 23	♓ 27	♈ 00	♈ 02	♈ 02R	♈ 01R	♓ 29R	♓ 26R	♓ 25R	♓ 26
♅	1日	♉ 24R	♉ 23	♉ 24	♉ 25	♉ 26	♉ 28	♊ 00	♊ 01	♊ 01	♊ 01R	♊ 00R	♉ 29R
♆	1日	♓ 27	♓ 28	♓ 29	♈ 00	♈ 01	♈ 02	♈ 02	♈ 02R	♈ 01R	♈ 01R	♈ 00R	♓ 29R
♇	1日	♒ 01	♒ 02	♒ 03	♒ 04	♒ 04	♒ 04R	♒ 03R	♒ 02R	♒ 02R	♒ 01R	♒ 01	♒ 02
☊	1日	♈ 01R	♓ 28R	♓ 27R	♓ 27R	♓ 26R	♓ 24R	♓ 21R	♓ 19	♓ 18R	♓ 18	♓ 17	♓ 14R

		1月	2月	3月	4月	5月	6月	7月	8月	9月	10月	11月	12月
☽	1日	♊ 09	♌ 02	♌ 11	♎ 00	♏ 04	♐ 19	♑ 22	♓ 08	♈ 27	♊ 06	♋ 29	♍ 07
	2日	♊ 24	♌ 16	♌ 25	♎ 13	♏ 16	♑ 01	♒ 04	♓ 20	♉ 11	♊ 20	♌ 13	♍ 21
	3日	♋ 09	♍ 00	♍ 08	♎ 25	♏ 28	♑ 13	♒ 16	♈ 03	♉ 25	♋ 04	♌ 27	♎ 04
	4日	♋ 23	♍ 13	♍ 21	♏ 08	♐ 10	♑ 25	♒ 28	♈ 17	♊ 09	♋ 18	♍ 10	♎ 17
	5日	♌ 08	♍ 26	♎ 04	♏ 20	♐ 22	♒ 07	♓ 11	♉ 00	♊ 23	♌ 02	♍ 24	♎ 29
	6日	♌ 22	♎ 09	♎ 17	♐ 02	♑ 04	♒ 19	♓ 23	♉ 14	♋ 07	♌ 16	♎ 07	♏ 12
	7日	♍ 06	♎ 22	♎ 29	♐ 14	♑ 16	♓ 01	♈ 07	♉ 28	♋ 22	♍ 00	♎ 20	♏ 24
	8日	♍ 19	♏ 04	♏ 12	♐ 26	♑ 28	♓ 14	♈ 20	♊ 13	♌ 06	♍ 14	♏ 02	♐ 06
	9日	♎ 02	♏ 16	♏ 24	♑ 07	♒ 10	♓ 27	♉ 04	♊ 27	♌ 20	♍ 27	♏ 15	♐ 18
	10日	♎ 14	♏ 28	♐ 06	♑ 19	♒ 22	♈ 10	♉ 18	♋ 12	♍ 04	♎ 10	♏ 27	♑ 00
	11日	♎ 26	♐ 10	♐ 18	♒ 02	♓ 05	♈ 24	♊ 03	♋ 27	♍ 18	♎ 23	♐ 09	♑ 12
	12日	♏ 08	♐ 22	♐ 29	♒ 14	♓ 18	♉ 09	♊ 18	♌ 11	♎ 02	♏ 06	♐ 21	♑ 24
	13日	♏ 20	♑ 04	♑ 11	♒ 27	♈ 02	♉ 24	♋ 03	♌ 26	♎ 15	♏ 19	♑ 03	♒ 05
	14日	♐ 02	♑ 16	♑ 24	♓ 10	♈ 16	♊ 09	♋ 18	♍ 10	♎ 28	♐ 01	♑ 15	♒ 17
	15日	♐ 14	♑ 28	♒ 06	♓ 24	♉ 00	♊ 24	♌ 03	♍ 24	♏ 11	♐ 13	♑ 27	♒ 29
	16日	♐ 26	♒ 11	♒ 19	♈ 08	♉ 15	♋ 09	♌ 17	♎ 07	♏ 23	♐ 25	♒ 09	♓ 11
	17日	♑ 08	♒ 24	♓ 02	♈ 22	♊ 00	♋ 24	♍ 02	♎ 20	♐ 05	♑ 07	♒ 21	♓ 24
	18日	♑ 20	♓ 07	♓ 16	♉ 07	♊ 16	♌ 09	♍ 16	♏ 03	♐ 17	♑ 19	♓ 03	♈ 07
	19日	♒ 02	♓ 21	♓ 29	♉ 22	♋ 01	♌ 23	♍ 29	♏ 15	♐ 29	♒ 01	♓ 15	♈ 20
	20日	♒ 15	♈ 04	♈ 14	♊ 07	♋ 16	♍ 07	♎ 12	♏ 27	♑ 11	♒ 13	♓ 28	♉ 04
	21日	♒ 28	♈ 18	♈ 28	♊ 21	♌ 00	♍ 20	♎ 25	♐ 09	♑ 23	♒ 25	♈ 12	♉ 18
	22日	♓ 11	♉ 02	♉ 12	♋ 06	♌ 14	♎ 03	♏ 07	♐ 21	♒ 05	♓ 08	♈ 26	♊ 03
	23日	♓ 24	♉ 16	♉ 27	♋ 20	♌ 28	♎ 16	♏ 19	♑ 03	♒ 17	♓ 21	♉ 10	♊ 18
	24日	♈ 08	♊ 00	♊ 11	♌ 04	♍ 11	♎ 28	♐ 01	♑ 15	♓ 00	♈ 04	♉ 25	♋ 03
	25日	♈ 21	♊ 15	♊ 26	♌ 18	♍ 24	♏ 10	♐ 13	♑ 27	♓ 13	♈ 18	♊ 10	♋ 19
	26日	♉ 05	♊ 29	♋ 10	♍ 01	♎ 06	♏ 22	♐ 25	♒ 09	♓ 26	♉ 02	♊ 25	♌ 04
	27日	♉ 19	♋ 13	♋ 24	♍ 14	♎ 19	♐ 04	♑ 07	♒ 22	♈ 09	♉ 17	♋ 10	♌ 18
	28日	♊ 04	♋ 27	♌ 07	♍ 27	♏ 01	♐ 16	♑ 19	♓ 04	♈ 23	♊ 01	♋ 25	♍ 03
	29日	♊ 18		♌ 21	♎ 09	♏ 13	♐ 28	♒ 01	♓ 17	♉ 07	♊ 16	♌ 09	♍ 17
	30日	♋ 03		♍ 04	♎ 22	♏ 25	♑ 10	♒ 13	♈ 00	♉ 21	♋ 01	♌ 24	♎ 00
	31日	♋ 17		♍ 17		♐ 07		♒ 25	♈ 14		♋ 15		♎ 13
☿	1日	♐ 29	♒ 20	♓ 22R	♓ 14	♈ 26	♊ 29	♋ 26R	♋ 20	♍ 13	♏ 01	♏ 17R	♏ 22
	6日	♑ 07	♒ 29	♓ 18R	♓ 19	♉ 06	♋ 07	♋ 25R	♋ 25	♍ 22	♏ 07	♏ 10R	♐ 00
	11日	♑ 14	♓ 07	♓ 13R	♓ 25	♉ 16	♋ 14	♋ 22R	♌ 02	♎ 01	♏ 13	♏ 06R	♐ 07
	16日	♑ 22	♓ 15	♓ 10R	♈ 01	♉ 27	♋ 20	♋ 19R	♌ 11	♎ 09	♏ 17	♏ 06	♐ 15
	21日	♒ 01	♓ 20	♓ 08	♈ 09	♊ 08	♋ 23	♋ 17R	♌ 21	♎ 17	♏ 20	♏ 09	♐ 23
	26日	♒ 09	♓ 23	♓ 10	♈ 17	♊ 18	♋ 26	♋ 17	♍ 01	♎ 24	♏ 21R	♏ 15	♑ 01
♀	1日	♑ 09	♒ 18	♓ 23	♉ 02	♊ 08	♋ 16	♌ 20	♍ 24	♎ 23	♏ 08	♎ 26R	♎ 28
	11日	♑ 22	♓ 01	♈ 06	♉ 14	♊ 21	♋ 27	♍ 02	♎ 04	♏ 01	♏ 07R	♎ 23R	♏ 05
	21日	♒ 05	♓ 13	♈ 18	♉ 26	♋ 02	♌ 09	♍ 13	♎ 14	♏ 06	♏ 03R	♎ 24	♏ 13
♂	1日	♑ 13	♒ 07	♒ 29	♓ 23	♈ 16	♉ 10	♊ 02	♊ 23	♋ 13	♌ 02	♌ 19	♍ 02
	11日	♑ 20	♒ 15	♓ 07	♈ 01	♈ 24	♉ 17	♊ 09	♋ 00	♋ 20	♌ 07	♌ 24	♍ 05
	21日	♑ 28	♒ 23	♓ 15	♈ 09	♉ 02	♉ 24	♊ 16	♋ 06	♋ 26	♌ 13	♌ 28	♍ 08
♃	1日	♋ 21R	♋ 17R	♋ 15R	♋ 16	♋ 19	♋ 24	♌ 00	♌ 07	♌ 14	♌ 20	♌ 24	♌ 27
	11日	♋ 20R	♋ 16R	♋ 15R	♋ 17	♋ 20	♋ 26	♌ 02	♌ 09	♌ 16	♌ 21	♌ 25	♌ 27
	21日	♋ 19R	♋ 16R	♋ 15	♋ 18	♋ 22	♋ 28	♌ 05	♌ 11	♌ 18	♌ 23	♌ 26	♌ 27R
♄	1日	♓ 26	♓ 29	♈ 02	♈ 06	♈ 09	♈ 12	♈ 14	♈ 15R	♈ 14R	♈ 12R	♈ 09R	♈ 08R
	11日	♓ 27	♈ 00	♈ 03	♈ 07	♈ 10	♈ 13	♈ 15	♈ 15R	♈ 13R	♈ 11R	♈ 09R	♈ 08
	21日	♓ 28	♈ 01	♈ 04	♈ 08	♈ 11	♈ 14	♈ 15	♈ 14R	♈ 12R	♈ 10R	♈ 08R	♈ 08
♅	1日	♉ 28R	♉ 27R	♉ 28	♉ 29	♊ 00	♊ 02	♊ 04	♊ 05	♊ 06	♊ 06R	♊ 05R	♊ 03R
♆	1日	♈ 00	♈ 00	♈ 01	♈ 02	♈ 03	♈ 04	♈ 04	♈ 04R	♈ 04R	♈ 03R	♈ 02R	♈ 02R
♇	1日	♒ 03	♒ 04	♒ 05	♒ 05	♒ 06	♒ 05R	♒ 05R	♒ 04R	♒ 04R	♒ 03R	♒ 03	♒ 04
☊	1日	♓ 11R	♓ 09R	♓ 09	♓ 09R	♓ 07R	♓ 04R	♓ 01R	♓ 00	♓ 00R	♒ 29R	♒ 27R	♒ 24

		1月	2月	3月	4月	5月	6月	7月	8月	9月	10月	11月	12月
☽	1日	♎ 26	♐ 12	♐ 20	♒ 04	♓ 06	♈ 22	♉ 28	♋ 20	♍ 14	♎ 21	♐ 10	♑ 13
	2日	♏ 09	♐ 24	♑ 02	♒ 16	♓ 18	♉ 05	♊ 12	♌ 05	♍ 29	♏ 05	♐ 23	♑ 25
	3日	♏ 21	♑ 06	♑ 14	♒ 28	♈ 01	♉ 19	♊ 27	♌ 21	♎ 13	♏ 19	♑ 05	♒ 07
	4日	♐ 03	♑ 17	♑ 26	♓ 10	♈ 14	♊ 04	♋ 12	♍ 06	♎ 27	♐ 02	♑ 17	♒ 19
	5日	♐ 15	♑ 29	♒ 08	♓ 23	♈ 27	♊ 18	♋ 27	♍ 20	♏ 11	♐ 15	♑ 29	♓ 01
	6日	♐ 27	♒ 11	♒ 20	♈ 06	♉ 11	♋ 03	♌ 12	♎ 05	♏ 24	♐ 27	♒ 11	♓ 13
	7日	♑ 09	♒ 23	♓ 02	♈ 19	♉ 25	♋ 18	♌ 27	♎ 19	♐ 07	♑ 10	♒ 23	♓ 25
	8日	♑ 21	♓ 05	♓ 14	♉ 02	♊ 10	♌ 03	♍ 12	♏ 02	♐ 19	♑ 22	♓ 05	♈ 07
	9日	♒ 02	♓ 18	♓ 27	♉ 16	♊ 24	♌ 17	♍ 26	♏ 15	♑ 01	♒ 03	♓ 17	♈ 19
	10日	♒ 14	♈ 00	♈ 10	♊ 00	♋ 08	♍ 02	♎ 10	♏ 28	♑ 13	♒ 15	♓ 29	♉ 02
	11日	♒ 26	♈ 13	♈ 23	♊ 14	♋ 23	♍ 16	♎ 23	♐ 11	♑ 25	♒ 27	♈ 12	♉ 16
	12日	♓ 08	♈ 26	♉ 06	♊ 28	♌ 07	♍ 29	♏ 06	♐ 23	♒ 07	♓ 09	♈ 25	♉ 29
	13日	♓ 21	♉ 09	♉ 19	♋ 12	♌ 21	♎ 13	♏ 19	♑ 05	♒ 19	♓ 21	♉ 08	♊ 14
	14日	♈ 03	♉ 23	♊ 03	♋ 26	♍ 05	♎ 26	♐ 01	♑ 17	♓ 01	♈ 04	♉ 21	♊ 28
	15日	♈ 16	♊ 06	♊ 17	♌ 10	♍ 19	♏ 09	♐ 14	♑ 28	♓ 13	♈ 16	♊ 05	♋ 13
	16日	♈ 29	♊ 21	♋ 01	♌ 24	♎ 03	♏ 22	♐ 26	♒ 10	♓ 25	♈ 29	♊ 19	♋ 27
	17日	♉ 13	♋ 05	♋ 15	♍ 08	♎ 16	♐ 04	♑ 08	♒ 22	♈ 07	♉ 12	♋ 03	♌ 12
	18日	♉ 27	♋ 20	♌ 00	♍ 22	♎ 29	♐ 17	♑ 20	♓ 04	♈ 20	♉ 26	♋ 17	♌ 26
	19日	♊ 11	♌ 05	♌ 14	♎ 06	♏ 12	♐ 29	♒ 01	♓ 16	♉ 03	♊ 09	♌ 02	♍ 11
	20日	♊ 26	♌ 20	♌ 28	♎ 20	♏ 25	♑ 11	♒ 13	♓ 28	♉ 16	♊ 23	♌ 16	♍ 25
	21日	♋ 11	♍ 04	♍ 13	♏ 03	♐ 08	♑ 23	♒ 25	♈ 10	♉ 29	♋ 07	♍ 00	♎ 09
	22日	♋ 26	♍ 19	♍ 27	♏ 16	♐ 20	♒ 04	♓ 07	♈ 23	♊ 12	♋ 21	♍ 14	♎ 22
	23日	♌ 12	♎ 03	♎ 11	♏ 29	♑ 02	♒ 16	♓ 19	♉ 06	♊ 26	♌ 05	♍ 28	♏ 06
	24日	♌ 26	♎ 17	♎ 25	♐ 12	♑ 14	♒ 28	♈ 01	♉ 19	♋ 10	♌ 19	♎ 12	♏ 19
	25日	♍ 11	♏ 00	♏ 08	♐ 24	♑ 26	♓ 10	♈ 13	♊ 02	♋ 24	♍ 03	♎ 25	♐ 02
	26日	♍ 25	♏ 13	♏ 21	♑ 06	♒ 08	♓ 22	♈ 26	♊ 16	♌ 08	♍ 17	♏ 09	♐ 14
	27日	♎ 09	♏ 26	♐ 04	♑ 18	♒ 20	♈ 04	♉ 09	♋ 00	♌ 23	♎ 02	♏ 22	♐ 27
	28日	♎ 22	♐ 08	♐ 16	♒ 00	♓ 02	♈ 17	♉ 22	♋ 14	♍ 08	♎ 16	♐ 05	♑ 09
	29日	♏ 05		♐ 28	♒ 12	♓ 14	♉ 00	♊ 06	♋ 29	♍ 22	♏ 00	♐ 18	♑ 21
	30日	♏ 18		♑ 10	♒ 24	♓ 26	♉ 14	♊ 21	♌ 14	♎ 07	♏ 14	♑ 01	♒ 03
	31日	♐ 00		♑ 22		♈ 09		♋ 05	♌ 29		♏ 27		♒ 15
☿	1日	♑ 10	♓ 00	♒ 21R	♓ 18	♉ 13	♋ 03	♊ 28R	♋ 27	♍ 26	♏ 03	♎ 20	♐ 03
	6日	♑ 18	♓ 05	♒ 21	♓ 25	♉ 24	♋ 06	♊ 28	♌ 08	♎ 04	♏ 05	♎ 25	♐ 11
	11日	♑ 26	♓ 06R	♒ 24	♈ 04	♊ 04	♋ 06R	♊ 29	♌ 18	♎ 11	♏ 04R	♏ 02	♐ 18
	16日	♒ 05	♓ 03R	♒ 28	♈ 13	♊ 13	♋ 05R	♋ 03	♌ 28	♎ 18	♏ 00R	♏ 09	♐ 26
	21日	♒ 13	♒ 27R	♓ 03	♈ 22	♊ 21	♋ 03R	♋ 09	♍ 07	♎ 24	♎ 24R	♏ 17	♑ 04
	26日	♒ 21	♒ 23R	♓ 09	♉ 02	♊ 27	♋ 00R	♋ 16	♍ 16	♎ 29	♎ 20R	♏ 25	♑ 12
♀	1日	♏ 24	♐ 27	♒ 00	♓ 07	♈ 13	♉ 21	♊ 28	♌ 06	♍ 14	♎ 21	♐ 00	♑ 07
	11日	♐ 04	♑ 09	♒ 12	♓ 19	♈ 25	♊ 03	♋ 10	♌ 18	♍ 26	♏ 04	♐ 12	♑ 19
	21日	♐ 15	♑ 20	♒ 24	♈ 01	♉ 08	♊ 15	♋ 22	♍ 00	♎ 09	♏ 16	♐ 25	♒ 02
♂	1日	♍ 10	♍ 07R	♌ 27R	♌ 21R	♌ 26	♍ 07	♍ 22	♎ 10	♎ 29	♏ 20	♐ 12	♑ 04
	11日	♍ 10R	♍ 04R	♌ 24R	♌ 21	♌ 29	♍ 12	♍ 28	♎ 16	♏ 06	♏ 27	♐ 19	♑ 12
	21日	♍ 10R	♍ 00R	♌ 22R	♌ 23	♍ 03	♍ 17	♎ 03	♎ 22	♏ 13	♐ 04	♐ 26	♑ 19
♃	1日	♌ 26R	♌ 23R	♌ 20R	♌ 17R	♌ 17	♌ 20	♌ 25	♍ 01	♍ 08	♍ 14	♍ 20	♍ 25
	11日	♌ 26R	♌ 22R	♌ 19R	♌ 17R	♌ 18	♌ 22	♌ 27	♍ 03	♍ 10	♍ 16	♍ 22	♍ 26
	21日	♌ 25R	♌ 21R	♌ 18R	♌ 17	♌ 19	♌ 23	♌ 29	♍ 05	♍ 12	♍ 18	♍ 24	♍ 27
♄	1日	♈ 08	♈ 10	♈ 13	♈ 17	♈ 21	♈ 24	♈ 27	♈ 28	♈ 27R	♈ 26R	♈ 23R	♈ 21R
	11日	♈ 09	♈ 11	♈ 14	♈ 18	♈ 22	♈ 25	♈ 27	♈ 28R	♈ 27R	♈ 25R	♈ 23R	♈ 21R
	21日	♈ 09	♈ 12	♈ 15	♈ 19	♈ 23	♈ 26	♈ 28	♈ 28R	♈ 26R	♈ 24R	♈ 22R	♈ 21R
♅	1日	♊ 02R	♊ 02R	♊ 02	♊ 03	♊ 04	♊ 06	♊ 08	♊ 09	♊ 10	♊ 10R	♊ 09R	♊ 08R
♆	1日	♈ 02	♈ 02	♈ 03	♈ 04	♈ 05	♈ 06	♈ 07	♈ 07R	♈ 06R	♈ 05R	♈ 04R	♈ 04R
♇	1日	♒ 04	♒ 05	♒ 06	♒ 07	♒ 07	♒ 07R	♒ 07R	♒ 06R	♒ 05R	♒ 05R	♒ 05	♒ 05
☊	1日	♒ 21R	♒ 21R	♒ 20	♒ 19	♒ 17R	♒ 14R	♒ 12R	♒ 11R	♒ 11R	♒ 10R	♒ 07R	♒ 04R

天文暦｜月その他　2028（うるう）年

		1月	2月	3月	4月	5月	6月	7月	8月	9月	10月	11月	12月
☽	1日	♒ 27	♈ 11	♉ 03	♊ 21	♋ 29	♍ 22	♏ 01	♐ 21	♒ 08	♓ 11	♈ 25	♉ 28
	2日	♓ 09	♈ 24	♉ 15	♋ 04	♌ 13	♎ 06	♏ 15	♑ 04	♒ 20	♓ 22	♉ 07	♊ 11
	3日	♓ 21	♉ 06	♉ 28	♋ 18	♌ 27	♎ 20	♏ 28	♑ 16	♓ 02	♈ 04	♉ 20	♊ 24
	4日	♈ 03	♉ 19	♊ 11	♌ 02	♍ 11	♏ 04	♐ 11	♑ 29	♓ 14	♈ 16	♊ 02	♋ 07
	5日	♈ 15	♊ 02	♊ 24	♌ 16	♍ 25	♏ 18	♐ 24	♒ 11	♓ 25	♈ 28	♊ 15	♋ 21
	6日	♈ 27	♊ 15	♋ 08	♍ 01	♎ 10	♐ 02	♑ 07	♒ 23	♈ 07	♉ 10	♊ 28	♌ 04
	7日	♉ 10	♊ 29	♋ 22	♍ 16	♎ 24	♐ 15	♑ 20	♓ 05	♈ 19	♉ 23	♋ 11	♌ 18
	8日	♉ 24	♋ 14	♌ 07	♎ 01	♏ 09	♐ 28	♒ 02	♓ 17	♉ 01	♊ 05	♋ 24	♍ 02
	9日	♊ 07	♋ 29	♌ 22	♎ 16	♏ 23	♑ 11	♒ 14	♓ 29	♉ 13	♊ 18	♌ 07	♍ 16
	10日	♊ 21	♌ 14	♍ 07	♏ 00	♐ 07	♑ 24	♒ 26	♈ 10	♉ 26	♋ 01	♌ 21	♎ 00
	11日	♋ 06	♌ 29	♍ 22	♏ 15	♐ 20	♒ 06	♓ 08	♈ 22	♊ 08	♋ 14	♍ 05	♎ 15
	12日	♋ 21	♍ 14	♎ 07	♏ 29	♑ 03	♒ 18	♓ 20	♉ 04	♊ 21	♋ 27	♍ 20	♎ 29
	13日	♌ 06	♍ 29	♎ 22	♐ 12	♑ 16	♓ 00	♈ 02	♉ 17	♋ 04	♌ 11	♎ 04	♏ 13
	14日	♌ 21	♎ 14	♏ 07	♐ 25	♑ 28	♓ 12	♈ 14	♉ 29	♋ 18	♌ 25	♎ 19	♏ 27
	15日	♍ 06	♎ 28	♏ 21	♑ 08	♒ 10	♓ 24	♈ 26	♊ 12	♌ 02	♍ 10	♏ 04	♐ 11
	16日	♍ 20	♏ 12	♐ 04	♑ 20	♒ 22	♈ 06	♉ 08	♊ 26	♌ 16	♍ 25	♏ 18	♐ 25
	17日	♎ 05	♏ 25	♐ 17	♒ 02	♓ 04	♈ 18	♉ 21	♋ 09	♍ 01	♎ 10	♐ 03	♑ 09
	18日	♎ 19	♐ 08	♑ 00	♒ 14	♓ 16	♉ 00	♊ 04	♋ 23	♍ 17	♎ 25	♐ 17	♑ 22
	19日	♏ 02	♐ 21	♑ 12	♒ 26	♓ 28	♉ 13	♊ 17	♌ 08	♎ 02	♏ 10	♑ 01	♒ 05
	20日	♏ 16	♑ 03	♑ 24	♓ 08	♈ 10	♉ 26	♋ 01	♌ 23	♎ 17	♏ 25	♑ 14	♒ 17
	21日	♏ 29	♑ 15	♒ 06	♓ 20	♈ 22	♊ 09	♋ 15	♍ 08	♏ 02	♐ 09	♑ 27	♒ 29
	22日	♐ 11	♑ 27	♒ 18	♈ 02	♉ 05	♊ 23	♌ 00	♍ 23	♏ 17	♐ 23	♒ 09	♓ 11
	23日	♐ 24	♒ 09	♓ 00	♈ 14	♉ 18	♋ 07	♌ 15	♎ 08	♐ 01	♑ 06	♒ 22	♓ 23
	24日	♑ 06	♒ 21	♓ 11	♈ 26	♊ 01	♋ 21	♌ 29	♎ 23	♐ 14	♑ 19	♓ 04	♈ 05
	25日	♑ 18	♓ 03	♓ 23	♉ 09	♊ 14	♌ 05	♍ 14	♏ 08	♐ 28	♒ 01	♓ 16	♈ 17
	26日	♒ 00	♓ 14	♈ 05	♉ 22	♊ 28	♌ 20	♍ 29	♏ 22	♑ 10	♒ 14	♓ 27	♈ 29
	27日	♒ 12	♓ 26	♈ 17	♊ 05	♋ 11	♍ 04	♎ 13	♐ 05	♑ 23	♒ 25	♈ 09	♉ 11
	28日	♒ 24	♈ 08	♉ 00	♊ 18	♋ 25	♍ 19	♎ 28	♐ 18	♒ 05	♓ 07	♈ 21	♉ 24
	29日	♓ 06	♈ 20	♉ 12	♋ 01	♌ 09	♎ 03	♏ 12	♑ 01	♒ 17	♓ 19	♉ 03	♊ 06
	30日	♓ 17		♉ 25	♋ 15	♌ 24	♎ 17	♏ 25	♑ 13	♒ 29	♈ 01	♉ 16	♊ 19
	31日	♓ 29		♊ 08		♍ 08		♐ 08	♑ 26		♈ 13		♋ 03
☿	1日	♑ 22	♒ 15R	♒ 14	♈ 01	♊ 00	♊ 13R	♊ 18	♌ 17	♎ 06	♎ 11R	♎ 28	♐ 16
	6日	♒ 00	♒ 09R	♒ 20	♈ 11	♊ 07	♊ 10R	♊ 25	♌ 26	♎ 11	♎ 06R	♏ 06	♐ 23
	11日	♒ 07	♒ 05R	♒ 27	♈ 21	♊ 12	♊ 08R	♋ 04	♍ 05	♎ 15	♎ 03R	♏ 14	♑ 01
	16日	♒ 14	♒ 04	♓ 04	♉ 01	♊ 15	♊ 08	♋ 13	♍ 13	♎ 18	♎ 05	♏ 22	♑ 09
	21日	♒ 19	♒ 06	♓ 12	♉ 12	♊ 16	♊ 10	♋ 24	♍ 21	♎ 18R	♎ 11	♐ 00	♑ 16
	26日	♒ 19R	♒ 10	♓ 20	♉ 22	♊ 15R	♊ 13	♌ 04	♍ 28	♎ 16R	♎ 18	♐ 08	♑ 24
♀	1日	♒ 15	♓ 23	♈ 26	♉ 28	♊ 18	♊ 12R	♊ 04	♊ 24	♋ 25	♌ 28	♎ 06	♏ 13
	11日	♒ 27	♈ 04	♉ 07	♊ 06	♊ 20R	♊ 06R	♊ 09	♋ 03	♌ 06	♍ 10	♎ 18	♏ 25
	21日	♓ 09	♈ 16	♉ 17	♊ 13	♊ 18R	♊ 03R	♊ 15	♋ 13	♌ 17	♍ 22	♏ 00	♐ 07
♂	1日	♑ 28	♒ 22	♓ 15	♈ 10	♉ 02	♉ 25	♊ 16	♋ 08	♋ 28	♌ 16	♍ 05	♍ 21
	11日	♒ 06	♓ 00	♓ 23	♈ 17	♉ 10	♊ 02	♊ 23	♋ 14	♌ 04	♌ 22	♍ 10	♍ 25
	21日	♒ 14	♓ 08	♈ 01	♈ 25	♉ 17	♊ 09	♋ 00	♋ 21	♌ 10	♌ 28	♍ 15	♎ 00
♃	1日	♍ 27	♍ 27R	♍ 24R	♍ 20R	♍ 18R	♍ 18	♍ 21	♍ 26	♎ 02	♎ 08	♎ 15	♎ 20
	11日	♍ 28	♍ 26R	♍ 23R	♍ 19R	♍ 18R	♍ 19	♍ 22	♍ 27	♎ 04	♎ 10	♎ 17	♎ 22
	21日	♍ 27R	♍ 25R	♍ 21R	♍ 18R	♍ 18	♍ 20	♍ 24	♍ 29	♎ 06	♎ 12	♎ 19	♎ 24
♄	1日	♈ 21	♈ 22	♈ 25	♈ 28	♉ 02	♉ 06	♉ 09	♉ 11	♉ 11R	♉ 10R	♉ 08R	♉ 06R
	11日	♈ 21	♈ 23	♈ 26	♉ 00	♉ 04	♉ 07	♉ 10	♉ 11	♉ 11R	♉ 09R	♉ 07R	♉ 05R
	21日	♈ 22	♈ 24	♈ 27	♉ 01	♉ 05	♉ 08	♉ 10	♉ 11	♉ 11R	♉ 09R	♉ 06R	♉ 05R
♅	1日	♊ 07R	♊ 06R	♊ 06	♊ 07	♊ 08	♊ 10	♊ 12	♊ 13	♊ 14	♊ 14R	♊ 13R	♊ 12R
♆	1日	♈ 04	♈ 04	♈ 05	♈ 07	♈ 08	♈ 08	♈ 09	♈ 09R	♈ 08R	♈ 07R	♈ 07R	♈ 06R
♇	1日	♒ 06	♒ 07	♒ 08	♒ 08	♒ 09	♒ 09R	♒ 08R	♒ 08R	♒ 07R	♒ 06R	♒ 06	♒ 07
☊	1日	♒ 02	♒ 02R	♒ 02R	♑ 29R	♑ 26	♑ 24R	♑ 23R	♑ 23	♑ 22R	♑ 20R	♑ 16R	♑ 14R

		1月	2月	3月	4月	5月	6月	7月	8月	9月	10月	11月	12月
☽	1日	♋ 16	♍ 08	♍ 17	♏ 11	♐ 18	♒ 07	♓ 10	♈ 25	♊ 08	♋ 11	♌ 29	♎ 07
	2日	♌ 00	♍ 23	♎ 02	♏ 25	♑ 02	♒ 20	♓ 23	♉ 06	♊ 20	♋ 24	♍ 13	♎ 21
	3日	♌ 14	♎ 08	♎ 17	♐ 10	♑ 16	♓ 02	♈ 05	♉ 18	♋ 03	♌ 07	♍ 28	♏ 06
	4日	♌ 29	♎ 22	♏ 02	♐ 24	♑ 29	♓ 15	♈ 17	♊ 00	♋ 16	♌ 21	♎ 13	♏ 21
	5日	♍ 13	♏ 06	♏ 16	♑ 07	♒ 12	♓ 27	♈ 28	♊ 12	♋ 29	♍ 05	♎ 28	♐ 06
	6日	♍ 27	♏ 20	♐ 01	♑ 20	♒ 24	♈ 09	♉ 10	♊ 25	♌ 13	♍ 20	♏ 13	♐ 21
	7日	♎ 11	♐ 04	♐ 14	♒ 03	♓ 06	♈ 20	♉ 22	♋ 08	♌ 27	♎ 05	♏ 28	♑ 06
	8日	♎ 26	♐ 17	♐ 28	♒ 15	♓ 18	♉ 02	♊ 05	♋ 21	♍ 11	♎ 20	♐ 13	♑ 20
	9日	♏ 10	♑ 01	♑ 11	♒ 27	♈ 00	♉ 14	♊ 17	♌ 04	♍ 26	♏ 05	♐ 28	♒ 04
	10日	♏ 23	♑ 14	♑ 23	♓ 09	♈ 12	♉ 26	♋ 00	♌ 18	♎ 11	♏ 20	♑ 12	♒ 18
	11日	♐ 07	♑ 26	♒ 06	♓ 21	♈ 24	♊ 09	♋ 13	♍ 03	♎ 26	♐ 05	♑ 26	♓ 01
	12日	♐ 21	♒ 09	♒ 18	♈ 03	♉ 06	♊ 21	♋ 26	♍ 17	♏ 11	♐ 19	♒ 09	♓ 13
	13日	♑ 04	♒ 21	♓ 00	♈ 15	♉ 18	♋ 04	♌ 09	♎ 02	♏ 25	♑ 03	♒ 22	♓ 26
	14日	♑ 17	♓ 03	♓ 12	♈ 27	♊ 00	♋ 17	♌ 23	♎ 16	♐ 10	♑ 17	♓ 05	♈ 08
	15日	♒ 00	♓ 15	♓ 24	♉ 09	♊ 12	♌ 00	♍ 07	♏ 01	♐ 23	♒ 00	♓ 17	♈ 20
	16日	♒ 13	♓ 27	♈ 06	♉ 21	♊ 24	♌ 13	♍ 21	♏ 15	♑ 07	♒ 13	♓ 29	♉ 02
	17日	♒ 25	♈ 09	♈ 18	♊ 03	♋ 07	♌ 27	♎ 05	♏ 29	♑ 20	♒ 26	♈ 11	♉ 13
	18日	♓ 07	♈ 21	♉ 00	♊ 15	♋ 20	♍ 10	♎ 20	♐ 13	♒ 03	♓ 08	♈ 23	♉ 25
	19日	♓ 19	♉ 03	♉ 12	♊ 27	♌ 03	♍ 24	♏ 04	♐ 26	♒ 16	♓ 20	♉ 05	♊ 07
	20日	♈ 01	♉ 15	♉ 24	♋ 10	♌ 16	♎ 09	♏ 18	♑ 10	♒ 28	♈ 02	♉ 17	♊ 19
	21日	♈ 13	♉ 27	♊ 06	♋ 23	♍ 00	♎ 23	♐ 02	♑ 23	♓ 11	♈ 14	♉ 29	♋ 02
	22日	♈ 25	♊ 09	♊ 18	♌ 06	♍ 14	♏ 07	♐ 16	♒ 06	♓ 23	♈ 26	♊ 11	♋ 14
	23日	♉ 07	♊ 22	♋ 01	♌ 20	♍ 28	♏ 22	♑ 00	♒ 19	♈ 05	♉ 08	♊ 23	♋ 27
	24日	♉ 19	♋ 05	♋ 13	♍ 04	♎ 13	♐ 06	♑ 14	♓ 02	♈ 17	♉ 20	♋ 05	♌ 09
	25日	♊ 01	♋ 18	♋ 27	♍ 18	♎ 27	♐ 21	♑ 27	♓ 14	♈ 29	♊ 02	♋ 17	♌ 22
	26日	♊ 14	♌ 02	♌ 11	♎ 03	♏ 12	♑ 05	♒ 10	♓ 27	♉ 11	♊ 13	♌ 00	♍ 06
	27日	♊ 27	♌ 17	♌ 25	♎ 18	♏ 27	♑ 18	♒ 23	♈ 09	♉ 23	♊ 25	♌ 12	♍ 19
	28日	♋ 11	♍ 02	♍ 10	♏ 04	♐ 12	♒ 02	♓ 06	♈ 21	♊ 05	♋ 08	♌ 25	♎ 03
	29日	♋ 25		♍ 25	♏ 19	♐ 26	♒ 15	♓ 18	♉ 03	♊ 17	♋ 20	♍ 09	♎ 17
	30日	♌ 09		♎ 10	♐ 04	♑ 10	♒ 28	♈ 01	♉ 14	♊ 29	♌ 03	♍ 23	♏ 01
	31日	♌ 23		♎ 25		♑ 24		♈ 13	♉ 26		♌ 16		♏ 16
☿	1日	♒ 00	♑ 19	♒ 21	♈ 17	♉ 27	♉ 19	♊ 29	♍ 00	♎ 02	♍ 20	♏ 10	♐ 26
	6日	♒ 03	♑ 22	♒ 29	♈ 28	♉ 26R	♉ 22	♋ 10	♍ 08	♎ 01R	♍ 26	♏ 18	♑ 03
	11日	♒ 02R	♑ 27	♓ 07	♉ 07	♉ 24R	♉ 27	♋ 21	♍ 15	♍ 28R	♎ 04	♏ 26	♑ 10
	16日	♑ 27R	♒ 03	♓ 16	♉ 15	♉ 21R	♊ 03	♌ 01	♍ 21	♍ 23R	♎ 13	♐ 03	♑ 15
	21日	♑ 21R	♒ 09	♓ 25	♉ 21	♉ 18R	♊ 11	♌ 11	♍ 26	♍ 19R	♎ 21	♐ 11	♑ 18
	26日	♑ 18R	♒ 17	♈ 05	♉ 25	♉ 18	♊ 19	♌ 20	♍ 29	♍ 18	♏ 00	♐ 19	♑ 16R
♀	1日	♐ 21	♒ 00	♓ 05	♈ 14	♉ 21	♊ 29	♌ 05	♍ 13	♎ 19	♏ 23	♐ 26	♑ 19
	11日	♑ 04	♒ 13	♓ 18	♈ 26	♊ 03	♋ 11	♌ 18	♍ 25	♏ 01	♐ 04	♑ 05	♑ 23
	21日	♑ 16	♒ 25	♈ 00	♉ 09	♊ 15	♋ 23	♍ 00	♎ 06	♏ 12	♐ 15	♑ 13	♑ 24R
♂	1日	♎ 04	♎ 13	♎ 13R	♎ 02R	♍ 25R	♍ 29	♎ 10	♎ 26	♏ 15	♐ 05	♐ 28	♑ 21
	11日	♎ 08	♎ 14	♎ 10R	♍ 29R	♍ 25	♎ 02	♎ 15	♏ 02	♏ 22	♐ 12	♑ 05	♑ 28
	21日	♎ 11	♎ 14R	♎ 07R	♍ 26R	♍ 26	♎ 06	♎ 20	♏ 08	♏ 28	♐ 20	♑ 13	♒ 06
♃	1日	♎ 25	♎ 27	♎ 27R	♎ 24R	♎ 20R	♎ 18R	♎ 18	♎ 21	♎ 26	♏ 01	♏ 08	♏ 15
	11日	♎ 26	♎ 27R	♎ 26R	♎ 23R	♎ 19R	♎ 18R	♎ 19	♎ 22	♎ 27	♏ 04	♏ 10	♏ 17
	21日	♎ 27	♎ 27R	♎ 25R	♎ 21R	♎ 18R	♎ 18	♎ 19	♎ 24	♎ 29	♏ 06	♏ 12	♏ 19
♄	1日	♉ 04R	♉ 05	♉ 07	♉ 10	♉ 14	♉ 18	♉ 21	♉ 24	♉ 25	♉ 24R	♉ 23R	♉ 20R
	11日	♉ 04	♉ 06	♉ 08	♉ 12	♉ 15	♉ 19	♉ 22	♉ 24	♉ 25R	♉ 24R	♉ 22R	♉ 19R
	21日	♉ 05	♉ 06	♉ 09	♉ 13	♉ 17	♉ 20	♉ 23	♉ 25	♉ 25R	♉ 23R	♉ 21R	♉ 19R
♅	1日	♊ 11R	♊ 10R	♊ 10	♊ 11	♊ 12	♊ 14	♊ 16	♊ 17	♊ 18	♊ 19R	♊ 18R	♊ 17R
♆	1日	♈ 06	♈ 07	♈ 08	♈ 09	♈ 10	♈ 11	♈ 11	♈ 11R	♈ 11R	♈ 10R	♈ 09R	♈ 08R
♇	1日	♒ 08	♒ 09	♒ 09	♒ 10	♒ 10	♒ 10R	♒ 10R	♒ 09R	♒ 09R	♒ 08R	♒ 08	♒ 08
☊	1日	♑ 14	♑ 14R	♑ 12R	♑ 09R	♑ 06R	♑ 05	♑ 05R	♑ 04R	♑ 02R	♐ 29R	♐ 27R	♐ 26R

		1月	2月	3月	4月	5月	6月	7月	8月	9月	10月	11月	12月
☽	1日	♐ 00	♑ 23	♒ 02	♓ 21	♈ 25	♊ 09	♋ 12	♌ 29	♎ 19	♏ 28	♑ 21	♒ 29
	2日	♐ 15	♒ 06	♒ 16	♈ 03	♉ 07	♊ 21	♋ 24	♍ 12	♏ 03	♐ 12	♒ 05	♓ 12
	3日	♐ 29	♒ 20	♒ 29	♈ 16	♉ 19	♋ 03	♌ 06	♍ 25	♏ 17	♐ 26	♒ 19	♓ 25
	4日	♑ 14	♓ 03	♓ 12	♈ 28	♊ 00	♋ 15	♌ 19	♎ 09	♐ 01	♑ 10	♓ 02	♈ 08
	5日	♑ 28	♓ 16	♓ 25	♉ 10	♊ 12	♋ 27	♍ 02	♎ 22	♐ 15	♑ 24	♓ 15	♈ 20
	6日	♒ 12	♓ 29	♈ 07	♉ 22	♊ 24	♌ 09	♍ 15	♏ 06	♑ 00	♒ 08	♓ 28	♉ 02
	7日	♒ 25	♈ 11	♈ 19	♊ 04	♋ 06	♌ 22	♍ 28	♏ 20	♑ 14	♒ 22	♈ 11	♉ 14
	8日	♓ 09	♈ 24	♉ 02	♊ 15	♋ 18	♍ 05	♎ 12	♐ 05	♑ 28	♓ 05	♈ 23	♉ 26
	9日	♓ 21	♉ 06	♉ 13	♊ 27	♌ 00	♍ 18	♎ 26	♐ 19	♒ 12	♓ 18	♉ 05	♊ 08
	10日	♈ 04	♉ 17	♉ 25	♋ 09	♌ 13	♎ 02	♏ 10	♑ 03	♒ 25	♈ 01	♉ 18	♊ 20
	11日	♈ 16	♉ 29	♊ 07	♋ 21	♌ 25	♎ 16	♏ 24	♑ 18	♓ 09	♈ 14	♉ 29	♋ 02
	12日	♈ 28	♊ 11	♊ 19	♌ 04	♍ 09	♏ 00	♐ 09	♒ 02	♓ 22	♈ 27	♊ 11	♋ 14
	13日	♉ 10	♊ 23	♋ 01	♌ 17	♍ 22	♏ 15	♐ 24	♒ 16	♈ 05	♉ 09	♊ 23	♋ 26
	14日	♉ 21	♋ 05	♋ 13	♍ 00	♎ 07	♐ 00	♑ 08	♓ 00	♈ 18	♉ 21	♋ 05	♌ 08
	15日	♊ 03	♋ 18	♋ 26	♍ 14	♎ 21	♐ 15	♑ 23	♓ 14	♉ 01	♊ 03	♋ 17	♌ 20
	16日	♊ 15	♌ 01	♌ 09	♍ 28	♏ 06	♑ 00	♒ 08	♓ 27	♉ 13	♊ 15	♋ 29	♍ 02
	17日	♊ 28	♌ 14	♌ 22	♎ 13	♏ 21	♑ 15	♒ 22	♈ 10	♉ 25	♊ 27	♌ 11	♍ 15
	18日	♋ 10	♌ 28	♍ 06	♎ 28	♐ 07	♑ 29	♓ 06	♈ 23	♊ 07	♋ 08	♌ 23	♍ 28
	19日	♋ 23	♍ 12	♍ 20	♏ 13	♐ 22	♒ 14	♓ 19	♉ 05	♊ 19	♋ 20	♍ 06	♎ 11
	20日	♌ 06	♍ 26	♎ 05	♏ 28	♑ 07	♒ 28	♈ 02	♉ 17	♋ 00	♌ 02	♍ 19	♎ 25
	21日	♌ 19	♎ 10	♎ 19	♐ 13	♑ 21	♓ 11	♈ 15	♉ 29	♋ 12	♌ 15	♎ 02	♏ 09
	22日	♍ 02	♎ 24	♏ 04	♐ 28	♒ 05	♓ 24	♈ 27	♊ 11	♋ 25	♌ 28	♎ 16	♏ 24
	23日	♍ 16	♏ 09	♏ 19	♑ 12	♒ 19	♈ 06	♉ 09	♊ 23	♌ 07	♍ 11	♏ 01	♐ 09
	24日	♎ 00	♏ 23	♐ 03	♑ 26	♓ 02	♈ 19	♉ 21	♋ 04	♌ 20	♍ 24	♏ 16	♐ 24
	25日	♎ 14	♐ 07	♐ 18	♒ 09	♓ 15	♉ 01	♊ 03	♋ 17	♍ 03	♎ 08	♐ 01	♑ 09
	26日	♎ 28	♐ 21	♑ 02	♒ 22	♓ 27	♉ 13	♊ 15	♋ 29	♍ 16	♎ 23	♐ 16	♑ 24
	27日	♏ 12	♑ 05	♑ 16	♓ 05	♈ 10	♉ 24	♊ 26	♌ 12	♎ 00	♏ 08	♑ 01	♒ 09
	28日	♏ 26	♑ 19	♑ 29	♓ 18	♈ 22	♊ 06	♋ 08	♌ 25	♎ 14	♏ 22	♑ 16	♒ 24
	29日	♐ 10		♒ 12	♈ 00	♉ 04	♊ 18	♋ 21	♍ 08	♎ 29	♐ 07	♒ 01	♓ 08
	30日	♐ 24		♒ 25	♈ 13	♉ 16	♋ 00	♌ 03	♍ 21	♏ 13	♐ 22	♒ 15	♓ 21
	31日	♑ 09		♓ 08		♉ 27		♌ 16	♎ 05		♑ 07		♈ 04
☿	1日	♑ 09R	♑ 20	♓ 03	♉ 00	♈ 29R	♉ 18	♋ 18	♍ 06	♍ 05R	♍ 29	♏ 21	♑ 00
	6日	♑ 04R	♑ 26	♓ 12	♉ 05	♈ 27R	♉ 26	♋ 28	♍ 11	♍ 01R	♎ 08	♏ 29	♑ 02R
	11日	♑ 01R	♒ 04	♓ 22	♉ 08	♈ 28	♊ 05	♌ 07	♍ 13	♍ 02	♎ 17	♐ 06	♑ 00R
	16日	♑ 03	♒ 11	♈ 02	♉ 07R	♉ 01	♊ 15	♌ 15	♍ 14R	♍ 05	♎ 26	♐ 13	♐ 23R
	21日	♑ 07	♒ 19	♈ 11	♉ 05R	♉ 05	♊ 26	♌ 23	♍ 13R	♍ 12	♏ 04	♐ 20	♐ 18R
	26日	♑ 12	♒ 28	♈ 21	♉ 02R	♉ 10	♋ 07	♌ 29	♍ 10R	♍ 20	♏ 12	♐ 26	♐ 16
♀	1日	♑ 19R	♑ 09	♑ 25	♒ 25	♓ 29	♉ 05	♊ 10	♋ 18	♌ 26	♎ 03	♏ 12	♐ 19
	11日	♑ 14R	♑ 13	♒ 04	♓ 06	♈ 10	♉ 16	♊ 22	♌ 00	♍ 08	♎ 15	♏ 24	♑ 02
	21日	♑ 09R	♑ 19	♒ 14	♓ 17	♈ 22	♉ 28	♋ 04	♌ 12	♍ 20	♎ 28	♐ 07	♑ 14
♂	1日	♒ 15	♓ 09	♈ 01	♈ 25	♉ 17	♊ 09	♋ 00	♋ 20	♌ 10	♌ 29	♍ 18	♎ 06
	11日	♒ 23	♓ 17	♈ 09	♉ 02	♉ 24	♊ 16	♋ 06	♋ 27	♌ 17	♍ 05	♍ 24	♎ 11
	21日	♓ 01	♓ 25	♈ 16	♉ 10	♊ 01	♊ 23	♋ 13	♌ 03	♌ 23	♍ 11	♎ 00	♎ 17
♃	1日	♏ 21	♏ 25	♏ 27	♏ 27R	♏ 24R	♏ 20R	♏ 18R	♏ 18	♏ 21	♏ 26	♐ 02	♐ 09
	11日	♏ 22	♏ 26	♏ 28	♏ 26R	♏ 23R	♏ 19R	♏ 18R	♏ 19	♏ 22	♏ 28	♐ 04	♐ 11
	21日	♏ 24	♏ 27	♏ 28R	♏ 25R	♏ 22R	♏ 19R	♏ 18	♏ 20	♏ 24	♐ 00	♐ 06	♐ 13
♄	1日	♉ 18R	♉ 18	♉ 20	♉ 22	♉ 26	♊ 00	♊ 04	♊ 07	♊ 09	♊ 09R	♊ 07R	♊ 05R
	11日	♉ 18R	♉ 19	♉ 20	♉ 24	♉ 27	♊ 01	♊ 05	♊ 07	♊ 09	♊ 09R	♊ 07R	♊ 04R
	21日	♉ 18	♉ 19	♉ 21	♉ 25	♉ 29	♊ 02	♊ 06	♊ 08	♊ 09R	♊ 08R	♊ 06R	♊ 04R
♅	1日	♊ 16R	♊ 15R	♊ 15	♊ 15	♊ 16	♊ 18	♊ 20	♊ 22	♊ 23	♊ 23R	♊ 22R	♊ 21R
♆	1日	♈ 08	♈ 09	♈ 10	♈ 11	♈ 12	♈ 13	♈ 13	♈ 13R	♈ 13R	♈ 12R	♈ 11R	♈ 11R
♇	1日	♒ 09	♒ 10	♒ 11	♒ 12	♒ 12	♒ 12R	♒ 12R	♒ 11R	♒ 10R	♒ 10R	♒ 10	♒ 10
☊	1日	♐ 26	♐ 25R	♐ 22R	♐ 19R	♐ 17R	♐ 16R	♐ 16R	♐ 15R	♐ 12R	♐ 09R	♐ 08	♐ 07R

あとがきにかえて

いま振り返ってみますと、本書の執筆を始めた当初は、これまで構築してきた西洋占星術の理論を自分自身のために残しておきたいという思いが強かったのですが、そんなひとりよがりの考えは、まもなく消えていきました。「西洋占星術を学ぶ人たちのために、私が西洋占星術を学び始めたころに知りたかった知識や自分自身が実践で取り入れた技法を伝えたい」、いつの間にかそう願うようになっていました。ちょっと大げさな言い方をするなら、この本を書き上げることが筆者に課せられた使命であり、人生のひとつの目標のように思えました。

筆者が西洋占星術を学び始めたころとは違い、今日ではインターネットを介して世界中の情報にアクセスすることができます。外国の文献を閲覧したり、海外の著名な先生から直接教わることも可能です。しかし、日本の西洋占星術界は、いまだに内向きで海外への情報発信力が乏しく、外国の占星術師からのアプローチも少ないのが現状です。言語の壁は大きいかもしれませんが、多くの分野では、日本の優れた著作物が未翻訳であれば、それを読むために日本語を勉強する外国人が大勢います。日本の占星術界もそうであってほしいと願うばかりです。

また、情報収集の手段は急速な発展を遂げましたが、占星術そのものも同じように急速に進歩しているわけではありません。むしろ天文学や心理学の成果を占星術に取り込む過程で、かって大切にされていた多くの技法が失われてしまったのではないかという反省すらあります。それでも偉大な先人たちの業績をたどり、そこを出発点とすることで、わずかではあっても占星術の歩みに貢献できるのではないでしょうか。かのアイザック・ニュートンは、ライバルのロバート・フックに宛てた書簡に以下の有名な言葉を遺しています。

"If I have seen a little further it is by standing on the shoulders of Giants."
（私が少しでも遠くを見通すことができるとしたら、それは巨人の肩に乗っているからだ）

筆者もかの先人たち——はるか古代ではプトレマイオス、近世ではヨハネス・ケプラー等々、西洋占星術の発展に貢献してきた多くの巨人の肩を借りて、本書を書き上げることができました。そうした偉大な先人たちにならい、筆者自身も、後進の研究に資するとともに、占星術を通じて社会に貢献することを目指し、日々研鑽《けんさん》を重ねてまいりたいと思います。

最後に、編集部の土屋俊介氏、並びに編集を担当してくださった細江優子さん、その他本書に携わってくださった方々へ心よりお礼を申し上げます。ありがとうございました。

２００９年　紫陽花の咲く季節に代官山にて　秋月　瞳

記入用ホロスコープ・シート

氏　名 ＿＿＿＿＿＿＿＿＿＿＿＿＿＿＿＿

生年月日 西暦　　　　年　　　月　　　日

出生時　　　　　　　　時　　　分

出生地 ＿＿＿＿＿＿＿＿＿＿＿＿＿＿＿＿

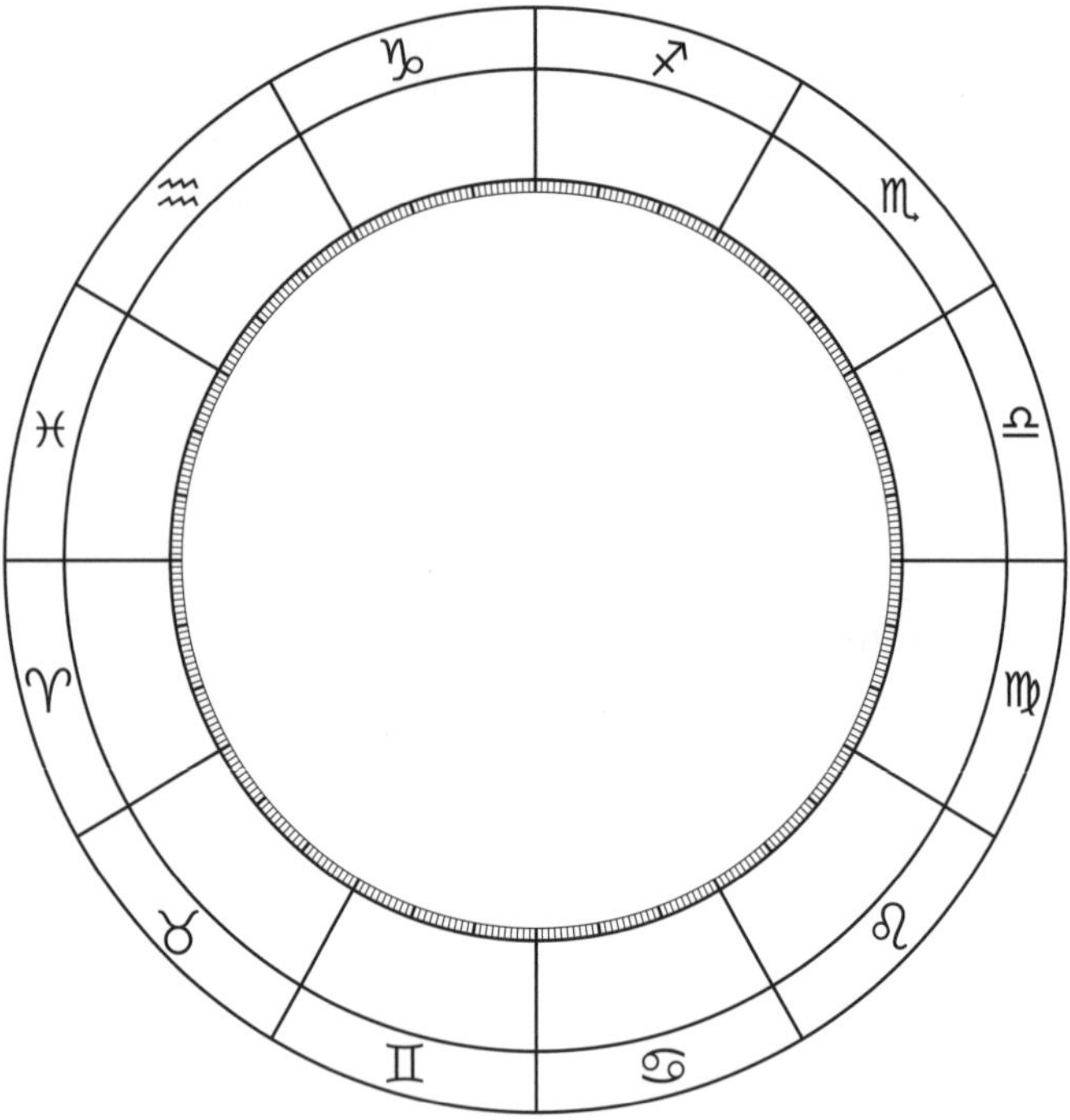

♈ 白羊宮　♉ 金牛宮　♊ 双児宮　♋ 巨蟹宮　♌ 獅子宮　♍ 処女宮

♎ 天秤宮　♏ 天蝎宮　♐ 人馬宮　♑ 磨羯宮　♒ 宝瓶宮　♓ 双魚宮

☌ 0度　∠45度　＊60度　□90度　△120度　⚼135度　☍180度

※140％拡大コピーしてご使用ください。

【アスペクト一覧表】

出生図用

	☉												
☉		☽											
☽			☿										
☿				♀									
♀					♂								
♂						♃							
♃							♄						
♄								♅					
♅									♆				
♆										♇			
♇											☊		
☊												Ⓐ	
Ⓐ													Ⓜ
Ⓜ													

トランジット・ダイレクション・相性診断用

	☉	☽	☿	♀	♂	♃	♄	♅	♆	♇	☊	Ⓐ	Ⓜ
☉													
☽													
☿													
♀													
♂													
♃													
♄													
♅													
♆													
♇													
☊													
Ⓐ													
Ⓜ													

※140%拡大コピーしてご使用ください。

刊行にあたって

このたびは、「エルブックス・シリーズ」をお買いあげいただき、ありがとうございます。このエルブックス・シリーズは、雑誌「elfin」から生まれた占いと心理専門の単行本シリーズです。伝統的な西洋占星術、東洋占星術、タロットから、最新の占い、実用的な心理学、心理テストまで、本当の自分を知り、本当の恋をつかみ、本当の才能を育て、本当の幸せを得るために「人生」という長い航路の素敵なナビゲーターになれればという願いを込めて刊行されました。このシリーズの一冊一冊が、よりいっそうの可能性を開く扉となることを心より望んでおります。この本を読んでのご感想、ご意見、今後のご希望、企画などございましたら、編集部までお知らせください。

決定版　西洋占星術実修

2022年12月18日　第1刷発行

著者 …… 秋月　瞳
発行人 …… 松井謙介
編集人 …… 長崎　有
編集担当 …… 宍戸宏隆

発行所 …… 株式会社 ワン・パブリッシング
〒110－0005　東京都台東区上野3-24-6

印刷所 …… 中央精版印刷株式会社

●この本に関する各種のお問い合わせ先
本の内容については、下記サイトのお問い合わせフォームよりお願いします。
https://one-publishing.co.jp/contact/
在庫・注文については　書店専用受注センター　Tel.0570-000346
不良品（落丁、乱丁）については　Tel.0570-092555
業務センター　〒354-0045　埼玉県入間郡三芳町上富 279-1

© Hitomi Akizuki 2009 Printed in Japan
本書の無断転載、複製、複写（コピー）、翻訳を禁じます。
本書を代行業者等の第三者に依頼してスキャンやデジタル化することは、たとえ個人や家庭内の利用であっても、著作権法上、認められておりません。

ワン・パブリッシングの書籍・雑誌についての新刊情報・詳細情報は、下記をご覧ください。
https://one-publishing.co.jp/